MÉMOIRES ET NOTES

DE

M. AUGUSTE LE PREVOST

POUR SERVIR A L'HISTOIRE

DU DÉPARTEMENT DE L'EURE

MÉMOIRES ET NOTES

DE

M. AUGUSTE LE PREVOST

POUR SERVIR A L'HISTOIRE

DU DÉPARTEMENT DE L'EURE

RECUEILLIS ET PUBLIÉS

SOUS LES AUSPICES DU CONSEIL GÉNÉRAL ET DE LA SOCIÉTÉ LIBRE D'AGRICULTURE
SCIENCES, ARTS ET BELLES-LETTRES DE L'EURE

PAR

MM. LÉOPOLD DELISLE ET LOUIS PASSY

TOME PREMIER

ÉVREUX

DE L'IMPRIMERIE D'AUGUSTE HÉRISSEY

JANVIER 1862

A MADAME RICARD

Madame,

*La Normandie devra à votre généreuse initiative la publication des travaux les plus importants d'*Auguste **LE PREVOST.** *En inscrivant votre nom en tête de ce recueil, les Éditeurs remplissent un devoir de pieuse reconnaissance.*

Léopold DELISLE, Louis PASSY.

qu'il retrouvait toujours sous ses yeux. Quand il quittait le toit paternel, ces figures lui revenaient à la mémoire comme des apparitions. Restées d'abord sans signification pour son intelligence, elles se montrèrent enfin lumineuses quand par les travaux les plus variés il pénétra l'énigme qui avait tourmenté son enfance, et qu'à cause de cela même il était appelé à deviner. Son excellent travail sur les anciennes divisions de la Normandie est le développement de ces souvenirs.

Il était fort jeune encore lorsqu'on lui montra une collection de précieuses chartes qui avaient appartenu à l'abbaye du Bec. Les sceaux magnifiques qui ornaient ces parchemins exaltèrent au plus haut point son admiration, et comme il la témoignait dans les termes les plus passionnés, on les coupa et on les lui donna. Il les conservait au Tilleul, et les montrait en ajoutant que leur possession avait été l'un des plaisirs les plus vifs de sa jeunesse et leur don un des moments les plus importants de sa vie. Telle fut, si ce n'est l'origine, au moins l'occasion de sa vocation pour les sciences historiques.

C'est ainsi que Humboldt, interrogeant les plus anciens souvenirs de sa jeunesse, se plaisait à signaler l'irrésistible attrait qu'il eut de très-bonne heure pour les régions tropicales; ce furent, dit-il, les descriptions pittoresques des îles de la mer du Sud, par George Forster, les tableaux de Hodges, représentant les rives du Gange, un dragonnier colossal dans une vieille tour du Jardin botanique à Berlin qui décidèrent de sa vocation et de sa gloire.

Auguste Le Prevost fit ses premières études dans sa ville natale, puis à Rouen, enfin à Paris, où il se perfectionna dans les lettres grecques et latines. Il sentit bientôt le besoin de posséder à fond l'anglais, l'italien, l'allemand, le suédois, le sanscrit, l'hébreu, et s'adonna avec ardeur à l'étude de cette dernière langue. Il travaillait alors pour travailler, pour s'instruire, pour apprendre, sans but fixe, sans dessein arrêté. Il se préparait à venir armé dans la lice qui s'ouvrait devant lui.

En même temps qu'il accumulait, au hasard, les moyens de pénétrer dans toutes les parties de la littérature, l'histoire naturelle lui apparut avec toutes ses séductions. La botanique, l'entomologie, la géologie se disputèrent ses premières années. Le Prevost n'abandonna jamais les sciences naturelles qui avaient captivé sa jeunesse : il leur resta fidèle. Il en suivit toujours la marche et l'histoire, alors même que l'état de ses yeux lui interdit de continuer les observations auxquelles il s'était jusqu'alors livré avec passion.

AUGUSTE LE PREVOST.

La mort d'Auguste Le Prevost fut un deuil pour toute la Normandie. On sentit aussitôt la grandeur de la perte qu'on venait de faire. La ville de Rouen, qui avait, pour ainsi dire, adopté Le Prevost au commencement de sa carrière, ne l'abandonna pas au moment suprême. Elle envoya ses hommes les plus distingués pour la représenter dans les cérémonies funèbres et pour donner un témoignage public de ses regrets. La Société académique de l'Eure ne rendit pas à la mémoire d'un de ses fondateurs un hommage moins éclatant. Non-seulement elle entreprit de publier les immenses recherches que Le Prevost avait accumulées sur l'histoire de son département, mais encore elle a voulu que l'éloge d'un de ses plus illustres membres fût prononcé dans une de ses séances publiques.

Auguste Le Prevost est né à Bernay le 3 juin 1787. Ses dispositions pour l'étude se manifestèrent de très-bonne heure. Une sorte d'instinct l'entraîna vers les sciences historiques dès sa plus tendre jeunesse. C'est souvent par les circonstances les plus petites et les plus imprévues que se prépare et se trahit la vocation des artistes et des savants. Auguste Le Prevost aimait à raconter que la vue d'une carte de Normandie, divisée en diocèses et en doyennés, lui révéla sa vocation. Cette carte était appendue dans la maison de son père. La curiosité de l'enfant était sollicitée par la disposition bizarre des limites coloriées

Il forma, avec les plantes de la Normandie, un magnifique herbier, qu'il enrichit plus tard de celles qu'il recueillit dans ses voyages ou reçut de ses correspondants. Lorsque sa vue s'affaiblit, il remit ses collections à une amie qui est elle-même une savante botaniste, et qui a conservé pour sa mémoire un culte dont elle a donné la preuve la plus touchante. C'est grâce à sa générosité que la publication des œuvres d'Auguste Le Prevost a pu être assurée. Le département et la Société de l'Eure lui doivent une vive reconnaissance.

Les travaux de Le Prevost sur l'histoire naturelle consistent en de nombreux rapports sur les ouvrages adressés à l'Académie de Rouen et à la Société de l'Eure. Il traduisit l'ouvrage suédois d'Erick Acharius sur les genres Limbaria et Cyphelium. Il fit aussi un mémoire sur les Lichens calycoïdes, et une note sur le Pogonus pallidipennis, insecte rare qu'il avait rencontré sur le rivage de la Seine, près de Pont-Audemer. Duby attendait ses communications pour terminer le volume de la cryptogamie dans son *Botanicon gallicum*. Plusieurs des plantes nouvelles que Le Prevost avait rencontrées le premier portent son nom. M. de Brébisson lui demanda des notes pour la publication de la *Flore de la Normandie*.

L'agriculture a été le berceau des sciences physiques et des sciences naturelles, mais ces sciences, à leur tour, la soutiennent et l'alimentent : elles l'entraînent tous les jours dans une voie de progrès, et ces progrès sont, pour ainsi dire, un tribut qu'elles doivent à l'agriculture par intérêt et par reconnaissance. Aussi Le Prevost, botaniste et géologue, s'est-il beaucoup occupé des améliorations pratiques qu'exigeaient nos campagnes. Propriétaire bienfaisant, il se plaisait à introduire les végétaux et les machines qui pouvaient servir à perfectionner l'économie rurale. Il appelait ses voisins à profiter des essais qu'il savait varier et multiplier avec intelligence.

Dans ses nombreux rapports aux Sociétés de l'Eure et de la Seine-Inférieure, il a traité des sujets intéressants : l'emploi du plâtre cru, le puceron lanigère, les cultures sarclées, les arbres verts, les plantations en massif, la conservation des cidres, les constructions rurales. Il nous a laissé deux remarquables discours sur l'économie rurale, qu'il prononça, comme président de la Société d'agriculture de la Seine-Inférieure, en 1832 et en 1834.

Auguste Le Prevost entra tout à coup dans la carrière administrative. Stanislas de Girardin l'appela près de lui lorsqu'il fut nommé préfet de la Seine-Inférieure. Le Prevost devint sous-préfet de l'arrondissement de Rouen le 22 août 1814; mais il fut révoqué après les Cent-Jours, au mois de novembre 1815. Il consacra à ses études commencées sa liberté reconquise, et cette liberté il ne voulut plus l'engager désormais.

Compris dans l'ordonnance royale du 22 janvier 1831 qui forma le conseil général de l'Eure, le canton de Bernay, jusqu'en 1848, l'a toujours réélu. Le Prevost remplit les fonctions de secrétaire de ce conseil pendant dix-sept années, et il en rédigea les procès-verbaux avec une précision et une exactitude que ses collègues ne cessèrent d'apprécier.

Il fut choisi pour député en 1834 par le collége électoral de Bernay, et il ne cessa de le représenter jusqu'en 1848. C'est là toute sa carrière politique. Ne voulant pas des honneurs qu'elle accorde et se contentant de remplir les obligations qu'elle impose, il a participé à la vie parlementaire pour accomplir un devoir envers son pays.

Son caractère et ses occupations habituelles le garantissaient d'ailleurs des luttes et des entraînements des partis. C'est par l'étude des sciences historiques qu'il chercha à utiliser les qualités de son heureuse nature : cette vivacité d'esprit, cette ardeur d'apprendre que le travail devait encore perfectionner. Il se tint ferme dans la route qu'il s'était tracée, et la poursuivit jusqu'au bout avec une rare constance.

Le travail sérieux a cet effet admirable de commander à toutes les passions, de les étouffer au moment où elles naissent, de les combattre et de les anéantir dès qu'elles sont formées. Il règne si fortement sur les heures de la vie que les intérêts du monde ne semblent plus que des distractions importunes.

Le Prevost avait pris pour devise d'un de ses ouvrages : *Nosce patriam, postea viator eris*. Cicéron avait raison; mais on peut dire aussi que pour bien connaître et aimer sa patrie il faut avoir visité les territoires étrangers. Les voyages éclaircissent beaucoup de questions qu'on ne pourrait résoudre sans avoir comparé les autres pays avec le nôtre. Arthur Young, parlant de son voyage agricole en France, écrivait : « C'est le premier que j'ai fait à l'étranger, et il m'a confirmé « dans l'opinion que si nous voulons bien connaître notre propre pays « il faut que nous voyions quelque peu les autres. »

Dès 1811 Le Prevost voyageait en Italie. Il a depuis parcouru successivement les Alpes, les Vosges, les Pyrénées, le midi de la France, les bords du Rhin. Partout il rencontrait des savants qui avaient apprécié ses travaux ; il amassait des faits nombreux d'histoire naturelle, jugeait les monuments, lisait les chartes, et laissait sur son passage des amis et des correspondants.

Il a visité presque toute la France, souvent à pied.

Les voyages qu'il entreprenait n'étaient que des repos utiles encore, donnés à ses labeurs incessants pour les sciences historiques, principale occupation de sa vie.

Nous sommes dans un temps où le développement rapide des connaissances humaines, leurs subdivisions et les innombrables détails qu'elles embrassent obligent l'homme à circonscrire l'étendue où s'agite l'activité de ses recherches. Sans doute, l'esprit bien préparé par des études préliminaires doit concentrer ses forces sur un terrain choisi, et quand on laboure avec fatigue et intelligence le champ qu'on a su borner, on recueille une moisson pleine de richesses inattendues : c'est l'heureuse disposition de plusieurs.

Mais il est aussi des hommes qui, doués d'une insatiable curiosité, veulent pénétrer dans toutes les sciences; ils cherchent, car toutes les sciences sont solidaires les unes des autres, à saisir les rapports qui les lient afin d'utiliser pour celles qu'ils poursuivent le plus assidûment les principes et les méthodes de déduction qui sont appliqués aux autres branches des connaissances humaines.

Ces deux ordres de travaux sont nécessaires, et de leur action simultanée dépendent les progrès des sciences. Auguste Le Prevost avait une imagination trop ardente pour pouvoir la dominer entièrement. Il exerça ses facultés souples et tenaces dans les sciences historiques comme dans les sciences naturelles, et avec la même puissance d'observation, la même aptitude et la même assiduité. Dans cette disposition, et comme il arrive à ces esprits indépendants et libres dans leur action, il portait volontiers ses regards vers des horizons nouveaux. Dès qu'un point obscur attirait son attention, il concentrait pour l'éclairer toutes les ressources de son érudition et toutes les forces de son intelligence ; mais une certaine unité présidait à la variété de ses travaux : la Normandie était l'objet incessant de ses méditations. Le trésor des découvertes qu'il amassait dans les excursions scientifiques de son esprit, il le rapportait avec une passion exclusive à sa chère province ; c'était pour elle qu'il variait ses études, qu'il les diversifiait. Il cherchait par toutes les voies à pénétrer dans son histoire naturelle aussi bien que dans son histoire politique. Ses études étaient fortes, sa mémoire étonnante ; une sagacité fortifiée par l'expérience le faisait pénétrer subitement dans les entrailles d'un problème. On aurait cru qu'il devinait des énigmes historiques quand il ne faisait que les résoudre par l'application d'une science certaine et exercée. Aussi reçut-il très-jeune et des hommes les plus éclairés de la Normandie les preuves nombreuses et éclatantes de l'importance qu'on attachait à ses travaux.

Le Prevost avait eu de bonne heure l'idée de se préparer à l'histoire de la Normandie par l'étude de l'architecture et de la géographie du moyen âge. Il réussit dès le début à fixer l'attention. Ses premières publications avaient un caractère de maturité qui fut bientôt distingué et vivement approuvé.

L'Académie de Rouen, fondée en 1744 et sans cesse depuis cette époque honorée par la présence d'hommes éminents, a rendu aux sciences, aux lettres et aux arts des services signalés. Elle compte encore aujourd'hui parmi les sociétés savantes les plus autorisées.

Élu en 1813 membre de cette compagnie, le jeune associé ne tarda pas à s'y faire remarquer par sa féconde et laborieuse activité. Pendant tout le temps qu'il habita Rouen, il orna chacun des volumes publiés par la savante Académie de rapports ou de mémoires sur les questions les plus diverses.

En 1813, il donna un Essai sur les Romances historiques du moyen âge;

En 1815, des Réflexions sur les antiquités des départements de la Seine-Inférieure et de l'Eure, et notamment sur les restes d'Agnès Sorel;

En 1816, un Rapport sur l'abbatiale de Saint-Ouen;

En 1817, un Mémoire concernant la porte du bac de Rouen, démolie en 1816.

Un Mémoire sur les deux Quevilly et l'ancien prieuré de Saint-Julien est resté manuscrit.

Je ne veux pas dresser ici le catalogue de tous les travaux que Le Prevost, depuis 1813 jusqu'en 1830, répandit dans les recueils scientifiques de la Normandie; mais je rappellerai cependant qu'en 1824 la Société des Antiquaires de la Normandie fit imprimer sa *Lettre sur l'impulsion donnée aux recherches archéologiques sur tous les points de la France.* Cet appel de l'homme qui parcourait si brillamment la carrière des sciences historiques fit une impression salutaire non-seulement en Normandie, mais dans toute la France.

A cette époque, l'étude des monuments du moyen âge, négligée pendant le xviie et le xviiie siècle, venait à son tour occuper l'attention publique. Jusque-là tout ce qui n'était pas une reproduction servile de l'art grec ou romain était flétri de ce nom de gothique, qu'on prononce hardiment aujourd'hui.

On n'aurait pas alors osé admirer l'église de Saint-Ouen de Rouen.

Pendant la Révolution, et parfois d'une manière violente ou burlesque, on chercha à imiter non-seulement les arts et les costumes, mais encore la législation des Grecs et des Romains.

Dans tout changement de système gouvernemental, on est saisi du besoin de retrouver des formes oubliées. On croit innover en imitant. On cherche une sorte de légitimité en s'appuyant sur des antécédents vieillis, et les plus audacieux se sont montrés les plus rétrogrades.

Au milieu du dédain pour tout ce qui venait du moyen âge, dont on croyait avoir anéanti les institutions, les monuments étaient abattus ou délaissés. Combien ont disparu?

Tout à coup on fut frappé de ce qu'il y avait de poétique dans la forme de nos cathédrales, de grandiose dans leur construction, d'élégant dans leur ornementation toujours variée, tour à tour sévère et fleurie, dont les voûtes, dont les clochers de nos églises offrent de si charmants modèles. On admira ce qu'on avait méprisé, sans mépriser du moins ce que l'on avait admiré.

Comment était née cette architecture singulière, si bien appropriée au culte chrétien?

Comment s'était-elle introduite? On ne le savait pas.

On ignorait le nom de ces maîtres des œuvres dont les plans, révélant une imagination puissante, avaient été exécutés avec une hardiesse voisine de la témérité.

Après bien des hypothèses aussi ingénieuses que contradictoires, le nuage paraît s'être dissipé. Le style byzantin, dérivé lui-même du style romain, prit bientôt des formes nouvelles et diversifiées. L'architecture devint plus svelte en rencontrant l'ogive, et la Renaissance donna aux figures naïves de la sculpture des attitudes plus gracieuses et plus idéalisées.

Dès lors l'observation des édifices religieux fut estimée comme une science et, pour la commodité de la mémoire, des classifications y furent introduites. La chronologie des monuments s'établit peu à peu; à la forme des lignes et des ornements, on put assigner les époques de leur construction, reconnaître les types et les imitations.

Dès 1816, Le Prevost avait lu à l'Académie de Rouen un extrait de sa traduction d'un *Essai de feu Whittington sur l'architecture du moyen âge*. (Ac. de Rouen, 1817, p. 129.) Ce morceau révélait à la Normandie les idées des antiquaires anglais sur cette importante question. Le Prevost eut ainsi, par ses écrits et ses exemples, la gloire d'initier la Normandie à des études véritablement nouvelles et de donner l'élan au grand mouvement archéologique du xix° siècle.

Ce fut Auguste Le Prevost qui classa et dénomma le premier les époques de l'architecture de nos églises, et sa nomenclature est en partie restée.

Il désignait sous le nom de :

Gothique à plein cintre les églises du ix° au xii° siècle ;
— à lancette celles du xiii° ;
— rayonnant celles du xiv° ;
— flamboyant celles du xv° ;
— fleuri celles du xvi°.

Il ne s'occupa pas avec moins de succès de l'architecture civile et militaire.

Le moyen âge a laissé beaucoup d'autres édifices : les palais des rois, les palais de justice, les hôtels de ville, les beffrois. Tous ont leur signification historique.

La science de la défense avait marché parallèlement à l'art de construire : nos horizons sont embellis par les tours de ces châteaux que les rois de France et d'Angleterre conquéraient alternativement les uns sur les autres. Les noms des forteresses normandes brillent dans nos chroniques. Leurs noms étaient connus au loin, et l'on trouve, entre autres, dans la géographie arabe d'Edrisi, du commencement du xii° siècle, le nom de Gisors sous l'orthographe de Djindjors.

Il y est dit : « De Djindjors à Rothomagos (Rouen), vers l'occident, 30 milles.

« De Bontis (Pontoise) à Djindjors, jolie petite ville en suivant les bords de la rivière, 25 milles.

« De Djindjors à Raïs (Arras), vers l'orient, 80 milles. »

L'ordonnance de ces forteresses est remarquable et bien adaptée aux moyens de défense que l'attaque exigeait. Il nous reste heureusement quelques-unes de ces citadelles dont la disposition nous fait mieux comprendre les événements militaires dont elles ont été le théâtre. Elles semblent désormais à l'abri d'une destruction entière, protégées désormais par les œuvres savantes qui les ont décrites et en ont révélé l'importance historique.

Les villes, tout en s'embellissant par de larges voies de communication, respectent leurs vieilles maisons ornées de sculptures. Du moins, ce n'est plus une destruction aveugle qui les menace. On sait leur valeur artistique et on ne se résout à les abattre que sous la plus impérieuse nécessité.

C'est dans cette lutte entre les progrès matériels et le goût des antiquités que la science, devenue un arbitre nécessaire, élève souvent avec succès une voix respectée.

Rouen, entre toutes les cités, a conservé d'admirables traditions du moyen âge. Parmi les antiques maisons de cette ville, on visite avec empressement l'hôtel du Bourgtheroulde. Cette ancienne demeure, ornée de bas-reliefs dont on ne connaissait pas la signification, passait pour avoir été le palais de l'échiquier de Normandie.

Le Prevost étudia les sculptures de cet hôtel et les expliqua. Il constata l'époque de la construction à la fin du xv° siècle sur des actes authentiques. Il démontra que l'entrevue de François Ier et de Henri VIII au camp du Drap-d'Or y était figurée, ainsi que l'avait indiqué déjà Montfaucon.

Sa notice, publiée en 1824, fut une éclatante révélation pour le monde savant. On fut autorisé à admirer, en connaissance de cause, ces pierres si longtemps oubliées, et la ville de Rouen apprit qu'elle possédait une curiosité historique de plus parmi celles dont elle s'honore.

Aussi profondément versé dans les antiquités celtiques, grecques et romaines que dans celles du moyen âge, Auguste Le Prevost publia en 1830 : 1° un rapport sur les antiquités de Berthouville; 2° la liste des principaux objets trouvés dans cette commune, et 3° un mémoire sur la collection des vases antiques recueillis dans cette localité. Un cultivateur de Berthouville (Eure), en menant la charrue, rencontra une grosse pierre qui arrêta son attelage. Un effort souleva à demi l'obstacle et ses yeux étonnés virent briller des monceaux d'argent. Il fut retenu par cette superstition que celui qui touche le premier à un trésor meurt dans l'année. Il alla chercher le plus mauvais de ses chevaux pour soulever entièrement la pierre. Elle recouvrait un amas considérable de vases en argent.

Le Prevost signala la découverte, et démontra ensuite dans son mémoire sur la collection des vases antiques de Berthouville que leur série donnait l'idée complète des ustensiles employés dans les rites du paganisme.

Ce trésor a été acquis par la Bibliothèque impériale.

Dans sa notice historique et archéologique sur le département de l'Eure, Le Prevost signale les pierres druidiques, les voies romaines et les autres débris des civilisations gauloise et romaine.

Il avait déjà décrit un monument trouvé à Bosc-l'Abbé, un établissement antique à Saint-André-sur-Cailly et un certain nombre de ruines romaines signalées dans le département de la Seine-Inférieure.

Avec cette ardeur soutenue qui animait sa vie, l'auteur de ces savantes dissertations s'était rendu habile dans des sciences qui ne rencontrent plus de disciples aussi zélés et surtout aussi désintéressés.

L'art héraldique lui servait à reconnaître sur les tombeaux les hommes d'armes qu'ils gardaient, sur les vitraux les fondateurs; il rétablit ainsi les alliances entre les familles. Personne n'a plus approfondi la généalogie des nobles maisons de la Normandie; il faut plaindre celles dont il n'a pas parlé.

La liturgie lui avait appris quelle était la véritable destination des diverses parties des églises dans leur rapport avec le culte et les raisons qui avaient fait modifier successivement les dispositions intérieures des édifices religieux.

L'hagiologie l'autorisait à constater la date des chartes établie par les jours des saints ou des grandes fêtes. Il a préparé la publication d'un calendrier normand. Les légendes des saints sont devenues d'ailleurs des documents historiques très-importants maintenant que l'on sait les consulter, car elles offrent des détails de mœurs, d'usages et de topographie qui ne se trouvent que dans ces naïfs récits.

Le Prevost étonnait et charmait les curés de campagne, qui ne pouvaient comprendre comment un laïque s'était rendu beaucoup plus savant qu'eux dans un tel ordre de faits. Le Prevost n'aurait pas eu le même succès près de l'évêque d'Évreux; mais il eût rencontré un maître qui aurait apprécié cette rare érudition. Il éprouva une grande joie quand il apprit quel prélat pieux et érudit venait dans ce diocèse pour consoler les âmes et éclairer les esprits. Mgr Devoucoux et lui se connaissaient de loin; en se rapprochant, ils éprouvèrent ce sentiment de sympathie qui naît dans de nobles cœurs voués aux mêmes études et ils se le dirent.

La notice sur la châsse de saint Taurin décrit non-seulement ce chef-d'œuvre de l'orfévrerie ancienne, mais elle contient une discussion historique sur la légende du premier évêque d'Évreux.

Une découverte faite antérieurement, mais rappelée lors de la restauration de la Sainte-Chapelle de Paris, donna l'occasion à Le Prevost de montrer combien avaient été sérieuses ces études spéciales. Une polémique s'engagea entre lui et Letronne. Il soutenait que c'était effectivement le cœur de saint Louis qui avait été retrouvé en 1803 sous l'autel. Letronne répondait qu'aucun caractère, aucun document ne prouvait l'authenticité de cette pieuse relique. Le Prevost répliquait que l'on connaissait positivement où se trouvaient les dépouilles de saint Louis dans les églises où elles avaient été envoyées par Philippe le Hardi, et qu'aucune de ces localités ne pouvait témoigner qu'elle possédât le cœur du roi, qu'il était quelque part, et qu'il était naturel de rencontrer le cœur du fondateur sous l'autel de la Sainte-Chapelle.

Des savants français et étrangers prirent part au débat.

L'Académie des inscriptions et belles-lettres, consultée par le ministre de l'instruction publique, se borna à dire que les preuves manquaient pour déclarer officiellement que c'était le cœur de saint Louis qu'on avait retrouvé en 1803.

Le Prevost pensait que la mission de l'archéologue n'était pas achevée par la description des monuments et qu'elle devait s'étendre à leur conservation. Il avait eu dans cette voie un guide utile et sûr dans M. Rever. M. Rever, il y a cinquante ans, appelait l'attention publique sur nos antiquités, et, quoiqu'il se fût peu occupé du moyen âge et qu'il n'eût laissé qu'une note sur les figurines et divers objets de cette époque, il ne fut pas moins pour Le Prevost d'un commerce utile et agréable.

Le Prevost professait autant de respect que d'amitié pour M. Rever, qui alliait à des études profondes les qualités les plus aimables. La Société de l'Eure, à laquelle il a légué ses manuscrits, a conservé de M. Rever un pieux souvenir. Aussi Le Prevost avait-il préparé une notice sur son devancier, notice à laquelle d'autres travaux n'ont pas permis de voir le jour.

Les efforts de M. Rever, ceux de Le Prevost, les travaux des archéologues qui se groupaient autour d'eux, leurs découvertes, leurs plaintes sur l'abandon où tombaient la plupart des monuments historiques finirent par émouvoir l'administration. Elle défendit d'abord d'abattre les édifices communaux sans autorisation préalable. Enfin, sous le dernier règne on releva, on consolida, on chercha à terminer les chefs-d'œuvre d'architecture légués par tous les âges et épars sur le sol de la France.

Une commission formée près du ministère de l'intérieur fut investie du droit de donner son avis sur le mérite de ces édifices et de distribuer les subventions qu'on accordait pour les réparations. La commission des monuments historiques avait à sa disposition des fonds d'abord très-limités, mais que le vote des chambres accrut annuellement.

Ce ne fut pas sans rencontrer des résistances municipales qu'elle fit apprécier ses services et reconnaître son but. Des communes envoyaient des députations à Paris pour solliciter pour leurs édifices la faveur de n'être pas affligés du nom de monuments historiques. Elles se figuraient que c'était une atteinte portée à leurs propriétés. On a fini par se rassurer, et ce titre redouté est devenu l'objet de pressantes réclamations. Le Prevost fut l'un des membres les plus assidus de cette commission. Avec un zèle que vous comprenez, il coopéra aux actes législatifs qui permirent d'achever le palais de justice et l'église Saint-Ouen de Rouen. On lui devait antérieurement la conservation du théâtre romain de Lillebonne et de la salle capitulaire de Saint-Georges.

L'étude si sérieuse et si étendue que fit Auguste Le Prevost de l'architecture du moyen âge, des chartes et des manuscrits n'était qu'une préparation aux études de l'histoire elle-même. Il ne trouvait pas que les matériaux fussent assez nombreux et assez éclaircis pour permettre d'écrire une histoire générale de la province, et il s'attacha à un examen critique de tous les documents, examen qui devait le conduire à imiter dom Vaissette ou dom Lobineau. De là cette foule de mémoires, notices, rapports insérés dans tous les recueils scientifiques de la Normandie, et qu'il eût suffi de réunir et de rédiger pour faire l'histoire de l'archéologie normande. Force nous est aujourd'hui de parcourir rapidement les divers points de vue que Le Prevost a tour à tour embrassés.

L'étude de l'archéologie normande, par une circonstance très-singulière, reçut des événements de 1815 une vive impulsion. Depuis longtemps séparés de nous, les Anglais vinrent en foule visiter la France. Ils crurent découvrir un pays nouveau. Épuisée, humiliée par l'invasion, mais forte de son unité, de son esprit national, d'une administration régulière, et animée par le souvenir de sa gloire, sans être découragée par le sentiment de ses revers, la France n'était plus la France des anciens âges. C'était pourtant cette France-là que plusieurs venaient chercher.

Les grandes familles britanniques tirent un lustre singulier de leur généalogie quand elles peuvent la faire remonter jusqu'aux conquérants normands. Les plus nobles noms de l'Angleterre sont souvent les noms de nos localités normandes, défigurés par une prononciation étrangère. Quelques seigneurs firent partir leurs chapelains et leurs bibliothécaires pour rechercher dans notre province les origines de leurs maisons. Les envoyés parcoururent le pays, pénétrèrent dans nos archives et visitèrent nos monuments. Leurs recherches éveillèrent en Normandie un vif intérêt pour l'architecture du moyen âge, qu'ils savaient apprécier. Plusieurs savants anglais publièrent vers cette époque des voyages scientifiques en Normandie.

C'était aussi le moment où M. de Gerville, qui depuis fut le patriarche des antiquaires et des géologues normands, rentrait dans sa patrie après de longues années d'exil. Il rapportait la passion et la science même de l'archéologie, qu'il avait puisées dans un commerce suivi avec les archéologues anglais. Il se mit en communication avec Le Prevost, et leur correspondance ne tarda pas à être très-intime.

Cependant, au sein même de cette intimité, s'élevaient parfois de vives discussions qui tournaient au profit de la science. M. de Gerville habitait et représentait la basse, Le Prevost la haute Normandie. Tous deux essayaient d'éclaircir l'histoire des grandes familles de notre province : mais il était naturel que l'un tînt à retrouver l'origine de ces familles dans la partie occidentale, l'autre dans la partie orientale de la Normandie. Le partage et l'accord se firent : les deux rivaux se cédèrent mutuellement de grandes races, et les deux amis parvinrent à rectifier de graves erreurs qui jetaient sur des personnages différents une gloire ou un mépris injuste.

M. de Gerville et Le Prevost furent pendant très-longtemps les chefs et les arbitres de la science en Normandie. Tous deux antiquaires, tous deux géologues, ils s'étaient, pour ainsi dire, partagé leur commune patrie et traitaient de puissance à puissance comme des rois voisins et alliés.

Chacun groupait autour de soi les savants de son pays et donnait, par une active correspondance et d'excellentes publications, un élan dont on peut encore mesurer l'importance et la force. Quand on récapitule le grand nombre de mémoires, notes, rapports insérés dans tous les recueils littéraires de la province, les conseils demandés et donnés, les lettres reçues et échangées ; quand on énumère toutes les questions soulevées, débattues ou résolues dans le domaine des sciences naturelles ou historiques, on doit admirer l'éclat jeté par leur persévérance lumineuse et reconnaître qu'ils tiennent une place éminente dans l'histoire de la Normandie.

On s'est étonné que Le Prevost n'ait point composé un livre capital sur l'histoire ou sur l'archéologie. Mais étaient-ce bien là sa destinée et sa gloire ? Assurément, s'il eût pu se dérober au lourd fardeau que lui imposaient son obligeance et son savoir, il eût laissé à la postérité des titres peut-être plus éclatants, des ouvrages peut-être plus complets. Mais, paraissant après les troubles de la Révolution et les guerres de l'Empire, dans un moment où tout était à refaire, tout à recueillir, où il s'agissait de sauver les monuments historiques, les documents inédits, les objets d'art de la ruine et du mépris, il se laissa emporter dans son ardeur généreuse vers tous les sujets à la fois, parlant, écrivant, moins pour parler et écrire que pour agir, et sacrifiant, en mille occasions, son intérêt personnel à l'intérêt général, ses succès d'amour-propre au triomphe de ses idées. Je ne veux en citer qu'un exemple :

Lorsque MM. Nodier et Taylor vinrent en Normandie, le premier pour rédiger le texte des vues que le second choisissait ou dessinait, Le Prevost fut leur guide et les accompagna dans leurs courses. Il fournit à Nodier tout ce qu'il avait amassé de documents historiques et topographiques, et dans sa reconnaissance Nodier l'appela le Pausanias de la Normandie. C'était justice.

Nodier était un écrivain charmant, mais sa science historique était limitée et surtout colorée par une vive imagination. C'était un artiste très-capable de réussir dans le détail et non pas un architecte digne de construire un ouvrage d'ensemble. Le Prevost apporta à ses amis d'immenses matériaux. Il assit sur de solides fondements le monument que Nodier et Taylor devaient appeler *la Normandie pittoresque*. « Aucune expression, dit Nodier en terminant son ouvrage, ne peut faire comprendre ce que nous devons à M. Auguste Le Prevost, dont la bienveillance nous accompagne depuis le commencement d'un ouvrage qu'il a enrichi des trésors de la plus brillante érudition, et qu'il a quelquefois revêtu de l'éclat de son style. Je l'ai copié le plus souvent que je l'ai pu. Éminent dans tous les genres d'érudition, il nous a prodigué les richesses superflues, comme ce magnifique des *Mille et une Nuits*, qui dépense aisément des biens inexprimables, et il lui en reste d'autres à prodiguer, sans s'appauvrir, au lexicographe, à l'antiquaire, au naturaliste et au poëte. »

Ainsi a-t-il fait pour plusieurs, livrant les trésors de son érudition à qui voulait les prendre, n'ayant rien de cette avarice qui garde les découvertes sans les utiliser et seulement pour qu'un rival ne puisse en profiter.

Le Prevost comprit l'un des premiers que la France n'est pas toute entière dans Paris et que les provinces renferment un grand nombre d'hommes distingués dont il serait utile de concentrer les recherches et les études.

Il provoqua et soutint toutes les associations, tous les recueils qui se formèrent depuis 1815, pour exploiter les richesses contenues dans les bibliothèques et les archives de la province. Lorsque M. de Caumont créa l'Association normande, Le Prevost lui apporta son concours avec un zèle qui ne s'est jamais démenti. C'est pour l'*Annuaire de l'Association normande* qu'il écrivit son excellente notice sur les Normands de la Seine.

L'Académie de Rouen, la Société académique de l'Eure, la Société pour la conservation des monuments historiques, la Société des Antiquaires de Normandie, l'Association normande le comptaient en même temps parmi leurs membres les plus dévoués et les plus ardents.

Le Prevost fut, en définitive, un des représentants de la Normandie dans la révolution scientifique du xix° siècle. Sa vie tout entière fut consacrée à la propagande des doctrines sur lesquelles repose l'avenir des sciences historiques. Le Prevost ressentit une joie profonde lorsqu'il vit le mouvement qu'il avait si puissamment imprimé à la Normandie entraîner en même temps les autres provinces et la France entière, grâce au zèle de quelques savants, et à l'appui d'un gouvernement pacifique et libéral.

Les faits historiques avaient grand besoin d'être rétablis dans leur vérité. On était las de cette tradition monotone des mêmes événements dont la reproduction successive était le seul gage de l'authenticité.

Les bénédictins avaient accompli de magnifiques travaux. Il était indispensable de continuer leur œuvre et de l'étendre. Il y avait tout un ordre de monuments écrits qu'il fallait mettre en lumière pour rectifier les erreurs accumulées.

L'histoire ne peut plus être cette succession de lieux communs dont se tissaient jadis les œuvres qui prétendaient établir nos annales. Elle est devenue une investigation sérieuse des diverses transformations de la société pendant la marche irrégulière mais constante de la civilisation. C'est un tableau qui doit comprendre désormais, avec les événements militaires et politiques, le mouvement des arts, de l'agriculture, du commerce, l'amélioration des mœurs, la naissance des diverses classes de la population. Il faut expliquer par des causes naturelles la supériorité des hommes d'armes et l'abaissement des laboureurs ; entre ces deux extrêmes montrer les artisans et les bourgeois s'associant pour se défendre, les rois trouvant dans ces associations un appui contre la féodalité, les favorisant jusqu'au jour où ils lutteront contre elles, et des éléments les plus divers la nation française sortant unie et forte.

Cet ancien monde, que nous cachaient l'ignorance et l'indifférence générales, apparaîtra désormais aux yeux de tous singulier, bizarre, mais plein d'intérêt pour notre âge qui en conserve des traces profondes. Ces siècles ne nous semblaient d'abord qu'un chaos de coups d'épée, de violences, de trahisons, de guerres et de ruines ; désormais les choses prennent leur allure réelle. L'examen attentif des conditions de la société française, se civilisant par sa propre vitalité, replace les faits dans leur ordre naturel et explique des événements dont on ne connaissait ni les causes ni les conséquences. L'histoire juge les hommes maintenant, non plus sur les témoignages d'historiens dévoués par intérêt à des systèmes, mais sur des documents authentiques et nouveaux.

Alors que ces lueurs nouvelles dans le tableau obscur de nos annales commençaient à frapper les esprits sérieux, un enseignement admirable vint éclairer d'une forte lumière les profondeurs de la société du moyen âge. M. Guizot, à la Faculté des lettres de Paris, tenait attentif un immense auditoire. Le cours qu'il professait est devenu un livre célèbre que les historiens, les archéologues et les philosophes consultent sans cesse, parce que les ténèbres de tant de siècles éloignés s'y illuminent tout à coup des rayons d'une philosophique sincérité.

Le professeur, devenu ministre, régularisa la marche de ces patriotiques études.

C'était un vif encouragement pour toutes les intelligences d'élite que l'élévation successive au sommet de l'ordre politique des plus illustres écrivains dans les sciences, la littérature et l'histoire, et cela par la toute-puissance de l'opinion et le mouvement naturel de la vie parlementaire. Après avoir honoré leur carrière par des travaux consacrés à la gloire de leur pays et au développement des idées les plus généreuses, ils venaient faire l'application de leur expérience au développement de l'intelligence nationale, et donner l'appui du gouvernement aux progrès des sciences et des lettres.

Une haute et bienveillante sollicitude donna en 1833 une généreuse et forte impulsion à l'éducation du peuple français. Les écoles primaires sont les chemins vicinaux de l'intelligence.

Mais, en même temps qu'on donnait ces soins paternels aux pauvres enfants des campagnes, le ministre organisait sur des bases nouvelles et solides l'instruction secondaire et l'instruction supérieure. Il faut se rappeler, pour tenir compte des encouragements donnés à l'étude de l'histoire, que son enseignement n'était pas compris dans le programme des lycées impériaux, et qu'en 1818 seulement Royer-Collard et Cuvier parvinrent à l'introduire dans l'enseignement des colléges.

Des missions furent créées pour pénétrer dans les archives étrangères, et le gouvernement n'hésita pas à recourir à l'intervention diplomatique pour les faire ouvrir.

L'École des chartes avait été instituée et fournissait déjà à l'administration d'utiles auxiliaires, et à la France de vrais savants. Que n'a-t-on pas fait depuis quarante ans dans les sciences historiques, et cependant que ne reste-t-il pas à faire ? Quel laborieux travail, que de découvertes sont réservées aux amis de la vérité ! Combien de noms seront illustrés avant la fin du siècle par l'application des grands principes scientifiques que représentent les Guizot, les Guérard, les Thierry, les Le Prevost, les de Wailly, les Littré, les Le Clerc, les Delisle et les Wallon !

Le Prevost fut, pour ainsi dire, membre né de toutes les commissions scientifiques que les ministres de l'intérieur et de l'instruction publique créèrent à cette époque. Lorsqu'au ministère de l'intérieur nous organisâmes les archives départementales, une commission fut instituée pour aider l'administration de ses conseils. Le Prevost y prit place à côté de Guérard et de Natalis de Wailly. Les connaissances profondes de Le Prevost dans la paléographie et la diplomatique servirent supérieurement à la rédaction des instructions spéciales qui furent données pour mettre l'ordre dans cet important service. Le Prevost eut la consolation de voir cette institution se compléter. Les archives départementales, classées systématiquement, offrent maintenant aux érudits les plus curieux matériaux, et à tous d'intéressants documents.

Le Prevost fit également partie du comité des arts et monuments, institué près du ministère de l'instruction publique pour centraliser les recherches que faisaient ses correspondants.

On trouve dans le *Bulletin* du comité, en 1843, des rapports de Le Prevost : 1° sur la notice archéologique et historique de la paroisse de Chavagnes-en-Paillers (Vendée) par M. de la Villegille ; 2° sur une pierre tumulaire de l'église d'Avon, près de Fontainebleau ; enfin, 3° une proposition pour la création d'une chaire d'architecture religieuse.

La publication des documents inédits de l'histoire de France fut confiée, en 1834, à une réunion d'historiens éminents parmi lesquels Le Prevost fut appelé.

A cette même époque, 1833, une société particulière, mais qui, par le mérite de ses membres et la valeur de ses publications, est devenue une institution publique, la Société de l'histoire de France, s'organisait.

Le Prevost fut l'un de ses fondateurs ; plus tard il voulut être un de ses éditeurs. Il se chargea de donner au monde savant un véritable Orderic Vital. Il ajouta au texte des notes sur la géographie ancienne de la Normandie ; il expliqua les points obscurs, rétablit la chronologie et suppléa par d'ingénieuses conjectures au silence de l'auteur. Le dernier volume a été confié aux soins de M. Léopold Delisle, quand la vue de Le Prevost s'éteignit. Nul n'était plus digne de terminer cet immense travail. Dans sa savante notice sur Orderic Vital, M. Léopold Delisle invoque l'autorité de M. Guizot. « Aucun livre ne contient sur « l'histoire des xi° et xii° siècles, sur l'état politique, civil et religieux de « la société en Occident, sur les mœurs féodales, monastiques et popu- « laires, tant et de si précieux témoignages. » Rétablir et éclaircir le texte d'Orderic Vital fut un très-grand service rendu à l'histoire du moyen âge.

Le Prevost s'était préparé à cette édition d'Orderic Vital par un grand nombre de travaux sur la Normandie au temps des ducs normands. Je citerai seulement ses *Recherches pour servir à l'histoire des Normands de la Seine*, et ses notes sur le *Roman de Rou*.

Le *Roman de Rou*, de maître Wace, est un des récits les plus curieux et les plus fertiles en détails de l'histoire de la Normandie aux xi° et xii° siècles. M. Pluquet, de Bayeux, en est l'éditeur, mais ce fut Auguste Le Prevost qui en rédigea le prospectus et les notes historiques. Le travail de Le Prevost est un modèle de critique et de forte érudition.

L'étude de la topographie ancienne de la France parut toujours à Le Prevost d'une importance capitale, et l'on peut dire qu'elle fut le but permanent de ses efforts et le trait particulier de son génie. Plusieurs fois Le Prevost essaya lui-même de mesurer l'étendue, et d'étudier en détail ce champ jusqu'alors inexploré. Parmi les documents topographiques que les âges précédents nous ont légués, il n'en est point qui présentent plus de ressources que les pouillés. Les pouillés, dans l'origine, étaient des registres d'actes publics et privés, comme le célèbre Polyptyque d'Irminon. Plus tard, ils devinrent les inventaires des bénéfices ecclésiastiques séculiers et réguliers de chaque diocèse. Le Prevost publia successivement le pouillé du diocèse de Chartres, en tête du cartulaire de l'abbaye de Saint-Père, et les pouillés du diocèse de Lisieux dans les *Mémoires de la Société des Antiquaires de Normandie*. Nous n'hésitons pas à dire que Le Prevost contribua singulièrement à rendre à l'étude de la topographie ancienne le rang qu'elle reprend aujourd'hui et qu'elle doit occuper dans les sciences archéologiques; nous pouvons affirmer que son nom n'est pas indigne de figurer à côté de ceux de l'abbé Lebeuf et de Guérard.

Tout ramenait sans cesse Le Prevost à la Normandie, et dans la Normandie à l'étude de l'histoire locale : « C'est toujours avec un nouveau plaisir, écrivait-il dans la préface des *Pouillés de Lisieux*, que nous revenons à l'exploration de ce sol de notre province, dont les localités, les monuments, les traditions, les documents, les noms mêmes, plus chers qu'aucuns autres à notre amour, sont aussi plus familiers à notre mémoire et se dessinent plus nettement dans notre pensée, par lequel nous avons commencé nos travaux archéologiques et par lequel nous espérons les terminer un jour. » Aussi, l'œuvre principale d'Auguste Le Prevost eût-elle été intitulée : *Géographie, Topographie et Histoire des Communes du département de l'Eure*. Le temps et la cécité ne lui ont permis que de laisser des notes, notes curieuses toutefois, qu'il est utile et patriotique de recueillir, de rédiger, de classer, de publier. Le Prevost espérait retrouver les principaux documents qui se rattachent à l'histoire de chaque commune rurale; mais il avait souvent reconnu lui-même la difficulté de l'entreprise, et il se désolait de mener à sa perfection une œuvre qui sera, si l'on veut épuiser les détails, toujours à refaire. Il voulait grouper sous le nom de chaque commune tout ce qui pouvait éclairer son histoire particulière, et on ne peut se figurer combien les plus minutieux détails sont quelquefois utiles pour rectifier les faits importants de l'histoire générale. Ce qui a été imprimé et distribué à quelques amis suffit pour justifier l'intérêt que ces longues et délicates recherches ont excité.

C'est ce travail que la Société académique de l'Eure fait imprimer. Le conseil général contribuera à la dépense, mais les fonds les plus considérables ont été assurés par une donation de Mme Ricard. Adonnée toute sa vie à l'étude des sciences, la fidèle et vénérable amie d'Auguste Le Prevost a préparé à la mémoire de l'homme dont elle sut adoucir les dernières infirmités un monument qui, nous l'espérons, sera digne de lui. Pour mieux assurer ses desseins, elle en a confié l'exécution aux deux élèves et amis d'Auguste Le Prevost, à M. Léopold Delisle, aujourd'hui membre de l'Académie des inscriptions et belles-lettres, et à M. Louis Passy, ancien élève de l'École des chartes. Ainsi rien ne manquera à cet hommage public : ni le patronage de la Société de l'Eure, ni l'appui du conseil général, dont Le Prevost avait été, on se le rappelle, le secrétaire, ni la générosité, ni le dévouement de ses meilleurs amis. Le Prevost nous a laissé, d'ailleurs, dans ce qu'il a fait pour chaque commune un exemple et un modèle.

Propriétaire de la terre du Tilleul, près de Bernay, Le Prevost recueillit tous les titres, tous les actes, tous les documents qui la concernaient. Il a écrit l'histoire de Saint-Martin-du-Tilleul, et cette monographie d'une simple commune rurale est un chef-d'œuvre. Un intérêt sérieux et charmant en accompagne la lecture. On a voulu l'imiter et personne n'a pu l'égaler. Le Prevost n'avait pas besoin, dans la préface de son livre, d'appuyer sa tentative sur de solides raisons : il n'avait qu'à attendre le succès légitime qu'il atteignit sans le chercher.

Nous avons dit que Le Prevost avait un goût particulier pour la philologie. Il n'avait pas négligé l'étude des dialectes et des patois, c'est-à-dire de la langue française aux diverses époques et dans les diverses phases de son histoire.

Deux de nos savants compatriotes, MM. du Méril, ont fait paraître, en 1843, un *Dictionnaire du patois normand*. Louis Dubois avait recueilli un *Glossaire*, augmenté et publié par les soins de M. Julien Travers en 1856. L'abbé Decorde, en 1852, encouragé par Auguste Le Prevost, livra à l'impression un *Dictionnaire des mots particuliers au pays de Bray*.

Sur l'invitation de Le Prevost, plusieurs des membres de la Société de l'Eure se sont mis à l'œuvre : M. Bonnin, pour Évreux ; M. Robin, pour Pont-Audemer ; M. de Blosseville, pour Louviers, et pour les Andelys, M. A. Passy, avec la précieuse et intelligente collaboration de Mme de Saint-Foix et de M. Mettais-Cartier, maire des Andelys. Toutes ces recherches pourront être un jour réunies et publiées par la Société du département de l'Eure, et nous aurons alors un *Glossaire* digne de rivaliser avec le beau travail de M. le comte Jaubert sur les patois du Berry. Le travail de Le Prevost, intercalé dans un volume du *Glossaire* de M. du Méril, est précédé d'un avertissement dans lequel il démontre l'utilité de recueillir les mots, les tropes, les idiotismes de la langue populaire. En effet, c'est seulement en recueillant et en comparant tous les détails des langues parlées qu'on pourra faire l'histoire des langues écrites. Rien ne donne une plus juste mesure des idées, des habitudes et des mœurs que ces recueils de locutions originales, propres à telle ou telle province, à tel ou tel temps.

Dans cette préface inédite, Le Prevost compare les étymologies à des flambeaux qui répandent de la fumée et de l'obscurité sur leur passage quand ils n'éclairent pas. « L'étymologie, dit-il, demande non-seule-
« ment la connaissance approfondie et la comparaison continuelle d'un
« grand nombre de langues, de dialectes, d'idiotismes, une faculté
« d'observation et de rapprochement exquise, mais encore beaucoup
« de sobriété, de loyauté, de circonspection dans l'exercice de cette
« faculté. »

Toutes ces qualités, Le Prevost les a mises dans le travail qu'il a laissé. Mais on ne peut pas faire le glossaire d'un patois sans recherches étymologiques : pour savoir comment les mots se sont transmis ou défigurés, il faut découvrir comment ils se sont formés. Rien n'est plus dangereux et plus séduisant que le combat livré sur chaque mot entre l'imagination et la science.

Un écrivain éminent, M. l'abbé Bautain, dit avec beaucoup de raison dans sa *Philosophie des Lois* : « Quoiqu'une étymologie ne soit pas

« précisément une explication philosophique, cependant il y a toujours
« en elle quelque chose de profond, et voici pourquoi : c'est que d'or-
« dinaire les mots sont faits par le peuple, c'est-à-dire par le bon sens,
« et non par les savants ; d'où vient qu'ils sont bien faits, en général,
« et ce n'est pas une critique mais un fait que j'énonce. » Et plus
loin : « Il en est de même des locutions populaires. Elles sont, en
« général, bien faites, parce qu'elles sont l'expression du sens com-
« mun. Elles affirment toutes quelque chose de positif, que les inves-
« tigations subséquentes de la réflexion ébranlent trop souvent ou
« même détruisent. »

Il ne faut pas regretter sans doute trop vivement pour l'usage
général ces mots du langage du peuple, mais il est urgent de les recueillir avant qu'ils ne disparaissent. Un grand nombre même sont
devenus fossiles, car il faut les exhumer du milieu des champs où ils
sont ensevelis, ou les tirer d'écrits devenus rares qui les conservent
seuls. Les uns viennent du scandinave par les Normands, d'autres de
l'allemand par les races franques, beaucoup du latin et même du celtique. Un certain nombre de mots celtiques ont traversé les siècles avec
leur signification primitive, d'une manière incontestable et souvent sans
altération. Il n'est pas besoin de recourir à l'étymologie pour s'en
assurer. Quelques autres, au contraire, sont défigurés, mais se laissent
aisément deviner.

Le Prevost, comme le comte Jaubert, avait remarqué que dans les
formes du langage de chaque contrée particulière il y avait un reflet
du caractère des hommes qui l'habitent. Il étudiait avec soin ces différences et se plaisait à conserver et à raconter des anecdotes naïves
dont la saveur venait des expressions du patois.

C'était principalement pour arriver à reconnaître l'origine du nom
des communes et des personnages historiques que Le Prevost s'était
livré à de profondes études étymologiques. Il a laissé des notes nombreuses, commencées dès sa jeunesse et recueillies dans ses dernières
années avec le concours de son savant ami, M. Fabricius, de Copen-
hague. Tous deux cherchaient la part des langues scandinaves dans
les dénominations des localités normandes et dans la formation de
l'ancien dialecte de notre province. M. Fabricius a passé plusieurs mois
auprès de Le Prevost, au Tilleul et au Parquet, échangeant avec son
ami le fruit de leurs voyages et de leurs recherches.

Sous la double influence de ces études philologiques et topographiques, Le Prevost conçut un projet original qui mériterait d'être exécuté. Il désirait que le nom de toutes les communes de France fût révisé par une commission qui en aurait fixé l'orthographe officielle et aurait rendu à plusieurs les appellations historiques qu'elles avaient perdues. Il avait rédigé un mémoire pour provoquer ce travail.

« Il n'a pas tenu à M. Le Prevost, disait M. de Barante, président de la Société de l'histoire de France, il n'a pas tenu à lui que le gouvernement n'ait entrepris depuis longtemps un dictionnaire général des noms de lieux de l'ancienne France. »

Ces vœux de Le Prevost seront écoutés, et ils auront une utilité incontestable. Peut-être l'Académie des inscriptions pourrait-elle ouvrir un concours sur cette importante question et faciliter au gouvernement une réforme qu'il lui serait difficile de faire sans le secours de la science.

La vie d'Auguste Le Prevost a été celle d'un véritable savant. L'histoire de ses travaux a été l'histoire de sa vie. Son âme n'a été troublée par aucune passion violente. Sa carrière a été simple, modeste, heureuse, parce que le travail libre et continu animait seul ses actions. La haute estime que les érudits de la France et de l'Europe professaient pour sa personne était la gloire qu'il avait désirée et dont il jouissait parce qu'il l'avait légitimement obtenue.

Auguste Le Prevost était membre de beaucoup de sociétés savantes de France et de l'étranger, et parmi les plus éminentes je dois citer les Sociétés des Antiquaires de France et de Normandie, et la Société des Bibliophiles français.

En 1838, l'Académie des inscriptions et belles-lettres l'appela dans son sein et lui décernait la plus haute récompense à laquelle il pouvait prétendre.

Sa perte a été unanimement sentie par ses confrères, qui aimaient sa personne et professaient une haute estime pour son érudition.

Le Prevost est un écrivain correct. Son style est pur, clair et facile. Ami de la littérature romantique, il était entré dans les premiers combats qu'elle avait livrés à la littérature classique. Son *Discours sur la poésie romantique* (1825), dans lequel il défendait de jeunes et hardis novateurs, est écrit dans un langage qui fait sentir qu'il n'était pas entièrement initié aux nouvelles doctrines qu'il soutenait.

On rencontre même dans les publications qu'il a faites à la hâte et sous l'empire d'une impression instantanée des pages éloquentes, des descriptions colorées et une discussion aisée et ferme des questions les plus ardues.

Son caractère était doux, aimable et facile ; sa conversation spirituelle et variée. Ceux qui l'écoutaient apprenaient toujours quelque chose. Il avait l'esprit fin, observateur et solide. Sa gaîté conservait du caractère normand cette malice gauloise qu'une bonhommie naturelle ne fait pas d'abord soupçonner chez nos compatriotes. Il se plaisait à causer avec les gens de la campagne ; il s'instruisait près d'eux. Il avait raison. Il y a chez ces esprits incultes une science locale que l'observation et la tradition perpétuent de génération en génération, et l'on est surpris de tout ce que l'on peut apprendre de ces gens qui ne savent rien.

M. de Barante, président de la Société de l'histoire de France, dans l'assemblée générale du 1er mai 1860, parlant de la perte que le conseil d'administration avait faite, disait de lui :

« La distinction de ses manières, le charme de son caractère et de
« sa conversation, la sûreté de son jugement, la variété de ses con-
« naissances attiraient autour de lui les érudits, les poëtes, les artistes
« qui se vouaient à la glorification de la Normandie. »

Sa correspondance était charmante, pleine de saillies naïves, de douces plaisanteries, mais aussi de faits bien observés, de citations en diverses langues, de science positive et de philosophie pratique.

L'abbé Cochet, cet infatigable et heureux explorateur des antiquités normandes, dans une note publiée immédiatement après la mort de son ami, parlant des lettres de Le Prevost, s'exprimait ainsi :
« Ses lettres sont autant de petits chefs-d'œuvre d'urbanité, de bon
« ton, d'aménité et d'atticisme, en même temps qu'elles pétillent
« d'esprit et étincellent de science. Il possédait sous ce rapport un
« talent unique et il continuait la tradition des grands siècles de la litté-
« rature française. Sa correspondance rappelait celle des bénédictins
« et, en effet, M. Le Prevost était un bénédictin par la science et un
« académicien par le style. »

Ses relations scientifiques étaient immenses ; c'est par elles aussi bien que par ses écrits qu'il a rendu de véritables services. L'universalité de son savoir, son dévouement, son ardeur offrent des traits de ressemblance avec le correspondant des de Thou, des Malherbe, des Holstenius, des Dupuy : avec l'illustre Peiresc. Personne n'était plus exact que lui à répondre. Il tenait un registre dans lequel il notait soigneusement la date de la lettre reçue et la date de la réponse. Ainsi Huet, évêque d'Avranches, tenait, au xvii° siècle, un état de sa correspondance.

Quand l'obscurité se fit plus intense sur ses yeux, son exactitude à répondre aux lettres qu'il recevait de toutes parts lui suggéra les moyens d'un ingénieux martyre pour ne pas abandonner ses communications épistolaires. Sa belle et nette écriture décélait, par son irrégularité même, les patients efforts de sa main.

Il ne se plaignait jamais de sa cécité croissante et s'efforçait de se passer des secours dont les aveugles ont besoin. Il luttait avec sang-froid et bonne humeur contre les accidents qu'il rencontrait, et il les transformait en amusants récits pour dissiper les inquiétudes que ses courses imprudentes faisaient naître parmi ses amis.

Quand les maladies vinrent assiéger ses dernières années, il les supporta avec une philosophie simple et vraie, avec un courage naturel. Au milieu des plus pénibles épreuves, il consolait par de douces gaietés les tristes cœurs qui s'empressaient autour de lui. Condamné à de prudentes ténèbres après l'opération de la cataracte, il composait des vers et des chansons pour remercier ceux qui veillaient sur lui des soins qu'ils lui prodiguaient.

Auguste Le Prevost était poëte. Il aimait dans l'intimité à réciter les vers qu'il composait, sur un sujet ou sur un autre, pour exprimer les plus doux sentiments du cœur ou célébrer les merveilles de la nature. Toutes ses poésies sont remarquables par l'élégance et le naturel. Il était consulté par nos plus grands poëtes, et M. de Sainte-Beuve lui a dédié une de ses *Consolations*.

Au mois de juillet de l'année dernière, Auguste Le Prevost fut atteint d'une maladie grave, mais qui d'abord ne donna point d'inquiétudes à ses amis. En deux jours, le mal fit des progrès rapides que ne put arrêter la science du docteur Caneaux, son neveu.

Le 14, il demanda à la religion les seuls secours qui lui restaient à obtenir.

Ses dernières paroles furent des accents de reconnaissance pour les soins affectueux qui adoucissaient depuis longtemps ses infirmités.

Puis ses pensées se tournèrent uniquement vers Dieu, et quand le prêtre lui demanda s'il voulait recevoir le saint viatique, il prononça encore ces mots : « Oui, pour participer à la gloire de Jésus-Christ. » Ce fut tout.

Il apercevait déjà l'aube de la lumière éternelle qui allait lui dévoiler la science absolue, celle de la vérité divine que l'homme cherche à travers toutes les sciences humaines, mais qu'il ne peut atteindre qu'au jour solennel où il s'est élevé au-dessus des ténèbres de la terre.

Quand l'intelligence humaine s'est dépouillée par le travail des obscurités originelles qui l'enveloppent, l'âme devient forte d'une foi immuable dans ce qui lui est réservé au delà de la vie : elle aspire à l'immortalité dont elle va s'illuminer à jamais, et c'est la récompense qu'elle a méritée, parce qu'elle l'a poursuivie avec amour, confiance et humilité.

Gisors, novembre 1860.

A. PASSY.

CATALOGUE

DES

OUVRAGES DE AUGUSTE LE PREVOST.

HISTOIRE. — ARCHÉOLOGIE.

1813. Mémoire sur la crypte ou chapelle souterraine de Saint-Gervais, à Rouen, et les tombeaux qui se trouvent près de cet antique monument. (*Précis analytique des travaux de l'Académie de Rouen*, 1813, p. 99.)

Essai sur les Romances historiques du moyen âge. *Rouen, P. Périaux*, 1814, in-8° de 23 pages. (*Acad. de Rouen*, 1813.) Tiré à part, in-4° de 23 pages, 1814.

Mémoire faisant suite à l'Essai sur les Romances historiques du moyen âge. (*Acad. de Rouen*, 1816, p. 117-141.)

1815. Réflexions sur les antiquités des départements de la Seine-Inférieure et de l'Eure, et notamment sur les restes d'Agnès Sorel. (*Acad. de Rouen*, 1815, p. 131-135.)

Rapport fait sur l'Abbatiale de Saint-Ouen, et mémoire explicatif des dessins relatifs à l'ancienne Abbatiale. (*Acad. de Rouen*, 1816, p. 142-159.)

Renseignements sur d'anciens tombeaux de pierre trouvés à Saint-André-sur-Cailly. (*Acad. de Rouen*, 1815, p. 89.)

1816. Mémoire sur une Élégie ancienne. (*Acad. de Rouen*, 1816, p. 100-103.)

Rapport sur l'Histoire du duché de Normandie par M. Goube. (*Acad. de Rouen*, 1816.)

1817. Mémoire sur la porte du Bac, démolie en 1816. (*Acad. de Rouen*, 1817, p. 161-170.)

Discours du président prononcé à la reprise des séances, le 15 novembre 1816.

Sur l'Architecture du moyen âge en France, traduct. d'un Essai de feu Whittington. (*Acad. de Rouen*, 1817, p. 129.)

Discours d'ouverture de la séance du 8 août. (*Acad. de Rouen*, 1817.)

Réponse au discours de réception du docteur Leprevost.

Réponse au discours de réception de M. Adam.

Mémoire relatif au mariage, en 1309, de Guillaume de Tancarville avec Isabelle de Marigny, autorisé par une charte de Philippe le Bel de la même année. (*Acad. de Rouen*, 1817, p. 129-131. Extr.)

1818. Notes sur les restes d'un établissement antique à Saint-André-sur-Cailly. (*Acad. de Rouen*, p. 158-160.)

Pavés singuliers trouvés à Calleville près Brionne. (*Acad. de Rouen*, 1818, p. 155-158.)

Note sur les principes régulateurs du dessin et de la composition des médailles. (*Acad. de Rouen*, 1818, p. 160. Extr.)

Observations sur quelques objets d'antiquité relatifs à la ville de Rouen, par feu M. Torcy, communiqué et annoté par M. Auguste Le Prevost. (*Acad. de Rouen*, 1818, p. 177-182.)

1819. Considérations sur la Romance. (*Acad. de Rouen*, 1819, p. 123.)

    Recherches sur les deux Quevilly et l'ancien prieuré de Saint-Julien. Manuscrit. (*Arch. de l'Acad. de Rouen.*)

1820. Rapport sur le Dictionnaire des rues et places de Rouen par M. Périaux. (*Acad. de Rouen*, 1820, p. 138.)

    Notice sur diverses antiquités découvertes dans le département, à Sainte-Marguerite. (*Acad. de Rouen.*)

    Considérations sur le charme et l'utilité attachés à l'étude de l'histoire. (*Acad. de Rouen*, 1820, p. 167-174.)

1821. Rapport sur l'Essai sur la ville de Caen par M. Delarue. (*Acad. de Rouen.*)

    Mémoire sur l'église de Saint-Georges-de-Bocherville. Commission de antiquités de la Seine-Inférieure. (Manuscrit.)

1822. Rapport sur les Mémoires de la Société des Antiquaires de Paris. (*Acad. de Rouen.*)

1823. Notice sur Arques, 1re partie. (*Acad. de Rouen*, p. 131-148; *Arch. de la Normandie*, 1824.)

    Rapport sur un Mémoire relatif au peuple appelé Essuii par César, par M. Estancelin. (*Acad. de Rouen.*)

    Notice sur les travaux de la Commission d'Antiquités du département de la Seine-Inférieure, in-12 de 21 pages. (*Ann. statist.*, 1823 et 1824.)

1824. Rapport sur la Notice de M. Rever relative à la statue en bronze doré de Lillebonne. (*Acad. de Rouen*, 1824, p. 149-163.)

    Rapport sur un Mémoire de M. Rever concernant le platine. (*Acad. de Rouen.*)

    Mémoire concernant l'hôtel du Bourgtheroulde, à Rouen. (*Acad. de Rouen.*) Caen, imp. de Poisson, 1825, in-8° de 24 pages.

    Sur le Monasticum gallicanum. (*Arch. annuelles de la Normandie*, p. 131-133.) Indication des monastères de la Normandie figurés dans ce recueil.

    Mémoire sur les pavés faïencés du moyen âge, formant mosaïque, trouvés à Calleville, arrondissement de Bernay [Eure]. (*Acad. de Rouen*, p. 109-118.)

    Antiquités découvertes à Sainte-Marguerite-sur-Saonne près de Dieppe. (*Acad. de Rouen*, p. 166-169.)

    Découverte d'un monument romain au Bois-l'Abbé. (*Acad. de Rouen*, p. 256.)

    Analyse d'ouvrages relatifs à la Normandie, architecture du moyen âge. (*Arch. de la Normandie*, t. Ier, p. 278-282.)

    Lettre sur l'impulsion donnée aux recherches archéologiques sur tous les points de la France. (*Mém. de la Soc. des Antiq. de la Normandie*, 1824, 2e part., p. 9.) Caen, Mancel; Paris, Ponthieu et Delaunay, au Palais-Royal, 1825.

    Mémoire sur la position de l'île nommée Oscellus, dans les récits relatifs aux invasions des Normands. (*Mém. de la Soc. des Antiq. de la Normandie*, 1824, p. 510.) Caen, 1825, in-8°.

    Prospectus du Roman de Rou et des ducs de Normandie, publié pour la première fois par Frédéric Pluquet. (*Arch. de la Normandie*, 2e année, p 403.) Caen.

    Rapport sur les Essais archéologiques de M. Pinel, du Havre. (*Acad. de Rouen.*)

    Rapport sur l'Histoire de Louviers de M. Morin, lu le 12 mars 1824. Manuscrit. (*Acad. de Rouen*, 1824.)

1824 et 1826. Inventaire du Trésor des Chartes.— Normandie. (*Arch. de Normandie*, 1er et 2e articles : 1er vol., p. 170-176 ; 2e vol., p. 315-327.)

1825. Circulaire de M. Auguste Le Prevost, directeur de la Société des Antiquaires de Normandie, à MM. les Membres titulaires de cette Société, in-8° de 42 pages. (*Soc. des Antiq. de Normandie*, 2e vol., 1825.) Tiré à part. Caen, 1825.

    Examen des Studii Geniali du comte V. de Abbati. (*Acad. de Rouen.*)

1826. Rapport sur la Première Lettre relative aux Antiquités de la Normandie, par Raymond. (*Acad. de Rouen*, 1826, p. 93.)

    Sur la Normandie. (*Arch. de la Normandie*, 2e année, p. 255-273.) 1er et 2e art. Réimpression de deux articles insérés dans le journal *le Globe*.

    Titres inédits, tirés des combles de la Bibliothèque du roi. (*Arch. de la Normandie*, 2e année, t. II, p. 328-336.) Tiré à part, in-8° de 24 pages.

XXIX

1826. Compte rendu du Mémoire de M. Rever sur les ruines de Lillebonne. (*Arch. de la Normandie*, 2ᵉ année, p. 255.)
   Caen, 1826.
   Compte rendu du Mémoire de M. Rever sur les ruines de Lillebonne. (Même volume, p. 404.)

1827. Notes et commentaires historiques, généalogiques et géographiques sur le roman de Rou, édit. Pluquet.
   Rouen, Ed. Frère, 1827, 2 vol. in-8°.

1828. Rapport sur un Mémoire de M. Rever, sur le Vieil-Evreux. (*Acad. de Rouen*, 1828, p. 135.)
   Rapport sur un Essai historique et descriptif sur l'abbaye de Saint-Georges, par M. A. Deville. (*Acad. de Rouen*, 1828, p. 141.)
   Notice sur la Châsse de Saint-Taurin d'Evreux. (*Mém. de la Soc. des Antiq. de la Normandie*, 1827-1828, 2ᵉ partie, p. 293.)
   Caen, 1829, in-4° de 50 pages avec planches.
   Rapport sur un Mémoire de M. Ferret aîné, et le plan du camp de César. (*Acad. de Rouen*, 1828, p. 136.)

1829. Mémoire sur quelques monuments du département de l'Eure, et particulièrement de l'arrondissement de Bernay, comprenant 142 pages. (*Mém. de la Soc. des Antiq. de la Normandie*, t. IV, p. 357.)
   Publié in-4° de 89 pages avec planches lithographiées.
   Caen, Chalopin, 1829.
   Rapport sur les travaux des Sociétés savantes. (*Acad. de Rouen*.)
   Supplément aux Notes historiques sur le roman de Rou. Imprimé à la suite des observations philologiques et grammaticales sur le roman de Rou, par M. Raynouard.
   Rouen, Edouard Frère, éditeur, 1829, in-8° de 28 pages.
   Réflexions sur Alain Blanchard.
   Rouen, 1829, in-8° de 16 pages.

1830. Rapport sur les pièces adressées par M. le professeur Rafn, secrétaire de la Société des Antiquaires du Nord. (*Acad. de Rouen*, 1830, in-8° de 36 pages.)
   Rapport sur l'Histoire du Château-Gaillard par M. Deville. (*Acad. de Rouen*.)
   Rapport sur les antiquités de Berthouville, arrondissement de Bernay. (*Recueil des Trav. de la Soc. libre d'Agric., Sciences, Arts et Belles-Lettres de l'Eure*, t. Iᵉʳ.)
   Liste des principaux objets trouvés à Berthouville. (*Recueil des Trav. de la Soc. libre d'Agric., Sciences, Arts et Belles-Lettres de l'Eure*, t. Iᵉʳ.)
   Evreux, Ancelle fils, 1830, petit in-8° de 27 pages.
   Mémoire sur la collection des vases antiques trouvés à Berthouville, arrondissement de Bernay. (*Soc. des Antiq. de Normandie*.)
   Caen, Chalopin, 1832, in-4° de 75 pages avec 15 planches lithographiées.
   Rapport sur les travaux des Sociétés savantes. (*Acad. de Rouen*.)
   Notes sur les antiquités romaines de Serquigny. (*Recueil des Trav. de la Soc. libre d'Agric., Sciences, Arts et Belles-Lettres de l'Eure*.)
   Evreux, Ancelle fils, 1830, in-8° de 11 pages.
   Fouilles dans la forêt de Beaumont-le-Roger. (*Recueil des Trav. de la Soc. libre d'Agric., Sciences, Arts et Belles-Lettres de l'Eure*, t. VI, 1830, p. 168-183.)

1831. Rapport sur les travaux de l'Académie de Dijon. (*Acad. de Rouen*.)
   Rapport sur la Revue normande de M. de Caumont. (*Acad. de Rouen*.)

1832. Sur la Revue normande. (*Recueil des Trav. de la Soc. libre d'Agric., Sciences, Arts et Belles Lettres de l'Eure*, 1832, t. III, in-8° de 16 pages.)
   Rapport sur l'Essai sur la peinture sur verre par Hyacinthe Langlois. (*Acad. de Rouen*.)
   Rapport sur quelques opuscules de M. de Stabenrath. (*Acad. de Rouen*.)
   Rapport sur une Notice historique et descriptive de la cathédrale d'Amiens et sur l'Histoire d'Amiens par feu M. Duseval, et une Notice sur l'arrondissement de Doullens par M. Eugène Duseval. (*Acad. de Rouen*.)
   Notice historique et archéologique sur le département de l'Eure, 1ʳᵉ partie, époque gauloise et romaine. (*Annuaire de l'Eure*, 1832.)

1833. Notice historique et archéologique sur le département de l'Eure, 1ʳᵉ partie, époque gauloise et romaine, in-8° de 114 pages. — Tirage à part, 2ᵉ édit., revue et augmentée.
   Evreux, 1833.

1833. Prise de Pont-Audemer par le duc de Mayenne en 1592, avec quelques détails sur la campagne de 1592. (Extrait de l'*Essai sur Pont-Audemer*, par M. Canel, t. 1er.)
Rouen, 1833.

Lettre à M. le Rédacteur de la *Revue normande*, au sujet de plusieurs passages d'un article de M. de la Fontenelle de Vaudoré, intitulé : *Conspiration des Poitevins à la requête de l'Angleterre*. (*Revue normande*, 1833, t. 1er.)

1833-1834. Recherches sur l'origine, l'étymologie et la signification primitive de quelques noms de lieux en Normandie, traduit du danois, de M. Petersen, par M. de la Roquette. — Lettre et notes de M. Aug. Le Prevost. (*Bulletin de la Soc. de Géographie*, janvier 1834, t. III, p. 36-64.)

1834. Notes pour servir à l'Histoire de la Normandie et des Normands de la Seine, jusqu'en 912, 1re partie. (*Annuaire des cinq départem. de l'anc. Normandie*, 1835.)
Caen, 1834, in-8o de 56 pages.

1835. Liste, par ordre alphabétique, des communes, hameaux, écarts, châteaux, fermes, chapelles et autres lieux habités ou bâtis quelconques, portant un nom particulier, du département de l'Eure. (*Ann. de l'Eure*.) Tirage à part.
Evreux, *Ancelle fils*, in-12 de 154 pages.

Calendrier normand, ou Liste des Saints appartenant, à quelque titre que ce soit, au territoire normand. (*Ann. des cinq départements de la Normandie*.)
Caen, imp. de A. Leroy, 1835.

1837. Dictionnaire des communes, hameaux, écarts, châteaux, fermes, chapelles et autres lieux habités ou bâtis quelconques, portant un nom particulier, du département de l'Eure.
Evreux, 1837, in-12 de 154 pages.

1838. Notice sur la châsse de Saint-Taurin d'Evreux. (*Recueil des Trav. de la Soc. libre d'Agric., Sciences, Arts et Belles-Lettres de l'Eure*, 2e édition.)
Evreux, imp. de Ancelle fils, 1838, in-8o de 62 pages.

1838 à 1855. Orderici Vitalis Angligenæ cœnobii Uticensis monachi, historiæ ecclesiasticæ libri tredecim, ex veteris codicis Uticensis collatione emendavit, et suas animadversiones adjecit Augustus Le Prevost.
Le 5e volume, comprenant le livre XIII, les pièces justificatives et les tables, est dû à M. Léopold Delisle, membre de l'Institut.
Parisiis, *apud J. Renouard et socios*, 1838-1855. Cinq volumes in-8o.

1839. Dictionnaire des anciens noms de lieu du département de l'Eure.
Evreux, 1839, in-12 de 324 pages et in-8o de 297 pages.

1837 à 1840. Anciennes divisions territoriales de la Normandie.
Ce mémoire a été inséré dans l'*Ann. de la Soc. de l'Hist. de France*, 1837, 2e année, et dans les *Mém. de la Soc. des Antiq. de la Normandie*, 2e série, t. 1er.
Caen, *Hardel*, 1840, in-4o de 59 pages.

1843. Rapport concernant une Notice archéologique sur la paroisse de Chavagnes-en-Paillers [Vendée]. (*Bulletin du Comité des arts et des monuments*.)
Paris, *Paul Dupont et Cie*, juillet 1843, in-8o de 14 pages.

Rapport sur une pierre tumulaire du commencement du XIVe siècle, qui existe dans l'église d'Avon, près Fontainebleau. (*Bulletin du Comité des arts et des monuments*.)

Proposition relative à la création d'une chaire d'architecture religieuse. (*Bulletin du Comité des arts et des monuments*.)

1844. Lettres au Rédacteur en chef du *Moniteur universel*, à propos de la découverte du cœur de saint Louis dans la Sainte-Chapelle, à Paris. (Extr. du *Monit. univers.*)
Paris, *Panckouke*, mai et juin 1843, in-8o (trois lettres).

1844. Réponse à l'écrit de M. Letronne, intitulé : *Examen critique du prétendu cœur de saint Louis*.
Paris, 1844, *Comptoir des imprimeurs unis*.

Pouillés du diocèse de Lisieux, recueillis et annotés. (*Soc. des Antiq. de la Normandie*, t. XIII.
Caen, *Hardel*, 1844, in-4o de 99 pages.

1848. Histoire de Saint-Martin-du-Tilleul.
Paris, *Crapelet*, 1848, in-8o jésus de 124 pages, avec carte et armoiries.

1849. Notes pour servir à la topographie et à l'histoire des communes du département de l'Eure au moyen âge.
Evreux, *A. Hérissey*, 1849, 1re livr., in-8o de 133 pages à deux colonnes.

1850. Note sur un passage d'Orderic Vital, relatif à la perdrix, 4 pages in-8o.
(Sans date ni nom d'imprimeur.)

LITTÉRATURE.

1814. Rapport sur les Mémoires à imprimer dans le Précis. (*Acad. de Rouen.*)
1816. Discours de M. Le Prevost, président. (*Acad. de Rouen.*)
1818. Rapport sur les Mémoires à imprimer dans le Précis. (*Acad. de Rouen.*)
1820. Rapports sur l'Histoire de la guerre de l'indépendance des États Unis d'Amérique, par M. Botta, 1820. (*Acad. de Rouen*, 1821, p. 137.)
1821. Rapports sur des poésies latines de M. d'Anneville. (*Acad. de Rouen.*)
1824. Discours sur le classique et le romantisme. (*Acad. de Rouen*, 1824, p. 127-128.)
   Rapport sur une Épître en vers de M. Pinel. (*Acad. de Rouen.*)
   Rapport sur le roman de Nadir, par M. Guttinguer. (*Acad. de Rouen.*)
   Rapport sur la publication du Mémoire de M. Noé de la Morinière. (*Acad. de Rouen.*)
1825. Sur la poésie romantique.
   Rouen, 1825, in-8° de 23 pages.
   Rapport sur les Mélanges poétiques de M. Guttinguer. *Acad. de Rouen.*
1827. Rapport sur la Grammaire italienne de Vincent Peretti, perfectionnée par M. Ballin, 2° édit. (*Acad. de Rouen*, 1827, p. 117.)
1829. Discours prononcé à l'ouverture de l'école gratuite de Saint-Sever, par M. Auguste Le Prevost, président de la Société pour l'encouragement de l'instruction élémentaire dans le département de la Seine-Inférieure.
   Rouen, Baudry, 1829, in-8° de 16 pages.
1832. Rapport sur l'Hymne à la cloche de M. Langlois. (*Acad. de Rouen.*)
   Rapport sur la Ballade de Lénore, de Bürger. (*Acad. de Rouen.*)
1850. Sur un papier fabriqué au XIII° siècle. (*Soc. des Bibliophiles.*)
   Techener, 1850, in-8°.

SCIENCES. — AGRICULTURE.

1814. Rapport sur les travaux de la Société d'Agriculture du Nord. (*Acad. de Rouen.*)
1816. Sur les plantations en massif. (*Acad. de Rouen* et *Soc. d'Agriculture*, t. Ier, p. 301, 5 planches.)
1819. Compte rendu d'une lettre de François de Neufchâteau à la Société d'Agriculture de Perpignan. (*Acad. de Rouen.*)
1820. Rapport sur les Mémoires de la Société d'Agriculture de Lyon, p. 52, 1820. (*Acad. de Rouen.*)
   Observations sur les suites du changement de niveau dans une plantation de hêtres, chênes et ormes. (*Soc. d'Agric. de la Seine-Infér.*, 1821, t. II, p. 12-22.)
   Rapport sur les Mémoires publiés par la Société d'Agriculture et Arts du département de Seine-et-Oise, p. 57, 1820. (*Acad. de Rouen.*)
1821. Rapport sur l'Esquisse d'un Essai sur la philosophie des sciences. (*Acad. de Rouen.*)
1822. Observations sur quelques maladies et autres circonstances nuisibles à plusieurs arbres verts. (*Recueil des Trav. de la Soc. libre d'Agric., Sciences, Arts et Belles-Lettres de l'Eure*, t. Ier, p. 219-227.)
1822. Rapport sur le résumé d'un cours élémentaire de géographie physique, par M. Lamouroux. (*Acad. de Rouen*, p. 6, 1822.)
   Rapport sur l'Aperçu microscopique et physiologique de la fructification des Thalassiophytes symphysistes, par M. Gaillon, 1822, p. 10.
   Rapport sur l'Annuaire agricole du département de la Seine-Inférieure, par M. Guérard de la Quesnerie, 1822, p. 24.
1823. Nouveau procédé employé dans l'île de Guernesey pour l'amélioration et la conservation des cidres, in-8°, lu à la Société d'Agriculture de Rouen, le 22 octobre 1823 et tiré à part.

1823. Rapport sur un Voyage en Bosnie, par Chaumette-Desfossés. (*Acad. de Rouen.*)

Instruction sur les Cultures sarclées. (*Soc. d'Agric. de la Seine-Inférieure*, 1823, t. II, p. 27-33.)
  Rouen, *Périaux*, 1823, in-8°.

Rapport sur les Observations de M. Gaillon, concernant la coloration des huîtres. (*Acad. de Rouen.*)

Observations sur une maladie des abeilles. (*Acad. de Rouen.*)

Rapport sur la Description des Lichenées de la Seine-Inférieure, par Leturquier-Deslongchamps. (*Acad. de Rouen.*)

1825. Mémoire sur le puceron lanigère. (*Soc. d'Agric. de la Seine-Inférieure*, 1825, t. III, p. 80-99.)

Rapport sur les sujets de prix pour un concours extraordinaire. (*Statistique minéralogique de la Seine-Inférieure.*)

1826. Rapport sur un voyage d'observation exécuté sous les ordres de M. Duperrey, 1826. (*Acad. de Rouen*, p. 25.)

1827. Rapport sur les Observations botaniques et zoologiques adressées à l'Académie par M. Desmazières. (*Acad. de Rouen*, 1827, p. 27.)

Rapport de la Commission chargée de rendre compte à l'Académie du concours qu'elle avait ouvert concernant la géologie de la Seine-Inférieure. (*Acad. de Rouen*, 1827, p. 97-107.)

Mémoires sur les lichens calicioïdes. — 1re partie. Description des genres lymbaria et cyphelium, par Erik Acharius, traduit du suédois par Auguste Le Prevost. *Caen, Chalopin*, 1827, in-8° de 54 pages avec planches lithographiées.

1828. Rapport sur le résumé méthodique des classifications des thalassiophytes, par M. Benjamin Gaillon, 1828. (*Acad. de Rouen*, p. 23.)

1829. Rapport sur le Mémoire relatif à la géologie de la Seine-Inférieure, envoyé au concours ouvert par l'Académie royale des Sciences, Belles-Lettres et Arts de Rouen. *Rouen, Nicétas Périaux*, 1829, in-8° de 30 pages. Tirage à part. Extrait de l'*Acad. de Rouen*, 1829.

1830. Note sur une expérience d'agriculture faite dans l'arrondissement de Bernay. [Emploi du plâtre cru pour le plâtrage des trèfles, in-8° de 7 pages.] (*Recueil des Trav. de la Soc. libre d'Agric. Sciences, Arts et Belles-Lettres de l'Eure*, 1830, t. Ier.)

Rapport sur la topographie géognostique du Calvados. (*Acad. de Rouen.*)

1831. Présentation à l'Académie d'un fragment de pierre calcaire, détaché de la côte Sainte-Catherine, où se trouvent des osselets pétrifiés de la patte antérieure d'un ichthyosaure. (*Acad. de Rouen.*)

Rapport sur un Mémoire de Desmazières sur les plantes cryptogames du nord de la France. (*Acad. de Rouen.*)

Rapport sur des empreintes symétriques trouvées dans l'intérieur d'un fragment de bois cylindrique. (*Acad. de Rouen.*)

1832. Discours d'ouverture prononcé par M. Auguste Le Prevost, président de la Société centrale d'Agriculture du département de la Seine-Inférieure, dans la séance publique tenue à Rouen le 23 octobre 1832, in-8° de 8 pages, sans nom d'imprimeur.

Discours prononcé par le même, à la même Société, en 1832, in-8°, f° VII, 1832.

Rapport sur la Flore du département de la Somme, par Pauquy. (*Acad. de Rouen.*)

1833. Rapport sur la traduction par M. de Cazes du Voyage de Waterton. (*Acad. de Rouen.*)

Notes sur le Pogonus pallidipennis, in-8° de 2 pages. (*Recueil des Trav. de la Soc. libre d'Agric., Sciences, Arts et Belles-Lettres de l'Eure*, 1833, t. IV.)

1834. Discours d'ouverture de la séance publique de la Société centrale d'Agriculture du département de la Seine-Inférieure du 7 mai 1834.
  Rouen, Nicétas Périaux, 1834, in-8° de 14 pages.

1851. Communication sur la culture des pommiers et la fabrication du cidre. (*Soc. centr. d'Agric. de la Seine-Inférieure.*)
  Rouen, Péron, 1851.

AVERTISSEMENT.

L'étude de la topographie locale ou, pour mieux dire, l'histoire archéologique des campagnes n'a pas jusqu'à présent tenu dans la science la place qu'elle méritait ; les villes, avec leurs événements dramatiques et leurs beaux monuments, ont toujours attiré la curiosité publique : rien de plus naturel, rien de plus injuste. Reprenant, à la suite de l'abbé Lebeuf, une doctrine que ressuscitait presque au même moment notre illustre maître Benjamin Guérard, Le Prevost soutint que l'humble commune rurale n'avait pas moins de droits que les plus vastes cités à recueillir les débris de son histoire et les souvenirs des temps passés. C'est ainsi que, joignant l'exemple au précepte, il donna successivement les *Pouillés du diocèse de Chartres*, l'*Histoire de Saint-Martin-du-Tilleul*, le *Dictionnaire des anciens noms de lieu du département de l'Eure*, et qu'enfin il entreprit la description géographique, topographique et historique de toutes les communes de ce même département. Les premières feuilles de ce grand travail furent livrées à l'impression en 1849 ; mais la cécité obligea bientôt Le Prevost à renoncer à une entreprise qui, si elle eût été poussée par lui-même au degré de perfection qu'il rêvait, eût résumé toutes les études de sa vie.

La générosité et le zèle ardent d'une vénérable amie viennent aujourd'hui réaliser un projet que la maladie et la mort semblaient avoir ruiné, et que mille obstacles paraissaient combattre en même temps. Que Mme Ricard veuille bien recevoir l'expression de notre reconnaissance ! En nous désignant comme éditeurs, en assurant la plus grande partie des frais de la publication, elle nous a permis de rendre à la mémoire de notre maître et ami le seul hommage qui fût digne de lui, et de donner à la Normandie, notre commune patrie, une nouvelle preuve de notre entier dévouement.

Il y a peut-être trente ans que Le Prevost commença à rassembler les matériaux du vaste ouvrage qu'il méditait; aussi inscrivait-il jour par jour, dans un registre spécial et sous le nom de chaque commune, les notes que dans la variété de ses lectures il recueillait de tous côtés. Ces notes sont très-succinctes : souvent elles n'indiquent point la source où elles ont été puisées; quelquefois elles se bornent à renvoyer à un livre ou à un cartulaire. Il est évident que chaque commune avait été et devait être pour l'auteur l'objet d'une étude nouvelle, approfondie, pour laquelle il aurait fait appel aux lumières de ses amis, de ses correspondants et des autorités locales. Pour s'en assurer, il suffit de comparer les notes manuscrites, telles qu'elles sont consignées dans le registre, et les notes imprimées, telles qu'elles ont été rédigées dans les premières feuilles.

Si Le Prevost avait eu le temps d'achever et d'imprimer son ouvrage, il aurait fait un dictionnaire géographique et historique de toutes les communes du département de l'Eure; mais, prévoyant dès le début les difficultés qui jailliraient à chaque pas d'un sujet aussi compliqué qu'étendu, il avait pris pour titre de ses premières études : *Notes pour servir à la topographie et à l'histoire des communes du département de l'Eure au moyen âge*. C'est ce titre modeste que nous conservons.

L'ouvrage que nous publions aujourd'hui est donc un recueil de notes, mais de notes faites sur des documents originaux, pour la plupart inédits et inconnus, et dont l'ensemble doit présenter aux savants et aux gens du monde un intérêt puissant. Même dans ces limites, la tâche qui nous incombait était délicate et laborieuse : non-seulement il fallait transcrire, recueillir, classer, rédiger les notions consignées dans le manuscrit original ou disséminées dans les ouvrages imprimés de Le Prevost, sur les marges de ses livres, dans un certain nombre de dossiers; mais il nous a fallu encore compléter un grand nombre de lacunes, en insérant des pièces originales que Le Prevost indiquait comme nécessaires, ou qu'il eût probablement publiées s'il les avait connues. Le lecteur ne perdra pas de vue les circonstances au milieu desquelles cet ouvrage a été publié : il voudra bien excuser les erreurs et les omissions que le zèle des éditeurs n'aura pas pu et ne pourra certainement pas corriger ou prévoir.

Le Prevost a fondé sa renommée par une foule de mémoires excellents; nous espérons bientôt les réunir et couronner ainsi le monument que notre respectueuse reconnaissance voudrait élever à sa mémoire. Mais quelque différence qu'il puisse y avoir entre des morceaux achevés et une œuvre incomplète, nous demeurons convaincus que les *Notes pour servir à la topographie et à l'histoire des communes du département de l'Eure* serviront encore utilement la gloire de Le Prevost; elles demeureront comme l'exemple d'une pensée patriotique, d'une grande tâche et d'un immense labeur; elles contribueront à rendre à notre département les titres dispersés ou perdus de son histoire locale, et, en écartant la fatigue et l'ennui des premières recherches, elles offriront une base naturelle à des travaux définitifs. *Quærite et invenietis*, a écrit Le Prevost en tête de l'*Histoire de Saint-Martin-du-Tilleul*: cherchez et vous trouverez!

C'est pour nous un devoir et un plaisir de nommer en terminant les personnes qui, soit du vivant de Le Prevost, soit pendant le cours de cette publication, ont apporté quelques matériaux à l'édifice ou quelques secours aux ouvriers. Citons d'abord M. le docteur Caneaux, qui a libéralement donné à la Société de l'Eure les manuscrits et les livres annotés de Le Prevost, son oncle; M. Siméon Luce, docteur ès lettres, archiviste paléographe, qui a bien voulu consacrer à la transcription du manuscrit original un temps qu'il a rendu précieux par des travaux justement remarqués. Citons encore les amis et correspondants de Le Prevost : à Gisors, M. Antoine Passy; à Amfreville, M. le marquis de Blosseville; à Évreux, M. Bonnin, le savant éditeur du *Registre d'Eudes Rigaud*, MM. Chassant, Lebeurier, Raymond Bordeaux; à Bernai, M. Le Métayer-Masselin; à Pont-Audemer, MM. Canel et Robin; aux Andelis, M. Mettais-Cartier; à Louviers, M. Dibon; à Dieppe, M. Cochet; à Rouen, MM. de Beaurepaire, Floquet, Deville, Pottier, Ballin. Citons enfin M. le préfet de l'Eure, M. Janvier, dont le concours empressé appelle tous nos remerciments, et qui, en plaçant ces travaux sous les auspices du Conseil général, leur a donné un caractère d'utilité publique aussi flatteur pour la mémoire qu'honorable pour les amis et les éditeurs de Le Prevost.

LÉOPOLD DELISLE, LOUIS PASSY.

NOTICE
HISTORIQUE ET ARCHÉOLOGIQUE
SUR LE
DÉPARTEMENT DE L'EURE [1].

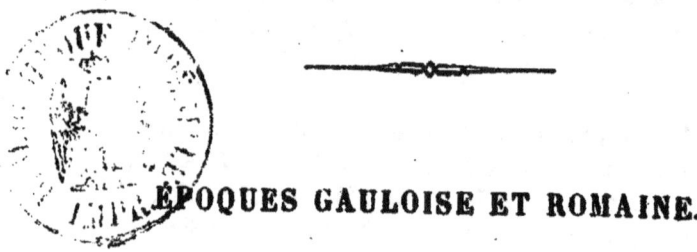

ÉPOQUES GAULOISE ET ROMAINE.

PREMIÈRE PARTIE.

LES AULERQUES ÉBUROVIQUES, MEDIOLANUM AULERCORUM, CONDATE, UGGADE, BREVIODURUM, RITUMAGUS, CANETUM.

1° Histoire des Éburoviques. — Évreux, chef-lieu du département de l'Eure, et une portion étendue de sa circonscription (les arrondissements d'Évreux et de Louviers, et la moitié orientale de l'arrondissement de Bernai) occupent le territoire des AULERCI EBUROVICES, un des peuples de la Gaule Belgique dont la position géographique est le mieux connue.

Ces Aulerques Éburoviques formaient, avec les Aulerques Cénomans (Manceaux) et les Aulerques Diablintes (habitants du bas Maine), la confédération des Aulerques qui, dès une époque bien antérieure à la

---

(1) Ce mémoire a paru dans l'*Annuaire du départ. de l'Eure*, en 1833. M. Le Prevost le fit tirer à part et précéder d'un avertissement. « M. Antoine Passy, préfet de l'Eure, dit-il, « nous ayant invité à insérer dans l'Annuaire de 1832 quelques renseignements sur l'his- « toire et les antiquités du département, nous nous sommes empressé de déférer à cette « flatteuse invitation en lui adressant la note suivante. Ce n'est point un travail complet et « satisfaisant que nous avons la prétention d'offrir à nos concitoyens, mais un simple « point de départ susceptible de nombreuses corrections et augmentations. Nous espérons « qu'ils voudront bien nous aider à perfectionner cet essai, ou nous faisant part de toutes « les erreurs et les omissions qu'ils y auront remarquées. » Nous avons cru devoir rappeler ces paroles pour rendre au mémoire que nous publions son véritable caractère, et pour préciser quelle part revient à M. Rever, à M. Le Prevost et à M. Bonnin dans l'étude des antiquités gauloises et romaines du département de l'Eure.   L. PASSY.

conquête des Gaules par les Romains, avait perdu beaucoup de son ancienne puissance par l'effet de l'invasion et de l'émigration.

Vers la fin du vii° siècle avant Jésus-Christ, les nations kimriques, refoulées vers l'occident par les peuples teutoniques, passèrent le Rhin et se précipitèrent sur le nord de la Gaule ; l'invasion se dirigea principalement le long de l'Océan, vers les contrées nommées armoriques (c'est-à-dire maritimes) ; une partie des anciens habitants resta mêlée à la population conquérante ; une autre portion, appartenant surtout aux Aulerques et aux Carnutes (habitants du pays chartrain), se réfugia chez les Bituriges (1), les Éduens (2) et les Arvernes (3). Quelques-uns des Aulerques s'établirent dans le voisinage des Éduens et s'associèrent à leur confédération sous le nom d'Aulerques Brannoviques (4).

Les autres émigrants entraînèrent avec eux une portion de leurs hôtes sous le commandement de Bellovèse, le Biturige. Ce fut en l'an 587 que, après avoir porté secours aux Massaliotes (habitants de Marseille) contre les Ligures, ils franchirent les Alpes par le mont Genèvre, battirent les Étrusques sur les bords du Tésin, et s'établirent dans un pays nommé Isombrie ou Insubrie, parce qu'il était déjà habité par les Gaulois. Ceux-ci, qui avaient passé les monts dès le xiv° siècle avant Jésus-Christ, étaient soumis aux Étrusques depuis une époque voisine de l'an 1000. Bellovèse fonda la ville de MEDIOLANUM, aujourd'hui Milan, dont le nom rappelait aux émigrants celui du chef-lieu des Aulerques Éburoviques (MEDIOLANUM AULERCORUM).

On conçoit facilement que dans cette grande perturbation les Aulerques aient dû perdre beaucoup de leur puissance et de leur territoire primitif. Cependant nous pensons qu'à l'époque de la conquête des Gaules par les Romains les trois parties de ce territoire étaient encore contiguës, et que la contrée aujourd'hui connue sous le nom de Perche devait s'y trouver comprise. Il est difficile de supposer, en effet, que l'une des trois tribus confédérées fût obligée de traverser une population étrangère pour communiquer avec les deux autres.

C'est en l'an 57 avant Jésus-Christ que Publius Crassus fut chargé par César d'aller à la tête d'une légion établir la domination romaine dans toutes les cités armoriques, parmi lesquelles sont indiqués les

---

(1) Habitants du Berri.
(2) Habitants du territoire d'Autun.
(3) Habitants de l'Auvergne.
(4) *Aulerci Brannovices*. D'Anville les place dans le Brionnais, petit pays situé entre Autun et la Loire, et dont le chef-lieu est Semur en *Brionnais*.

Aulerques (1), quoiqu'il ne paraisse pas que leur territoire se soit jamais étendu jusqu'à l'Océan. César ne nous dit point de quels Aulerques il a voulu parler, mais il est visible qu'il s'agit des Éburoviques, puisque ce furent les Aulerques Éburoviques qui se révoltèrent l'année suivante. D'ailleurs, il ne pourrait y avoir de doute qu'entre eux et les Cénomans, attendu que quand il parle des Diablintes il ne les désigne point comme Aulerques. Or les Cénomans étaient bien plus éloignés des côtes que les Éburoviques, immédiatement contigus aux cités maritimes et riverains d'un grand fleuve près de son embouchure.

L'année suivante, ces mêmes Éburoviques prirent la part la plus active au soulèvement des cités armoriques; ainsi que leurs voisins les Lexoviens, ils égorgèrent leur sénat qui ne voulait pas se mettre à la tête de l'insurrection (2), fermèrent leurs portes et allèrent se joindre à Viridovix, chef de l'armée insurgée (3). Notre savant ami M. de Gerville croit avoir retrouvé dans le département de la Manche, sur les limites des cantons de Periers et de la Haye-du-Puits, l'emplacement des deux camps occupés par Q. Titurius Sabinus, lieutenant de César, et par le chef gaulois (4).

Dans l'automne de la même année, César, après avoir dévasté et incendié le territoire des Morins (5) et des Menapiens (6), ramena ses troupes prendre leurs quartiers d'hiver chez les Aulerques, les Lexoviens et les autres cités armoriques qui avaient tenté de secouer son joug (7).

En l'an 52 avant Jésus-Christ, les Éburoviques prirent encore part au soulèvement dirigé par Vercingétorix et eurent à fournir à l'armée insurgée un contingent de 3,000 hommes comme leurs voisins les Lexoviens et les Bellocasses (8). Celui des Cénomans s'éleva à

---

(1) César, *De bell gall.*, l. II, chap. xxxiv.
(2) M. Rever réclame contre cette imputation. Mémoire sur les ruines du Vieil-Évreux, publié par ordre de la Société d'Agriculture de l'Eure. — Juin 1827. Vol. in-8°, p. 193.
(3) César, l. III, chap. xvii.
(4) *Archives normandes*, t. Ier, p. 100-107.
(5) Ce territoire des Morins occupait le même emplacement que l'ancien évêché de Terouenne, qui, depuis le traité de Catean-Cambresis, forma par son démembrement ceux de Saint-Omer, de Boulogne et d'Ypres.
(6) Peuple maritime, occupant un territoire situé au nord de celui des Morins.
(7) César, ibid., chap. xxix.
(8) Ou Velocasses (habitants du Vexin). (César, l. VII, chap. lxxv.)
Les Calètes et les Unelli fournirent 6,000 hommes, les Parisii 8,000, les Carnutes 12,000. Il fut demandé 10,000 hommes aux Bellovaques, qui ne se déterminèrent qu'après beaucoup d'instances à en envoyer 2,000.

5,000, peut-être en y réunissant la part des Diablintes. Dans ce dénombrement les Éburoviques sont exclus de la liste des cités armoriques où nous venons de les voir inscrits précédemment. Cette contradiction nous montre avec quelle réserve on doit admettre les données fournies par César relativement à la géographie de la Gaule.

Le vieux général gaulois Camulogène, qui avait dirigé avec tant de courage et d'habileté, dans la même année, l'armée de ses compatriotes rassemblés dans Lutèce, était un Aulerque. César ne nous dit point à laquelle des trois cités de ce nom il appartenait, mais le voisinage des lieux nous autorise à le réclamer pour les Éburoviques.

2° *Limites du territoire.* — C'est en général par la circonscription des anciens diocèses que l'on peut se faire une idée de la circonscription des cités gauloises sous l'empire romain. Or, le diocèse d'Évreux était autrefois borné au nord et au nord-est par la Seine qui le séparait du Vexin normand, à l'est par le Mantois, au sud par les rivières d'Avre et d'Eure qui le séparaient du pays chartrain, à l'ouest par la Charentonne qui le séparait du Lieuvin, puis au nord-ouest par le Roumois. On voit ainsi qu'il ne renfermait du département de l'Eure actuel que la portion comprise dans les arrondissements d'Évreux, de Louviers et la moitié orientale de l'arrondissement de Bernai, comme nous venons de le dire ; mais en revanche il s'étendait fort au delà vers le sud-ouest, où toutes les communes du canton de l'Aigle [moins une (1)] et la moitié de celles du canton de la Ferté-Fresnel (2) en dépendaient. On peut donc croire que sous la domination romaine, et même auparavant, plusieurs de ces limites étaient celles des Aulerques Éburoviques, au moins au nord et au nord-est, du côté des Velocasses, au sud du côté des Carnutes, et à l'ouest du côté des Lexoviens, où la Seine, la Charentonne et l'Avre leur offraient des frontières naturelles.

Ces limites sont beaucoup moins certaines au nord-ouest, à l'est et au sud-ouest, surtout pour les temps antérieurs à la conquête romaine. Nous avons déjà exprimé ailleurs l'opinion que la partie du Roumois comprise entre la Seine et la Risle n'avait dû être annexée au territoire des Velocasses qu'à l'époque de la refonte des cités gauloises par les premiers empereurs, ou de l'élévation de *Rotomagus* (aujourd'hui

---

(1) Beaufai.
(2) Anceins, la Ferté-Fresnel, Gauville, Glos, la Gonfrière, Marnefer, Notre-Dame-du-Bois, Socanne, Saint-Michel, Saint-Nicolas et Saint-Pierre-de-Sommaire.

Rouen) au rang de métropole de la seconde Lyonnaise. On peut donc supposer que ce canton aurait appartenu antérieurement aux Éburoviques, et qu'ils y auraient trouvé dans la Risle et la Seine des frontières parfaitement établies; cependant il est également possible que le Roumois ait fait partie du territoire des Lexoviens; mais cette dernière hypothèse nous paraît moins probable, à cause de l'absence de limites naturelles.

Nous venons de voir que du côté sud-ouest l'ancien diocèse d'Évreux s'étendait fort au delà de la circonscription actuelle du département de l'Eure; il est probable que le territoire de la confédération aulerque comprenait une bien plus grande partie du département de l'Orne et surtout le Perche entier, soit que ces portions, aujourd'hui distraites des diocèses qui l'ont remplacée, appartinssent aux Éburoviques ou aux Cénomans. Notre respectable confrère M. Vaugeois pense qu'elles dépendaient de ces derniers, et que c'étaient la Commanche, l'Huisne et le Loir qui servaient de limites entre eux et les Carnutes. D'après cette hypothèse, à laquelle nous n'avons rien à opposer, le territoire des Éburoviques ne se serait pas avancé vers le midi au delà des limites de l'ancien diocèse d'Évreux. Toutefois un passage d'Orderic Vital, que nous avons déjà signalé à l'attention de nos concitoyens, prouve combien les limites des évêchés étaient encore confuses au xie siècle, puisque vers les confins des diocèses de Lisieux, de Séez et d'Évreux des contrées assez étendues ne dépendaient d'aucun de ces diocèses, et que les seigneurs choisissaient librement, entre les prélats voisins, celui qui leur convenait le mieux (1).

La mention dans un acte de 690 (2) d'un Faverolles appartenant au territoire d'Évreux, et que nous prenions pour la commune de ce nom voisine de Nogent-le-Roi, nous avait fait supposer que les limites des Éburoviques auraient pu, à une date quelconque, s'étendre jusque-là et

---

(1) « Nam Gerolus.... postquam Helgonis fiscum (les terres de Montreuil-l'Argillié et « d'Echauffour), ut supradictum est, obtinuit, incolas illius patriæ, de quo episcopatu « essent, inquisivit. Illi autem dixerunt se nullius episcopatus esse. At ille : Hoc omnino « injustum est; absit a me ut sim sine pastore et jugo ecclesiasticæ disciplinæ! Deinde « quis vicinorum præsulum religiosior esset investigavit; agnitisque virtutibus Rogerii « Lexoviensis episcopi, ei totum honorem suum subjugavit; et Baldricum de Balgenzaio « (Bocancé), generosque suos, Wascelinum de Ponte Erchenfredi (Echanfré), et Rogerium « de Merula (le Merlerault), terras suas, quæ simili libertate abutebantur, prædicto pontifici « similiter submittere persuasit. » (Ord. Vit., l. III, t. II, p. 26.)

(2) « Villa Favariolas quæ est in pago Ebrocino super fluvium Siega cum omni jure et « termeno (sic) suo. » (Hist. de Saint-Denis, pièces justif., p. 10.)

embrasser tout le pays de Madrie de l'époque carlovingienne, lequel était borné, comme on sait, par la Maudre, la forêt Iveline, l'Eure et la Seine. Mais un examen plus attentif nous porte à croire que c'est de Faverolles près Conches qu'il s'agit dans cet acte. L'existence d'un village nommé Fains (Fines) sur les bords de l'Eure, aux environs de Paci, paraît indiquer d'une manière incontestable qu'au moins sous la domination romaine le territoire des Éburoviques s'arrêtait à cette rivière, bien au-dessous de sa jonction avec l'Avre.

Il n'existe aucune difficulté sur les cités auxquelles ont appartenu les portions du département étrangères au territoire des Éburoviques. L'arrondissement des Andelis rappelle encore par son nom du Vexin (qu'on écrivait au moyen âge Veulquessin) ses habitants primitifs, les Velocasses. Le Roumois (*Pagus Rotomagensis*) ne dépendait pas moins visiblement de leur capitale sous la domination romaine. Toute la portion des arrondissements de Bernai et de Pont-Audemer située au delà de la Charentonne et de la Risle atteste également par son nom de Lieuvin qu'elle appartenait aux Lexoviens, comme elle a fait encore partie du diocèse de Lisieux jusqu'à la Révolution.

3° *Provinces dont ce territoire a fait partie.* — Le territoire des Aulerques Éburoviques, compris dans la Celtique avant la conquête des Gaules, fit successivement partie de la Lyonnaise, sous Auguste, puis de la seconde Lyonnaise après sa création par Dioclétien, vers la fin du IIIe siècle; le démembrement qu'éprouva plus tard cette province ne l'en fit point sortir, mais sépara ses habitants de leurs confédérés les Cénomans et les Diablintes, qui passèrent dans la troisième du même nom.

4° *Mediolanum Aulercorum (chef-lieu des Éburoviques); ses médailles; ses monuments romains.* — Le chef-lieu de la cité des Aulerques Éburoviques portant le nom de *Mediolanum Aulercorum* (1)

---

(1) On peut croire que, dans l'origine, *Mediolanum* était le chef-lieu non-seulement des Éburoviques, mais encore des autres Aulerques, puisqu'il est nommé constamment *Mediolanum Aulercorum* et non pas *Eburovicum*. Il serait même permis de supposer, d'après cette dénomination, que les Éburoviques avaient la prééminence sur leurs confédérés et formaient les Aulerques proprement dits. Aussi les voyons-nous souvent appelés Aulerques sans autre désignation.

Nous citerons, à propos de la note précédente, une inscription qui se trouve au musée de Limoges, et qu'a bien voulu nous communiquer M. le général Creully. Elle a déjà,

était situé dans l'emplacement de la commune actuelle du Vieil-Évreux (1). On connaît plusieurs médailles de cette ville ou plutôt des

d'ailleurs, été publiée dans le *Recueil des Travaux de la Société libre d'Agriculture de l'Eure*.

```
        DM · ET · M
       PAETIPAETINI
       DECVRIONIS
       CIVITATIS·V
       LERCORVMEB·
      RIPSESIBIVIVS
          POSVIT
```

Un décurion de la cité des Aulerques Éburoviques fait lui-même son épitaphe et prépare son tombeau.   L. P.

(1) M. Le Prevost a reconnu plus tard que *Mediolanum Aulercorum* était Évreux et non le Vieil-Évreux. En 1852, il adressa sur ce sujet à M. Bonnin une lettre qui fut publiée dans le *Recueil des Travaux de la Société libre de l'Eure*, 3ᵉ série, t. IV, p. 353. Cette lettre, dans laquelle il discute et critique ses anciennes opinions, résume les travaux faits au Vieil-Évreux depuis 1832 jusqu'à 1852, et rectifie les erreurs dans lesquelles il était tombé. Nous croyons faire honneur à la mémoire de notre maître en publiant ce curieux mémoire et en montrant avec quelle loyale sincérité il poursuivait la découverte de la vérité :

« La Vaupalière, ce 20 mai 1852.

« Monsieur et cher Confrère,

« Vous m'avez plus d'une fois témoigné le désir que je vous fisse connaître, d'une manière précise, mon opinion actuelle et probablement définitive sur l'emplacement de l'établissement antique nommé Gisacvs. Le courant d'une vie fort peu sédentaire ne m'a pas laissé jusqu'ici assez de loisirs pour rasseoir et rédiger mes idées sur ce point de notre topographie de l'Évrecin. Néanmoins, je ne le désire pas moins vivement ni depuis moins longtemps que vous, car j'ai traité jadis cette question d'une manière qu'aujourd'hui je regarde comme erronée, et, après le plaisir de persister dans une opinion qu'on croit fondée, je n'en connais point de plus vif que celui de proclamer que l'on est revenu d'une erreur.

« C'est donc avec bonheur que je saisis l'occasion que vous voulez bien me fournir de déclarer que je ne place plus Gisacvs à Gisai-la-Coudre, près la Barre, malgré l'identité des noms, les traditions pieuses qui y existent concernant saint Taurin et la présence de nombreuses substructions romaines.

« J'avais jusque-là toujours supposé pareillement, conformément à la tradition locale, que l'emplacement primitif du chef-lieu des Aulerques Éburovices avait été le Vieil-Évreux, et que ses habitants ne s'étaient transportés sur les bords de l'Iton qu'à l'époque où il ne leur fut plus possible de résider avec sécurité dans les campagnes et les villes ouvertes, sans cesse exposées aux invasions des rebelles ou des barbares.

« Vos savantes et loyales recherches, Monsieur et cher confrère, dissipèrent bientôt ces illusions. Elles me prouvèrent que l'établissement romain d'Évreux avait existé à une époque bien antérieure à la construction de son enceinte, puisque là, comme à Sens et presque dans toute la Gaule, la base de ces murailles n'était formée que de débris de monuments préexistants, d'une grande splendeur, et qui n'avaient pu y être apportés de loin. Vous y découvriez en même temps l'emplacement d'un magnifique théâtre, et non loin de là un autre plus petit et plus rustique à Arnières. Enfin il résultait encore de vos investigations que toutes les voies antiques rayonnaient d'Évreux actuel et non du Vieil-Évreux, dont l'aqueduc avait été coupé pour livrer passage à l'une d'elles. L'établissement

Éburoviques. Bouteroue en a publié deux, mais fort mal : on sait combien les artistes de son temps se faisaient peu de scrupule d'affadir,

étudié par M. Rever se trouvait réduit par vous à n'avoir été que le palais de quelque grand personnage ou fonctionnaire, et non un chef-lieu de cité pourvu d'une nombreuse population agglomérée.

« Les traditions les plus accréditées ne pouvaient tenir contre une pareille masse de faits. Il fallut reporter franchement et définitivement MEDIOLANVM à Évreux, comme l'avait fait d'Anville, et dans une position tout à fait analogue à celle qu'occupait Mediolanum Santonum sur les bords de la Charente.

« En même temps on découvrait dans les environs du Vieil-Évreux (1) deux inscriptions qui ne permettaient plus de laisser GISACVS à Gisai-la-Coudre. L'une d'elles constatait l'existence d'une divinité topique, DEVS GISACVS. On a conservé, dans le midi de la France, un grand nombre d'inscriptions de ce genre qui nous attestent la déification de lieux dont les noms souvent bizarres se sont quelquefois perpétués jusqu'à nos jours. Nous nous contenterons de citer le dieu Luchon (LIXO), le dieu Bascrte (BASEATE) et le dieu ou la déesse Artet (ARTEHE). Le dieu Gisai appartient évidemment à la même catégorie, et nous en trouverions bien d'autres exemples autour de nous si nos campagnes étaient aussi riches en inscriptions antiques que les provinces méridionales de la France.

« Mais, dira-t-on, ce n'est pas autour du Vieil-Évreux, c'est à Gisai-la-Coudre qu'il faut nécessairement placer Gisacus. Je répondrai qu'on n'est pas irrévocablement enchaîné à Gisai-la-Coudre par l'identité de nom, puisqu'il a existé plus d'un lieu ainsi appelé (2). Nous savons, par exemple, que Jusiers, entre Mantes et Meulan, portait authentiquement ce nom (3), et nous ne voyons point pourquoi il n'y en aurait pas un troisième au point que le concours des deux inscriptions en met si légitimement en possession. Les divinités topiques n'étaient honorées en effet que dans un rayon fort restreint, et il est impossible de rapporter soit à Gisai-la-Coudre, soit à Jusiers une manifestation trouvée si près du Vieil-Évreux.

« Votre seconde inscription achève d'ailleurs de nous démontrer l'existence, sur le lieu où elle a été trouvée, d'un Gisacus constitué, non pas en chef-lieu de cité, mais en municipe, dont les habitants se donnaient le titre de citoyens (4). Ces deux inscriptions me

---

(1) C'est au Vieil-Évreux même et à peu de mètres de distance l'une de l'autre, dans le palais dont M. Bonnin a publié les plans, qu'ont été découvertes ces inscriptions : la première en 1828, la seconde en 1836.

(2) Une inscription antique, conservée dans le musée d'Amiens, a transmis jusqu'à nous un nom presque identique.

```
          GESACO.AVG
          SATVRNINVS
          SECCI.FIL
          V.S.L.M.
```

(3) Ce lieu est appelé GISEI dans la charte de donation de la comtesse Leutgarde, vers le milieu du Xe siècle. M. Bonnin a remarqué que déjà à cette époque reculée le nom de Gisei avait perdu sa terminaison primitive pour prendre celle qui l'a remplacée dans toute la zone de la langue d'oïl.

(4) Voici le texte de cette seconde inscription :

```
     ..... O • CRISPOSBOVI .........
     .... ?AMEDON    7   ......
     ....   AXTAC BITI EV ~......
     .....?O    CARABITONV.....
     .... ᴠIASEIANISEBODDV~......
     .....    REMI   FILIA  ...
     .....DRVTAGISACICIVIS Sᵛ....
```

en les copiant, ces types barbares. L'une de ces médailles porte d'un côté le relief d'un cheval libre et courant, avec la légende AVLERCO en chef et une étoile en pointe. Le revers présente le sanglier gaulois,

paraissent démontrer d'une manière incontestable qu'il y avait dans ce quartier un lieu assez notable pour donner lieu à une déification, assez peuplé pour qu'on pût s'en dire citoyen, et que son nom était Gisacus. Maintenant ce nom s'étendait-il jusqu'à la splendide demeure qui y était contiguë (1), ainsi que cela arrive le plus souvent de nos jours? C'est ce que nous ignorons, et qui ne pourra être éclairci que par la découverte de quelque nouvelle inscription établissant ou contredisant ce fait d'une manière précise (2). En attendant, et sous toutes réserves, je pense qu'il n'y a rien de mieux à faire que de lui donner provisoirement cette extension, ne fût-ce que comme protestation contre l'erreur grave qui, tirant son origine des ténèbres du moyen âge, s'est perpétuée jusqu'à nos jours et continuera de subsister dans le langage officiel et populaire. Il n'y a point d'inconvénient à ce que ces imposantes ruines reçoivent le nom de Gisai; il y en a beaucoup à ce qu'elles conservent sous la plume des savants celui du Vieil-Évreux, qui y deviendrait une consécration dangereuse de l'erreur populaire.

« Après avoir ainsi retrouvé un Gisai aux portes d'Évreux, tout le monde comprendra que c'est là que doit être reporté celui qui figure dans la légende de saint Taurin. En effet, il résulte des détails d'un récit (3), d'ailleurs assez confus, qu'on y était, si nous osons parler ainsi, pied dedans pied dehors avec Evreux. Or c'est ce qui ne peut s'appliquer ni à Gisai-la-Coudre, ni à Jusiers, ni en général à aucune localité placée hors de la banalité du chef-lieu de la cité. On sait d'ailleurs que ce n'était pas l'usage de nos premiers apôtres de s'aventurer au delà d'un faible rayon au milieu des populations fanatiques, féroces, indisciplinées qui ne permirent que beaucoup plus tard aux prédicateurs de l'Évangile de circuler parmi elles. Il est aujourd'hui universellement reconnu, quoi qu'en aient pu dire les légendaires du IXe siècle, que la foi chrétienne ne pénétra que timidement et graduellement dans ces repaires de l'idolâtrie. Partout ce fut dans la banlieue de la ville épiscopale que le nouveau culte commença à rayonner, et c'est pour ce motif que dans la plupart des diocèses elle avait conservé le nom significatif de *chrétienté*.

« La maison de plaisance, la villa du gouverneur de la cité ne pouvait pas plus que les excursions du saint pontife dépasser une distance de Mediolanum fort limitée. Il fallait que ce magistrat restât en communication continuelle avec son tribunal, avec ses bureaux, avec le courant journalier de la correspondance, des affaires et des nouvelles. Ce n'est pas jusqu'à Gisai-la-Coudre que ce courant pouvait aller le chercher et recevoir de lui une réaction éclairée et instantanée. Sous ce point de vue, il devient donc encore impossible de placer ailleurs que dans l'extrême voisinage d'Évreux le Gisai de la légende.

« Mais il est tout naturel que les générations intermédiaires n'y aient pas regardé de si près, et que, ne connaissant qu'un Gisai dans l'Évrecin, elles y aient impitoyablement ramené saint Taurin et son farouche persécuteur, sans tenir aucun compte du tour de force qu'elles leur faisaient accomplir. Cette méprise était naturelle et presque inévitable, tant que les pierres n'avaient pas parlé. Aujourd'hui que, grâce à vous, leur témoignage a été retrouvé et proclamé, la fixation définitive de Mediolanum Aulercorum à Évreux, et celle de Gisacus tout près des ruines si mal à propos désignées jusqu'ici par le nom de

---

(1) Nous avons dit que c'est dans ce splendide palais que lesdites inscriptions ont été découvertes.

(2) Une lettre de M. Auguste Le Prevost à M. l'abbé Lebeurier, en date du 27 février 1856, établit de la manière la plus positive que la découverte de Saint-Éloi n'a point modifié son opinion sur l'emplacement de GISACVS (Voy. t. IV, p. 314 du *Recueil des Travaux de la Société libre d'Agriculture, Sciences, Arts et Belles-Lettres de l'Eure*): « Je répéterai ce que je crois connu de toutes les personnes intéressées dans ce débat, c'est que j'ai placé depuis longtemps au Vieil-Évreux le Gisacus de la légende de saint Taurin et de deux inscriptions antiques, et que je persiste dans cette opinion. »

(3) Celui de la légende publiée par les bollandistes.

avec la légende EBVROVI, et certain objet semi-circulaire au-dessous, que l'auteur prend pour la moitié d'un bouclier. L'autre est semblable du côté du cheval; mais sur le revers on voit deux bœufs, et le même objet semi-circulaire que nous venons de décrire et qui, ici, indique peut-être un char. Il est surmonté d'une petite figurine humaine. Au-dessous des bœufs on lit à rebours la légende EBVROVICES (1). M. Mionnet a publié dans son catalogue (Gaule Lyonnaise) cinq médailles des Éburoviques (2), dont trois se rapprochent beaucoup de la première. Il en est de même d'une autre médaille de ce peuple trouvée dans les

Vieil-Évreux me paraissent deux faits définitivement acquis à la science, et je pense que c'est pour elle un devoir rigoureux de les enregistrer immédiatement dans ses actes.

« Agréez, je vous prie, Monsieur et cher confrère, la nouvelle assurance de mes sentiments les plus affectueux et les plus dévoués.

« A. LE PREVOST. »

(1) *Recherches curieuses des monnaies de France*, 1666, in-folio, p. 40 et 41.

(2) *Description de médailles antiques grecques et romaines*, I. Gaule Lyonnaise, p. 80-81 :

206. AVLIRCV. Tête casquée à gauche. R. Homme combattant un lion, au-dessous un sanglier, etc. Æ. 5.

M. Duchalais décrit autrement cette médaille : « AVLIRCV. Tête imberbe tournée à « gauche. Le contour de cette tête est dessiné par un trait qui l'enveloppe; les cheveux des- « cendent sur le cou. Filet autour. (Apollon.) R. Génie ailé tourné à droite et combattant un « lion tourné à gauche; entre les deux antagonistes, un cercle dans le centre duquel est « un globule au bas, un sanglier marchant à droite. Filet au pourtour. — ? lerin lit la « légende du droit AVLIRCVS, il a pris une mèche des cheveux pour l'S finale. M. Mionnet « croit le personnage du droit casqué; pour nous, nous pensons qu'il ne faut voir autre « chose que les contours de la tête dans le cercle qui cerne les cheveux; ici, comme dans un « grand nombre de médailles gauloises, cette tête sera pour nous celle d'Apollon. Quoique « le nom d'Éburovices ne se trouve pas indiqué, il faut pourtant leur donner cette médaille « de préférence à tous les autres Aulerci, à cause de ses types et de sa fabrique. » (Duchalais, *Catalogue des monnaies de la Gaule*, n° 367.)

207. IIVCVIX. Tête de femme à droite. R. Cheval en course, au-dessous un sanglier et divers symboles. Æ. 3.

On lit à propos de cette pièce dans le *Catalogue des monnaies de la Gaule*, par M. Duchalais, n° 369 : « IBRVIX. Tête jeune, imberbe, tournée à droite. Elle est couverte de « longs cheveux qui lui descendent sur le cou et sont ornés d'une sphendoné (Vénus). « Vis-à-vis et au bas de son cou, une feuille de lierre la tête en bas. R. Cheval galopant à « gauche : vis-à-vis un rameau : au-dessus deux S couchés et au-dessous un sanglier mar- « chant à gauche : entre ses jambes un cercle au milieu duquel se trouve un globule. — « Les mots IBRVIX et EBVROVIX ont tant de rapports entre eux qu'il serait déraison- « nable de ne pas les rapprocher. D'ailleurs, les types du revers se retrouvent sur les « médailles certaines des Éburoviques. »

M. Le Prevost était du même avis que Duchalais, et dans une note il avait dit : « Il ne « nous paraît pas bien constant que la seconde de ces médailles appartienne aux Éburo- « viques, à moins qu'on ne doive y lire IBRVIX comme a fait M. de Stabenrath, au lieu « de la légende inintelligible consignée dans l'ouvrage de M. Mionnet. »

208. AVLIRCO. Cheval en course à droite, dessous une étoile. R. EBVROVICO. IV. Sanglier marchant à droite, au-dessous un symbole inconnu. Æ. 5.

M. Duchalais lit : « AVLIRCO. Cheval libre galopant à droite, au-dessous un astre à cinq

ruines de *Mediolanum Aulercorum* et faisant partie de la collection de M. Guérard, d'Évreux (1).

Les Romains avaient paré la ville des Éburoviques de leurs monuments et des produits de leurs arts. Un aqueduc de quatre lieues de longueur, des bains, un vaste théâtre, des mosaïques, de nombreuses constructions, dont les unes paraissent avoir appartenu à un temple et les autres à des maisons particulières, une grande quantité de médailles, de fragments de marbre, des monceaux de poterie, de tuiles et de briques sont les principaux débris qui en aient subsisté jusqu'à nos jours, et ne laissent aucun doute sur son emplacement. Ne pouvant traiter ici de ces objets avec les détails nécessaires, nous nous contenterons de renvoyer aux excellentes descriptions qui en ont été

« pointes, filet et grènetis au pourtour. R. EBVROVICOM. Sanglier tourné à droite et posé
« sur la hampe d'une enseigne qui traverse un double grènetis cernant toute la pièce. —
« C'est un M oncial que M. Mionnet a pris pour les lettres IV. » (*Catalogue des monnaies gauloises*, n° 368.)

M. Anat. de Barthélemy, dans la *Revue numismatique*, 1847, t. XII, p. 89, dit à propos de cette médaille : « Des numismatistes ont lu sur cette légende EBVROVICO. IV. et
« EBVROVICON. Nous n'osons pas affirmer cependant la leçon qui doit être préférée
« d'Eburovicon ou d'Eburovicom. »

Dans cet article, consacré aux monnaies des Aulerques Éburoviques, M. de Barthélemy décrit une médaille qui fait partie de sa collection : D. Tête diadémée à droite, derrière un cercle perlé avec un point au centre. R. AVLIRCO.. II. Sanglier enseigne à gauche. Dessous EBVROVIC. Æ. « Ces signes II qui se trouvent séparés du mot AVLIRCO et isolés
« par deux points, est-ce un souvenir du grec Αὐλιρχιοι? Est-ce une date comme on en voit
« tant sur les médailles grecques? Est-ce enfin un rang dans la confédération aulerque ? »

209. AVLIRCO. Médaille presque semblable. Æ. 5.

Supplém. I. 148. AVLIRCO. Cheval libre à droite, dessous étoile. R. EBVROVICOIV. Sanglier marchant à droite, *dessous un casque sur un tronc d'arbre*.   L. P.

(1) M. Bonnin a publié dans ses *Antiquités gallo-romaines des Éburoviques* quatre monnaies gauloises tirées de la collection de M. Guérard, d'Évreux, et déposées au musée d'Évreux :

1. Tête virile diadémée et imberbe, AVLIRCV. R. Génie ailé combattant un lion, sanglier au-dessous. Bronze.

2. Sanglier, EBVROVICOS. R. Cheval libre, au-dessous une étoile. AVLIRCO. Bronze.

3. Tête virile diadémée, imberbe, IBRVIX. R. Cheval galopant à gauche, sanglier au-dessous. Bronze.

4. Tête de femme à droite, cheveux nus, sans légende. R. Cheval galopant à droite, au-dessous un sanglier. Bronze.

Sur la numismatique des Aulerques Éburoviques consultez : Mionnet, *Description des médailles antiques grecques et romaines*, p. 80-81 ; Lelewel, *Atlas*, pl. IX ; Lambert, *Numismatique du nord-ouest de la Gaule*, dans les *Mém. de la Soc. des Antiquaires de Normandie*, 1842, p. 101 ; *Revue de numismatique* : 1840, t. V, p. 244 et 254, art. de M. de Saulcy ; 1847, t. XII, p. 85, art. de M. Anat. de Barthélemy ; Duchalais, *Catalogue des monnaies de la Gaule*, n° 367 et suiv. ; et Bonnin, *Antiquités gallo-romaines des Éburoviques*.   L. P.

données par feu notre vénérable et savant ami M. Rever (1), et par notre confrère M. de Stabenrath (2). Une inscription, la seule à notre connaissance qui y ait été trouvée, atteste le culte d'une divinité locale, le dieu Gisai, particulière aux Éburoviques (3).

Mediolanum Aulercorum est cité deux fois dans l'itinéraire d'Antonin, savoir : pour une route qui y conduisait directement de *Juliobona* [Lillebonne] (4) et pour une autre route de Rouen à Paris (5), passant par *Uggade* (le Pont-de-l'Arche), *Mediolanum, Durocasis* (Dreux) et *Diodurum* (Jouarre).

---

(1) Rever, *Mém. sur les ruines du Vieil-Évreux.* — Voy. dans les *Mém. de la Soc. des Antiq. de la Normandie*, t. IV, p 197, une analyse de ce mémoire, par M. Roger. L. P.

(2) Rapport fait à la Société d'Agriculture de l'Eure, par M. de Stabenrath, sur les nouvelles fouilles qu'elle avait fait entreprendre au Vieil-Évreux. — Janvier 1831. — Depuis les travaux de MM. Rever, Le Prevost et de Stabenrath, qu'avait précédés une curieuse lettre de M. Boislambert, curé du Vieil-Évreux, lettre insérée dans les *Nouvelles recherches de la France*, Paris, 1766, in-12, des découvertes considérables ont été faites, à Évreux et au Vieil-Évreux, sous la direction de M. Bonnin. — Il est regrettable qu'après avoir poursuivi et pour ainsi dire effacé les travaux de M. Rever, après avoir dirigé les fouilles les plus heureuses et fait graver les cartes et planches magnifiques qui forment le fonds de ses *Antiquités des Aulerques Éburoviques*, il est regrettable, dis-je, que M. Bonnin n'ait pas cru devoir achever son ouvrage par quelques dissertations qu'il appartenait à lui seul de nous donner. Nous profiterons cependant du précieux catalogue qu'il a placé en tête de son ouvrage pour compléter les notions recueillies par Le Prevost.
L. P.

(3)
      G. DEO GISACO
      :..VRIGIVS AGRI
      ...LA DE SVO PO
          SVIT.

Voyez au sujet de cette divinité et de la singulière manière dont son nom figure dans la légende de saint Taurin le mémoire de Le Prevost sur la châsse de ce saint.

Ce n'est pas la seule inscription trouvée au Vieil-Évreux, comme le dit Le Prevost; on en a trouvé une autre à l'extrémité méridionale de la basilique dans les ruines du chalcidique. Elle offrirait un grand intérêt, car elle est gravée sur une table de bronze et elle a cette particularité très-étrange que dans deux mots, CARADITONV et SEBODDV, les D sont barrés; malheureusement cette inscription est incomplète.

Il n'est point douteux que ces mots GISACI CIVIS, rapprochés de ceux-ci DEO GISACO, n'aient fourni à M. Bonnin un de ses meilleurs arguments pour placer à Gisacum le Vieil-Évreux et à Évreux Mediolanum Aulercorum. Voyez d'ailleurs ci-dessus la lettre de Le Prevost à M. Bonnin, et le texte même de cette inscription.
L. P.

(4) Iter a Juliobona Mediolanvm. M. P. XXXIII.

(5) Iter a Rotomago Lvtitiam vsqve. M. P. LXXVII.

	SIC.	
VGGADE.	M. P.	IX.
Mediolano Avlercorvm.	M. P.	XIIII.
DVROCASIS.	M. P.	XVII.
DIODVRO.	M. P.	XXII.
LVTITIA.	M. P.	XV.

Plus heureux que la plupart des autres villes de la seconde Lyonnaise, *Mediolanum* subsista jusqu'à la fin du IV° siècle. Ammien-Marcellin, qui écrivait vers 390, le cite immédiatement après Rouen et Tours (1) au nombre des quatre villes les plus remarquables de cette province, alors qu'on n'en avait pas encore démembré les territoires qui formèrent la troisième Lyonnaise. Les médailles les moins anciennes qu'on ait trouvées dans les fouilles sont de Gratien, mort à Lyon le 25 août 383. Enfin on le voit cité et figuré à la manière des chefs-lieux encore existants dans la carte de Peutinger, exécutée à la fin de ce siècle ou dans le commencement du v° (2). Ce n'est pas qu'on n'ait trouvé dans les ruines de cette ville des traces de grands ravages et de réparations imparfaites qui attestent des désastres antérieurs (3), provenant probablement des guerres civiles et des invasions qui désolèrent si souvent cette partie des Gaules ; mais il n'en est pas moins constant que sa destruction ne peut dater que des premières années du v° siècle. On ne saurait supposer en effet qu'elle ait eu lieu à la fin du IV°, époque où l'Église voisine de Rouen jouissait, sous l'administration de saint Victrice, d'une paix si profonde. Quoique les Saxons infestassent depuis longtemps le littoral voisin et y eussent probablement déjà formé des établissements, nous sommes moins porté à leur attribuer cette destruction qu'aux Alains, aux Huns, aux Vandales et autres peuples barbares qui dévastèrent les Gaules de 406 à 409, et de l'invasion desquels on trouve des traces dans des contrées voisines bien plus rapprochées de la mer (4). Un fragment d'une lettre de saint Jérôme, écrite dans

(1) « Secundam enim Lugdunensem Rotomagi et Turini, Mediolanum ostendunt et Tricassini. » (Amm. Marcell., l. XV.)

C'est par erreur que Troyes figure ici dans la seconde Lyonnaise, tandis qu'il appartenait réellement à la première, dont il ne sortit plus tard que pour passer dans la quatrième.

(2) Les autres chefs-lieux voisins figurés comme encore existants sur la carte de Peutinger sont : *Ratumagus* ou *Rotomagus* (Rouen), *Cæsaromagus* (Beauvais), *Autricum* (Chartres), *Subdinum* ou *Suindinum* (le Mans), *Nudionum* (Séez, suivant M. de Gerville) ; pour nous, nous ne voyons dans ce nom qu'une altération de celui de *Neodunum* (Jublains), chef-lieu des Diablintes. *Arœgenus* (Argencés, suivant M. de Gerville), *Noviomagus* (Lisieux) ne sont pas même cités ; *Juliobona* (Lillebonne) et *Lutetia* (Paris) ne sont qu'indiqués comme des lieux de passage, et non représentés ; les figures de *Cosedia* (Coutances), *Samarobriva* (Amiens), *Juliomagus* (Angers) offrent quelques différences, et surtout une ligne courbe autour de leur base, qui nous paraît indiquer des fortifications, des retranchements, tandis que les autres chefs-lieux, et *Mediolanum* en particulier, n'auront dû être que des places ouvertes.

(3) *Mémoires sur les ruines du Vieil-Évreux*, p. 101.

(4) Les deux communes d'Allemagne, près Caen, paraissent devoir leur origine à une colonie d'Alains restés dans les Gaules après le départ de leurs compatriotes, et qui se

le courant de cette dernière année, nous paraît ne laisser aucun doute sur la date que nous venons d'assigner à la ruine de *Mediolanum* (1).

5° *Établissement romain d'Évreux; introduction du christianisme.* — Après ce désastre, ceux des habitants qui ne furent point emmenés en captivité par les barbares, désespérant de relever les ruines de leur ville, et probablement privés d'eau par le mauvais état de leur aqueduc, vinrent se réfugier sur les bords de l'Iton, au sein de l'établissement voisin de leur ancienne demeure, que remplace aujourd'hui la ville d'Évreux. Dans nos précédents travaux sur le même sujet, nous avions supposé que cet établissement ne datait que de l'époque où il reçut les débris de la population de *Mediolanum*, ainsi que cela est arrivé en plusieurs autres endroits; mais il nous est impossible de persister dans cette opinion, aujourd'hui que nous voyons la plupart des voies antiques se diriger vers ce point préférablement au chef-lieu lui-même. Nous ne devons cependant point en conclure que *Mediolanum* ait occupé l'emplacement de la ville actuelle (2), puisque les faits que nous avons rapportés ne peuvent laisser aucun doute ni sur sa position au Vieil-Évreux ni sur la prolongation de son existence jusqu'au v° siècle; mais seulement qu'à peu de distance de la cité antique, ouverte et sans défense

---

seront établis dans ce territoire, autrefois beaucoup plus étendu. On trouve aux environs de Riez, en Dauphiné, une commune du même nom et probablement de la même origine. Huit autres encore portant des noms presque identiques sont dispersées dans diverses parties du royaume et doivent provenir de semblables établissements. Voyez les *Essais* de notre respectable et savant ami M. l'abbé Delarue *sur l'histoire de Caen*, t. Ier, p. 551.

(1) « Præsentium miseriarum pauca percurram. Quod rari huc usque residemus non « nostri meriti, sed Dei misericordiæ est. Innumerabiles et ferocissimæ nationes universas « Gallias occuparunt. Quidquid inter Alpes et Pyrenæum est, quod Oceano et Rheno inclu- « ditur, Quadus, Wandalus, Sarmata, Halani, Gipedes, Heruli, Saxones, Burgundiones, « Alemanni, et, ô lugenda respublica! hostes Pannonii vastarunt; « etenim Assur venit « cum illis! » Maguntiacum, nobilis quondam civitas, capta atque subversa est, et in « ecclesia multa hominum millia trucidata; Vangiones, longa obsidione deleti; Remorum « urbs præpotens, Ambiani, Attrebatæ, extremique hominum Morini, Tornacus, Nemetæ, « Argentoratus, translati in Germaniam. Aquitaniæ, Novemque populorum, Lugdunensis « et Narbonensis provinciæ præter paucas urbes populatæ sunt cunctæ, quas et ipsas foris « gladius intus vastat fames. Non possum absque lacrymis Tolosæ facere mentionem, quæ « ut huc usque non rueret sancti episcopi Exuperii merita præstiterunt. Ipsæ Hispaniæ « jamjam perituræ quotidie contremiscunt, recordantes irruptionis Cimbricæ, et quidquid « alii semel passi sunt, illæ semper timore patiuntur. » (*Sancti Hyeronimi Epistola XVI, ad Ageruchiam.*) Nous avons cru devoir citer en entier ce tableau de la désolation des Gaules dans les premières années du v° siècle, en considération des précieuses données historiques et chronologiques qu'il nous fournit.

(2) Nous avons vu ci-dessus, dans la lettre que M. Le Prevost adressa en 1852 à M. Bonnin, qu'il abandonna plus tard sa première opinion.   L. P.

(ainsi que l'attestent notre observation sur la manière dont elle est figurée dans la carte de Peutinger et l'absence de tous vestiges de fortifications romaines dans les fouilles faites par M. Rever), s'élevait une place fortifiée de peu d'étendue, vers laquelle les Romains (probablement par des raisons militaires) avaient jugé convenable de faire tendre la plupart de leurs voies, plutôt que vers *Mediolanum* lui-même. Ce choix du point de départ des routes hors de l'enceinte de la ville principale n'est pas, au reste, sans exemple dans les cités voisines. Nous tenons de M. Vaugeois qu'il en est de même à Chartres, où les voies romaines partent de la montagne de Léves et non de l'emplacement d'*Autricum*, et nous ne doutons pas que d'autres faits analogues ne viennent se grouper autour de ceux-ci, lorsque le réseau des communications antiques de la Gaule aura été plus scrupuleusement exploré.

On ne connaît point le nom primitif d'Évreux; il est probable que ce fut à l'époque où les débris de la population du chef-lieu s'y réfugièrent qu'il prit celui de la cité même : *Eburovices*, comme pour indiquer que c'était lui qui la représenterait désormais; au moins est-ce alors que ces applications du nom d'un peuple à une ville ont eu généralement lieu dans les Gaules. Celui-ci est devenu, par une légère altération, *Ebroïcæ* et, en passant dans notre langue, Évreux (1).

C'est au centre de la ville actuelle qu'existent les débris, encore fort reconnaissables dans plusieurs endroits, de l'enceinte romaine d'Évreux. Des fossés, arrosés par une dérivation de l'Iton, en dessinent le contour (2) et nous apprennent qu'elle renfermait tout le terrain compris entre les jardins de l'évêché, l'allée des Soupirs, l'emplacement du château et le bras de l'Iton parallèle à la rue de la *Petite-Cité*, nom donné peut-être par les habitants réfugiés de *Mediolanum* à la nouvelle demeure qui leur offrait une image si chétive de l'étendue et de la beauté de leur établissement primitif. Des portions parfaitement authentiques du mur romain, ayant conservé leur revêtement de *bou-*

---

(1) Dans plusieurs manuscrits de la Notice des Gaules, dont quelques-unes remontent jusqu'aux x° et xi° siècles, on trouve cette ville désignée comme chef-lieu de la cité des Évatiques : « Civitas Evaticorum Ebroicas. » Ce nom, dont on ignore l'origine, a été reproduit avec une légère altération par Orderic Vital, qui appelle Évreux : « urbs Evanticorum. » (L. V, t. II, p. 325.)

(2) Cette enceinte offre la figure d'un trapèze dont les deux côtés parallèles ont l'un deux cents et l'autre cent cinquante toises de longueur; la distance entre eux est de cent trente toises.

tisses carrées et de chaînes de briques ou tuiles antiques, existent encore : 1° le long de l'allée des Soupirs, près de la salle de spectacle; 2° au coin sud-ouest de l'évêché, près d'une porte creusée pour communiquer avec les anciens fossés maintenant convertis en jardins; et 3° dans les terrains dépendant de plusieurs maisons de la rue de la Petite-Cité. La ville d'Évreux doit se féliciter de posséder dans ces fragments des preuves authentiques de son origine romaine et des types bien caractérisés des murs antiques de petit appareil (1).

Dans cette étroite enceinte de dix à onze acres, le génie des arts n'avait pu élever des monuments semblables à ceux qui décoraient *Mediolanum*. On doit penser toutefois qu'elle n'en était pas complétement privée.

Si l'on en croyait un récit consigné dans le Calendrier historique d'Évreux pour l'année 1750, il aurait été trouvé, en 1652, derrière le jardin de l'évêché et celui du doyenné, et vers deux tours qui existaient de ce côté, une grande quantité de pierres travaillées, provenant des débris d'un ancien temple des païens, entre autres des piscines, des colonnes, des inscriptions, des statues d'Hercule, de Diane, de Vénus, d'autres divinités et beaucoup d'autres monuments antiques. L'architecte, au lieu de profiter de cette découverte et de conserver ces restes précieux de l'antiquité, les aurait fait mettre en morceaux et employer aux ornements des fenêtres du second étage du château. Il ne subsiste malheureusement aucune pièce à l'appui de cette tradition, qui n'a été recueillie qu'un siècle après l'événement et qui doit être d'autant plus suspecte que l'historien du comté d'Évreux (Lebrasseur), dont l'ouvrage fut imprimé vingt-huit ans plus tôt, n'en a pas fait la moindre mention. Néanmoins nous avons cru devoir la consigner ici comme propre à encourager les habitants de cette ville à surveiller toutes les fouilles qui pourraient être faites dans l'enceinte romaine, ne fût-ce que pour reconnaître la profondeur à laquelle se rencontre le niveau du sol antique. Nous regrettons beaucoup qu'il n'ait été fait aucune observation de ce genre dans les travaux récents de la construction du théâtre (2).

---

(1) Cf. une note de M. Raymond Bordeaux dans le *Bulletin monumental*, t. XX, p. 669, et un plan général d'Évreux dans les *Antiquités gallo-romaines* de M. Bonnin.

L. P.

(2) Nous allons résumer les principales découvertes faites à Évreux depuis la publication de cette notice. — Le Prevost connaissait l'enceinte gallo-romaine dont M. Bonnin a reproduit les restes. La planche III des *Antiquités des Aulerques Éburoviques* donne

C'est entre l'époque où Évreux devint, par la ruine de *Mediolanum*, le principal établissement du pays et la conquête de cette portion de la Gaule par les Francs, c'est-à-dire dans la première moitié du ve siècle, que saint Taurin vint prêcher la foi chrétienne dans le territoire des Éburoviques. Tout ce que nous savons de certain sur son compte se réduit à ceci : qu'il fut le premier apôtre du diocèse d'Évreux ; qu'il n'y arriva visiblement qu'après la ruine du chef-lieu primitif (puisque dans le cas contraire, c'est à *Mediolanum* qu'il se serait établi); qu'il fut enterré, suivant l'usage romain, hors de l'enceinte de la ville, dans le lieu où une église lui a été consacrée depuis ; et enfin qu'après sa mort il paraît y avoir eu interruption du culte qu'il venait d'apporter. Voyez notre mémoire sur la châsse de ce saint (1).

Quoiqu'il y ait dans le département un assez grand nombre de lieux dont le nom provient de la langue celtique, nous n'y trouvons point d'autre établissement important d'origine gauloise que *Mediolanum Aulercorum*; quant aux établissements romains, les itinéraires nous fournissent encore le nom des quatre suivants, et une découverte récente nous met à portée d'en enseigner un cinquième.

l'élévation d'une partie du mur à l'angle du jardin de l'évêché, au lieu dit la Tour-de-l'Espringale, les détails de l'appareil du même mur et une portion de mur à chaînes de briques de petit appareil, à l'angle occidental de l'évêché, en face de la rue Ferrée. La planche IV publie des fragments d'architecture découverts dans les fondations de ce mur bornant la propriété de M. Del'homme. On a déjà remarqué à Sens et dans plusieurs villes antiques des murs romains dans la composition desquels étaient entrés des pierres taillées, des chapiteaux et des fûts de colonnes, des portions de bas-reliefs et des pilastres.

En 1835, dans la propriété de M. Alexandre Del'homme, rue de la Petite-Cité, on découvrit des bains revêtus de marbre. Le petit hypocauste était encore en assez bon état.

En 1843 et 1844 on explora, en dehors du mur gallo-romain, un endroit qu'on reconnut bientôt pour avoir été l'emplacement d'un théâtre. On découvrit en cet endroit un fragment d'inscription gravée, en magnifiques caractères du Haut-Empire, sur une pierre calcaire dont le grain a beaucoup de rapport avec la pierre de Chérence. Ce fragment paraît avoir été encastré dans les murs du théâtre, en souvenir de sa construction, au temps de l'empereur Claude, dans les années 41-54 de l'ère chrétienne. (Voy. une notice de M. Vaucelle sur cette inscription. *Recueil des Travaux de la Soc. de l'Eure*, 2e série, t. VIII, p. 311.) M. Bonnin a donné le plan, la coupe, le détail des murs et des gradins de ce théâtre.

En 1846 et 1847, des fouilles faites sur la place de l'Hôtel-de-Ville ont fait découvrir d'importants fragments d'architecture et d'épigraphie. Ils n'ont pas encore été publiés.

En 1848, dans le faubourg Saint-Léger, a été trouvée une lampe antique parfaitement semblable à une autre lampe antique à quatre becs découverte dans le jardin de la préfecture et publiée par M. Bonnin.

La nécropole était placée en dehors de l'enceinte romaine. On y a trouvé des sarcophages en pierre calcaire, des vases et fragments de vases en verre, des vases en terre rouge vernie et non vernie, des vases en terre grise et noire. Tous ces objets ont été publiés par M. Bonnin. Nous mentionnerons encore un dolium ou grand vase en terre trouvé dans le sous-sol du cimetière actuel d'Évreux, dit des *Quatre-Acres*.   L. P.

(1) *Mémoires de la Société des Antiquaires de Normandie*, t. IV.

6° *Autres établissements romains dans le département de l'Eure.* — 1° CONDATE, aujourd'hui Condé-sur-Iton. On sait que ce nom était donné dans les Gaules à tous les lieux placés au confluent de deux cours d'eau. Aussi notre Condé se trouve-t-il à la réunion des deux bras de l'Iton, qui se sont séparés à la hauteur de Francheville (1); c'est aussi le point de jonction de la voie romaine de Lisieux (*Noviomagus*) à Paris, par Saint-Germain-la-Campagne, Chambrais, la Barre, Garnanville, Condé, Nonancourt et Dreux, avec une autre se dirigeant, suivant notre respectable confrère M. Vaugeois, de Condé vers Sainte-Ceronne, par Cintrai, Francheville, Bourth, le Theil, etc., et une troisième allant à Chennebrun, par Saint-Ouen-d'Attez, Manouillet, les bois de la Pointellière (2), la Motte, la Taillerie, Mandres, etc. (3). Ces deux dernières voies, dont le pavé en silex est encore fort reconnaissable, ont dix-huit à vingt pieds de largeur. M. Vaugeois pense qu'elles ne se séparaient qu'au bois de Malouis. Il place l'établissement romain sur la rive gauche de l'Iton, depuis la côte au-dessous de l'église de Condé jusqu'au vieux château. Cet espace est occupé par une longue ligne de buttes qu'il croit formées de décombres, et que les habitants appellent *les montagnes,* en ajoutant qu'elles proviennent *de terres apportées dans des hottes,* c'est-à-dire à dos d'homme. C'est là, et dans les environs, que paraissent avoir été recueillies les médailles trouvées, en grand nombre, à Condé, d'après les notes de M. Rever. M. de Stabenrath a recueilli plusieurs médailles de grand bronze et du Haut-Empire trouvées à Condé. Il nous atteste que tous les champs environnants et le cimetière lui-même sont remplis de morceaux de briques et tuiles romaines. Dans l'intérieur du village, il a ramassé un bloc de mortier d'une dureté remarquable, provenant d'un mur romain encore existant. Des fouilles, par lesquelles on explorerait les prétendues *montagnes,* seraient probablement fructueuses. Dans un enclos voisin de la fontaine Saint-Lambert, et appartenant au sieur Jean Andrieux, on a trouvé des briques et tuiles romaines, des cubes blancs et polis

---

(1) Nous tenons de M. Vaugeois que le bras de l'Iton qui passe par Breteuil ne remonte pas au delà de la domination normande, et qu'il a été créé pour arroser les fossés du château, en même temps qu'une autre dérivation de ses eaux était dirigée vers Verneuil; mais, d'après la disposition du terrain, il nous paraît difficile qu'il n'y ait pas toujours eu, au moins à partir de Breteuil, quelque cours d'eau suffisant pour justifier le nom de Condé.

(2) Sur la carte de Cassini le nom de ce lieu est écrit par erreur *la Peinellière.*

(3) *Coup d'œil sur quelques-unes des voies romaines qui traversent l'arrondissement de Mortagne,* par M. G. Vaugeois.

provenant d'une mosaïque, un canal de trois à quatre pieds de largeur sur cinq à six de profondeur, et dont on a découvert vingt-cinq à trente pieds de long, se dirigeant de la côte vers la rivière, entre deux gros murs romains. Il paraît y avoir des caves et un autre canal sous ce terrain. Dans le champ qui le domine, le sol s'est éboulé récemment sous les pieds des chevaux, et il retentit sous la pioche de manière à indiquer l'existence de grandes cavités (1).

Deux autres voies romaines aboutissent à Condé : l'une, dont on doit la connaissance à M. Duwarnet fils, s'y rend d'Évreux par la Trigale et le Nuisement ; la seconde, qui nous a été signalée par M. de Stabenrath, part de Condé pour se diriger vers Laigle, par Breteuil, le Val-du-Lesme et Rugles. On reconnaît à Condé son emplacement dans un champ appartenant à M. Levacher-Durclé, et situé à deux ou trois cents pas de l'église. Elle y était suivant l'usage antique bordée de tombeaux dont on a trouvé un grand nombre dans ce champ. Ce sont de ces auges de pierre calcaire dont on rencontre des amas considérables sur plusieurs autres points du département, et dont l'usage paraît avoir longtemps survécu à l'époque gallo-romaine, à laquelle celles-ci appartiennent incontestablement.

2° UGGADE. Tout ce que nous savons sur cette station, c'est qu'elle devait se trouver sur la route de *Rotomagus* à *Mediolanum*, à environ neuf lieues gauloises de la première de ces villes et quatorze de la seconde. Quoique le Pont-de-l'Arche soit plus près de Rouen et un peu plus loin du Vieil-Évreux, nous pensons, avec d'Anville, que c'est là

---

(1) On lira avec intérêt, sur les antiquités de Condé, les recherches de M. Vaugeois dont M. de Stabenrath a rendu compte dans le *Recueil des Travaux de la Société de l'Eure*, 1836, t. VII, p. 463. Condate était un établissement assez considérable ; il occupait un espace beaucoup plus étendu que la ville actuelle de Condé. Les ruines qui couvrent les champs environnants en fournissent chaque jour d'irrécusables preuves. Tous les débris recueillis par M. Vaugeois sont d'origine romaine : ce sont des tuiles à rebords, de grandes briques, des tuyaux, des vases, des médailles. M. Bonnin a publié dans ses *Antiquités des Aulerques Éburovïques* trois planches relatives à Condé. La première trace le plan d'une partie de la commune de Condé-sur-Iton, dans laquelle on remarque les thermes, le jardin du château sous lequel existent une voûte d'aqueduc et un cimetière antique ; la seconde, le plan des thermes ; la troisième, les objets découverts dans les fouilles. Nous noterons parmi ces objets la moitié d'un cachet d'oculiste, à l'une des extrémités on lit : ELLINI ILLVNI, et à l'autre ILLINI ANNVM ; un fragment d'anse de vase en terre avec ces lettres SACL FA.....; des anneaux en métal très-cassant, et une bague en or avec chaton de verroterie rouge et verte. Ces trois derniers objets ont été trouvés dans le cimetière de Condé et sont déposés au musée d'Évreux. On a trouvé également à Condé des médailles romaines du Haut-Empire, des Nérons, des Antonins, des Faustines. L. P.

qu'il faut placer *Uggade*, plutôt qu'aux Damps, comme l'indique M. Rever (1). Il est vrai qu'on a trouvé des médailles romaines et des traces de constructions antiques aux Damps ; mais le passage du fleuve nous y paraît à la fois beaucoup plus difficile (2) et plus écarté de la direction à vol d'oiseau. Nous tenons d'ailleurs de M. de Stabenrath que M. Pantin de Villeder, propriétaire de l'ancienne abbaye de Bonport, y a trouvé plusieurs médailles romaines ; enfin nous verrons ci-dessous qu'on a reconnu des traces d'anciens bains romains entre les Damps et le Pont-de-l'Arche. Il est probable, d'après ces faits, que l'établissement romain d'Uggade, au lieu de n'occuper que l'emplacement des Damps, suivant l'opinion de M. Rever, s'étendait de là jusqu'à Bonport (dont le nom primitif *Maresdans* semble attester l'identité du territoire), et que Pont-de-l'Arche est situé au centre de la station antique (3).

3° BREVIODURUM. Ce lieu, dont le nom indique un pont sur une rivière, est placé dans l'itinéraire d'Antonin à dix-sept lieues gauloises de *Juliobona* (Lillebonne) et de *Noviomagus* (Lisieux), dans la carte de Peutinger à vingt lieues gauloises de *Rotomagus* ou *Ratumagus*. Il avait toujours été indiqué à Pont-Audemer par les géographes et par M. Rever lui-même, malgré l'impossibilité de trouver trente-quatre de ces lieues sur la route directe de Lillebonne à Lisieux. M. l'abbé Viel et M. Emmanuel Gaillard nous paraissent avoir eu une idée beaucoup plus heureuse en reportant *Breviodurum* au point de jonction des deux routes aboutissant l'une à Lillebonne et l'autre à Lisieux. M. l'abbé Viel adopte Brionne, qui présente en effet une bifurcation bien authentique de ce genre tendant au Vieil-Évreux, et de plus une heureuse analogie de nom avec *Breviodurum*. M. Gaillard préfère le Pont-Autou, passage où il existe en effet une route fort ancienne de Lisieux à Rouen, rattachée, vers le Marché-Neuf, au vieux chemin d'Alençon à Rouen par Séez, le Merlerault, Gisai, le Sap et Orbec. M. Vaugeois a observé entre ces deux derniers points des vestiges remarquables d'encaissement pavé, et n'hésite pas à regarder cette communication comme une voie

---

(1) *Mémoire sur le Vieil-Évreux*, p. 217 et suiv.

(2) A cause de sa plus grande largeur, des îles et des rochers à fleur d'eau qui y embarrassent la communication d'une rive à l'autre.

(3) M. Bonnin place Uggade près de Caudebec-lès-Elbeuf. On a trouvé à Caudebec des fragments d'inscription sur marbre blanc, plusieurs objets en bronze, des fragments d'une poterie rouge sur laquelle on lit : DOECIVSI, et des vases en terre grise. Ces objets, qui font partie du cabinet de M. Lalun, ont été publiés par M. Bonnin.   L. P.

antique. Brionne et le Pont-Autou offrent l'un et l'autre des témoignages incontestables d'établissements romains, et le choix entre eux est embarrassant. Néanmoins, et en attendant que nous ayons recueilli sur les lieux de plus amples renseignements, la ressemblance des noms, la présence d'un camp antique à Brionne, et d'autres circonstances encore dont nous parlerons ci-après nous engagent à y placer BREVIODURUM plutôt qu'au Pont-Autou (1).

4° RITUMAGUS. Ce lieu nous est indiqué à neuf lieues gauloises de Rouen sur la route de *Lutetia* (Paris) par *Petromantalum* dans l'itinéraire d'Antonin (2), et à huit seulement dans la carte de Peutinger. Il est visible, par la distance et la direction, que c'était un lieu de passage sur la rivière d'Andelle. D'Anville le place à Radepont, et M. Rever à Heuqueville, où il avait recueilli une abondante et précieuse moisson d'antiquités. Cette dernière conjecture nous paraît tout à fait inadmissible. Quant à nous, nous avons longtemps supposé que *Ritumagus* devait être au Pont-Saint-Pierre, dont le titre de première baronnie normande nous paraît attester l'importance et la fréquentation de son passage pendant le moyen âge ; mais la rectitude des alignements, qui est d'un si grand poids en fait de voies romaines, nous ramène inévitablement de Saint-Clair par Richeville, Écouis et Bremulle, sinon à Radepont même, au moins dans le voisinage, et peut-être à Fleuri, où est le passage actuel (3).

Nous n'avons point à nous occuper ici de la station qui suit *Ritumagus*, attendu qu'elle doit être au delà des limites du département. On sait qu'elle porte le nom de *Petromantalum* dans l'itinéraire, et celui de *Petrum Viacum* sur la carte de Peutinger (et non pas *Petrum Viaco* comme on l'écrit ordinairement, en prenant pour un nominatif ce qui est visiblement un datif). *Viacus* est un adjectif dérivé de *via*, et on le trouve employé dans une inscription en l'honneur de Mercure, pour rappeler que ce dieu présidait aux grands chemins. Nous sommes donc porté à croire que dans le style barbare de la carte de Peutinger *Petrum Viacum* doit signifier une pierre de chemin ou pierre milliaire,

---

(1) Ce n'est pas l'avis de M. Bonnin, qui place *Breviodurum* à Pont-Audemer et *Canetum* près de Brionne ou à Brionne même.   L. P.

(2) Route de *Caracotinum* à *Augustobona* (Troyes).

(3) Nous avons d'ailleurs visité dernièrement les fouilles considérables faites au Pont-Saint-Pierre pour la construction du nouveau pont, et nous n'y avons trouvé aucun vestige d'établissements romains.

et nous plaçons, avec d'Anville, cette station aux environs et un peu au nord de Magni (1).

5° CANETUM. A ce petit nombre d'établissements romains, nous en pouvons heureusement ajouter un dernier, dont le nom ne nous a été révélé que bien récemment par la découverte d'une admirable collection de vases d'argent, maintenant déposés au Cabinet du roi, et dont nous avons rendu un compte succinct dans le bulletin de la Société d'agriculture de l'Eure [n° 4, octobre 1830] (2). C'est CANETUM, emplacement d'un temple de Mercure, qui y était adoré sous le nom de Mercure-Auguste Canet ou Canetonense : cette dernière qualification provenait visiblement du nom du lieu où était bâti le temple, et pour quiconque a visité ce terrain, tout rempli de restes de constructions et de débris romains, il n'est pas moins évident que c'est là qu'il faut le chercher. Nous croyons donc pouvoir, non-seulement enregistrer *Canetum* au nombre des établissements romains ayant existé dans le territoire du département de l'Eure, mais encore affirmer qu'il était situé dans la commune de Bertouville, arrondissement de Bernai, près du hameau de Villeret, et sur le bord de cette ancienne route d'Orbec à Rouen, par le Pont-Autou, dont nous venons de parler à l'occasion de *Breviodurum*; nous ne doutons pas que des fouilles, faites sur l'emplacement de *Canetum*, n'offrissent des résultats du plus haut intérêt (3).

(1) M. Emm. Gaillard nous a annoncé que, d'après des observations récentes, il croyait pouvoir assigner définitivement Arthieul comme l'emplacement de *Petromantalum*.

(2) Voyez sur ces vases : 1° une lettre de M. Charles Lenormant, dans le *Bulletin de l'Institut de correspondance archéologique*; 2° Antiquités romaines trouvées à Bertouville, près Bernai, dessinées sur les lieux par Prétextat Oursel; 3° un article inséré dans le numéro de l'*Universel* du 25 juillet 1830; 4° un autre dans le *Journal des Savants*, juillet et août de la même année; et enfin la description que Le Prevost en a donnée, t. VI des *Mémoires de la Société des Antiquaires de Normandie*; ce mémoire a été publié à Caen, 1832, in-4°, avec 15 planches lithographiées. L. P.

(3) Des recherches très-superficielles pratiquées dans le printemps de 1832 ont déjà fait découvrir un certain nombre d'objets de peu d'intérêt, mais dont quelques-uns (des pierres calcaires recouvertes de métaux vitrifiés) attestent les ravages d'un violent incendie.

M. le docteur Adolphe Bardet, qui explore avec beaucoup de zèle tout ce quartier sous le rapport archéologique, nous a communiqué plusieurs autres objets trouvés sur l'emplacement de *Canetum*, dans le courant de l'automne, et entre autres une très-jolie fiole bleuâtre, les débris d'un miroir et plusieurs médailles dont deux sont gauloises, deux de Tibère, avec le revers *Romœ et Augusto*, et une de Constantin. Il y avait aussi une cuirasse antique, mais dans un tel état de friabilité qu'on n'a pu rien en conserver.

DEUXIÈME PARTIE.

ANTIQUITÉS GAULOISES.

Monuments druidiques. — Nous ne connaissons dans le département de l'Eure qu'un petit nombre de monuments du culte druidique (1); tandis qu'ils sont très-abondants dans le pays chartrain, et même dans les départements de l'Orne et de la Manche. Le plus remarquable, à notre connaissance, est un dolmen dans la forêt d'Évreux, sur la commune des Ventes, entre le Haut-Bois et le Villalet.

La pierre principale, posée en table, a quinze pieds de haut sur six de large et un d'épais. M. Rever en a donné une figure dans son mémoire sur les ruines du Vieil-Évreux; il porte dans le pays le nom de *Pierre-Courcoulée*.

Nous ferons connaître encore deux menhirs ou pierres levées fort remarquables par leur situation très-voisine des bords de l'Eure, dans la contrée où nous avons supposé que cette rivière servait de limite aux Éburoviques, d'après le nom de Fains (*Fines*) que porte encore un village voisin. L'un de ces menhirs est entre Ivri et Garennes, l'autre entre Garennes et Lorei. Ils peuvent avoir sept à huit pieds de haut; M. Guérard, d'Évreux, a remarqué que ce sont des masses de poudingue dont on ne trouve pas d'analogues dans le pays.

D'après d'autres renseignements qui nous sont transmis par M. Passy, ces menhirs seraient l'un et l'autre sur le territoire de la commune de Lorei, et ils auraient dix à douze pieds de hauteur sur cinq à six de largeur.

Il existait sur la commune de Verneuces, le long de l'ancien grand chemin d'Alençon à Bernai, un autre dolmen, moins considérable, qui a été renversé.

M. Vaugeois nous a indiqué, comme renversé et brisé, un dolmen

---

(1) Nous regrettons de ne pouvoir revendiquer pour notre département le beau dolmen qui vient d'être renversé près de la Ferté-Fresnel, et qui se trouvait dans le territoire de l'ancien diocèse d'Évreux. Nous devons remarquer qu'il était placé aux confins des diocèses d'Évreux et de Lisieux, et que celui de Séez peut très-bien s'être étendu aussi jusque-là avant l'événement qui porta les limites du diocèse de Lisieux si près de Séez.

situé près de la forge de Rugles. M. Ramée, qui a bien voulu prendre la peine de le dessiner, s'est convaincu qu'il reposait encore sur ses trois supports, mais à dix-huit pouces de terre seulement, probablement par suite de l'exhaussement du sol environnant qui est encombré de broussailles. Il n'a pas reconnu non plus de vestiges de fracture à la table de ce dolmen, qui a neuf pieds neuf pouces de long sur neuf pieds de large.

Nous devons encore à M. Vaugeois la connaissance d'un autre dolmen, situé à un quart de lieue au-dessus de Damville, sur la rive gauche de l'Iton, entre cette rivière et le chemin d'Authenai ; ce monument, qui vient d'être renversé, est connu dans le pays sous le nom de *Pierre-Lée*.

Il existe au-dessus du parc de Condé, près de l'Iton et vis-à-vis le parc de Mauni, un menhir ou pierre levée, de douze pieds de haut, nommé dans le pays la *Pierre-de-la-Goun*.

Un autre menhir, de douze à treize pieds de haut et de cinq pieds de large environ, est situé au milieu de la prairie de Neaufle-sur-Risle ; comme cette pierre, d'un grès semblable à celui de Chambrais (1), a le grain assez fin pour qu'on puisse y repasser des outils, on la nomme dans le pays la *Pierre-de-Gargantua* ; la tradition vulgaire est que ce géant s'en servait pour aiguiser sa faux et qu'en passant sur le bord de la plaine voisine, après avoir fini sa journée, il la jeta au milieu de la vallée comme un meuble inutile. M. Vaugeois a connaissance qu'on a trouvé près de ce monument les fondations d'un bâtiment et qu'on les a détruites. Le terrain où il est placé faisait autrefois partie des propriétés de l'abbaye de Lire.

Il existe dans la commune de Portmort, le long du chemin des Andelis à Vernon, un menhir conique de dix pieds de hauteur environ, et de cinq à six pieds de largeur à sa base. Les gens du pays l'appellent le *Gravois-de-Gargantua*, et racontent que lorsque ce géant construisait la Côte-Frileuse située près de là, il se sentit incommodé par un gravier qui s'était glissé dans son sabot, et qui n'était autre chose que cette énorme pierre. Ayant été obligé d'interrompre son travail pour l'extraire, il jugea à propos, disent-ils, de la déposer dans l'endroit

---

(1) On a prétendu que cette pierre avait dû nécessairement être apportée de Chambrais, attendu qu'on ne trouve point de grès de la même nature dans une autre localité plus rapprochée. Mais cette assertion n'est pas exacte, et nous pouvons affirmer, au contraire, qu'il en existe de parfaitement semblable dans le voisinage.

où on la voit encore aujourd'hui, plutôt que de l'employer dans sa construction (1).

On voit, sur le bord d'un chemin, dans la commune du Tilleul-en-Ouche, un grès debout, de sept à huit pieds de haut, qui passe pour être pareillement une pierre levée.

Sur la commune de Bosc-Gouet, dans le bois de Mallemains, très-près de celui du *Perray*, et à quelques centaines de pas seulement d'un ancien grand chemin de Lisieux à Rouen, par Montfort, que nous sommes porté à regarder comme une voie romaine, se trouve, au bord d'un vallon et au milieu d'une légère dépression du sol entourée d'un tertre peu élevé, une pierre brute couchée sur la terre, d'environ six pieds carrés et deux d'épaisseur. Quoiqu'elle ne présente ni les dimensions colossales qu'on est accoutumé à rencontrer dans les monuments druidiques, ni leur disposition ordinaire, nous n'hésitons pas à lui attribuer la même origine, ainsi qu'à voir dans les nombreuses traditions superstitieuses dont elle est entourée un reste de ce culte des premiers habitants de la Gaule pour les pierres, contre lequel on sait que les prédicateurs du christianisme ont lutté en vain pendant plusieurs siècles. Cette pierre est connue dans le pays sous le nom de *Pierre-Tournante*, parce qu'elle est supposée faire une révolution sur elle-même, chaque année, la nuit de Noël. On prétend encore qu'un ancien propriétaire du terrain l'ayant enlevée de l'emplacement qu'elle occupe, à l'aide de trois cents chevaux, elle y revint d'elle-même la nuit suivante. On parle encore d'une très-ancienne bataille, où il a dû périr cent mille hommes, et d'un garde-chasse qui a fait sa fortune au moyen d'un trésor trouvé dans le voisinage. M. le marquis de Blosseville, de qui nous tenons ces détails, ajoute qu'il existe beaucoup de fossés et de débris de retranchements tant dans le bois de Mallemains que dans la partie contiguë de la forêt de la Londe, qui paraissent n'être qu'un démembrement de l'antique forêt d'*Arelaunum* [aujourd'hui Brotonne] (2).

---

(1) Dans les environs de Portmort on trouve encore un petit dolmen auquel la tradition a donné le nom de la *Pierre-de-Saint-Ethbin*. On s'y rend en pèlerinage à une certaine époque de l'année et, après avoir entendu la messe à l'église de Portmort, on passe sous le dolmen à genoux. L. P.

(2) Nous pensons que toutes les pierres qui sont dans nos campagnes, et surtout dans nos forêts, l'objet de traditions ou de superstitions locales devront, quelle que soit leur proportion, être signalées aussi avec le même soin que nos autres monuments. Un dolmen s'élevait au commencement du siècle au milieu même du Grand-Andeli, près de la fontaine de Sainte-Clotilde. On sait que le 2 juin un pèlerinage célèbre amène tous les ans de nom-

Antiquités appartenant à la période gauloise. (Tombeaux, médailles.) — 1° *Arrondissement d'Évreux.* — Nous devons parler d'abord du grand ossuaire découvert à Cocherel en 1685, et décrit par Le Brasseur dans son *Histoire du comté d'Évreux* (1). Ce monument renfermait vingt ou vingt-deux corps étendus parallèlement, dirigés vers le midi et recouverts par de grandes dalles de pierres du pays, près de deux autres pierres placées debout. Il n'y avait ni monnaies ni aucun autre objet métallique autour de ces squelettes, mais une arme tranchante, le plus souvent en pierre, placée sous la tête de chacun d'eux (2), et quelques petits pots grossièrement fabriqués à la main et remplis de charbon de bois. Ces objets tranchants étaient de diverses natures ; il y avait, dans le nombre, des silex noirs et gris ; des morceaux de jade, d'albâtre et jusqu'à de l'ivoire et des os aiguisés. Quelques-unes des hachettes de pierre étaient enchâssées dans des morceaux de corne de cerf, de manière à présenter quelque analogie avec les casse-tête américains. On remarqua l'épaisseur prodigieuse des crânes, tandis que quelques autres têtes, trouvées près de là et au milieu de cendres et d'os brûlés, ne présentaient que les dimensions ordinaires.

La nature des armes enfouies dans ce tombeau et l'absence de tous métaux ne permettent pas d'en placer la date à une autre époque

---

breux malades à cette fontaine. Jadis les malades, après s'être plongés trois fois dans la fontaine, passaient trois fois sous le dolmen. Nous venons de voir que le même usage s'était établi à Portmort, où un ancien dolmen, appelé la *Pierre-de-Saint-Ethbin*, était l'objet d'un culte pieux. On peut encore signaler dans la commune d'Auteverne et dans celle de Dampsmesnil, arrondissement des Andelys, une pierre druidique. Près de Beaudemont, sur le plateau vers Écos, une autre pierre appelée la *Pierre-Tournante* a été récemment détruite. Près de Gisors, dans le département de l'Oise, le célèbre dolmen de Trie ne doit pas être oublié. L'arrondissement de Bernai compte depuis 1858 une nouvelle pierre druidique. M. Métayer-Masselin a reconnu sur le territoire des communes de Saint-Léger et de Rôtes une grande pierre coupée vers l'orient sur un plan perpendiculaire à sa longueur ; puis, à quelque distance, une aiguille en grès creusée dans sa partie supérieure en forme de bénitier, enfin un peu plus loin un long banc d'ossements d'animaux, côtoyant presque toujours à fleur de terre un ancien chemin rural. M. Bonnin a reconnu un menhir près du tombeau celtique de Saint-Étienne-du-Vauvrai. L. P.

(1) Le Brasseur, *Histoire du comté d'Évreux*, p. 173 et suiv.
MM. Passy et de Stabenrath ont bien voulu, à notre demande, faire sur les lieux la recherche de l'emplacement de ces étranges sépultures et ont trouvé que cet emplacement occupait une dépression très-marquée dans la portion la plus élevée de la falaise crayeuse qui borde la vallée d'Eure. La cavité qui renfermait les squelettes est très-apparente, et l'on y voit encore l'une des dalles de pierre qui la recouvraient.

(2) Cette circonstance rappelle le passage suivant d'Ézéchiel : « Qui descenderunt ad infernum cum armis suis et posuerunt gladios suos sub capitibus suis. » (Ézéch., XXXII, 27.)

qu'à l'un des premiers siècles de la période gauloise. La présence de hachettes de pierre munies de leurs montures est une circonstance du plus haut intérêt (1).

(1) En décembre 1842, auprès de la ferme de la Basse-Crémonville, hameau de Saint-Étienne-du-Vauvrai, on a découvert un tombeau celtique. M. Bonnin a rendu compte de cette intéressante découverte en 1843 à la Société de l'Eure. Après avoir décrit et qualifié de menhir une grosse pierre qui était dressée dans le voisinage du tombeau et dans la direction de la vallée, et au sommet de laquelle existe une ouverture peu profonde en forme de parallélogramme, M. Bonnin rapporte en ces termes la déclaration des ouvriers : « Les ouvriers déclaraient que dans le fossé, qu'ils venaient de creuser, ils avaient rencontré immédiatement sous le bloc de calcaire une espèce de voûte de moellons qui recouvrait des ossements humains, et au-dessous une couche de pierres plus grandes sous lesquelles se trouvaient des crânes et des ossements étendus sur une autre couche de pierres, au-dessous de laquelle un dernier rang de squelettes était étendu dans le même ordre sur un lit de pierres inégales placées sans soin. Plus bas, ils n'avaient rien découvert. Les squelettes, qui leur avaient paru d'une stature ordinaire, étaient placés en cercle, les pieds au centre et isolés par des moellons assemblés sans maçonnerie et formant une cavité que chaque corps paraissait avoir complétement remplie. Les trois couches successives de corps étaient disposées de la même manière. Enfin, la pierre enfouie était d'un diamètre inférieur à celui de la construction circulaire, qui pouvait être de 5 mètres environ. » Les fouilles furent reprises le 27 décembre. Après avoir déblayé la fosse en avançant vers la côte, on parvint à un rang de calcaire en ligne droite et recouvert d'un dallage en pierres aplaties, terminé en cercle par quelques restes d'une sorte de mur formé de pierres superposées à sec contre le sol. — Ces pierres ayant été retirées, on reconnut au-dessous l'hémicycle fait également de fragments superposés à sec ; le blocage du devant avait formé entre des squelettes brisés dans la première fouille des divisions semblables à celles alors apparentes, où deux rangs de moellons entassés sans soin et sans art isolaient trois squelettes humains, reconnaissables à leurs principaux ossements, au milieu des terres infiltrées dans la cavité. Chacun des corps, dont la tête était appuyée sur une pierre aplatie placée contre la partie circulaire, avait les pieds au centre du cercle ; leurs bras étaient allongés près du corps qui remplissait la cavité. Chaque compartiment avait environ 40 centimètres d'élévation. Le diamètre du tombeau put alors être vérifié : il était de 4 mètres 50 centimètres environ, et sa profondeur, au-dessous de la pierre qui le recouvrait, de 1 mètre 65 centimètres, en donnant une hauteur égale à chacune des cavités superposées et une épaisseur moyenne de 13 centimètres aux dallages qui les séparaient. » On vida chacune des trois cavités ; on n'y trouva aucun objet métallique, fer ou bronze. On n'en retira qu'un fragment informe d'un vase de terre grossière et une espèce de hachette. Deux bois de daim, l'un de 14, l'autre de 16 centimètres de longueur, se trouvaient près des squelettes. Chacun d'eux a une ouverture oblongue dans laquelle furent ajustés des manches aplatis dont on n'a découvert aucune trace. On conserve à la bibliothèque de Louviers une des hachettes de silex emmanchée dans une corne de cerf, comme celles de Cocherel l'étaient dans des os.

En 1856, à Neuilli-sur-Eure, non loin de la station de Bueil, sur le chemin de fer de Paris à Évreux, des ouvriers, en déblayant une butte de terre, ont trouvé une cavité où gisaient des débris humains avec des hachettes en silex et un objet également en silex, sorte de lance ou de poignard tranchant des deux côtés et marqué de stries disposées comme les nervures d'une feuille de saule ou de laurier-rose. M. Bonnin a recueilli ces objets pour le musée d'Évreux ; M. Izarn a rendu compte de cette découverte dans le *Recueil des Travaux de la Société de l'Eure*, 3ᵉ série, t. V, et M. Raymond Bordeaux dans le *Bulletin monumental*, 1856, 3ᵉ série, t. II, p. 417. — On peut remarquer que le tumulus et les tombelles de Cocherel, de Saint-Étienne-du-Vauvrai et de Bueil se trouvent placés à une distance qui n'est pas très-éloignée, et sur le bord de la même vallée, en descendant le cours de l'Eure.

L. P.

Sur le penchant de la côte de Tourneville, notre confrère M. Duwarnet a remarqué sept tertres, ayant tous cinq pieds d'élévation, vingt-huit de largeur et quarante-deux de longueur, dirigés du sud au nord, et visiblement faits par la main des hommes. On ne doute pas que ce ne soient des tombeaux, et l'on se propose d'en faire ouvrir un incessamment pour s'en assurer.

Sur la commune de Cintrai, au bois de la Tournevraie, il existe un tertre qui n'a point encore été fouillé, mais qui est certainement l'ouvrage des hommes et que l'on doit regarder comme un tumulus. M. le maire de Corneuil est porté à croire qu'il en existe pareillement un sur sa commune.

M. Guérard, d'Évreux, possède dans sa collection l'une des hachettes de pierre de Cocherel. Une autre arme de la même nature a été trouvée au triage des Hautes-Terres, hameau du Bosc-Feret, commune de Tuit-Signol, en défrichant un bois qui appartient à M. Levieux, commissaire du roi près la monnaie de Rouen (1), et plusieurs dans une carrière à caillou sur la commune de Saint-Denis-du-Bosc-Guérard. Nous croyons nous rappeler que M. Armand, d'Étampes, en a aussi recueilli une sur la commune de Barneville, il y a environ vingt ans.

2° *Arrondissement des Andelis.* — Les hachettes de cuivre, par les amas considérables qu'on en rencontre et par l'ignorance où l'on est sur leur emploi, ont donné lieu à un grand nombre de recherches et de conjectures : on en a trouvé un monceau de la contenance d'un quart d'hectolitre environ, au bord d'un fossé nouvellement construit, dans la commune de Flipou, près le Pont-Saint-Pierre. Elles avaient été simplement enterrées, et non renfermées dans un vase ou autre enveloppe, et ce fut la saillie de l'une d'elles hors du terrain environnant qui les fit découvrir. Ces hachettes étaient de diverses dimensions, depuis six pouces de longueur jusqu'à trois, et mélangées d'autres instruments (2). Nous croyons devoir mentionner une circonstance fort curieuse attestée par un témoin oculaire : c'est qu'on les trouva attachées ensemble par groupes de chaque espèce. Ces détails nous ont été fournis par notre confrère M. Lebrun, directeur de la fonderie de Romilli, qui a bien voulu en faire l'objet d'une petite enquête

---

(1) M. Levieux a bien voulu faire hommage à la collection départementale de cette arme, formée d'un morceau de silex résinite.

(2) Ils sont gravés dans la première édition de la *Notice* publiée en 1833.

et dessiner les objets recueillis d'après ses souvenirs et la description qui lui en a été donnée.

C'est encore à l'obligeance de M. Lebrun que nous devons la connaissance de la découverte de vingt-six médailles celtiques au bord de la partie supérieure de la forêt de Longboel, vers la plaine du Bourg-Baudouin. Vingt-quatre de ces médailles étaient d'un alliage d'or et d'argent, une d'argent et une de bronze. Elles étaient renfermées dans un caillou creux, formant une sorte de tirelire grossière (1), et faisant partie d'un monceau de pierres que l'on brisait pour les employer à la réparation des routes. Malgré ses efforts et ceux de nos confrères MM. Langlois et Deville, M. Lebrun ne put sauver de la destruction que la médaille de bronze et l'une de celles qui étaient faites d'un alliage d'or et d'argent. La première représente, d'un côté, l'image très-imparfaite d'un cheval à tête humaine et de l'autre celle d'un homme accroupi, ressemblant à certaines idoles américaines. Sur la seconde on voit un cheval et un grand nombre de petits objets si mal exécutés qu'il nous paraît impossible de s'en rendre compte (2).

3° *Arrondissement de Pont-Audemer.* — Des terrassiers travaillant sur la côte de la Fontaine-aux-Malades, commune d'Annebaut, y trouvèrent une centaine de hachettes de cuivre trempé, pesant chacune environ une livre (3).

Il a encore été trouvé un assez grand nombre de médailles gauloises dans les arrondissements des Andelis, de Louviers, de Pont-Audemer, au Vieil-Évreux, à Brionne, et probablement dans d'autres lieux où l'on aura négligé de les recueillir et d'en garder le souvenir. Malgré

---

(1) L'usage de renfermer des monnaies précieuses dans des pierres creuses paraît s'être perpétué sous la domination romaine. Nous possédons plusieurs médailles impériales d'argent trouvées dans un caillou de cette forme, à Saint-André-sur-Cailli (Seine-Inférieure).

(2) Nous sommes en mesure de donner sur l'arrondissement des Andelis quelques renseignements nouveaux. M. Mesteil, avocat aux Andelis, a trouvé dans le vallon de Pain, sur les hauteurs de Mantelle et sur les côtes voisines des Andelis, un certain nombre de hachettes. Les unes sont en silex, les autres en une pierre noire et un peu rugueuse. Leur longueur varie depuis vingt centimètres jusqu'à quatre.

En 1852, on a trouvé à Heubécourt dix-huit hachettes gallo-romaines en bronze, et à Bacqueville, en 1853, une hachette en pierre et d'autres hachettes en bronze.

Sur les confins de l'arrondissement des Andelis, du côté de Gisors, nous avons déjà noté le tombeau gaulois d'Hérouval et le beau dolmen de Trie.   L. P.

(3) Dans l'arrondissement de Pont-Audemer : plusieurs hachettes en cuivre ont été recueillies à Corneville, à Saint-Georges-du-Vièvre et à Trouville-la-Haule ; plusieurs hachettes en silex, à Caumont, à la Haie-de-Routot ; à Bosc-Bénard-Commin, de petits outils en cuivre.   L. P.

le peu d'intérêt qu'offrent ces monnaies sous le rapport de l'art, nous engageons nos concitoyens à conserver et à nous communiquer toutes celles qu'ils rencontreront à l'avenir. Ces monnaies peuvent fournir des données précieuses, tant à la topographie antique qu'à cette branche obscure et trop peu cultivée jusqu'ici de notre numismatique (1).

TROISIÈME PARTIE.

ANTIQUITÉS ROMAINES.

Points du département sur lesquels il a été trouvé des antiquités romaines. — Il serait à désirer que depuis longtemps on eût tenu compte de tous les points du département sur lesquels on a trouvé des antiquités romaines; malheureusement personne jusqu'à nous ne s'est chargé de ce soin et il en est résulté l'oubli d'un nombre immense de lieux et de faits. Nous allons indiquer ce qui en est parvenu à notre

---

(1) Des découvertes très-nombreuses et assez importantes ont été faites au point de vue des antiquités gauloises dans les arrondissements de Louviers et de Bernai; nous allons essayer de résumer les principales. Le *Recueil des Travaux de la Société de l'Eure*, t. IV, p. 266, 3e série, contient un mémoire intéressant de M. Thaurin sur ce sujet:

En 1841, à la Neuville-du-Bosc, bois de Sainte-Vaubourg, sous un monticule de cailloux, reste probable de quelque tumulus gaulois, cinq belles et grandes hachettes de bronze, toutes coulées dans des moules différents, deux casse-tête en silex blanc et plusieurs meules en poudingue.

Au Tremblai, deux hachettes celtiques.

Sur la côte de Sainte-Opportune-du-Bosc, qui borde le vallon, traversant les terres de cette commune, fragments de meules gauloises en poudingue et une belle hachette de bronze portant sur l'un des côtés de son extrémité supérieure une ansette dans laquelle était passée une chaînette de bronze.

Dans les champs de Sainte-Opportune-du-Bosc, la mare du Nid-de-la-Grue, creusée dans une argile fortement ocreuse qui contient une quantité de fer considérable. Découverte de grands fourneaux en maçonnerie dont les parois calcinées renfermaient beaucoup de cendres et de charbons. — Fragment de vase en terre noire présentant tous les caractères de la poterie gauloise.

A Villez, proche le Neubourg, dans une pièce de terre appelée le Manoir-de-Calenge, nombreux compartiments d'habitations rustiques, composés de maçonneries grossières en silex, qui renfermaient aussi des débris de meules en poudingue. Vis-à-vis du Manoir-de-Calenge, vaste excavation creusée sur le penchant du petit coteau qui borde le vallon situé à sa base.

Sur les anciennes bruyères de Vitot, médaille gauloise d'une exécution très-barbare.

L. P.

connaissance, ainsi que des voies et des camps antiques, en priant de nouveau nos concitoyens de nous mettre à portée de compléter autant que possible cette liste par leurs obligeantes indications.

1° Arrondissement d'Évreux. — L'arrondissement d'Évreux compte dans son sein les principaux établissements romains de notre département : Évreux, le Vieil-Évreux et Condé-sur-Iton.

Nous devons à l'obligeance de notre confrère M. de Stabenrath la liste suivante des objets antiques trouvés à Évreux de nos jours :

1° Dans un jardin, près du théâtre, une médaille d'or ;

2° Près de l'église abandonnée de Saint-Aquilin, et le long de la voie tendant de Rouen à Chartres, un tombeau gallo-romain en pierre calcaire, une meule antique, une amphore brisée, des vases de verre et des médailles en petit bronze de Constantin ;

3° Le long de la même voie portant le nom de vieux chemin de Rouen à Chartres, dans diverses propriétés particulières, des vases funéraires antiques remplis de cendres.

4° Dans l'enclos de l'hôpital général actuel, des vases semblables ;

5° Dans les fondations d'un corps de bâtiment faisant partie de l'hôtel de Rouen, près d'une muraille antique, quelques médailles en grand bronze, des Antonins, recueillies et déposées à la bibliothèque publique par lui-même ;

6° Dans une fouille près le pont Saint-Thomas, une médaille en argent de Brutus.

Le premier de ces objets est le seul qui ait été trouvé dans l'intérieur de l'enceinte romaine d'Évreux.

Nous avons vu dans la précieuse collection d'antiquités locales recueillies par M. Guérard deux cachets représentant l'un un homme aux prises avec un animal, l'autre une chèvre allaitant son chevreau, provenant de deux bagues plaquées en or et trouvées, avec un collier en fils d'or tressés, dans un pré ayant appartenu à feu M. Marescal, notaire, et situé entre Navarre et la propriété de M. de Bois-David.

M. Guérard nous a encore montré deux pierres antiques provenant du Vieil-Évreux. L'une est une cornaline représentant un griffon. Nous n'avons pas conservé un souvenir assez précis de la seconde pour oser le consigner ici (1).

(1) Le nombre des objets trouvés au Vieil-Évreux, avant et depuis la publication de cette *Notice*, est si considérable que nous devons reculer, comme l'a fait peut-être Le Prevost,

Des figurines recueillies dans la forêt d'Évreux par M. Mordret, ingénieur en chef du département, ont été décrites par M. Rever.

Ces figurines de terre cuite moulée, trouvées en 1825, au fond d'une mare nommée l'Argillière, ou improprement l'Ardillière, dans la forêt d'Évreux, commune des Baux-Sainte-Croix, à environ sept cents pas au midi de l'église, étaient en grand nombre. La plupart sont des Vénus Anadyomène grossières, telles qu'on en a rencontrées dans beaucoup d'autres endroits, des femmes allaitant un ou deux enfants, une femme à cheval, coiffée du *bardocucullus*, etc. On doit regretter qu'un grand nombre de types aient été perdus. Il est visible qu'il aura existé en cet endroit un atelier de mouleur. On a encore trouvé, tant dans la mare qu'aux environs, des tuiles romaines et des restes de constructions. M. Rever a donné, en 1827, dans le bulletin de la Société de l'Eure, une description et des lithographies au trait de ces figurines, dont les premières sont visiblement de petites idoles, destinées à être placées dans des laraires rustiques.

En 1806, des indications d'une nature fort singulière engagèrent M. de Chambaudouin, alors préfet de l'Eure, à entreprendre quelques fouilles dans la forêt d'Évreux, près du hameau de la Trigale, dépendant de la commune des Ventes, et non loin de la voie antique connue dans le pays sous le nom de *Chemin-Chaussé*, qui tend d'Évreux à Condé. On y a découvert des fragments d'enduit peint à fresque au milieu de quelques murailles renversées et un conduit souterrain conduisant à une mare.

En 1832, les fouilles, reprises par l'ordre de M. Passy, ont fait

---

devant la tâche de les décrire tous. Le catalogue qu'a placé M. Bonnin en tête de ses *Antiquités des Aulerques Éburoviques* et surtout les belles planches de cet ouvrage nous dispensent de tout commentaire. Nous nous bornerons à citer, indépendamment des inscriptions que nous avons déjà reproduites, une petite collection de bijoux, parmi lesquels on doit distinguer trois médaillons en or, dont l'un au type d'Antonin Pie et l'autre au type de Caracalla : ils paraissent avoir fait partie de la même parure militaire; une statue de Jupiter qui a été décrite par M. de Clarac dans le *Musée de sculpture antique et moderne*, t. III, pl. 410 D, et par M. Lenormant dans le *Courrier de l'Eure* ; une statue d'Apollon en bronze, une statuette de Bacchus : les yeux sont en argent et la main droite tient un disque d'argent; un génie ailé, une statuette de Sylvain, des statuettes de Minerve, de la Victoire, de Jupiter, un masque en bronze et une foule d'objets divers tels que sanglier, bouc, cheval, colombe, clochette, trident, branche de candélabra, flèches et javelots, croisillons d'épée, anneaux, chaînes, dés, clous, compas, spatules, hachettes, styles, fibules, agrafes, boucles, serrures, clefs, fers, poignards, serpes, haches, mors en fer, un grand nombre de poteries rouges et vernies, des figurines en terre cuite, des vases en terre, des verroteries, des ustensiles en os tels qu'épingles, cuillers, bobines, dominos, dés à jouer, manches de couteau.   L. P.

reconnaître l'emplacement de quatre constructions antiques, toutes situées dans le même triage. L'une d'elles, renfermant une cave où l'on descend par six marches, a soixante pieds de long environ sur vingt-six de large. Elle est, ainsi que deux autres, composée presque exclusivement de moellon et de mortier. Une autre, recouverte d'une triple couche de ciment, était visiblement un réservoir, où l'eau de plusieurs mares voisines était probablement amenée par des tuyaux de conduite qui règnent dans un espace de terrain considérable. La quatrième construction paraît avoir été l'atelier de fabrication de ces tuyaux ainsi que des nombreuses tuiles romaines trouvées dans les ruines. Dans un coin de la cave gisaient deux énormes amphores, dont l'une est entière, accompagnées d'un cercle de fer et de beaucoup de clous. Ailleurs on a recueilli des ossements d'animaux, des parcelles de verre, des débris de poteries de toutes couleurs. M. de Stabenrath, à qui nous devons ces renseignements sur les fouilles de la Trigale, se propose d'en décrire incessamment les résultats dans tous leurs détails (1).

M. Huchet, maire de Garnanville, commune traversée par la voie romaine de Lisieux à Dreux, a annoncé à M. Vaugeois, dans le courant de l'automne dernier, l'existence sur sa commune de buttes de maçonnerie dont on extrait de grands pavés (probablement des briques ou tuiles antiques) et beaucoup d'autres objets, ainsi qu'un chemin souterrain et pavé (qui paraît être un aqueduc).

M. le docteur Dumanoir, de Conches, a reçu de Mme de Bois-l'Évêque, propriétaire du château de Faverolles, l'indication de ruines d'un aqueduc existant dans la direction de cette commune au Tilleul-Dame-Agnès, canton de Beaumont.

Nous tenons de M. Vaugeois que des médailles antiques ont été trouvées sur deux points de l'arrondissement d'Évreux, savoir : dans la forêt de Breteuil et près de Rugles. La découverte des premières remonte à l'année 1820, et c'est dans la commune des Baux, près de l'ermitage de Sainte-Suzanne, qu'elle a eu lieu, sur un point où l'on n'a point remarqué de vestiges de constructions. Il y avait, entre autres têtes, un Philippe, un Gordien Pie et un Postume d'argent, une Lucile de grand bronze, et un Maximien de moyen bronze.

Il nous a été présenté une médaille d'or d'Auguste, trouvée à Ché-

---

(1) Ce mémoire a paru dans le *Recueil des Travaux de la Société de l'Eure*, en 1833, p. 165.   L. P.

ronvilliers, dans le voisinage de la voie romaine de Condé à Bourth, le Theil, etc.

A Saint-André et à Garencières, il a été trouvé des fondations de murailles et des constructions souterraines dans lesquelles on a recueilli de grandes briques, la plupart de couleur blanche, qui paraissent incontestablement être romaines par leurs dimensions.

A Cintrai, il existe des murailles romaines sur trois points, savoir : sur le terrain du sieur Cordon, propriétaire au hameau Baudouin, et vis-à-vis de ce hameau, sur le bord de l'Iton. A peu de distance de ces dernières ruines, des dépôts de laitier annoncent l'emplacement d'une forge antique. Chez le sieur Cordon, on a aussi trouvé des médailles et des objets en fer et en cuivre.

A Illiers-l'Évêque, sur la direction de la voie romaine, vers l'entrée du bois des Fontaines, on a trouvé les fondations d'une construction antique, et près de là, dans un champ nommé les *Terres-d'Évreux*, beaucoup de débris de tuiles romaines, des fragments de marbres, des morceaux de lave et une prodigieuse quantité de médailles de grand bronze et du Haut-Empire. Les dernières paraissent être d'Alexandre Sévère. MM. Passy et de Stabenrath en ont recueilli un assez grand nombre en visitant cet emplacement.

A Orgeville, M. de Malherbe fils a observé un amas de débris de tuiles romaines au triage de la Mare-Diot, entre le Buisson-de-Mai et une voie antique dont nous parlerons ci-dessous.

Dans la commune de Joui-sur-Eure, en creusant un fossé le long d'une prairie qui dépendait autrefois du prieuré que possédait l'abbaye de Jumiéges, on a trouvé une meule romaine et six objets en bronze dont M. le maire a fait hommage à la collection départementale.

Deux de ces objets sont des cercles ou viroles de vingt-cinq lignes de diamètre, neuf de haut et une d'épais, concaves à l'intérieur, convexes en dehors et présentant de ce côté deux moulures séparées par quatre-vingt-deux stries transversales. On pourrait croire que ce sont des bracelets d'enfants, mais il nous paraît plus vraisemblable d'y voir l'orifice d'un vase circulaire ou plutôt encore la virole d'un instrument.

Les quatre autres objets, beaucoup plus extraordinaires, se composent chacun d'une bande de bronze courbée en bourrelet et formant un cercle presque complet. Le diamètre intérieur est de trente-quatre lignes, la convexité de onze lignes, la hauteur de seize, l'épaisseur d'une ligne. On remarque six sillons transversaux, larges et creux, séparés par des rayures peu profondes qui présentent une sorte de broderie des deux côtés de la solution de continuité. Ces dernières nous paraissent avoir été exécutées au burin (1).

Depuis la découverte de ces quatre objets, ils ont été soumis à l'examen d'un grand nombre d'antiquaires français et anglais de la plus haute distinction et ayant une connaissance approfondie des plus riches collections de l'Europe, lesquels ont déclaré unanimement n'avoir jamais rien rencontré de semblable. Cependant MM. Charles Lenormant et Panofka, qui ont bien voulu les examiner avec une attention particulière, ne doutent pas que ce ne soient des bracelets militaires destinés à la moitié de la hauteur du bras, après avoir passé le poignet, au moyen de l'élasticité remarquable dont ils ont conservé une partie, malgré leur long séjour dans la terre. Ces deux savants croient trouver des vestiges de bracelets semblables sur les bas-reliefs des colonnes Trajane et Antonine, ainsi que des arcs de Saint-Remi, d'Orange et de Carpentras. Ils pensent, en conséquence, que ceux-ci ont pu appartenir à un guerrier gallo-belge dont le costume ne devait différer que très-peu de celui des Germains. S'il nous est permis de faire aussi quelques conjectures, nous dirons que les deux cercles ou viroles trouvés dans la même fouille nous paraissent d'un travail qui présente l'empreinte de la décadence des arts plutôt que de leur enfance. Nous serions donc enclin à les rapporter au IIe ou peut-être même au IIIe siècle de notre ère. Dans ce cas ces bracelets pourraient avoir appartenu à quelque soldat de ces corps de barbares auxiliaires dont les empereurs romains firent un usage toujours croissant jusqu'à la chute de leur domination dans nos contrées.

Ces bracelets, ainsi que les viroles, ont été soumis à l'examen d'un fondeur en cuivre fort expérimenté, lequel nous a déclaré qu'ils avaient dû être exécutés au moyen de moules en cire dans leur forme actuelle, avec les stries et sillons qu'on y remarque et qu'on aurait pu croire repoussés au marteau après la fonte.

Nous espérons qu'on voudra bien nous pardonner l'étendue de ces détails en considération de la nouveauté et de la singularité des objets auxquels ils se rapportent.

Sur la commune de Huest, au hameau du Nuisement, M. Gazan aîné

---

(1) Dans la première édition de la *Notice*, une planche accompagne la description qu'on vient de lire. L. P.

a trouvé un four à chaux romain dont tous les conduits étaient construits en tuiles antiques (1).

(1) Pour compléter la statistique archéologique de l'arrondissement d'Évreux, nous allons noter les principales localités où des antiquités romaines ont été découvertes :

I. *Canton d'Évreux (nord)* : — 1º Évreux, *Mediolanum Aulercorum*, — hameau de Saint-Michel, médailles, — hameau de Navarre, cachets; 2º Gravigni, statue, lampe sépulcrale; 3º Parville, tuiles, voie.

II. *Canton d'Évreux (sud)* : — 1º Évreux, hameau de Nétreville, poteries rouges, — hameau du Buisson, vases et monnaie; 2º le Vieil-Évreux, *Gisai*; 3º Saint-Aubin-du-Vieil-Évreux (à Cracouville), aqueduc; 4º Guichainville, antiquités (à Melleville, Fumeçon et au Buisson-Garembourg); 5º Huest, tuiles et four; 6º forêt d'Évreux, les Ventes, constructions; 7º Baux-Sainte-Croix, figurines; 8º Jouï-sur-Eure, objets en bronze, bracelets; 9º Arnières, théâtre; 10º Saint-Sébastien-de-Morsent, constructions.

III. *Canton de Damville* : — 1º Damville, hameau des Cherottes, tuiles, médailles, poteries; 2º Coulonges, hameau du Buisson-Chevalier, aqueduc; 3º le Sac, débris; 4º le Plessis-Groham, aqueduc; 5º Grandvilliers, débris et voie; 6º Mantelon, voie; 7º le Nuisement, voie et débris.

IV. *Canton de Saint-André* : — 1º Saint-André, médailles dans un bois voisin, constructions; 2º Garencières, hameau du Bois-de-la-Cœur, constructions; 3º Coudres, médailles et voie; 4º Jumelles, sarcophages et débris romains.

V. *Canton de Nonancourt* : — 1º Nonancourt, voie; 2º Illiers-l'Évêque, fondations, marbres, tuileries et médailles romaines, voie; 3º Panlatte, voie.

VI. *Canton de Verneuil* : — 1º Bourth, voie; 2º les Barils, voie; 3º Mandres, voie; 4º Saint-Christophe-sur-Avre, voie, débris.

VII. *Canton de Pacî* : — 1º Caillouet, voie et débris; 2º le Plessis-Hébert, voie; 3º Orgeville, voie et débris; 4º Bosc-Roger, voie; 5º Gadencourt, voie; 6º Hécourt, dépôt de laitier.

VIII. *Canton de Rugles* : — 1º Rugles, voie, débris, constructions, médailles; 2º Ambenai, médailles; 3º Chéronvilliers, médaille, voie; 4º Bois-Arnauld, voie.

IX. *Canton de Conches* : — 1º Conches, voie; 2º Louversei, constructions, tuiles; 3º Faverolles, aqueduc, voie; 4º Émanville, voie.

X. *Canton de Breteuil* : — 1º Breteuil, voie; 2º Baux-de-Breteuil, médailles; 3º Guernanville, voie; 4º la Gueroulde, voie; 5º Cintrai, débris, voies; 6º Saint-Ouen-d'Attez, voie et débris; 7º Grandvilliers, voie; 8º Dame-Marie, voie; 9º Condé-sur-Iton, *Condate*, voie, constructions, médailles, canal.

A ce catalogue des localités dans lesquelles les Romains ont laissé des traces de leur présence nous joindrons quelques détails sur les principales découvertes faites dans l'arrondissement d'Évreux. Mentionnons dans le *Mercure de France*, 1727, juillet, une lettre sur des médailles trouvées à la Neuville. M. Le Prevost a oublié de citer la lettre écrite par Durand le 12 mars 1761, et insérée dans le *Journal de Verdun*. Cette lettre rend compte de la découverte faite à Gravigni, dans les environs d'Évreux, d'une figure représentant une femme nue, assise sur un piédestal. Au-dessus d'elle s'élevait un groupe de trois amours, dont l'un était appuyé sur la massue d'Hercule. — Au pied de la statue, une figure polygone d'un cristal de roche taillé à vingt facettes égales. Au côté droit, une lampe sépulcrale en bronze à deux mèches; au côté gauche, une autre lampe sépulcrale, dont la branche forme un croissant. — Près de cette lampe s'est trouvé un crochet de bronze garni d'un petit anneau ressemblant à un hameçon; enfin, une espèce de cassolette en airain, s'ouvrant par le moyen d'un petit ressort.

En 1834, le sieur Godefroi, maréchal ferrant à Ambenai, a découvert, en bêchant son jardin, une collection de 196 médailles d'or d'une magnifique conservation et appartenant

2° *Arrondissement des Andelis.* — En février 1810, le sieur Denesle, cultivateur à Heuqueville, voulant fertiliser un champ voisin du hameau du Londe et fort aride, y pratiqua des fouilles ; après en avoir extrait beaucoup de débris de briques, tuiles et poteries, il atteignit un plancher de ciment très-dur et très-uni, où il rencontra les objets suivants :

1° Un tube creux et octogone, en or, destiné à être porté horizontalement au cou, orné, sur chacune de ses faces, de filigranes en zigzag, et muni de sa chaîne de suspension ;

2° Deux bagues en or, avec chatons en pâte bleue ;

3° Une belle médaille d'or de Vénus à fleur de coin ;

4° Une autre belle médaille, pareillement en or, de Néron, enchâssée dans un encadrement octogone, pour être portée au cou ;

5° Un beau bracelet en or, pesant une once et demie, composé de trois filets d'or cordelés ;

toutes à la fin de la République ou à la première année du règne d'Auguste. M. de Lagrange a donné sur ce trésor une notice détaillée, publiée à Paris en 1834.

M. Bonnin a reconnu à Arnières l'emplacement d'un théâtre romain et trouvé des débris d'inscriptions et une hache en fer. De l'autre côté de la vallée, sur la côte du Haut-Péan, dans la commune de Saint-Sébastien-de-Morsent, des substructions antiques qui justifient la qualification de mont et de vallée païens.

A Nétreville, hameau d'Évreux, subsistent encore un retranchement et des fossés antiques. Il y a quelques années on découvrit des vases en poterie rouge dans la propriété de M. Marquet.

En 1838, à Coudres, près de la voie romaine d'Évreux à Dreux, on a trouvé, dans un champ que les habitants appellent le *Champ-d'Argent*, un vase qui contenait 600 médailles en bronze, la plupart du IVᵉ siècle.

En octobre 1850, dans la forêt de Breteuil, triège du Parc, découverte de 200 médailles de cuivre, parfaitement conservées ; plusieurs portent les noms de Postume, de Gallien.

En 1853, dans la commune de Louversel, près de Conches, des vestiges de constructions gallo-romaines, de grandes tuiles à rebords ont été mises à jour dans la propriété de M. Lavandier.

Nous ajouterons que les fouilles faites aux abords de la ville d'Évreux, soit lors de l'abaissement de la nouvelle côte de la route impériale de Paris, soit pour l'établissement du chemin de fer de Paris à Cherbourg, ont fait reconnaître : 1° auprès du hameau du Buisson, un terrain d'où ont été extraites plusieurs centaines de vases communs ; ces vases gisaient, avec une assez grande quantité de monnaies romaines, auprès d'ossements humains dans des fosses creusées dans le sol, et auprès un vaste *ustrinum* était rempli de débris de vases et d'ossements, parmi lesquels se sont aussi trouvées des monnaies exclusivement romaines ; 2° sous les remblais du chemin de fer, les fondations de tombes composées de débris de monuments antiques et, sur une grande surface, des tombes creusées dans le sol, régulièrement orientées et disposées sur les bords d'une allée centrale. Au milieu de cette nécropole ont été découverts quatre énormes sarcophages de pierre, deux à couvercle bombé, et deux avec arête au sommet. Il ne s'y est pas trouvé de monnaies, mais seulement un peu de poussière humaine roussâtre et des os de squelettes, dont un avait les tibias liés par une forte corde. Ces découvertes ont été suivies et mises à profit par M. Bonnin. Nous ne terminerons pas cette note sans rappeler l'importance que les travaux de MM. Le Prevost, Vaugeois et Bonnin attribuent à Condé-sur-Iton, au point de vue des antiquités romaines.

L. P.

6° Une grande tasse d'argent, et deux cuillers à encens, du même métal ;

7° Un petit entrelacs en fils d'or ;

8° Une boîte ronde en cuivre et à double fond, où étaient renfermés la plupart de ces objets.

Il y avait en outre une trentaine de médailles de grand bronze, vingt livres au moins de médailles de petit bronze (parmi lesquelles un Quietus), des instruments, outils, tuyaux de conduite pour la chaleur et pavés d'étuve en terre cuite, enduits de murailles peints à fresque ; enfin des restes de constructions qui se prolongeaient jusque sous le hameau, à l'autre extrémité duquel était situé un puits antique.

M. Rever vint sur les lieux dans le courant du printemps suivant, et décrivit, dans un mémoire qui est resté manuscrit, ces objets, qui lui parurent appartenir tous (sauf les deux médailles) à l'époque de la décadence des arts. Il ne put sauver de la destruction que la tasse d'argent, une des cuillers à encens et un anneau (1).

Nous trouvons dans la *Description de la haute Normandie*, par le père T. Duplessis, le passage suivant, relatif à Lions :

« Il y a quelques années que l'on a découvert près de ce bourg, sur le chemin de Rouen, plusieurs tombeaux avec des ossements et des épées. Tout récemment, en 1723, sur le bord de la petite rivière qui arrose le bourg, le curé du lieu a récemment déterré une assez grande quantité de médailles romaines, quelques-unes, entre autres, de Néron et de Trajan ; il a découvert en même temps des colonnes de pierre, des bas-reliefs, des murailles peintes, des fourneaux et autres vestiges d'habitations humaines. J'ai vu un fragment de l'une de ces colonnes (2) qui m'a paru représenter des festons et des bacchantes (3). »

Nous voyons, par une lettre de M. Rever, qu'il fut trouvé, il y a peu d'années, environ un boisseau de médailles de bronze dans la forêt de Lions, près de la propriété de M. le marquis d'Auteuil.

On rencontre souvent, mais surtout dans les talus de nos collines et sur le bord de nos plus anciens grands chemins, de nombreux sarcophages en pierre calcaire renfermant les dépouilles d'un ou de plu-

---

(1) M. Bonnin a publié, dans ses *Antiquités des Aulerques Éburoviques*, n° XVI, les bagues, l'étui, le bracelet, le médaillon en or, au type de Néron, qui sont maintenant déposés au cabinet des antiquités de la Bibliothèque impériale, une cuiller et un vase en argent qui se trouvent au musée d'Évreux. — L. P.

(2) Probablement une frise.

(3) T. II, p. 229.

sieurs individus ; quelquefois des armes, des monnaies et plus communément de petits vases remplis de charbon accompagnent les ossements. L'usage de ces sarcophages remonte jusqu'à la domination romaine et s'est conservé plusieurs siècles après l'introduction du christianisme.

M. E. Gaillard nous apprend que nulle part il n'en a été rencontré davantage que sur le bord occidental de la vallée de l'Epte, depuis Gisors jusqu'à Sainte-Geneviève, près Gasni.

« Dans ce vaste demi-cercle de collines, nous dit-il, sont insérées une foule d'auges en pierres, qui sont autant de cercueils. On en a trouvé à Vesli, au triége des Tombes ; à Cahaignes, sous le Vicariat, et à Sainte-Geneviève, où les cercueils sont en plâtre, chargés de cercles inscrits l'un dans l'autre et ayant entre chaque cercle des V ou des *cinq* en chiffres romains. » Ces derniers, à cause de la nature de leur composition, nous paraissent incontestablement postérieurs à la domination romaine. Une découverte semblable faite à Bérengeville-la-Rivière, il y a peu de temps, a prouvé que l'usage des tombeaux de plâtre, qu'on savait déjà appartenir au moyen âge, avait subsisté au moins jusqu'aux dernières années du xiii° siècle.

M. Molard, sous-inspecteur des eaux et forêts à Lions, nous apprend qu'un triége de la forêt, portant le nom significatif des *Cateliers*, renferme une grande quantité de tuiles antiques, annonçant l'existence sur ce point de constructions romaines importantes, et nous transmet, pour la collection départementale, deux médailles provenant de fouilles qu'on y a faites dans l'intention d'extraire du caillou. Ces médailles représentent une Faustine jeune de moyen bronze et un Postume de petit bronze.

Il a été recueilli à Basincourt, dans un champ dépendant de la propriété de M. Davillier, plusieurs médailles de grand bronze, et entre autres une de Pertinax.

Dans le champ de l'Ormeteau-Ferré, près Gisors, appartenant à M. Passy, et si célèbre au moyen âge, on a trouvé deux vases en belle poterie romaine et divers autres objets antiques.

Sur le territoire de la commune des Andelis, dans un champ voisin du bois connu sous le nom du *Bucaillet*, et appartenant au sieur Marais, taillandier, en enlevant, au printemps de 1814, l'un de ces tas de pierres qu'on appelle *caillouères* dans le pays, on mit à nu un vase renfermant beaucoup de médailles romaines de divers métaux et modules, mais surtout de petit bronze, dont quelques-unes existent encore dans le pays. Il paraît que des découvertes semblables, à l'occasion de l'enlèvement de *caillouères*, n'y sont pas sans exemple ; aussi la tradition locale prétend-elle que ces vases remplis de médailles y ont été déposés par Jules-César, à l'époque où il parcourait les Gaules, et que chaque soldat était obligé de fournir une pierre au monceau sous lequel on les enfouissait.

Notre confrère M. Lebrun a trouvé pareillement dans un vase, sur le territoire de Romilli, et au bout de l'avenue qui conduit au magnifique établissement qu'il dirige, environ neuf cents médailles d'argent, parmi lesquelles il y en avait un petit nombre de Sabine, d'Antonin Pio, de Marc-Aurèle, de Lucile, de Pertinax, d'Albinus, beaucoup de Septime-Sévère, de Julia Pia, de Caracalla, de Geta, treize Plautilla, treize Macrin, quatre Diadumenien, des Julia Moesa, Julia Mamea, Julia Soemia, Julia Paula, Élagabale, Alexandre Sévère, Barbia Orbiana, Julia Aquilia Severa, Maximin, Maxime, Paulina, femme de Maximin, Pupien, Balbin et Gordien Pie (à couronne de feuillage). Les plus anciennes de ces médailles présentaient les traces d'une longue circulation ; les plus récentes et les plus nombreuses étaient au contraire neuves et à fleur de coin, de manière à ne pas permettre de douter que leur enfouissement ne remonte à une époque voisine du milieu du IIIe siècle. M. Lebrun, ayant pratiqué des fouilles dans le terrain environnant, y a rencontré une Faustine de moyen bronze, des débris de poteries de toutes dimensions et qualités, quelques morceaux de verre verdâtre, un fer de lance ou poignard fort rouillé, une meule en poudingue de quinze pouces de diamètre environ, des clous et crochets de diverses formes et très-oxydés, et enfin une masse considérable de tuiles antiques des deux espèces.

En creusant un fossé le long des mêmes avenues, notre confrère a encore trouvé, à quatre pieds de profondeur, sous les couches d'alluvion qui recouvrent la partie inférieure de la vallée d'Andelle, et en deux endroits différents, des tuiles antiques des deux espèces, c'est-à-dire les unes, *tegulæ*, plates, et munies d'un rebord sur les deux côtés, les autres, *imbrices*, courbes, et destinées à recouvrir les lignes latérales de jonction des précédentes. La profondeur considérable à laquelle ces objets étaient enfouis sous les couches d'alluvion nous porte à croire que si l'on n'a point encore trouvé l'emplacement de *Ritumagus*, ni le passage de la voie antique, cela peut tenir à ce qu'ils auront été recouverts d'une masse aussi considérable de terrain apporté par les eaux (1).

3° *Arrondissement de Louviers.* — A une demi-lieue environ de la ville de Louviers, sur le bord de la route qui conduit à Évreux, entre l'enclos de Sainte-Barbe et le hameau de Becdale, l'éboulement des terres occasionné par l'élargissement de la voie publique a d'abord mis à nu, puis détruit en grande partie un conduit en terre cuite, placé dans un bain de ciment à gros grains, et que la tradition locale regarde comme ayant été destiné à fournir des eaux à un palais que le cardinal Georges d'Amboise se serait proposé de bâtir sur la côte de la Justice. La qualité du mortier et la forme des tuyaux ne nous permettent pas de douter au contraire que ce conduit ne soit d'ori-

(1) L'arrondissement des Andelis est la partie du département de l'Eure que les Romains paraissent avoir le moins habitée. Tout le plateau du Vexin normand n'a offert que de rares vestiges de constructions antiques. C'est sur les confins de l'arrondissement, sur les bords de la Seine, de l'Epte et de l'Andelle que nous trouvons la trace d'établissements romains :

I. *Canton des Andelis :* — 1° Les Andelis, médailles; 2° Heuqueville, constructions, bijoux, médailles, outils, poteries, tuyaux; 3° le Tuit, statuette, poteries.

II. *Canton de Fleuri :* — 1° Romilli, médailles.

III. *Canton de Lions-la-Forêt :* — 1° Lions, tombeaux, constructions, médailles; 2° forêt de Lions, triage des Cateliers, tuiles antiques, médailles.

IV. *Canton d'Étrépagni :* — 1° Étrépagni, médailles.

V. *Canton de Gisors :* — 1° Gisors, constructions, tuiles, médailles, poteries, statuette au Mont-de-Magni; 2° Noyers, fragment d'inscription; 3° Auteverne, tuiles, débris; 4° Vesli, cercueils en plâtre, débris; 5° Basincourt, médailles.

VI. *Canton d'Écos :* — 1° Cahaignes, cercueils en plâtre; 2° Sainte-Geneviève, cercueils en plâtre; 3° Aveni, cercueils en plâtre; 4° Bois-Jérôme-Saint-Ouen, médaille d'or de Valentinien.

Le musée de Gisors contient un certain nombre d'objets antiques recueillis dans les environs. Nous citerons une petite statuette en bronze représentant un guerrier nu tenant un bouclier et coiffé d'un énorme casque, quelques médailles antiques. Sur le bord de l'Epte, les fondations d'une construction assez importante ont été récemment reconnues. Des tuiles à rebord ont été déposées au musée.

M. Bonnin a publié dans ses *Antiquités des Aulerques Éburoviques* le fragment d'inscription sur marbre blanc trouvé à Noyers; nous ajouterons qu'à la Vacherie, hameau des Andelis, dans un tombeau qui a été malheureusement brisé, des crânes et des tronçons d'épées ont été découverts. Il n'est pas certain que ce tombeau date de l'époque gallo-romaine. La plus importante découverte a eu lieu, à la fin de 1860, au Tuit; il s'agit d'une jolie statuette en bronze. Cette statuette a une peau de lion en écharpe. Elle est nue; le bras à demi tendu; la main devait tenir une lance, car dans le socle se trouve un petit trou destiné à recevoir le pied de la lance. — Un animal debout, probablement un chien, nous dit-on, est près de la statue. — Un petit vase en terre cuite, rouge, sans reliefs, contenait des pièces de monnaie à l'effigie de Constantin. Ces précieux objets étaient mêlés à des ossements, et nul doute qu'ils n'aient fait partie d'une sépulture romaine. L. P.

gine romaine; comme il est placé dans une position presque horizontale, un nivellement exact sera indispensable pour s'assurer du sens dans lequel il apportait les eaux. Nous sommes porté à croire néanmoins que c'était vers le vallon de Becdale. On ne saurait trop s'empresser de faire une étude approfondie de la construction et de la destination de ce singulier monument avant que l'éboulement toujours croissant du talus dans lequel ses restes sont engagés ait achevé de le détruire.

Dans un champ appartenant à M. de Planterose, et faisant partie de la commune de Feuguerolles, existait encore en 1810 un appartement carré, de construction romaine, dont les murs, conservés jusqu'à six pieds de haut, étaient, suivant l'usage antique, couverts d'un enduit à fresque, resplendissant des plus vives couleurs. Ces constructions furent malheureusement renversées avant que M. Rever eût pu les visiter. A son arrivée, il n'en trouva plus que d'innombrables débris, parmi lesquels il remarqua des clous à double tête, ayant dû servir à retenir des vêtements de pierre ou de marbre. Il y avait aussi des hachettes de cuivre, des tuiles des deux espèces, des médailles de tout module, des agrafes de bon goût et bien conservées, des fragments de miroir en métal blanc poli; et enfin une de ces grossières Vénus Anadyomène en terre cuite moulée que nous avons citées ci-dessus parmi les figurines de la forêt d'Évreux (1).

Nous tenons de M. Ernest de Blosseville la découverte faite, en labourant un champ situé à Iville, près le Neubourg, d'une médaille d'or de Néron, avec le revers : *Juppiter custos* (2).

---

(1) M. Thaurin, de Rouen, a exploré avec profit les environs du Neubourg, et il a pu recueillir en quelques années sur le sol de cette commune douze médailles romaines embrassant environ une étendue de trois siècles. En 1841, dans l'une des fouilles auxquelles donna lieu la destruction d'une partie des murailles du château fort, M. Hurel, architecte, rencontra la base d'un grand candélabre en bronze et d'autres objets en verre. On peut supposer que le Neubourg repose, je ne dis pas sur les ruines d'un établissement antique, mais à une petite distance d'un des lieux qu'habitèrent autrefois les Romains.   L. P.

(2) L'avers de cette médaille présente au centre du champ la tête laurée de l'empereur tournée de gauche à droite et d'un relief assez fort, et pour légende :
NERO CAESAR AVGVSTVS.
Sur le revers se trouve en relief la figure de Jupiter assis et tourné de droite à gauche. Il tient les foudres de la main droite et tient la gauche appuyée sur l'extrémité d'une haste. La légende est :
IVPPITER CVSTOS.

M. Thaurin découvrit en 1854, dans l'endroit où avait été trouvé le Néron d'or, trois petits bronzes romains, dont le premier laisse apercevoir les traits de l'empereur Postume, et

Nous avons déjà parlé, à l'occasion de l'emplacement d'*Uggade*, des antiquités trouvées aux Damps et à Bonport. Nous nous félicitons de pouvoir donner les détails suivants, que nous devons à l'obligeance de notre savant ami M. Hyacinthe Langlois.

« Vers 1785 ou 1786, en déracinant de vieux poiriers, dans la propriété de M. Grulay, on découvrit trois vases de terre cuite ou de grès, d'une dimension énorme (quatre à cinq pieds de hauteur). Ils étaient pleins de médailles de grand bronze qui furent vendues à la fonderie de Romilly. Dans la petite quantité qui fut réservée, on remarquait les têtes suivantes : beaucoup d'Antonin, de Marc-Aurèle et de Faustine, Trajan, Adrien, Sabine, Ælius-César, Commode, Lucille, Crispine, Pertinax, Septime-Sévère, Julia Domna, Alexandre-Sévère et Julie Mammée. »

Dans l'une des deux terres nommées le Vert-Buisson, et situées entre le Pont-de-l'Arche et les Damps, on a reconnu l'emplacement de bains romains (1). Nous ne voyons pas, d'après cela, pourquoi M. Rever tenait si fortement à retirer *Uggade* du Pont-de-l'Arche ; la distance est si faible entre ces deux localités contiguës qu'il nous paraît impossible de concevoir un établissement antique dans l'une à l'exclusion de l'autre, surtout si l'on se rappelle le grand développement des habitations romaines.

M. Rever nous apprend encore qu'on a trouvé beaucoup de médailles à Pitres. M. de Montjavoult possède plusieurs de ces médailles (2).

---

les deux autres sont frappés aux effigies des deux Tétricus, successeurs de Postume. Il avait trouvé en 1840, à Iville, chez M. Bourdon, un grand nombre de débris de poteries romaines et une monnaie gauloise. Dans des recherches sur le camp de César ou cité de Limes, insérées dans les *Mém. de la Soc. des Antiq. de la Normandie*, 1826, p. 60-82, M. Féret aîné, de Dieppe, avait déjà émis l'opinion que cet endroit de la plaine d'Iville avait été jadis occupé par quelque bourgade gauloise à laquelle avait succédé un établissement romain.
L. P.

(1) Ce sont probablement les constructions romaines que nous trouvons mentionnées dans une note de M. Rever, comme existant sur la propriété de Mme Bacheley.
En 1855, on a découvert aux Damps des sépultures anciennes : elles ont fourni un moyen bronze de Vespasien dans un fragment de poterie antique, deux bracelets et une espèce de collier aussi en bronze, dont les antiques sépultures du Danemark fournissent seules et rarement des spécimens. Le *Recueil des Travaux de la Société de l'Eure* a promis sur ces objets une notice qui n'a pas encore paru.
L. P.

(2) En résumé, deux parties de l'arrondissement de Louviers mériteraient d'être sérieusement étudiées et fouillées : d'abord Pont-de-l'Arche avec les stations voisines de Damps et de Pitres, ensuite la partie du territoire du Neubourg qui touche à l'arrondissement de Bernai. A Pitres, à Damps, à Pont-de-l'Arche les ruines et les documents unissent leurs témoignages. En 1855, les premières explorations avaient fait reconnaître à Pitres des hypocaustes d'une grandeur surprenante, des vases de verre, des monnaies gauloises et

4° *Arrondissement de Bernai.* — Dans le mois de février 1830, des ouvriers s'occupaient à réparer les routes de la forêt de Beaumont-le-Roger, appartenant à M. Declercq. En sondant divers amas de caillou pour les employer dans ces travaux, on reconnut que c'étaient des débris de constructions rustiques gallo-romaines. M. Cauchois, inspec-

romaines, des fragments d'armures, des tombes éparses. M. Raymond Bordeaux les a signalés dans le *Bulletin monumental*, t. XIX, p. 360. « Tous les environs de Pont-de-« l'Arche, dit-il, recèlent des substructions. Il paraît que cette fois-ci l'édifice découvert « par un cultivateur serait un balnéaire. »

Dans le canton même de Pont-de-l'Arche, des fouilles pratiquées au Vaudreuil, en 1858 et 1859, ont donné d'heureux résultats : on a mis au jour des vestiges importants d'un cimetière antique ; la partie explorée en 1858 a donné une centaine d'urnes cinéraires dont la plupart étaient malheureusement brisées. Deux dolium seulement ont été trouvés, l'un présentait cette particularité qu'une fiole lacrymatoire était posée immédiatement au fond du grand vase, et sous le cercle de la fiole un moyen bronze à l'effigie de Néron. La plupart des fibules étaient en acier et deux en cuivre, dont l'une argentée et bien conservée. Quantité de clous ont signalé l'existence de boîtes destinées à réunir les objets funéraires. Il faut ajouter deux clefs romaines. Entre deux de ces vases, remplis l'un d'ossements et l'autre de cendres, un casque contenait les restes d'un soldat romain ; les oreillettes, imitant parfaitement les contours et les creux de l'oreille, étaient rabattues. Le casque, en acier, rond, fort simple, à large visière, est curieux en raison même de cette simplicité dont on trouve peu d'exemples. En avant se trouvait un sabre long de trois pieds et trois fois recourbé sur lui-même dans son fourreau d'acier.

Dans le mémoire que nous avons déjà cité, M. Thaurin, après avoir parlé des vestiges de constructions antiques découvertes au Neubourg, rappelle qu'à Villez M. Dufour avait rencontré dans les terrassements de son Manoir-de-Calenge une grande quantité de poteries dont plusieurs étaient rouges avec des reliefs.

Dans les environs de Louviers, nous devons rappeler ces canaux qui se voient encore sur le bord de la route d'Évreux, entre le couvent de Sainte-Barbe et la fontaine de Becdale : à peu de distance de ces constructions antiques, les restes d'un retranchement qui présente les caractères d'un camp romain, enfin des constructions romaines au-dessus du pont de Folleville. N'oublions pas la découverte faite en 1834 dans la commune d'Hendreville-sur-Eure, au hameau de la Londe, de constructions assez étendues, particulièrement une salle de bains avec ses conduits, des briques, poteries et médailles. Parmi les médailles nous citerons celles de Néron, Claude, Postume, Constantin, Népotien et Valens. Voyez un rapport de MM. Dibon et Marcel dans le *Recueil des Travaux de la Société libre de l'Eure*, t. VII, p 329, et les planches de M. Bonnin dans les *Antiquités des Aulerques Éburoviques*. Une statue de Vesta, trouvée à Autouillet, a été publiée également par M. Bonnin et fait partie de la collection de M. le Doulx de Bacquepuis.

La statistique gallo-romaine de l'arrondissement de Louviers se borne à un très-petit nombre de faits, ainsi nous trouvons :

I. *Canton de Louviers :* — 1° Louviers, canaux, vestiges de constructions ; 2° la Haie-Malherbe, tuiles romaines, monnaies et vestiges d'anciennes forges.

II. *Canton de Gaillon :* — 1° Hendreville-sur-Eure, constructions romaines, poteries, tuiles et médailles ; 2° Autouillet, statue.

III. *Canton du Neubourg :* — 1° le Neubourg, constructions, vases, fragments, médailles ; 2° Villez-sur-le-Neubourg, poteries ; 3° Feuguerolles, constructions, statuettes, poteries, médailles ; 4° Iville, médailles et poteries ; 5° Canappeville, tombeau gallo-romain.

IV. *Canton de Pont-de-l'Arche :* — 1° Pont-de-l'Arche, constructions, tuiles ; 2° les Damps, vestiges d'un établissement de bains, médailles, poteries ; 3° Pitres, constructions et médailles ; 4° Martot, constructions et tuiles. L. P.

teur de la forêt, mit le plus grand zèle à en avertir le propriétaire, ainsi qu'à diriger les travaux de déblaiement, que M. Declercq ordonna généreusement. Notre savant ami M. Louis Dubois, aujourd'hui sous-préfet de Bernai, mais qui demeurait alors fort loin de là, se rendit sur les lieux tout exprès pour prendre connaissance du résultat des fouilles, et en rendit compte dans deux numéros du *Journal de Rouen* (25 avril et 23 juin 1830). De son côté, M. de Stabenrath, alors procureur du roi à Louviers, en fit l'objet d'une notice étendue dans le *Recueil d'agriculture, sciences et belles-lettres du département de l'Eure*, 1830, p. 245, et il joignit à ce mémoire deux planches qui en facilitent beaucoup l'intelligence et mettent le lecteur à portée de retrouver l'emplacement des ruines au milieu du labyrinthe des routes de la forêt.

Les bâtiments dont on a retrouvé les fondations sont au nombre de quatre; trois sont des lieux d'habitation quadrangulaires, et le quatrième un sacellum rustique circulaire. On a recueilli dans les décombres (1) deux patères en bronze, remarquables par les cercles concentriques de leur surface inférieure, une inscription votive très-fruste sur une pierre calcaire, un buste de Mercure, avec une autre inscription plus complète, des fragments d'enduit peint à fresque, des tuiles antiques, quelques médailles (2) et beaucoup d'autres objets.

Un grand nombre de médailles d'argent ont été trouvées en bloc sous les racines d'un chêne, à peu de distance; toutes celles qu'on a pu déchiffrer appartenaient au IIIe siècle.

A une demi-lieue de là, dans la commune de Serquigni, sur la rive gauche de la Charentonne, près des limites des anciens diocèses de Lisieux, d'Évreux et de Rouen, nous avons rencontré une foule de matériaux précieux, et en particulier beaucoup de morceaux de marbre blanc et vert antique, ainsi que de petits cubes de verre coloré provenant d'une mosaïque, qui annoncent d'une manière indubitable l'existence sur ce point d'une habitation romaine décorée avec beaucoup de luxe, et vers laquelle, malgré le voisinage de la rivière, se dirigeait un aqueduc partant de la commune contiguë de Courcelles. Nous avons consigné dans le numéro 4 du *Recueil de la Société*

---

(1) Nous croyons devoir remarquer que tous les lieux de cette forêt où se trouvent des débris romains sont reconnaissables par les buis qui y croissent autant que par l'exhaussement du sol.

(2) C'étaient des Antonin, des Faustine mère, une Crispine (grand bronze), des Constantin (moyen petit bronze), une Hélène (moyen bronze), un Tetricus (petit bronze).

d'agriculture de l'Eure tout ce qui nous a été raconté sur les lieux de l'importance des constructions antiques mises à nu et détruites depuis soixante ans. La plus grande partie était située dans les enclos de la terre de Maubuisson, appartenant à M. Gattier, préfet de la Manche, et le reste dans les champs qui s'étendent de ces enclos jusqu'au chemin de l'église de Serquigni au hameau du Petit-Nassandres. C'est surtout dans des pièces de terre appartenant à MM. Ravette et Legrand qu'on a trouvé le plus grand nombre de cubes de verre coloré et que des fouilles seraient le plus fructueuses.

Au mois de décembre 1831, il a été trouvé par M. Loisel, maître de poste à la Rivière-Thibouville, sur la commune de Fontaine-la-Soret, dans un herbage appartenant à M. de Reveilliasc, près de la rive gauche de la Risle, des tuiles romaines, des débris de poterie antique et une médaille de Marc-Aurèle. Ce lieu paraît avoir renfermé un établissement considérable, dont les décombres se prolongeraient de l'autre côté de la Risle, sur les propriétés de MM. Dufay et Le Prevost. C'est probablement là que devait se trouver le passage primitif de la rivière.

Il est impossible, quelque opinion qu'on adopte sur la situation de *Breviodurum*, de ne pas croire à l'existence d'un établissement romain à la bifurcation des routes de *Mediolanum* à *Juliobona* et à *Noviomagus*. Nous sommes donc heureux de pouvoir annoncer qu'il nous a été remis quelques objets romains provenant de Brionne : ce sont des tuiles, de petits vases de terre, des fragments de la belle poterie rouge vernissée des anciens, une cuiller à encens et une plaque en bronze. Depuis cette époque il y a encore été trouvé beaucoup de médailles gauloises et romaines, ainsi que d'autres objets en bronze. M. Emmanuel Gaillard a recueilli une tuile à rebords dans un champ situé à droite de la grande route de Rouen, derrière l'emplacement du vieux château.

Nous avons retrouvé des traces incontestables de constructions romaines en même temps que d'anciennes forges à Grandcamp, au

---

(1) Le sol de Brionne est très-riche en antiquités gauloises et romaines. Au hameau de Caillouet, on trouva des amphores en poterie rouge, des urnes lacrymatoires en verre bleu foncé, des lampes en terre cuite. Parmi les médailles romaines, nous citerons des médailles d'Auguste, de Néron, de Domitien, de Nerva, d'Adrien, d'Antonin, de Faustine mère. Au hameau des Fontaines, constructions antiques, poteries rouges, blanches, noires, amas considérable de tuiles et médailles de Dioclétien, de Tétricus et de Constantin. Aux hameaux des Longs-Saules et des Essarts, petites statues en terre représentant Junon et Vénus, vases d'argent. Dans l'intérieur même de Brionne, le sol fournit à chaque instant des débris d'antiquités romaines. Voyez Guilmeth, *Hist. de la ville de Brionne*, p. 52 et suiv., et les *Antiquités gallo-romaines des Éburoviques*, par M. Bonnin. L. P.

fond du vallon faisant partie de la propriété de M. Charles de Margeot. Tout ce vallon est rempli de débris de laitier de fer et de tuiles romaines. Ce laitier, très-riche en métal, atteste le peu de perfection des procédés métallurgiques des anciens (1).

Dans la même commune, sur un herbage dépendant de sa terre de la Boulaie et une pièce de terre labourable qui la borne au nord, M. Gaston de Bonnechose a pareillement rencontré de nombreuses traces d'un établissement romain.

On a mis à nu et détruit, il y a deux ans, des maçonneries antiques, des tuiles à rebords et des débris de fourneaux, à gauche du chemin de Bernai à Thiberville par Maloui, sur la pièce de terre nommée la Couture-Écalard et dépendant de la commune de Saint-Martin-le-Vieux [aujourd'hui Saint-Martin-du-Tilleul] (2).

Au nord-ouest et à trois cents pas du château de Plainville, la charrue découvre tous les ans des restes de constructions, foyers de cheminées et autres objets qui paraissent appartenir à la période romaine.

M. l'abbé Vavasseur, desservant d'Épinai, a annoncé à M. Louis Dubois que dans un des vallons de sa commune il existait un amas considérable de débris de tuiles antiques.

Sur la côte de Gouttières, au triage du Château-Simon, à peu de distance du chemin tendant de Gouttières à Groslei, autrement appelé route de la Duchesse, et précisément en face du château de Beaumesnil, en travaillant à la réparation d'un chemin vicinal, on a trouvé au mois de septembre 1832, sous une racine d'arbre, quatre à cinq mille médailles impériales renfermées dans un vase de terre et dont la plus grande partie est de l'époque de Gallien. C'est encore à un ecclésiastique, M. l'abbé Leroux, desservant de Saint-Clair-d'Arcei, que nous devons l'indication de cette découverte.

---

(1) Ces dépôts de laitier, annonçant l'existence de forges antiques, sont fort communs dans la partie méridionale et occidentale du département de l'Eure. M. Vaugeois nous en signale un qui est situé à Saint-Nicolas-d'Attez, sur la rive gauche de l'Iton, et qu'il a suivi depuis le cimetière pendant cinq ou six cents pas.

(2) Nous lisons sur un exemplaire de l'*Histoire de Saint-Martin-du-Tilleul* la note suivante de M. Le Prevost : « On a trouvé des débris de tuiles romaines : 1° en très-grand « nombre dans le chemin de Courtonne ; 2° dans le labour de la terre de l'Aumône, au « nord-ouest de l'église ; 3° dans les Coutures sur plusieurs points ; 4° dans l'herbage appelé « le Pré-de-l'Église, le long du mur de clôture, à l'orient et au nord. Dans une cour qui « donne sur la grande rue du hameau des Chenets, le sieur Grevet, propriétaire, arrachant « un pommier, trouva une demi-douzaine de bracelets en pierre rangés l'un sur l'autre. » Nous mentionnerons ci-dessous les découvertes faites à Saint-Martin-du-Tilleul par M. Métayer-Masselin.

L. P.

Entre Beaumont et la Verrerie, dans une propriété particulière, il a été trouvé, en 1831, quelques médailles de bronze et environ soixante d'argent. Deux des médailles de bronze ont été remises à M. de Stabenrath, qui, malgré leur état très-fruste, a cru reconnaître sur l'une d'elles la tête de Faustine la mère (1).

(1) L'arrondissement et, pour mieux dire, les environs même de la ville de Bernai ont fourni depuis trente ans à l'archéologie gallo-romaine les plus précieux monuments :

I. *Canton de Bernai* : — Qu'on prenne la carte du département de l'Eure et qu'on se place à Bernai. Malgré l'origine celtique qu'on peut attribuer au nom de Bernai, on ne savait pas encore s'il fallait faire remonter l'existence de cette ville à l'époque gallo-romaine. M. Métayer-Masselin, qui prépare avec une infatigable ardeur l'histoire de son pays natal, a reconnu récemment dans un des bas côtés de l'église de Bernai une inscription antique qu'il lit ainsi :

D. M. N.
AVDACI
VICTORIN
MILIT. OPTI.

De Bernai prenez la route de Beaumont-le-Roger : vous trouvez Menneval, où M. Métayer-Masselin a découvert, en 1856, une villa avec des sépultures gallo-romaines ; Camfleur-Courcelles, traversée par une voie romaine et remplie de vestiges antiques ; Serquigni, illustrée par un camp, une maison d'habitation et un aqueduc romains ; de l'autre côté de la Charentonne, Fontaine-l'Abbé où, en 1830, on a reconnu des constructions antiques et trouvé 400 médailles du Bas-Empire.

Revenons à Bernai et montons vers Brionne. A droite de la route nous signalons les deux communes de Saint-Léger et Rôtes. M. Métayer-Masselin nous signale un dolmen et une villa romaine avec des sépultures franques. Les vestiges de cette villa se trouvent dans le parc de M. de Montigny, qui met le plus grand zèle à seconder les recherches de M. Métayer-Masselin. A gauche de la route se trouvent Valailles et Plasnes : à Valailles, nombreux vestiges de constructions romaines. En 1856 et 1857, découverte d'un édifice divisé en trois salles dans lesquelles gisaient disposés symétriquement une quarantaine de squelettes, les uns sur un pavé en terre cuite et les autres dans des espèces de niches en béton ; une chaussée solidement empierrée était placée près de ce singulier édifice ; un puits voisin était rempli de médailles impériales. On a trouvé dans ces fouilles d'innombrables restes de poteries rouges, grises et noires, fournissant cinq ou six noms de potiers romains qui ne figurent sur aucune des listes publiées.

A Plasnes, une villa romaine, un balneum et des sépultures ont été découverts par M. Métayer-Masselin, aux frais de M. de Montigny (1). Si nous revenons encore une fois à Bernai, et que nous nous dirigions vers Thiberville, nous atteignons Saint-Martin-du-Tilleul. Des restes de maçonneries, des tuiles à rebords avaient permis à Le Prevost de faire dater l'existence de cette commune de l'époque romaine. Cette assertion a reçu, par les fouilles heureusement conduites par M. Métayer-Masselin, une pleine confirmation. En présence de Le Prevost, une villa romaine d'une certaine importance a été mise à jour. Entre Saint-Martin-du-Tilleul et Plasnes, Courbépine fournit des vestiges de constructions antiques. La voie d'Orbec à Rouen passait par cette commune. Nous ne doutons pas que des fouilles ne réussissent en cet endroit.

Descendons de Bernai vers Orbec : à Plainville, on a signalé des débris de tuiles romaines, des traces de forges antiques.

(1) Dans deux brochures imprimées à Bernai à la fin de 1860, M. Métayer-Masselin a rendu compte de ses importants travaux. Nous constaterons seulement que tous les environs de Plasnes sont couverts de débris antiques.

5° *Arrondissement de Pont-Audemer.* — L'arrondissement de Pont-Audemer est la partie de notre département où il a été fait, jusqu'à ce jour, le plus grand nombre de découvertes romaines. Cela tient au voisinage de la Seine et de la métropole de la seconde Lyonnaise

II. *Canton de Brionne :* — 1° Brionne, voie, cimetière, camp, tuiles, constructions, poteries; 2° Harcourt, voie et débris; 3° Franqueville, voie; 4° Saint-Victor-d'Épine, voie; 5° Hecmanville, voie; 6° Aclou, médailles; 7° Bertouville, constructions, vases. Il est inutile de reprendre les questions soulevées par la fameuse découverte des vases de Bertouville. Nous apprenons avec plaisir que M. Métayer-Masselin compte bientôt faire de nouvelles fouilles à Bertouville, où il a recueilli, cette année même, des médailles gauloises; 8° Calleville. Enfin, en mai 1856, on a recueilli sur un territoire dépendant de la commune de Calleville divers objets romains curieux, notamment une bouteille carrée en verre vert, une sorte de coupe ou de gobelet en bronze, des morceaux d'amphore, une médaille de Marc-Aurèle. La paroisse de Calleville est célèbre par la rosace en pavés émaillés qui a été décrite par M. Rever et Le Prevost.

III. *Canton de Thiberville :* — 1° Thiberville, voie, médailles; 2° Saint-Germain-la-Campagne, voie, tuiles, poteries, dépôt de laitier; 3° Saint-Vincent-du-Boulai, voie.

IV. *Canton de Broglie :* — 1° Broglie (autrefois Chambrais), voie, débris; 2° Grand-camp, débris, tuiles, vestiges de forges à bras; 3° le Chamblac, voie; 4° la Trinité-du-Mesnil-Josselin, vestiges d'anciennes forges.

V. *Canton de Beaumesnil :* — 1° Beaumesnil, 5,000 médailles romaines du temps de Gallien; 2° Épinai, tuiles antiques; 3° Saint-Aubin-le-Guichard, vestiges d'un camp et d'anciennes forges à bras; 4° la Barre, voie.

VI. *Canton de Beaumont-le-Roger :* — 1° Forêt de Beaumont-le-Roger, enceintes militaires, constructions, vases, bustes; 2° Barc, voie; 3° le Tilleul-Othon, voie et débris; 4° Goupillières, voie et débris; 5° Fontaine la-Soret, tuiles et poteries; 6° Sainte-Opportune-la-Campagne, voie, vestiges de constructions; 7° Sainte-Opportune-du-Bosc, constructions, tuiles, poteries, médailles; 8° Écardenville, tuiles et vase; 9° Rouge-Perriers, vases, médailles.

M. Thaurin, dans un mémoire inséré dans le *Recueil des Travaux de la Soc. de l'Eure*, 3° série, t. IV, p. 366 et suivantes, a résumé les principales découvertes d'antiquités romaines qui ont été faites dans les environs du Neubourg, sur les confins des arrondissements de Bernai et de Louviers. — Ainsi, en 1837, M. Angu avait trouvé à Sainte-Opportune-du-Bosc des restes de pavage d'habitations romaines, des tuiles, des poteries, dont quelques-unes rouges et ornées de reliefs, enfin d'assez nombreuses médailles. M. Thaurin lui-même, dans une fouille faite dans les bois de Sainte-Vaubourg, rencontra deux grands et beaux fragments de poterie rouge dite samienne, ornés de reliefs. Les figures du premier fragment représentent des hommes nus se livrant à différents jeux ou exercices mimiques, un oiseau, un masque scénique et des coupes portées sur une longue tige. Les reliefs du second fragment consistent en une frise : au centre, sous la frise, se trouve une figure humaine également nue, qui tient de la main droite une sorte de trompette et qui a la main gauche appuyée sur la poitrine. Trois petits objets de bronze accompagnaient la poterie rouge : un petit buste fruste dont la tête, portant des cheveux artistement bouclés et roulés, doit être celle d'un Apollon ou d'une femme; une pièce de bronze qui est vraisemblablement un côté d'agrafe de ceinturon romain; une figure assez grossièrement travaillée de colombe. Dans le même temps, des ouvriers trouvèrent, près de la Chapelle-du-Bosc, deux objets en fer très-intéressants : une lame de bêche romaine taillée en forme de cœur, et une clef de fer, remarquable par l'anneau circulaire en bronze qui garnit l'intérieur de la poignée.

A Écardenville, près du cimetière, on rencontra les quatre murailles d'un caveau funé-

qui y attira particulièrement les conquérants de la Gaule; mais surtout à ce qu'il a été successivement exploré par feu notre savant ami M. Rever, par M. le marquis de Sainte-Marie et par notre confrère M. Canel (1), et au soin qu'ils ont pris d'y recueillir tous les faits de ce genre à mesure qu'ils parvenaient à leur connaissance.

Près du chemin de la Mailleraie, sur les limites de la forêt de Brotonne et de la terre du Landin, M. le marquis de Sainte-Marie, propriétaire de cette belle habitation, a découvert, en 1817, l'emplacement d'une maison de campagne romaine. Les principaux objets trouvés dans les fouilles étaient renfermés dans un vase de cuivre rosette, et consistent en un admirable bracelet en or, maintenant déposé à la Bibliothèque du roi, et que M. Rever a fait graver, une bulle d'or avec sa chaîne, un collier fait d'un fil d'or, deux bagues d'argent avec chaton en pâte bleue, un anneau du même métal, un fragment de bijou en jayet et plus de quatre cents médailles d'argent des bas siècles de l'Empire, parmi lesquelles les plus remarquables étaient un Antonin restitué par Trajan-Dèce, une apothéose de Valérien le Jeune et six Mariniana (seconde femme de Valérien).

M. le marquis de Sainte-Marie a fait hommage d'une partie de ces objets à la Société des Antiquaires de Caen; il se propose de continuer les fouilles.

A la Ronce, hameau de Caumont, sur le bord d'un chemin fort ancien, portant le nom de chemin des Longues-Vallées, venant de Honguemare et peut-être de Pont-Audemer, mais qui n'est point une voie antique comme nous l'avions d'abord supposé, M. de Colombel a reconnu l'existence des restes de plusieurs constructions romaines

raire en forme de carré long, dans lequel furent trouvés de très-nombreux débris de ces grandes tuiles à bords saillants de fabrication exclusivement romaine, et un petit vase funéraire.

A Rouge-Perriers, au triage des Fosses-Butrolles, un vase en terre cuite renfermant dix médailles romaines de grand bronze, aux effigies de Titus, Vespasien, Adrien, Antonin Pie, Commode, Septime-Sévère.

En définitive, on voit que les antiquités des environs de Bernai, qui touchent par la forêt de Beaumont-le-Roger aux antiquités du Neubourg, sont aussi importantes que nombreuses; assurément plusieurs localités de l'arrondissement de Bernai méritent d'attirer l'attention des archéologues; mais elles ne promettent pas des succès aussi décisifs. L. P.

(1) Nous n'avons pas besoin de recommander une notice de M. Canel insérée dans les *Mém. de la Soc. des Antiq. de Normandie*, 1835, p. 357, l'*Essai sur l'arrondissement de Pont-Audemer* par M. Canel, 2 vol. in-8°, et les Recherches de M. Léon Fallue sur les antiquités de la forêt de Brotonne. (*Mém. de la Soc. des Antiq. de Normandie*, t. X, p. 427.)   L. P.

importantes : la première est un mur de clôture de trois pieds d'épaisseur, qu'on a suivi sur une longueur de deux cents pieds ; il tournait à angle droit sur le bord du chemin, et là il était couvert de tablettes de pierres de taille en dos d'âne, portant quatre à cinq pieds de long sur une épaisseur pareille à celle du mur. Dans l'enceinte formée par cette clôture, on a aperçu beaucoup d'autres constructions, puis deux encore de cent pieds en cent pieds plus loin, en descendant vers la Seine, construites en pierres de taille de trois pieds carrés sur un pied d'épaisseur. On a extrait celles qui composaient la moitié d'une façade et d'un pavillon ; il y avait aussi dans les environs d'autres habitations antiques, mais plus chétives, dont l'une renfermait une meule à broyer du grain. Les décombres présentent beaucoup de tuiles romaines, de fragments d'enduit colorés en rouge ou en jaune, des monnaies impériales et de petites Vénus Anadyomène en terre cuite, semblables à celle de la forêt d'Évreux et de Feuguerolles.

Sur la même commune, au hameau de Beau-Séjour, M. le docteur Charles des Alleurs a trouvé, à vingt pieds au-dessous du niveau actuel du sol, dans une sablonnière qui paraît constituer un fait géologique digne de remarque, une assise de béton sur laquelle reposaient les fondations d'un édifice romain, caractérisées par une grande quantité de tuiles antiques. Il a bien voulu faire hommage à la collection départementale de quatre médaillons en bronze qui en provenaient, ainsi que de deux fragments de belle poterie rouge antique, représentant l'un un sujet érotique, l'autre des lévriers. L'une des médailles est fruste ; les autres sont de Néron, de Faustine la mère et de Postume.

Au Bosc-Gouet, sur le bord d'un bois, dans un terrain en pente à un quart de lieue au nord de la grande route, M. de Saint-Ouen de Pierrecourt a trouvé, en faisant déraciner de vieux chênes, dans l'été de 1817, plusieurs sarcophages groupés dans une disposition parallèle et concentrique. Ils renfermaient des ossements, de petits vases de terre et des fragments d'armes en fer, rongés par la rouille ; d'autres squelettes étaient déposés entre ces sarcophages et protégés par de simples tuiles romaines. Ces tombeaux paraissaient déjà avoir été fouillés. On a recueilli aux environs des agrafes, des ornements d'armures en cuivre argenté, des plaques ornées de damasquinures rectilignes et parallèles, et enfin une seule médaille.

A peu de distance de l'endroit où ont été trouvées ces antiquités du Bosc-Gouet, il existe des fondations d'anciennes constructions dans des champs faisant partie de la commune de la Trinité-de-Touberville.

Tout le terrain qui s'étend depuis le bord de la Seine jusques dans la plaine du Roumois, entre les communes du Vieux-Port, Aisier et Sainte-Croix-sur-Aisier, paraît être fort riche en antiquités romaines; on en sera peu surpris quand on saura que c'était le point de la rive gauche de la Seine d'où partaient les voies qui se rendaient à *Noviomagus* par Pont-Audemer, et à *Mediolanum* par le Pont-Autou et Brionne; il existe une muraille romaine sur le bord de la rivière, au hameau du Flac, commune d'Aisier (1). Le 6 mars 1824, à cent pas au sud-est de l'église de Sainte-Croix, dans la masure du sieur Puval, un terrassier, creusant la terre pour planter un arbre, rencontra un vase en terre cuite, qui renfermait environ cent quatre-vingts médailles de grand bronze, et cinq à six seulement de moyen bronze. Toutes appartenaient au IIe siècle, et les dernières étaient de Commode et de Lucille (2).

A Bourneville, dans les ruines d'un ancien manoir féodal, sur la ferme de Beaumont, parmi de nombreux débris du moyen âge, M. Canel a remarqué sur un seul point beaucoup de tuiles à rebords ayant incontestablement appartenu à une construction romaine.

A Trouville-la-Haule (3), le sieur Jacques Carrey, pêcheur, en défrichant la portion de pâture communale qui lui était échue en partage, a trouvé deux meules antiques en poudingue, que M. Rever a supposé provenir d'Infreville, près le Bourgtheroulde ; deux autres meules de la même nature ont été recueillies sur la commune de Beuzeville, par M. Mazier, ancien juge de paix du canton, l'une entière, sur une pièce de terre labourable, près du hameau des Mares-de-Graville, parmi des restes de briques à qui l'humidité avait enlevé presque toute consis-

---

(1) Ce sont des assises en arc de cercle, mises à nu par l'ouragan de novembre 1810. M. Rever les a regardées comme devant être les fondements d'un *hypocaustum* ; ces constructions sont maintenant recouvertes par une nouvelle alluvion. Cf. une notice de M. Canel dans les *Mém. de la Soc. des Antiquaires de Normandie*. 1835, p. 370.
L. P.

(2) M. Rever a rendu compte de ces médailles dans les numéros III et V du *Journal d'agriculture, etc., de l'Eure* (juillet 1824 et janvier 1825). Voyez de nombreux détails recueillis par M. Canel. *Mém. de la Soc. des Antiquaires de Normandie*, p. 372. L. P.

(3) Nous apprenons de M. Canel que dans cette commune, le bois nommé le Manoir-Fauvel renferme des fondations et même, dit-on, des souterrains; il y a également été trouvé une pièce d'or. Notre confrère n'a pu encore s'assurer de l'époque à laquelle remontent ces constructions.

tance, et des silex présentant des traces d'incendie; l'autre, incomplète, dans l'emplacement d'un fossé qu'il faisait détruire au même village.

A Berville-sur-Mer, et à peu de distance de son habitation de Conteville, dans l'un des sites les plus riants qui existent sur cette commune, M. Rever reconnut dans un champ les ruines d'une habitation gallo-romaine et y fit commencer des fouilles dont il n'a pas consigné les résultats dans ses manuscrits. M. Tuvache, son exécuteur testamentaire et son ami, a bien voulu visiter ce lieu sur notre demande. Il y a trouvé à diverses hauteurs, tant dans la terre labourable que dans les bois, des vestiges de constructions, tels que des fragments de tuiles romaines, silex taillés sur l'une de leurs faces, mortier romain, etc., et même des amas de laitier et de charbon qui sembleraient annoncer l'emplacement d'une forge antique.

Dans le courant de l'année 1813, il a été trouvé sur la commune de Carbec-Grestain, non loin de l'ancienne abbaye qui portait jadis ce dernier nom, un cachet d'oculiste romain en stéatite. Ce précieux objet, qui appartient à M. Masson de Saint-Amand, ancien préfet de l'Eure, a été décrit et figuré par M. Rever, avec plusieurs autres du même genre, à la suite de son mémoire sur les ruines de Lillebonne. (Append., p. 45, pl. IV, f. 2.).

Il a encore été recueilli sur la belle propriété de Saint-Pierre-du-Châtel des objets romains sur lesquels nous n'avons pas de renseignements précis.

Vers 1820, un cultivateur de Toutainville, en arrachant une aubépine sur un champ, au haut de la côte, près du grand chemin qui conduit à Beuzeville, trouva dans un vase de terre un grand nombre de médailles romaines, dont quelques-unes ont été conservées.

Dans la même commune, sur la propriété de M. Fourquemin, juge de paix, nommée le Lieu-Berville, une masure renferme des fondations antiques et un grand nombre de tuiles romaines. Les habitants du pays prétendent que c'est l'emplacement de l'ancien Beuzeville (1).

---

(1) Dans une notice publiée dans le *Recueil des Travaux de la Soc. de l'Eure*, 2º série, t. III, p. 299, M. Foucher nous apprend qu'un puits antique fut découvert en 1840 dans le territoire de Beuzeville, sur le flanc de la côte Saint-Hélier. Si l'on veut ajouter que sur le versant de de la même gorge, opposé à celui sur lequel le puits a été percé, des fragments de tuiles romaines ont été recueillis ainsi que dans plusieurs autres endroits de la commune de Beuzeville, on sera disposé à trouver fondée la croyance populaire qui veut que le bourg de Beuzeville ait existé plus considérable sur la côte et au bas de la côte Saint-Hélier. M. Foucher signale également à Saint-Pierre-de-Cormailles la découverte d'une médaille trajane et d'une agrafe de ceinturon romain.

L. P.

A Triqueville, près du fief d'Aubigni, sur les bords de deux ruisseaux qui se réunissent avant d'entrer dans la Corbie, on a encore recueilli beaucoup de tuiles à rebords, des fondations antiques et des tuyaux cylindriques de six pouces de diamètre, en terre cuite, ayant manifestement servi à conduire des eaux.

M. Rever plaçait, comme nous l'avons déjà dit, l'ancien *Breviodurum* dans le voisinage de Pont-Audemer. La présence de nombreux fragments de briques romaines l'avait engagé à supposer que c'était à Mont-les-Mares, hameau de Saint-Michel-de-Préaux, situé sur une hauteur, que devait exister la ville antique. Outre ces débris de construction, on y trouva, dans les dernières années du siècle dernier, une petite cuiller d'argent et une bague montée d'une pierre gravée, renfermées dans un vase de cuivre d'un pied de haut sur six à sept pouces de large, avec quelques médailles d'argent, et cinq à six cents de petit bronze (1).

Une agrafe de cuivre, d'un travail barbare, fut recueillie dans un tombeau, sur la commune de Manneville, à une demi-lieue de Pont-Audemer, vers la même époque. Nous ne pensons pas qu'elle fût romaine (2).

M. E. Gaillard nous a signalé des constructions et armes romaines observées sur le bord du chemin qui mène de Pont-Audemer à la côte du Longval, près de la Lorie.

Dans la commune de Tourville, sur des bruyères dépendant de la terre de Siglas, le long de la route de Bernai, M. de Cacheleu a trouvé un épi en maçonnerie, à peu près parallèle à cette route, ainsi que des tuiles antiques et des poteries rouges romaines; ces tuiles et ces poteries se sont encore offertes à lui sur le coteau opposé (3).

M. Rever a tenu note de tuiles en briques romaines rencontrées sur le territoire de Cormeilles (4).

---

(1) *Voyage des élèves de l'École centrale de l'Eure*, p. 101. M. Canel, qui a recueilli tant de renseignements sur les antiquités de son arrondissement, est porté à croire que ces objets n'ont pas été trouvés à Mont-les-Mares, comme le supposait M. Rever, mais dans le voisinage de l'Abbaye-aux-Dames.

A Notre-Dame-de-Préaux, vestiges de fondations romaines et de tuiles à rebords. On reconnaît encore que la célèbre abbaye de Saint-Pierre y a été bâtie au milieu des ruines d'un établissement antique.   L. P.

(2) *Voyage des élèves de l'École centrale de l'Eure*, p. 99.

(3) Plusieurs centaines de médailles, petit bronze, ont été découvertes il y a une quarantaine d'années dans la même commune.   L. P.

(4) M. Canel a relaté dans sa notice sur Bailleul-la-Vallée, canton de Cormeilles, les prin-

Il en existe pareillement dans le cimetière de la Chapelle-Baivel et sur deux autres points de cette commune, dont l'église, autrefois beaucoup plus grande, paraît reposer sur des fondations antiques.

A Saint-Georges-du-Vièvre on trouve beaucoup de médailles dans les champs. M. Canel nous a donné connaissance d'un Adrien de grand bronze recueilli sur un champ voisin de la route de Lisieux à Rouen, par Montfort.

Le même confrère nous a indiqué à Annebaut, dans une petite cour en face de la halle, vers le pied de la côte, un amas de tuiles romaines avec des fondations en maçonnerie et ciment, et à Glos-sur-Risle des tombeaux de pierre.

Nous avons déjà parlé d'objets antiques observés au Pont-Autou. C'étaient des tombeaux de pierre, des fragments de briques, des morceaux d'armes et de petits vases funéraires de terre ou de verre, qui furent trouvés dans un champ à mi-côte, sur le bord de la route qui conduit au Bourg-Achard, par MM. Rondeaux, membre du conseil général de la Seine-Inférieure, et Turgis, alors directeur de la manufacture de Pont-Autou. Ce dernier en fit une petite collection qui a malheureusement été dispersée (1).

Sur la commune du Theillement, en fouillant une pépinière dépendant de la terre de M. de Planterose, près de la bruyère des Frevents,

---

cipales découvertes faites dans cette commune et consignées dans une lettre de M. Salerne à M. Le Prevost. Il y a environ quarante ans on a trouvé, près d'un routoir voisin de la Cour-du-Fort, pour 8,000 fr. de pièces de monnaie antiques. Dans la propriété de M. Langlois on a remarqué des fondations maçonnées, des tuiles romaines, des tuyaux cylindriques et beaucoup d'écailles d'huîtres. En 1840, environ à un quart de lieue de l'église, M. Deshayes a rencontré en faisant des fouilles de nombreuses fondations dont le ciment était devenu très-friable, des tuiles romaines, une médaille d'Adrien, et le tracé d'une rue pavée qui paraissait se diriger d'un côté vers l'église de Bailleul, de l'autre vers le hameau des Petreaux, à Cauverville, où il existe des antiquités. Cette rue avait déjà été observée environ trente ans auparavant, dans la même propriété, près du routoir.

Nous devons consigner ici une autre découverte faite dans la même commune par M. Salerne : c'est un bout de voie romaine, parfaitement encaissé, de six mètres de largeur.
L. P.

(1) En 1855, à Écaquelon, un cultivateur de cette commune en labourant un champ heurta sa charrue contre une muraille; on découvrit les vestiges d'une habitation et un assez grand nombre de statuettes en terre cuite blanche, et une certaine quantité de médailles. Les statuettes représentaient des Vénus semblables à celles qui ont été trouvées à Caumont et au Vieil-Évreux, et d'autres divinités mythologiques, entre autres une femme vêtue assise sur un cheval; malheureusement les pieds du cheval étaient brisés; une statuette figurait un enfant coiffé d'une espèce de capuchon. Quant aux médailles, elles sont de petit bronze et portent l'effigie de Constantin. L'une d'elles est un grand bronze d'Antonin.
L. P.

on trouva, il y a environ vingt-cinq ans, sous la crête du fossé, un pot de grès renfermant environ soixante médailles de bronze (1).

II. CAMPS ET ENCEINTES ANTIQUES.

Les camps et enceintes antiques de toutes dimensions existant dans le département de l'Eure ont été trop peu étudiés jusqu'à ce jour. La plu-

---

(1) Les travaux de MM. Le Prevost et Canel nous permettent de dresser la statistique archéologique de l'arrondissement de Pont-Audemer.

I. *Canton de Pont-Audemer* : — 1º Pont-Audemer, tuiles romaines; 2º Tourville, médailles et briques; 3º Notre-Dame-de-Préaux, fondations et tuiles; 4º Saint-Michel-de-Préaux, tuiles à rebords, vase en cuivre, cuiller d'argent, 600 médailles; 5º Triqueville, briques et fondations; 6º Toutainville, vase rempli de médailles et fondations; 7º Manneville-sur-Risle, tombeaux en pierre.

II. *Canton de Quillebeuf* : — 1º Quillebeuf, tuiles et poteries rouges antiques; 2º Aisier, ruines et fondations romaines; 3º Sainte-Croix-sur-Aisier, ruines et fondations romaines; 3º Bourneville, tuiles et fondations; 4º Trouville-la-Haule, tuiles et poteries.

III. *Canton de Routot* : — 1º Haie-de-Routot, tuiles à rebords; 2º Hauville, fondations considérables, vases renfermant des médailles; 3º le Landin, ruines d'une ville romaine, bijoux précieux, 400 médailles; 4º Caumont, constructions antiques, au hameau de Beau-Séjour, médailles, poteries, tuiles; 6º la Trinité-de-Touberville, fondations; 6º Bosc-Gouet, sarcophages, tuiles romaines; 7º Rouge-Montiers, murailles, tuiles à rebords, poterie grossière et poterie rouge, médailles, dépôt de laitier; 8º Éturqueraie, tuiles romaines et laitier; 9º Étréville, médailles, dépôt de tuiles romaines; 10º Cauverville, fondations; 11º Valletot, tuiles à rebords, poteries rouges.

IV. *Canton de Bourgtheroulde* : — Le Theillement, vase renfermant 60 médailles; 2º Saint-Denis-des-Monts, tuiles romaines; 3º Saint-Philbert-sur-Boissei, tuiles romaines et pavés peints; 4º Catelon, voie contenant des médailles et tuiles romaines; 5º Tuit-Hébert, tuiles romaines; 6º Bosc-Bénard-Commin, constructions; 7º Infreville, aqueduc, tuiles, pavés coloriés; 8º Angoville, tombeau en pierre, tuiles, poterie rouge, médailles et bagues; 9º Berville-en-Roumois, poterie rouge, tuiles, briques; 10º Basville, tuiles; 11º Voiscreville, ruines et médailles romaines.

V. *Canton de Montfort-sur-Risle* : — 1º Appeville-Annebaut, tuiles, médailles; 2º Illeville, constructions, médailles en or et en bronze, tuiles; 3º Rouville, tuiles; 4º Écaquelon, tuiles; 5º Appetot, tuiles; 6º Pont-Autou, tombeaux en pierre, brique, petits vases funéraires en bronze et en verre; 7º la Bonneville, tuiles.

VI. *Canton de Saint-Georges-du-Vièvre* : — 1º Saint-Georges-du-Vièvre, médailles; 2º Saint-Benoît-des-Ombres, briques romaines; 3º Saint-Georges-du-Mesnil, briques romaines.

VII. *Canton de Cormeilles* : — 1º Cormeilles, briques; 2º Morainville, constructions, grande quantité de tuiles à rebords; 3º Bailleul-la-Vallée, vestiges considérables de constructions, briques et médailles romaines, tuiles à rebords et poteries, tuyaux cylindriques en terre cuite, médailles; 4º Saint-Pierre-de-Cormeilles, voie et constructions; 5º Saint-Siméon, constructions; 6º la Chapelle-Baivel, constructions antiques; 7º Cauverville-en-Lieuvin, tuiles et constructions; 8º Notre-Dame-de-Fresnes, tuiles et fondations.

VIII. *Canton de Beuzeville* : — 1º Beuzeville, puits, meules antiques; 2º Manneville, fondations, tuiles; 3º Carbec-Grestain, cachet d'oculiste; 4º Berville-sur-Mer, constructions, tuiles, mortier, amas de laitier et de charbon, tombeaux en pierre; 5º la Lande, fondations, tuiles romaines; 6º Vannecrocq, constructions, tuiles. L. P.

part n'ont même jamais été signalés à l'attention des antiquaires; beaucoup d'autres ne sont connus que par une simple mention ; ordinairement épars dans des lieux sauvages et solitaires, affaissés dans leurs contours par le lent ouvrage des ans, recouverts par les bois ou les bruyères, ils ont trop souvent échappé à l'attention de nos contemporains et de nos devanciers. Les habitants de nos campagnes les désignent habituellement sous le nom de *Cateliers* ou *Chateliers*, de sorte que toutes les fois qu'on rencontre dans nos contrées un lieu ainsi désigné, on peut affirmer qu'il y existe ou qu'il y a existé quelque retranchement antique.

Cependant plus cette étude est obscure et présente d'obstacles à des déterminations chronologiques suffisamment tranchées, plus il devient pressant d'appeler sur elle d'une manière particulière les observations des savants et des autorités locales, plus il devient nécessaire de déterminer toutes les circonstances dans lesquelles la découverte s'est faite, afin de contribuer efficacement à l'avancement de cette partie importante de l'histoire du pays. Nous prions donc nos concitoyens qui voudront bien nous prêter leur assistance dans la recherche des camps antiques d'en constater autant que possible l'emplacement précis, la forme, la contenance, la direction, le nombre et la position des issues, le profil du retranchement, et enfin de s'assurer s'ils sont dans le voisinage de quelque communication que l'on puisse regarder comme une voie romaine. Ces données sont absolument nécessaires, les unes pour les retrouver facilement tant sur le terrain que sur les cartes, les autres pour faire reconnaître par quel peuple et dans quel temps ils ont été établis. Toutes les fois qu'on pourra y joindre un plan, cela vaudra encore mieux. En attendant que nous possédions ces renseignements, qui peuvent seuls nous mettre à portée de retrouver les époques et les races à qui l'on doit rapporter des travaux qui ont quelquefois fatigué les bras de plusieurs générations, nous nous contenterons d'indiquer ici le petit nombre de camps et enceintes antiques qui nous ont été signalés jusqu'à ce jour.

1° *Arrondissement d'Évreux.* — Nous nous félicitons de pouvoir ouvrir cette liste par les précieuses indications que notre confrère M. Duwarnet a bien voulu nous fournir sur plusieurs enceintes antiques d'un haut intérêt, observées par lui dans quelques communes contiguës de l'arrondissement d'Évreux : la première, située sur Bérengeville-la-Campagne (1), présente la forme d'un pentagone irrégulier dont un des angles est émoussé et courbé en arc de cercle ; on y communiquait par une seule issue. Le fossé a douze pieds de largeur et le *vallum* ou retranchement présente encore cinq pieds d'élévation. La plate forme intérieure est large de soixante pieds.

A un quart de lieu de là et sur les bruyères de la commune de Tourneville, on en voit un autre de forme rectangulaire et de la contenance d'un arpent, défendu par un fossé de vingt-cinq pieds et dont le *vallum* a conservé une élévation de six pieds. Deux de ses côtés seulement (un grand et un petit) sont complétement déterminés (2). A peu de distance du milieu du premier, son contour offre une légère convexité ; une issue est située vers le milieu du second.

A mille pas environ, et dans un bois qui devait faire autrefois partie de la même bruyère, se trouve un retranchement de forme circulaire qui occupe toute la crête d'une colline. Le fossé a quarante pieds de largeur. Le *vallum* présente cette singularité très-remarquable qu'il se compose d'une chaîne de monticules également espacés entre eux et disposés de manière qu'ils devaient offrir un retranchement crénelé.

Enfin à trois quarts de lieue il existe encore un vaste camp antique rectangulaire, de la contenance de trois arpents quarante perches, dont le fossé a trente pieds de largeur, le *vallum* six pieds d'élévation ; on y voit une seule issue sur le milieu d'un des petits côtés.

La première, la troisième et la quatrième de ces enceintes sont dans un état parfait de conservation ; la seconde a, comme nous l'avons déjà dit, des contours moins exacts et moins clairement déterminés ; cependant un peu d'attention suffit pour les retrouver.

C'est à un demi-quart de lieue seulement de la dernière que se trouvent les sept tertres ou *tumuli* observés par notre confrère, et dont nous avons parlé ci-dessus.

M. Duwarnet pense que toutes ces enceintes sont d'origine romaine, et de l'espèce appelée par les anciens *stativa* ; que la première était une vigie (*excubiæ*) ; que la seconde a dû être occupée par une cohorte, et la quatrième par une légion ; il remarque qu'elles sont échelonnées

---

(1) Cette commune fait partie de l'arrondissement de Louviers, mais il nous a paru impossible de séparer l'enceinte qu'elle renferme de celles qui suivent et qui appartiennent toutes à l'arrondissement d'Évreux.

(2) On remarque qu'ils sont précisément l'un à l'autre dans cette proportion *tertiée* (de deux à trois) si chère aux castramétateurs romains.

de manière à commander la grande plaine qui s'étend depuis Évreux jusqu'au delà du Neubourg et à prévenir toute surprise par la vallée de l'Iton ; enfin il suppose que non loin de là une voie romaine passait par le Mesnil-Fuguet.

En allant de Vernon aux Andelis, nous avons, à plusieurs reprises, aperçu de la manière la plus distincte l'emplacement d'un camp antique à la pointe du Goulet, près du bord de la grande route de Rouen à Mantes. Ce camp, visiblement destiné à commander l'étroit défilé qu'il domine, a été isolé de la plaine voisine au moyen d'un large fossé.

A peu de distance du pont d'Angerville, près Glisolles, et sur le bord de la route d'Évreux à Conches, s'élève le mamelon du Heurte-Loup, couronné par un retranchement circulaire, entouré de fossés larges et profonds.

Tout près de la ville de Conches, à l'entrée de la forêt et du côté du Vieux-Conches, M. de Stabenrath a reconnu les trois côtés d'une vaste enceinte qui n'a pu être autre chose qu'un camp. La tradition locale attribue ce retranchement aux Anglais. Notre confrère réfutera cette opinion et donnera une description complète de sa découverte dans l'important travail historique qu'il prépare sur Conches.

On sait que le nom de Champ-Dolent indique toujours un souvenir douloureux attaché à la localité, et particulièrement celui d'une grande bataille. Les nombreuses enceintes qu'on remarque sur la commune ainsi appelée dans le voisinage de Conches viennent à l'appui de cette observation.

Feu M. le docteur Guilbout nous a signalé un camp à Neaufle, entre Lire et Rugles, à peu de distance de l'église, dans un bois dépendant de la ferme du Merle.

Nous apprenons de M. Passy que dans un bois dépendant de la commune d'Hardencourt il existe une motte entourée d'un fossé et nommée dans le pays le Mont-Olivet, et qu'on y a trouvé des débris d'armes.

2° Arrondissement des Andelis. — Nous ne connaissions sur cet arrondissement qu'un seul camp antique, qui nous est indiqué par M. Passy, près de la Seine, entre Vernonnet et Giverni, près de l'ancienne chapelle de Saint-Michel. M. E. Gaillard nous en signale deux autres dans ses *Recherches archéologiques pour servir d'introduction à un voyage dans la Seine-Inférieure et l'arrondissement des Andelis* (1). Ce sont le camp rond de Malassis, dépendant de la commune de Sainte-Geneviève-les-Gasni, et le camp du Buquet, dont les restes carrés et la position admirable sembleraient indiquer, dit notre savant confrère, un camp romain du Haut-Empire. Cette conjecture nous paraît d'autant plus plausible qu'elle est puissamment appuyée par la découverte qu'il a faite d'un bout de voie romaine dirigée du nord au sud et traversant la vallée de l'Epte, ainsi que cette rivière elle-même, entre Sainte-Geneviève et la pointe du bois du Buquet où est située l'enceinte antique. M. E. Gaillard a encore trouvé, un peu plus haut, dans la même vallée, entre Gasni et Fourges et vis-à-vis Roconval, dans un lieu où la tradition indique l'emplacement d'une ancienne ville sous le nom de *Thoisi*, de nombreux fragments de tuiles et briques romaines, et nous apprend qu'il a été extrait tant d'ossements enfouis dans des cercueils qu'on a pu en charger beaucoup de tombereaux et en exhausser ensuite le sol qui porte la croix du carrefour de Gasni.

3° *Arrondissement de Louviers.* — Nous ne pouvons encore indiquer que deux enceintes sur cet arrondissement. Notre confrère M. de Stabenrath, à qui nous devons la connaissance de la première, lui trouve quelque analogie avec celle de Serquigni dont nous parlerons bientôt. Elle est située au sommet d'une colline, dans un bois qui tient à celui de Sainte-Barbe, près Louviers. Le triage porte le nom du *Fort-aux-Anglais*. Une première enceinte carrée est entourée de fossés profonds et d'un retranchement fort élevé ; une seconde, moins distincte, paraît être de forme circulaire ; on ne pourra se rendre un compte bien satisfaisant de l'une et de l'autre qu'après l'exploitation du bois taillis qui voile la surface du sol.

Dans la commune de Feuguerolles, déjà mentionnée ci-dessus pour ses antiquités romaines, il existe une enceinte antique de la contenance de soixante perches environ, qui était fermée d'un mur. Nous ignorons sur quel point du territoire elle se trouve et à quelle distance des objets décrits par feu notre respectable et savant ami M. Rever.

4° *Arrondissement de Bernai.* — On voit à Brionne, sur la colline du Vigneron, entre les deux branches de la voie venant de *Medio-*

---

(1) Rouen, Nicétas Périaux, 1833.

lanum, un camp très-caractérisé, formé comme celui du Goulet par l'isolement, au moyen d'un large fossé, de la langue de terre escarpée qui termine de ce côté la plaine du Lieuvin. Il n'a point été trouvé, nous a-t-on dit, d'objets antiques dans les mouvements considérables de terrain qu'y a fait exécuter M. Lemoine, propriétaire actuel de cet emplacement, et qui en ont abaissé le niveau de dix pieds (1).

A peu de distance de là, dans la commune de Serquigni, où nous avons signalé les restes d'une habitation décorée avec une grande magnificence; mais de l'autre côté de la Charentonne, et par conséquent sur le territoire des Éburoviques, au sommet du coteau qui domine le confluent des deux rivières, sont des bois appartenant à Mme de Piéfort et contigus à la partie de la forêt de Beaumont dans laquelle se trouvent plusieurs constructions rustiques romaines; c'est sur ce point qu'existait un camp, admirablement placé pour commander les trois vallées voisines. Cette enceinte offre à peu près la forme d'un losange de la contenance d'environ cinq vergées. Son entrée, entourée de fossés beaucoup plus profonds, est dirigée vers le nord-ouest. Autour des autres côtés on remarque un espace irrégulier défendu par un second retranchement curviligne beaucoup moins profond, et qui vient se rattacher au premier par une ligne droite vers son angle sud-ouest. Nous n'avons point remarqué de point de jonction entre eux du côté du nord.

Sur la route de *Juliobona* à *Mediolanum*, et à peu près vis-à-vis l'église du Plessis-Mahiet, existe au bord même de la voie antique et du côté du nord une enceinte à peu près carrée et connue dans le pays sous le nom de *Camp-de-César* (2).

Sur le territoire de Bernai même, dans les bois dépendant de la terre de Carentonne, à la pointe d'un angle saillant de la plaine, placé précisément en face du château de Menneval, se trouve une enceinte circulaire de peu d'étendue, nommée dans le pays le *Puits-des-Buttes*, à cause du puits qui en occupe en effet le centre. Une seconde enceinte vient s'appuyer en arc de cercle sur la première, dont elle défendait probablement l'entrée.

---

(1) D'après une tradition locale communiquée par M. Ribard à M. E. Gaillard, cette enceinte portait autrefois le nom de *Tombeau-des-Druides*, et il y a été trouvé beaucoup de sépultures.

(2) Une autre enceinte militaire, dit M. Thaurin, se trouve plus près du Neubourg, dans les bois du Champ-de-Bataille. L. P.

Une demi-lieue plus haut, sur une bruyère dépendant de la commune de Saint-Aubin et d'une propriété appartenant à Mᵐᵉ de Villestivaux, on voit les vestiges d'un retranchement de la même forme, mais encore beaucoup plus petit, appelé la *Butte-de-Roquemont*.

A Caorches, entre une pièce de terre labourable et une bruyère dépendant toutes les deux de la ferme de Bulle, existent les restes d'une enceinte fortifiée très-singulière. La portion la mieux caractérisée présente une espèce de triangle fort aigu, de deux cents pieds de long environ, dont la pointe arrondie se dirige vers le midi; l'emplacement d'un fossé de dix-huit pieds de large est encore très-reconnaissable du côté de l'orient; d'autres retranchements contigus à celui-là s'étendaient probablement, au couchant, sur le sol aujourd'hui nivelé par la culture, et l'on en aperçoit encore quelques vestiges.

Au nord de la masure de cette même ferme, dans un bois taillis qui occupe le penchant d'un vallon sec peu profond, est un retranchement de peu d'étendue à fossés escarpés, nommé dans le pays le *Fort-de-Bulle*. Le bois taillis dont il est en ce moment hérissé ne nous a malheureusement pas permis de prendre une idée exacte de sa forme ni de ses dimensions. Nous aurions été porté à le prendre, au premier aspect, pour l'emplacement du manoir féodal de Bulle; mais l'existence de la motte de ce fief, de l'autre côté du vallon, ne permet pas de s'arrêter à une pareille conjecture et oblige d'en reporter l'origine à une époque beaucoup plus reculée.

Une enceinte antique, sur la paroisse de Saint-Mards-de-Fresnes, le long du chemin de Bernai à Courtonne, à la hauteur et du même côté que la ferme de Cautepic, vient encore de nous être signalée.

5° *Arrondissement de Pont-Audemer.* — Ici, comme dans le chapitre précédent, c'est encore l'arrondissement de Pont-Audemer qui nous fournira le plus de faits, grâce à l'activité de ses explorateurs (1).

M. Rever a indiqué le premier un camp situé sur le plateau de la commune de la Roque, plus près du Marais-Vernier, qu'il semble destiné à commander, que de l'extrémité de ce plateau. Les habitants du pays l'attribuent aux Anglais.

Sur la côte de Fatouville, près de Jobles, il existe un simple retran-

---

(1) Cf. le travail de M. Canel, *Mém. de la Soc. des Antiquaires de Normandie*, 1835, p. 392 et suivantes.

L. P.

chement carré de quatre cents pieds de tour, que M. Alfred Canel a bien voulu aller reconnaître sur notre demande, et qui, d'après les traditions locales, serait encore l'ouvrage des Anglais, battus par les Français à Jobles.

Ce n'est point sur la commune du Torpt, comme nous l'avions indiqué précédemment, mais sur celles de Formoville et Triqueville, presque en face de Boulleville et toutefois plus près encore de Saint-Maclou, qu'existent de nombreux terrassements. M. Alfred Canel les regarde comme provenant des événements militaires qui ont signalé le passage des Anglais par cette contrée. M. le maire de Saint-Maclou lui a encore fait voir sur sa commune, au hameau du Moulin-de-la-Folle, dans la vallée en face de la côte du Torpt, des vestiges de fossés d'une assez grande étendue qui entourent un monticule fait de main d'homme et présentant la forme d'une calotte sphérique. Notre confrère pense que c'est plutôt là que dans les terrassements dont nous venons de parler qu'il faudrait voir un camp, quoique la situation soit peu avantageuse sous le rapport militaire. La tradition locale place une ville ancienne dans ce hameau; ce qu'il y a de certain, c'est qu'on y a trouvé beaucoup de fondations, de tuiles et de briques, mais jusqu'ici ces objets n'ont point présenté de caractères chronologiques précis.

M. Alfred Canel tient de M. le maire de la Chapelle-Baivel qu'on voyait encore il y a quelques années à la ferme de la Maison-Blanche, sur cette commune, dans un terrain inculte nouvellement défriché, à deux cents pas de la route de Lisieux, les restes bien conservés d'un ancien retranchement désigné dans le pays par le nom de *Redoutes*. S'il est vrai qu'on y ait trouvé quelques petits boulets, il serait impossible d'assigner à cette enceinte une origine reculée; mais nous engageons les observateurs à ne croire à des faits de ce genre qu'après les avoir vérifiés de leurs propres yeux, attendu qu'on a souvent pris dans nos campagnes des pyrites ferrugineuses d'un certain volume pour des boulets.

A Campigni, MM. Emm. Gaillard et Canel se sont assurés de l'existence d'un retranchement bien caractérisé à l'extrémité de la côte des Fiefs (1). Les autres enceintes indiquées précédemment sur cette com-

---

(1) Ce retranchement est de forme semi-circulaire. Les arêtes de la coupure qui le sépare du hameau voisin sont maintenant très-émoussées par suite de l'affaissement des terres.

..., et même aux environs de l'enclos portant le nom significatif des *Cateliers*, ne leur ont pas présenté la même authenticité.

M. Emm. Gaillard nous indique à Épréville-en-Lieuvin plusieurs enceintes remarquables que la tradition locale décore du nom de ville, à Saint-Christophe-sur-Condé un camp et une vigie (1).

A Condé-sur-Risle M. Alfred Canel a reconnu, sur la hauteur qui domine le hameau de l'Église, un camp de forme à peu près carrée, divisé en deux parties inégales et pourvu de deux issues. Au milieu de la plus étendue se trouve une enceinte circulaire d'environ vingt-cinq pas de diamètre. Les fossés de ce camp sont bien conservés et présentent dans certains endroits douze pieds de profondeur depuis le fond jusqu'au sommet du *vallum*. A une centaine de pas vers le sud un long fossé s'étend, comme pour former une seconde ligne de défense, à travers la bruyère, où se remarquent, çà et là, de nombreux tertres isolés et sans symétrie qui sont peut-être des *tumuli*.

A Saint-Philbert, du même côté de la vallée de la Risle, et précisément en face de Montfort, est une éminence fortifiée et faite par la main des hommes que l'on nomme la *Butte-au-Feu*, et qui paraît avoir été élevée pour tenir tête à Montfort.

Au Bosc-Gouet, dans une masure dépendant de la propriété de Mme d'Hengleville, M. le docteur des Alleurs a observé les traces non douteuses d'une enceinte fortifiée et entourée de fossés profonds disposés suivant les règles de l'art.

Les terrassements de Touberville n'ont point présenté à M. A. Canel l'aspect d'un ancien camp, comme on le lui avait annoncé, mais plutôt celui de l'emplacement d'un château fort. Ce sont des fossés d'une très-grande profondeur, formant une enceinte de douze cents pieds de tour, dans laquelle on remarque beaucoup de vestiges de maçonnerie et qui porte dans le pays le nom de *Duché-de-Touberville*. Aux environs se rencontrent beaucoup d'autres restes de constructions que notre confrère est porté à regarder comme antérieures à la forteresse féodale.

M. le maire de Saint-Denis-du-Bosc-Guérard a rendu à M. le préfet un compte fort circonstancié de trois enceintes remarquables qui existent

---

(1) M. Canel fait observer dans ses *Essais sur l'arrondissement de Pont-Audemer*, t. II, p. 344, commune d'Épréville, que ces renseignements doivent être erronés : « C'est à « Bailleul-la-Vallée, dit-il, qu'on retrouve le souvenir d'une ville et des vestiges de retran-« chements. »
L. P.

dans cette commune sur une bruyère portant le nom significatif des *Cateliers*, et qui domine toute la contrée environnante. La principale de ces enceintes est de forme carrée et de la contenance d'environ une acre. Chacun de ses côtés a quinze à seize perches de long. Les fossés sont encore visibles dans presque tout son contour ; on remarque qu'ils étaient plus profonds vers le nord.

A cent cinquante pas environ au nord-ouest de ce camp retranché, on remarque une enceinte beaucoup plus petite (de huit perches carrées). C'est également du côté du nord que l'escarpement est le plus prononcé.

A une très-petite distance et au nord-est de la première enceinte on en observait une troisième de dimensions encore plus petites que celles de la seconde. Des nivellements opérés vers 1820 par M. Flavigny, d'Elbeuf, à l'occasion de la plantation d'avenues, l'ont complètement fait disparaître et ont fourni l'occasion de recueillir une assez grande quantité de balles de fonte de divers calibres, qui ont été prises pour des biscaïens. On dit aussi y avoir remarqué des tronçons de lames d'épée. Une quantité plus considérable encore de ces balles de fonte a été trouvée dans le défrichement d'un terrain situé à deux ou trois cents pas de la bruyère des Cateliers (1).

III. VOIES ROMAINES.

Quoique nous ayons déjà, dans le courant de cette notice, mentionné quelques-unes des voies romaines existant sur le territoire du département, cette matière est trop importante et trop imparfaitement connue jusqu'à présent pour que nous ne tenions pas à présenter ici dans un ordre plus méthodique tout ce que nous avons pu recueillir de faits et de probabilités qui s'y rapportent (2).

1° *De Rotomagus à Lutèce.* — La première qui se présente sur la rive droite de la Seine est celle de *Rotomagus* à *Lutetia* par *Ritu-*

---

(1) Les hachettes de silex et autres objets dont nous avons parlé ci-dessus, chap. VIII, ont été recueillis sur un autre point de la commune, dans la masure du sieur Victor Delalande.

(2) Il faut consulter sur ce sujet intéressant la carte antique des environs d'Évreux, publiée par M. Bonnin dans ses *Antiquités gallo-romaines des Éburoviques*. L. P.

magus et *Petromantalum* (1), faisant partie de la ligne de communication de *Caracotinum* à *Augustobona* (Troyes) tracée dans l'itinéraire. Elle n'offre aucune incertitude dans le voisinage de Paris, où il en existe une portion considérable, encore fort reconnaissable, d'Ermont à Pierrelaie; se dirigeant vers Pontoise et y arrivant au midi de la ville actuelle vers l'emplacement de l'abbaye de Saint-Martin. Grâce aux obligeantes informations de M. Emmanuel Gaillard, nous ne la connaissons pas moins bien dans le Vexin français, où elle sort de Pontoise par le premier chemin à droite, passe par les hauteurs d'Osni très-près du château, reparaît le long des murs du parc d'Ablege, traverse la plaine de Gousangré, Commeni, les champs situés entre Cléri et le Bellai, et se dirige par Arthieul et la ferme d'*Estres*; puis elle descend dans la vallée, vers Saint-Gervais, où elle rejoint la route royale. A partir de là il existe moins de certitude sur son alignement; néanmoins nous pensons qu'elle suivait à peu près le tracé de la route actuelle jusqu'au hameau de Bremulle (après Écouis), et venait traverser la rivière vers Radepont ou Fleuri (2). M. Gaillard place définitivement *Petromantalum* à Arthieul. Nous tenons de lui un fait important qui confirme notre opinion sur la direction de cette voie : c'est que les titres anciens de la terre de Sainte-Marie-des-Champs appartenant à M. de Vatimesnil indiquent comme bordées par la chaussée antique les pièces qui le sont encore aujourd'hui par la grande route.

Nous pensons qu'il pouvait exister une seconde communication de *Rotomagus* avec *Lutèce*, par le Pont-Saint-Pierre, Heuqueville, les

---

(1) ITER A CARACOTINO AVGVSTOBONAM. M. P. CLIII.

SIC.

JVLIOBONA.	M. P. X.
LOTVM.	M. P. VI.
LATOMAGO (*Rotomago*).	M. P. XIII.
RITVMAGO.	M. P. IX.
PETROMANTALVM.	M. P. XVI.
LVTITIA.	M. P. XVIII.
etc......	

(2) M. Emm. Gaillard place le passage de la rivière vers Charleval (autrefois *Noyon-sur-Andelle*) et au point où est indiqué dans les cartes de Cassini un pont sur cette rivière. Notre motif principal pour tenir à la direction que nous avons indiquée est qu'avant la création de la route royale le grand chemin de Rouen à Paris traversait la cour de la ferme de M. Sautelet (au-dessous du passage actuel) où était l'ancien pont, puis montait la côte de Grainville par une cavée aujourd'hui devenue un ravin, de manière à aller aboutir au bout de l'ancienne avenue du château de Grainville. Il reste à savoir si ce grand chemin était sur l'emplacement de la voie romaine.

Andelis, Gasni [*Vadiniacum*] (1), la Roche-Guyon et Meulan (2). C'est cette direction que paraît avoir pris saint Nicaise, en cherchant à se rendre à Rouen pour y porter le christianisme. M. Emm. Gaillard a eu connaissance de la découverte d'un encaissement de voie romaine sous l'emplacement de la prison située au Petit-Andeli. Nous ne faisons figurer dans ce tracé le Pont-Saint-Pierre qu'avec doute, à cause de l'absence complète jusqu'à ce jour de toutes traces d'établissement romain dans cette localité, tandis qu'on en a tant trouvé à Romilli.

2° *De Rotomagus à Cæsaromagus.* — Il paraît, d'après les renseignements qui nous ont été fournis par notre savant ami M. Graves, qu'il aurait aussi existé deux communications entre *Rotomagus* et *Cæsaromagus* (Beauvais). La première, indiquée par l'itinéraire d'Antonin (3), se confondait avec la voie précédente jusqu'à *Petromantalum*, où elle s'en séparait pour se diriger vers Beauvais. Des traces de cette chaussée ont été observées par M. Graves dans les communes de Bachivillers, Loconville et Fai, Liancourt, Saint-Pierre et Lierville (4); elles conduisent inévitablement vers Magni, de ma-

---

(1) Nous avons mentionné dans le chapitre des camps et enceintes antiques un fragment de voie romaine observé par M. Emm. Gaillard dans la vallée de l'Epte au-dessous de Sainte-Geneviève-les-Gasni, et que nous croyons devoir rappeler ici, en attendant que son tracé soit retrouvé sur une plus grande étendue. Comme la très-petite partie que nous en connaissons se dirige du nord au midi, il nous paraît impossible de la rattacher à la communication dont il s'agit en ce moment.

(2) Peut-être cette voie allait-elle se joindre à la précédente, à Pontoise par Cergi, où l'on voit une chaussée romaine très-apparente.

(3) Iter a Cæsaromago Lutitiam usque. M. P. XLVI.
&c.

PETROMANTALVM.	M. P.	XVII.
BRIVA ISARÆ.	M. P.	XIV.
LVTITIAM.	M. P.	XV.

On a toujours placé jusqu'à présent *Briva-Isaræ* à Pontoise, à cause de la ressemblance des noms et de la présence d'une voie romaine sur ce point. Cependant il est visible que si *Briva-Isaræ* s'était trouvé sur cette route, dans la direction de *Petromantalum* à Lutèce, il aurait dû être mentionné également dans la route précédente, et que surtout la distance ne serait pas de dix-huit lieues gauloises seulement dans un cas et de vingt-neuf dans l'autre. Nous croyons donc qu'il ne faut point chercher *Briva-Isaræ* entre *Petromantalum* (Arthieul) et Paris, mais sur un point qui se trouve au bord de l'Oise, à quatorze lieues de l'un, à quinze lieues de l'autre, et sur la route directe de Beauvais à Paris. Or la position de Beaumont-sur-Oise nous paraît satisfaire de la manière la plus complète à toutes ces conditions. M. Emm. Gaillard préfère Auvers dont Charles le Chauve fit réparer le pont en 865, et où il se trouve une route très-droite vers Paris, par Taverni et Eaubonne.

(4) M. Graves a observé une autre Chaussée-Brunehaut commençant à la Neuville-d'Auneuil et passant entre la Houssaie et Porcheux pour se diriger vers Bonlencourt; là elle

nière à ne pas permettre de placer ailleurs qu'aux environs de ce bourg le *Petromantalum* de l'itinéraire d'Antonin et très-probablement le *Petrum Viacum* de la carte de Peutinger, dont le nom ne nous paraît qu'une variante du précédent. En effet, cette voie qui se rend à Chartres par Mantes, porte encore dans tout le Vexin non-seulement le nom de Chaussée-Brunehaut commun à toutes les anciennes voies dans le nord de la France, mais surtout celui de *Chemin-de-Mantes*. Or, nous avons déjà vu que *Petrum Viacum* devait signifier en latin barbare : pierre de chemin, pierre sur le bord d'un chemin. Nous sommes porté à croire que *Petromantalum* aura pu être pareillement un mot forgé pour désigner la pierre de Mantes, pierre sur le chemin de Mantes.

Les Romains tenaient trop aux communications directes pour ne pas en avoir établi une plus courte que celle dont nous venons de parler entre la métropole de la seconde Lyon et le chef-lieu des Bellovaques. Les précieuses données qui nous ont été fournies par M. Graves nous engagent à supposer qu'elle ne prenait point par Gournai, mais qu'elle entrait dans le département de l'Eure au passage de Transières (dont le nom est si significatif) pour se rendre à Beauvais par Lions (où nous avons vu les traces d'un grand établissement romain), le Neuf-Marché et Épaubourg, l'un des lieux les plus anciens du Beauvoisis, suivant le témoignage de notre savant ami.

3° *De Cæsaromagus à Mediolanum*. — On doit regarder comme probable l'existence d'une voie antique entre le chef-lieu des Bellovaques et celui des Éburoviques. M. Rever nous apprend d'ailleurs qu'il avait trouvé au Vieil-Évreux le commencement d'une voie qui lui a paru se diriger du côté de Beauvais (1). Nous croyons donc pouvoir indiquer une voie de *Petromantalum* à *Mediolanum*, et nous supposons que de Magni elle tendait vers Gefosse par Chaussi (dont le nom latin, *Calciacum*, est très-significatif), la Roche-Guyon et

---

change de nom et de direction pour s'appeler Vieux-Chemin-de-Gisors et continuer dans la vallée jusqu'à l'ouest de Trie-le-Château. Il ne pense pas que ce chemin fût la continuation de la Chaussée-Brunehaut, mais que celle-ci se rendait également à Magni par Thibivilliers, Chaumont, Réilli, Boutigneller et Montagni. Au reste, cette communication lui paraît une route du moyen âge plutôt qu'une voie romaine. Nous voudrions pouvoir adopter complétement cette opinion, mais nous ne connaissons guère de chaussées régulières dont on puisse faire honneur au moyen âge.

(1) *Mémoire sur le Vieil-Évreux*, p. 51.

Bennecourt; puis de Géfosse à *Mediolanum* par Paci. M. Rever pense que c'était vers *Bratuspantium* qu'elle tendait; mais l'itinéraire et la carte de Peutinger ne permettent pas d'adopter cette opinion. Dans les deux voies qu'il eut occasion d'observer au Vieil-Évreux, l'encaissement, qui avait trois mètres un tiers de largeur, était rempli d'un massif de cailloutage et de mortier de l'épaisseur d'un mètre et demi.

4° *De Mediolanum à Lutèce.* — Il y avait nécessairement une voie conduisant du territoire des Éburoviques à Lutèce. Nous supposons qu'elle se dirigeait vers Mantes par Paci, Chaignolles, la Villeneuve-en-Chaudri et Rosni (au lieu de faire un long et inutile détour par Bonnières comme la route actuelle), puis de Mantes à Saint-Germain par la rive gauche de la Seine. MM. Passy et de Stabenrath ont constaté récemment l'existence d'une portion de voie romaine, un peu moins large qu'elles ne le sont ordinairement dans le département, mais fort droite, partant de Caillouet pour se diriger à travers Orgeville (1) et devant la ferme de l'Hôpital jusqu'à la descente de

(1) Notre savant ami M. Graves nous a adressé de précieux renseignements sur les vestiges d'une communication directe dite de *Cæsaromagus à Lutèce*, par Beaumont-sur-Oise ou par Auvers :

« L'une de ces chaussées Brunehaut (voies romaines) s'embranche avec la suivante à « l'entrée de Beauvais, sans pourtant que le point de jonction soit bien distinct. Elle « passe par l'église de Saint-Sulpice, par Hodenc-l'Évêque, par Tillart; on la perd ensuite « pendant trois lieues; puis on trouve à trois lieues plus loin, dans la même direction, « près de *Dieudonne*, les vestiges de boulevards en terre qui portent dans le pays le nom « de *Camp-de-César*, et paraissent avoir entouré un petit camp ou une station romaine. Ce « lieu est voisin de Puiseux-le-Hauberger, village fort ancien, où il y avait une fabrique « d'armes sous la première race. Non loin de là, et toujours dans la même direction, on « rencontre Chambli, maison royale de la même dynastie. Il est probable que la commu-« nication romaine passait près de ces deux localités pour traverser l'Oise soit à Beaumont, « soit à Bruyères.

« L'autre chaussée Brunehaut, dans la direction générale de Beauvais à Paris, peut « tendre également vers Auvers ou vers Pontoise. On en voit les débris à la sortie de Beau-« vais, vers le midi, près du bois *Quequet*. Elle passe aux environs de l'église de Fro-« court, qui est un lieu fort ancien et jadis considérable. On la retrouve au-dessus de la « grande falaise crayeuse du Brai, près de la Neuville-d'Aumont, tendant toujours vers « le midi. Je ne l'ai pas observée au delà des limites du département, dont ni Pontoise « ni Auvers ne font partie. »

Comme M. Graves nous indique une autre grande communication ancienne de Beauvais à Pontoise, connue dans le pays sous le nom de *Chemin-de-la-Reine-Blanche*, qui ferait double emploi avec la précédente si celle-ci eût tendu vers Pontoise, nous ne doutons pas que ce ne fût vers Auvers qu'elle se dirigeait, et qu'ainsi la conjecture de M. Emm. Gaillard sur l'existence d'une voie romaine de Beauvais à Paris, par Auvers, ne soit fondée; mais, puisqu'il paraît pour le moins aussi constant qu'il y en avait une par Beaumont ou Bruyères, nous persisterons, à cause du rapport des distances, dans la supposition que c'est sur la ligne de celle-ci qu'on doit placer *Briva-Isaræ*.

Gadencourt où elle se perd. Ce serait incontestablement celle que nous cherchons si, en prolongeant son alignement, on rencontrait d'un côté Paris et de l'autre le Vieil-Évreux ou même Évreux actuel. Malheureusement il n'en est pas ainsi (1) et nous ne pouvons, jusqu'à ce qu'elle ait été plus complétement étudiée, la présenter avec quelque confiance comme formant la communication que nous cherchons.

M. de Stabenrath pense que le prolongement de cette voie continué en ligne droite conduit dans la direction de Lions. Il nous a paru au contraire, en faisant cette opération sur la carte de Cassini, qu'elle tendait d'un côté à peu près vers le Neubourg, Montfort et Pont-Audemer (ce qui la lierait avec un autre bout de voie romaine observé au Mesnil-Fuguet par M. Duwarnet), et de l'autre vers Montlhéri, Corbeil et Melun.

Le nom très-significatif de *la Chaussée* près Ivri semblerait indiquer l'existence d'une voie antique sur son territoire. Il y passe en effet un fort ancien chemin venant de Saint-André et se dirigeant vers Paris, mais nous n'avons pas connaissance qu'on lui ait trouvé jusqu'à ce jour les caractères d'une voie romaine.

Nous verrons bientôt que le territoire des Éburoviques était traversé, dans sa partie méridionale, par la voie de *Noviogamus* (Lisieux) à Lutèce ; mais nous ne saurions croire qu'il n'eût pas une communication plus centrale avec le chef-lieu des *Parisii*.

5° *De Rotomagus à Autricum (Chartres) et Genabum (Orléans).* — Nous avions supposé qu'il devait exister une voie romaine de *Mediolanum* à *Autricum* (Chartres), chef-lieu de la puissante cité des Carnutes, et que cette voie se prolongeait vers *Rotomagus*, les trois chefs-lieux étant presque en ligne droite. Cette conjecture se trouve presque confirmée avec des circonstances très-dignes de remarque. M. Émile Desmousseaux, sous-préfet de Dreux, a signalé, le premier, une voie antique se dirigeant non de Dreux vers *Mediolanum*, comme nous l'avions pensé, mais venant toucher les murs d'Évreux (où elle porte le nom de vieux chemin de Chartres à Rouen), pour se rendre ensuite à la métropole de la seconde Lyonnaise (2). Tout ce que nous en connais-

(1) On nous annonce qu'il existe à Orgeville un dépôt de tuiles romaines, indiquant des constructions antiques et semblable à d'autres dépôts que nous avons signalés sur plusieurs points du département.

(2) Depuis que ceci est écrit, notre honorable confrère et collègue M. Gazan aîné a

sons entre Rouen et Évreux, c'est qu'elle passait par *Uggade* (le Pont-de-l'Arche). Nous pensons que c'était en suivant à peu près le tracé de la grande route actuelle, sauf les développements récents des côtes et la déviation de la ligne droite dans la forêt de Bord. La ville de Louviers nous paraît s'être formée dans l'alignement de cette voie.

D'Évreux à Dreux, MM. Passy, Mordret, de Stabenrath et Del'homme ont bien voulu la reconnaître, et nous-même l'avons parcourue jusqu'au delà de Guichainville. C'est près de l'église abandonnée de Saint-Aquilin et à l'endroit où l'on a trouvé, sur son bord, un tombeau gallo-romain décrit par M. de Stabenrath que nous y sommes entré (1). Nous avons commencé à en voir l'encaissement (de seize à dix-huit pieds de large environ) dans le voisinage du parc de Mel'oville ; de là on le suit constamment jusqu'à Grossœuvre en passant par Guichainville ; on le retrouve à Coudres, dans les champs, un pied au-dessous du niveau actuel du sol, puis entre Illiers et Courdemanche où il est très-apparent, et enfin au Mesnil-sur-l'Estrée d'où il se dirigeait sur Dreux, en traversant l'Avre, près de l'abbaye même qui lui avait emprunté ce nom significatif. De Dreux à Chartres, cette voie passe, d'après les renseignements que nous devons à l'obligeance de M. Émile Desmousseaux, par Marville-Moutiers-Brulé et le Boulai-Mivoye, qui paraît devoir cette épithète à une distance à peu près égale entre Orléans et Rouen.

De Chartres à Orléans nous la voyons prendre par Allonnes et Allaines, sous le nom de *Chemin-de-César*. D'après le témoignage du savant jurisconsulte Charles Dumoulin, ses pierres milliaires existaient encore entre ces deux villes au XVI° siècle : *Vetus iter ab Aureliis*

---

bien voulu nous signaler l'existence d'un autre grand chemin de Rouen à Chartres, passant sinon par *Mediolanum* même, au moins beaucoup plus près de ce chef-lieu des Ébùroviques. A défaut de reconnaissance sur le terrain, nous l'avons suivi sur les cartes du cadastre depuis les Planches (arrondissement de Louviers) jusqu'à Saint-Aubin-du-Vieil-Évreux, en passant par la Vatharie, près du hameau de Verdun, qu'il laisse à l'est, Émalleville qu'il traverse dans sa plus grande dimension, au nord de l'église, la Chapelle-du-Bois-des-Faux, le long d'un triage des Cateliers, et Irreville, près de l'extrémité ouest de ces deux communes, entre Dardez et le Boulai-Morin, puis par Dardez, Reuilli (d'où il entre dans Sassei, par le hameau du Buisson), Huest et Saint-Aubin-du-Vieil-Évreux, par le centre duquel il se dirige ; à partir de là, comme au nord des Planches, c'est sur les lieux qu'il faudra chercher à le retrouver. Quoiqu'il ne paraisse pas encaissé, nous sommes porté à croire que c'était la voie primitive de *Rotomagus* à *Autricum* par *Mediolanum*, et que celle qui conduit à Évreux, malgré son encaissement bien authentique, n'en est très-probablement qu'une dérivation.

(1) Il nous a été annoncé que la continuation de cet encaissement au delà de l'enceinte romaine d'Évreux formait encore une ligne très-reconnaissable par la dureté du sol dans les jardins du côté méridional de la rue Vilaine.

Carnotum... Ubi lapides a tempore Romanorum milliaria distinguentes erecti visuntur...

On trouve une portion de cette voie (1) indiquée dans les itinéraires antiques sous le nom de chemin de *Rotomagus* à *Lutèce*. Nous en avons transcrit ci-dessus le détail dans une note du chapitre consacré au chef-lieu des Éburoviques.

Les distances marquées entre les stations de Rouen jusqu'à Dreux sont exactes, à l'exception de la première (de *Rotomagus* à *Uggade*), qui est trop forte d'environ une lieue gauloise (onze cent trente-quatre toises). Nous avons deux observations importantes à faire sur les indications laissées sur cette voie par les anciens; la première c'est que *Mediolanum* est mentionné comme l'une de ses stations, tandis que la voie munie d'un empierrement en reste à plus de deux lieues gauloises (2); la seconde observation, c'est que cette voie nous fournit un nouvel exemple des erreurs graves auxquelles on s'expose en considérant comme tracées dans une direction unique toutes les routes portées sur les anciens itinéraires. Il serait naturel de croire, d'après le titre : *Iter a Rotomago Lutitiam usque*, que c'est une communication directe de Rouen à Paris, tandis qu'au contraire c'est jusqu'à Dreux une route de Rouen à Chartres, puis à partir de là une route de Lisieux à Paris.

M. Emmanuel Gaillard explique le chiffre trop élevé de la distance de *Rotomagus* à *Uggade* dans les anciens itinéraires par la supposition qu'on prenait par la rive gauche de la Seine pour se rendre de l'un de ces points à l'autre, d'après la direction que suivait ordinairement, au moyen âge, Jean sans Terre pour se rendre de Rouen au Pont-de-l'Arche (par Orival). Nous pensons qu'il y a de graves objections à faire à cette conjecture, d'ailleurs fort ingénieuse.

6° *D'Évreux à Suindinum (le Mans) et Nœodunum (Jublains), par Condé.* — Aucune communication ne devait avoir plus d'importance pour les Éburoviques que la voie qui conduisait de leur territoire à celui de leurs confédérés, les Cénomans et les Diablintes. Nous avions supposé qu'elle sortait du Vieil-Évreux pour se rendre à Condé, point à

---

(1) De Rouen jusqu'à Dreux.

(2) Il paraît résulter bien clairement de cette circonstance que l'établissement de l'empierrement est postérieur à la rédaction de l'itinéraire, et qu'on l'a placé hors de la direction primitive tout exprès pour le faire passer sous les murs d'Évreux.

partir duquel M. Vaugeois nous l'avait fait connaître. Cette conjecture était appuyée sur l'existence d'un long bout de chemin *dont le pavé est bien conservé*, dans la commune de Mantelon, suivant le rapport d'un habitant du pays, ainsi que sur le nom fort significatif de *Long-Perrier* que porte un hameau de cette commune dans la direction du Vieil-Évreux. Nous n'avons point encore pu vérifier s'il y a eu en effet une voie antique de *Mediolanum* à *Condate;* mais ce qu'il y a de bien certain, c'est qu'il en existe une extrêmement authentique d'Évreux à ce dernier lieu. Signalée, pour la première fois, par M. Duwarnet, elle a été reconnue par MM. Passy, Mordret et de Stabenrath, et nous-même l'avons suivie jusqu'au Nuisement. On la trouve, en partant d'Évreux, en deçà du hameau de la Trigale, commune des Ventes; elle traverse ensuite la forêt, reparaît de l'autre côté du Sec-Iton, et continue, sans interruption, par le Nuisement, la ferme de Maubuisson dont elle traverse la cour, et le hameau du Perron jusqu'à Condé. Les habitants du pays la connaissent sous le nom de *Chemin-Chaussé* ou *Chemin-Chaussée*.

Il paraît que c'est en traversant la rivière à Saint-Nicolas-d'Attez, après avoir longé, à l'ouest, les murs du cimetière de cette commune, que cette voie se rend de Condé au bois de Malouis, sur la rive droite du lit primitif et principal de l'Iton. C'est à ce point qu'elle se partage en deux branches, dont l'une passe par Manouillet, les bois de la Pointellière (1), la Motte, la Taillerie, Mandres, et se rend à Chennebrun, d'où nous pensons qu'elle devait tendre vers le Mans. M. Vaugeois la trace par Mézières *(Maceriæ)*, hameau de Tourouvre, où il a trouvé d'importantes antiquités romaines, la Chauchie-de-Corbon, Éperrais et Bellême. Nous ne voyons qu'Éperrais qui lui fasse faire un détour, dont notre ignorance complète des lieux ne nous permet pas de nous rendre compte; nous aimerions mieux supposer que de la Chauchie-de-Corbon elle se rendait directement à Bellême.

Quant à la seconde branche que nous supposons tendre vers *Nœodunum*, M. Vaugeois nous la représente comme étant aussi fort reconnaissable, depuis le bois de Malouis, en passant par Cintrai, Francheville, Bourth et le Theil, jusqu'à la sortie du département de l'Eure,

---

(1) M. Vaugeois l'a suivie depuis ce point jusqu'à Mandres, et a trouvé l'encaissement bien conservé. Elle y suit presque toujours une ligne droite dans la plaine, est bombée, formée de gros cailloux du pays et large de dix-huit à vingt pieds. Les voisins en arrachent les pierres quand ils en ont besoin pour bâtir.

M. le docteur Romet nous a signalé dans les Bois-Francs, situés très-près de cette voie, sur Saint-Christophe, les ruines d'un château considérable du moyen âge.

entre cette dernière commune et Chandé ; dans cette dernière partie son pavé en silex subsiste encore. Après Chandé, il la conduit par les environs de Crulai, la Barre (lieu anciennement fortifié) et Notre-Dame-d'Aspres, sur le plateau au levant de la célèbre abbaye de la Trappe, en passant très-près des deux hameaux désignés sur la carte de Cassini par les noms de la Cherauderie et des Barres. Là existait, au XIVe siècle, un ancien grand chemin de Laigle à Mortagne par Lignerolles, qui se confondait probablement avec notre voie depuis Notre-Dame-d'Aspres, et qui aura dû à cette circonstance la solennité avec laquelle il est désigné dans un acte de cette époque (1). De ce plateau voisin de la Trappe, M. Vaugeois pense que celle-ci tendait vers le Mesle-sur-Sarthe, Alençon et Jublains, soit par Bubertré, Lignerolles, le Mont-Caulin, dépendant de Sainte-Céronne (où l'on trouve un ancien grand chemin bordé de tombeaux romains), et Sainte-Céronne elle-même, soit en prenant entre les hameaux de la Tuilerie et du Pré-Pigeon par Lignerolles, le bas de Mauregard et les Gaillons (2). Aucune de ces deux directions n'offre la rectitude que nous sommes habitué à rencontrer dans nos routes romaines de la haute Normandie ; mais il ne faut pas oublier qu'on est ici dans un pays extrêmement coupé et tourmenté, devant les fondrières et les inégalités duquel auront dû nécessairement fléchir les habitudes rectilignes si chères aux ingénieurs romains.

7° *D'Évreux à Séez et à Exmes.* — Nous avions pensé qu'il devait y avoir une communication directe entre les Éburoviques et la ville épiscopale de Séez, chef-lieu de la cité dont son ancien diocèse occupait le territoire avant la Révolution. Notre conjecture paraît pleinement confirmée, et il semblerait même qu'au lieu d'une seule voie antique dans cette direction il en existe deux, à partir de Condé, portant l'une et l'autre, dans le pays, le nom de *Chemin-Perré*, par lequel on désigne ordinairement dans nos campagnes les voies romaines. L'une, qui nous est indiquée par M. Vaugeois et par M. l'abbé Leroux, desservant de Saint-Clair-d'Arcei, près Bernai, passe par la

(1) « Juxta antiquam viam publicam, qua itur per Linerollas ab Aquila ad Moritaniam.... » (*Mémorial de la fondation de la Trappe*, sous la date de 1335. *Hist. de la Trappe* par M. Louis Dubois, p. 286.)

(2) M. Vaugeois avait pensé autrefois que cette voie devait passer par Soligni, où il a été trouvé des antiquités romaines, et qu'un chemin pavé entre cette commune et Lignerolles en faisait nécessairement partie. De nouvelles observations le portent à croire que cette portion de chaussée pourrait appartenir à une autre voie.

Gueroulde, le hameau de la Ferté, les environs du hameau de Pont-Ibou, la forêt de Breteuil, où l'on trouve des coupes ayant pour borne le *Chemin-Perré*, le hameau de la Lande, mal à propos nommé la Loge sur la carte de Cassini (1), et ceux de l'Estrée et du Creti (2), situés l'un et l'autre sur la commune du Bois-Arnauld; de là elle se rend aux environs de Laigle, où M. Vaugeois lui fait traverser la rivière pour se rendre à Séez, par Beaufai, Échauffour et le Merlerault. Il serait encore possible que ce fût par Sainte-Gauburge et Planches.

M. l'abbé Leroux nous fournit, au sujet de l'étrange bifurcation de la voie romaine de Condé à Rugles, les détails suivants qui aideront puissamment à l'étudier sur les lieux. Il est d'accord avec M. Vaugeois sur ce point qu'elle devait tendre vers Laigle, mais il pense que c'était par la rive gauche de la Risle et après avoir traversé Rugles. En partant de cette dernière commune pour se rendre à Condé, elle laisse au nord les hameaux de Glatigni et des Siaules, appartenant à la commune du Bois-Arnauld, au midi ceux du Bois-Martin, du Parc (le long duquel elle passe), de l'église, du presbytère, du Chable et de la Moucherie (où elle prend le nom de rue de la Molène, probablement à cause de la grande quantité de plantes de cette espèce qui croissent sur son empierrement). C'est à l'entrée du hameau du Creti que la bifurcation a lieu. On assure que là le chemin est pavé et qu'on a trouvé des antiquités dans le champ situé entre ses deux branches.

L'une de ces branches se dirige vers Condé, en passant au midi du hameau de Sainte-Suzanne, puis par l'étang du Val-du-Lesme, par Bémécourt et par Breteuil.

L'autre laisse le Creti au nord, entre dans la forêt, passe au nord de l'Estrée, puis tout près des fiefs des Antis, puis aux environs du hameau des Landes sur Chéronvilliers, en le laissant au midi comme les deux précédents. C'est de là qu'il se rend à la Gueroulde par le Pont-Ibou.

Un fait très-curieux, qui nous est révélé par M. Leroux, est l'existence de deux communications entre ces deux branches, à la hauteur de

---

(1) Ce hameau fait partie de la commune de Chéronvilliers. Nous pensons que c'est sur son territoire qu'a été trouvée, dans un champ, la médaille d'or d'Auguste dont nous avons parlé ci-dessus.

C'était autrefois un lieu fortifié; une partie des fossés qui l'entouraient existe encore et sert de réservoir à poisson. On l'appelle aujourd'hui *les Landes*, à cause de la formation d'un second petit hameau du même nom dans le voisinage.

(2) Il paraît que c'est aux environs de ce hameau que la chaussée antique est le plus apparente.

l'Estrée, portant le nom de *Grand-Chemin-Gaulois* et de *Petit-Chemin-Gaulois*. Le premier a sept à huit pieds de largeur, le second quatre à cinq. Cette particularité prend surtout un grand intérêt quand on se rappelle que M. Vaugeois a trouvé, dans l'une des forêts du département d'Eure-et-Loir, un autre *Chemin-Gaulois* non moins remarquable par ses étroites dimensions.

Nous ne saurions croire que cette voie fût destinée uniquement à conduire de Condé à Séez, mais nous supposons qu'elle se dirigeait aussi par Exmes vers la plaine de Caen et le Bessin. On connaît en effet une voie romaine très-authentique tendant de Vieux à Exmes. D'Exmes il paraît qu'elle gagnait Laigle par Ginei, les Forges près le Mesnil-Froger, Échauffour et Beaufai. M. Vaugeois, qui nous fournit ce tracé, l'emprunte à la carte de Normandie par Duperrier (1780), où il figure comme grand chemin encore existant de son temps. Ce serait alors par là que Hugues le Grand se serait rendu à Gacé et à Exmes dans son expédition contre la basse Normandie, après l'assassinat de Guillaume Longue-Epée (Ord. Vit., l. VI, p. 619), et que Henri Ier aurait envahi, à deux reprises différentes, cette portion de la province (1).

Revenons maintenant à notre second *Chemin-Perré* de Condé à Laigle. Celui-ci part bien réellement de Condé, en traversant, comme nous l'avons dit, une pièce de terre appartenant à M. Levacher-Durclé, où il est bordé de tombeaux ; de là il se rend à Breteuil, puis sur le bord de l'étang du Val-du-Lesme (où son passage, au XIIe siècle, est attesté par un document que M. de Stabenrath a bien voulu nous communiquer) et aux environs de la chapelle de Sainte-Suzanne, puis rejoint le précédent à l'entrée du hameau de Creti, près Rugles.

Toutes ces directions encore douteuses devront être vérifiées sur le terrain.

8° *D'Évreux à Noviomagus (Lisieux) et Juliobona (Lillebonne)*. — La voie d'Évreux (2) à *Noviomagus* et à *Juliobona* se rendant à Brionne par Parville, Claville, le Bois-Hubert, Folleville, la Heunière,

---

(1) Wilhelm. Gemet, l. VII, chap. v et xxviii.

(2) On avait pensé que cette voie partait d'Évreux en se dirigeant au nord de l'enceinte antique et suivant le contour de la côte de Saint-Michel. Mais la situation du tombeau de saint Taurin près de la chaussée actuelle ne permet guère de douter que la voie romaine n'ait suivi la même direction. On sait en effet que tous les premiers évêques des Gaules ont été enterrés dans les cimetières publics, toujours « juxta aggerem », c'est-à-dire le long de quelque voie antique.

le Mesnil-Binet, Rouge-Fosse, le Tilleul-Othon, Bouquelon, les bois d'Harcourt et le hameau des Callouets, est l'une des mieux caractérisées qui existent dans la province, au moins jusqu'à Barc, où elle forme un coude. Le prolongement des deux lignes qui s'y croisent conduirait, d'un côté à Lisieux par Beaumont et Bernai, de l'autre à Condé et de là vers Chartres. Ce coude, sans motif apparent, est un fait fort singulier dans une voie romaine; et comme il est ici parfaitement authentique, nous croyons devoir le faire remarquer particulièrement. Serait-il dû à ce que cette voie se composerait en effet de deux portions de communications préexistantes, dirigées l'une d'Évreux vers Lisieux par Bernai, l'autre vers Chartres par Condé? Ou bien cette déviation vers Beaumont aurait-elle eu pour but de faciliter aux troupes romaines l'accès du camp de Saint-Marc décrit ci-dessus et qui dominait le confluent de la Risle et de la Charentonne? C'est une question que nous devons nous contenter au moins pour le moment de soulever.

Nous connaissons la branche dirigée vers *Noviomagus*, depuis Brionne jusqu'au Marché-Neuf par le Bois-David, Franqueville, Hecmanville et Bertouville, où elle passe à onze cents toises environ (ce qui fait à peu près une lieue gauloise) de l'emplacement de *Canetum*. Elle est connue dans le pays sous le nom de *Chemin-Ferré*, et on peut la suivre jusqu'au Marché-Neuf. On en trouve plus loin des traces dans une rue très-profondément encaissée au nord de la grande route, sur le hameau du Val-Ricard, puis dans le nom très-significatif du hameau de *la Chaussée*, entre Duranville et Folleville; de là à Lisieux il existe deux anciens grands chemins, marchant parallèlement et à très-peu de distance, pendant près de quatre lieues, l'un au nord et l'autre au midi de la grande route actuelle (1). Nous serions tenté de croire que c'est celui du nord, passant par l'Hôtellerie et Douville, qui est la continuation de la voie dont nous parlons (2).

Le second, passant par l'église de Marolles, et remarquable par la rectitude de ses alignements, nous paraît également antique et destiné à établir une communication plus courte entre *Noviomagus* et *Mediolanum*, par Drucourt, Bernai et Beaumont, pour rentrer dans la voie

---

(1) On peut suivre ce singulier parallélisme sur la carte du diocèse de Lisieux par Damville.

(2) Nous devons à l'obligeance de MM. le chevalier de Villars et J. Hubert, de Notre-Dame-d'Épine, des renseignements précieux sur la direction de l'ancien grand chemin du Marché-Neuf à Lisieux, que nous regrettons de n'avoir encore pu aller reconnaître sur le terrain.

romaine à Barc; mais nous devons convenir que, quoique habitant le pays, nous n'y avons encore trouvé aucuns vestiges d'encaissement (1). Quant à la route par la Rivière-Thibouville, elle avait peu d'importance avant la création de la chaussée moderne, et nous ne pensons pas, malgré la découverte d'objets romains à Fontaine-la-Soret, qu'il y ait eu dans cette direction de grande communication antique.

La seconde branche de cette voie, tendant à *Juliobona*, n'a pas encore été reconnue entre Brionne et le Pont-Autou. On ne peut néanmoins guère douter qu'elle ne suivît la vallée à peu près comme la route départementale actuelle. A partir du Pont-Autou, M. le marquis de Sainte-Marie, qui a observé avec beaucoup de soin les antiquités de la forêt de Montfort, la fait prendre par le hameau de la Poterie-Gruchet. Là se trouve un fort ancien chemin portant le nom de *Saint-Nicolas*, à cause d'une chapelle de même nom qui existait autrefois dans le château de Montfort, et qui tend en effet vers ce château en traversant le bois du Maillot et la forêt. Ce chemin, qui présente des vestiges de pavage ou tout au moins d'empierrement, paraît à M. de Sainte-Marie devoir être l'ancienne voie romaine. Du château il se dirige vers le hameau de Rondemare, situé sur la commune d'Appeville-Annebaut, en passant assez près de lieux remarquables et portant des noms significatifs dont nous parlerons ci-après.

En plaçant en première ligne ces observations de M. de Sainte-Marie, nous devons ajouter néanmoins que, suivant l'opinion générale dans le pays, la voie romaine suivait la vallée jusqu'à Annebaut pour n'en sortir qu'en montant la côte au hameau de Rondemare. Les antiquités trouvées à Annebaut et dont nous avons rendu compte ci-dessus, et surtout la découverte de l'empierrement (2) d'une ancienne route, fortifient puissamment cette conjecture.

De Rondemare jusqu'à la Seine il n'existe aucune incertitude sur la direction de cette voie, qui est dans ce trajet l'une des plus authentiques et des mieux conservées du département. Elle laisse sur la gauche une ferme nommée *la Roque*, longe la cour du château de Médine, passe à l'ouest d'Étréville et à l'est du bourg de Bourneville, où elle

---

(1) Deux triages de la commune de Saint-Martin-du-Tilleul (autrefois Saint-Martin-le-Vieux), situés le long de ce grand chemin, portent les noms très-significatifs de *Haute-Voie* et *Basse-Voie*.

(2) Voyez un travail de M. Canel, *Mém. de la Soc. des Antiquaires de Normandie*, 1835, p. 357.

porte le nom de *Grand'Rue*, et enfin descend à Aisier, où nous avons signalé des antiquités romaines, et où notre savant confrère M. Pattu, ingénieur en chef du Calvados, pense qu'il a pu exister jadis un gué sur la Seine.

C'est cette communication d'Évreux à Lillebonne qui est mentionnée dans les anciens itinéraires sous ce titre :

ITER A IVLIOBONA MEDIOLANVM. M. P. XXXIV.

quoiqu'elle ne mène pas à *Mediolanum*, mais à Évreux. Nous avons déjà remarqué une singularité analogue dans l'examen de la voie de *Rotomagus* à *Autricum*, mais nous ne saurions trop insister sur cette observation qui semble prouver que sous les rapports itinéraires les Romains confondaient quelquefois la cité gauloise avec l'établissement qui en pouvait être considéré comme l'annexe et probablement la citadelle. Quant à la distance de trente-quatre lieues gauloises (38,556 toises), elle est parfaitement exacte. Il y a précisément dix-sept lieues gauloises de Lillebonne à Brionne, et dix-sept autres de Brionne à Évreux, en passant par Barc.

Nous pensons que c'est aussi des deux branches de cette voie qu'il s'agit dans la première partie de la route de *Juliobona* à Dreux (1), qui suit immédiatement la précédente dans les anciens itinéraires. Nous avons déjà exposé ci-dessus, à l'article de *Breviodurum*, l'heureuse idée qu'ont eue MM. Emmanuel Gaillard et l'abbé Viel de chercher l'emplacement de cette station, non plus sur la ligne directe de Lillebonne à Lisieux, où la distance est manifestement trop courte, mais au point de jonction de deux voies se rendant l'une à *Juliobona*, et l'autre à *Noviomagus*. Quoiqu'il existe des vestiges notables d'établissements romains et même de grandes communications antiques aux deux endroits entre lesquels se partagent les conjectures de nos savants confrères, nous sommes porté à placer, avec M. l'abbé Viel, *Breviodurum* à Brionne plutôt qu'au Pont-Autou, non-seulement à cause de la ressemblance du nom et de la présence d'un camp, mais encore parce que ce lieu se trouve précisément à dix-sept lieues gauloises de Lillebonne et de Lisieux.

(1) ITER A IVLIOBONA DVROCASIS.   M. P. LXXVIII.

SIC.

BREVIODVRVM.	M. P. XVII.
NOVIOMAGO.	M. P. XVII.
CONDATE.	M. P. XXIV.
DVROCASIS.	M. P. X.

Il est même aussi à une distance précisément semblable d'Évreux, ce qui nous fait supposer que le rédacteur de l'itinéraire n'a pris ce détour que pour indiquer que la station intermédiaire entre *Juliobona* et *Mediolanum* dans la route précédente était ce même *Breviodurum*.

9° *De Noviomagus (Lisieux) à Durocasses (Dreux).* — Nous avons déjà indiqué à l'article de Condate le tracé de cette voie jusque-là connue dans le pays sous le nom de *Chemin-Perré* et l'une des mieux caractérisées que renferme le département (1). C'est aussi l'une de celles qui ont continué le plus longtemps de servir aux grandes communications, et le grand chemin de Lisieux et de toute la basse Normandie à Paris est encore placé dans cette direction, et non dans celle de la Rivière-Thibouville et d'Évreux, sur les cartes de la province antérieures à l'établissement des grandes routes actuelles.

Nous avons donné dans une note de l'article précédent ce qui se rapporte à cette voie dans les anciens itinéraires romains. Nous devons faire remarquer qu'il existe une contradiction choquante entre l'énoncé sommaire de la distance totale et le détail de celles des stations. Le premier s'élève à soixante-dix-huit lieues gauloises ou 88,452 toises, tandis que le détail des stations ne monte qu'à soixante-huit de ces mêmes lieues ou 77,112 toises. Il y a ici erreur manifeste d'un côté ou de l'autre ; si de la distance totale de *Juliobona* à *Durocasses* nous retranchons les trente-quatre lieues gauloises de Lillebonne à Lisieux par Brionne, il nous restera quarante-quatre lieues (49,896 toises) suivant un calcul, et trente-quatre seulement (38,556 toises) suivant l'autre. Or, de Lisieux à Dreux il y a à vol d'oiseau environ 48,000 toises, et comme dans le calcul des distances les Romains comptaient comme complètes les lieues commencées, et que malgré la rectitude habituelle de leurs alignements il faut toujours porter quelques centaines de toises pour les déviations, il est clair que c'est la somme totale des distances qui est juste et que les chiffres de détail doivent être modifiés ainsi qu'il suit : de Lisieux à Condé vingt-neuf lieues gauloises, de Condé à Dreux quatorze et quelque chose.

10° *De Juliobona (Lillebonne) à Noviomagus (Lisieux).* — Outre la communication entre *Juliobona* et *Noviomagus* par *Breviodurum*,

(1) De Condé à Dreux son empierrement continue d'être très-apparent jusqu'à Grandvilliers, ainsi qu'entre Panlatte et Droisi.

il y en avait une directe et beaucoup plus courte par Pont-Audemer et Cormeilles. Cette voie est encore très-reconnaissable entre le Vieux-Port et Pont-Audemer, où elle porte le nom de *Chemin-Perré*, et l'a transmis à plusieurs hameaux. Elle sort du Vieux-Port par la grande côte, passe le long du mur de la ferme de Guesville, traverse le hameau du Chemin-Perré, la ferme de Lieurideau, le hameau de la Motte, le territoire de Fourmetot et arrive enfin à Pont-Audemer par le Long-Val.

De Pont-Audemer à Lisieux elle suivait à peu près le tracé du grand chemin actuel par Mont-les-Mares, Préaux, la Chapelle-Baivel et Cormeilles, si ce n'est que son alignement plus droit se rapprochait probablement davantage de Préaux (1). On n'a pas trouvé de traces d'empierrement dans les fouilles qui ont été faites à l'occasion de l'établissement des nouvelles fontaines de Saint-Germain, au sortir de Pont-Audemer, mais des observations faites par le sieur Leloutre, ancien voyer, et que M. Robin, ingénieur des ponts et chaussées, a bien voulu nous communiquer, en prouvent l'existence bien authentique dans presque tout le reste de son étendue ; l'axe de cet empierrement diffère très-peu (sauf les empiétements des riverains) de celui du chemin actuel. Les pierres n'offrent point de traces de maçonnerie, et leur disposition est la même que sur nos grandes routes modernes, si ce n'est que l'assise qui repose sur le sol est formée de blocs d'une grosseur remarquable, et qu'ils deviennent surtout énormes dans les endroits où le terrain inférieur présente peu de consistance.

A la Chapelle-Baivel, où nous avons signalé de nombreuses antiquités romaines, cette voie a été détournée quelque temps avant la Révolution, par le seigneur du lieu, de son ancienne direction (derrière le château) et reportée entre le château et l'église.

Nous avons parlé ci-dessus de briques romaines trouvées dans le territoire de Cormeilles. Le nom primitif de ce bourg *(Curmiliaca)* atteste d'ailleurs une origine antique, puisqu'on le trouve employé dans l'itinéraire d'Antonin pour désigner une station sur la route de *Cæsaromagus* (Beauvais) à *Samarobriva* (Amiens). Nous tenons de M. Louis

---

(1) M. Canel pense que la voie antique ne rejoignait la route actuelle que dans la plaine, après avoir pris par le pré Barras, Tourville et Préaux. L'absence d'empierrement dans la route actuelle à la sortie de Pont-Audemer vient à l'appui de cette conjecture. Cf. un travail de M. Canel, *Mém. de la Soc. des Antiquaires de Normandie*, 1835, p. 356.

L. P.

Dubois que la voie romaine n'est pas moins reconnaissable entre Cormeilles et Lisieux.

11° *Du territoire des Bajocasses et des Vidicasses à Rotomagus (Rouen), par Pont-Audemer.* — Les recherches de nos savants amis MM. de Gerville, de Caumont et l'abbé Viel établissent l'existence d'une voie antique se dirigeant de Bayeux, le long du littoral du Calvados, par le Manoir (où il a été trouvé une pierre milliaire) et la Délivrande. Nous supposons que de là elle devait continuer, par Dives, ou plutôt Varaville (1), Pont-l'Évêque, Hébertot et Pont-Audemer, vers Rouen ; comme c'est le chemin le plus court pour s'y rendre du Bessin et du Cotentin, nous ne pouvons croire qu'il eût été négligé par les Romains, si grands amateurs de la ligne droite. Au moyen âge, nous voyons Guillaume le Conquérant, lorsqu'il se rend en grande hâte de Valognes à Arques pour étouffer la rébellion de son oncle Guillaume d'Arques, feindre d'aller à Rouen, et ne se détourner de cette direction qu'à Pont-Audemer (2). Nous n'avons pas connaissance que la voie antique que nous supposons avoir existé dans cette direction ait été observée entre cette ville et Pont-l'Évêque. Nous n'en trouvons pas plus de traces entre Pont-Audemer et Rouen, si ce n'est peut-être dans l'existence du hameau du Perré, près duquel ont été trouvées les antiquités romaines du Bosc-Gouet ; encore nous paraît-il trop au nord de la ligne de Pont-Audemer au haut de la côte de Moulineaux, où nous pensons qu'elle rejoignait deux autres grands chemins tendant à Rouen (3). Nous recommandons particulièrement les

---

(1) Voyez dans le *Roman de Rou*, t. II, p. 90 et suivantes, des détails curieux sur la chaussée de Varaville, au XIᵉ siècle :

« Mult lor annie la Canchie
« K'il truvent lunge et empirie. »

(2) « Baieues passa et puis Caen ;
« Semblant fist d'aler à Roem ;
« Quant il vint al Pont-Audemer,
« A Caudebec ala passer.... »
(*Roman de Rou*, II, p. 15.)

Le chemin de Caen par Troarn rejoignait vers Draises la voie venant de Dives ou de Varaville. Dans l'itinéraire de Jean sans Terre, on voit ce prince passer presque toujours par Pont-Audemer, Hébertot et Troarn.

(3) Les Cartulaires de Bourg-Achard et de Préaux nous fournissent quelques renseignements précieux sur le chemin de Pont-Audemer à Rouen. Ainsi, une charte du Cartulaire de Préaux, folio 63 v°, n° 59, nous indique un autre Perré à l'entrée du Bourg-Achard : « Totum tenementum quod de me tendat Gaufridus Faber de Bouquetot, in

recherches sur l'existence et le tracé de celui-ci aux obligeantes explorations de MM. le marquis de Sainte-Marie et Canel (1). Nous signalerons encore à leur attention la très-ancienne route de Pont-Audemer à Caudebec, par Thibouville, Fourmetot, Bourneville, Sainte-Croix-sur-Aisier et la forêt de Brotonne, qui pourrait aussi remonter jusqu'à la période romaine (2), ainsi qu'un bout de chaussée que nous avons eu occasion d'observer dans la forêt de Mauni et qui semblerait se diriger du Bourg-Achard vers Duclair.

12° *De Noviomagus (Lisieux) à Rotomagus (Rouen).* — L'emplacement de la communication antique de *Noviomagus* à *Rotomagus* n'est pas encore bien clairement établi sur toute son étendue. La direction la plus courte serait par Moyaux, Montfort et le Bourg-Achard ou ses environs. Or, nous avons en effet un chemin fort droit par Moyaux, Morainville, Lieurei, Saint-Georges-du-Vièvre, Saint-Pierre-des-Ifs, Saint-Philbert, Montfort, Catelon et Flancourt, allant aboutir à l'église du Bosc-Gouet ; mais nous ignorons s'il présente des indices de chaussée romaine. Il paraît cependant qu'un cultivateur, en labourant à Flancourt, a rencontré les fondations d'un chemin encaissé. Dans la forêt de Montfort, M. le marquis de Sainte-Marie nous apprend qu'il passe le long d'un triage du *Catelier* qui indique un camp antique (3). Sur Catelon, on voit un hameau du Perré qui le borde au midi. A Saint-Georges, on a trouvé dans un champ voisin de la ligne qu'il parcourt un Adrien de grand bronze.

Suivant d'autres observateurs, cette voie, à partir de Lieurei, tendrait

---

Perreio, in ingressu de Burgo-Achardi. » Il est probable que c'est ce Chemin-Perré qui doit nous fournir l'un des jalons les plus authentiques de notre route. Dans le Cartulaire de Préaux, folio 159, n° 522, Barthélemy, abbé de Préaux, et son couvent fieffent à Guillaume Boteri de Bokelot toute la terre que Guillaume Ferrant, chevalier, avait donnée dans la paroisse de Saint-Philbert-de-Bouquetot, le long du chemin de Rouen (février 1243). Enfin, une charte de 1223, n° 80 du Cartulaire de Bourg-Achard, parle du chemin royal : « Usque ad cheminum domini regis. » L. P.

(1) Cet appel a été entendu. Cf. un travail de M. Canel, *Mém. de la Soc. des Antiquaires de Normandie*, 1835, p. 364. L. P.

(2) Nous venons de voir Guillaume le Conquérant prendre cette route pour se rendre de Pont-Audemer à Arques. Nous supposons que le palais mérovingien d'*Archanum*, dans la forêt de Brotonne, devait en être voisin.

(3) Un autre chemin fort ancien s'en sépare pour aller se diriger vers Illeville, par le triage de la Porte-de-Brique, où existaient en effet, il y a un siècle, deux piliers de briques. La tradition locale y place une ville détruite qui aurait porté le nom d'Imberg ou de Rhimberg. C'est peut-être une corruption de celui de Bastimbourg, que portait Turstin, tige des seigneurs de Briquebec et de Montfort.

non vers Montfort, mais par Saint-Georges-du-Vièvre, Saint-Grégoire et Freneuse, vers le Pont-Autou, puis de là vers le Bourg-Achard, par Touville, ou plutôt vers le Bourgtheroulde par Bonneville, ainsi qu'une autre grande communication dont nous allons parler. Entre Saint-Georges et Saint-Grégoire, M. Frédéric de Cacheleu a observé qu'elle était très-droite, et a recueilli de nombreux fragments de ciment hydraulique antique (1).

13° *De Suindinum (le Mans) à Rotomagus (Rouen) et Juliobona (Lillebonne).* — Du Mans à Rouen, la route la plus courte serait par Bernai, Brionne et le Bourgtheroulde; un passage d'Orderic Vital semble indiquer qu'elle était suivie dans le moyen âge (2). Nous pensons même que les établissements de Brionne, Bernai, Chambrais et Gacé, doivent s'être formés à ses points d'intersection avec d'autres grands chemins. Néanmoins nous devons dire que nous n'avons aucune connaissance de chaussée antique bien caractérisée sur cette ligne; elle était d'un accès si difficile pour les voitures avant la création de la grande route actuelle que de Bernai à Rouen c'était par le Pont-Autou que le roulage se dirigeait.

Un autre grand chemin, par Gisai, le Sap, Orbec, le Marché-Neuf, le Pont-Autou et le Bourgtheroulde, suit un alignement moins droit et n'est pas mieux encaissé dans ce que nous en connaissons sur le département de l'Eure; néanmoins il a laissé sur son passage une bien plus forte impression d'importance et d'ancienneté. M. Vaugeois atteste qu'il en a reconnu l'encaissement antique du Sap à Orbec, et il passe le long des ruines où ont été trouvés les admirables vases consacrés à Mercure Canet, et où il est impossible de ne pas supposer qu'existait le temple de ce dieu des grands chemins (3).

---

(1) C'est l'opinion de M. Canel. *Mém. de la Soc. des Antiquaires de Normandie*, 1835, p. 380.

(2) Ord. Vital, t. VIII, p. 664 B. Robert de Bellême vient à Rouen par Brionne. Il est visible que ce passage de la Risle était beaucoup plus important que celui du Pont-Autou pendant le moyen âge.

Un autre passage du même historien porte à croire que dès une époque très-reculée il y avait un grand chemin passant par Montfort et Gacé. Sain-Évroul, dit-il, s'était retiré avec trois autres religieux à Montfort, pour y servir Dieu dans la solitude. « Sed quia « duo castella Oximis Guaceiumque in vicinio erant, ubi plures acturi forenses causas « veniebant, servi Dei adventantium multitudine molestias plerumque perferebant. » Ces plaideurs, qui importunaient si fort les pieux solitaires, se rendaient probablement à Gacé par le grand chemin qui traverse Montfort.

(3) De Pont-Autou cette voie est suivie jusqu'à Saint-Denis-des-Monts. On la fait ici

Une très-ancienne carte de Normandie vient de nous révéler le motif pour lequel cette route passait par Orbec : c'est que de là elle était probablement destinée dans l'origine à se rendre non pas à *Rotomagus* par le Pont-Autou, direction qui n'est qu'un embranchement secondaire, mais à *Juliobona*, par Lieurei, Pont-Audemer et Quillebeuf, de telle sorte que la voie antique tendant de *Juliobona* vers Fauville et Grainville n'en aurait été que le prolongement.

Il est probable que les rapports entre Lillebonne et la rive gauche auront eu lieu d'abord par Quillebeuf, et que c'est postérieurement pour aller chercher un passage plus commode qu'on se sera détourné par le Vieux-Port et Aisier.

M. le chevalier de Bois-Hébert a retrouvé au Grand-Couronne, avec beaucoup d'objets antiques, les fondations d'une chaussée par laquelle cette voie arrivait nécessairement à Rouen, et la destination principale du château de Moulineaux devait être de la commander.

14° *De Conches à Damville?* — Enfin, il est une dernière communication que nous avions cru reconnaître pour une voie romaine à la rectitude parfaite de son alignement sur la carte de Cassini. C'est la route de Conches, non pas à Damville, mais à la commune contiguë de Mouceaux ; en la prolongeant, on arrive d'un côté à Dreux, et de l'autre on va rejoindre, vers Barc, la voie de *Mediolanum* à *Juliobona*. Si notre conjecture se réalisait, ç'aurait donc pu être une voie directe de *Juliobona* à *Autricum* (Chartres) par Dreux ; mais nous en avons parcouru une partie dans le courant de l'été dernier, et nous n'y avons trouvé ni cette rectitude d'alignement qui nous avait frappé à l'inspection de la carte, ni chaussée antique bien caractérisée. Cependant il y a sur quelques points des vestiges d'empierrement, et l'on est persuadé à Conches que c'était une voie romaine. Cette opinion repose particulièrement sur la grande quantité de cailloux qu'on en a extraits, il y a quelques années, en baissant le niveau du sol à l'entrée de la ville, et qui a présenté, nous assure-t-on, tous les caractères d'une véritable *agger* antique. Nous la conserverons donc sur cette liste jusqu'à ce que de nouvelles observations nous aient mis à portée d'en apprécier plus exactement l'origine.

---

tourner pour la rattacher à la grande route actuelle de Rouen ; mais on la retrouve au Bois-Girart et à Infreville. Cf. M. Canel, *Mém. de la Soc. des Antiquaires de Normandie*, 1835, p. 360.

L. P.

C'est à ce petit nombre de faits et de conjectures que se réduit ce que nous avons pu recueillir sur la circonscription, l'histoire, les monuments, les établissements, les enceintes militaires et les grandes communications des habitants de notre territoire, aux époques gauloise et romaine. Nous nous ferons un plaisir de continuer cette notice si nos concitoyens, en nous fournissant les renseignements nécessaires pour la compléter et la rectifier, veulent bien nous témoigner qu'elle leur a offert quelque intérêt.

NOTES
POUR SERVIR
A LA TOPOGRAPHIE ET A L'HISTOIRE
DES
COMMUNES DU DÉPARTEMENT DE L'EURE
AU MOYEN AGE.

ACLOU.

Arrond. de Bernai. — Cant. de Brionne.
Sur la Risle.

Patr. S. Remi. — *Prés. le prieur de S.-Lo de Rouen.*

Le nom primitif est : ACLOU, mot d'origine évidemment celtique. On peut le faire dériver de AR-KLEUZ, le fossé, la banque, la clôture de terre ; ou de AR-KLEUIL, la barrière, la claie, l'enceinte de claies ou de pieux.

La première mention que nous ayons pu rencontrer de cette commune est du XIIe siècle. Par une charte donnée à Cherbourg en faveur du prieuré de Saint-Lo de Rouen, sans date précise, mais qui ne peut remonter plus haut que 1171 ni descendre plus bas que 1182, Henri II, roi d'Angleterre et duc de Normandie, donna ou confirma à cet établissement, entre autres propriétés : « ARCLOU, cum ecclesia « et molendino. »

Une charte de Robert, prieur de Saint-Lo, sous la date de 1202, porte : « In nostro « hospicio de ARCLOU ; » une de 1349 : « ARCLEU. »

Dans une bulle du pape Eugène III : « ACLOU. » Dans une de Grégoire IX, en 1228 : « villam ARCLOU. » (Chartul. gener. S. Laudi, nos 4 et 5.)

Dans le pouillé de Lisieux du XIVe siècle on lit : « Ecclesia d'ARCLOU ; prior Sancti « Laudi Rothomagensis ; » et dans celui du XVIe siècle : « Ecclesia de ACLOTO. »

Ce fut vers la fin du XIVe siècle que l'on commença à écrire : ACLOU. Une pièce des archives de Saint-Lo, sous la date de 1397, porte indifféremment ARCLOU et ACLOU. A cette époque, il y eut un procès entre le comte d'Harcourt, réclamant la haute justice et juridiction du *fieu d'ARCLOU, assis près de sa ville de Brionne*, et disant que ses prédécesseurs en avaient joui de temps immémorial, et le prieur de Saint-Lo répondant, mais sans production de pièces probantes à l'appui, qu'il tenait de la libéralité des ducs de Normandie, et relevant immédiatement du roi, *un fié noble nommé ARCLOU, l'église, le moulin et appartenances.* Ce procès était pendant en 1395 et 1396. On n'en connaît pas l'issue.

On a découvert sur le territoire d'Aclou, vers la fin du XVIIIe siècle, des débris d'armes, une grande quantité d'ossements humains, ainsi que de nombreuses pièces de monnaie de cuivre et d'argent du XVIe siècle. Il est probable qu'un combat a eu lieu sur le territoire d'ACLOU pendant les guerres de la Ligue. En 1590, le château de la Rivière-Thibonville, qui était voisin d'ACLOU, tomba au pouvoir des ligueurs.

Les hameaux d'ACLOU sont au nombre de onze, savoir : — la Boissaie (lieu où il croit des buis, et où, par conséquent, il y a des chances de rencontrer des vestiges de maçonneries antiques) ; le Busc (bois) ; — les Fretelets (nous examinerons ce nom en même temps que celui de la commune

des FRETILS, dont il est un diminutif);—
les Friches ; la Mare-Abraham, la Mare-
Pecquet (noms de propriétaires); — le
Moulin-d'Aclou (nous venons de voir que
son existence remonte au moins jusqu'au
XIIe siècle); — la Mouquetière (nom de
propriétaire); — la Pie (nom provenant
probablement d'une enseigne de cabaret);
— la Rue-Havard; la Rue-Signol (noms de
propriétaires ; le premier est encore reconnaissable dans celui de HAVAS, famille
existant dans le pays; le second est le
même que celui qui a donné son nom au
TUIT-SIGNOL); enfin la ferme de la Haule.

ACON.

Arrond. d'Évreux. — Cant. de Nonancourt.
Sur l'Avre.

Patr. S. Denis. — Prés. l'abbé du Bec.

Ce nom me paraît d'origine celtique,
comme Arlon, Ballon, Carcassonne (*Car-
casso*), Charenton, Carenton, Avignon,
Besançon, Macon (*Matisco*), Narbonne
(*Narbo*), Pontion, Redon, etc. Il présente
surtout les plus grands rapports avec ceux
d'Agon (Manche) et *Agaunum* (Saint-Mau-
rice en Valais). Celui-ci signifiait, dans la
langue primitive des Gaules, une pierre,
un rocher : « AGAUNUM accolæ interpreta-
« tione gallici sermonis saxum dicitur. »
(Act. S. Mauricii.) « AGAUNUM vester gal-
« lico priscoque sermone... petra esse di-
« gnoscitur. » (Vita S. Romani, abbatiæ
de Condato fundatoris.)

On trouve Bernard de ACUN, employé
comme témoin dans une charte de Guérin,
seigneur de Gournai-le-Guérin, en faveur
de l'abbaye de Saint-Père de Chartres
(sans date, XIIe siècle).

D'après l'inventaire des chartes du Bec,
Simon d'Anet confirma à cette abbaye la
donation faite par Simon, son père, de
l'église de Saint-Denis DACON (sic) avec le
patronage de toute la dîme, ainsi que celle
qui avait été faite par Raoul de Berout de
la dîme de ses moulins de DACON (sic).

En 1242, Vincent de DACON (sic) vendit
à cette abbaye ses prétentions sur le patronage.

En 1255, par sentence du chantre de Lisieux, délégué par son chapitre, l'abbaye
fut maintenue dans son droit de percevoir
les deux tiers de la dîme des fruits croissant dans la paroisse, et un tiers seulement
de celle des terres situées entre le territoire de la paroisse de BREUX et le chemin
qui conduit à DACON (sic).

En 1482, Robert de DACON, écuyer, reconnut et confirma le droit de patronage
de l'abbaye.

Plusieurs autres pièces relatives à cette
commune sont citées dans l'inventaire.
Elle y figure toujours sous le nom de
DACON, qui nous paraît une erreur pal-
pable du rédacteur.

Le vocable de saint Denis me paraît attester que la fondation de l'église remonte
à l'époque mérovingienne.

Les hameaux d'ACON sont : — les Brûlés;
— la Corvée; — Heudez; — le Mesnil-
Pipart (plusieurs lieux de ce nom l'ont
emprunté à la noble et puissante famille à
laquelle ils appartenaient sous la dynastie
normande); — le Moulin; — les Planches;
— le Rousset.

ACQUIGNY.

Arrond. de Louviers. — Cant. de Louviers.
Sur l'Eure.

Patr. Ste Cécile. — Prés. le seigneur.

Dans le bois, au-dessus de Becdale, on
voit une enceinte retranchée qui, bien
que connue sous le nom de Fort-aux-Anglais, pourrait présenter les caractères
d'un camp romain.

La première mention que nous connaissions de ce lieu se trouve dans une charte
de Charles le Chauve, en faveur de l'abbaye de Saint-Ouen de Rouen, sous la date
de 876. Il y est nommé ACINIACUS.

Dans une charte du même roi en faveur
de Saint-Riquier, et sous la date de 844,
on voit figurer un lieu désigné sous le nom
de ACCON-CURTIS.

Nous pensons que ces deux noms ont la
même origine, et que le premier doit être
interprété : domaine, propriété d'ACINUS
ou ACINIUS.

La chronique de Fontenelle raconte que
sous le règne de Richard Ier, c'est-à-dire
pendant la seconde moitié du Xe siècle :
« Vir quidam ex transmarinis partibus...
« in Gallias venit et ad locum qui super
« AUTURAM fluvium ACINEIA dicitur in-
« tempestæ noctis silentio accessit, san-
« ctorumque corpora Maximi ac Veneran-
« di... invenit, secumque secretius tulit,
« et ad portum Logiensem festinus de-
« scendit. »

Ce passage de la chronique de Fontenelle
est d'autant plus précieux qu'il nous donne,
par son rapprochement avec celui de la
charte de Charles le Chauve, l'indication
de l'époque où les noms de lieu terminés
par acus ou acum ont, dans notre contrée,
perdu la dernière syllabe de cette termi-

son. On écrivait encore ACINIACUS en 876 ; on n'écrivait plus qu'ACINEIA de 942 à 996.

Il existe encore à Acquigni une chapelle sur l'emplacement où les reliques de saint Mauxe et saint Venerand étaient déposées avant leur transport furtif à Fontenelle.

Vers 1030, Roger Ier de Toeni donna à l'abbaye de Conches : « Ecclesiam de ACHI-« NEIO cum offerendis et decimis de an-« nona et de vino ex integro, et de piscibus « aquæ quæ dicitur AUCTURA, et de mo-« lendinis in eis. » (Sic, in harta typis mandata apud *Galliam christianam*, XI.)

Raoul II de Toeni, fils du précédent, donna en outre aux moines : « Apud ACHI-« NEIUM gordum unum quinque millium « angularum de Sancta Cecilia, fæsumque « Claverii et fæsum Obardi, et mansuras « plures et terras in eadem villa. »

Ce même personnage donna à l'abbaye de Saint-Evroul trois hôtes..... dont un à Acquigni : « Tertium vero ACCHINEIO, quem « Geroldus Gastinellus de eo tenuerat, et « Beato Ebrulfo sponte dederat. » (Ord. Vit., l. v.)

Dans les listes de l'abbaye de la Bataille on trouve AKENY qui est bien certainement notre Acquigni. On y voit aussi une forme du même nom : DAKENY.

En 1110, le château d'Acquigni appartenait à Raoul de Conches. (Ord. Vit., l. IV.)

Orderic Vital signale encore Acquigni comme ayant été assiégé et réduit en cendres par Valeran, comte de Meulan, en 1136 : « Deinde feria secunda post Pente-« costen ACHINNEIUM cum valida manu in-« vasit (Gualerannus, comes de Mellento) « totumque municipium combussit. » (Ord. Vit., l. XIII.) Il paraît cependant que le désastre ne fut pas aussi complet que ce passage pourrait le faire supposer, puisque au bout de quelques mois seulement Roger de Toeni, qui en était propriétaire, en fait sa place d'armes et y dépose ses prisonniers : « Guillelmum unum de Paccio et « Rogerium Balbum cum suis copiis et « præda ACHINNEUM præmisit [Rogerius de Conchis]. » (Ibid.) Robert du Mont, dans son récit sommaire du même fait, appelle Acquigni ACHINNUM.

Acquigni figure dans le traité du 23 juillet 1196 sous le nom d'ACQUIGNEUM, comme l'une des places cédées au roi de France.

Ce même monarque, immédiatement après la mort de Richard, se saisit d'Evreux et des deux principaux châteaux qui en dépendaient : « Scilicet ADAMIACUM et « ACQUIENIACUM. » (Rigord.)

Dans le traité que Jean sans Terre conclut le 23 mai 1200 avec Philippe-Auguste, on lit : « Et quantum terre habebit domi-« nus rex Francie versus Novum Burgum, « tantum terre habebit versus Conches, et « versus AKENNY, ad eamdem mensuram. » (Cart. norm., n° 1063.)

Dans une charte de Robert, comte de Meulan, fils de la comtesse Agnès et neveu de Simon, comte d'Evreux, on trouve parmi les témoins *Rogerius de* ACHINNEIO.

Guillaume des Monts (*de Montibus*) donna à l'abbaye du Bec, avec le consentement de Roger de Toeni, sept acres de terre : « *In montibus* ACHINEII. »

Dans les grands rôles de l'échiquier de Normandie (1198), on lit : « Willelmus de « Aquinneio XL. sol. pro eodem. » C'est-à-dire : « de catallis Theobaldi Anglici, « mortui usurarii. » — « Baldoinus de « Aquinneio c. sol. pro eodem. » C'est-à-dire : « de debitis Gisleberti mercatoris, « mortui usurarii. »

Dans les chartes du cartulaire de l'abbaye du Bec relatives à Acquigni, on voit figurer, de 1220 à 1230, Robert de Poissi, chevalier « Robertus de Pissiaco, miles » et son fils Guillaume.

En 1245, Raoul Ansic remit aux moines du Bec une rente qu'ils lui en faisaient : « Pro masagio suo de AQUIGNE, quod si-« tum est juxta masagium presbyteri de « AQUINEIO. »

L'emplacement du château des seigneurs de Toeni est encore très-visible, sur la croupe d'une colline, près de la rive droite de l'Eure. Il se nomme Cambremont.

Après la bataille de Cocherel, le château fort d'Acquigni soutint un siége contre les troupes royales. Occupé de nouveau par les troupes de Charles le Mauvais, il fut rendu en 1378 à Charles V, qui en ordonna la démolition. — On dit que le château actuel a été bâti par ordre de François Ier.

On peut s'étonner de voir l'église d'Acquigni sous le vocable de sainte Cécile, quand les reliques de saint Mauxe et de saint Venerand étaient déposées dans son territoire au Xe siècle. Cette circonstance nous paraît prouver clairement que la fondation de la paroisse était antérieure à l'arrivée des reliques. Dans le cas contraire, on n'aurait pas manqué de mettre l'église sous l'invocation des deux saints. Le culte de sainte Cécile est fort ancien, puisqu'elle figure dans le canon de la messe entre sainte Agnès et sainte Anastasie ; mais nous ne connaissons pas de circonstances particulières qui aient pu appeler sur elle l'attention particulière des fidèles à l'époque reculée où fut fondée l'église d'Acquigni. Son histoire et sa patrie même sont assez peu connues, et la première mention d'un transport vrai ou faux de ses reliques date du milieu du IXe siècle.

Il y avait à Acquigni une chapelle de Saint-Lambert. — Au XVIIIe siècle, les seigneurs d'Acquigni, de la maison le Roux d'Esneval, échangèrent le patronage de l'église avec celui de Vaux-sur-Risle.

Les hameaux d'ACQUIGNI sont : — Becdale (la Vallée-du-Ruisseau), remarquable par les débris d'un aqueduc qui bordent la route de Louviers à Évreux, et par quelques plantes rares qu'on y cueille, entre autres l'*Anemone Ranunculoides*; — le Bout-du-Pont; — la Chaumière; — le Hamel; — le Moulin-Postel; — les Pâtis; — Saint-Mauxe. Il est visible que ce nom provient du prieuré de Saint-Mauxe relevant de l'abbaye de Conches.

AIGLEVILLE.

Arrond. d'Évreux. — Cant. de Pacy.

Patr. Notre-Dame. — Prés. l'abbé de Saint-Évroul.

Ce nom doit remonter à l'époque mérovingienne. On trouve un référendaire appelé AIGLUS dans une charte de 693, et l'église de Saint-Agil, devenue plus tard Saint-Ay, au diocèse d'Orléans.

Dans la jeunesse de saint Philibert, et par conséquent un demi-siècle environ avant cette date, AGLIUS ou AGYLUS était abbé de Rebais.

En 864, ÆGIL était abbé de Flavigni, et occupa plus tard le siège archiépiscopal de Sens.

Nous pensons, d'après ces données, que le nom primitif a pu être AIGLIVILLA, AGLIVILLA ou AGYLIVILLA.

Le cartulaire de Saint-Évroul contient quatre chartes relatives à la paroisse d'Aigleville.

La première, n° 706, en date du 22 juin 1236, contient un accord entre Alexandre Perceval, chevalier, et Roger, abbé de Saint-Évroul, sur certains droits à percevoir dans le territoire d'Aigleville (AQUILÆ VILLA). Les parties s'en remirent à l'arbitrage de deux chevaliers, Guillaume de Boissi (de Bosci, de Boci) et Jean de Faveris, et de deux clercs, Gui et Auger. La sentence arbitrale fut prononcée à l'assise de Mantes en présence de Raoul Arondel, bailli du roi.

En mars 1247 (N. S.), un autre accord fut conclu entre les religieux et Robert Sans-Avoir, chevalier; les conditions en sont énumérées dans une lettre de Dreu de Montigni, bailli de Gisors. (Cartul. de S.-Évroul, n° 709.)

Le 12 mars 1262 (N. S.), Robert Sans-Avoir, qui cette fois est appelé « Robertus « sine Censu », renonça aux droits qu'il pouvait avoir sur une mare située à Aigleville. (Ibid., n° 707.) Florie, femme de Robert, approuva la renonciation de son mari, par acte passé devant l'official de l'archidiacre de Pinserais. (Ibid. n° 708.)

Dans les pouillés du diocèse d'Évreux, on lit : « Beata Maria de Aquilæ Villa. »

AILLI.

Arrond. de Louviers. — Cant. de Gaillon.

Patr. S. Médard. — Prés. le chapitre de Beauvais.

Il y a six communes de ce nom en France, dont deux en Normandie, trois en Picardie et une en Lorraine. Nous pensons qu'il remonte à l'époque gallo-romaine et doit être interprété ALLIU-ACUS, propriété, domaine d'Allius.

Le patronage et la seigneurie de cette paroisse furent donnés au chapitre de Beauvais, dans le commencement du XIe siècle, par l'évêque de ce diocèse, Roger de Blois. Voici ce qu'en dit le Chronicon Rothomagense : « Item in Gallia, Belvacensi urbe, « inclytus Rogerius decessit episcopus, « qui inter alia beneficia dedit ecclesiæ « Sancti Petri, cui præsidebat, ALLIACUM « in Normannia et MONTIACUM in Verman- « densi patria. »

Ce seigneur, qu'on a appelé à tort Roger de Champagne, puisque le comté de Champagne n'entra dans sa famille que postérieurement à sa naissance, était fils d'Eudes Ier du nom, comte de Chartres, de Blois et de Tours. Il fut le principal bienfaiteur de son église cathédrale, et lui donna en 1015 le comté de Beauvais, qu'il avait reçu de son frère Eudes II, comte de Chartres, de Blois et de Champagne, en échange du comté de Sancerre, son apanage dans la succession paternelle.

On pourra s'étonner de voir ce prélat propriétaire d'un domaine en Normandie. Nous pensons que cette terre provenait du chef de son aïeule, Leutgarde de Vermandois, successivement mariée à Guillaume Longue-Épée, duc de Normandie, et au comte de Chartres et de Blois, Thibaud le Tricheur. Cette princesse la devait posséder à titre de douaire, comme Saint-Pierre-d'Autils, que sa fille Emma, tante de Roger, donna aux moines de Bourgueil.

Nous devons faire remarquer une circonstance qui ajoute beaucoup de poids à notre conjecture sur l'origine de la propriété d'Ailli dans la maison de Blois. C'est que la seconde terre donnée à l'église de Beauvais, Mouchi en Vermandois, provenait visiblement de Leutgarde. Peut-être même était-ce elle pareillement qui avait apporté le comté de Beauvais dans sa famille.

Dans une bulle du pape Urbain III, sous la date de 1186, contenant le dénombrement des propriétés de l'église cathédrale de Beauvais, on trouve la terre d'Ailli mentionnée ainsi qu'il suit : « Ex
« dono bonæ memoriæ Rogeri, Belvacen-
« sis episcopi, ALLIACUM in territorio Nor-
« manniæ, et in eadem villa ecclesiam
« Sancti Medardi, ecclesiam Beatæ Mariæ,
« præposituram etiam ejusdem villæ... »

L'église de Notre-Dame est une chapelle, qui porte le nom de Notre-Dame de Bon-Secours. Nous remarquons que le vocable de saint Médard, sous lequel est placée l'église paroissiale, atteste une origine fort ancienne et très-probablement mérovingienne.

Dans un pouillé manuscrit, copié il y a 200 ans sur un autre du XVe siècle, on lit : « Ecclesia de Ailly in Normannia, ecclesia « d'Osny.... »

Le nécrologe de la Croix-Saint-Leufroi mentionne plusieurs habitants d'Ailli :
« Vo idus maii, Radulfus presbyter de
« ALLEYACO... IXo kalendas septembris,
« obiit Rogerus de ALLYACO. »

Aux XIe et XIIe siècles, le nom de cette commune s'est souvent écrit : ALLEIUM ou AILLIUM. Dans la charte de la reine Mathilde en faveur de l'Abbaye-aux-Dames de Caen, on trouve : « Apud Albam Viam
« VII. (acripennos vineæ), quos ego, re-
« gina, emi a Willelmo de AILLIO, con-
« cessu Rogerii, filii ejus, et Richardi,
« comitis Ebroicensis, et Anschitilli de
« ALTUILLIO (Auteuil), de quorum here-
« ditate erat. »

Robert de ALKIO souscrivit une charte en faveur de Préaux, du temps d'Amauri, comte d'Évreux.

Dans les grands rôles de 1198, on lit : « Symo. de Aillie reddit compotum de
« VIII. sol. IV. den. sterlingorum, pro eo-
« dem. In thesauro liberavit et quietus
« est. » Il s'agit d'Ailli sur Dive, qui se trouvait dans la baillie de Bayeux.

Les hameaux d'AILLI sont : — le Bec (*Rivulus*); — le Bois-Camin; — le Bout-de-Vetz; — la Briqueterie; — la Bucaille (*Buscalia*, mauvais bois, broussailles); — Gruchet; — Ingremare; — Malpalu (*Mala palus*); — Metreville (*Medietarii villa*); — l'Ortier (*Urticetum*); — les Quaises.

AIZIER.

Arrond. de Pont-Audemer. — Cant. de Quillebeuf-sur-la-Seine.

Patr. S. Pierre. — Prés. l'abbé de Fécamp.

Il existe deux AISI en Bourgogne, un AIZE dans l'Indre, un AIZAC dans l'Ardèche, deux AIZECOUR dans la Somme, un AIZI dans l'Aisne, un AYSAC dans les Hautes-Pyrénées, cinq AZAI dans l'Indre, l'Indre-et-Loire et les Deux-Sèvres; trois AZÉ dans Loir-et-Cher, la Mayenne et Saône-et-Loire; trois AZI dans le Cher, la Nièvre et l'Aisne; un EZI dans l'Eure. Tous ces noms nous paraissent avoir la même origine :

AISII OU ASII-ACUS : domaine, propriété } d'Aisius
AISII OU ASII-CURTIS : cour, masure } ou d'Asius.

Le nom d'Aizier remonte visiblement à la période gallo-romaine.

C'est dans cette commune que venaient aboutir les deux voies antiques communiquant de *Mediolanum* et *Noviomagus* à *Juliobona*. Les Romains y laissèrent d'autres constructions, particulièrement au hameau du Flac.

La terre d'Aizier fut donnée à l'abbaye de Fécamp par le duc Richard II, en 1026 : « Item, super Sequanam fluvium villam
« quæ dicitur AYSIACUS. » Ce nom est ainsi écrit dans une copie moderne; nous pensons que l'original devait porter AISIACUS ou peut-être ASIACUS.

Du Cange, au mot *Stalaria*, cite le passage suivant : « Omnes jurati dixerunt et
« recognoverunt quod quædam stalaria
« fuit inter Asiacum et Watevillam, ubi
« Sequana modo reliquit mariscum et ubi
« tunc temporis habebat cursum suum,
« et de consuetudine piscium illius sta-
« lariæ habebat comes de Mellent medie-
« tatem... »

Dans un cartulaire de Fécamp, du XIIIe siècle, on trouve les passages suivants, qui se rapportent à Aizier : « Ra-
« dulphus Auquier III. sol. turon. ad fe-
« stum S. Michaelis et III. sol. tur. ad
« Natale Domini cum uno capone super
« I. gardinum et I. domum et I. petiam
« terræ, sitos in parochia de ASIACO, apud
« Essartos, juxta gardinum Roberti de
« Essartis, de venditione Christiani de
« Veteri-Portu, facta Johanni de Torneio,
« anno LXo no, mense januarii. »

Puis deux autres propriétés ou redevances « in parochia S. Petri de ASYACO ».

Ce sont un bois et un droit d'usage dans le bois de l'abbaye, abandonnés par « Pe- « trus de Bosco, cognominatus Capon, « miles ».

« Sanctus Petrus de AISIACO. »
ASIACUS.

« Willelmus de Atrio in parrochia Sancti « Petri de Asiaco. » (Cart. Fisc. 132.)

« Rad. abbas Fisc. pro Walterio, filio « Odonis de Perron. Rad. de Asiaco in « fratrem receptus. » (Cart. Fisc. XIV.)

Dans le cartulaire de Saint-Pierre-de-Préaux on trouve, fol. 134 r°, parmi les témoins d'un acte : « Radulfus, molendi-« narius de AISE, » et plus loin : « Osber-« nus de AISI ; » ailleurs encore : « Osber-« nus de AISIO. »

Philippe-Auguste, confirmant en 1203 la charte de donation de la chapelle de Saint-Philibert du Tourp en faveur de l'abbaye de Jumiéges, nomme « Haia de Aise ».

Dans le pouillé d'Eudes Rigaud, l'article qui concerne Aizier est ainsi conçu :

« HESY. Abas Fiscannensis patronus; « valet X. libras; parrochiani XLIV. »

Le pouillé de Raoul Roussel porte : « AISIE. »

Selon Toussaint Duplessis, cette commune était, pour l'abbaye de Fécamp, le chef-lieu d'une baronnie, ayant droit de présenter à la cure du lieu et à celle de Sainte-Croix-sur-Aizier. L'abbaye de Fécamp y faisait tenir sa haute justice par un sénéchal qui devait comparaître une fois l'an au parlement de Normandie.

Outre les droits seigneuriaux ordinaires, l'abbaye avait encore à Aizier un moulin à eau banal.

Il y avait dans cette commune une chapelle de Saint-Thomas-de-Cantorbéry, à la nomination de l'abbé de Fécamp. On voit encore les ruines au milieu du bois d'Aizier.

Aizier ne renferme que trois hameaux, savoir : Arseaux, le Flac, et l'Église.

Cf. Toussaint Duplessis, t. II, p. 399, et Canel, *Essai sur l'arrond. de Pont-Audemer*, t. II, p. 90.

AJOU.

Arrond. de Bernai. — Cant. de Beaumesnil.
Sur la Risle.

Patr. Notre-Dame. — Prés. le chapitre d'Évreux.

Il y a un AJAC dans l'Aude, un AJAT dans la Dordogne, un AJOUX dans l'Ardèche, sans compter le Val d'AJOL dans les Vosges et le fameux Val d'AJOU dans le Jura.

Nous ignorons la signification de ce nom, dont l'origine nous paraît celtique ou gallo-romaine.

En 1222, il existait dans le Vexin français un personnage nommé « Radulfus de « AJOO, miles » et un lieu appelé AJOUM, contigu au clos que les moines du Bec possédaient à Vaux près Meulan. (Cartul. du Bec.)

Nous possédons sur Ajou les deux chartes suivantes qui en sont toute l'histoire :

« Henricus, Dei gratia, Rex Angliæ et « Dux Normanniæ et Aquitaniæ et comes « Andegaviæ, archiepiscopis, episcopis, ab-« batibus, comitibus, baronibus, justi-« ciariis, vicecomitibus et omnibus mi-« nistris et fidelibus suis totius Angliæ et « Normanniæ, salutem. Sciatis me dedisse « et concessisse et præsenti carta confir-« masse in puram et perpetuam elemosi-« nam, pro salute patris mei Gaufridi, « comitis Andegaviæ, et matris meæ Ma-« thildis, imperatricis, et pro salute mea « et antecessorum et heredum meorum, « Deo et Sanctæ Mariæ et monachis de « Becco omnes donationes et elemosinas « ecclesiarum, decimarum, terrarum et « reddituum, possessionum et aliarum « quarumlibet rerum, quæ eis factæ sunt « in tota terra mea, tam in Normannia « quam in Anglia, videlicet..... ex dono « Waukelini de MANCELES et sororis suæ, « ecclesiam Sanctæ Mariæ de AJOU cum « terra et decima et omnibus aliis perti-« nentiis suis, et XX. acras terræ prope « eamdem ecclesiam...... Hæc autem om-« nia prædictæ ecclesiæ et monachis de « Becco concessi et præsenti carta confir-« mavi, habenda et tenenda cum omnibus « ad ea pertinentibus in perpetuum. Quare « volo et firmiter præcipio...

« Testibus : Johanne de Constanciis, « archidiacono Oxoniensi; Wilelmo, cle-« rico de camera; Wilelmo, filio Radulfi, « senescallo Normanniæ; Eudone et Ro-« gerio de Fontibus. Apud Montem For-« tem.

« Omnibus Christi fidelibus ad quos « præsens scriptum pervenerit, W., Dei « gratia, abbas et conventus Becci, salu-« tem in Domino. Ad universitatis vestræ « noticiam pervenire volumus nos, intuitu « caritatis et devotionis quam ad Ebroi-« censem ecclesiam habemus, dedisse de-« cano et capitulo Ebroicensi, ad aug-« mentum communiæ Ebroicensis... et « quicquid habemus in ecclesia de AJOU, « tam in jure patronatus quam in deci-« mis et in rebus aliis ad eamdem eccle-« siam pertinentibus. Præterea concessi-« mus eis fraternitatem ecclesiæ nostræ « Beccensis et communionem omnium

« bonorum quæ fiunt vel fient in ea et
« in omnibus locis ad eam pertinentibus,
« tam in vita quam in morte; et, ex spe-
« ciali devotione, concessimus ut unus-
« quisque canonicorum Ebroicensium,
« cum obitus ipsius nobis denunciatus
« fuerit, habeat missam in conventu cum
« officio diurno, pulsatis campanis, et ab
« unoquoque sacerdotum ecclesiæ nostræ
« similiter missam, et ab aliis L. psalmos,
« a fratribus nostris laicis c. pater noster;
« et universi canonici defuncti in missa
« quæ singulis diebus in ecclesia nostra
« celebratur participium habeant, sicut
« monachi nostri. Quod ut ratum et sta-
« bile in perpetuum perseveret, præsenti
« scripto et sigillorum nostrorum muni-
« mine duximus roborandum. Id ipsum
« ex concessione ipsorum in ecclesia Ebroi-
« censi habituri sumus..... »

On trouvera à l'article ORNES la portion de cette charte qui n'est pas transcrite ci-dessus.

Les hameaux d'AJOU, y compris ceux de Mancelles et de Saint-Aubin-sur-Risle, communes réunies, sont :

Le Bas-d'Ajou; la Brunetière (habitation d'un individu appelé Brunet); — l'Église; — les Grez; — Mancelles; — le Mesnil-Lucas; — le Moulin-Chapelle (à 1 kilomètre environ du Moulin-Chapelle la Risle disparaît sous terre); — le Moulin-du-Châtel-la-Lune; — Saint-Aubin-sur-Risle; — le Trouillard; — la Hamerais; — les Clos-Gelés.

ALISAI.

Arrond. de Louviers. — Cant. de Pont-de-l'Arche.
Sur la Seine.

Patr. S. Germain. — Prés. l'archevêque de Rouen.

Parmi les lieux dont le nom a de l'analogie avec celui-ci, il faut citer ALISE-SAINTE-REINE, si célèbre par le siège que les Gaulois y soutinrent contre César, et surtout un domaine nommé ALISIACUS, compris dans une charte du roi Lothaire, sous la date de 869, parmi les propriétés qui devaient être restituées à l'église archiépiscopale de Besançon.

Toussaint Duplessis, avec sa légèreté habituelle, pense que ce nom signifie un lieu planté d'alisiers; comme si à l'époque gallo-romaine, à laquelle ce nom remonte nécessairement, l'alisier avait été désigné par le nom français qu'il porte aujourd'hui. Il est visible qu'il faut y reconnaître un nom de propriétaire : ALISIACUS ou peut-être ALYSIACUS, domaine, propriété d'ALISIUS ou d'ALYSIUS. Sous cette dernière forme, c'est un nom grec; mais on conçoit très-bien qu'il ait pu exister dans les Gaules, sous la domination romaine.

Le nom d'ALESIA, qui est peut-être la forme féminine d'ALISIUS, a été fort répandu au moyen âge. La mère de Regnault Mignon de Corbeil, évêque de Paris, est appelée ALISIA dans un acte du mois de juin 1060, et ALESIA dans son épitaphe. Parmi les tenants en chef du *Domesday Book* on trouve, dans le Hampshire : « Willelmus ALIS seu ALISIS. » C'était un membre de la famille bien connue d'ALIS, vassale des seigneurs de Breteuil, et dont nous rencontrerons des propriétés à Breteuil et à Carentonne, près Bernai. Mais ce nom de famille normande ne peut avoir qu'un rapport accidentel avec celui d'une commune dont la désignation remonte visiblement à l'époque gallo-romaine.

Le vocable de saint Germain nous paraît indiquer que la fondation de l'église remonte à l'époque mérovingienne.

On trouve dans une charte de Robert de Meulan en faveur de Bonport, sous la date de 1199 : « Silvester de ALISI, » employé comme témoin; dans une autre charte de Renaud, comte de Boulogne, en faveur de Jumiéges, sous la date de 1200, le même personnage : « Silvester de ALISIO. »

Une charte d'Albéric II, comte de Dammartin et père de Renaud dont nous venons de parler, fut donnée à 1200 Alisai dans l'église de Saint-Germain : « Apud « ALISI, in monasterio Sancti Germani. » Le mot *monasterium* (moutier) s'appliquait alors indifféremment à toute espèce d'églises.

Ce seigneur est le premier propriétaire de la terre d'ALISAI dont nous ayons connaissance. Nous ignorons si elle lui provenait de sa belle-mère, Amicie de Leicester, ou de sa femme, Mathilde, dont la famille n'est pas connue, ou de toute autre origine. Nous sommes porté cependant à croire qu'elle devait avoir été apportée dans la maison de Dammartin par la première de ces dames, dont les parents possédaient de vastes domaines dans la vallée d'Andelle.

Albéric mourut, suivant les généalogistes, le 19 septembre 1200. La charte de Renaud, son fils, en faveur de Jumiéges, dont nous venons de parler, est donc postérieure à cette date.

Dès le mois de janvier précédent, Albéric avait conclu une transaction avec Gautier de Coutances, archevêque de Rouen, relativement à l'avouerie ou patronage de l'église. Toussaint Duplessis, à qui nous empruntons ce fait, ajoute qu'Albéric, sa femme Mathilde et son fils Renaud réunirent à la cure, en 1202, une chapelle qu'ils avaient fondée dans leur manoir de Rouville (probablement *Rodulfi villa* ou *Rollonis villa*); mais cette date est évidemment inexacte, puisque Albéric était mort deux ans auparavant.

En 1210, Philippe-Auguste confirma le traité de mariage conclu entre son fils Philippe et Mathilde, fille de Renaud, comte de Boulogne. Ce dernier donna sa terre du pays de Caux, sauf Lillebonne et Alisai, et le comté d'Aumale, à la réserve de la ville de Saint-Ricquier : « Excepta Insula Bona « cum pertinentiis suis et terra de Alisiaco « cum pertinenciis suis. » Le mariage de Philippe Hurepel avec Mathilde de Boulogne, qui avait été l'objet de conventions dès le mois d'août 1201, époque à laquelle le futur époux était encore au berceau, eut lieu en 1216.

Dans une charte de Louis VIII, donnée en 1223 en faveur de son frère naturel, Philippe Hurepel, mari de Mathilde de Boulogne, on trouve ce passage : « Item « donamus dicto comiti fratri nostro et « heredibus suis, de uxore sua desponsata, « terram quam comes Renaldus habebat « in Caleto et terram de Alisiaco et ter-« ram Insulæ Bonæ, in feodis, domaniis « et boscis, sicut comes Renaldus fuit te-« nens ex eis; et in istis prædictis terris « habebunt prædictus comes et heredes sui « magnam justitiam, quæ vocatur placi-« tum ensis. » (Brussel, Usage des Fiefs, t. Ier, p. 444.) Philippe Hurepel mourut au tournoi de Corbie, en 1233. Mathilde réclama « totam terram quam habebat pater « suus comes Renaldus in Caleto et apud « Alisiacum ». Mathilde ne réussit pas au sujet de la terre d'Alisai, parce que Philippe, son mari, devenu comte de Boulogne, l'avait donnée à Robert, comte de Dreux; mais saint Louis lui accorda, en mai 1235, la moitié de tous les revenus des terres données par son père Renaud dans le pays de Caux. (Cartul. norm., nos 425 et 426.) Mathilde se remaria, en 1235, avec Alphonse, depuis roi de Portugal IIIe du nom, qui la répudia par la suite. Elle survécut à sa fille Jeanne, comtesse de Clermont et d'Aumale, accordée en décembre 1236 avec Gautier de Châtillon, mariée en 1241, et morte sans lignée en 1251. Dans son testament, Jeanne lègue à sa mère « totum et integrum placitum « gladii » qu'elle avait par droit héréditaire « eciam apud Alysi ». (Cartul. norm., no 497. Voy. encore 1455 et 1456.) Mathilde ne termina ses jours qu'après le 9 octobre 1261 et avant le mois de mai de l'année suivante.

Au mois de novembre 1258, Mathilde céda le patronage de l'église d'Alisai à l'archevêque de Rouen. Cette cession est constatée dans le pouillé d'Eudes Rigaud. « Aliziacum : comitissa Bononie patrona. « Valet L. libras; vicus parrochiani. Matheus « presbiter qui nunc est fuit presentatus « a domino rege, qui tunc tenebat terram « in manu sua, et receptus a domino P. « Mathildis comitissa Bononie contulit ar-« chiepiscopo Odoni Rigaud jus patrona-« tus ipsius ecclesiæ, ipsi et ejus suc-« cessoribus perpetuo possidendum. » En 1354, le seigneur de Rouville présenta à la cure; l'archevêque n'ayant point voulu admettre la présentation, l'affaire fut mise en arbitrage et jugée en 1358 en faveur du prélat.

Nous avons vu que le manoir d'Alisai, au XIIIe siècle, était placé à Rouville; que les seigneurs de Rouville cherchèrent à reprendre à l'archevêque de Rouen la présentation à la cure. Depuis le jugement arbitral de 1358, deux chapelles furent dédiées, l'une à saint Antoine, l'autre à saint Pierre, sur le territoire d'Alisai. Toutes deux, selon le pouillé du XVIIIe siècle, étaient à la présentation des seigneurs de Rouville.

Les lieux dits sont : Rouville, la Maison-Rouge et le Solitaire.

Cf. Toussaint Duplessis, t. II, p. 278, 332 et 409.

AMBENAI.

Arrond. d'Évreux. — Canton de Rugles.
Sur la Risle.

Patr. *S. Martin.* — Prés. *l'abbé de Lire.*

Nous ne connaissons point en France de lieu qui porte un nom ressemblant à celui-ci. Nous pensons que ce nom doit être d'origine gallo-romaine, et que sa forme primitive devait être AMBENIACUS, domaine, propriété d'un personnage nommé AMBENIUS. Il a été trouvé à Ambenai, dans l'été de 1834, une preuve incontestable de la présence des Romains sur le territoire de cette commune dès le siècle d'Auguste. Nous voulons parler de la découverte faite à cette époque par le sieur Godefroi, maréchal ferrant, en bêchant son jardin, d'une collection de 196 médailles d'or, d'une magnifique conservation et appartenant toutes à la fin de la République ou à la première année du règne d'Auguste. Nous n'entrerons pas dans la description de ce précieux trésor numismatique, sur lequel une notice détaillée a été publiée par le propriétaire de la plus grande partie des pièces qui le composaient, M. le marquis de la Grange (1). Nous nous contenterons de citer comme en faisant partie l'unique type connu d'Octavie, sœur d'Auguste et femme de Marc-Antoine.

Le vocable de saint Martin indique que la paroisse est d'une origine fort ancienne et probablement mérovingienne.

Dans une charte de Robert, comte de Leicester et fils de la comtesse Pétronille, relative à Notre-Dame-du-Lesme, on trouve : « Et per hayam AMBENAII ducatur « bladum suum.

« Sciant presentes et futuri quod ego « Albereia de QUESNAIO et Joannes Erart, « filius meus, dedimus et concessimus et « hac presenti charta confirmavimus Her-« berto CROC, pro servitio suo et homma-« gio, omne illud integre quod habeba-« mus in magno prato de l'AUBE, situm « juxta exclusam molendini eremitarum « de Deserto, videlicet quintam partem « totius prati illius, tenendum jure here-« ditario per unam unciam piperis, an-« nuatim nobis vel heredibus nostris ad « festum Beati Joannis Baptistæ redden-« dam. Per istum vero redditum conces-« simus prædicto Herberto et heredibus « suis tenere prædictum pratum bene et « in pace, quiete et libere ab omnibus ser-« vitiis suis et ab omnibus prorsus exactio-« nibus, nobis vel heredibus nostris per-« tinentibus, exceptis rk leviis, et exceptis « tribus auxiliis feodalibus ad usus Nor-« manniæ. Pro hac autem donatione dedit « nobis prædictus Herbertus, Albereiæ sci-« licet et Joanni communiter, x. libras tu-« ronensium. Et si aliquo casu contigerit « quod ego Albereia et Joannes, filius « meus, vel heredes nostri prædicto Her-« berto vel heredibus suis prædictum pra-« tum garantizare non poterimus, in alio « feodo nostro ad valorem amissorum eis « competenter excambiemus. Sciendum est « iterum quod ego Girardus de AUVERNAYO, « miles, et capitalis dominus feodi illius in « quo pratum prædictum situm est, con-« cessi et benigne volui donationem istam, « et, pro concessione mea benigne et sine « impedimento habenda, dedit mihi Her-« bertus Croc xx. solidos turonensium. Ut « autem hæc omnia prædicta rata et sta-« bilia in perpetuum teneantur, ego præ-« dicta Albereia, et ego Joannes Erart, et « ego Girardus de AUVERNAYO, hoc præsens « scriptum sigillorum nostrorum apposi-« tione roboravimus. Actum coram homi-« nibus de parochia Sancti Martini de AM-« BENAYO, anno gratiæ M° CC° XL° VII°. »

Dans une charte de Colin, seigneur du Val, en faveur du prieuré de Notre-Dame-du-Lesme, sous la date du mois de septembre 1276, et dont nous transcrirons le reste à l'article de Neaufle-sur-Risle, nous lisons le passage suivant, qui concerne une propriété située à Ambenai : « Dedi « etiam et concessi prædictis fratribus « xxii. denarios annui redditus, quos per-« cipiebam singulis annis, ad nativitatem « Beati Joannis Baptistæ, de Alexandro « dicto Lecointre, super una pecia prati « quam de me tenebat dictus Alexander, « in parochia Sancti Martini de AMBENAYO. »

Il existe dans les archives de l'abbaye de Lire un grand nombre d'autres documents où l'on voit figurer Ambenai. Nous en citerons les passages suivants, utiles à l'histoire de la topographie de cette commune au moyen âge :

Dans une charte de 1214, en faveur de Notre-Dame-du-Lesme, où trouve parmi les témoins : « Robert de CHANECOURT » (aujourd'hui Chenecourt), et « Nicolas de LUCAYO » (aujourd'hui Luçai, sur les Baux-de-Breteuil).

Dans une charte de 1234 : Terre située « juxta LONDAM-AU-FRANC » (la Londe-au-Franc, près le hameau de le Long-le-Bois).

En 1242, vente d'un champ : « Qui dicitur Campus DEL FORNIL » par Guillaume LAUFAGE « de Bosco HUGONIS » (aujourd'hui le Boshion).

En 1244, Guillaume Feugue vend aux religieux de Lire une demi-acre de pré dans le voisinage du gué de Transières, « juxta vadum de TRANSIERES, » et sa part de deux vergées entre le moulin ARMET et le pré de VALET. Il est parlé dans l'acte du « pré aux AUFAGES », aujourd'hui les Barberons (?).

En 1247 : « Molendinum fratrum de De-« serto apud OSERIOS » (aujourd'hui les Saules). — « Pratum de TRONC » (au nord du Boshion).

La même année, donation à l'abbaye de Lire par Nicolas CROC, chapelain de l'église de Notre-Dame « de RUGLIS », de : « totum « pratum meum de TRANSIERES quod est « juxta molendinum de RATIER » (moulin encore existant).

En 1248, donation à la même abbaye, par le même, d'une demi-acre de pré située au même lieu, et en outre de tout ce qu'il possédait « in magno prato de LAUBE, « juxta exclusam molendini de Deserto... » le tout en pure et perpétuelle aumône,

---

(1) Notice sur 196 médailles romaines en or, trouvées pendant l'été de 1834 à Ambenai, canton de Rugles, département de l'Eure, par Edouard de la Grange. Paris, chez Lecointe et Heideloff. Verneuil, chez Bougrel. Octobre MDCCCXXXIV.

sauf la redevance d'une once de poivre aux héritiers du Chesnei et un chapon à Nicolas de Balines.

La même année : « Foubertus de BESENCORT » (ancien fief sur Rugles) ; « feodum de CHESNEI » (dans la forêt de Breteuil).

En 1257, Raoul Thiberge donna à l'abbaye de Lire une rente sur son pré de LESCLUSE, « quod est situm inter feodum ESCUREUL (à Rugles) et feodum CRESPIN, » et deux pièces de terre, situées l'une près de la mare « quæ vocatur SIRE », et l'autre près de la croix d'Ambenai.

En 1272, Alicie, fille de Robert Girard, chevalier, et veuve de Robert d'Abernon (Abenon près Orbec), vendit à l'abbaye de Lire un pré : « in loco qui dicitur TRANSIERES, juxta pratum Radulphi de VALETO. »

En 1276, « dominus Johannes de BAYLLI » (Bailli), le pré aux MOUREAUS.

En 1277, « dominus Johannes de BAALLE (Bailli), miles » : pré qui aboutit « ad RUILLAN » (probablement la Risle).

En 1279, Guillaume Bernard vendit : « quoddam herbergamentum situm apud LES CEAULES. »

En 1280, « AMBEGNEUM ».

Dans d'autres chartes du XIIIe siècle, sans date :

Guillaume Cokerel donne quatre acres de terre, situées « apud BOSCUM HUGONIS », qu'il tenait de Guillaume de OCHE. Le nom de celui-ci est écrit ailleurs OUCHE. Cette terre dépendait du franc fief du BOSCHUON, aujourd'hui le hameau du Boshion. En 1664 on écrivait BOHION. En 1662, Étienne de BAUDOT, écuyer, en était seigneur. Il y avait alors un chemin tendant des Noes du BOHION à GLATIGNY, ferme de la commune d'Ambenai. Villages des SEAULES, de la FLEURIÈRE, le GACÉ, la RUE AUX BANNES, Champs FAILLIS ou FALLIS (portion du Gacé).

Herbert « de MESSAIO » (Messai, hameau de Rugles) donna à Lire deux acres de pré « in MAGNIS TRANSERIIS ». Il confirma en même temps la donation de Robert « de BOOLEYO (fief sur Rugles) in mo'endino « de AMBENAY ». Témoins : ce même Robert de BOOLEYO, Raoul de GISAI, Guillaume de BARRA (la Barre), Ernaud de BEAUMES (Beaumais, hameau de Mantelon), Robert de LACELE (la Selle), Guillaume de MORT A AOUA (la Morteau, hameau de Rugles) ; Raoul de Messai ; Guillaume de HUCHA ; Gislebert de Messa (probablement Messai) ; Robert, chapelain de BOTEREAUS (les Bottereaux).

Robert de BOOLEYO donna à Lire tout ce qu'il possédait dans le moulin de AMBENAY, « scilicet medietatem totius molturæ adventantium, » et confirma ce don « per « positionem texti (le livre des Évangiles)

« super majus altare ». Parmi les témoins on remarque Herbert de LUSZAY (Luçai), et Robert de BROILO.

En 1567, il y avait sur cette commune une sente tendant de Rugles aux BOULLÉS (fief sur Rugles).

Les hameaux d'AMBENAI sont fort nombreux. Nous citerons : — l'Anglebois (lisez le Long-le-Bois) ; — Bailli (ce nom remonte à la langue celtique, où il signifie une avenue, une plantation d'arbres de haut jet) ; — la Bonneville ; — la Bourne (borne) ; — le Boshion (Boscus Hugonis) ; — les Bottereaux (les crapauds, la crapaudière, du vieux français Boteral) ; — le Bout-du-Bois ; — le Buisson (Buxetum) ; — Chenecourt (nous venons de voir qu'en 1244 on écrivait Chanecourt) ; — le Cornet (le petit-coin) ; — le Courant ; — le Culoron ; — la Fleurière ; — le Gant ; — l'Hermite ; — les Mardelles ; — les Marses (saules Marceaux) ; — Maurepas (peut-être faut-il lire Maupas : Malus Passus) ; — la Métairie (au moyen âge toute cette partie du département était cultivée par des métayers) ; — la Noe (on appelle ainsi dans une grande partie du département les hauts prés) ; — la Poterie ; — les Renardières (ce nom ne doit pas être très-ancien : à une époque plus reculée on aurait employé le synonyme : Goupillières) ; — la Roche ; — Roger ; — les Siaules (nous venons de voir au moyen âge ce nom écrit OSERII et LES CEAULES) ; — Transières (ce mot désigne visiblement un gué ; il y avait à Ambenai, comme nous l'avons vu, les grandes et les petites Transières) ; — le Vivier.

AMÉCOURT.

Arrond. des Andelis. — Cant. de Gisors.
Sur l'Epte.

Patr. S. Hélier. — Prés. le seigneur.

Nous aurons fort peu de chose à dire sur ce lieu.

Le vocable de son église, Saint-Hélier, et non pas Saint-Hilaire, comme l'indique Toussaint Duplessis, annonce une origine fort ancienne. On sait que saint Hélier était un disciple de saint Marcouf, qui habita l'île de Jersey, au VIe siècle.

Dans le pouillé d'Eudes Rigaud on lit :
« Ecclesia Sancti Helerii de AMERIA.
« Valet XVIII libras turonensium ; parro-
« chiani LX. »

Le titulaire avait été présenté par le seigneur Guillaume Pelet.

Dans le pouillé de Raoul Roussel ce nom est écrit : AMECOUAR.

Suivant Toussaint Duplessis, les anciens titres porteraient : « AMERCOURT, Audomari curtis. » On connaît Amerbois et Amerval.

Il y a un Montamat et un Montamet. « Mons Amatus. » (Martyr. univ.)

Dans le département de la Manche il existe un lieu nommé le Mesnil-Aimé, « Mesnillum Amatum ».

Nous pensons qu'il faut interpréter ce nom par AMATI CURTIS, cour, enclos, masure d'Aimé.

Les hameaux de cette commune sont : — le Bout-de-Bas ; — Guerquesale : c'est le nom d'une commune voisine de Vimoutier (au XIIᵉ siècle : GANGASALA) ; — les Renardières ; — les Sièges.

AMFREVILLE-LA-CAMPAGNE.

Arrond. de Louviers. — Cant. d'Amfreville.

Patr. Notre-Dame. — Prés. le seigneur.

Il existe huit communes de ce nom, toutes situées en Normandie.

L'étymologie en est bien simple : c'est *Amfridi villa, Ansfridi villa, Hamfredi villa*. Ce nom d'Amfroi, Ansfroi ou Onfroi est d'origine scandinave.

On a dit en français *Onfreville* et *Umfraville*.

Orderic Vital, en parlant de Robert de Rhuddlan, dit que son père Amfroi était lui-même fils d'un autre Amfroi, d'origine scandinave : « de progenie Dacorum. »

Le nom Anfrie est encore commun en Normandie comme nom de famille.

Ce n'est qu'à une époque très-récente qu'on a fini par écrire *la Campagne* au lieu de *la Champagne* ou *la Champaigne*, dénomination commune à plusieurs autres villages de la plaine du Neubourg, appelée par d'anciens auteurs la Champagne normande.

Amfreville paraît avoir été compris dans les nombreux domaines donnés par Rollon à Mahulse, son oncle. Cette terre était toujours restée depuis dans la mouvance de Conches. A-t-elle appartenu aux Umfrevile qui ont possédé en Écosse le comté d'Angus et dont le nom figure plusieurs fois dans le *Monasticon anglicanum* ?

En 1091, par une charte très-solennelle, Gernagois et sa femme Aubrée donnèrent à l'abbaye de la Trinité-du-Mont la dîme d'un lieu nommé Amfreville : « ANSFREDI VILLA, » dont Raoul de Conches était seigneur suzerain. Nous sommes porté à croire que c'était celui-ci, où cette abbaye acquit par la suite un prieuré, comme on le verra ci-dessous.

Robert et Guillaume d'Amfreville, fils de Gernagois, paraissent lui avoir succédé.

Vers le milieu du XIIIᵉ siècle messire Guillaume d'Ussi, chevalier, était seigneur d'Amfreville : Guillaume d'Uyssy « Willelmus de Usseyo, miles, dominus de AMFREVILLA IN CAMPANIA » (1263).

En 1290, Philippe d'Ussy, écuyer ; il existait encore en 1312, et même en 1318.

En 1318, Jehan d'Uyssy, écuyer.

Ce seigneur vendit sa terre d'Amfreville à Robert de Tournebu, chevalier, qui la posséda longtemps.

Elle passa ensuite par acquisition à Compagnon de Gauville, puis par succession à messire Charles de Gauville.

Vers la fin du XIVᵉ siècle, la seigneurie appartenait à Gilles Le Goupil, maître ès arts, licencié ès lois, qui fut relevé en 1408 d'un défaut d'aveu et dénombrement en la chambre des comptes de Paris.

Un second Gilles Le Goupil fit aveu en 1454 avec témoignage de Pierre de Tournebu, seigneur de la Vacherie. En mars 1469, il fut compté parmi les défaillants à la monstre de la noblesse à Beaumont le Roger.

Son fils, dont nous n'avons pas le nom de baptême, rendait aveu et dénombrement en la chambre des comptes de Paris le 4 mai 1484. Un membre de la famille était échevin de Rouen en 1511.

Vient ensuite Guillaume Le Goupil, qui rendit hommage au roi en 1498 et fit établir deux foires en 1517. Françoise Luillier, sa femme, était veuve en 1524. Leur fils Charles obtint des *lettres d'âge* du roi le 8 mars 1532. On a des actes de lui datés de 1550. Deux ans après, le 6 septembre, Henri II donnait à sa veuve Isabeau de Croixmare et à Jean Le Goupil, son frère, la garde noble de leurs filles et nièces Françoise et Marie Le Goupil. Françoise eut le domaine de Bretigny ; la terre et seigneurie d'Amfreville échut en partage à Marie, qui épousa Jean de la Haye, seigneur de Chanteloup, dans la campagne de Saint-André.

Philippe, leur fils, avait succédé à sa mère avant 1539 ; il est qualifié dans plusieurs aveux chevalier seigneur et patron d'Amfreville-la-Champagne, Saint-Antoine-d'Iville, Auvergni, Sotteville-sous-le-Val, Saint-Amand-des-Hautes-Terres en partie, chevalier de l'ordre du roi. Il mourut vers la fin de 1630, laissant de sa femme, Prudence de Canouville, une fille unique : Prudence de la Haye-Chanteloup, qui épousa Charles de Tilly, gentilhomme de Monsieur frère du roi, marquis de Blaru, gouverneur de Vernon. Elle mourut sans postérité.

Dès 1641, Amfreville était échu en ligne collatérale à François de Fontaine-Martel, chevalier, conseiller du roi en son conseil d'État, qui avait hérité aussi de la forêt de Bretigny. Parmi ses titres on remarquait ceux de baron d'Arcy et de comte de Clères.

Par acte du 19 juin 1655, ce nouveau seigneur vendit la terre et seigneurie d'Amfreville-la-Champagne, plein fief de haubert, mouvant et relevant de la châtellerie de Conches, à messire Charles Puchot, écuyer, sieur du Plessis, seigneur de Bois-Nouvel, conseiller au parlement de Normandie.

En 1703, Georges Puchot du Plessis avait succédé à son père, mort doyen des conseillers au parlement. Le 19 février 1708, il rendait hommage au duc de Bouillon, et le 27 juin 1717, lui et Catherine Michel, sa femme, fondaient à Amfreville et dotaient, de 110 livres de rente une école de filles qui devait être tenue par une dame de l'institut de feu le R. P. Barré, définiteur de l'ordre des Minimes, établi à Rouen.

Georges Puchot mourut sans postérité, en 1729, laissant pour héritier son neveu Charles-Georges Puchot, chevalier, seigneur du Plessis et d'Agranville, qui ne conserva que douze ans la seigneurie d'Amfreville.

Par acte du 29 mai 1741 il la vendait à Bénigne-Étienne-François Poret, chevalier, seigneur de Boissemont, seigneur et patron de Boudeville et de Vattetot, alors conseiller au parlement de Normandie, quelques années plus tard procureur général près la chambre des comptes, aides et finances de cette province.

M. de Boissemont améliora beaucoup cette propriété. En 1763 il fit construire un nouveau château.

M. de Boissemont mourut à Paris le 10 février 1775, laissant de son mariage avec Louise-Marie de Blosseville un fils unique, Bénigne, successivement, comme lui, conseiller au parlement et procureur général, appelé à relever par substitution le nom de Blosseville.

Le domaine d'Amfreville-la-Campagne appartient encore à sa postérité.

La terre d'Amfreville formait un plein fief de haubert. Entre autres droits attachés à ce fief était celui dont nous avons parlé de deux foires et d'un marché. Le marché se tenait le vendredi ; les foires le 9 mai, jour de Saint-Nicolas, et le 10 octobre, fête de Saint-Luc.

Les plaids et gages plèges se tenaient au manoir seigneurial.

Par dérogation toute particulière à la Coutume, les enfants avaient tous part égale à son héritage, sauf le manoir qui devait rester à l'aîné.

Les redevances seigneuriales étaient nombreuses. Une seule offre quelque singularité : chaque vassal était tenu le jour de son mariage de présenter pour le dîner du seigneur un plat de viande, deux pains et deux pots de boisson de la qualité de celle qui se buvait à la noce. Les ménétriers de la fête devaient accompagner les porteurs de cette redevance, et jouer de leur instrument devant le seigneur.

Il existait à Amfreville un prieuré de Saint-Aubin-des-Fresnes, dépendant de la Trinité-du-Mont-de-Sainte-Catherine.

Le *Cartularium Sancti Albini de Fraxinis* remonte à 1203 ; il est conservé aux archives de l'Eure.

Le 23 mars 1722 le prieuré fut attribué à l'abbaye de Saint-Julien de Rouen. Il devait quelques redevances au seigneur d'Amfreville, et il exerçait lui-même certains droits seigneuriaux.

La chapelle a été convertie en grange.

Deux charniers, contenant un assez grand nombre d'ossements humains, ont été découverts dans la cour du prieuré.

Les souvenirs populaires signalent aujourd'hui encore l'an 1317 comme ayant été fatal à Amfreville.

La tradition locale veut que l'église ait été brûlée en grande partie dans les guerres avec les Anglais. La tour du clocher, le portail et une faible portion de la nef semblent appartenir au xiiie siècle ; le reste est sans caractère.

L'abbaye de la Trinité-du-Mont-de-Sainte-Catherine recueillait moitié des dîmes.

La croix du cimetière est fort ancienne.

La charité d'Amfreville, autorisée par l'évêque Claude de Sainctes, a été érigée par bulle de Sixte-Quint du 15 juin 1587 ; Urbain VIII lui a accordé des indulgences particulières.

A l'époque de la révocation de l'édit de Nantes, il y avait à Amfreville plusieurs familles protestantes.

Le fief d'Auvergni, quart de haubert, relevait du baron du Neubourg ; il avait été démembré de la seigneurie de Saint-Amand, en 1386, par donation de Guillaume Landry à Jeanne Landry, sa sœur, qui épousait Louis de Tournebu. Il advint héréditairement, en 1452, à Simon Pattey, qui en prit le nom.

Le 15 septembre 1455 les vassaux du fief d'Auvergni furent condamnés au bailliage de Beaumont pour n'avoir pas fait le guet qu'ils devaient en temps d'hostilité.

Ce droit de suzeraineté fut reconnu encore le 11 octobre 1489.

Les hameaux d'Amfreville sont : — le Bosc-Harel (on prononce ordinairement Beauharel ; quelques anciens titres disent Bihorel) ; — Saint-Aubin-des-Fresnes ; — Inglemare (*Iglemara*).

Nous y pouvons signaler les triéges suivants :

Les Quatre-Fosses : « versus quatuor fossas » (acte de 1312) ; — « apud IV. Fossas » (1317) ;

La Mare-Couture : « Mara culturæ ; » vente par Simon de Caillouel à Jean d'Aillet, *de* AILLETO [hameau d'Épégard] (1317) ;

La Croix-Crespin : « ad Crucem Crispini « juxta viam Sancti Albini » (1316) ;

Londes : « Cultura Sancti Albini de « Fraxinis quæ dicitur Londes » (1309). Famille Assire ; même année ;

La Mare-Languete : « Mara Longueta » (1347) ;

Le Buisson ou Bisson : « versus Bissonem » (1747) ;

Iglemare, aujourd'hui Inglemare, et les Haies-des-Charpentiers : « via quæ vadit « de Iglemara ad Hayas Carpentariorum » (1316) ;

Les Deux-Acres : « ad duas Acras » (1348) ;

Le Camp-aux-Coulons (1410) ;
La Fosse-Helot (1443) ;
Le Quennet (1443) ;
Le Moulin-de-Quar-Sossi [sic] (1390) ;
Les Fourets-au-Houlier (1437).
La Croix-aux-Enoult.
La Croix-aux-Chevaliers.

Et à des époques plus récentes :
La Piquerie ; — la Rue-Vautier ; — la Couture-Malis ; — Fourquevoie (point où des chemins se bifurquent) ; — les Perelles, lieu planté de poiriers ou abondant en pierres.

Il paraît y avoir existé aussi un lieu nommé *Montmanoir*, ou au moins une famille qui portait ce nom. Acte de 1346, Richard, André et Gervais *de Monte Manerii*.

Dans les guerres de la Ligue et de la Fronde il y eut plusieurs combats entre Amfreville et le Troncq.

Des hachettes gauloises et des débris de meules en poudingue ont été trouvés sur ce territoire, ainsi que des pièces d'or du Haut-Empire, et des monnaies d'or et d'argent de Henri V et de Henri VI d'Angleterre, de Louis XII, de Charles IX et de Henri IV.

Les plus anciens actes connus du tabellionnage d'Amfreville-la-Champaigne remontent à 1493. En 1677 le titre de notaire commence à apparaître. En 1698 l'office de ce notariat appartient propriétairement au comte de Cressi. Quelques années plus tard celui de Thuit-Signol y a été joint, et vers 1770 les notariats d'Amfreville et de la Bouille ont été réunis sur la même tête, malgré l'éloignement des lieux.

De temps immémorial la fête patronale d'Amfreville-la-Campagne se célèbre le mardi de Pâques (1).

AMFREVILLE-LES-CHAMPS.

Arrond. des Andelis. — Cant. de Fleuri-sur-Andelle.

Patr. S. Pierre. — *Prés. le chapitre de Rouen.*

Suivant la tradition consignée dans deux chartes du cartulaire du chapitre de Rouen, cette terre lui fut donnée par Guillaume Longue-Épée, après une victoire remportée sur ses ennemis.

Ces deux documents, qui ne sont que deux versions différentes de la même donation, portent, l'un : — « Et ANFRIDI « VILLAM, cum cunctis tam in aqua quam « in terra earum appenditiis... » — L'autre : « Et in eodem comitatu ANFRIDI VILLAM et « FRIDIS VILLAM, quas Willelmus comes « dedit, triumphatis hostibus victor re-« diens... »

Ces deux actes sont attribués à Robert Ier. Nous pensons que c'est le second qui est le moins suspect.

On peut se demander si dès l'époque de Guillaume Longue-Épée cette terre portait déjà le nom d'un propriétaire normand. Peut-être ne l'a-t-elle pris qu'entre ce prince et son arrière-petit-fils ; mais comment le chapitre de Rouen aurait-il souffert cette atteinte à sa seigneurie ?

Le paragraphe consacré à cette commune dans le pouillé d'Eudes Rigaud est ainsi conçu :

« Ecclesia de AMFREVILLA IN CAMPIS. Ibi « sunt duæ prebendæ Rothomagenses ; « habet LXX. parrochianos ; valet XVIII. li-« bras turonensium. »

Les hameaux de cette commune sont : — le Bosc-Alard ; — les Essarts ; — le Plix (probablement *plexus*, la haie entrelacée) ; — la Tuilerie ; — Vigne-Chopine.

Cf. Toussaint Duplessis, t. II, p. 275.

(1) M. le marquis de Blosseville a bien voulu se joindre à nous pour compléter par de nombreuses notes les recherches de M. Le Prevost sur les communes du canton d'Amfreville. Nous saisissons l'occasion que nous offre la notice d'Amfreville-la-Campagne pour le remercier de son utile collaboration.
(*Note des éditeurs.*)

AMFREVILLE-SOUS-LES-MONTS.

Arrond. des Andelys. — Cant. de Fleuri-sur-Andelle

Patr. S. Michel. — Prés. le prieur des Deux-Amants.

La première mention que nous connaissions de cette commune se rencontre dans la charte de confirmation du prieuré des Deux-Amants, situé sur son territoire. Voici ce que nous lisons dans ce document, émané de l'archevêque Gautier de Coutances, en juillet 1207 :

« Videlicet Montem qui dicitur Duorum
« Amantium, cum nemore et terris eidem
« monti adjacentibus, quas arabiles labore
« manuum vestrarum fecistis. Molendinum
« quoque de CANTULUPO, cum omnibus per-
« tinentiis suis, et redecimam Rogerii de
« RATAPAN (ou RATEPAN) apud eamdem vil-
« lam. Insulam etiam de Tractu et pisca-
« tionem prædicti molendini. Feodum
« etiam Asci de HAMELLO. Duos vavassores,
« scilicet Radulfum Ansgerii et Radulfum
« filium Durandi, qui vobis servitium equi-
« tale debent, vel viginti solidos annua-
« tim. Duos solidos de mansione Guillelmi
« de CANTULUPO. Decimam etiam pratorum
« Guillelmi dicti de CANTULUPO, et boscum
« sicut via dividit illud versus ANDELLAM,
« et mansionem granchiarum vestrarum,
« quæ est in altera parte nemoris.

« Ex dono Hugonis Longi-Ensis, redeci-
« mam IV. acrarum terræ apud ANFREDI
« VILLAM. Ex dono Willelmi de OGERVILLA,
« redecimam terræ suæ de CANTULUPO.
« Ex dono Nicolai de PLESSEIO, duos soli-
« dos in masura HOLDAM. »

Le patronage de l'église paroissiale n'est point mentionné dans cette charte, mais nous le trouvons plus clairement exprimé dans le pouillé d'Eudes Rigaud, qui n'est postérieur que d'un assez petit nombre d'années ; cependant des doutes s'élevaient encore sur la validité des droits du prieur.

« Ecclesia Sancti Michielis (sic) de AM-
« FREVILLA. Deservit ibi prior Duorum
« Amantium ; percipit totum et habet LX.
« parrochianos ; nescitur si [debet] hoc de
« jure facere vel non. »

On sait que le nom du prieuré des Deux-Amants a donné lieu à un grand nombre de conjectures et de récits contradictoires. Il paraît que les traditions relatives à ce nom remontent très-haut. Marie de France, qui vivait vers le milieu du XIII° siècle, y a puisé le sujet de l'un de ses plus gracieux lais, et affirme à deux reprises n'avoir fait que reproduire d'anciennes poésies bretonnes. Nous regrettons de ne pouvoir intercaler ici les deux cent quarante-deux vers qu'elle a consacrés à cette touchante aventure. Comme elle y fait figurer un roi des Pistriens, il est clair que l'origine de son récit est postérieure à Charles le Chauve, duquel date l'illustration de Pitres. Nous sommes donc obligés de chercher l'époque du lai primitif, entre le IX° et le XIII° siècle. Or, trop de calamités pesaient sur les populations françaises et bretonnes avant l'an 1000 pour leur inspirer le désir de chanter, et d'un autre côté le XII° siècle est bien près du XIII°. Nous pensons donc que c'est au XI° siècle qu'on doit rapporter le poëme breton. La mention qu'on y fait de l'école de Salerne conduit d'ailleurs à cette époque, dans le courant de laquelle les conquêtes des Normands en Italie avaient mis Salerne en grand renom.

Les hameaux d'AMFREVILLE-SOUS-LES-MONTS sont : — Cantelon (*Cantus Lupi*, le canton du loup) ; — les Deux-Amants ; — le Plessis (enclos formé d'une haie à branches entrelacées) ; — le Valamai ; — le Valpitant.

On sait que le coteau des Deux-Amants est l'un des talus les plus escarpés des bords de la Seine, et que de son sommet on jouit d'une vue immense sur les bassins de la Seine, de l'Eure et de l'Andelle. Le *Viola Rothomagensis* croît à sa base et le *Phyteuma Orbicularis*, ou herbe d'amour, le long de ses flancs.

Cf. Toussaint Duplessis, t. II, p. 408.

AMFREVILLE-SUR-ITON.

Arrond. de Louviers. — Cant. de Louviers.

Patr. Notre-Dame. — Prés. le seigneur du lieu.

Nous ne connaissons aucun document ou récit dans lequel figure anciennement cette commune.

Mais l'histoire des seigneurs au XV° siècle présente un véritable intérêt. Pierre d'Amfreville, chambellan du roi, se signala à la journée d'Azincourt (25 octobre 1415). Il disparut à la suite de cette funeste bataille. Probablement les Anglais l'avaient fait prisonnier. Le vicomte de Pont-de-l'Arche saisit alors le fief d'Amfreville, sous prétexte que maître Jean d'Amfreville, frère et héritier de Pierre, n'en avait pas payé le relief. Le 8 avril 1416 (nouveau style), Charles VI écrivit au vicomte pour lui annoncer que, dans l'incertitude où l'on était sur le sort de Pierre d'Amfreville, il avait accordé à Jean un répit de six mois pour payer le relief qui lui était demandé. Si, dans ce délai, la nouvelle de la mort de Pierre venait à se confirmer, l'héritier devait avoir un mois pour se mettre en règle vis-à-vis des officiers royaux. La lettre du roi, qui est conservée en original à la Bibliothèque impériale (cabinet des titres, dossier *Amfreville*), mérite d'être textuellement rapportée :

« Charles, par la grace de Dieu roy de
« France, à noz amez et feaulx les com-
« missaires sur le fait de noz finances et
« au viconte du Pont de l'Arche ou à son
« lieutenant, salut et dillection. Receu
« avons l'umble supplicacion de maistre
« Jehan d'Anfreville, frère et héritier de
« nostre amé et féal chevallier et cham-
« bellan Pierre, seigneur d'Anfreville,
« contenant comme son dit frère, pour
« nous servir, ait esté en la bataille qui
« nagaires a esté faicte ès parties de Pi-
« cardie contre les Engloys, noz ennemis
« et adversaires, de laquelle il ne retourna
« puis, et combien qu'il soit plus certaines
« nouvelles de sa vie que de sa mort,
« neantmoins toy viconte as mis ou fait
« mettre en nostre main le fief et terre
« d'Anfreville, tenue de nous, par deffaulte
« de non avoir paié le relief et autres de-
« niers, qui est ou grant grief prejudice
« et domage du dit suppliant et de son
« dit frère si comme il le dit, requerant que
« sur ce lui vueillons pourveir de nostre
« gracieulx et convenable remede. Pour
« ce est il que nous, ces choses considé-
« rées et pour certaines autres causes a
« ce nous mouvans, à icellui suppliant
« avons donné et donnons de grace espe-
« cial, par ces presentes, terme et respit
« de paier les drois et devoirs qui pour ce
« nous pourroient estre deuz jusques à
« demi an prouchain venant, se plus tost
« n'est certifié de la mort de son dit frère,
« ouquel cas nous lui donnons terme de
« faire et accomplir les choses dessus
« dictes jusques a un moys après qu'il en
« sera certifié. Si vous mandons et à cha-
« cun de vous si comme à lui appartien-
« dra que de nostre presente grace, terme,
« respit et delay vous faictes, souffrez et
« laissiez le dit suppliant joir et user plai-
« nement et paisiblement le dit temps du-
« rant sans luy faire ne souffrir estre fait
« aucun destourbier ou empeschement au
« contraire. Aincois nostre main mise et
« apposée aus dis fief et terre pour la
« cause dessus dicte levez et ostez ou
« faictes lever et oster et mectre à pleine
« délivrance. Car ainsi nous plaist il estre

« fait. Non obstant ordonnance, mande-
« ment ou deffense à ce contraires. Donné
« à Paris, le viiie jour d'avril l'an de grace
« mil iiic et quinze, et de nostre règne le
« xxxvie.
« Par le roy, mess. Regnault Dangein,
« le confesseur, maistre Nicolas Fraillon
« et autres presens : H. DE LA TEILLAYE. »

Pierre d'Amfreville n'était pas mort sur le champ de bataille d'Azincourt. Après la conquête de la Normandie par Henri V, il parait s'être soumis, au moins momentanément, à la domination anglaise, mais au fond du cœur il était resté fidèle à ses anciens maîtres. Dès qu'une occasion se présenta, il reprit les armes : il fut l'un des Français qui défendirent courageusement la ville de Louviers et tinrent en échec sur ce point les forces de l'étranger.

Pierre d'Amfreville fut puni de cette conduite par la confiscation de ses biens. Le fief d'Amfreville fut donné à Pierre Poolin, écuyer, bailli de Harcourt. Mais ce seigneur ne jouit guère du domaine que le roi d'Angleterre lui avait concédé. L'épidémie avait enlevé la plupart des tenanciers ; beaucoup d'autres avaient pris la fuite, et le pays était si agité que les gens du nouveau seigneur n'osaient pas aller prendre possession du fief. Ces tristes circonstances nous sont révélées par une lettre de Henri VI, en date du 7 janvier 1432 (n. s.). Nous en copierons la partie la plus curieuse d'après un *vidimus* contemporain. (Cabinet des titres, dossier *Amfreville*).

« Henry, par la grâce de Dieu roy de
« France et d'Angleterre, à noz amez et
« feaulx gens de nos comptes et les tre-
« soriers et generalx gouverneurs de toutes
« nos finances tant en France que en Nor-
« mendie, aux bailli de Rouen et viconte
« du Pont de l'Arche et à tous nos autres
« justiciers et officiers ou à leurs lieute-
« nans, salut et dileccion. Oye avons
« l'umble suplication de nostre amé Pierre
« Poolin, escuier, seigneur de Poóville,
« d'Anfreville et bailli de Harecourt, con-
« tenant comme à lui compecte et appar-
« tiengne le fief, terre et seigneurie d'An-
« freville sur Yton, dont par nos ordon-
« nances il soit tenu faire prisée pour ce
« que son don qu'il a d'icelle est en cer-
« taine valleur contenue en ses lettres de
« don sur ce faictes ; neantmoins il n'a
« peu faire sa dicte prisée, obstant l'occu-
« pacion des guerres et mesmement pour
« l'occupacion que ont longuement faicte
« noz ennemis et adversaires de la ville
« de Loviers, lesquelz, par especial Pierre
« d'Anffreville, qui s'est tenu en la dicte

« ville de Loviers, et lequel s'est pendent
« le dit temps dit seigneur de la dicte ville
« et après s'en est allé avec eulx, non
« obstant qu'il eust demouré l'espace de
« dix ans, ou environ, en nostre obeis-
« sance, ait eu et receu tout ce qu'il en a
« peu avoir et recevoir, et non obstant
« aussi que les hommes et subgiez en la
« plus grant partie soient trespassez par
« l'epidémie qui y a eu très-grant cours,
« et les autres absentez par le dit fait des
« guerres, et combien que encore n'ait
« nul sceurattez pour aller au dit lieu pour
« faire la dicte prisée, ledit suppliant
« doubte que vous ou aucuns de vous le
« vueilliez contraindre à icelle faire........
« ......Donné à Rouen, le septième jour
« de janvier, l'an de grace mil cccc et
« trente et ung, et de nostre regne le
« dixième. Par le conseil : ADAM. »

Claudin d'Amfreville, écuyer, fils de feu Pierre d'Amfreville, *qui de tout temps avoit tenu le party du roy sens varier*, se fit délivrer les biens de son père, aux assises de Pont-de-l'Arche, le 5 septembre 1454. Ces biens étaient alors en *désolacion, ruine et non valloir*. D'après l'aveu qu'il en rendit l'année suivante, il avait la provision des écoles de sa seigneurie.

Dans un registre provenant de l'évêché d'Évreux, on trouve la liste suivante des seigneurs d'Amfreville :

1484 jusqu'en 1512, Jacques d'Amfreville.

1516-1532, Nicolas d'Amfreville.

En 1540, Robert de Pommereuil, chevalier, seigneur du lieu d'Amfreville-sur-Iton, était premier écuyer d'écurie du roi, capitaine des ville et château du Pont-de-l'Arche, maître enquêteur et réformateur des forêts en Normandie et Picardie.

1555-1563, Françoise d'Amfreville, dame dudit lieu, de Misercí et Champ-Dolent; Catherine d'Amfreville, dame de Huest, d'Apremont et de Brucourt.

1574, le baron du Bec-Thomas et Charles Le Conte de Nonant, héritiers de Catherine d'Amfreville.

1570-1590, Nicolas de Vipart, baron du Bec-Thomas, seigneur du lieu et de Bacquepuis.

1622, Anne de Sabrevoie, baronne du Bec-Thomas, et la veuve de Félix Le Conte de Nonant.

1651, Guillaume Goyot, chevalier.

Amfreville-sur-Iton était un plein fief comprenant toute la paroisse.

Cette commune ne renferme qu'un hameau : la Mare-Hermier, connu par son vin.

ANDÉ.

Arrond. de Louviers. — Cant. de Louviers.

Patr. Notre-Dame. — *Prés. le prieur des Deux-Amants.*

Le nom de cette commune appartient certainement à la langue celtique; mais la signification en est fort obscure. On prétend qu'il faut l'interpréter par le mot : chemin, route. Nous ne connaissons point en France d'autre lieu qui s'appelle ainsi.

On trouve dans des chartes de Louis le Débonnaire : ANDIACUM et AUDIACUM. Une charte de Charlemagne porte la date : « *Actum* ANDIACO. » Il paraît que ces noms sont devenus ANGEAC. On connaît deux ANGEAC, situés l'un et l'autre aux environs de Cognac. Nous devons encore rapprocher d'Andé un lieu autrefois aussi vanté pour ses eaux-de-vie que Cognac l'est aujourd'hui : ANDAYE, dans les Basses-Pyrénées, sur la rive droite de la Bidassoa.

On lit dans le pouillé d'Eudes Rigaud l'article suivant sur Andé : « Ecclesia Beatæ
« Mariæ de ANDE. Prior Duorum Aman-
« tium patronus; habet xxvIII. parochia-
« nos ; valet xv. libras turonensium. »

Dans la charte des Deux-Amants (16 juillet 1207) : « Item ex dono Willelmi
« de MOIES (*Muids*) unam acram terræ, adja-
« centem cimiterio ecclesiæ B. M. de
« ANDEIO. »

« Item ex dono Rogerii de RONCHEROLIS
« (*Roncherolles, hameau de Cuverville*),
« militis, ecclesiam de ANDE, cum jure pa-
« tronatus. »

Dans une charte de Basilie de Glisolles en faveur de la Noe (1189), parmi les témoins : Simon de Ande.

En 1204, Ricardus de Ande donna de la terre à Caugé.

La même année, charte de Roger de Cirreio, dans laquelle Rogerus de Ande sert de témoin.

En 1208, Ysabel, veuve de Roger de Ande, concéda à la Noe « pactionem illam
« quam fecit eis Avicia, filia Droglin, de
« omnibus porcionibus terræ quas habebat
« ipsa inter aquam de Iton et cacumen
« montis versus grangiam eorumdem mo-
« nachorum de Valle Pagani... salvis michi
« et heredibus meis molta et camparto
« prænominatæ terræ. Actum a. ab Inc.
« Dom. m° cc° viii°. Testibus : Willelmo,
« presbitero de Sancto Johanne; Deodato,
« clerico de Bonavilla; Ogero de Belfort,
« Evardo de Nanges, Durando Pivrel,
« Christiano Mobert, Girelmo de Caugeio.
« ✝ Sigillum Ysabel de Asneres. »

En 1229, Symon de Ande intervient dans une donation de rente sur une masure « quæ est de feodo ejus » et la scelle de son sceau (grande fleur de lis fleurie)..... DE ANDE. Parmi les témoins : « Ricardus « de Ande, miles. »

En 1229, Symon, « filius Rogeri de Ande, » aumône une acre de terre à Caugé « in campo de Grua, juxta terram Abe- « linæ. Actum coram parrochia de Cauge, « A. G. M° CC° XX° IX°. Testibus : Radulfo, « sacerdote, et Johanne, persona de Cauge; « Ricardo de Ande, milite; Christiano « Mobert et multis aliis. »

Dans une charte de Mathieu de Caugé, en faveur de la Noe (1229), on voit figurer Symon de Ande, comme codonataire, en qualité de seigneur du fief, et parmi les témoins « Ricardus de Ande, miles ».

On retrouve, en 1234, ce même Richard dans une charte relative au Plessis-Grohan.

En 1238, Ysabel, « quondam uxor Rogerii de Ande, » chevalier, donna, avec le consentement de son fils Symon : « unam peciam terræ sitam apud Gurgitem. »

Dans une charte de l'abbaye de Saint-Sauveur d'Évreux, sous la date de 1244, il est fait mention de *Symon de* ANDE.

En 1246, Symon de Ande donne à la Noe « xx. solidos annui redditus, apud « Mesnillum de Ande, in quadam vavas- « soria quam tenet de me Petrus de Vitot. « Actum coram parrochia de Ande, A. G. « M° CC° XL° VI°, mense novembri. »

En 1267, « Johanna, relicta Symonis de Ande. »

Cette commune ne renferme qu'un hameau : le Mesnil d'Andé, dont le nom s'explique de lui-même.

Cf. Toussaint Duplessis, t. II, p. 408.

ANDELIS (LES).

Arrond. des Andelis. — Cant. des Andelis.

Patr. Notre-Dame au Grand-Andeli;
S.-Sauveur au Petit-Andeli.
Prés. le chapitre de la collégiale.

I.

Le nom de ce lieu est évidemment d'origine celtique, comme le précédent.

Il existe en France un ANDEL (Côtes-du-Nord), un ANDELAIN (Aisne), un ANDELAT (Cantal), trois ANDELOT (Haute-Marne et Jura), un ANDELUT (Seine-et-Oise), un ANDLAU (Bas-Rhin). Tous ces noms sont visiblement identiques avec celui des Andelis; mais nous n'en pouvons indiquer la signification précise.

Il existait au Grand-Andeli, avant la Révolution, un monument druidique. Ce monument était placé près de la célèbre fontaine de Sainte-Clotilde.

La première mention de ce lieu se trouve dans la vie de sainte Clotilde, écrite par un biographe à peu près contemporain : « Fecit (*Chrotildis regina*) et aliud mona- « sterium super fluvium Sequanæ, in loco « qui dicitur ANDELEIUS. »

On lit dans l'histoire de cette sainte (Acta II. Bened. s. II, t. Ier. p. 101 et 102) que, pendant qu'elle faisait travailler au monastère d'Andeli, les ouvriers, épuisés de chaleur et de fatigue, et n'ayant aucune boisson qui pût les soutenir, s'adressèrent à Clotilde, et qu'à ses prières l'eau de la fontaine voisine eut, pour ces ouvriers, la force et le goût du vin. Tous les ans, le 2 juin, le doyen se rend en procession à cette fontaine pour y répandre une certaine quantité de vin. On vient s'y baigner pour obtenir la guérison de certaines maladies.

A l'occasion du miracle opéré par la sainte reine, le biographe remarque qu'il n'y avait pas de vignobles dans le pays. Depuis cette époque la vigne est arrivée jusqu'au Petit-Andeli et ne descend pas plus loin. La ville des Andelis porte trois grappes de raisin dans ses armoiries.

En 833, Ansegise, abbé de Fontenelle, laissa par son testament des sommes à distribuer aux principaux établissements religieux du pays. Le monastère d'Andeli figure dans cette distribution : « Ad ANDE- « LAGUM monasterium solidos XII. »

Nous voyons dans le vénérable Bède que le monastère fondé par sainte Clotilde jouissait d'une grande réputation parmi les Anglo-Saxons, qui, faute d'établissements de ce genre en assez grand nombre chez eux, envoyaient leurs filles s'instruire et se consacrer à Dieu dans les monastères de Faremoutier, de Chelles et d'Andeli. « Nam eo tempore, necdum multis in re- » gione Anglorum monasteriis constructis, « multi de Britannia, monachicæ conver- « sationis gratia, Francorum vel Galliarum « monasteria adire solebant. Sed et filias « suas eisdem erudiendas ac sponso cœ- « lesti copulandas mittebant, maxime in « BRIGÆ, et in CALÆ, et in ANDILEGUM mo- « nasterio. » (Bed. hist. angl., lib. III, cap. 8.)

En 884, le roi Carloman ayant été blessé mortellement par une bête sauvage, non pas dans la forêt d'Yveline, comme le disent les historiens, mais dans la forêt de Lions, vint se réfugier dans ce monastère et y donna une charte, dont la date est ainsi conçue : « Datum IX° idus decem-

« bris, anno sexto regnante Karolomanno
« gloriosissimo rege, indictione III°. Actum
« apud Andelei monasterium ad Sequa-
« nam supra Rotomagum. »

Le monastère d'Andeli fut détruit par les Normands vers l'an 900. C'est sur ses ruines que s'éleva plus tard l'église collégiale de Notre-Dame, dont nous aurons à parler tout à l'heure plus longuement.

II.

On ne sait à quelle époque les archevêques de Rouen acquirent le domaine d'Andeli. Cette acquisition est antérieure au XI° siècle.

Les archevêques de Rouen Mauger et Maurile accordèrent aux moines de Saint-Père de Chartres l'exemption de tout droit de tonlieu sur les bateaux qui apportaient leurs marchandises à Rouen. Dans la première de ces chartes Andeli est appelé Andeliacus, et dans la deuxième Andeleium. Voyez le Cartul. de Saint-Père de Chartres, p. 176 et 177.

En 1134, une bulle du pape Innocent II confirme les droits des archevêques de Rouen : « Oppidum quod dicitur Ande-
« leium, cum villis, sylvis, pratis, aquis,
« justitiis ac libertatibus, cum portu et
« navium redditibus. »

A cette époque le Grand-Andeli seul existait. Le port d'Andeli était situé au Petit-Andeli, appelé la Couture-d'Andeli, à l'endroit où le Gambon se jette dans la Seine. Entre le bourg fortifié et le port s'étendaient des champs cultivés qui furent transformés en lac lorsque Richard Cœur de lion établit les fortifications du Petit-Andeli, du Château-Gaillard et de l'île.

Au XII° siècle Andeli joua un rôle important dans les guerres du roi de France et des ducs de Normandie.

En 1119, Asselin, gouverneur d'Andeli, était, pour des sommes importantes, débiteur de Geoffroi, archevêque de Rouen. Irrité des poursuites dirigées contre lui par l'archevêque, Asselin livra Andeli au roi Louis le Gros. Richard, fils d'Henri Ier, roi d'Angleterre, qui était alors à Andeli, se réfugia dans l'église Notre-Dame; mais le roi de France lui rendit la liberté. Geoffroi, justement touché de la perte de sa ville et des actes sacriléges commis par la garnison française, excommunia les Français. Louis VI séjourna quelque temps à Andeli. Il en sortit le 20 août 1119 pour livrer et perdre la bataille de Brémulle. C'est à Andeli même qu'il se réfugia après sa défaite. On sait que la paix fut signée l'année suivante (1120). Andeli retourna au pouvoir des Normands et rentra dans le domaine temporel de l'archevêque.

En 1167, Louis VII était en pleine guerre contre Henri II, roi d'Angleterre. Il assiégea et brûla Andeli. L'archevêque Rotrou écrivit au roi de France pour se plaindre et lui rappeler que le domaine d'Andeli était l'unique patrimoine de l'Église de Rouen : « Eumque Andeliacum nobis et
« commensalibus nostris unicum sit vi-
« vendi subsidium ; villæ nostræ parcite
« si vultis parcere vitæ nostræ. » Quelque temps après les rois de France et d'Angleterre signèrent une trève de trois mois.

La possession d'Andeli fut toujours regardée comme d'un intérêt majeur dans les guerres du XII° siècle. Aussi les rois de France et d'Angleterre ne cessèrent-ils de se la disputer, malgré les reproches et les menaces des archevêques de Rouen. Dans la campagne qui précéda le traité d'Issoudun, Philippe-Auguste s'était emparé d'Andeli, mais il le rendit à l'archevêque, sous la condition qu'il ne serait pas fortifié. Dans le traité de janvier 1196, signé entre Richard Cœur de lion et Philippe-Auguste, on inséra les clauses suivantes :

« De Andeliaco sic erit, quod nec do-
« minus noster rex Franciæ nec nos in eo
« clamamus feodum sive dominium. Et si
« contigerit quod archiepiscopus Rotho-
« magensis in terram regis Franciæ aut
« suorum sentenciam interdicti vel excom-
« municationis miserit, dominus rex Fran-
« cie poterit assignare ad Andeliacum et
« ad ea que archiepiscopus ibi habet et ad
« ejus pertinentias, usque dum duo dia-
« coni vel presbiteri, quos rex Francie per
« sacramentum suum bona fide ad hoc
« elegerit, et duo diaconi vel presbiteri,
« quos nos per sacramentum nostrum bona
« fide ad hoc elegerimus, decreverint
« utrum interdictum vel excommunicatio
« juste latum fuerit an injuste. Si decre-
« verint quod juste, rex Francie predicto
« archiepiscopo reddet Andeliacum et ea
« que interim exinde levaverit, et ad ver-
« bum dictatorum faciet emendari. Si vero
« decreverint quod injuste positum fuerit,
« ea que rex Francie de Andeliaco et de
« pertinentiis ejus levaverit, in deperdito
« erunt archiepiscopi, et archiepiscopus
« interdictum vel excommunicationem sol-
« vet. Similiter erit de nobis. Si aliquis
« predictorum dictatorum moreretur hinc
« vel inde, per sacramentum alterius no-
« strum alter loco mortui similiter suppo-
« netur. Quando archiepiscopum mori
« contigerit, redditus de Andeliaco et de
« pertinentiis erunt in manu capituli Beate
« Marie Rothomagensis, donec alius suc-

« celat archiepiscopus ; nec nos aliquod
« malum faciemus predictis dictatoribus
« propter arbitrium ipsorum. Andeliacum
« non poterit inforciari. »

Philippe-Auguste rendit immédiatement Andeli à l'archevêque Gautier, et Gautier leva l'interdit qu'il avait précédemment lancé sur les terres du roi de France.

Cette paix ne dura pas trois mois. Richard, privé de la ligne de l'Epte et de la place de Gisors, comprit qu'il lui était nécessaire de couvrir Rouen et sa nouvelle frontière par une place capable d'arrêter l'ennemi. Il jeta les yeux sur la roche et l'île d'Andeli. Au mépris du pacte d'Issoudun, qui avait dit : « Andeliacum non poterit inforciari, » Richard commence les travaux. Gautier prie, conjure, menace, et finalement met la Normandie en interdit. Richard en appelle au pape ; il envoie trois évêques plaider sa cause. Le pape décida le différend plutôt en conciliateur qu'en juge. Il reconnaît que le roi a le droit de fortifier tel point de ses états qu'il juge convenable : il engage l'archevêque à accepter une indemnité, et de son autorité lève l'interdit. Gautier ne consentit qu'avec beaucoup de peine à transiger. Cependant il finit par céder. En échange d'Andeli et de son territoire, l'Église de Rouen reçut Dieppe, Bouteilles, près de Dieppe, la forêt d'Aliermont, Louviers, et les moulins de Rouen. Dans la charte de Richard Cœur de lion, datée du 16 octobre 1197, on lit :

« Sane villa Andeleii et quibusdam aliis
« adjacentibus locis, que erant Rothoma-
« gensis ecclesie, minus sufficienter firma-
« tis, inimicis nostris in terram nostram
« Normannie per eadem loca patebat
« ingressus, per que incendiis et rapinis
« necnon et aliis hostilitatis serviciis in
« eandem terram non nunquam licentius
« grassabantur. Quocirca venerabili patre
« Waltero archiepiscopo et capitulo Ro-
« thomagensi debitum habentibus ad no-
« stra et predicte terre nostre dampna
« respectum, facta est permutatio inter
« ecclesiam Rothomagensem et archie-
« piscopum Rothomagensem Walterum ex
« una parte et nos ex altera parte, de ma-
« nerio de Andeli in hac forma : scilicet
« quod idem archiepiscopus, de conscientia
« et voluntate domini pape Celestini tertii,
« et de assensu capituli Rothomagensis
« ecclesie et coepiscoporum suorum et
« cleri ejusdem archiepiscopatus, concessit
« et in perpetuum quietum clamavit nobis
« et heredibus nostris predictum mane-
« rium de Andeli cum novo castello de
« Rupe et cum foresta et cum omnibus
« aliis pertinentiis et libertatibus suis,
« exceptis ecclesiis et prebendis et feodis
« militum, et excepto manerio de Fraxinis
« cum pertinentiis suis, que omnia idem
« archiepiscopus ecclesie Rothomagensi
« et sibi et successoribus suis retinuit
« cum omnibus libertatibus et liberis con-
« suetudinibus suis et cum omni integri-
« tate sua in perpetuum ; ita quod tam
« milites quam clerici et omnes homines
« tam de feodis militum quam de pre-
« bendis sequentur molendina de Andeli
« sicut consueverunt et debent, et moltura
« erit nostra. Archiepiscopus autem et ho-
« mines sui de Fraxinis molent ubi idem
« archiepiscopus volet, et si voluerint mo-
« lere apud Andeli, dabunt molturas suas
« sicut alii ibidem molentes. »

Un compte fut rendu par les officiers royaux au sujet des revenus perçus dans le bourg d'Andeli, entre le 16 octobre 1197 et la Saint-Michel 1198. Nicolas de Villers, Gislebert le changeur, Gislebert Belot rendirent compte pour eux-mêmes et pour Richard de Vernon d'une somme de 440 l. 16 s. Voyez, pour les détails, Stapleton, *Magni Rot. scac. norm.*, t. II, p. CLX et suiv.

Pendant toutes ces négociations, Richard avait continué les travaux qu'il accumulait sur la roche, dans l'île et autour du Petit-Andeli. Aussi, lorsque Philippe-Auguste, se plaignant de la violation des traités, commença la campagne, il n'osa pas s'attaquer au nouveau château fort, bientôt surnommé le Château-Gaillard. Richard Cœur de lion mourut le 6 avril 1199, avec la conviction qu'il avait vaincu son rival. Sur la construction du Château-Gaillard et des fortifications d'Andeli, consultez Stapleton, *Magni Rot.*, t. II, p. XLI et suiv.

Richard mort, Philippe reprend à l'instant les armes et s'empare d'Évreux. Une trève, suivie bientôt d'un pacte, est signée en 1200.

« De Vulcasino Normanno ita erit : no-
« bis et heredibus nostris remanent feoda
« et dominium, sicut archiepiscopus Ro-
« thomagensis exinde tenens erat die quo
« fecit excambium de Andeliaco ; totum
« residuum Vulcasini domino regi Francie
« remanet. Ipse vero rex Francie non po-
« terit firmare ultra Gamagias ex parte
« Normannie, neque ultra lineam foreste
« Vernonis, sed infra ; neque nos ultra
« forestam Andeliaci poterimus firmare,
« sed infra. »

Le 30 mai 1200, Jean sans Terre concéda à ses bourgeois d'Andeli les coutumes et les libertés des bourgeois de Rouen. (*Rotuli Cartarum*, I, 65.)

Nous ne nous arrêterons pas sur la

célèbre campagne qui s'ouvrit en 1202, et qui, après la prise du Château-Gaillard, le 6 mars 1204, et la prise de Rouen, le 1er juin suivant, réunit la Normandie aux domaines du roi de France. On en trouvera le récit dans l'*Histoire du Château-Gaillard*, par M. Deville.

Philippe-Auguste voulant réparer le préjudice que la guerre avait causé aux habitants d'Andeli, et probablement se concilier leur bienveillance, imita Jean sans Terre, leur accorda une commune sur le modèle de celle que Louis le Jeune avait accordée aux bourgeois de Mantes :

« Ph. Dei gratia, etc. Notum, etc. quod
« nos hominibus Andeliaci damus et con-
« cedimus communiam, secundum teno-
« rem carte communie Medunte, quam
« bone memorie Ludovicus, genitor no-
« ster, hominibus Medunte concessit. Hec
« autem sunt statuta illius communie :
« scilicet quod omnes qui in eadem per-
« manebunt communitate ab omni talliata
« injusta, captione, creditione et ab omni
« irrationabili exactione, cujuscunque sint
« homines, liberi et immunes jure perpe-
« tuo permaneant ; — quod si alicujus
« militis hospes illi cujus fuerit hospes in
« aliquo forisfecerit, ab eodem domino
« submonitus, infra Andeliacum scilicet,
« plenam ei justiciam exequetur ; si vero
« hospes rectitudinem facere contempse-
« rit, miles quicquid de illius sui hospitis
« rebus infra terram suam invenerit sai-
« siet, ita tamen quod nichil inde auferens
« ibi totum dimittet ; deinde majori et pa-
« ribus communie, si major per se facere
« non poterit, idem miles ostendet se pro
« defectu justicie res sui hospitis saisisse ;
« major vero, adhibitis secum paribus
« communie, si voluerit, ad hoc hospitem
« militis coget, ut quod exequi justiciam
« militi contempserit lege qua vivit emen-
« det, et de priori forisfacto quicquid ratio
« exiget eidem exequatur ad plenum ; — si
« aliquis aliquem qui cuilibet hujus com-
« munie aliquid injurie intulerit in villa
« Andeliaci conduxerit, si ignorantiam
« suam sacramento probare poterit, illa
« sola vice liberum et quietum reducere
« permittatur ; sin autem, statuimus ut ille
« capiatur ; — item quicunque pro mer-
« cato apud Andeliacum venerit, ita om-
« nino dimittatur quietus ire et redire, ut
« vel in adventu vel in reditu suo ab ali-
« quo non disturbetur ; — mercatores au-
« tem transeuntes vel ibi remanentes om-
« nibus diebus quieti habeantur ; — cete-
« rum si aliquis qui extra villam Andeliaci
« maneat cuilibet communie forisfactum
« fecerit, quod submonitus emendare con-
« tempnat, communia, quocunque modo
« poterit, de eo sibi vindictam accipiat ;
« — proinde si alter alterum percusserit,
« per majorem et pares communie, si ma-
« jor per se facere non poterit, ad rationem
« positus ut emendet submoneatur, et si
« emendare contempserit, velit nolit,
« emendare cogatur. Communes necessi-
« tates, ut de excubiis, de cathenis, de
« fossatis faciendis et de omnibus ad ville
« munitionem et firmitatem pertinentibus,
« communiter ab omnibus procurentur,
« ita ut, competenti ibi consideratione
« habita, qui minus poterunt pro posse suo
« minus inde graventur, et ab eis qui plus
« poterunt plus ibi exigatur. Aliarum si-
« quidem supervenientium necessitatum
« onus ab omnibus ibidem communiter
« portetur pro posse uniuscujusque, sicut
« supradictum est. Ea vero que ad no-
« strum servitium pertinebunt omnes con-
« venienter, prout quisque pati poterit,
« adimplebunt. Et si quis paribus commu-
« nie quorum consideratione hoc fiet ali-
« quid inde forisfecerit, emendatione que
« ibi conveniet illud eis emendabit. Insu-
« per hominibus communie Andeliaci con-
« cedimus et damus parcum nostrum An-
« deliaci, ad reparandas halas et furnos et
« molendina et illa tantum de quibus red-
« ditus nostri proveniunt. Et prete[re]a
« concedimus eisdem ut nullam vim eis
« faciemus super consuetudinibus vel pe-
« dagiis quitandis per terram vel per
« aquam, sed et (1) nostre res absque
« aliqua consuetudine et pedagio libere
« etransibunt. Damus insuper homini-
« bus dicte communie Andeliaci et conce-
« dimus omnes redditus nostros quos ha-
« bemus apud Andeliacum et in pertinentiis
« Andeliaci, in terris et in aquis et in
« omnibus rebus ad nos pertinentibus,
« preter vivarium nostrum et forestam
« nostram cum panagio Andeliaci, de qua
« ipsi redditus consuetos percipient extra
« forestam ; pro quibus omnibus ipsi ho-
« mines Andeliaci nobis tenentur reddere
« singulis annis mille centum libras pari-
« siensium, medietatem ad Natale et me-
« dietatem ad festum sancti Johannis
« Baptiste, et hoc eis concedimus sine
« incheramento. Sciendum est etiam quod
« nos ipsis hominibus Andeliaci, qui ha-
« bent sanguinem et latrocinium, commu-
« niam suam ad usus et consuetudines
« Medunte, salvo jure nostro, concedimus
« et confirmamus. Actum apud Ebroicas,
« anno Domini m° cc° quarto, regni
« vero nostri anno xx° v1°. Data vacante
« cancellaria. » (Registres A, B et C de Philippe-Auguste.)

(1) Au lieu de *et*, il faut lire : *sicut*.

Cette commune n'a pas été maintenue. En effet, la charte est cancellée par des traits de plume dans le ms. C, et n'a pas été reproduite dans les registres postérieurs de Philippe-Auguste. Il faut en outre noter que le silence des documents plus récents justifie cette conjecture.

Situé sur les bords de la Seine, traversé par le fort ruisseau du Gambon, Andeli fut au moyen âge une place de commerce importante. L'industrie des draps et le commerce des farines n'ont pas cessé d'occuper et d'enrichir Andeli depuis le XIIIe siècle jusqu'à nos jours. Dès le XIIIe siècle Andeli était un marché considérable.

En 1248, Mathieu Karnel, Pierre Burel et Laurence, femme de Pierre « de Andeliaco », vendent pour 47 l. 5 s. parisis aux Templiers 48 mines de froment et 48 chapons : « Cujus modi frumenti sextarium « debet distare a meliori frumento pretio VI. « denar. vendito in mercato de Andeliaco, « et collecto et habito in propriis terris « Normannici Vulcassini. »

Nous trouvons dans les œuvres de Roger d'Andeli, qui vivait au XIIIe siècle, la liste des principales foires du nord de la France :

« Louviers et Bretenil et Vernon,
« Chartres, Beauvais, cités de nom,
« Evreux et Amiens, noble hale,
« Et Troyes et Sens et Aubemale,
« Andeli, Doulens, Saint-Lubin. »

Une sentence du bailli de Gisors de l'an 1290 fieffa à Nicolas de Villers deux places au Grand et au Petit-Andeli pour construire des halles, moyennant 8 l. 10 s. de redevance annuelle au domaine.

« A tous ceulx qui ces présentes lettres « verront et orront, le baillif de Gisors, « salut. Nous faisons assavoir que nous, « par le commandement de nos seigneurs « hommes honnourables les maistres de « l'eschiquier, avons baillé à ferme per- « petuel en nom de notre sire le Roy et « por son proufist à Nicolas de Villiers et « à ses hoirs terre wide et places assises « es marchiez du Vieel Andely et de la « Cousture a faire estaulx, halles et aultres « édiffices, se il est, assavoir soixante-dix « perches au Vieil Andely par loyal mesure « pour soixante-dix solz parisis de rente « du plus plus et du moins moins, et a la « Cousture soixante perches pour cent « cinq solz parisis de rente du plus plus « et du moins moins, à rendre du devant « dit Nicolas et de ses hoirs à notre sire le « Roy et à ses hoirs chacun an, la moitié « à Pasques et l'autre moitié à la Saint- « Michiel. Et pourront le devant dit Nico- « las et ses hoirs mettre, se il leur plaist, « merchiers, bouchiers et boulangiers des « devant dictes villes et de dehors es de- « vant diz lieux et toutes autres derrées « qui au devant dis marchiez vendront, « excepté toutes manieres de blez. Et pour- « ront les devant dit Nicolas et ses hoirs « contraindre les marchans ou faire con- « traindre par la gent notre sire le Roy « qui derrees auront a vendre en jour « de marche de mettre leurs marchandises « es estaulx et es halles et es lieux dessus « dis, si comme il est acoustumé de ceulx « qui ont marchiez en Normendie à tenir « et à avoir les terres, les places, les es- « taulx, les halles et les aultres édiffices « au devant dit Nicolas et à ses hoirs et à « ceulx qui cause auront d'iceulx par la « rente dessus dite, franchement, quicte- « ment, comme ferme perpetuel, de reliefz, « de aides, de ban de moulin, de tailles « et de services. Et pourront tous les de- « vant dis Nicolas et ses hoirs faire leur « justice pour le couvert et pour le louage « des lieux dessus dis et pour l'amende « se mestier estoit, saufve la coustume des « derrées qui vendront es devant dis lieux, « laquelle coustume demourra à notre sire « le Roy et à ses hoirs à tousjours, et pour- « ront par convenant les dis Nicolas et « ses hoirs faire eschange à notre sire le « Roy de la rente dessus dicte quant il luy « plaira pour tant que l'eschange soit fait « crassement pour notre sire le Roy. En « tesmoing de laquelle chose, nous avons « scellé ceste presente lettre du scel de la « baillie de Gisors, sauf le droit le Roy et « l'autruy. Ce fut fait l'an de grace mil « deux cens quatre-vingts et dix, le samedi « devant la Saint-Bernabé l'apostre. »

Le roi Henri IV, par ses lettres patentes de décembre 1598, confirme aux descendants du sieur de Villers la jouissance desdites halles, places et droits du marché. (Arch. imp., sect. doman., P. 867.)

Plusieurs actes du XIVe siècle signalent la présence des Juifs au Grand et au Petit-Andeli : « Sachiez que par-devant nous, « dit une charte de 1315, furent présens « en lour propres personnes Haquin, fiz « Sallenim juif, et Zeaus, sa fame, demou- « rans a ce temps en la Cousture d'An- « dely ; » ils reconnaissent devoir une rente..... « sur un masage en la Cous- « ture d'Andely, en la Boucherie, entre « Roger Benoet d'un costé et Jehan le Can- « chetier d'autre ». Dans une autre charte de 1332, on cite : « Une maison qui fu « Haquin le juif, assise à Andely, laquelle « est fieffée à Henry le Peletier d'Andely « pour seze livres parisis. »

En 1412, Charles VI publia une ordonnance portant confirmation des statuts des drapiers d'Andeli. Cette pièce importante, que nous allons reproduire, constate que l'industrie de la draperie était florissante à Andeli, et qu'elle y était depuis très-longtemps soumise à de sages règlements :

« Charles, etc., savoir faisons à tous
« présens et avenir, que comme pour le
« bien de la chose publique et pour pour-
« veoir au gouvernement et police de notre
« ville d'Andely, et au fait de la marchan-
« dise de drapperie d'icelle ville, et pour
« obvier aux fraudes et dommaiges qui en
« icelles ou temps passé ont esté faictes
« et commises, et qui ou temps à venir se
« pourroient commettre sur le fait de la
« dicte drapperie; et pour ce que les sta-
« tuz, constitucions et ordonnances an-
« ciennement faictes sur le fait de la dicte
« drapperie en la dicte ville ont esté per-
« dues, ou au moins ne peuvent bonne-
« ment estre trouvées, aient n'a gaires, par
« auctorité de notre bailli de Gisors, et par
« grant et meure deliberacion de conseil,
« esté faiz cestains statuz, constitucions
« et ordonnances sur le fait et gouverne-
« ment de la drapperie de la dicte ville,
« ainsi qu'il est plus à plain contenu ès
« lettres desqueles la teneur s'ensuit :

« A tous ceulx qui ces lettres verront,
« Robert le Maistre, escuyer d'escuerie du
« roy nostre sire, son bailli de Gisors et
« des anciens ressors d'icelui bailliage,
« salut. Savoir faisons que, pour ce qu'il
« est venu à notre congnoissance que sur
« le fait du mestier de tiltre en draps à
« Andely plusieurs inconveniens et dom-
« maiges sont avenuz, et ont esté commis
« et perpetrez ou dit mestier pluseurs dé-
« liz, ou préjudice de la chose publique,
« soubz umbre de ce que l'en dit les or-
« donnances et instruccions pieça faictes
« sur ledit mestier, avoir esté et estre per-
« dues et adirées, nous, du consentement
« et accort de plusieurs personnes, tant des
« bourgoiz du dit lieu d'Andely, comme
« des maistres et ouvriers du dit mestier,
« eu premièrement et avant tout advis par
« nous et deliberacion sur ce que dit est
« avec plusieurs saiges, avons fait et or-
« donné les instruccions et ordonnances
« sur le dit mestier selon ce qu'il est con-
« tenu cy-aprez.

« Et premierement que nul ouvrier du
« dit mestier ne puisse avoir que un ap-
« prentiz seulement, lequel sera tenu ser-
« vir son maistre en aprenant le dit mes-
« tier, l'espace de trois ans accompliz; et
« paiera le dit apprentiz pur l'entrée du
« dit mestier, aussitost qu'il commencera
« à besongner, la somme de cincq solz pa-
« risis, qui sera convertie et mise en
« l'euvre de l'église Notre-Dame d'Andeli.

« Item. Et quant le dit apprentiz aura
« fait son service de trois ans, son maistre
« pourra avoir un autre apprentiz en son
« lieu; et le dit apprentiz qui aura fait
« ainsi son service bien et deuement, s'il
« est quiete de son maistre, pourra lever
« son mestier comme maistre; et aussi-
« tost qu'il aura levé son mestier, il paiera
« dix solz parisis pour sa maistrise à l'eu-
« vre de la dicte église; et s'il est filz de
« maistre, il ne devra riens paier ne pour
« entrée ne pour maistrise.

« Item. Que nulz ouvriers du dit mes-
« tier qui ne sont de la dicte ville et de
« l'aprise d'icelle ne soient receuz à be-
« songner en la dicte ville, s'ilz ne sont
« de bonne apprise, et s'ilz n'ont fait leur
« serte bien et deuement, et qu'ilz soient
« quictes de leur service; et se ainsi l'ont
« fait, ilz pourront besongner en la dicte
« ville et y gaigner; et s'ilz y ont beson-
« gné huit jours, ils seront tenuz à paier
« cincq solz à l'euvre de la dicte église,
« pour leur bien venue; et silz veullent
« lever leur mestier comme maistres, eulx
« seront tenus paier avecques ce dix solz
« parisis pour leur maistrise à la dite
« euvre de la dite église; car ilz ne doi-
« vent pas avoir plus grant avantaige que
« ceulz de la dite ville; et s'ilz ne le veul-
« lent paier, que nul ne les mette en be-
« songne sur peine de dix solz parisis
« d'amende, et aussi leur soit defendu
« l'ouvrer.

« Item. Que nul compaignon du mestier
« ne se puisse louer à plusieurs maistres
« pour un jour ou une sepmaine, ne pour
« un temps quel qu'il soit, fors seulement
« à un maistre; et s'il est trouvé qu'il se
« soit loué à plusieurs maistres, il paiera
« cincq solz d'admende aux compaignons
« du mestier; et si sera contraint de te-
« nir le premier marchié ou louaige, et de
« desdommaiger partie.

« Item. Que nul ne puisse ouvrer du dit
« mestier, fors entre soleil levant et soleil
« couchant, afin que l'on ne face faulte ès
« draps; et s'aucun est trouvé faisant le
« contraire, ou lui est prouvé qu'il l'ait
« fait, le maistre à qui le mestier sera où
« le drap sera fait paiera dix solz parisis
« d'amende aux compaignons du mestier;
« et s'il avoit varlet qui ne feust pas son
« apprentiz, il paiera cincq solz parisis
« d'amende semblablement aux compai-
« gnons; et se c'est l'apprentiz au maistre,
« il ne paiera riens, pour ce que toute la
« faulte est toute au maistre.

« Item. Que tous les compaignons du
« mestier qui doresenavant prendront fem-
« me en mariage seront tenuz semondre ou
« faire semondre partie des compaignons
« du mestier, telz qu'il leur plaira, à estre

« au monstier, et les reconvoier en leurs
« hostels, et yceulx compaignons y seront
« tenuz à aller s'il leur plaist; et s'ils y
« vont, le marié sera tenu paier pour ce
« douze deniers; et se la feste estoit faicte
« une lieue loing, les diz compaignons se-
« roient tenuz les convoier, ou ilz n'en
« auroient riens.

« Item. Que tous ceulx du dit mestier
« qui fausseront leur serment et qui seront
« trouvez parjures seront deboutez à tous-
« jours du dit mestier, et s'aucun les mect
« en œuvre ou besongne depuis avecques
« eulx, pourtant qu'il soit venu à leur
« congnoissance, il sera tenuz paier dix solz
« d'amende aux compaignons du mestier,
« pour chacune fois qu'ilz y besongneront.

« Item. Que tous ceulx du dit mestier
« qui seront prins et trouvez qu'ils aient
« prins de l'autruy par manière de larre-
« cin, jusques à la valeur de douze deniers
« ou au-dessus, eulx perdront leur mestier
« un an et un jour; et se eulx rancheoient,
« eulx le perdroient à tousjours; et s'au-
« cuns les mect en œuvre depuis, en alant
« contre ce que dit est, pourtant qu'il leur
« soit venu a congnoissance, ou s'aucun
« besongne avecques eulx, il paiera dix solz
« parisis d'amende aux compaignons du
« dit mestier, pour chacune fois qu'il le
« feroit.

« Item. Que nul ne puisse allouer be-
« songne à faire dudit mestier, ne faire
« en son nom, ne permestre en son
« nom, se ce n'est en son mestier, et s'il
« n'a paié dix solz parisis pour sa maistrise.

« Item. Que nul telier en toilles, ne au-
« cun qui ait tixu en linge, ne puisse ou-
« vrer du dit mestier de tiltre en draps,
« pour cause des fraudes que l'en y pour-
« roit faire : car leurs lames ne sont pas
« en compte souffisant, et mesmement
« pourroient faire des veluges où l'en pour-
« roit souspeçonner larrecin : car se ainsi
« estoit que les teliers en linge ou en teles
« le peussent faire, tous ceulx de la dicte
« ville d'Andely, ne ceulx de l'aprinse du
« dit mestier, ne seroient plus doresena-
« vant receuz à besongner en nulle bonne
« ville de drapperie; et ne seroient pas
« tenuz de bonne apprinse, et s'aucun les
« met en besongne depuis que ilz auront
« tixu en telles ou en linge, pour tiltre en
« draps ou besongner avec eulx, il sera
« tenuz paier dix solz parisis d'amende
« aux compaignons du mestier, pourveu
« que il lui soit venu a congnoissance, et
« les paiera par chacune fois que il le fera;
« et en usera l'en tout aussi comme l'en
« fait à Rouen, à Louviers, et selon les
« ordonnances du dit mestier faictes es
« dictes villes.

« Item. Que par chacun an soient mis
« ordonnez par justice, par la deliberacion
« des ouvriers du dit mestier, quatre com-
« paignons pour prendre garde sur les ar-
« ticles dessus dictes et chacune d'icelles,
« c'est assavoir deux maistres tenans mais-
« trise et deux varlez gaignans à journée,
« les quelz auront puissance de prendre et
« poursuir devant justice tous ceulx qui
« auront offensé contre ces présentes or-
« donnances, et faire paier les amendes et
« offenses dessusdictes, et de défendre
« l'ouvrer à ceulx qui ne voudront accom-
« plir ce que dit est; et s'aucun y met
« contredit ou vault contredire, et il en
« est attaint, que il en rende tous les
« cousts, frais, mises et despens qu'on y
« aura faiz, au taux de justice ; ausquelz
« ces présentes ordonnances seront bail-
« lées, et les garderont leur temps; et
« quand on y en mettra de nouveaulx,
« ilz les randront aux autres qui seront
« en leur lieu par l'autorité de justice.

« Toutes lesqueles choses et chascunes
« d'icelles furent jurées, promises et ac-
« cordées à tenir et garder sans enfraindre
« pour le temps avenir, par les personnes
« qui ensuient; c'est assavoir, Robin de
« Rebes, Robin Lenglès, Estienne de Fes-
« camp, Germain Lamant, Jehan Langlois,
« Thibault le Demoisel, Thibault le Clerc,
« Raoul de Saint-Aubin, Jehan Blanc-Gre-
« non, Mahiet le Cangeur, Denis Saligot,
« Thomas de la Brière, Collin Langlois,
« Perrin Havart, Pierre Bellenguel, Simon
« Duquesne, Jehan du Cuit et Perrin Tur-
« nebus, tous maistres et ouvriers d'icelui
« mestier; presens à ce Robin Goupil,
« Massiot Macé, Tassin Maçon, Laurens le
« Cauchetier, Jehan Grimont, Henry le
« Clerc, Robin le Sauvage, Philippot de
« Monstreuil, Vonnet Duremort, Jehan
« Bourgois, Jehan Manfillastre, Jehan le
« Guenestrier, Robin Billon, Rogier Le-
« rart, Jehan Randon, Robin à la Paucher,
« Jehan Revel, Souplis le Sellier, Cardin le
« Roy, Jehan le Clerc dit Crespin, Symon
« Poignant, Mahiet Fouquault et Pierre le
« Cousturier, tous bourgois et marchans
« de la dicte ville d'Andely, qui jurèrent
« que, à leurs advis et conscience, tout ce
« que dit est avoit esté et estoit fait au
« prouffit de la chose publique. En tes-
« moing de ce, nous avons mis à ces let-
« tres le grand séel aux causes du dit bail-
« liage. Ce fu fait le VIII jour de juing,
« l'an de grace mil CCCC et neuf.

« Ainsi signées : R. CAVAL.

« Lesquelz statuz, constitucions et or-
« donnances, contenuis et déclairées es
« dictes lettres dessus transcriptes, et tout

« le contenu en icelles, nous, pour considéracion des choses dessus dictes et autres justes causes à ce nous mouvans, avons ratiffiées, confermées et approuvées, et par la teneur de ces présentes, de grace especial, plaine puissance et auctorité royal, louons, ratiffions, confermons et approuvons, et icelles voulons avoir et sortir leur plain effect, et estre enterinées, observées et gardées de point en point selon leur forme et teneur, en temps qu'elles ont esté et sont deuement et justement faictes. Si donnons en mandement, en commettant, se mestiers est, au dit bailli et à tous autres justiciers et officiers, ou à leurs lieuxtenans, presens et avenir, que les diz statutz, constitucions et ordonnances ilz facent observer et garder, et icelles lire, signifier et publier en tous les lieux et aux personnes qu'il appartendra. Et afin que ce soit ferme chose et estable à tousjours, nous avons fait mettre notre séel à ces présentes; sauf en autres choses notre droit, et l'autruy en toutes. Donné à Paris, au moys de novembre, l'an de grace mil cccc et douze, et de notre regne le xxxiii°.

« Par le roy, à la relation du conseil :

« CHALIGANT.

« Collacion est faicte. »

A la même époque, Andeli était renommé par ses moulins. La plaine du Vexin lui apportait ses blés et la Seine emportait ses farines.

Le registre 40 du *Trésor des Chartes*, n° 74, contient sur les moulins d'Andeli au xiv° siècle une pièce curieuse. Il s'agit de la ferme de cinq moulins à blé que le roi possédait au Grand et au Petit-Andeli.

« *Carta firme seu pensionis annue quinque molendinorum ad bladum tradite Roberto de Furno pretio iiii^c. xx. libr.*

« Philippus, Dei gratia Francorum rex, notum facimus universis tam presentibus quam futuris quod, factis preconisacionibus et solempnitatibus consuetis in firmis et censivis nostris perpetuo tradendis, pensataque utilitate nostra et successorum nostrorum, Roberto de Furno, armigero, tradidimus et ad firmam perpetuam concessimus quinque molendina nostra ad bladum de Andeliaco Veteri et de Andeliaco vocato la Couture, cum moltis siccis et madidis ad illa spectantibus et ceteris eorum pertinentiis universis, tenenda et perpetuo pacifice possidenda ab eodem Roberto ejusque heredibus vel successoribus aut causam habituris ab eo, mediantibus quatuor centum vingenti libr. parisien. annui et perpetui redditus nobis et nostris successoribus ab eodem Roberto ejusque heredibus vel causam habituris ab eo singulis annis, medietate videlicet in scacario Sancti Michaelis et alia medietate in scacario Pasche, perpetuo persolvendis, retentisque nobis curia (?) et usu cum pertinentiis omnimode justitie premissorum et piscariis vivariorum ibidem, quorum vivariorum calceias nos nostrique successores tenebimur nostris propriis sumptibus de cetero sustinere. Si vero nos aut nostri successores [in] hujusmodi vivariis piscarias faceremus, et contingeret propter hoc aliquod dictorum vivariorum diminui ita quod propter hujusmodi diminutionem molendina predicta cessare oporteret et occiosa fore, nos et nostri successores dicto Roberto et ejus heredibus vel causam ab eo habituris dampna que propter hoc sustineret, inspectis et consideratis tamen dictis et tempore chomagii ac quantitate firme predicte, tenebimur resarciri; proviso quod si inter dictum Robertum aut ejus heredes vel causam habentes ab eo et homines bannarios seu moltarios ipsorum molendinorum occasione molte eorumdem vel pertinentiarum ipsorum contingat oriri querelam, volumus quod ad primas assisias seu placita loci illius absque defectu vel exonio terminetur, et si dicta molendina alicui vel aliquibus in aliquo teneantur, predictus Robertus heredesque aut successores sui omnia et singula facere et reddere tenebuntur et ex nunc tenentur ad que dicta molendina erant antea obligata, ipsaque molendina suis propriis sumptibus merrenni et alterius materie cujuslibet generis sustinere. Et pro hujusmodi redditu pro dictis molendinis nobis et nostris successoribus ab eodem Roberto ejusque heredibus, successoribus vel causam habituris ab eo perpetuo solvendo, dilectus et fidelis Matheus de Tria, cambellanus noster, quatuor viginti et quatuor libr. paris. annui et perpetui redditus super omne quod habet apud Andeliacum ratione excambii per nos cum eodem Matheo ibidem facti capiendis terminis supradictis in contraplegium assignavit nobis et nostris successoribus perpetuo remansuras, una cum dictis molendinis si ipsum Robertum vel heredes suos aut causam habentes ab eo a contractu hujusmodi contingeret resilire vel molendina dimittere supradicta. Quod ut firmum, etc. Salvo, etc. Actum apud Rothomagum,

« anno Domini m° ccc° octavo, mense octo-
« bris. »

Nous trouvons des rentes assises sur les moulins des Andelis, en 1442 et en 1446, au profit de Mahieu de Trie, chanoine de Paris, et de Guillaume de Trie, chevalier. Hommage en fut fait, en 1464, par Claude Raoul; en 1491, en 1505 et en 1523, par Robert de Helleinvillier, et en 1546 par Ambroise de Helleinvillier, fils de ce dernier.

III.

Les origines de l'église Notre-Dame d'Andeli méritent de nous arrêter quelques instants. Dédiée à Notre-Dame, cette église fut très-vraisemblablement fondée vers le x⁰ siècle, sur les ruines du monastère bâti par sainte Clotilde. Elle est citée par Orderic Vital au commencement du xiiᵉ; dès lors elle formait une collégiale.

Vers le commencement du xiiiᵉ siècle, l'église collégiale d'Andeli était, tant au spirituel qu'au temporel, dans le plus grand désordre. L'archevêque Maurice et Pierre de Colmieu, son successeur, tentèrent quelques réformes; mais le premier mourut avant d'avoir pu rien terminer, et le second passa à l'évêché d'Albano. Eudes Clément, qui succéda à Pierre de Colmieu, mit enfin leurs projets à exécution; le 11 novembre 1245, il fit les règlements suivants :

1° Que dorénavant l'archevêque y établirait le *doyen*, qui aurait la cure des âmes des chanoines, des vicaires, des clercs et de toute la paroisse. Cette paroisse s'étendait sur les deux villes entières du Grand et du Petit-Andeli; mais le service paroissial était partagé entre trois églises : celle de *Saint-Sauveur*, au Petit-Andeli, et celle de la *Madeleine*, au Grand.

On trouve sur un titre du prieuré de Sausseuse, de l'an 1171, un *doyen* d'Andeli nommé Florent; d'où il suit que la dignité de doyen était plus ancienne que le règlement de l'an 1245; mais peut-être l'archevêque ne la conférait-il pas alors de plein droit.

Ensuite le prélat régla : 2° Que le doyen serait tenu à la résidence personnelle et obligé de se présenter au synode. 3° Qu'une des grandes *prébendes*, qui étaient alors au nombre de trois, serait annexée au décanat. 4° Que les deux autres seraient divisées en quatre, à la collation du doyen, à l'instar d'une quatrième qui était déjà divisée en deux. 5° Que de ces six chanoines l'un serait prêtre, deux diacres et trois sous-diacres, et que tous seraient obligés à la résidence personnelle. 6° Il y avait quatre vicaires perpétuels, nommés chacun par un des quatre anciens prébendés, et qui desservaient alternativement par semaine, l'un au chœur de l'église collégiale, l'autre à la paroisse de Notre-Dame, le troisième à l'église de Saint-Sauveur, le quatrième à celle de la Madeleine. L'archevêque, en conservant ces quatre vicairies, décida qu'elles seraient amovibles et à sa collation, de manière qu'il aurait droit d'envoyer les vicaires desservir celle des trois églises qu'il jugerait à propos; cependant ils desservirent jusqu'au xviiiᵉ siècle à tour de semaine, excepté seulement au Petit-Andeli, où dans les temps modernes l'un des quatre fut fixé pour toujours par décret de l'archevêque. 7° Outre le doyen, les six autres chanoines et les quatre vicaires, il y avait un titre de *sacristain*; il fut réglé que le doyen présenterait à ce bénéfice conjointement avec les chanoines qui vivaient pour lors; mais qu'après la mort de ceux-ci le doyen y présenterait seul; que le sacristain coucherait dans le vestiaire de l'église, et qu'il aurait la garde du trésor et des ornements. 8° Il y avait encore huit petites prébendes : l'archevêque les supprima et les réduisit à deux, celle du diacre et celle du sous-diacre, l'une et l'autre à la présentation du doyen et à la collation de l'archevêque. Depuis ce temps la collégiale d'Andeli était composée de quatorze prébendes : tous les prébendés étaient capitulants et partageaient également entre eux les distributions de l'office canonial. Quant au patronage de quelques chapelles en titre qui dépendaient de cette église, ce n'est point le chapitre, composé des quatorze capitulants, qui y présentait; la présentation appartenait uniquement au doyen et aux six chanoines.

Le Règlement d'Eudes Clément, dont nous venons de rappeler les principales dispositions en copiant presque littéralement l'analyse de D. Toussaint Duplessis, fut confirmé par une bulle du pape Innocent IV, le 7 mai 1246. (Voyez le P. Pommeraye, *Sanctæ Rotom. eccles. Concilia*, p. 257.)

Le Journal des visites d'Eudes Rigaud nous fournit les détails les plus curieux sur l'état de la paroisse d'Andeli à la suite de ces réformes.

1249. — « III. non. septembris. Visitavimus ecclesiam et capitulum de Andeliaco. Solent ibi esse octo prebendulæ; revocatæ sunt, ita quod ibi non sunt nisi duæ. Illi duo non faciunt residenciam, ordinavimus quod saisirentur redditus, quia non residebant. Sacrista matricularius aliquando tardius vel minus cito

« pulsat horas; injunximus ei ut pulset
« horis debitis, alioquin puniatur per de-
« canum. Ibidem debent celebrari due
« misse; aliquando remanent misse pro-
« pter defectum ebdomadariorum; statui-
« mus quod ebdomadarius qui defectum
« fecerit in missa persolvat XVIII. denarios,
« pro quolibet defectu, dividendos in com-
« muni. Objurgant et murmurant in choro
« dum celebratur divinum officium; istud
« districtius inhibemus. Item, aliqui mul-
« tociens vadunt in ecclesiam sine super-
« licio, in rocheto; aliqui in capa, sine su-
« perlicio et rocheto. Non faciunt pausa-
« ciones in psalmodia, immo cantant eam
« cum nimia precipitatione; injunximus
« decano ut emendari faceret istud. Aliqui
« sedent in choro cum deberent [stare]
« in psalmodia, videlicet in festis aposto-
« lorum et duplicibus; injunximus decano
« ut id faceret emendari. Item, ordinavi-
« mus quod in majoribus festis sacrista
« faciat tabulam prout solet, et lectiones
« abscultet. Item, statuimus ut omnes illi
« qui tenent ecclesias decanatus de Ande-
« liaco quolibet mense conveniant ca-
« pitulum prout in aliis decanatibus, et
« quod decanus puniat non venientes, et
« levet decem solidos pro quolibet de-
« fectu. »

« Ipsa die, pernoctavimus apud Fraxi-
« nos, cum expensis nostris. »

1252. — « XIIII. kl. octobris. Apud An-
« deliacum, cum expensis nostris, et vi-
« sitavimus capitulum ea die. Omnia in-
« venimus in bono statu. Precepimus queri
« esconsas. Precepimus ut diaconus et
« subdiaconus compellantur qualibet die,
« si necesse fuerit et non sint legitime
« impediti, ministrare in suis ordinibus.
« Precepimus dici terciam ante missam,
« post missam tantito meridiem, nisi fue-
« rit jejunium, et pulsari ad nonam tali
« hora quod post nonam sub aliquo, si
« necesse sit vel tempus exigat, dicantur
« vespere. »

1254. — « V. non. octobris. Visitavimus
« capitulum Andeliacense. Ibi sunt qua-
« tuor vicarii, quorum unus cantat cotidie
« apud Culturam, et alius ad Beatam Ma-
« gdalenam, et duo in ecclesia ipsa, unus
« missam matutinalem, et alius magnam
« missam. Non habent missam magnam
« ordinatam de diacono et subdiacono, ut
« in parrochialibus. Petierunt canonici a
« nobis ut cantarent nonam post missam
« immediate, et nos voluimus, quia plures
« intersunt none tali hora quam si canta-
« retur alia hora. Vicarii nolunt recipere
« capam ad mandatum decani, nec cantare
« responsoria; injunximus hoc emendari.
« Minus cito versilant, injunximus hoc

« emendari. Aliqui non confitentur decano
« suo; injunximus quod amodo ei confi-
« terentur, ad minus semel in anno, vel
« saltem de licencia sua. Magister Rober-
« tus ebriosus est. Dominus Petrus simi-
« liter ebriosus, qui sacrista est; item,
« rixator est. Dominus Milo nimis elatus
« est. Denarii communie et qui debentur
« ecclesie male servantur; injunximus
« quod levarentur. Item, magister Ricar-
« dus non resides in ecclesia, licet tenea-
« tur, nisi fuerit in scholis vel in peregri-
« nacione, nec est scolaris, nec in peregri-
« nacione, et in hoc bene deberet apponi
« consilium, ut servaretur statutum ec-
« clesie.

« Ipsa die pernoctavimus apud Salico-
« sam. »

1257. — « XI. kl. septembris. Ipsa die,
« visitavimus capitulum Andeliacense. Ibi
« sunt quatuor vicarii, quorum unus co-
« tidie cantat apud Culturam, et alius
« apud Magdalenam, et duo in ecclesia.
« Non habent missam ordinatam. Domi-
« nus Petrus non jacebat assidue in vesti-
« bulo, prout tenetur. Quidam capellani
« ecclesie audiebant confessiones parro-
« chianorum sine licencia decani, quod
« facere non debebant. Dominus Petrus di-
« ligenciam non apponebat debitam circa
« erudicionem puerorum in scolis cantus.
« Magister Robertus ebriosus est. Domi-
« nus Milo habetur suspectus de Emmelina
« de Haquevilla. Dominus Petrus Robil-
« glart verberatus fuit occasione mulierum
« duarum, et fecerunt inter se prelium
« propter ipsum. Precipimus quod aliqui
« vicarii ad convivium viros cum uxori-
« bus non invitent, nec alique mulieres
« comedant apud eos. »

1260. — « IIII. non. februarii. Visitavi-
« mus canonicos et clericos Andeliacenses.
« Ibi erant duo canonici residentes cum
« decano, videlicet magistri Robertus et
« Radulphus. Sex sunt ibi prebende, ve-
« rumtamen una est adhuc integra, que
« dividenda erit post decessum magistri
« Roberti; quorum quidem sex canonico-
« rum unus debet esse..., duo dyaconi et
« tres subdyaconi. Quatuor sunt ibi vicarii
« sacerdotes, quorum unus cotidie cele-
« brat apud Culturam, et alius apud Ma-
« gdalenam; duo autem alii morantur in
« ecclesia, et audiunt confessiones, et alia
« ministrant ecclesiastica sacramenta cum
« decano; duo alii vicarii, unus dyaconus
« et alius subdyaconus, erant ibi, qui te-
« nentur se cotidie revestire ad magnam
« missam. Decanus habet curam anima-
« rum clericorum ecclesie et parrochiano-
« rum, et e iam quarumdam villarum
« adjacentium. Precepimus domino Petro

« Robillard, sacriste, quod ipse haberet
« honestos et ydoneos clericos qui regerent
« scolas cantus et jacerent in monasterio,
« et magis permanentes quam aliquos
« quos prius habuerat. Item, inhibuimus
« prioribus Sancti Leonardi et hospitalis
« ne permitterent parrochianos ville au-
« dire missas apud eos, maxime diebus
« dominicis et festivis, sed eos mitterent
« ad suam parrochialem ecclesiam. Item,
« de consensu decani et canonicorum, sta-
« tuimus quod bis in anno tenerent capi-
« tulum generale, videlicet in crastino
« Nativitatis Beate Marie, et in crastino
« clausi Pasche, adicientes penam viginti
« solidorum parisiensium solvendam a
« singulis canonicis qui abessent. Alia,
« per Dei gratiam, invenimus in bono
« statu.

« Ipsa die, procurati fuimus apud Sali-
« cosam.

« Summa procurationis : vii. libre vi.
« solidi viii. denarii. »

1265. — « VI. id. martii. Cum Dei adju-
« torio, accessimus ad ecclesiam Beate
« Marie de Andeleio, et tunc, vocatis co-
« ram nobis decano, canonicis, capellanis,
« vicariis et clericis ipsius ecclesie, qui tunc
« ibidem residebant, in aula nostra supe-
« riori in manerio nostro, inquisivimus
« de statu eorum. Invenimus autem quod
« sex sunt ibi prebende; decanus est ibi ;
« duo canonici erant residentes, videlicet
« dominus Johannes de Modiis et magi-
« ster Radulphus de Salomonis Villa; unus
« tertius erat Rome, videlicet magister
« Petrus de Ferentino ; duo , videlicet
« quartus est quintus, Henricus de Mo-
« flanis et Johannes de Morgneval, clerici
« nostri, equitabant nobiscum, et sextus
« erat scolaris Parisius, videlicet magister
« Johannes Yspanensis; item, quatuor
« erant ibi vicarii presbiteri, quorum
« [unus] continue debet deservire in eccle-
« sia de Cultura, et hii quatuor tenentur
« onera parrochie supportare; duo alii vi-
« carii erant ibi, unus dyaconus et alius
« subdyaconus, qui tenentur se cotidie
« revestire ad majorem missam. Decanus
« habet curam canonicorum et clericorum
« omnium ecclesie ac etiam parrochiano-
« rum, necnon et quarumdam villarum
« adjacentium. Sacrista est ibi presbyter
« qui tenetur jacere in vestibulo et tenere
« scolas cantus. Actum fuit tunc inter eos
« coram nobis quod procurationes quas
« habuerant ibidem et habituri erant le-
« gati domini pape solverent omnes be-
« neficiati in ecclesia, videlicet quilibet
« pro rata sua juxta quantitatem reddi-
« tuum. Capitulum generale debent habere
« bis in anno, videlicet in crastino Qua-
« simodo et in crastino Nativitatis Beate
« Marie, et tenentur in viginti solidis qui
« tunc abfuerint. Preterea invenimus quod
« magister Radulphus de Salomonis Villa
« et dominus Ricardus, vicarius, invicem
« rixati fuerant in ecclesia indecenter, et
« convicia non sine scandalo orta fuerant
« inter eos ; nos vero precepimus decano
« quod eos reconciliari faceret indilate.
« Item, precipimus quod gradalia religa-
« rentur. Alia invenimus, per Dei gra-
« tiam, in bono statu. »

On lit dans le pouillé qui porte le nom d'Eudes Rigaud les notes suivantes sur des chapelles situées dans le territoire des Andelis :

« Capella de Noiers. Valet xx. libras ; et
« ad ipsam recepit archiepiscopus O. Ri-
« gaudi Gilebertum, ad presentationem
« domini Guillelmi de Lymoges, militis.
« Capellanus non habet curam eorum qui
« ibi degunt, sed capellanus de Andeleio.
« Non sunt ibi fontes.

« Capella de Villers super Andeleium.
« Valet xx. libras ; dominus Petrus de
« Villers, miles, patronus, ita videlicet
« quod ipse debet primo presentare cano-
« nicis de Andeleio, etc. . . . »

En avril 1322, Charles le Bel accorda des priviléges à l'église collégiale d'Andeli. Ces priviléges furent renouvelés par Charles VI en 1429 : « Karolus, Dei gra-
« cia, Franciæ et Navarræ rex ; notum fa-
« cimus universis, tam presentibus quam
« futuris, quod nos ad ecclesiam colle-
« giatam Beatæ Mariæ de Andeliaco, Ro-
« thomagensis diocesis, quam prima ca-
« tholicarum reginarum Franciæ beata
« Clothildis, rege conjuge suo existente,
« in gentilitatis errore, miraculose funda-
« vit, devocionis specialis intuitum erigen-
« tes, dignumque reputantes et racioni
« congruum, ut, sicut ecclesia memorata
« de nostrorum, ut prefertur, praedeces-
« sorum salutari providencia suum cepit
« fundamentum, sic nos et successores
« nostros tamquam suos prospiciat fun-
« datores, et promptos inveniat [in] ne-
« cessitatibus deffensores ; fundacionique
« regiæ regalis tuicio nullatenus videatur
« in hac parte deesse, dictam ecclesiam
« cum omnibus suis juribus et pertinen-
« tiis, tam in capite quam in membris,
« ac decanum et capitulum, omnesque
« servitores et ministros ejusdem eccle-
« siæ, cum familia et bonis suis qui-
« buscunque, in nostra et regia salva
« specialique protectione et gardia assu-
« mimus per præsentes, et declaramus
« assumptos universis subditis nostris, ne
« quiquam in dictarum ecclesiæ et perso-
« narum ac hujusmodi gardiæ nostræ præ-

« judicium, vel contemptum facere, vel at-
« temptare quomodolibet audeant, præsu-
« mantve, attentius inhibentes, mandantes-
« que omnibus justiciariis regni nostri et
« eorum cuilibet ut dictas ecclesiam et
« personas, cum familia et bonis suis, ab
« omnibus injuriis et oppressionibus, vi
« armorum, molestiis, violenciis, novi-
« tatibus indebitis et jacturis deffendant,
« et in suis justis possessionibus et sai-
« sinis, libertatibus, privilegiis et fran-
« chisiis manuteneant et conservent. Quo-
« circa balivo Gisorcii moderno, et qui
« pro tempore fuerit committimus et man-
« damus, quatinus præmissa et omnia
« dictam gardiam nostram tangentia per
« se vel alium ab ipso specialiter depu-
« tandum faciat et exerceat, prout et
« quandocunque fuerit opportunum; su-
« per quibus, ipsis et depputatis ab ipso,
« intendi et efficaciter pareri ab omnibus
« justiciariis et subditis nostris volumus
« et mandamus. Quod ut firmum sit et
« perpetuo valiturum, præsentes litteras
« nostri sigilli fecimus impressione mu-
« niri. — Actum apud Malum-Repastum,
« anno Domini millesimo ccc vicesimo
« secundo, mense aprilis. »

Le 28 décembre 1634, M. de Harlai, archevêque de Rouen, honora l'église collégiale d'Andeli du titre de première église collégiale de son diocèse.

En 1203, Gervais du Busc, chanoine d'Andeli et archidiacre de Pont-Audemer, restaura une ancienne chapelle dédiée à saint Nicolas et la dota de vingt livres parisis. Cette chapelle fut placée sous l'invocation de sainte Clotilde.

Gervais du Busc fonda une autre chapelle sur la paroisse de Notre-Dame, sous le nom de Saint-Jean, à la collation pleine de l'archevêque, et la dota pareillement de vingt livres parisis de rente. Le titre en fut éteint par décret de l'archevêque du 11 juillet 1635, et la chapelle érigée en même temps en prieuré conventuel de bénédictines. M. Hamon Baudri de Piencourt se déclara fondateur de ce nouveau monastère et en fit tous les frais. Louis XIII, par brevet du 10 janvier 1642, prit le titre de fondateur de la royale abbaye de Saint-Jean-Baptiste; mais, au milieu du XVIIIe siècle, cette maison n'était encore qu'un prieuré à la collation pleine de l'archevêque de Rouen.

Sur la paroisse de Notre-Dame, cinq ursulines de Gisors établirent en 1644 un couvent sous le nom de Jésus-Marie-Joseph.

Dès 1235 une léproserie existait au Grand-Andeli, sur la paroisse de la Madeleine. Les statuts de la léproserie, rédigés en 1380, sont un monument curieux de l'histoire de l'assistance publique au moyen âge:

« Ce sont les ordonnances du dit hostel,
« esquelles est contenu ce que le prestre
« et les malades et le gouverneur doi-
« vent prendre en l'ostel de Saint-Ladre
« d'Andeli.

« Premièrement, chascun malade doibt
« avoir chascun XV jours ung boissel de
« blé moulu et fourni aux despens du
« dit ostel. Et est à scavoir que le prestre
« et le gouverneur prennent au double.

« Item, chascun des malades doibt
« avoir pour jour ung pot de vin, et ledit
« prestre et gouverneur double, comme
« dit est.

« Item, chascun d'iceulx pour mois
« demi boissel de pois.

« Item, le mois pour cuisine, chascun
« XX deniers.

« Item, pour tout l'an chascun ung
« boissel de sel.

« Item, se aucun des frères fait tuer
« ung pourcel, il doibt avoir pour le
« saller demi boissel de sel, se il est tel
« que il luy conviengne.

« Item, chascun doibt avoir en la qua-
« rantaine pour tout l'an ung pot de
« huille.

« Item, chascun d'iceulx III gallons de
« verjus pour tout l'an.

« Item, doivent avoir en mois de fé-
« vrier chascun XL deniers, lequel mois
« doibt doubler en argent et en pois.

« Item, ilz doivent avoir II et II des
« chappons autant comme le prestre et le
« gouverneur, les rentes paiés.

« Item, chascun d'iceulx doibt avoir
« pour saignée chascun mois deux pos de
« vin.

« Item, tous ensemble le jour de feste
« Sainte-Croix, XII deniers.

« Item, ilz doivent avoir, quant le
« moulin sera baillé à ferme, XII deniers.

« Item, quant la ferme du Mesnillet
« sera baillée, XII deniers.

« Item, quant la ferme de Houville est
« baillée, XII deniers.

« Item, ilz doivent avoir les fruis du
« jardin, deux et deux autant comme le
« gouverneur.

« Item, doivent avoir deux et deux des
« porcs qui sont nourris eu dit hostel
« comme le gouverneur dudit ostel, et,
« se il y a plus de pors qui soient ven-
« dus, ilz doivent estre mis au proffit de
« l'ostel.

« Item du lait et des fourmages, deux
« et deux autant comme le gouverneur.

« Item, le jour de feste de saint Ladre

« ilz doivent avoir chascun IIII deniers
« pour pitance.

« Item, doivent avoir à Noël III de-
« niers.

« Item, doivent avoir à la Tiphanie
« chascun II deniers pour le tourtel à la
« fève.

« Item, doivent avoir à Karesme pre-
« nant tous ensemble deux boisseaux de
« blé pour farine à faere les nécessités
« pour le temps.

« Item, ce jour chascun IIII deniers.

« Item, doivent avoir tous ensemble pour
« tout l'an, des rentes qui leur sont deues
« en communité, XXVII s. t.

« Item, doivent avoir à X festes en l'an,
« c'est assavoir à Noël, la Tiphanie, Ka-
« resme prenant, Pasques, Penthecouste,
« la Nostre-Dame my aoust, la feste Nostre-
« Dame de septembre, la feste de Tous-
« sains, la Saint-Martin d'yver, à chascune
« d'icelles festes, vin double.

« Item, a la chamberière qui fait la lis-
« sive chacun XV jours II deniers et une
« chopine de vin, et tout ce doibt trouver
« le gouverneur de l'ostel et des biens de
« la dicte maison.

« Item, doivent avoir deux et deux une
« asnée de bois autant comme le gouver-
« neur.

« Item, la chamberière quant elle fait
« la lissive, deux charges de bois.

« Item, les dis malades doivent avoir
« tous ensemble une clef de selier.

« Item, doivent avoir une clef des gre-
« niers.

« Item, les servans du gouverneur doi-
« vent faire loial serement de garder les
« biens du dit ostel.

« C'est l'ordonnance de l'entrée du dit
« ostel.

« Premièrement, quant ung malade vient
« de nouvel à l'ostel dessus dit et il est de
« droit à estre leans receu, il doibt estre
« pourveu par luy ou par les siens d'ap-
« porter selon son estat mil fust fourny,
« ung pot de cuivre et une paelle, ung
« greil et un trépié et du remanant à sa
« volunté. Et quant il yra de vie à trés-
« passement, le lit est par ordonnance
« baillé à l'omosne pour héberger les po-
« vres malades passans, et le demourant
« est mis au commun proffit du dit ostel.
« Et doit paier XX sous tournois d'entrée
« au commun du dit ostel.

« Item, se aucun des dis malades va de
« vie à trépassement, quelque ordonance
« qu'il fasse de testament, n'est nulle, mais
« sont tous ses biens acquis au dit ostel
« semblablement comme à ung hospital.

« Item, se ung enfant estoit né en la
« bourgeoisie, ja soit ce qu'il fust baptisé
« ès fonts de la dicte bourgeoisie, si ne
« seroit il pas receu au dit ostel, se son
« père n'estoit bourgeois ains qu'il fust né.

« Ces institucions et sentences doivent estre
« leues aux malades de Saint-Ladre
« d'Andeli.

« Premièrement, se il y a aucun qui re-
« paire charnellement avec sa femme es-
« pousée, il sera bouté hors de l'ostel ung
« an et ung jour.

« Item, se il est congnu d'avoir à faire à
« une des sœurs de l'ostel dessus dit, il
« sera bouté hors ung an et ung jour, et
« se elle est trouvée grosse elle sera boutée
« hors ou enchartrée à tous jours.

« Item, se elle est prouvée qu'elle ait
« couché avec homme sain, elle sera bou-
« tée dehors du dit hostel, et pour larre-
« cin aussi.

« Item, se il est congnu et prouvé que
« aucun ait feru ung des frères, ou fait
« sang et plaie, il sera mis hors ung an
« et ung jour.

« Item, se une des seurs vient grosse en
« dit ostel, elle sera boutée hors jusques à
« tant qu'elle ait eu enfant; et, se elle re-
« ceuvre, elle sera mise hors à tous jours.

« Item, se aucune folle femme seur du
« dit ostel se meffait puis qu'elle y sera
« entrée, elle sera boutée hors ung an et
« ung jour.

« Item, se aucun est mesdisant ou dé-
« sobéissant, il sera privé dudit ostel XV
« jours.

« Item, se aucun des frères ou seurs est
« trouvé réparant à l'eaue de Bergon, il sera
« mis en la prison dudit ostel XV jours au
« pain et à l'eaue.

« Item, se aucun est trouvé réparant
« de nuit en la ville sans compaignie
« saine, il sera privé VIII jours.

« Item, se il y a aucun qui die villenie
« du couvent du dit ostel et il [ne] le puisse
« prouver, il sera XL jours au pain et à
« l'eaue.

« Item, se il y a aucun qui passe la croix
« sans congié, il sera semblablement VIII
« jours.

« Item, se aucun reçoit ung homme sain
« ou fait mengier en la dicte maison, il
« sera XV jours au pain et à l'eaue, comme
« dit est.

« Item, toutes les choses dessus dictes
« doibt faire et accomplir le gouverneur
« dudit ostel à ses frais et despens. Et, se
« il est ainsi que il y ait aucun procès à
« mener pour le dit hostel, quand vendra
« au compte de luy et des bourgois, on
« luy doibt rabattre l'advocat, le sergent
« et les mémoriaulx.

« Item, se il advenoit que il allast hors
« pour mener plait ou faire aucun pour-
« chas, on luy compteroit ses despens.

« Item, le gouverneur du dit ostel doibt
« faire commander à la mecchine qu'elle
« héberge les povres malades trespassans
« et qu'elle les couche bien et courtoise-
« ment chacun selon son estat, et les doibt
« héberger une fois la sepmaine et entre
« deus soleuls, et n'en doibt on riens
« prendre, et leur doibt on bailler du bois
« de la livrée pour eulx chauffer en temps
« d'hyver.

« Item, le gouverneur du dit ostel doibt
« louer la meschine pour garder les ma-
« lades, et la doibt paier des biens du dit
« ostel, et si luy doibt faire faire serement
« qu'elle gardera les biens du dit ostel
« bien et loiaument.

« Item, nul des hamiaulx de la paroisse
« d'Andeli ne doibt estre receu eu dit
« ostel néant plus que ung étranger,
« excepté Vesillon et Pois et l'hostel du
« Parc et ceux de la Baguelande qui tien-
« nent du fief du roy.

« Ces institucions et sentences dessus
« dictez doivent estre leues et faictes à
« entendre aux malades quand ilz vien-
« nent de nouvel eu dit ostel ainchois
« qu'ils passent la croix qui est en chemin.
« Et est à sçavoir que le dit hostel est pour
« les malades de la bourgoisie d'Andeli et
« non pour autres, tous soient ilz de la
« dicte bourgoisie. Et ainsi à l'en usé le
« temps passé. Et ceulx qui les dictes in-
« stitucions et sentences ne vouldront gar-
« der par leur serement n'y doivent estre
« receus ne riens prendre plus que ceulx
« qui ne sont pas nés de la dicte bour-
« goisie, ja soit ce qu'ils soient nés et
« baptisés ès fonts de la parroisse Nostre-
« Dame d'Andeli et nez des parroissiens.

« Et si n'y doibt riens avoir bastart. »

Vers l'an 1545, la léproserie fut supprimée, la plus grande partie de son revenu
affectée à l'hôpital royal de Saint-Jacques
du Petit-Andeli, et la maison donnée aux
capucins.

Il y avait récemment encore au Grand-
Andeli un des monuments les plus remarquables de l'architecture du XVIe siècle.
Ce monument, appelé la Grande-Maison,
avait été l'ouvrage de Jean Picart, seigneur de Radeval et de Neubosc, fils de
Guillaume Picart, qui jouit d'une grande
faveur auprès de Louis XI et fut mis successivement par ce prince à la tête de ses
finances et de son artillerie.

Une pièce très-curieuse, que nous devons avec plusieurs autres à la libéralité
de M. Bonnin, contient la donation faite
audit Guillaume Picart de l'étang que
Richard Cœur de Lion avait créé entre
le Grand et le Petit-Andeli, lors de la construction du Château-Gaillard, en retenant
par une forte digue les eaux du Gambon.
L'étang a disparu et l'espace compris entre
le Petit et le Grand-Andeli a été rendu à
la culture. La donation de Louis XI mérite
d'être rapportée :

« Loys, par la grace de Dieu, roy de
« France, sçauoir faisons a tous presens
« et aduenir que nous, considerans les
« grand, louables et notables services que
« a faict nostre amé et féal notaire et se-
« cretaire M.e Guillaume Picart, tant à
« feu nostre cher s.r et père que Dieu ab-
« solve, que à nous ou faict de son office
« et plusieurs voyaiges, embassades et
« commissions et autrement en autres ma-
« nières, dont il a esté petitement recom-
« pensé, et pour consideration aussi quil
« est natif d'Andely, en nostre bailliage de
« Gisors, auquel lieu avons et nous ap-
« partient un vivier ou estant situé et
« assis entre les deux Andelis, où il con-
« vient avoir garde et sergent à gaiges,
« et neantmoins, ainsi qu'avons esté in-
« formé, nous est de peu ou neant de
« revenu, et se pourroit le d. vivier, par
« succession de temps, atterir, et couste-
« roit à remettre sus, nettoyer, garder,
« peupler et entretenir grant somme de
« deniers ; à icelui Picart, pour ces causes
« et pour aucunement le recompenser des
« d. voyaiges et services et affin qu'il soit
« memoire au dit lieu, qui est le lieu de
« sa nativité, qu'il ait esté nostre officier
« et serviteur, et par autres considérations
« a ce nous mouvans, avons de grâce spé-
« cial, plaine puissance et auctorité royal
« donné, cedé, baillé, fieffé et trans-
« porté et délaissé et par la teneur de ces
« présentes donnons, ceddons, baillons,
« fieffons, transportons et delaissons pour
« lui, ses hoirs et successeurs, le d. vi-
« vier et estang d'Andely, ainsy qu'il se
« comporte et extend, avec tout et tel
« droit de garenne et pescherie que y
« avons, tant à la bonde du d. vivier que
« autrement, ensemble la maison et jardin
« et toutes ses apartenances et appen-
« dances quelconques, sans en rien rete-
« nir, reserver ou excepter en quelque ma-
« nière que ce soit, fors seullement les
« foi et homages que le d. M.e Guillaume
« Picart et ses d. hoirs et successeurs en
« seront tenus de faire à nous ou à nos
« successeurs, et aussi d'en payer dore-
« navant six livres tournois par chacun
« an, au terme de S.t Remy, à la recepte
« de notre vicomté de Gisors, pour toutes
« rentes, services et redevances quelcon-
« ques ; premier paiement commençant à

« la feste St. Remy mil iiiic. soixante trois,
« par telle condition que toutes et quantes
« fois que le dit Picart, ses dits hoirs et
« successeurs deschargeront et acquitte-
« ront les fiefs et aumosnes et autres
« charges qui deubz sont sur le domaine
« de nostre vicomté de Gisors, de la va-
« leur des dites six livres tournois de rente,
« en icelluy cas icelluy Picart et ses dits
« hoirs demourront de lors en avant quittes
« et deschargez des dites six liv. tournois de
« rente deubz par raison du dit vivier, et
« n'en debvront que les dites foi et homaige
« seullement, pour d'icelluy vivier, ses dites
« appartenances et dependances et autres
« choses cy-dessus déclarées, joyr et user
« et les tenir et exploicter par le dit Me Guil-
« laume Picart et ses dits hoirs et succes-
« seurs, procreez de luy en loyal mariage,
« à tousjours perpetuellement, plainement
« et paisiblement, soubz les conditions et
« charges et par la manière dessus decla-
« rés. Et oultre voullons qu'ilz le puissent
« relever, quand le cas escherra, par
« quinze livres tournois, comme un plain
« fief de haubert, selon la coustume de
« nostre pays de Normandie.... Donné à
« St. Florens les [Saumur] ou mois de sep-
« tembre, l'an de grace mil quatre cens
« soixante et deux, et de nostre regne le
« dix-neufiesme. Ainsi signé : Loys. »

IV.

« Quoique Richard Cœur de lion puisse être regardé comme le créateur du Petit-Andeli, dit M. Deville dans son *Histoire du Château-Gaillard*, il est bien probable qu'il existait déjà sur son emplacement quelque établissement dépendant du vieil Andeli, ne fût-ce qu'une maison de péage. » Nous voyons en effet que l'archevêque de Rouen Manger exempta le couvent de Saint-Père de Chartres, vers le milieu du xie siècle, du tonlieu qui était perçu sur la rivière de Seine à Andeli : « Ego Mal-
« gerius, census telonei quod apud Ande-
« liacum a ministris meis accipitur S. Petro
« Carnotensis cœnobii.... perdonavi, ut
« nullum telonem persolvant imposte-
« rerum, de rebus S. Petri per flumen
« Sequanæ Rotomagum adductis. » (*Cart. de Saint-Père de Chartres*, t. I, p. 176 et 177.) — Nous rappellerons la bulle d'Innocent II, en 1131, et celle du pape Eugène III, accordée en 1148 à l'église de Rouen : « Oppidum videlicet, quod dicitur Ande-
« legium, cum villis, silvis, aquis, justiciis
« ac libertatibus, cum portu et navium
« redditibus. » Il ne serait pas impossible cependant que la maison de péage eût dès lors été établie dans l'île d'Andeli.

Le Château-Gaillard, le fort de l'île et les remparts du Petit-Andeli s'élevèrent en même temps, et offrirent bientôt au roi Richard un ensemble incomparable de fortifications. Guillaume le Breton rend compte en ces termes des travaux exécutés autour du nouvel Andeli : « In in-
« sula, juxta vicum Andeliacum aliam
« fortericiam firmavit et ædificavit ibidem
« super ripam Sequanæ a parte orientali
« villam amœnissimam in loco munitis-
« simo. Ex una enim parte circuibat eum
« fluvius prædictus, et ex alia stagnum
« amplissimum et profundum, ex quo
« stagno duo rivi, quorum uterque amnis
« vocari poterat, in utroque introitu villæ
« in fluvium Sequanam derivantur, et su-
« per utrumque rivum ædificavit pontes,
« et turres lapideas et ligneas tam in in-
« troitibus quam in circuitu erexit, pro-
« pugnaculis et fenestris arcubalistariis
« factis. »

On sait comment Philippe-Auguste triompha des obstacles que l'art et la nature semblaient avoir accumulés autour d'Andeli, et comment la prise du Château-Gaillard décida la conquête de la Normandie.

Au xiiie siècle le Petit-Andeli s'appelait la Couture-d'Andeli, Andeli-le-Jeune, le Nouvel-Andeli. Andeliscam Novum (1235), Andelium Vetus (1265), Cultura (1249, 1257), Andeliacus Junior (1348). 1269. « Apud Culturam de Andeli. » En 1285, Robert du Mont, « borgois de
« la Couture d'Andely, donne au luminaire
« de la chapelle N. D. du Temple de Bur-
« gout 5 s. parisis de rente sur sa mai-
« son en la dite Couture. »
En 1286, « devant le baillif de Gisors,
« Raoul Bourdin, de la Cousture d'Andeli,
« vend pour 40 s. t., au commandeur de
« Bourgoult, 7 s. t. de rente sur des os-
« serais en l'isle de Biauport. »
En 1380, « Colin Chevalier, demeurant à
« Andely-la-Cousture, prend à rente pour
« 6 s. p. de Jehan du Boys, commandeur
« de Bourgoult, un jardin assis audit An-
« dely-la-Cousture, en la rue de la Fayolle;
« d'un bout le chemin le Roy, d'autre bout
« l'eaue de Gambon. »

L'église de la Couture d'Andeli est placée sous le vocable de saint Sauveur; elle date du xiie ou du xiiie siècle. Elle est en forme de croix grecque, très-jolie et d'un seul jet. Toutes les fenêtres supérieures sont composées de deux lancettes, avec un quadrifoil au milieu. Au-dessous, dans la partie qui entoure le chœur, sont des arcades ogives séparées par des quadrifoils. Les bas-côtés font le tour de l'église; ils n'ont que des fenêtres à lancettes. La chapelle de la Vierge, quoique de la même époque, a un chevet rond. Elle se terminait autrefois par trois lancettes; on a bouché celle du milieu. Le portail est peu remarquable: petit clocher pointu central, en bois et en ardoise; arcs-boutants fort pittoresques. Autour du chœur, deux rangs de corbeaux ou modillons carrés, unis avec un rang de trèfles au-dessous.

La place qui entoure aujourd'hui l'église Saint-Sauveur du Petit-Andeli a été créée en 1330. Le registre LXVI du *Trésor des Chartes*, n° 784, contient la charte que Philippe de Valois accorda à cet effet aux bourgeois d'Andeli.

« *Donatio et admortisatio sex pedum terre* « *circum circa ecclesiam ville d'Andeli* « *Junioris.*

« Philippe, par la grâce de Dieu, rois
« de France, savoir faisons à tous présens
« et à venir que, comme les borjois et ha-
« bitans de nostre vile d'Andeli le Jeune
« nous aient senefié que l'eglise de Saint-
« Sauveour de ladite vile n'a point de terre
« ne d'espace entour soi hors du siege
« où elle est édifiée et assise, et la terre
« d'environ ladite eglise est nostre et de
« nostre domaine, sans moien, si comme
« els dient, et il seroit grant neccessité à
« la dite eglise et avecques ce grant ho-
« nesté pour le service devin miex et plus
« convenablement faire ou dit lieu, que la
« dite église eust aucun espace de terre
« entour soi, et pour ce nous ont supplié
« les dits borjois et habitans que nous vueil-
« liens de nostre grace sspecial otrier à la
« dite eglise aucun espace de terre conve-
« nable en tour li. Pour la quele chose,
« nous, enclinans gracieusement à la dite
« supplication et desirans que les lieus qui
« sont ordenés à l'onneur de Dieu et de
« sainte eglise et pour le devin service
« aient convenablement ce qui est pour
« nécessité et honesté et à l'acroissement
« de la biauté et plaisance qui doit estre
« ès dits lieus et es eglises, de notre grace
« sspeciale et que nous puissiens estre par-
« ticipans des oroisons et des bonnes œu-
« vres qui seront faites en la dite eglise,
« donnons et otroions liberalment à icelle
« sis piés de nostre terre de sus dite a
« prendre tout environ li. Les quiex sis
« piés de terre environ, si comme dit est,
« nous voulons que la dite eglise ait de-
« soremais à tousjours, sans ce que par
« nous ou nos successeurs contrainte
« puisse estre faite de la dite terre ainsi
« donnée faire departir de ladite eglise,
« ou de faire en finance en quelque ma-
« nière que ce soit. Et mandons et com-
« metons à nostre bailliff de Gisors que à
« la dite eglise et aus supplians desus
« dis pour la dite eglise et à son usage il
« delivre et assigne sans délai les sis piés
« de terre entour la dite eglise, si comme
« dit est, en laisse joir la dite eglise.
« Et que ce soit chose ferme et valable
« perpetuelment, nous avons fait mettre
« nostre sael à ces lettres, sauf en autres
« choses nostre droit et en toutes l'autri.
« Ce fu fait à Saint-Denis en France, l'an
« de grace mil trois cens et trente, ou mois
« de septembre.

« Par le roy, à la relation de l'au-mosnier.

« GERVASIUS. »

Le Petit-Andeli possédait un hôpital dès le commencement du XIIIe siècle.

Le 29 novembre 1256, Eudes Rigaud rapporte en ces termes une donation faite par saint Louis à la Maison-Dieu d'Andeli:

« Memoratus autem rex et dominus, no-
« lens ex nostra liberalitate predicta juri
« Rothomagensis ecclesie in aliquo preju-
« dicium generari, estimatione per viros
« fide dignos facta bonorum immobilium
« et reddituum predictorum, ad dictam Do-
« mum Dei supra pontem Vernonis edi-
« ficatam spectantium, que fuerunt per
« predictos viros usque ad summam quin-
« quaginta librarum parisiensium annui
« redditus estimata, in recompensationem
« dicte liberalitatis nostre, dedit et con-
« cessit in puram et perpetuam elemosi-
« nam, ad instantiam nostram, Domui
« Dei Andeliacensi, Rothomagensis dio-
« cesis, quinquaginta libras parisiensium
« annui redditus in prepositura sua Ande-
« liacensi percipiendas annis singulis ad
« terminos qui sequuntur, videlicet octo
« diebus ante Purificationem Beate Marie
« medietatem, et octo diebus ante Ascen-
« sionem Domini aliam medietatem. Vo-
« luit preterea sepefatus dominus rex et
« precepit, ut quicumque pro tempore
« dictam preposituram tenebit, dictam
« summam peccunie priori predicte Do-
« mus Dei Andeliacensis, qui pro tempore
« fuerit, sine difficultate qualibet persol-
« vat, prout superius est expressum. Vo-
« luit etiam predictus dominus rex et
« precepit predictam donationem suam a
« suis heredibus et successoribus inviola-
« biliter observari. In cujus rei testimo-
« nium, ad instantiam dicti domini regis,
« presentes litteras sigillo nostro fecimus
« sigillari. Datum Pontisare in vigilia Beati
« Andree apostoli, anno Domini millesimo
« ducentesimo quinquagesimo sexto. »

(Original scellé, au *Trés. des Ch.*, Arch. de Rouen, n° 4; carton J. 213. Copie dans le registre XXXI, f° 23 r°, n° 46.)

Dans le *Journal des visites* d'Eudes Rigaud on lit :

1257. — « III. kl. junii. Visitavimus
« Domum Dei de Andeliaco. Ibi est Ro-
« bertus de Sydevilla, prior, et solus sine
« socio. Ibi est una soror satis antiqua,
« et quedam ancilla juvenis. Domus habet
« in redditibus, ex antiquitate, LXV. li-
« bras, et de novo, per dominum regem,
« in prepositura de Andeliaco L. libras.
« Habent satis blada usque ad nova. De-
« bent circa VI. libras; habent adhuc XL. li-
« bras turonenses de redditu regis. Alias
« jam expenderunt. Inhibuimus districte
« priori ne aliquem in fratrem vel sororem
« recipiat absque nostra licencia speciali.

« Ipsa die, pernoctavimus apud Fraxi-
« nos. »

1264. — « Id. martii. Visitavimus Do-
« mum Dei de Andeleio. Quidam presby-
« ter erat ibi procurator et rector do-
« mus. Habebat VI^{xx} libras redditus; pauca
« debebat, et habebat estauramenta satis
« ad annum, preter ea que necessaria
« erant gravibus infirmis. Circa spiritualia
« et temporalia invenimus domum satis
« in bono statu.

« Ipsa die, pernoctavimus apud Gaillon. »

En juin 1311, Philippe le Bel, se trouvant au Château-Gaillard, donna aux frères et sœurs de la Maison-Dieu d'Andeli le droit de prendre dans la forêt cinquante charretées de bois. Cette donation est consignée dans le registre XLVI, n° 37, du *Trésor des Chartes*.

« *Littera super dono facto fratribus et*
« *sororibus de Andeliaco de quinqua-*
« *ginta quadrigatis bosci annui red-*
« *ditus.*

« Philippus, etc. Notum, etc., quod, cum
« magister, fratres et sorores Domus Dei
« de Andeliaco, per privilegium eidem
« domui dudum concessum singulis diebus
« haberent unum equm cariantem bo-
« scum in foresta nostra de Andeliaco ad
« calfagium pauperum dicte domus, nos
« loco dicti equi cariantis boscum pro
« dicta domo in foresta predicta diebus
« singulis, ex causa permutationis et ex-
« cambii eidem domui concedimus quod
« dicti magister, fratres et sorores eorum-
« que successores in dicta domo habeant
« et percipiant de cetero in foresta pre-
« dicta annis singulis in vigilia Nativitatis
« Beati Johannis Baptiste quinquaginta
« quadrigatas bosci in venda dicte foreste,
« qualibet quadrigata quatuor modulos
« continente, tantummodo per ballivum
« nostrum Gisorcii eidem domui ad usum
« predictum perpetuo liberandum. Si vero
« contigerit quod in predicta foresta ali-
« qua venda non esset, volumus et ex-
« presse concedimus quod in dicta foresta
« per magistros forestarum nostrarum aut
« per ballivum Gisorcii, vel per viridarium
« dicte foreste, qui erunt pro tempore,
« aut per eorum alterum dicte quinqua-
« ginta quadrigate bosci in eadem fo-
« resta, in locis nobis minus incomodis et
« eidem domui magis comodis ipsis ma-
« gistro et fratribus eorumque successori-
« bus in dicta domo, modo quo ipsa in
« venda perciperent, liberentur, dantes
« magistris forestarum nostrarum, ballivo
« et viridario predictis, qui nunc sunt vel
« qui pro tempore fuerint, tenore presen-
« tium in mandatis, ut ipsi aut eorum alter
« qui super hoc requisitus fuerit eidem
« Domui Dei dictas quinquaginta quadri-
« gatas bosci, de cetero, modo qui predi-
« citur, absque inpedimento quolibet, in
« foresta predicta faciant liberari. Quod
« ut firmum, etc. Salvo in aliis, etc.
« Actum apud Castrum Gaillardi, anno
« Domini M° CCC° XI°, mense junii.

« Per Archidiaconum BRIE,

« J. DE TEMPLO. »

Nous trouvons dans le *Coutumier des forêts de Normandie* la mention suivante :
« Le prieur de l'Hostel-Dieu d'Andeli le
« Jeune a tel droit, franchise et liberté en
« la forest d'Andeli, comme il ensuit : c'est
« assavoir le pasturage en la dite forest ès
« lieux où Jehan de Villers et Gaultier de
« Villers et les autres coustumiers ont
« accoustumé l'avoir : c'est assavoir pour
« XII vaches et leurs suyvans, pour XL pors
« et pour XL bestes a laine, lesquelles
« bestes seront et appartendront à la dite
« maison d'Andeli, sans fraude.

« Les malades d'Andeli-sur-Seine ont
« accoustumé prendre en la dite forest d'An-
« dely, à cause de leur hostel dudit lieu,
« chacun jour la charge de deux asnes de
« bois pour leur chauffage, et sy pevent
« amener ou faire amener chacun an à un
« asne ou à deux ou temps d'esté jusques
« à la somme de deux sommes par jour,
« et pour ce sont tenus prier Dieu, etc. »

En janvier 1319-20, le roi manda au bailli et au vicomte de Gisors et au prévôt d'Andeli de payer L liv. de rente au prieur de la Maison-Dieu d'Andeli. — *Très. des Ch.*, Reg. LIX, n° IX^{xx} IIII.

En novembre 1325, le prieur de la Maison-Dieu d'Andeli, M^{er} Guillaume de la Rivière, prit à ferme « ce qu'on appelle
« le chasteau de l'Ille et toutes les appar-
« tenances, si comme l'ille se pourporte
« tant dedens l'a[n]clos de murs comme de-
« hors, retenue la forteresce par devers
« le Roy ».

Tous ces documents prouvent que l'Hôtel-Dieu d'Andeli était situé au Petit-Andeli. L'Hôtel-Dieu y était placé sous le patronage de saint Jacques et gouverné par un prieur. Mais cette administration ne répondait nullement aux nécessités du service des malades. Au XVII° siècle, en 1640, Jeanne Corbinelli, religieuse professe de l'Hôtel-Dieu de Pontoise, prit possession de cet établissement avec l'agrément de l'archevêque de Rouen, de la ville, du prieur et de tous les intéressés. Au mois de décembre 1695, Louis XIV réunit à cet hôpital les trois maladreries du Grand-Andeli, du Pont-Saint-Pierre et de Gamaches en Vexin, et comme le prieuré était à la nomination du roi, il reçut le nom d'hôpital royal. Lorsque le roi eut, par échange, cédé au comte de Belle-Isle ses droits sur les comté de Gisors et vicomté d'Andeli, la nomination de la prieure échut au nouveau seigneur, qui choisit M°° de Gaillard-Bois de Marcouville, le 6 avril 1734.

Dans les pièces relatives à l'échange de Belle-Isle contre Gisors et Andeli, conclu entre le roi et le comte de Belle-Isle, on trouve une sentence du lieutenant général d'Andeli, du 19 août 1664, qui permet à l'hôtel de ville de recevoir les droits énoncés sur les marchandises vendues le jour de la foire de la Sainte-Croix. Une déclaration de la chambre des comptes du 31 janvier 1675 reconnaît à l'Hôtel-Dieu la possession des droits de minage, mesurage, halage et autres qui se payaient au marché d'Andeli, si la fête de saint Jacques du mois de juillet tombait un lundi ou un samedi.

On remarquait encore au XVIII° siècle au Petit-Andeli un couvent de pénitents. Toussaint Duplessis rapporte que ce couvent fut fondé en 1346 par un bourgeois de Rouen nommé Jean de la Vente. Cette fondation fut confirmée en 1347 par le roi Jean, qui n'était alors que duc de Normandie, ensuite par Henri VI, roi d'Angleterre, en 1430, par le pape Sixte IV en 1479, par Alexandre VI en 1502, enfin par le roi François I°° en 1507.

Nous devons encore à M. Bonnin une pièce curieuse déposée dans les archives du département de l'Eure et traitant de l'établissement d'un cimetière au Petit-Andeli :

« Universis presentes litteras inspectu-
« ris, Johannes, permissione divina archi-
« episcopus Rothomagensis, salutem in
« Domino sempiternam. Cum ad supplica-
« tionem humilem et devotam burgen-
« sium et habitatorum ville de Andelia-
« co Juniori, qui longuo tempore dominos
« predecessores nostros et nos, salubri
« devocione moti, requisierunt de bene-
« dicendo capellaniam Sancti Salvatoris
« existentem in dicta villa Andeliaci Ju-
« nioris, et situatam infra metas ecclesie
« nostre collegiate Andeliaci Senioris, ut
« in ipsa valentes et honorabiles persone
« sepulturam suam eligentes traderen-
« tur ecclesiastice sepulture, tam pro uti-
« litate ipsius capellanie et divini cultus
« augmentacione quam pro debitis ora-
« tionibus pro salute fidelium faciendis in
« capellania supradicta, in qua quidem
« capellania erant fontes baptismales, et
« in dicta villa Andeliaci Junioris erat si-
« militer proprium cimiterium pro deffun-
« ctorum corporibus inhumandis, predi-
« ctam capellaniam, pluribus aliis causis et
« racionibus justis et racionabilibus nos ad
« hoc moventibus, una cum ferventissima
« devotione burgensium et habitancium
« predictorum, benedicendam duxerimus
« et Deo dedicandam; verum quia aliqui
« dicebant et asserebant benedictionem
« hujusmodi capellanie fore plurimum
« dampnosam ecclesie nostre collegiate
« de Andeliaco Seniori supradicto pro
« tempore affuturo, thesaurarii ecclesie
« nostre predicte collegiate una cum bur-
« gensibus et habitatoribus ville Andeliaci
« Senioris, ex una parte, et thesaurarii
« dicte capellanie Sancti Salvatoris una
« cum burgensibus et habitatoribus ville
« de Andeliaco Juniori, ex altera, or-
« dinacione et voluntate nostris ad hoc
« accedentibus, insimul fuissent congre-
« gati ad videndum et considerandum
« fideliter dampna que provenire possent,
« ut asserebatur, ecclesie nostre collegiate
« supradicte occasione benedictionis et cor-
« porum deffunctorum inhumacione, ut
« debita recompensacio fieret ecclesie no-
« stre collegiate supradicte, licet thesau-
« rarii dicte capellanie, burgenses et habi-
« tatores ville Andeliacensis dicerent et as-
« sererent benedictionem hujusmodi non
« esse prejudiciabilem nec in aliquo dam-
« pnosam ecclesie nostre collegiate supra-
« dicte, pro eo quod oblaciones facte in
« ipsa capellania erant personarum eccle-
« siasticarum ecclesie nostre collegiate
« supradicte, ex antiqua ordinacione et
« per plures alias raciones justas et ra-
« cionabiles, ut dicebant, post plurima
« prolata inter partes predictas, consi-
« derantes benedictionem hujusmodi ad
« magnum honorem cedere cappellanie
« supradicte ac eciam utilitatem, via ami-
« cabili et concorde et pro consciencia
« cujuslibet servanda, concordatum extitit
« et ordinatum quod pro quolibet corpore
« tam magno quam parvo de cetero inhu-
« mando in dicta capellania et in terra

« circumadjacente dicte capellanie, si de
« novo benediceretur, quinque solidos pa-
« risienses solventur ecclesie collegiate
« supradicte pro toto, exceptis legatis spe-
« cialiter factis ecclesie collegiate supra-
« scripte que levabuntur et explectabuntur
« per viam monicionis seu execucionis
« super thesaurarios dicte capellanie sicut
« de re judicata, et una cum hoc dicti the-
« saurarii et habitatores ville Andeliaci
« Junioris tradent thesaurariis ecclesie
« nostre collegiate vinginti florenos ad
« scutum pro emendis quadraginta solidos
« annui et perpetui redditus ad utilitatem
« ecclesie nostre collegiate supradicte, et
« nos archiepiscopus supradictus, ut suf-
« fragiorum et orationum ac aliorum bo-
« norum que fient in capellania supra-
« dicta participes esse possimus, ex nunc
« damus et concedimus sexaginta solidos
« parisiensium annui et perpetui redditus
« ad utilitatem ecclesie nostre collegiate
« supradicte quos assignare et assidere
« promittimus sine dilacione quacumque,
« vel triginta florenos ad scutum tradere
« dictis thesaurariis ecclesie nostre colle-
« giate pro dictis sexaginta solidis par.
« emendis, ita quod de cetero persone
« eligentes sepulturam in dicta capellania
« poterunt inhumari in ea et in terra
« admortizata circumadjacente, cum erit
« benedicta, absque debato seu contradi-
« ctione quacumque. Et ad supplicacionem
« parcium predictarum concordiam et or-
« dinacionem hujusmodi, deliberacione
« habita et cause cognicione premissa, lau-
« damus et approbamus et presentis scripti
« patrocinio communimus, jure cujuslibet
« et nostro in omnibus semper salvo. In
« cujus rei testimonium, sigillum nostrum
« presentibus litteris est appensum. Da-
« tum in domo nostra de Pintervilla, die
« ultima mensis decembris, anno Domini
« millesimo trecentesimo quadragesimo
« octavo. »

V.

Récapitulons ici les principaux événements dont le Château-Gaillard et, par conséquent, les Andelis furent le théâtre.

Élevé en une année (1196-1197) par Richard Cœur de lion, le Château-Gaillard fut pris par Philippe-Auguste après un siège de deux ans, le 6 mars 1204.

Philippe-Auguste était au Château-Gaillard en mars 1205, en 1207 ou 1208: saint Louis en mars 1256, en août 1256, en juin et août 1261 : Philippe le Bel en avril et septembre 1309 et en juin 1311.

En 1314, Marguerite et Blanche, belles-filles de Philippe le Bel et femmes de Louis le Hutin et de Charles le Bel, après avoir été déclarées coupables d'adultère, furent enfermées au Château-Gaillard. Marguerite y fut étranglée en 1315.

En 1334, le Château-Gaillard servit d'asile à David Bruce, roi d'Écosse, et de prison, en 1356, à Charles le Mauvais. Ce dernier fut peu de temps après transféré au Louvre.

La même année, Charles, fils aîné du roi Jean, y rendit une ordonnance en qualité de duc de Normandie.

En 1419, après la bataille d'Azincourt, les Anglais se rendirent maîtres du Château-Gaillard, mais en 1435 La Hire parvint à les en chasser. Il paraît que les Anglais s'en emparèrent une seconde fois, puisque Charles VII le reprit en 1449.

« Encore cedit mois de septembre du-
« rant, dit le héraut de ce prince, le se-
« neschal de Poitou, messire Philippe de
« Culant, mareschal de France, messire
« Jean de Brézé, messire Denys de Chailly
« et plusieurs autres, le Roy présent, fu-
« rent mettre le siege devant le chasteau
« de Gaillart, où il y eut à l'arrivée de
« grandes vaillances faites d'un costé et
« d'autre, et de belles armes. Le siège y
« fut longuement ; car c'est un des plus
« forts chasteaux de Normandie, assis tout
« sur un haut et dur roc, joignant la ri-
« vière de Seine, en telle manière que nul
« engin d'artillerie ne le peut grever. Le
« Roy s'en retourna ce soir au giste à Lou-
« viers, et de jour en jour, tant que le
« siége dura, il alloit et venoit voir forti-
« fier iceluy siége, auquel on fit bastilles ;
« et d'après la fortification, s'en retour-
« nérent lesdits seigneurs, fors seulement
« les sires de Brézé [Pierre] et de Chailly,
« qui là demeurérent, accompagnés de
« plusieurs francs-archers, pour la garde
« d'icelles bastilles. Ils s'y gouvernérent
« tous bien grandement et sagement, tant
« que au bout de cinq semaines après les
« Anglais rendirent ledit chasteau Gail-
« lart. Lesquels estaient dedans, de cer-
« tain nombre, six vingt combatans, qui
« s'en allérent leurs corps et leurs biens
« saufs.» (*Hist. chronol. du roi Charles VII*, p. 140.)

Le parti de la Ligue, qui s'était emparé de cette forteresse, en ouvrit les portes à Henri IV en 1594. Les états généraux de Normandie en demandèrent la destruction. Henri IV y consentit. En 1599, il donna les démolitions du Château-Gaillard pour être employées à la construction de la chartreuse et du château de Gaillon. Le 14 juin 1603, ce prince permit aux Capucins du Grand-Andeli d'enlever tous les maté-riaux dont ils pouvaient avoir besoin pour réparer leur couvent. En 1640, il étendit le même privilége aux Pénitents du Petit-Andeli, et Louis XIII aux Pénitents de Rouen; mais les religieux ne tardèrent pas à abuser de l'autorisation accordée, et des lettres patentes vinrent régler la prise et l'emploi des matériaux. Cependant ce n'est véritablement qu'à dater du 15 mars 1616 que la destruction du Château-Gaillard fut régulièrement poursuivie.

Les ruines du Château-Gaillard donnent aujourd'hui une faible idée de ce que pouvait être la forteresse de Richard Cœur de lion. Il y avait jadis trois enceintes, dix-sept tours, des murailles de huit pieds d'épaisseur : du côté de la Seine des pentes abruptes, du côté de la terre une gorge profonde et un fossé creusé dans le roc vif. En partant de la croupe de la montagne, on trouve un premier fossé et une enceinte en croissant, un deuxième fossé qui entoure un deuxième croissant plus long et plus aplati, un troisième fossé dans le contour extérieur duquel sont creusées des cavités que l'on dit avoir servi d'écuries. Ce n'est qu'après ce troisième fossé que l'on trouve le corps de la place. Le mur du corps de la place est alternativement plane et bombé en tours de quart de relief. Dans ce mur et attenant à sa partie méridionale s'élève un donjon de la même forme en dehors, mais parfaitement rond à l'intérieur.

VI.

Au milieu de la Seine, en face d'Andeli, se trouve une petite île, qui de nos jours porte le nom d'un de ses derniers propriétaires, mais qui s'appelait au XIIe siècle l'île d'Andeli. Il est très-probable que les archevêques de Rouen se servaient de cette île pour surveiller le cours de la rivière et percevoir les droits de tonlieu établis sur la Seine depuis très-longtemps. Une lettre de l'archevêque Gautier à Raoul de Dicet nous apprend que ce fut par cette île que Richard commença ses travaux en 1196. Au centre de l'île s'éleva bientôt un fort octogone, composé d'une épaisse muraille flanquée de tours et protégée par un fossé, en avant duquel on dressa une haute palissade. On voit encore aujourd'hui les vestiges de ce fort et des fossés. Un pont reliait l'île au Petit-Andeli. Ce fut en attaquant le fort de l'île que Philippe-Auguste commença le siège d'Andeli en 1203; la prise de ce fort effraya tellement les habitants du Petit-Andeli qu'ils abandonnèrent leur ville et se réfugièrent au Château-Gaillard. Nous avons cité une pièce d'un registre du *Trésor des Chartes*,

J.J. 62, n° 489, f° 262, dans laquelle la ferme du château de l'Isle est baillée au prieur de la Maison-Dieu d'Andeli : « Retenue la forteresce par devers le Roy, « laquelle le dit prieur ne ses successeurs « ne pourront empirer ne damagier, ne « aussi il ne seront pas tenus à la souste-« nir, ne tenir en estat. » Le fort de l'île continua donc à subsister dans le cours du moyen âge; mais il ne paraît pas avoir eu désormais l'importance militaire dont il avait joui en 1203.

Les droits de péage sur les bateaux montant et descendant la Seine furent successivement pour les archevêques de Rouen, les rois d'Angleterre et les rois de France un droit très-lucratif; les couvents obtinrent des exemptions fréquentes. Les archevêques Mauger et Maurile en avaient accordé une au monastère de Saint-Père de Chartres. Philippe-Auguste, devenu maître d'Andeli, donna au monastère de Notre-Dame-du-Vœu le droit de faire circuler librement et gratuitement le vin et les marchandises destinés à l'usage de ce monastère.

« Philippus, Dei gratia, Francorum rex, « baillivis Meulenti, Medonte, Vernonis, « Insule Andeliaci et Rothomagi, colligen-« tibus costumas aque, salutem. Mandan-« tes vobis precipimus quatinus monachos « Beate Marie de Voto super passagio « navium suarum, ferentium vina sua « vel res alias suas, nullatenus moleste-« tis, et ipsos super eodem passagio, sicut « usque ad hanc diem usi fuerunt, et si-« cut in cartis ipsorum continetur, in « pace dimittatis. Actum apud Sanctum « Germanum in Laya, anno Domini M° CC° « XVII°, mense marcio. »
Cette exemption fut deux fois confirmée, en 1238 et en 1257.

En 1233, saint Louis accorda le même privilége à l'abbaye du Bec.

L'abbaye de Saint-Ouen de Rouen en avait toujours joui.

« Philippus, Dei gratia, Francorum rex, « universis presentes litteras inspecturis, « salutem. Notum facimus quod, cum « abbas Sancti Audoeni Rothomagensis « et procurator conventus dicti loci con-« quererentur super eo quod ballivus no-« ster Gisorcii minus juste et de novo, ut « dicebant, impediebat eisdem abbati et « conventui franchisiam quam habebant « et habuerant ab antiquo transeundi li-« bere cum rebus et bonis suis, ad usum « suum pertinentibus, per aquam Secane « apud Andeliacum, audito dicto ballivo « et visis cartis et privilegiis dictorum ab-« batis et conventus, pronunciatum fuit « ab impedimento hujusmodi fore cessan-

« dum, et dictos aubatem et conventum
« in saisina sua predicta remanere debere.
« In cujus rei testimonium, presentibus
« litteris nostrum fecimus apponi sigil-
« lum. Actum Parisius, anno Domini m° cc°
« octogesimo secundo, mense januarii. »
(Cartul. des baronnies de Saint-Ouen,
f° 74 v°, Gaagny, n° B. xliij.)

Nous avons vu qu'en 1200 le roi Jean sans Terre avait accordé aux bourgeois d'Andeli les coutumes et franchises de péage dont jouissaient les bourgeois de Rouen.

Au xvii° et au xviii° siècle, les droits de péage consistaient en un droit de bânage de 8 deniers par chaque muid de vin transporté par terre, et en un droit de travers sur les bateaux montants et descendants. Un état du produit du droit de travers par eau à Andeli, depuis le 1er janvier 1706 jusqu'en l'année 1712, montait à 13,490 livres 11 deniers. Le maréchal de Belle-Isle, propriétaire, en vertu d'un contrat d'échange, de tous les droits qui se percevaient pour le roi dans le comté de Gisors, réunit la perception d'Andeli à celle de Vernon.

VII.

Andeli était au xviii° siècle le siége d'une vicomté membre du grand bailliage de Gisors, d'une élection sous la généralité de Rouen, d'un grenier à sel de vente volontaire et d'une maîtrise particulière des eaux et forêts. Le présidial s'y tenait pour tout le bailliage de Gisors.

Lorsqu'en 1748 le roi échangea les domaines de Gisors, Vernon et Andeli contre le marquisat de Belle-Isle, on dut estimer lesdits domaines et comparer leurs charges et leurs revenus. La pièce suivante donnera des détails curieux sur la valeur de ce domaine au commencement du xviii° siècle.

« *Domaine d'Andely.*

« Le revenu des droits de travers qui
« se perçoivent sur la rivière de Seine au
« port d'Andely est évalué, par nôtre ju-
« gement du vingt-deux novembre 1727,
« à la somme de neuf mil neuf cent-vingt
« neuf livres dix-neuf sols dix deniers sur
« le pied du denier trente, cy 9,929 liv.
« 19 s. 10 den.

« Le revenu des petits domaines par
« terre du dit Andely, à l'exception des
« amendes des eaux et forêts distraites au
« profit du roy, est évalué par nôtre dit
« jugement, sur le pied du denier trente,
« à la somme de douze cent trente-quatre
« livres, cy 1,234 liv.

« *Greffes.* — Le revenu des droits et
« émolumens des greffes des bailliage,
« présidial et vicomté d'Andely, non com-
« pris le greffe en chef, est évalué suivant
« nôtre dit jugement sur le pied du de-
« nier vingt, à la somme de cinq cent
« quatre-vingt-deux livres, cy 582 liv.

« Le revenu des droits et émolumens
« du greffe en chef des dits baillage et
« présidial est évalué par nôtre dit ju-
« gement du dit jour sur le pied du de-
« vingt, à la somme de deux cent trente-
« deux livres, cy 232 liv.

« Le revenu des bâtimens des halles
« du Grand et Petit-Andely, est évalué par
« nôtre dit jugement, sur le pied du de-
« nier trente, à la somme de soixante-six
« livres treize sols quatre deniers, cy 66 liv.
« 13 s. 4 den.

« Quant aux bâtimens et débris qui res-
« tent du Chateau-Gaillard et des basti-
« ments des auditoire et prisons, il n'en
« a point été fait d'évaluation, attendu, à
« l'egard des auditoire et prisons, que la
« justice est royale, et que les dits bâti-
« mens ne sont d'aucune valeur, pourquoy
« sont cy employés à néant, cy néant.

« *Sceaux.* — Le revenu des droits du
« sceau des actes et sentences des bail-
« lage et vicomté d'Andely est évalué
« par nôtre jugement du vingt-quatre no-
« vembre 1727, sur le pied du denier
« vingt, à la somme de deux cent trente-
« trois livres quinze sols, cy 233 liv.
« 15 s.

« Le revenu des fiefs, terres et seigneu-
« ries relevant du baillage et vicomté
« d'Andely, est évalué par nôtre dit ju-
« gement, sur le pied du denier trente, à
« la somme de sept cent cinquante-trois
« livres treize sols, cy 753 liv. 13 s.

« Somme totale du revenu du dit do-
« maine d'Andely, treize mille trente-deux
« livres un sol deux deniers. »

« *Charges du dit domaine d'Andely.*

« Les frais de régie des droits de tra-
« vers sur la rivière ont esté évalués et
« fixés par nôtre dit jugement à la somme
« de dix-huit cent livres, cy 1,800 liv.

« Les frais de régie des droits de sceaux
« des sentences et actes du baillage et
« presidial ont esté fixés et évalués par
« nôtre dit jugement à la somme de dix-
« sept livres un sol six deniers, à raison
« d'un sol six deniers pour livre de l'éva-
« luation des dits droits, cy 17 liv. 1 s.
« 6 den.

« Par nôtre dit jugement du vingt-
« quatre novembre 1727, nous avons éva-
« lué à la somme de quatre cent cinq
« livres les fiefs et aumônes et gages
« d'officiers employez en l'etat arresté au
« conseil le seize octobre mil sept cent

« dix-sept, annexé au contrat d'echange
« du deux octobre 1718, déduction faite
« de la somme de mil livres qui estoit à
« prendre sur le dit domaine par la dame
« prieure de l'abbaye de Poissy, de la
« quelle somme de quatre cent cinq li-
« vres sept sols six deniers est cy fait
« employ, savoir :

« Pour fiefs et aumônes :

« Sous le nom de l'Hôtel-Dieu d'Andely,
« la somme de quatre-vingt-une livres
« cinq sols.

« Sous celuy du chapitre de Saint-Ni-
« colas de Chateauneuf, la somme de
« vingt-neuf livres.

« Sous celuy des religieux de Saint-
« Denis en France, cent livres.

« Sous le nom du chapitre d'Andely,
« quinze livres.

« Au sieur Malyoque, la somme de
« vingt livres.

« Au sieur Le Riche, cinq livres.

« Au sieur de Mennéville, la somme de
« quarante-cinq livres.

« Et à l'abbaye de Beaubecq la somme
« de cinquante livres.

« Et pour gages d'officiers :

« Au sieur lieutenant général d'Andely,
« la somme de quarante-cinq livres.

« A l'avocat du roy celle de deux livres
« douze sols six deniers.

« Et au procureur du roy douze livres
« dix sols.

« Revenant les susdites sommes en-
« semble à la dite première de quatre-
« cent cinq livres sept sols six deniers,
« cy 405 liv. 7 s. 6 den.

« Par notre dit jugement nous avons
« fixé et evalué savoir :

« Les droits de buvette et menues ne-
« cessitez des officiers du bailliage et pré-
« sidial à la somme de cent cinquante
« livres.

« Le pain des prisonniers à celle de
« cent livres.

« Les frais de procédures criminelles et
« autres frais de justice à la somme de
« mil livres.

« Les gages du geôlier des prisons à
« la somme de cent livres.

« Et les frais de régie du dit domaine
« à la somme de cent cinquante livres.

« Montant les dites sommes ensemble
« à celle de quinze cent livres, cy 1,500
« liv.

« Somme des charges du dit domaine
« d'Andely, trois mil sept cent vingt-deux
« livres neuf sols.

« De la quelle somme de trois mil sept
« cent vingt-deux livres neuf sols nous
« avons fait déduction sur celle de treize
« mil trente-deux livres un sol deux de-
« niers, à quoy monte le revenu du dit
« domaine.

« Partant le revenu net du dit domaine
« d'Andely demeure évalué et fixé à la
« somme de neuf mil trois cent neuf li-
« vres douze sols deux deniers.

« Le fonds de la quelle somme de neuf
« mil trois cent livres douze sols deux de-
« niers, sur le pied du denier trente (à
« l'exception de mil quarante-sept livres
« quinze sols de revenu des droits des
« greffes et des sceaux évalués seulement
« sur le pied du denier vingt), monte à
« la somme de deux cent soixante-huit
« mil huit cent dix livres quinze sols, à
« la quelle le dit fonds demeure fixé et
« évalué. »

Les hameaux des ANDELIS sont : — les
Arches (il doit y avoir eu un pont ou un
aqueduc en cet endroit); — la Baguelande (1); — le Chantier; — Cleri (ce nom
remonte à la période gallo-romaine : CLARI
ACUS (domaine de Clarus); — Feugueroltes
(lieu dans lequel il croit des fougères);
— le Hamel; — la Lieue; — Longue-Mare;
— Mantelle; — le Mesnil-Belanguet (Mes-
nillum-Bernanguel, 1273); — Noyers; —
Paix; — les Planches (Planchæ, en 1237);
— Pouguelles; — Radeval; — la Rivière;
— Toulon (probablement l'habitation de
quelque forçat libéré); — la Vacherie; —
Villers (patrie de Nicolas Poussin).

Les Andelis sont situés sur la petite rivière du Gambon (rivus GAMBO, 1237).

Toussaint Duplessis, *Descript. de la haute Nor-
mandie*, t. II, p. 218 et 304.
La Rochefoucauld-Liancourt, *Hist. de l'arrond. des
Andelys*, 1813, in-8°.
Langlois, *Recueil de quelques Vues de sites et mo-
numents de France*, Rouen, 1817.
La Prevost, *Notice archéologique sur le départe-
ment de l'Eure*, p. 43.
Ar. Guilbert, *les Villes de France*: les Andelis, par
Ch. Richard, t. V, p. 556.
Taylor et Nodier, *Voyages pittoresques et roman-
tiques dans l'ancienne France* (haute Normandie),
Paris 1821, t. II, p. 113 et 426.
John Sell Cotman, *Architectural antiquities of
Normandy*, Londres, 1822.
Louis Dubois, *Arch. de la Normandie*, 1re année,
Caen, 1824.
Deville, *Hist. du Château-Gaillard et du siège
qu'il soutint en 1203 et 1204*, 1829, in-4°.
Guilmeth, *Notices historiques sur la ville d'Évreux
et ses environs, le bourg de Gaillon et le Château-
Gaillard*, 1835, in-12, p. 62.
D. T. M. *Lettres historiques et critiques sur les
Andelys*, Andelis, 1836, in-8°.
Jobey, *Notice sur le Château-Gaillard et les An-
delys*, Rouen, 1832, in-8°.
Bulletin monumental, t. IV, p. 184; t. IX, p. 305;
t. XIX, p. 443.
Thomas Corneille, *Dictionnaire universel de Géo-
graphie*, in-folio, t. I, article *Andelys*.
La Normandie illustrée, in-folio, t. I, art. *Andelys*.

(1) Il paraît qu'il existait aussi deux hameaux de
ce nom ; on trouve BAGELONDA VETUS dans une charte
de 1237.

ANGERVILLE-LA-CAMPAGNE.

Arrond. d'Évreux. — Cant. d'Évreux.

Patr. S. Leu. — *Prés. les huit chanoines d'Évreux, barons d'Angerville.*

Il existe sept Angerville, dont cinq situés en Normandie, un dans Seine-et-Oise et l'autre dans le Loiret. Ce nom (ANSGERI VILLA) est normand d'origine, et aura été porté par des propriétaires normands dans l'Ile-de-France et l'Orléanais.

Cette terre appartenait de temps immémorial au chapitre d'Évreux, sans qu'aucun souverain, pape ou prélat, ait cru nécessaire de lui en confirmer la propriété; du moins nous ne l'avons vue mentionnée dans aucune charte. Dès 1603, le chapitre convenait de l'absence complète de titres; mais il n'en mettait pas moins en avant l'inconcevable prétention de tenir cette baronnie « du comte d'Évreux, qui fut bap« tisé par monsieur S. Taurin dès l'an de « l'incarnation Notre-Seigneur quatre« vingt et sept; lequel comte donna aux« dits chanoines tout le temporel qu'ils « tiennent ».

Dans un aveu de 1521, que fournit le même manuscrit, on lit :

« Item audit fief et lieu d'Angerville il y « a huit masures, logis et maisons, gran« ges et estables, qui contiennent, avec et « compris tout leur domaine de ladite sieu« rie, trois cens acres de terre, liberté et « usage en ladite forest d'Évreux, de va« leur communs ans cent cinquante livres « tournois et trois mil cinq cens ou quatre « mil livres, ou environ, pour une foys « payer. »

Cet aveu renferme sur la circonscription du fief d'Angerville des détails curieux, mais dont l'étendue nous paraît excéder les bornes de notre travail. Il nous suffira des deux citations qui précèdent pour établir que la perte des titres du chapitre d'Évreux sur son ancienne propriété d'Angerville remonte à une époque très-reculée, et qu'il y suppléait au moyen d'une prétention insoutenable, dont ses membres devaient rougir dans les deux derniers siècles. Nous y trouvons enfin tout ce qu'il nous est nécessaire de savoir sur la contenance et la valeur de ce fief.

Le seul document ancien dans lequel nous ayons vu figurer Angerville est la charte de Richard Cœur de lion en faveur de Saint-Taurin. On y lit ces mots : « Et « decimam de Ansgervilla. »

Dans une charte de Basilie de Glisolles en faveur de la Noe, on trouve parmi les témoins : « Johannes de Angervilla. » C'est Angerville, hameau de Glisolles.

« Johannes Hure et ego Radulfus Hure, « fratres, dedimus... XVIII denarios, mo« netæ actualis, annui redditus, assigna« tos eisdem monachis [de la Noe], super « terram quæ dicitur Campus Stultieiæ, « in parrochia de Angervilla. Actum co« ram parrochia de Angervilla, anno gra« tiæ M° CC° XL° VII°, mense aprili. »

Les huit premiers chanoines d'Évreux prenaient le titre de barons d'Angerville.

En 1269, après enquête, les huit chanoines, barons d'Angerville, furent maintenus dans la possession de la haute justice ou plaid de l'épée dans cette commune. (*Olim*, t. Ier, p. 323.)

Il existe aux archives de la préfecture de l'Eure de volumineux registres relatifs à Angerville; mais on n'y trouve rien d'antérieur au XVIe siècle.

Les hameaux d'ANGERVILLE sont : — les Faiaux, *Fagi* (les hêtres); *Fageta* (les lieux plantés de hêtres); — la Gueule-du-Val (ce lieu est probablement à l'origine d'un ravin, d'un vallon); — Saint-Martin (emplacement d'une ancienne chapelle dédiée à l'apôtre des Gaules); — la Ville-Neuve.

ANGLES (SAINT-GERMAIN-DES-).

Arrond. d'Évreux. — Cant. d'Évreux.

Patr. S. Germain. — *Prés. la léproserie de S.-Nicolas d'Évreux.*

La consécration de cette église, sous le vocable de saint Germain, nous porte à la regarder comme l'une des plus anciennes de l'Évrecin.

Il existe en France deux communes appelées les ANGLES, quatre ANGLES, un ANGLE, un ANGLEMONT, deux ANGLES.

Nous pensons que ce nom provient des irrégularités que présente la circonscription du territoire. Nous allons voir qu'il ne remonte pas à une haute ancienneté.

La première mention que nous connaissions de ce lieu se trouve dans la charte de Robert Ier en faveur de la cathédrale de Rouen (1028-1035) : « Et in Ebroicensi « pago,... et SANCTUM GERMANUM,.... quas « dedit Ricardus primus. »

La donation de Saint-Germain-des-Angles à la cathédrale de Rouen par Richard Ier nous paraît n'être que la restitution d'une propriété antérieure, citée par Charles le Chauve, dans sa charte de dénombrement des biens de cette église, de la manière suivante : « Necnon et in pago Ebroicino « Fontanas super fluvium Itonam, cum « omnibus adjacentiis suis, id est : Tai- « neca, Bertildicurte, Ferrarias, Scar- « degium, Turtinicurtem, una Alantie- « gum, cum sylvis, pratis et molendinis, « quam Grimo, quondam archiepiscopus, « ipsis canonicis per suam manum firmam « dedit. »

Il serait même très-possible que Saint-Germain-des-Angles occupât l'emplacement du chef-lieu de cette propriété antérieure.

La donation de Richard ne paraît pas avoir subsisté ; car à la fin du XIIe siècle (de 1194 à 1201) le droit de patronage de l'église Saint-Germain fut donné à la léproserie de Saint-Nicolas d'Évreux par Simon de Villers, ainsi que l'atteste la charte suivante de Guérin, évêque d'Évreux : « Uni- « versis ad quos presens scriptum perve- « nerit, Guarinus, divina miseratione « Ebroicensis ecclesiæ minister humilis, « salutem in Domino. Cognovimus quod « S. (Simon) de Vileriis, miles, domui « leprosorum Sancti Nicholai Ebroicensis « jus advocationis ecclesiæ S. Germani « juxta Normanvillam et quidquid in per- « tinentiis illius ecclesiæ vindicabat, amore « Dei, in elemosinam concessit. »

Cette charte est accompagnée d'une seconde donnée par Simon de Villers et contenant la même concession en termes identiques. Parmi les témoins on remarque : Robert des Planistreaus (on dit aujourd'hui les Penetraux), Gilebert de Cau- reiis, Raoul de Waudrevilla (Gaudreville-la-Rivière).

En 1224, Gautier de Chesneio donne trois acres de terre « apud Chesneium », qu'il tenait de Simon de Villers.

Simon de Villers donne son approbation à cette vente, qui est également approuvée par Jean de Villers en 1233.

Simon donne à la léproserie une masure tenue par *Guellus de Esmalevilla.*

En 1234, Jean de Villaribus, *dominus* Sancti Germani, probablement fils du précédent, confirme la donation d'une acre de terre faite par Gautier du Chesnei : « de Kesneio. »

En 1235, il confirme toutes les donations faites à la léproserie dans son fief, et particulièrement celle du droit de pâture.

En 1237, le même Jean de Villers, avec le consentement de sa femme Mathilde et de ses héritiers, donne deux acres de terre, toujours situées au Chesnel.

Cette commune a deux hameaux : — les Hautes-Portes ; les Penetraux (Planis- treaux).

On y voit sur une hauteur les ruines d'un château à tourelles, qui doit avoir été celui de la famille dont nous venons de parler.

ANGOVILLE.

Arrond. de Pont-Audemer. — Cant. de Bourg- therouide.

Patr. Notre-Dame, ou S. Lubin. — *Prés. le comte d'Harcourt.*

Il existe six communes de ce nom, toutes situées en Normandie, comme cela est bien naturel, puisque c'est l'un des noms normands les mieux caractérisés.

Cependant il y avait eu des habitations sur ce territoire bien avant l'arrivée des Scandinaves : car on trouve au hameau des Friches des substructions romaines, des tuiles antiques, des médailles, bagues et autres objets mobiliers de l'époque gallo-romaine. On peut supposer que le propriétaire normand n'aura fait que substituer son nom à l'ancienne désignation du lieu.

Le nom de cette commune devait s'écrire Ansgotivilla, et avait déjà subi une altération notable au XIIIe siècle, puisqu'on se contentait de l'écrire Angovilla.

Parmi les nombreux personnages historiques qui ont porté le nom d'Ansgot, nous remarquerons le père du bienheureux Hellouin, fondateur du Bec.

« Rogerus de Ansgotivilla reddit compo- « tum de xxx. libris de promisso pro « habenda recordatione versus Rad. de « Sanhus. In thesauro nichil. » (Stapleton, M. Rot., p. 76.)

Dans une charte de Robert de Harcourt, en faveur de la Noe (1192), le premier témoin est Roger de Angovilla.

Roger d'Angoville est employé comme témoin dans une charte de Nicolas de Glos, relative aux Fretils.

Suivant la Roque, Richard d'Harcourt présenta pour la cure d'Angoville un prêtre nommé Georges, qui fut admis par l'archevêque Pierre.

Parmi les moines du Bec qu'Eudes Rigaud trouva en 1266 dans le prieuré de Saint-Martin-la-Garenne, il cite : « Gau- « fridus de Angovilla, » qui devait être originaire de cette commune.

On lit dans le pouillé attribué à Eudes Rigaud :

« Angovilla. Johannes de Haricuria pa- « tronus ; valet xv. libras ; parrochiani « xlvii. »

Le personnage indiqué comme patron

dans ce passage du pouillé est Jean de Harcourt, 1er du nom, dit le Prud'homme et contemporain de saint Louis.

Les seigneurs de Harcourt disposèrent en faveur de leur prieuré du Parc d'une partie des dîmes.

Les hameaux d'ANGOVILLE sont : — l'Avoinerie ; — l'Église ; — les Friches ; — Himare ; — la Prieuré (c'était probablement là que les moines du prieuré du Parc déposaient leurs dîmes) ; — la Rue-Chalot ; — le Mont-Roussel.

Cf. Toussaint Duplessis, t. II, p. 409.
Canel, Essai sur l'arrond. de Pont-Audemer, t. II, p. 212.

APPETOT.

Arrond. de Pont-Audemer. — Cant. de Montfort-sur-Risle.

Patr. S. Jean. — *Prés.* les religieux du Bec.

C'est ici que nous voyons pour la première fois l'un de ces noms de lieu terminés en TOT si communs en Normandie, et inconnus dans tout le reste de la France. L'origine et le sens de ce mot sont parfaitement connus : c'est le *tofta* anglo-saxon, synonyme de cour, masure, enclos servant à l'habitation. Nous sommes tenté de le croire apporté par les Saxons dans les nombreux établissements qu'ils firent sur nos côtes, bien avant l'établissement et même les invasions des Scandinaves proprement dits. Cette circonstance expliquerait pourquoi il se rencontre si fréquemment sur les bords de la mer, et particulièrement dans le pays de Caux. Quoiqu'il en soit, si ce ne furent pas les Normands qui l'apportèrent, ils l'ont au moins adopté et conservé bien longtemps, puisqu'ils l'ont employé dans la composition des noms de lieu avec des mots latins, des noms chrétiens, ou bien seul avec l'article *le*.

Il ne faut pas confondre Appetot avec Abbetot, comme l'a fait Camden quand il travestit Ursou de Abbetot (près Saint-Romain-de-Colebosc) en Urson d'Appetot.

L'article du pouillé d'Eudes Rigaud qui concerne Appetot est ainsi conçu :

« APLETOT. Abbas de Becco patronus ; « valet XII. libras ; parrochiani XIV. »

Si c'était le nom primitif, il faudrait l'interpréter : la mesure des pommes ou des pommiers, comme nous interpréterons bientôt EPEGARD (primitivement APPELGARD ou APPLEGARD). Mais il existe en Normandie, et en Normandie seulement, un certain nombre de lieux appelés APPE-VILLE, et nous avons plus de répugnance à faire entrer ce mot saxon ou scandinave APPLE ou APPEL dans la composition de leur nom. Cependant, quand a on bien dit Yvetot, Louvetot, Hébertot, on a bien pu dire aussi Appleville, qui sera devenu Appeville.

Nous ne savons point par qui cette terre fut donnée à l'abbaye du Bec, et nous avons trouvé dans l'inventaire de ses titres bien peu de pièces qui la concernassent.

En 1239, des terres, situées à la Fossette du Coudrai, furent échangées par Guillaume Langlois avec d'autres biens que l'abbaye possédait en Angleterre.

Il y eut un arrangement entre l'abbaye et le curé : celui-ci fut mis en possession des dîmes, moyennant l'abandon de la pension que lui faisaient les moines et l'engagement pris par lui de pourvoir aux réparations de son église.

L'aliénation du fief d'Appetot eut lieu en 1577.

Il n'y a pas de hameaux dans cette commune, l'une des plus petites du département. On y a trouvé des médailles, des tuiles romaines, des substructions antiques dans le cimetière et sur la propriété de M. d'Osmoi.

Canel, Essai sur l'arrond. de Pont-Audemer, t. II, p. 212.

APPEVILLE-ANNEBAUT.

Arrond. de Pont-Audemer. — Cant. de Montfort-sur-Risle. — Sur la Risle et la Fontaine-de-Billon.

Patr. S. André. — *Prés.* l'abbé du Bec.

Il existe en Normandie deux autres lieux portant le nom d'APPEVILLE, situés l'un dans l'arrondissement de Coutances, l'autre dans celui de Dieppe.

Le territoire d'Appeville était traversé par la voie romaine de Juliobona à Noviomagus. On a trouvé sur le penchant de la côte de la Fontaine-aux-Malades une trentaine de hachettes gauloises en cuivre.

Appeville possédait au moyen âge non-seulement une église, mais une léproserie et des chapelles.

L'église d'Appeville en Roumois fut donnée à l'abbaye du Bec par Robert de Montfort, en même temps que celles de Montfort et de Flancourt, vers la fin du XIe siècle : « Ex dono Roberti de Monteforti « ecclesias de Monteforti et de Appevilla « et de Froulancourt, cum terris et deci« mis et omnibus earumdem ecclesiarum « pertinentiis. » (Charte de Henri II en faveur du Bec.)

On lit au sujet de cette église dans le pouillé d'Eudes Rigaud :

« Hapevilla. Abbas de Becco patronus; « valet xxv. libras; parrochiani vi^xx; Guil-« lelmus, presbiter, presentatus a dicto « abbate, receptus a domino Theobaldo. »

L'église, dédiée à saint André, fut reconstruite en 1550 par l'amiral d'Annebaut. Quatre troncs sont destinés à recevoir les offrandes des fidèles qui croient devoir adresser des prières particulières à saint Milford, à Notre-Dame-de-la-Délivrande, à sainte Marguerite et au Saint-Esprit. Cette église est remarquable par le dessin régulier de son vaisseau, l'élégance de sa tour carrée et les sculptures délicates du portail.

On lit encore dans le pouillé d'Eudes Rigaud :

« In leprosaria de Urticeto est quædam « capella, ad quam receptus fuit Johannes « dictus Archiepiscopus ad præsentationem « domini regis Franciæ. »

La chapelle de la léproserie était placée sous l'invocation de sainte Marguerite : elle était située près de la Fontaine-aux-Malades, à l'*ancien lieu d'Annebaut*, entre l'église de la paroisse et celle de Corneville. Le roi, les chanoines de Cléry et les seigneurs d'Annebaut présentaient successivement à ce bénéfice. Il dépendait du fief de l'Ortier, qui s'étendait sur Condé et qui était lui-même du ressort du marquisat d'Annebaut.

Il y avait encore une chapelle de Saint-Milford, près de la source du Doult de Billou, et une chapelle de Sainte-Catherine au hameau de Rondemare.

La chapelle de Saint-Milford s'élevait dans un endroit appelé le Vieux-Montfort, peut-être près de l'ancienne demeure de Robert de Montfort, seigneur d'Appeville au xie siècle.

La chapelle de Sainte-Catherine appartenait en 1295 à Nicolas de Malesmains, qui en céda le patronage à l'abbaye de Corneville.

Dans une charte de Robert II, comte de Meulan, en faveur de l'abbaye de l'Estrée, on trouve parmi les témoins : Robert de Appevilla, et dans une autre du même seigneur, en faveur de Préaux : Gosce de Appevilla.

Dans une autre charte de Préaux, relative à Catelon, on lit ces mots : « Et duo « presbiteri, Ricardus de Apivilla et Ri-« cardus de Fontinis. »

Dans une charte de l'abbaye de Lessai, l'Appeville du Cotentin est nommé Appavilla.

On trouve dans les grands rôles de l'échiquier de Normandie :

« Andreas de Appevilla, xvi. l. viii. s. pro « plegio Roberti de Apevilla.

« Thomas de Apevilla, vii. l. pro co-« dem.

« Robertus de Apevilla, serviens Ri-« cardi Landri, ix. l. xvii. s. de jura-« mento.

« Robertus de Apevilla, vii l. xiii. s. « vi d. de jurata.

« Willelmus de Apevilla, vi. l. de debito « Rogerii de Bellomonte; vi. s. de jurata.

« Landri, filius Gaufridi de Apevilla, « xx s. pro falso clamore.

« Robertus de Apevilla, xiv. l. ii. s. iv. d. « de remanente recordationis de feodis mi-« litum de honore de Watevilla.

« Walterus, frater Willelmi de Wate-« villa, xxx. l. pro habenda filia Willelmi « de Apevilla in uxorem. »

« Robertus de Appevilla, xxii. l. viii. s. « de veteri reguardo forestæ de Brotona. » (Stapleton, t. II, p. 459.)

« Robertus de Appevilla, cc. l. m. pro « habenda bona voluntate regis et confir-« mationem ipsius de carta regis Ricardi, « ita tamen quod reddet compotum de « iii. mill. libr. de receptis. » (Stapleton, p. 556.) (Voyez Barneville.)

Dans une charte de Robert II de Meulan, en faveur de Préaux, on trouve parmi les témoins Gosce de Appeville.

L'inventaire des titres de l'abbaye du Bec mentionne un grand nombre de pièces relatives à Appeville. Nous en citerons quelques-unes.

En 1245, confirmation de la dîme de deux moulins par Mathieu de la Poterie.

En 1253, Étienne Recuchon, chevalier, donna à l'abbaye une acre de terre dans la Cousture de Mortagne.

En 1255, champ de Saint-Germain; Jeanne du Teil, veuve de Mathieu de la Poterie.

En 1255, champ des Épines.

En 1278, champ de la Londe, donné par Mathieu de la Poterie, chevalier, seigneur de l'Esquesaye, probablement la Lecqueraye.

En 1302, donation par Robert de Mortemer et sa femme de cent soixante livres tournois de rente sur les moulins d'Appeville, puis de tout le revenu de ces moulins, à charge de prières.

En 1310, l'abbaye du Bec reçut, en échange de biens situés à Écouis, le tènement de Rondemare, ses moulins, et des terres et rentes situées aux Planets.

En 1312, champs de la Bucaille, de la Fosse et du Genestay.

En 1317, Thomas de Mareste; hameau de la Mareste, et non des Marettes.

En 1402, masure Jacques.

En 1412, fief du lieu et terre de Mortagne.

En 1446, messire Jean d'Annebaut, chevalier, renonce à toute prétention sur le patronage.

En 1460, tènement relevant des Planets.

En 1648, cette terre des Planets fut vendue par l'abbaye à M. de Blerancourt.

La famille d'Annebaut est établie à Appeville depuis le XIVe siècle. En 1387, Raoul, l'un de ses membres, prenait le titre de seigneur d'Annebaut, de Brestot et d'Appeville.

Raoul, écuyer, acquit, le 10 septembre 1387, 9 liv. de rente sur la vicomté de Pont-Audemer, lesquelles furent vendues par Raoul Franqueville, chevalier, seigneur de Couillarville, et Jeanne Mailloc, sa femme.

Il acheta en 1396 le fief de la Mare-Godart, de Jeanne de Ressancourt, veuve de Jean de Préaux, chevalier, et rendit aveu le 24 septembre 1409, en qualité de seigneur d'Annebaut, Brestot et Appeville.

Jean, chevalier, seigneur d'Annebaut, de Brestot et de Triqueville.
Épousa Marie Vipart, fille de Jean Vipart et de Guillemette l'Estournel.

Guillaume ecclésiastique.

Jeanne, femme de Guillaume d'Hautemer, seigneur de Fervaques.

Jean II, seigneur des mêmes lieux et de plus d'Aubigné et d'un Saint-Martin-le-Vieil, gentilhomme ordinaire de la chambre du roi, connétable héréditaire de Normandie.
Épousa Marie Blosset, fille de Jean Blosset, seigneur de Carrouges. Ils eurent cinq enfants : deux fils et trois filles. Les deux fils furent Claude et Jacques d'Annebaut.

Pierre d'Annebaut, seigneur de Brestot.

Robine Richard de Sieurray, seigneur de Mallicorne.

Claude, baron de Retz et de la Hunaudaye, maréchal de France en 1538, mort en 1552, enterré à Annebaut. Il épousa :
Françoise de Tournemine, baronne de la Hunaudaye, veuve de Pierre de la Val, seigneur de Montafilant, et en secondes noces de René de Montejean, maréchal de France.

Jacques d'Annebaut, évêque de Lisieux, mort à Rouen en 1558.

Jean III, baron d'Annebaut, de Retz et de la Hunaudaye, vaillant homme de guerre, mort des suites de ses blessures à la bataille de Dreux, en 1562.
1° Antoinette de la Baume-Montrevel, dame de Châteauvilain.
Diane d'Annebaut, morte le 23 déc. 1560.
2° Claude-Catherine de Clermont, dame de Dam-

Madeleine d'Annebaut.
1° Gabriel, marquis de Saluces, 1548.
2° Jacques de Silly, comte de la Rochepot.
Sine prole.

pierre, l'une des femmes les plus accomplies de son siècle, hérita de la baronnie de Retz et la porta en mariage à Albert de Gondi, duc de Retz, pair et maréchal.

Conférez, pour les détails, le P. Anselme, *Hist. généal.*, t. VII, p. 177-179.

Les armes de cette famille étaient de gueules à la croix de vair.

C'est Claude d'Annebaut, amiral et maréchal de France, frère de Jacques d'Annebaut, évêque de Lisieux, qui bâtit le château, de 1522 à 1546. La première pierre du pavillon au midi a été posée, dit-on, par Marie-Madeleine d'Annebaut, sa fille. Cet édifice était d'une grande magnificence. Il existait une vingtaine d'anneaux de fer, engagés dans les murailles. On en a conclu que l'amiral d'Annebaut voulait canaliser la Risle jusqu'à sa résidence.

Il existe un dessin du château d'Annebaut dans les papiers de M. Rever ; nous en avons vu les restes très-bien caractérisés, il y a vingt-cinq ans.

La terre d'Appeville-Annebaut fut érigée en baronnie (1549), puis en marquisat (1648).

Il y a dans cette commune un grand nombre de lieux dits. Ce sont : — Becquerel (petit ruisseau) ; — le Bois ; — le Boisnei ; — le Bourg ; — les Bunel ; — les Cabots (nom de famille) ; — les Chaufourniers ; — Claireau ; — la Claie ; — les Gréaume ; — Hauchard ; — l'Hermitage ; — Lucette ; — les Marestes ; — Mignot ; — Mortagne ; — le Moulin du Bois ; — la Mulotière ; — les Planets ; — la Rocque ; — Rondemare ; — la Sauvagerie ; — le Vieux-Montfort, etc.

Cf. Toussaint Duplessis, t. II, p. 411.

Canel, *Essai sur l'arrond. de Pont-Audemer*, t. II, p. 289.

Bulletin monumental, t. XX, Notice sur Appeville-Annebaut.

ARCEI (SAINT-CLAIR-D').

Arrond. de Bernai. — Cant. de Bernai.

Le véritable nom de cette commune n'est pas Saint-Clair-d'Arcei, mais Saint-Clair-de-Darcei, ou Saint-Clair-Darcei, comme nous le verrons bientôt.

Il existe en France un Darcei (Côte-d'Or) ; indépendamment de celui-ci : un Dercé (Vienne) ; un Dercie (Charente-Inférieure) ; un Derci (Aisne).

Nous ignorons complétement la signification de ce mot, qui nous paraît appartenir à la langue celtique.

Quant aux communes portant le nom de

Saint-Clair, nous en connaissons seize, dont six en Normandie. Il n'est pas étonnant que le culte de ce saint ermite y ait été plus répandu qu'ailleurs, puisque saint Clair paraît avoir habité successivement les deux extrémités de cette province. Sa légende est fort obscure, et ne fournit aucuns caractères chronologiques précis. Nous pensons cependant que ce saint a dû vivre sous la dynastie mérovingienne, vers le VII° ou VIII° siècle.

Le premier document, à notre connaissance, qui soit relatif à ce lieu est la charte suivante :

« Universis sanctæ matris ecclesiæ fide-
« libus, ad quos præsens scriptum per-
« venerit, Robertus, divina miseratione
« Ebroicensis ecclesiæ minister humilis,
« salutem in Domino. Noverit universitas
« vestra quod, cum dilectus filius et cano-
« nicus noster Willelmus Bole jus patro-
« natus SANCTI CLARI de DERCHAIO a di-
« lecto filio nostro Willelmo, domino de
« SAQUEINVILLA, acquisivisset, et penes
« venerabilem quondam patrem nostrum
« Lucam bonæ memoriæ tam de facto
« patronatus quam de ecclesia cum perti-
« nentiis suis ordinandi potestas, ad libi-
« tum suum, assensu et voluntate dicto-
« rum Willelmi et Willelmi, resedisset; et
« idem dictus pater, longa ægritudine de-
« tentus et tandem morte præventus, quod
« de ordinatione dictorum patronatus et
« ecclesiæ cum pertinentiis suis proposue-
« rat imperfectum reliquisset; nos itaque,
« cum parvi temporis processu dictorum
« patronatus et ecclesiæ cum pertinentiis
« suis eadem ordinandi potestas ad nos
« fuisset devoluta, tenuitatem ecclesiæ
« nostræ et honera (sic) sæpius occurrentia
« attendentes, de eis ordinavimus in hunc
« modum, videlicet quod tota decima bladi
« sit ecclesiæ Ebroicensi; duæ scilicet
« garbæ in augmentum communiæ; tertia
« ad anniversarium dicti Willelmi Boli et
« antecessorum suorum faciendum. Cetera
« vero ad eamdem ecclesiam pertinentia
« vicariæ ejusdem ecclesiæ concessimus,
« patronatum ejusdem ecclesiæ nobis et
« successoribus nostris in perpetuum re-
« servantes. Quot ut ratum et inconcus-
« sum permaneat, sigilli nostri munimine
« roboravimus. Actum anno ab Incarna-
« tione Domini M° CC° vicesimo, mense
« octobris, »

Il résulte de ce document, que Robert n'est pas mort en 1219, mais tout au plus à la fin de 1220.

Dans la charte de confirmation des biens du chapitre par Raoul de Cierrai, Ier du nom, qui porte la date de 1224, on trouve le passage suivant, relatif à Saint-Clair-d'Arcei : « Universas decimas ecclesiæ Sancti Clari de Dercaio in Oca. »

Ces mots : in Oca, signifient que Saint-Clair était dans le voisinage de la forêt de Beaumont-le-Roger. « Foresta quæ vocatur Occa, » dit Roger de Beaumont lui-même, lorsqu'il en parle dans une charte que nous aurons prochainement occasion de citer.

En 1288 « Richardus dictus Poislevilain, de parochia Sancti Clari de Darchai, » vendit au chapitre d'Évreux pour cent sols tournois la rente d'une mine de blé, qu'il avait le droit de percevoir sur la dîme de cette paroisse. Il existe encore aujourd'hui des Pellevilain à Saint-Clair.

En 1394 Pierre Mauvoisin, seigneur de Serquigny et de Grantchain (sic), renonça à toutes prétentions sur le patronage de l'église de SAINT-CLER-DE-DERSAY en faveur du chapitre d'Évreux, moyennant certaines conditions, stipulées dans la transaction entre les deux parties, qui fut ratifiée à l'échiquier de Pâques, à Rouen.

Il a été trouvé dans cette commune environ un boisseau de médailles d'argent vers 1830. J'en ai vu une qui était de Gordien Pie. Ce petit trésor était sous un tas de cailloux, dans le voisinage de très-vieux chênes.

Les principaux hameaux de SAINT-CLAIR-D'ARCEI sont : — la Benardière; — la Blardière; — la Bonne-Mare; — le Bocage; — le Boterel (ce nom signifie en vieux français un crapaud); — la Boissière (*Buxaria* : le terrain couvert de buis); — les Bruges; — la Cervelière; — la Chauvinière; — les Clopins; — l'Épouvante; — la Fouqueterie; — la Fourelière; — les Granges-l'Abbé (c'était probablement là que se trouvaient les granges du chapitre); — la Hacherie; — le Hameau-Donard; — le Hameau-Donelle; — les Hameaux; — le Manoir; — la Mare-Hue; — la Masselinière; — la Mercerie; — les Monts; — le Nouveau-Monde; — la Poquerie; — le Plessis; — la Poulinière; — la Reauté (nous pensons que ce nom vient de *Rotagium*); — la Sapaie; — la Servetière.

ARMENTIÈRES.

Arrond. d'Évreux. — Cant. de Verneuil-Sur-l'Avre.

Patr. S. *Martin*. — Prés. l'abbaye de S.-Père de Chartres.

C'est un usage très-ancien, et qui remonte à l'époque mérovingienne, que de former des noms de lieu avec les noms des productions principales du territoire en végétaux, animaux ou minéraux, et la terminaison en *ières*.

Il existe en France quatre Achères (*Apiariæ*); trois Allières; trois Agnières; trois Argentières; quatre Armentières; seize Asnières, sans compter Arnières qu'on doit y joindre; deux Avenières; une Bouvières; quatre Cabrières; une Canebière; deux Cervières; deux Chenevières; quatre Chevrières; deux Colombières; neuf Épias, Épiais, ou Épieds (*spicariæ*); six Favières; quarante-cinq Ferrières; deux Fromentières; quatre Garancières; quatre Goupilières; quatre Louvières; onze Lignières; deux Linières; quatre Orgères; deux Plombières; un Porchères; onze Rosières (lieux où il croît des roseaux et non pas des roses); deux Taisnières (lieux habités par des blaireaux (*tessons*)); deux Vachères; une Vespière (*Vesparia*).

On trouve dans une charte de Charles le Chauve, sous la date de 867, un lieu nommé Armentariæ; mais nous croyons que ce nom, qui signifie un lieu propre à la nourriture et à l'éducation des bestiaux, remonte beaucoup plus haut, et que si nous ne le voyons pas figurer dans des documents antérieurs, cela tient uniquement à ce qu'on n'aura pas eu occasion de le citer dans ceux qui nous sont parvenus.

La mère de Grégoire de Tours s'appelait Armentaria.

On trouve dans le cartulaire de Saint-Père de Chartres un grand nombre de documents relatifs à ce lieu, parmi lesquels nous nous contenterons de citer les suivants :

« De ecclesia Ermentealarum, et de
« omni terra quam emerunt monachi ab
« Archimulfo, quondam milite :

« In nomine Domini et Salvatoris nostri
« Jesu Christi, comes Vualterius : notum
« esse volumus omnibus tam presentibus
« quam futuris quia adierunt presentiam
« nostram monachi Sancti Petri Carno-
« tensis, ut eis ex nostra parte concede-
« retur quatinus liceret eis comparare ec-
« clesiam ex beneficio Archinulfi, fidelis
« nostri, de cujus est beneficio, nomine
« Ermenteale, simul cum omnibus in ea-
« dem villa et ejusdem Archinulfi bene-
« ficio pertinentibus. Quod, ego consen-
« tiente simul et precante, libenti animo
« annuimus. Terminatur autem ipsa terra
« ex uno latere fluvio Arvæ (*la rivière
« d'Avre*), altero latere via publica, uno
« fronte fluviolo vulgari nomine Berlo
« vocitato (*le nom de ce ruisseau est resté
« au village de Bellou*); quarto fronte di-
« viditur ipsa terra ab illa quæ continetur
« ab Euroldo villare. Infra has termina-
« tiones totum quod ibi continetur, con-
« cedimus terras tam cultas quam incultas,
« tam eam quæ videtur esse silva, pro pre-
« cio quod inter Archinulfum et monachos
« complacuit. Ea ratione ut annis singulis
« in festivitate Sancti Martini, quæ est
« tertio idus novembris, dent monachi
« Archinulfo, et post ejus obitum suis suc-
« cessoribus, duos solidos, pro caritate et
« custodia loci. Nulla omnino alias res ab
« eis requiratur! Atque ecclesiam, omnem-
« que terram jure perpetuo sine ulla
« calumnia possideant, et teneant, nun-
« quamque amittant !..............

« Ut autem hæ traditiones firmæ et sta-
« biles omni tempore permaneant, secun-
« dum petitionem monachorum, conscri-
« ptionis cartam eis fecimus et manu no-
« stra ac fidelium nostrorum subterfirmare
« curavimus. Si quis igitur has donatio-
« nes irritas facere voluerit, aut aliquo
« modo destruere, aut plus aliquid quam
« supra posuimus requirere, aut aliqua
« prava consuetudine habitatores gravare,
« iram Dei omnipotentis incurrat, et cum
« Dathan et Abiron atque Juda traditore,
« et ipso Antichristo et Angelis ejus, in-
« fernalem damnationem in flamma ignis
« æterni perpetualiter incurrat !

« Actum Drocis publice.

« Walterius comes (1). Eva comitissa.
« Erchenulfus et Roscelinus filius ejus,
« qui venditores et datores fuerunt præ-
« fatarum rerum. . . . »

Les autres souscriptions ne consistent qu'en noms propres, qui ne présentent aucun intérêt.

Voici une autre charte :

« In nomine Domini nostri Jesu Christi,
« conditoris omnium rerum, ego Landri-
« cus, gratia Dei abbas (1033-1069) con-
« ventus S. Petri Carnotensis. Notum fieri
« volumus omnibus fidelibus, tam pre-
« sentibus quam futuris, quod, postquam
« ab antecessoribus nostris Ermentaria-
« rum villa, tunc inhabitabilis, cum ec-
« clesia, de quodam milite, Roscelini pa-
« tre, sicut in archivis nostris habetur
« scriptum, omni consuetudine libera præ-
« ter duos solidos nummorum de custodia
« et pasnadium (sic), fuit empta, idem
« Roscelinus, irreverenti et infrunito ani-
« mo victus, post venditionem vicariam (2)
« ejusdem villæ usurpare non erubuit. Qui
« tandem, moriendo recipiscens, pro ani-
« mæ suæ remedio, cum assensu domus
« suæ, Sancto Petro reddidit. Cujus filios,

---

(1) Gautier 1er, comte de Vexin, épousa en 965 Eve, fille de Landri, comte de Dreux, et mourut vers 988.

(2) Ce mot désigne ici des droits de justice.

« Teudo, postea, pravo consilio suorum,
« eandem vicariam per sonum campanæ
« ecclesiæ rursus invasit. Verumtamen a
« Warino monacho precibus multis exo-
« ratus, acceptis solidis nummorum x.,
« ipsam vicariam, quam injuste invaserat,
« guerpivit, habens secum Hugonem de
« MASELARIA, et Walterum Christallum de
« SENUNCHIIS. Deinde hujus Teudonis do-
« minus, Alberti Ribaldi filius, præfatos
« duos solidos nummorum cum pasnadio
« et ipsam vicariam suis usibus mancipa-
« vit. Qui, cum per plusculos annos eam
« tenuisset, Sancto Petro apostolo hanc
« ipsam vicariam perpetuo jure possiden-
« dam reddidit, et duos solidos cum pas-
« nadio suo cuidam.... Isnardo de Mori-
« villare (*Morvilliers*) condonavit. Testes :
« Guado, Hugo Drocensis. Herbertus de
« BURSERIIS. Dodo, senescallus. »

Dans la charte de confirmation, par le roi Étienne, des biens donnés à la cathédrale d'Évreux par Henri Ier, on lit : « Et « pedagium ipsius Vernolii et ERMENTE-« RIARUM.... »

Dans une charte du cartulaire de Saint-Père de Chartres, p. 553, on voit figurer : « Fulco de ERMENTARIIS, » et dans une autre, p. 589 : « Fulbert de HERMENTA-« RIIS. »

En 1207, Guillaume de la Ferté renonça à toutes ses prétentions « super pastura, « scilicet filgeria, brueria et mirica in « terra de HERMENTARIIS ».

En 1208, 1211 et 1223, Pierre de la Rivière (*de Riparia*) renonça à toutes ses prétentions « apud Sanctum Christofo-« rum et ERMENTARIAS ». Dans la seconde de ces chartes, il parle de sa femme Mathilde, de ses fils Pierre, Guillaume et Gilbert, de ses filles Mathilde et Adeline. Son écu est fascé de vair. Dans celle de 1223, il est remarqué que c'est l'année de la mort de Philippe-Auguste.

En 1216, Vivien du Bois (*de Nemore*) renonça à ses prétentions sur plusieurs pièces de terre en faveur du prieur *de* ERMENTARIIS.

Dans le pouillé de Chartres, qui remonte à la seconde moitié du XIIIe siècle, on lit : « ERMENTERIE. L. parrochiani. « Valet XVI. libras. » Dans une bulle de 1406, citée ci-dessous à l'article de Sainte-Marguerite-de-l'Autel, on verra que l'église d'Armentières n'avait à cette époque que le titre d'autel, inférieur à celui de paroisse.

On peut remarquer que l'orthographe régulière a prévalu sur la manière vicieuse dont on s'obstinait à écrire ce nom au moyen âge. C'est ordinairement le contraire qui arrive. L'orthographe moderne des noms de lieu les défigure presque toujours.

L'acquisition de cette commune par la Normandie et le diocèse d'Évreux ne date que de l'établissement des circonscriptions départementales. Elle appartenait précédemment au pays chartrain, à l'évêché de Chartres, à la mouvance du comté de Dreux, et elle dépendait du parlement de Paris et non du parlement de Rouen.

Le vocable de Saint-Martin indique que la création de l'église est fort ancienne.

Les hameaux d'ARMENTIÈRES sont : — Bellou (nous venons de voir l'origine de ce nom ; en général, quand un cours d'eau et un lieu habité portent le même nom, c'est presque toujours le second qui l'a emprunté au premier) ; — Bois-Massot ; — la Chauvelière ; — la Chevalerie ; — la Faillie ; — Saint-Étienne ; — la Vacherie.

ARNIÈRES.

Arrond. d'Évreux. — Cant. d'Évreux (sud).

Patr. S. Martin. — *Prés. l'abbesse de S.-Sauveur d'Évreux.*

Le nom primitif de ce lieu est Asnières, et il l'a porté jusqu'au XIVe siècle. La lettre R, beaucoup plus ronflante que l'S, lui a été substituée en Normandie dans un grand nombre de lieux. C'est ainsi qu'on y a dit Avernes pour Avesnes et Auteverne pour Autevesne.

On doit donc ajouter cette commune aux seize Asnières déjà connus.

L'église est dédiée à saint Martin : preuve certaine que son origine est fort ancienne.

Cette commune fut donnée à l'abbaye de Saint-Sauveur, vers 1060, par la charte de fondation : « Apud ASNERIAS dedi to-« tum quod in dominio habebam, excepto « feodo militum et nemore et aqua. Ta-« men in eis dedi eis piscationem quæ « vulgo dicitur CROIGNIN.

« Hylaria, Dei gratia ecclesiæ Sancti « Salvatoris Ebroicensis abbatissa, omni-« bus in Christo salutem. Notum omnibus « fieri volumus quod, communi consensu « totius conventus ecclesiæ nostræ, dedi-« mus Symoni de Mota et concessimus in « hereditatem terram quæ est super ru-« pem quæ dicitur WITECLIVE prope ci-« vitatem Ebroicensem, et unum mesna-« gium apud villam quæ dicitur ASINARIÆ, « et terram quæ est inter duas aquas, et « III. pieças prati, et campum integre « quemdam qui est apud Sanctum Marti-« num de ASINARIIS, et campum Wimun-« di, et IV. acras terræ in campo qui

« dicitur Leuga, et unam acram apud
« villam quæ dicitur Vilers (*Villez-sur-
« Damville*) juxta forestam comitis Ebroi-
« censis. Pro hoc autem tenemento red-
« det ipse Symon ecclesiæ annuatim in
« die Natalis Domini v. solidos. Proinde
« vero dedit nobis ipse Symon et conven-
« tui, in recognitione doni hujus et con-
« cessionis, xl. solidos et iii. dolenos vini.
« Huic autem dono et concessioni inter-
« fuerunt cum capitulo ecclesiæ nostræ
« Guarinus de Sissi, cantor ecclesiæ
« S. Mariæ Ebroicensis, et Hugo de Ba-
« keptis, Radulfus Gualopin, Gaufridus
« Sellarius, Reginaldus Imperator, Matheus
« filius Huardi, Thomas filius Theodori,
« Berengarius de Gambes, Christianus de
« Abbatia, Normannus, Ranulfus de Ba-
« vent, et Willemus frater ejus, Roge-
« rius de Harecourt, Brientius canonicus.
« Ut autem hæc omnia rata et inconcussa
« et indistracta haberentur in perpetuum,
« sigilli nostri auctoritate consignari feci-
« mus, assistente ibi Roberto capellano,
« qui hoc scriptum fecit. »

Cette charte est du milieu du xiie siècle. On a dû y remarquer le nom de *Witte-clive*. Ce mot, qui est non pas seulement scandinave, mais aussi anglo-saxon ou même anglais, signifie la côte blanche. C'est encore aujourd'hui ce dernier nom que porte une partie de la côte Saint-Michel.

L'abbaye de Saint-Sauveur possédait à Arnières une acre de masure, vingt acres d'enclos de diverses natures, cinquante acres de labour, seize acres de prairies et pâtures, cinquante acres de bois et un vignoble enclos de quatre acres.

« In nomine Sanctæ et Individuæ Tri-
« nitatis, Patris et Filii et Spiritus Sancti,
« amen. Sciant tam presentes quam fu-
« turi quod ego Amauricus, Ebroicensis
« comes, cum de terra mea iter meum
« apud sanctam terram Jerusalem arri-
« pui, huic Roberto de Ardie pro servitio
« suo c. solidos redditus in molendinis
« meis de Asneres dedi et concessi, et inde
« hommagium mihi fecit ; et in prædicta
« terra Jerusalem in eisdem molendinis
« lx. solidos redditus ei addidi, et omnem
« istum prædictum in medio quadragesi-
« mæ est recepturus libere et quiete, pro
« omnibus consuetudinibus donando sin-
« gulis annis in vigilia Sancti Paschæ
« quædam calcaria superaurata. Ut autem
« hoc donum meum ratum et inviolatum
« permaneat, sigilli mei munimine præ-
« senti paginæ commendavi, et subscri-
« ptorum virorum testimonio corroboravi.
« Hujus rei testes sunt : frater Giraldus
« de Ridefort, tunc temporis militiæ
« Templi magister, et totus conventus
« ejusdem militiæ, et dominus Rogerius
« de Murrai, Hugo de Beuchamp, Ugo de
« Diva, Matheus Torel, Guifrei de Barket,
« Gillebertus de Landes, Alexander Mai-
« lardus, Garnerius capellanus meus, Eve-
« radus de Tremblei, Boschardus de
« Tremblei, Reginaldus de Sancro Al-
« bino, Willelmus Maillardus, Ricardus
« de Joi, Radulfus de Fonte, Radulfus
« de Aubeveir, et plures alii. »

— « Sciant tam presentes quam futuri
« quod ego Amauricus, comes Ebroicensis,
« dedi et concessi Roberto de Dardeis,
« homini meo, pro suo servitio, c. solidos
« andegavensium in meo thalamo de red-
« ditu, donec reversus sim a Jerosolimis ;
« et propter recognitionem sui hommagii
« reddet mihi prædictus Robertus an-
« nuatim quædam calcaria deaurata. Si
« autem repatriare non potero, volo ut
« ipse Robertus et suus heres, de legi-
« tima sponsa genitus, percipiant, me-
« diante quadragesima, præfatum reddi-
« tum annuatim in meis molendinis de
« Asinariis, de me et meis heredibus. Et
« si reverti potero ab Jherosolimis, ei as-
« signabo sufficienter victum suum alibi.
« Et ut hoc ratum sit, sigilli mei muni-
« mine confirmavi. Testibus : Georgio
« Neel, Henrico de Longo Campo, Roberto
« de Sabluel, Gaufrido de Barket, Gille-
« berto de Landis, Alexandro Maillart,
« Stephano de Dardeis, Willelmo de Ira-
« villa, Roberto Neel, Gaufrido de Mon-
« fort, Evrardo de Tremblei, Boiardo,
« Maillardo, et multis aliis. »

Ces deux chartes sont d'une haute importance, non-seulement pour l'histoire d'Arnières, mais encore pour celle des comtes d'Evreux. Nous leur devons la première révélation du voyage d'Amauri III à la terre sainte avec plusieurs de ses vassaux. Elles ne portent point de date ; mais la présence du grand maître du Temple, Gérard de Ridefort, lors de la rédaction de la première charte, nous montre qu'elle ne saurait être antérieure à l'année 1488, dans le courant de laquelle il parvint à cette dignité, ni postérieure au 4 octobre 1489, jour où il périt si glorieusement, en protégeant la retraite de l'armée chrétienne. Amauri avait devancé à la croisade les deux rois de France et d'Angleterre, et fut le témoin de toutes les misères qui signalèrent la chute du royaume de Jérusalem. Peut-être était-il déjà en Orient à l'époque de la bataille de Tibériade (5 juillet 1487).

Dans une charte d'Etienne de Dardez, sous la date de 1209, le nom d'Arnières est écrit Assineria.

En 1224, Geoffroy Fere, dans une vente à l'abbaye de Saint-Sauveur de rentes sur des biens situés à Arnières, donna en garantie sa propriété de Bosco Odonis. Cet acte est passé devant Guillaume de VILLA TERRICI (Villethierry, près Sens), alors bailli d'Évreux, Roger Pécheveron et Guillaume de FRESNEI, chevaliers.

En 1225, dans une vente aux religieuses de Saint-Sauveur, une acre de terre est située « *juxta costerias* MONTIS PAGANI ».

La même année, Adam Langlois et Emeline Grixe, sa femme, leur donnent tout le fief qu'ils possédaient « *apud* VALLEM PAIEN ».

On pourrait croire que ces deux noms désignent le coteau où notre savant ami M. Bonnin a si habilement retrouvé l'emplacement d'un théâtre romain rustique, et la vallée voisine, encore toute pleine de débris antiques; mais il s'agit ici de la côte du Haut-Péan, placée de l'autre côté de la vallée et appartenant aujourd'hui à la commune de Saint-Sébastien-de-Morsent. On a trouvé d'intéressantes substructions antiques dans le voisinage qui justifient suffisamment la qualification de mont et de vallée païens.

En 1244, une masure est indiquée « juxta « aquam MONCELLUM ex una parte, « et ASNERIAS ex altera ».

En 1259, vente de vignes.

En 1272, une autre pièce de terre est indiquée « inter Moncellum de dicta « parochia d'ASNIERES et BERENGERVIL-« LIAM ».

En 1289, il est fait mention du moustier de Saint-Laout (Bérengeville). — Terre située vers les VAUZ.

En 1292, vente de deux acres de vigne.

En 1296, ARNIÈRES.

En 1307, on écrivait encore ASNIÈRES (Gr. cart. de Saint-Taurin, f° XLVI v°.)

En 1369 et 1419, vente de vignes.

En 1522, sente tendant à Saint-Lout (Bérengeville).

Une carrière, dite de Bapaume, à l'entrée de la forêt, aujourd'hui abandonnée, a fourni une grande partie des pierres qui ont servi à construire les anciens monuments d'Évreux.

Hameaux et dépendances : — le Chantier-des-Flotteurs ; — les Côtes ; — la Friche ; — la Grenouillère ; — la Grille-Gibourdel ; — la Gueule-du-Val ; — la Maison-des-Sauces ; — le Moucel (*Monticellus*, petite éminence, *Moncellus*. Voyez ci-dessus les extraits des actes de 1244 et 1272).

Masson de Saint-Amand, *Suite des Essais historiques sur le comté et la ville d'Évreux*, t. II, p. 57.

ARQUENCI.

Arrond. des Andelis. — Cant. des Andelis.
Sur le Gambon.

Patr. S. Pierre. — *Prés. le seigneur du lieu ou celui d'Etrépagni.*

Il y a peu de communes en France dont les noms présentent quelque rapport avec celui-ci ; nous citerons cependant ARCONCEI dans la Côte-d'Or, ARCHINGEAI dans la Charente-Inférieure. Ces trois mots sont visiblement d'origine gallo-romaine, et c'est un nom de propriétaire qui en forme la base. Arquenai, Arquian, Harcanville peuvent encore en être rapprochés.

Parmi les témoins d'une charte de Richard de Vernon en faveur de Jumiéges (1174), on remarque Guillaume de ARCHENCEIO.

Dans les grands rôles de l'Échiquier de Normandie pour 1180, on trouve : « Johannes de ARCHENCEIO » condamné à 10 sous d'amende « pro vino super vendito ».

Voici ce que le pouillé d'Eudes Rigaud dit de cette petite commune :

« Ecclesia Sancti Petri de ARQUENCI.
« Willelmus Crispinus patronus ; habet LX.
« parrochianos. Est ibi vicarius perpetuus,
« et valet vicaria XXXII. libras sibi et cui-
« dam capellano quem tenet. Proventus
« ejusdem ecclesiæ valet XL. libras turo-
« nensium. »

Il y avait dans cette commune une commanderie de l'ordre du Temple, dont l'ordre de Saint-Jean-de-Jérusalem a joui jusqu'à la Révolution. Elle portait le nom de Bourgoult, et se composait de quatre membres, savoir : Bourgout, chef-lieu ; le Mesnil-sous-Vercilves ; le Bois-Hibout, en la commune de Saint-Vincent-des-Bois près Paci, et Campigni près Pont-Audemer.

« Omnibus sanctæ ecclesiæ apostolicæ
« filiis ad quos presens scriptum perve-
« nerit, Robertus Crespin, salutem in
« Domino Deo perpetuam. Noverit uni-
« versitas vestra quod ego Robertus Cre-
« spin, pro amore Dei et salute animæ
« meæ, necnon Agnetis, uxoris meæ, et
« ipsius assensu et voluntate, donavi et
« concessi Deo et fratribus Templi Salo-
« monis, in liberam et puram elemosi-
« nam, LX. acras terræ, percha de XXIV.
« pedibus..... de boscho de dominio meo,
« in parrochia de ARCHENCHIO sitas, totas
« in meo tenemento, et in boscho de
« BOURGOULT, et ad maram HERYOUET et

« ad Spinetum. Præterea ego dedi eisdem
« fratribus et concessi omne commune
« herbagium in tota terra mea, in bosco
« et plano, et in omnibus aliis locis, exceptis
« tallatis meis, et pasnagium porcorum
« suorum quietum et liberum in omnibus
« boscis meis. Concessi etiam et donavi
« eisdem fratribus in perpetuam elemo-
« sinam Davy de Vesli, famulum meum,
« cum toto tenemento quodcumque tene-
« bat de me apud Cantelou in parrochia
« de Archenchio..... Actum fuit hoc anno
« Verbi incarnati m. cc. x. ix. »

1221. — « Godefridus Golebin... volun-
« tate Agnetis uxoris... vendidi Templariis
« de Burgot pro vii libr. turonensium....
« terram quam tenebam de ipsis in par-
« rochia de Arguenchie, in territorio de
« Thulis. » (Arch. de l'Emp., S. 5194-18.)

1223. — « Ego Guillelmus Crispinus....
« notum facio universis quod cum Agnes,
« filia domini Johannis de Roboreto, cla-
« maret et peteret dotalitium in Davit et
« tenetura sua et lx. acris terræ sitis in
« parrochia de Arquenciaco, quæ Robertus
« Crispinus avunculus meus, et Agnetis
« prædictæ maritus, dedit in perpetuam
« elemosinam domui et fratribus militiæ
« Templi, eadem Agnes postmodum totum
« quitavit quod in prædictis petebat per
« excambium quod ejusdem feci dictæ
« Agneti : ita quod legatum predictum
« pacifice et sine aliqua contradictione do-
« mui et fratribus Templi remanet. Quam-
« que elemosinam eis contra omnes sem-
« per guarantizabo, tali condicione quod
« dicti fratres Templi non possunt fa-
« cere villam in meo feodo nec emere,
« nisi per me vel per meos heredes, ali-
« quid in duobus locis prædictis. — In cu-
« jus rei memoriam et testimonium per-
« petuum, præsentem paginam sigillo meo
« feci sigillari. — Actum anno Domini
« m° cc° xx° iii°, mense julii. » (Arch.
de l'Emp., S. 5194-19.)

1238. — « Cristianus Crespin » et sa
femme Ermentru donnent aux Templiers
« in domo Burguti iii. sol. par., inter
« campum Thomæ de Angou. » —Sceaux
fleuronnés.

1252. — « Theophanie de Pontione »
vend « preceptori.... apud S. Stephanum
« in Campania : i. sextarium frumenti ad
« mensurum de Novo Burgo super terram
« quam teneo de dictis fratribus.... ad
« Quoquerel.... super totam terram meam
« de Cantelou in parrochia Arquenceio »
pour 40 liv. tournois : garantie est donnée
par Jean des Essarts et Henri de Pontoise,
ses fils. (Arch. de l'Emp., S. 5194-20.)

1265. — « Johannes dictus Crespin, miles
« et dominus de Seuseio.... tradidi in
« excambio preceptori.... de Burgot....
« nemus meum de Lespinei situm in par-
« rochia de Arquenceio... pro vii. acris
« terræ.... in parrochia de Buesemonte,
« una cum xliv. libris parisiensium. »

1269. — « Petrus de Menillo super Tra-
« vallias, armiger, voluntate mea et Eusta-
« chiæ, uxoris meæ... dedi... Templariis
« de Burgout ad luminare capellæ dictæ
« domus v. solidos turonensium et iv. de-
« narios turonenses et i. caponem.... a
« Philippo dicto Fostein de Herquenceio
« super meam partem unius masuræ in
« parrochia de Herquenceio inter masu-
« ram Johannis dicti Petevin, militis,... et
« super iii. pecias terræ... prima ad cam-
« pum Leprosorum, alia apud Holegate,
« tertia in valle de la Haye. » (Sceau avec
un fleuron à quatre lobes.)

En 1289, devant le vicomte de Gisors,
Martin Bazin, de la paroisse d'Erquenchi,
vend aux Templiers, pour 60 sous tournois, une pièce assise à Cantelou, en la
devant dite paroisse.

L'un des chemins qui conduisent à cette
commanderie porte encore le nom de chemin du Temple.

Les hameaux de cette commune sont,
outre la commanderie de Bourgout et de
Cantelou, qui parait avoir été la résidence
de Robert Crespin : — le Bel-Air; — la
Lieue; — le Verd-Buisson; — les Verrières.

ASNIÈRES.

Arrond. de Pont-Audemer. — Cant. de Cormeilles.
Sur la Calonne.

Patr. S. Gervais d'Asnières. — *Prés.* le
    seigneur.
Patr. S. Jean d'Asnières. — *Prés.* l'abbé
    de Belle-Étoile.

Nous réunirons dans un même article
les deux communes de Saint-Gervais et
de Saint-Jean-d'Asnières, qui ne sont évidemment que des fractions d'un seul et
même territoire.

Quand on dit Asnières tout court, on
entend parler de Saint-Jean-d'Asnières.
C'est pourtant, à beaucoup près, la plus
petite et la moins peuplée des deux communes.

Il existe en France quatorze Asnières,
non compris les deux nôtres, et Arnières.

Tous ces noms indiquent évidemment
des lieux où l'on nourrissait et élevait des
ânes. Ce genre de désignation de lieux,
emprunté aux animaux qu'ils produisaient, remonte très-loin, comme nous

l'avons dit ci-dessus à l'article ARMEN-TIÈRES.

On trouve parmi les biens que Charles le Chauve donna à l'abbé Hilbodus avant 363 : « Villam quam ASINARIAS vocant... » (Historiens de France, VII, 344.)

Le plus ancien document qui fasse mention d'Asnières, à notre connaissance, est le *Registrum Philippi Augusti*. On y lit : « Johannes de ASNERIIS. Unum dimidium « feodum situm apud ASNERIAS. » Ce personnage occupait encore un autre fief à Piencourt.

« Sciant præsentes et futuri quod ego, « Hugo de ASNERIIS, donavi et concessi « Simoni de MORENVILLA, pro suo servicio « et suo hommagio, medietatem molendi-« ni de CAPRIOLO, cum omnibus suis perti-« nentiis, scilicet in viis, in semitis, in « aquis, in biveio (*bief*) et in moltariis, et « totum tenementum integre quod Willel-« mus de CAPRIOLO et Jocelinus frater ejus « tenebant de me, cum omnibus suis per-« tinentiis. Præfatam medietatem dicti « molendini et præfatum tenementum te-« nebunt dictus Simon et heredes sui de « me et meis liberis, pacifice et quiete ab « omni genere servicii, redditus et que-« relæ, per duos solidos redditus usualis « monetæ, ad festum Sancti Michaelis an-« nuatim reddendos. Et si ego Hugo non « potero garantizare dicto Simoni vel he-« redicus suis dictam medietatem dicti « molendini et nominatum tenementum, « ego vel mei heredes debemus excambiare « valore ad valorem in terra mea de ASNE-« RIIS vel in molendino meo. Et pro hac « donatione facienda et concessione firmi-« ter observanda dedit mihi Simon VII. « viginti libras turonensium. Et ut hoc « ratum sit et stabile in posterum, scripto « præsenti et sigilli mei munimine robo-« ravi. Testibus: W. PIPART, W. de BAL-« LIOLO, S. de ASNERIIS, H. de FOLMUCHUN, « U. de ESPREVILLA, L. de MORETAGNE « (*Mortagne sur Apperville-Annebaut*), J. « de MOIAZ, H. de POTERIA, R. de MO-« RENVILLA, W. de MESNIL, SIMON de FAGO, « W Wavassor, W. Andrea, Simon BEIT-« VIN, W. Carol et multis aliis. »

« Sciant præsentes et futuri quod ego « Hugo de ASNERIIS (*ou* ASNERES) concessi « et præsenti carta mea confirmavi Deo « et Sanctæ Mariæ et monachis Becci, apud « Beccum Deo servientibus et servituris, « medietatem molendini de CAPREOLO, « quam Symon de MORENVILLA tenuit de « me, et quam dictus Simon eis dedit in « elemosinam; ut videlicet dicti monachi « dictam medietatem dicti molendini te-« neant et habeant in perpetuum, libere « et quiete ; salvis inde mihi et heredibus « meis, per annum, ad festum Sancti Mi-« chaelis, tantum duobus solidis curren-« tis monetæ pro omnibus servitiis, con-« suetudinibus, auxiliis, releviis, tailliis, « exactionibus et omnibus aliis rebus. « Et ego et heredes mei warantizabimus « dictis monachis ad sumptus suos di-« ctam medietatem molendini et sedem et « aquam usque ad molendinum de ASNE-« ROLES (*le moulin d'Androlles*)..... Pro « hac autem concessione..... recepi de « caritate Becci, per manum Wilelmi ab-« batis, x. libras turonensium. Actum est « hoc anno gratiæ M. CC. X. ad Pascha « floridum (*le jour des Rameaux*). Hiis « testibus: Ricardo, capellano de Becco ; « W. PIPART, Johanne de ASNERES, et Ro-« berto, fratre ejus; Roberto PANTUL, Ma-« theo de MORENVILLA, Petro Rege, Ra-« dulpho le Bruman, Johanne de BUSCO, « Gaufrido de MALEVILLA, Willelmo Pin-« cerna, Johanne Ledrap, Willelmo Tu-« pin, Rogerio Bernard. »

En 1295, Guillaume d'Asnières, évêque de Lisieux, donna au prieuré de Saint-Eustache, situé dans cette commune et dépendant de l'abbaye de Belle-Étoile, le patronage et les grosses dîmes de la cure de Saint-Jean-d'Asnières. Ce prélat, originaire d'Asnières, occupa le siège épiscopal de Lisieux de 1285 à 1299.

En 1314 Gilles de GUIMENILLO était « rector ecclesiæ Sancti Gervasii de ASNERIIS ».

On connaît, en 1323, Robert d'Asnières, écuyer.

Le vocable de Saint-Gervais est très-ancien. L'existence d'une église, ou au moins d'un oratoire de ce nom à Rouen paraît remonter jusqu'à l'épiscopat de saint Victrice (IVe siècle). Le diocèse de Séez est placé sous l'invocation de saint Gervais et saint Protais, dont l'invention, à Milan, par saint Ambroise avait eu un grand retentissement dans le monde chrétien.

Saint-Gervais-d'Asnières figure seul dans le pouillé de Lisieux du XIVe siècle. « Ec-« clesia Sancti Gervasii de ASNERIIS. Jo-« hannes de ASNERIIS. » Mais on y voit encore figurer dans la liste des établissements religieux de l'archidiaconé du Lieuvin : « Prior de ASNERIIS, Præmonstratensis ordinis. »

Le prieuré de Saint-Eustache d'Asnières était habité par les Prémontrés et soumis à l'abbaye de Belle-Étoile. Guillaume d'Asnières, évêque de Lisieux, donna l'église de Saint-Jean-d'Asnières à ce prieuré en 1298. Aussi n'est-ce que dans le pouillé du XVIe siècle que nous trouvons l'église de Saint-Jean-d'Asnières. « Sanctus Joannes de ASNERIIS; abbas de Bella Stella. »

Il ne reste rien de la chapelle Saint-

Eustache et d'une chapelle Saint-Féréol qui était jadis le but d'un pèlerinage considérable.

Le château d'Asnières était situé sur la rive gauche de la Calonne, c'est-à-dire sur le Pin.

Les hameaux et dépendances sont :

Pour SAINT-GERVAIS : — Asnerolles ; — l'Aubinière ; — la Beuzerie ; — le Bois-du-Four ; — le Bois-Lambert ; — la Boulangerie ; — le Busc ; — la Côtellerie ; — la Cour-du-Château ; — la Forge-Baron ; — le Grand-Lieu ; — la Lièvrerie ; — la Loge ; — la Marcherie ; — le Moulin-d'Androlles (*Asnerolles*, 1210) ; — le Tremblai ; — la Vacherie ; — le Val-Chéri ; — les Vaux-Bellanger ; — le Village-Neuf.

Pour SAINT-JEAN : — l'Autelin ; — le Café-des-Criquets ; — les Fontaines-Pigni ; — le Hangard ; — la Mare-Vernier ; — le Mont-Aigu ; — le Mont-Calenjour ; — la Motte ; — le Moulin-du-Génie ; — la Valette.

Il devrait être facile de retrouver l'emplacement du moulin Chevrel.

Canel, *Essai sur l'arrond. de Pont-Audemer*, p. 383-387.

ATTEZ.

Arrond. d'Évreux. — Cant. de Breteuil.
Sur l'Iton.

Patr. S. *Nicolas d'Attez.* — *Prés.* l'abbesse de Maubuisson.

Patr. S. *Ouen d'Attez.* — *Prés.* l'évêque d'Évreux.

Réunissons encore dans le même article les deux communes de Saint-Nicolas et de Saint-Ouen-d'Attez, qui ne sont évidemment que des fractions d'un même territoire.

Il est peu de noms de lieu dont la signification et l'origine soient plus certaines que celles d'Attez. Voici ce qu'on lit à ce sujet dans l'*Histoire du Diocèse de Paris*, par l'abbé Lebeuf :

« Il n'est pas extraordinaire que quelques-uns des noms qui servent dans le latin à désigner les habitations des pauvres gens, comme CASA, ATTEGIA, CAPANNA, soient restés à des villages entiers, puisqu'un grand nombre de villages n'a commencé que par des loges, de petites cases, des cabanes, des huttes ou des chaumières. Aties ou Atties, qu'on écrit maintenant Athies, est un de ces lieux de la France dont le nom est dérivé d'ATTEGIÆ. Juvénal se sert de ce mot pour exprimer les cabanes des Maures. Il a depuis passé dans les Gaules et a été employé en diverses provinces pour désigner des villages ou bourgs dont l'origine avait commencé par des cabanes de bergers, ou loges de vignerons, ou huttes de bûcherons. On connaît dès le VIᵉ siècle l'Athies du pays de Vermandois. Il y en a un autre en Champagne, sur la rivière de Marne. Celui-ci, qui est sur la Seine, est devenu fameux par le voisinage de Paris. Il est appelé ATHEGIA dans l'histoire latine des translations du corps de sainte Geneviève, faites au IXᵉ siècle, dans le temps des guerres des Normands. » (*Histoire ecclésiastique du Diocèse de Paris*, t. XII.)

Il y avait encore un Attez dans les environs de Tonnerre, mentionné dans une charte de Charles le Chauve, sous la date de 877 : « In ipso pago et fine Tornodrinse, « juxta ipsum castrum, in villa ATEIAS... »

Et un autre en Flandre ou en Artois, dépendant de Saint-Waast d'Arras, mentionné dans une autre charte du même roi, sous la date de 867 : « Villam ATHEIAS..... »

Le passage de l'histoire des translations de sainte Geneviève auquel l'abbé Lebeuf fait allusion est ainsi conçu : « Cœnobii « fratres, Normannorum tyrannidem de- « clinantes........, deducunt dominam « suam ad ATTEGIAS, sui villam... » Nous voyons avec surprise que ce savant n'ait pas transcrit le nom de lieu d'une manière plus exacte.

Il existe en France beaucoup plus de communes ayant emprunté leur nom à ce mot, que le docte auteur de l'*Histoire du Diocèse de Paris* ne l'avait pensé. Nous connaissons trois Athée (lisez Atée) ; Saint-Romain-les-Autheux (lisez Ateux), deux Athie (lisez Atie) ; trois Athies (lisez Aties) ; cinq Athis (lisez Atis) ; un Étiolle (Attegiola) ; quatre Étoile ; un Étuz.

« Omnibus ad quos præsens scriptum « pervenerit, Robertus de BORTCHEVREL, « salutem in Domino. Cartam Johannis, « clerici de THOMER, inspexi in hæc verba : « Sciant præsentes et futuri quod ego « Johannes de THOMER, clericus, dedi et « concessi et hac mea carta confirmavi Deo « et capitulo B. M. Ebroicensis, pro salute « H., patris mei, et matris meæ, et ante- « cessorum meorum, in liberam, puram « et perpetuam elemosinam, m. sextaria « et unam minam communis bladi, ad « mensuram BRITHOLII, quas dedit mihi « in excambium, pro terris quas habebam « apud MONCEAULX, Robertus de BORTCHE- « VREL, cum patronatu ecclesiæ B. Au- « doeni de ATEES, quem simili modo dedi « nominato capitulo cum prædicto blado

« in puram et perpetuam elemosinam....
« Actum.... anno Domini M. CC. XX. V.

« Hanc autem donationem, sicut supe-
« rius annotata est, tam de patronatu
« quam de blado et de assignatione ejus-
« dem bladi facienda, ratam et gratam
« habeo, et assignationem nominati bladi
« facio in hominibus meis de HAMEL et
« eorum masuris in feodo de ATEIS.

« Actum anno Domini M. CC. XX. VI. »

En 1308, Mathieu, évêque d'Évreux, acheta « de nobili viro Stephano de
« Compendio, milite, manerium et feo-
« dum quod dictus nobilis habebat in
« parrochia Sancti Audoeni de ATEIS,
« et in feodum immediate tenebat a do-
« mino vel heredibus de THOMER, et a
« nobis... »

Nous pensons que l'église de Saint-Ouen doit avoir été fondée longtemps avant celle de Saint-Nicolas et remonter à la dynastie mérovingienne. En général, le culte du vénérable évêque de Myre ne date guère en Occident que de la translation de son corps à Bari, dans le XIe siècle, et en Normandie particulièrement que de l'époque à laquelle Guillaume Pantoul en apporta quelques reliques à Noron, près Falaise.

Les hameaux et dépendances de SAINT-NICOLAS-D'ATTEZ sont : — le Breuil ; — le Buisson ; — la Courtinière ; — la Fenderie ; —Grand-Champ ; — la Haie-Fremont ; — le Hamel ; — la Madeleine (ancienne maladerie) ; — la Maltère ; — le Manoir ; — le Château-de-Mauni ; — les Mongrédiens ; — le Moulin-Patrouillé ; — les Pierres-de-la-Loge ; — les Planches ; — le Prunier.

Le château de Mauni était un édifice remarquable du XVe siècle. C'était le siège d'une baronnie avec haute justice. Le château de Mauni, si remarquable par la finesse de son ornementation, n'existe plus. Un énorme dépôt de laitier atteste l'existence d'anciennes forges dans la commune, enfin il existe sur la limite de Condé une pierre druidique, nommée la Pierre-de-la-Gour. Ce nom nous parait d'une interprétation très-facile et très-significative.

Les hameaux et dépendances de SAINT-OUEN-D'ATTEZ sont : — le Bourg ; — la Brosse ; — les Brosses (nous avons donné l'interprétation de ce mot) ; — la Gibardière ; — la Héronnerie ; — Maloui ; — Malouvet ; — le Moulin ; — la Naudière ; — le Nuisement ; — la ferme de Robaire. (Ce nom est fort ancien : c'est celui d'une commune de l'arrondissement de Dreux, appelée ROBERIA dans la charte de Gautier, comte de Dreux, citée ci-dessus, à l'article ARMENTIÈRES.)

AUBEVOIE.

Arrond. de Louviers. — Cant. de Gaillon.

Patr. S. *Georges.* — *Prés.* le chapitre d'Évreux.

Il existe en France deux Aubepierre, un Aubepin, quatre Auberive et Auberives, deux Aubeterre et une Aubeville. Il en faut encore rapprocher Aumale (ALBA MARLA), Courbevoie, la Mivoie.

« Apud ALBAM VIAM decimam telonei et
« census et omnium reddituum in dena-
« riis, et VIII. hospites et terram ad dimi-
« diam carrucam et decimam caseorum
« et lanæ.

« Item apud ALBAM VIAM concessi eis
« vineam et molendinum quæ Anschi-
« tillus de ALTOLIO eis dedit, meo con-
« cessu, pro filia sua ibidem facta san-
« timoniali. » (Charte de fondation de Saint-Sauveur d'Évreux, vers 1060.)

« Apud ALBAM VIAM septem [acripennos
« vineæ], quos ego regina emi a Willelmo
« de AILLIO (Ailli), concessu Rogerii filii
« ejus, et Richardi, comitis Ebroicensis, et
« Anschitilli de ALTUILLIO, de quorum
« hereditate erat. » (Charte de 1082 en faveur de l'Abbaye-aux-Dames de Caen.)

« Et de ALBAVIA eam partem decimæ
« atque ecclesiæ, quam emi de Radulfo
« Barbato, annuente domino ac seniore
« meo comite Richardo. » (Charte de Godehilde de Toeni en faveur de l'abbaye de Conches.)

« Willelmus presbiter, Robertus, Alve-
« redus, Rogerius Harenc, filii Rogerii
« vinitoris de ALBAVIA, quadam die vene-
« runt Pratellum, dederuntque Sancto
« Petro Pratelli singuli partes suas quæ
« sibi acciderant in paterna hereditate :
« scilicet de terra, de fructibus vineæ. Pro
« hac donatione domnus Samuel, prior,
« dedit eis X. solidos. Testes Sancti Petri :
« Osmundus, presbiter ; Hunfridus, filius
« Ingelranni ; Isoret. Deinde quinquennio
« peracto, isti tres prædicti fratres omne
« quod donaverant reclamaverunt, jussu-
« que Amalrici, comitis Ebroicensis, ac-
« cepta die comprobandæ insimul hujus
« donationis, Rogerius Postel accepit pro
« S. Petro bellum, venturumque est ad illud,
« ibique, in aula comitis de GUALIONE, co-
« ram justitiis ejus, videlicet : Willelmo
« Capreo et Willelmo Pointello et Postello
« de Roromars et Bartholomeo et Hugone
« capellano, et Hugone Non Dormiente (1),

(1) Ce personnage devait être de la famille qui

« timentes facere bellum, per virgulam (1),
« reliquerunt omnem calumniam suam,
« ante omnes præedictos barones, jurave-
« runtque Robertus et Rogerius Harenc
« super sanctos, et Willemus presbiter
« pactus est fidem suam (2) coram omni-
« bus, quod nunquam ipsi, neque here-
« des, neque parentes eorum, aliquid
« ultra de his reclamarent. Tunc Guarinus
« monachus, de MONTE PINCINI, guagiavit
« eisdem x. solidos pro vera recognitione,
« quos Rogerius Fessart, nepos ipsorum,
« Willelmo presbitero liberavit ante Wil-
« lelmum Pointel et Walterum à la Barbe,
« et Rogerium Postel et duos filios ejus,
« et Hugonem capellanum. Testes S. Pe-
« tri : Ansfridus clericus, frater Roberti
« monachi; Willelmus, filius ejus ; Roge-
« rius Postel; Johannes, filius ejus ; Ri-
« cardus Catados ; Robertus de ALEIO. »

Roger, fils d'Auvré, l'un des quatre héritiers, qui n'avait pas pris part à cet arrangement, renonça à ses réclamations: « In vineam nostram quæ est prope vi-
« neam Sancti Wandrigesili, » dit le transcripteur du cartulaire de Préaux. (Fol. 131 r°.)

Le récit que nous venons de transcrire est d'un bien grand intérêt, malgré quelques obscurités plus apparentes que réelles. Ainsi on s'étonne d'abord d'entendre parler de trois frères après en avoir nommé quatre; mais bientôt on voit le quatrième reparaître dans la personne de son fils.

On trouve encore dans le cartulaire de Préaux la note suivante, relative à Aubevoie :

« In anno quo rex Henricus juvenis per-
« rexit Tholosam, Walterius, filius Muriel-
« dis de ALBAVIA, dedit Sancto Petro [de
« Pratellis] partem suæ decimæ, quam
« habebat in clauso COFART. »

Parmi les personnages qui accompagnèrent le comte Amauri, III° du nom, à la croisade (voyez ci-dessus l'article AR-NIÈRES) nous avons vu figurer Raoul d'Aubevoie : « Radulfus de AUBEVEIE ».

Le comte Amauri donna au chapitre d'Évreux : « quicquid juris habeo in eccle-
« sia S. Georgii de ALBAVIA, et præterea
« totam decimam molendinorum fullato-
« riorum Ebroicensium..... »

avait donné son nom : *Qui ne Dort*, au Tilleul-Otton au xiii° siècle.

(1) C'était en déposant un objet matériel quel qu'il fût entre les mains du nouveau possesseur qu'on lui transmettait symboliquement la propriété. Ces gages variaient beaucoup : un livre d'évangiles, un chandelier, une baguette, comme dans l'exemple présent, ou tout autre objet mobilier, que le hasard ou la volonté fournissaient.

(2) C'était en sa qualité de prêtre que Guillaume se dispensait du serment.

Parmi les témoins de cette charte on remarque l'évêque Jean, Alexandre de AUTOLIO, Robert de SISSI, Henri de LON-GOCAMPO, Georges NEEL.

Dans le *Registrum Philippi Augusti*, messire Jean d'Aubevoie est mentionné comme devant, à raison de son fief de la Neuville-des-Vaux, faire huit jours de garde au château de Paci, à ses frais.

On trouve dans une charte de Raoul de Cierrai, évêque d'Évreux, sous la date de 1221 : « Apud ALBAM VIAM totas decimas de feodo Cervuli.

En 1222, « Willelmus de Albavia, miles, » donne à l'abbaye de Jumièges une rente à prendre sur Geoffroi de « BROVILLA, de DUMO. »

Dans les grands rôles de l'Échiquier de Normandie pour l'année 1203 on lit : « De terra Willelmi de Albavia in Frankevilla. » En 1227, ce personnage fut l'une des cautions de Cadoc et le garantit pour cent livres.

En 1223, Guillaume de Tournebu, du consentement d'Agnès, sa femme, confirma le don de 20 sous de rente fait par Jean de AUBEVIA, son beau-père, aux moines de l'Estrée, sur les deux arpents de terre de VERICELIO. La même année ils y ajoutèrent deux sextiers de blé à prendre « in grangia nostra de VERICELIO ».

En 1229, Jean et Robert, « de Monasterio, » frères, donnent à la Noë, « coram
« parrochia de Albavia, portiones terræ
« sitas apud Dumum Pasquer ».

Il paraît que les moines avaient dans cette commune une grange « de Loco Dei ».

En 1232, Agnès, veuve de Guillaume de Tournebu, « domina de ALBAVIA, » confirma le premier des dons faits par son mari.

En 1250, Guillaume le Cot, Haisla, sa femme, et Gautier, leur fils, donnèrent au prieuré de Notre-Dame de Grammont, à Aubevoie, 3 sous parisis de rente sur une pièce de terre « apud FOVEAM OULIER ».

Au mois de novembre 1250, Amfroi « de Muternis » vendit aux moines de la Noë : « Totam vineam meam de Campo de Pi-
« que, sitam in parrochia de Albavia, in-
« ter vineam quæ fuit Rogeri dicti Camin,
« militis, defuncti..., et totum tenemen-
« tum integre, quod tenebam tam de
« magistro Symone, cementario, quam de
« Sibilia de la Buigne, situm in dicta par-
« rochia, inter terras ad Renardays, pro
« xii. libr. tur. »

Roger Camin, chevalier, était l'oncle de Roger de Berou, chevalier.

Mention de redevances : « Galfrido dicto
« Marescot, Willemo dicto Comiti, Henrico
« dicto de La Buigne... »

« Gardignum Durandi dicti Crequin. « Gardignum Agnetis dictæ La Bovere. »

En 1251, Germond Le Comte donna aux moines deux pièces de terre, « apud les « Landes, inter.... terram as Renardois, » en échange de tout ce que les moines avaient d'Emmeline du Moulin, et 4 liv. tourn.

Dans la même année, abandon par Geoffroi Marescot, fils de feu Gautier, de la redevance d'un muid de vin, mentionnée ci-dessus.

En 1252, vente aux mêmes, moyennant 60 livres tournois, par Henri de « Brettevilla » et Helye, sa femme, de 4 sous 6 deniers de rente sur une masure à Aubevoie: « juxta masuram Willelmi, filii Odonis. »

En 1257, « Thomas dictus Prior, et Agnis, dicta La Bovere, » sa femme, vendirent à l'abbaye de la Noe : « quamdam domum « ...in parrochia Sancti Georgii de Albavia, « juxta viam quæ ducit et reducit a Alba- « via usque ad Gaillonem, » pour 60 sous tournois.

En 1259, Raoul « de Monasterio » vendit au moines de la Noe, moyennant 30 sous tournois et la remise de 2 sous parisis de rente une pièce de terre à Aubevoie, « sitam in Landis, » entre la terre de Hugue de Rouen et celle qui leur avait été donnée par Barthelemi, « quomdam presbitero de Veteribus Villaribus ».

En 1264, Jean « de Divite Burgo » donna à la même abbaye deux acres de terre : « sitas in Landis in parrochia S. G. de « Albavia, » près de la terre de Gautier, dit le Moinc de Toeni, et aboutissant « che- « mino quod tendit ad fontem Naverræ « coram parrochia de Albavia ».

La famille de Richebourg était noble et possédait la seigneurie des Rotours, ainsi que le prouve la pièce suivante :

« Willelmus de Rotors, miles, dedi.... « assensu et voluntate Aalez, uxoris meæ... « VIII. sol. paris. annui. redditus.... quos « assignavi eisdem in tenemento quod « tenet de me Hugo Anglicus apud Les « Boeluz; quod videlicet tenementum dedi « Emmelinæ, filiæ meæ, in maritagium, « quando Rogerus de Quercu duxit eam « in uxorem...... Actum anno gratiæ M° CC° « XXX° quarto, mense januario. Testibus: « Anfrido, tunc temporis capellano de « Rotors ; Johanne de Hardincort, milite; « Willelmo de Rothomago, milite; Roberto « de Richebore, fratre meo ; Willelmo « filio meo, cum multis aliis »

Voici une charte de saint Louis au sujet des acquisitions faites à Aubevoie par le monastère de la Noe : « Ludovicus Dei « gratia Francorum rex... cum abbas et « conventus de Noa.... acquisiverint ter- « ras usque ad XLI. acras.... de feodo « Amfredi de Muternis, de feodo Helloudis « dictæ La Sore, de feodo Agnetis dictæ « la Bouviere, de feodo de La Buigine, de « feodo Johannis Giberge, de feodo ma- « gistri Symonis, de feodo camp' Menelin, « pro quibus omnibus tenebantur nobis « annuatim solvere compartagium et alias « redeventias usque ad valorem IV. libra- « rum III. solidorum et dimidii parisien- « sium, nos quittamus prædictis compar- « tagium et alias redeventias....

« Datum apud Gaillardum Castrum, « anno Domini M° CC° LXI°, mense au- « gusto. »

« Galeranus de Berou, armiger, de « parrochia de Albavia, » donna en emphytéose à l'abbaye de la Noe, en 1284, une pièce de vigne, située dans la même commune, entre les vignes du seigneur archevêque de Rouen, moyennant deux muids du vin, l'un audit Galeran, l'autre au correcteur et aux frères de Grammont, « juxta Gaillonem ».

En 1265, Guillaume de Tornebusc, chevalier, abandonna pour 120 livres tournois : « suum jus apud Mesnillium supra « Gaillon ; teste fratre Adam Rigaut. »

En 1294, le même Galeran donna aux mêmes, pour son anniversaire annuel, un muid de vin « ad mensuram de Gaillone », à prendre sur une vigne située entre le clos de l'archevêque de Rouen et leurs propres vignes : « Et volo quod dicti mo- « nachi bibant dictum modium vini anno « quolibet in mense octobri, prima die « mercurii ipsius mensis ; et si non bi- « berent, vel bibere inciperent dicto mense, « ego et heredes possemus repetere dictum « modium vini ab eisdem. »

Le château de Tournebu est situé dans cette commune. Il est d'une assez grande importance pour que nous croyions devoir donner la liste de ses seigneurs depuis la fin du XVe siècle :

En 1475, Louis le Pilois, écuyer;

En 1493, Gui des Haies, au droit de Jeanne le Pilois, sa femme, dame de Tournebu;

En 1507, ladite dame;

En 1525, Gillette de la Haye, veuve de Gilles de la Haye ;

En 1534, mineurs;

En 1545 et 1565, Olivier des Hayes;

En 1606, Geneviève de Bois-l'Évêque, dame de Tournebu, veuve de messire Guillaume de Marillac, chevalier;

En 1613, Louis de Marillac, seigneur de Fontaine et Tournebu;

En 1631, Louis de Marillac, maréchal de France, et Catherine de Médicis, sa femme;

En 1666, Achille de Gersaut, chevalier, seigneur d'Aigremont;

En 1669, Nicolas le Jeune, écuyer, seigneur du Rocher;

En 1684, François de Gersaut, seigneur d'Aigremont.

La terminaison *bu* assigne au nom de ce château une origine septentrionale. C'est le *by* scandinave, et le *bu* germanique. On écrirait encore aujourd'hui en suédois : Torneby, et l'on prononcerait exactement comme ici : Tournebu (le village de la tour).

Ce nom a été apporté à Aubevoie d'une commune voisine de Falaise, qui fut le berceau de l'illustre famille normande de Tournebu.

Parmi les manuscrits de Gaignières conservés à la Bibliothèque impériale, un volume in-folio contient les titres de la maison de Tournebu.

C'est dans la commune d'Aubevoie que se trouvent l'enceinte et les vestiges de la célèbre chartreuse de Gaillon, fondée en 1571 par le cardinal de Bourbon, archevêque de Rouen, et reconnue en 1598 par Henri IV. L'église, qui était fort belle, fut consumée par un incendie en 1764. Lesueur y avait composé en grande partie la belle galerie de Saint-Bruno pour les chartreux de Paris, et dom Bonaventure d'Argone y avait écrit plusieurs de ses ouvrages.

Il a existé dans cette commune :

Une chapelle de Saint-Fiacre, réunie à la chartreuse de Gaillon;

Un prieuré de l'ordre de Grammont, sous l'invocation de Notre-Dame, qui fut annexé d'abord au prieuré conventuel de Notre-Dame-du-Parc près Rouen, puis au couvent des Jésuites de Rouen;

Une chapelle de Saint-Jacques-du-Roule, à la nomination des archevêques de Rouen;

Une chapelle de Notre-Dame, au château et à la présentation des seigneurs de Tournebu.

Les hameaux et dépendances d'Aubevoie sont : — Bethléem; — Charlemagne; — la Chartreuse-de-Gaillon; — le Courtillier; — la Cretinière; — le Gros-Mesnil; — la Maison-Rouge; — les Moulins; — le Moutier (*Monasterium*); — le Parc-de-Gaillon; — la Roque; — le Roule (*Rotulus*); — Saint-Fiacre; — Tournebu; — les Vallets.

AUGERON.

Arrond. de Bernai. — Cant. de Broglie.

Patr. S. Aquilin d'Augeron. — *Prés. l'abbé de S.-Evroul.*
Patr. S. Denis. — *Prés. l'évêque de Lisieux.*

Nous croyons encore devoir réunir dans le même article ces deux communes, qui ne constituent qu'un seul et même territoire, divisé en deux parts à peu près égales, l'une de 452 et l'autre de 427 hectares.

Le plus ancien nom de ce territoire qui soit parvenu jusqu'à nous est Algeron ou Algerun, qui nous est fourni par Orderic Vital :

« In Algerun unum [monasterium], cum « tota villa [tribuit memorato loco Wil- « lermus, Willermi Geroiani filius]. »

Ce don fut confirmé par le seigneur d'Augeron, Guillaume le Prevost, « Willermus Præpositus, de Algeron, » vassal de la famille Giroie.

Cette donation appartient à l'an 1050; mais nous la voyons renouvelée onze ans plus tard : « Tunc Willermus Præpositus, « miles egregius,... ecclesiam de Algeron, « cum tota villa, Sancto Ebrulfo dedit, et « se totamque substantiæ suæ partem in « fine suo eidem patrono fideliter devovit. »

Il semble donc qu'il n'y aurait eu à Augeron qu'un territoire et une église, tandis qu'au contraire il y avait probablement déjà division du territoire avec un autre seigneur, qui n'aura point jugé à propos de suivre l'exemple de Guillaume le Prevost. Y avait-il déjà une autre église que celle de Saint-Aquilin donnée par ce dernier? C'est ce qu'il est impossible de savoir au juste; cependant, comme le vocable de Saint-Denis indique une origine fort ancienne, nous sommes porté à croire que cette église existait déjà au moins comme chapelle.

Dans la charte de confirmation des biens de l'abbaye de Saint-Évroul, sous la date de 1128, Henri Ier cite Saint-Aquilin-d'Augeron : « Ecclesiam de Augerum, cum « decimis et terris, aliisque pertinentiis « suis. »

La première mention de Saint-Denis-d'Augeron que nous connaissons est celle-ci, dans une charte de 1236 : « Una agra « terræ de feudo Rocelin, in parochia « Sancti Dyonisii de Augeron. »

Nous ne trouvons à rapprocher rigoureusement du nom d'Augeron (Algeron) que celui du pays d'Auge : « Pagus Algiensis, seu ALGIA, » et celui d'un évêque de Coutances au x⁵ siècle: ALGERUNDUS. Mais il existe quatre Auges, un Augé, un Augeres, une Augerolles, un Augea, un Auger, un Auga, un Augis, qui appartiennent visiblement au même groupe.

Nous avons dépouillé un grand nombre d'actes dans lesquels se trouvent cités Saint-Aquilin-d'Augeron ou quelques-uns de ses hameaux ou triages. Cette commune y est souvent appelée Augeron tout court, comme dans Orderic Vital.

« Magnum vivarium CADOQ; prata Joceti de Dumo Auberi, » 1224.

« Ernaldus de TRENBLEI, » à Saint-Aquilin-d'Augeron, 1246.

« Mesnillum in parochia de AUGERON, » 1252.

« Parochia Sancti Aquilini de Augerun, » 1258.

Jean Cordos vend aux religieux de Saint-Évroul 7 sous tournois de rente sur un fief qu'il tenait d'eux : « apud Mesnillum, in parochia de Augeron, » 1262.

« Ricardus de Hardereia, armiger. — « Michael de Averna. — vavassoria de l'A-« posteliere (on dit abusivement aujour-« d'hui la Poteliére), in parochia de Au-« geron. »

Pièce de terre située « juxta Tillium », 1269.

« Guillelmus dictus Touse, burgensis de Monsterolio, » donne aux religieux une rente, « in parochia B. Aquilini de « Augeron. — Feodum de Touseteria in « eadem parochia, » 1270.

« Illa quæ vocatur Illa Belet, » 1285.

« Rippa de Gael, » la Guiel, rivière, 1277.

« Ripparia de Gaello, » la même rivière, 1286.

La paroisse d'Augeron. — « Heredes de « Auvernia apud Sanctum Aquilinum de « Augeron, » 1287.

« Fraxinus. — Cheminum de Cadomo « apud Sanctum Aquilinum de Augeron. « — Les Freches (friches) de Menillo apud « Sanctum Aquilinum de Augeron. — « Feuempot. — Feodum de la Bordelière, » 1288.

Pièce de terre située « in costeriis Au-« vernæ (ou Auvernæ) » et d'Augeron. — « Boolayum. — Exitus de Menillo. — Che-« snayum. — Campi Cortdos, » (c'est le nom d'un propriétaire que nous avons vu figurer ci-dessus en 1262,) 1290.

« Mara de Chesneyo, » 1291.

« Robertus et Gillibertus Bernaz; » (c'est le nom d'une famille [Bernais] originaire de ce quartier et possédant aujourd'hui de grandes propriétés à Courbépine,) 1296.

Pièce de terre « as Carreaux. — Clausum « dictum Tremchet ou Tremchel. — Les « Arsiz. — La Bueseliniere, » 1297.

« La rivière de Guael, » 1306. Cette rivière est appelée WAIOLUM par Orderic Vital.

Il ne faut pas s'étonner de voir l'une des deux églises d'Augeron placée sous l'invocation d'un évêque d'Évreux, quoiqu'elle fit, avant la Révolution, partie du diocèse de Lisieux, et qu'en général les circonscriptions ecclésiastiques fissent peu d'emprunts de ce genre aux circonscriptions qui leur étaient immédiatement contiguës. Mais Saint-Aquilin-d'Augeron était très-près du diocèse d'Évreux, et peut-être en avait-il fait partie avant que Giroie eût, de son libre arbitre, choisi, au commencement du xi⁵ siècle, l'évêque de Lisieux pour son supérieur ecclésiastique et celui de ses vassaux.

Les églises d'Augeron figurent l'une et l'autre dans le pouillé de Lisieux du xiv⁵ siècle.

Les hameaux de SAINT-AQUILIN sont : — la Blardière ; — le Calvaire ; — le Chesne ; — la Ferme-du-Chesne (Chesnayum), 1290 ; — le Grand-Mesnil ; — la Moissonnière ; — le Petit-Mesnil ; — la Poletière (l'Aposteliéro), 1269.

Ceux de SAINT-DENIS sont : — la Barre ; — le Boulai ; — le Buisson ; — le Guel ; — Long-Pré ; — la Métairie ; — la Picotière ; — le Moulin-des-Farines ; — le Moulin-du-Pont-d'Augeron.

AULNAI.

Arrond. d'Évreux. — Cant. d'Évreux (sud).

Patr. S. Pierre. — Prés. le seigneur.

Ce nom est l'un des plus communs que l'on puisse rencontrer parmi les noms de lieu. Il existe en France dix-neuf Aunai et Aulnai, six Aulnois, trois Aulnoi, deux Aunac, un Aunat, un Anneau, un Auneuil, deux Aunon, un Launac, six Launai, un Launei, deux Launois, un Launoi.

Le nom latin est Alnetum, Alnidum. On a dit aussi Alniacus. Un diplôme mérovingien mentionne : « ALNETUM villa in pago Cenomannico. »

Nous avons trouvé dans le fonds de l'abbaye de la Noë un grand nombre de chartes où le nom de cette commune est employé.

Dans une charte de Thomas de Saint-Jean en faveur de la Noë (1180), on trouve parmi les témoins : « Stephanus de Caitivel ; Arnulfus, sutor, de Alneto. »

« Stephano de Chaitivel. » (Charte du

comte Amauri en faveur de l'abbaye de la Noë, 1184-1200.)

« Stephanus de Caitivello, » témoin dans une charte de Basilie de Glisoles, en 1189.

Charte de Hubert de Bosc-Huon, vers 1190 : « Stephanus et Reginaldus de Caitivel. »

En 1193, charte de Guillaume Chevrel de Nogent : « Reinaldus, Stephanus, Odo de Caitivel. » Ce mot est à rapprocher de la première partie de celui de Keitehulm (ancienne forme de Quettehou, dans le département de la Manche).

Dans une charte d'Emma d'Angerville, 1199 : « Willelmus Tornator de Alneto, « inter pirum quæ vocatur Argentel et « viam quæ descendit ad molendinum de « Caitivel. »

Dans une charte de Mathieu d'Orvaux, vers 1220 : « Gaufridus de Alneto, Evrardus de Alneto et Radulfus, frater ejus. »

En 1216, charte de Gilon du Plessis : « Martino, tunc presbitero de Alneto. »

Même date, charte de Robert Langlois de Hopelande : « Rogero de Alneto. »

1221, charte de Simon de Ferrières : « Martinus, sacerdos de Alneto. »

En 1259, « Drocho de Roya, miles, » était « dominus de Alneto ».

En 1257, devant l'official d'Evreux, Henri Mahiel de Portes reconnut avoir remis aux moines de la Noë quatre setiers de blé de rente, à la mesure de Conches, qu'il touchait par leurs mains : « in mo- « lendino de Ponte, sito in parrochia de « Alneto, in moltura communi. »

En 1390, messire Jehan de Roye était sire d'Aunoy.

Précédemment, messire Robert « de Rayes », chevalier, était seigneur d'Aunoy et du Plessis.

Charte de Herbert Quentin de Gorham : « Radulfo, filio Ranaudi de Alneto. »

Dans une charte de Guillaume du Fresne, vers 1200 : « Radulfus de Alneto. » Robert, comte de Meulan, donna aux moines de la Noë tout ce qu'ils avaient reçu de son père : « Molendinum scilicet de Caitivel... « quæcumque Basilia de Glisoliis, soror « Simonis Harenc, eisdem monachis con- « cessit et dedit ad grangiam de Jumellis, « sicut Willelmus Harenc concessit eis... » Parmi les témoins : « Gaukelinus de Fresneio. »

« Massieu de Roye, escuier, seigneur « d'Aunoy, a en la forest d'Evreux, à « cause de sa terre d'Aunoy, toute la cous- « tume du boiz, comme et en telle ma- « nière comme les habitans de la Bonne- « ville, Grissolles, Aunoy, Berengeville « et Asnièrez, dont lesdiz habitans font « aucunes redevances, et le dit seigneur « d'Aunoy l'a et prend franchement, sauf « que s'il prend boiz qui doit amende il « la paie comme les coustumiers, et du « demourant ne paie rien, fors aidier à « faire les jugemens aux plès du verdier. « — Item, doit avoir le pasnage, pastu- « rage et herbage, franchement à toutez « ses bestes, tant pors comme aubmailles, « tieulx et tant comme il lui plest, sans « nombre, en toute la forest, hors essart, « et en tout temps, sans le dépry, quand « il appartient, et sauf le temps quand la « forest est close par cryée, que les autres « frans n'y doivent point aller, hors les « tailles et haies ; et aussi doit avoir en la « dicte forest boiz pour son chauffage, « tant et si largement comme il lui plest « à en avoir, lui et ses gens, pour son « manoir d'Aunoy, à tant de charetées « par jour comme il lui plaira, à la verte « branche, verte et sesche, par un abateur « et un alaignéour, tant seulement ou « l'un d'eulz ; — lesqueulx abateur ou alai- « gneur sont présenté une foiz au verdier, « en ses plès, pour etre juré. — Item, « est deu au sire d'Aunoy, par le conte « d'Evreux, chacun an, deux fous bons et « suffisans pour ses moulins : c'est assa- « voir, l'un pour le moulin de Chetivel, « et l'autre pour son moulin de Saint-Ger- « main, par livrée du verdier, et au jour « que on lui fait la livrée il est tenu don- « ner un disner au verdier et au sergent « de ladicte forest, lequel disner est nom- « mé un paast au verdier. — Item, le dit « conte d'Evreux est tenu livrer boiz pour « faire le tournant du moulin du pont, « touteffois que mestier en est, lequel « moulin est au dit seigneur d'Aunoy et « aux religieux de la Noë par indivis, et « pour ce le fermier qui tient ledit moulin « doit au roi, en chacun an, de rente, un « septier de blé à la mesure de Conches, « et un boessel au sergent fieffé de la « garde. — Item, le dit sire d'Aunoy et « les diz religieux ont en la rivière d'Y- « ton le saut du moulin du Pont, et le « dit sire d'Aunoy la pescherie fermée « pour lui seulement, et aveques ce les « portes et le bieu dessus et dessoulz les « rivages, auxquelles ilz pevent faire ou- « vrer touteffoiz qui leur plest pour les aise- « mens dudit moulin sans resprinse, non « obstant que la dicte rivière soit au dit « mons' le Conte et de son domaine, et « auxi a ledit sire d'Aunoy, en la dicte « rivière, le saut de son moulin de Che- « tivel et sa pescherie close, et puet curer « son bieu dessus et dessoubz ledit moulin, « prendre l'eaue et faire les aisemens de « son dit moulin touteffois qui lui plest, « non obstant que autre que lui ait la pes-

« cherie de la rivière assès près dudit
« moulin ; et en la rivière de Saint-Ger-
« main a le saut de ses moulins à ten, ses
« portes hault et bas, auxquelz moulins
« portes et bien dessus et dessoubz, il puet
« faire ouvrer touteffoiz qui lui plest, non
« obstant que la dicte rivière et pescherie
« d'icele soit à autre que à luy ; et en
« icelle rivière a le saut de son moulin
« Herouart et ses portes hault et bas, au-
« quel moulin, portes et au bieu d'icelui
« et aux rivages il puet faire ouvrer tou-
« teffois que il lui plest pour les aisemens
« dudit moulin, non obstant que la dicte
« rivière et pescherie est à autre que à
« lui, et auxi ne fait rien le dit molin. —
« Item, a droit d'avoir le dit seigneur
« d'Aunoy deux pièces de rivières en la
« dicte rivière d'Yton, dont l'une est de-
« puis l'écluse de la morte eaue et court
« entour la forteresse, jusques au-dessoubz
« des planches des Viles, et l'autre pièce
« prent depuis le manoir de Berengeville
« jusques à ses prez du qué de Saint-
« Loue, esquelles deux pièces de rivières
« nul autre que le dit seigneur d'Aunoy
« ne puet pescher ne tendre engins à pois-
« son, ne oyseaux ; et en outre, en la
« dicte forest d'Evreux, la terre, la pierre,
« la mousse et la noire espine avecques
« autres menus drois acoustumés ; et de
« tout ce n'est tenu paier fors que le dit
« paast, le dit blé, et aller aux plès dudit
« verdier pour aider à faire les jugemens,
« comme dit est. »

Depuis la fin du XV⁵ siècle, les seigneurs d'Aulnai ont été :

En 1492, Louis de Melun ;
En 1503-1513,...de Montmorenci, veuve de Charles de Melun ;
1516-1570, Charles de Melun ;
1582-1626, Madeleine de Melun et Louis de Champagne, comte de la Suze ;
1662, Gaspard de Champagne, comte de la Suze, et Henriette de Coligni, sa parente et sa femme.

Les hameaux d'AULNAI sont : — le Bugivet ; — le Cativet ; — les Côtes-de-Conches ; — la Friche ; — le Souci.

AUTEL (SAINTE-MARGUERITE-DE-L').

Arrond. d'Évreux. — Cant. de Breteuil.

Patr. Ste *Marguerite.* — *Prés. l'abbé de Conches.*

Cette commune n'est pas mentionnée dans la grande charte de Conches, non plus que dans les chartes de confirmation données par la *Gallia christiana* ; mais il n'est pas impossible que Robert d'Artois, seigneur de Conches, ait voulu la désigner dans le passage suivant de sa charte de 1270 : « Cum xx. acris terræ, sitis in fo-
« resta de CONCHIS, juxta hermitagium
« quod vocatur ALTARE. » Dans ce cas, la fondation de la paroisse ne remonterait pas plus haut que le XIVe siècle.

Le premier pouillé d'Evreux l'appelle « Sancta Margarita de ALTARIBUS ».

Le second l'appelle « Sancta Margarita de ALTARI », et c'est cette version qui a prévalu. Quoique le premier pouillé d'É-vreux ne soit pas une autorité bien imposante, nous pensons, sauf l'autorité du texte ci-dessus, que le pouillé fournit ici la meilleure leçon. En effet, les *Autels* ou *Autieux*, comme on l'a dit par corruption, étaient des églises inférieures, des espèces de succursales, comme les caractérise un capitulaire de Charles le Chauve, que nous croyons devoir citer ici :

« Si necessitas populi exegerit ut plures
« fiant ecclesiæ, aut statuantur ALTARIA,
« cum ratione et auctoritate hoc faciant ! »

Or il paraît que ces autels ne s'établis-saient jamais isolément. Partout où le souvenir en est conservé, on a dit les Autels ou les Autieux, jamais l'Autel.

Cependant nous ne voulons pas omettre qu'une bulle de Pascal II, en faveur de Saint-Père de Chartres, sous la date de 1106, en classant les autels au-dessous des églises, les cite au singulier :

« In quibus [prædiis] hæc propriis visa
« sunt nominibus annotanda : Ecclesiæ
« Sancti Hilarii, Sancti Leobini, etc. Item
« altaria vi. videlicet : altare de Bruerolis
« et de Armentariis, etc... »

Mais il n'en est pas moins vrai qu'en France on a toujours dit les Autels, et non l'Autel.

Si nous ne pouvons citer aucune charte où le nom de Sainte-Marguerite soit employé d'une manière parfaitement authentique, nous sommes moins malheureux dans nos recherches pour ce qui concerne le prieuré de Saint-Pierre-de-Lierru, qui existait autrefois sur son territoire. Une charte de Henri II (avant son avènement au trône d'Angleterre), en faveur de l'ab-baye de Lire, a été donnée à Lierru : « Apud LERU, in foresta Conchiarum. »

En 1234, Robert de Courtenai, bouteiller de France, confirma à l'église Saint-Pierre « de LIERRUTO » tout ce qui avait été donné à cette église par Roger de TOENI, savoir : l'herbage et le pâturage des porcs, douze deniers par semaine à FERRIÈRES, le bois mort, le bois à brûler, le bois de charpente nécessaire pour leur maison, etc. Donné à « Lierrut ».

En 1248, Pierre de Courtenai, son fils, confirme ces donations. (Cart. d'Artois, p. 486.)

En 1269, Robert d'Artois et Amicie de Courtenai, sa femme, ayant appris que feu Pierre de Courtenai avait donné 100 sous de rente à ce prieuré, à prendre annuellement sur leur bailli de Conches, confirment ce don. (Ibid., page 222.)

Les hameaux de SAINTE-MARGUERITE sont : — le Bout-aux-Barquets ; — le Bout-aux-Rabais ; — le Chemin-Perré ; — la Cheronnerie ; — le Coupe-Bois ; — la Croix-Métayer ; — la Dorée (chapelle) ; — la Dosse ; — les Fossés ; — la Friche-Philippon ; — la Geronnière ; — la Grande-Rue ; — le Grand-Friche ; — le Haut-Bois ; — la Haute-Epine ; — Lierru (lieu où il croît du lierre ; on a dit de même : Hêrau, lieu où il croît des hêtres) ; — Louvigni (le nom de ce hameau remonte à l'époque gallo-romaine et signifie le domaine de Lupinus : *Lupiniacus*) ; — le Marcinoir ; — Mare-Basse ; — Mare-Hue ; — Mare-Sèche ; — Mare-Tasse ; — la Muletière ; — la Petite-Friche ; — le Petit-Haras ; — la Pierre ; — la Piventerie ; — la Queue-du-Bois ; — la Rouge-Maison ; — la Rue-Mercier ; — la Rue-Pétremolle ; — le Vallet.

La voie romaine qui a fait donner à l'un de ces hameaux le nom de Chemin-Perré est celle qui conduisait du chef-lieu des Lexoves (Lisieux) à celui des *Parisii* (Paris), par Broglie, la Barre, Condé-sur-Iton, etc., et qui est restée la principale voie de communication entre le pays d'Auge et Paris jusqu'à la création des grandes routes, au XVIII° siècle.

AUTENAI.

Arrond. d'Evreux. — Cant. de Damville.

Patr. Notre-Dame. — *Prés.* le prébendé du Nuisement.

Le nom primitif est ANTI**^**AI, comme on le verra ci-dessous.

Il existe un Antagnac, un Antenai, un Anteni, trois Antignac, quatre Antigni, un Autenai.

On a détruit il y a quelques années une pierre druidique, connue sous le nom de Pierre-Lée, qui était placée près de la Rivière.

Dans les annales de saint Bertin, Antenai est nommé ANTENNACUS OU ANTENNACUM.

Ces noms sont très-voisins d'Antoni, Antaigni, Antogni ; la commune appelée aujourd'hui Antogni-le-Tillac (Indre-et-Loire) est nommée dans un diplôme mérovingien : « ANTIGNIACUS in pago Turonensi. »

En 1288, *Mgr Johen de Chamberé* (Chambrai), *seigneur de* BLANZÉ (Blandei), vendit au chapitre d'Evreux pour quatre-vingt livres tournois « six livres de tornois de « rente annuel, assis en la paroisse NOTRE-« DAME-D'ANTENAY, ou fié des Essartz ». Cette rente, assise à ANTENAY, fut amortie par Johen des ESSARZ, escuier, son cousin, « fiuz et oir Mgr Johen des Essarz, escuier, « et par Mahiu des ESSARZ, son oncle, cha- « noine D'ESVREUX ».

Les hameaux d'AUTENAI sont : — le Bois-Morin ; — la Brosse (mauvais bois, c'est de ce mot qu'est venu celui de broussailles) ; — Gaudrai ou Gaudrie ; — le Gebert ; — les Loges ; — le Mont-Joli ; — le Mont-Larron ; — le Moulin-de-Roman ; — le Plessis ; — le Château-de-Vaux.

Le Gebert ou Geber était un membre du fief d'Angerville, appartenant aux huit chanoines d'Evreux, barons d'Angerville, et qu'ils avaient encore au commencement du XVII° siècle l'incroyable prétention de tenir directement de « monsieur saint Tau- « rin, dès l'an de l'incarnation Notre- « Seigneur quatre-vingt et sept ». — Voyez ci-dessus l'article ANGERVILLE.

AUTEUIL.

Arrond. de Louviers. — Cant. de Gaillon.

Patr. S. Pierre. — *Prés.* le seigneur.

La terminaison en EUIL, assez fréquente dans les noms de lieu français, provient de la terminaison latine en OGILUM, qui s'est ensuite adoucie et contractée dans la désinence OLIUM. Cette terminaison en OGILUM remonte jusqu'à l'époque mérovingienne, et s'applique à des mots latins. Ainsi nous avons ALTOGILUM, BUXOGILUM, LONGOGILUM, SPINOGILUM, VERNOGILUM ; ces noms expriment, en général, les productions naturelles, la situation ou la forme du domaine, et beaucoup plus rarement le nom ou la race du propriétaire, comme dans BRITOGILUM, par exemple.

Nous sommes porté à croire, d'après ce qui précède, que le nom d'Auteuil doit signifier ALTUS LOCUS et s'appliquer, en général, à des lieux élevés (1). Ce n'est peut-être pas rigoureusement le cas ici, puisque

---

(1) Ce qui nous confirme dans cette opinion, c'est qu'il existe un lieu nommé Valeuil, dont le nom primitif doit être VALLOGILUM, et qui présente un antagonisme complet avec celui d'Auteuil.

notre Auteuil n'est qu'à mi-côte de la vallée de l'Eure : mais ce n'en est pas moins un lieu élevé par rapport à la vallée, et peut-être son territoire s'étend-il jusque sur le plateau.

Il existe en France sept Auteuil, un Auteux, un Autieule, un Autou, un Autuile, deux Autouillet, qui me paraissent devoir en être rapprochés.

Le premier seigneur de ce lieu dont nous ayons connaissance est Anschitillus de Altuillo, qui consentit à l'acquisition faite par la reine Mathilde à Aubevoie. (Voyez ce mot.)

Ce même Anquetil d'Auteuil était vassal du comte d'Evreux, et donna à l'abbaye de Saint-Sauveur, lors de sa fondation, un vignoble et un moulin lorsque sa fille y fut admise comme religieuse. Il est appelé dans cet acte *Anschitillus de* Altolio.

Elinance d'Auteuil, *Elinancius de* Altoilo, son fils ou son successeur, figure au nombre des amis d'Amauri de Montfort qui envahirent en 1118 le château, la ville et l'évêché d'Evreux.

C'est le nom de ce personnage qu'on trouve défiguré dans une bulle d'Eugène III en faveur de Saint-Sauveur :

« Ex dono Anschetilli de Autolio, mo-
« lendinum de Albavia et vineam unam
« et II. hospites in Fovilla. Ex Helmaci
« [*lisez* ex dono Helinancii] de Autolio
« aquam de Gravigneio..... »

Il y eut ensuite Goel d'Auteuil, cité dans une charte de la léproserie d'Evreux et dans le passage suivant du cartulaire de Préaux :

« In die Sancti Silvestri, Odo, filius Tet-
« bergæ, venit Pratellum, et donavit to-
« tam decimam quam tenebat de Goello de
« Altuil, scilicet de nucibus, de lino, de
« canappe (*le chanvre*), de annona, et
« super altare, per clavem unam [posuit
« *ou* tradidit], et societatem monachorum
« inde recepit. Testis ejus : Rogerius Fes-
« sart. Testes abbatis : Engelranus de Vi-
« vario ; Willelmus Triban ; Ricardus Buc-
« cebrune. »

En 1198, Alexandre d'Auteuil figure dans les *Magni Rot. scac. Norm.* (confiscation des biens d'un usurier).

« Alesander (sic) de Autholio » est employé comme témoin dans une charte de Simon, comte d'Evreux, en faveur de Saint-Taurin.

Voyez à l'article Saint-Vigor une charte de « G., dominus Autuillii, » et une autre de « Alexander de Autolio, assensu filii mei Gilleberti ». Il y parle de son frère Robert. Point de dates.

« Alexander de Autoil et ejus filii Gisle-
« bertus et Almaricus confirmant Geme-
« ticensi monasterio pratum Anselmi, da-
« tum a Willelmo de Masnillo. »

Dans une charte en faveur de Jumiéges il est parlé d'Alexandre d'Auteuil et de ses fils Gislebert et Amauri. Parmi les témoins : « Willelmus de Olmaio. » Cette charte, qui se trouve aux archives de la Seine-Inférieure, est relative à Fontaine-sous-Jouy. « Actum eo tempore quo Ricardus Har-
« ceurt habebat castrum Ebroicæ civi-
« tatis. »

Charte de Gislebert « de Autulleio ». Il parle de son père Alexandre comme déjà mort et de son frère Amauri. Parmi les témoins on voit un autre Alexandre « de Autulleio, miles ». Il donne à Jumiéges « x solidos andegavorum redditus in Hul-
« leio, pro anima patris sui Alexandri,
« qui hoc, antequam moreretur, mandavit,
« et Amaurici, fratris sui. Teste Alexandro
« de Autulleio, milite, Arnaldo. »

A l'époque de la rédaction du Registre de Philippe Auguste, « Gillebertus de Autolio » tenait du roi, « in præfectura « Paciaci, campum Mallart et c. solidos et « unum hospitem et unam culturam ; et « hoc per quarterium loricæ et per decem « dies de custodia ad custum suum ».

Nous pensons que c'est le même personnage que celui dont nous avons la charte suivante :

« Universis sanctæ matris ecclesiæ filiis,
« ad quos præsens scriptum pervenerit,
« ego Gillebertus de Autolio, salutem :
« noveritis quod ego, pro salute animæ
« meæ et uxoris meæ et antecessorum
« meorum, dedi et concessi Deo et eccle-
« siæ Beati Taurini Ebroicensis quasdam
« botas, quas singulis annis ad Natale Do-
« mini in eadem abbatia percipere sole-
« bam. Et ut hæc mea donatio firma et
« stabilis perseveret, sigilli nostri [muni-
« mine] confirmavimus. Actum est hoc
« anno ab Incarnatione Domini x° cc° III°.
« Testibus his : Radulfo de Saceyo (*Sassei*),
« Stephano de Dardbes (*Dardez*), Wil-
« lelmo de Yrevilla (*Ireville*), militi-
« bus, etc. »

En 1208, Gillebert, « dominus de Autolio, » donna à la Noe « II. acras terræ apud Montem Martini, juxta Wallon, » et de plus douze deniers de rente « de censibus meis de Hamelet ».

On lit dans les rôles de l'échiquier : « Guidoni de Autuil de dono regis xl. lib. per idem breve. »

Ce Gui d'Auteuil paraît avoir été employé à la défense de Tillières en 1198. Est-ce le même dont le fils, pareillement nommé Gui, renonça en 1233 à une assignation de revenu sur Glos et Coquainvilliers ? Voyez le Cartul. normand, n° 403.

Au mois d'août 1227, Cadoc céda à saint Louis une portion de ses biens, et entre autres « molendinum de Autholio », pour acquitter une portion de la somme dont il était resté redevable envers Philippe-Auguste (16,200 liv. parisis).

Dans le nécrologe de la Croix-Saint-Leufroi, on lit : « Kalendas aprilis, Johannes « de AUTOLIO, miles ; — xv° kalendas junii, « Nicholaus de AUTOLIO, Ebroicensis epi- « scopus. » On n'est pas bien d'accord sur la date de la mort de cet évêque d'Evreux. Cependant, les auteurs du *Gallia christiana* se rapprochent beaucoup de celle-là. Nicolas d'Auteuil occupa le siège épiscopal d'Evreux depuis le mois d'octobre 1281 jusqu'au milieu de mai 1298. Il avait pour parent et pour contemporain Gui d'Auteuil, chevalier.

1298. Amauri de Autuil, chevalier, en procès avec Saint-Wandrille pour une terre sise au Mesnil de Gaillon.

Il existait sur cette commune une chapelle de Notre-Dame-de-la-Vallée, à la présentation des seigneurs du Fief-Bernier. Ces seigneurs étaient :

En 1475 et 1494, Guillaume Lemoine, écuyer ;

En 1492, Jean Boudin, usufruitier ;

En 1503, Jacques d'Hellenvilliers, seigneur d'Auteuil ; Henri Lemoine, seigneur du fief ;

En 1544, 1556, Denis Lemoine ;

En 1557, François Lemoine ;

En 1588, Nicolas de Grimonville, seigneur de Larchant, de la Boulaie, etc. ;

En 1619, Jacques Nompar de Caumont, marquis de la Force, héritier de Diane de Vivonne, dame de Larchant, baronne de la Boulaie et d'Auteuil ;

En 1640, 1642, Armand de Caumont-Vivonne, marquis de la Force, seigneur d'Auteuil et de la Boulaie.

Le siège de cette baronnie de la Boulaie était un château de la renaissance, qui vient d'être démoli il y a peu d'années.

Le maréchal de la Force y demeura et Henri IV y séjourna.

La baronnie de la Boullaye avait été distraite de la mouvance d'Evreux et reportée à celle du vieux palais de Rouen.

Jacques de Caumont, duc de la Force, en donna aveu.

Des tombeaux en plâtre coulé, renfermant des ossements et diverses armes, ont été trouvés sur Auteuil.

Les autres hameaux et dépendances d'Auteuil sont : — l'Auberge ; — la Basse-Cour ; — la Côte-Cornu ou la Muette ; — la Forêt ; — la Liègue (ce nom est significatif, et paraît annoncer ou l'existence d'une borne itinéraire ou la borne d'une circonscription de banlieue) ; — le Marais ; — Porte-Voix.

AUTEVERNE.

Arrond. des Andelis. — Cant. de Gisors.

Patr. Notre-Dame. — *Prés. le couvent de la Trinité-du-Mont-Sainte-Catherine, près Rouen.*

Le nom primitif est ALTA AVENA ou AVESNA, campagne élevée, dans laquelle la nature du sol ne permettait pas d'autre culture que celle de l'avoine. Ce mot d'AVENE est entré dans la composition de beaucoup de noms de lieu. Dans la commune d'Escames, canton de Songeons (Oise), il y a un hameau de Longuavesnes ; dans la Somme une commune nommée Bouchavesnes ; dans le Pas-de-Calais une autre commune s'appelle Haute-Avesne ; dans l'Aisne il existe un Haute-Vesnes ; enfin on compte neuf Avesnes et trois Avernes. Le nom primitif de ces derniers a subi la même corruption que celui de notre Auteverne, et s'écrivait primitivement Avesnes. Nous espérons qu'après ces rapprochements il ne pourra plus rester aucun doute sur l'étymologie du nom qui nous occupe.

L'église de cette commune fut donnée avant la conquête de l'Angleterre à l'abbaye de la Sainte-Trinité-du-Mont-Sainte-Catherine, près Rouen, par une charte que nous croyons devoir transcrire en entier :

« Omnibus sanctæ ecclesiæ filiis mani- « festum sit quod duo egregii milites, « Ricardus et Rogerius, filii Herluini Se- « nescalli, et Ada, mater eorum, sibi « suisque parentibus in futurum provi- « dentes, Sanctæ et Individuæ Trinitati « Rotomagensi hæc perpetuo donaverunt « et tradiderunt, videlicet ecclesiam in « ALTAVESNA, cum tribus acris, et in ea- « dem villa culturarum suarum decimam ; « et unum mansionalem in GAMACI (*Gamaches*) et piscinam vel tractus decimam « in Sequana, loco qui dicitur FOSSA. Iterum « Ricardus e proprio jure unum hortum « ALTAVESNA, ubi granza sedet, tres quo- « que mansionales, et quidquid Herbertus « Graverenc de illo tenebat, Sanctæ Trini- « tati dedit. Rogerius vero e proprio jure « terram quattuor boum in villa vocabulo « WARNEI (*Guerni*), quam de illo tenebat « quidam vir, nomine Alboldus, qui postea « noster monachus est effectus. Pro qua « terra eidem Rogerio LV. solidos dedimus. « Porro mater eorum Ada, cum eodem

« filio suo Rogerio, duos ortos et de-
« cem acras terræ arabilis in ALTAVESNA.
« Domnus itaque abbas Raynerius et mo-
« nachi ejusdem Sanctæ Trinitatis pro
« benedictione hæc utrisque dederunt :
« octo libras denariorum et unum ele-
« ctum equum et canem valde bonum.
« Prædictus etiam abbas, annuentibus
« monachis suis, unum militem suum,
« nomine Helgonem del MAISNIL, et servi-
« tium ejus præfato Rogerio dedit. Hæc,
« ut diximus, prædicti duo fratres Ricar-
« dus et Rogerius et mater eorum Ada,
« annuente Willelmo, comite Normanno-
« rum, Sanctæ Trinitati in perpetuam he-
« reditatem tradiderunt, et cartam per
« semetipsos coram testibus firmaverunt.
« † Signum Willelmi, comitis Normanniæ.
« † Signum Mathildis, comittissæ. † Si-
« gnum Ricardi, filii Herluini. † Signum
« Rogerii, fratris ejus. † Signum Adæ, ma-
« tris eorum. † Signum Avitiæ, uxoris Ri-
« cardi. † Signum Benselini de Scoz (Ecos).
« † Signum Ybberti de DOMMAISNIL. (Damps-
« mesnil). † Signum Hugonis de FURCEL-
« MONT (Château-sur-Epte). † Signum Dro-
« conis. † Signum Amandi. † Signum
« Durandi Enganet. † Signum Gulberti,
« filii Farman de ROTUIS, hominis Rai-
« noldi Darsel. Ex NOSTRIS : † Signum Dro-
« conis, filii Goisfredi de Novo-MERCATO. †
« Signum Ebrardi, diaconi. † Signum Ful-
« chelini, filii Hunfridi de MATHUN. † Si-
« gnum Ricardi de DAINCURT (Neufchâtel-
« en-Brai). † Signum Turoldi, fratris ejus.
« † Signum Ricardi Senescal. † Signum
« Bernardi Coci. † Signum Rodulfi, fratris
« ejus. † Signum Osberni Bruncosted. †
« Signum Goisfredi del BEC. »

« In AUTAVESNA ecclesiam.... » Bulle d'Adrien IV en faveur de la Trinité-du-Mont, sous la date de 1156.

Parmi les témoins d'une charte du XIIe siècle, en faveur de l'abbaye de Mortemer, on trouve : « Rogerius Bainnart, de ALTA AVESNA. »

« Ego Willelmus de Tornebu, assensu et
« voluntate patris mei et fratrum meorum,
« concessi et in perpetuam elemosinam
« dedi abbati et monachis Sanctæ Trini-
« tatis de Monte Rotomagensi totum jus
« quod clamabam in ecclesia de ALTA-
« VESNE, sicut dominus et heres patris mei
« in eadem villa. Præterea concessi eis-
« dem abbati et monachis ut de nemore
« communi inter me et ipsos quartam
« partem per omnia libere et quiete ha-
« beant et possideant, ita videlicet quod
« ipsorum forestarius quartam partem il-
« lorum, similiter et meus forestarius III.
« partes ad me pertinentes communiter
« custodient. Quod si forte contigerit ut
« de communi consilio, mei scilicet et
« abbatis et monachorum, prædictum ne-
« mus extirpetur, et in agriculturam ve-
« niat, ipse abbas et monachi de eadem
« terra quartam partem libere et quiete
« habebunt, pro utilitate ecclesiæ suæ
« quidquid voluerint de eadem facturi.
« Cum autem messium tempus advenerit,
« campartarius meus absque illorum cam-
« partario in communi campartagio, mei
« scilicet et ipsorum, non poterit cam-
« partare. Similiter campartarius illorum
« meo campartario faciet, ita ut uterque
« ab utroque submoneatur. Sciendum vero
« est quod ipse abbas et monachi de eo-
« dem campartagio quartam partem de-
« bent habere. Reliquæ vero III. ad me de
« jure pertinent. Pro hac igitur conces-
« sione dederunt mihi abbas et monachi
« de charitate ecclesiæ XX. libras and. et
« I. palefredum, X. libras valentem. Et ne
« ista concessio in futurum alicujus ma-
« litia aut etiam longi temporis prolixitate
« in dubium revocetur, scripti hujus testi-
« monio et sigilli mei munimine confir-
« mavi. Testibus hiis : Waltero de Sancto
« Walerico, Rothomagensi archidiacono;
« Ricardo de Gistarvilla ; Alveredo de
« Sancto Martino ; Waltero de Vuatuevilla ;
« Gisleberto de Wascoil ; Hugone de Vake-
« puiz, justiciariis regis ; Roberto de Tor-
« nebu ; Almarico de Tornebu ; Laurentio
« de Bosco ; Radulfo Breton ; Johanne de
« Vivario, et multis aliis. » (Hist. de l'abb. de la Sainte-Trinité, p. 71.)

On lit dans le rôle de l'échiquier pour l'année 1180 :

« Et de XVIII. sol. de Andrea de ALTA AVESNA pro defectu. » (Magni Rot., p. 72.)

Dans un des registres de Philippe-Auguste on trouve ce passage précieux sur Auteverne :

« Balduinus Danemois apud AUTAVERNE, feodum de Tornebu. »

Au mois d'août 1236 Gilbertus Bengnart de Autevesne donna aux Templiers de Bourgout « tertiam partem totius heredi-
« tatis meæ quam habebam inter Ette et
« Andele, exceptis II. acris terræ et I. ma-
« sura sita juxta ecclesiam de Autevesne. »

Au XIIIe siècle on disait aussi Auteverne. Nous lisons en effet dans le Registrum Philippi Augusti que Guillaume Bennart de AUTEVERNE tenait de l'abbé de la Trinité-du-Mont-Sainte-Catherine : « Unum quarterium feodi militis, de plenis armis. »

Et dans le pouillé d'Eudes Rigaud : « Ec-
« clesia B. M. de AUTAVERNE. Abbas Sanctæ
« Catharinæ Rothomagensis patronus ; ha-
« bet LX. parrochianos ; valet XXX. libras
« turonensium. »

Au XVIIe siècle les Chartreux de Gaillon présentent à la cure, en raison du fief d'Auteverne qui leur appartenait.

Cette commune n'a point beaucoup de dépendances. Cependant on peut citer les fermes de la Chartreuse, du Fort et de la Guérite. La ferme du Fort est ainsi nommée à cause de l'épaisseur de ses murailles flanquées d'une tour.

Il faut encore citer le château du Bois-d'Ennemets.

Voyez l'article CANTIERS.

Voyez sur Bois-d'Ennemets, favori de Gaston d'Orléans, la lettre CCLVIII de Bayle. Il fut tué en duel à Venise par Ruvigni en 1627.

En 1713, Daniel, chevalier de Bois-d'Ennemets, mestre de camp de cavalerie, prenait le titre de seigneur de Bois-d'Ennemets, Auteverne, Château-sur-Epte, Cahagnes et Senancourt.

AUTIEUX (LES).

Arrond. d'Evreux. — Cant. de Saint-André.

Patr. S. Eterne. — Prés. l'abbaye de Conches.

Nous avons indiqué, à l'article SAINTE-MARGUERITE-DE-L'AUTEL, l'infériorité des églises désignées sous le nom d'autels, par rapport aux églises paroissiales, et nous avons fait remarquer qu'en France, au moins, ces établissements prenaient toujours leur nom au pluriel.

Il existe en France quatre communes appelées LES AUTELS, et dix appelées, par une légère altération de ce mot, LES AUTIEUX. Ces dernières sont toutes situées en Normandie.

Nous ne savons comment ce patronage est revenu à l'abbaye de Conches. Au moyen âge il appartenait à l'abbaye de Coulombs, à laquelle il avait été donné par Héloïse, femme de Hugues Tête-d'Ours. Cette dame s'y était fait recluse et y mourut en odeur de sainteté, le 10 février, vers l'année 1034.

En 1033 elle avait donné à l'abbaye les terres de Lainville et Magni en Vexin par charte authentique, portant les souscriptions du comte Galeran de Meulan, de sa femme Adélaïde et de son fils Hugues.

Quant à la terre des Autieux, tout ce qu'on possède au sujet de sa donation consiste dans deux pièces insérées au cartulaire de Coulombs.

La première est moins une charte qu'une notice de restitution faite à l'abbaye par Richard, fils d'Herland et neveu d'Héloïse, qui s'était emparé de la terre des Autieux après la mort de sa tante, au préjudice des moines. Voici cette notice, revêtue de la signature du duc Guillaume, de la duchesse Mathilde, sa femme, de Robert Courteheuse, son fils, de Robert de Mortain, son frère, et de plusieurs autres personnages de distinction, et donnée à Fécamp le 13 avril 1066, six mois environ avant l'expédition d'Angleterre.

« In nomine Sanctæ et Individuæ Tri-
« nitatis, Patris et Filii et Spiritus Sancti ;
« Heloisa, morum et doctrinæ merito, cla-
« rissimo genere præfulgens, ex dominica
« traditione sæculari gloriæ renuncians,
« atque in cella solitaria juxta B. M. Co-
« lumbensis basilicam cultui divino sese
« religans, terram ALTARIUM cum ipsa ec-
« clesia præfati cœnobii fratrum usibus
« ecclesiæ cessit, patrimonii sui Christum
« faciens heredem. Itaque ea superstite
« prætaxati fratres eo beneficio cum pace
« diù potiti sunt. At postquam pretiosa
« anima carnis ergastulo migrare meruit,
« Richardus, nepos ipsius, præfatam ter-
« ram Altarium diu violenter obtinuit.
« Ipse tamen postea, dispositionis divinæ
« misericordia, quæ delinquentes pœni-
« tere mavult quam perdere, ab injuria
« violentiæ suæ revocatus, sub favore et
« præsentia clarissimi Normannorum du-
« cis Guillelmi, et uxoris ejus nobilissimæ
« Mahildis, eorumque præclarissimæ pro-
« lis Rotberti, jam supra dictam terram
« fratribus B. M. Columbensi servientibus
« liberam in perpetuum clamavit, atque
« omni nixu devote absolvit. Cujus etiam
« rei seriem litteris commendari voluit.
« Quam si quis calumniæ alicujus nævo
« fuscare tentaverit, in viventis Dei ma-
« num, qui solus protector noster est, pro
« iniqua repetitione incidat ! Actum pu-
« blice Fiscannum, anno Verbi incarnati
« M. LX. VI. indictione quarta, regnante
« Philippo rege, idus aprilis.

« S. Guillelmi, comitis †. S. Mahildis,
« comitissæ †. S. Rotberti, filii eorum †.
« S. Rotberti, comitis de Castronoin (?) †.
« S. Guillelmi, filii Hesberti †. S. Rogerii
« de Montis Gommerici †. S. Rogerii Bar-
« bati †. S. Ingenulfi de Aquila †.

« † S. Hugonis, episcopi Lisoviæ. † S. Hu-
« gonis, pincernarii. † S. Hugonis, comitis
« (le comte Hugues de Meulan). † S. Hugonis
« de Novi Castri. † S. Simonis de Monte-
« forti. † S. Richardi, † S. Richardi, filii Herluini....
« † S. Roberti, fratris Richardi.....»

Il y aurait bien des observations à faire sur cet acte et sur quelques-uns de ses souscripteurs. Mais les bornes dans lesquelles nous devons impérieusement nous renfermer ne se prêteraient pas à une pareille discussion. Qu'il nous suffise d'ajouter qu'après la restitution de la terre des Authieux par Richard, fils d'Herluin, constatée tant par la pièce précédente que par une charte directe de ce personnage, dont nous n'avons que les premiers mots, et dans laquelle il se dit frère de Robert, abbé de Coulombs, les moines furent encore cruellement troublés dans leur propriété par Roger Le Bègue, seigneur de Grossœuvre et frère de Guillaume Louvel, seigneur d'Ivri. Ce Roger Le Bègue est signalé par Orderic Vital comme l'un des brigands les plus redoutables de l'époque. Nous verrons à l'article GROSSŒUVRE qu'il fallut, en 1137, que le roi Étienne se mît en campagne de sa personne pour forcer les portes de ce repaire.

Il n'existe dans cette commune que deux hameaux : Criezel et Teurtraie. On les trouve mentionnés l'un et l'autre dans ce passage d'une charte de Luc, évêque d'Evreux, en faveur de son chapitre : « Et « decimas de CRIOISEL et de TRIARTRERŒ, « salva portione capellæ nostræ Ebroi« censis. »

Cf. *Acta SS. ord. S. Benedicti*, sæc. VI. pars Ia, p. 365.

AUTILS (SAINT-PIERRE-D').

Arrond. d'Évreux. — Cant. de Vernon.

Patr. S. Pierre. — Prés. l'abbé de Jumiéges.

Le nom primitif, HASTILEZ, tel qu'il nous est fourni par la charte de Richard II, est visiblement d'origine latine. Nous pensons qu'il faut lire HASTILES et l'interpréter par ces mots : les Hastes, mesure agraire employée au moyen âge. C'est comme si, de nos jours, une commune s'appelait : les Acres, les Arpents, les Hectares. Il existe dans le département de la Seine-Inférieure, contigu au nôtre, un exemple de ce genre de désignation qui s'est perpétué jusqu'à nos jours : l'ancienne commune des Acres, maintenant réunie à Beauvoir en Lions.

Cette commune faisait partie du domaine de Longueville, qui fut donné en douaire à la duchesse Leutgarde, après la mort du duc Guillaume Longue-Épée, son premier mari. Il paraît même que c'était sur son territoire que le chef-lieu en était assis, puisqu'on y trouve encore un hameau de ce nom; mais la circonscription s'en étendait fort au delà de ses limites, et nous venons de voir que la terre d'Aillí, entre autres, devait en avoir fait partie.

Cette terre passa après Leutgarde en partie à sa fille Emma, comtesse de Poitiers.

Celle-ci la donna à l'abbaye de Bourgueil, qui y établit un prieuré sous le nom de Saint-Pierre-de-Longueville.

Mais, pendant que les moines de Bourgueil possédaient ce prieuré en Normandie, ceux de Jumiéges possédaient pareillement en Poitou un autre prieuré nommé Tourtenai, provenant de la libéralité d'un personnage nommé ALFASIUS.

En 1042, il y eut échange solennel des deux propriétés, constaté par une charte qui existe au t. XI du *Gallia christiana*, instrum. c. 289.

Le duc Richard II sanctionna cette acquisition dans sa charte en faveur de Jumiéges, et l'y reproduisit sous la forme suivante :

« In Longavilla dedimus HASTILEZ et « quidquid ad hoc pertinet, de vineis, pra« tis, terris cultis et incultis, silvis, aquis, « et de piscariis quartam noctem in inge« niis (*engins, filets*) quorumcumque, quæ « commutavimus pro villa in pago Picta« viensi sita, quæ dicitur TORTINIACUS, « cum suis appenditiis. Item in eadem villa « ecclesiam in honore Sancti Petri, quam « emit nostro consensu ipsius loci abbas, « nomine Theodoricus, CXL. libras dena« riorum, et in duabus ecclesiis ejusdem « villæ, una in honore Sancti Marcelli et « altera Sancti Justi, tertiam partem om« nium decimarum. »

Dans la charte de confirmation de Guillaume le Conquérant, cet article est copié textuellement. Dans celle de Henri II le nom est déjà contracté au point d'en être devenu méconnaissable; on y trouve d'ailleurs l'indication d'acquisitions intermédiaires importantes :

« Et in Longavilla ALTIZ cum ecclesia et « omnibus pertinentiis, CANTALUPUM cum « capella et aliis pertinentiis; compratione « de BROVILLA, tertiam partem omnium « decimarum Sancti Marcelli et Sancti « Justi.... » (1174.)

Nous trouvons dans le précieux cartulaire de la Trinité-du-Mont deux donations de terrains situés à Saint-Pierre-d'Autils :

« Quidam miles, Ogerus nomine, in « villa quæ dicitur PANILLOSA (*Panilleuse*), « quandam vineam hereditatis suæ, in « Longavilla, loco ALTIZ nuncupato, de« vote largitus est Sanctæ Trinitati pro « concessa sibi societate, proque cujusdam « fratris sui, vocabulo Gerelmi, nuper in « Anglia defuncti, animæ salute ; et ut an« nuatim die festi Sancti Audoeni com« memoratio ejusdem fratris sui ab eis fiat, « mortuorum more, vineam coram altari

« Sanctæ Trinitatis in præsentia subscri-
« ptorum virorum memoratis fratribus
« concessit, et cartam manibus suis signo
« crucis firmavit. † S. Ipsius Ogeri. †
« S. Willelmi Macecrarii (1). †. S. Os-
« mundi filii ejus. † S. Osmundi Bestiæ.
« † S. Ricardi Senescal. »
  « Confirmatio duorum fratrum, scilicet
« Hepponis et Ottonis, qui Sanctæ et In-
« dividuæ Trinitati Rotomagensi unum
« terræ jugerum in Longavilla, loco qui
« dicitur ALTIZ, in elemosinam pro se
« suisque parentibus perpetuo in alodium
« tradiderunt; et cartam tam ipsi quam
« testes sigillaverunt ita :
  « † S. ipsius Hepponis. † S. Ottonis.
« † S. Rotberti de PORMORT. † S. Gunfridi.
« † S. Ricardi Senescalli. † S. Walterii
« Pistoris. † S. Rodulfi, filii Hermeri. »
  En 1187, « tenementum de Petra Har-
denc in Longavilla ».
  En 1200, Hugues Commin donne aux
lépreux d'Évreux « clausum, qui dicitur
« clausum PAGNANTI apud Longavillam,
« subtus Vernonem ».
  En 1221, Eudes de GIVERNI fieffa la pêche-
rie des moines « de LONGAVILLA, ad gur-
« gites faciendos in loco qui dicitur VOLEIA
« GUION ».
  En 1239, masure appelée « masura DAN-
« GOUIN. — Campus de Wacet. — Masagium
« Sarracenorum. — MISTREVILLA. — S. Pe-
« trus de AUTIZ ».
  En 1230, don par Hardouin de MISTRE-
VILA, du consentement de sa femme Alicie,
de deux sols parisis de rente sur un demi-
arpent de vignes « apud LES COSTES », lieu
situé près d'un bras de la Seine, « inter
« GULETUM et MOTELLAM, secus caminum
« ad gurgitem exiguum ».
  En 1232, vente d'un champ situé « in
clos WOU », d'un autre situé « apud BU-
DENGRES », et enfin d'un troisième « in valle
« hominum mortuorum. — Vinea de QUAR-
« TEBOU. — Actum apud LONGAMVILLAM. —
« Vinea de BOSCHIER ».
  En 1237, vente par Nicolas « de CAPITE
VILLÆ » de la terre de « MARISCIS juxta SE-
QUANAM », près de la terre des religieux
de Jumièges, « quæ dicitur CROKART ».
  En 1238, Hardouin le Jeune, « de Lon-
gavilla, parochianus S. PETRI D'AUTIZ, »
donne à l'abbaye de Jumièges une rente
sur une vigne située dans la même pa-
roisse, « in loco qui appellatur QUARTERET ».
— Vente par Osmond Tasquerel et Dulcia,
sa femme, d'une rente assise en partie sur
une pièce de vigne « apud NORROS BAL-
DRICI ». — Pièce de terre, « quæ vocatur LE
GAEDIG. — Vinea de AALIZ. » — Pièce de terre

(1) Ce mot signifie le boucher.

située « ante molendinum quod vocatur
BROQUET ». — Autre « in GARENNA ».
  En 1239, vente par « Joannes de LONDA,
miles », de masures et vignes provenant
de Jean « de Bosco-GIRALEI, » par échange,
« apud Longam Villam in parrochia S. Petri D'AUTIZ ». — Vigne située « apud MITRÆ-
VILLAM ». — Autre « apud METREVILLAM ».
— Contrepleige sur un pourpris « in parrochia S. JUSTI ».
  En 1291 on disait Saint-Pierre-d'AUTIS,
et en 1310 « S. Petrus de AUTICIO ».
  Au XVe siècle l'Hôtel-Dieu de Vernon
avait droit de prendre une certaine quantité de vin sur celui qui était dû au roi
dans la paroisse de Saint-Pierre-d'Autils.
(Cart. norm., n° 643.)
  Il y avait dans cette commune une chapelle de Saint-Nicolas, à la nomination des
religieux de Jumièges.
  Les hameaux sont : — Clemont, — le
Goulet; — Longueville ; — la Marâtre; —
Métreville (Medietarii ou Medietaria Villa).
  Il paraît que Clemont est une corruption
de Clermont. — Dans une charte de Guillaume Nais de Guilloncel, on trouve parmi les témoins : « Rogerus, presbiter de
Autiz, et Garinus de Claromonte. »
  1239. « Johannes de Londa, miles, ven-
« didi... apud Longam Villa, in parrochia
« Sancti Petri d'Autiz.... »
  Philippe « de Altaribus » donne à Jumièges trois muids de vin « apud Longam
villam ». Parmi les témoins : « Willelmus
de Altaribus, filius meus. »
  Par une charte de l'an 1201 « Petrus
de Runtia » reconnaît que Raoul « de
Inferno », son père, et leurs devanciers
antérieurement avaient vendu aux moines
de Jumièges un muid de vin « apud Longe
Villam ». Témoins : Richard, curé de
Goiaco, « Henrico de Runtia, cognato
meo ».
  1206. Robert de Escoz, du consentement de son frère Gautier et de sa femme
Mabilie, rend aux mêmes religieux une
prévôté qu'il tenait d'eux, « apud Longam
villam ». Témoins : « Rogero Torel, do-
« mino Buscalliæ; Matheo, fratre ejus;
« Nicolao de Blarru. »
  1244. « Walterus de Escoz. In præpo-
« situra et serjanteria Longævillæ in bo-
« scagio et in valle. »
  « Ludovicus.... Notum.... quod nos Gil-
« leberto Chopin piscariam illam quam
« fecit in quadam archia pontis Goleti per
« deversus domum leprosorum dedimus,
« et eidem et heredibus suis tenendam de
« nobis et heredibus nostris, et in perpe-
« tuum possidendam concessimus tali
« modo quod idem Gillebertus et heredes
« sui de predicta piscaria reddent nobis

« et heredibus nostris singulis annis in
« festo Sancti Remigii duodecim denarios
« parisienses censuales... Actum apud
« Pontisaram, anno gratiæ M° CC° XX° VII°,
« mense februarii [1228 N. s.]. » *Cartul.
normand*, n° 368.

Cette pièce est importante et prouve que le nom de Goulet s'étendait jusque là dès le XIII° siècle, au lieu d'être borné à l'Isle-aux-Bœufs, comme le disait M. Stapleton.

1366. « Locum in brachio quodam Se-
« canæ inter Guletum et inter Mosellam. »

1366. Parmi les cinq chevaliers qui devaient le service d'ost à l'abbaye de Jumièges, Jehan de Goulet est le quatrième.

Le hameau du Goulet ne doit pas être confondu avec le château du même nom, qui était situé dans une île de la Seine, nommée l'Ile-aux-Vaches, et dépendant de la commune de Notre-Dame-de-l'Isle. Nous en parlerons à ce mot.

Il existe au-dessus de ce hameau l'emplacement d'une ancienne enceinte militaire, semblable à celles qui se voient en assez grand nombre vers l'embouchure de la Seine et le long des falaises du littoral normand. L'origine de ces camps retranchés est fort obscure. Nous sommes porté à en attribuer l'établissement aux nations saxonne et scandinave, qui envahirent nos côtes dès une époque très-reculée. Nous avons la même opinion sur le Haguedike de la pointe de la Hague.

AUTOU.

Arrond. de Pont-Audemer. — Cant. de Montfort.

Patr. *S. Aubin*. — Prés. *le seigneur*.

Le nom primitif de cette commune paraît avoir été Autouel ; ce qui justifie complétement le rapprochement que nous en avons fait avec Auteuil.

Dans une charte de Jean d'Harcourt, chevalier, seigneur de Brionne, sous la date de 1293, et dont nous rapporterons le reste à l'article Calleville, on trouve le passage suivant, relatif à Autou :

« Præterea concedo et præsenti carta
« confirmo, pro me et heredibus meis,
« quod dicti religiosi et successores eo-
« rumdem habeant, percipiant ac pacifice
« possideant molendinum suum, vulgari-
« ter nominatum molendinum de Salerna,
« situm in parochia S. Albini de Autouel
« (ou Antouel ou Antonel), cum moul-
« tariis ejusdem molendini, tam propriis
« hominibus quam tenentibus ab eisdem,
« ac etiam cum moultariis residentibus

« in feudo religiosarum mulierum abba-
« tissæ et conventus S. Leodegarii de
« Pratellis, in parochia S. Cyrici de Sa-
« lerna..... »

Dans l'Inventaire des titres de l'abbaye du Bec on trouve trois titres qui se rapportent à Autou.

L'un concerne deux pièces de terre, nommées l'une la Courte-Pièce et l'autre le Pré-Rond, au Rauconney : 1257.

Un autre, de 1380, une pièce de terre appelée le Clos-de-Cantelou.

Le troisième enfin, de 1438, le fief des Aumônes, à l'abbaye du Bec.

Dans une liste des paroisses de la sergenterie de Bernai, sous la date de 1440, on lit : Salerne, Neuville, Autou, Autonel (ou Autouel), Livet, etc..... Dans une autre le nom de l'avant-dernier lieu est écrit : Autonnel. Il y a certainement ici double emploi ; peut-être le rédacteur, peu au courant des lieux, aura-t-il pris pour deux paroisses différentes les deux variantes d'un même nom.

Le premier pouillé de Lisieux ne fait aucune mention d'Autou. Le second l'appelle Autouellum.

Les hameaux d'Autou sont : — le Bas ; — la Bucaille ; — les Champs-de-Laumal ; — la Croix-Blanche ; — les Maisonnettes ; — les Simon.

Le vocable de saint Aubin, évêque d'Angers, mort au milieu du VI° siècle, nous paraît devoir faire assigner à cette église une origine mérovingienne.

Cf. Canel, *Essai sur l'arrond. de Pont-Audemer*, t. II, p. 325.

AUTOUILLET.

Arrond. de Louviers. — Cant. de Gaillon.

Patr. *S. André*. — Prés. *l'abbé de la Croix-Saint-Leufroi*.

Ce nom est visiblement un diminutif de celui d'Auteuil. Aussi l'étendue du territoire est-elle beaucoup moins grande. Il n'existe en France que deux communes de ce nom.

« Notum sit præsentibus et futuris quod
« ego Gislebertus de Autuilleto dedi ec-
« clesiæ Gemmetici et monachis ibidem
« Deo servientibus, libere et quiete, in
« perpetuam elemosinam, x. solidos ande-
« gavensium, percipiendos ipsis monachis
« vel eorum servientibus in dominica pal-
« marum, pro me et pro anima patris
« mei Alexandri, qui hoc, antequam mo-
« riretur, mandavit, et pro anima Amau-
« rici, fratris mei, et pro anima matris

« meæ et antecessorum meorum, in red-
« ditu meo de Rulleio (*Reuilli*). Testibus:
« Heutone, presbitero; Alexandro de Au-
« tulleio, milite; Ernaldo, avo ejus; et
« multis aliis. »

Les hameaux d'Autouillet sont : — les Acres ; — la Haute-Boulaie ; — les Isles ; — la Petite-Boulaie.

Dans notre *Dictionnaire des noms de lieu du département de l'Eure*, nous avions traduit Autulleium par Auteuil ; mais, après un plus mûr examen, nous nous croyons dans l'obligation de le rapporter à Autouillet, malgré la coïncidence des noms des personnages qui y figurent avec ceux des seigneurs d'Auteuil.

AUVERGNI.

Arrond. d'Évreux. — Cant. de Rugles.

Patr. S. Aubin. — *Prés. l'abbé de Lire.*

Le vocable de saint Aubin atteste une origine mérovingienne, comme nous l'avons déjà dit à l'occasion d'Autou.

Le nom du lieu : Alverniacus ou Arverniacus, remonte à l'époque gallo-romaine et signifie le domaine de l'Arverne, comme Bretigni le domaine du Breton, comme Ivri le domaine de l'Ibère, etc.... Au reste, ce nom est fort rare en France. Nous ne connaissons que deux Auvergné dans la Loire-Inférieure et cinq Auvers (Alverni, dans un diplôme de Charles le Chauve, en 865, concernant Auvers, près Pontoise).

Le premier document où il soit mention d'Auvergni est une charte de Lire, que les Bénédictins ont donnée comme la charte de fondation de cette abbaye, mais qui, quoique émanée du fondateur, est visiblement postérieure et fort différente. On lit dans celle que les Bénédictins ont transcrite : « *Ecclesiam* de Alvernaio. » Nous possédons heureusement aux archives du département l'original de la grande charte de Lire, que nous la publierons dans la suite de cet ouvrage, malgré son étendue. Ce ne sera malheureusement pas la seule fois que nous aurons l'occasion d'observer le peu de soin apporté par les auteurs du *Gallia christiana* dans le choix des textes qu'ils ont fait imprimer, aussi bien que dans leur correction.

Ce n'est plus ensuite qu'au XIIIe siècle que nous trouvons cette commune mentionnée dans plusieurs autres titres, et notamment dans une charte où figure Girard d'Auvernay, en 1205.

En 1208, le même Girard de Auvernai (*sic*) et Alexandre de Auvernai renoncèrent à leurs prétentions sur la moulte de la terre de Chesney, appartenant aux religieux de Lire. Les témoins sont Jean de Joe, chevalier, Richard de Auvernai, Richard de Folevile, Richard de la Chambre (de Camera), Guérin le Bigot.

En 1210, le chapitre d'Évreux donna en faveur des religieux de Lire une charte dans laquelle on lit : « Ecclesiam de Al-
« vernayo, cum præsentatione presbyteri,
« et duas partes decimæ bladi. »

En 1214, « Giraldus de Auvernayo, » le même que nous avons déjà vu figurer dans les deux actes ci-dessus, déclara consentir à la donation par Jean du Pont et Goda, sa femme, de vingt-deux deniers de rente assis à Ambenai. Les donateurs reçurent des religieux sept livres tournois, « quia magnam judæis debebamus debitam. »

Il est encore cité dans un acte de 1215 et dans un autre de 1217, en qualité de chef-seigneur : « coram hominibus de « parochia Sancti Martini de Ambenayo....
« assensu et voluntate Giraldi de Auver-
« nayo, militis et capitalis domini istius
« fundi. » (Charte de Jean Erart en faveur de Notre-Dame-du-Lesme, 1217.) Cette charte est suivie d'une autre dans le même sens, de Girard d'Auvergni lui-même, sous la date de 1218.

Voyez ci-dessus, à l'article Ambenai, une charte dans laquelle figure ce seigneur.

« Sciant præsentes et futuri quod ego
« Richardus de Auvernay, miles, et ego
« Alexander de Valle quietavimus et re-
« misimus in nomine excambii Ricardo
« de Auvernay, militi, totam moltam
« quam habebamus in toto feodo quod
« Radulfus le Meignen tenebat de dicto
« Girardo de Auvernay apud Lannel... »
(1218.)

« Sciant omnes præsentes et futuri quod
« Richardus de Auvernayo, miles, et filius
« Ermelinæ de Auvernayo et heres, volui
« et concessi et garantizandum garantizavi
« contra omnes elemosinam illam quam
« mater mea Ermelina dedit et elemosi-
« navit Deo et ecclesiæ B. M. de Deserto,
« et fratribus ibidem Deo servientibus,
« videlicet III. jugera terræ apud Barro-
« lium, jacentia de juxta vineam Sulpicii
« Alis, defuncti, versus molendinum ta-
« neret...... Actum anno Domini Mo CCo
« XXIIIo. »

Girard d'Auvergni, chevalier, existait encore en 1234.

En 1248, Richard d'Auvergni, son fils et son héritier, donna son consentement à une concession de Foubert de Besencort et autres « in feodo de Chesney », à Ambenai.

La plupart des personnages qui précèdent se retrouvent dans les paragraphes suivants du *Registrum Philippi Augusti* :

« Girardus de Auvergnaio unum dimi-
« dium feodi apud Avergnaium.

« Ricardus de Auvergnaio unum quar-
« terium apud Auvergnaium. Alexander
« de Valle, unum quarterium apud Au-
« vergnaium. »

Plus loin on trouve « Willelmus de Au-
« vergnaio » possédant en commun avec Nicolas de Bonneval un fief au Bois-Anzerai.

Dans l'enquête de la forêt de Breteuil, à peu près contemporaine, on voit encore :

« Ricardus de Auvernagio habet suum
« pasnagium quietum ad suos porcos et
« mortuum nemus ad ardendum, extra
« defensa, et Girardus de Auvernaio si-
« militer. »

Les hameaux d'Auvergni sont : — le Cygne (nom provenant d'une enseigne); — le Grand-Auvergni ; — le Hamel ; — le Moulin-à-Tan ; — le Moulin-des-Forières ; — le Nouveau-Monde.

AVENI.

Arrond. des Andelis. — Cant. d'Écos.

Patr. Notre-Dame. — Prés. le seigneur du lieu.

Il existe en France deux Avenai et un Aveni. Nous pensons que ces trois noms et celui de la commune qui nous occupe proviennent de Advenacus : le domaine de l'étranger. Il est tout naturel, quand on désignait à l'époque romaine la plupart des propriétés par: « Moriniacus, » le domaine du Flamand ; « Britanniacus, » le domaine du Breton ; « Alverniacus, » le domaine de l'Arverne ; « Iberiacus, » le domaine de l'Ibère, qu'on ait dit quelquefois : la demeure de l'étranger en général: « Advenacus ». Cette étymologie nous paraît préférable à celle que présenterait Aveni, comme provenant de « Avena ». Il est bien vrai qu'Avenai près Reims est nommé dans une charte du IXᵉ siècle : « Avennacum monasterium, » mais nous n'en croyons pas moins très-probable l'origine que nous venons d'indiquer.

Voici ce qu'on lit dans le pouillé d'Eudes Rigaud sur cette petite commune :

« Ecclesia B. M. de Aveni. Petrus Bruni
« (*Lebrun*), miles patronus ; xxxiv. parro-
« chiani ; valet xvi. libras turonensium. »
Eudes Rigaud reçut un curé sur la présentation de ce seigneur.

A l'échiquier de Pâques 1386, baillie de Rouen, on trouve cité Jean Le Brun, dit Brunet, chevalier, seigneur d'Aveny.

Dans le même échiquier: messire Jehan Le Brun, chevalier, seigneur d'Aveny et de Daumesnil.

Nous n'avons point rencontré de titres ni de récits dans lesquels le nom de cette commune fût employé. Elle est réunie à Dampsmesnil, par décision du 23 août 1808. Il n'y avait point de hameaux.

AVIRON.

Arrond. d'Évreux. — Cant. d'Évreux.

Patr. S. Saens. — Prés. le chapitre d'Évreux.

Le nom de cette commune est probablement d'origine celtique, comme quelques autres du voisinage, et particulièrement celui de la petite commune contiguë de Caër; mais l'interprétation en est beaucoup plus obscure, et nous n'essaierons pas de la chercher. Nous nous contenterons de citer comme appartenant au même groupe Avire, Avirei, la rivière d'Aveiron (*Averio*), et probablement aussi les deux Vira, Virac, les deux Vire et la rivière de ce nom, les deux Viré, Viremont, les deux Vireux, les quatre Virei, les quatre Virieu et Virieux, les quatre Viri, et même le vieux verbe français Virer (tourner). Peut-être tous ces mots viennent-ils du verbe latin Gyrare ?

Cette terre fut donnée vers 1115 au chapitre d'Évreux par Raoul, seigneur de Garembouville, Gillebert, Robert et Richard, ses fils. Il y eut confirmation de cette donation par Rotrou, évêque d'Évreux, en 1139, puis par le pape Eugène III, en 1143.

« A. [Amauricus], comes Ebroicensis, re-
« verendo Dei gratia Ebroicensi episcopo,
« domino suo et patri, totique capitulo
« Sanctæ Mariæ, salutem et servitia. Con-
« cedo et confirmo ecclesiam de Aviron
« et decimas ecclesiæ Sanctæ Mariæ, quas
« Radulfus de Waregervilla et filii ejus:
« Gillebertus et Robertus et Ricardus, ce-
« derunt ecclesiæ in perpetuum habendas.
« Quod si quis auferre vel diminuere vo-
« luerit, promitto me defensurum. Nunc
« autem, de amicitia vestra confisus, pre-
« cor vos, ut dominum et patrem spiritua-
« lem, totumque capitulum, ut concedatis
« magistro Ricardo de Bellomonte, fami-

« liari clerico, præbendam illam quæ fuit
« Mauricii, filii prædicti Radulfi. Testes :
« Roberto (sic) de Novo Burgo, et Willel-
« mo filio Roberti, et Roberto de VETULIS
« (*Vieilles*), et Rogerio, capellano. »

Cette charte sans date, mais qui doit appartenir à une époque très-voisine de 1145, n'est pas seulement digne d'intérêt par les faits qu'elle nous fournit sur la donation d'Aviron au chapitre d'Evreux, mais encore par les témoignages que nous y trouvons, à notre grande surprise, de rapports affectueux entre le comte Amauri Ier et l'évêque Audin.

Nous y voyons aussi l'origine et l'étymologie du nom du principal fief que renfermait la commune : VAREGER-VILLA : la demeure du Varegue ou Varengue. On sait que c'est le titre que se glorifiaient de prendre les guerriers scandinaves, et particulièrement ceux qui faisaient partie de la garde des empereurs d'Orient à Constantinople, et qui portaient comme arme nationale la célèbre hache norwégienne. On rencontre souvent encore en Normandie des familles portant ce nom de Varengue, et il s'y trouve trois Varengeville et un Varenguebec.

« AVIRON, cum omnibus libertatibus et pertinentiis suis. » Bulle du pape Luce III (vers 1182).

En 1203, Robert de Aviron.

Maître Roger de AVIRON figure comme témoin dans une charte de Hugues d'Orvaux en faveur de Saint-Taurin, sous la date de 1207.

Dans le cartulaire de Saint-Pierre-de-Préaux, on trouve une charte de Luc d'Aviron au sujet de biens à Toutainville.

En 1216, Guillaume de AVIRONE, Amicus de AVIRONE, Geoffroi de AVIRONE, et leurs femmes, Emeline, Emeline et Héloïse, vendirent au couvent de l'Estrée une redevance en grains, stipulée dans la charte suivante :

« In nomine Sanctæ et Individuæ Tri-
« nitatis, ego Johannes, Dei gratia Ebroi-
« censis episcopus, notum fieri volo tam
« præsentibus quam futuris quod Willel-
« mus de FOUMUCUN (*Fumeçon : sans comp-
« ter Fumechon, il y a deux hameaux de
« ce nom dans le département, l'un à Gui-
« chainville, l'autre à Saint-Germain-sur-
« Avre; c'est de ce dernier qu'il s'agit ici*),
« cum uxore sua Columba et filiis suis :
« Roberto et Ricardo, heredibus suis ;
« Gilebertus de AVIRUN, cum filio suo
« Willelmo, concedente domino suo Petro
« de DONJUN, dederunt ecclesiæ Beatæ
« Mariæ de Strata et monachis ibidem Deo
« servientibus totam partem terræ quam
« apud STRATAM possidebant, libere et
« quiete in perpetuum possidendam : sola
« conditione quod prædicti monachi sin-
« gulis annis reddent eis octo sextarios
« modiationis, quatuor annonæ et qua-
« tuor avenæ, ad mensuram Drocensem;
« medietatem scilicet Willelmo de Fou-
« MUCUN et heredibus suis, et aliam me-
« dietatem Gileberto de AVIRUN et heredi-
« bus suis, circa festum omnium San-
« ctorum. In præsenti vero dederunt eis
« monachi præfati XI. libras andegaven-
« sium, et Roberto filio Willelmi XX. soli-
« dos pro concessione. Reinardus primus
« vero, concedente Vdoria, sorore sua, et
« Simone et Hernul. »), nepotibus suis, se
« ipsum præfatæ domui dedit et medieta-
« tem terræ suæ, concedente hoc Petro
« de DONJUN, domino suo, et Willelmo de
« FOUMUCUN. Dominus vero Petrus, pro
« concessione harum partium, exceptis
« aliis beneficiis, habuit LX. solidos. Præ-
« dictus vero Willelmus de FOUMUCUN XX.
« solidos; et hii omnes participes benefi-
« ciorum domus præfatæ amodo compu-
« tati sunt. Testes vero sunt Rotrodus,
« decanus Ebroicencis ; Hubertus, archi-
« diaconus ; Hugo Bordel ; Robertus de
« Becco ; Paulus, clericus decani ; Roge-
« rus, clericus Seherii de QUINCI; Tomas
« Ferrant; Ricardus de T'VILLA (*Tourville*);
« Reginaldus Mansal ; Hugo Bovenel;
« Gilebertus de CURTILL' (*probablement
« Courteilles*); Osulfus Magnus ; Nicolaus
« de AUNELLO ; Hugo de KERETUN (*Creton*);
« Herbertus de MAINIL (*le Mesnil-sur-
« l'Estrée*); Hugo de Stratis, et Henricus,
« frater ejus, et alii quamplures. »

Nous avons cru devoir transcrire en entier cette charte de l'évêque Jean Ier (1181-1192), parce qu'elle n'est pas seulement utile à l'histoire d'Aviron, mais encore à celle de plusieurs autres localités du département qui nous fourniront l'occasion d'y revenir.

Saint Saens (SIDONIUS), sous l'invocation duquel l'église d'Aviron est placée, fonda, vers 675, le monastère dans lequel notre compatriote saint Leufroi vint se former à la vie religieuse. De retour dans l'Evrecin, saint Leufroi y apporta, dans le courant du VIIIe siècle, le culte de son ancien abbé. Ainsi l'origine de l'église d'Aviron ne doit pas remonter au delà.

En 1197, Laurent « de Garenbovilla » confirma à la Noe des donations faites par ses vassaux Robert et Guillaume, fils de Rocelin « de Bonavilla » et autres.

Vers 1200, Raoul Le Clerc de Bonneville et autres donnèrent à la Noë toute la terre « quam habebant de feodo Guarembo-
« villæ, inter pontem de Gauge et nemus
« de Motosa. Filius Gilleberti de Guarem-

« bovilla, quia dominus illorum erat, pro
« concessione sua II. solidos habuit. Testes :
« Ansketil, prepositus de Garembovilla. »

Laurent de Garembouville, témoin dans des chartes de 1196 et 1208 : « Laurencio, milite de Garenbouvilla. »

En 1226, au mois de mars, « Gilleber-« tus, miles, de Garembouville, » donna au chapitre d'Evreux une masure située dans cette ville, « ante molendinum fole-« rez (*le moulin à foulon*) ; in qua masura « fuit quondam furnus comitis Amaurici ». Il est parlé dans cet acte de Raoul, père du donateur.

En 1233, « Gillebertus de Garembo-villa, miles, » donna à la Noë « tria ju-« gera terræ sita ante Thelolium, juxta « terram Petri le Bigot, quæ Hybertus de « Thelolio dedit michi pro servicio meo. »

Dans une charte de Richard de Villalet (1224). « Gilleberto de Garembovilla, mi-lite. »

Jacques de Boulence, Ier du nom, écuyer, sieur de Garambouville, reçu conseiller au parlement de Paris le 27 novembre 1522, n'existait plus en 1567.

Jacques de Boulence, IIe du nom, seigneur de Garembouville, Angerville et autres lieux, maître particulier des eaux et forêts du bailliage d'Evreux, épousa, par contrat du 24 mai 1567, Claude le Comte, fille de noble homme Jean le Comte, écuyer, seigneur de Faverolles. Ils eurent un grand nombre d'enfants : quatre garçons.

Claude de Boullence, maître particulier des eaux et forêts du bailliage d'Evreux en 1602, était seigneur de Bailleul.

Après lui ce titre passa à Henri de Boul-lence, Ier du nom, son fils aîné, mort avant le 7 décembre 1660 ;

Puis à Henri II de Boullence, fils aîné du précédent, marié en 1664.

Puis à Henri-Jacques-François de Boul-lence, baptisé en l'église paroissiale de Saint-Martin-de-Bailleul, en janvier 1668.

« Le château de Garembouville, autour
« duquel il y a eu des fossés profonds, a
« été bâti par le cardinal de Bourbon,
« archevêque de Rouen, connu pour avoir
« été, en 1589, proclamé par la Ligue roi
« de France sous le nom de Charles X.
« Ce prélat y venait quelquefois ; il y avait
« établi une imprimerie d'où sortirent,
« entre autres ouvrages, quelques exem-
« plaires du concile provincial qu'il avait
« tenu à Rouen après le concile de Trente.
« L'enceinte du parc, en murs de briques,
« offre encore à ses extrémités vers Evreux
« plusieurs petites tours, dont la plate-
« forme, aujourd'hui tronquée, recevait
« des canons destinés à repousser les
« troupes de Henri IV. » (*Dictionnaire du département de l'Eure.*)

Les hameaux d'Aviron sont : — le Bout-du-Bois ; — les Fontenelles ; — la Friche-de-la-Motte , — et Garambouville , dont nous venons d'expliquer l'origine.

AVRILLI.

Arrond. d'Évreux. — Cant. de Damville.

Patr. S. Martin.—*Prés. le doyen d'Evreux.*

Le vocable sous lequel l'église de cette commune est consacrée indique, comme nous avons déjà eu plusieurs fois l'occasion d'en faire la remarque, une haute ancienneté.

Il existe en France deux Avril, trois Avrillé, trois Avrilli. Ces mots nous paraissent être incontestablement d'origine gallo-romaine et indiquer les domaines de personnages nommés Aprilis. Nous pensons donc que le nom primitif est Apri-liacus, mais nous devons ajouter que celui d'Avrilli en Bourbonnais passe pour avoir été Ariolica, malgré le peu de rapport qu'il présente avec la dénomination moderne. Au reste, c'est encore sous le nom d'Apriliacus qu'on voit figurer notre Avrilli dans un passage de Guillaume de Nangis, que nous avons déjà cité à l'article Acquigni, mais que sa brièveté nous permet de reproduire ici :

« Philippus, rex Franciæ, post mortem
« regis Angliæ Richardi, Ebroicas urbem
« cum circapositis munitionibus, scilicet
« Apriliacum et Acquigniacum, cepit, et
« gente sua munivit..... Ad ann. 1199. »

« Notum sit universis ecclesiæ catholi-
« cæ filiis quod ego Guillelmus, comes
« urbis Ebroicarum, filius Ricardi, uxor
« quoque mea et filius, pro animabus præ-
« decessorum meorum, concessi Deo et
« monachis Sancti Taurini in hereditatem
« perpetuam illam terram necnon et de-
« cimam, quæ habetur in potestate Avril-
« lei ; terram quoque totam liberam de
« villa quæ vulgo vocatur Cyconia (*la Sógne*) ; quam terram videlicet et deci-
« mam vendiderunt et dederunt Sancto
« Taurino Robertus Lupulus et Fulbertus,
« gener ejus. Ego igitur, ut prædictum
« est, concessi et manu propria firmavi,
« et ob hoc centum solidos a supradictis
« monachis accepi. Ex hoc legales existunt
« testes utriusque partis : Ricardus, filius
« Helluini ; Guillelmus Runcet ; Tustinus,
« filius Rol ; Radulfus de Lunvilla ; Ivo
« de Bakepuis (*Bacquepuits*) ; Helinant

« filius Anchetil[1] (1); Willelmus de Luco
« (du Bois); † Radulfus Malet; Hugo, filius
« Seiburgis; Gaufridus, dapifer; Gaufridus
« Friart; Ranulfus, filius Elizabeth. Hoc †
« signum Guillermi comitis. » (1067-1118.)

« Quicumque fisci sacri munimenta per-
« cepisti, agnosce quod ego Robertus co-
« gnomine Lupulus (2), et Fubertus, gener
« meus, Hugo quoque de AVRILY, concessu
« dominorum meorum et laude amicorum
« nostrorum, pro animabus prædecesso-
« rum et successorum nostrorum, dedimus
« Deo, Sanctoque Taurino, ad usus vide-
« licet monachorum ejus, omnem terram
« de villa quæ vocatur CYCONIA (la Sôgne),
« absolute quidem, sicuti a domino nostro,
« comite scilicet Ebroicensi, tenebamus.
« Dedimus etiam cc. acras terræ, quæ
« habentur in territorio et in potestate
« AVRILY, necnon et omnem decimam
« quam in ejusdem villæ potestate in do-
« minio nostro habebamus. Si quis au-
« tem de nostris liberis hominibus eidem
« Sancto suam decimam dare voluisset,
« benigne concessimus; pastionem quo-
« que porcorum, sicuti nostri homines
« habebant, dedimus Sancto. Ob hanc
« igitur donationem et concessionem, ego
« Robertus monachum quemdam, nomine
« Gillebertum, in monasterio Sancti Tau-
« rini misi, et a monachis illius VII. libras
« denariorum et unam unciam auri, equum
« quoque optimum accepi; et ego Fulber-
« tus x. libras et I. unciam auri; ego
« quoque Hugo VII. libras. Hujus rei testes
« existunt utriusque partis Robertus, filius
« Roberti Lupuli, qui et ipse cum patre
« suo super altare S. Taurini manu sua
« donationem posuit; Galterius et Runerius
« de WERREL (Garel, hameau du Plessis-
« Grohan); ex parte monachorum: Tono,
« filius Roberti; Humfridus Paganus; Hu-
« go, filius Seiburgis; Acelinus, filius Guil-
« lelmi; Ranulfus, filius Elizabeth. »

Dans une charte de Simon, comte d'E-
vreux, en faveur du chapitre de la cathédrale, on lit ce qui suit : « Similiter vero
« dedi et concessi Deo et prædictæ eccle-
« siæ, in aliam prebendam, [ecclesiam] de
« APRILEIO, cum ejusdem villæ tota deci-
« matione et in præpositura et in molta et
« in aliis rebus.... » (1140-1181.)

Dans une charte de Robert, seigneur
d'Ivri:

« Notum sit omnibus, ad quos litteræ
« istæ pervenerint, quod ego Robertus,

« dominus Ibreii, in perpetuam elemosi-
« sinam ecclesiæ B. Martini de AVRILLEIO
« plateam quam Bartholomæus Presbiter
« possedit, dedi...... »

Dans les *Magni Rotuli scaccarii Normanniæ* pour l'année 1198, nous voyons
figurer une somme de 50 livres sterling,
provenant de la prévôté d'Avrilli et remise
à Robert Roussel, avec charge d'en rendre
compte.

L'article est ainsi conçu :

« Roberto Rossel L. libras de preposi-
« tura de AVRILLEIO, de quibus debet com-
« putum. »

Charte de 1198 d'Herbert Quentin de
Gorham, pour la Noë : « Herbertus, prepositus de Avrilleio. »

« Walkelino de Avrilleio. » (Charte du
comte Amauri en faveur de la Noë, 1181-
1200.)

Dans une charte d'Herbert Quentin de
Gorham : « Testibus Garnerio, tunc temporis castellano de Aprilleio. » (1204.)

Dans une autre de la même date : « Juxta
« ruam quæ tendit monasterio de Plesseio,
« versus parcum de Aprileio. »

On trouve Hugues d'Avrilli parmi les
témoins bourgeois de l'abbé de Saint-
Taurin, qui, après l'acquisition de l'Evrecin par Philippe-Auguste, furent appelés
dans l'enquête « de firmitate villæ Ebroicarum ».

En 1218, « Hugo de APRILLEIO » fut
l'un des témoins de la transaction relative
au patronage de Louviers.

Dans une charte de Gilles, évêque
d'Evreux (1170-1180), en faveur de l'abbaye de l'Estrée, « Herbertus de AVRILEY,
præpositus, » figure comme témoin. Il se
retrouve en la même qualité dans une
autre charte de Georges NEEL relative à
PREI, et il y est nommé « Herbertus de
APRILEIO ». Ainsi les deux manières d'écrire
le nom d'Avrilli étaient complètement si-
multanées. Nous rencontrons dans le grand
cartulaire de Saint-Taurin, f° 139 v°, ce
nom écrit AVRELIUM. Une charte de Roger
de Bémécourt en faveur de cette abbaye et
relative à la Sôgne nous présente « Gal-
kelinus et Amalginus de AVRILLEIO » au
nombre des témoins.

« Ego Amauricus, comes Ebroicensis....
« dedi monachis Sanctæ Mariæ de Noa
« c. solidos in villa nostra de AVRILLEIO,
« in festo Natalis Domini : XL. solidos
« ad oleum in ecclesia ministrandum, et
« LX. ad emenda in hospitio linteamina...
« plenam quam quotidie quadrigam de
« bosco vivo in foresta mea juxta abba-
« tiam, scilicet de branchis vivis......

« Testibus : Roberto de Sableio; Firmino
« de Cangeio; Symone de Mota; Gilberto,

---

(1) Probablement Helinant d'Anteuil.

(2) Nous ne pensons pas qu'on puisse voir dans ce
personnage Robert Goel, frère aîné de Guillaume
Louvel et seigneur d'Ivri, qui n'a jamais, à notre
connaissance, porté le surnom de Louvet.

« capellano; Walkelino, forestario; Gau-
« frido de Montfort, Willelmo de Guerrel,
« Hugone de Bachepuis, Amaurico de
« Lace. »

En 1260, « Raoul le Borrelier de APRIL-
LEIO » vendit à Herbert le Maréchal, « bur-
gensi de APRILLEIO, » pour le prix de 32 sous
tournois, une rente de 5 sous tournois
sur une pièce de terre située « apud
BROCHAM, in territorio APRILLEII ».

En 1277, une charte de Philippe le Hardi
signale, parmi les dons faits à l'abbaye de
l'Estrée, celui-ci :

« Item, ex dono Marescalli de APRILEYO,
« in castellania Ebroicensi, v. solidos tu-
« ronensium redditus super arpentum ter-
« ræ in feodo domini de APRILEYO. »

En 1284, dans une acquisition faite par
l'abbaye de Saint-Sauveur d'Evreux, le
vendeur est « Rogerius Pelipariys, de
parrochia de APRILLEIO ».

En 1336, une maison située à Avrilli, et
vendue à l'abbaye de Saint-Taurin, est
bornée par le *chemin au roy de Navarre*.

Enfin, dans le nécrologe de la cathédrale d'Evreux on lit : « II° nonas octo-
« bris, obiit Bartholomæus, presbiter APRI-
« LEII, qui dedit III. solidos. » C'est peut-
être le personnage mentionné dans la
charte ci-dessus de Robert d'Ivri. Cependant il nous semble que l'un s'appelait
Le Prêtre, tandis qu'il faut voir dans
l'autre un curé d'Avrilli.

On lit encore dans le nécrologe de la
Croix-Saint-Leufroi : « XI° kal. augusti
obiit Eva, domina de AVRILLEIO. »

C'est à tort que l'on a voulu placer à
Avrilli près Evreux le jeune martyr saint
Domnin, qu'il faut reporter à Avrilli près
la Palisse. (Voyez les Bollandistes, au 16
juillet.)

La baronnie d'Avrilli était considérée
comme la plus ancienne du bailliage d'E-
vreux.

Suivant la Roque, cette terre était entrée dans la famille d'Harcourt par Jeanne
de la Roche-Tesson, mère de Raoul. Raoul
d'Harcourt était à la prise de Girone et
à la défaite des Aragonais en 1284. Il
épousa Agnès de Vendôme.

Marguerite d'Harcourt, née en 1378, fit
passer Avrilli aux d'Estouteville en épousant Jean II d'Estouteville.

Charles d'Estouteville, seigneur de
Villebon, épousa Hélène de Beauveau,
et Isabeau d'Estouteville Jean d'Oison,
qui vivait en 1448, et en secondes noces
Jean de Montenai, baron de Garencières
et de Baudemont. Elle apporta dans la
famille de Montenai les seigneuries d'A-
vrilli et de Bérengeville.

On voit encore les restes d'un château
fort à double fossé, qui fut pris par Philippe-Auguste en 1199, au moment de
l'incendie d'Evreux. Au moyen âge Avrilli
était un bourg assez considérable qui fut
entièrement détruit par les Anglais en
1417, lors de l'invasion de la Normandie.
On en rencontre encore des ruines du
côté de la Sôgne, qui en dépendait. Les
habitants, en compensation de leurs désastres, obtinrent quatre foires, dont une a
conservé de l'importance jusqu'à nos jours.

Cette commune, par une exception assez
rare dans notre département, n'a point de
hameaux. On y trouve un triége nommé
la Broche ou la Brosse, c'est-à-dire un
bois taillis de qualité inférieure.

B

BACQUEPUITS.

Arrond. d'Évreux. — Cant. d'Évreux.

*Patr. S. Laurent. — Prés. le seigneur
du lieu.*

Le nom de cette petite commune de la
plaine du Neubourg est évidemment formé
du mot latin *puteus* et de *bake*, *bache* ou
bachi, qui peut-être appartient aux langues du Nord. Dans ce cas il faudrait y
voir le mot suédois *bake*, qui signifie une
éminence, un coteau, ou le mot islandais
bak, dos, qu'on pourrait interpréter par
le dos, la convexité de la plaine, ce qui
est à peu près la même chose.

Cependant, comme nous n'admettons
qu'avec beaucoup de répugnance les noms
de lieu hybrides, nous préférons voir dans
celui-ci, comme dans les deux Bacqueville
et Bachivilliers qui nous paraissent évidemment congénères, un nom de propriétaire. Nous ne l'avons jamais rencontré
comme nom propre; mais nous avons vu

dans le dictionnaire de du Cange le mot Bacus, avec la signification d'esclave, homme de condition servile ; de sorte qu'on pourrait attribuer à Bacquepuits celle de Puits du Serf, Puits du Colon.

Ampuits en Beauce est nommé Andrenus Puteus dans une charte de Louis le Débonnaire de l'année 828. Ce lieu y est signalé comme un don du roi Chilpéric.

Nous n'avons jamais rencontré aucun fait qui intéressât cette commune ; mais nous avons vu quelquefois ses seigneurs figurer comme témoins ou souscripteurs dans les actes des comtes d'Evreux ou des comtes de Meulan. Ainsi Hugues, l'un d'eux, est appelé « Hugo de Bakepuiz » dans une charte de Simon, comte d'Evreux ; « Hugo de Bacepuiz, senescallus, » dans une seconde (*Grand Cartulaire de Jumièges*, p. 200) ; « Hugo de Bakepuiz » et « de Bachepuiz » dans des documents émanés de Robert, comte de Meulan. Un acte de ce seigneur nous fournit « Roger de Bakepuiz ». Nous avons vu à l'article Avrilli un autre personnage du même nom, probablement antérieur à tous ceux que nous venons de signaler : « Ivo de Bakepuis. »

En 1202, Roger de Bacquepuits concède aux moines de la Noë un pré situé dans le voisinage de la route d'Evreux :

« Ego Rogerus, dominus de Baque-
« puiz.... concessi monachis et abbatiæ
« Sanctæ Mariæ de Noa.... pratum illud
« totum quod dedit eis Hugo, pater
« meus, inter terras eorum de Valle Pagani
« et viam juxta positam Ebroicensem. In-
« super eisdem monachis dedi cum fratri-
« bus meis... x solidos singulis annis ha-
« bendos in festo Sancti Remigii, quod
« feodum illud reddere solet et debet,
« quod Radulfus, miles, de Asneriis, de-
« dit Matheo de Aureis Vallibus in marita-
« gium cum filia sua.... Testibus : Theo-
« baldo de Cirreio et Roberto, fratre ejus ;
« Roberto de Feugeroliis ; Gisleberto de
« West ; Willelmo, præposito ;........
« Gisleberto de Baquepuiz. — Actum anno
« ab Incarnatione Domini millesimo ducen-
« tesimo secundo... »

Dans une charte de donation de biens situés à Aubevoie (« clausum nostrum de Campo Postelet »), on trouve le passage suivant (1234) : « Ego autem Rogerus,
« cognomine Monachus, de Baquepuiz,
« dominus illius feodi, concessi, etc. »

Dans une charte de Basilie de Glisoles en faveur de la Noë, 1204 : « Rogerius de Baquepuis... »

Avant la fin du XIIIᵉ siècle les seigneurs d'Amfreville-sur-Iton étaient seigneurs de Bacquepuits. En 1295, « nobilis vir, Petrus de Amfrevilla, miles, dominus de

« Bachiputeo, et domina Sanctissima,
« ejus uxor, » reconnurent avoir vendu au chapitre d'Evreux une rente assise sur une maison de la paroisse Saint-Nicolas.

Les seigneurs de Bacquepuits ont été, depuis le XVᵉ siècle jusqu'au XVIIᵉ :

1481-1513, Jacques d'Amfreville, seigneur d'Amfreville-sur-Iton ;

1517-1532, Nicolas d'Amfreville ;

1534, Marie de Poissi, sa veuve, et Françoise d'Amfreville, dame de Champdolent, sa sœur et héritière ;

1538, Hector de Vipart, baron du Bec-Thomas, au droit de Marguerite d'Amfreville, sa femme ;

1555, Jean de Vipart ;

1567, ... et Nicolas de Vipart ;

1584-1591, Nicolas de Vipart ;

1643, Louis de Sainte-Marie, seigneur de Cauchi, et Jacqueline de Sabrevoie, sa femme ;

1643, Gilles Eudes ;

1678, Marc-Antoine Eudes.

Cette liste de seigneurs est extraite d'un registre provenant de l'évêché d'Evreux et appartenant aujourd'hui au grand séminaire.

Dans le traité de paix conclu au Goulet entre Philippe-Auguste et Jean sans Terre, en mai 1200, le comté d'Evreux fut cédé au roi de France, avec stipulation que les bornes seraient placées exactement à moitié de la distance entre cette ville et le Neubourg. Des commissaires français et anglais furent chargés de mesurer cette distance, à partir du mur de la ville d'Evreux jusqu'à celui du château du Neubourg, et ils y employèrent une corde de 20 toises de longueur. La borne fut plantée dans un lieu nommé la Vallée Karlon, au point de division du fief de Bacquepuits, appartenant à Guillaume Boudrot, et du fief de Bernienville, appartenant à Roger Laval. Il fut reconnu qu'il y avait de ce point à la ville d'Evreux, d'une part, et au château du Neubourg, de l'autre, 10,180 toises. (Stapleton, *Magni Rot. scac. Norm.*, t. II, p. 172.)

Cette commune ne renferme point de hameaux.

BAILLEUL-LA-CAMPAGNE.

Arrond. d'Evreux. — Cant. de Saint-André

Patr. S. Martin. — *Prés. l'abbé de Conches.*

Il existe en France un Baillé, trois Bailleau, un Baillet, quinze Bailleul, deux Bailleux, un Bailleval, un Baillolet, un Baillou, huit Bailli, un Bali. Aucun de ces lieux n'appartient à la France méridionale; on les rencontre presque tous à l'ouest et au nord-ouest, dans la Bretagne, le Maine, le pays chartrain, la Normandie, la Picardie, l'Artois, la Flandre, la Champagne. Notre province en revendique neuf pour sa part, et notre département trois. La Loire leur sert de limite au midi, l'arrondissement de Fougères à l'ouest, celui d'Hazebrouck au nord, le département de la Haute-Marne à l'est.

Ce groupe est l'un de ceux que l'on peut rapporter de la manière la plus authentique à l'idiome celtique, dans lequel le mot Bali signifie, de l'aveu de tous les savants qui s'en sont occupés, une allée d'arbres de haut jet conduisant à une habitation. Ainsi c'est le mot Bailli, Baillé, Baillou qui représente le mieux la forme primitive : Bali; et Bailleau, Bailleul, Baillolet n'en sont que des diminutifs. Peut-être a-t-on dit d'abord Baliogilum, et cette terminaison se sera-t-elle contractée en Baliolum, ainsi que nous l'avons dit ci-dessus pour Altogilum, Buxogilum, etc.... Cependant nous ne pouvons affirmer ce fait, puisque nous n'en connaissons pas d'exemple, et que nous n'avons jamais rencontré de documents où ce nom de lieu ait été employé sous la dynastie mérovingienne. C'est dans les chartes de Charles le Chauve qu'on le voit figurer pour la première fois. L'une de ces chartes est en faveur de Saint-Denis et appartient à 862. On y lit : « medietate de Baliolo; » l'autre, en faveur de Saint-Amand, sous la date de l'année suivante, mentionne des propriétés situées : « in alio loco, in villa nuncupante Baliolo. »

Nous en verrons bientôt, dans l'article qui suit immédiatement celui-ci, d'autres mentions appartenant également au IXe siècle. Dans le Xe, Eudes, évêque de Chartres, contemporain du roi Lothaire, cite un lieu nommé Bailleul : « In Carnotensi pago, nomine Baliolus. » La rubrique porte : « Baliolis. »

« Sciant presentes et futuri quod Richar-
« dus Mansellus, et Garinus, filius ejus,
« concesserunt Sancto Petro de Castel-
« lione (*l'abbaye de Conches*) medietatem
« terræ quæ vulgo dicitur Baillol, insu-
« per monasterium (*l'église paroissiale*),
« cum cimiterio liberum; quot etiam ho-
« mines in hoc cimiterio habere voluerint
« ad manendum, liberi erunt Sancto Pe-
« tro, et ipsum etiam altare. Decimam (sic)
« et campart per medium æque dividetur,
« excepta decima Huberti, qui liberam
« tenens, ipse Hubertus, tradidit Sancto
« Petro, annuente ipso Garino; post hoc
« terram unius carrucæ liberam, ultra
« medietatem supradictam; omnis autem
« redditus ipsius terræ communis per me-
« dium partietur, exceptis quæ supra dixi-
« mus. Omne quoque dominium et omnem
« libertatem Sancto Petro tradiderunt;
« adjutorium seu forisfacturam de aliquo
« homine ipsius terræ nullus capiet, alio
« ignorante; capto quoque, per medium
« dividetur. Ultra cimiterium etiam si ho-
« mines ad habitandum cum nobis vene-
« rint, terram invenient liberam, quo
« manere poterunt, libertate tali quali in
« cimiterio. Hæc conventio firmata est per
« decem libras et unum equum de cari-
« tate Sancti, coram Rodulpho de Torre-
« neio (*Toeni*) et uxore ejus Elisabetha,
« IVa feria Paschæ, anno ab Incarnatione
« Domini Mo LXXXo, regnante rege Guil-
« lelmo in Anglia, Philippo in Francia; et
« hæc firmata sunt per Radulfum Totte-
« nensem, cujus foesum (*fief*) erat, assi-
« stentibus ex parte Richardi : Roberto de
« Garenceres (*Garencières*) et Heberto
« de Bailloelio; ex parte Sancti : Ilberto,
« vicecomite; Willelmo de Romeleio
« (*Romilli*). Hanc conventionem se serva-
« turos in perpetuum sub juramento Ri-
« chardus et Garinus, filius ejus, presen-
« tibus suis testibus, firmaverunt. Sed
« etiam sciendum est quod succedentibus
« annis tres filii prædicti Garini, Guil-
« lelmus, Garinus et Richardus, medieta-
« tem suam prædictæ decimæ de Baillol
« in tres partes æqualiter diviserunt. Guil-
« lelmus vero et Richardus suas partes
« Sancto Petro dederunt annuente Radul-
« pho juniore (*Raoul III de Toeni*), as-
« sistentibus Willelmo Villano, Gerelino
« de Fraxino et Gerelino Buxone (*Buis-
« son*). »

Dans la bulle de Grégoire IX en faveur de l'abbaye de Conches, sous la date de 1234, on trouve le passage suivant :

« Medietatem villæ quæ dicitur Baillol,
« et ecclesiam cum cimiterio libero; deci-
« mam ejusdem villæ, tam vini quam bladi,
« et terram aliquantulam ad colendum; et
« omnem decimam et omnem libertatem
« ejusdem villæ. »

« En 1593, après que la ville d'Evreux
« se fut rendue à Henri IV, des calvinistes
« tenaient encore garnison dans le fort
« château de Bailleul. » (*Dictionnaire de l'Eure*.)

Le vocable de Saint-Martin annonce que l'origine de la paroisse remonte à une époque très-reculée.

Cette commune n'a pas d'autre dépendance que le hameau du Bois-Hébert, qui a pris probablement son nom de Hébert de Bailleul, cité comme témoin dans la charte de 1080.

BAILLEUL-LA-VALLÉE.

Arrond. de Pont-Audemer. — Cant. de Cormeilles. Sur la Calonne.

Patr. Notre-Dame. — *Prés. le seigneur du lieu.*

Par une bonne fortune bien rare pour une commune du Lieuvin, nous trouvons celle-ci mentionnée deux fois dans un écrit du IXe siècle : l'*Histoire de la translation de saint Regnobert et de saint Zenon.* (Voyez l'article de SAINT-VICTOR-D'ÉPINES.) L'auteur cite deux habitants de Bailleul parmi les personnes en faveur desquelles des miracles furent opérés pendant le séjour que firent dans le pays les reliques de saint Regnobert et de saint Zenon :

« Fuit autem ex BALIOLA villa femina
« quædam orta…

« Venit autem cæcus quidam ex villa
« præfata BALIOLUS… nomine Odricus. »

On lit dans le cartulaire de Préaux :

« Mortuo Walterio Pipardo in Anglicæ
« regionis bello, corpus ejus delatum est
« ad abbatiam Sancti Petri de Pratellis, et
« inibi humatum. Et ut memoria inibi ha-
« beretur defuncti, ejus filius, nomine
« Robertus, contulit perenniter Sancto
« Petro, pro animæ patris suis redem-
« ptione, decimam unius aratri in villa
« quæ vulgo dicitur BAILLUEL, et deci-
« mam unius molendini, nomine BECCHE-
« REL. Testes hujus donationis : Gisleber-
« tus et Morinus de PINO. » (*Cart. Prat.*,
f° 134 v°.)

« Ex dono Roberti Pipart decimam do-
« minii sui in BAILLUEL, et decimam mo-
« lendini, qui dicitur BECHEREL. » (*Ibid.*)

On trouve encore dans ce cartulaire « Willelmus de BAILLUEL », figurant comme témoin dans une charte de Galeran de MEULAN.

Dans les *Magni Rot. scac. Norm.*, t. II, p. 364 : « De Radulfo de BAILLOL, LVIII. sol.
« VIII. den. de tertia parte militis…. —
« Radulfus de BAILLOL, x. lib. pro plegio
« Ric. de Argentiis… »

Le 27 avril 1200, le roi Jean sans Terre confirma à Raoul de Bailleul dix livrées de terre qui lui avaient été inféodées, moyennant hommage, service et éperons dorés, par Hugues de Montfort. Ces terres étaient situées à Saint-Ymer, Pont-l'Evêque et autres lieux voisins.

En 1225, Raoul de BALLOIL, chevalier, confirma des donations faites au prieuré de Saint-Ymer par Henri Fantôme; il avait un frère nommé Guillaume, et une femme appelée Alix, qui était veuve en 1234.

En 1227, Guillaume de Bailleul figure pour 400 livres au nombre des cautions de Cadoc.

En 1274, Guillaume « de BALLOLIO, mi-les, » prit à ferme perpétuelle des religieux du Bec, pour 8 livres tournois de rente, la moitié du moulin à blé « siti in
« parochia de BALLOLIO, quod vocatur mo-
« lendinum CHEVREUL ». Parmi les témoins on remarque Raoul « de VANIS ». C'est la moitié du moulin que Hugues d'Asnières avait donné à ces mêmes religieux en 1210, et que nous avions supposé être situé dans l'une des deux communes portant le nom d'Asnières, tandis qu'il faut le placer à Bailleul. (Voyez ci-dessus l'article AS-NIÈRES, p. 135.)

En 1321, il y eut procès aux assises de Pont-Audemer entre Robert de Bailleul, fils du précédent, et l'abbaye du Bec, au sujet de ce moulin. On y trouve mentionné Robert de MORCHENC (*Morsan*).

Nous croyons devoir transcrire en entier la pièce suivante, malgré son étendue et les incorrections de la copie à laquelle nous l'avons empruntée :

« Sachent tous présents et à venir que
« nous Robert d'Artois, comte de Beau-
« mont, havons receu la supplication de
« Guillaume de Bailleul, escuyer, pour ce
« que nous avons caché (*chassé*) en chés
« bois de Bailleul; lequel nous supplie
« humblement que nous voulions pas fere
« chose qui soit en son dommage ne in-
« justice, et qu'à jà pieça un roy, qui fut
« en Franche, donna à ses précesseurs le
« tiers et danger en chés bois de Bailleul,
« avec ceu leur donna telles franchises et
« libertés, qu'il n'est nul qui puisse ne
« n'essoie le chacier èsdits bois, ne à terre,
« ne pescher à sa rivière sans son congé,
« et tant comme se monte son fief de
« Bailleul, et que de cheu… sienne est
« possessions, et sy longtemps ly et les
« siens, qu'il n'est mémoire d'homme du
« contraire; pourquoi ledit de Bailleul
« nous supplie que nous voulions informer
« par les gens du pays, nobles et autres,
« s'il doit avoir telles franchises et libertés
« en chés bois, terres et rivière, ou non;
« ly obéissant à telle information comme
« nous voudrons fere; et que de tout ceu
« il se soumet en notre volonté; pourquoi
« nous heusson (*eussions*) commandé à
« Robert Vinout, notre vicomte, que ille
« fache ladite information; lequel l'a faite
« par notre commandement, sy comme il
« nous a dit et nous appert par une ce-
« dulle, en quoy les noms de cheux par
« qui il l'a faitte sont en écrits; en laquelle
« cedulle est contenu que ledit de Bailleul
« a droit; et sy nous a rapporté notre dit

« vicomte, qui a houi et examiné les gens
« de l'information. Pourquoi nous, vu et
« considéré les choses dessus dittes, la
« supplication dudit de Bailleul, la sou-
« mise obeissance qu'il nous a faitte, l'in-
« formation qui en a été faite par notre
« commandement et de notre dit vicomte,
« en laquelle information est contenu que
« ledit de Bailleul a droit ès choses dessus
« dittes, à laquelle information nous ad-
« joutons foy; ainsy que ladite terre est
« tenue de nous en notre foy hommage,
« nous voulons, pour nous et nos héri-
« tiers, que ledit de Bailleul tiengne ladite
« terre de nous en icelles franchises et li-
« bertées, qu'il ne soit nul qui puisse
« coure en chés bois, terres, ne peschier
« à sa ditte rivière; et le défendons à tous
« qu'il ne soit nul sy hardy qui y cache,
« ne ne peque es bois, terres et rivierre
« dudit de Bailleul, sur les .... et peines
« qu'il peut appartenir, comme de ga-
« renne bruyere; et sy aucun y est pris
« cassant ou pesquant, soit de nuit ou de
« jour, nous voulons que ledit de Bailleul
« en ait plaine connaissance et seigneurie
« en toutes choses, sans rien excepter ne
« retenir, et en donnons au dit de Bail-
« leul et à ses héritiers chette lettre scellée
« de notre seel. Ce fut fait l'an de grance
« (sic) m. ccc. viii, le second jour de may.
« Par notre conseil. Signé Beauldry, Guai-
« selle, Copte et Pierre Lequen.

— « Charles, par la grâce de Dieu, roy
« de France, au vicomte d'Orbec où à
« son lieutenant, salut. Notre amé et féal
« Guillaume de Bailleul, seigneur dudit
« lieu, nous a exposé et donné complai-
« gne que, comme, à cause de sa ditte
« seigneurie, il ait plusieurs jardins, terres,
« prés, pasturages, héritages et autres dan-
« gers, èsquels les communs et habitants
« de la ville de Bailleul et autres du pays
« des environs, ou chacuns d'eux, meynent
« et font mainer chacun jour, outre le gré
« et volonté d'icelui complaignant, leurs
« pourceaux et autres bestial, qui luy ont
« fait et font plusieurs grands dommages;
« et sy ne veulent yceux habitants desister,
« combien que par plusieurs fois icelui
« complaignant le leur ait deffendu et fait
« deffendre; qui est en son grand grief,
« dommage et préjudice, et seroit encore
« plus, se par nous ne lui est sur ceu pour-
« veu de remède convenable, sy comme
« dit est, nous requérant icelui; et pour-
« quoi nous, ce considéré, et que lesdits
« malfaiteurs sont demeurants en ta vi-
« comté, et que ladite ville de Bailleul y
« est ascize, te mandons et enjoignons que
« tu fasses ou fasses fere inhibition et def-
« fence de par nous aux habitants d'icelle
« ville de Bailleul, et à tous autres dont
« par le complaignant seras requis, que
« submestons à grandes peines appliquer
« à ......, sils meignent ou fassent mei-
« guer dorénavant leurs pourceaux ne
« autres bestes ès jardins, terres, prés,
« pasturages et autres dangers et héri-
« tages quelconques d'icelui complaignant
« sans son congé et consentement....,
« s'en cessent du tout, en les contraignant
« à ce, chacun d'eux, par voye due et
« raisonnable, en punissant les délin-
« quants suivant l'exigence du cas, et
« ainsi qu'il appartiendra à faire pour le
« debat, où opposition naîtrait sur le fait ou
« peines, ycelles sur ce ouies, bon et brief
« accomplissement de justice, et telle-
« ment qu'ils ne contrengnent plus ledit
« complaignant recommencer pour ce
« plaintif par devers nous; car ainsi nous
« plaît-il estre fait, et audit complaignant
« l'avons octroyé et octroyons de grace
« spéciale. »

Nous pensons que ce Guillaume de
Bailleul est celui-là même qui figure dans
le premier pouillé de Lisieux comme patron de l'église paroissiale : « Ecclesia de
BAILLOLIO. G. de BAILLOLIO. » On sait
que ce pouillé remonte au milieu du
XIV° siècle.

Voici ce que contient le *Registrum Philippi Augusti* relativement aux fiefs situés
à Bailleul ou appartenant à des personnages de ce nom :

« Hæc sunt feoda quæ tenentur ex ba-
« ronia de KAUQUAINVILLA, quæ est in
« manu domini regis, per eschaetam ex
« parte domini Hugonis de Monteforti.

« Guillelmus de BALLOIL quartam par-
« tem [feodi] apud KAUQUAINVILLAM.

« Galterius Pipart, unum feodum apud
« MANNEVILLAM et apud BALLOIL....

« Rodulfus de BAILLOIL et HUGO de ROTIS
« unum quarterium apud SANCTUM HIME-
« RIUM. »

Nous avons trouvé dans le manuscrit
local qui nous a fourni les deux pièces qui
précèdent les détails suivants sur le fief de
Bailleul :

« Ce domaine est un plein fief de hau-
« bert, situé dans la commune et s'éten-
« dant sur celles de Notre-Dame-de-
« Fresnes, Saint-Pierre-d'Heudreville,
« Saint-Gervais, Pieucourt et Morainville,
« tenu du roi à cause de sa vicomté d'Or-
« bec. On y a uni et incorporé le fief de
« CLERRE, demi-fief de haubert, situé dans
« la commune et s'étendant sur celles
« de Saint-Jean et Saint-Gervais-d'As-
« nières, Epaignes, Lieurey et Saint-
« Ouen-de-Morainville, pareillement mou-
« vant de la vicomté d'Orbec; le droit

« de patronage est attaché au premier.
« Les vassaux sont obligés de battre l'eau
« la première nuit que madame sera en
« couches, et quelques-uns de lui don-
« ner une paire de gants et trois deniers
« pour aller à l'offrande de la messe de
« minuit.

« De ce fief dépend un quart de fief de
« haubert, nommé le fief de Grosseville,
« situé dans la commune de Coquainville-
« sur-Touque (1), dont le seigneur est tenu
« de mener la mule ou haquenée de la
« dame de Bailleul par la bride, tout le
« long de la chaussée de Coquainville,
« lorsqu'il lui plaît de faire le voyage de la
« Délivrande. Si cette mule ou haquenée
« tombe, il est tenu de payer trois galons
« de vin d'amende. S'il ne peut, il sera
« tenu de la faire conduire par un gentil-
« homme, à sa place. Si elle veut aller à
« pied, il sera tenu de la soutenir par
« dessous l'aisselle. Chaque fois qu'il y
« manquera, il lui payera un pot d'hy-
« pocras. »

Nous attachons d'autant plus de prix à cette citation qu'elle nous paraît fournir l'indication du domaine de ce Roger de Clere (*Rogerius de* CLARA) qui fut le meurtrier de Robert, frère de Roger de Beaumont (2). On avait toujours voulu jusqu'ici placer ce domaine à Clères, au-dessus de Rouen; mais les causes d'animosité auraient été moins naturelles et moins fréquentes entre des seigneurs dont les propriétés étaient séparées par de grandes distances. Comme à cette époque les droits et les biens étaient souvent confondus et mal limités, la contiguïté des fiefs de la famille de Vieilles avec celui de Roger de Clere devait faire naître des dissentiments perpétuels.

Nous trouvons dans le même manuscrit quelques autres détails, et par exemple ceux-ci:

« Les moulins sont ceux de Capuchet,
« de Becquet (*petit ruisseau, rivulus*) et
« de Creveuil (*c'est visiblement notre mou-
« lin Chevret*, « de CAPRIOLO »). — On voit
« aussi dans le bois du Vieux-Manoir de
« très-grands fossés qui environnent un
« lieu élevé, où il y avait un château fort
« nommé le fort du BECALEZ, avec un puits

(1) Coquainvilliers sur Touque, entre Lisieux et Pont-l'Évêque.

(2) « Rogerius de Bellomonte, filius Humphredi, « quem Rogerius de Clara occiderat..... » Nous ne savons par quelle inadvertance l'historien donne à ce personnage le nom de Beaumont, qui n'a appartenu qu'à son frère Roger, comme fondateur du château de Beaumont. Il est bien vrai que Beaumont existait déjà; mais il n'est guère probable que les deux frères en eussent pris le nom en même temps, quand ce n'était pas déjà celui de la famille.

« très-profond au milieu et une entrée de
« souterrain voûté.

« On a trouvé dans le fond de la vallée,
« près de l'église, de vieux boulets de ca-
« non et une boite de métal renfermant
« une certaine quantité de pièces d'or,
« plus grandes et plus minces que des
« louis, portant la figure d'un chevalier
« armé d'une lance et d'un casque (proba-
« ablement *des francs d'or à pied du*
« XIV*e* *siècle*). »

« Un tumulus gaulois qui existait sur
« cette commune a été détruit à la fin du
« siècle dernier. — Sol couvert de débris
« romains. — Traces d'une voie romaine,
« qui paraît se diriger de Cormeilles vers
« Berthouville. — Eglise dans le style ro-
« man de la dernière période. — Tour en
« ruines de la forteresse de Bailleul, qui,
« en 1337, fut successivement occupée par
« les partisans de Charles le Mauvais et les
« troupes du roi de France. Sur une côte
« opposée, dite du Vieux-Manoir, enceinte
« triple de retranchements, au milieu des-
« quels s'élevait la forteresse du Bel-Alis,
« qui dans le même temps fut vaillam-
« ment défendue contre les Navarrois et
« les Anglais. » (*Dictionnaire de l'Eure*.)

Les hameaux de cette commune sont : — le Bois-Dufour; — le Bosc-au-Londe; — la Blinière; — la Bove (on appelle ainsi en Normandie une cave ou souterrain voûté et maçonné); — la Chopardière; — la Côte; — le Mesnil; — la Rivière; — la Vadelorgère; — la Vallée.

Canel, *Essai sur l'arrond. de Pont-Audemer*, t. II, p. 390.

BAILLEUL (SAINT-PIERRE-DE-).

Arrond. de Louviers. — Cant. de Gaillon.

Patr. S. Pierre. — *Prés. l'abbaye de Saint-Ouen de Rouen.*

Nous avons traité assez amplement du nom de Bailleul pour n'être pas obligé d'y revenir. Quant au vocable de saint Pierre, il n'indique pas en général une origine aussi reculée que ceux de saint Martin, saint Aubin et autres saints appartenant aux époques romaine et mérovingienne de l'Eglise des Gaules. Dans les premiers siècles de cette Eglise, les oratoires construits dans les campagnes avaient plutôt à leur disposition quelques reliques d'évêques ou de martyrs du voisinage pour sanctifier leurs autels que des portions de la dépouille mortelle du prince des apôtres, véritables trésors qui n'étaient distribués qu'avec une extrême parcimonie à des rois, à des évêques ou à des abbés. Mais ici il est possible que le vocable de saint Pierre ait été imposé et substitué à un précédent vocable lorsque la commune tomba sous la domination de l'abbaye de Saint-Ouen de Rouen, primitivement consacrée au chef des apôtres. L'abbaye de Jumiéges, placée sous la même invocation, le fit adopter également dans la plupart des églises soumises à son patronage.

Il y avait encore un autre motif pour que les moines aimassent à placer leurs églises sous l'invocation de saint Pierre : c'était le désir de flatter la cour de Rome et d'être affranchis par elle de la juridiction de l'ordinaire. On peut reconnaître dans cette disposition un premier germe, déjà très-prononcé, d'ultramontanisme.

La première pièce que nous connaissions relativement à cette commune remonte aux premières années du XIᵉ siècle. Les abbayes normandes mirent en général un grand empressement à se faire concéder des domaines dans la vallée de Gaillon, seule portion de la province qui produisît des vins potables. La circulation entre les diverses contrées du royaume était, dans ces temps reculés, si difficile, si dispendieuse et si précaire, les communications maritimes elles-mêmes si mal assurées, que le clergé avait un intérêt pressant à posséder des vignobles, d'abord pour garantir le service de l'autel, puis pour la consommation des moines. Aussi verrons-nous les grandes abbayes de Saint-Ouen, Fécamp, Jumiéges s'empresser de prendre pied dans cette petite région viticole, véritable terre promise pour elles, au milieu de populations condamnées à ne s'abreuver que de bière ou de cidre. Le bon duc Richard II, qui ne savait rien refuser aux moines, fut le premier qui les y introduisit ou les y ramena avec cette libéralité que le conquérant de l'Angleterre put à peine égaler après lui. Nous disons que peut-être il les y ramena, parce que souvent ses donations furent fondées sur une possession antérieure à l'arrivée des Normands, et pour laquelle nous ne pensons pas qu'il exigeât de justifications bien rigoureuses.

Dans la charte par laquelle il confirme les biens de l'abbaye de Saint-Ouen, on lit ces mots relatifs à Saint-Pierre-de-Bailleul : « Id est BALLIOLUM, cum ecclesia et omnibus appenditiis suis. »

Voici maintenant la charte de Drogon, un de ses contemporains :

« Ego Drogo Deo vovi votum quod perpetim firmium esse voto: terram, fratres, et vineas, quas, consentiente abbate Henrico (1), comparavi in territorio Sancti Audoeni, quod dicitur BALLOLO, post meum et mulieris mei (sic) obitum, ob caritatem et societatem vestram, qua vobis sociatus sum et semper esse desidero, sine ullo herede, vobis, fratribus meis, Deo et Sancto Audoeno assidue servientibus, sincero animo concedo; successores quoque vestros, sine meorum heredum calumphia, in æternum eas possidere libentissime concupisco. Duo insuper molendina, quæ, similiter, auctorizante prædicto abbate et vobis omnibus, feci in portu qui dicitur OROUL, vobis addo, heredibus solis duobus filiis meis, Humfredo scilicet et Azolino; ea vero conventione ut per singulos annos vobis debitum persolvant censum. Post mortem autem eorum, nullus ex illorum parte sit heres, nullusque superstes, qui vobis inde aliquam calumpniam immittat, aut molestiam præstet. Si quis vero, prava cupiditate deceptus, violaverit quod supra a nobis est firmiter statutum justeque concessum, sit excommunicatus et anathematizatus, et a liminibus sanctæ Dei ecclesiæ sequestratus; et a consortio omnium christianorum sit sejunctus et separatus! »

« S. ✠ Ricardi comitis. S. Rotberti archiepiscopi. S. Henrici abbatis. S. Gonnoridis comitissæ. S. ... comitissæ. »

« Sciant omnes tam p... s quam futuri quod ego, Willelmus BALLOLIO, de parrochia de CHANBRA (Chambrai), vendidi et concessi abbati et conventui Sancti Audoeni Rothomagensis pro XLVI. solidis parisiensium sex solidos parisiensium et duos capones annui redditus, quos Johannes dictus LE COQ mihi reddebat annuatim de quadam pecia terræ sita apud DORMONT (hameau de Saint-Pierre-de-Bailleul), inter terram Ricardi de BRUIL et terram dicti Johannis LE COQ. Quod ut ratum sit, presentem cartam sigilli mei munimine confirmavi. Actum anno Domini Mᵒ CCᵒ Lᵒ, mense februario. Testibus : Willelmo Clerico; Petro de Molin; Petro de No...; Ricardo filio Reginaldi; Waltero Crispin, et pluribus aliis. » (Cartulaire de Saint-Ouen de Rouen, à la Bibliothèque impériale; fonds latin, n° 5423.)

Les moines de Saint-Ouen acquirent encore des vignobles à Bailleul, en 1251, de Robert dit le Maréchal. En 1337, ces religieux estimaient que leurs vignes de Dormont et du Goulet leur rapportaient

(1) Henri, deuxième abbé de Saint-Ouen, après la restauration de ce monastère par les ducs de Normandie, figure pour la première fois dans une charte de 1011, et paraît être mort vers 1023.

en moyenne 30 tonneaux par an, d'une valeur de 50 sous chacun.

En 1255, nous trouvons : « Robertus de Ballolio, miles; » en 1292, « Robertus de Ballolio, » probablement fils du précédent.

Cette commune a quelquefois porté le nom de Notre-Dame-de-Grâce, et c'est ainsi qu'elle est appelée dans la carte de Cassini. Ce nom provenait d'une chapelle située dans son église, du côté de l'épitre, et fort renommée dans le pays. Le passage suivant, relatif à sa décoration, nous a paru mériter d'être transcrit ici : « Con-« spiciuntur tres imagines musivo opere « confectæ, flexis genibus ac junctis ma-« nibus, veluti deprecantes, quarum prima « est Ludovici XII, regis Franciæ; altera « est Annæ reginæ, uxoris suæ (sic); ter-« tia vero est cardinalis ab Ambasia, qui « eas icones fieri curavit. » Ce cardinal est le premier du nom; son neveu fit, dit-on, faire les arcs et les voûtes de l'église.

Les hameaux de Saint-Pierre-de-Bailleul sont : — le Bas-Moussel (*Monticellus*); — le Bout-aux-Bardels; — le Bout-aux-Petits; — la Boutinaie; — le Brai (probablement corruption de Bruil que nous avons vu ci-dessus); — le Clos-Varou; — la Couture (*Cultura*); — Dormont; — le Goulet (nous avons déjà averti, à l'article de Saint-Pierre-d'Autils, que ce n'était pas là qu'il fallait chercher le château de Philippe-Auguste, mais bien dans une île voisine. Nous pensons que le Goulet n'est pas autre chose que le *portus Orgul* que nous avons vu dans la charte de Drogon; d'Orgul on aura fait Orguletum, puis, en négligeant la première syllabe, Guletum. C'est de ce lieu que sera provenu le surnom de Praessagni-l'Orgueilleux, situé vis-à-vis); — le Grand-Moulin; — le Haut-Moussel (*Monticellus*); — le Moulin-Viard; — Notre-Dame-de-Grâce; — la Place-de-la-Grâce; — la Plesse (même origine et même signification que Plessis).

BALINES.

Arrond. d'Évreux. — Cant. de Verneuil.
Sur l'Avre.

Patr. *Notre-Dame*. — Prés. *le seigneur*.

Nous aurons bien peu de choses à dire sur cette commune, l'une des plus petites du département, puisqu'elle ne renferme que 373 hectares, et des plus pauvres.

On trouve un lieu nommé Belinum parmi les domaines dont la propriété fut confirmée à l'église cathédrale du Mans par Louis le Débonnaire, en 835; mais nous aimons mieux rapprocher Balines du groupe qui a le mot celtique Bali pour racine, et dont nous avons exposé la signification à l'article Bailleul.

Ce mot Bali provient lui-même de Bale : marche, action de marcher, ainsi que le verbe Balea : marcher. Bali, dont le pluriel est Baliou, correspond donc exactement dans son sens primitif au mot français *allée*, et c'est par extension qu'il a servi à désigner une allée formée de grands arbres.

Bullet pense au contraire que Balyn peut signifier rocher, caillou, ainsi que Belin, et que l'un et l'autre sont une modification de Bilieu, qui présente ce sens d'une manière encore plus authentique. Mais, comme nous n'avons pas connaissance qu'il existe de rochers à Balines, nous préférons l'étymologie que nous avons présentée en première ligne, et nous soumettons du reste la question aux personnes plus versées que nous dans la connaissance des lieux.

Dans une charte de Richard de Laigle en faveur de Notre-Dame-du-Lesme, antérieure à 1130, on remarque parmi les témoins Bernier de Balines..... « et Bernerio de Baslinis, teste. »

Le même Bernier de Balines « Bernerus de Baalines » sert de témoin dans une charte en faveur de la Noé vers 1160.

Une charte en faveur de Lire, sous la date de 1247, nous fournit un autre personnage appartenant à cette commune : « Nicolaus de Balines. »

Les seigneurs de Balines, à partir du xv° siècle jusqu'au xvii°, ont été :

En 1483, Nicolas Postel, seigneur de Grosbois;

En 1542-1550, Madeleine Postel, fille du précédent, et Robert de Beaumontel;

En 1553, Richard et Nicolas de Beaumontel, frères;

En 1574, Maurice de Beaumontel;

En 1618, Etienne Le Bigot, seigneur de la Turgère et de Balines;

En 1642-1656, Guillaume Le Bigot;

En 1669, Philippe Le Bigot.

Les hameaux de Balines sont : — le Bois-du-Débat; — le Bois-Sueur; — la Boissière (*Buxeria*); — le Clos-Toilet; — Écorchevez (lieu où on a écorché un veau); — le Faux; — la Grande-Turgère; — le Louvier (*Luparium*, lieu où il y a des loups); — les Petites-Turgères; — les Sablons.

BÂQUEVILLE.

Arrond. des Andelis. — Cant. de Fleuri-sur-Andelle.

Patr. Notre-Dame. — Prés. le prieur de Sausseuse.

Nous avons rapproché le nom de Bacquepuits de ceux de Bâqueville et de Bachivilliers ; mais nous devons faire remarquer que dans celui des deux Bâqueville le C, ou la lettre qui le représente, est toujours précédé d'un S. C'est à cause de cette circonstance que nous l'écrivons comme on le prononce encore dans les deux pays, c'est-à-dire Bâqueville et non Bacqueville. Nous ne pensons pas que ce nom soit d'origine normande. On rencontre dans les chartes mérovingiennes un lieu du territoire de Lyon ou de Vienne appelé Basciacus, qui nous paraît présenter la plus grande analogie de nom avec celui-ci. Tout nous porte à croire que ce nom appartient à la même période de notre histoire, soit qu'on l'ait écrit primitivement Basciacus villa comme c'était alors l'usage, ou Basci villa, synonyme de Basci acus.

Le premier document dans lequel cette commune est mentionnée est la charte du duc Robert Ier en faveur de la cathédrale de Rouen. On y lit, suivant l'un des deux textes :

« Dimidiam partem in Raschivilla ; »

Et suivant l'autre :

« Et dimidiam villam quæ Baschivilla vocatur. »

Dans une charte en faveur de Saint-Amand de Rouen, portant donation de Lamberville en Caux ainsi que du bourg de Sâane, et qui est de l'année 1055, on trouve parmi les témoins un personnage dont le nom, emprunté à la commune de Bâqueville en Caux, est écrit de la manière suivante :

« S. † Nicholai de Bascavilla. »

Nous verrons tout à l'heure que notre Bâqueville a porté le même nom, écrit exactement de la même manière.

En 1133, Hugues III, archevêque de Rouen, donna ou confirma aux moines de Tiron « prioratum Bascheville », situé à Bâqueville en Caux.

En 1152, le château de Bâqueville est compris dans les dévastations et les destructions que le duc Henri II exerçait dans toute l'étendue du Vexin normand, alors dans les mains du roi de France :

« Quotidie itaque dux Henricus in eam
« partem Wilcassini quæ est inter An-
« dellam et Ittam fluvios (l'Andelle et
« l'Epte) populatores mittebat, ad quæ-
« rendum victualia hominibus et jumentis
« sui exercitus. Destruxit etiam ibi et
« igni tradidit castellum Bascherville,
« duo alia castella, Chitreiuy. (Quitri) et
« Stripenneium (Etrépagni), combussit. »
(Rob. de Monte ad ann. M. C. LII.)

En 1170, il y eut accord entre l'abbaye du Bec et le prieuré de Sausseuse pour le partage des dîmes de Bascaville, près Surcy.

Dans la charte de fondation du prieuré des Deux-Amants on trouve le passage suivant relatif à un hameau de Bâqueville :

« Capellam quoque de Escraketcit, cum
« terris quas ibi Baldricus de Bosco vobis
« dedit, et liberum transitum per Braium,
« absque omni exactione telonei ; et quie-
« tum pasnagium porcorum vestrorum do-
« minicorum, in foresta de Basquevilla,
« quæ idem Baldricus vobis dedit. Ex
« dono Hugonis de Carleio et Heudeborc
« uxoris suæ, meteriam (la métairie)
« quam de eis tenetatis in essaltu de
« Escraketuit..... Item, ex dono Goelli
« de Baudemont, capellam de Escraque-
« tuit cum terris eidem adjacentibus, et
« pasnagium porcorum vestrorum domi-
« nicorum, totumque usagium vestrum in
« foresta sua de Bascavilla, et liberum
« transitum omnium rerum vestrarum per
« Braium. Item, ex dono Heudebor, filiæ
« prædicti Goelli, prædictam capellam cum
« pertinentiis suis quæ sunt necessaria ad
« usagium et ædificationem domorum
« vestrarum, in foresta sua de Bascavilla ;
« et pasnagium et herbagium et pastura-
« gium et liberum transitum per Braium,
« et unum porcum quietum, quem a vo-
« bis aliquando injuste acceperunt. (Charte du prieuré des Deux-Amants.)

On voit, par le rapprochement de ces divers passages, que Baudri du Bosc était le donateur primitif. Hugues de Cailli, que l'archevêque Gautier a mentionné le second, ne fut que le troisième. Il règne, au reste, en général beaucoup de désordre dans cette charte, qui ne paraît être qu'une transcription de petites chartes particulières, rassemblées sans aucun égard à l'ordre des temps et des lieux. Ecraquetuit ou Ecriquetuit est un hameau encore existant.

Il ne faut pas chercher le lieu nommé ici Braium sur le territoire ni aux environs de Bâqueville, mais à Brai-sur-Epte, appartenant à Baudemont et appartenant à ses seigneurs. Ce n'était pas seulement un lieu de passage, mais encore un point fortifié important et la clef de la Normandie de ce côté, comme Gisors l'était quelques lieues plus haut. On nous pardonnera d'autant plus facilement d'appeler un moment l'attention de nos lecteurs sur cette commune que, indépendamment de son importance au moyen âge et de la confusion qui a souvent résulté de son homonymie avec le pays de Brai, elle a fait partie de notre département jusqu'aux dernières années de l'Empire.

Lorsqu'en 1108 le roi de France Louis le Gros se plaignit de ce que Henri Ier s'était emparé de Gisors et en avait fait de ce côté le boulevard de la Normandie, son envoyé comprit le château de Brai sur la même ligne que celui de Gisors dans les représentations qu'il adressait à ce prince.

« Inter alia et præter alia, hoc specia-
« liter jurejurando firmatum constat de
« Gisortio et de Braio, ut quocunque con-
« tractu uter vestrum obtinere posset,
« neuter habeat, cum infra xl. receptionis
« dies possessor, pacti obnoxius, castella
« funditus subverteret. » (*Vie de Louis le Gros*, par Suger; *Hist. de France*, t. XII, p. 27.)

Dans la liste que donne l'historien de Louis le Jeune des châteaux et fertés qui existaient au Vexin normand quand il fut cédé à ce prince, en 1150, par Henri Plantagenet, on voit figurer Braium entre Baudemont et Tourni. (Voyez ci-dessous l'article Baudemont.)

Baudri du Bosc et après lui Goel II de Baudemont étaient, vers la seconde moitié du xiie siècle, au nombre des plus puissants seigneurs du Vexin normand, puisqu'ils possédaient à la fois les châteaux de Bâqueville, Baudemont et Braï. Nous regrettons de n'avoir pu rencontrer aucun renseignement sur la manière dont le château de Bâqueville était arrivé dans leurs mains, non plus que sur son origine. Nous verrons bientôt que Goel de Baudemont était le fils de Baudri du Bosc.

Parmi les listes de fiefs normands publiées par Duchesne et la Roque, on trouve les deux paragraphes suivants, dans la circonscription du Vexin normand :

« Robertus de Pinquigny Bascevillam et Baudemont, de feodo Vernonii. »

« Robertus de Pinqueni Basqueville et Baudemont, de feodo Vernonii. »

Ce Robert de Pinquigny était le mari en secondes noces d'Heudebourg de Baudemont, comme nous le verrons à l'article Baudemont.

Nous sommes surpris de ne trouver aucune mention de Bâqueville dans le *Registrum Philippi Augusti*.

Cette terre entra dans le domaine royal probablement en même temps que Bau-

demont et par suite des mêmes circonstances, c'est-à-dire à l'extinction de ses seigneurs.

Dans une estimation faite en 1284, sur l'ordre du roi, par le bailli de Verneuil et le clerc du bailli de Rouen, sur la valeur des terres et revenus de toute nature que le roi de France possédait au Pont-Saint-Pierre et à Bâqueville, on en trouve les précieux renseignements suivants :

« Item valor terrarum et reddituum do-
« mini regis apud Basquevillam.

« LX. XV. acræ et dimidia, et LX. XVIII.
« perticæ terræ valent per annum XLV. li-
« bras VIII. solidos et IV. denarios (1) ». (Ce qui fait par acre 12 sous de cette époque, 10 fr. 80 c. de la nôtre.)

« Item XXVI. acræ et dimidia et XII. per-
« ticæ terræ ad meditarium [medietaria]
« valent per annum XXV. libras XVI. soli-
« dos et IV. denarios. » (Par acre à peu près 16 sous 6 deniers de l'époque, 17 fr. 85 c. de la nôtre.)

Ces deux évaluations du revenu annuel des terres labourables sont fort élevées, et il fallait que le sol de la commune fût d'une fécondité remarquable pour pouvoir donner un produit aussi considérable. On éprouve quelque surprise en voyant celles qui étaient cultivées par des métayers rapporter plus que les autres, malgré l'imperfection de ce genre de culture. On se demande si ces dernières terres étaient affermées en argent ou cultivées pour le compte du propriétaire, car il nous paraît bien constant qu'elles n'étaient pas inféodées.

« Item quoddam clausum circa mottam et mota cum fossatis valet XXV. solidos. » (22 fr. 50 c. de notre monnaie.)

« Item in denariis redditis ad festum
« omnium Sanctorum VIII. libras III. so-
« lidos et V. denarios. » (147 fr. 07 c. de notre monnaie.)

« Item ad nativitatem Domini in bladis
« XXIX. minas II. boissellos. Mina valet V.
« solidos (4 fr. 50 c.), summa VII. libras
« VII. solidos et IV. denarios. » (Le boisseau paraît, d'après cette estimation, avoir été, à 2 deniers près, la moitié de la mine.)

« Item IV^{xx}. XV. capones valent XLIX.
« solidos et IV. denarios. » (Chaque chapon un peu moins de 5 deniers de l'époque, 37 c. de la nôtre.)

« Item LVII. gallinæ valent XXIV. solidos
« et II. denarios. » (5 deniers la poule.)

« Item cum caponibus et gallinis, in
« denariis VII. solidos et VI. denarios.

« Item una summa avenæ valet XII. soli-

(1) La livre tournois valait à cette époque 18 fr. de notre monnaie, le sol 90 c.; le denier 7 c. et demi.

« dos. » (Cette somme était le sixième du muid.)

« Item ad Pascha Domini in denariis
« viii. libras xi. solidos et viii. denarios.

« Item iv^co. xlii. ova, valent iv. solidos
« et vii. denarios. » (1 denier et demi la douzaine.)

« Item ad festum Sancti Remigii, in
« denariis, xiii. libras ii. solidos et iii. de-
« narios.

« Item ad Candelosam, in denariis, iv. li-
« bras vii. solidos.

« Item unum sestarium bladi, valet
« xii. solidos. » (Cette mesure de blé paraît équivaloir à la somme d'avoine.)

« Item estoublagium (1) in septembri,
« valet iii. solidos et iv. denarios.

« Item medietas molendini de Douvilla,
« valet quita domino regi xii. libras.

« Item servitia pro jardinis claudendis
« per annum v. solidos.

« Item precariæ (2) carrucarum liv. so-
« lidos.

« Item servitium sommagii (3) lx. solidos.

« Item quoddam feodum debet i. par
« cerothecarum.

« Item campipars et molta sica (sic) :
« duos modios et dimidium bladi, valet
« ix. libras. » (3 livres 12 sous de l'époque,
64 fr. 80 c. de la nôtre le muid. Nous
avons vu que la mine valait 3 sous de l'é-
poque et qu'elle était un peu plus que le
double du boisseau : le muid était donc
composé d'à peu près 14 mines et demie ou
29 boisseaux.)

« Item unum modium et dimidium ave-
« næ, valet c. et viii. solidos. » (3 livres
12 sous de l'époque, 64 fr. 80 c. de la
nôtre, comme le blé. Cette valeur parfaitement égale du blé et de l'avoine nous
paraît un fait fort étrange.)

« Item vendæ et releveia valent per an-
« num vi. libras (4).

« Summa totius valoris de Basquevilla :
« vi^xx. libræ et vii. denarii. »

Bâqueville dépendait au xiiie siècle du
prieuré de Sausseuse. Eudes Rigaud nous
a laissé dans son pouillé et dans le registre de ses tournées des détails précieux
qu'il faut recueillir.

Le paragraphe consacré à cette commune
dans le pouillé d'Eudes Rigaud est ainsi
conçu :

(1) Le chaumage, la récolte du chaume.
(2) Les corvées.
(3) Transport à dos de cheval.
(4) Le mot venda a plusieurs sens. Ici nous ne
doutons pas qu'il ne signifie coupes de bois, la terre
de Bâqueville renfermant des bois considérables dont
nous n'avons encore trouvé aucune mention dans
[...illegible...] Les releveia étaient les droits de mu-
tation féodaux de l'époque.

« Ecclesia S. M. de Baschavilla. Prior
« de Salicosa facit ibi deservire per ca-
« nonicos suos; habet vi^xx. parrochianos;
« et percipit prior totum, et valet lxx. li-
« bras turonensium per totum; de quibus
« percipiunt deservientes ibi xxx. libras. »

Voici maintenant les intéressantes réflexions qu'a suggérées à Eudes Rigaud
l'état du prieuré de Bâqueville :

En octobre 1248 : « Venimus apud Ba-
« squevillam. Invenimus quod monachi
« exeunt claustrum illicenciati; seculares
« frequenter intrant claustrum; non ob-
« servabant jejunia regule; culcitris ute-
« bantur. Statuimus quod monachi clau-
« strum non exeant, nisi licencia a priore
« obtenta; inhibuimus ne seculares clau-
« strum intrent, et injunximus quod a cul-
« citris abstineant, et jejunia regule obser-
« vent. Item invenimus quod Laurencius
« et Gofridus infamati sunt de nimio
« discursu per villam ultra volunta-
« tem prioris; promiserunt quod bene
« se super hiis emendarent, ita quod bo-
« nam famam de ipsis audiremus. Priora-
« tus habet in redditibus cc. libras; debent
« circa xl. libras. »

En décembre 1249 : « Apud Basque-
« villam, cum expensis prioratus, Inve-
« nimus quod utuntur culcitris. Inhibui-
« mus ne exirent claustrum soli neque
« illicenciati. Habent in redditibus circa
« cc. libras; debent circa xl. libras. Prior
« non computat de statu domus sue;
« injunximus priori ut quater in anno
« computet de statu domus. »

En juin 1251 : « Apud Basquevillam,
« cum expensis prioratus. Ibi sunt quatuor
« monachi. Non legunt regulam. Non ha-
« bent statuta Gregorii pape. Itinerantes
« non servant jejunia, utuntur culcitris.
« Habent cc. libras in redditibus; debent
« circa iiii^xx libras. Inhibuimus eis culci-
« tras et esum carnium, nisi quatinus
« regula permittit, et injunximus quod
« regule jejunium observarent plenius. »

En septembre 1252 : « Eadem die, vi-
« sitavimus prioratum de Basquevilla, et
« invenimus quod sunt ibi quatuor mo-
« nachi, omnes sacerdotes. Non confitentur
« priori; precepimus quod confiterentur.
« Item, non habent statuta pape Gregorii;
« precepimus quod querant, habeant, le-
« gant et servent ea. Nec legunt regulam.
« Non servant bene jejunia, et comedunt
« aliquando carnes, utuntur culcitris;
« precepimus abstineri. Habent in reddi-
« tibus circa cc. libras; debent c. libras. In-
« terdiximus eis esum carnium, nisi qua-
« tenus regula permittit. Item, inhibui-
« mus eis usum culcitrarum. »

En octobre 1253 : « Apud Basquevillam,

« cum expensis prioratus. Sunt ibi qua-
« tuor monachi, computato priore; omnes
« sunt sacerdotes. Non habent nisi unum
« calicem. Confitentur minus sufficienter,
« et parum priori; utuntur culcitris; non
« tenent capitulum; non legunt regulam;
« non habent statuta pape Gregorii, nec
« unquam habuerunt, ut dicunt; precepi-
« mus emendari. Aliquando infringunt je-
« junia, etiam sani; precepimus emendari.
« Item, monachi omnes infringunt aliquan-
« do, propter hospites; inhibuimus hoc
« fieri. Item, in esu carnium, offendunt
« aliquando; precepimus emendari. Non
« computat, nisi presente abbate, vel visi-
« tatoribus. Habent cc. libras in reddítibus.
« Tantum debetur eis quantum debent,
« vel etiam plus. Habent instauramenta
« sufficiencia, preter vinum. »

En février 1256 : « Visitavimus apud
« Basquevillam. Ibi sunt quatuor monachi
« Tironenses. Utuntur culcitris; injunximus
« hoc emendari. Est ibi quidam qui non
« est presbyter; injunximus ei quod quo-
« libet mense confiteatur et communicet
« corpori et sanguini Jhesu Christi. Ter
« in ebdomada datur elemosina omnibus
« ad eam venientibus. Non servant jejunia
« regule, utuntur carnibus passim; injun-
« ximus eis quod super hoc regulam suam
« plenius observarent. Frater Johannes
« Pligant, prior, frater Lucas de Nogento,
« frater Herbertus Carnotensis, frater Ste-
« phanus de Castro Duni : istos monui-
« mus de premissis. Redditus non sunt
« conscripti ; injunximus priori quod eos
« conscribi faceret. Debent cl. libras; ha-
« bent in reddítibus cc. libras. Ipsa die,
« procurati fuimus ibidem. Summa pro-
« curationis, ix. libre xi. solidi ix. de-
« narii. »

La terre de Bâqueville fut érigée en
comté au mois de septembre 1660, en
faveur de Jean-Louis Faucon de Ris, marquis
de Charleval et premier président du parlement de Rouen.

Le *Dictionnaire de l'Eure* signale dans
cette commune une ancienne enceinte retranchée, à laquelle on donne le nom de
Gendarmerie, et une motte assez considérable sur laquelle a dû s'élever l'ancien
château.

Les hameaux sont : — le Buc (busc, bois
taillis); — le Chouquet (souchet, lieu rempli de souches, ancien bois défriché); —
Ecriquetuit (nous avons vu que le nom
primitif était Ecraktuit. ERRA signifie en
islandais : des champs cultivés, des gué-
rets. Ecraktuit pourrait donc être interprété par : la mesure au milieu des champs,
ou encore KRIKETOT : la mesure de la
hauteur, la mesure située sur une émi-

nence du terrain ; c'est ce dernier sens
que nous attribuerons au nom de lieu
CRIQUETOT, lequel a de grands rapports
avec celui-ci); — Longuennes ; — les Pe-
russeaux ; — la Poterie (lieu où il y a un
gisement d'argile plastique propre à la
fabrication de la poterie).

BARC.

Arrond. de Bernai. — Cant. de Beaumont.

*Patr. S. Crespin, S. Crespinien. — Prés.
l'abbé du Bec.*

Il n'existe point en France d'autre lieu
dont le nom se rapproche de celui-ci, sauf
son diminutif Barquet, qui n'en est qu'une
dérivation et qui appartient à une commune voisine. C'est un mot puissant pour
que nous le rapportions aux langues scandinaves : le mot BARK y a la signification
d'écorce, tan; BIORK, celle de bouleau,
boulaie. Peut-être BARC indique-t-il l'emplacement d'un bois de bouleaux, peut-
être aussi un lieu où l'on s'approvisionnait
de tan? Rapprocher la signification de
bouleau et celle de tan quand on se
rappellera que les nations septentrionales emploient encore de nos jours l'écorce du bouleau pour
le tannage des cuirs. Enfin, on admettra
plus facilement l'emploi, pour désigner
BARC, d'un mot qui n'éveille d'autres idées
que celles de bois et d'écorce quand on
saura qu'au XIe siècle ce lieu était environné d'une forêt. Cette forêt paraît avoir
été considérable, puisque, dans la pièce
dont on va lire des extraits, elle est mentionnée en même temps que celle de Beaumont-le-Roger et en première ligne.

Le mot BARGUS, BARCUS se trouve dans
la loi salique et autres documents législatifs contemporains avec la signification
de tronc d'arbre servant de fourche pati-
bulaire. On le rencontre également avec
le sens de tombelle (*tumulus*). On pourrait rapporter à la même origine le nom
de BARC, et nous n'hésiterions pas à le
faire si ce nom se rencontrait ailleurs
qu'en Normandie. Mais, comme au contraire il n'existe que là, nous sommes enclin à préférer l'origine scandinave à l'o-
rigine franque, surtout quand l'existence
d'une forêt considérable à l'époque normande donne tant de probabilité à la première hypothèse.

Dans la charte de Roger de Beaumont
en faveur de l'abbaye du Bec, par laquelle
ce seigneur fonda le prieuré de Beaumont,
on trouve un grand nombre de passages

qui se rapportent à Barc. Nous allons les citer dans l'ordre où ils s'y présentent :
« In MESNILLO HERLUINI terram trium car-
« rucarum.... In BARCO terram unius car-
« rucæ. » Roger prend soin d'avertir qu'il entend par chaque charruée 90 acres de terre : « Unicuique autem harum carrucarum concedo IV^{xx}. et X. agros terræ. »

Ce passage est le plus ancien, à notre connaissance, où l'on ait employé en Normandie le compte par vingtaines, dont l'usage fut si universel aux XIIIe et XIVe siècles.

« In BARCO iterum concedo unam ma-
« suram terræ, ubi canonici supradictæ
« ecclesiæ habeant horreum, ad colligen-
« das, videlicet, communes decimas....
« Concedo etiam de tota potestate BARCHI
« et de villanis et de bordariis, unde cam-
« partum habeo, duas garbas decimæ....
« Et de terra Ogerii de BARCO..... duas
« garbas decimæ...; De ovili RUBEÆ FOSSÆ
« concedo plenariam decimam.... De cen-
« sibus et pasnagiis.... et de BARCO.....
« et de omnibus redditibus forestæ BAR-
« CHI.... scilicet de venatione, de apibus
« et de omnibus aliis exitibus, qui inde
« exeunt, necnon etiam de beneficiis ho-
« minum in illis manentium.... plenam
« et integram decimam concedo. »

Parmi les églises données par cette charte on distingue celle de Saint-Crespin « de BARCO ».

Sous le règne de Henri Ier, Robert, fils de Germain, donna la moitié des dîmes qu'il possédait « in BARCO et Cette donation fut confirmée par le roi : « apud AR-
« CHAS (Arques), in transitu meo in An-
« gliam, » en 1131.

La charte suivante de Robert IV, comte de Meulan, fait mention de Rouge-Fosse, hameau de Barc :

« Sciant presentes et futuri quod ego Ro-
« bertus (1), comes Mellenti, [dedi] et si-
« gilli mei munimine confirmavi Galtero
« de Felgerolis (Feuguerolles), pro servi-
« cio suo, v. acras terræ, de dominio meo
« videlicet, et III. acras juxta viam quæ
« ducit de Bellomonte ad Novum Bur-
« gum, et II. apud RUBEAM FOSSAM (à Barc),
« et unam masuram apud Bellum Mona-
« tem, per quædam calcaria aurea an-
« nuatim reddenda. Hæc autem volo et fir-
« miter præcipio ut libere et quiete et in
« pace per hunc redditum teneat et ha-
« beat, ipse et heredes ejus. Testibus : Ro-
« gerio de PRATELLIS (Préaux); Rannulfus
« (sic) de BIGARS (Bigars, fief et hameau
« sur Nassandres); Johanne de Joz (Jouy);
« Matheo de BOCHETOT (Bosquetot); Ro-

(1) Robert, IVe du nom, comte de Meulan, succéda à son père Galeran au mois d'avril 1166, et mourut dans l'exil en 1204.

« berto de FELGEROLIS; Radulpho Parvo,
« tunc mansionario, et multis aliis. »

La charte du même Robert de Meulan, IVe du nom, pour la fondation du prieuré de Grammont, au Noyer (Monast. anglic., II, p. 984), porte :

« Item dedi et concessi fratribus supra-
« dictis quicquid juris, honoris ac dominii
« habebam vel habere poteram in aqua
« RISILIS, a capite exclusarum prædicti
« molendini [de CASTRO LUNÆ] usque ad
« fines XVI. acrarum terræ, quas de Gil-
« berto de Mesnillo excambiavi apud BAR-
« CUM, donans et concedens easdem acras
« prænominatis fratribus, in liberam ele-
« mosinam perhenniter possidendas..... »

Dans la première moitié du XIIIe siècle, Buchard de HOM.IE (le Homme, sur Beaumont-le-Roger) donna à diverses églises, et entre autres «Sancto Crispino de BARCO», une rente en argent et en chapons.

Le cartulaire de Beaumont-le-Roger nous fournira un certain nombre de faits intéressant la paroisse de Barc.

En 1258, discussion entre l'abbé et le couvent du Bec, d'une part, et Symon, « presbiter de Barco, » de l'autre, « su-
« per eo quod idem presbiter petebat ter-
« tiam partem guesdarum et decimas bla-
« dorum in ortis crescentium, et quasdam
« alias decimas ad ipsum de jure communi
« ratione spectantes, prout in libello suo
« continebatur, ut dicebat; dictis abbate
« et conventu ex contrario asserentibus
« dictas decimas ad ipsos jure speciali per-
« tinere, adjicientibus quod idem presbiter
« contentus esse debebat minutis decimis,
« et proventibus altaris sui et terræ ele-
« mosinæ, et habitatione sua ad dictam
« ecclesiam spectante, prout in cartis et
« ordinationibus super [hoc] factis felicis
« recordationis Lucæ necnon et Ricardi,
« quondam Ebroicensium episcoporum,
« plenius continebatur. » Il y eut transaction, dont les conditions furent que :
« Idem presbiter contentus erit de cetero
« minutis decimis parrochiæ de Barco,
« inter quas minutas decimas guesdarum
« decima non computabitur nec minuta
« decima censetur in hac parte; quarum
« decimas habebunt dicti abbas et conven-
« tus nomine prioratus sui de Bello Monte
« Rogeri, cum omni integritate, necnon
« et decimas omnium bladorum, sive cre-
« verint in ortis, sive in campis. Et idem
« Symon, presbiter, habebit decimas lini,
« canabi et fabarum per totam suam paro-
« chiam, salvo dictis abbati et conventui
« campiparto, quod dicti abbas et con-
« ventus habebunt cum omni integritate
« et non decimabitur [a] presbitero ante-
« dicto, et tenentur dicti abbas et conven-

« tus solvere dicto presbitero annuatim ad
« Natale Domini duos sextarios mistillio-
« nis et unum ordei ad mensuram de Bello
« Monte pro omnibus quæ petere possit
« aut petebat ab eisdem. » (*Cart. de Beaumont, xxxi v°.*)

En octobre 1263, Robert Estorni, « de
parrochia de Barco, » et Ysabelle, sa femme,
vendirent au même prieuré, moyennant
40 livres tournois : « dimidium manerii no-
« stri quod habebamus in eadem parro-
« chia, cum porprisio et terra per retro. »

En 1269, Richard du Moulin et Jeanne,
sa femme, cédèrent au prieuré de Beaumont une masure avec son pourpris contenant une vergée de terre, située dans la
paroisse de Barco, et cinq acres de terre
en trois pièces : ladite masure et lesdites
pièces au Mesnil-Hellain, et en outre tous
leurs biens meubles. Ils s'engagent de plus
à servir les moines tant qu'ils le pourront,
moyennant la jouissance d'un manoir situé où l'on voudra, et les délivrances suivantes leur vie durant : « Hæc est autem
« liberatio quam habere debemus et per-
« cipere in prioratu sæpius nominato, vi-
« delicet singulis diebus unam micam
« conventualem, duos panes parvos sub-
« albos. Unam potum vini conventus vel
« unum galonem siceræ vel cervesiæ, et
« tribus diebus septimanæ qualibet die
« unum ferrutum carnis. Aliis IV. diebus
« VI. ova. In Quadragesima vero IV. alecia.
« Et quolibet mense I. boissellum pisorum.
« Et singulis annis XXX. solidos turonen-
« sium pro hiis quæ sunt necessaria ad
« vestitum. Decedente autem altero no-
« strum, supervivens medietatem dictæ
« liberationis tunc percipiet et habebit. »
(*Cart. xxvii r°.*)

Au mois de décembre 1272, Jeanne la
Tellière, veuve, vendit au prieuré de la
Sainte-Trinité-de-Beaumont une pièce de
terre située dans la paroisse Saint-Crespin
de Barco, entre la terre de Robert le Ca-
hou et celle du frère Richard, pour 54 sous
tournois. (*Cart. xxi v°.*)

On voit encore mentionnés dans le cartulaire du prieuré de Beaumont-le-Roger
(bibliothèque Mazarine, n° 1212) : « Me-
« nillum Hellini (1267) ; campus qui
« vocatur Le Haizur apud Barcum ; in pa-
« rochia de Barco apud Elbaradi ; les
« Rotieux ; Haia Henrici in parochia de
« Barco ; les Genestoiz (1310). »

En 1309, Mathieu Folin ; — terres situées
« ad Haiam Henrici », puis « apud les Rotieux », — 12 sous de rente pour 108 sous
de capital. (*Fol. xxxv v°.*)

1309. « Locus qui dicitur les Vallées, »
6 sous de rente pour 54 sous de capital.
(*Fol. xxxv v°.*)

1309, Roger Caon ; — terre « apud maram de Pratis ». Bertin de Bufferia. (*Fol.
xxxvi r°.*)

1312, Agnès Beloge ; — « quædam vir-
« gata terræ dicta Amauruchon.... ; que-
« minum per quod itur de Bellomonte Ro-
« geri apud Conbon. » (*Fol. xxxviii r°.*)

1315, « quidam campus qui dicitur
« Campus Familie, prout se extendit in
« longum et in latum, situs in parrochia
« de Barco, inter terram domus Dei, ex
« una parte, et terram Philippi de Boxeria,
« ex altera ; et ex uno capite aboutat ad
« nemus de Barco. » (*Fol. xl. r°.*)

1316, « pieche de terre en la paroisse de
Barc en Familie. » (*Fol. xli r°.*)

En 1381, Loys d'Orbec, écuyer, possédait des propriétés à Barc, au droit de ses
enfants. (*Fol. lxxvi v°.*)

Voici une pièce fort curieuse pour l'histoire et la topographie de Barc au moyen
âge. Il s'agit de la décision arbitrale qui
fixa les limites des paroisses de Barc et de
Saint-Léger. Le mercredi après la Pentecôte 1340, Mathieu, évêque d'Evreux,
nomme des commissaires qui se transpor-
tent sur les lieux pour déterminer les circonscriptions desdites paroisses :

« Quarum igitur auctoritate litterarum
« juxta formam earumdem, nos, officialis
« Ebroicensis, die dominica post festum
« Sanctorum Jacobi et Christophori, una
« cum magistro Laurentio, rectore eccle-
« siæ Sancti Nicholai Bellimontis Rogeri,
« magistro Johanne Cl. et, rectore eccle-
« siæ prædictæ de Barco, Nicolao, rectore
« ecclesiæ prædictæ Sancti Leodegarii Gal-
« teri, et Johanne Guillain, presbiteris,
« et pluribus aliis fide dignis nobiscum
« præsentibus, ad dictas parrochias perso-
« naliter accedentes, vocato ad hoc, ut
« decuit, religioso et honesto viro priore
« Sanctæ Trinitatis Bellimontis prædicti
« et aliis qui fuerunt evocandi, per Simo-
« nem Ahin, Christianum de Puteo, Johan-
« nem Tassel, Petrum Pelliparium, Ro-
« bertum Lefrançoiz, Symonem Gueroult,
« Colinum le Francois, Johannem Lestour-
« mi, Guillelmum de Buxeria, Johannem
« Drieu, Radulfum Drieu, Guillelmum
« Postel, Guillelmum le Genvre, Rober-
« tum Postel, clericum, Matheum Pagain,
« Guillelmum Drieu, Renodum de Algiis,
« et plures alios viros fide dignos, coram
« nobis juratos, qui quidem per sua sacra-
« menta dictas parrochias limitando et
« earum metas designando, asseruerunt,
« proposuerunt et dixerunt quod terra
« contenta inter fossatum Galteri et semi-
« tam dictam la Larronnesse est de dicta
« parrochia Sancti Leodegarii ita quod dicta
« semita, procedendo directe apud Fer-

« rariam, dividit dictas parrochias Sancti
« Leodegarii et de Barco usque ad quod-
« dam fossatum transversum ; quod qui-
« dem fossatum dividit parrochias memo-
« ratas usque ad terram Guillermi de Fossa
« quæ dicitur terra de Piris; quæ est
« de parrochia de Barco ; et caput dictæ
« terræ existens erga Sanctum Leodega-
« rium prædictum, procedendo directe ad
« campum Auberi Caletensis, reflectendo
« aliquantulum erga Barcum ad campum
« Pivein..... a bouto cujus campi proce-
« dendo directe ad quandam semitam quæ
« duxit de Bellomonte ad Quesneyum ;
« quæ semita dividit dictas parrochias us-
« que ad bouterias culturæ dicti prioris de
« Bellomonte, tendendo ad fossam Tybou-
« di, et a dicta fovea tendendo ad clausum
« qui dicitur Clausus Ricardi. In quorum
« testimonium, sigillum nostræ Ebroicen-
« sis curiæ præsentibus litteris duximus
« apponendum. Quod omnibus et singulis
« quorum interest seu interesse contigerit,
« tenore præsentium facimus manifestum.
« Datum et actum anno et die dominica
« supradictis. » (Cart., fol. LXXXIII r°.)

Nous citerons enfin le procès-verbal d'un jugement rendu la même année (1340) au sujet des moulins de Barc ; « Es ples
« de Beaumont-le-Rogier, l'an de grace
« mil ccc et x, le samedi continuation du
« vendredi après la Sainte-Luce, pour ce
« que les héritiers Ricard de Préaux se
« seraient complains à justice que le mou-
« lin du prieur de Beaumont, assis en la
« paroisse de Barc, qui est dit le moulin
« Osouein, étoit si hault assis tout de
« nouvel, que il faisoit prejudice et grant
« dommage au moulin des héritiers de-
« susdits, qui est dit le moulin Louvet,
« trouvé fu par le serment de grant foi-
« son de bonnes gens, charpentiers, ma-
« çons, monniers et autres, que ledit
« moulin estoit souffisamment assis, sans
« faire prejudice aux dis héritiers, fors
« que, quant le moulin au prieur ne
« mouldra, il esconviendra que les esclo-
« toreaux et les esventailles soient en
« hault levées, si que l'eaue s'en passe
« devaler et courre aval; et fu commandé
« et enjoint audit prieur que par les mon-
« niers ou par ses autres gens il fache
« lever les esclotoreaux et les esventailles
« dessusdites, toutesfois que son moulin
« ne mouldra, et aussi les esclotoires du
« dit moulin Louvet et les esventailles aux
« dis héritiers seront levés en hault par
« les gens desdis héritiers, ou par aultres
« se ils ne le faisoient, toutesfois que ledit
« moulin Louvet ne mouldra, par le rapport
« des hommes jurés et sermentés dessus
« dis, pour eschiver aux dommages et aux
« préjudices des parties. Donné comme
« dessus. » (Cart., fol. XXXV r°.)

Les hameaux et dépendances de BARC sont : — le Bois-de-Barc ; — la Carrière ; — le Clos-Martin ; — les Genetais (GENES-TOIZ, 1310) ; — le Mesnil-Binet ; — le Mesnil-des-Granges ; — Rouge-Fosse (*Rubea Fossa*) ; — les Tuileries ; — Vetigni.

La voie romaine d'Evreux à Lisieux et à Lillebonne forme un coude assez prononcé sur le territoire de Barc : circonstance rare dans le tracé des voies romaines, surtout en l'absence d'obstacles naturels à la rectitude de ce tracé. Il semble que les travaux aient été conduits d'Evreux jusqu'à Barc dans l'intention de marcher vers Lisieux par Beaumont et Bernai, mais qu'arrivés là ils aient changé brusquement de direction, pour se reporter vers Lillebonne par une portion commune de Barc à Brionne.

BARILS (LES).

Arrond. d'Evreux. — Cant. de Verneuil.

Patr. Notre-Dame. — Prés. le prieur de l'Hôtel-Dieu d'Evreux, puis le seigneur.

Le nom de cette commune nous paraît provenir de la fabrication des barils à laquelle la population se livrait. On croit que ce mot est d'origine celtique. Du Cange le signale comme appartenant à la branche cambrique de cet idiome. Dans la Bretagne armoricaine, BARA signifie remplir une mesure de capacité, BARAZ, un cuvier, BARATTE, une espèce de baril servant à battre le beurre.

Nous n'avons pas connaissance qu'il existe en France d'autre lieu de ce nom ; on peut cependant en rapprocher BOIS-BARIL, ancienne commune de notre département, ainsi que les hameaux de la BA-RILLÈRE et la BARILLERIE, appartenant également à sa circonscription. Il est curieux de voir que ces noms s'y soient cantonnés d'une manière si exclusive.

On trouve parmi les bienfaiteurs de l'abbaye de Tiron : « Girardus, qui alio nomine publice vocabatur Paganus BARILLORUM. » Nous supposons, sans oser l'affirmer, que ce personnage appartenait à notre commune des Barils.

Dans un aveu des religieuses du Trésor, sous la date de 1369, on trouve le passage suivant relatif aux Barils : « Et 27 sous
« tournois que nous avons de rente sur
« certaines terres qui sont assises en la
« paroisse de Bariz, entre la ville des dix
« Bariz et les haies de Verneul, du don et

« aumosne à nous faite, à la fondation de
« nostre dite église, de prince de saincte
« mémoire, sainct Loys, roy de France. »

Dans une charte sans date de Richard, fils de Garin, et de sa femme Segille, en faveur de Jumiéges, et renfermant beaucoup de donations à Verneuil et aux environs, on trouve ce passage : « Et quidquid poterunt monachi auxilio Dei et nostro in ecclesia de Barilz adquirere recte. » Ce Richard devait être de la famille des seigneurs de Gournai-le-Guérin.

Le patronage était primitivement exercé par le prieur de l'Hôtel-Dieu d'Evreux. Au XVIIe siècle, il passa au seigneur du lieu. Le premier qui ait usé de cette prérogative fut Gabriel de Laval, chevalier, en 1660.

Les hameaux de cette commune sont très-nombreux : aussi paraît-elle s'être formée d'habitations disséminées au milieu de bois qui auront été essartés à une époque postérieure. Ces hameaux sont : — l'Artuserie ; — les Bois-Francs ; — le Bois-Guillot ; — la Chalardière ; — le Chatelet ; — le Cottin ; — la Cour-Prioult ; — la Flouterie ; — la Forêt ; — le Four-à-Chaux ; — la Gaillarderie ; — la Gaucannerie ; — le Grand-Buisson ; — la Guignarderie ; — la Haie ; — la Maison-des-Champs ; — la Mibouillère ; — le Petit-Buison ; — le Plessis ; — la Tuilerie ; — la Veronnerie.

Le Bois-Guillot était un fief appartenant à l'abbaye de Lire.

BARNEVILLE-SUR-SEINE.

Arrond. de Pont-Audemer. — Cant. de Routot.

Patr. Notre-Dame. — Prés. l'abbé du Bec.

Il n'existe dans toute la France que trois communes de ce nom, et toutes les trois appartiennent à la Normandie : ce qui est une grave présomption d'origine normande. Nous devons citer en outre BARNEVILLE-LA-CAMPAGNE, près Caen, constamment appelé BARNEVILLA dans tous les titres anciens, et même probablement son homonyme BARNEVILLE-SUR-AJON, ainsi que les lieux aujourd'hui nommés par corruption BASSENEVILLE et Saint-Clair-de-BASSENEVILLE, mais dont le nom primitif est BARNEVILLE et Saint-Clair-de-BARNEVILLE. Au moyen de ces additions, la Normandie se trouve posséder sept BARNEVILLE, au lieu de trois qu'elle présente au premier coup d'œil. Le savant Huet, dans ses *Origines de Caen* (ch. XXI, p. 294), rapproche ce mot de beaucoup d'autres,

tels que Bernai, Bernesc, Berandal, Berneval, Berighi, Bernières, pour les faire venir du mot anglo-saxon *barn*, qui signifie une grange, un grenier, un fenil. Nous pensons que parmi ces noms Berneval seul peut être rapporté à la même origine que Barneville, et nous chercherons cette origine dans le nom d'homme : BARNON (1). On trouve en effet en Normandie, au XIe siècle, BARNON de Glos, le vaillant serviteur et vengeur d'Osberne de Crepon (Will. Gemet., l. VII, chap. 2). On connaît encore Bernon, l'un des chefs des Normands de la Seine en 855 et 858. Au reste, ce dernier nom de BERNON était extrêmement commun dans les IXe et Xe siècles en France, où il avait probablement été apporté par la race austrasienne. C'est pourquoi nous nous bornerons à dater de cette époque l'origine de nos BARNEVILLE, sans prendre sur nous d'affirmer qu'ils appartiennent à des propriétaires scandinaves. Nous devons être d'autant plus réservé à cet égard qu'un assez grand nombre de nos noms de lieu terminés en *ville* appartiennent à l'époque carlovingienne plutôt qu'à l'époque normande ; tels sont entre autres les deux Marcouville (MARCULIVILLA), Caileville (KAROLIVILLA), Heudebouville (HILDEBOVILLA), Bernienville (BERNOINIVILLA), etc.

Nous pouvons cependant affirmer que les noms d'hommes : Barnon, qui nous occupe en ce moment, Bernon, employé si souvent en France aux IXe et Xe siècles, et Burnon, que nous rencontrerons plus tard, appartiennent aux langues de la Scandinavie et du nord de la Germanie ; nous essayerons même d'en indiquer l'origine et le sens, ce qui ne sera peut-être pas sans intérêt pour nos lecteurs. Tous ces mots, qui sont évidemment des variantes très-légères d'un même type, proviennent, comme notre titre de baron, du monosyllabe *barn*, commun à toutes ces langues et dont la signification primitive est : fils, enfant ; mais, comme les titres d'*infant* en Espagne, d'*atheling* et de *cliton* en anglo-saxon, ces mots ont pris un sens beaucoup plus relevé et doivent se traduire par : homme bien né, personnage issu d'une famille distinguée et d'un mariage légitime : deux circonstances de grande importance chez tous ces peuples septentrionaux, qui tenaient singulièrement à l'illustration du sang et avaient en horreur la bâtardise. Aussi chez les Goths d'Espagne, qui avaient apporté de leur patrie scandinave les mêmes dispositions,

(1) BARNON est, d'après les lexicographes, la forme de ce nom, appartenant à l'ancien frison.

n'y avait-il pas de sobriquet plus injurieux à adresser à un homme que celui d'enfant illégitime : *hijo de puta*.

Nous regrettons d'être obligé d'avertir nos lecteurs que Roger de Barneville, l'un des héros les plus illustres de la première croisade, n'appartenait point à notre Barneville, mais à la commune du même nom située dans l'arrondissement de Valognes. Il est appelé, conformément à l'étymologie que nous proposons, Roger de BARNONISVILLA, dans une lettre du vaillant et pieux Anselme de Ribeaumont, mort comme lui avant d'avoir atteint la terre sainte.

La plus ancienne mention que nous trouvions de notre commune se trouve dans la charte de Guillaume le Conquérant en faveur de Jumiéges, sous la date de 1079 (1) :

« Item dono omnem decimam de BAR« NEVILLA, tam porcorum quam apium et « ceterarum rerum ex quibus decima dari « potest, cum ecclesia. »

Quoique l'église se trouve positivement comprise dans cette donation, elle paraît être restée ou rentrée peu de temps après sous le patronage du seigneur du lieu. En 1224, Guillaume de Mortemer céda ce patronage à l'abbaye du Bec. En 1320, Jean de Dangu, chevalier, renonça à toute prétention contraire aux droits des moines, et en 1455 Pierre de Brezé et Jeanne Crespin, sa femme, les reconnurent formellement. L'abbaye en jouissait paisiblement à l'époque à laquelle fut rédigé le pouillé d'Eudes Rigaud :

« BARNEVILLA. Abbas de Becco patro« nus ; valet XXX. libras ; parrochiani « CXXX. »

Dans les *Magni Rotuli scaccarii Normanniæ* pour l'année 1203, on trouve mentionnées plusieurs fois les porcheries de Barneville.

La première fois, un personnage dont le nom n'est plus lisible, mais qui paraît être Nicolas de la Londe, doit compte de quatre-vingts porcs des huit porcheries de BARNEVILLA, situées dans la forêt des Essarts, qui, à cette époque, paraît s'être étendue jusque-là.

Dans le second paragraphe, Nicolas de la Londe rend compte de 7 livres 11 sous 7 deniers, du reste de son compte pour les porcheries de BARNEVILLA.

Dans le troisième, Robert d'Appeville est porté en dette de 7 livres 2 sous 6 deniers, pour le reste de son compte des porcheries de BARNEVILLA.

On lit dans le cartulaire de Saint-Georges-de-Bocherville la donation à cette abbaye, par Geoffroi Troussebot (TROSSEBOT), de la dîme du moulin de SAINT-CYR, ainsi que de celle du moulin de Barneville et d'un pré nommé DICHRAS :

« Decimam molendini de Sancto CY« RIACO, et decimam molendini de BARNE« VILLA, et quidquid habebam in illo prato « quod vocatur DICHRAS. » (*Cart.*, f° 132 v°.)

Ce moulin de Barneville doit être le célèbre Moulin-des-Côtes, d'où l'on jouit d'une vue admirable sur la presqu'île de Jumiéges.

La charte est sans date, mais elle appartient visiblement à une époque avancée du XIIe siècle.

Les deux cartulaires de Jumiéges contiennent plusieurs actes relatifs à cette commune ou à quelques-uns de ses habitants. En 1205, Guillaume « de BARNEVILLA, » du consentement de sa mère Emma et de ses héritiers, donna à cette abbaye :

« hospitem unum, quem habebam apud « MONTEM HUGONIS, nomine Willelmum, « filium Hugonis, » lequel était obligé de faire aux moines une rente annuelle de 16 sous, à cause de la réception de ladite Emma comme sœur et pensionnaire à Jumiéges, et sous la condition qu'il lui serait fait les distributions journalières suivantes :

« Panem unum de refectorio ;
« Mensuram potus, quanta datur mo« nacho uni ;
« De coquina vero, pulmenta, generale, « et pitantias, quando accidermt ;
« Servienti vero ejus, quantum uni de « mediocribus servientibus datur ;
« Et ad focum ejus ligna competenter. »

Le donateur ajoute la condition suivante, pour ce qui concerne l'habillement de sa mère : « Primo anno induam eam « vestibus, ordini congruis ; deinceps « quod necesse fuerit monachi ei mini« strabunt. »

Raoul de BOQUETHOT (Bouquetot), frère du donateur, confirma cette donation, qui fut souscrite par Thomas, Denis et Robert de WIVILLA (Iville-sur-Seine), aussi bien que par Robert du Puits : « de PUTEO. »

Il y eut encore confirmation la même année par Thomas « de WIVILLA, » propriétaire du fief et petit-fils d'Emma, indépendamment de la souscription que nous venons de rapporter.

Dans une autre charte de ce personnage (Thomas d'Iville), sous la date de 1207, on voit que l'usage des moulins à bras,

---

(1) Il existe dans le cartulaire de Saint-Père de Chartres une mention beaucoup plus ancienne de Barneville-sur-Mer. Arefaste, frère de la duchesse GONNOR et contemporain des ducs Richard Ier et Richard II, donna à cette abbaye, entre autres biens situés dans le COTENTIN : « et molendinum in villa quæ dicitur BARNEVILLA. »

que l'on regarde communément comme appartenant exclusivement à l'époque gallo-romaine, existait encore au XIII° siècle, en dépit de la féodalité :

« Si molæ ad manum in terra Thomæ « [de Wivilla] repertæ fuerint, omnes fran-« gentur, præter unam propter ægros. »

Parmi les témoins d'une troisième charte de ce personnage, sous la date de 1216, on trouve Robert de Freschenis (Frequienne) et Guillaume de Vado (les Vieux sur Duclair), chevaliers.

En 1271, l'archevêque Eudes Rigaud termina les différends qui existaient entre noble homme Guillaume Crespin : « do-« minum de Danguto et de Malo Nido « (Mauni), » tant en son nom qu'à celui de ses fils Guillaume et Jean, et Regnaud : « rectorem ecclesiæ de Barneville, super « eo videlicet, quod idem rector dicebat « jura parochialia et decimas, tam perso-« nales quam prædiales, manentium in « feodo et terris quæ dicuntur Essarta de « Mauni, usque ad Bellum Locum (le ha-« meau de Beaulieu), et Vallem Luporum « (le val des Leux), ad ipsum et ecclesiam « suam pertinere, dicto milite contrarium « asserente, [et dicente] prædicta jura et « decimas ad capellam suam de Malo Nido « pertinere..... taliter ordinamus, vide-« licet quod metas ecclesiæ de Barneville « extendi volumus usque ad illam viam « per quam itur ab Yvilla..... ante dictam « capellam apud B. M. de Calvomonte « (Caumont). »

Il résulte de cet arrêt curieux que l'église paroissiale de Mauni n'était encore, en 1271, que la chapelle du château des seigneurs de ce lieu (aussi est-elle visiblement bâtie dans la cour de leur habitation), et que ce domaine dépendait de l'église paroissiale de Barneville. L'administration départementale a achevé de briser les rapports qui avaient existé primitivement entre ces deux portions d'un même territoire, lorsqu'elle a placé l'une dans la Seine-Inférieure et l'autre dans l'Eure.

Les hameaux de cette commune sont : — la Belle-Mare ; — la Briqueterie ; — la Cavée-Renard ; — les Clos ; — la Coquinerie ; — l'Evêquerie ; — la Ferronnerie ; — le Gouffre ; — les Moulins-des-Côtes ; — l'Ourlie (lisière d'une forêt, du mot orle : bordure, d'où provient également ourlet) ; — le Passage-de-la-Roche ; — la Peinerie ; — la Rue-Bourgeois ; — le Vallot.

Cf. Toussaint Duplessis, p. 217 et 423.
Canel, *Essai sur l'arrond. de Pont-Audemer*, t. II, p. 190.

BARQUET.

Arrond. de Bernai. — Cant. de Beaumont.

Patr. S. Pierre. — Prés. le chapitre d'Evreux.

Le nom de ce lieu est un diminutif de celui de Barc, et provient visiblement de la même origine. Il est probable que le territoire de Barquet faisait partie au XI° siècle de la forêt dont nous avons fait connaître l'existence à Barc, quoiqu'il ne soit pas immédiatement contigu à cette commune. En effet, ce qui reste de bois à Barc est situé dans la direction de Barquet.

Le cartulaire de Saint-Pierre-de-Préaux fait mention en ces termes de Barquet :

« Robertus de Barcet, constrictus ec-« clesiastica districtione, pro quodam ho-« micidio, veniens Praatellum, posuit do-« nationem, super altare B. Petri, decimæ « totius terræ suæ parrochiæ Combonis « (Combon, commune voisine), fraterque « loci effectus, pro allevatione sui oneris « monachi quingentas missas cantave-« runt. » (Cart., f° 129 r°.)

« Anno ab Incarnatione Domini m° c° « LX° II°, Godefridus de Barchet venit Pra-« tellum, et in capitulo, coram cunctis « astantibus, confidens reatum suum de « damnis quæ Sancto Petro de Pratellis « intulerat, videlicet de decima de Combon, « quam pater suus, Robertus de Bar-« chet, longo ante tempore (sicut in alio « retro folio scriptum est), de tota terra « sua, quam habebat, in Combon, Sancto « Petro donaverat, poposcit veniam ab « eis, quam et impetravit. Postea vero, « compunctus et pœnitens de damnis præ-« dictis, devotis precibus ab eis expetiit « ut particeps totius beneficii S. Petri « Pratelli et fratrum congregationis fieret : « quod et factum est. Itaque exhilaratus « de beneficio et fraternitate accepta, to-« tam supradictam decimam quittam ab « omni exactione Sancto Petro donavit, et « super altare inde donum posuit, faciens « etiam manu sua de incausto signum « crucis in testimonium confirmationis. « Pro qua re XX. solidos accepit carno-« tenses de caritate ecclesiæ. Testes : Go-« defridus Anglicus ; Hunfridus Cauvin ; « Robertus Oisun ; Walterius de Porta ; « Radulfus, filius Ricardi Le Peissonnier ; « Willelmus Nurriet ; Gislebertus Moisnart ; « Rogerius Winehenet ; Ricardus de Com-« bun, portarius. »

Nous avons vu, à l'article Asnières,

Geoffroi de Barquet (GUIFREI DE BARKET, GAUFRIDUS DE BARKET) figurer comme témoin dans deux chartes données par le comte d'Evreux Amauri III à la terre sainte, vers la fin du XIIe siècle. Cette commune peut donc revendiquer de la manière la plus incontestable l'honneur d'avoir fourni un guerrier aux croisades. Nous voudrions qu'elle en fût fière et que dans sa maison d'école ou dans sa mairie ce nom fût inscrit. Nous verrons tout à l'heure que ce noble guerrier revint de la terre sainte, et survécut longtemps à sa glorieuse expédition.

Robert de BARKET et BOCCARD ou Bouchard, son frère, donnèrent l'église de Barquet à Raoul de Cierrai, alors archidiacre d'Evreux, et confirmèrent le présent que celui-ci en fit à son tour au chapitre d'Evreux, du consentement de l'évêque Guérin. Après la mort de Robert, Boccard ou Bouchard confirma cette donation. — Elle fut encore confirmée par Amauri III, comte d'Evreux, et par Geoffroi de Barquet, frère du père des donateurs, en 1203, puis par le même Geoffroi : « Gaufridus de BARCHET, miles, » en 1211.

Cette date est la dernière à laquelle nous voyons figurer le noble croisé. Depuis 1195 jusqu'en 1211, nous l'avons rencontré comme témoin dans quatorze chartes en faveur de la Commanderie de Saint-Etienne-de-Renneville, voisine de cette résidence. Le nom de sa commune est quelquefois écrit dans ces actes : BARQUETH ou BASQUETH, plus souvent BARKET, ou BARQUET comme de nos jours. Il est tout naturel que Geoffroi soit resté l'ami et le commensal de cette colonie de ses anciens frères d'armes de la Palestine. Les tristes et glorieux souvenirs de l'Orient, les nouvelles désastreuses qui en arrivaient incessamment devaient leur fournir le sujet d'intarissables entretiens. Au reste, notre vaillant compatriote ne fut pas seulement l'ami, l'hôte assidu des chevaliers du Temple, mais encore leur bienfaiteur, ainsi que le prouve la charte suivante. En juin 1239, son neveu « BOCHART, dominus de BARQUET, miles, » donna aux Templiers de Saint-Etienne-de-Renneville : « VII. acras et dimidiam et VII. perchas « in parrochia de BARQUET, in terris des « Sablonnieres, aboutantes viæ per quam « itur de ALTARIBUS (les Authieux-sur- « Barquet) ad PUTENIAU (la Puthenaie), « et ex latere chemini per quod itur de « CONCABS apud BELLUM MONTEM, pro ex- « cambio campi de LESTOQUEI, quem eis « dederat GAUFREDUS de BARQUET, miles. »

Dès 1241, le même Bouchard, déjà seul possesseur du fief principal de Barquet, avait donné au chapitre d'Evreux : « man- « suram, quæ est prope ecclesiam Sancti « Petri de BARKET, versus BELLUM MONTEM. « Quæ scilicet masura, eo quod a prœde- « cessoribus meis elemosinata fuerit, Clau- « sum Elemosinæ appellatur. »

En 1221, Raoul de Cierrai, devenu évêque d'Evreux, confirma à son chapitre la donation qu'il lui avait faite et celle de Bouchard ; le paragraphe qui contient cette confirmation présente un fait curieux : celui de la culture du pastel à Barquet au XIIIe siècle. Ce ne sera pas au reste le seul exemple que nous en trouverons dans le cours de cet ouvrage.

« Jus patronatus ecclesiæ Sancti Petri de « BARKET, quam ex donatione nostra pos- « sidetis, et de prædicta ecclesia omnes « decimas bladi et GUESDI in proprios usus « et masuram ubi grangia vestra sita est « juxta ecclesiam, retento ad usus vicariæ « artalagio (lisez : altalagio) et terra « elemosinæ cum minutis decimis et cum « uno modio bladi ad mensuram BELLI- « MONTIS.... »

Suivant l'auteur du pouillé moderne d'Evreux, les choses se seraient passées un peu différemment, et la donation du patronage à Raoul de Cierrai aurait été faite avant 1195, par N. (probablement Nicolas) de Boiscard et Robert son frère, qui en auraient été propriétaires à cette époque. Il cite à ce sujet une charte du comte Amauri III dont voici un passage : « Cognovimus quod N. de BOISCARD « et Robertus, frater ejus, jus patronatus « ecclesiæ de BARQUET et quidquid juris « in decimis et omnibus ad eam spectan- « tibus habebant, dilecto Radulpho, Ebroi- « censi archidiacono, in elemosinam con- « tulit (sic), ab ipso Radulpho cuicumque « et quandocumque voluerit conferenda. « Cognovimus etiam quod ipse Radulphus « prædictam contulit ecclesiam Ebroicensi « ecclesiæ in elemosinam perpetuam.... » L'auteur du pouillé ajoute la citation suivante : « N. de BOIQUART et Robertus, fra- « ter ejus, contulerunt ecclesiæ Ebroicensi « ecclesiam Sancti Petri de BARQUET cum « decimis et pertinentiis et jus patronatus « ad petitionem Radulphi decani, cui « prius prædicta contulerant. »

Nous regardons ces deux pièces comme des impostures grossières, fabriquées pour les besoins d'un procès ou la satisfaction de quelques prétentions de famille, et qui ne mériteraient aucune confiance, lors même que les actes parfaitement authentiques que nous avons extraits du cartulaire du chapitre d'Evreux ne leur donneraient pas le plus éclatant démenti.

En 1227, dans une charte de Guillaume,

seigneur de « Collervilla », en faveur de la Noë, on voit paraître « BOCHART DE BARQUET, miles ».

Il nous paraît résulter des pièces qui précèdent que Barquet, malgré sa contiguité avec la forêt de Barc, ne faisait point partie de la mouvance des seigneurs de Beaumont-le-Roger, mais au contraire de celle des comtes d'Evreux, auxquels les châtelains de cette commune furent constamment attachés. Le nom de Barquet ne se rencontre pas une seule fois dans le cartulaire de la Sainte-Trinité-de-Beaumont, et si on le trouve dans celui de Saint-Pierre-de-Préaux, c'est lorsqu'il est porté par des propriétaires de biens situés à Combon.

Les dépendances de BARQUET se composent de trois anciennes communes qui lui ont été réunies, savoir : LES AUTHIEUX, BOSC-ROGER, LA VACHERIE, et d'un seul hameau proprement dit : le Haut-Buisson. Il y existe encore une maison isolée appelée le Fanil.

Parmi les témoins d'une charte de Galeran, comte de Meulan, en faveur de Préaux, on remarque : « Rogerius de ALTARIBUS, capellanus meus, » qui devait être originaire de cette commune.

En 1247, « Joannes, rector ecclesiæ de ALTARIBUS JUXTA NOVUM BURGUM, » céda à son frère, Luc de Saint-Étienne-du-Rouvrai, tout ce qu'il possédait dans cette dernière commune.

Quant à Bosc-Roger, nous noterons un certain Michel de Bosc-Roger : « Michaël de BOSCO-ROGERI, » dans la charte donnée en 1200 en faveur de la Sainte-Trinité-de-Beaumont. (Cart. de Beaumont, f° 20 r°.)

BARRE (LA).

Arrond. de Bernai. — Cant. de Beaumesnil.

Patr. la Barre, S. André. — Prés. l'abb. de Lire.

Patr. la Noë-de-la-Barre, S. Jacques, S. Jean. — Prés. le seigneur.

Patr. S. Jacques de la Barre. — Prés. le seigneur.

Nous réunissons dans le même article les trois paroisses de la Barre, de la Noë-de-la-Barre, de Saint-Jacques-de-la-Barre, qui ne forment plus qu'une commune depuis bien longtemps. La Noë occupait la portion méridionale et Saint-Jacques la portion orientale de la circonscription actuelle. L'église de Saint-Jacques était placée à une assez grande distance du bourg,

tandis que celle de la Noë lui était contiguë.

Le nom de la Noë est fort commun dans le pays d'Ouche et le Perche. Il provient d'un mot celtique qui signifie canal, fossé pour l'écoulement des eaux ou le desséchement du terrain. C'est encore dans le même sens qu'on appelle *noue* une gouttière commune à deux toits. On désigne dans nos contrées par le nom de *pré de noë* toute pièce de terre qu'une dépression du sol, si légère qu'elle soit, a permis de *coucher en herbe*, pour nous servir de l'expression locale ; puis, par extension, tout haut pré. Il n'existe qu'un petit nombre de communes appelées LA NOË, LA NOUE ou LES NOËS; mais une quantité considérable de hameaux, de fermes, de pièces de terre sont ainsi désignées. Nous verrons bientôt, au reste, que la paroisse de LA NOË-DE-LA-BARRE a porté pendant plusieurs siècles un autre nom.

Nous devons ajouter un fait que nous avons reconnu en dépouillant un grand nombre de chartes provenant de l'abbaye de la Noë : c'est que parfois ce nom de la Noë, commun à plusieurs communes du département, a été traduit en latin par le mot NATATORIA. Cette traduction est fondée sur l'équivoque ou plutôt l'homonymie existant entre la Noë et le verbe roman NOER : nager.

Quant au nom de la Barre, six communes en France le portent, sans compter celles qui s'appellent Barre, les Barres et Barreaux. Ce nom vient du celtique, où il désigne une barrière, une clôture, et par extension une enceinte fermée par des barreaux, des pieux, en un mot toute espèce d'obstacle.

En celtique, le mot BAR ou BARR signifie branches ;

BARREN, pluriel BARRENOU : barre, pièce de bois, levier, gaule ;

BARRENA : barrer, fermer avec des barres, des pièces de bois, des lices.

Il ne faut pas oublier que LA BARRE est située sur la voie romaine de Lisieux à Paris, voie qui a continué de servir à la grande circulation jusqu'à l'époque de la création de la grande route de Paris à Cherbourg, laquelle ne remonte pas à plus d'un siècle. On voit encore à la Barre de grandes écuries qui servaient à loger les chevaux de somme employés alors au roulage, et dans lesquelles on les suspendait au moyen de mécaniques pour les reposer de leurs fatigues, sans leur laisser la faculté de se coucher. On craignait qu'ils ne fussent plus capables de se relever au moment du départ. Plus la féodalité apporta d'obstacles à la libre circulation, plus les voyageurs et rouliers, mécontents du temps d'arrêt qu'il fallait faire, du péage qu'il fallait payer, durent appliquer à cet endroit le nom de BARRE.

La commune actuelle de la Barre se compose, outre les trois anciennes communes que nous venons de nommer, de deux autres, LE BOIS-BARIL et VILLERS, dont nous parlerons séparément.

La charte de Guillaume Fitz-Osberne, seigneur de Breteuil, en faveur de Lire, charte que les Bénédictins ont présentée à tort comme la grande charte de cette abbaye, et qui pourrait bien n'en être qu'une édition revue, corrigée et considérablement augmentée, nomme pour la première fois la Barre. Parmi les églises données par le fondateur, on y voit figurer : « Ecclesiam Sancti Andreæ de BARRA. »

Cette donation se trouve confirmée dans une charte du chapitre d'Évreux en faveur de l'abbaye de Lire en 1240, où l'on trouve ce passage :

« Ecclesiam de BARRA cum præsenta-
« tione presbiteri, duas partes decimæ
« bladi et xx. solidos in altari; in villa de
« BARRA decimam annui census, tam de
« burgensibus quam de vavassoribus et ru-
« sticis, et decimam molendini de BARRA. »

Il n'est fait aucune mention de la Barre dans la véritable grande charte de Lire, non plus que dans les donations consignées à la suite; mais dans l'une de ces donations on voit figurer comme témoin un personnage nommé Crespin de la Barre : « Crispinus de BARRA. »

L'emplacement du château des seigneurs de la Barre est encore reconnaissable au midi de la voie romaine.

Les premiers de ces seigneurs dont on ait connaissance sont, indépendamment de Roger Ier du nom, qui doit avoir été un collatéral : Robert de la Barre, Ier du nom, qui paraît avoir vécu sous Guillaume le Conquérant; Simon de la Barre, contemporain du duc Robert Courteheuse, fils du précédent : « Simon, filius Roberti de la Barre, » dit une charte de l'évêque Audin; et Luc de la Barre : « Lucas de BARRA, » fils de Simon, célèbre par le rôle qu'il joua parmi les seigneurs révoltés en 1126 et par les chansons satiriques qu'il composa contre le roi Henri Ier. Ce prince s'étant emparé de sa personne, après récidive, le condamna au cruel supplice d'avoir les yeux crevés, et le malheureux châtelain, dans son désespoir, aima mieux se fracasser la tête contre les murs de son cachot que de survivre à un pareil supplice. Voici ce qu'on lit à ce sujet dans Orderic Vital, l. XII :

« Lucam quoque de BARRA, pro deri-
« soriis cantionibus et temerariis nisibus,
« orbari luminibus imperavit [rex Henri-
« cus I^{us}].....

« Lucas autem homagium mihi nun-
« quam fecit, sed in castro Pontis Aldi-
« mari contra me nuper dimicavit. Ad
« postremum pace facta, quicquid foris-
« fecerat, indulsi, et cum equis rebusque
« suis liberum abire permisi. At ille hosti-
« bus meis protinus adhæsit, redivivas,
« illis junctus, inimicitias in me agitavit,
« et pejora pejoribus addidit. Quin etiam
« indecentes de me cantilenas, facetus
« coraula, composuit, ad injuriam mei
« palam cantavit, malivolosque hostes ad
« cachinnos ita sæpe provocavit...

« Carnifices itaque jussa compleverunt.
« Porro Lucas, ut æternis in hac vita tene-
« bris condemnatum se cognovit, miser,
« mori quam fuscatus vivere maluit, et
« lanistis perurgentibus, in quantum po-
« tuit ad detrimentum sui obstitit. Tan-
« dem inter manus eorum parietibus et
« saxis, ut amens, caput suum illisit, et
« sic, multis mœrentibus, qui probitates
« ejus atque facetias noverant, miserabi-
« liter animam extorsit. »

Il est bien malheureux qu'on n'ait rien conservé des productions de ce châtelain chansonnier. Il fallait que ses refrains satiriques eussent porté des coups bien justes pour qu'il eût été l'objet d'une vengeance si atroce. Nous savons, par le passage suivant d'une charte en faveur de Lire, qu'il avait fait des legs en faveur de cet établissement :

« Ecclesiam de BARRA, cum præsenta-
« tione presbiteri et cum omnibus perti-
« nentiis suis, et totam terram quam Ro-
« gerius de BARRA dedit eis, sitam super
« vallem de GYSAIO, et decimam molen-
« dini de BARRA; octo etiam acras terræ
« cum decima annuorum censuum villæ
« de BARRA, quæ Richerius (ou Richinus)
« dedit eis in excambium pro tertia parte
« molendini de BARRA, quam Lucas de
« BARRA prædictis monachis legavit; sex
« etiam alias acras ultra vallem de GYSAIO,
« quas prædictus LUCAS eisdem monachis
« legavit. Præterea concessi et hac carta
« mea confirmavi prædictis monachis va-
« vasoriam unam, quam habent antiqui-
« tus apud prænominatum burgum, libe-
« ram et quietam ab omni tallia et servicio;
« de qua, sicut de aliis vavasoriis, debe-
« bam talliam habere, ita quod, cum tal-
« liam vel auxilium posuero apud BARRAM,
« de illa vavasoria nichil capiam.... »

Nous nous félicitons de pouvoir citer d'une manière plus complète la charte suivante, beaucoup plus précise et plus détaillée :

« Sciant præsentes et futuri quod ego
« Richerius de Barra] et Avicia, uxor mea,
« assensu liberorum nostrorum, concessi-
« mus et hac carta nostra confirmavimus
« Deo [et Beatæ Mar]iæ de Lira et mona-
« chis ibidem Deo servientibus et servi-
« turis omnes donationes quas antecesso-
« res nostri de Barra fecerunt eis, liberas
« et quietas ab omni tallia et servicio
« seculari ; ecclesiam videlicet de Barra,
« cum omnibus pertinentiis suis, et totam
« terram quam Rogerus de Barra dedit
« eis, sitam super vallem de Gysaio, et
« decimam molendini de Barra. Præte-
« rea, quia Lucas, filius Simonis de
« Barra, pater prædictæ uxoris meæ,
« in extremis agens, præfatis monachis
« tertiam partem molendini de Barra
« dedit, nos eisdem monachis, pro illius
« tercię partis molendini excambio, octo
« acras terræ, juxta prædictam terram
« sitas, et totam decimam censuum an-
« nuorum villæ de Barra dedimus, tam
« in burgensibus quam in vavassoribus
« et rusticis. Sex etiam acras terræ ultra
« vallem de Gisay, quas præfatus Lucas
« eis legavit, hac carta nostra eisdem
« confirmavimus. Gaufridus vero, tunc
« temporis abbas de Lira, et totus ejus-
« dem loci conventus, pro prædicto
« excambio, tertiam partem molendini
« sibi legatam, mihi et heredibus meis
« quietam reliquerunt, et sigillo suo con-
« firmaverunt. Ego etiam prædictis mona-
« chis, assensu uxoris meæ et liberorum
« nostrorum, præfatas donationes liberas
« et quietas sigillo meo confirmavi, in
« assisia Bernali. Testibus : Gaufrido de
« Salicosamara (*Sausseuse-Mare* ; *il y a
« deux communes de ce nom en Normandie*) ;
« Hugone de Bachepuz (*Bacquepuits*) ; Ro-
« gerio de Angovilla (*probablement An-
« goville en Roumois*) ; Ricardo Beverel ;
« Rogerio Clerico de Barra ; Ricardo Pei-
« levilain (*de Saint-Clair-d'Arcei*), et Gau-
« frido fratre ejus, et aliis. »

On trouve dans les archives de l'abbaye de Lire une pièce qui atteste l'étroite union de Luc de la Barre avec le comte Galeran de Meulan, chef de la conspiration qui fut si funeste à tous ses complices, et notamment à notre infortuné châtelain. C'est une charte par laquelle Galeran rend témoignage de la renonciation faite par Luc, en sa cour et en sa présence, de toutes les prétentions qu'il avait élevées jusque-là sur l'église de Saint-André de la Barre et ses dépendances en terres, dîmes, tant en bois qu'en plaine, et notamment pour ce qui concernait la présentation du prêtre.

Cette charte est confirmée par une autre semblable du comte Robert de Meulan, IVe du nom, fils et successeur de Galeran, qui prouve que les seigneurs de la Barre persistèrent dans leur attachement aux seigneurs de Beaumont-le-Roger, au préjudice de leur mouvance primitive des comtes de Breteuil.

Dans un acte de 1215, on trouve : « Robertus de BARRA, miles. » C'est probablement le même personnage qui est noté deux fois dans un paragraphe des *Magni Rotuli Normanniæ* (année 1198), comme débiteur envers l'échiquier de 7 livres sterling pour n'avoir pas fait le service militaire qu'il devait à Nonancourt, puis de 6 autres livres pour une autre faute du même genre.

Dans le *Registrum Philippi Augusti*, la Barre n'est pas mentionnée sous son nom, mais sous celui de CRESPINIERE, que la paroisse de la Noë a gardé jusqu'à une époque assez récente. C'est ainsi, en effet, qu'elle a été appelée dans les pouillés d'Evreux et dans la carte gravée du diocèse. Le château, étant situé, comme nous l'avons dit, au midi de la voie romaine, devait se trouver sur le territoire de cette paroisse, et non sur celui de Saint-André de la Barre, et il est tout naturel qu'il lui ait parfois emprunté son nom. Peut-être l'église de la Noë n'avait-elle été fondée par les seigneurs que pour mettre leur résidence hors de la juridiction et de l'influence des religieux de Lire. Ces châtelains et les moines vivaient rarement en bonne intelligence pendant plusieurs générations sur le même territoire ; et les premiers, pour se soustraire à l'avidité et à l'orgueil des seconds, préféraient souvent se retrancher dans une portion de leurs domaines, où ils trouvaient au moins l'avantage d'être maîtres chez eux. C'est ce qui advint à Saint-Martin-du-Tilleul, et ici il est difficile de trouver une explication plus vraisemblable de la contiguïté de deux églises, qui n'étaient guère séparées que par la largeur de la voie romaine, dans un pays peu peuplé, peu riche et peu fertile. Aujourd'hui même que la Barre renferme de riches propriétaires, et que son marché y attire beaucoup de monde, les cinq anciennes communes dont elle se compose n'offrent pas une population de 4,000 âmes. On peut juger par là de ce qu'elle devait être au moyen âge.

Quoi qu'il en soit, dans le registre dont nous venons de parler, on voit, comme on disait alors, LA CRESPINIERE portée pour trois quarts de fief parmi les domaines des chevaliers de Guillaume de SAQUENVILLE.

Robert de la Barre, dont nous venons

de parler, nous paraît avoir été le frère aîné de Guillaume de la Barre, qui vendit aux moines de Lire, moyennant 60 livres angevines, la moitié de son moulin de la Chaise ou de la Quaise, avec la moulte sèche et humide de la totalité de ses domaines de la Crespinière et du Bois-Ansebai. Cet acte, rempli de stipulations curieuses, fut confirmé en 1220 par Raoul de la Barre, fils de Guillaume. On verra, par le texte de cette confirmation, que Raoul, tout chevalier et seigneur châtelain qu'il était, se trouvait heureux de tendre la main aux moines pour en recevoir 10 livres tournois de cette époque (environ 180 fr. de notre monnaie), qui devaient lui servir à se libérer des usures des juifs. Ce n'est pas, à beaucoup près, le seul noble personnage du XIII° siècle qui se trouvât dans cette position humiliante. A cette époque, il n'y avait guère d'or et d'argent que dans les mains du clergé et dans celles des juifs. Voici les deux chartes de Robert et de Raoul de la Barre :

« Omnibus Christi fidelibus, præsens
« scriptum inspecturis, Radulfus de Barra,
« miles, salutem in Domino : noverit
« universitas vestra me cartam Willelmi
« patris mei inspexisse, in hæc verba :

« Sciant præsentes et futuri quod ego
« Willelmus de Barra, vendidi monachis
« de Lira, pro LX. libris andegavensium,
« partem meam molendini de la Cheise,
« cum omnibus pertinentiis suis, scilicet
« medietatem prædicti molendini, cum
« tota molta sicca et humida de tota terra
« mea de la Crespinere et de Bosco-An-
« sere, et cum una pecia terræ, quæ jacet
« ante ipsum molendinum, et cum uno
« prato quod est ex altera parte aquæ ;
« salva mihi libertate molendi bladum
« meum proprium de domo mea : scilicet
« quando serviens meus venerit cum blado
« meo debet molere proximo loco post
« ipsum quem molentem invenerit. Con-
« cessi etiam eisdem monachis quod fa-
« cient justitiam et capient forisfactum de
« hominibus in terra mea, unde debent
« habere moltam, si moltam eorum deti-
« nuerint; et si per vim.... et noluerint
« justitiari per ipsos, ego vel heredes
« mei, quando per prædictos monachos
« requisiti erimus, faciemus eis habere....
« ita quod equus hominis, qui moltam
« detinuerit, remanebit mihi vel heredi-
« bus meis, sicut mos est, pro forisfacto,
« et ejusdem hominis saccus cum blado
« remanebit molendinario monachorum.
« Similiter concessi eisdem monachis fa-
« cere justitiam et capere forisfactum in
« terra mea unde habent moltam, de pane
« qui ibi venerit de foris ad vendendum,
« unde ipsi non habuerint moltam, qua-
« cumque die in septimana ibi venerit,
« extra dominicum. Præterea vendidi eis
« sub eadem venditione X. acras terræ,
« unde VI. sunt de dominico meo de la
« Crespiniere, et IV. acras de Valle-Ra-
« nulfi : scilicet quæ fuerunt Gaufridi
« Buisson, cum servicio quod idem Gau-
« fridus mihi inde annuatim faciebat :
« scilicet reddendo III. solidos. Quæ omnes
« X. acræ jacent reia ad reiam simul. To-
« tam prædictam terram concessi prædictis
« monachis, in bona pace in perpetuum
« possidendam, liberam et quietam ab
« omni servicio et exactione seculari ; ita
« quod, si contingat quod servicium inde
« debeat reddi, ego vel heredes mei acquie-
« tabimus inde sæpedictos monachos, et
« omnia prædicta eis warantizabimus erga
« omnes homines. Quod ut ratum eis et
« stabile permaneat in perpetuum, hujus
« scripti attestatione et sigilli mei impres-
« sione confirmando roboravi. Hiis testi-
« bus : Roberto, fratre meo, et Radulfo,
« filio meo et herede meo, qui tunc
« præsentes fuerunt et hoc concesserunt ;
« Nicholao de Gloz ; Radulfo de Bosco-
« Maihard (lisez Mahiard) ; Willelmo
« Brustesaut (Broute-Saule : il y avait
« des personnages de ce nom parmi les
« vassaux des comtes de Chartres au XI°
« siècle); Gileberto de Sarnerius (Cernières);
« Radulfo Peilevilein (probablement sei-
« gneur de Saint-Clair-d'Arcei), et Ma-
« theo de Bosco-Ansere ; Radulfo de Gi-
« saio (Gisai); Roberto de Chalet (hameau
« de la Vieille-Lire); Manasserio de Lira,
« et multis aliis.

« Ego quoque Radulfus, ut prædicta
« patris mei venditio dictis monachis fir-
« ma et stabilis in perpetuum permaneat,
« et ne ab heredibus meis possit infirmari,
« eam super omnibus prædictis ratam
« et stabilem esse concessi ; et præsenti
« carta mea et sigillo meo confirmavi.
« Pro hac autem concessione et confir-
« matione mea dederunt mihi prædicti
« monachi caritative, de caritate domus
« suæ, VI. libras turonensium, in auxi-
« lium acquietandi me erga judæos, qui-
« bus magno fœnore eram obligatus.
« Actum anno Domini M° CC° XX°, coram
« domino Radulfo, tunc Ebroiceni epi-
« scopo. »

En 1279, il y eut une longue transaction entre Robert de la Barre, chevalier, et les moines, relativement à l'exécution de cette charte. Il s'agissait du droit de mouture, que le vendeur s'était réservé. Le moulin avait été, dans l'intervalle, transféré « apud Trisyacum » (Trisai, hameau de la Vieille-Lire). La trémie « TRIMODIA » ne devait jamais contenir plus de deux sextiers à la mesure de Lire. Robert reconnaît avoir eu tort : « Cum ego Robertus nanta (1) dicto- « rum religiosorum in x. acris terræ, « unde VI. sunt de dominico meo de la « CRESPINERE et IV. sunt de VALLE RAN- « NULPHI, quæ fuerant Gaufridi Boisson, « de eorum elemosina cepissem..... cum « jus faciendi justitiam in terra prædicta « nullatenus habeamus. » Parmi les témoins on remarque : « Dominus Guillelmus de SAQUEINVILLE, miles, » ses fils : Guillaume, Robert et Pierre, chevaliers; Pierre de PLATANO, chanoine d'Evreux, et maître Nicolas, « rector ecclesiæ de AIOTO » (Ajou).

En 1223, « Johannes de BARRA, miles, » donna à Geoffroi Bardol « de CAMPO ROTUNDO » et à Aaliz : « Nepti meæ, suæ « sponsæ et filiæ Mabiriæ, sororis meæ, » 28 sols (environ 25 francs de notre monnaie) de rente sur son moulin de la Barre, avec promesse de les asseoir ailleurs, dans le cas où il ne pourrait leur garantir le payement de cette rente. Parmi les témoins, on remarque : Roger de LONGO ESSARTO (Long-Essart, ancienne petite commune voisine, aujourd'hui réunie à Esinai), prêtre; Hugues ALIS, Roger de TEVRAIO (Tevrai), Guillaume Baignart et Jean de GOTERIIS (Gouttières).

En 1248, Gilles de BOSCHERVILLE (en Roumois), fieffa aux religieux de Lire son moulin de la Barre, appelé le Moulin-Roger, avec la moulte verte et sèche de tous ses tenanciers des fiefs de la Barre et du Bosc-Renoult.

En 1253, le même seigneur transigea avec les religieux sur une discussion qui s'était déjà élevée entre eux. Voici la charte qu'il leur donna à cette occasion :

« Notum sit universis quod, cum ego « Egidius de BOSCHERVILLA, miles, domi- « nus de BARRA, vendidissem ad firmam « feodalem viris religiosis, abbati et con- « ventui de LIRA, meum molendinum Ro- « geri, cum omni molta dicto molendino « pertinente, ubicumque sit; et dicti reli- « giosi omnes molentes dicti molendini « attornassent suo molendino de HOUMES « de voluntate et assensu meo, et etiam « de assensu dictorum hominum molen- « tium; et cum contentio verteretur inter « dictos religiosos et dictos molentes su- « per biennagio (la corvée) dicti molen- « dini; ita inter nos de bonorum hominum « consilio fuit ordinatum : quod ego Egi- « dius tenear annuatim pro dictis homi-

(1) Les namps, les gages judiciaires.

« nibus molentibus dare dictis religiosis « xx. et VIII. solidos turonenses, ad fe- « stum Sancti Remigii persolvendos, vel « descontare de firma quam iidem reli- « giosi, ratione dicti molendini, ad di- « ctum festum michi vel heredibus meis « reddere tenentur, si hoc melius volue- « rint; ita quod dicti religiosi dictos mo- « lentes et heredes suos super dicto bien- « nagio, videlicet exclusarum et adductionis « merreniorum, penitus quittaverunt ; « ita quod, ratione dicti biennagii, bici, « exclusarum et adductionis merreniorum « sive molarum a dictis hominibus vel he- « redibus eorum, de cetero nichil pote- « runt reclamare. In cujus rei testimonium « presentem cartam sigilli mei munimine « roboravi. Actum Domini M° CC° L° III°, « mense julii. »

Gilles de Boscherville est employé comme témoin dans une charte en faveur du prieuré de Maupas, à Capelles, sans date, mais qui doit être de 1220 à 1230 : « Domino Egidio de Boschiervilla. »

En 1254, Alix de CAMPO ROTUNDO (probablement CAMPROND, Manche, ou CHAMPROND, près Nogent-le-Rotrou ou près Mamers), que nous avons vue figurer dans la charte de son oncle Jean de la Barre, vendit aux religieux, moyennant 14 livres tournois (environ 198 fr.), c'est-à-dire au denier 20, la rente de 22 sols, créée pour elle, sur le Moulin-Roger, et qui avait été transportée sur leur moulin de HOUMES, par suite de la vente de 1248.

En 1258, Jean Rossel et Isabelle d'Ouville, sa femme, fille de Guillaume de TUIT-SIGNOL, vendirent aux religieux 20 sols de rente sur le Moulin-Roger, donnés à Isabelle par Jean de la Barre, quand elle épousa Foulque d'Ouville en 1231. Il suit de cette pièce qu'Isabelle était nièce de ce seigneur, comme Alix. Gilles de Boscherville était probablement un frère d'Isabelle.

Nous verrons, à l'article BOSCHERVILLE, que cette terre appartenait aux seigneurs du Tuit-Signol.

En 1292, une sentence de l'échiquier ordonna la destruction d'un moulin à vent construit par Pierre de Boscherville, probablement fils de Gilles, seigneur de la Barre, comme préjudiciable à la banlieue du Moulin-Rouge (lisez Moulin-Roger), appartenant aux religieux de Lire.

En 1308, Pierre de Boscherville, écuyer, seigneur de la Barre, énuméra et confirma les chartes de ses prédécesseurs en faveur des religieux de Lire.

La première qu'il cite est une confirmation par Richer et Avicie, sans date :

La deuxième et la troisième sont de

« Johannes de Barba, miles, » sous les dates de 1222 et 1237;

Les quatrième, cinquième, sixième, de Robert de la Barre, clerc, frère et héritier de Jean de la Barre, sous les dates de 1241, 1244, 1245;

La septième et la huitième, de Gilles de Boscherville (neveu des précédents), en 1248 et 1253;

La neuvième, de Roger de la Barre (1).

Les principales donations mentionnées dans cette confirmation sont le patronage de l'église de Saint-André (donné, non par ces seigneurs, mais par Guillaume Fitz-Osberne, si la charte transcrite par les bénédictins mérite quelque confiance), le patronage de la chapelle de la Léproserie, leurs droits sur le moulin Roger, et enfin le patronage de l'église du Bosc-Renoult (donné par d'autres, comme nous le verrons bientôt).

Dans un acte de 1404, on voit figurer Richard du Saussey. Son manoir était borné d'un bout par la Mare aux Bêtes, qui était une mare commune.

Messire Jean de Tournebu, chevalier, était seigneur de la Barre en même temps que de Beaumesnil, Marbeuf et Fumechon, au milieu du XVe siècle.

De 1516 à 1520, maître Nicolas le Sec, prenait le titre de sieur de la Barre.

Nous avons vu ci-dessus un personnage nommé Crespin de la Barre (*Crispinus de Barra*) figurer dans des donations qui sont à la suite de la véritable et authentique grande charte de Lire. Nous croyons ne faire rien de téméraire en présentant ce Crespin ou quelqu'un de ses parents homonymes comme ayant donné lieu au nom de la Crespinière, qu'a porté pendant tout le moyen âge l'ancienne commune, aujourd'hui désignée sous celui de La Noë de la Barre. Nous avons déjà eu occasion de remarquer que cette catégorie de noms remontait ordinairement au XIe siècle.

Les dépendances de la Barre, indépendamment des quatre anciennes communes réunies (la Noë-de-la-Barre; — Saint-Jacques-de-la-Barre; — le Bois-Baril; — Villers), sont très-nombreuses et disséminées sur un territoire total de 1,733 hectares. Nous citerons : — le Boiserai; — la Bucaille (peut-être est-ce ce lieu qui est nommé dans une rubrique de charte la Boscheele); — la Cocantinière; — les Faudits; — la Folletière; — les Gastines (nom de familles encore existantes); — le Gibourdel; — la Girardière; — la Graverie; — la Hunelière; — les Lices; — la Maladerie; — la Maugère; — le Mesnil; — la Métairie; — Nerville; — la Normandière; — la Nouvière; — la Pillerie; — la Pivantière; — la Riboudière; — le Saussei; — le Verger; — le Vieux-Jardin.

---

(1) Voici comment nous croyons pouvoir rendre compte de la filiation, assez compliquée, des seigneurs de la Barre :

Robert de la Barre, Ier du nom, contemporain de Guillaume le Conquérant. — Roger de la Barre, Ier du nom, frère ou fils de Simon. Nous sommes porté à le croire frère de ce personnage, et oncle de Luc de la Barre.

Simon de la Barre, contemporain du duc Robert Courteheuse.

Luc de la Barre, mort en 1124.

Avicie de la Barre; — Richer. — Entre 1179 et 1203.

Robert de la Barre, IIe du nom, fils d'Avicie et de Richer. 1198-1215.

Guillaume de la Barre.

Jean de la Barre, chevalier, seigneur de la Barre. 1222-1223-1237. (Sine prole.)

Robert, IIIe du nom, seigneur de la Barre, clerc. 1241-1244-1245.

Mabirie de la Barre; Guillaume de Tuit-Signol.

Raoul de la Barre, chevalier. 1220.

Roger, IIe du nom?

Robert de la Barre, IVe du nom, chevalier, probablement petit-fils de Raoul. 1279.

Gilles de Boscherville, chevalier, seigneur de la Barre. 1248-1253.

Isabelle de Tuit-Signol; Foulque d'Ouville; Jean Rossel. 1258.

Aliz; Geoffroi Bardol, de Champ-Rond.

Pierre de Boscherville, écuyer, seigneur de la Barre. 1292-1303.

BARVILLE.

Arrond. de Bernai. — Cant. de Thiberville.

Patr. Notre-Dame. — Prés. le seigneur du lieu.

Six communes en France portent ce nom : trois sont situées en Normandie. La première syllabe de Barville est évidemment un mot contracté ; mais nous n'avons pas à notre disposition des actes assez anciens pour pouvoir retrouver ce mot avec quelque certitude. En 875, un lieu appelé BARAVILLA est cité au nombre des propriétés de l'église Sainte-Glodesinde de Metz, qui est peut-être le Barville des environs de Sarrebourg. Peut-être faut-il croire que le nom primitif est BARDIVILLA. On voit figurer dans le *Neustria pia*, p. 452, un Guillaume, fils de Richard de BARDIVILLE. Peut-être enfin la contraction est-elle encore plus considérable, et faudrait-il voir dans les Barville des BARBONIS - VILLA, comme dans Barneville ? Nous sommes porté à adopter cette dernière conjecture.

On trouve un personnage nommé « Petrus de BARVILLA, miles, » cité comme témoin dans une charte du cartulaire de Saint-Amand de Rouen, sous la date de 1227, folio 83, v°. C'est probablement à Barville en Caux qu'on doit rapporter ce nom.

Nous n'avons rencontré aucun acte relatif à cette petite commune. D'ailleurs elle n'est pas mentionnée dans le premier pouillé de Lisieux, mais seulement dans le second.

La terre de Barville appartenait, vers le milieu du xv° siècle, à Jean de Barville, seigneur dudit lieu, d'Asnières, Fresnes, Bournainville, etc.

Son fils, Constantin de Barville, marié à Louise Martel, de Baqueville en Caux, mourut sans postérité.

Les armes de cette famille étaient d'or, à la croix de Saint-André de gueules, cantonnée de quatre lions de sable.

1. Gilette de Barville, l'une des cinq sœurs de Constantin de Barville, porta avant 1500 cette terre avec plusieurs autres dans la famille des seigneurs de Livet-sur-Autou, par son mariage avec Richard de Livet, II° du nom.

Les lots de cette dame, avec ses quatre sœurs, ne furent terminés qu'en 1533.

2. Guillaume, II° du nom, épousa Marie des Mares.

3. Guillaume, III° du nom, émancipé en 1545, épousa Isabeau de Mesnel.

4. Jean de Livet, III° du nom, chevalier, marquis de Barville, épousa Marie de Clinchamp, fille unique et héritière de Robert de Clinchamp, seigneur de Basoques, Caudecote (fief sur la commune de Basoques), le Fay et le Bois-Hubert.

5. Adrien de Livet, marquis de Barville, chevalier de Saint-Jean-de-Jérusalem, épousa, le 5 septembre 1652, Anne de Giffard.

6. Jacques de Livet, marquis de Barville, épousa, en 1677, Marthe-Françoise Le Cornu.

7. Louis-François de Livet, marquis de Barville, épousa, en 1724, Bonne de Chalon de Cretot.

8. Louis-François de Livet, II° du nom, épousa, en 1763, Anne-Charlotte-Gabrielle de Giverville.

Marc-Antoine-Louis de Livet, frère du précédent, épousa dans la même année Marie-Catherine de Chasot. (*Dictionnaire de la Noblesse*, t. IX.)

Ces deux branches de la famille subsistent encore aujourd'hui.

Ses armes sont d'azur à 3 molettes d'or, 2 et 1.

Les hameaux de cette commune sont : — la Chaussée ; — le Chesnot ; — les Criquets ; — la Judée ; — le Logis ; — le Val de Baudrange. On appelle, dans ce quartier de la Normandie, *vaudranges* les ruisseaux qui se forment après les pluies dans les portions basses de la plaine. C'est probablement l'origine de ce dernier nom. Les Criquets doivent désigner un canton où il existe des monticules.

BASINCOURT.

Arrond. des Andelis. — Cant. de Gisors.

Patr. S. Denis. — Prés. l'archevêque et le seigneur de Saint-Paër alternativement.

La fondation de cette église remonte nécessairement à une haute ancienneté.

On compte en France trois Bassignac, un Bassignei, un Bassoncourt, un Bazainville, deux Bazancourt, un Bazemont, un Bazicourt, deux Bazincourt, un Bazinval, un Bessancourt, un Bezancourt, un Bezaumont. Tous ces mots nous paraissent évidemment provenir, les uns de BASONIS, les autres de BASINI ACUS, CURTIS, VALLIS et MONS.

Ces noms se sont introduits dans nos contrées lorsque les peuples qui habitaient au delà du Rhin envahirent la France. En général, comme nous en avons déjà fait la remarque, les noms de lieu du Vexin normand appartiennent à l'élément teutonique beaucoup plus souvent qu'à l'élément scandinave.

Au vᵉ siècle, une reine de Thuringe, au vıᵉ, une fille de Chilpéric Iᵉʳ, s'appelaient BASINE, et le mari de la première, BASIN ou BISIN. Une charte de Clovis II fait mention du grafion BASENUS (1).

Nous connaissons aux vıɪᵉ et vɪɪɪᵉ siècles deux BASINUS, dont l'un était évêque de Spire vers 672, et l'autre abbé d'un monastère à Trèves, en 723.

Dans les annales de Saint-Bertin, à la date de 870, BASINIACUS figure au nombre des lieux qui échurent à Louis le Germanique dans le partage des Etats de Lothaire.

Dans une charte de Charlemagne, en faveur de la cathédrale du Mans, sous la date de 804, on lit : CURTIS BASANÆ.

Le Bassigni portait le nom de *Comitatus* BASINIACENSIS.

Dans une charte du cartulaire de Marmoutier, donnée vers le milieu du xıᵉ siècle (1037-1060), Bazainville près Chevreuse est appelé BASENI VILLA.

Nous ignorons l'origine de l'orthographe vicieuse et très-récente qui a fait substituer le Z à l'S dans tous ces mots, et nous n'avons pas jugé à propos de nous y assujétir.

Le nom de Basincourt est écrit BEUSINCORT ou BUESINCORT dans une charte en faveur de Mortemer.

Entre 1069 et 1098, Raoul de Basincourt « dominus Radulphus de BASINCOURT » donna « terrulam juxta Menuldis Villam » à Gautier, abbé, et au monastère de Saint-Martin-de-Pontoise.

Dans un aveu de Jean de Gisors, au commencement du xɪɪɪᵉ siècle, on lit :
« Totum Nemus Guillelmi, boscum et pla-
« num et quidquid pertinet ad Nemus
« Guillelmi, et octavam partem de greagio
« de foresta de Telcs et quadrans Basin-
« curiæ.... »

On ne trouve point de mention de Basincourt dans le *Registrum Philippi Augusti*; mais une des listes de fiefs rédigées vers la même époque renferme le passage suivant : « Adam CHABOT id quod habet apud BASINCOURT. » En 1262, un fils ou héritier de ce personnage portait le nom de Pierre : « Petrus KABOZ. »

L'enquête suivante, insérée dans les *Olim* sous la date de 1262, atteste la haute importance qu'on attachait, au xɪɪɪᵉ siècle, à l'écorce du teil ou tilleul sauvage pour la fabrication des cordages :

(1) Le mot, BAS, BASEN, en latin BASENUS, signifie dans plusieurs dialectes septentrionaux : BEAUS, le maître; BASUE : HERA, la maîtresse.

« Inquesta facta per Ansellum, bailli-
« vum Gisortii, ad sciendum utrum Pe-
« trus dictus KABOZ, qui debet tercium et
« dengerium de bosco suo de BASINCORT,
« nec potest eumdem boscum vendere sine
« licentia regis, vendidit et usuavit ven-
« dere tiliam et corticem tiliæ de dicto
« bosco sine licentia regis et tertio et dan-
« gerio : nichil probatum est pro ipso Pe-
« tro et nichil habuit. » (*Olim*, I, p. 459.)

Le pouillé qui porte le nom d'Eudes Rigaud renferme, au sujet de BASINCOURT, le paragraphe suivant :

« Ecclesia de BASINCORT. Valet xv. li-
« bras turonensium ; parrochiani xxxıv.
« Christianus, præsentatus et receptus ab
« archiepiscopo. »

Sur les registres de l'archevêché de Rouen, le patronage de la cure était, en 1655, alternatif entre l'archevêque et le seigneur de Saint-Paër. Le pouillé de 1738 s'est conformé à cette déclaration.

L'église de Basincourt est située à mi-côte. Elle a été retournée récemment, c'est-à-dire qu'en l'allongeant on a mis le chœur à l'ouest, et la porte, qui était jadis au sud-ouest, a été reportée à la place du chœur. En face du presbytère, et de l'autre côté du chemin qui conduit à Mainneville, on trouve l'emplacement de l'ancien château du moyen âge : il se nomme le Clos du Busc. Dans la prairie, il y avait jadis un moulin des Aulnes, dont la chute a été transportée pour établir la manufacture de M. Davilliers.

Les dépendances de BASINCOURT sont, indépendamment de la commune réunie de Tierceville, dont nous traiterons à part :
— Beauregard ; — la Côte ; — le Four-à-Chaux ; — la Grand-Ferme ; — N.-D.-de-Bon-Secours, chapelle ; — Sainte-Marie, usine ; — les Ursulines ; — le Vieux-Château.

BASOQUES.

Arrond. de Bernai. — Cant. de Thiberville.

Patr. S. Martin. — Prés. l'évêque de Lisieux.

Le vocable de cette commune annonce une origine fort ancienne ; il en est de même de son nom BASILICÆ, qui doit dater de l'époque mérovingienne. Le savant abbé Lebeuf a fait la remarque, dans un mémoire inséré au t. XXVI du Recueil de l'Académie des inscriptions, que le mot BASILIQUE désigne toujours, dans les diplômes mérovingiens, les églises inférieures, les églises rurales, les chapelles, tandis que le mot église : ECCLESIA, est réservé pour les établissements religieux d'une certaine importance. C'est précisément le contraire de l'acception actuelle de ces deux mots. On sait qu'il y a eu de grandes discussions entre Valois et Launoi sur la valeur qu'on avait attribuée à ces mots vers le VII° et VIII° siècles. Nous regrettons d'avoir à dire que le savant Mabillon, se constituant juge de la question, donna complètement raison à Valois en proclamant, comme un fait hors de toute contestation, qu'à cette époque le mot BASILICA était exclusivement réservé aux églises monastiques. C'est à peu près comme si on disait que le mot MOUTIER (*Monasterium*) n'a jamais servi que pour désigner un couvent ou monastère. Nous en demandons pardon au savant Bénédictin, mais c'est un peu trop voir des moines partout.

Nous sommes convaincu, et nous avons souvent exprimé cette conviction, que le réseau des circonscriptions ecclésiastiques rurales de nos contrées remonte en général à cette même époque mérovingienne. On ne sera donc point surpris de voir qu'un grand nombre de nos communes, qui ne sont dans nos campagnes que des paroisses transformées, aient emprunté leur nom au mot qui désignait l'église au moment où ces mêmes paroisses furent constituées par la construction même de l'église. C'est en effet ce qui est arrivé. On compte en France trois la Baroche, deux la Bazoche, dix Bazoches, deux la Bazoge, deux Bazoges, deux Bazoilles, un Bazoles, un la Bazoque, deux la Bazouge, un Bazougers, cinq Bazouges, un Bazuel, un Bazugues, un la Bazeuge. C'est un fait digne de remarque que ces noms sont tous ou presque tous cantonnés exclusivement dans la circonscription de l'ancien royaume mérovingien de Neustrie, où les influences gallo-romaines ont été bien plus puissantes, et où le culte catholique s'est constitué beaucoup plus tôt qu'au sein de la farouche Austrasie.

Dans une charte de Charles le Chauve, en faveur de l'abbaye de Saint-Sulpice de Bourges, on trouve un BASILIACA, qui nous paraît être Bazoche-les-Galerandes.

Il y a dans le Soissonnais un lieu appelé BASILICA en 1153 et quelquefois BASILICA. Dès 1221 et même 1200 on disait Bazoches. (*Cart. Maj. Mont.* l. 183 et suiv.)

En 1246, Pierre de CALIDA TUNICA (Caudecote) renonça à toutes prétentions sur le patronage de l'église de BASOCHES (notre Basoques) en faveur de l'évêque de Lisieux. Le rédacteur de cette charte s'est trompé sur l'étymologie de Caudecote, qu'il fallait tirer de CALVACOSTA. Ce lieu était un fief plein de haubert, relevant de Beaumont-le-Roger, ainsi qu'il résulte d'un hommage portant la date de 1454. Nous ne l'avons point rencontré dans le *Registrum Philippi Augusti*, ni dans aucune autre liste du XIII° siècle. Les seigneurs de Caudecote étaient à la fin du XII° siècle, probablement par suite d'alliances, propriétaires de la terre de Sémerville dans la campagne du Neubourg, et avaient fourni un chevalier à l'ordre du Temple, ainsi que le prouvent les extraits suivants des archives de la commanderie de Saint-Etienne-de-Renneville :

En 1209, « Robertus de CALIDA TUNICA « (*Caudecote*) concedit concordiam factam « inter Templarios et Robertum de BUSCO « ROTUNDO (*le Bosc-Rond ou Beuron*; *il y « a plusieurs lieux portant ce nom dans le « département*) de terra de SEMERVILLA, « quæ est de feodo meo. Dictus Robertus « concessit eisdem fratribus tertiam par-« tem illius terræ de SEMERVILLA, videlicet « terram, quam Robertus de CALIDA TU-« NICA, avunculus ejus, dedit eis in ele-« mosinam, quando habitum eorumdem « fratrum recepit. »

En 1232, Richard « de BERENGERIIVILLA « (*Bérengeville-la-Campagne?*) quitat fra-« tribus militiæ Templi, apud SEMERVIL-« LAM, scilicet II. partes feodi Roberti de « CAUDECOTE ». Richard, évêque d'Evreux, apposa son sceau à cette charte.

Nous croyons devoir encore rapporter à la même famille Thomas de CAUDECOTE, qui, avec le consentement de sa femme Isabelle, vendit à Guillaume Hosber « pe-« ciam as Marestes in parrochia Sanctæ « Columbæ » en mai 1256.

En 1260, « Nicolaus d'AUMENESQUES (*A-« menesches*) et Guillelmus d'AUMENESQUES « relinqunt II. solidos turonenses et di-« midium, quos clamabant a fratribus mi-« litiæ Templi, de tenemento Roberti de « CAUDECOTE apud SEMERVILLAM. »

Dans le pouillé de Lisieux du XIV° siècle, le paragraphe consacré à Basoques est ainsi conçu : « Ecclesia de BASOQUIS : do-« minus Lexoviensis episcopus. »

La commune de Basoques est l'une des plus fertiles que renferme le riche plateau du Lieuvin.

Ses principales dépendances sont : — la Bonneterie (habitation d'une famille Bonnet); — le Boscgueret; — les Buissons; — Caudecote (que l'on prononce dans le pays : Cotecote); — la Grande-Rue; — les Loulains; — la Mare-Autour; — le Val-Ricard; — la Vastine (terre anciennement laissée en friche, du mot *Wastum*).

BASVILLE-EN-ROUMOIS.

Arrond. de Pont-Audemer. — Cant. de Bourgtheroulde.

Patr. la Nativité. — *Prés.* Saint-Ouen de Rouen, puis Jumiéges, le seigneur et le chapitre de Rouen.

Il existe un autre Basville dans le département de la Creuse (sans compter le Bâville près Versailles, qui s'écrivait autrefois Besville, et qui entra d'une manière si étrange au XVIIe siècle dans les propriétés de la famille de Lamoignon), deux Béville, un Bevillers, cinq Biville et un Bivilliers (ces six derniers appartiennent tous à la Normandie ou au Perche), trois Bauville.

Un diplôme de Louis le Débonnaire, sous la date du 13 avril 833, a été fait dans un lieu nommé BESVILLA : « Actum BESVILLA. »

Ce mot peut venir de BASSI-VILLA ou de BALSONIS-VILLA ; le dernier de ces noms, BALTSO ou BALSO, n'était pas rare au Xe siècle, et c'est ainsi que s'appelait l'assassin de Guillaume Longue-Épée à Picquigny.

On trouve un lieu nommé BAUVILLA parmi les propriétés de l'abbaye de Jumiéges en 859.

Notre Basville avait été concédé à Saint-Ouen de Rouen par un personnage nommé EBBON, antérieurement à la charte de Richard II en faveur de cette abbaye, dans laquelle on lit : « Et BAVILLAM cum ecclesia, quam dedit EBBO. » Il ne serait pas impossible que ce fût cet Ebbon ou l'un de ses homonymes qui eût donné son nom à la commune, et il faut peut-être voir dans BAVILLA ou BASVILLA une contraction de EBBONISVILLA.

Le pouillé qui porte le nom d'Eudes Rigaud renferme ce court paragraphe sur BASVILLE : « BAVILLA. Abbas S. Audoeni Rothomagensis patronus; valet x. libras; parrochiani XXXV. »

La population indiquée dans ce document, et qu'il faut porter à 100 habitants environ, pour y comprendre les enfants non encore admis à la communion, ne s'est pas accrue d'une manière très-notable depuis le XIIIe siècle, puisqu'elle n'était encore que de 145 habitants en 1840.

Selon une déclaration de 1678, l'abbé de Saint-Ouen avait les dîmes de la paroisse et le droit de présenter à la cure. A la fin du XVIIIe siècle l'abbaye de Jumiéges, le chapitre de la cathédrale de Rouen et le seigneur de Basville jouissaient du droit de présentation chacun pendant quatre mois de l'année.

Les dépendances sont : — la Tomberie; — le Moulin-de-la-Tomberie; — la Vallée; — le Moulin-de-la-Vallée.

Il a été trouvé au hameau de la Tomberie, dans la cour de M. Lesage, des objets romains, des tuiles antiques, une enceinte circulaire d'une petite étendue.

Canel, *Essai sur l'arrond. de Pont-Audemer*, t. II p. 240.

BAUBRAI.

Arrond. d'Evreux. — Cant. de Conches.

Patr. Notre-Dame. — *Prés.* l'abbé de Conches.

Le nom de cette commune s'écrit ordinairement, mais très-abusivement, BEAUBRAI. En général, les noms de lieu se sont beaucoup plus altérés sous la plume des demi-savants de bureau, depuis cinquante ans, qu'ils n'avaient fait en passant pendant un grand nombre de siècles d'une génération à l'autre par la tradition orale la moins raisonnée. Sans vouloir citer beaucoup d'exemples qui se présenteraient en foule à nos souvenirs, nous nous contenterons de rappeler qu'après avoir fait par syncope de BAUDRETOT BAUTOT, on a trouvé plus philosophique de l'écrire BEAUTOT, et l'on regarderait comme un barbare quiconque chercherait à s'affranchir d'une orthographe si judicieuse.

Baubrai est appelé dans les pouillés d'Evreux B. M. de BAUBERAYA.

Nous n'en connaissons aucune mention certaine dans les documents locaux que nous avons consultés.

Dans la grande charte de Richard II, en faveur de Jumiéges, on trouve parmi les donations faites à cette abbaye sous Richard Ier : « Dedit quoque Lambertus « villam quæ dicitur BALBERICUS, cum ec- « clesia; eam videlicet partem, quam ha- « bebat in utraque.... »

Puis parmi celles de ses propres contemporains : « Dec et Targotus eam par- « tem quam tenebat in FREDEVILLA, et « Racherius eam partem quam tenebat in « BALBERTO; et Ursio vicecomes hospitium « in CLAVILLA; et Alunaldus id quod te- « nebat de DALBETO. »

Est-ce de notre Baubrai qu'il s'agit dans ces deux passages? Nous n'osons nous prononcer à ce sujet quand nous voyons le pêle-mêle incroyable de tous ces noms de lieu. Cependant, et quoique l'abbaye de Jumiéges n'eût conservé aucune propriété dans cette partie de l'Evrecin, nous croyons devoir placer Fredevilla à Freville, hameau de Goupillières, Clavilla à Claville-la-Campagne, Balbretum à Baubrai, et enfin Dalbetum à Daubeuf-la-Campagne. Nous nous croyons d'autant plus autorisé à faire cette conjecture que s'il existe ailleurs d'autres Freville, d'autres Claville et d'autres Daubeuf, ils y sont séparés les uns des autres par de beaucoup plus grandes distances, et quant à Baubrai lui-même, nous ne lui connaissons aucun homonyme, non-seulement en Normandie, mais dans toute la France.

Quant à l'étymologie de Baubrai, nous croyons qu'il faut la chercher dans la langue celtique et y voir la réunion de deux mots Bali et Brai, dont le sens serait: *allée boueuse, allée fangeuse*. La présence de minerai de fer abondant, attestée par le nom de l'un des principaux hameaux, vient à l'appui de cette étymologie, puisqu'elle nous autorise à supposer que le territoire doit renfermer ces argiles glaiseuses dans lesquelles reposent toujours les mines de fer limoneuses de nos contrées.

Suivant Brussel, il y avait à Baubere (*sic*) un fief relevant de Conches.

Il ne faut pas confondre un domaine des Minières qui se trouve dans cette commune avec la commune des Minières, près Damville, dont le propriétaire était sénéchal héréditaire des seigneurs de Conches. En 1221, Robert de Courtenai reconnut que Guillaume de Minenis était sénéchal fieffé de Conches, et devait jouir, comme ses ancêtres, des droits attachés à cette fonction, tels que l'exemption du vinage, le pâturage de cent vingt porcs dans la forêt, un sanglier et un cerf par an, le bois nécessaire à sa consommation et à l'entretien de ses moulins de Grenieuseville. Il lui céda en outre la patronage des églises de Berville, Corland (Collandres), Romilli, Housseye et Saint-Albin (probablement Saint-Aubin-sur-Risle), la haie de Romilli et le fonds de terre, avec la faculté de défrichement, mais sans pouvoir en disposer en faveur des gens de mainmorte. Il se réserva la chasse et un hêtre à prendre par an; il reçut de Guillaume, en reconnaissance de ces confirmations et donations, 80 livres tournois. (Premier cart. d'Artois, 188.)

En 1234, autre charte à peu près identique du même au même. Celui-ci disposera à son bon plaisir de la Haie de Romilli et de ce qu'il possède de bois dans la mouvance de Conches.

Nous avons trouvé dans les pièces provenant de l'abbaye de la Noë, à la Bibliothèque impériale, une charte de ce personnage, sous la date de 1234, relative à Grenieuseville, et dans laquelle figure son fils, portant le même prénom que lui. Le sceau présente l'écusson de ce seigneur. On y remarque une fasce, accompagnée de trois corps hémisphériques, deux en chef et un en pointe, qui nous ont paru être des tourteaux ou des besants.

En 1260, Mathieu de Saint-Albin, gendre de feu Gilbert de Lalier, déclare avoir vendu, moyennant 30 livres tournois et la rente annuelle d'une paire de gants blancs, du prix de 4 deniers, pouvant aller à sa main et à celle de ses héritiers successifs, à Raoul des Essarts, écuyer, une rente de 40 sols tournois et dix poules, assise sur des terres voisines de celles de Guillaume des Minières, chevalier.

Les dépendances de cette commune sont : — le Bouquetard ; — le Clos-Vallée ; — le Colombier ; — le Cornet ; — le Coudrai ; — la Croix-du-Friche ; — les Grès ; — le Gros-Hêtre ; — les Guilberdières ; — le Long-Essart ; — le Long-le-Bois ; — Malhortie ; — les Marais ou l'Eglise ; — les Minières ; — la Vallée ; — les Ventes-Mauxes ; — la Ventelle ; — la Verrerie ; — Villeneuve.

Le nom des Marais, donné au hameau de l'Eglise, nous paraît justifier ce que nous avons dit de la nature glaiseuse du terrain qui a fait entrer le mot Braium dans la composition du nom de ce lieu.

Le minerai de fer est encore exploité en grand à Baubrai.

BAUDEMONT.

Arrond. des Andelis. — Cant. d'Ecos.

Patr. S. Martin. — *Prés.* le seigneur.

Le vocable de saint Martin nous prouve encore que cette commune a été constituée à une époque très-reculée.

Il existe un second Baudemont, deux Baudrecourt, un Baudremont, deux Baudreville, un Baudribosc, un Baudricourt, un Baudretot (aujourd'hui Bautot ou Beautot). Il est très-possible que les deux premiers de ces mots appartiennent au même groupe que les huit derniers, dont le nom de propriétaire Baudri (*Baldericus*) forme visiblement la base. Il entre dans les habitudes populaires de supprimer la consonne R, avant ou après une autre consonne, lorsqu'elle apporte quelque gêne à la prononciation, tout autant que de l'ajouter quand elle peut rendre la finale des mots plus ronflants. C'est ainsi que le peuple de Paris dit : *Propiétaire.... Quat' sous.... Not' chien....*, qu'il a fait de SÈVRE (SEPARA) SÈVE, de MERCREDI *Mécredi*, et qu'*Atelier* a été substitué au mot primitif ARTELIER, tandis que l'R s'est maintenu dans ARTILLERIE. Nous verrons d'ailleurs ci-dessous que l'un des propriétaires de Baudemont s'est appelé Baudri au xii° siècle.

Néanmoins le xii° siècle est une époque beaucoup trop récente pour pouvoir nous fournir aucune donnée sur l'établissement de Baudemont. Nous ne tiendrons donc aucun compte de cette rencontre purement accidentelle d'un seigneur nommé Baudri; et, comme à défaut d'autre mérite, nous tenons à apporter la plus grande loyauté dans nos recherches étymologiques, nous préférons voir dans Baudemont BALDI MONS OU BALDUS MONS. On sait qu'une montagne célèbre d'Italie porte le nom correspondant de MONTE BALDO. BALDUS, qui signifie dans les langues teutoniques vaillant, fier, orgueilleux, est la racine de BALDERICUS comme de BALDUINUS. BALDUS MONS pourrait s'interpréter par : mont orgueilleux, mont sourcilleux. Le monticule dont Baudemont occupe la cime est très-escarpé. Si c'est de cette source que provient le nom qui nous occupe, il doit avoir été imposé par les Francs beaucoup plus vraisemblablement que par les Normands. En effet ceux-ci ne se sont jamais beaucoup servis du mot BALDUS dans leurs dénominations locales, et paraissent n'avoir fondé que très-peu d'établissements dans le Vexin. On ne peut concevoir de doute sur le sens de cette expression quand on se rappelle le vers de Walafrid Strabus :

Dicitur ERBALDUS verso sermone vir audax.

En Alsace, deux communes sont nommées BALDENHEIM et BALDERSHEIM. Ces deux noms semblent indiquer d'une manière frappante la direction que nous devons suivre, à l'orient plutôt qu'au nord, c'est-à-dire chez les nations germaniques plutôt que chez les nations scandinaves pour remonter à l'origine de BALD.

Sous le règne de Henri I°, Goel de Baudemont, I°° du nom, et Agnès sa femme, sœur de Joscelin Crespin, Garnier, son frère et Baudri, son fils, furent des donations au prieuré de Saussense. Ils tenaient de l'archevêque de Rouen le fief du Bus (Buscus), adjacent à Baudemont, et Baudri en prit le surnom. Ce seigneur reçut de Henri I°° le manoir de MUTFORD et deux autres manoirs (Gapton et Belton), dans le comté de Suffolk, comme équivalant à vingt livrées de terre que Henri lui avait promises. Ce dernier événement est antérieur à 1134, époque à laquelle Baudri fut compris parmi les tenants du comté de Suffolk, exempts du Danegeld. Les deux manoirs de GAPTON et BELTON furent échangés par les héritiers de Baudri contre le petit domaine du Til en Vexin. Mais Mutford resta dans la famille de Baudemont jusqu'au moment où une moitié fut confisquée vers 1224, et où l'autre moitié fit retour à la couronne, par extinction, vers 1233.

En 1150, non-seulement Baudemont, mais encore Brai, sont cités parmi les châteaux et fertés (*firmitates*) du Vexin, lorsque cette contrée fut cédée à Louis le Jeune par Henri Plantagenet, qui régna bientôt sous le nom de Henri II :

« Henricus, Gaufrido patre suo concedente, Vilcassinum Normannum, quod « est inter Itam et Andelam, regi Ludo« vico totum immunem tradidit : in qua « terra continentur hæc castella et firmita« tes : GISORTIUM, NEELFA, STRIPINIACUM, « DANGUTIUM, GAMACHIÆ, HARACHIVILLA, « CASTRUM-NOVUM, BAUDEMONT, BRAIUM, « TORFUTIUM, BUSCALIA, NOGENTUM super « Andelam, et quædam alia. » (*Historiens de France*, t. XII, p. 187.)

En 1152, le même Louis le Jeune, après avoir incendié les faubourgs de Vernon et les habitations des riches et fertiles campagnes de Longueville (hameau de Saint-Pierre-d'Autils), investit la ville et la tint longtemps assiégée. Ne pouvant s'en rendre maître, il obtint pour tout avantage que son drapeau serait arboré sur la tour principale et que le commandement en serait remis à Goel, fils de Baudri, qui était en même temps son vassal et celui du seigneur de Vernon. (Rob. de Monte; app. ad Sigibert. *Hist. de France*, t. XIII, p. 295 et 296.)

Dans un rôle de 1172 nous voyons Goel de Baudemont figurer pour un fief de haubert : « Et Goellus de Baudemont unum militem. » En 1177, ce même Goel de Baudemont, II° du nom, donna au prieuré de Saussense les églises de Bâqueville en Vexin et du Val-Corbon.

« Notum sit, tam præsentibus quam fu« turis, quod ego Goelus de Baldemonte, « pro salute anime mee et quia jacui in « infirmitate mea, illic dedi Deo et eccle« sie Beati Stephani de Valcorbon in ele« mosina, ut canonicus in illa ecclesia Deo « deserviens in nemoribus meis habeat « de mortuo bosco quantum sufficere pos« sit ad focum suum et ut libere et quiete « hoc habeat præsenti sigillo confirmavi, « anno ab Incarnatione Domini millesimo

« centesimo septuagesimo septimo. Testes
« fuerunt Warnerius de Baldemonte, frater
« meus; Anseredus de Vernone; Girelmus,
« filius ejus; Richardus de Vabeline; Vin-
« centius de Clere; Hugo de Baldemonte;
« Renaldus de Fontenay; Agnes, uxor
« mea, et multi alii. »

Déjà Baudri, père de Goel, avait concédé au prieuré des Deux-Amants les biens suivants, mentionnés dans la charte par laquelle l'archevêque Gautier de Coutances confirma en 1207 les biens de ce prieuré, savoir : la chapelle d'Ecraquetuit (hameau de Bâqueville), des terres au même lieu, le droit de pasnage dans la forêt et le libre passage par Brai, qui était déjà une annexe de Baudemont.

Goel II confirma ces donations.

Heudebourg, sa fille, les confirma également, ainsi que le premier mari de cette dame, Osberne de Cailli, fils de Roger.

Le premier paragraphe du traité d'Issoudun, en 1196, entre Philippe-Auguste et Richard Cœur de lion, renferme la stipulation suivante :

« Quod eidem [Philippo, regi Franco-
« rum], et heredibus suis jure hereditario
« in perpetuum, dimittimus et quittamus
« Gisortium et Nealpham, et Vulcassinum
« Normannum, ita quod Stephanus de
« Longo Campo debet habere Baudemont
« et terram suam, et tenebit eam de rege
« Franciæ. »

Cet Etienne de Long-Champ était le mari de Pétronille, l'une des deux filles aînées d'Heudebourg; l'autre, Alix, et non pas Mathilde, comme le dit notre savant ami M. Stapleton, avait épousé Henri de Ver. Etienne fut tué à la bataille de la Boine, où il combattait dans les rangs des rebelles.

Après sa mort, Heudebourg et son second mari, Robert de Picquigni, rentrèrent en possession de Baudemont. Elle rend compte elle-même de sa filiation et de ses deux alliances dans la charte suivante en faveur de l'abbaye de Saint-Ouen de Rouen :

« Sciant præsentes et futuri quod ego
« Heudeburgis, quæ fui filia Goelli de
« Baudemunt et uxor Osberni de Calleio,
« concessione et voluntate Roberti de Pin-
« keneio, tunc mariti mei, dedi abbati
« S. Audoeni de Rothomago et monachis,
« pro salute animæ meæ, et Goelli patris
« mei, et Agnetis matris meæ, et Hos-
« berti viri mei, et filiarum mearum Aliz
« et Petronillæ, et omnium antecessorum
« meorum, totum tenementum quod tene-
« bant de me in valle Vadenigasii, in
« parrochia Sanctæ Genovefæ, in perpe-
« tuam elemosinam. Sigillo meo et sigillo

« Roberti de Pinkeneio, mariti mei, con-
« firmavimus. Testibus : Amaurico de Wa-
« reclium (Warecliva), Mattheo de Ville-
« rest, Petro de Brionnia, militibus,
« Roberto Majore de Valle Rodolii; Wil-
« lelmo de Humfrevilla, et multis aliis,
« anno Domini M° CC° XI°. »

Quoique Heudebourg ne parle dans cette charte que de deux filles issues de son mariage avec Osberne de Cailli, le document suivant prouvera qu'elle en eut une troisième qui épousa Renaud du Bus, probablement son parent maternel :

« Sciant omnes quod ego Renaudus de
« Boscho, dominus de Calleio, et Mathil-
« dis, uxor mea, quæ fuit filia Osberni de
« Calleio, concedimus in propriam ele-
« mosinam abbati et monachis S. Audoeni
« Rothomagensis totum illud tenementum
« quod est in valle Wadenigasii (Gani), in
« parrochia Sanctæ Genovefæ : quod te-
« nementum Heudeborgis, quæ fuit uxor
« prædicti Osberti, elemosinavit mona-
« chis supradictis... Apud Calleium, anno
« gratiæ M° CC° X° VII°, mense maio. »

Il est surprenant qu'un fief aussi important que Baudemont ne soit l'objet d'aucune mention dans le Registrum Philippi Augusti. Il est cité de la manière suivante dans trois listes à peu près contemporaines, sous le nom de Robert de Picquigni, qui le possédait au droit de sa femme :

« Feoda loricæ de ballivia Vernoni.....
« Robertus de Pinquiniaco III. milites,
« singulis diebus apud Vernonum peren-
« dinantes. Et quando rex summonet
« exercitum suum alio, per XL. dies ad
« sumptus suos. »

« Feoda Vulcassini Normanniæ.... Ro-
« bertus de Pinquigny : Bascevillam et
« Vaudemont de [feodo] Vernonii. »

« Robertus de Pinqueni : Basqueville,
« Baudemont, de feodo Vernonii. »

On y rencontre même un personnage nommé Goel de Baudemont, mentionné pour un fief de haubert, et Michel du Bus (de Bosco) pour un demi.

En 1228, dans une charte de Hugues du Bus, chevalier, une pièce de terre est indiquée « juxta oppidum quod dicitur Baudemont ».

Ce Hugues du Bus était probablement parent de Renaud. Celui-ci n'existait plus en 1234, époque à laquelle Mathildis, vidua, domina de Cailli et de Baudemont, donna aux religieuses du Trésor « X. acras « nemoris, in Bosco Episcopi versus Torni « sitas ». Dans la confirmation de cette donation par saint Louis, Cailli est appelé Chailli.

Mathilde est très-probablement la dame de Baudemont qui est mentionnée dans une charte sans date du cartulaire de Saint-Amand de Rouen : ENGELART de l'Angle (de ANGULO) donne à l'abbaye « totam terram de CAMPO FOSSÆ JOHANNIS, « et totam meam aliam terram de CAMPO « CHEMINI, et totam terram meam de « CAMPO OSSART.... salvo.... compartagio « de CAMPO OSSART, quod pertinet dominæ « de BAUDEMUNT, et salva similiter medie« tate compartagii de CAMPO FOSSÆ JOHAN« NIS, quod pertinet eidem dominæ de « BAUDEMONT. »

« Reginaldus de BAUDEMONT » figure dans une autre charte du même cartulaire, sous la date de 1236.

En 1317, Philippe le Long, pour récompenser les services de Pierre de Garancières, crée la baronnie de Garancières, qui s'étendait jusque dans le Vexin normand et comprenait Brai-sous-Baudemont, Bosc-Roger, Bus-Saint-Remi, Ecos, Fourges, Val-Corbon, etc.

Dans un aveu de 1411, Jean, seigneur de la Ferté-Fresnel, chevalier, chambellan du roi, tenait du chef de sa femme, fille et héritière d'Yvon de Garancières, la châtellenie de Baudemont, qui était en ladite baronnie de Garancières.

En 1460, Jehan de Tilly avoue tenir un quart de fief de haubert, situé à Fourges, de Jean, sire de Montenai, baron de Garancières et de Baudemont. La baronnie de Baudemont resta dans la famille de Montenai jusqu'en 1690, époque à laquelle César de la Luzerne, marquis de Beuzeville et héritier de la famille de Montenai, la vendit. Voici un extrait de l'acte de vente :

« Messire Guy César de la Luzerne, che« valier, marquis de Beuzeville-sur-le-Vey, « baron, chastelain et haut justicier des « baronnies, chastellenies et hautes jus« tices de Garencières et de Baudemont, « fils aîné et héritier en partie de dame « Marie-Césarine de Montenay, qui étoit « seule fille et héritière de messire César « de Montenay, vivant, chevalier, seigneur, « baron desdites baronnies,

« Vend à messire Jacques d'Anviray, « chevalier, seigneur de Machonville, Gru« mesnil et autres lieux, conseiller du « roi en ses conseils, président en sa « chambre des comptes de Normandie,

« La terre, seigneurie, baronnie, chas« tellenie et haute justice de Baudemont, « relevant nuement du roy, située au bail« liage de Gisors, en la paroisse dudit « lieu de Baudemont, qui s'estend tant « en ladite paroisse et au hameau du « Coq-Sauvage et de la Villeneufve en « despendant; en la paroisse de Bray« sous-Baudemont, dans la paroisse des« sous(?) le hameau du Plix de la Bourdon« nière, le Chesnay-Haquets, Grimou« val, le Thuict et autres en dépendant; « dans les paroisses de Fourges et du « Bos-Roger, dans celles du Val Corbon « et de Heubecourt; dans la paroisse de « Civieres et les hameaux de Hallot, Dau« bigny et le Bois-Gautier; dans les pa« roisses Dennezis et N.-D. de l'Isle et de « Sainte-Genevièfve, Vernon, Saint-Remy, « que ailleurs.

« Le propriétaire est patron honoraire « des paroisses de Bray, Val Corbon et « Civieres, pour anciennement en avoir « esté les bénéfices aumosnez par les pré« decesseurs dud. sʳ vendeur.

« Et outre, il est patron honoraire et « presentant aux benefices et cures des « paroisses de Baudemont et de Fourges, « dont le Bos Roger est une annexe dudit « lieu de Fourges, et à la chapelle de « S. Jean de Baudemont.

« Plus, un plein fief de haubert, nommé « le fief de Bus, assis en la parroisse « de Bus; le fief de la Hache, assis en la « paroisse de Baudemont, et le fief de « Saint-Pierre vulgairement appelé Poite« vin, assis en ladite parroisse de Four« ges; lesdits trois fiefs réunis par retraict « féodal à ladite baronnie de Baudemont.

« Et d'autant que ladite terre, baron« nie, chastellenie et haulte justice de « Garencières, dont il y a tousjours eu « deux sièges de haulte justice, l'une à « Grossœuvre pour la baronnie de Garen« cieres, et l'autre à Escots pour la ba« ronnie de Baudemont, exercez par des « officiers différents, ledit vendeur a con« senti que ladite terre, baronnie, etc. « de Baudemont soit à l'avenir desunie de « ladite terre, baronnie, etc., de Ga« rencières, pour le prix et somme de « 86,000 liv. » (8 avril 1690.)

En 1728, la terre et baronnie de Baudemont, mouvant de Gisors, fut cédée au comte de Belle-Isle en échange de Belle-Isle et autres lieux.

Le château de Baudemont, dont il reste à peine quelques ruines, avait perdu son importance dans le XVᵉ siècle.

En novembre 1437, Lalemant, vicomte de Gisors, Daguenet, avocat du roi au bailliage dudit lieu, et Henri Halebone, procureur du roi, rendirent compte à Jehan Virely, commis à recevoir les deniers provenant de la démolition dudit château et forteresse de Baudemont, dans lequel compte ils attestèrent que « Roger « Ingreland, etc....., ont témoigné de la « démolition dudit château par l'ordre de « Richard Merbury, chevalier, bailli de « Gisors, à ce commis par le trésorier de « Normandie, et que ledit château a été

« abattu en telle manière que les ennemis
« ne pourroient plus s'en servir comme de
« refuge, et qu'il n'est plus remarquable
« se n'estoit par puissance de prince. »

L'abbaye du Trésor possédait des biens
assez considérables sur le territoire de
Baudemont.

En 1243, saint Louis donna aux religieuses du Trésor dix arpents « tam terra-
« rum quam vinearum, quas habebamus
« apud Baudemont ».

Selon une tradition du pays, ce lieu a
appartenu au saint roi et a même été
habité par lui. Baudemont aura peut-être
fait retour à la couronne après Mathilde,
morte sans enfants.

Dans les chartes de l'abbaye du Trésor,
appartenant au XIIIe siècle, on trouve souvent Bodemont pour Baudemont.

Dans le pouillé qui porte le nom d'Eudes
Rigaud, on lit le paragraphe suivant :

« Ecclesia Sancti Martini de Baude-
« mont. Dominus de Baudemont patronus.
« Habet vii. parrochianos. Valet xii. libras
« turonensium. »

Eudes Rigaud mentionne à plusieurs
reprises, dans son Registrum visitationum, Baudemont, ses curés et l'église de
cette paroisse, momentanément chef-lieu
du doyenné rural de Portmort. Il parle
dans un passage de l'église du château;
mais nous ne doutons pas que ce ne fût la
même que celle de la paroisse, probablement renfermée dans l'enceinte militaire.
En 1249, faisant sa visite pastorale dans ce
doyenné, alors appelé doyenné de Tourni,
il fit la remarque sur son registre que le
curé de Baudemont ne portait pas l'habit
ecclésiastique, ne célébrait pas l'office divin et était excommunié.

D'aveux rendus au roi par les religieuses
du Trésor en 1419, 1548 et 1559, il résulte qu'elles tenaient du roi « leur hostel,
« situé et assis en Vulguessin le Normant,
« jouxte Baudemont, avec deux cens acres
« de terre labourable auprès dudit hostel,
« ung pressoir avec le droit des banniers
« d'iceluy, six arpens de vignes auprès de
« Baudemont, que saint Louis, leur fon-
« dateur, leur avoit données. — Item, leur
« fondateur leur avoit donné cinquante
« acres de bois en une pièce nommée le
« Bois Levesque, assis en Vulguesin le
« Normant. — Item, ung fief noble, dont
« le chef est assis au Valcorbon, en la
« haute justice de Baudemont. — Item,
« un noble fief, assis à la Brosse, en la
« paroisse du Bus, en la haute justice
« de Baudemont. — Item, un noble fief,
« assis à Saint-Remy, en ladite haute jus-
« tice. »

L'abbaye de Saint-Ouen possédait aussi
des biens à Baudemont. Dans une charte
de l'archevêque de Rouen, Hugues, on
lit : « Monachi in perpetuum habebunt
« ii. partes decimæ de toto feodo Sancti
« Audoeni per totum montem castro Bal-
« domontis pertinentem. »

Les hameaux de cette commune sont :
— le Petit-Baudemont ; — Villeneuve. Il y
existe un triége des Châtelaines.

Cf. Toussaint Duplessis, t. II, p. 421.

BAUX-DE-BRETEUIL (LES).

Arrond. d'Evreux. — Cant. de Breteuil.

Patr. S. Christophe. — Prés. l'abbé de Lire.

Nous ne connaissons en France que trois
communes qui portent ce même nom, savoir : les Baux-de-Breteuil, les Baux, près
Arles, et les Baux-Sainte-Croix.

Ce nom, quoique peu connu, est d'une
interprétation facile. Il consiste dans le pluriel du mot latin Bauca, employé au moyen
âge dans le sens de bardeau, tuile de bois.
On a dit Bauce, les Bardeaux, pour
désigner un groupe de maisonnettes couvertes au moyen de ces tuiles de bois.
On emploie encore ce genre de toiture dans
le voisinage de certaines forêts de la basse
Normandie, et nous avons même vu, sur
la route de Mortain à Domfront, des
maisons qui en étaient revêtues sur toutes
les faces : ce qui justifierait l'emploi de ce
nom pour désigner un groupe de bâtiments qui ne présenteraient pas d'autres
matériaux à la vue. L'usage des bardeaux
était fort répandu autrefois dans nos contrées, et la plupart de nos églises et surtout de nos clochers de campagne n'ont
pas d'autre toiture. Nous pourrions citer
des bâtiments construits avec luxe à la fin
du siècle dernier qui n'étaient couverts
que de bardeaux. Cet usage paraît avoir
été étranger à la race celtique. Lorsqu'on
veut employer des bardeaux en Bretagne,
on est obligé de faire venir des ouvriers
spéciaux de la basse Normandie.

En Italie, l'usage des bardeaux date au
contraire de l'antiquité la plus reculée.
Pendant plusieurs siècles les maisons de
Rome n'ont été couvertes que de bardeaux
ou de chaume.

Quoique le mot Bauca n'ait pas souvent été employé dans nos chartes normandes, nous pouvons citer un passage
de l'enquête « de usuario hominum de
Vernone » dans le *Registrum Philippi Augusti* (Bibl. du roi, ms. N° 8408, — 2.2,
— b., folio XIIss. xix. vo) où on lit : « ...mi-
« lites.... habent herbagium proprium de

« castello in nemore sine ERSENLLA.....
« Burgenses habent in castello herbagium
« suum, sine BAUCHA et LATA et ESCENLA,
« per traditionem forestarii. »

Nous voyons ici, outre le bardeau et la latte, une autre variété de couverture en bois appelée ERSENLLA ou ESCENLA, dont le nom a prévalu. Nous le retrouvons dans l'enquête de la forêt de Lyons (même recueil, f° XIII*xx*. v, r°) :

« Burgenses de LYONS et de BELLO-VIDERE
« (*Beauvoir-en-Lions*) habent in foresta....
« et fagum et quercum per liberationem,
« si faciant domum tectam de ESCENNA. »

Et dans un autre passage :

« Et si de ESSANNA domus fuerit, v. solidos. »

On dit encore aujourd'hui des aissis ou des aissantes.

Nous verrons bientôt à l'article CORMEILLES les moines de cette abbaye se faire autoriser, en 1234, à abattre et à exploiter le nombre d'arbres nécessaires pour la concession de de deux cent mille aissantes ou bardeaux destinés à la couverture de leur église.

Peut-être la différence entre BAUCA et ESSENNA ou ESCENLA, consistait-elle entre ce que les bardeaux étaient en chêne et les aissantes en bois blanc.

Au moyen âge on ne couvrait pas seulement les maisons avec du bois, des roseaux, de la paille, du chaume, mais encore avec de la terre, et même de la terre bourbeuse de marais, la même qui servait de combustible :

« Et in maresco suo, de terra ad facien-
« dum ignem per singulos annos x. ca-
« reas, et ad tegendas domos de cooper-
« tura, quantum opus fuisset... » (*Archives de l'Empire*, titres de Savigny.)

Deux communes portent également un nom provenant de la matière employée à couvrir les bâtiments : ce sont LES CHAUMES, l'une dans la Côte-d'Or et l'autre dans Seine-et-Marne. Il serait très-possible que quelques-unes des communes appelées ROSIÈRES indiquassent des lieux où les maisons sont couvertes en roseaux, aussi bien que des lieux où croissent ces mêmes roseaux.

La commune des Baux-de-Breteuil n'est pas très-ancienne, ainsi que le vocable de son église peut le faire pressentir. Saint Christophe n'a été emprunté qu'assez tard par l'Église latine à l'Église grecque.

On lit dans l'obituaire de l'abbaye de Lire : « III° kalendas octobris obiit Mar-
« tinus, primus presbyter de BAUCIS. »

Nous croyons que ce premier curé des Baux a dû vivre précisément au milieu du XIII° siècle, puisque la paroisse n'est pas nommée dans la charte de donation de saint Louis aux religieuses de Maubuisson, portant la date de 1246, et qu'au contraire elle est citée dans la vente que ces religieuses firent de leurs biens à l'évêque et au chapitre d'Évreux, en 1255.

Voici la première de ces pièces, dont la découverte a d'autant plus de prix qu'elle paraît avoir été égarée dans le chartrier de Maubuisson longtemps avant la Révolution :

« In nomine sanctæ et individuæ Trini-
« tatis, amen. Ludovicus, Dei gratia Fran-
« corum rex : noverint universi, præsentes
« pariter et futuri, quod nos, pro anima
« nostra et pro anima inclitæ recorda-
« tionis Ludovici regis, genitoris nostri
« quondam, et pro anima karissimæ do-
« minæ et matris nostræ, Blanchæ regi-
« næ, et pro animabus prædecessorum
« nostrorum, abbatiæ Beatæ Mariæ Re-
« galis juxta Pontisaram, Cisterciensis or-
« dinis, quam fundavit karissima domina
« et mater nostra Blancha, illustris re-
« gina, et monialibus ibidem Deo servien-
« tibus, damus et concedimus in puram
« et perpetuam elemosinam redditus terra-
« rum quæ de mandato nostro traditæ sunt
« colonis in forestis nostris Ebroycensi,
« Britolii, et in essartis de ATYES (*Attez*).

« Videlicet in foresta Ebroycensi traditæ
« sunt ad colendum sex centum viginti
« duæ acræ et dimidia et quatuordecim
« perticæ, pro centum viginti libris qua-
« tuordecim solidis et novem denariis tu-
« ronensibus (1).

« Item, in foresta Britolii, in Longa
« Mara, traditæ sunt octingentæ sexaginta
« sex acræ et quadraginta tres perticæ,
« computatis in his quinque acris traditis
« Johanni dicto Priori, de quibus nichil
« redditur ; quælibet acra pro quatuor so-
« lidis : summa denariorum centum sexa-
« ginta duodecim libræ et quinque solidi
« turonensium.

« Item, in eadem foresta Britolii, in
« cursu S. Nicolai (2), traditæ sunt cen-
« tum duodecim acræ et dimidia : quæ-
« libet acra pro quatuor solidis turonen-
« sium. Summa denariorum viginti duo
« libræ et decem solidi turonensium.

« Item, in eadem foresta, juxta nostrum
« molendinum novum, traditæ sunt tri-
« ginta septem acræ pro centum undecim
« solidis turonensium.

« Item, in dicta foresta traditæ sunt
« centum viginti septem acræ una vir-
« gata : quælibet acra pro tribus solidis

(1) Environ 4 sous par acre (3 fr. 60 c. de notre monnaie). Ce prix nous paraît fort élevé pour l'époque, ainsi que tous ceux qui vont suivre.
(2) Saint-Nicolas-d'Attez.

« turonensium. Summa denariorum decem
« octo libræ octo solidi et duo denarii tu-
« ronenses.
« Item, in essartis de Atyes traditæ
« sunt centum sexaginta quinque acræ
« tam terræ quam pratorum pro triginta
« tribus libris turonensium.
« Item, in foresta Britolii traditæ sunt
« quatuor acræ pro viginti solidis turo-
« nensium.
« Item, in essartis de Atyes una acra prati
« pro duodecim solidis turonensium.
« Item, in venda Deserti traditæ sunt
« sexaginta quinque acræ : quælibet acra
« pro quatuor solidis turonensium. Summa
« denariorum tredecim libræ turonensium.
« Item, in eadem foresta, ad Quer-
« cum (1), sexaginta acræ traditæ sunt :
« quælibet acra pro quatuor solidis turo-
« nensium. Summa denariorum duodecim
« libræ turonensium.
« Summa omnium acrarum supradicta-
« rum, tam in foresta Ebroicensi quam
« in foresta Britolii et in essartis de Atyes
« duo millia sexaginta acræ, dimidia acra
« et decem septem perticæ.
« Summa denariorum supradictorum
« quadraginta libræ et undecim denarii
« turonenses.
« Nos igitur omnes redditus terrarum
« omnium prædictarum damus et conce-
« dimus in puram et perpetuam elemosi-
« nam dictæ abbatiæ Beatæ Mariæ Regalis
« et monialibus ibidem Deo servientibus,
« salvo jure alieno, nichil nobis et nostris
« successoribus retinentes, nisi justitiam
« corporum hominum, et membrorum.
« Item, volumus et mandamus quod om-
« nes illi homines et heredes ipsorum, qui
« habent vel habebunt in posterum terras
« superius memoratas, solutionem reddi-
« tuum faciant annuatim ad duos termi-
« nos, videlicet ad octabas Paschæ unam
« medietatem et ad octabas sancti Remigii
« aliam medietatem. Quod ut perpetuæ
« stabilitatis robur obtineat, præsentem
« paginam sigilli nostri auctoritate et regii
« nominis karactere inferius annotato feci-
« mus communiri. Actum Parisius, anno
« Incarnationis Dominicæ M° CC° XL° VI°,
« mense decembri, regni vero nostri anno
« vicesimo. Astantibus in palatio nostro
« quorum nomina supposita sunt et signa.
« Dapifero nullo. S. Johannis, camerarii. S.
« Stephani, buticularii. Constabulario nullo.
(*Monogramme de saint Louis.*)
« Data vacante cancellaria. »
Maintenant, la charte suivante nous prouvera d'une manière incontestable que la paroisse était constituée avant 1255 :

(1) Sur la commune du Chesne.

« Litteræ abbatissæ Monasterii Regalis
« juxta Pontisaram (*Maubuisson*), de Bal-
« lis in foresta Britolii.
« Universis præsentes litteras inspectu-
« ris, Maria, B. M. Regalis juxta Pontisa-
« ram humilis abbatissa, totusque ejus-
« dem loci conventus, æternam in Domino
« salutem : notum facimus quod nos, de
« communi assensu nostro, pro quibus-
« dam aliis possessionibus et redditibus
« utilioribus et propinquioribus emendis
« et nostro monasterio acquirendis, CCL.
« libratas annui redditus, domo et her-
« bergamento in hoc computatis, quas
« habebamus in villis, terris, hominibus,
« redditibus, justiciis et aliis, in foresta
« Britolii, de dono et concessione ac ele-
« mosinatione Ludovici, Dei gratia regis
« Francorum illustrissimi, in locis infe-
« rius annotatis : videlicet apud Longam
« Maram in parochia Beati Christophori
« (*les Baux-de-Breteuil*), DCCCLXXVIII. et
« dimidiam acras terræ et XLIII. perticas
« terræ, traditas pro IX^{xx}. libris et XV. so-
« lidis turonensium. Item, apud Pontem
« Tyboudi (*le Pont-Thibout, sur Francheville*), XLIII. acras, traditas pro VI. libris
« et XV. solidis turonensium. Item, apud
« Louraille VII^{xx}. et VII. acras et unam
« virgatam, traditas pro XIII. libris turo-
« nensium. Item, apud Desertum LXX.
« acras traditas pro XIII. turonensibus (?).
« Item, apud Maras juxta Quercum (*les
« Mares, hameau de la commune du Chesne*),
« LXXX. acras et dimidiam, traditas pro
« XVI. libris duobus solidis turonensium,
« de quibus Martinus de Quatrevouges
« (*hameau de Dame-Marie*) tenet XX.
« acras et dimidiam; venerabili patri Jo-
« hanni, Dei gratia Ebroicensi episcopo,
« et Ebroicensis ecclesiæ capitulo vendi-
« dimus et nomine venditionis concessi-
« mus et omnino in perpetuum quittavi-
« mus pro V. millibus libris turonensium.
« Volentes et concedentes quod episco-
« pus et capitulum supradicti ea omnia
« quæ in dictis locis habebamus, absque
« ulla... nostri seu nostrorum... pos-
« sideant et habeant et in perpetuum
« teneant libere, quiete et pacifice ; sub
« eisdem libertatibus, conditionibus, ju-
« ribus, sub quibus dominus rex ea no-
« bis contulerat; qui nichil ibi retinuit,
« sicut in suis litteris quas habemus con-
« tinetur, nisi justitiam corporum homi-
« num et membrorum. De supradicta vero
« summa pecuniæ episcopus et capitulum
« supradicti nobis satisfecerunt in pecunia
« numerata. Ut autem hæc omnia perpe-
« tuæ robur obtineant firmitatis, sigil-
« lum nostrum in pleno capitulo nostro
« præsentibus litteris duximus apponen-

« dum, supplicantes domino regi ut lau-
« dare, approbare et confirmare dignetur
« venditionem supradictam. Actum in mo-
« nasterio nostro, anno Domini m° cc° l° v°,
« mense februarii. »

Le roi saint Louis donna son consentement à cette vente par une charte de la
même année et du même mois, et l'abbé de
Citeaux par une du mois de mai suivant.

En 1256, la même abbesse reconnut
avoir reçu de l'évêque et du chapitre
1600 livres tournois « de venditione terræ,
« quam habebamus in foresta Britolii, in
« territorio quod dicitur Mara ».

En 1305, Mathieu, évêque d'Evreux,
donna une très-longue charte : « Super
« permutatione terræ de Baucis.... Sane
« licet per aliqua tempora ante acta villas
« nostras et terras parrochialis ecclesiæ
« S. Christophori de Baucis in foresta
« Britolii, de Ponte Tyboudi, de Maris,
« de Louraille, de Deserto et de Char-
« bonvillari.... »

Dans une déclaration, sous la date de
1269, de biens acquis par le chapitre d'E-
vreux, on lit : « Ex dono Roberti de
Baucis.... »

On ne trouve dans l'enquête des usages
de la forêt de Breteuil, qui remonte à la
même époque, aucune mention de la
commune de Saint-Christophe-des-Baux.
Cette dernière n'existait pas encore. On y
trouve seulement le passage suivant, relatif à l'un de ses nombreux hameaux :

« Barth. Drog. habet herbergamentum
« suum et vivum nemus, et ad opus Campi
« Morosi (1) per livreiam, et mortuum
« nemus ad suum ardere et ad clauden-
« dendum, et pasturam ad xx. vaccas et
« suos sequentes, et ad xvi. boves per fo-
« restam, sicut carta ejus dicit, et pasna-
« gium c. porcorum.... »

Voici encore une autre pièce, antérieure
et relative au même hameau :

« Universis sanctæ matris ecclesiæ filiis,
« ad quos præsens carta pervenerit, Ro-
« bertus, comes Leicestriæ, filius Petro-
« nillæ, comitissæ Leicestriæ : noverit
« universitas vestra me, pro salute animæ
« patris mei et matris meæ et omnium
« prædecessorum meorum, et pro salute
« animæ meæ et Loretæ, uxoris meæ, et
« omnium successorum meorum, dedisse
« et concessisse, et præsenti carta mea con-
« firmasse Deo et monasterio B. M. de
« Lira et monachis ibidem Deo servienti-
« bus Campum Morosum, cum domibus
« superædificatis et cum toto instaura-
« mento ejusdem loci et cum omnibus in-

(1) Il existe dans le département de Seine-et-Oise
une commune de ce nom.

« tegritatibus suis, in puram et perpetuam
« elemosinam, tenendum libere et quiete
« et honorifice, sicut aliqua elemosina li-
« berius in tota terra mea possidet. Volo
« etiam ut servientes jamdictorum mona-
« chorum, prænominatam terram exco-
« lentes, quæ fuerint sibi necessaria ad
« domos jamdicti loci construendas et re-
« parandas et ad suum calefagium suffi-
« cienter, per visum et liberationem fo-
« restariorum meorum, recipiant in foresta
« mea de Britolio; habeant etiam ad in-
« staurumentum prænominati loci pastum
« in eadem foresta sufficienter. Et ut hæc
« donatio mea rata et inconcussa teneatur
« in posterum, eam sigilli mei appositione
« roboravi. Hiis testibus : Paulo, abbate
« Leicestriæ; Philippo de Albigniaco (Au-
« bigni); Marchiso et Oliverio, fratribus
« suis; Thoma de Estleg., senescallo meo
« in Anglia; Radulpho de Martinwast
« (Martinvast, dans le département de la
« Manche); Ernaldo de Maugn. (peut-être
« Mouni, à Saint-Nicolas-d'Attez); Gode-
« frido de Quatremaris (Quatre-Mares;
« nous pensons qu'il devait y avoir aux
« environs de la forêt de Breteuil un lieu
« de ce nom autre que la commune de Qua-
« tremare); Philippo de Bedo; Willelmo,
« capellano meo; Willelmo de Lange....;
« Luca et Roberto, clericis meis, et multis
« aliis. »

Philippe le Bel et Philippe le Long accordèrent aux habitants des Baux-de-Breteuil des droits d'usage dans la forêt, et
nous possédons la charte même du dernier de ces rois :

« Philippus, etc.

« Notum facimus universis, tam presen-
« tibus quam futuris, quod, cum dudum
« carissimus dominus genitor noster habi-
« tatoribus ville de Baucis Bretolii cartam
« regiam, in cera viridi sigillatam, quam
« videri fecimus, inter cetera inibi con-
« tenta, concesserit in foresta Bretolii usa-
« gium ad boscum siccum stando et ad
« viridem jacendo, sine ferramento seu in-
« strumento ferre capiendum, sub certa
« redibentia annuatim solvenda, prout in
« dicta carta plenius continetur, nuper ad
« nos accedentes habitatores predicti, nobis
« humiliter supplicaverunt ut quod dicto
« ferramento in premisso usagio uti va-
« leant, concedamus eisdem, presertim
« cum alias ipsum usagium ipsis nullius
« vel modici sit valoris, et majorem pro
« ipso usagio nobis faciant redibentiam
« quam alii dicte foreste coustumarii vel
« usagiarii, quibus dicto ferramento, ex
« concessione regia, licet uti. Quare ex
« informatione fida, de nostro facta man-
« dato, comperto a nobis dictum usagium

« sine ferramento fore modice utilitatis,
« cognitoque quid damphi nobis et com-
« moditatis ipsis habitatoribus inferre pos-
« set predicta predicti concessio ferra-
« menti, et attentis circa hoc circonstan-
« ciis oportunis, dictis habitatoribus, de
« speciali gratia, concedimus per presen-
« tes, ut de cetero in perpetuum de dicto
« usagio suo cum ferramento vel instru-
« mento ferreo explectare valeant et gau-
« dere, solvendo redibentias ad quas pro
« inde antea tantummodo tenebantur, ita
« tamen quod habitatores ipsi, qui quasi
« in medio dicte foreste vel prope domos
« suas habere dicuntur dictam villam de
« Baucis versus forestam eandem, vi-
« delicet quilibet ipsorum in loco suo,
« de spinosis sepibus seu haiis et fos-
« satis claudere ex tunc et de cetero tene-
« buntur, pro cujusmodi clausione facien-
« da, quociens opus fuerit, spinas in dicta
« foresta per castellanum Bretolii et ser-
« vientem foreste in garda dicte ville de
« Baucis prefatis habitatoribus volumus et
« mandamus absque difficultate qualibet
« liberari. Verum dicti habitatores, eorum
« familie et animalia forestam non pote-
« runt introire predictam, nisi per solita
« publicaque quemina, excepto quod in
« locis habitationis et mansionis que Ro-
« bertus le Tabourier, Johannes de Magna-
« villa, Johannes le Tabourier et Rogerus,
« clerici, Perrotus et Robertus dicti le
« Tabouriers, fratres, et Johannes Gerar-
« di, habent ad presens in dicta foresta
« vel juxta ipsam, quia hujusmodi loca
« adeo remota sunt a dictis queminis,
« quod ab inde per ipsa quemina ad ipsam
« forestam gravis nimis et difficilis habere-
« tur transitus vel progressus, postici qui-
« dem cum parvis hostiis, videlicet de III^{or}
« et dimidio pedibus in longo et de tribus
« cum dimidio in lato, per que gentes et
« bestie dictorum locorum, tempore de-
« bito, sicut licet aliis similis conditionis
« coustumariis foreste predicte, in ipsam
« forestam ire poterunt et redire. Que ut
« firma sint et perpetuo robore valitura,
« presentes litteras sigilli nostri fecimus
« impressione muniri, nostro in aliis et
« alieno in omnibus quolibet jure salvo.
« Actum Parisius, anno Domino m^o ccc^o
« decimo nono, mense maii. Per Domi-
« num regem : GERVASIUS. » (*Trésor des
Chartes, reg. LIX, n^o xvij.)

Voyez dans le *Thesaurus anecdotorum*
de dom Martène, t. III, col. 1434, un passage curieux sur les Baux-de-Breteuil.

Les dépendances de cette commune sont
très-nombreuses ; en voici les principales :

La Bourganière ; — la Carrière ; —
Champ-Motteux ; — la Chapelle-Sainte-
Suzanne (chapelle fort ancienne et fré-
quentée par de nombreux pèlerins) ; — le
Chemin-Perré ; — le Chesne-Regnier ; —
les Chouettes ; — le Cornet ; — la Couaille ;
— Coupe-Gorge ; — la Croix ; — la Deslo-
gerie ; — le Faillot ; — la Geolerie ; — le
Gros-Charme ; — le Hamelet (310 habi-
tants) ; — le Haras ; — le Long-le-Bois ; —
— les Noes ; — le Nouillon ; — le Pied-du-
Seuil ou Pied-de-Sey ; — la Poterie ; — la
Rue-aux-Vaurabourgs ; — la Rue-du-Bois ;
— la Rue-Prevost ; — la Sasserie ; — la
Vallée.

BAUX-SAINTE-CROIX (LES).

Arrond. d'Evreux. — Cant. d'Evreux.

Patr. Ste-Croix. — *Prés.* l'abbesse de
Saint-Sauveur.

Sur l'origine et l'interprétation du nom,
voyez l'article précédent.

Cette commune, au commencement du
XIVe siècle, ne s'appelait pas encore LES
BAUX, mais bien LE GAUD-SAINTE-CROIX,
comme on le verra par la charte suivante
de Mathieu, évêque d'Evreux, en faveur
de son chapitre, sous la date de 1308 :

« Matthæus, permissione divina Ebroi-
« censis ecclesiæ minister humilis, vene-
« rabilibus et discretis viris, amicis no-
« stris carissimis.... decano et capitulo
« Ebroicensis ecclesiæ supradictæ, salu-
« tem in eum qui est omnium vera sa-
« lus.... Cum in foresta Ebroicensi nostræ
« diœcesis, circa capellas seu heremitagia
« de GAUDO SANCTÆ CRUCIS versus GARREL-
« LUM (*Garel, hameau du Plessis-Grohan*)
« et in pluribus aliis locis dictæ forestæ,
« sint facta de novo novalia sive essarta et
« ad culturam redacta, quorum decimæ
« ad dispositionem nostram spectant de
« jure, cum infra metas seu terminos ali-
« cujus parochiæ non existant.... »

L'évêque dispose en faveur de son chapitre de ces novales, ou, pour parler plus
exactement, de 10 livres de rente à prendre sur les dîmes de ces novales, pour
alléger les grandes charges que ce corps
avait eues à supporter, pour le récompenser des marques d'honneur et de respect qu'il lui avait prodiguées, enfin et
surtout pour faciliter l'échange de certains
anneaux, pierreries et autres joyaux. Le
chapitre, en effet, décida que lesdits anneaux et joyaux seraient employés à faire
une mitre pour l'évêque.

Il suit de cette pièce que la paroisse
n'était pas encore constituée en 1308. Le
nom de GAUD qu'on lui a donné ici est

resté à l'un de ses hameaux, encore appelé au pluriel LES GAULTS.

Ce nom, très-facile à interpréter, a été d'ailleurs fort employé au moyen âge pour désigner un bois, une forêt. Pour ne citer que des exemples rapprochés de notre contrée, on trouve dans le cartulaire de la cathédrale de Chartres la donation faite à cette église, par « Odo Borelli de CURTALANO », de douze charruées de terre..... « In silva quæ vocatur GAUDUS S. STEPHANI. » Dans un autre passage du même recueil on rencontre un lieu nommé GAUDUS THESAURARII. Il est visible que ce mot provient de l'allemand *Wald*.

L'acte de fondation de l'abbaye de Saint-Sauveur d'Evreux, vers 1060, ne fait aucune mention de la paroisse des Baux-Sainte-Croix, qui n'existait pas encore. Mais il renferme le passage suivant, qui explique comment, dès que la paroisse a été constituée, elle s'est trouvée soumise au patronage de cet établissement religieux :

« Apud Ebroicas.... et omnem decimam « omnium reddituum et exituum totius « forestæ de EBROYS; etiam decimam mel« lis ipsius forestæ, et venationis, qui« cumque cœperit illam; et decimam bladi « et denariorum des essars, quæ fient « in ipsa foresta, et ecclesias prædictæ « forestæ. (*Gall. christ.*, XI, instrum., c. 126.)

La bulle d'Eugène III en faveur de la même abbaye, sous la date de 1152 (*ibid.*, c. 134), ne parle pas non plus de cette paroisse.

Notre savant ami M. Bonnin a trouvé dans les pièces provenant de l'abbaye de la Noë, aux archives de l'Eure, la charte suivante :

« Ludovicus, Dei gratia Francorum rex. « Notum facimus universis presentibus pa« riter et futuris, quod nos viris religiosis « abbati et conventui de Noa, Cisterciensis « ordinis, pro restauratione dampnorum « quæ sustinebant, ut dicebant, pro terris « traditis ad culturam in foresta nostra « Ebroicensi, dedimus et concessimus in « perpetuum quadraginta quinque acras « terræ, sitas in dicta foresta Ebroicensi, « juxta heremitagium Beatæ Mariæ de « Gaudo, pacifice et libere possidendas, « de quibus dicti abbas et conventus se « tenent pro pagatis, secundum quod in « ipsorum, quam nobis tradiderunt, ple« nius continetur carta; cujus tenor talis « est : Universis presentem paginam in« specturis, frater G., abbas de Noa, totus« que ejusdem loci conventus humilis, sa« lutem in Domino. Noveritis quod nos de « communi assensu tenemus nos pro pa« gatis de quadraginta quinque acris ter-

« ræ, quas habemus de dono domini « Ludovici, Dei gratia regis Francorum, « pro recompensatione dampnorum quæ « sustinebamus occasione terrarum ad cul« turam traditarum in foresta Ebroicensi, « sitis juxta heremitagium Beatæ Mariæ de « Gaudo, nec in dictis terris de cetero ali« quid reclamabimus, exceptis pasturis « animalium nostrorum, quas habebimus « in terris illis, quando non fuerint semi« natæ. In cujus rei testimonium, sigillum « nostrum presentibus litteris apposuimus. « Actum anno gratiæ M° CC° quadragesimo « sexto, mense martio.

« Nos vero, ut hæc nostra donatio et « concessio, religiosis dictis facta, rata « futuris temporibus habeatur, presentem « paginam sigilli nostri munimine fecimus « roborari. Actum Parisius, anno Domini « M° CC° quadragesimo septimo, mense « junio. »

Il existe dans cette commune un établissement nommé l'HÔTEL-DIEU, qui n'est qu'une dépendance de l'Hôtel-Dieu d'Evreux. Philippe le Hardi, se trouvant à Evreux en 1277, donna en faveur de cet établissement la charte suivante, conservée en original à la Bibliothèque impériale, et encore pourvue de son magnifique sceau de cire verte à l'effigie de ce prince :

« Philippus, Dei gratia Francorum rex. « Notum facimus universis, tam presenti« bus quam futuris, quod cum prior et « frater domus Dei Ebroicensis, pro illis « possessionibus, quas de nobis tenebant « ad firmam perpetuam apud LEGAUT, « prope heremitagium ipsius loci, XXI. li« bras turonensium nobis solverent et sol« vere singulis annis tenerentur, nos con« siderata necessitate dictæ domus, ipsis « priori et fratribus prædictas XXI. libras, « divini amoris intuitu, remisimus in « perpetuum, et ab earum præstatione « ipsos omnino absolvimus, salvo jure « nostro in aliis et jure in omnibus « alieno, etc. »

[Le roi impose l'obligation d'une messe quotidienne du Saint-Esprit pour lui pendant sa vie, puis après sa mort pour le repos de son âme, de celle de son père saint Louis, et enfin de celle de feu sa première femme Isabelle.]

« Actum Ebroicis, anno Domini M° CC° « LXX° VII°, mense junio. »

Cette propriété appartient encore à l'Hôtel-Dieu d'Evreux. C'est près d'elle, entre le corps de ferme et la voie romaine de *Mediolanum* à *Condate*, à peu de distance de la forêt, qu'en déblayant un amas de cailloux, on a découvert, il y a peu d'années, un dolmen, dont la table repose sur cinq pierres, de cette espèce de pouding siliceux qui se rencontre sur la côte voisine du Sec-Iton.

Il a été trouvé en 1825, sur le territoire de cette commune, un grand nombre de figurines antiques en argile. Les types étaient très-variés; la plus grande partie représentaient des Vénus Anadyomènes, destinées à décorer le laraire d'habitations rustiques. On sait que ce type était extrêmement répandu, à l'époque de la domination romaine, dans tout le territoire des Gaules. Il paraît que le lieu où l'on a découvert les figurines des Baux-Sainte-Croix était l'atelier même du potier qui les fabriquait. La plupart des moules ont été déposés au cabinet d'antiquités de la ville d'Évreux, et tous ces types ont été décrits et dessinés dans un mémoire de feu notre savant ami M. Rever.

Les hameaux de cette commune sont : — la Briqueterie ; — le Chambellan ; — la Chapelle-Saint-Gaud (saint Gaud [GAUDUS ou WALDUS], deuxième évêque d'Évreux, paraît être mort à SCICI, aujourd'hui Saint-Pair, près Granville (Manche), vers 494. C'est probablement à cause de l'homonymie que la chapelle du Gault lui a été consacrée); — les Crières ; — le Désert-d'Arnières ; — les Grands-Baux ; — la Grande-Patte-d'Oie ; — les Petits-Baux.

Lettre de M. F. Rever à MM. les membres de la Société d'Agriculture, Sciences et Arts de l'Eure, à Évreux, sur des figurines découvertes dans la forêt d'Évreux, commune des Baux-Sainte-Croix, et sur quelques objets du moyen âge. (*Journal d'Agriculture, de Médecine et des Sciences accessoires*, faisant suite au *Bulletin de la Société d'Agriculture, Sciences et Arts du département de l'Eure*, t. IV, Évreux, 1827, p. 117-132.)

BEAUFICEL-EN-LIONS.

Arrond. des Andelis. — Cant. de Lions.

Patr. Notre-Dame. — Prés. le seigneur et l'archevêque.

Outre BEAUFICEL-EN-LIONS, il existe un autre Beauficel dans l'arrondissement de Mortain. Un hameau du même nom, renfermant plus de trois cents habitants, appartient aux communes de Calleville et Harcourt, canton de Brionne.

Quoique le mot de Beauficel (BELFUISSEL) appartienne évidemment aux dernières catégories de nos noms de lieu, nous n'avons pas eu pour cela moins de peine à en retrouver l'origine, et c'est en vain que nous l'avons demandée soit aux glossaires les plus étendus (par exemple celui de La Curne de Sainte-Palaye), soit aux savants les plus érudits. Nous croyons néanmoins avoir trouvé cette étymologie, et nous la présentons avec toute confiance à nos lecteurs. Sans nous arrêter à discuter les mots de FUISSEL : fuseau de fileuse, fusée d'horlogerie, ou de FESSELLUM : fagot, nous prétendons qu'il faut lire « BELLUM FOCILE : belle pierre à briquets, belle pierre à fusil. Les personnes qui ont visité la commune nous assurent que l'abondance de ces sortes de pierres est très-remarquable. Peut-être la qualité en est-elle inférieure à celle des pierres à fusil exploitées en grand pour le service de l'armurerie ; mais au XIIᵉ siècle, où l'on ne s'en servait que pour allumer de l'amadou, il est probable qu'on n'y regardait pas de si près. Si l'on voulait nous critiquer au sujet de la transformation du C en SS, il nous suffirait de rappeler qu'elle n'est pas plus difficile à comprendre dans Beauficel que dans le mot français FUSIL, où il n'y a pas moyen de la repousser. Nous ajouterons même que FUISSEL est un intermédiaire tout naturel, un intermédiaire obligé, pour ainsi dire, entre la prononciation primitive de FOCILE et la prononciation mignarde de FUSIL, dans laquelle l'S sonne comme un Z. Nous avons tenu à développer ces observations, d'abord parce qu'elles nous paraissent justifier complètement notre conjecture, et puis aussi parce que nous croyons y voir la matière d'un article digne d'être inséré dans nos glossaires du moyen âge.

Toussaint Duplessis s'était tiré de cette étymologie avec sa légèreté habituelle, en écrivant BOSC-FICEL, contrairement aux documents les plus authentiques. Nous supposons qu'ensuite il interprétait ce mot par BOSCUS FUSCELLI, en se rappelant que le nom primitif de CHATEAU-SUR-EPTE était FUSCELLI MONS. Tout cela est fort ingénieux, mais malheureusement c'est de BELFUISSEL et non de BOSCUS FUSCELLI qu'il faut partir.

On trouve une femme nommée Béatrix la FUISSELLE, à Drucourt, dans un acte de l'an 1200. (*Recueil Normannie*, t. Iᵉʳ, p. 19.) Peut-être ce mot pourrait-il s'interpréter ici par Béatrix la fileuse, de *fuissel* : fuseau.

Notre Beauficel est une de ces communes qui doivent leur origine aux défrichements et aux plantations opérés par les moines. C'était une lande inculte et stérile, hérissée de silex pyromaques, lorsque le roi Henri Iᵉʳ en disposa en faveur de l'abbaye naissante de Mortemer. « In landa de BELFUISSELLO, » dit la charte de Geoffroi Plantagenet, sous la date de 1147. Nous trouvons plus de détails sur ce lieu dans la chronique du monastère, insérée au tome XIV des *Historiens de France* :

« Anno vero incarnationis dominicæ

« M° C° XXX° IV°..... rex vero Henricus paulo
« post venit visitare monachos suos de
« Mortuomari, et terram eis in landa de
« BELFUISSEL ad grangiam construendam
« donavit.

« Eodem tempore, anno ab incarnatione
« Domini M° C° XXX° VIII°, rex Stephanus
« locum Mortuimaris et fratres in pro-
« tectione sua suscepit, et quæcumque rex
« Henricus eis dederat benigne concessit,
« et charta sua confirmavit. Vallem quo-
« que ipsam Mortuimaris eis totam con-
« cessit, et terram de landa de BELFUISSEL
« addidit.

« Ipse quoque Gaufridus, comes Andé-
« gavensis, cum Normanniam acquisisset,
« in landa de BELFUISSEL terram ei accre-
« vit. Sed et filius ejus Henricus, cum adhuc
« dux Normanniæ esset, eumdem locum
« de BELFUISSEL LXXX. acrarum collatione
« augmentavit. »

Un excellent observateur qui a visité Beauficel a remarqué que les bois dont la commune se compose presque exclusivement avaient été en grande partie plantés à la main.

Suivant Toussaint Duplessis, l'église ne date que de la fin du XIIIᵉ siècle. Le roi donna, dit-il, en 1293 une acre de terre pour le cimetière. Nous pensons que la plus grande partie en fut consacrée à l'établissement du presbytère. Le concile de Lillebonne n'avait demandé pour les cimetières nouveaux que cinq perches de tous les côtés de l'église :

« Si vero extra villam nova fit ecclesia,
« undique habebit quinque perticas cime-
« terii. »

Cette contenance devait être plus que suffisante pour les besoins d'une population aussi peu nombreuse que l'était celle de Beauficel au XIIIᵉ siècle. De nos jours, et après avoir suivi la progression habituelle dans le Vexin, c'est-à-dire avoir pour le moins triplé, la population ne monte encore qu'à cinq cents et quelques individus.

On concevra facilement qu'il ne puisse être fait mention de Beauficel dans le pouillé attribué à Eudes Rigaud. Celui de Raoul Roussel le désigne par le nom de BELFUISSEL.

Au XIVᵉ siècle, le duc de Normandie et l'archevêque de Rouen se disputèrent le patronage de l'église de Beauficel. Transaction en 1343. Le procès recommença entre la reine Blanche, d'Evreux, à cause de son douaire, et l'archevêque. Nouvelle transaction en 1382, d'après laquelle le patronage sera alternatif entre le roi et l'archevêque. Toussaint Duplessis, qui rapporte ces faits, déclare que dans les derniers pouillés ledit patronage était tour à tour exercé par le seigneur et l'archevêque.

Nous n'avons point retrouvé de fiefs situés à Beauficel, dans les titres que nous avons consultés. Toussaint Duplessis cite ceux de FICEL et de MAUREPAS dont Bosc FICEL et LA BRUYERE auraient été des démembrements. Mais cet auteur a si peu de critique que nous n'osons reproduire ses assertions qu'avec une extrême réserve.

Les hameaux et dépendances de BEAUFICEL sont : — la Basse-Barre ; — les Bas-Cornets ; — la Bouffetière ; — le Bout-de-la-Ville ; — la Haranguerie ; — la Haute-Barre ; — les Hauts-Cornets ; — la Lande-Asselin ou Asseline ; — le Logis ; — le Nouveau-Monde ; — le Parlement.

Le Nouveau-Monde désigne toujours un lieu qui a été habité à une époque récente, comme tous les NOGENT (NOVI GENTUM), dans le langage barbare introduit par les conquérants de la Gaule romaine.

Le Logis : une résidence tenant le milieu entre la maison ordinaire et le château : ce qu'on appelait au siècle dernier une gentilhommière.

Le Parlement : un lieu où s'était tenue une conférence notable en plein air dans la campagne. Il y a dans le département un grand nombre de localités auxquelles sont restées attachées des traditions de ce genre.

Cf. Toussaint Duplessis, *Description de la haute Normandie*, t. II, p. 459.

BEAUMESNIL-EN-OUCHE.

Arrond. de Bernai. — Cant. de Beaumesnil.

Patr. S. Nicolas. — Prés. le seigneur.

Cette belle terre, aujourd'hui chef-lieu de canton, ne nous paraît pas remonter à une haute ancienneté. Son nom, BELLUM MASNILE, appartient à l'une des catégories les plus récentes des noms de lieu. Le vocable de Saint-Nicolas doit avoir été imposé à son église au XIᵉ siècle, après que Guillaume Pantoul eut rapporté de la Pouille le culte et quelques reliques du vénérable évêque de Myre. Saint Nicolas était peu connu dans l'Église d'Occident, jusqu'à ce que son corps fut enlevé par des habitants de Bari, en 1087. On peut consulter sur cet événement le livre VII d'Orderic Vital, et les notes que nous y avons ajoutées.

Nous trouvons en France trois Beaumesnil et un Belmesnil. Le sens de ces

besoin de nous y arrêter. Nous nous contenterons de remarquer que l'S a été introduit dans le mot MESNIL, comme dans le mot AVESNA de AUTEVERNE, seulement pour indiquer une syllabe longue.

La résidence de Beaumesnil a été fondée au XIII° siècle par Robert de Harcourt, sire de Beaumesnil et I°r du nom dans cette branche, troisième fils de Richard, baron de Harcourt, et de Jeanne de la Roche-Tesson.

Ce domaine dépendait originairement de Beaumont-le-Roger, et avait été porté dans la famille de Harcourt par le mariage de Jeanne de Meulan, fille de Robert, IV° du nom, comte de Meulan, et de Mathilde de Cornouailles, avec Robert, II° du nom, baron de Harcourt. Cette dame était l'aïeule de Robert I°r, sire de Beaumesnil. Ce seigneur épousa Jeanne de Saint-Ceneri ou Saint-Celerin.

Nous connaissons de lui deux chartes, l'une et l'autre en faveur de la commanderie de Saint-Etienne-de-Renneville.

Par la première, qui porte la date de novembre 1265, « Robertus de Harecuria, miles, dominus de BELLOMESNILLO, » vendit « fratribus militiæ Templi peciam « terræ, quam emit de Guillelmo Hubert, « in parrochia de TILLOLO (le Tilleul-Lambert), in cultura fratrum, quæ vocatur « DEX LACREISSE (aujourd'hui le hameau de « Dieu-l'Accroisse) ».

Par la deuxième, donnée en avril 1271, le même personnage remet aux frères du Temple « dominium et justitiam quæ cla-« mabat in masagio Johannis Le Vilan, « apud TYLLIOLUM LAMBERTI ».

Robert de Harcourt, sire de Beaumesnil, II° du nom, épousa Jeanne, dame de Villequier. Il mourut en 1343, et fut enterré au prieuré de Notre-Dame-du-Parc, à Harcourt.

Robert de Harcourt, sire de Beaumesnil, III° du nom, est mentionné dans des actes de 1345 et 1346. Il épousa Jeanne de Prunelai, et combattit vaillamment à la bataille de Créci, aux désastres de laquelle il eut le bonheur d'échapper.

Robert de Harcourt, sire de Beaumesnil, IV° du nom, figure dans un titre de 1396. Il était maréchal de Normandie, et mourut au siège de Carthage par les Génois, en 1390. Il se qualifiait sire de Beaumesnil, chevalier. Il se maria deux fois : la première avec Marguerite de Marigni ; la seconde avec Marguerite de Mauvoisin de Rosni.

Robert de Harcourt, sire de Beaumesnil, V° du nom, est mentionné dans les registres de l'échiquier de 1397, il était seigneur de Fumechon et de la Barre.

Il épousa Blanche de Montmorenci, fille de Hugues de Montmorenci, seigneur de Beausault, chevalier, et de Jeanne de Harcourt.

Ce seigneur posséda la terre de Rosni après la mort de sa tante, Béatrix de Rosni. Ce domaine passa ensuite à sa sœur, nommée aussi Béatrix, qui épousa Jean d'Ivri.

Robert fut tué, avec la fleur de la noblesse française, à la bataille, ou, pour parler plus exactement, à la boucherie de Nicopolis, le 28 septembre 1396.

Robert de Harcourt, VI° du nom, sire de Beaumesnil et chevalier, mourut comme son père et son aïeul, et comme avait mérité de mourir son bisaïeul, de la mort des braves, à la bataille d'Azincourt, en 1415, suivant Monstrelet. Voilà, de compte fait, quatre personnages dont je voudrais voir le nom inscrit dans la mairie et la maison d'école de Beaumesnil.

Marie de Harcourt, tante de Robert de Harcourt, avait épousé Guillaume Painel, seigneur de Milli. Leur fille, Marie Painel, porta la terre de Beaumesnil dans la maison de Tournebu par son mariage avec Guillaume de Tournebu, seigneur de Marbeuf et de Blangi.

Jean de Tournebu, seigneur de Beaumesnil, leur petit-fils, épousa Louise de Hangest, mourut le 7 mai 1487, et fut enterré dans la cathédrale d'Evreux, où l'on voyait encore ses armes avant la Révolution. Il avait vendu la terre de Beaumesnil à Jean de Lorraine, comte de Harcourt, en 1458.

Cette terre fut donnée à Jean de Lorraine, bâtard de Vaudemont, qui la céda pour 40,000 écus à René, duc de Lorraine et de Calabre, comte de Harcourt.

En 1511, Philippe, reine de Jérusalem et de Sicile, était dame de Beaumesnil.

De 1520 à 1542, Beaumesnil appartenait à Claude de Lorraine, duc de Guise, comte d'Aumale. Son petit-fils, Charles de Lorraine, duc d'Elbeuf, vendit ce domaine en 1604 à Jacques Le Conte, seigneur de Nonant. Jusqu'à cette époque il n'avait été qu'un plein fief de haubert, comme on le voit par un aveu de 1449. Jacques Le Conte le fit ériger en marquisat. C'est à lui qu'on doit le beau château appartenant aujourd'hui à M. le comte de Maistre.

En 1660, le 2 octobre, Catherine Le Conte de Nonant épousa Hérard Bouton, II° du nom, comte de Chamilli. Elle était veuve en 1686.

François de Sauche-Bouton, comte de Chamilli, leur fils, mourut le 23 janvier 1722, et fut enterré à Saint-Sulpice de Paris.

Jeanne-Catherine Bouton de Chamilli,

l'une de ses filles, porta la terre de Beaumesnil dans la famille Martel de Clères par son mariage avec le seigneur de ce nom, le 7 février 1720.

Louise-Suzanne-Edmée Martel, fille de Françoise Martel de Clères et du comte de Fontaine-Martel, épousa le 19 février 1760 Armand-Joseph de Béthune, duc de Béthune-Charost, pair de France, né le 1er février 1738. Beaumesnil fut la résidence de prédilection du duc et de la duchesse de Charost, qui y donnèrent longtemps l'exemple de toutes les vertus, et particulièrement d'une bienveillance et d'une bienfaisance inépuisables. Aussi leur mémoire est-elle restée entourée d'une vénération universelle dans cette portion de l'arrondissement de Bernai.

La duchesse de Charost mourut à Beaumesnil en 1777. Le duc se remaria à Mlle de Tourzel, et ne mourut que le 27 octobre 1800. Il était à cette époque maire de l'un des arrondissements de Paris. La reconnaissance des habitants du département du Cher lui a élevé un tombeau par souscription dans le jardin public de Bourges.

Armand-Louis-François-Edme de Béthune-Charost, fils du duc de Charost, guillotiné à l'âge de vingt-trois ans, le 28 avril 1794, n'a pas laissé de postérité.

Mme de Béthune-Charost, sa veuve, née Maximilienne de Béthune-Sulli, et par conséquent sa cousine, épousa en secondes noces M. le marquis, aujourd'hui duc de Montmorenci-Laval, et lui apporta la propriété de la terre de Beaumesnil. Cette dame est morte en 1833.

Les barons de Beaumesnil, de la maison de Harcourt, portaient de gueules à deux fasces d'hermines et non d'or, pour se distinguer des autres branches de la famille;

Les Painel : d'or à deux fasces d'azur, à l'orle de merlettes de gueules;

Les Tournebu : d'azur à la bande d'argent, le champ semé de billettes d'or pour brisure;

La famille de Lorraine : d'or à la bande de gueules, chargée de trois alérions d'argent (1);

Les Le Conte de Nonant : d'azur au chevron d'argent, accompagné en pointe de trois besants mal ordonnés d'or;

Le marquis de Chamilli : de gueules à la fasce d'or;

Les Martel de Clères) d'or à trois marteaux de gueules;
Les Martel de Bâqueville :

Les ducs de Béthune-Charost : d'argent à la fasce de gueules, au lambel de trois pendants du même.

L'église de Beaumesnil a été reconstruite par les soins et aux frais de M. le duc de Montmorenci-Laval.

Les dépendances de BEAUMESNIL sont : la Blinière; — le Borcher (Rose-Richer, ancien fief); — le Bosc-des-Prés; — le Boulai; — le Calvaire; — la Duquerie; — le Futel; — la Grimoudière; — la Hafletière; — la Harengère; — le Lieu-Pattei; — l'Oussinière (peut-être corruption de la Houssinière); — le Nouveau-Monde; — Rochefort; — la Sanaie; — et en outre les communes réunies de Pierre-Ronde et Saint-Lambert, dont nous traiterons à part.

BEAUMONT-LE-ROGER.

Arrond. de Bernai. — Cant. de Beaumont.
Sur la Risle.

Patr. S. Nicolas, S. Léonard, S. Aubin, S. Martin-des-Portes. — Prés. le prieur de Beaumont, puis l'abbé du Bec.

Le nom de Beaumont appartient, comme celui de Beaumesnil, à l'une des dernières catégories des noms de lieux en France. Toutefois il a été employé pour désigner ce territoire dès les premières années du XIe siècle, et nous en pourrions citer des exemples bien antérieurs. Ce ne sera pas la seule preuve que nous rencontrerons de la haute ancienneté des noms composés par alliance de mots restés dans le vocabulaire des temps modernes. Il semble que l'invasion de la langue scandinave aurait dû les exclure en Normandie plus que partout ailleurs; mais il faut tenir compte de la rapidité incroyable avec laquelle, au Xe siècle, l'élément scandinave fut absorbé chez nous par l'élément français, au moins dans la haute Normandie. Nous pensons même que les noms de lieu appartenant aux idiomes septentrionaux, et existant encore en Normandie, doivent remonter à une époque de désorganisation encore plus complète, époque dans laquelle les populations les plus hétérogènes, juxtaposées par petits groupes sur le même territoire, mais isolées et hostiles, conservaient leur physionomie et leur langue primitives.

Quoi qu'il en soit de cette vue, sur laquelle nous trouverons plus d'une occasion de revenir, le nom de Beaumont, dont il existe en France quarante-sept exemples sous cette forme et seize sous celle de Belmont, se rencontre dans des documents

---

(1) Nous nous contentons de citer les armoiries fondamentales de la maison de Lorraine, que chaque branche, chaque génération brisait et écartelait à sa fantaisie.

authentiques dès le IXᵉ siècle au moins. Belmont, près Schelestadt, est cité sous son nom actuel dans un acte de 855. Il y avait un BELLUS MONS parmi les propriétés de Saint-Martin de Tours en 862.

La première mention que nous connaissions de notre Beaumont se voit dans la constitution de dot de la duchesse Judith, rédigée à l'époque de ses fiançailles, et par conséquent à une date très-voisine de l'an 1000. Ce lieu y figure au nombre des dépendances de Bernai, entre Fontaine-l'Abbé, Beaumontel et Vieilles, sans que rien indique en lui une importance supérieure à celle de ces petites localités :

« FONTANAS, BELMONT, BELMONTEL, LITULAS (*lisez* VETULAS). »

Il paraît constant qu'il y existait déjà au moins une église comme à Fontaine-l'Abbé, Beaumontel et Vieilles ; mais à laquelle des quatre paroisses cette église primitive de Beaumont répondait-elle ? Nous pensons qu'il faut écarter de la question d'abord Saint-Martin-des-Porées et Saint-Nicolas. Saint-Martin-des-Porées est cependant un oratoire fort ancien, peut-être même le plus ancien de la contrée ; mais il est placé sur la rive gauche de la Risle, en aval de Vieilles (1). Saint-Nicolas, à la vérité, est antérieur aux événements qui, à partir de 1087, imprimèrent une nouvelle ardeur au culte du saint évêque de Myre ; mais là ne doit pas se trouver l'église primitive d'un lieu dont les premières habitations ont dû être construites sur le sommet du plateau, comme son nom l'indique suffisamment. Ces deux églises mises de côté, nous restons en présence de Saint-Aubin et de Saint-Léonard. Or, Saint-Aubin, visiblement identique avec Saint-Aubin de Barc (2), était beaucoup trop éloigné pour avoir formé la paroisse primitive, celle qui fut créée pour le service des hameaux supérieurs, dans le voisinage du château féodal bâti postérieurement par Roger. Nous sommes donc amené par ces diverses considérations à reconnaître que l'église primitive a été Saint-Léonard, qui a subsisté jusqu'à la Révolution sur la portion du plateau autrefois enclose de murs, au sud-est du château. Nous ne donnons, au reste, ces réflexions que comme de simples conjectures, en nous empressant d'ajouter que, si nous nous bornons à comparer l'ancienneté des vocables, Saint-Martin ou Saint-Aubin devraient venir en première ligne.

Aujourd'hui il ne reste plus à Beaumont que l'église de Saint-Nicolas, assez grand édifice dans lequel on remarque quelques vitraux, quelques sculptures gracieuses de la Renaissance, particulièrement dans les voûtes, et les encadrements des fenêtres des deux collatéraux. Comme cette église est mentionnée dans la charte de Roger, il faut nécessairement que sa fondation ait devancé le retour de Guillaume Pantoul en Normandie. Peut-être portait-elle dans l'origine un autre vocable ? D'ailleurs, les fréquents voyages des Normands à la terre sainte, pendant tout le cours du XIᵉ siècle, avaient très-bien pu mettre à la mode, dans quelques localités de la province, le culte du saint évêque de Myre avant le transport de ses reliques à Bari. L'influence d'un pèlerin enthousiaste ou d'un ecclésiastique éloquent, le récit de quelque miracle étrange suffiraient pour expliquer ce fait exceptionnel. Il ne faut pas oublier que, dès cette époque, saint Nicolas était devenu, sans qu'on sache trop pourquoi, ce qu'il est encore aujourd'hui, le plus grand saint de l'église d'Orient.

La pieuse Judith comprit Beaumont dans le nombre des domaines dont elle dota son abbaye de Bernai. Dans la charte de confirmation, il fait encore partie du même groupe que Fontaine-l'Abbé, Beaumontel et Vieilles, mais cette fois il y occupe la première place : « Concedo etiam « BELMONT, BELMONTELLUM, FONTANAS, VE-« TULAS, cum omnibus appenditiis suis.... « Cum omnibus appenditiis eorum et ec-« clesiis et molendinis, pratis, terris cul-« tis et incultis, aquis, aquarumve decur-« sibus, a valle SARNKIAS usque ad FON-« TANAN RATGRAM. » Ce dernier passage est fort obscur. Nous supposons qu'il signifie : « Depuis Cernières, en suivant le cours de la Charentonne, jusqu'à son confluent avec la Risle, puis remontant celle-ci jusqu'au lieu nommé aujourd'hui la Fontaine-Roger ou Fontaine-Enragée, sur le territoire de Beaumont-le-Roger. »

Parmi les nombreux témoins de cette charte, on voit figurer au trente et unième

---

(1) L'emplacement de Saint-Martin-des-Porées est encore marqué dans la carte de Cassini sur la rive gauche de la Risle, en aval de l'église de Vieilles, mais plus loin de celle-ci qu'il ne l'était en effet. Nous ne connaissons que deux documents où il en soit fait mention : l'un est une charte de 1311, dans laquelle on lit : « In patrochia Sancti Martini de Bello Monte sous Principis ; » l'autre, un contrat de 1524, par lequel « Estienne Osmont vendit au convent de « la Sainte-Trinité de Beaumont une rente assise sur « une pièce de terre en la paroisse de Saint-Martin-« des-Porées, bornée d'un côté par la terre de M. le « comte (comte) de Beaumont ».

(2) Cette église est nommée SANCTUS ALBINUS DE BELLO MONTE dans la charte de Roger, mais elle n'y est placée qu'après Saint-Crespin de Barc. Dans la charte de Buchard du HOMME, elle figure, sans surnom, après Saint-Crespin de Barc et avant Saint-Nicolas de Beaumont.

rang, après les membres de la famille ducale, les sept évêques et les treize vicomtes, un personnage nommé HUMFREDUS, qui paraît avoir été un personnage éminent puisqu'il précède HARFAST ou ARFFAST, frère de la duchesse Gonnor, et probablement déjà seigneur de Breteuil. On pense que ce doit être Onfroi, fils de Touroude de Pont-Audemer, neveu de ce même Harfast et cousin germain de Richard II par sa mère Weve ou Duceline, sœur de Gonnor. Ce seigneur épousa Auberée de la Haie, qu'on dit avoir été propriétaire de la forêt de Brotonne et être morte le 28 décembre 1045.

Dans les temps d'anarchie qui suivirent la rédaction de la charte où ces donations étaient consignées, les volontés de la pieuse princesse ne furent guère respectées. Ce fut, au contraire, à qui des puissants seigneurs du voisinage les violerait le plus effrontément. Les barons de Ferrières, les Montgommeri, les seigneurs de Pont-Audemer accoururent des premiers à la curée, et la naissante abbaye dut se trouver trop heureuse de conserver une faible portion de ses propriétés les plus authentiques. Nous verrons bientôt les Montgommeri s'emparer de la moitié de la ville même de Bernai et de la presque totalité de son vaste territoire rural. Ce fut aux seigneurs de Pont-Audemer qu'échurent trois communes du petit groupe dont nous venons de parler : Beaumont, Beaumontel et Vieilles, et cette usurpation paraît avoir suivi de bien près la charte de Richard II, puisque Onfroi est intitulé seigneur de Vieilles : « HUMFREDUS DE VETULIS, » dans la rubrique de la charte de fondation de Saint-Pierre-de-Préaux, rédigée avant le départ du duc Robert pour la terre sainte. Pendant que ces seigneurs portaient une main sacrilège sur les domaines des abbayes fondées par leurs souverains et avec la sanction de leur propre témoignage, ils en créaient d'autres non moins splendides afin de se donner devant les hommes le mérite d'une magnificence royale, et de confisquer à leur profit les grâces divines qui devaient être obtenues par les prières des moines. Une autre singularité, que nous ne devons pas négliger de signaler, est l'empressement apporté par les seigneurs à prendre le nom des domaines usurpés, préférablement à celui de Pont-Audemer, qui rappelait une propriété infiniment plus authentique et plus importante, au moins en apparence. Était-ce pour narguer l'autorité ducale, pour faire présumer qu'elle avait donné son consentement tacite à ces usurpations, ou tout simplement pour se glorifier de leurs nouvelles et vastes possessions ? C'est ce que nous ne nous permettrons pas de décider. Au reste, la forêt de Barc et celle qui porte aujourd'hui le nom de Beaumont-le-Roger, appelée alors, comme nous le verrons bientôt, la forêt d'Ouche, entraient probablement déjà dans le territoire de Vieilles, et peut-être l'étendue du territoire de ces forêts, l'importance de leurs revenus en faisaient-elles une propriété supérieure à celle de Pont-Audemer.

Il paraît, d'après la chronique de Robert du Mont (ch. XII), que Raoul ou Radulphe de Beaumont, alors prieur ou gardien pour l'abbaye de Fécamp de l'établissement religieux fondé à Bernai par Judith, donna les mains à l'usurpation de Onfroi. Ce personnage n'en fut pas moins nommé abbé du Mont-Saint-Michel en 1048. Son surnom, qui nous a été conservé par la chronique de cette dernière abbaye, semble indiquer qu'il était originaire de Beaumont. Il semble même qu'il était parent d'Onfroi : « consanguineo suo, » ce qui expliquerait sa connivence avec le spoliateur de l'abbaye de Bernai. Mais comment les seigneurs de Pont-Audemer avaient-ils des parents à Beaumont ? C'est ce dont il est difficile de se rendre compte.

Une circonstance que nous ne voulons pas oublier de faire remarquer, c'est que, si le nom de Vieilles est cité dans la rubrique de la charte de Saint-Pierre-de-Préaux, il ne l'est pas du tout dans le cours de cette pièce. Il en est de même des noms de Beaumont et de Beaumontel, de sorte qu'il nous est permis de supposer que l'usurpation de ces trois communes a été postérieure à la fondation de Préaux. Cependant cette usurpation est fort ancienne et antérieure au règne de Guillaume le Conquérant, puisqu'on lit à la suite de la charte de Préaux : « Item, sub eodem « principe [Roberto primo], Rogerius de « Bellomonte dedit Sancto Petro decimam « unius gort de Bellomonte. » D'ailleurs cette usurpation, autant que les troubles de la minorité de Guillaume le Conquérant, amena une lutte sanglante entre les seigneurs de Vieilles et de Conches. On conçoit que des sentiments de jalousie et d'envie aient mis les armes à la main des seigneurs de Conches lorsqu'ils virent les seigneurs de Pont-Audemer former à si bon marché, tout près d'eux et pour ainsi dire à leur porte, un si puissant établissement. Ce ne fut point Onfroi, déjà probablement affaibli par l'âge, qui leur tint tête, mais ses deux fils Robert et Roger. Roger quitta le nom de Vieilles pour prendre celui de Beaumont, dont il paraît avoir bâti le château, et mis ainsi les habitants à l'abri de ces coups de main auxquels furent exposées pendant tout le moyen âge les populations sans défense. C'est probablement en reconnaissance de ce bienfait que la ville de Beaumont lui a emprunté son surnom. Quant à Robert, qui fut assassiné de très-bonne heure par Roger de Clere, comme on a pu le voir à l'article BAILLEUL-LA-VALLÉE, nous ne pensons point qu'il ait jamais porté le titre de seigneur de Beaumont, qui lui a été donné, abusivement ce nous semble, par plusieurs historiens. Au moins n'en est-il revêtu dans aucun des documents contemporains que nous avons pu consulter. Nous citerons particulièrement la charte par laquelle Guillaume dispose en faveur de Saint-Wandrille de cinq églises du Cotentin sur sa demande. Robert y est appelé par ce prince : « Robertus, fidelis noster, filius Hunfredi, » et sa souscription ne porte pas de désignation. C'est encore à tort qu'on a voulu en faire le *dapifer* du duc, cet emploi appartenant déjà aux seigneurs de Breteuil. Il est certain que Roger resta bientôt seul propriétaire de Beaumont, et qu'il conserva ce domaine jusqu'à l'époque de sa mort (29 octobre 1094, suivant les généalogistes). Orderic Vital semble indiquer qu'il adopta la vie monastique vers cette époque, mais qu'il ne mourut que quelques années après.

Nous verrons ci-dessous la mention d'un deuxième frère de Roger, nommé Guillaume, dont les généalogistes n'ont pas jugé à propos de tenir compte, malgré l'authenticité de son existence. Ce seigneur, qui joua un si grand rôle à la cour de Guillaume le Conquérant, et qui paraît avoir été constamment l'un de ses conseillers les plus intimes, n'assista point à la bataille de Hastings, comme on l'a prétendu si souvent. Il y fut remplacé par son fils aîné Robert, encore fort jeune alors, qui y fit des prodiges de valeur, et préluda ainsi à la haute position qu'à l'exemple de Roger il occupa à la cour de Henri Ier. Le seigneur de Beaumont resta en Normandie, par l'ordre de son souverain, pour assister la princesse Mathilde dans l'administration du duché pendant l'absence de son royal époux, tâche bien rude en effet pour des mains qui n'étaient accoutumées qu'à manier la laine et la soie, si la sagesse consommée de son conseiller n'eût été chargée de les diriger.

Roger avait épousé, probablement vers 1045 ou 1046, Adeline de Meulan, sœur du comte Hugues II. Celui-ci ayant pris l'habit monastique au Bec, vers 1077, Roger hérita, au droit de sa femme, de cette magnifique succession, qui faisait passer entre ses mains toute la portion occidentale de l'Île-de-France. Mais, Adeline étant morte en 1081, le titre de comte de Meulan revint immédiatement à son fils, qui, dès le 6 janvier 1082, siégeait en cette qualité à la cour du roi Philippe Ier, à Poissi.

Après la mort de Guillaume le Conquérant, Roger, avancé en âge, se retira de la cour du duc Robert, qui n'était plus peuplée que de baladins et de gens de mauvaise vie. Il n'y reparut que quand les intérêts de sa famille l'exigèrent, comme nous le verrons à l'article BAYONNE.

Ce fut dans les derniers loisirs de sa vie qu'il confirma la fondation du prieuré, alors collégiale, de la Sainte-Trinité de Beaumont, fondation déjà faite avant la mort du roi Guillaume et dont nous avons eu le bonheur de retrouver la charte primitive dans le cartulaire de cet établissement. (Bibliothèque Mazarine, n° 1212.)

Les principales propriétés dont il dota cette collégiale furent :

Onze charruées de terre labourable, dont quatre situées à Barc, une à Clairmont (commune de Brai), trois à la Neuville-de-Combon et trois à Freville, hameau de Goupillières, sans compter le bois attaché à cette dernière propriété. Chaque charruée étant, comme le donateur l'expose lui-même, de quatre-vingt-dix acres, la totalité de ces domaines s'élevait à neuf cent quatre-vingt-dix acres ;

Deux gerbes de dîme à Barc, à Saint-Léger-le-Gautier, et sur beaucoup de propriétés particulières ;

Tout le champart qu'il possédait à Beaumont-la-Ville (1) et à Beaumontel ;

La dîme de la bergerie de Rouge-Fosse, hameau de Barc, et des deux bergeries de Beaumont-la-Ville, en expliquant qu'elle s'appliquait à la laine, aux fromages et aux agneaux ;

La dîme complète des vacheries de Launal-Bigards (de ALNETO) ;

A Salerne (nous pensons que c'est Saint-Cyr-de-Salerne), une charruée de terre et deux gerbes de la dîme de plusieurs tenanciers, dont Roger possédait le champart ;

La dîme complète des redevances et des passages de Combon, de Barc, de Beaumont-la-Ville et de Serquigni (SARCHIN-

---

(1) On pourrait croire qu'il s'agit ici de la portion urbaine de Beaumont ; mais Beaumont-la-Ville est au contraire un hameau situé sur le plateau et dépendant de Beaumontel. Nous ne doutons point que ce ne soit dans ce hameau et dans celui du Bourg-Dessus qu'il faille chercher la population primitive de Beaumontel et de Beaumont.

NEUBB), de tous les revenus de la forêt de Barc et de la forêt de Beaumont (*forestæ quæ vocatur* OCCA [1]), c'est à savoir la dîme de la chasse, de la récolte du miel [2] et de toutes leurs autres provenances, aussi bien que des tenures des habitants ; des amendes de toute la vicomté de Beaumont, tant en dehors qu'en dedans de la portion urbaine (*villa*) ; du tonlieu de Beaumont, des rentes, des jardins du donateur et de la vigne située entre le château et l'église Saint-Nicolas, aussi bien que des vignobles appartenant à ses enfants, avec le consentement de ceux-ci [3] ;

La dîme de tous les accroissements de son domaine, tant en terre labourable qu'en bois, n'ayant encore été soumis à la dîme d'aucune église dans le ressort de cette vicomté ;

Sur le tonlieu du Neubourg, VI livres pour le luminaire de l'église ;

Deux moulins, savoir : ceux qui sont chargés de la mouture pour les habitants du Neubourg, des Essarts et de Sainte-Opportune ;

La dîme de Saint-Paul du Neubourg, un moulin pour la mouture des chanoines ;

Dans ses propres moulins de l'Etang un muid de froment, à prendre sur lui-même (*de dominio meo*) ;

La dîme d'un autre moulin et la moute de quatre chanoines à ce moulin ;

Sur le tonlieu de Beaumont, c'est-à-dire sur son propre revenu, LX sols ; au peintre et chanoine Odo, sa maison exempte de tous droits, en prébende ;

Quarante perches de l'eau de la Risle ;

L'exemption de toutes coutumes pour les serviteurs des chanoines comme pour eux-mêmes, quand ces serviteurs vivront aux dépens de ces mêmes chanoines.

Les autres hommes des chanoines sont assimilés pour les coutumes forestières aux hommes du donateur ; l'exemption de tout droit de passage sur les pourceaux des chanoines, est accordée là où le droit est exigé. Dans la délivrance des bois aux habitants de Beaumont (*burgenses*), les chevaux et les ânes des chanoines ne sont soumis à aucun droit.

Concession est faite d'une foire, qui aura lieu le jour de la dédicace de l'église de la Sainte-Trinité [4].

Enfin, les églises de Saint-Nicolas, Saint-Léonard, Saint-Aubin de Beaumont, et Saint-Crespin de Barc, concédées plus tard, avec le consentement de Gislebert, évêque d'Evreux.

Ces donations, sauf la dernière, remontent jusqu'au règne de Guillaume le Conquérant et avaient obtenu son assentiment, aussi bien que celui de l'archevêque Guillaume Bonne-Ame et des deux Gislebert, évêques d'Evreux et de Lisieux.

Les témoins sont : Robert Courteheuse ; Robert de Harcourt (désigné sous le nom modeste de Robert, fils d'Anquetil) ; Roger de Thibouville (*de* THEBOLTVILLA) et ses frères Raoul et Fortin ; Guillaume de Formoville, *dapifer* du donateur ; Morin du Pin et son fils Gislebert (le même qui fut tué en 1090 à la prise de Brionne ; voyez Orderic Vital, l. VIII, p. 342-343 de notre édition) ; Robert de Bonnebosq (BONESBOZ) ; Guillaume d'Auvillars (*de* ALTOVILLARI) ; Robert Pipart (propriétaire du Mesnil-Pipart sur Ecardenville) ; Robert du Val ; Robert d'Ecametot (SCAMELTOT ; nous ne connaissons pas de lieu de ce nom) ; Raoul le Vicaire ; Thierri de Launai (*de* ALNETO), et Raoul son fils ; Ranaulfe de Bigars (BIGARS, fief sur Nassandre) ; Osberne le majordome (*mansionarius*) et Hugues le portier.

A l'exception des deux premiers personnages, tous ces témoins sont des vassaux ou des serviteurs de Roger.

Malgré l'étendue de cette charte jusqu'ici complètement inconnue, nous avons cru devoir la transcrire en entier, non-seulement à cause des précieux renseignements topographiques et historiques

---

(1) Cette forêt, qui renferme encore environ 4,000 hectares, porte aujourd'hui le nom de la commune et fait partie de son territoire. C'est de son nom primitif OCCA que provient celui de doyenné et d'archidiaconé d'Ouche, qui portaient autrefois deux divisions de l'évêché d'Evreux, aussi bien que le nom de pays d'Ouche donné à la contrée située entre la rive gauche de la Risle et la rive droite de la Charentonne, et qui s'est trouvée ainsi confondue avec le véritable pays d'Ouche : *regio Uticensis*. Celui-ci occupait un vaste emplacement, primitivement couvert de bois, vers la source de cette dernière rivière. Ainsi le nom de pays d'Ouche provient de deux forêts différentes, aujourd'hui séparées par de vastes campagnes, mais peut-être contiguës dans l'origine.

Si l'on ajoute foi au passage de Robert du Mont que nous avons rappelé précédemment, le rapport entre les noms primitifs des deux pays d'Ouche aurait été encore plus intime. Cet historien dit en effet que Richard de Beaumont, prieur ou gardien, pour l'abbaye de Fécamp, du monastère naissant de Bernai, donna à son parent : « UTICAM et Belmontellum. » Le nom primitif du territoire de Beaumont aurait donc été UTICA, dont on aurait fait ensuite par contraction OCCA, et Beaumont n'aurait désigné que la réunion des habitations formée par le château.

(2) Cette récolte était alors d'une grande importance : elle était faite par des employés particuliers, désignés en latin par le nom d'*apiger*, et en français par celui de *bigre*.

(3) Nous pensons qu'il faut sous-entendre : en *Normandie*, pour ne pas y comprendre les immenses vignobles du comté de Meulan.

(4) Il existe deux foires à jour fixe à Beaumont : l'une le 11 juillet, l'autre le 29 septembre, jour de la Saint-Michel. Nous pensons que c'est de cette dernière qu'il s'agit ici.

qu'elle nous fournit, mais encore parce que c'était le meilleur moyen de donner à nos lecteurs une idée juste de l'immense développement qu'avait pris entre les mains d'Onfroi et de Roger le domaine de Vieilles et de Beaumont.

Nous devons encore faire remarquer, afin d'éviter toute confusion avec les propriétés des moines de Préaux, qu'excepté Salerne, qui paraît avoir fait partie de l'ancien patrimoine des seigneurs de Pont-Audemer, tous les lieux où des donations sont faites à la collégiale appartiennent à la mouvance de Beaumont. Nous verrons à l'article SALERNE que là comme ailleurs on eût agi plus sagement en ne mettant pas en contact les chanoines avec les moines.

« Ego Rogerus de Bello Monte reddo
« Deo trino et uno atque in perpetuum
« concedo ecclesiæ Sanctæ Trinitatis de
« Bello Monte, ad subdium (sic) servi-
« cium ejus, partem bonorum quæ mihi
« divina pietas ad tempus accommoda-
« verat. Et hoc pro salute animæ domini
« mei Willelmi regis, expugnatoris An-
« gliæ et Normanorum ducis, et uxoris
« etiam reginæ Mathildis et filiorum ejus,
« nec non et pro salute animæ meæ et
« patris mei et matris, et uxoris meæ et
« fratrum meorum (1) et filiorum meo-
« rum.

« Do igitur supradictæ ecclesiæ in ME-
« SNILLO HERLUINI terram trium carruca-
« rum;

« In BARCO terram unius carrucæ;

« In CLAROMONTE terram unius carrucæ;

« In NOVAVILLA terram trium carruca-
« rum;

« In FREDEVILLA terram trium carruca-
« rum; terciam videlicet quæ erat in do-
« minio meo, quietam ab omni consuetu-
« dine sicut fuerat in dominio meo; et
« præter hoc silvam ejusdem villæ, sicut
« pertinebat ad villam, dum erat in domi-
« nio meo.

« Unicuique autem harum carrucarum
« concedo quater viginti et x. agros terræ.

« In BARCO iterum concedo unam masu-
« ram terræ, ubi canonici supradictæ
« ecclesiæ habeant horreum ad colligen-
« das videlicet communes decimas. Con-
« cedo etiam de tota potestate BARCHI et
« villanis et de bordariis unde campartum
« habeo, duas garbas decimæ;

« De SANCTO LEODEGARIO WALISHI, et de

(1) Ces mots prouvent que Roger, contre l'opinion des généalogistes, avait eu, outre Robert, un frère nommé Guillaume, qu'on trouve mentionné dans la charte de fondation de Saint-Pierre-de-Préaux, comme ayant reçu un soufflet à l'occasion de cette fondation.

« VALLE MAINERII et de terra Henrici, filii
« Osulfi, et de terra Ogerii de BARCO, et de
« terra Willelmi dispensatoris de HAVORIT,
« et de terra Osulfi balistarii, et de terra
« Anschetilli, filii Bosonis, et de terris
« quæ fuerunt villanorum, quæ modo
« sunt in dominio meo, duas garbas de-
« cimæ.

« De BELLOMONTE VILLA et de BELLOMON-
« TELLO, ubicumque campartum habeo,
« et de omnibus meis culturis, et de terris
« francorum hominum quæ fuerunt villa-
« norum, duas garbas decimæ concedo in
« omnibus prædictis villis;

« De ovili RUBRÆ FOSSÆ concedo plena-
« riam decimam;

« De duobus ovilibus de BELLOMONTE
« VILLA similiter plenariam decimam, vi-
« delicet lanæ et agnorum et caseorum;

« De vaccariis de ALNETO decimam ple-
« nariam;

« In SALERNO terram unius carrucæ, et
« de terra Ernoldi et villanorum et bor-
« dariorum ejusdem villæ, undecumque
« campartum habeo, duas garbas decimæ
« concedo;

« Item, de molendino SALERNI et de
« porcariis et de ovili, et de censibus et
« de foresta, et de pasnagiis, et de fori-
« facturis placitorum, integram decimam
« dono;

« De censibus et pasnagiis de COMBONIO
« et de BARCO et de BELLOMONTE VILLA et
« de SARCHINNEIO, et de omnibus redditi-
« bus de foresta BARCHI, et de omnibus
« redditibus forestæ quæ vocatur OCCA,
« scilicet de venatione, de apibus et de
« omnibus aliis exitibus qui inde exeunt,
« necnon etiam de beneficiis hominum in
« aliis manentium, et de forisfacturis pla-
« citorum, quæ exeunt de toto vicecomi-
« tatu BELLIMONTIS citra et trans RISILAM,
« et de theloneo BELLIMONTIS, et de cen-
« sibus et de ortis et viridariis meis, et
« de vinea mea inter castrum et ecclesiam
« sita, et de vineis quæ sunt in dominio
« filiorum meorum, ipsis concedentibus,
« plenariam decimam concedo;

« Dono etiam decimam de omnibus in-
« crementis quæ ad dominium venerint et
« quæ hactenus nulla habuit ecclesia;

« De theloneo NOVI BURGI VI. solidos ad
« luminare prædictæ ecclesiæ concedo;

« Concedo præter hæc supradictæ san-
« ctæ Dei ecclesiæ duos molendinos, ad
« quos videlicet venit moltura de NOVO
« BURGO et de ESSARTIS et de SANCTA OPOR-
« TUNA, præter decimam S. Pauli de Novo
« BURGO, et molendinum OSVENI (1), cum

(1) Ce moulin existe encore sous le même nom, en amont de Beaumont.

« communi moltura quam hactenus ha-
« buit ; in quibus canonici suam moltu-
« ram habeant, et de aliis molendinis
« de Bellomonte decimam similiter con-
« cedo ;

« In molendinis etiam meis de Stagno (1)
« modium unum frumenti de dominio meo
« concedo ;

« De molendino bresario (2) decimam
« similiter dono et in eodem quarto cano-
« nicis molturam suam quietam concedo ;

« De theloneo Bellimontis, de dominio
« scilicet meo, xl. solidos prædictæ eccle-
« siæ concedo ;

« Odoni pictori et canonico domum
« suam quietam in præbendam concedo ;

« De aqua Risiliæ xl. perticas sanctæ
« prefatæ ecclesiæ similiter concedo ;

« Servitores canonicorum, qui vivunt
« de eorumdem re propria, quietos facio
« ab omnibus consuetudinibus, sicut et
« ipsi canonici ;

« Alii vero homines canonicorum tales
« consuetudines habeant in silvis meis et
« in aliis omnibus quales habent et illi qui
« sunt in dominio meo. In forestis meis
« ubi alii dant pasnagium, porcos canoni-
« corum quietos facio. In liberata quam
« habent burgenses in silva mea ad ligna
« capienda, canonici habeant asinos et
« equos duos (on a rayé ce mot pour y
« substituer suos) quietos ;

« Concedo etiam canonicis Sanctæ Tri-
« nitatis feriam constitutam in dedicatione
« ejusdem ecclesiæ.

« Has donationes ego Rogerus, cum
« præfata ecclesia dedicaretur, laudante et
« concedente domino meo Willelmo, ex-
« pugnatore Angliæ et Normanniæ duce,
« concedentibus etiam liberis meis : Ro-
« berto, comite Mellentensi, et Henrico,
« comite de Warwic. In assensu et præsen-
« tia Willelmi venerabilis Rothomagensis
« archiepiscopi, et Gisleberti Ebroicen-
« sis episcopi. Testibus : Roberto, Nor-
« mannorum duce, et Roberto (de Har-
« court), filio Anschetilli, et Rogero de
« Theboltvilla, fratribusque suis Radulfo
« et Fortino, et Willelmo, dapifero de For-
« movilla, et Morino de Pinu cum Gisle-
« berto, filio suo, et Roberto de Bonesboz,
« Willelmo de Alto Villari, et Roberto
« Pipart, et Roberto de Valle, et Roberto
« de Scameltot, et Radulfo, vicario, et
« Theoderico de Alneto cum Radulfo, filio
« ejus, et Rannulfo de Bigarz, et Osberto
« Mansionario et Hugone Janitore, et præ-

(1) Le moulin de l'Étang, en aval de Beaumont.
(2) Moulin à orge. Ces moulins étaient destinés non à moudre l'orge, mais à lui faire subir cette espèce de mondage nécessaire pour la fabrication de la bière.

« ter hos multis aliis, quos enarrare lon-
« gum est.

« Procedente autem tempore præfatus
« Rogerus de Bellomonte dedit suprano-
« minatæ ecclesiæ S. Trinitatis et canoni-
« cis ibidem constitutis ecclesiam S. Ni-
« cholai de Bellomonte, et ecclesiam
« S. Leonardi, et ecclesiam S. Crispini de
« Barco, et ecclesiam S. Albini de Bello-
« monte, cum terris et decimis et omnibus
« aliis rectitudinibus prædictis ecclesiis
« pertinentibus, concilio (sic) et assensu
« prædicti Gisleberti Ebroicensis episcopi.
« Et præter hoc terram ubi fuit vinea
« Odonis pictoris, et duas mansiones
« duorum canonicorum super calceiatam
« vivarii, et duas domos in Novo Burgo
« concessit prædictæ ecclesiæ S. Trini-
« tatis. » (Cart., fos I et II.)

Cette charte ne porte point de date ;
mais il résulte nécessairement de la présence parmi les témoins de Gislebert du
Pin, tué devant Brionn. à 1090, qu'elle
ne peut être que de 1088 ou 1089.

Ainsi que nous l'avons déjà dit, Roger
paraît avoir quitté le monde vers 1094
pour se retirer à Préaux, où il embrassa
la vie monastique, et mourut quelques
années plus tard, âgé d'environ quatre-
vingts ans.

Robert, 1er du nom comme seigneur de
Beaumont, IIIe du nom comme comte de
Meulan, avait reçu de la reconnaissance du
Conquérant, pour prix de ses services à la
bataille d'Hastings, le comté de Leicester,
qu'il posséda toute sa vie et transmit à son
second fils Robert. Il se qualifiait encore
Robert de Beaumont en 1084 dans une
charte en faveur de Fécamp ; mais, ainsi
que nous venons de le dire, il siégeait à la
cour du roi de France en qualité de comte
de Meulan dès les premiers jours de 1082.
Nous verrons en détail, à l'article Baionne,
ses démêlés avec le duc Robert, au sujet
de ce château, en 1090. Nous supposons
qu'il pouvait être alors âgé de quarante-
deux ans, et qu'il était né par conséquent
vers 1048. La violence de caractère qu'il
déploya dans cette circonstance s'alliait
chez lui avec une grande ambition, de
hautes connaissances politiques, beaucoup
de réserve habituelle, de sobriété et d'é-
légance de mœurs ; aussi fut-il l'un des
plus puissants personnages et peut-être le
politique le plus accompli de son siècle,
après toutefois son souverain Henri Ier,
dont il resta toute sa vie le principal conseiller, comme son père avait été le principal conseiller du Conquérant. Bien qu'il
y eût moins de sympathie entre lui et
Guillaume le Roux, le comte de Meulan
s'était attaché à Guillaume préférablement

à Robert Courtehouse, pour lequel il paraît avoir professé constamment une aversion bien décidée, quoiqu'il eût eu part, avec son père Roger et son frère Henri, comte de Warwick, à la réconciliation passagère de 1079. Cette aversion, que les événements relatifs à Ivri et à Brionne contribuèrent puissamment à développer, s'explique d'ailleurs suffisamment par la différence des actes et des caractères.

Le comte de Meulan se déclara pour Guillaume le Roux dans l'invasion du Vexin français par ce prince, et lui ouvrit les portes de ses villes. Il était à la chasse dans la New-Forest, le 2 août 1100, jour où Gautier Tyrel tua le roi par accident; il accompagna le prince Henri dans sa course rapide vers Winchester pour s'emparer du trésor de la couronne. Pendant toutes ces transactions et jusqu'à la bataille de Tinchebral, les domaines du comte de Meulan, en Normandie, eurent beaucoup à souffrir des incursions de ses voisins, et particulièrement de celles des seigneurs de Conches et des comtes d'Evreux, ses ennemis constants. Cependant ces derniers furent obligés de respecter lesdits domaines pendant le séjour que Robert fit dans cette province de 1103 à 1104.

En 1106, Robert contribua puissamment à la victoire de Tinchebrai, qui réunit la Normandie à l'Angleterre sous le sceptre de Henri Ier. Excommunié par la cour de Rome pour son adhésion à la politique de ce prince dans les discussions relatives à la grande affaire des investitures ecclésiastiques, il n'en continua pas moins de fréquenter les églises et de remplir ses devoirs religieux comme à l'ordinaire, jusqu'à ce que saint Anselme eût, par ses bons offices, déterminé le pape à revenir sur cette sentence.

Il n'était pas seulement, comme nous l'avons dit, le plus profond politique de son siècle, il en était encore le *gentleman* le plus accompli. Tout le monde modelait sa manière de parler sur la sienne, son costume sur le sien, et l'imitait jusque dans l'heure de son repas : car l'histoire a remarqué qu'il n'en faisait qu'un par jour.

Après une première alliance avec Godechilde de Toeni, qui, répudiée ensuite par lui, épousa Baudouin de Boulogne et le suivit à la première croisade, Robert de Meulan contracta en 1095 une seconde alliance plus durable avec Elisabeth, fille de Hugues, comte de Vermandois et frère de Philippe Ier, roi de France, laquelle le rendit père de neuf enfants. Cette union, que le clergé ne se détermina à sanctionner, malgré la parenté, qu'en considération du départ de Hugues pour la première croisade, cette union si féconde se termina cependant de la manière la plus cruelle pour le comte de Meulan : sa femme lui fut enlevée par Guillaume de Varenne, comte de Surrey, avec qui elle se remaria et dont elle eut trois enfants. Le chagrin de cette trahison enleva le libre usage de la raison et bientôt la vie à l'infortuné Robert. A l'exemple de son père et de son aïeul, il finit ses jours à l'abbaye de Saint-Pierre-de-Préaux, sous l'habit monastique, le 5 juin 1118.

Le comte Robert et la comtesse Elisabeth firent à la collégiale de la Sainte-Trinité de Beaumont les donations suivantes de biens situés en Angleterre, savoir : le comte, « manerium quoddam « juxta HUNGREFORT situm, nomine ED-« NETONAM, » et la comtesse l'église de BLENEFORT. Celle-ci, avec le consentement de son mari, y ajouta 20 sols sur le tonlieu de Beaumont pour le luminaire de l'église.

Galeran de Meulan, Ier comme seigneur de Beaumont, IIe comme comte de Meulan, fils de Robert et d'Elisabeth ou Isabelle (c'est le même nom) de Vermandois, doit être né dans les dernières années du XIe siècle. Galeran et son frère jumeau, Robert, comte de Leicester, reçurent de Morin du Pin, l'un des vassaux les plus fidèles de leur famille, sur l'ordre de Henri Ier, une éducation distinguée. Aussi furent-ils en état de soutenir dans leur première jeunesse, à Gisors, devant le pape Calixte, une discussion publique dont ils sortirent avec beaucoup d'éclat. Malheureusement la conduite politique de Galeran répondit mal à de si beaux commencements, et ne fut guère qu'une suite de perfidies envers tous ceux auxquels il s'attacha successivement. La première de ses trahisons eut lieu en 1123 envers le roi Henri, son bienfaiteur, qu'elle affligea et irrita vivement. Ayant livré imprudemment bataille contre l'avis de ses amis, il subit une captivité longue et bien justement méritée. Il ne se conduisit pas d'une manière plus loyale en Flandre, dans le courant de 1127. Galeran se trouvait auprès de Henri Ier quand ce prince mourut à Lions le 1er décembre 1135. Il suivit le convoi royal en Angleterre et prit parti pour Etienne de Blois, qui lui promit en mariage sa fille, âgée de deux ans (et nommée, à cause de cette circonstance, BIENNE par quelques auteurs), et lui livra immédiatement pour dot le comté de Winchester.

Galeran, revenu en Normandie pour tenir tête au parti angevin, repassa en

Angleterre en 1139, s'aboucha secrètement avec l'impératrice Mathilde, dissimula soigneusement cette nouvelle alliance pendant deux ans, et ne leva le masque qu'à la bataille de Lincoln, où sa fuite déloyale contribua puissamment à la perte de la bataille et à la prise du roi.

De retour en France, il prit ouvertement le parti du comte d'Anjou, et en reçut pour récompense le château de Montfort-sur-Risle.

En 1143, il brûla le faubourg d'Emendreville à Rouen et l'église de Saint-Sever. L'année suivante, il concourut à la prise de cette capitale par Geoffroi.

En 1146, il prit la croix avec Louis le Jeune.

Il s'embarqua en effet l'année suivante; mais, au lieu de se rendre directement à la terre sainte, il commença par aller aider le roi de Portugal, Alfonse, à chasser les Maures de Lisbonne. La Péninsule ne lui était pas inconnue, car il avait déjà fait précédemment le pèlerinage de Saint-Jacques-de-Compostelle. De Lisbonne il se dirigea enfin vers la terre sainte, et paraît s'y être distingué par sa valeur.

Comme il revenait, en 1150, il fut assailli par une tempête, dans laquelle il fit le vœu de fonder un monastère. C'est pour accomplir cette promesse qu'il prit part à la fondation du Valasse faite par l'impératrice Mathilde sept ans plus tard.

Dans cette même année, le roi Etienne, irrité de ses perfidies sans cesse renaissantes, assiégea et réduisit en cendres sa ville de Winchester.

Hugues de Montfort, neveu de Galeran, souffrait impatiemment qu'il se fût fait livrer Montfort par le comte d'Anjou : l'ayant attiré à une conférence à Bernai, en 1153, il se saisit de lui et l'emmena prisonnier à Orbec. Les vassaux de Galeran, venus pour le délivrer, n'obtinrent sa mise en liberté que sous la condition de restituer Montfort. Galeran chercha, mais en vain, à y rentrer l'année suivante.

Seigneur de Gournai-sur-Marne au droit de sa femme, Agnès de Montfort-l'Amauri, il conclut un traité bizarre avec Louis le Jeune, en 1157, au sujet de ce domaine.

En 1161, il se brouilla avec Henri II, qui lui enleva toutes ses places de Normandie et ne les lui rendit que l'année suivante.

Galeran, dégoûté du monde où il n'avait fait que des perfidies et des maladresses, ne s'occupa plus que d'œuvres pies, et alla finir ses jours sous le froc, à l'exemple de ses ancêtres, au mois d'avril 1166.

On remarque dans ses chartes que, malgré les torts graves de Guillaume, comte de Surrey, envers son père, il vécut en très-bonne intelligence et même en intimité avec lui, puisque ce seigneur figure souvent comme témoin au bas de ces actes.

Galeran fut un protecteur zélé de la collégiale de Beaumont. Du vivant de Henri Ier, il avait donné à cette collégiale les églises de Beaumontel et de la Charmoie et plusieurs autres propriétés pour aider à l'établissement du pain commun entre tous les chanoines, c'est-à-dire, si nous ne nous trompons, pour les faire vivre en commun, à la manière des chanoines réguliers et des moines. Les vassaux de Galeran suivirent son exemple et firent aussi beaucoup de dons « ad amplificationem prædictæ communitatis panis ».

Il paraît cependant que cette institution ne répondit pas à toutes les espérances qu'elle avait inspirées, puisque, dès 1152, au mois de décembre, le comte Galeran crut devoir changer la collégiale en prieuré de l'abbaye du Bec, du consentement de Rotrou, évêque d'Evreux, de Philippe, évêque de Bayeux et doyen de ladite collégiale, et d'un grand nombre de seigneurs, amis ou vassaux du comte de Meulan. Ce fut pour lui l'occasion de nouveaux dons. Il se déclara l'avoué du prieuré, et nous verrons à l'article GROLAI qu'il donna à Raoul de Grolai 20 livres chartraines pour le déterminer à concéder aux moines son domaine de l'Epinai en 1155. Dès 1144 il avait ajouté de nouveaux dons aux libéralités contenues dans la charte de 1142.

Ami des lettres en même temps que toujours prêt à trahir ses supérieurs, on conçoit facilement qu'il ait conquis les sympathies de Luc de la Barre et qu'il l'ait entraîné dans une révolte si funeste pour le malheureux châtelain. Suivant Robert du Mont, Galeran était le seigneur le plus grand, le plus riche, le mieux allié de toute la Normandie.

De sa femme Agnès, fille d'Amauri III, seigneur de Montfort, il eut une nombreuse postérité : six fils et trois filles.

Robert, IIe du nom comme seigneur de Beaumont, IVe comme comte de Meulan, son fils aîné, lui succéda dans ses domaines de Beaumont-le-Roger, de Brionne et de Pont-Audemer, aussi bien que dans son comté de Meulan.

Ce seigneur était âgé d'environ vingt-cinq ans lorsque la mort de son père le mit en possession des *honneurs* de Meulan, de Beaumont-le-Roger, de Brionne et de Pont-Audemer, comme on disait au xiiᵉ siècle. Sa naissance devait par conséquent remonter vers 1141.

Son bisaïeul et son aïeul avaient été des hommes d'une prudence et d'une sagacité consommées dans le choix des princes auxquels ils s'attachaient, d'une fermeté inébranlable dans le maintien de ces alliances. Son père n'avait été qu'un bel esprit, sur la loyauté duquel personne n'avait pu compter, et qui, malgré l'étendue et l'importance de ses domaines, n'avait joué qu'un rôle fort misérable dans les transactions politiques de son époque. Robert fut encore inférieur à son père, puisqu'il se montra tout aussi versatile, tout aussi incapable d'une résolution loyale et ferme, et qu'il ne posséda même pas ses capacités littéraires. Les historiens s'accordent à le représenter comme un personnage peu distingué. Aussi consomma-t-il la ruine de la maison de Meulan, déjà préparée par les fautes et les torts de Galeran. Nous conviendrons, au reste, que, en qualité de grands feudataires de deux monarchies rivales, la ligne de conduite était bien difficile à tenir; nous pensons qu'il eût encore mieux valu faire un choix entre elles et s'y tenir que de se déshonorer et de s'amoindrir par des changements perpétuels d'alliances.

En 1167, nous voyons Robert en Sicile avec le titre de connétable, mais bientôt obligé d'en sortir à cause des haines et des jalousies qu'il y souleva. Rentré dans ses domaines, il s'attacha à Henri Court-Mantel, et s'associa à ses révoltes en 1174. Ses terres de Normandie furent saisies, et il ne les recouvra que l'année suivante, à la paix.

En 1188, il prit part au traité d'alliance pour la croisade, puis aux hostilités qui le suivirent. D'abord partisan de Richard, il se laissa ensuite gagner par Philippe-Auguste, et cette conduite attira bientôt sur ses propriétés d'Angleterre et de Normandie les vengeances et les ravages de l'irascible héritier des Plantagenets.

Nous voyons par la charte suivante que Richard Cœur de lion était encore en possession de Beaumont pendant son expédition en terre sainte : « Ricardus, rex
« Angliæ, dux Normanniæ et Aquitaniæ,
« comes Andegaviæ, senescallo Norman-
« niæ et ballivis et fidelibus suis Nor-
« manniæ, salutem : præcipimus vobis
« quod sine dilatione faciatis habere mo-
« nachis Sanctæ Trinitatis de Bellomonte
« decimam de molendino Louvet (*le mou-
« lin Louvet, en aval du moulin Omois*),
« quam Willelmus Pippart eis defforciat,
« et alias decimas suas et redditus suos,
« sicut habere solent et debent, et sicut

« cartæ suæ rationabiliter testantur. Teste
« me ipso, xıᵉ. die octobris, apud Paler-
« nam (*Palerme*). » (*Cart. S. Trinit. Bell.*,
fº cxxvı vº.)

Plus tard, dans la lutte entre Philippe-Auguste et Jean sans Terre, Robert prend parti pour ce dernier, avec lequel il s'était brouillé au commencement de 1203. C'est à Pierre de Meulan, son second fils, que le roi d'Angleterre confia le château de Beaumont-le-Roger; l'aîné de ses fils, Galeran, qui avait épousé en 1189 Marguerite de Fougères, avait été tué en terre sainte dans un combat singulier contre un Turc.

Nous croyons ne pouvoir nous dispenser de transcrire ici (ne fût-ce qu'à cause de l'extrême rareté des actes de ce genre remontant au xiiᵉ siècle) les conventions arrêtées pour le mariage de Galeran, ainsi que l'importante clause de restriction par laquelle on fut obligé de modifier immédiatement lesdites conditions, et qui confirme d'une manière si grave tout ce que nous avons dit de l'étourderie et de l'incapacité du comte Robert :

« Notum sit præsentibus et futuris quod
« matrimonium celebratum fuit inter Ga-
« leranum, filium Roberti, comitis Mel-
« lenti, et Margaritam, filiam Radulfi de
« Filgeriis, hoc modo : Robertus, comes
« Mellenti, dat et concedit Galerano, filio
« suo, dare Margaritæ, uxori suæ, cc. libras
« andegavensium (1) redditus in dotem :
« Scilicet Brioniam integre, præter feo-
« dum Roberti de Haricuria et præter feo-
« dum Rogerii de Planes, et Sahurs in-
« tegre, et c. libras in Uillebodio (2),
« scilicet in terra et in hominibus. Et si
« contigerit quod Galeranus arripiat iter
« apud Jherusalem, Margarita uxor ejus
« remanebit in loco mariti sui Galerani,
« plene et pacifice possidens quicquid ma-
« ritus ejus Galeranus possidebat. Si vero
« Galeranus decesserit, uxor ejus habebit
« integre dotem suam, et Robertus comes
« Mellenti habebit residuum. Et si Marga-
« rita habebit heredem a Galerano def-
« functo, Galerani heres in manu Roberti
« comitis remanebit et Margarita dotem
« suam possidebit. Qualemcumque vero
« heredem Margarita habebit a Galerano,
« Robertus, comes, facit et constituit il-
« lum heredem totius sui honoris et terræ,
« excepta terra quam Robertus comes da-
« turus est in nuptu filiæ suæ. Radulfus de
« Filgeriis donat Margaritæ, filiæ suæ, et
« Galerano et heredibus suis integre totam

(1) La livre angevine valait 13 fr. 90 c. de notre monnaie, et par conséquent les 200 livres angevines de douaire correspondaient à 2,784 fr.
(2) Elbeuf.

« terram suam de BEMERTON (*domaine situé tout près de Salisbury*). Interim vero « donec terra illa sit liberata, tradidit eis « ballia IPPLEPANE (IPPLEPEN, *paroisse dans le hundred de* HAYTOR, DEVONSHIRE) et « totum matrimonium quod fuit datum « cum ea Willelmo Bertranno. Hoc autem, « scilicet matrimonium Willelmi Bertran- « ni, erit Margaritæ, filiæ Radulfi de Fil- « geriis, quandiu vixerit, et post decessum « ejus erit Bertranni, filii Willelmi Ber- « tranni. Si vero Bertrannus prædictus « sine herede decesserit, Radulfo de Fil- « geriis et suo heredi redibit. Interim vero « donec BEMERTON sit liberata, tradit Ra- « dulfus Margaritæ et Galerano QUINTO- « NUM. (*Il existe en Angleterre deux paroisses de ce nom, l'une dans le comté de Gloucester, l'autre dans celui de Northampton.*)

« Insuper c. libras in villicatione de « LONGNEYO (*probablement* LONGNEY, *dans le comté de Gloucester*) per manum sui « servientis. Quando vero BEMERTON erit « liberata, QUINTONNE et c. libræ præ- « dictæ reddibunt Radulfo de Filgeriis et « suo heredi.

« Actum est hoc MORETANÆ, anno M° C° « LXXX° IX° ab Incarnatione Domini. His « testibus ex parte comitis, scilicet : Ricar- « dus le Bigot, Hugo de Monteforti (*Montfort-sur-Risle*), Johannes de Bosco « Bernardi, Johannes de Spata, Pagano « de Mosterol, Willelmo de HUMETO (*le Homme*). Ex parte vero Radulfi : Willel- « mo (*lisez Gihello*) de MEDUANA (*Mayenne*), « Guidone de LAVAL, Hasculpho de SOLI- « NEIO (*Soligné*), Alagno de Castro Gironis « (*Châteaugiron*), Willelmo de Filgeriis, « Herveo de VITRONE (*Vitré*), Roberto de « APPIGNEIO, Willelmus de Montfort (*Montfort-la-Canne*). » (*Cart. S. Trin. de Bellom.*, f° CXXVIII v°.)

— « Notum sit presentibus et futuris « quod, quamvis Robertus, comes Mellenti, « concessit heredibus Galerani, filii sui, et « Margaritæ, filiæ Radulfi de Filgeriis, « totam terram suam hereditario jure pos- « sidendam post decessum suum, tamen « licet ei dare de terra illa aliis filiis suis « et filiæ, consilio hominum suorum et ami- « corum racionabiliter ex comitatu Mellenti « et in castellaria Bello Montis. Actum fuit « hoc Moretani (*Mortain*), ab Incarnatione « Domini M° C° LXXX° IX° anno. Hiis testi- « bus : ex parte Roberti, comitis, Ricardo « le Bigot, Hugone de Montfort, Johanne « de Bosco BERNARDI (*le Bosc-Bénard-Commin*), Johanne de Spata, Pagano de « Mosterol, Willelmo de Homo ; Radulfi « de Filgeriis : Gihello de Meduana, Gui- « done de LAVAL, Hasculfo de Soligneio,

« Alano de Castello Gironis, Willelmus de « Filgeriis, Herveo de VITRIE (*Vitré*), « R[oberto] de APIGNEIO, Willelmo de « Monteforti. » (*Ibid.*, f° CXXXIII r°.)

Pierre de Meulan, avant de se marier avec Eustachie du Molei-Bacon, avait été engagé dans les ordres. M. Stapleton prouve que, sur la présentation des frères du prieuré de Saint-Gilles de Pont-Audemer, il avait été d'abord nommé à la cure de STOURMINSTER, dans le comté de Dorset, puis doyen de la collégiale de WIMBORNE, même comté. Nous supposons que, son frère aîné étant mort sans enfants, il renonça à la carrière ecclésiastique. Nous ferons voir que cette mort n'arriva qu'après le 7 janvier 1195, quoiqu'en aient dit les historiens.

Pierre de Meulan ne paraît pas avoir été moins versatile dans ses alliances que son père et son aïeul. A peine était-il investi par la confiance de Jean sans Terre du commandement de Beaumont qu'il livrait Beaumont au roi de France ; mais il ne survécut que peu de jours à cette dernière trahison. C'était le 31 janvier 1203 que le roi d'Angleterre écrivait aux bourgeois et aux juifs de Pont-Audemer de fournir à Pierre de Meulan 200 livres pour les approvisionnements de ce château, et il paraît que ce jeune commandant était mort avant le 28 mai de la même année.

A cette même date le comte Robert avait engagé au roi Jean, pour 5,000 marcs d'argent, tous ses domaines de Normandie (excepté Elbeuf, donné à Richard de Harcourt avec le consentement de ce prince), pour en jouir après sa mort, dans le cas où le roi lui survivrait. Pont-Audemer paraît avoir été immédiatement remis au monarque, sauf les abbayes de Préaux, le prieuré de Saint-Gilles et les fiefs dépendant de l'*honneur* de cette ville.

Un an ne s'était pas encore écoulé lorsque, le 1er mai 1204, le comte de Meulan, qui n'avait peut-être pas reçu la somme stipulée, se démettait de toutes ses propriétés de France et d'Angleterre en faveur de Mabirie, sa fille aînée, mariée à Guillaume, comte de l'île de WIGHT ; mais, le 1er juin de la même année, le roi de France achevait la conquête de la Normandie par un traité conclu avec les seigneurs rassemblés à Rouen et les principaux habitants de cette ville. Dans ce traité on remarque la clause suivante : « Excepto comite de MEULLENT et Guil- « lelmo Crasso et Rogero de TONIACO « (*Toeni*) et filiis ejus, quos dominus rex « Franciæ de omnibus conventionibus ex- « cepit. » Cet arrêt fut irrévocable : les immenses domaines des seigneurs de Meulan, et particulièrement leur patrimoine de prédilection, Beaumont-le-Roger, restèrent dévolus à la couronne de France. Le comte Robert et sa femme Mathilde de Cornouailles, fille de Regnauld, comte de Cornouailles, et d'une fille naturelle de Henri Ier, obtinrent quelques secours de la pitié de Jean sans Terre, et entre autres le manoir de THORNBURY (30 mai 1206) et 25 marcs d'argent (11 novembre 1207). Il n'était donc pas mort en 1204, comme le dit l'*Art de vérifier les dates* d'après une chronique contemporaine; mais il n'existait certainement plus au 25 octobre 1212, époque à laquelle il fut payé 10 marcs à la comtesse, d'après une lettre close du roi, sur une pension de 20 marcs dont elle jouissait à titre de douaire.

On ne sait ni le jour, ni le lieu, ni l'année de la mort du comte de Meulan. Les obituaires de Préaux et de Saint-Nicaise de Meulan indiquent l'un le 20 septembre et l'autre le 16 août. Quant à la ville de Poitiers, que l'un et l'autre signalent comme le théâtre de l'événement, il n'est guère probable que ce seigneur y soit resté après qu'elle eût été conquise et réunie à la France dans l'automne de 1204.

Nous ne possédons point les conditions de la capitulation de Beaumont en 1203; mais il paraît, par une charte de saint Louis, sous la date de 1255, en faveur de Raoul de Meulan, héritier de Pierre, que Philippe-Auguste avait assigné à ce dernier 600 livrées de terre sur le domaine de Couseulles, près Caen, et autres terres voisines. Par la charte dont nous venons de citer la date, saint Louis confirma cette assignation et la changea en propriété inamovible. Raoul de Meulan renonça de son côté à toute prétention sur les anciens domaines de sa famille.

Au milieu de tous les embarras de sa vie politique, le comte Robert n'oublia pas les établissements religieux créés par ses ancêtres et en fonda lui-même un nouveau, le prieuré de Grammont, qui a subsisté jusqu'à la Révolution, sur la lisière de la forêt de Beaumont. Nous en parlerons avec plus de détail quand nous traiterons de la commune du Noyer, où il était situé. Nous avons de ce seigneur un assez grand nombre de chartes en faveur du prieuré de la Sainte-Trinité. Malheureusement, presque toutes ces pièces sont sans date, et nous n'osons pas nous engager dans leur examen, qui nous entraînerait trop loin.

Il en est quelques-unes cependant que nous croyons ne pouvoir passer sous silence, à cause de leur intérêt historique.

L'une est du 7 janvier 1195. Robert y parle avec une tendresse toute particulière, et à l'exclusion des autres membres de sa famille, de son fils Henri, qui fut plus tard seigneur de Sahurs; mais le fait le plus curieux qu'elle constate est l'existence à cette époque de son fils aîné Galeran, dont la glorieuse mort en terre sainte semblait être antérieure de plusieurs années. Cette pièce nous paraît trop importante pour ne pas être transcrite en entier :

« Notum sit præsentibus et futuris quod
« ego Robertus, comes Mellenti, dedi et
« concessi pro salute animæ meæ et Henrici, filii mei, et antecessorum meorum,
« in perpetuam elemosinam, Deo et sanctæ ecclesiæ Individuæ Trinitatis de
« Bellomonte et monachis ibidem Deo servientibus et servituris LX. solidos andegavensium de redditu in molendinis meis
« de Stagno, tenendos et habendos de me
« et heredibus meis libere et quiete, annuatim reddendos et persolvendos, videlicet unoquoque mense v. solidos andegavensium; ita quod prædicti monachi, ibidem Deo servientes et servituri
« pro salute animæ meæ et Henrici, filii
« mei, et antecessorum meorum, singulis
« annis unum annuale Deo persolvent.
« Actum est hoc anno ab Incarnatione Domini M° C° nonagesimo v°, septima die
« januarii. Hanc vero donationem, ne in
« posterum frangatur, sigillo meo et testibus : Galeranno, filio meo; Willelmo
« de Chaumont; Rogero, fratre suo;
« Gaukelino de Fresneio; Radulfo Parvo;
« Hugone de Bruel; Pagano de Mosterol;
« Willelmo de Humo (le Homme, hameau de Beaumont); Bocardo, fratre
« suo; Hugone Walense; Rogero, fratre
« suo; Stephano, clerico; Alexandro de
« MANSEL (*aujourd'hui* MANSELLES, *commune réunie à Ajou*); Hardoino Henrico;
« Radulfo de Mosterol, et pluribus aliis. »

La seconde est de l'année suivante, 1196, et atteste la présence de Robert à Beaumont dans le courant de cette année.

Les deux pièces qui suivent prouvent qu'aux embarras politiques du comte Robert se joignit, bien avant la perte de ses vastes domaines du continent, une grande pénurie financière. Tandis que son père donnait des sommes considérables à ses vassaux pour les engager à des donations en faveur du prieuré, Robert ne rougissait pas de recevoir des moines, conformément à un usage du XIe siècle tombé en désuétude, quelques marcs d'argent en retour des concessions qu'il leur faisait :

« Quoniam potentium expedit honori

« ecclesiastica jura omnino tanquam pro-
« pria immutabiliter observare et tam
« ecclesiasticæ quam propriæ providere
« utilitati, idcirco ego Robertus, comes
« Mellenti, ea inconcusse observare deside-
« rans, quæ ab antecessoribus meis pro
« salute animarum suarum ecclesiæ S. Tri-
« nitatis de Bellomonte et in eadem Deo
« servientibus concessa sunt, baronum
« meorum consilio, coram Rogerio, Bec-
« cense abbate, et ejusdem loci capitulo,
« Deo et prænominatæ ecclesiæ S. Trini-
« tatis et monachis ibidem Deo servienti-
« bus et servituris, pro salute animæ meæ
« et antecessorum meorum, concessi quod
« prædicti monachi, sive in propria, sive
« in sui præpositi manu, in unaquaque
« decima septimana præfecturam et om-
« nes molendinos Bellimontis teneant et
« habeant, et omnes illorum redditus et
« eventuras et placita et omnes utilitates
« ita libere et quiete quemadmodum ego
« et servientes mei in aliis ix. septimanis
« prædictas balleias libere et quiete tene-
« mus et possidemus. De vicecomitatu
« vero hoc concessi quod prior habeat
« ministrum cum vicecomite meo, qui
« omnia placita et forisfacturas et eventu-
« ras quæ eveniunt in vicecomitatu ad
« opus monachorum suscipiat. Et omnes
« fructus et utilitates quæ pertinent in
« aliis ix. septimanis ad vicecomitem, in
« x°. septimana per manum ministri sui
« prior habeat. Et quia multa sunt quo-
« rum fructus et utilitates per septima-
« nas colligi non possunt, scilicet siccæ
« moltæ et forinsecæ præfecturæ et cen-
« sus annui et stallorum collocationes, et
« si qua sunt alia, ideo præcipio quatinus
« horum omnium rectam decimam prior
« et monachi præfati sine dilatione sive
« ulla vexatione habeant. Ne autem ex
« ministrorum meorum aliqua fraude vel
« odio redditus decimæ septimanæ in ali-
« quo minorentur, coram præfatis pru-
« dentibus et religiosis viris, Deo et ec-
« clesiæ pepigi quod quotienscumque in
« prædictis baleiis ministros sive ut custo-
« des sive ut firmarios instituam, ipsi et
« eorum conservi juramento monachos
« securos facient quod neque latenter ne-
« que in aperto septimanam monachorum
« pejorabunt nec per se nec per quamlibet
« personam. Præterea ballivis meis et
« servientibus meis quibus hoc pertinet,
« firmiter tenendum præcipio quatinus
« molas et exclusas et alia molendinis ne-
« cessaria ad septimanam monachorum
« ita sufficienter præparent ne monachi
« pro defectu istorum aliquod dampnum
« patiantur, quia ex mea possessione vel
« illorum quibus est cura molendinorum
« commissa tantumdem monachis red-
« derem, quantum dampnum servientes
« monachorum eos habuisse rationabiliter
« probarent. Ut autem donatio ista et con-
« cessio stabilis et firma in perpetuum
« permaneret, hanc donationem, sigilli
« mei auctoritate munitam et conserva-
« tam, super altare S. Mariæ Becci posui,
« monachis apud Bellomontem in ecclesia
« Sanctæ et Individuæ Trinitatis Deo mili-
« tantibus, ita libere ut supra dictum est,
« tenendam et habendam. Osbertus vero,
« tunc temporis prior Bellomontensis, de
« beneficiis Sanctæ Trinitatis xx. marcas
« argenti in recognitione istius concessio-
« nis ex caritate mihi donavit; Ricardo
« Bigot, tunc senescallo, Hugone de
« S. Maria (*Notre-Dame-du-Val-sur-Mer*),
« Walterio de Briognio, Johanne de Joe,
« Rannulfo de Bigartz, Willelmo de Sancto
« Leodegario (*probablement Saint-Léger-
« le-Gautier*), Landrico de Elleboto (*El-
« bœuf*), Willelmo Parvo, Willelmo Cayn,
« tunc præposito; Radulfo Balduini, et
« multis aliis. Ego Robertus, comes, hanc
« cartam confirmavi, salvo relevamine de
« militibus meis, ubi prior nichil habet. »
(*Cart. S. Trin. Bell.*, f° vi v°.)

« Quoniam jura et commoditates eccle-
« siæ S. Trinitatis de Bellomonte et quod-
« cumque ad servicium Dei quiete facien-
« dum pertinet, non solum integre et in
« pace custodire, verum etiam ampliare
« et emendare volumus, sciant omnes
« barones et bailivi mei, tam presentes
« quam secuturi, quod ego Robertus, co-
« mes Mellenti, pro salute mea et ante-
« cessorum meorum, dedi et concessi et
« sigillo meo confirmavi ecclesiæ S. Tri-
« nitatis de Bellomonte et monachis Becci
« in eadem Deo servientibus, sedem unius
« molendini in parco meo subtus molen-
« dinos meos (1), ad molendum bladum
« sui victus et sui manupastus tantum,
« ita tamen ut molendini mei non impe-
« diantur nec pejorentur. Quod si fieret,
« emendare tenerentur; et si emendari
« non aliter posset, sedes molendini mu-
« taretur. Si quis autem ad prædictum
« monachorum molendinum bladum suum
« vel molere vel moluisse deprehensus
« fuerit, tam ipse quam molendinarius
« monachorum reus meus erit sicut alii
« forisfactores molendinorum meorum. Et
« inde molendinarius monachorum, qui-
« cumque erit, securitatem mihi faciet.
« Concessi etiam viam liberam et conve-
« nientem a curia monachorum ad mo-
« lendinum, cum clausura, qualemcum-

(1) Il n'existe pas, à notre connaissance, de
traces de ce moulin, qui devait être en aval du
moulin de l'étang.

« que facere voluerint. Tenentur etiam
« monachi claudere parcum meum a muro
« usque ad aquam. Hoc igitur molendi-
« num, ita ut prænominatum est, tenen-
« dum liberum et quietum ab omni con-
« suetudine et exactione et vexatione,
« dedi prædictis monachis in perpetuam
« elemosinam, concedente et precante Ga-
« leranno, filio meo. Concessi etiam super
« hoc præfatæ ecclesiæ totum porprisium
« Balduini capellani, quem Robertus de
« Aureis Vallibus, tunc temporis prior
« ejusdem ecclesiæ, consilio et assensu
« meo emerat pro XVI. libris andegavensis
« monetæ, a Radulpho, filio ejusdem
« Balduini, et Roberto Pegrino (*Peregrino*),
« fratre ejus, similiter quietum ab omni
« consuetudine jure perpetuo, quandiu in
« propria manu monachi tenuerint. Quod
« si ad mansuras traditum fuerit vel ad
« aliam manum devenerit, ad consuetu-
« dinem burgagii michi respondebit. Pro
« his autem donationibus et concessioni-
« bus habui ex caritate ecclesiæ et reco-
« gnitione XXX. libras andegavensium, Ga-
« lerannus, filius meus, talentum au-
« reum.

« Testes : Robertus, comes Leicestriæ;
« Hugo de Alnou, Arnaldus de Torvilla,
« Almaricus et Rod. fratribus (*sic*) comi-
« tis; Rod. de Grolay, Galterius de Brio-
« nio, Matheus de Bochetot, Rod. Parvo,
« Guill^s de Mannevilla, Guill^s Cain, Hugo
« Vales, Rogerius Vales, Stephano de
« Bernay, Robertus de Capella, Rodul-
« phus, Balduinus, Robertus Peregrino
« (*sic*); Hugo de Caux, Hugo Bordellus,
« Gaufredus Rugeleon.

« Facta sunt hæc anno ab Incarnatione
« Domini M° C° LXXX°. » (*Cart. S. Trin.
Bell.*, f° CXXIII v°.)

Parmi les chartes de ce seigneur, nous
en trouvons encore deux, qui, malheureusement sans date, comme presque toutes
les autres, ont ce caractère particulier de
donner à Robert le titre de fils du comte
de Meulan : « Robertus, filius comitis
Mellenti. » Ces deux pièces sont donc antérieures à la mort du comte Galeran. La
première présente, en outre, cette circonstance remarquable qu'elle nous fournit le nom d'un croisé: Robert de Brionne.
Quoique notre province ait fourni un
grand nombre de guerriers à la terre
sainte, on a mis si peu de soin à en recueillir les noms que nous regardons
comme un devoir sacré de consigner ici
tous ceux que nous rencontrerons dans le
cours de notre travail (1). Voici cette

pièce : « Robertus, filius comitis Mellenti,
« omnibus hominibus suis, tam presen-
« tibus quam futuris, salutem. Notum
« volo vobis esse quod Radulfus de Man-
« NEVILLA (*Manneville*) dedit Roberto de
« Brionum coram me terram suam de An-
« glia, si a Jerusalem redierit. Tantum de
« hac terra retinet I. marcum argenti et
« dat monachis Becci in perpetuam ele-
« mosinam singulis annis reddendam, et
« præter hoc dat monachis omne suum
« mobile. Itaque dona ista concedo, et
« teneri firmiter præcipio, ut testatur
« hæc carta mea sigillata. Testibus : Ro-
« berto de Formovilla (*Formoville*), Ra-
« dulfo de Cyreio (*Ciervas, près Evreux*),
« Roberto de Tornaio (1), Alberico de
« Tornaio, Galterio de Brionio; Ricardo,
« abbate de Tornaio, Odone de Hulmo
« (*Eudes du Homme, probablement père de
« Guillaume et de Bochard ou Buchard du
« Homme*); Garino Cheenel, Rogero de
« Eshanvilla (*Emanville*). »

Beaumont-le-Roger est cité deux fois
dans la *Philippide* de Guillaume le Breton,
d'abord à la date de 1190. Richard Cœur
de lion dit en parlant de son frère Jean
sans Terre :

« Jam Bellum Montem cepit, castrum-
que Leonum (*Lions*).

Puis en 1194, le poëte, parlant du roi
Richard, le représente :

« Dehinc Bellum Montem celer in sua
« jura reducens. » (*Hist. de France*, XVIII,
p. 167 et 169.)

Beaumont fut fréquemment pris et repris par les Français et les Anglais vers
cette époque, et eut beaucoup à souffrir
de toutes ces occupations. C'est ce qui
peut expliquer la pauvreté de Robert de
Meulan, malgré la vaste étendue de ses
propriétés. En 1194, il parait que cette
ville était au pouvoir de Philippe, lorsque
Richard, ayant rassemblé une armée, en
chassa les Français :

« Interea Richardus, rex Angliæ, con-
« gregato exercitu, Bellum Montem, ca-
« strum videlicet munitissimum, super
« fluvium Ridulam situm, reoccupavit. »
(Guill. Armoric., *ibid.*, p. 72.)

En 1198, dans l'automne, après la bataille de Courcelles, qui avait eu lieu le
28 septembre, Philippe, impatient de se
venger de la défaite complète qu'il y avait

(1) Nous pouvons citer le nom d'un autre croisé,
appartenant au territoire même de Beaumont, c'est
Jean le Coq, « Johannes Coens, cruce signatus, »
lequel, en 1217, vendit au prieur de la Sainte-Trinité,
moyennant 50 sols tournois : « pro negotio peregri-
« nationis meæ, domum meam in Novo Vico sitam,
« cum masura et cortilagio adjacente. » (*Cart.*,
f° XXIII v°.)

(1) Tournai, hameau s'étendant sur Harcourt et
Thibouville.

éprouvée, « exercitum collegit, et Nor-
« manniam ingressus, eam vastavit usque
« ad Novum Burgum, et usque ad Pul-
« chrum Montem Rogerii, et magnas præ-
« das duxit, et statim exercitum dimisit. »
(Rigord, *ibid.*, p. 49.)

« Li rois Philippe, qui moult fu colenz
« et engoisseux de la honte et du domage
« que il ot receu et desirant de soi ven-
« gier..... ses oz assembla et entra en Nor-
« mandie à grant force, tot le pais gasta
« et destruisit jusques au Noel Borc et
« jusques à Biaumont le Rogier. Quant
« tout ce païs ot prae, il retorna en France
« et donna congie à ses genz, et s'en re-
« torna chascuns en son païs. » (*Chron. de
Saint-Denys*, ibid., p. 385.)

Saint Louis nous a laissé plusieurs actes
relatifs à Beaumont-le-Roger. Rappelons
d'abord la charte par laquelle nous avons
vu saint Louis assurer à Raoul de Meulan
le bien chétif dédommagement de la terre
de Courseulles, en 1255. (Plus haut, p. 214,
col. 1re.)

Sous la date du mois de février 1258,
ce prince fieffa au prieuré de la Sainte-
Trinité, moyennant 59 livres 10 sols tournois, une île du vivier de Beaumont, contenant 18 perches, les prés et l'aunaie
situés sous le haut pré des deux côtés de
la Risle, ainsi que le cours d'eau appelé
Bava (1), le tout contenant 28 acres en
dedans des bornes posées, à l'exception
du lit principal de la rivière et d'une pêcherie; les services dus pour la récolte de
foin, et enfin : « Vineas nostras sitas in-
« ter castrum Bellimontis Rogeri, cum
« servicio quod feodaliter debetur ad eas-
« dem vineas excolendas, quas acquitare
« debemus de vino in quo annuatim te-
« nentur. » Ainsi, au milieu du XIIIe siècle, la culture de la vigne était encore
florissante à Beaumont-le-Roger. La fin
du texte n'est pas claire, par suite de quelque omission ou inadvertance du copiste;
mais elle est expliquée par une autre
charte dans laquelle le Vigneur (*le Vigneron*) reconnaît devoir aux religieux
30 sols de rente : « Pro servicio quod ego
« et heredes mei feodaliter tenebamur fa-
« cere in vinea sua, subtus castrum Bel-
« limontis sita, quam dominus rex feo-
« davit eisdem religiosis; quod servicium
« mihi et heredibus meis in perpetuum
« remiserunt et quittaverunt per reddi-
« tum supradictum; et ego pro me et
« heredibus meis remisi et quitavi dictis
« religiosis in perpetuum quicquid recla-

(1) Petit cours d'eau parallèle à la Risle et portant
encore le même nom. Il prend sa source sur le territoire de Beaumont.

« mabam in fructibus vineæ supradictæ...
« anno gratiæ m° cc° sexagesimo tercio,
« mense julii. »

Par une autre charte, portant la date de
1264, on prétend que saint Louis donna
en échange au prieuré de Beaumont, pour
le moulin Osvein (Osveni) à Barc, pour
les dîmes de la forêt de Beaumont et pour
d'autres revenus, des rentes sur les terres
de Drucourt et de Franqueville; mais
c'est une erreur. Cette charte d'échange se
trouve dans le cartulaire du prieuré. Elle
n'est point de saint Louis en 1264, mais
de Louis le Hutin : « Apud Vicenas (*Vin-
« cennes*), anno Domini m° ccc° xiv°, mense
« januarii. » Nous regrettons beaucoup de
ne pouvoir la transcrire en entier, à cause
de son étendue. Les biens cédés sont :
« 1° firma de Drocicuria (*Drucourt*), cum
« universis suis juribus et pertinentiis ubi-
« cumque et in quibuscumque rebus......,
« quam firmam in emphiteosim tenebat
« Guillelmus Chanterelli, burgensis Pon-
« tis Audomari; pro ducentis et viginti
« libris turonensium; 2° item, firma de
« Franquevilla super Brioniam (*Franque-
« ville-Notre-Dame*), cum suis juribus et
« pertinentiis universis, quam in emphi-
« teosim tenebat a nobis Johannes de
« Fovea, filius Guillelmi de Fovea (*la
« Fosse*); pro octogintis duabus libris et
« quatuor solidis turonensibus annui red-
« ditus. » (*Cart.*, f° l v°.)

On a toujours dit que Beaumont-le-
Roger avait fait partie des terres données
par Philippe le Bel à son frère Louis de
France, comte d'Evreux, en remplacement de la rente de 15,000 livres tournois qu'il lui avait assignée primitivement. Il est vrai que Beaumont figure
dans le préambule de l'estimation de ces
terres pour y être employé au besoin;
mais on ne le retrouve point dans les évaluations de détail qui suivent. Nous verrons qu'au contraire Beaumont fut distrait
du domaine de la couronne pour la première fois en faveur de Robert d'Artois,
afin de consoler ce dernier d'avoir été
débouté de ses prétentions sur le comté
de ce nom; en effet, Robert prenait le
titre de comte de Beaumont dès 1317.

Dès le mois d'août 1314, Philippe le Bel
avait assigné à Robert d'Artois 4,000 livres
de rente sur Beaumont-le-Roger et sa forêt,
mais sans titre honorifique. (Registre LV
du *Trésor des Chartes*, n° 62.)

Il existe dans le cartulaire du prieuré
de la Sainte-Trinité, f° lu r°, une charte
qui confirme pleinement l'opinion que
nous venons d'émettre, savoir : que Beaumont n'avait jamais fait partie de l'*assiette*
du comté d'Evreux, et qu'il était possédé

par Robert d'Artois longtemps avant d'être érigé en comté-pairie. Cet acte est « de « l'an de grâce mil trois cent vingt et deux « en mois de juignet ». Robert y prend les titres de comte de Beaumont-sur-Risle, sire de Donfront-en-Passoys et Meun-sur-Yevre. Il reconnaît les franchises des religieux du prieuré, de leur enclos, de leurs serviteurs habitant cet enclos, de leur mobilier, de leurs manoirs ou fermes et du mobilier de ces manoirs.

Nous avons vu ci-dessus le roi Louis le Hutin possédant Beaumont-le-Roger au mois de janvier 1314, et Robert d'Artois en prenant le titre dès 1317. C'est donc entre ces deux dates qu'il lui fut donné, et même entre la première et le 10 décembre 1316, date d'une autre charte de Philippe le Long, « regens regna Franciæ et Navarræ, » au bailli de Rouen, au sujet de préjudices et injustices des serviteurs « ca- « rissimi et fidelis consanguinei nostri co- « mitis dicti Bellimontis », envers les religieux du prieuré. On peut donc affirmer que la donation du comté de Beaumont à Robert d'Artois appartient au court règne de Louis le Hutin, et même aux derniers mois de ce règne, quoique toute date précise en ait disparu.

Il paraît, au reste, d'après des lettres de sauvegarde insérées au cartulaire du prieuré, f° cxv v°, et accordées par Philippe le Bel au mois de mai 1314, que ce prince avait déjà l'intention de disposer de la seigneurie de Beaumont, et que Louis le Hutin n'aurait fait qu'exécuter ses intentions.

En février 1328, cette terre fut pour la première fois érigée en comté-pairie en faveur de Robert, puis confisquée sur lui dès 1331 par l'arrêté du mercredi avant Pâques fleuries, qui condamna ce prince à une ignominie trop méritée, arrêt dont les suites eurent une influence si désastreuse sur les destinées de la France.

Le 18 janvier 1344, Philippe de Valois érigea de nouveau cette ville en comté-pairie en faveur de Philippe, duc d'Orléans, son fils puîné, et de Blanche de France, sa femme, fille du roi Charles le Bel et de la reine Jeanne d'Evreux. Il fut alloué à la jeune fiancée, née posthume, le vendredi saint 1er avril 1327, 1,200 livres de douaire sur la terre de Beaumont-le-Roger, réductibles à 600 dans le cas où le jeune prince son mari mourrait avant l'âge de quatorze ans. Il vécut jusqu'au 1er septembre 1375. Blanche de France mourut sans enfants le 7 ou 8 février 1392.

Nous trouvons dans le cartulaire de la Sainte-Trinité de Beaumont un acte du 24 juillet 1349, dans le préambule duquel le duc d'Orléans est cité comme comte de Beaumont-le-Roger.

Le 5 mars 1353, le roi Jean reprit cette terre à son frère, et, après l'avoir érigée pour la troisième fois en pairie, la donna en janvier 1354 au roi de Navarre, Charles le Mauvais, en même temps que Breteuil, Conches et Pont-Audemer.

Les rois de Navarre, de la maison d'Evreux, attachaient une si grande importance à la propriété de Beaumont-le-Roger que Charles III, pendant la vie de son père, ne porta pas d'autre titre que celui de comte de Beaumont. Cet excellent prince accompagna le duc de Bourgogne au siége de Beaumont. Pierre du Tertre, digne lieutenant de Charles le Mauvais, et qui commandait pour lui à Bernai, se hâta d'écrire au « capitaine et connestable de Beaumont » pour lui enjoindre de ne pas livrer cette place quand Monsieur (le comte de Beaumont) s'y présenterait avec le duc de Bourgogne (1). (*Mémoires historiques sur Charles II*, t. II, p. 402.)

Robert Vende, vicomte de Beaumont, sortit du château quand les portes en furent fermées à l'armée française.

Après la prise de Bernai, Duguesclin vint assiéger Beaumont, qui capitula.

Nous croyons devoir transcrire ici la capitulation de Beaumont, qui eut lieu le 6 mai 1378 :

« A tous ceulx qui ces lettres verront, « le conte de Harecourt et Bureau, sei- « gneur de la Rivière, premier chambellan « du roy nostre S. Comme par l'ordon- « nance et commandement de nostre dit « seigneur, nous soions venuz à Bretueil « et à Beaumont le Rogier pour aidier et « reconforter les genz d'armes et arbales- « triers qui y sont à siège, et faire en- « teriner et accomplir certaines ordon- « nances à nous enchargiées par nostre « dit seigneur sur le fait des chastiaux « desdiz lieux de Bretueil et de Beau- « mont, et aujourdhui que nous estions « devant ledit chastel de Beaumont, les « genz qui dedans estoient et qui ledit « chastel avoient tenus puis n'agueres « contre la voulenté du roy, nous aient « requis que à aucun traictié les voulsis- « sions recevoir; sur lequel cas nous les « avons oy parler, et après plusieurs pa- « roles lesdiz tenens et occupans ledit « chastel rendirent et mistrent en la main « et obeissance de nostre dit seigneur, « parmi ce qu'il auront leurs vies et leurs « biens saufz et tous meffaiz pardonnez de

(1) Dans la correspondance mystérieuse entre Charles le Mauvais et son digne confident, Pierre du Tertre, Beaumont-le-Roger était désigné par le mot : *stipula*.

« tout le temps passé jusques aujourd'uy : savoir faisons que en usant du commandement du roy nostre dit seigneur, et par le povoir à nous donné, à Chrestien Lasserre, frère Jehan du Vallet (1), Henry le Flichier, Perrinet Grenté, Guillot d'Augny, Denis Estait, Huet Picot, Guillot Leclerc, Laurens Leprevost, Guillaume Le Normant, Guillaume de Tierville, Thomas de Saint-Germain, et à Noel Hermier, nez du royaume de France, et lesquelz ont demouré en dit chastel de Beaumont en l'aide et force du capitaine et connestable, à tenir le dit chastel contre nostre dit seigneur, aus dessuz nommez et à chascun d'eulx, et en faisant la rendue dudit fort, avons quitté, remis et pardonné, etc...

« Donné à Beaumont, le VIe jour de may, l'an de grace M CCC LXXVIII. » (*Trésor des Chartes*, reg. CXII, pièce 144.)

Le 9 juin 1404, ces domaines furent échangés par Charles III, roi de Navarre, pour le duché de Nemours, et rentrèrent ainsi dans le domaine de la couronne.

Cependant Louis de Navarre, oncle de ce prince, mort en Pouille en 1372, après avoir épousé Jeanne de Sicile, duchesse de Duras, ne cessa jamais de porter le titre de comte de Beaumont-le-Roger, et le transmit même à son fils naturel, Charles, dit Charlot, de Beaumont, dont les descendants, comtes de LERIN et connétables de Navarre, l'ont non-seulement conservé jusqu'à l'extinction de la branche masculine en 1575, mais encore légué aux ducs d'Albe depuis le mariage de Briande de Beaumont avec Diego Alvarès de Tolède, second fils du fameux duc d'Albe. Les descendants de ces deux époux ont porté le nom de Tolède-Beaumont jusqu'à Antoine-Martin Alvarès, neuvième duc d'Albe, mort à Paris le 28 mai 1711.

Ce n'est pas tout, et nous avons encore le nom d'un célèbre guerrier à inscrire sur la liste des seigneurs de Beaumont-le-Roger.

Louis XI, en considération du mariage qui devait être célébré un an plus tard entre Jeanne, fille naturelle de Jean II, duc d'Alençon, pair de France, et Gui de Maumont, chevalier, conseiller et chambellan du roi, donna à cette dame, par lettres du 17 novembre 1463, la comté et vicomté de Beaumont-le-Roger.

Jeanne vivait encore en 1481 et eut pour fille Anne de Maumont, femme de Béraut Stuart, seigneur d'Aubigni en Berri, duc de Terreneuve, connétable de Sicile.

Anne Stuart, fille des précédents, épousa

(1) Prieur de Saint-Jean du château de Beaumont.

Robert Stuart, seigneur d'Aubigni, maréchal de France en 1515, chevalier de l'ordre du roi et, au droit de sa femme, comte de Beaumont-le-Roger. Ce vaillant guerrier défendit Novare en 1500, se trouva à la prise de Bologne et de Gênes, ainsi qu'à l'entrée solennelle du roi de France dans Milan, défit près de Villefranche, en Piémont, l'armée de Prosper Colonne, rendit de grands services dans la guerre de Provence en 1536, et mourut sans postérité en 1543.

Le comté de Beaumont-le-Roger rentra ainsi dans le domaine de la couronne, d'où il sortit de nouveau le 20 mars 1651, pour faire partie de l'échange du comté d'Évreux avec la principauté de Sédan. La maison de Bouillon l'a conservé jusqu'à la Révolution. C'est par le fait des princes de Rohan, héritiers de la maison de Bouillon, que Mme Declercq est propriétaire de la forêt de Beaumont.

Les armes des comtes de Meulan, seigneurs de Beaumont-le-Roger, étaient : échiqueté d'or et de gueules.

Celles de Robert d'Artois : semé de France au lambel de quatre pendants de gueules ; chaque pendant chargé de trois châteaux d'or.

Celles de Philippe de France, duc d'Orléans : semé de France, au lambel de trois pendants, componé d'argent et de gueules.

Celles des rois de Navarre, Charles II et Charles III : écartelé de Navarre et d'Évreux.

Celles de Louis de Navarre : écartelées aux premier et quatrième de Navarre, au second d'Évreux, au troisième semé de France.

Celles des Beaumont, comte de Lerin : écartelées de Navarre et de Beaumont, qu'ils portaient losangé d'or et d'azur.

Celles du maréchal d'Aubigni, fort compliquées, avaient pour écusson principal : d'argent au sautoir de gueules, cantonné de quatre quintefeuilles du même.

Nous pensons que les habitants de Beaumont-le-Roger pourraient et devraient, suivant la noble inspiration de M. de Cormenin, inscrire dans leur mairie et leur maison d'école les noms de :

ROGER de Beaumont ;
ROBERT de Beaumont, comte de Meulan ;
GALERAN de Meulan, son arrière-petit-fils, mort à la terre sainte ;
CHARLES III, roi de Navarre et comte de Beaumont-le-Roger ;
ROBERT STUART d'Aubigni, maréchal de France, comte de Beaumont-le-Roger.

Quoique le mot OCCA ne fût plus employé depuis longtemps au XIIIe siècle comme désignation locale, Michel de Fou-

MUCHON (Fumechon) prenait encore en 1263 la qualification de « serviens domini regis in OCCA », et en 1328 on disait : « les sergeuts de Beaumont et d'Ouche. » (Cart., f°s XXXV v^e et CXIV r^o.)

La mouvance de Beaumont-le-Roger était fort étendue. Dans le préambule des listes de services militaires du XIIIe siècle publiées par Duchesne, on lit :

« Comes Mellenti [debet] servitium XV. militum, et ad suum servitium LXXIII. milites et dimidium. »

Mais dans les énumérations de détail qui suivent on ne trouve plus qu'environ 37 fiefs de haubert (probablement parce qu'on avait omis ceux qui dépendaient de l'*honneur* de Pont-Audemer et d'Elbeuf), savoir :

	Plein fief de haubert.
Gaultier Pipart, à Ecardenville.	1
Guillaume de Planes (de PLAIGNIS)	2 1/2
Robert de Flancourt (FRAULEN-CORT)	2
Richard de TEVRAI (de TEBRAIO).	1
Raoul de Montreuil	1/4
Henri du Pin (à Grolai)	1/4
Jean de Joui et autres (au Tremblai)	1/2
Le même	1/2
Agnès de Romilli (ROMILLE)	1/2
Robert de Morsent ou Morsen (MORCENG)	1
Robert Marmion	2
Mathieu de HORS LA PORTE	1/4
Gilon du Val	1/4
Renaud du Val	1
Le prieur de Beaumont	2
Geoffroi Pellevillain (PAILEVILLAIN), de Saint-Clair-d'Arcei	1/2
L'abbesse de Préaux (pour Saint-Aubin-Guichard)	1/2
Henri de Tourville	1/4
Bochart (Buchart du Homme)	1/4
Le fils de Galeran de Bigards (de BIGUART)	1/4
Le fils de Jean de Saquainville (probablement à Carentonne)	2
La dame de Corneville (Corneville-la-Fouquetière)	1/2
Thomas de Osmundivilla (le Tremblai)	1/2
Robert de Thibouville	2 1/2
Hugues Croc (probablement de Croville)	1/3
Aaline de Roene (nom défiguré)	1
Guillaume de Houetteville	1/2
Roger de Cierrai (CIRRE)	1/4
Eustache Golias	1/4
Saint-Aubin (peut-être Saint-Aubin-de-Croville)	1
La Herpinière (la HARPIGNORE)	1/4
Robert de Harcourt	3
VALNEHUM (nom défiguré)	1/4
Grolai	1
Robert Guischart (à Saint-Aubin-Guichard)	1/4
Robert d'Auvillers	1

En tout environ 37 fiefs de haubert.

Quoique cette liste soit probablement aussi incomplète qu'incorrecte, elle donne en somme une idée approximative de la mouvance de Beaumont.

On lit dans les *Conquêtes et trophées des Normands*, par Dumoulin, p. 490 : « Pour « le regard du comté de Beaumont-le-Ro- « ger, il se tenait un eschiquier à part, par « les mêmes qui tenoient l'eschiquier de « Normandie, parce que ledit comté appar- « tenoit à M. Robert d'Artois, qui avoit « droit de faire tenir eschiquier pour les « terres et seigneuries qui lui apparte- « noient, ou bien des hauts jours, et ne « ressortissoient devant les juges de Nor- « mandie, et depuis, ledit Robert ayant été « condamné et confisqué, fut ledit comté « de Beaumont donné par le roi Philippe « de Valois à Philippe, comte de Valois, « son second fils, avec le droit de tenir « eschiquier par toutes ses terres et sei- « gneuries. »

Nous n'avons trouvé aucune trace de ces juridictions exceptionnelles; si elles ont réellement existé, elles n'auront pas survécu aux circonstances qui les ont fait naître.

Il y avait dans la coutume de Normandie une disposition de peu d'importance qui s'appliquait exclusivement au ressort de la vicomté de Beaumont-le-Roger.

Des quatre églises paroissiales de Beaumont, il n'existe plus, comme nous l'avons déjà dit, que celle de Saint-Nicolas. A peine connaîtra-t-on bientôt l'emplacement des trois autres.

Le prieuré de la Sainte-Trinité a été récemment abattu. Il ne subsiste plus, à la fin de 1847, que quelques travées de la gracieuse église du XIIIe siècle; les nombreuses niches ou arcades semées le long du rez-de-chaussée de son pourtour présentaient un détail de décoration très-remarquable.

Lorsque cette église fut donnée à l'abbaye du Bec en 1142, elle avait pour doyen Philippe, évêque de Bayeux.

Nous avons trouvé mentionnés dans le cartulaire de la Trinité les noms de plusieurs prieurs :

Guillaume d'Acquigni (de AKIGNEIO), en 1164;

Hervé, en 1162;

Robert d'Orvaux (de Aureis Vallibus), en 1180 ;
Audoenus ;
Osbert, en 1196 ;
Arnoul, vers 1200 ;
Raoul de la Chapelle, en 1247 ;
Robert, en 1234 ;
Jean d'Auvillars, en 1253 ;
Hélie, en 1258 ;
Clément, en 1262 ;
Guillaume de Lisieux, en 1300 ;
Robert de Rabu, en 1367 ;
Chrétien de Trouart (Troarn), en 1386 ;
Robert de Forches, à une époque indéterminée.

La chronique du Bec nous fournit encore quelques noms :
Osberne, avant 1180 ;
Geoffroi de Fécamp, en 1412 ;
Robert de Rouen ou d'Évreux, en 1168.

L'archevêque Eudes Rigaud visita deux fois ce prieuré, d'abord en 1250, le 3 mai. Voici ce qu'il en dit dans son *Registrum visitationum* :

« IV. nonas maii. Apud Bellum Montem
« Rogerii, Beccensis ordinis. Ibi sunt
« XII. monachi. Non habent statuta Papæ
« Gregorii. Reddunt decimam mille libra-
« rum redditus. Debent circa LX. libras.
« Debent pensionem LX. solidorum cuidam
« judeæ conversæ. »

Puis le 17 mai 1263. Cette fois il se borne à dire qu'il y logea à ses frais, ce qui nous semble indiquer qu'il trouva la maison assez pauvre.

Nos lecteurs tiendront peut-être à connaître les droits d'usage du prieuré sur la forêt de Beaumont, abstraction faite des droits de dîme sur la même forêt, lesquels furent échangés plus tard pour la valeur de 20 livres tournois par Louis le Hutin, contre 300 livres de rente, assises à Drucourt et à Franqueville-Notre-Dame. Voici ces droits d'usage, tels qu'ils sont spécifiés dans une enquête de 1301, revêtue de la sanction royale en 1313 (*Cart. de Beaumont*, f° L) :

« C'est assavoir, franchise de pasnage
« et de pasturage à lour bestes en la dicte
« forest ;
« Item, en la dicte forest onze fouz à
« lour choiz à Noel ;
« Item, lour usage à ardoir par tout la
« dicte forest, hors de deffens par tout
« l'an aus branches et aus fours (*fourches*)
« par haut : c'est assavoir : de trois fours
« le moindre en chesnes et en fous, à deus
« chevaus et à troiz anes, sans l'arbre
« deshonorer ;
« Item, chacun an chesnes tant et tierz
« comme il convient de nessessité à faire
« huit charetis fournis ;

« Item, de merrien tant et tel comme il
« convient de nececité en yaue et hors
« yaue, à la reparation de trois moulins ;
« Item, eschalas, perques et fourches,
« tant comme il convient à lour vigne de
« dessous le chastel que il tiennent du
« roy, chacun an ;
« Item, les dix religieux puent des-
« chargier lour chevaus et lour asnes en
« lour manoir au val Saint-Martin, et
« amener lour buche à lour charete toute
« foys et quantes foys que il lour plest, en
« la maniere et en la forme que il est
« accoustumé.
« Donné à Beaumont le Rogier, le lundy
« devant la feste Saint-Nicolas d'yver, qui
« fu l'an mil trois cenz et un. »

En 1776, le prieuré n'était plus conventuel depuis bien longtemps. Il valait de 20 à 25,000 livres de rente à M. l'abbé de Pernon, qui en était titulaire. L'église était desservie par deux chapelains, logés dans les bâtiments claustraux.

Outre ces cinq églises, il existait plusieurs chapelles dans le territoire de la commune, et notamment celle de Saint-Jean au château, qui avait titre de prieuré. En 1346 et 1348, frère Robert de Paris était prieur de Saint-Jean du chastel de Beaumont en même temps que garde des sceaux des obligations de la vicomté dudit lieu. En 1384, ce titre était pris par Jehan Duvallet.

Au commencement du XIIIe siècle, Buchard du Homme avait compris Saint-Jean du château pour II sols et deux gélines de rente dans ses dons aux églises du pays.

La donation de Buchard du Homme mentionne en ces termes les quatre églises paroissiales de Beaumont et le prieuré de la Sainte-Trinité :

« Sancto Albino, II. solidos et unum ca-
« ponem de præfato homine de Chesnei ;
« Sancto Leonardo, II. solidos et unum
« caponem de Thoma, carpentario ;
« Sancto Nicolao, II. solidos de Theode-
« rico Nope ;
« Sancto Martino, XII. denarios et unum
« caponem ;
« Sanctæ Trinitati de Bellomonte, X. so-
« lidos et VI. capones, scilicet de Willelmo
« Piel quinque solidos et quinque capo-
« nes ; de femina Piperel quinque solidos
« et duo capones. »

On remarquait encore Saint-Antoine, à l'hôpital ou Hôtel-Dieu, établissement de bienfaisance qui paraît avoir été assez considérable.

Sainte-Marguerite, mentionnée dans la donation de Buchard du Homme : « San-
« ctæ Margaritæ, II. solidos de vacario de
« una acra terræ juxta S. Margaritam. »

Nous n'en connaissons pas l'emplacement; mais on ne peut la chercher que dans la portion rurale du territoire de Beaumont. On rencontre dans un acte de 1262 un personnage nommé Jean, « presbyter de S. Margarita; »

Saint-Roch;

Sainte-Marie-Madeleine, encore debout au château du Homme, mentionnée dans la donation ci-dessus : « Sanctæ Mariæ « Magdalenæ de Homme, xvii. solidos et « vii. inter capones et guallinas; »

Saint-Marc, dans la forêt, vis-à-vis de l'église de Launai. C'était jadis un ermitage.

Le parc des seigneurs de Beaumont occupait l'espace, aujourd'hui inculte, situé entre le prieuré et les premières maisons de Beaumontel. Les rois de France en disposèrent en faveur des religieux. Cette donation paraît avoir été faite par saint Louis vers 1260. En 1257, Henri Maucoe et Simon Maucoe, de la paroisse de Vieilles, donnèrent à ces mêmes religieux : « Quamdam peciam gardini, quam « de dictis religiosis tenebamus, sitam in « parrochia S. Petri de Bellomontello, « inter gardinum Henrici Engeranni ex « una parte, et parcum domini regis ex « altera. » En 1267, Robert de Fresnei, « parcarius feodatus de parco domini re- gis apud Bellum Montem, » leur donna « omne jus et omnem adventationem » qu'il pouvait posséder : « in dicto parco, dictis religiosis spectante. »

Ce parc appartenait au territoire de Beaumontel, aussi bien que le verger des seigneurs de Beaumont. Ce verger avait été donné aux religieux par le comte Galeran : « Viridarium meum, juxta par- cum, » dit la charte de 1142.

En 1241, Reginalme Le Mercier, fils de Geoffroi, vendit à Jacquemin le Forment et à Colin de Bestisy « quoddam porpri- « sium.... situm inter limitem de Ponte « Rou et pratum de Torvilla ».

En 1263, on trouve la mention d'une maison et d'une pièce de terre situées « apud Pouron ».

En 1334, famille du Porron à Vieilles.

M. Lallemand, agent voyer à Beaumont, nous a signalé sur la rive gauche de la Risle un point nommé aujourd'hui le Perron. Ce pourrait être le Pouron du moyen âge, dans le voisinage du Grand-Pont, qui, d'après ce rapprochement, occuperait l'emplacement du Pont Rou du xiiie siècle.

La portion urbaine de Beaumont portait au moyen âge le nom de Bourg-Dessous, par opposition avec le Bourg-Dessus.

En janvier 1257, Richard, dit le Galois, appartenant à cette famille Le Galois (Walensis) qui figure si souvent et de si bonne heure dans les actes du cartulaire de la Sainte-Trinité, donna au prieuré une rente de 10 sols pour plusieurs motifs, et entre autres pour amortir toute dîme : « stallorum meorum de Burgum « Inferiori, in quibus panes venduntur et « emuntur. »

En 1339, un estal assis en la boucherie de Beaumont, « au Bourg-Dessous, » fut vendu 20 sous et deux chapons de rente perpétuelle. Cette rente paraît avoir été créée comme équivalent de 11 livres tournois de capital. (*Cart.*, fo lxxxi vo.)

Il paraît avoir existé dans la vallée de Beaumont un lieu nommé *Chanteraine*. Le comte Galeran donna au prieuré : « quem- dam ortum in Canteran. »

On rencontre, dans un assez grand nombre de communes de la campagne du Neubourg et du Roumois, des terrains communs ou grands carrefours appelés *Frocs*, probablement parce qu'ils sont en friche. Il paraît avoir existé dans la partie supérieure du territoire de Beaumont un emplacement de ce genre.

En 1321, une pièce de terre est indiquée : « En la paroisse de Saint-Lienart « de Beaumont, entre le quemin d'une « part, et aboute d'un bout sur l'Effro. » (*Cart.*, fo xlii vo.)

On aurait pu s'attendre à trouver quelques renseignements intéressants pour l'étude de la topographie ancienne de Beaumont-le-Roger dans les deux tableaux exécutés à la plume, en 1776, par M. Nicolas la Tour, ancien notaire septuagénaire; mais ces prétendues copies de l'état de choses existant en 1321 et la notice qui y est jointe fourmillent de tant d'erreurs et d'absurdités qu'il est impossible d'y ajouter aucune foi.

En définitive, les hameaux de cette ville sont, indépendamment de Vieilles et du Camp-de-Fremont, carrefour à l'extrémité orientale de la ville :

1o Le Bourg-Dessous, dont le nom indique suffisamment la situation, contigu au château et anciennement fermé de murailles : « Burgus superior » (charte de 1229 en faveur des Templiers de Saint-Etienne-de-Renneville);

2o La Foutelaie (*Fagitella, Foutellaia,* petite hêtraie). On trouve : « Michael de Foutellaia, » en 1260 et 1262; « Christianus de Foutelaia, » en 1275; « Willelmus de Foutelaia, » en 1313;

3o Saint-Aubin ou Saint-Aubin-de-Barc, ainsi nommé parce qu'il était voisin du territoire de Barc, et non pas, comme on pourrait le croire, parce qu'il aurait appartenu à cette commune;

4° Le Moulin-de-l'Orme (nom d'arbre ou de propriétaire);

5° Le Homme, ancien château et fief dont nous allons parler ci-dessous;

6° La Verrerie;

7° Le Val-Bonœur;

8° Cabori;

9° La Soudière ou Sourdière, dont le nom doit provenir de quelques eaux arrivant à la surface du sol;

10° L'Oraille, ainsi appelée parce qu'elle est au bord de la forêt, à la limite du territoire de Beaumont, vers Saint-Aubin-le-Guichard;

11° Le Val-Saint-Martin.

Parmi ces hameaux, le fief et le château du Homme méritent une attention particulière.

Le nom de ce lieu : HULMUS, HOLMUS, qui est commun à beaucoup d'autres habitations normandes, provient visiblement des langues scandinaves, dans lesquelles il signifie un lieu élevé, un amas de terre, un lieu enclos, circonscrit d'une manière quelconque, par exemple, une île dans un marais. A Beaumont, ce mot était appliqué dans ses deux sens, puisqu'une île est à la fois un terrain circonscrit et plus élevé que ce qui l'entoure. C'est ainsi qu'il faut l'entendre dans STOCKHOLM, ville composée primitivement d'îles semées dans un marais voisin de la mer, et sur lesquelles on déposait des monceaux de tourbe, aussi bien que dans Robehomme : « Raimberti-Hulmus » (Calvados). C'est pourquoi il est traduit par INSULA dans une charte du cartulaire de Troarn qui concerne cette commune. Les noms du Hommet dans la Manche, du Houlme auprès de Rouen; de NEHOU (*Nigelli* HULMUS), de QUETTEHOU (KEITEHULM) n'ont pas d'autre origine.

Nous avons vu figurer ce lieu sous le nom de son propriétaire, Bochart ou Buchart, dans la liste des fiefs dépendant de l'*honneur* de Beaumont, à l'époque de la conquête de la Normandie par Philippe-Auguste.

Son père, Eudes du Homme : « Odo de HULMO, » fut l'un des témoins d'une charte de Robert, depuis comte de Meulan, mais alors héritier présomptif du comte Galeran, vers 1160. (*Cart. de Sainte-Trinité*, f° XIII v°.)

Son frère aîné, Guillaume du Homme : « Willelmus de HUMMO », et Buchard lui-même assistèrent en la même qualité à la donation du 7 janvier 1175. (*Cart. de Sainte-Trinité*, f° XV v°.)

Guillaume est encore cité dans une charte, sans date, de Robert de Tevrai.

Il donna au prieuré, en 1205 : « virgul« tum et masuram in qua manet Gode« fridus Tonsor Barbarum : virgultum « videlicet quod vocatur virgultum BAR« LEURE (*ou* BAULEURE), » et mourut bien peu de temps après, puisque c'est son frère Buchard qui est mentionné comme propriétaire du fief dans la liste de Philippe-Auguste.

Buchard épousa Pétronille, fille de Basilie de Glisolles. Pétronille donna au prieuré trois acres de terre labourable : « lucrabilis, » provenant de son patrimoine, et cette concession fut confirmée par sa mère.

Quant à Buchard, nous n'avons pas connaissance qu'il ait fait de donation particulière à cet établissement; mais nous possédons de lui une charte octroyée du vivant de son frère, et par laquelle il dispose de rentes en faveur de quatorze églises ou chapelles. La totalité de ces rentes s'élève à 49 sols 6 deniers et 29 tant chapons que gélines. Cette charte se termine ainsi : « Et ut hæc donatio sit « firma et perpetua, auctoritate sigilli mei « roborare decrevi. Testibus hiis : Willel« mo de Homme, fratre meo; Pagano de « MOSTEROL; Rannulfo de BIGARDS (*com« mune de Nassandres*); magistro Roberto « de BORNEI (*Boisnei, canton de Brionne*) « Arnulfo, tunc prior (sic) ejusdem loci « (*probablement de Beaumont*); Bartholo« meo de CORONA. »

On voit encore Buchard, sous le nom de « BOCARDUS de HUMETO » figurer comme témoin dans une charte du comte Robert confirmant les donations faites par Raoul Harpin au prieuré de Beaumont. Cette charte ne porte pas de date précise, mais elle doit être de 1196, comme la charte qu'elle sanctionne.

Le château actuel du Homme, gracieuse construction du XVIIᵉ siècle, subsiste encore ainsi que sa chapelle, placée sous l'invocation de Sainte-Marie-Madeleine, et justifie complètement par son entourage de fossés pleins d'eau la dénomination scandinave de HULMUS. C'est une charmante et poétique Thébaïde, enchâssée entre la verdure des bois et la verdure des prés.

Le Prevost, *Mém. de la Société des Antiquaires de Normandie*, t. VI, p. 168. — *Mém. de la Soc. acad. de l'Eure*, t. Iᵉʳ, 1830. — *Not. archéol.*, p. 49.

Le P. Anselme, *Hist. gén. et chronolog.*, t. III, p. 163.

Bibliothèque Mazarine. — *Cart. de la Sainte-Trinité-de-Beaumont*, n° 1212.

BEAUMONTEL.

Arrond. de Bernai. — Cant. de Beaumont-le-Roger.
Sur la Risle.

Patr. S. Pierre. — *Prés. le seigneur de Beaumont, puis le doyen de la collégiale, puis le prieur, puis l'abbé du Bec.*

Nous avons vu Beaumontel figurer en même temps que Beaumont-le-Roger, dont il fut toujours une dépendance et pour ainsi dire une portion intégrante, dans le *Dotalitium* de la duchesse Judith, aussi bien que dans la charte de Richard II en faveur de l'abbaye de Bernai, à laquelle il fut enlevé en même temps et par les mêmes ravisseurs. L'union avec cette commune était et est encore si intime que le hameau de Beaumont-la-Ville, dans lequel nous devons voir très-probablement le chef-lieu primitif des populations du plateau, appartient à Beaumontel. Il en était de même au moyen âge du parc et du verger des seigneurs de Beaumont, comme nous venons d'en faire la remarque.

Nous n'avons jamais vu ce lieu désigné au moyen âge par un nom autre que ceux de BELMONTEL, BELMONTELLUS, BELLUS MONTELLUS, BELLUS MONTICULUS. Il n'existe point d'autre Beaumontel en France, mais seulement deux BELMONTEL situés, l'un dans le département du Lot, l'autre dans celui de Tarn-et-Garonne.

Le diminutif MONTELLUS a été peu employé dans le nord de la France, où il est ordinairement remplacé par son équivalent : MONTICELLUS, MONTICELLI (en français : le Moncel, le Moucel, Monceaux, Mouceaux). Nous ne voyons guère que MOUTEILLES près Croissanville (Calvados) qu'on puisse rapprocher ; mais ce nom est beaucoup plus répandu dans la zone centrale et méridionale, où l'on trouve quatre MONTEIL, trois MONTEILS, un MONTEL, un MONTELLIER, un MONTELON, quatre MONTELS et deux MONTILS.

Le vaste territoire de cette commune (1,149 hectares) s'étend depuis le plateau de la plaine du Neubourg, où le hameau de Pierreléc (PETRA LATA) indique l'existence d'un ancien menhir ou pierre druidique, jusque dans la vallée, où il dépasse la Risle pour aller s'appuyer à la forêt de Beaumont. Aussi présente-t-il une grande variété de sites, de mouvements du sol, d'expositions et de cultures. Presque inaccessible jusqu'à nos jours, il offre maintenant les plus grandes facilités sur la circulation par la route départementale de Bernai à Louviers, qui le traverse dans une grande partie de son étendue, en deçà et au delà de Beaumont, aussi bien que par le chemin de grande communication de Beaumont à la Rivière-Thibouville, qui en dessert les nombreuses usines. Son élégant clocher du XVe siècle, en pierre blanche du pays, se détache de la manière la plus heureuse sur la verdure chaude et empourprée des bruyères qui l'entourent et le dépassent.

Ce ne furent ni Roger de Beaumont ni son fils, Robert de Meulan, qui disposèrent de l'église de Beaumontel, mais le comte Galeran qui, dans son violent désir de procurer aux chanoines de la Sainte-Trinité les avantages de la vie en communauté, leur en fit la concession, aussi bien que celle de plusieurs domaines et revenus adjacents :

« In primis ergo ad hoc tale et tantum
« negotium dedit et concessit et confir-
« mavit idem comes Gallerannus eccle-
« siam S. Petri de BELLOMONTELLO, cum
« terris et decimis et omnibus eidem ec-
« clesiæ pertinentibus, et cum omnibus
« quæ Ricardus de Bellomontello in ea-
« dem villa tenuerat, tam in bosco quam
« in plano et in domibus et in viridiariis
« et aliis rebus. Ita tamen quod Philippus
« decanus, qui in earum rerum adquisi-
« sitione ad opus ecclesiæ S. Trinitatis
« laboraverat, quandiu vixerit, nisi vivens
« sponte dimiserit, medietatem decima-
« rum ejusdem ecclesiæ, cum omnibus
« aliis rebus eidem pertinentibus, de ec-
« clesia S. Trinitatis teneat et habeat, et
« aliam medietatem decimarum habeat
« ecclesia S. Trinitatis ad communem
« panem. » (*Cart. S. Trin. Bell.*, f° v v°.)

Cette donation est antérieure à la charte de confirmation accordée par Henri Ier :

« Apud ARCHAS (*Arques*) in transitu
« meo in Angliam, anno ab Incarnatione
« Domini nostri Jesu Christi M° C° XXX° I°
« et regni mei XXX°.I°. » (*Ibid.*, f° II r°.)

La charte de Richard Cœur de lion en faveur de Saint-Taurin d'Evreux fait mention d'une donation à Beaumontel par un personnage nommé Raoul, fils d'Othon, qui parait avoir été contemporain de Roger de Beaumont : « Radulfus vero, filius « Othonis, dedit decimam molendini de « BELMONTEL. »

C'est probablement le père de ce Raoul qui aura donné son nom à la commune contiguë du Tilleul-Othon.

Lorsque Galeran, découragé par le peu de succès de ses efforts pour faire prospérer la collégiale qu'avait fondée son aïeul, la transforma, onze ans plus tard, en prieuré de l'abbaye du Bec, il ajouta les donations suivantes sur le territoire de

Beaumontel aux donations dont nous venons de parler :

« Præter hoc dono viridarium meum
« juxta parcum. Do iterum in Bellomonte
« Villa unam carrucatam terræ (90 *acres*
« *de terre labourable*), quam pater meus,
« Robertus, comes Mellenti, de dominica
« mensa dedit Bigoto Loricario et fratri
« ejus, quæ post mortem eorum ad do-
« minium meum reditura erat ; quam
« idem Bigotus ad hoc sponte sua reddidit
« mihi. » (*Ibid.*, f° vi r°.)

Lorsqu'on va par la route départementale de Serquigni à Beaumont, on aperçoit sur la gauche, à quelques pas de la voie, entre les champs et les vergers, un joli manoir restauré à neuf. Le voyageur, dont les yeux aiment à se reposer sur cette modeste et riante habitation, est loin de supposer que son établissement remonte à plus de sept siècles. C'est cependant ce que les documents qui suivent vont établir.

Le fondateur de ce manoir dut être un personnage nommé Harpin, contemporain du comte Robert de Meulan et du roi Henri Ier.

Roger, fils de Harpin (1), est mentionné comme témoin dans la charte de l'évêque Rotrou pour l'établissement du prieuré de la Sainte-Trinité, en 1142. (*Ibid.*, f° xvi r°.)

Guillaume Harpin, frère de ce personnage, est employé avec lui, en la même qualité, dans une charte du comte Robert, fils de Galeran, sans date, confirmant des donations de Roger de Tevral au prieuré de la Sainte-Trinité. (*Ibid.*, f° x r°.)

Tous les deux paraissent avoir été fils d'un Raoul Harpin, Ier du nom, cité avec Guillaume dans une charte du comte Galeran, sous la date de 1162, relative à Grolai : « Testibus..... Radulfo Harpin et Willelmo, filio ejus (*Cart.*, f° xi r°), » lequel Raoul aurait été fils de Harpin, chef de la famille. Nous pensons que c'est le même Harpin qu'on trouve inscrit dans le cartulaire de Saint-Pierre-de-Préaux comme donateur de biens situés à Campigni. Peut-être la famille Harpin était-elle originaire de cette commune.

Toute cette famille fit des donations de dîmes au prieuré ; mais, comme il n'existait pas de témoignages authentiques, ces donations furent confirmées par Raoul Harpin, IIe du nom, en 1196, dans les termes suivants :

« Universam decimationem de omni do-
« minico meo et de omnibus hominibus
« meis et de omnibus terris feodi mei in-
« fra parochiami S. Petri de Bellomontello,
« ubi et ubi (*çà et là*) existentibus. Quam
« etiam decimationem prædecessores mei,
« videlicet pater meus Willelmus Harpin
« et Radulfus Harpin, avus meus, eidem
« ecclesiæ jam antea donaverunt. Et ne in
« posterum illa mea donatio aliqua mali-
« gnitate possit divelli, eam præsenti scri-
« pto confirmo et sigilli mei impressione
« corroboro. Pro hac autem donatione
« mea recepi de caritate ecclesiæ unam
« marcam argenti per manum Audoeni,
« tunc prioris ejusdem ecclesiæ. »

Parmi les témoins on remarque le comte Robert ; Wachelin ou Wauquelin de Fresnei, l'un de ses chevaliers, plus tard beau-frère du donateur ; Guillaume le Prêtre (*Sacerdos*) de Brai ; Bernard le Galois, alors prévôt (*tunc prætor*) de Beaumont, et ses deux frères Hugues et Roger. (*Cart. S. Trin.*, f° viii v°.)

Cette charte est suivie d'une autre, émanée du comte Robert, et qui la confirme. Celle-ci ne porte point de date précise, mais elle doit être postérieure, puisque le prieur a changé. Le comte annonce que ces dîmes sont situées « in parochia S. Petri « de Bellomontello et infra. Et ut firma et « inconcussa haberetur illa donatio, Wil-« lelmus prædictus et filius ejus primoge-« nitus et duo fratres ipsius Willelmi, Ro-« gerius et Willelmus, astantes coram « dominico altari prædictæ ecclesiæ præ-« dictam donationem propriis manibus su-« per illud altare posuerunt et proprio ore « concesserunt. Osbertus, tunc temporis « Bellomontensis prior, de beneficiis ec-« clesiæ prædictæ dedit prædicto Wil-« lelmo valitudinem xx. et. v. librarum « andegavensium (*environ 348 fr.*) in an-« nonis et aliis catallis. Testes : Ricardus « Bigot ; Hugo de S. Maria (*Notre-Dame-« du Val-sur-Mer*) ; Galterius de Briognio « (*Brionne*) ; Bocardus de Humero (*le « Homme*) ; Radulfus de Grolato (*Grolas*) ; « Johannes de Joe (*Joui, fief qui paraît « avoir été situé sur le Tremblai*) ; Willelmus « Harpin de Marmoreno (*Marmorin-sur-« Saint-Aubin-le-Guichard*) ; Willelmus « Parvus ; Willelmus Cayn....; Stephanus « de Barneio (*Bernai*) ; Radulfus de Gaer « (*peut-être Caër, près Evreux*), et multi « alii. » (*Ibid.*, f° ix r°.)

Raoul Harpin épousa, comme nous l'avons dit, Hays, sœur de Wauquelin de Fresnei. Par une charte sans date, ce dernier lui donna en dot dix acres de terre : « in cultura Longi Busci» (probablement Bouquelon, à Goupillières), et 100 sols angevins (environ 69 fr. 60 c.) de rente : « in blaateria mea Bellimontis. » On trouve

(1) Nous pensons que c'était réellement son petit-fils, comme on va le voir.

dans le cartulaire du prieuré cette charte et la confirmation du comte Robert, f⁰ CXXVII et CXXVIII. Parmi les témoins de cet acte on remarque Hugues de Fresnai ou Hugues Wauquelin et son frère Gautier. Nous croyons que ce Fresnei est celui qui existe dans le canton de Saint-André.

Dans la liste des services militaires des vassaux des seigneurs de Beaumont, que nous avons publiée ci-dessus, la Herpinière (HARPIONERE) est portée pour un quart de fief.

Dans une charte de 1260, on trouve encore parmi les souscripteurs un membre de la famille Harpin : « magister Guillelmus Harpin, » probablement fils ou petit-fils du précédent.

Un personnage nommé Jean est indiqué comme curé de Beaumontel : « de BELLO MONTICULO, » dans une charte du 17 avril 1247. Ailleurs il prête son sceau à l'un de ses paroissiens qui en était dépourvu : « et « quia sigillum non habebam, presenti « scripto sigillum sacerdotis mei, domini « Johannis de Bello Montello, apposui. » (Cart., f⁰ XX v⁰ r⁰.) Enfin, il le prête à Vautier Morel pour constater la donation d'une demi-acre de terre : « de feodo de HARPENERIA, » située entre la terre de Raoul « de MONSTEROL » et celle des frères de la Commanderie de Saint-Etienne-de-Renneville : « Monachi vero me receperunt in habitu ordinis sui in die obitus mei. » (Ibid., f⁰ XXIX v⁰.)

Dans une charte de Geoffroi, évêque d'Evreux, fixant les rentes à servir au prieuré de Beaumont par les églises placées sous son patronage, Saint-Pierre-de-Beaumontel, « de Bello Monticulo, » est taxé à 60 sous, comme Saint-Léonard-de-Beaumont (Belmont) ; Saint-Nicolas à 6 livres ; Saint-Crespin-de-Barc à 10 sous ; la Huanière à 2 setiers de blé, 2 d'avoine et 2 d'orge. Cet acte ne fait point mention de Saint-Aubin. (Ibid., f⁰ XVI r⁰.)

En août 1214, Raoul de Beaumontel, prêtre, donna au prieuré « unam domum « cum masura, juxta monasterium (le « moutier, l'église paroissiale) de Bello « Montello sitam, » avec une acre de terre adjacente.

En janvier 1222, Raoul Morel, « du Hamel as Vachiers, » vendit à Guillaume de Vachier plusieurs propriétés, dont une située : « apud LE FAVERIL juxta noam Gaufredi « de LA LESQUERBIA (Saint-Jean-de-la-Lec- « queraie), » ainsi qu'une rente sur une autre pièce située « ad vadum de Bave (nous « avons vu à l'article BEAUMONT ce que c'é- « tait que ce petit cours d'eau parallèle à « la Risle), et masnagium meum de Hamel « as Vaschiers ». (Cart., f⁰ XXIX v⁰.)

En 1244, pièce de terre à Beaumontel : « inter limitem qui ducit apud SARQUI- « GNEUM, et terram Rogeri Christiani, de « feodo de HARPINERIA, juxta LUNDAM. » (Ibid., f⁰ CXVIII r⁰.)

En 1270, autre pièce de terre indiquée : « juxta terram Leprosorum Bellimontis. » (Cart., f⁰ CXIII r⁰.) Il y avait donc une léproserie à Beaumont. Nous supposons que c'était l'établissement de bienfaisance qui est devenu par la suite l'hôpital Saint-Antoine ; mais, ce qui est plus certain, c'est qu'il existait à Beaumontel même une léproserie sous le nom de Saint-Laurent. La chapelle subsistait encore il y a peu d'années ; elle est devenue le centre d'un hameau, sur la rive gauche de la Risle, vis-à-vis l'église de Beaumontel. Les revenus qui en formaient la dotation furent donnés, dans le XVIIe siècle, à l'hôpital de Harcourt.

En 1278, il y eut discussion entre Raoul, curé de Beaumontel, et les religieux, au sujet des dîmes : « garbarum bladi et alio- « rum fructuum, pro tempore crescentium « in horto veteri Johannis le Galois (c'est « toujours la famille originaire du pays de « Galles que l'on voit exister à Beaumont « dès le XIIe siècle), sito infra metas parro- « chiæ ejusdem, qui vocatur LA HARPI- « NIERE. » On voit dans la suite de la procédure que cet enclos n'était point cultivé en blé, mais en orge. Le curé était, en outre, en possession de percevoir : « de « consuetudine antiqua et approbata in « eadem parrochia, et hactenus obser- « vata, XI. denarios turonenses pro de- « cima lactis et fructus vaccæ cujuslibet, « excepto vitulo, pro quolibet anno, nec- « non decimas vitulorum, pullorum, anse- « rulorum et ovorum in eadem parrochia « existentium. » (Cart., f⁰ LXXXIX v⁰.)

Nous sommes étonné de ne point voir figurer de dîme du vin dans une énumération si compliquée. Cela tient sans doute uniquement à ce que la vigne n'était point cultivée à la Herpinière ; mais nous savons, par un titre de la bibliothèque Joursanvault, que cette culture avait encore lieu à Beaumontel en 1452.

En 1314, il y avait dans la paroisse de Beaumontel une masure « en la Nueve-Rue, « sur le fleu au prieur de Beaumont-le- « Roger ». (Cart., f⁰ CIX r⁰.)

En 1371, demi-acre de terre en deux pièces à Beaumontel, louée par le prix de 6 sols par an. (Cart., f⁰ CIX r⁰.)

En 1393, avant Pâques, « par-devant « Robert Duval, clerc, commis à ce faire, « juré et establi en siège de VIELLES « (Vieilles), à Beaumont le Roger, sous « Lucas Alehu, tabellion dudit lieu de

« Vieillez pour monsieur le comte de Har-
« court, Guérin du Bosc, de la paroisse
« de Beaumontel, prit à fieffe du prieuré
« de la Sainte-Trinité-de-Beaumont-le-Ro-
« ger, c'est à savoir un CULAS, si comme
« il se pourtoit en lonc et en lay emprès
« les bournes mis (1), assis en ladite
« paroisse de Beaumontel, jouxte Étienne
« Aubin d'une part et d'aultre, et d'un
« bout sur le pré Miete; et fust faite cette
« prinse par le prix de trois soulz tour-
« nois de rente. »

La rubrique porte : « Littera Guerini
« du Bosc, qui feodavit de priore et con-
« ventu de Bellomonte Rogeri unum
« CULAS gallice situm in parrochia de Bel-
« lomontello, pro III. solidis annui red-
« ditus. » (*Ibid.*, f° CXL v°.)

C'est en vain que nous avons cherché,
soit dans les glossaires, soit dans les ouvrages des savants les plus compétents,
quelque trace de ce mot. Ce mot nous paraît
signifier ici : chaumière, petite habitation
rurale.

Dans le *Coutumier des forêts de Normandie*, existant aux archives de la Seine-
Inférieure, on trouve le paragraphe suivant, qui nous fournit le nom d'une
famille anciennement propriétaire d'un fief
de Beaumontel : Louis d'Orbec, escuier, à
« cause de son fieu de Beaumontel, a, en
« la forest de Beaumont, pasture à toutes
« ses bestes en tout temps de l'an hors
« tailles, un fou chacun an à Noel livré
« par le verdier; item ses pors frans au
« pasnage et estublage; item son prevost
« doit avoir VI deniers de chacun pas-
« nage d'icelle forest et VI deniers à l'es-
« tublaige; et pour ce doibt icelui prevost
« cuillir, assembler et paier au Roy, nostre
« Sire, le chomage autant que deu en est
« ou dit fieu; item le dit escuier a son
« franc boulenger, qui est franc de vendre
« et acheter par tous lieux et doit avoir
« XV pors frans en la dicte forest; et pour
« ce doibt aporter chacun an de jour en
« jour du pain en la halle de Beaumont,
« hors et excepté le jour du mardi, et
« aider à fournir de pain la ville de Beau-
« mont; item le dit escuier est coustu-
« mier comme tous les nobles coustu-
« miers; item il doibt avoir ses pors frans
« sans nombre pour lesquelles franchises
« le dit escuier est tenu faire X jours de
« garde au chastel de Beaumont, quant
« le cas s'offre. » (F° V°XLIII°.)

La famille du Val a possédé pendant
plusieurs siècles la seigneurie de Beaumontel. Voici ce que nous avons pu re-

cueillir sur la généalogie de cette famille
(*Armorial général de France*, 2º registre) :

1. En 1364, Guillaume du Val, écuyer,
était seigneur de Saint-Aubin-le-Guichard, de Gouttières, de la Mare-aux-
Oues (fief à Saint-Aubin-le-Guichard) et
de Malassis (à Serquigni). Il épousa Alix
Mauvoisin (1). Ses biens furent partagés,
en 1428, entre ses quatre fils : Macé,
Nicole, Guillaume et Robin du Val.

2. En 1484, Thomas du Val, fils de
Macé, écuyer, sieur du Val et de Beaumontel, fit hommage au roi, pour ses
deux quarts de fief de haubert. Il épousa
Michelle Affagart.

3. Jacques du Val, fils de Thomas,
écuyer, sieur du Val, épousa Anne de
Trousseauville.

4. Louis du Val, écuyer, sieur du Val,
fit hommage au roi, le 15 mars 1535, à
cause du fief du Val, mouvant pour un
noble quart de fief de haubert de la vicomté
de Beaumont-le-Roger. Jeanne de Cour-
teuvre, sa femme, était veuve en 1549.

5. Le 7 juin 1563, Nicolas du Val, fils
du précédent, écuyer, sieur de Beaumontel
et du Bourg-Dessus, épousa Madeleine des
Haulles, fille de Marguerin des Haulles,
sieur de Granvilliers.

6. Charles du Val, 1er du nom, fils
du précédent, sieur de Beaumontel et du
Bourg-Dessus, épousa, le 20 octobre 1604,
Marie de Mézières. Il avait un frère nommé
Georges du Val.

7. Paul du Val, écuyer, seigneur de
Beaumontel et de Brai, fils du précédent,
capitaine de cavalerie dans le régiment de
Folleville, épousa, le 21 février 1656,
Catherine de Longueil. Le 24 novembre
1683, il rendit hommage du quart de fief
de Beaumontel au duc de Bouillon, comme
comte d'Évreux et vicomte (sic) de Beaumont.

8. Charles du Val, IIe du nom, fils du
précédent, seigneur de Beaumontel et du
Bourg-Dessus, demeurant dans la paroisse
de Saint-Léonard-de-Beaumont, épousa,
le 4 juin 1687, Marie de la Warde.

9. Anne-Charles-François du Val de
Beaumontel, fils du précédent, né le 3 septembre 1701, fut reçu page du roi le
2 septembre 1720. Marie-Thérèse-Louise
du Val, sa sœur, épousa, le 10 janvier
1716, Adrien-Louis de Graveron, seigneur
d'Heudreville-sur-Eure et de la Haie-de-
Calleville.

Cette famille portait d'argent à la bande
de gueules. Un de ses membres, proba-

---

(1) On dit encore aujourd'hui dans nos campagnes : Un borne, au lieu d'une borne.

(1) C'est probablement du chef de cette dame
qu'il était propriétaire du fief de Malassis, lequel
aura été démembré de celui de Serquigni.

blement fils ou petit-fils du précédent, existait encore à la Révolution et périt sur l'échafaud.

On trouve déjà un personnage nommé « Robertus de Valle » dans la charte de Roger de Beaumont; Gilon du Val et Renaud du Val dans la liste des vassaux de la seigneurie de Beaumont, à l'époque de Philippe-Auguste.

Le château de la Herpinière a été possédé et habité par la famille d'Erneville dans le courant du XVIIIe siècle.

Les hameaux de BEAUMONTEL sont :

1° Sur le plateau septentrional,

A l'extrémité du territoire, vers Brai, la ferme de Pierrelée. Nous avons expliqué l'origine de ce nom; on trouve dans un acte du *Cartulaire de la Sainte-Trinité*, f° XXVI v°, un personnage nommé « Robertus de PETRA LATA », qui était évidemment habitant ou propriétaire de ce lieu;

Près de l'enclave formée par le bourg *Dessus*, Beaumont-la-Ville : « Bellus Mons Villa, » en 1442;

Dans le voisinage de Goupillières : le Bosc-Anglier ou Bosc-Andelier;

Les Pâtures.

2° Dans la vallée de la Risle :

Le hameau de l'Eglise;

Le Moulin-à-Foulon;

Les Neufs-Moulins : « NOVI MOLENDINI. » Il ne faudrait pas prendre la nouveauté de ces moulins dans un sens absolu, car ils existaient déjà du temps du roi Henri Ier, époque à laquelle Raoul, vicomte de Beaumont, donna au prieuré de la Sainte-Trinité : « quandam terram quam habebat juxta NOVOS MOLENDINOS; »

La Plardière; ce devait être un ancien fief.

3° Entre la Risle et la forêt :

Saint-Laurent, dont nous avons indiqué l'origine;

La Herpinière, hameau groupé autour du fief de ce nom;

Les Mesteraux : c'était probablement dans l'origine des terres cultivées par des métayers;

Le Long-le-Bois;

Enfin, le Lesigneul ou Luisigneul. Ce nom, dont nous ne connaissons pas l'origine, est, à une lettre près, le même que celui du Lusigneul, hameau de Montreuil; or, il y avait dans la mouvance des seigneurs de Beaumont une famille de Montreuil, dont les membres sont souvent cités comme témoins dans les chartes de ces seigneurs, et nous avons vu ci-dessus qu'au commencement du XIIIe siècle Raoul de Mosterol, l'un d'eux, possédait des terres à Beaumontel. Nous sommes porté à supposer que c'était dans cette commune que se trouvait leur établissement, et que les Montreuil lui auront donné ce nom en mémoire du hameau ainsi appelé à Montreuil, qui était peut-être le siège primitif de la famille. Les premiers personnages de ce nom que nous ayons rencontrés dans les chartes des seigneurs de Beaumont sont Payer et Raoul de Mosterol, contemporains du comte Robert, fils de Galeran.

BEC-HELLOUIN (LE).

Arrond. de Bernai. — Cant. de Brionne.
Sur le ruisseau de Saint-Martin.

Patr. S. André. — Prés. l'abbé du Bec.

Le nom de ce lieu, en latin : BECCUS HERLUINI, est l'un des noms les plus illustres dans les fastes de la science comme dans ceux de la religion; un de ceux dont peuvent s'enorgueillir, nous ne dirons pas seulement notre département ou notre province, mais la France, l'Europe occidentale tout entière. Nous ne saurions trop, en effet, le rappeler à nos compatriotes : c'est dans cette chétive bourgade, aujourd'hui déserte et désolée, que le flambeau des lumières fut apporté d'Italie au XIe siècle, et c'est de là qu'il rayonna pendant plusieurs générations sur toutes les contrées voisines. Cette enceinte, où ne retentit plus que la voix des soldats et le hennissement des chevaux, fut une pépinière inépuisable que la Providence sembla créer tout exprès pour régénérer l'Occident et peupler ses cathédrales et ses abbayes de saints et doctes personnages. Vers ses portes, toujours ouvertes au voyageur (1), se dirigeaient de tous les points de l'horizon de longues files de pèlerins avides d'y recevoir, les uns le pain de l'aumône, les autres celui de la parole divine; d'autres encore, et ceux-là n'étaient pas les moins nombreux, celui de la science humaine. Sur la tête de ces pèlerins resplendissait la mitre diaprée des évêques, souvent même la couronne d'or des rois normands; et, quand saint Anselme allait à son tour visiter à Rome le chef de la chrétienté, le pape se levait de son trône pour le recevoir en disant : « Ce n'est point au « primat de l'Angleterre, mais à mon an-« cien maître de l'école du Bec que je « rends cet hommage. »

(1) « Janua Beccensium patet omni viatori, eorum-« que panis nulli denegatur caritative petenti. »
(Ord. Vital.)

I.

Ce nom du Bec est, entre tous les noms de lieu normands, un de ceux que peuvent revendiquer avec le plus de certitude les idiomes germaniques du Nord. Il y présente le même sens que celui de RUISSEAU, petit cours d'eau : *rivulus*. Dérivé du sanscrit : *pay*, se mouvoir, couler; congénère du grec, πηγή, παγά, il devient BAK dans l'ancien haut allemand et BACH dans le moderne. Mais c'est, comme nous venons de le dire, dans les dialectes septentrionaux provenant de la même souche qu'on le retrouve sous une forme plus complétement identique à celle qu'il a prise chez nous. Ainsi on a dit en anglo-saxon : BECC, BEKC; en bas-saxon : BEKE; en wende : BEC; en islandais : BECKR (prononcez BECH avec une forte aspiration). On écrit en suédois moderne : BAEK; en danois : BAEK, BAK, et l'on prononce BEK comme dans les exemples précédents. Il y a donc, pour ce qui concerne ce mot, identité complète entre les idiomes de la Scandinavie et ceux de la basse Allemagne. Il n'est donc pas impossible que quelques-uns de nos nombreux noms de lieu en *bec* ne remontent jusqu'aux Anglo-Saxons. Nous pouvons toutefois en signaler d'autres qui ne doivent incontestablement leur origine qu'aux Normands proprement dits : par exemple, la petite rivière de ROBEC qui se jette dans la Seine à Rouen : ROTOBECCUS, la rivière, le ruisseau de Rouen (ROTOMUS). Le Robec n'a pu recevoir son nom qu'après l'établissement normand, les Anglo-Saxons n'ayant jamais, à aucune époque historique, occupé Rouen ou sa banlieue.

Ce qui reste démontré, c'est que les bandes germaniques qui ont fait invasion par la mer, et non celles qui sont arrivées par la terre, nous ont apporté ce mot (1). Nous devons encore remarquer que dans tous les noms de lieu où il figure seul il est constamment accompagné de l'article. Cela pourrait tenir à cette circonstance qu'il a commencé par toujours désigner un cours d'eau, et qu'il est d'usage en France de joindre l'article à tous les noms de rivières ou de ruisseaux. Nous pensons cependant qu'il faut chercher ailleurs le motif de cette adjonction, puisque cette adjonction n'a pas lieu pour les noms composés dans lesquels il entre (2), et cependant ils ont aussi commencé par désigner un cours d'eau avant de désigner toute autre chose. Nous croyons donc qu'il est arrivé pour le mot BEC ce qui a eu lieu pour les mots TOT et TOT, c'est-à-dire que nos ancêtres auront continué de s'en servir après avoir adopté la langue romane, et si nous disons aujourd'hui *le Bec*, c'est qu'on aura dit chez eux, pendant plusieurs générations, un BEC pour désigner un ruisseau en général, tandis qu'autour d'eux et même concurremment on l'appelait soit un RU, soit un DOULT, DOUR ou DOUET, soit même un NANT (1).

Nous verrons tout à l'heure que dans le brabançon son congénère BEEK a conservé cette signification jusqu'à nos jours.

Son diminutif BECQUET, fort communément employé dans notre province, y est toujours accompagné de l'article. Aussi est-ce avec cette adjonction qu'on le rencontre dans les noms de Saint-Crespin-du-Becquet, localité arrosée par un chétif cours d'eau qui se jette dans la Seine, à une lieue au-dessus de Rouen; du Becquet, autre ruisseau à Lillebonne; du Becquet, ruisseau et hameau à Tourlaville, près Cherbourg; de l'Orbiquet, petit affluent de la rivière d'Orbec; du Bec-Becquet, hameau de Saint-Pierre-de-Bosc-Guérard, sillonné par deux ravins, peut-être permanents sous les épaisses forêts qui les ombrageaient autrefois. Au moyen âge, on écrivait BEKET ou BECKET, mot qui n'existe pas, pour le dire en passant, dans la topographie anglaise, ce qui nous confirme dans l'attribution à la race normande de la famille d'un illustre pré-

de l'Eure (celui du Roumois) prend l'article, tandis que celui de l'Évrecin le repousse. Il n'est pas impossible de se rendre compte de cette bizarrerie, en supposant, comme cela est très-vraisemblable, que les habitants du Roumois auront gardé plus longtemps que ceux de l'Évrecin l'intelligence de la signification du mot composé HOULBEC : ruisseau enfoncé, ravin. Pour ceux-ci, HOULBEC sera devenu promptement le nom d'un ravin déterminé, tandis que pour les premiers il aura conservé un sens plus vague de ravin en général, entraînant l'adjonction de l'article.

(1) Ces noms de ruisseaux, étrangers aux origines germaniques, se rencontrent en Normandie concurremment avec les Becs et les Becquets. On trouve les RU plus abondamment dans la zone voisine de la frontière orientale, les DOULT, DOUX ou DOUR, entre la Seine et la Touque, les DOULY dans l'Orne et le pays d'Auge : il y a un Beaudoux aux environs de Dieppe. Quant aux NANTS, ils sont moins communs chez nous que les précédents, et notre mémoire ne nous fournit en ce moment que la rivière de TERNANT dans l'Orne, et la mare de MORNANT au Bec même. Il est vrai qu'en général les noms de nos ruisseaux n'ont été que très-imparfaitement recueillis.

A Houlbec-Cocherel, le nom scandinave a prévalu pour la désignation de la commune ; mais il est abandonné pour le ruisseau, qui n'est appelé généralement que le *Ru*.

(1) Nous ne connaissons qu'une localité normande dans laquelle ce mot présente la forme du haut allemand, savoir : Annebaut en Auge ; OLNEBAC, OUNEBAC au moyen âge. Nos lecteurs savent déjà que c'est de ce nom qu'est venu celui de notre APPEVILLE-ANNEBAUT de l'Eure.

(2) Nous ne connaissons qu'une seule exception à cette règle : l'un des deux Houlbec du département

lat, attribution déjà suffisamment établie, au reste, par les traditions historiques.

On a dit aussi, mais sans article, BEC-QUEREL ou BECHEREL, autre diminutif qui nous paraît provenir plus directement de la forme scandinave : BECKR. Nous voyons ce mot employé à Appeville-Annebaut pour désigner un ruisseau affluent de la Risle, ainsi que le hameau qui s'est formé sur ses rives. Nous en pourrions citer d'autres exemples, et particulièrement dans le pays de Bral.

Nous possédons en Normandie six communes appelées *le Bec*, sans autre distinction entre elles que des surnoms, savoir :

Le Bec-aux-Cauchois ;
Le Bec-Crespin ;
Le Bec-Hellouin ;
Le Bec-de-Mortagne ;
Le Bec-Thomas,
Et Notre-Dame-du-Bec,

Appartenant toutes à la partie supérieure de la province, et toutes pourvues du ruisseau qui leur a valu leur nom.

Ce mot concourt en outre à la formation d'un grand nombre de noms composés. Nous en pourrions citer plus de vingt servant à désigner tantôt de petits cours d'eau, tantôt des habitations qui se sont groupées sur leurs bords, le plus souvent les uns et les autres à la fois. Ces ruisseaux et ces groupes d'habitations sont dispersés dans nos quatre départements littoraux, sauf un : Saint-Georges-d'Annebecq, qu'on est étonné, au premier coup d'œil, de rencontrer dans le canton de Briouse (Orne), assez loin par conséquent de la zone habituelle des invasions normandes. Nous avons remarqué avec la même surprise un lieu nommé *Beckerel* dans l'Ile-et-Vilaine ; mais il serait bien téméraire de prétendre assigner une limite précise aux invasions et aux colonies des anciens rois de la mer. Quant à Saint-Georges-d'Annebecq, on sait d'ailleurs qu'il se trouve, sinon sur le passage habituel des Normands, au moins sur celui des Saxons du Bessin, lorsqu'ils allèrent fonder leurs établissements du département de la Sarthe.

Nous devons remarquer que les lieux qui portent un nom ajouté au mot *Bec* ne sont plus pourvus de cours d'eau assez continus, assez notables pour être signalés sur des cartes. Ce sont des vallons creux (HOLBEC, le Ruisseau-Creux, le Ravin) dans lesquels des couches d'argile plastique arrêtent et font sourdre à leur surface supérieure des filets d'eau. Ces suintements de l'argile plastique, ces pleurs de terre, comme on les appelle en Normandie,

étaient probablement beaucoup plus considérables et plus durables au moyen âge lorsque d'épaisses forêts empêchaient l'évaporation des eaux, ainsi qu'on en a la preuve par tant d'autres localités, qui sont dépouillées aujourd'hui du bienfait des eaux courantes par suite d'indiscrets déboisements et défrichements.

Dans certains noms de lieu le mot BEC a été uniquement affecté au cours d'eau qu'il désignait dans l'origine, sans s'être jamais appliqué à un territoire ou à une réunion d'habitations contiguës. Tels sont, à Rouen, la rivière de Robec, dont nous avons déjà parlé ; à Pavilli, le ruisseau de SAFFINBEC. Ailleurs il est devenu commun à un cours d'eau et à l'un des établissements fondés sur ses rives ; mais alors cette dernière acception a toujours suivi la précédente, comme nous venons de le dire. C'est ainsi, par exemple, que, après avoir donné à deux rivières de Normandie les noms de BOLBEC et d'ORBEC, on a placé sur leurs bords un BOLBEC et un ORBEC. Beaucoup d'observateurs superficiels pourraient penser que les villages ont donné leur nom au ruisseau, tandis qu'au contraire c'est le ruisseau qui l'a toujours donné au village. On peut affirmer qu'en général les établissements dans les noms desquels entre cette racine ont été créés ou tout au moins renouvelés par les hommes du Nord.

Dans quelques-uns de ces noms composés le mot BEC est allié à des mots appartenant visiblement à la langue romane, comme dans Beaubec (BELLUS BECCUS : le Beau-Ruisseau), Clarbec (CLARUS BECCUS, le Clair-Ruisseau), ce qui vient puissamment à l'appui de notre conjecture sur son introduction plus ou moins prolongée dans la langue romane. Quelquefois nos ancêtres l'ont associé à un nom de lieu préexistant, comme dans BRIQUEBEC, qu'on doit interpréter : le ruisseau de BRIX, parce qu'en effet il prend sa source dans la commune de BRIX, déjà nommée ainsi avant l'invasion scandinave (1). Nous pensons même que ce fut le cas le plus fréquent ; mais parfois aussi les deux racines appartiennent aux idiomes septentrionaux. C'est ce qui arrive dans BECDALE (la Vallée-du-Ruisseau), HOULBEC (le Ruisseau-Creux, le Ravin), VARENGUEBEC (le Ruisseau du Varegue ou du Varengue).

Nous croyons retrouver ce mot en Angleterre dans BECKBURN, BECKENHAM, BECKERHET, BECKFOOT, BECKFORD, BECKRAH, BECKAMPTON, les deux BECKINGHAM, BECKINGSTOWN et les deux BECKLEY ; mais c'est

(1) « BAUCIUS. » (*Chron. Fontan.*)

en vain que nous y avons cherché quelque chose d'analogue à ses deux diminutifs : BECQUET ou BECKET et BECQUEREL.

Dans la Belgique, pays dont la langue est aussi l'un des rameaux les plus authentiques du bas allemand, le mot BEEK s'est maintenu avec bien plus de ténacité, puisque c'est encore aujourd'hui l'expression la plus habituelle pour désigner un ruisseau, et que sous les formes BEK, BEE, BEEK, BEECK, il entre en Brabant dans la composition d'une foule de noms de lieu, la plupart très-faciles à interpréter : ainsi BOLLEBEEK, complètement identique avec notre BOLBEC (BOLEBEC, BOLLEBECH au moyen âge).

Enfin M. Depping nous apprend que BOLBEC et HOLBEC existent pareillement dans la topographie danoise.

Si le mot BEC n'a jamais été employé dans le reste de la France avec le sens que nous y attachons en Normandie, il ne faut pas pour cela désespérer de l'y rencontrer, mais ce sera dans une autre acception, celle de *bec d'oiseau*, qui lui appartenait dans la Gaule à l'époque romane, et qui a passé tout naturellement dans notre langue : « Cui, Tolosæ nato, cogno- « men in pueritia Becco fuerat. Id valet « gallinacii rostrum, » dit Suétone, *in Vitellio*. C'est dans dans cette acception qu'on dit : le BEC D'AMBÈS, pour désigner le promontoire qui existe au confluent de la Garonne et de la Dordogne; le BEC D'ALLIER, le BEC DE CAISSAI, etc., à cause de la ressemblance grossière qu'on peut établir entre ces delta plus ou moins aigus et le bec des oiseaux; il y a là quelque chose d'analogue à l'expression de *langue de terre* dont on se sert à chaque moment pour caractériser toute configuration de territoire longue et étroite. On pourrait croire que c'est à une autre portion de la figure humaine que l'on emprunte, dans le département de la Manche, le nom de certains promontoires ou falaises taillés à pic, comme par exemple le Nez-de-Carteret, le Nez-de-Flamanville, le Nez-de-Jobourg, etc., mais nous pensons que là encore il faut recourir au mot scandinave : Næs, promontoire.

II.

Le ruisseau qui donne son nom au BEC-HELLOUIN provient de trois fontaines voisines des hameaux du BUROT et du BAS-COUDRAI, sur le territoire de Calleville (KARLEVILLA, CAROLI-VILLA). Il court de l'est à l'ouest, traverse Saint-Martin-du-Parc, le Bec, et porte à la Risle, après un parcours de deux lieues seulement, ses eaux remarquablement claires et limpides. Les écrivains du moyen âge ont reconnu que la célèbre abbaye avait emprunté son nom à ce ruisseau :

« Eum ad locum sui juris mansionem
« suam transtulit, qui a rivo illic manante
« BECCUS appellatur, ad milliarum a ca-
« stro quod vocatur BRIONNUM, valle. »
(*Vit. S. Herluini*.)

« Qui a rivo illic manante BECCUS ap-
« pellatur. » (*Willelm. Gemet.*)

« In Normannia est quidam locus qui
« dicitur BECCUS, et ita vocitatus a rivulo
« illuc decurrente. » (*Chron. Becci.*)

« Est autem BECCENSE monasterium in-
« ter duos montes situm, super rivulum
« qui BECCUS dicitur; a quo et nomen ac-
« cessit, » dit encore le biographe de Lanfranc.

Ce fut en 1039 que le bienheureux Hellouin (HERLUINUS) transféra de Bonneville (BURNEVILLA), où il en avait jeté les premiers fondements cinq ans auparavant, sa naissante abbaye, non pas dans l'emplacement actuel du Bec, dont il n'était probablement pas encore propriétaire, mais tout près du confluent de la petite rivière avec la Risle, sur un point où existaient trois moulins, qui lui appartenaient en partie. Une petite église y fut élevée en toute hâte et dédiée le 24 février 1041 (1). Les bâtiments claustraux, construits avec la même précipitation, en charpente, sur un sol marécageux, s'écroulèrent bientôt, et il fallut les refaire en pierre; mais ce lieu, où Lanfranc était arrivé en 1046 et où tant d'élèves accoururent avides de ses leçons, ce lieu, dis-je, ne fut bientôt plus en rapport ni avec cette affluence ni avec le développement que prenaient déjà les ressources de l'abbaye. Enrichi par les bienfaits du duc Guillaume, du comte de Brionne, Gislebert, et de son successeur éphémère Gui de Bourgogne; ayant reçu d'eux, entre autres domaines, toute la forêt de Brionne, les vastes pelouses et bruyères qui l'entouraient, probablement aussi la partie supérieure du territoire du Bec, Hellouin, d'après les conseils du savant professeur dont il avait fait son prieur, transféra pour la seconde et dernière fois son pieux établissement à l'endroit où en existe encore l'enceinte, et où les maisons du bourg actuel vinrent bientôt se grouper sous sa protection. Les lieux réguliers furent construits en trois ans; mais, malgré les riches offrandes envoyées à l'envi de tous les points de la Normandie, de l'Angleterre et de la France, malgré tout le

(1) Cette petite église subsista après le départ des moines, et prit le nom de Chapelle-du-Bienheureux-Hellouin.

zèle apporté dans les travaux par le vénérable fondateur et ses deux saints et savants collaborateurs, Lanfranc et Anselme, la nouvelle église ne put recevoir les religieux que le 31 octobre 1073, et ne fut dédiée que le 23 du même mois, en 1077, en présence des évêques de Bayeux, de Lisieux, d'Evreux, de Séez et du Mans, par ce même Lanfranc, devenu le second personnage de l'Angleterre depuis son élévation au siège archiépiscopal et primatial de Cantorbéry. Herluin ne survécut que peu de mois à cette cérémonie, car il mourut dans le cours de sa quatre-vingt-quatrième année, plein de jours et de bonnes œuvres, le 26 août 1078.

Mais dans ce nouvel emplacement, pas plus qu'auprès de la Risle ou sur le plateau de Bonneville, les églises, et même en général les bâtiments de l'opulente (1) abbaye, n'étaient destinés à une longue durée. Leur histoire n'offre qu'une succession non interrompue de désastres et de reconstructions, dans le récit desquels nous n'entrerons que d'une manière sommaire. Cette église, bénie par Lanfranc, la troisième en date (car il est indispensable d'y attacher un chiffre pour s'y reconnaître), ne dura pas même un siècle. Dès le 19 mars 1178, l'archevêque Rotrou procédait à une nouvelle dédicace, en présence des évêques de Bayeux, d'Avranches et d'Evreux. Les deux monarques normands, Henri II et Henri Courmantel, assistaient aussi à cette cérémonie. L'un déposa sur l'autel son chapeau, l'autre son anneau, en témoignage et confirmation d'une donation de 100 livres de rente. Nous avons déjà appelé l'attention de nos lecteurs sur ces modes de translation de la propriété par la remise d'un objet matériel quelconque.

Onze ans auparavant, en 1167, la dépouille mortelle de l'impératrice Mathilde, mère et aïeule des deux rois, avait été déposée devant le principal autel du Bec. Cette grande princesse, dont la vie fut si orageuse et si active, honorait d'une protection particulière l'abbaye du Bec, à l'exemple de son père Henri Ier, qui en fit souvent sa retraite. Parmi les libéralités de l'impératrice envers les moines du Bec, on remarque un grand vase d'argent très-curieux : « Quamdam cuppam, munitam « circumcirca argento, quam antiquitus « dederat dicto coenobio, celebris memo-« riæ, domina Mathildis imperatrix; quæ « tractu temporis fuerat consumpta et de-« inde per defunctum Robertum de His-« pania.... totaliter de argento reformata, « postea propter necessitates ecclesiæ ven-« ditioni exposita, fecit instaurari [abbas « Ganfredus de Hispania] de argento de-« aurato, ponderis XII. marcarum, imagi-« nibus elevatis refertam, » 1453-1476. (Chron. Becci, apud Martene, Ampliss. collectio, t. VI, ch. 110.)

Vers 1245, une nouvelle et quatrième église fut commencée sous la direction de l'architecte Enguerrand, alors occupé aux travaux de la cathédrale de Rouen; mais, son activité s'étant ralentie, on lui donna pour successeur un autre architecte nommé Gautier de Meulan, qui termina les travaux en trois ans.

C'est dans cette église que fut reçu saint Louis lorsqu'il visita le Bec en 1256, et non pas en 1257 comme l'indique à tort l'auteur de la chronique du Bec :

« Anno Domini M° CL° VI° prædictus « Ludovicus, rex Franciæ, fuit apud Bec-« cum Herluini in die Annunciationis Do-« minicæ. Qua die comedit in refectorio « cum militibus et baronibus suis, do-« mino Odone Rigaud, archiepiscopo Ro-« thomagensi, ad sinistram, et domino « Roberto, abbate Becci, ad dexteram, « cum multis aliis prælatis, sedentibus. « Et ex inde Pontem Audomari pergens « libertates plurimas ecclesiæ Becci (1) « confirmavit. »

Comme l'année ne commençait alors qu'à Pâques, c'est 25 mars 1257 qu'il veut désigner, tandis que nous savons d'une manière indubitable, tant par le journal de l'archevêque qu'au moyen des tablettes de cire, si heureusement dépouillées et interprétées par notre savant confrère et ami M. Natalis de Wailly, que cet événement doit être reporté à l'année 1256.

Huit ans plus tard un nouveau désastre frappait l'église, l'abbaye et le bourg tout entiers : « Anno Domini M° CC° LX° IV° « idibus maii, feria III° ante Pentecosten, « ecclesia Becci combusta fuit cum omni-« bus officinis et domibus, post comple-« torium, ab igne villæ, qui incepit in « domo presbyterii, et miserabiliter con-« sumpsit villam et ecclesiam villæ (l'é-

---

(1) Cette opulence était souvent interrompue par d'étranges pénuries, dont nous nous contenterons de citer un exemple.
En mars 1204, le roi Jean sans Terre accorda à l'abbaye une foire de trois jours dans son manoir de Swincomas, en Angleterre. On trouve à la suite de sa charte, datée de Saint-Evroult, le 22 mars, la note suivante :
« Et notandum quod hæc carta scripta fuit et « sigillata in Normannia anno Regis quarto, set « [sed] liberata fuit anno quinto, eo quod abbas « non habuit prius denarios ad quietandam cartam « istam. » (Rotuli Chartarum, p. 117, col. 1.)

(1) Et entre autres, les 100 livres de rente sur les moulins de Rouen, données en 1178 par Henri II.

« glise paroissiale), et postea abbatiam. »
Ce n'est pas tout : « Eodem anno, non
« multo post, turris Beccensis lapidea,
« quæ erat juxta cellarium, corruit, et
» dictum cellarium et partem ecclesiæ
« conquassavit. »

Il fallut se mettre à l'œuvre pour la cinquième fois. Nous ne pensons pas que l'église fut reconstruite jusque dans ses fondements. Elle n'était probablement pas encore terminée quand, le 14 février 1274, la chute du clocher principal entraîna de nouveau sa ruine. On trouvera quelques détails sur ce désastre dans les mauvais vers contemporains qui suivent :

> L'an de grâce mil et deux cents
> Soixante et treize (lisez 74) virent gens
> La haute tour du Bec descendre,
> Lendemain du jour de la Cendre,
> Entour Prime fut la ruine;
> L'œuvre dessous n'était pas fine.
> Pour ce la tour se descendit,
> Tout le chœur cassa et fendit;
> De la nef une grande partie
> Cassa la tour de l'abbaye ;
> Mais Dieu merci, ce roi chéri,
> Oncques homme n'y eut péri.
> Ce fut en temps de l'abbé Pierre ;
> A qui en beyt mainte pierre ;
> Pour ce qu'en pierres abonda,
> Sur ferme pierre la fonda.

Cette sixième fois, il fallut reprendre la construction à nouveau, pour nous servir de l'expression consacrée. Les travaux furent poussés avec un grand zèle par l'abbé Ymer de Saint-Ymer : « Hic in
« tempore suo cum studio, diligentia et
« sagacitate instituit operi et ædificationi
« fabricæ novæ ecclesiæ... et locavit opus
« prædictum cuidam latomo, magistro
« Roberto de Fonte nomine, ad cons-
« truendum prædictum opus usque ad
« tecturam, ut patet per litteras ipsius
« latomi. » (Chron. Becci, p. 14.)

Cette église, terminée vers 1325, ne fut dédiée que vingt ans plus tard, en présence des évêques de Lisieux et de Paris, par Jean, évêque d'Avranches, que sa baronnie de Saint-Philbert-sur-Risle rendait le voisin immédiat et le commensal de l'abbaye. Elle était, comme toutes les précédentes, sous l'invocation de la sainte Vierge, pour laquelle les religieux du Bec eurent toujours une dévotion particulière, à l'exemple de leur pieux fondateur. C'est en son honneur que, par une exception fort rare dans l'ordre de Saint-Benoît, ils substituèrent, depuis le XIIe siècle jusqu'à l'introduction de la congrégation de Saint-Maur, les vêtements blancs aux vêtements noirs prescrits par leur règle. Les moines du Bec étaient donc des moines blancs, et ils paraissent avoir beaucoup tenu à ce costume exceptionnel. La chronique du lieu remarque, en effet, que l'abbé Geoffroi Faë ou Faré ayant été appelé à l'évêché d'Évreux, ne renonça point pour cela aux vêtements blancs de sa maison : « Sed
« semper omni loco usus fuit vestimentis
« albis et maxime cuculla alba, quæ spe-
« cialis habitus ecclesiæ exstitit. »

C'est à cette époque du XIVe siècle que s'arrêtent non pas les malheurs de l'abbaye, qui ne firent au contraire que s'accumuler, mais les reconstructions de l'église. A peine venait-elle d'être bénie pour la dernière fois qu'il fallut, dans la prévision de l'invasion anglaise de 1356, l'emprisonner à la hâte dans une étroite enceinte de fortifications, devenues plus tard tout à fait formidables. Si l'on en croit la chronique locale, les remparts de cette enceinte s'élevaient plus haut que ceux d'Avignon, si célèbres alors, et la tour principale aurait dépassé toutes celles de Marseille sous le double rapport de l'élévation et de l'étendue : « Nota quod
« muros fortericiæ curavit fieri Gaufridus
« Harenc [abbas Becci] maximæ latitu-
« dinis, videlicet xv. pedum vel circa in
« in basso et de alto x. pedum; altitudinis
« majoris quam sint muri civitatis Ave-
« nionensis, et infra dictos muros in-
« choavit xv. turres. Iste Willelmus ha-
« buit a rege præceptum ut dictum opus
« continuaret, et fuit turris majoris alti-
« tudinis et latitudinis quam sit aliqua
« turris in Marsilia, et complevit in spa-
« tio quinque annorum, pro quolibet anno
« exponens in hujus modi fortericia quin-
« que millia libras turonenses. » (Chron. Becci.)

Après un mois de siège par le duc de Clarence en personne, l'abbaye fut prise dans l'invasion de 1418; la grosse tour dont nous venons de parler fut démolie sur un ordre et en présence de Henri V. Deux ans plus tard, l'abbé et ses religieux furent accablés d'exactions et de mauvais traitements : cela dura jusqu'à l'expulsion définitive des Anglais. L'abbé fut surtout maltraité par eux, chargé de fers et soumis à Rouen à une dure et longue captivité. Il était accusé d'avoir livré les fortifications de l'abbaye aux Français, qui y rentrèrent en effet momentanément, et dont le départ le laissa bientôt exposé à la vengeance du comte de Salisbury.

Vinrent ensuite les spoliations exercées par l'abbé Estoud d'Estouteville lorsqu'il fut transféré à Fécamp, celles de l'abbé Jean Ribaud en 1494, les dévastations de l'abbé Jacques d'Annebaut, qui brisa les cloches pour en faire vendre le métal en détail, et les ravages des protestants en 1563. Peut-être le plomb employé à la couverture de la nef ne fut-il pas plus respecté par Jacques d'Annebaut que celui des cloches. Ce qu'on peut au moins regarder comme certain, c'est que ni lui ni les autres abbés commendataires ne songèrent à l'entretenir : aussi s'écroula-t-elle en 1591, et n'a-t-elle pas été relevée depuis.

Si le chœur échappa à une ruine semblable, c'est à la congrégation de Saint-Maur qu'il en fut redevable. Entrée en possession de l'abbaye en 1626, elle consolida et décora, malheureusement dans le déplorable goût de l'époque, ce qui subsistait encore de l'église du XIV° siècle : elle y construisit un jubé en marbre, d'architecture classique, termina les chapelles du midi et du levant, et éleva, sur les dessins d'un frère convers nommé Guillaume de la Tremblaye, un maître-autel à colonnes de marbre rouge et à baldaquin, d'assez mauvais style qui fut terminé en 1685.

Déjà, sous le règne de Louis XI et l'administration des abbés Geoffroi d'Espagne et Jean Boucart, un clocher ou beffroi avait été reconstruit sur l'emplacement, dit la chronique locale, d'un autre clocher détruit par le feu :

« Et eodem anno (M° CCCC° LX° VI°) fecit
« [abbas Gaufredus de Hispania] incipere
« quoddam beuffredium, in loco ubi re-
« troactis temporibus fuit, quod fuit igne
« consumptum; adeo quod per opinionem
« latomorum expertorum oportuit illud
« renovare usque ad fundamentum, ad
« campanas ecclesiæ suspendendas, quia
« grossæ turres nimium erant gravatæ, et
« commotione campanarum gravabantur. »
(*Chron.*, p. 27.)

Il paraîtrait, d'après ce passage assez peu clair, que le clocher dont il s'agit occupait la place d'un beffroi détruit par le feu. Ce beffroi ne serait point celui qui s'écroula en 1274, mais probablement cette tour voisine du cellier dont la chute suivit de si près l'incendie de 1264 : le chroniqueur aura confondu les deux désastres, dont l'un peut bien avoir été la suite inévitable de l'autre. Si la tour tomba, c'est que sa base avait été calcinée par les flammes de l'incendie. Quoiqu'il en soit, la cage de ce beffroi subsiste encore, et, quoique dévastée, elle jette sur l'abbaye un caractère imposant et solennel quand, de la partie supérieure du vallon, vers Saint-Martin-du-Parc, on la voit s'élever au-dessus de la blanche façade de l'abbaye.

II.

Il existe, indépendamment de la vue cavalière du Bec gravée pour l'ouvrage de dom Germain, une figure de l'église et du beffroi dans une traduction anglaise de l'Histoire de l'abbaye par dom Bourget : *The History of the royal abbey of Bec, near Rouen in Normandy, by dom John Bourget.* Malheureusement elle est sur une petite échelle et d'une exécution très-médiocre, de manière à donner une idée bien imparfaite de ce monument. M. Anderson, archéologue anglais, le visita et le dessina en 1814 au moment de sa démolition, pour le compte de la Société des Antiquaires de Londres, si nous ne nous trompons ; mais nous n'avons pas connaissance que ces études aient été publiées. Tout ce que nous en pouvons dire, d'après Toussaint du Plessis dans sa *Description de la haute Normandie*, c'est que les restes de l'édifice primitif avaient 110 pieds de long, dont 70 pour le chœur, 19 pour un passage intermédiaire et 21 pour le sanctuaire ; le tout avec 38 pieds seulement de largeur et près de 90 de hauteur. Ces proportions étroites et élancées permettent de supposer que ce monument avait quelque analogie avec la portion contemporaine de l'admirable église de Saint-Ouen de Rouen.

C'est seulement dans les dernières années de l'Empire que la démolition en fut décrétée, afin que l'État pût s'enrichir des quelques milliers de francs que procura la vente des plombs. Le grand autel de Guillaume de la Tremblaye fut donné à l'église Sainte-Croix de Bernai, avec tout ce qu'on put enlever de marbres et de pierres tumulaires. Deux des plus belles pierres furent placées devant le portail de cette église, et ont été plus tard reportées le long d'une muraille à l'intérieur. Deux autres ont été placées dans le chœur de l'église de Boisnei, où nous aurons occasion de les signaler dans la suite de cet ouvrage. Des figures colossales d'apôtres, exécutées en 1433 par Jehan Sandrin, peintre et sculpteur à Rouen (1), ont été transportées dans la chapelle d'un cimetière de Bernai. La petite église paroissiale de Saint-André du Bec eut pour sa part de la curée un très-bel émail, qui excite vivement la curiosité des touristes, et que nous recommandons par ce motif à

---

(1) « Nota etiam quod anno Domini 1433, Johannes
« Sandrin, pictor, apud Rothomagum commorans,
« recepit a supradicto domino Thoma, abbate Bec-
« censi, summam XCVI. librarum, ob causam mate-
« riarum, picturarum et XVI. magnarum imaginum
« lapidearum stantium in choro nostræ ecclesiæ
« Beccensis » (*Chron. Becci.*)

Un peu plus haut on lit :

« Nota quod Johannes de CHAMBRAY fecit tumulum
« domini Guillermi abbatis, et soluta sunt quadra-
« ginta scuta, ut patet per quietantiam. »
Cet abbé était mort en 1418.

toute la surveillance de l'administration. Depuis longtemps, au reste, la dévastation de l'église abbatiale était commencée. Après les Anglais du xve siècle, qui avaient dépouillé de ses lames d'argent la tombe de l'impératrice Mathilde ; après les abbés Estoud d'Estouteville, Jean Ribaud, Jacques d'Annebaut, après les protestants de 1563 vinrent les salpêtriers et les explorateurs de tombes en 1793. Les premiers soulevèrent toutes les dalles pour trouver des terres à lessiver ; les seconds enlevèrent tous les cuivres tumulaires et tous les plombs des cercueils. Il semblait qu'il ne restât plus rien à recueillir, et pourtant la plus noble des sépultures du Bec n'avait pas été entamée. Des nivellements dirigés par M. le capitaine Germain, commandant la succursale de remonte du Bec, firent découvrir le 10 décembre 1846, en avant de l'emplacement du maître autel, à 80 centimètres environ de profondeur, une caisse de plomb dans laquelle avait été reporté en 1684 ce qui fut alors trouvé des restes de l'auguste fille des rois normands, mère des rois Plantagenets. Nous avons la consolation de pouvoir ajouter que ces précieuses reliques, recueillies avec plus de respect que ne l'avait été naguère, le cœur d'un saint roi, furent sur notre demande, le 19 octobre suivant, par les soins de notre savant ami M. Deville, assisté d'un membre du clergé, transportées et déposées à la cathédrale de Rouen, près du cœur, nouvellement découvert aussi, de Richard Plantagenet. C'est à l'ombre de ce sanctuaire antique et vénéré que les royales dépouilles de l'aïeule et du petit-fils attendent, et attendront peut-être longtemps encore, un monument digne d'elles.

Le chapitre du Bec, œuvre très-remarquable de l'époque de transition, fut reconstruit vers le milieu du XIIe siècle (1140-1146) par le conseil et avec l'assistance de Robert du Neubourg, sur le même emplacement où avait existé celui du bienheureux Hellouin, et dans lequel reposaient ses reliques. Ce fut pendant deux siècles un insigne honneur pour ses successeurs d'y être ensevelis aux pieds de leur père bien-aimé : « Ad pedes beati Herluini, » dit la chronique du Bec, et si plus tard ils cessèrent d'être admis à cette sépulture, ce dut être, nous aimons à le croire, parce que la place manqua pour les recevoir. Nous avons eu la douleur de voir consommer sous nos yeux, dans les premières années du gouvernement de Louis XVIII, la destruction de ce vénérable édifice, dans lequel les zig-zags de l'architecture romane, encore bigarrés de leurs peintures primitives, s'élançaient gracieusement le long d'arcades déjà gothiques. C'était la partie la plus ancienne de l'abbaye du Bec, et c'est aussi, à notre avis, la perte la plus regrettable. Que n'a-t-on conservé ces précieux vestiges de l'art contemporain de la splendeur du Bec et de la grandeur de nos rois normands ? L'église voisine, au contraire, toute élégante qu'elle pouvait être, n'offrait déjà plus aucun objet à nos émotions nationales. Ici la destruction n'eut même plus pour prétexte une misérable spéculation, mais uniquement le désir d'occuper des ouvriers dans un hiver calamiteux, comme si on n'avait pu les employer à une besogne moins déplorable pour les arts et pour les souvenirs historiques en même temps que plus profitable au pays ! Ne pouvait-on pas créer ces voies de communication, que la commune a si longtemps réclamées en vain malgré sa situation entre deux grandes routes ?

Nous ne croyons pas devoir suivre la chronique du Bec dans les détails qu'elle donne sur les anciens bâtiments claustraux, dont il ne reste plus aucun vestige. Nous nous contenterons d'en citer un assez curieux passage, duquel il résulte que dans le premier établissement certaines conditions importantes de propreté et de salubrité avaient été fort négligées : « Ipse « enim [Henricus de S. Leodegario, abbas « 1123-1147] aquæ ductus ad cameras ne- « cessitatum emundandas, tam pro infir- « mario quam pro conventu, manare fecit, « ad maximam domus emundationem ; « quia antea, ut dicitur, vix possent mo- « nachi in claustro propter fœtorem diu « stare. »

Ces bâtiments, reconstruits avec une grande magnificence au XVIIe siècle par la congrégation de Saint-Maur, subsistent encore et appartiennent au ministère de la guerre, qui y a placé successivement un haras et des dépôts de remonte. En visitant cette enceinte désolée, qui n'est plus habitée que par des soldats et des chevaux, le voyageur la trouve encore néanmoins pleine d'un charme mélancolique et comprend que François Ier, ravi de ses gazons, de ses ombrages et de ses belles eaux, ait tenu à prendre son repas au milieu du cloître en 1536. Ce prince, à l'exemple de saint Louis, visita deux fois la royale abbaye, et paraît même y avoir fait un assez long séjour deux ans auparavant : « Francisco quippe Normanniam visitante, « Beccum ingreditur..... ibique Georgia- « num festum regio more Franciscus ce- « lebrat, unde post hebdomadas quinque « ad Vatevillam movens, Alienorem con-

« jugem, Caroli quinti Romanorum im-
« peratoris sororem, Becci valetudina-
« riam relinquit (1534). »

« Mox Franciscus, mense julio Norman-
« niam repetens, fontium in claustro Bec-
« censi fluentium tempestiva commoditate
« allicitur, adeo ut illic cœnam mox sibi
« parari jubeat, regina Alienore in æde
« capitulari e regione, ad Herluini sepul-
« crum epulante ». (1536.) (*Chron. Becci.*)

Quant aux habitants du pays, ces aspects et ces souvenirs les touchent fort peu : de grossiers rapprochements entre les anciens et les nouveaux habitants de l'abbaye sont tout ce qu'ils trouvent à dire sur le coin de terre où exista l'école du Bec, sur cet emplacement qui ne devrait jamais apparaître à leurs yeux qu'entouré de la triple auréole de la gloire, de la science et de la religion. Aussi tiendrions-nous à ce que les noms illustres d'Hellouin, de Lanfranc, d'Anselme fussent inscrits dans la mairie et la maison d'école, pour que les étrangers n'eussent pas besoin de les leur apprendre.

Si l'on en croit Le Brasseur (*Hist. du comté d'Evreux*, p. 383), les armes de l'abbaye du Bec auraient été « de pourpre, « semé de fleurs de lis d'argent, au franc « canton de sable, chargé d'une molette « d'or »; mais, malgré son affirmation positive, nous pensons que cet auteur s'est trompé, et qu'il a pris l'écusson d'un abbé pour celui de l'abbaye. Il existe à la Bibliothèque impériale et aux Archives de l'Empire trois chartes munies du sceau de l'abbaye, sous les dates de 1196, 1281 et 1308. Ce sceau est rond et présente toujours le même type : la sainte Vierge assise sur un long banc, portant l'enfant Jésus et tenant à la main gauche un bâton terminé par une fleur de lis; dans la partie supérieure cinq étoiles, deux à droite et trois à gauche ; légende : SIGILLVM CONVENTVS SANCTE MARIE BECCI. Le contre-sceau présente la tête d'un abbé, qui est visiblement le bienheureux Hellouin.

M. Lechaudé a publié le sceau de l'un des deux abbés Roger, qui ont gouverné l'abbaye au XII° siècle. Il en existe un de l'abbé Guilbert de Saint-Etienne : GILBERTI A..... BECCI HELLVINI, aux Archives impériales; le contre-sceau représente le saint fondateur.

Un manuscrit de la bibliothèque d'Avranches nous a conservé la liste des livres que possédait l'abbaye du Bec vers le milieu du XII° siècle : « Tituli librorum Beccensis almarii. » Il résulte de ce curieux document, publié par M. Ravaisson dans ses rapports à M. le ministre de l'instruction publique (Paris, 1841, p. 309), que la bibliothèque de l'école du Bec se composait alors d'environ 160 volumes manuscrits, dont les ouvrages des Pères et des Docteurs de l'Eglise occupaient plus de la moitié. Les gloses et les commentaires sur l'Ecriture sainte, la scholastique du moyen âge entraient pour une bien forte part dans l'autre moitié, et ne laissaient qu'une place fort restreinte pour l'histoire ancienne et moderne, sacrée et profane.

En 1164, le chiffre de ces volumes se trouva presque doublé par l'adjonction de 113 autres que Philippe de Harcourt, évêque de Bayeux, légua à l'abbaye. Les belles-lettres, le droit romain et surtout les écrits de Cicéron occupent une plus grande place dans cette collection supplémentaire; mais on remarque avec surprise dans toutes les deux l'absence de presque tous les poëtes, et surtout de Virgile, dont les ouvrages étaient pourtant si familiers aux beaux-esprits du moyen âge. C'est une lacune dont on a particulièrement peine à se rendre compte quand on se rappelle que les deux fondateurs de l'école du Bec, nés l'un à Pavie, l'autre à Aoste, pouvaient se glorifier d'être les compatriotes du cygne de Mantoue.

III.

Mais au nom de la royale abbaye se lie pour nous une autre impression, remontant jusqu'à notre enfance, devenue plus poignante de jour en jour, et que nous demandons la permission de consigner ici. Les immenses propriétés de l'abbaye du Bec, qui avaient donné lieu au dicton suivant :

> De quelque part que le vent vente,
> L'abbaye du Bec a rente.

ses propriétés, disons-nous, étaient garanties par la possession d'un magnifique chartrier établissant les droits de cette maison sur 30 prieurés et 120 églises; immenses archives, dont le dépouillement aurait pu suffire pour occuper la vie de plusieurs savants. L'un des plus anciens et en même temps des plus vifs souvenirs de nos premières années est d'avoir vu ces innombrables pièces étalées sur de longues tables au siège de la sous-préfecture, ou, comme on disait alors, du district de Bernay, avec leurs chemises, leurs layettes et leurs vénérables sceaux pendant au bas de chacune d'elles. Quelques années plus tard, tout était brûlé, pourri, gaspillé, dilapidé, perdu à tout jamais pour la science! Oh non! je me trompe : une main habile et pieuse a su retrouver au dos de misérables registres quelques feuillets d'un cartulaire; elle a recueilli de même une vingtaine de petites chartes. Mais les sceaux, que devinrent-ils? — Oh! l'on se garda bien de les perdre! — Mais encore, qu'en fit-on? — Quelque chose de bien ingénieux et de bien utile : de la bougie verte!

Une seule consolation nous reste après cette destruction. Le grand Colbert avait eu la prévoyance de faire rédiger là, comme dans beaucoup d'autres établissements religieux, un inventaire des chartes de l'abbaye. Quoique cette haute conception n'ait été réalisée que d'une manière fort imparfaite et sans aucune critique, probablement par quelque *feudiste* ou père titrier local : quoique les noms d'hommes et de lieu y soient souvent défigurés au point qu'il ne soit plus possible de les reconnaître, il faut encore se féliciter de l'existence du document qu'elle a produit. On le trouve à la Bibliothèque impériale, dans le fonds Colbert, sous cette rubrique :

« Inventaire de titres de l'abbaye Nostre-Dame-du-Bec-Hellouin, fait en l'an 1670. »

Il résulte du dépouillement de cet énorme volume que l'abbaye ne possédait, à l'époque de sa rédaction, qu'un très-petit nombre de chartes royales du XI° siècle. Ce sont les Plantagenets, et surtout Henri II, qui lui en avaient accordé davantage. Aussi les Bénédictins ont-ils apporté peu d'empressement à les transcrire dans leurs savantes publications. Nous n'y trouvons que celle du bienheureux Hellouin, la première de toutes en date, mais ne consistant qu'en quelques lignes. Encore les Bénédictins ne se sont-ils pas donné la peine de l'interpréter; c'est dans le *Monasticon Anglicanum* que nous sommes obligé d'aller en chercher deux autres; et même celles-ci ne contiennent-elles qu'un dénombrement aussi défectueux qu'incomplet et irrégulier des propriétés du Bec.

Voici ces trois pièces, aux nombreuses lacunes desquelles nous suppléerons le mieux que nous le pourrons dans le cours de cet ouvrage, à l'aide d'autres documents et renseignements de toute nature, pour ce qui concerne les localités appartenant au département de l'Eure.

« Notum sit omnibus christianæ religionis cultoribus quod ego abbas Herluinus, filius Ansgoti, adstantibus et laudantibus fratribus meis Odone et Rogerio, jubente Gisleberto comite et Alberto et Ranulfo, consentiente Roberto comite (*le duc Robert I*er), et Roberto archiepiscopo, donavi Sanctæ Mariæ tertiam partem terræ de BURNEVILLA (*Bonneville-sur-le-Bec*) et hoc quod pertinet ad illam, et (*nous pensons qu'il faut ajouter ici de*) TAVILLEIO (*lisez comme dans la charte de Henri II*: CAVILLEIO, *le Petit-Quevilli*), et SURCEIO (*Surci*, *hameau de Mézières*) et hoc quod pertinet ad eas; et terram de SEBNAIO (*Cernai*, *près Orbec*) et hoc quod pertinet ad eam; quæ Ansgotus, pater meus, in vita sua habuit ; dotem quoque matris meæ, jubente patre meo ex integro mihi datam. Coram testibus Fulberto, sacerdote, Vitale, Rainaldo et aliis multis. »

On pourrait faire beaucoup de réflexions sur cette charte du bienheureux Hellouin. Nous nous contenterons de remarquer :

Qu'elle est antérieure au départ du duc Robert pour la terre sainte, et ne saurait par conséquent remonter moins haut que les premiers mois de 1035;

Que cependant non-seulement l'abbaye est constituée ; mais que déjà Hellouin en est l'abbé ; que, par conséquent, elle est postérieure à sa consécration par l'évêque de Lisieux ;

Qu'Hellouin paraît avoir partagé par portions égales avec ses deux frères, non-seulement Bonneville, mais encore Quevilli et Surci ;

Que, au contraire, Cernai lui appartient en entier ; de sorte que, malgré le laconisme et l'obscurité des expressions, il est permis de supposer que c'est la dot maternelle ;

Qu'enfin la chétive propriété du tiers des moulins du Bec est omise ; ce qui nous confirme dans l'opinion que Hellouin ne possédait pas autre chose dans la vallée, et que c'est pour cela qu'étant obligé d'y descendre il aura d'abord adopté l'emplacement de ces moulins, malgré les inconvénients du terrain.

Nous sommes heureux de pouvoir contrôler par ce texte primitif la seconde charte de Henri II, contenant la liste des propriétés ayant composé le patrimoine du saint fondateur. Nous ne croyons pas inutile de faire remarquer combien ces propriétés étaient disséminées aux portes de Rouen, à l'extrémité du Roumois, dans le Vexin et dans le Lieuvin. Il existe beaucoup d'autres exemples de cet éparpillement de la propriété féodale dans notre province, et l'on s'en rend difficilement compte, à une époque aussi rapprochée de l'établissement normand.

« Henricus, Dei gratia, rex Angliæ et dux Normanniæ et Aquitaniæ et comes Andegaviæ, archiepiscopis, etc., salutem. Sciatis me concessisse et præsenti carta confirmasse Deo et ecclesiæ B. Mariæ et monachis de Becco Herlevini omnes donationes et elemosynas eccle-

« siarum, decimarum, terrarum, etc...
« quæ eis factæ sunt in tota terra mea,
« tam in Normannia quam in Anglia et
« precipue ex dono Baldevini de Clare (1),
« filii comitis Gisleberti, Pulletam juxta
« Sapum, cum omnibus pertinentiis suis;
« et in Novavilla quasdam terras et deci-
« mam molendinorum suorum, et ex dono
« ipsius ecclesiam de Bosco Ranulfi, cum
« jure patronatus et advocationis, et om-
« nibus aliis rebus ad eandem pertinenti-
« bus; ex dono Radulfi de GROSLAI (Grolai,
« canton de Beaumont), quando factus fuit
« canonicus, ecclesiam de HUANABIA (la
« Huanière, même canton), cum jure patro-
« natus et advocationis et decima et omni-
« bus aliis ejusdem ecclesiæ pertinentiis;
« ex dono Fulconis de ANETO (lisez de AL-
« NETO; AUNOU-LE-FOULCON, canton d'Ar-
« gentan), et hominum suorum, manerium
« de MESNILLO-SIMONIS (le Mesnil-Simon)
« cum ecclesia et omnibus ecclesiæ et ma-
« nerii pertinentiis; ex dono Albredæ,
« sororis ejusdem Fulconis, assensu et
« voluntate ipsius, terram de GROSELERS
« (Saint-Georges-des-Groseillers) quæ est
« juxta LANDAM (la Lande-Patri) sita, cum
« omnibus pertinentiis suis. Ex dono Wil-
« lermi Crispini, ecclesiam de DROECURT
« (Dracourt), cum terra et decima et omni-
« bus ejusdem ecclesiæ pertinentiis. Ex
« dono Girardi de GORNAIO (Gournai en
« Brai) et Basiliæ matris suæ, medietatem
« totius manerii de LONGOLIO, cum omni-
« bus ad ipsum manerium pertinentiis.
« Item, ex dono ipsius G. et B. matris ejus,
« ecclesiam de BRAIMOSTER (Brémontier),
« cum terra et decima et omnibus quæ
« ad eam pertinent, et manerium de
« Bosco GIRARDI (Saint-Pierre-du-Bosque-
« rard), cum omnibus pertinentiis. Ex
« dono Galchelini de MANCELLES (Man-
« selles, près la Ferrière), ecclesiam Sanc-
« tæ Mariæ de AJOV (Ajou), cum jure
« patronatus et advocationis et decima et
« omnibus aliis ejusden ecclesiæ pertinen-
« tiis, et xx. acras terræ.

« Ex dono Rogeri, filii Ricardi, mane-
« rium de COLEVILLA (Colleville, près Val-
« mont), cum omnibus pertinentiis suis.
« Ex dono Wilelmi Malet, manerium de
« CONTEVILLA (Conteville, près Pont-Aude-
« mer), cum ecclesia et omnibus ejus-
« dem ecclesiæ et manerii pertinentiis. Ex
« dono Roberti de Monteforti, ecclesias de
« MONTEFORTI (Montfort-sur-Risle) et de
« APPEVILLA (Apperille-Annebaut) et de
« FROULANCURT (Flancourt), cum terris et
« decimis et omnibus earundem ecclesia-
« rum pertinentiis. Ex dono Thomæ BARD
« et Rohais uxoris suæ, ecclesiam de BER-
« NOUVILLA (Bernouville, près Gisors), cum
« jure patronatus et advocationis et omni-
« bus aliis ejusdem ecclesiæ pertinentiis.
« Ex dono Frogerii, Sagiensis episcopi,
« ecclesiam de RUFLLON (peut-être Roul-
« lours, près Vire?) cum decima et omni-
« bus ejusdem ecclesiæ pertinentiis. Ex
« dono Hugonis de GORNAIO, decimam de
« præpositura et portione sua in villa de
« Escocei et pertinentiis suis. Ex dono
« Willelmi Clerici, portionem illam quam
« habebat in ecclesia et decima de LONGO-
« LIO (Longueil, près Offranville). Ex dono
« HASWILLÆ de MONTBASTON, terram domi-
« nii sui de MONTBASTONE (le Montbaston,
« au Theil-Nolent), quam dedit, quando
« se reddidit ecclesiæ Becci et habitum
« religionis suscepit. Hæc autem dominia,
« non solum quæ in præsenti scripto con-
« tinentur, sed et omnes alias donatio-
« nes, etc.... concessa eidem ecclesiæ et
« monachis concedo et præsenti carta con-
« firmo. Quare volo, etc. Testibus Johanne
« de Constanciis, archidiacono Oxonii;
« Willielmo, clerico de Camera, etc...
« Apud Montem Fortem. » (Monast. anglic.
1830. French Monasteries.)

Dans la deuxième charte de Henri II, nous lisons :

« Henricus, Dei gratia, Rex Angliæ, dux
« Normanniæ, etc.., archiepiscopis, etc...
« Sciatis me dedisse in perpetuam elemo-
« sinam, pro salute patris mei Gaufredi,
« comitis Andegavensis, et matris meæ
« Mathildis imperatricis, et pro salute
« mea et heredum meorum et omnium
« antecessorum meorum, et hac carta
« nostra confirmasse Deo et Sanctæ Mariæ
« et ecclesiæ de Becco, etc., OSBURVILLAM
« (Ambourville) in Normannia, et in An-
« glia ecclesiam de WANTINGE, cum om-
« nibus pertinentiis suis.

« Præterea concedo eis et hac carta mea
« confirmo omnia ea quæ eis data sunt
« in perpetuam elemosinam, scilicet de
« dono regis Henrici, avi mei, STIVENTON
« in Anglia.

« De dono Mathildis imperatricis, matris
« meæ, in foresta Fiscampni, in ministe-
« rio de STRUTARD (Etretat) totum campum
« de WILLERVILLA (Vireville?) et villæ de
« BERNEVILL (Benouville-sur-Mer?) usque
« ad vallem de PERREFICA (Pierre-Fique),
« per divisionem terræ Nicholai de STUTE-
« VILL (Estouteville), per divisionem Ro-
« berti de INNEBEU (*** défiguré) in

---

(1) Ce personnage, plus connu en Normandie sous le nom de Baudouin de MEULES, avait hérité de l'affection de son père pour l'abbé Herlouin. Il existe dans le territoire du Sap deux hameaux appelés l'un la Grande-Pile et l'autre la Petite-Pile. Les deux communes qui suivent sont Neuville-sur-Touque et le Bosc-Regnoult (Orne).

« eodem ministerio, et duas capellas quæ
« ibi erant, cum elemosinis ad eas perti-
« nentibus ; et in Rotomago masuram
« Stephani Cementarii, quietam ab omni
« consuetudine, excepta modiatione. Et
« apud Pontem Archæ, iv. libras de pis-
« catoribus, et in foresta Romare C. soli-
« dos. De dono Willelmi Defubblati,
« x. libras in manerio de Westbiri (*West-*
« *bury*). »

Nous supprimons ici un long paragraphe de donations en Angleterre. Parmi les donateurs, deux appartiennent par leur origine au département de l'Eure, savoir : Raoul, fils de Robert, fils d'Anquetil, qui doit être un membre de la famille de Harcourt, et Robert de Thebouville (Thibouville, près le Neubourg).

« De dono regis Henrici, avi mei, in
« Normannia, manerium quod dicitur Bu-
« res (*Bures-sur-Béthune*), cum pertinen-
« tiis suis. De dono Willelmi Malet in
« Normannia, Cuntevill (*Conteville*). De
« dono Petri de Lazun, terram quam ha-
« hebat apud Yvetot (*Yvetot, Manche*), et
« apud Abafaran (*Abafœuil, domaine*
« *situé à Yvetot, Manche*); et de patrimo-
« nio abbatis Herlevini in Normannia Ca-
« villeium (*le Petit-Quevilli*), et Pratum
« (*Bonne-Nouvelle*), et Sawarvill (*Serva-*
« *ville*), et Rosseriam (*la Roussière*) (1), et
« Sarnay (*Cernai*), et Surceyne (*Surci,*
« *hameau de Mesières*). De dono Willelmi
« Crispini Tyliam in episcopatu Lexo-
« viensi (*le Teil-Nolent*); de dono Basiliæ
« de Gornaio, medietatem Lungolii. De
« dono Hugonis de Gornay, Boscum Ge-
« rardi (*Saint-Pierre-du-Bosc-Guerard*). »

Autre paragraphe, ne mentionnant que des lieux situés en Angleterre.

« Quare volo et præcipio quod ecclesia
« S. Mariæ de Becco, etc..... Apud Roto-
« magum. » (*Ibidem*).

D'autres chartes locales et de l'inventaire nous extrayons les notes topographiques suivantes sur des noms de lieu appartenant au territoire du Bec :

1175. Planche Mauduit des Essarts (2).

Avant 1205, Avienne, fille de Guillaume de Brionne, donne à l'abbaye le bois de Monthalle et la moitié de celui du Bosquet. Confirmation de ce don par Jean sans Terre. — 1243. Donation par Guillaume Beauvillain de tout ce qu'il possédait de bois à Montmalle. — 1248. Renonciation des habitants de Brionne à toutes prétentions sur les bois de Montmalle, Beauvillain, la Couture de devant la porte du Parc, Ecoute-Pluie, etc. — 1313. Donation par l'abbaye d'arbres provenant de ce bois pour la réparation des ponts de Brionne, sans que cela puisse tirer à conséquence pour l'avenir. Nous pensons que c'est dans ce bois, aujourd'hui défriché en grande partie, que Lanfranc, en se rendant au Bec, fut assailli par des voleurs. Nous pensons encore que le nom de ce bois s'appliquait autrefois à un territoire beaucoup plus considérable, et que c'est de là que provient celui de la commune voisine, de Malleville.

1233 et 1269. La Haule du Bec. — 1258. Maison et dépendances situées « in parochia de Becco », apud Haulan (1) ».

1236. Champ Corbet. — 1256. Triéges du Perray (2), de la Vallée Tostein et du Bouvet. — 1289. Champ del-Noier-Habraham. — 1269. Les Castanières. — 1264. Les granges qui sont au-dessus du Bec (la ferme et le hameau des Granges).

1252. Vallée de Vitecoq, *alias* Vitte-quod ». — 1284. Pièce de terre située « in valle Witecoc ». — 1298. Vallée de Victeqüot. Le mot Vitecoq, qui signifie en vieux français une bécasse, et qui paraît être une corruption de l'anglais Woodcock, est encore fort répandu dans cette partie du Roumois. Nous trouvons dès 1206 un Vautier Witecoq, employé comme témoin dans une charte, mais assez loin de là, à Bérengeville-la-Rivière (3).

1350. Maison des Males-Œuvres. — 1258. Jardin Hecquet : « Gardignum Hecquet. »

1259. « Vicus de Bitumei, *alias* Bithumei. — 1262. Maison située « juxta vicum de Butumei ». — Cette rue existe encore et a conservé son nom.

1263. Entre le Neuf-Chemin et les Halles-au-Blé.

1262. Chemin-des-Pillards. — 1295. Vallée-aux-Pillards.

1267. Bougeville. — 1258. Pièce de terre « apud Bougevillam ». — 1253 et 1263. Bouqueville. — 1263. Bouquainville (4).

---

(1) Le rédacteur de la charte commet ici une erreur : la Roussière ne faisait pas partie du patrimoine d'Hellouin. Elle fut donnée à l'abbaye du Bec par Hugues et Robert de Grentemesnil, en échange de Saint-Evroult. (*V.* Orderic Vital, t. II, p. 17 de notre édition.)

Servaville n'a jamais non plus fait partie du patrimoine d'Hellouin.

(2) Cette planche devait servir de communication entre le bourg et le hameau des Essarts.

(1) C'était un fief relevant de Breteuil.

(2) C'est probablement celui qu'on nomme aujourd'hui le Perroir.

(3) Ce lieu n'est plus connu aujourd'hui.

(4) Ce lieu occupait l'emplacement du hameau appelé aujourd'hui le Petit-Moulin, ou le Moulin-à-Blé. Une prairie voisine, le Pré-des-Buttes, portait le nom de Pré-de-Bougeville. Il y a à Bernai un quartier de Bougeville ou Boucheville ; à Pont-Audemer, un quartier de Bougerue.

1272. Fief de la Madeleine. — 1314. Chapelle de Sainte-Madeleine, près la Haule.

1273. Bois de Beauvillain. — 1239. Richard du Bosc, chevalier, donne à l'abbaye un bois voisin du Parc, qu'il avait acheté de Guillaume Beauvillain. — 1240. Raoul du Plessis, frère de Guillaume Beauvillain, renonce à son droit de clameur sur ce bois.

1287. Manoir et hameau de Saint-Nicolas (1).

1292. Croix-de-Herbert. — 1295. Croix-Peinte-de-Herbert-le-Tort. — 1295. Croix-Peinte.

1294. Mare de Morenant (le Ruisseau-Noir?) (2).

1303. Manoir Cabot, près des Halles. — Robert Cabot.

1314. La longue allée de l'Aumône, aujourd'hui rue de la Belle-Croix. — 1344. Rue Sainte-Marie ou de l'Aumône, près de la Haule, chemin par où l'on va à la chapelle de Sainte-Madeleine. — 1318. Manoir situé au Bec, sur l'Eau-du-Doigt (*Ductus*).

1330. Rue de Montrosti (3). — 1343. Pièce de terre au Bec, sur le Doœt.

1410. Fief de la Boissière, appartenant à Jean de Montrosti, écuyer.

1347. Pièce de terre nommée la Sarrazinière, sur le Bec et Saint-Martin. — 1434. Ruelle du Tuteil. — 1512. — Rue du Bosc.

1454. La Haute-Rue.

1492. Hameau de la Haulle.

1598. Clos Jean d'O.

La *ville* du Bec fut représentée par des députés aux états tenus à Pont-Audemer en mars 1330. (*Ordonn. des rois de France*, t. II, p. 403.)

Les hameaux actuels du Bec-Hellouin sont :

Au nord, les Granges, Saint-Nicolas, le Perrai ;

Au midi, le Pont-Hachette ;

A l'ouest, la Chambrerie et l'Aventure.

Celui de la Chambrerie doit probablement son origine à ce qu'il renfermait le fief auquel était attaché le service de chambrier de l'abbaye. — En 1319, Amauri de Meulan, chevalier, renonce à deux pelisses d'agneau et deux paires de bottes, auxquelles il avait droit pour l'office de chambrier. On trouve dans l'Inventaire la mention d'une ferme nommée *la Chambre*.

Il y avait en 1273 une planche Bovet, à partir de laquelle un chemin tendait vers Brionne. Le Pont-Hachette remplace peut-être aujourd'hui cette planche.

C'est au Pont-Hachette que le bienheureux Hellouin, en quittant Bonneville, fit sa première tentative d'établissement dans la vallée. On a trouvé dans cet endroit des vestiges de constructions, et entre autres celles d'un moulin, qui paraît avoir eu en dernier lieu un moulin à tan. Il y avait aussi une chaussée, qui était appuyée sur une muraille très-solidement établie, et qui paraît avoir été destinée à barrer la vallée pour former soit un étang, soit une retenue pour le moulin.

Le parc du Bec est le coteau boisé situé au midi de l'abbaye, et qui attenait à son enclos avant l'établissement assez récent du chemin tendant à Brionne. Ce parc, anciennement fermé de murs, contient plus de 200 hectares. De la pointe ouest du coteau on jouit d'une vue très-étendue sur les deux vallées de la Risle et du Bec ; une source d'eau minérale est au pied.

Nous croyons devoir ajouter les noms des hameaux qui suivent à ceux que nous avons déjà cités :

La Côte-du-Parc ;
Memoulin ou le Moulin-Mesnier ;
La Blanchisserie ;
Le Moulin-au-Cat ;
Le Petit-Moulin ou Moulin-à-Blé, représentant l'ancien hameau de Bougeville ;
Le Chemin-Neuf ;
Le Mont-Malle.

La vigne était cultivée au Bec, pendant le moyen âge, comme à Beaumont et Beaumontel. On lit dans un passage de la chronique locale se rapportant à l'époque de l'administration de Geoffroi d'Espagne : « A porta vineæ usque ad vadum prioris. » (1462-1476).

Les moines ont changé, relevé et encaissé en plusieurs endroits le cours de leur rivière ; ils ont aussi conduit dans leur enclos, au moyen d'un aqueduc de plus de 4,600 mètres, les eaux de fontaines situées sur le territoire de Saint-Martin-du-Parc.

IV.

Malgré l'étendue de cette notice, nous croirions la laisser incomplète si nous n'y joignions la liste des abbés du Bec, ainsi que les passages du journal de l'archevêque Eudes Rigaud relatifs à cette maison. On y verra que dès le XIIIᵉ siècle la ferveur religieuse avait déjà beaucoup

---

(1) Le hameau existe encore dans le voisinage de la ferme des Granges et des Bois-Brûlés. Il ne reste aucune trace de la chapelle.

(2) Probablement aujourd'hui la Mare-Saint-Nicolas.

(3) Il n'existe plus de rue de ce nom. On peut supposer que c'était la côte rapide qui conduit à Malleville, et qui a porté plus tard le nom de Mont-Heri ou Hori, dans le voisinage des bruyères arides appelées les Bois-Brûlés.

diminué parmi les successeurs d'Hellouin et de ses premiers disciples. Le sévère prélat trouve chez eux peu de choses à reprendre, mais aussi peu de choses à louer. La conduite des moines était assez bonne en 1260, bonne sans restriction en 1262 et 1263 ; mais la comptabilité laissait beaucoup à désirer, et la bibliothèque était en désordre et sans catalogue.

1263. — « VIII. idus maii. Ipsa die, « combusta fuit miserabiliter abbatia Bec« censis.

1260. — « VI. kal. februarii. Visitavimus « abbatiam Becci, verbo Dei in capitulo, « per ejus gratiam, a nobis proposito. Ibi « erant circa IIII^{xx}. monachi. Unus non « clamabat alium consuete. Injunximus « magistro novitiorum quod ipse mores « studeret corrigere et disciplinis regula« ribus informare. Item, precepimus ab« bati quod redditus monasterii conscribi « faceret in registro vel quaternis. Omnia « alia invenimus, per Dei gratiam, satis « in bono statu, excepto quod in priora« tibus monachi passim utuntur carnibus.

1262. — « VII. idus maii. Visitavimus, « cum Dei adjutorio, abbatiam Becci, ser« mone a nobis in capitulo loci prius [pro« posito]. Ibi erant IIII^{xx}. monachi, tam « professi quam novitii. Non consueve« runt clamare se invicem, nisi super in« fractione silentii. Statuta Papæ Gregorii « ter in anno leguntur in capitulo. Prece« pimus quod abbas recipiat et audiat « compotos ab eis qui administrationem « habent de expensis et receptis, frequen« ter. In prioratibus utuntur carnibus, « contra statuta regulæ. Alia invenimus, « per Dei gratiam, in bono statu, et per« noctavimus ibidem, cum expensis ab« batiæ.

1269. — « III. non. aprilis. Per Dei gra« tiam, accessimus ad abbatiam de Becco « Helluini, et, a nobis proposito verbo « Dei in capitulo dicti loci, ipso Domino « adjuvante, processimus ad visitationem ; « invenimus ibi LXIII. monachos, et III. « apud S. Nicholaum (1) ; viginti de dictis « sexaginta quatuor erant novitii. Omnes « erant sacerdotes, præter novitios. Pre« cepimus quod omnes libri abbatiæ infra « Pentecosten viderentur et recenserentur « in capitulo cum diligentia, coram toto « conventu. Item, precepimus abbati et « priori quod archas et cathedrulas mo« nachorum inspicerent, ne quid proprie« tatis haberent. Item quod statuta Papæ « Gregorii frequenter in capitulo legeren-

« tur. Apud S. Lambertum erat mona« chus unicus ; precipimus alium illuc « mitti. Item, injunximus expresse abbati « quod ab omnibus qui habebant ammi« nistrationes, compotos reciperet dili« genter de omnibus quæ expendebant et « recipiebant, precipue a coquinario, gra« netario et aliis, illosque compelleret ad « computandum. Item, quia conventus « habebat fratrem Nicholaum de Lendy « suspectum de lepra, et abhorrebat cum « propter hoc et abhominabatur ; consu« luimus abbati secreto, in camera ubi « consuevimus jacere, quod dictum fra« trem N. ab inde amoveret : et dixit no« bis quod ipsum ad locum S. Lamberti (1) « mitteret, ubi non est frequentia homi« num, ubique beneficium aeris et multa « infirmitatis suæ levimenta habere pos« set. Item, rogavimus eundem abbatem « quod officia suæ amministrationis com« mitteret curaret personis, quas magis « ydoneas esse crederet, providas et ho« nestas. Item, precepimus ei quod mare« scallum suum, quem invenimus de in« continentia graviter diffamatum, quan« quam uxorem Rothomagi haberet, cum « qua numquam cohabitare voluerat, a « suo servitio amoveret. »

Liste des abbés du Bec.

1. Le bienheureux Hellouin. — 1034. — 26 août 1078.
2. Saint Anselme, ensuite archevêque de Cantorbéry. — 1078-mars 1092.
3. Guillaume de Montfort-sur-Risle, Ier du nom. — Octobre 1093.
4. Boson. — 1124-24 juin 1136.
5. Thibaud, ensuite archevêque de Cantorbéry. — 1136-1138.
6. Letard, originaire du bourg du Bec (2). — 1439-2 juillet 1149.
7. Roger de Bailleul (3), n'accepta pas l'archevêché de Cantorbéry. — 25 juillet 1149. — Fin de 1179. Fondation du marché du Bec.
8. Osberne, précédemment prieur de Beaumont-le-Roger. — 1179-1187.
9. Roger, IIe du nom. — 1187-1194.
10. Wautier. — 1195-1197.
11. Hugues de Cauquainvilliers, près Lisieux. 1197-16 mai 1198.
12. Guillaume, IIe du nom. — 1198-18 septembre 1211.

(1) Saint-Lambert-de-Malassis, sur Fontaine-la-Soret. Ce lieu est appelé aujourd'hui la Chapelle-Saint-Éloi.

(2) Il existe encore des familles de ce nom dans le pays.

(3) Probablement Bailleul-la-Vallée.

(1) Le manoir de Saint-Nicolas, ou celui de la ferme des Granges, qui paraissent avoir été le même lieu, comme nous l'avons dit ci-dessus.

13. Richard de Saint-Léger, plus tard évêque d'Evreux. — 26 septembre 1211-17 juillet 1223.
14. Henri de Saint-Léger. — 28 juillet 1223-23 juillet 1247.
15. Robert de Clarbec portait, quand il fut élu, le titre singulier de *Vineator Becci in Francia*. — 22 août 1247-22 novembre 1265.
   Voyages de saint Louis au Bec.
16. Jean de Guineville, Ier du nom. — Décembre 1265-octobre 1272.
17. Pierre de la Cambe (1) [et non de Caniba]. — Octobre 1272-novembre 1284.
18. Ymer de Saint-Ymer. — 26 novembre 1284-15 novembre 1304.
19. Guilbert de Saint-Etienne. — 19 décembre 1304-24 août 1327.
20. Geoffroi Faré ou Faé, Ier du nom, ensuite évêque d'Evreux. — 29 août 1327-1er avril 1334.
21. Jean des Granges (2), IIe du nom. — 23 juin 1334-18 février 1354.
22. Robert Couroie ou de Rôtes (3), IIe du nom. — 1er octobre 1364.
23. Guillaume Popeline, de Beuseville en Lieuvin, IIIe du nom. — 1361-2 mai 1388.
24. Estoud d'Estouteville, premier abbé pris hors de l'abbaye et malgré elle; ensuite abbé de Fécamp.
25. Geoffroi Harenc, IIe du nom. — 1391-15 juin 1399.
26. Guillaume d'Auvilliers, IVe du nom. 17 juillet 1399-3 janvier 1418.
27. Guillaume Vallée, originaire du Bec, Ve du nom. — Février 1418-2 mai 1430.
28. Thomas Frique, originaire du Bec. — 19 juin 1430-juillet 1446.
29. Jean de la Motte, IIIe du nom. — 1446-17 novembre 1452.
30. Geoffroi Benoît, originaire d'Espagne, IIIe du nom. — 1er janvier 1453-14 mai 1476.
31. Jean Boucart, IVe du nom, évêque d'Avranches, premier abbé commendataire. — 28 mai 1476-28 novembre 1484.

(1) Il y a dans le département deux lieux portant ce nom : l'ancienne commune de la Cambe, réunie à Thibouville, et le hameau de la Cambe, sur Saint-Eloi-de-Fourques. Nous pensons que c'est de ce dernier lieu qu'il s'agit ici.

(2) Le hameau des Granges, sur la commune du Bec. L'abbaye y possédait une ferme considérable dans laquelle on citait une pièce de terre en labour de cent sillons, d'une acre chacun. Les bâtiments servant de granges y étaient aussi d'une construction très-remarquable.

(3) Peut-être Rôtes, près Bernai.

En 1477, établissement de deux foires au Bec les jours de la fête de saint André et de la translation de ses reliques.

32. Robert d'Evreux ou de Rouen, précédemment prieur de Beaumont-le-Roger. — 1er octobre 1484-avril 1491.
33. Guillaume Guerin, Ve du nom. — 23 octobre 1491-1514.
34. Jean Ribaud, Ve du nom (par résignation du précédent). — 19 mars 1514-1517.
35. Adrien Gouffier, cardinal de Boissi, évêque de Coutances, abbé commendataire. — 1517-1519.
36. Jean, VIe du nom, d'Orléans-Longueville. — 1519-1533.
37. Jean VII, le Veneur, évêque de Lisieux, cardinal. — 1533-1543.
38. Jacques d'Annebaut, évêque de Lisieux, cardinal, frère de l'amiral d'Annebaut. — 1543-1558.
39. Louis de Lorraine, Ier du nom, cardinal de Guise. — 1558-1572.
40. Claude de Lorraine, dit le chevalier d'Aumale. — 24 octobre 1572-janvier 1591.
41. Dominique de Vic, archevêque d'Auch. — Septembre 1597-21 décembre 1661.
42. Jacques-Nicolas Colbert, archevêque de Rouen. — 1665-1707.
43. Roger de la Rochefoucaud, IIIe du nom. — Décembre 1707-18 juin 1717.
44. Louis de Bourbon-Condé, comte de Clermont. — 1717-1759.

Outre les abbés Letard, Jean, Guillaume Vallée et Thomas Frique, le Bec a produit quelques hommes distingués, tels que :

Guillaume de Bougeville (de Bogerivilla) contemporain de l'abbé Jean de Guineville, prieur de Notre-Dame-du-Pré, puis ensuite du Bec même, en 1263, auteur d'une chronique de cette abbaye, de l'an 1000 à 1280, qui n'a pas encore été publiée, ni même retrouvée depuis du Cange. Nous avons parlé ci-dessus du hameau de Bougeville;

Jean du Bec, auteur d'ouvrages estimés sur la Bible, mort en 1610,

Et Lenfant, médecin distingué.

V.

Nous n'essaierons pas d'entrer dans le détail des biens que possédait l'abbaye du Bec. Pour donner un aperçu de ce vaste patrimoine, nous bornons à copier textuellement la table de l'inventaire des titres de l'abbaye. Il ne faut pas oublier que l'orthographe des noms de lieu contenus dans cette table est très-défectueuse.

A. — AMORTISSEMENTS. — *Titres d'Angleterre.* — Aptot, Authou, Appeville, Aubourville, Saint-Amand-près-le-Bec-Thomas, Saint-Amand-des-Hautes-Terres, Angerville, Andely, Aquigny, fief d'Aillet.

B. — Le Bec, Bosc-Robert, Bosc-Yves, Bonneville, Saint-Philebert-sur-Boissay, Boessay, Briosne, Bourgtheroude, Bosc-Follet, Bosc-Benard-Cressy, Bosc-Benard-Comin, Bosc-Roger, Barneville, Borneville, Saint-Pierre-du-Boscguérard, Saint-Denis-du-Boscguerard, Bosc-Asselin, Saint-Georges-de-Boscherville, Saint-Martin-de-Boscherville, Boisnormand, Breuil, Becquet, Belleville, Breteuil, la Boce, Bosc-Herville, Bierville, Sainte-Croix-près-Buschey, Bermionville, Boessay-en-Caux, Blainville, Beuzeville, Boulay, Boschoquier, Bourneville, Bournainville, Bailleuil, Boissy, Berthouville, Bocsnay, Bienfaite, Bosc-Regnoult, Bonneuil-la-Louvet, Beuzeval, Beuvron et Belfont, Blangy, Boscheroult, Beviville, Beaubec, Barnel, Bacheville, Saint-Nicolas-du-Bosc.

C. — COLLATION DES BÉNÉFICES. — Corneville et Cauverville, Cailleville et la Haye-de-Cailville, Cesseville, Crestot, Criquetot, Chamblac, l'Isle-de-Criquebœuf, Cherrences, Corville (Panilleuse), Civières, Colleville, Cantleu, Cremanflau, Cauquanvilliers, Condé, Courbespine, Courtonne et Courtonnel, les Moulins-Crespin et de Carenton, Chiestreville, Cerné, Castillon, Saint-Germain-de-la-Champagne, Sainte-Opportune-de-la-Champagne, la Cressonnière, Conteville, Chamboy, Clermont, Saint-Pierre-du-Chastel, Caumont, Crespin.

D. — DÉNOMBREMENTS DONNÉS AU ROY. — Saint-Denis-des-Monts, Saint-Evroult-de-Danville, Darlancourt, Dacon, Duranville, Drocourt, Druval.

E. — Escaquelon, Espreville, Saint-Aubin-d'Escroville, Esquetot, Evreux, Evesquemont, Elbeuf, Emalville, Escoz, Estrepagny, Estrucart, Œstouiteville, Œscouy, Œspegard, Esquemanville-près-Honfleur, Œscouché.

F. — Sainct-Eloy-de-Fourques, Saint-Paul-de-Fourques, Fontaincourt, Flancourt, Fouqueville, Faypou, Freneuse-sur-Seyne, Flavacourt, Frolancourt, Felnes, Saint-Germain et Saint-Sulpice-des-Fontaines, Fourmeville, Ficquefleur, Faverolles, Folleville, Fumichon, Fulcheville.

G. — Glos, Guenouville, Guiberville, Gaillon, Goudancourt, la Gastine, Gisancourt, Gomerville, Grand-Champ, Granchain.

H. — Houlebec, Saint-Christophe-de-la-Harengère, Harcourt, Hardencourt, Herancel, Herlanvillier, Lhomes, Honfleur, Heuquemanville, la Huennière, Hermonville.

I. — Infreville, Illeville, fief de la Jouerie (Tort), Jouvaux, Saint-Pierre-des-Ifs, Ivetot.

L. — Sainct-Léger, Livet, la Londe, Landiu, Layencourt et Liancourt, Longuerre, Lucy, Saint-Vendrille-de-Louvetot, Lamberville, Saint-Etienne-de-Lallier, Lieuroy, Saint-Jean-de-la-Lequeraye, Livarro, Lessart, Longeuil, Lisieux.

M. — Sainct-Martin-du-Parc, Malleville, Montfort, Monneville, Mesnil-Brochel, Montpoignant, Manneville-la-Champaigne, Marbœuf, Mesnil-Jousselin, Marnefey, Magny, Martot, Mercy, Mesieres, Meulent, Mezy, Morainviller, Montreuil, Sainct-Marmetz, Marest-Varnier, Saincte-Mère-Eglise, Moulineaux-près-Honfleur, Mandres, Moyeaux, Morsent, Mesnil-Germain, Mesnil-Symon, Malou, Sainct-Martin-de-Mery, Sainct-Pierre-de-la-Motte, Mortemer.

N. — Nassandres, la Neufville-du-Bosc, Neufbourg, Neufville, Sainct-Ouen-de-la-Noe, Neufville-près-le-Sap, Neuilly.

O. — Ouville, Saint-Benoist-des-Ombres, Orbec.

P. — PRIVILÉGES APOSTOLIQUES. — PRIVILÉGES ROYAUX. — PRIVILÉGES ANGLAIS. — Pont-Autou, Planetz, Plantoug, Sainct-Ouen-du-Ponceuil, Sainct-Germain-de-Pasquier, Pormort, Pont-Sainct-Pierre, Passy, Perchey, Panilleuse, Pince-Fontaine, Forêt-des-Préaux, Sainct-Sébastien-des-Préaux, Pulley, Plessis-Panlay, Sainct-Paul-sur-Rille, Plasnes, Sainct-Philbert-sur-Rille, Paris, Petit-Quevilly, Grand-Quevilly, Sainct-Laurent-de-Quetteville, Quesné.

R. — Routot, Rougemonstier, la Roussière, Royville, Romilly, Rouvray, Rouen, Roncenay, Ribeltière, Reveillon.

S. — Sotteville, Lernières, Saucey, Surcy, Saint-Sever-d'Emantreville près Rouen, Servaville, Saint-Aubin-de-Sellon,

Saint-Cir-de-Salerne, le Sap, Serqueux et Serquigny, Saleuze.

T. — Sainct-Taurin, le Theil, Thierceville, Teillement, Thuihebert, Turqueraye, la Haye-du-Teil, Tourville, Sainct-Ouen-de-Tuit-Simer, Tuitanges, Tuit-Signol, la Trinité, Thibouville, Tessancourt, Touvoye, Touffreville, Tilliers, Tilnollent, Tordon.

V. — Voicreville, Valtot, Vernon, Vauvray, la Vacquerie, Val-David, Villeville, Valleville, Vaux, Dame-Martin-de-la-Vievrue, Valliquerville, Verneuil, Nostre-Dame-du-Val, Sainct-Georges-du-Vievre, Sainct-Pierre-du-Val.

Dans le *Catalogue des Actes de Philippe-Auguste*, p. 528, sont consignés sur les sources manuscrites de l'histoire du Bec des renseignements que nous devons recueillir ici : « Vers 1778, l'auteur de l'*Histoire de la maison de Chambrai* signalait deux cartulaires de l'abbaye du Bec en écriture gothique ; plus, un très gros volume de chartes assez mal conservé. Pendant la Révolution, les cartulaires du Bec furent abandonnés aux relieurs. Le plus ancien, copié vers 1275 ou 1280, formait un gros volume in-folio de plus de trois cent trente-six feuillets. Il y a une quinzaine d'années, M. Chassant en a recueilli trente-quatre feuillets sur des couvertures de registres administratifs. Plus récemment, M. l'abbé Lebeurier en a trouvé quarante-deux autres feuillets qui servaient à couvrir des registres du tribunal de Bernai. Tous ces fragments, aujourd'hui rassemblés aux archives de l'Eure, fournissent le texte d'environ cent quatre-vingts chartes du XIe au XIIIe siècle ; mais ce n'est pas même le quart de ce beau cartulaire.

« Beaucoup de chartes du Bec sont copiées ou analysées dans un ouvrage composé vers 1680 et intitulé : *Chronicon Beccense auctum et illustratum*. Le manuscrit original est dans le fonds Saint-Germain lat., 528 ; il est fréquemment cité dans le *Glossaire* de du Cange. Un grand nombre de chartes du Bec sont aussi copiées ou analysées dans les mémoires de D. Jouvelin, Saint-Germain lat., 1070. »

On conserve à la Bibliothèque impériale une collection de cent quarante-trois pièces originales du XIIe au XVe siècle, sous le n° 245, C. du Fonds des cartulaires.

Nous extrayons encore du tableau sommaire des archives de l'Eure, dressé par M. l'abbé Lebeurier, la mention des localités qui sont nommées dans les chartes du Bec, conservées à Evreux : « Chartes et titres de propriétés situées dans les paroisses de : Authou, Beaumont, Beuzeville, Bonneville-sur-le-Bec, Catelon, Caumont, Cernay, Champ-d'Oysel, Conflans, Criquebeuf-la-Campagne, Criquebeuf-sur-Seine, la Futelaye, Gondicourt, Goupillières, le Gros-Theil, Thibouville, Malleville-sur-le-Bec, Marbeuf, Martot, Meulan, Montfort, Neufbourg, Neufchâtel, le Parc, le Plessis-Mahiet, Pont-Authou, Pont-de-l'Arche, Réveillon, Saint-Amand-des-Hautes-Terres, Saint-Aubin-d'Ecrosville, Saint-Ymer, Servaville, le Theil-Nolent, Thiberville, Voiscreville, et les possessions de l'abbaye en Angleterre. — Gages-plèges et journal de recettes des fiefs de Caumont, le Boulay, Cernay, Feuguerey, Quesney et Theil-Nolent, et arpentage des terres de Marbeuf. »

Gallia christ., XI. — *Neustria pia.*
Dom Bourget, *The History of the royal abbey of Bec, near Rouen in Normandy.*
Ravaisson, *Rapports à M. le ministre de l'instruction publique*, Paris, 1841, p. 309.
Bulletin monumental, t. II, p. 375 ; IV, 59-70 ; VII, 285.
Ms., *Inventaire des titres de l'abbaye du Bec*, Bibl. imp., Cinq cents de Colbert, 190.

BEC-THOMAS (LE).

Arrond. de Louviers. — Cant. d'Amfreville-la-Campagne. — Sur l'Oison.

Patr. S. Jean-Baptiste. — Prés. le seigneur.

I.

Après les explications que nous venons de donner dans l'article précédent sur les noms de lieu en *bec*, nous croyons inutile de revenir immédiatement sur ce point au sujet du BEC-THOMAS. Nous nous contenterons de dire que la petite rivière d'Oison, qui a fourni aux conquérants scandinaves l'occasion de lui donner ce nom, prend sa source à peu de distance, dans un vallon de la commune de Saint-Amand-des-Hautes-Terres, et qu'après un parcours de quatre lieues, pendant lequel ses eaux servent de moteur à une grande quantité d'usines, elle se jette dans la Seine par deux embouchures sur le territoire des communes de Caudebec-les-Elbeuf et de Martot.

Cette commune doit son surnom distinctif de THOMAS, du fondateur de son château, ainsi que cela se pratiquait souvent en Normandie et ailleurs, aux XIe et XIIe siècles, époque d'organisation et de rénovation dans nos campagnes. La faible contenance de son territoire, qui n'est que de 140 hectares, la qualification de simple chapelle, constamment donnée à son église dans les anciens pouillés, nous portent à croire qu'il ne faut voir dans le Bec-Thomas qu'un démembrement de quelque commune voisine, probablement Saint-Martin-de-la-Corneille, commune aujourd'hui supprimée, dont l'église n'est qu'à quelques centaines de toises.

Ce lieu a une origine purement normande, non pas qu'il n'ait pu être habité plus anciennement, mais en ce sens que sa forme actuelle date exclusivement de l'époque normande. Nous croyons pouvoir affirmer qu'il doit son origine à la noble famille de Tournebu, si puissante dans la campagne du Neubourg au moyen âge. Nous en avons déjà parlé ci-dessus, à l'occasion de la terre d'Aubevoie, que cette famille acquit par alliance au commencement du XIIIe siècle, et nous avons indiqué la signification scandinave de son nom. Nous croyons devoir en reprendre l'histoire d'un peu plus haut. Le nom de Tournebu lui venait de la commune de Tournebu (Calvados), qui fut sa plus ancienne propriété et le chef-lieu de sa principale baronnie.

Le premier de ses membres dont nous ayons connaissance est Guillaume de Tournebu, mentionné dans une charte du duc Robert Ier, relative à l'abbaye de Saint-Amand de Rouen, et antérieure par conséquent à 1036 (1). Ce personnage était probablement le père d'un autre Guillaume de Tournebu, dont on trouve la souscription sur une charte du 18 juillet 1083, en faveur de la Sainte-Trinité de Caen : « Signum Wilelmi de TOURNEBU. »

Le descendant et probablement le petit-fils de celui-ci, Simon de Tournebu, ne nous est pareillement connu que comme souscripteur (SYM. de TORNEBU) d'une charte de Henri II en faveur des habitants de Rouen, sans date, mais qui doit être d'une époque voisine de 1170.

En 1172, Thomas de Tournebu, fils ou frère de Simon, est inscrit au livre rouge de l'échiquier pour les services actifs et passifs suivants :

« Thomas de TORNEBU III. milites, et ad servitium suum XVII. »

Avant 1153, il avait souscrit une charte de Galeran de Meulan en faveur du prieuré de Saint-Gilles de Pont-Audemer.

Nous le voyons encore employé dans une mission du roi Henri II auprès de l'archevêque de Cantorbéri.

(1) Voy. La Roque, *Histoire de la maison d'Harcourt*, t. IV, p. 2123.

Guillaume de Tournebu, évêque de Coutances (1479-4 novembre 1199), était son contemporain et probablement son frère ; il est probable que ce n'est pas ce prélat, mais son neveu, portant le même nom, qui a donné, en faveur de la Trinité-du-Mont, au sujet du patronage et du champart de l'église d'Auteverne, une charte qui est signée par deux autres membres de la famille (Robert et Amauri de Tournebu) et que nous aurions pu transcrire ci-dessus dans notre notice sur cette commune. (Voy. *Hist. de la Trinité-du-Mont*, p. 86.) On peut croire que ces trois personnages étaient les fils puînés de Thomas. Leur mère s'appelait Idoine.

Il existait deux chartes de Thomas de Tournebu en faveur de l'abbaye du Bec, l'une, sans date, renfermant plusieurs donations ; l'autre, de 1184, lui concédant le patronage et les dîmes de Marbeuf.

Nous pensons que c'est ce seigneur qui a été le créateur du Bec-Thomas et qui lui a laissé son nom. Il est d'abord bien positif que cet établissement ne saurait être postérieur à la fin du XIIe siècle, puisqu'à partir de cette époque nous connaissons tous les propriétaires du Bec-Thomas, et qu'aucun d'eux ne peut lui avoir donné ce domaine. Pour les époques antérieures, l'affirmation ne saurait être aussi rigoureuse. Néanmoins nous sommes convaincu que si le Bec-Thomas avait été créé par quelqu'autre personnage avant le XIIe siècle il en serait resté quelque trace. Nous regardons donc cette attribution comme suffisamment établie.

A l'époque de la réunion de notre province à la France, Jean, fils aîné de Thomas, est inscrit au nombre des chevaliers bannerets. Nous savions déjà, par la charte relative à Auteverne, qu'il en avait eu trois autres : Guillaume, Robert et Amauri, sans compter Richard de Tournebu, qui figure dans la charte de 1184, et qui peut avoir été son frère, comme l'évêque de Coutances. Le *Registrum Philippi Augusti* renferme le paragraphe suivant concernant Jean de Tournebu :

« Et Johannes de Tornebu tenet baro-
« niam suam per feoda II. militum, et de
« eo tenent XVI. feoda ad suum servitium,
« et dimidium. »

Jean était moins riche et moins puissant que son père ; mais il faut tenir compte de la distraction des parts de ses frères, et Guillaume prenait à lui seul deux fiefs et un quart pour Marbeuf. Il y avait donc au contraire, en réalité, une augmentation dans la part du fils aîné, qui tenait peut-être à la création de l'établissement du Bec-Thomas, membre de la baronnie de Tournebu, et faisant, à ce titre, partie intégrante de l'apanage de la branche aînée.

Nous possédons plusieurs chartes de ce seigneur, et entre autres deux sous les dates de 1229 et 1234. Il était mort sans enfants avant 1253, époque à laquelle son frère et héritier Guillaume confirme à l'abbaye du Bec toutes les donations que lui avait faites : « felicis memoriæ Johannes de TOURNEBEU, miles, frater meus primogenitus. »

Jean, II° du nom, son fils aîné, lui succéda dans les baronnies de Tournebu et du Bec-Thomas, et confirma par une charte de 1260 ses donations à l'abbaye du Bec. Il épousa Isabelle de Beaumont, qui lui apporta en dot l'importante place du Neuf-Marché en Lions, échangée avec le roi Philippe le Bel en 1291, pour les terres de la Londe et de Tourville. En 1308 il fut envoyé à Toulouse avec le chancelier Guillaume de Nogaret et plusieurs autres personnages, pour informer contre les Templiers.

Jean II avait suivi en 1270 saint Louis à la croisade. Il siégea avec honneur au parlement de 1283.

Il y eut ensuite Gui de Tournebu, fils du précédent, marié à Jeanne Crespin, et qu'on rencontre déjà dans un acte de 1292;

Jean, III° du nom, fait chevalier en 1313, marié à Jeanne Commin de la Londe, mentionné dans des actes de 1344 et 1345;

Pierre de Tournebu, l'un des barons que le roi Jean surprit conspirant au château de Rouen en 1356, emprisonné par ce prince, puis chargé de la défense de Caen contre les Anglais, et envoyé en captivité en Angleterre par Thomas Holland, après qu'il se fut rendu maître de cette ville. Par une charte de 1357, Pierre de Tournebu avait fait donation au chapitre de Rouen de 200 livres par année à percevoir sur les rentes seigneuriales de la baronnie. Il avait épousé en premières noces Béatrix de la Roche-Guyon, fille de Philippe et de Marguerite de Montmorency. Il n'en eut pas d'enfant. Remarié en 1377 à Jeanne de Saint-Jean, nièce de Bertrand du Guesclin, dont il eut un seul enfant envoyé comme otage en Angleterre où il mourut, ce seigneur finit lui-même ses jours en 1393, après avoir vendu la baronnie de Tournebu, et par conséquent le Bec-Thomas, à Girard de Tournebu, sire d'Auvillers, son cousin. Celui-ci en rendit aveu au roi en 1394 et en 1401.

Olivier du Guesclin, frère du connétable et comte de Longueville, intervint dans sa succession, comme son exécuteur testamentaire et oncle de sa femme Jeanne de Saint-Jean.

Jean de Tournebu, IV° de ce nom, seigneur de la Vacherie près Beaumont, neveu et héritier de Pierre, rentra par échange et transaction dans la propriété de Tournebu et du Bec-Thomas. Il en porte le titre et en rend hommage dans des actes de 1403 et 1405, où il est qualifié d'échanson du roi. Par acte passé devant les notaires du Châtelet de Paris, le 12 septembre 1406, il vendit, sous forme d'échange, à Thomas Poignant, père ou frère de sa première femme Alix Poignant, la baronnie du Bec-Thomas, qu'il avait obtenu l'autorisation de désunir de celle de Tournebu pour former deux baronnies séparées (1).

Jean IV siégea à l'échiquier en 1410, 1424 et 1425. Il fut l'un des 119 chevaliers qui défendirent en 1423 le Mont-Saint-Michel, et l'un des seigneurs donnés en otage pour la rançon de Jean II, duc d'Alençon, après la bataille de Verneuil.

II.

Le 22 septembre 1406, le nouveau propriétaire du Bec-Thomas rendit hommage au roi pour cette baronnie. Dans cet acte il prend le titre de conseiller au bailliage du Pont-de-l'Arche. Le 27 septembre 1409, mainlevée est accordée de la saisie du Bec-Thomas sur Thomas Pongnant, qui justifie avoir payé 600 livres pour les reliefs et treizièmes.

Cette famille a donné son nom à la terre du Montpoignant, située à Saint-Ouen-du-Poncheuil, dans l'extrême voisinage du Bec-Thomas. On connaît un JOANNES de MONTEPOIGNANT, miles, en 1280. Le nom POIGNANT ou PUGNANT est encore beaucoup plus ancien : il était porté par une famille qu'on trouve inscrite pour plusieurs manoirs dans le *Doomsday-Book*; on doit présumer que l'un ou plusieurs de ses membres étaient présents à la bataille d'Hastings. Il est certain que Richard Pugnant ou Pungiant possédait sous le roi Guillaume des manoirs dans le HAMPSHIRE, et Guillaume PUNGNIANS dans le BERKSHIRE.

En 1321, Philippe Poignant était choisi pour arbitre par Alix, comtesse de Dreux.

Le 27 juin 1419, Henri V, roi d'Angleterre, manda au bailli de Rouen de laisser jouir Guillaume With Poignant de toutes

(1) *Histoire de la maison d'Harcourt*, t. 1er, p. 277 et suiv.

les terres et seigneuries qui furent à Thomas Poignant, rebelle.

En 1420, Jacques Poignant était vicomte de Rouen.

En 1423, Jean Poignant, chevalier, fut maintenu noble par Henri V.

En 1453, le 6 août, Charles VII, sur l'exposé de Thomas Pongnant qu'il a fait en 1449 les foi et hommage de sa baronnie de Bec-Thomas; qu'il ne peut donner son dénombrement parce que la plupart de ses titres et registres ont été perdus à Louviers, lors du siége de cette ville par les Anglais; que, pendant ces troubles et dès trente-quatre ans, les religieux de Bon-Port ont joui de sa baronnie par donation du roi d'Angleterre, lui accorde délai jusqu'à Noël pour donner son dénombrement, qui est présenté le 19 décembre.

En 1459, il y eut hommage rendu par Thomas Poignant, écuyer.

En 1474, Thomas Poignant (quelques-uns disent Poingnant et Pongnant), II° ou plutôt III° du nom, épousa Marie Vipart, fille de Jean Vipart et de Robine de Béthencourt.

Les 28 janvier et 17 février 1472, délai d'un an est accordé par le roi à Marie Pongnant, dame de Beaunay, sœur de Thomas Pongnant, écuyer ; ainsi qu'à Jean de Thère, Guy des Essars et Jean de Meullenc, époux des nièces du même Pongnant, pour faire foi et hommage et donner le dénombrement de la baronnie du Bec-Thomas à eux échue par le trépas de leur frère et oncle. Le délai est motivé à cause de l'éloignement desdits héritiers de trente à quarante lieues l'un de l'autre, et parce qu'ils sont occupés au service dans les armées du roi.

III.

Le 14 mai 1472, reconnaissance est donnée à Jean Vipart du payement fait par lui au roi des droits de relief dus par la succession de Thomas Pongnant, et du treizième qu'il devait à cause de l'acquisition des trois quarts et demi de la baronnie du Bec-Thomas faite aux héritiers du dit Pongnant.

La famille Vipart est originaire de la vicomté d'Auge, où elle possédait les seigneuries de Drumare et de la Vipardière.

Jean Vipart, issu d'une branche puînée, prenait le titre d'écuyer, seigneur du Val, avant d'être propriétaire du Bec-Thomas; il était fils de Jean, qualifié écuyer, seigneur des Places du Bois-Drouan et d'Abbeville, à la monstre de Beaumont-le-Roger, en 1459, et de Robine de Béthencourt, nièce du conquérant des Canaries.

En 1474, la baronnie appartenait à Etienne Vipart, écuyer, qui épousa Guillemette de Barville en 1483.

Il transigea en 1488 avec l'abbaye du Bec, et mourut très-âgé à Bec-Thomas, le 27 décembre 1527, laissant une grande réputation de libéralité.

Etienne Vipart avait consigné en abrégé toutes les dépenses pour rebâtir, en 1493, le château de Bec-Thomas, détruit en 1418 par les Anglais, et qui avait remplacé, en partie du moins, un château démoli, selon la tradition locale, en 1490.

Le registre où ces dépenses étaient consignées existait encore en 1790. Il était relié en veau. Sa couverture, garnie de plaques de cuivre, portait cinq clous de même métal à chacun des angles.

En 1531, le Bec-Thomas appartenait à Hector Vipart, fait chevalier sur le champ de bataille de Marignan, probablement de la main du chevalier Bayard et en même temps que le roi François Ier, marié le 12 juin 1524 à Marguerite d'Amfreville-sur-Iton, encore vivant en 1538;

En 1552, à Jean de Vipart, son fils aîné, rendant hommage au roi : Jean avait pour femme Marie de Mailloc, qui épousa en secondes noces Nicolas de Pommereul;

En 1555, à Claude de Vipart, écuyer, frère et successeur de Jean, député de la noblesse aux états de Moulins, en 1566;

En 1570, à Nicolas de Vipart, frère des précédents, qui racheta du roi le droit de tiers et danger sur diverses parties de la baronnie, et représenta la noblesse de Normandie aux seconds états de Blois, en 1588.

Nicolas Vipart étant mort sans enfants, la terre du Bec-Thomas revint à la branche aînée de la famille : Vipart-Silli, dans la personne de Françoise de Vipart, mariée en 1546 avec Jean de Sabrevois, seigneur de Richebourg et de Saulx.

IV.

La famille de Sabrevois est originaire du pays chartrain.

Le 15 avril 1580, Jacques de Beaulieu, fils de Floridas de Beaulieu, donnait quittance à Nicolas de Vipart, baron de Bec-Thomas, de 10,000 livres pour don fait en faveur de mariage à Anne de Sabrevois, nièce dudit baron.

En 1640, Anne de Sabrevois, dame de la Cour et du Vièvre, femme de Jacques de Beaulieu, sieur de Querquesal, et Jacqueline de Sabrevois, femme de Loys de Sainte-Marie, sieur de Canchy, se partageaient l'héritage de Jean, leur frère, mort sans postérité ; et par acte approuvé par arrêt du parlement la pleine baronnie du Bec-Thomas était divisée en deux demi-baronnies.

Jean de Beaulieu, fils d'Anne de Sabrevois, issu d'une famille noble du Perche, réunit la baronnie sur une seule tête. Il épousa Marguerite du Bosc, fille de Léonor du Bosc, seigneur de Radepont, député de la noblesse aux états de Normandie en 1633. Cette dame, lui ayant survécu, fonda en 1646 le monastère des Pénitents du tiers-ordre à Louviers.

Nous connaissons encore :

Charles de Beaulieu, Ier du nom, baron de Bec-Thomas, son fils aîné, gouverneur du Pont-de-l'Arche en 1690 ;

Léonor de Beaulieu du Bec-Thomas, son fils puîné, commandeur de Fontaine, reçu chevalier de Malte le 15 février 1645, et mort l'an 1702, après avoir été grand-croix de cet ordre et chef d'escadre des galères de France, suivant Masseville ;

Charles de Beaulieu, IIe du nom, baron de Beaulieu et du Bec-Thomas, marié à une fille de Jacques Letellier, fermier général. Ce personnage est cité par Masseville comme ayant servi avec distinction sous le règne de Louis XIV ;

Un chevalier de Bec-Thomas, tué le 4 octobre 1693, à la journée de Marsaille. Capitaine-lieutenant de gendarmes anglais, il s'était distingué en 1684 dans l'expédition contre les Génois.

C'est sous cette famille que la baronnie fut érigée en marquisat, confirmé en 1754.

A la mort de Charles de Beaulieu, la terre du Bec-Thomas fut décrétée. Elle appartint de 1713 à 1747 au principal créancier, Léonor du Bosc, seigneur de Radepont, maire de Rouen en 1718. A cette époque, la famille de Languedor, sortie de l'édilité rouennaise, en prit possesssion.

V.

A l'époque de la publication du plan de Rouen par Gomboult (1620-1630), l'un des membres de la famille Languedor était maître des ouvrages de l'Hôtel-de-Ville. En 1629 et 1644, un autre, Pierre Languedor, était conseiller échevin. Dans l'intervalle entre ces deux fonctions, il était devenu : noble homme Pierre de Languedor, sieur du Bosc-le-Vicomte. Ses descendants entrèrent au parlement ; le dernier, qui existait peu de temps avant la Révolution, en était l'un des présidents de chambre, connu sous le nom de président du Bec-Thomas. Sa sœur et unique héritière, religieuse à Neufchâtel-en-Brai, transmit cette propriété par testament avec charges à leur parent, Thomas-Louis-César Lambert, marquis de Frondeville, président à mortier au parlement de Normandie, qui émigra et mourut pair de France en 1816.

Pendant l'émigration, le testament de la dernière des Languedor fut annulé, et les héritiers du sang se firent envoyer en possession. Leurs droits ne tardèrent pas à être réunis dans la main d'un seul cessionnaire, M. Godard.

M. Würtz, ancien associé de la maison de librairie Treuttel, acheta le Bec-Thomas en 1810 des enfants de Godard, et maintenant cette terre appartient à M. Mathieu Sevaistre, d'Elbeuf.

Le château était alors peu remarquable, mais dans une position avantageuse ; ses assises inférieures, que l'on croit de l'époque de la construction primitive, présentaient, si ce n'est un caractère monumental, au moins une solidité remarquable. M. Sevaistre a remplacé ce château en 1852 par un autre fort beau dont l'extérieur rappelle le règne de Louis XIII.

VI.

En 1195, le Bec-Thomas était entre les mains des agents de l'échiquier. Le compte du revenu de cette terre leur fut rendu par Roger de Martrei et autres, qui la tenaient à ferme de cette administration pour 260 livres : « Rogerus de Martrei, « Oignus Faber et Hemigius reddunt « compotum de cc. libris de firma de « Becco Thomæ. » M. Stapleton pense que la confiscation avait eu lieu par suite de la forfaiture de Jean de Trie, allié de Philippe-Auguste. Cette conjecture ne nous paraît pas heureuse, et nous ne voyons pas ce qu'il pourrait y avoir de commun entre ce seigneur du Vexin français et une terre qui était fort éloignée du Vexin, qui avait passé directement de Thomas de Tournebu à son fils aîné Jean. Nous aimons mieux penser que Jean de Tournebu aura donné lieu, par quelque intelligence avec le roi de France, à la sévère mesure prise contre sa propriété.

Dans le compte de Roger de Martrei, il est prélevé sur ce revenu 3 livres 12 sols pour une redevance au desservant de la chapelle : « Capellano capellæ curiæ de « Becco-Thomæ LXXII. solidos pro I. mo- « dio grossi bladi de elemosina statuta. » (*Magni Rotuli scacc. Norm.* t. Ier, p. 127.) On voit, comme nous l'avons déjà dit, que le Bec-Thomas était un oratoire privé, et non une paroisse.

L'église métropolitaine de Rouen possédait au xiv° siècle, « en la vicomté du « Pont-de-l'Arche, deux cens livres de « rente à tournois en basse justice de la « terre du Bec-Thomas; » mais ces deux cents livres de rente étaient « assises ès « paroisses de Fouqueville, Mangneville « (Mandeville) et Oyssel en la vicomté de « Rouen ». (Aveu du 15 mars 1378, aux Archives de l'Empire.)

Les Archives de l'Empire possèdent les lettres d'échange, ou, pour parler plus exactement, de cession de la terre du Neuf-Marché-sur-Epte, par Jehan de Tor- « nebusc (sic), « chevalier, seigneur du « Bec-Thommas, et Isabel de Beaumont, « fame d'iceli chevallier, » sous la date du mois de janvier 1294. Nous disons : de cession, parce qu'avec un monarque comme Philippe le Bel il ne pouvait y avoir pour ses sujets que des marchés désavantageux. Le sceau de ce seigneur représente un chevalier monté sur un cheval caparaçonné et armorié, tenant de la main droite une épée nue, et de la gauche un écu, comme dans les armes de la maison de Tournebu. Nous avons déjà dit ailleurs que ces armes étaient d'argent, à la bande d'azur. On lit autour : † S. JOHANNIS DE TORNEBVTO MILITIS. Sur le contresceau, un écu chargé d'une bande; légende effacée.

Le sceau d'Isabelle, allongé et pointu, suivant la forme ordinaire des sceaux de dames, la représente debout, tenant un faucon sur son poing gauche; à sa main droite est une griffe d'oiseau. Légende : ......YS.........BIAVMOT DAME DV BEC THOMA.....

Les armes de la famille Poignant étaient de gueules à la croix d'or cantonnée de quatre aigles éployées d'argent.

Celles de la famille Vipart : d'argent, au lion de sable, armé et lampassé de gueules.

Celles de la famille de Sabrevois : d'argent à la fasce de gueules, accompagnée de roses du même, 3 en chef et 3 en pointe : ces dernières 2 et 1.

Celles de la famille de Languedor : de gueules à trois étoiles d'argent : 2 et 1.

Les barons du Bec-Thomas siégeaient à l'échiquier de Normandie, au vii° rang du bailliage de Rouen.

La baronnie du Bec-Thomas relevait directement du roi.

La tradition locale veut que les barons de Bec-Thomas aient eu des pages.

Nous pensons que les noms suivants devraient être inscrits dans la mairie et la maison d'école du Bec-Thomas :

Thomas de Tournebu, fondateur du lieu;

Hector Vipart, fait chevalier sur le champ de bataille de Marignan;

Léonor de Beaulieu, du Bec-Thomas, officier de marine distingué.

VII.

Nous avons eu le bonheur de rencontrer dans un manuscrit de la bibliothèque de Rouen, intitulé *Fiefs et bénéfices*, t. III, p. 165, un aveu contenant le détail de la mouvance du Bec-Thomas au commencement du xvii° siècle. Ce genre de documents intéresse trop vivement l'histoire locale et la topographie pour que nous ne nous empressions pas de communiquer à nos lecteurs ceux que nous pourrons recueillir.

« Adveu de la baronnie du Bec-Tho- » mas, rendu en 1612 par dame Anne de « Sabrevoys, femme, séparée quant aux « biens, de messire Jacques de Beaulieu, « etc... sieur du lieu.

« Relèvent de ladite baronnie les arrière-« fiefs ci-après :

« La terre et seigneurie de la Harengère, « qui est un seul fief entier, paroisse de « la Harengère; et un quart de fief nommé « du Busc-Richard, sis paroisse de Cri-« quebeuf-la-Champagne; lesquels fiefs « possédez par Jean de Nollent, baron de « Saint-Jullien, pour et au nom de damoi-« selle Marie du Busc, son espouze;

« Un fief entier, nommé de Pescheve-« ron, paroisse de Criquebeuf-la-Cham-« pagne, à Claude de Launoy, sieur de « Houdin, ayant espouzé damoiselle Louise « de Lunes; duquel fief relève le fief Dois-« nel, dont est tenant Richard de Nollent, « sieur de Saint-Cir;

« Le fief Vivant, qui est un huitième de « fief, paroisse de Fouqueville, qui est « possédé par les Célestins de Mantes;

« Le fief de la Serpe, qui est un quart « de fief assis à Léry, à Anthoine Collas;

« Le fief de Troussebout, huitième [de « fief de haubert], paroisse de Saint-Nico-« las-du-Bosc-Asselin; à messire Ozias de « Bonifasse, chevalier de l'ordre du Roy, « pour et au nom de dame Anne Des-« champs, son espouze;

« Le fief de Mont-Pagnant, plein [fief « de haubert], paroisse de Saint-Ouen-« du-Poncheuil, à Nicolas de Campion, « escuyer;

« Le fief du Bosc-Ferry, huitième [de « fief de haubert], assis aux Hautes-Terres, « paroisse du Thuit-Signol, aux héritiers « de Jean Lamy;

« Le fief de Montfort, paroisse de Saint-« Denis-des-Monts, à Nicolas de la Barge;

« Le fief de Landehare, quart de fief,

« assis paroisse de Foucqueville, à Fran-
« çois Langlois ;
« Le fief de Porpinchey, assis paroisse
« de Saint-Pierre-des-Cerqueux, à Louis
« Routtier. »

Il y avait autrefois dans cette commune
un marché le mardi, avec des mesures
particulières au moins pour les grains, et
une foire le mardi gras. Plusieurs anciens
chemins, à plus de deux lieues à l'entour,
s'appelaient chemins du Bec-Thomas.

Dans une charte en faveur de l'abbaye
du Bec, sous la date de 1267, les redevances sont stipulées suivant la mesure
du Bec-Thomas. On voit encore l'emplacement de l'ancienne halle près de l'é-
glise.

Cette église, sous le chœur de laquelle
un caveau recevait les restes des seigneurs,
qui ont été profanés en 1793, n'est pas
placée au centre de la population actuelle;
mais de nombreux actes établissent qu'autour d'elle il a existé un bourg, et le moulin le plus voisin s'appelle le Moulin-de-
Bourg dans quelques titres. La tradition
du pays est qu'une ancienne église plus
considérable a été détruite au commencement du xviiie siècle, et qu'on en voit
encore la porte, servant de fermeture à un
bâtiment rural, à Saint-Amand-des-Hautes-
Terres. L'emplacement de la chapelle primitive était resté très-reconnaissable, il y
a peu d'années, dans l'enceinte du château.

Le registre d'Etienne Vipart portait que
la chapelle avait été reconstruite avec le
château, et qu'en 1493 plus de trois siècles
s'étaient écoulés sans que messe y eût été
dite.

On a trouvé autour du château et dans
la vallée des boulets et des biscaïens et de
nombreux ossements. Au xviiie siècle, il
existait encore des traces évidentes de retranchements militaires. Un des trièges a
conservé le nom de Camp-au-Roi.

Il a été découvert, notamment dans le
bois de Cornai, des tuiles à rebords et des
monnaies anciennes.

Il a existé au Bec-Thomas, jusqu'au
milieu du xviiie siècle, un tabellionage
où les ducs d'Elbeuf ont passé des actes
importants, et pour lequel ils paraissent
avoir eu une prédilection particulière. Il
y avait aussi une sergenterie mentionnée
dès 1488.

Quatre cent cinquante-huit feuillets in-
folio des minutes des actes du tabellionage du Bec-Thomas, de 1623 à 1632,
sont conservés aux archives départementales. Un de ces actes est une renonciation
du 27 mai 1632 à une communauté de
bien entre elle et son mari, faite par
Madame Catherine-Henriette, légitimée de
France, femme de Charles de Lorraine,
duc d'Elbeuf.

La population est d'environ 320 individus. Il n'y a qu'un seul hameau : Mont-
Herout (Mons-Heroldi). Il existe aussi trois
moulins : le Moulin-du-Bourg, le Moulin-
Guillaume et le Moulin-Espaillart.

Le nom de ce lieu ne se prononce jamais
dans le pays que Béthomas, et même c'est
ainsi qu'on le trouve écrit dans Masseville, dans l'arbre généalogique de la
maison de Tournebu et dans plusieurs
actes très-anciens du tabellionage.

Le chartrier de Radepont renferme divers titres concernant la seigneurie de
Bec-Thomas.

BEHELLAN (S.-DENIS-DU-).

Arrond. d'Evreux. — Cant. de Breteuil.

Patr. S. Denis. — Prés. l'abbé de Lire.

Nous ne connaissons ni en Normandie
ni dans toute la France aucun autre
exemple de ce nom. Les formes les plus
anciennes que nous en rencontrions sont
au xiie siècle : Broherlant, puis Bruerlant et Breellant ; au xiiie, Bruellant.
Nous pensons d'après ces données que le
nom primitif a dû être Brolium Herlandi :
le parc, la garenne d'Herland.

La signification du premier de ces mots
au moyen âge est bien connue : tout le
monde sait qu'on s'en servait pour désigner ce que nous appelons aujourd'hui un
parc, une garenne, plantés et enclos de
manière à conserver la possession du gibier et la faculté exclusive de la chasse.
Ce qu'on sait moins généralement, c'est
que ce mot nous est venu (par l'intermédiaire des Lombards) des Grecs du Bas-
Empire, qui avaient eux-mêmes emprunté
des Persans le nom et la chose. Le mot
primitif est Περιβόλιον, d'où l'on a fait successivement *Perivolium, Briolium, Brolium, Brogilus*, etc... On conçoit facilement que le despotisme oriental ait in-
venté ce moyen de soustraire à toute atteinte et même à tout regard profane ses
promenades et son gibier, et que de là les
Breuils soient venus par Byzance et Milan jusqu'à nos rois de la seconde race,
très-empressés de copier les usages du
gouvernement impérial. Les vassaux les
imitant à leur tour, il n'y eut bientôt si
chétive garenne qui ne fût décorée du
nom de *Breuil*. Mais, quoique ce mot ait
continué longtemps d'être employé, même
dans la langue romane, c'est surtout sous

la dynastie carlovingienne, et par conséquent avant l'invasion normande, qu'il a servi le plus habituellement à l'établissement des noms de lieu, tandis que son synonyme *parc*, originaire des langues du Nord, paraît avoir été apporté chez nous par les scandinaves, comme il le fut en Italie par les Goths et les Lombards.

Le mot HERLAND ou ERLAND, d'origine visiblement austrasienne, n'appartient pas moins essentiellement à l'époque carlovingienne. Nous pouvons citer parmi les personnages de ce nom dont l'histoire nous a conservé le souvenir :

Herilandus, évêque de Verdun, mort en 837;

Herilandus, chorévêque de Trèves;

L'abbé ERLALDE, contemporain de Louis le Débonnaire;

Herlandus, « clericus in pago HAINOU, » en 874 ;

Erilandus, l'un des plus intrépides défenseurs de Paris contre les Normands en 886;

Enfin le comte ERLAND : « Erlandus comes, » cité dans les annales de Saint-Bertin, sous la date de 954.

On ne voit là, comme nous venons de le dire, que les Austrasiens.

Nous pensons que ce nom doit être interprété dans le sens de : le maître, le chef du pays, du canton. Notre commune n'est pas la seule dans la désignation de laquelle il entre; nous pouvons encore citer Hellenvilliers : HERLANDI-VILLARE, et même très-probablement ALAINCOURT, dont le nom primitif doit avoir été ERLANDICURTIS. Il est digne de remarque que ces trois communes appartiennent à la zone S.-E. de notre département, et qu'elles ne sont pas assez distantes les unes des autres pour n'avoir pas pu appartenir à un même propriétaire. Quoi qu'il en soit, nous croyons pouvoir y voir trois de ces nombreux *mansi* que les rois carlovingiens distribuaient à leurs compatriotes d'Austrasie, pour s'assurer de leur fidélité, sans toujours y parvenir.

Ce ne sont donc pas des établissements normands, mais carlovingiens, et peut-être même des établissements destinés à arrêter, de ce côté, les incursions des hommes du Nord.

Indépendamment des deux communes dont le nom nous semble provenir de HERLANDUS, nous pouvons encore citer le fief du Bois-HELLAND, commune de CHAMPEAUX-SUR-SARTHE.

La première mention qui soit faite de Saint-Denis-du-Béhellan se trouve dans l'un des paragraphes additionnels à la véritable grande charte de Lire. Nous disons la véritable, pour la distinguer de celle qu'il a plu aux Bénédictins de publier, et qui est fort différente. Voici ce paragraphe, tel que nous le lisons dans la charte originale, déposée aux archives de la préfecture de l'Eure :

« Notum sit omnibus quod ego Gille-
« bertus, filius Rogerii, concedo Sanctæ
« Mariæ Liræ omnes decimas illas de
« terra Willelmi HOFEI de feodo meo, quas
« ille et homines sui dederint, vel dare
« voluerint. Ex parte mea testibus : Ber-
« nardo, filio Gulberti de BROHERLANT; et
« Gisleberto, fratre suo, et Radulfo de
« Logis, et Gaufrido, filio Rogerii, filii
« Herenberti, et filiis Goelli, qui erant in
« captione in domo mea apud LES ISSARZ.
« Ex parte Sanctæ Mariæ : Rogerio, filio
« Herenberti ; Rogerio Villano, Milone de
« Trisaïco, Herberto Guaimart. Et pro
« concessione ista dedit abbas quadra-
« ginta solidos Drocensis monetæ, quos
« tradidit Herbertus Guaimart in domo
« sua. Testibus ex parte illorum : Bernerio,
« forestario; Ivone, presbitero; Aalone de
« Pertico. Ex parte Sanctæ Mariæ : Her-
« berto, presbitero ; Hildeberto Fabro,
« Guarino Durodente. »

Le Béhellan n'est pas cité dans la charte publiée par les Bénédictins.

Ce paragraphe, dans lequel le Béhellan ne figure qu'indirectement, n'est pas du XI⁰ siècle comme la charte qui le précède : mais il est postérieur à l'avénement de Henri 1ᵉʳ, et par conséquent du commencement du XII⁰. Tout ce que nous en pouvons tirer pour l'histoire, c'est qu'alors cette commune s'appelait Broherlant, et que Bernard, fils de Guilbert, était l'un de ses habitants.

Robert II, surnommé aux Blanches-Mains, comte de Leicester et seigneur de Breteuil en 1168, marié à Pétronille de Grentemesnil en 1169, confirma, dans les termes suivants, la donation de Hugues de Saint-Luc à l'abbaye de l'Estrée :

« Universis Sanctæ Matris Ecclesiæ
« fidelibus præsentibus et futuris, Rober-
« tus, comes Legrecestriæ salutem. No-
« verit universitas vestra me pro anima-
« bus patris et matris meæ et antecessorum
« meorum, necnon et pro salute animæ
« meæ, et Petronillæ committissæ, sponsæ
« meæ, et liberorum nostrorum, conces-
« sisse et hac carta mea confirmasse do-
« nationem quam Hugo de SAINT-LUC
« (*Saint-Luc, près Evreux*) fecit Deo et
« Sanctæ Mariæ de STRATA, et fratribus
« ibi Deo servientibus, de feodo meo,
« quod ipse tenet de me in BRUERLANT;
« et præterea mortuum boscum jacentem
« in liberatione ad calefagium proprii

« usus fratrum manentium in prædicto
« loco prænominati feodi de BRUELLANT,
« tenendum in liberam, puram et per-
« petuam elemosinam, libere et quiete ab
« omni seculari servitio de me et de here-
« dibus meis, et ab omni seculari exa-
« ctione. Testibus hiis : Petronilla, comi-
« tissa Legrecestriæ; Roberto de Britolio,
« filio meo; Gervasio de Castello; Roge-
« rio de Mellent; Roberto Pipart; Tho-
« ma......; Godefrido de Quatuor-Maris
« (*Quatremarre*); Rogerio de Hume (*il
« existe plusieurs lieux de ce nom dans le
« département; celui-ci doit être le Homme
« sur la Vacherie, plutôt que le Homme
« sur Beaumont, dont le propriétaire s'ap-
« pelait à cette époque Eudes et non Roger*);
« Hamone de Horor (*Hautot, à Touville*);
« Gilleberto de CARNELIIS (*Charnelles*);
« Guillelmo Brustesauz (*Broute-Saule*);
« Magistro Hugone; Roberto de TEVERAI
« *Tevrai*). »

Cette charte ne saurait être ni antérieure à 1169, époque du mariage du
comte Robert aux Blanches-Mains, ni
postérieure à 1190, époque de sa mort.

En 1239, Michel Boquerel, curé de la
Guéroulde, vendit à l'abbaye de Lire,
moyennant 12 livres tournois (216 fr. de
notre monnaie), les droits à la propriété
d'une maison de pierre, tenue de lui par
Etienne, curé du Behellan, et Robert
Cybolle, aussi bien que d'une grange,
tenue de lui par Robert des Fretils.

« Notum sit omnibus præsentibus et
« futuris quod ego Michael Boquerel,
« presbiter de LA GAROUDE, vendidi viris
« religiosis abbati et monachis Lyræ, pro
« duodecim libris turonensium, de quibus
« mihi satisfecerunt, quod habebam et
« habere poteram in domo petrina quam
« Stephanus, presbiter de BRUELLANT, et
« Robertus Cybole tenebant de me........
« et quicquid habebam in granchia quam
« Robertus de FREYTIZ (*les Fretils*) tene-
« bat de me........ Actum anno Domini
« M°. CC° XXX° IX°. »

Dans une charte de Mathieu, évêque
d'Évreux, pour la création de deux
vicairies perpétuelles dans sa cathédrale,
sous la date de 1301, une portion du trai-
tement de ces vicairies est assignée : « su-
« per terris quas tenet Guillelmus Le
« Marois in parochia Sancti Dyonisii de
« BRUELLANT. »

La tradition du nom primitif de ce lieu
paraît s'être beaucoup mieux conservée
dans les documents relatifs au patronage
de l'église paroissiale et de la chapelle de
Saint-Pierre de Limeux. Ces documents
n'existent malheureusement plus; mais
nous en pouvons donner l'extrait suivant,
d'après un inventaire qui se trouve dans
les archives de Lire, à la préfecture de
l'Eure :

1. 1164 à 1172. Gislebert Crespin, seigneur de Tillières, donne, en présence de
l'archevêque Rotrou, à l'abbaye de Lire,
l'église de BRUERLANT, la chapelle de
LIMEUX, et deux gerbes de la dîme du fief
GADON.

2. Confirmation de cette donation par
l'archevêque Rotrou.

3. 1168-1190. Confirmation de cette
donation par Robert II, comte de Leicester. Le nom du lieu est écrit BRUBERLANT.

4. Autre confirmation par Henri II :
BRUHERLAN.

5. 1172. Confirmation par le pape
Alexandre III : BRUHERLAN.

6. 1172-1181. Sentence arbitrale par
laquelle l'abbaye du Bec fut déboutée de
ses prétentions sur cette église et la dîme
du fief Gadon : BRUHERLAN.

7 et 8. Confirmation de cette sentence
par les papes Alexandre III (1172-1181),
et Célestin III (1194).

9 et 10. 1194-1201. Guillaume de Chantelou, aux assises royales, à Verneuil, renonce à ses prétentions sur la dîme de son
fief en la paroisse de BRUHERLAN.

Cette renonciation est confirmée par
Guérin, évêque d'Évreux.

11, 12 et 13. Trois autres confirmations
de Luc, évêque d'Évreux, les deux premières sous la date de 1215.

14. Sans date. Charte de Raoul Des-
champs; donation à l'abbaye d'une masure joignant le chemin de Limeux à
BRUHERLAN.

15. 1245. Roger, seigneur de Chantelou, chevalier, confirme la donation déjà
opérée d'un terrain sur lequel était situé
la grange des religieux.

16. 1521. La chapelle Saint-Pierre-de-
Limeux est annexée à la cure.

Le relevé suivant de la valeur des dîmes
affermées de la commune, aux XVI° et
XVII° siècles, atteste que ce revenu était
soumis à d'assez grandes variations :

1559. — 234 livres et 4 livres de cire.
1559. — 250.
1564. — 300.
1573. — 350 et 6 chapons.
1580. — 376. Même faisance.
1648. — 800 et 26 boisseaux d'avoine.
1657. — 1000.
1664. — 1200.
1690. — 800 livres, plus 100 livres de
pot-de-vin.

Dans une liste de fiefs, nous lisons :

« Le BUHELLENC, quart de fief de hau-
« bert, relevant de Tillières à Saint-Denis-
« du-Behellan. »

C'est probablement parce que cette commune appartenait originairement à la mouvance de Tillières qu'elle n'avait, malgré sa grande proximité, aucuns droits d'usage dans la forêt de Breteuil.

Sa population (499 individus) est peu considérable, relativement à sa surface (955 hectares).

Les hameaux, en assez grand nombre, sont :

Le Behellan ;
Beuron (*Boscus Rotundus*) ;
La Boissellerie ;
Le Cassoir ;
Le Cornet (coin) du Bois ;
La Cour-à-la-Mare ;
L'Epinei ;
Liguerolles (lieu où l'on cultivait les lins : ce doivent être les meilleures terres de la commune) ;
Le château de Limeux (ce lieu est cité dans l'enquête de la forêt de Breteuil, comme limite : « et usque ad livreias de Bordegniaco et LIMEUS. » Il paraît, par un autre passage de ce document, qu'il y avait un chapelain à Limeux au moment de la rédaction du procès-verbal :

« Sacerdos manens apud LIMEUS habet
« mortuum nemus ad suum ardere, quan-
« diu ibi manet, quicumque sit ibi sacer-
« dos ;)

Mare-Ibert ;
La Pelouse ;
Saint-Antoine,
Et la Trogue.

BÉMÉCOURT.

Arrond. d'Evreux. — Cant. de Breteuil.
Sur le ruisseau du Lesme.

Patr. S. Pierre. — *Prés. le seigneur.*

Nous ne connaissons point d'autre lieu qui porte ce nom (1).

La forme la plus ancienne de ce nom est BERMERCOURT : l'habitation, la masure de Bermer.

Ce nom de Bermer ou Vermer appartient aux langues germaniques. Nous ne pensons pas que les Scandinaves l'aient imposé à Bémécourt, parce que nous ne l'avons jamais rencontré ailleurs en Normandie, et que nous le rencontrons au contraire dans un nom de lieu étranger à cette province. On lit, en effet, dans un diplôme du comte Eudes en faveur de Saint-Père de Chartres : « Concedo etiam eidem loco bannum BERMERIIVILLÆ. »

Le plus ancien document, à notre connaissance, dans lequel il soit fait mention de Bémécourt, est la grande charte de Lire, où nous lisons ce passage :

« Et totam decimam de toto luco de
« BERMERCORT et ejusdem silvæ ritum ; li-
« gna ad domos illorum construendas,
« et omnium sub illis habitantium ; et
« herbam et ejusdem silvæ fructum, ubi-
« cumque porci mei et alia pecora cur-
« runt.... »

Il n'est point parlé de cette commune dans la charte que les Bénédictins ont donnée comme charte de fondation de Lire.

I.

C'est sur le territoire des Baux-de-Breteuil, mais attenant au hameau du Lesme, sur Bémécourt, dans un vallon solitaire qui court du midi au nord de la forêt, que Robert Ier, comte de Leicester et seigneur de Breteuil, surnommé le Bossu, fonda en 1125 l'ermitage de Notre-Dame-du-Désert, qui devint ensuite le prieuré du LESME après sa réunion à l'abbaye de Lire. Il existe aux archives de l'Eure un cartulaire de cet établissement dans lequel on trouve la charte de fondation qui suit :

« Robertus, comes Legrestriæ, dominus
« Bretolii, omnibus baronibus, militibus,
« burgensibus, ad honorem de Bretolio
« pertinentibus, et omnibus successori-
« bus suis, salutem. Notum vobis omni-
« bus fieri volo quia ego dedi et concessi
« et hac præsenti carta mea confirmavi
« Deo et Beatæ Mariæ de Deserto, et Hu-
« goni servo Dei, et fratribus ibidem
« commorantibus et Deo servientibus, in
« remissionem peccatorum meorum et sa-
« lutem animarum patrum et parentum et
« antecessorum meorum, omnes suas li-
« bertates et quietationes in omnibus re-
« bus secularis servitii ; ita quod ecclesia
« illa, et clausum fratrum illorum in quo
« laborant, nullius ditioni, nullius re-
« spondeant exactioni ; sed inde tantum
« obediant episcopo Ebroicensi de episco-
« palibus, et domino Britolii tanquam ad-
« vocato suo, in cujus feodo ecclesia illa
« fundata est. Concedo igitur et firmiter
« præcipio ut supradicta ecclesia de De-
« serto et servus Dei Hugo et omnes ibi-
« dem Deo servientes habeant et possi-
« deant libere et quiete omnia beneficia
« illa quæ eis data sunt, et omnia illa quæ
« eis in futuro canonice dabuntur. Con-

---

(1) On trouve cependant dans la charte de fondation du prieuré de Sigi (vers 1052) un lieu dont le nom, très-voisin de celui-ci (BEZINCORT), lui était peut-être même complètement identique avant de passer par les mains des copistes.

« ce lo quoque eidem ecclesiæ, in elemo-
« sinam sempiternam, et fratribus ibidem
« Deo famulantibus plesseiam quæ est
« circa clausum suum, liberam et quie-
« tam ad ipsum roborandum et custo-
« diendum, et stagnum quod est in valle
« du Lesme in foresta Britolii, liberum et
« quietum, et landas quæ sunt inter ip-
« sum stagnum et plesseiam suam, sicut
« se proportant in longum et latum, et
« unum bigrum liberum per forestam ad
« luminare supradictæ ecclesiæ, et vivum
« boscum per liberationem ad usus her-
« bergagiorum illorum et rerum suarum
« faciendarum, et mortuum boscum ad
« calefactionem illorum et hominum illo-
« rum sine liberatione; et pascua pecudi-
« bus illorum et hominum eorum per fo-
« restam, et pasnagia porcorum suorum
« et hominum eorum: eis concedo, et the-
« loneum in toto feodo Britolii eisdem
« quieto; et si prænominati fratres extra
« clausum forte suum essartum fecerint,
« monachi de Lira tantum decimam ha-
« beant! Hæc autem omnia supradicta
« beneficia et omnes eorum libertates et
« quietationes ego supradictus Robertus
« concessi et confirmavi, et per missale
« super altare posui in dedicatione su-
« pradictæ ecclesiæ, quæ fuit facta quarto
« calendas maii; et in dedicatione ejus-
« dem ecclesiæ ego, persuasu et conces-
« sione Audini Ebroicensis episcopi, do-
« navi in elemosina sempiterna, ad victus
« et sustentationem servorum Dei ibi com-
« morantium, meteriam meam quæ est
« inter Cheronvilier et Boscum Ernaldi,
« ita liberam et quietam sicut et ego prius
« illam tenebam et possidebam, cum om-
« nibus pertinentiis in terris et in pratis
« et in hominibus et aliis rebus omnibus;
« et in dedicatione supradictæ ecclesiæ
« dedit Amicia (1), comitissa, uxor mea,
« unam marcam argenti, æternaliter in
« redditu suo de Serpevine singulis annis
« habendam, et Ernaldus de Bosco (2)
« decem solidos dunetenses æternaliter
« in redditu suo de Glos singulis annis
« solvendos in festo Sanctæ Crucis in maio,
« et Wuilelmus Fresnel (3) quinque soli-
« dos dunetenses æternaliter in redditu
« suo de Feritate ad eumdem terminum
« singulis annis habendos. Hæc autem
« dona et omnia supradicta beneficia, tan-
« quam elemosinam propriam, in manu
« prædicti episcopi viri religiosi, ecclesiam

(1) Amicie, fille de Raoul de Gaader, petite-fille de Guillaume Fitz-Osberne.
(2) Ernaud, seigneur du Bois-Arnaud.
(3) Guillaume Fresnel, seigneur de la Ferté-Fresnel.

« illam dedicantis, mittentes ego et uxor
« mea super altare posuimus. Hanc autem
« donationem ratam et in æternum man-
« suram attestatione sigilli mei et scripti
« firmare curavi. Quam si quis a supra
« dicta ecclesia abstraxerit, memoratus
« episcopus illum anathematis sententia
« damnavit, testibus istis : A. (1) Ebroi-
« censi episcopo ; Radulpho, archidia-
« cono ; Wuillelmo de Glos, archidiacono ;
« Wuillelmo, decano de Bretolio; Gosce-
« lino, capellano de Aquila; Vitali, ca-
« pellano; Ernaldo de Bosco; Wuillelmo
« Fresnel; Balduino de Granvilier (2);
« Reginaldo Boffei; Balduino de Char-
« nellis (3); Wuillelmo, clerico de Glos;
« Amicia, uxore mea, comitissa Legre-
« striæ et comitissa de Varvic (4), matre
« Roberti de Novo Burgo, cum duobus
« filiis suis Rotrodo (5) et Henrico; et
« Juliana de Aquila (6), et pluribus aliis.
« Hoc factum est in diebus Hugonis de
« Deserto, qui supradictam ecclesiam a
« fundamento construxit. Anno ab Incar-
« natione Domini millesimo centesimo
« vicesimo quinto. » (*Cart. du Désert*, f°
I r°, et II r° et v°.)

Henri Ier confirma cette donation par une charte de 1130 :

« Henricus, rex Angliæ, archiepiscopo
« Rotomagensi, episcopis, abbatibus, co-
« mitibus, baronibus et omnibus filiis
« sanctæ Ecclesiæ per Normanniam consti-
« tutis, salutem in Domino. Sciatis quia
« ego dedi et concessi Deo et ecclesiæ
« Sanctæ Mariæ de Deserto, in remissio-
« nem peccatorum meorum et salutem
« animarum patrum et parentum meo-
« rum, omnes illas libertates et quieta-
« tiones suas in omnibus rebus laicalis
« servitii, ita quod ecclesia illa et clausum
« fratrum illorum, in quo laborant, nul-
« lius ditioni, nullius respondeant exa-
« ctioni; sed inde tantum obediant epi-
« scopo Ebroicensi de episcopalibus, et,
« domino Britolii tanquam advocato suo
« in cujus feodo ecclesia illa fundata est ;
« et quas Robertus, comes Legrestriæ,
« dominus Britolii eis concessit, et dedit,
« et charta sua confirmavit. Confirmo
« quoque eidem ecclesiæ in elemosinam
« perpetuam omnia beneficia illa quæ
« comes ille Robertus, et uxor sua Ami-
« cia, et antecessores et homines eorum

(1) Audin, évêque d'Evreux (1113-1139).
(2) Baudouin de Granvillier, canton de Damville.
(3) Baudouin de Charnelles, canton de Verneuil.
(4) Marguerite du Perche, comtesse de Warwick.
(5) Rotrou de Warwick, plus tard évêque d'Evreux, puis archevêque de Rouen.
(6) Julienne du Perche, femme de Gislebert de Laigle.

« concesserunt et dederunt, quæcunque
« etiam posteri, amore Dei et in religionis
« augmentum, canonice daturi sunt, sci-
« licet : omnium hebdomadarum anni
« duos solidos drocenses de redditu præ-
« positurae Britolii, et in castello Bretolii II.
« solidos quietos de censu domorum sua-
« rum duarum, quas Rainerius filius Gir.
« tenet de eis, et sex perticas terræ ad
« Bellum Fagum, in quibus domus suæ
« sunt, et alias terras quas ibidem tenent
« de feodo comitis, et totam terram quam
« habent cum medietaria comitis quæ est
« inter Boscum Ernaldi et Charonvillier;
« et de dono uxoris suæ, per annum unam
« marcam argenti perenniter in redditu
« dotis suæ de Sepennsio. Et de dono Er-
« noldi de Bosco decem solidos dunenses
« in redditu suo de Glos perenniter; de
« dono Guillelmi Frainelli v. solidos du-
« nenses in redditu suo de Feritate pe-
« renniter. Et similiter concedo et con-
« firmo Deo et ecclesiæ suæ de Casa Dei (1)
« terram in bosco, quam Richier de
« Aquila eis dedit, et illam quam Guillel-
« mus de Cheronvilier extra boscum eis
« dedit, de feodo Tegulariarum (2). Hanc,
« inquam, ecclesiam de Deserto et illam
« de Casa Dei et omnia supradicta bene-
« ficia quæ eis data sunt, et omnia illa
« quæ illis in futuro canonice dabuntur,
« et omnes earum libertates et quietu-
« dines tanquam propriam elemosinam
« meam, in manu et tutela mea et def-
« fensione mea accipio, et omnia bona
« earum illis in perpetuum obtinenda
« regia auctoritate confirmo, et integra et
« illibata permanere corroboro. Testibus :
« Johanne, episcopo Lexoviensi; Audino,
« episcopo Ebroicensi, et Roberto, comite
« Glocestriæ, et Guillelmo, comite War-
« wik, et Roberto, comite Legrestriæ, et
« comite de Pontivo Guillelmo (3), et Ro-
« berto de Ver, et Roberto de Dura, Ro-
« berto de Haya, et Hugone Bigoto, et
« Hugone de Gurnaco, et Guillelmo, filio
« Odonis et Johanne Marmion. Actum
« apud Rothomagum, anno Incarnationis
« Domini millesimo centesimo tricesimo. »
(*Cart. du Désert*, f° v v°, f° vi r°.)

Nous avons tenu d'autant plus à appeler l'attention de nos lecteurs sur le prieuré de Notre-Dame-du-Désert qu'il a été jusqu'à présent peu connu et souvent confondu avec d'autres établissements religieux du même nom.

----

(1) Cette maison de la Chaise-Dieu est devenue, peu d'années après, un prieuré de religieuses de l'ordre de Fontevrault.

(2) Tillières.

(3) Guillaume, comte de Ponthieu et d'Alençon.

Dans l'enquête des usages de la forêt de Breteuil, rédigée peu de temps après la conquête de la Normandie par Philippe-Auguste, on rencontre, à plusieurs reprises, les habitants de Bémécourt :

« Heremitæ Deserti habent herberga-
« mentum ad vivum nemus per livreiam,
« et mortuum nemus ad ardendum sine
« livreia, ac pasturam animalium suo-
« rum per totam forestam extra defensa,
« et pasnagium porcorum suorum qui-
« tum.

« Dominus de Bremecort habet herber-
« gamentum suum apud Bremecort ad
« vivum nemus per livreiam, et mortuum
« ad suum ardere, et pasnagium liberum
« ad porcos suos et hominum suorum; et
« oves suæ possunt ire in boscos quandiu
« durat visio plani (*tant qu'on ne perd pas
« de vue la campagne*); et cetera animalia
« usque ad Casteleria, sicut via com-
« portat, quæ ducit a Britolio ad Deser-
« tum, a sinistra parte per deversus Ripa-
« riam; et homines sui manentes apud
« Bremecort habent mortuum nemus ad
« suum ardere, et vendere apud Brito-
« lium, per unum denarium reddendum
« die Sabbati apud Britolium ei qui est
« loco Regis; unde idem habet medieta-
« tem, et forestarii alteram.

« Furni Domini Regis de Lyra et de
« Rugles capiunt de III. furcis tyliæ unum,
« et de II. furcis minorem; et si non habue-
« rit furcum, unam brancham, et mor-
« tuum nemus ubique extra defensa; et
« furni Rogerii de Bremecort, qui sunt
« apud Lyram, similiter.

« Dominus Rex potest ponere bigarios
« suos in foresta, cum voluerit et quot
« voluerit, et cum dominus Rex ponet
« bigarios suos, abbas Lyræ ponet III. et
« heremitæ Deserti I., et Rogerus de Bre-
« mecort II.; et unus eorum debet unum
« barillum mellis domino Regi.

« Rogerus de Bremecort habet I. tor-
« natorem in foresta ad scutellas, et ca-
« piet I. furcum in tylia, scilicet minorem.

« Sacerdos Sancti Petri de Bremecort
« habet vivum nemus ad herbergandum
« et mortuum ad ardendum, ubique in
« foresta. »

II.

Roger de Bémécourt, dont le nom revient à plusieurs reprises dans cette enquête, figure comme souscripteur dans une charte (sans date, mais qui ne peut être antérieure à 1190, ni postérieure à 1204) de Robert III, comte de Leicester, fils de la comtesse Pétronille, au sujet d'un prélèvement sur les revenus de l'église de Rugles, en faveur des frères de Notre-Dame-du-Désert. Il y est nommé « Rogerus de BERMECURIA ».

Roger était probablement fils de Guillaume de Bémécourt; ce Guillaume de Bémécourt, « Guillermus de BERMECURIA, » contemporain du comte Robert aux Blanches Mains et de la comtesse Pétronille, est mentionné avec eux dans une charte que Gillebert de Thevrai souscrivit en faveur des frères de Notre-Dame-du-Désert, près desquels Hélissent, femme de Gillebert, avait pris l'habit monastique.

Nous connaissons deux chartes de Roger de BRÉMECORT.

Dans l'une, il confirme la vente que la veuve de Guillaume de GARNEVILLA (Guernanville) fit de la vavassorerie de la Bretèche.

Dans l'autre, qui doit être d'une date voisine de 1200, il cède à Guillaume le Blanc, pour lui et ses hoirs, tout ce qu'il possédait à la CRONNE (la Sôgne).

Il est fait mention dans cette pièce de Raoul, curé de Bémécourt, « presbiter de BERMECURIA, » de Hubert de BERMECORT, et de Roger de Grantson.

En 1296, Jean, « dominus de BEMECORT, » abandonna aux religieux de Lire 4 sols tournois de rente qui lui appartenaient sur des terres situées « in parochia de NEALFE » (Neaufle-sur-Risle).

Avant 1336, Roger de Bémécourt, successeur et probablement fils de Jean, avait vendu la terre de Bémécourt à Jean de Tournebu. Nous ne pouvons indiquer d'une manière précise à quelle branche de l'illustre et féconde famille de Tournebu appartenait ce personnage.

Nous savons cependant que, dès les dernières années du XIIe siècle, il y avait des Tournebu dans ce quartier de l'Evrecin. En 1194, dans une charte de Simon de PONTE, en faveur de l'abbaye de la Noë, on rencontre parmi les témoins Robert de TORNEBU et Richard, son fils. Celui-ci figure seul dans une charte de Richard de Garencières, sous la date de 1210, en faveur du même établissement. On peut croire que le père pouvait être le même que Robert de Tournebu, troisième fils de Thomas de Tournebu, fondateur du Bec-Thomas. Il est même permis de supposer, jusqu'à preuve contraire, que Jean de Tournebu, acquéreur de Bémécourt, appartenait à ce rameau de la famille.

On trouvera ci-dessous plusieurs actes émanés de ce seigneur, en 1336, qui établissent d'une manière incontestable sa qualité de seigneur de Bémécourt antérieurement à leur date. C'est entre le mois de juin 1333 et 1336 que l'acquisition avait eu lieu.

Il existe au *Trésor des Chartes* (J, 211-31) un acte sous la date du dernier vendredi d'avril 1333, dans lequel figurent Rogier, sire de Bémécourt, escuier, et damoiselle Perronelle, sa femme :

« Sachent.... que, par devant Nicolas
« Cibole, clerc tabellion juré à ce establi,
« furent présents Rogier, sire de Bemecourt, escuier, et damoisele Perronnele,
« sa fame, qui reconguremt de leur bonne
« volenté avoir eulz baillié en fieu et en
« héritage à perpétuel rente à toujours
« mès à Guillaume des Bordes, escuier,
« c'est assavoir touz les héritges, soient
« en terres gaingnables ou non gain-
« gnables, prés, pastures, deniers de rente,
« oyseaus de rente et toutes autres choses
« touchant héritages. Desquex héritages
« et rentes Monsieur Johan de Lucey, chevalier, sire de Bailli, et Monsieur Roger
« de Lucey, prestre, et Mestre Nicole de
« Lucey, frères, et Madame Marguerite de
« Hellenviller, mère des dessus dis frères,
« donnèrent en pur et franc mariage audit
« sire de Bemecourt et à ladite Perron-
« nele, suer desdis frères,.... par le pris
« de 19 livres tournois d'annuel rente venant à la main desdits conjoings par
« chascun an, à deus termes : au terme
« de l'eschequier de Pasques nuef livres
« dis soulz, et au terme de l'eschequier
« de la Saint-Michiel nuef livres et dis
« soulz..... »

A cette pièce est annexé un acte d'une vente faite au roi par le même, le mardi avant l'Ascension de la même année, de 19 livres de rente pour 190 livres tournois, à valoir sur ce que Roger de Bémécourt, leur fils, devait au roi pour acquisition de bois :

« A tous ceux qui ces présentes lettres
« verront ou orront, Jehan de Fourmi-
« con, garde du scel des obligations de
« la vicomté de Verneuil, salut : sachent
« que, par devant Nicolas Cibole, clerc
« tabellion juré à ce establi, furent pré-
« sens Rogier, sire de Bemecourt, escuier,
« et damoisele Perronnele, sa fame, qui
« reconguremt de leur bonne volenté euls
« avoir vendu et octroié, et ou non de vente
« du tout quité et delessié à notre
« sire le roy de France, et distribué et mis
« en son domaingne dis et nuef livres tour-
« nois d'anuel rente assis sus tous les héri-
« tages et les persones contenues en la lettre
« par laquelle cette présente lettre est an-
« nexée, à paier par chascun an, aus termes
« contenus en la dite lettre, par le pris de
« nuef vins et dis livres tournois, en des-
« charchant Rogeron de Bemecourt, filz

« ainzné des diz conjoings, de gregnieur
« some en quoy il estoit tenuz par devers
« le dit notre sire le roy à ceste terme de
« Pasques, l'an de grâce mil ccc trente et
« trois, à cause de ventes que il avoit eues
« en la forest de Bretueil, et promistrent les
« diz conjoings, par la foy de leurs corps,
« la vente dessus dite, si come elle est de-
« visée, à avoir et tenir ferme et estable et
« agréable à touzjours mès, et quant à ce il
« obligèrent eulz et leur hoirs, et touz leuz
« biens muebles et immuebles présens et
« à venir, à vendre par la main de la
« justice, se ainsi estoit que il fussent dé-
« faillans de tenir ferme et estable tout
« ce que dessus est dit; renonçant en cest
« fet au privilége de la croix pris et à
« prendre, à tout droit escript et non
« escript, à toutes exceptions, barras, dé-
« fenses qui pourroient ces lettres empes-
« chier ou destourbier, en tout ou en
« partie. En tesmoins de ce, nous avons
« scellées ces lettres du scel des dites obli-
« gations. Donné l'an de grâce mil trois
« cents trente et trois, le mardi avant
« l'Ascension. »

Le 14 juin 1348, une lettre des enquesteurs des eaux et forêts confirme à Jehan
de Tournebu, sire de Marbeuf, des droits
de chasse « aux escureuls », en raison de
sa sergenterie fieffée et de son fief de Bémécourt : « .... Nous, d'un mesme accort,
« jugement, consentement et volenté, par
« notre sentence et par le conseil des sai-
« ges et assistens ou dit jugement, nous di-
« sons que nous devons laissier et laissons
« dès maintenant ledit messire Jehan de
« Tournebu, chevalier, et les aians causes
« de lui pour le temps à venir, jouir, user
« et exploiter, d'ores en avant de ladite
« chasse aus escureuls et à toutes autres
« bestes à pié clos, à tant de gent, soient
« de sa famille à son pain et à son pot ou
« autres, telz come il leur plaira et que
« il verrait que bon sera, du cler du jour
« jusques en l'ennuitement, à cause de la
« dite sergenterie fieffée et fief de Beme-
« court. »

D'après des notes qui nous ont été
fournies par notre savant ami M. Bonnin,
et qu'il a recueillies sur des pièces authentiques, Robert de Tournebu, dit Villars, chevalier, membre de la même famille, était seigneur de BEMESCOURT dans
les dernières années du XIVe siècle.

Nous pensons qu'il faut voir dans le
surnom de Villars, la seigneurie d'Auvillers ou Auvillars, qui a donné son nom à
l'une des branches de la famille.

Dans ce cas, Robert serait frère de
Girard de Tournebu, sire d'Auvillars, et

de Guillaume de Tournebu, seigneur du
Neubourg.

Le 29 avril 1400, devant Guillaume
Desgouaulx, alors tabellion au Neubourg,
entre Thomasse, fille aînée de Robert de
Tournebu, et sa sœur Jeanne, mariée à
Gillot de Mailloc, il y eut partage de la
succession paternelle; la terre de Bémécourt échut à Thomasse, qui en jouissait
encore en 1416 et même en 1432.

Nous trouvons des lettres, datées du
31 janvier 1401, d'Hector de Chartres,
maître enquêteur des eaux et forêts de
Normandie, confirmant en faveur de Thomasse de Tournebu, dame de Bémécourt,
les lettres de 1348.

En 1456, Jehan Pevrel prétendait à la
seigneurie de Bémécourt comme héritier
de Thomasse de Tournebu. Ce Jehan Pevrel avait reçu en 1448, de Charles VII,
pour ses bons services « ou fait de nos
« guerres et aultrement en maintes ma-
« nières », un fief à Varangeville (vicomté
d'Arques), lequel fief avait appartenu à
Porquet de Houdetot, exécuté pour ses
crimes.

Jehan Legris, escuyer, seigneur de Monstereul et d'Eschanfreu, vendit à Jehan Pevrel, escuyer et seigneur de Bemescourt,
une rente de 15 livres tournois sur Bemescourt, laquelle rente lui venait de la succession de Jehanne de Tournebu, sa mère,
et était venue à celle-ci par les lots faits
entre elle et Thomasse de Tournebu, sa
sœur, le 30 avril 1400 :

« A cause et par raison de la succession
« de deffuncte noble dame madame
« Jehanne de Tournebu mère, qui en avoit
« eu le droit par partaiges faiz entre elle
« et deffuncte damoiselle Thomasse de
« Tournebu, sa seur, passés l'an mil
« quatre centz, le penultième jour d'avril
« après Pasques, devant Guillaume Des-
« gouaulx, lors tabellion au Neufbourg, à
« laquelle Thomasse le dit fieu et terre
« de Bemescourt par les dits partaiges
« demoura entre autres choses : à la
« charge de servir 15 livres tournois
« jouxte et ainsi que le dit Legris le por-
« toit par lettres sur ce faites; et laquelle
« terre et seigneurie de Bemescourt
« icellui Peverel disoit à lui de présent
« appartenir comme ayant le droit des
« héritiers de la dite damoiselle. Ceste
« vendue, quittement et delaiz faiz par le
« pris et some de 150 livres tournois payez
« présentement devant le dit tabellion par
« ledit Peverel. »

En 1460, le 31 octobre, le même personnage, écuyer, seigneur de Bémécourt,
vendait à Jehan le Mercier, bourgeois de

Breteuil, le moulin, aujourd'hui fourneau de l'Allier.

En 1462, il est fait encore mention de Jehan Pevrel, qui vend une place vide à Breteuil.

En 1469, dans les *Monstres générales de la noblesse du bailliage d'Evreux*, publiées par M. Bonnin, on lit : « Jehan Pevrel, « escuier, seignuer de Bemecourt et d'une « portion de fief nommé le fief du Four-« à-Ban, assis à la Neufve-Lire. Il est de-« mourant ou bailliage de Caux. »

En 1479, 1484, 1498 et 1515, Guillaume Pevrel. C'est de ce seigneur que nous transcrirons plus loin un aveu pour le fief de haubert de Besmécourt, mouvant de la châtellenie de Breteuil.

En 1549, Anthoine Pevrel, chevalier.

En 1524 et 1537, Loys Pevrel, abbé de Saint-Victor en Caux.

Le 26 mai 1543, lettres du lieutenant du bailli de Rouen pour lever la saisie du fief de Monstieraullier (vicomté de Rouen), qui avait eu lieu sur Anne et François de Pevrel, faute de s'être présentés à la dernière monstre. Leur procureur avait produit un acte du 34 mars 1542, par lequel Louis de Pevrel, abbé commendataire de Saint-Victor en Caux, avait donné par avancement de succession à Anne, son frère, l'usufruit de la seigneurie dudit Monstieraullier et en avait donné à François de Pevrel, son neveu, la propriété. Il fut prouvé que ledit Anne Pevrel faisait partie des ordonnances et de la compagnie du duc d'Estouteville, comte de Saint-Paul, et François de celle du maréchal de Bris.

Le 5 février 1547, ce Louis de Pevrel cède à Anne Pevrel, son frère, en considération de son mariage, la seigneurie de Bémécourt, comme il lui avait déjà cédé par avancement d'hoirie, en 1542, celle de Monteraulier.

En 1548, 1553, 1566, Anne Pevrel de Montcraulier, seignuer de Bémécourt.

Le 14 mars 1553, vérification par le lieutenant du bailli d'Evreux de l'aveu rendu au roi le 30 mai 1548 par Anne de Peverel dit Monsteraulier.

En 1588, 1599, 1606, Aymez, Esmey, Aismey (Aimé) de Pevrel-Monteraulier (on écrit aujourd'hui Monterolier).

16 décembre 1624... Esmés (Aimé) de Pevrel, écuyer, seignuer de Bémécourt.

Le 18 juin 1627, contrat d'amortissement d'une rente de 400 livres constituée par Esmès de Peverel, escuyer, seigneur de Bémécourt, le 19 juin 1621, au profit de Valerant de Hellanvillier, escuyer, seigneur d'Avrilly.

Le 19 juin 1661, certificat du notaire de l'évêché d'Evreux attestant, à la requête de Louis-Alexandre de Peverel, clerc, l'authenticité d'une signature apostolique approuvant la résignation en la faveur de la chapelle de Saint-André-de-la-Vacherie, par Claude de la Barre, dernier possesseur.

1672, Louis de Pevrel, chevalier.

3 juin 1698—7 juillet 1698, Louis-Alexandre de Pevrel, chevalier, seigneur et patron de Bémécourt, fils aîné de feu messire Louis Pevrel et de noble dame Marguerite de la Barre, épouse Marie-Charlotte Ledoulx, fille de messire Claude Ledoulx, prêtre, chanoine de Notre-Dame d'Evreux, écuyer, seigneur de Broville, et de défunte dame Marthe le Maréchal, du consentement de Gabriel le Doulx, premier président au présidial d'Evreux, et Marie Domest, son épouse, grand-père et grand'mère.

1er décembre 1744, Louis-François Pevrel, chevalier, seigneur et patron de Bémécourt.

Cette illustre famille fut maintenue en possession de ses priviléges de noblesse le 10 avril 1668. Elle portait d'or fretté d'azur; sur le tout : d'or au lion issant de gueules.

Il existait, au reste, des Pevrel ou Peverel dans l'Évrecin, longtemps avant que l'héritage de Thomasse de Tournebu leur apportât la seigneurie de Bémécourt.

Dans une charte de Robert du Neubourg en faveur de Raoul de Mandeville, qui doit être d'une époque voisine de 1160 (charte de la commanderie de Saint-Etienne de Renneville, aux Archives de l'Empire), on trouve parmi les témoins : « Willelmus Peverellus. »

Dans une charte de Robert, seigneur du Bois-Gencelin, en faveur de l'abbaye de la Noë (1195) : « Johanne Pevrel, Durando et Willelmo, fratribus ejus. »

Enfin, en 1203, Durand Pevrel, probablement le même qui figure dans la charte précédente, est encore témoin d'une donation au même établissement par Isabel d'Asnières, veuve de Roger d'Andé.

Néanmoins, la tradition veut que les Pevrel de Bémécourt soient venus d'Angleterre, peut-être à l'époque de Henri V ou Henri VI, et, en effet, il nous a fallu les recherches les plus minutieuses pour trouver en Normandie des personnages de ce nom aux XIIe et XIIIe siècles; encore les voyons-nous à cette époque dans une position plus semblable à celle des seigneurs de Bémécourt qu'au rang des Peverel d'Angleterre. Qu'ils soient restés dans notre province ou qu'ils soient revenus d'outre-mer, ce n'était qu'une branche puînée de la famille. Dans tous les cas, elle était normande d'origine, partie avec le duc Guillaume pour la conquête, et c'est dans le Cotentin ou l'Avranchin qu'il faut chercher son berceau. Nous n'oserions pas affirmer, avec M. Stapleton, que ce soit à Clitourp qu'il faille placer le lieu de son origine. Nous savons que cette famille possédait Clitourp à la fin du XIIe siècle, mais nous doutons fort que ce fût *jure agnationis*. Comme les Pevrel ne sont pas moins souvent cités dans les chartes de Savigni que dans celles de Saint-Sauveur, nous attendrons de nouvelles preuves avant de nous prononcer définitivement sur ce point.

Dans les listes de l'abbaye de la Bataille nous voyons inscrit le nom de Peverell; le guerrier qui le portait était Rannulfe Peverel, qui épousa Mathilde, fille d'Ingelric, maîtresse du roi Guillaume. Les enfants déjà provenus de cette union prirent le nom de la famille dans laquelle entrait leur mère, et le premier surtout, qui s'appelait Guillaume, était le fils du Conquérant. Aussi fut-il mis en possession du château de Nottingham immédiatement après la construction de cette forteresse en 1068. Sa naissance devait par conséquent remonter à une époque antérieure au mariage du roi. Sa fille Adeliza épousa Richard de Reviers. Sa petite-fille, Marguerite Peverell, porta sa succession dans la famille des Ferrers, comtes de Derby, originaires de notre commune de Ferrières-Saint-Hilaire (Eure). En 1094, il défendit sans succès, à la tête de huit cents hommes, contre le duc Robert, le fort château du Houlme, aujourd'hui l'Isle-Sainte-Marie (Manche).

Les frères du châtelain de Nottingham furent comme lui richement dotés aux dépens de la nation vaincue. On remarque parmi eux : Payen Peverel, qui eut l'insigne honneur de porter à la première croisade la vermeille bannière de Normandie (*Mon. Anglic.*, II, p. 30); Hamon Peverel, personnage très-peu connu; un second Guillaume Peverel. (On voit que la famille affectionnait ce nom; il est vrai qu'il ne lui avait pas porté malheur.) Celui-ci fut châtelain de Douvres et en prit le nom pour se distinguer de son frère de Nottingham.

Robert Peverel, seigneur de Brunne, dont le fils rappelle ses deux oncles, Hamon et Guillaume de Douvres, dans une charte en faveur de Thorney. (*Mon. Anglic.*) Il n'y dit rien de celui de Nottingham, qui, à la vérité, n'était que son demi-oncle.

Guillaume Peverel de Nottingham fonda un prieuré de Cluni à Lenton, sous le règne de Henri Ier. Dans la charte qu'il donna à cette occasion, il parle à son tour beaucoup plus de la famille royale que de celle de Peverel, dont il ne mentionne nominativement que sa femme Adeline et son fils Guillaume.

Guillaume Peverel de Douvres fonda de son côté un prieuré dépendant de Saint-Alban, dans la paroisse qui porte encore aujourd'hui le nom de Hatfield-Peverell.

Nous ne pouvons dire lequel de ces deux seigneurs assista comme témoin à la rédaction de la charte donnée par Henri Ier en faveur de Saint-Evroult, dans l'année 1113, sous la simple désignation de Guillelmus Peverellus.

Nous pensons que c'est à quelqu'un des Peverel de la génération suivante qu'il faut attribuer la fondation de l'abbaye de Basingwerk, dans le Flintshire, en 1131.

III.

Au document que nous avons transcrit ci-dessus, § Ier, concernant les droits d'usage du seigneur et des habitants de Bémécourt dans la forêt de Breteuil, nous sommes heureux de pouvoir ajouter les trois pièces suivantes. Nous devons les deux premières à l'obligeance de M. Chassant, ancien bibliothécaire de la ville d'Evreux :

1. — « A tous ceus qui ces lettres ver-
« ront... Henry de Meudon et Simon le
« Porchier, chevaliers le roy notre sire,
« maistrez et enquesteurs des eauez et
« des forez d'icelui seigneur par tout son
« royaume, et de notre sire le duc de
« Normandie, salut : savoir faisons à touz
« que nous avons veuez et leuez les lettres
« du duc notre sire contenant la fourme
« qui enssuit :

« Jehan, ainzné fils du roy de France,
« duc de Normendie, conte d'Anjou et du
« Maine, aus meistrez de nos forez, salut.
« A la supplicacion de Jehan de Tournebu,
« chevalier, sire de Bemecourt, disant que,
« comme il soit et ceus de cui il a cause
« aient esté, par si long temps comme il
« soufit à bonne saisine avoir acquise, en
« possession et saisine de prandre et faire
« prandre en toute la forest de Bretueil
« toutes bestes à pié clos, toutez fois et à
« celle heure comme il lui plaist, et sem-
« blablement de prandre du bois à faire
« haiez à aidier à prandre les dictes bestes,
« laquelle possession le chastellain de Bre-
« tueil empesche audit chevalier indeu-
« ment et de nouvel; laquelle chose est en

« son grant grief, prejudice et domage, si
« comme il dit... Pourquoi nous vous
« mandons et à chascun de vous que, se,
« sommierement et de plain appellez ceus
« qui seront à appeller, il vous appert estre
« ainsi, vous ostez le dit empeechement et
« n'en y soufrez plus aucun indu estre
« mis, et faitez le dit chevalier joir paisi-
« blement de la dicte possession et saisine
« si comme de raison sera, et se il y chiet
« debat, la chose contensieuse mise en
« notre main comme souverainne, et faite
« recreance là où elle sera à faire, faitez
« sur ce bon et brief accomplissement de
« justice. Donné au bois de Vincennes, le
« XXVIe jour de juing l'an de grace mil ccc
« trente six... — Item, unes autrez let-
« trez, dont la teneur enssuit :

« Jehan, ainzné filz du roy de France,
« duc de Normendie, conte d'Anjou et du
« Mainne, aus mestrez de nos forez, sa-
« lut. A la suplicacion de Jehan de Tour-
« nebu, chevalier, disant que, comme il
« ait acquis de Rogier de Bemecourt le
« fieu de Bemecourt, et les predecesseurs
« du dit Rogier, par si lonc temps comme
« il souffit à bonne saisine d'avoir acquise,
« à cause du dit fieu aient esté en posses-
« sion de prandre ou faire prandre toutez
« bestez de pié clos toutez fois qu'il leur
« plaira en la chaoiste de Lire, en la ga-
« renne de Nealfle, jusques à tant qu'il
« furent bailliez en assiete à monsieur
« Robert d'Artois, jadis conte de Beau-
« mont, et fu pour ce empeechiee audit
« Rogier sa dicte possession, si comme le
« dit chevalier dit... Pourquoi nous vous
« mandons et à chascun de vous que, se,
« sommierement et de plain appellez ceux
« qui seront à appeler, il vouz appert estre
« ainsi, vous ostez le dit empeeschement
« et n'en i soufrez plus aucun indeu estre
« mis, et faitez le dit chevalier joir de sa
« dicte possession paisiblement si comme
« de raison sera, et par telle manière qu'il
« n'en sera plus plaintiz. Donné au bois
« de Vincennes, le XXVIe jour de juing,
« l'an de grace mil ccc trente six.

« Item, unes autres lettres dont la te-
« neur enssuit :

« Jehan, ainzné fils du roy de France,
« duc de Normendie, conte d'Anjou et du
« Mainne, aus mestrez de nos forez, salut.
« A la supplicacion de Jehan de Tourne-
« but, chevalier, disant que, comme il soit
« et ses predecesseurs dont il a cause
« aient esté de si lonc temps comme il
« souffit à bonne saisine avoir acquise,
« en possession, à cause du fieu de Be-
« mecourt, à mectre paistre leur bestes,
« quelles que elles soient, par toute la
« forest de Bretueil, excepté le parc et les
« taillis à livrer, et semblablement de
« prendre deux branches en chascun teil
« de la dicte forest, tant comme l'en les
« issuet trouver, à prandre pour son four
« de Lire; laquelle possession, franchise
« et libertez le chastellain de Bretueil lui
« empeesche indeument et de nouvel, si
« comme il dit.... Pourquoi nous vous
« mandons et à chascun de vous que, se,
« appellez ceux qui seront à appeller, som-
« mierement et de plain il vous appert
« estre ainsi, vous faciez le dit empees-
« chement estre osté, et le dit suppliant
« joir de sa dicte possession, si comme de
« raison sera, et se il y chiet debat, de la
« chose contensieuse, mise en notre main
« comme souverainne, et faite recreance
« là où elle sera à faire, facez sur ce bon et
« brief accomplissement de justice. Donné
« au bois de Vincennes, le XXVIe jour de
« juing, l'an de grâce mil ccc trente et six.

« Par vertu desquelles lettres, nous,
« pour ycelles acomplir de point en point
« en la maniere que mandé nous estoit,
« feismes enqueste pour nous diligem-
« ment enfourmer des choses contenuez
« ès dites lettres, et apellasmes le procu-
« reur du duc nostre sire au dit lieu, le
« chastellain de Bretueil et le verdier de
« Conches, et feismes jurer et diligem-
« ment examiner plusieurs bonnes gens
« tant serjans fieufez et autres serjans an-
« ciens desdites forez, comme plusieurs
« d'autrez bonnes gens d'environ la dite
« forest, amenez tant d'une partie comme
« d'autre pour savoir et enquerre la verité
« des choses dessus dictez, et parmi la
« deposicion d'iceux fourmasmes et fismes
« la dicte enqueste ; et ycelle informacion
« faite et parfaite, eue grant deliberacion
« sur les choses contenuez en icelle, trou-
« vasmes le dit chevalier avoir de son
« droit en la dicte forest de Bretueil toute
« chace à la beste au pié clos, du cler du
« jour jucquez nuitement sanz porter cor,
« à cause de son fieu de Bemecourt, et
« aussi prendre du mort boys de la dicte
« forest pour faire la haie de sa dicte
« chasse, et puet chassier semblablement
« en la chaesté de Lire (1), qui est des ap-
« partenances de la dicte forest... De
« rechief qu'il puet couper et faire couper
« pour le chaufage de son four de Lire de
« chascun teil deus branches chascun
« jour tant de fois comme l'en les y puet
« trouver à porter à un cheval par jour,
« excepté le mestre fourc tant seulement.
« Et de rechief que il a le pasturage pour
« toutes ses bestes par toute la dicte forest,
« hors le parc et les taillez. Et pour ce

(1) La Chete, ferme voisine de la Neuve-Lire.

« que nous ne povons pas enfourmer
« quant à l'usaige que il dit avoir en la
« garenne de Neaufle, ou buisson du Val,
« et pour ce que le chastellain de Bretueil
« maintenoit que la dicte garenne et buis-
« son n'estoient pas de la dicte forest,
« nous ne leur avons pas delivré jucquez
« à tant que nous nous en soions plus à
« plain enfourmez. Toutes les quelles
« franchises et usages, avecques les au-
« trez franchises que convient avoir par
« raison en la dicte forest, nous lui avons
« delivré et delivre par ces lettres;
« mandanz aus diz chastellains qui est ad
« présent et sera au temps avenir, que le
« dit chevalier, ses hers et ceux qui cause
« auront de li, laissent user et joir des diz
« usaiges et franchises d'orez en avant sanz
« le troubler ne empeschier en ce contre
« la teneur de ces lettres, donnez sous
« noz seaux à Gisors le VIII° jour de may,
« l'an de grace mil CCC trente sept. »

2. — « Du roy notre sire, je, Guillemme
« Pevrel, tien et adveu à tenir par foy et
« hommage ung fief de haubert, nommé
« le fief de Bemescourt, soubz la chastel-
« lenie de Breteul en balliage d'Evreux,
« avecques ses appartenances et appen-
« dances, lequel s'estent aux paroisses du
« dit Bemescourt, de Breteul, de la Gue-
« roude, de la Nefve Lire, et ès parties
« d'environ. Auquel fief a ung manoir,
« mottes, fossés, coulombier à pié, de-
« maine fieffé et non fieffé, court et usage
« en basse justice, telle que à fief de hau-
« bert appartient, rentes en deniers,
« grains, oefs, oyseaulx, hommes, hom-
« mages, reliefz, XIIImes, corvée, préz,
« boys, et la droicture de presenter à la
« cure du dit lieu de Bemescourt, toute-
« fois que le cas s'offre, et aussi ay mou-
« lin et deulx fours à ban, et sont iceux
« fours assis au dit lieu de Lire; et des
« despendances de mon dit fief de Bemes-
« court m'appartient une sergenterie en
« la forest de Breteul, à cause de laquelle
« j'ay droit d'avoir et prendre en la forest
« du dit lieu de Breteul boys par la livrée
« du chastelain dudit lieu, ou son lieute-
« nant, pour herberger, reddifier et rep-
« arer mon hostel et herbergement du
« dit lieu de Bemescourt; et aussi dois
« avoir et prendre en la dicte forest cous-
« tumiere, bois vert en gesant et le sec en
« estant pour mon chauffage, c'est assa-
« voir le vert par l'amende, selon la cous-
« tume de la dicte forest comme les au-
« tres coustumiers, pasturage à toutes
« mes bestes en ladicte forest coustumiere
« hors tailliz et deffendz; aussi doy avoir
« ung fou à Noel en la dicte forest par

« chacun an par la livrée du chastellain
« ou son lieutenant, pour faire de la vais-
« saille de bois pour mon hostel et autres
« hostillement; et de trois ans en trois
« ans, quant on met les bigres pour
« prendre des mouches en la dicte forest,
« j'en puis mettre ung à mon proffit, juré
« devant ledit chastellain; et avec ce j'ai
« droit de chasser par toute la dicte fo-
« rest à toutes bestes à pié cloz, à la ga-
« renne de Neauffle et au buisson du Val,
« à tant de gens qu'il me plaist, soit de
« ma famille, à mon pain et à mon pot,
« ou autres; et aussi ay droit de prendre
« dedens la dicte forest une aire d'autour
« une fois l'an; et oultre quant le pan-
« nage de la dicte forest est vendu, je suis
« franc sans nombre, tant moy que mes
« hommes, et prens et recoy le pannage
« du roy à estre paié par le marchant du
« dit pannage; et mesmes aussy ai ma
« part au pannage de Saint Illaire, et ès
« forfaictures d'icellui comme les autres
« fieffés, et une part des fossages et
« fosses carbonnieres des ventes de la
« dicte forest avant les aultres sergens
« fieffez; et aussi ay ma part des deniers
« du boccaige, c'est assavoir sur chascun
« cheval à bas de Bretuel, Lire et de
« Rugles, ung denier à Noel; et aussi dois
« avoir ma part avant les aultres fieffez ès
« oez, pains, guerbes que doivent les
« hommes de RIBREMONT (1), et aussi doy
« avoir bois par la livrée du chastellain
« ou son lieutenant, pour l'edifficacion de
« mon moulin de LAILLER (2), et sembla-
« blement pour mes fours à ban de Lire;
« et en oultre, j'ai pour le chauffage et
« usage d'iceulx fours, aux branches de
« tail en la dicte forest coustumiere, la
« mestraisse branche de l'arbre demou-
« rant. Pour lesquelles franchises et cous-
« tumes je doy comparance au jour des
« forestz à Bretuel, pour aider à con-
« sailler et juger aux plaitz du dit chastel-
« lain semblablement quant le cas s'offre,
« et il m'est fait assavoir. Et si doy dix
« jours de garde à la porte du donjon du
« chastel de Breteul devers le parc, quant
« il en est nécessité, aux despens du roy;
« et aussi doy comparance au pannage
« quant mestier en est. Et lequel fief,
« terre et seigneurie de Bemescourt avec-
« ques les appartenances et appendances

(1) Nous pensons qu'il faut lire Rubremont. Nous connaissons déjà deux localités dans le département portant ce nom : l'une au Bosc-Renoult en Ouche; l'autre (RIBREMONT), entre Sacquenville et Bérengeville-la-Campagne. Nous ne pouvons indiquer l'emplacement de celle qui nous est fournie par ce document.

(2) Aujourd'hui le fourneau de Lallier, commune de la Gueroulde.

« d'icelluy soulloit valloir anciennement
« la somme de six vingts livres ou envi-
« ron par an; de present ne vault que la
« somme de quatre vingtz et dix livres. Le
« present adveu par moy baillé, sauf à
« ycelluy corriger, se mestier est et il me
« vient à congnoyssance que je doye. En
« tesmoing desquelles choses, j'ai scellé ce
« dit adveu du scel de mes armes. Ce fut
« fait le xvi° jour de décembre, l'an mil
« cccc quatre vingts et dix-huit.

« *Ainsi signé* : GUILLAUME PEVREL. »

« Collatio presentis coppie facta fuit in
« camera compotorum domini nostri regis
« Parisius cum originali denominato, illic
« retento, die xix. decembris M° CCCC°
« IIII^{xx} XVIII, per me : *Laporte*. »

3. — « Les habitans de Bemecourt ont
« en la forest de Brethueil, en forest cous-
« tumiere, pour eulx chauffer et pour he-
« bergier, le boiz vert en gisant et le sec
« en estant, en paiant de la chartée de
« boiz à merren cinq soulz tournois, et
« aussi pevent avoir et prendre boiz en
« leur coustume à chareste et à cheval, et
« icelui bois vendre à ceulx de Bretueil
« s'il leur plaist. Et pour ce sont tenus
« paier, chascun an, aux damez de Pois-
« sy (1), dix s. tourn. Pasturage à toutes
« leurs bestes par toute la dicte forest,
« hors tailles et deffens, en tous les temps
« de l'an, ou temps de may, et aultrement
« sans passer la mare des LARES, en may,
« et les pors ou temps de ruit, et ne doi-
« vent point passer la dicte mare. Et de
« ce sont tenuz paier chascun, aux dictes
« dames, xxx s. Et aussi ont les diz habi-
« tans leurs pors frans de pasnage en la
« dite forest, par en paiant le pasnage au
« seigneur de Bemecourt, à qui il est
« deu. » (*Coutumier des forêts. — Forêt
de Breteuil.*)

IV.

La commune de Bémécourt renfermait
en 1840 une population de 824 individus,
dispersée dans un grand nombre de hameaux, sur un territoire de 1744 hectares.

Les plus peuplés de ces hameaux sont :
Gaillon, qui doit probablement son origine à quelque fief ou propriété de la maison de Gaillon, peut-être aussi à l'exis-

(1) Le royal monastère des Dominicaines de Poissi,
fondé par Philippe le Bel en l'honneur de son aïeul
saint Louis, qui venait d'être canonisé en 1297.

tence de quelque petite enceinte retran-
chée : CASTELLIOLUM ;
La Haize ;
Les Noes, ou le Friche ;
Patrouillet, qui doit être un lieu maré-
cageux.
Il y a encore :
La Bertauderie ;
La Boulaie ;
La Briqueterie ;
Le Chesnei ;
Le Cornet (coin ; en anglais : CORNER) ;
La Chapellerie ;
La Fayencerie ;
Le Lesme ;
La Morinière ;
Le Nouveau-Monde ;
Les Portes ;
La Rue-aux-Moules (chemin que suivent
les marchands de moules) ;
Les Vallées ;
La Verte-Chaîne, VIRIDIS CATHENA, déjà
mentionnée comme limite de deffens dans
l'enquête de la forêt de Breteuil, au com-
mencement du XIII° siècle.

Le mot CATENA est employé dans un
autre passage de ce document : « CATHENÆ
et TREMBLEIE de la BIGUERIE. » Nous pensons qu'il doit être entendu dans le sens
de *ceinture d'arbres*, lieu circonscrit par
une ceinture de haut bois.

BÉRENGEVILLE-LA-CAMPAGNE.

Arrond. de Louviers. — Cant. du Neubourg.

*Patr. S. Pierre. — Prés. le chapitre
d'Evreux.*

On comprendra facilement que, parmi
des populations aussi belliqueuses que
celles de la Germanie et de la Scandinavie,
le nom de guerrier, d'homme de guerre
ait été employé souvent. Aussi le trouvons-
nous très-fréquemment chez nos devanciers du moyen âge, soit sous sa forme
lombarde et gothique : Weringer, Berengarius, Béranger, Bérenger, Bellenger ;
soit sous sa forme scandinave : Waring,
Waregue, Warengue.

Les Francs, s'étant trouvés en contact
avec les Lombards aux VIII° et IX° siècles,
en Italie, en rapportèrent le nom d'homme
Berenger, et l'appliquèrent à quelques
mansi dont ces Bérenger étaient propriétaires. Tels sont les deux Bérengeville du
département de l'Eure et les Bellengreville de la Seine-Inférieure et du Calvados.
Nous n'en connaissons pas d'autres exemples dans toute la France, et néanmoins
nous sommes convaincu qu'ils n'ont rien

de commun avec l'établissement normand, mais qu'ils remontent à ce IXe siècle dans lequel les monarques carlovingiens créèrent chez nous un si grand nombre de bénéfices militaires, dont l'histoire générale n'a peut-être pas encore tenu assez de compte.

Il en est tout autrement des Varenguebec, Varengeville, Varenguetot; ceux-là nous paraissent d'origine exclusivement scandinave, quoique l'un d'eux soit situé fort loin de la Normandie : Varengeville, département de la Meurthe. Mais on conçoit facilement que, dans le pêle-mêle des populations aux IXe et Xe siècles, une expédition scandinave ait pu remonter jusque là par le Rhin, la Moselle et la Meurthe, et s'y établir sans que personne ait pensé à s'y opposer. Nous connaissons encore plusieurs familles en Normandie portant le nom de Varengue.

Revenons à nos Bérengeville et particulièrement à Bérengeville-la-Campagne, le fief carlovingien en regard et si près duquel s'éleva bientôt le fief normand correspondant : Warenger-Villa (Garambouville). Cette commune, qui depuis que le Mesnil-Péan lui a été réuni renferme près de 300 habitants sur une surface territoriale de 927 hectares, est située dans une espèce de presqu'île formée par la vallée de l'Iton et quelques vallons secs qui y aboutissent.

En 1206, Raoul de Condé et Robert, son frère, abandonnèrent au chapitre d'Evreux tous les droits qu'ils possédaient ou réclamaient sur le patronage et deux gerbes de dîme : « Ecclesiæ de BERENGERVILLA. » Parmi les témoins de cet acte on remarque Richard MUNCUER, Wautier WITECOQ (voyez ce que nous avons dit de ce nom à l'article du BEC-HELLOUIN), Thomas NEEL (seigneur de Preï), Guillaume d'Irreville et Wautier de Garennes.

Par une autre charte sans date, le même personnage prit cette portion de dîmes à ferme du chapitre, moyennant une rente annuelle de deux muids de céréales, livrables à la Saint-Denis, savoir : 8 setiers de froment pur : « frumenti legitimi; » 8 de méteil pur : « mistilionis legitimi, » et enfin 8 setiers d'orge et d'avoine. Nous retrouvons souvent cette proportion au moyen âge dans les campagnes de notre département, et particulièrement dans l'Evrecin. Parmi les témoins on remarque : « Willelmus, decanus de CRE« STOT, Thomas NEEL, miles, et Willelmus « de IREVILLA, miles. »

Luc, évêque d'Evreux (1203-1220), dans sa charte de confirmation des biens du chapitre de sa cathédrale, y comprit l'église de Bérengeville : « Ecclesiam de BERENGERVILLA. »

En 1244, Richard de Condé confirma au chapitre d'Evreux le patronage de l'église de Saint-Pierre de BERENGERVILLA et des deux gerbes de dîme données par son père.

En 1245, Guillaume de SURVILLA (Surville, près Louviers), chevalier, et Ysabelle, sa femme, eurent une contestation « in assisia domini regis apud Ebroicas, « super jure patronatus ecclesiæ de BE« RENGERVILLA, » et finirent par reconnaître le droit du chapitre.

En 1256, Jean de Condé, probablement fils de Richard, du consentement d'Agnès, sa mère, donna au chapitre d'Evreux une maison et une masure (masagium), situées « in parochia de BERENGERVILLA ».

Cette donation paraît avoir été précédée d'une vente par le même personnage, que Guillaume de Sacquainville, chevalier, confirma en 1249. (Cartul. du chap. d'Evreux.)

En 1251, Thomas le Callouor, de Sacquainville, vendit aux Templiers de Saint-Étienne-de-Renneville pour 40 liv. 12 sous tournois une pièce de terre « apud RIBLEMONT »; dans la vallée : « juxta viam de « MONTE GALTERI, et juxta viam quæ ducit « de RUBLEMONT ad BERENGIERVILLAM. » Nous ne connaissons point ces localités, que nous supposons situées au midi de Bérengeville. (Arch. de l'Emp., charte de Saint-Étienne-de-Renneville, Cart. S, 1995-1998.)

Il existe dans cette commune d'anciens retranchements d'une grande étendue, que nous recommandons à toute l'attention des archéologues.

Suivant la table des fiefs normands de Brussel, celui de Bérengeville-la-Campagne aurait appartenu :
En 1394, à Phelipot Alain;
En 1419, à Guillaume Challenge l'aîné;
En 1472, à Jean Thiboust;
En 1486, à Jeanne Thiboust; (Ce Jean Thiboust figure dans les *Monstres générales du bailliage d'Evreux*, en 1469 : « Jehan « Tiboust, seigneur d'un fief assis à Bé« rengeville-la-Champaigne, demeurant « en la vicomté du Pont-de-l'Arche. »)
En 1497, à Jean Challenge;
En 1548, à Jean Challenge.

Mais nous n'osons présenter ces noms et ces dates qu'avec beaucoup de réserve, à cause des confusions qui ont pu être faites, soit avec les propriétaires d'un fief de Bérengeville (1) qui existait aux environs

(1) C'était un plein fief de haubert, situé dans la

de Rouen, soit avec ceux des deux Bellengerville.

Il n'y a d'autre hameau que l'ancienne commune du Mesnil-Péan.

BÉRENGEVILLE-LA-RIVIÈRE.

Arrond. d'Evreux. — Cant. d'Evreux sud.

Patr. S. Laudulphe. — Prés. l'abbesse de Saint-Sauveur.

C'est à cette commune que se rapporte l'un des plus anciens souvenirs de l'Église d'Evreux. Saint Laudulphe (1), qui gouverna le diocèse dans la première moitié du VIIIe siècle, se plaisait, dit une pieuse tradition, à goûter à Bérengeville ces joies de la vie solitaire et contemplative si chères aux premiers pasteurs de nos contrées. On montre encore la caverne à laquelle ce souvenir est resté attaché, et on y voit la statue en bois de saint Laudulphe. C'est sous son invocation qu'était dédiée l'église paroissiale située à l'extrémité de la commune, tout près du territoire d'Arnières. Il n'en subsiste plus que des fondations, dans lesquelles on remarque une quantité notable de pierres de tuf.

A quelques pas de cette église se trouvait une fontaine qui était jadis l'objet d'un pèlerinage pour la guérison des fièvres intermittentes. La statue du saint était aussi l'objet de ces courses pieuses, qui ont cessé à peu près complétement depuis que la construction de la grande route a obligé de combler la fontaine.

Non loin, dans le pré dit du Moucel (de Monticello), on a trouvé à deux reprises différentes, d'abord en construisant la route, puis en creusant des fossés d'irrigation vers 1838, des antiquités romaines sur le territoire d'Arnières. C'étaient un grand nombre de cercueils en pierre et de squelettes, des amas de tessons de tuiles antiques, des écailles d'huîtres, des substructions en tuf et en silex, des fragments de poterie rouge et grise, de menus objets de bronze : fibules, cuillers, etc.; trois ou quatre médailles du Bas-Empire, et au milieu de tout cela quelques monnaies du moyen âge et un sceau du XVIIe siècle. Les cercueils étaient déposés dans un *tumulus* que recouvre l'emplacement de la route, et où il en reste encore beaucoup d'intacts. C'est pro-

bablement à cause de ce tertre fait de main d'homme que le pré a pris le nom de *Pré-du-Moucel*, qu'on prononce aujourd'hui par corruption : *Moucel*. — Un chemin partant du village du même nom, toujours sur Arnières, tendait vers l'église de Bérengeville, et traversait la rivière en un point nommé *le Gué de Saint-Laud*; on en aperçoit encore quelques vestiges.

Cette tradition n'est pas, au reste, la seule que la piété de nos devanciers ait attachée au territoire de Bérengeville : elle y a placé le siége d'une abbaye dont l'histoire est fort obscure, et dont l'existence dans le diocèse d'Evreux n'est rien moins qu'authentique. Il paraît bien constant, par une charte de Philippe-Auguste, qu'il y a eu entre Rouen et Paris une abbaye de l'ordre de Cîteaux, appelée Notre-Dame-du-Val : « S. Maria de Valle. » Ce prince, par une charte de 1248, confirme la donation de deux mesures déterminées (*pensœ*) de sel à prendre sur un point du pays de Caux, donation faite par Gautier Giffard; une donation supplémentaire de la même denrée par Henri, roi d'Angleterre, et enfin liberté et reconnaissance de circulation pour eux, leurs serviteurs, leurs marchandises et leurs animaux, dans les forêts de Lions et de Bord, accordées par Richard Cœur de lion. Mais la question est de savoir où était située cette mystérieuse abbaye. Les frères Sainte-Marthe ont tranché la difficulté en la plaçant dans le diocèse d'Evreux; ils ont même ajouté qu'elle était fille d'Aulnai, et par conséquent petite-fille de Savigni, et que, fondée le 15 novembre 1137, elle avait adopté au bout de onze ans la réforme de Cîteaux. Ces savants n'ont oublié que de nous indiquer leurs autorités, et malheureusement personne n'a pu les retrouver.

Sur ces entrefaites, on découvrit au XVIIe siècle, dans l'église de Bérengeville ou aux environs (1), un grand nombre de tombeaux de chevaliers et d'hommes d'église. Il n'en fallut pas davantage à quelque bel esprit de l'époque pour y voir le siége de l'abbaye, qu'on ne savait où poser. On ne se donna même pas le temps d'examiner les sépultures, ni de déchiffrer les épitaphes. Aujourd'hui, il y a bien longtemps que tous ces objets, peut-être fort enflés par la tradition, ont disparu; mais, quelques regrets que doive causer leur perte, nous n'en avons pas besoin pour savoir à quoi nous en tenir sur la prétendue abbaye. Si elle avait réellement existé en 1137, on n'aurait pas

---

commune du Vieux-Manoir. Il appartenait en 1709 aux enfants mineurs de Marc-Antoine Euler, sieur de Bérengeville.

(1) Ce saint est appelé dans le pays saint Laud.

(1) Le Brasseur, *Hist. du Comté d'Evreux*, p. 138.

fondé la Noë si près d'elle en 1144, et, si l'on avait fait cette folie, les chartes de la Noë, qui existent en grand nombre, nous en offriraient quelques témoignages. Nous ne voulons pas dire qu'il n'y ait jamais eu d'établissement monastique à Bérengeville; mais nous croyons que, si des monuments authentiques établissaient ce fait, il faudrait le reporter avant l'invasion normande. On conçoit facilement, en effet, qu'il ait pu être fondé quelque établissement, soit par saint Laudulphe, soit par quelqu'un de ses successeurs vers le VII°, VIII° ou IX° siècle, dans les environs de l'ermitage que le pieux évêque avait choisi pour sa retraite.

S'il fallait absolument placer au XII° siècle une abbaye de Notre-Dame-du-Val dans ce quartier, nous n'hésiterions pas à regarder ce nom comme une synonymie de Notre-Dame-de-la-Noë, beaucoup moins éloignée du sens primitif que NATATORIA, qu'on trouve dans quelques-unes de ses premières chartes. (Voyez ce que nous avons dit ci-dessus au sujet de la signification du mot NOË.) Mais il est reconnu aujourd'hui que l'abbaye de Notre-Dame-du-Val n'était située ni en Normandie, ni même dans la portion du diocèse de Rouen étrangère à cette province. A la vérité elle se rapprochait beaucoup du chef-lieu du Vexin français (Pontoise); mais elle appartenait à l'Ile-de-France proprement dite et au diocèse de Paris.

Le premier document dont nous ayons connaissance concernant cette commune est la confirmation par Richard Cœur de lion, dans sa grande charte de 1195, de la moitié du territoire et de la rivière à Saint-Taurin, conformément à la donation de Raoul d'Evreux, qui paraît avoir été un personnage éminent, probablement frère du comte Simon. Voici ce qui concerne Bérengeville dans la longue liste des libéralités qu'il fit à l'abbaye de Saint-Taurin : « Similiter Radulfus Ebroicarum, con« cessu tam comitis Ebroicensis quam co« mitis de Mellento, dedit S. Taurino.... « et medietatem aquæ et villæ illius quæ « dicitur BERENGIERVILLA. »

On lit de même dans la confirmation des propriétés de l'abbaye par le pape Honorius III : « Et medietatem aquæ et villæ illius quæ dicitur BERENGERVILLA. »

Il ne paraît point que l'église ait été comprise dans cette donation, car le patronage en a constamment appartenu à l'abbaye de Saint-Sauveur, sans que nous ayons pu néanmoins trouver l'origine de cette propriété dans le très-petit nombre de chartes qui nous restent d'elle.

Tout restreint qu'est le territoire de cette commune (390 hect.), nous croyons pouvoir dire qu'il se composait primitivement de deux paroisses distinctes. En 1317, Marguerite de Neaufle, de la paroisse de SAINT-LAOUT, vendit à Saint-Taurin : « demie « acre de prey assis en la paroisse de « BERENGIERVILLE-la-Rivière. »

Ce passage n'est pas le seul document que nous puissions citer à l'appui de l'existence d'une paroisse de SAINT-LAOUT. Déjà, en 1306, Jehan le Teule et sa femme, de la paroisse d'AUNEY (probablement AUNAI), avaient échangé un hébergement, assis en la paroisse de SAINT-LAOUT, contre trois acres et demie de terre assises « ès Baus de SAINTE CROIX ». En 1305, Pierre et Guillaume de la Croix, frères, vendirent à l'abbaye : « un hébergement assis en la « paroisse de SAINT-LAOUT, jouxte la por« cherie à l'abbé et au couvent de Saint-« Taurin. » (Gr. Cart., f° CXXIV et suiv.)

Le pauvre territoire de Bérengeville avait été si complétement envahi par les deux abbayes ébroïciennes que, malgré l'extrême voisinage, l'abbaye de la Noë ne put jamais y prendre pied. Nos lecteurs jugeront d'après ce fait si un quatrième établissement religieux aurait pu y placer son siège. Dans les nombreuses chartes qui nous sont restées de la Noë, cette commune n'est jamais citée que comme limite de terrain ou comme tête de quelque chemin : « inter MUCIAM (la Musse, « hameau de Saint-Sébastien) et nemus et « terras de BERENGERVILLE. » (Charte de Benoît le Coq, de Saint-Taurin, sans date.)

« Totam terram quæ est inter II. vias, « quarum una tendit per RUELLUM de BE« RENGERVILLA. » (Charte de Roger Payen, du Bois-Gencelin, sous la date de 1196.)

Une seule fois (en 1230), cependant, nous voyons Jean de Ferrières, chevalier, confirmer aux moines l'aumône (et c'est bien ici le mot propre) qui leur avait été faite de 2 sols de rente par Nicolas le Feron, habitant d'Evreux : « apud BERENGERVIL« LAM, in masura Rainaldi Mercennarii. »

La féodalité laïque paraît avoir été plus habile ou plus heureuse, car elle trouva moyen de s'implanter dans ce petit coin de terre.

Dans les *Monstres générales de la noblesse du bailliage d'Evreux*, en 1469, on lit : « Monseigneur Jehan, sires de Montenay, « chevalier, baron de Guerencières, sei« gneur de Berengeville, de Nully en Gas« tinoys, et vicomte de Faugernon, se « présenta en habillement de hommes « d'armes, neuf archies et quatre vouges « dont l'un d'iceulx vougiers est Jehan « Gillain, tous suffisamment montez et « armez.

« Pierre des Moustiers, escuier, seigneur
« d'un fief assis à Bérengeville, se pré-
« senta en habillement de homme d'ar-
« mes, acompaigné de Jehan des Mous-
« tiers, son frère, seigneur d'un porcion
« de fief, assis à Pacy, de la valeur de xii s.
« parisis par an. »

Nous voyons en 1519 Jacques de Montenai, écuyer, faire hommage au roi pour le fief de Bérengeville, qui, après le prélèvement des terres appartenant aux moines et aux religieuses, ne devait pas être la plus considérable de ses nombreuses seigneuries.

Suivant la Roque (*Maison d'Harcourt*, t. 1er, p. 445), cette terre et celle d'Avrilli auraient été apportées à Charles d'Étouteville, seigneur de Villebon, par Hélène de Beauveau, sa femme, fille de Jean, baron de Beauveau, et de Jeanne de Manouville, puis à Jacques de Montenai par Isabeau d'Étouteville, leur fille. Mais nous craignons que le grand généalogiste normand n'ait fait quelque confusion, comme cela lui arrive trop souvent. Nous admettons très-volontiers qu'Isabeau d'Étouteville ait apporté Bérengeville dans la famille de Montenai; mais nous ne pouvons croire qu'elle l'ait reçu de la famille angevine de Beauveau, qui ne devait rien posséder dans la vallée de l'Iton. Nous aimons mieux penser que cette terre lui sera venue avec Avrilli par les Harcourt. Ceux-ci étaient les cadets des seigneurs de Beaumont-le-Roger, qui avaient étendu leur mouvance jusque dans cette partie de la vallée de l'Iton. Lorsque Gencelin donna au XIe siècle le patronage et la dîme de Saint-Sébastien (commune contiguë), ce ne fut qu'avec le consentement de Roger de Beaumont, « de cujus fisco erat, » dit la grande charte de Saint-Taurin. Ce fut Galeran de Meulan qui donna le moulin de Cativet à l'abbaye de la Noë. Robert, son fils, confirma les donations de Basilie de Glisolles à cette abbaye. Enfin, nous apprenons par une charte de Gilles de Cierrai qu'il y avait dans le voisinage d'Arnières un pré qui portait le nom de *Pré de Beaumont*: « Pratum meum quod « dicitur Pratum de Bellomonte juxta Asne-
« rias. »

Nous avons déjà vu que Raoul d'Évreux ne donna à Saint-Taurin la moitié de Bérengeville qu'avec l'agrément (*concessu*) du comte de Meulan en même temps que du comte d'Évreux. Ce fait suffit pour démontrer que les seigneurs de Beaumont-le-Roger, comtes de Meulan, étaient au XIIe siècle suzerains de Bérengeville. Ce domaine aura passé dans la branche d'Harcourt par le mariage de Jeanne de Meulan, dame d'Elbeuf, avec Robert, IIe du nom, seigneur d'Harcourt, vers 1190.

Les droits que les seigneurs de Beaumont percevaient sur la portion de la vallée de l'Iton voisine de Bérengeville ne paraissent pas avoir été compris dans cette transmission. Nous lisons, en effet, dans une charte d'Emeline d'Angerville (fief sur Glisolles), portant la date de 1205 :
« Retineo justitiam faciendam in ma-
« sura Odonis Quoqui, quando talla de
« Bellomonte venerit in feodum meum de
« Ansgervilla. »

Les habitants de Bérengeville jouissaient autrefois dans la forêt d'Évreux de droits constatés par le *Coutumier des forêts de Normandie*, rédigé vers 1400. C'est encore à notre savant ami M. Bonnin que nous devons ce document:
« Les habitants de Berengiervillela Ri-
« vière ont en la forest d'Evreux un chesne
« pour vingt quatre soulz d'amende, se
« ilz sont trouvés ; un estoc pour six solz,
« la cheretée de chesne pour six solz, la
« cheretée de fou pour quatre solz, l'estoc
« de fou pour quatre solz ; pour ung fou
« dix huit soulz, un fou coupé par un,
« pour IX solz et avec ce la receppée de
« tous les arbres dessus nommés apparte-
« nans aux diz coutumiers, se elle n'est
« plus longue que le manche d'une con-
« gnée, sans amende, et se elle est plus
« longue, ilz en paient par xii deniers. Et si
« peuent prendre tous les branchiers des
« arbres dessus nommés pour cheschun
« trois solz, se ilz sont trouvés. — Item,
« tout bois sec en estant et en gesant,
« hors essart, appartenant à icelz coustu-
« miers sans amende. Et se ilz abatent
« aucun arbre sec qui rompe aucun aultre
« arbre, il leur est leur par coustume. — Et
« aussi peuent prendre un herable, un
« merisier et un tremble, [en paiant] pour
« chacun d'icelz trois solz; un houlx pour
« neuf solz tourn. — Item, peuent prendre
« la couldre, le genest, la noire espine,
« la mousse, la pierre et la terre, et si
« peuent lever un coing de un arbre pour
« douze deniers, une somme de bois
« pour deux solz et un fes de bois pour
« vingt et un denier, lequel bois dessus
« est et appartient aux diz coustumiers,
« se ils le peuent mestre en l'usage en
« quoy ils le veulent mestre avant que le
« sergent les trouve et sans amende. —
« Item, ils peuent coupper une verge ou un
« baston et porter partout, sans amende,
« et si peuent prendre hars à lier leurs
« fès. Et toutes les ventes qui sont assises
« doivent etre renduez aux diz coustu-
« miers pour y prendre leur coutume.
« Pasturage pour toutes leurs bestes de-

« puis la saint Andrieu jusques au mois de
« may, ou quel mois leurs dites bestes
« n'y peuent aller, se n'est à la veue des
« champs. — Et après icelui mois, icelles
« bestes y peuent aller jusques à la mi
« aoust. Et se leurs dictes bestes sont
« trouveez ès ventes sanz pastour, ils
« paient pour chascune beste douze de-
« niers tourn. — Et en essart ils paient
« pour chascune beste deux solz et le pas-
« tour trois solz. — Item, ilz peuent
« cuillir tout fruitage en la dicte forest
« hors glan et faine, toute fois qu'il leur
« plaira, après la mi aoust passée sans
« amende. — Et en oultre peuent mettre
« leurs pors en la dicte forest depuis la
« saint Mathieu jusques à l'entrée d'aoust
« par paiant aux trois pasnages à chascun
« deux parisis. — Et s'il ne leur plest
« mettre leurs porcs en la dicte forest,
« les pasnages durans, ils sont quitte
« pour paier deux parisis au premier pas-
« nage pour chascun porc, et après ce que
« tous les pasnages sont passés, ils peuent
« mettre leurs diz pors en icelle forest
« jusques à l'entrée d'aoust. Et se iceulz
« coustumiers trouvoient aucuns demou-
« rans de loups ils les peuent prendre
« sans contredit, appelé à ce le sergent de
« la garde. Pour lesquelles franchises ilz
« sont tenus paier par chascun an au roy,
« notre sire, ou aux fermiers du ramage,
« le jour de la Chandeleur, en l'église de
« saint Loust, pour chacune vache un de-
« nier, pour chascun porc mort ou vif,
« maille à Pasquez, chascun deux oefs à
« la saint Rémy, chascun deux deniers
« ou un pouchin et chacun deux gerbes de
« grain. — Item, chascun qui va au bois
« à son coul, paie un denier et un pain
« de la valleur de ung denier, et ceulx qui
« vont à la somme chascun un pain de ung
« denier et six deniers à Nouel ; ceulz qui
« vont à cherette chacun xii deniers, i pain
« et un denier au dit terme de Nouel, et
« ceulx qui ont four xii deniers. »

Il paraît qu'on a dit aussi : Bellengreville
et Bérengeville-la-Fontaine, sans doute à
cause de la fontaine dont nous avons
parlé, comme étant jadis le but de nombreux pèlerinages. C'est ce dernier nom
qui est employé dans l'hommage et aveu
rendu en 1580 par Isabeau de Béville,
femme séparée de biens d'un membre de
la famille d'Hellenvilliers, seigneur de
Feuguerolles.

Il existe à Bérengeville, outre le village
principal, deux points habités, dont les
noms, complètement modernes, s'expli-
quent d'eux-mêmes : la Grenouillère et le
Petit-Château. Ce dernier établissement
avait été construit par les ducs de Bouillon
en même temps que leur magnifique résidence de Navarre, et ne lui a pas survécu.
L'existence des débris d'une chapelle seigneuriale, un colombier et un moulin attestent que c'est là qu'il faut chercher
l'emplacement de l'ancien manoir du fief
de Bérengeville. Sur l'un de ces débris on
aperçoit les restes d'un écusson chargé
d'un chef, d'un chevron, de deux étoiles
et d'un croissant. Ces armes ne peuvent
avoir appartenu qu'à un propriétaire très-
récent et très-récemment anobli.

Sur une charte de Mathieu d'Orvaux en
faveur de la Noë, d'une date antérieure à
1203, on trouve parmi les témoins « Godefridus de Berengervilla ». Voici cette pièce :

« Notum sit universis presentibus et
« futuris quod ego Matheus de Oresvaus
« et uxor mea Avicia concessimus mo-
« nachis et abbatie Sancte Marie de Noa
« totam terram et nemus que dedit eis
« Johannes Flambete et uxor ejus Avicia
« et soror ejusdem Avice Emmelina Griva
« per manum meam juxta terras mona-
« chorum de Valle Pagani in perpetuam
« elemosinam. Quod si aliquis monachos
« super his vexare sive turbare presum-
« pserit, ego quidem et uxor mea Avicia et
« heredes nostri semper hec omnia bona
« fide tueri tenebimur libera siquidem et
« quieta et ab omnibus absoluta, ab omni
« redditu et ab omni censu, ab omnibus
« talliis et relevamentis et exactionibus et
« precariis et multonagio et avenagio, a
« molta et campartagio et ab omnibus aliis
« imperpetuum. Hoc autem sciendum est
« quod uxor mea Avicia, et predicti Johan-
« nis uxor Avicia, et soror ejus Emmelina
« Griva, hec omnia sine fine tenenda fide
« prestita juraverunt. Hec autem omnia ut
« sine fine rata sint et stabilia, presentis
« carte et sigilli mei munimine roboravi.
« Testes : Lucas, decanus Ebroicensis; Wil-
« leimus et Hunfridus, capellani ejus ; Odo
« Pictor de Conchis, Gaufridus de Alneto,
« Galterus Descolez, Evardus de Alneto,
« et Radulfus, frater ejus ; Godefridus de
« Berengevilla et alii plures. » (Biblioth.
imp., ch. de la Noë, n° 37, avec sceau.)

Sur une autre charte, également antérieure à l'élévation de Luc à l'épiscopat,
on trouve encore : « Radulfus Tornator de
Berengervilla. » Ce personnage était peut-
être un artiste, car le surnom de *tornator*
était employé au moyen âge dans la triple
acception de tourneur, de sculpteur et de
fabricant de vaisselle de bois.

M. Raymond Bordeaux nous a fourni
plusieurs notes intéressantes pour notre
travail sur Bérengeville.

Cette commune est aujourd'hui supprimée et réunie à Aviron.

TOME PREMIER

DEUXIÈME ET DERNIÈRE PARTIE

1863

BERNAI (1).

*Arrond. de Bernai. — Cant. de Bernai.
Sur la Charentonne.*

Patr. Ste Marie. — Prés. le roi.

On trouve dans les documents carlovingiens la mention assez fréquente de lieux appelés BERNACUM, BERNAICUM : « Evoluto « anno, præfatus rex Pippinus ad kalen-« das martias omnes Francos, sicut mos « Francorum est, BERNACO villa publica « ad se venire præcepit. » (*Chron. Fredeg.*, contin., pars IV, ad annum 754.) Dans un diplôme de Charles le Chauve, ce prince donna, en 866, au monastère de Saint-Germain-d'Auxerre « villam Bernaicum in pago Antissiodorensi ». (*Ann. Ben.*, t. III, p. 420. — *Hist. de France*, t. VIII, p. 598.) En 870, un autre document cite : « BERNACUM in comitatu Retensi. » Braine est appelé dans Nithard, l. II, *ad finem* : « BERNACKA, BERNIACUM. » (*Ann. Bened.*, t. XXXII, n. 33.) — Orderic Vital nomme la rivière qui passe à Beaunai et qui donne son nom à cette localité : BELNAICUM. Tous ces noms ont évidemment une même origine : l'origine celtique. Dans le nord, BERNACUM est devenu Bernai ; dans le midi, BERNAC. On compte cinq Bernac en France (départements de la Charente, Lot-et-Garonne, Tarn et Hautes-Pyrénées) et huit Bernai (départements de l'Orne, Eure, Sarthe, Seine-et-Marne, Somme, Nièvre et Charente-Inférieure).

I.

L'origine de Bernai remonte à une époque reculée : dans la charte de fondation de l'abbaye de Bernai, vers 1025, on lit : « In loco hoc, qui Bernaicus priscorum « dictus est vocabulo. » Récemment on a reconnu sur les murs de l'église de Bernai les fragments d'une inscription romaine.

Le premier document où le nom de Bernai se trouve cité est la constitution de dot de la duchesse Judith de Bretagne, femme de Richard II. Cette pièce, qui ne nous est malheureusement parvenue que fort altérée, nous donne cependant des renseignements d'un grand intérêt sur la topographie du pays, et nous prouve que Bernai en était déjà le chef-lieu. Elle est d'une date nécessairement très-voisine de l'an 1000, puisque la duchesse Judith mourut en 1017, après avoir donné le jour à six enfants. Nous croyons devoir en citer ici la portion relative à Bernai et à ses environs.

« ... In pago videlicet (1) Sisoiense, Bre-« naico cum appendicibus suis, scilicet « Campols (2), Katorciss (3), Fraxinus (4), « Grandem-Campum (5), Til (6), Cam-« brense (7), Fererias (8), Villa Remi-« gii (9), Folmatium (10), Sanctus Albi-« nus (11), Laubias (12), Maitgrant (13), « Kahin, Novum Masnile, Pons (14), Man-« neval (15), Tortue (16), Sanctus Leode-« garius (17) ; item, Til (18), Valenia (19), « Corbespina (20), Fait (21), Laubias, « Villa Audefridi (22), Karentonus (23), « Campflorena (24), Fontanas (25), Bel-« mont (26), Belmontel (27), Litulas (28) ; « Cebesias (29) in supradictis villis viginti « et unam, molendinos XVIII, tredecim car-« rucas boum ; cum servis et omni supel-« lectili earum, cum pratis, sylvis, terris

---

(1) On sera probablement frappé de l'étendue de cet article qui, en effet, dépasse les proportions ordinaires des notices consacrées aux diverses localités du département ; mais nous avons dû suivre, par exception, Le Prevost dans les recherches qu'il avait préparées sur l'histoire de sa ville natale. Nous saisissons avec le plus vif empressement cette occasion de remercier M. Bonnin des pièces précieuses dont il a bien voulu enrichir cet article et notre publication tout entière.

(1) Lisez *Lisoiense*.
(2) Le hameau de Champeaux.
(3) Aujourd'hui Cnorches.
(4) Aujourd'hui Saint-Mards-de-Fresnes.
(5) Aujourd'hui Grand-Camp.
(6) Peut-être le Tilleul-Folenfant.
(7) Chambrais.
(8) Ferrières, que nous verrons plus tard appartenir aux barons de ce nom.
(9) Probablement Réville.
(10) Ce lieu est tout à fait inconnu.
(11) Saint-Aubin-le-Vertueux.
(12) Lieu inconnu. Peut-être les Loges, hameau de Saint-Aubin-le-Vertueux, indiqué sur la carte de Cassini entre le Hazeret et la Puceinère.
(13) Il y a ici quelque erreur de copiste et quelque chose d'oublié. Grant Kahin est certainement Grand-chain.
(14) Lieux aujourd'hui inconnus.
(15) Menneval.
(16) Toussue, hameau de Menneval.
(17) Saint-Léger-du-Boscdel.
(18) Peut-être le Theil-Nolent, où l'abbaye de Bernai possédait de grandes propriétés, ou plutôt le Theil, hameau de Valailles, situé dans le voisinage de Saint-Léger.
(19) Valailles.
(20) Courbépine.
(21) Peut-être le Fay, hameau de Ferrières. Cependant il nous paraît peu vraisemblable d'aller le chercher si loin de Courbépine.
(22) Lieu inconnu.
(23) Carentonne.
(24) Cauficur.
(25) Fontaine-l'Abbé.
(26) Beaumont-le-Roger.
(27) Beaumontel.
(28) Nous pensons qu'il faut lire : *Vetulas*, Vieilles, près Beaumont.
(29) Lisez : *Ecclesias*.

« cultis et incultis, exitibus et redditibus, « aquis aquarumque decursibus, piscato-« riis et quidquid inibi pertinere videtur. » (Ex dotalitio Judithæ, comitissæ Normanniæ, apud Martene, *Thes. nov. anecdot.*, I, p. 122.)

Nous n'avons pu nous défendre d'intercaler ici ce fragment de l'un des actes les plus anciens et les plus curieux qui nous soient restés de ces temps reculés. On y remarquera avec surprise le peu de changements que huit siècles ont apportés à la plupart des noms de lieu les moins importants, le nombre notable de moulins alors établis, l'intérêt qu'on y attachait, et enfin l'état précaire et restreint de l'agriculture, qui n'employait que treize charrues et treize attelages de bœufs dans un pays d'une étendue considérable, et où déjà dix-neuf usines étaient en activité.

La duchesse Judith, suivant l'exemple de son noble époux, s'empressa de fonder, sous la direction du bienheureux Guillaume de Dijon, qui gouvernait Fécamp depuis l'année 1001, un monastère de Bénédictins dans le chef-lieu de cette partie de ses domaines. La mort l'ayant surprise dans l'accomplissement de son pieux dessein, ses restes ne furent point déposés à Fécamp, lieu de sépulture de la famille ducale à cette époque, mais transportés à Bernai, au sein de la nouvelle église abbatiale. C'est ce que prouve l'épitaphe suivante, jadis placée sur sa tombe, en remplacement d'une autre inscription plus ancienne :

« Judith Conan Britanniæ ducis filia,
« Richardy (sic) secundi Normannorum
« ducis conjux, abbatiæ de Bernaio alma
« fundatrix beato fine quiescit. Hic sepulta
« est anno M. XVII. Illius memoriæ igitur
« XVII. junii quo de vivis exempta est. »

Malgré la faute grossière d'orthographe qu'on y remarque, cette épitaphe est précieuse par la date exacte qu'elle nous fournit de la mort de la duchesse Judith (1).

Après la mort de Judith, Richard II prit sous sa protection l'abbaye naissante et confirma ses droits dans une charte solennelle.

Nous donnerons cette pièce en entier lorsque nous parlerons de l'abbaye de Bernai.

Autour de l'abbaye une ville ne tarda pas à se former; à côté de l'abbaye un château fort s'éleva. Henri Ier en confia la garde, vers 1123, à Eudes dit Borleng : « Et « Odonem cognomento Borlenzum ad præ-« sidium Bernacci. » En 1153, Robert de Montfort prit son oncle Galeran, comte de Meulan, « in colloquio condicto haud pro-« cul a Burgo Bernai ». (Rob. de Monte, ap. D. Bouquet, XIII, 296.) On trouve dans les rôles de l'échiquier de Normandie un certain nombre de passages concernant Bernai ou des personnages de Bernai qu'il nous paraît intéressant de relever. Ainsi, dans le rôle de 1180 : « Willelmus, « filius Constancie, et Willelmus, cle-« ricus, reddunt compotum pro se et pro « hominibus de Bernaio de xc. lib. de « remanente emprunti facti, per Johan-« nem de Alenceon. In quietancia eisdem « hominibus de feodo abbatis xc. lib. « per breve regis, et quieti sunt. » Et quelques lignes plus bas : « Magister Gaufridus de Bernaio, L. lib. de auxilio regis. »

Dans le compte de 1198, le même « ma-« gister Galfridus de Bernaio, 19 lib. 13 sol. « 8 den. de auxilio regis ». Puis : « Rober-« tus de Bernai, 13 lib. 6 sol. de jurea. » Ce Robert de Bernai est témoin d'un acte rédigé en 1190 : « In plena assisia apud Cadomum. » — Dans le même compte on lit ce passage important : « Willelmus de « Mara reddit compotum de CCCC. lib. de « taillagio facto in villa de Bernai per præ-« ceptum regis, et de C. lib. de taillagio « facto in villa de Cormeliis; summa D. lib. « In thesauro CLX. lib. Et debet CCCXL. lib. « de quibus remanent super homines de « Bernaio CCXC. lib., et super homines de « Cormeliis, LX. lib. » L'emprunt fait par Jean d'Alençon, le taillage de 400 liv. imposé à la ville par ordre du roi justifient nos conjectures sur l'importance de Bernai.

La route qui traverse Bernai et qui relie le Lieuvin et le pays d'Ouche semblait destiner Bernai au commerce et à l'industrie. La fondation de l'abbaye contribua singulièrement à faire de Bernai le principal marché du pays. Dans l'échiquier de la Saint-Michel 1207 : « Judicatum est quod Guido « de Lucelo non respondebit de debito. D. « Judeo de Bernaio, donec filius Petri de « Sabieil, quem habet in custodia de rege « habeat etatem, et debitum quod pater « filii prædicti Petri debebat erit sine « usura tamdiu quod habeat etatem. » Dans la session de l'échiquier tenue à Falaise en 1220 : « Judicatum est quod om-

---

(1) Suivant Du Moulin, ce tombeau était placé dans le cloître. Voici ce qu'il en dit : « Le corps de cette « devote princesse gist au cloistre de ce lieu, de-« vant la porte de l'église, sans tombeau et sans « aucun épitaphe. Il est bien vray que devant les « guerres civiles dernières on y voyoit son pourtrait « au naturel depeint contre la muraille avec quel-« ques vers que l'injure du temps a totalement effa-« ces.... » (*Hist. gén. de Normandie*, l. IV, p. 401.) Récemment on a découvert dans le chœur de l'église de Bernai un cercueil avec des ossements. Une vive discussion s'est élevée sur le point de savoir si ces ossements sont les derniers restes de la pieuse Judith. On annonce plusieurs mémoires qui trancheront définitivement la question.

« nes illi burgenses de Bernaio qui erant
« in villa Bernaii quando Judeus inter-
« fectus fuit et qui non venerunt ad cla-
« morem sunt in mercia domini regis,
« nisi unus quilibet per legem sexta ma-
« nu (sic) preter suam se defendat. Dicunt
« barones quod et contra si christianus
« Judeum occidet, dominus rex inquiret,
« et post suam voluntatem faciet. » (Sc.
Norm., 1220. *Mém. de la Soc. des Ant. de
Norm.*, t. XV, p. 144.) Dans l'échiquier
de 1276 : « De Judeis quos burgenses de
« Bernayo petebant compelli ad guetan-
« dam villam, sicut et burgenses gueta-
« bant, concordatum fuit quod Judei non
« guetarent. » La présence des juifs à
Bernai, attestée d'ailleurs par les rôles de
1198, nous parait un indice remarquable.
(*Mém. de la Soc. des Ant. de Norm.*, t. XVI,
p. 11, col. 2; p. 18, 47, 62, col. 2.)

Au XIIIe siècle, en 1268, Jean de Semer-
ville, écuyer, donna à l'abbaye de Bernai
une rente de 3 sols et 4 deniers assise sur
un pré appelé le Pont-Baudet, et le quart
d'une livre de poivre due sur la maison
du juif Cressandus. Jusqu'à la Révolution,
Bernai eut sa rue aux Juifs. D'autres indices confirment encore nos conjectures
sur l'importance commerciale de Bernai
au XIIe siècle. Déjà, dans la charte de
Richard II, en 1025, on lit : « Concedo
« etiam, in ipsa villa Bernaico, mercatum
« per singulas anni hebdomadas, et nun-
« dinas annales et omnes consuetudines. »
Dans les rôles de 1198, on voit qu'un
achat considérable de blé fut fait sur le
marché de Bernai pour garnir le château
de Verneuil : « Pro 6 modiis et 10 sexta-
« riis et 1 mina frumenti emptis apud
« Bernaium ad opus regis 127 lib. 12 sol.
« 6 den. per breve regis. Pro vectura
« ejusdem frumenti portandi apud Ver-
« nolium ad munitionem castri Vernolii
« 12 lib. 7 sol. 6 den. per idem breve
« regis. In camera sua per Elyam Bernar-
« dum et Robertum, clericum, 67 lib.
« 9 sol. 8 den. per idem breve. Et debet
16 lib. » (*Mém. de la Soc. des Ant. de
Norm.*, t. XVI, p. 33, col. 2.) Certains
auteurs font remonter jusqu'à Richard II
l'établissement de la foire fleurie, qui
tombait jadis le mercredi d'avant le dimanche des Rameaux, et qui se tient encore, avec un grand concours, le lundi de
la même semaine.

Les étoffes de Bernai étaient très-renom-
mées. Dans la seconde moitié du XIIe siècle
les moines de Saint-André donnèrent au
fils d'Ursiel, un de leurs bienfaiteurs,
« unam tunicam de pannis Bernaii ».

En 1143, Guillaume, comte de Ponthieu,
donne ou confirme à l'abbaye de Saint-
André « quindecim libras Rothomagen-
« sium apud Bernaium, VII. videlicet li-
« bras et dimidiam ad festum sancti Re-
« migii et Vedasti, atque alias VII. libras
« et dimidiam ad Pentecoste, ad pan-
« nos ».

En 1293, « Johannes de Bauticuria, »
chevalier, assigna 10 livres tournois de
rente aux sœurs de Saint-Mathieu (les
Emmurées de Rouen), pour sa fille Philippa, qui était entrée dans leur communauté. Il les assit sur le fief de Jean Colaffre,
écuyer, lequel fief était appelé : « Feodum
de Nemoribus; »

Sur le fief de feu Guillaume « de Coudreyo »;

Sur les héritiers de Guillaume « de Cam-
bresto »;

Sur Nicolas « de Corthona », prêtre;

« Item, super Halam in qua panni facti
« in villa Bernaii venduntur aut debent
« vendi; »

Sur le moulin de Jehan Mallet, chevalier;

Le tout « in parrochia de Cultura Bernaii ». (*Cart. des Emm.*, f° CCCCLXXVII r°.)

Dans un des registres du *Trésor des
Chartes*, XLII, n° 107, fol. CIX r°, on trouve
un acte de 1308 concernant le « officium
panne » dans la vicomté de Bernai.

*Officium panne vicecomitatus de Bernayo
donatum magistro Johanni de Pruvino.*

« Philippus, Dei gratia Francorum rex,
« universis presentes litteras inspecturis,
« salutem. Grata que dilectus magister
« Johannes de Pruvinio, clericus et nota-
« rius noster, quondam nobis dudum im-
« pendit obsequia propensius attendentes,
« in recompensationem hujusmodi obse-
« quiorum, sibi concedimus et donamus
« ad vitam suam officium panne vicecomi-
« tatus de Bernayo, quod dilectus quon-
« dam magister Gaufridus de Fraxino te-
« nere solebat, tenendum et exercendum
« ab ipso magistro Johanne, per se vel
« per alium ydoneum quem ad hoc duxe-
« rit deputandum, et viginti quinque li-
« bras turonensium, quas idem Gaufridus
« percipiebat in scacario nostro Rotho-
« magensi, habendas et percipiendas ab
« ipso magistro Johanne anno quolibet
« in scacario festi Sancti Michaelis, quam-
« diu vitam duxerit in humanis. Dantes
« tenore presentium in mandatis ballivo
« nostro Rothomagensi moderno, et qui
« pro tempore fuerit, quod dictum offi-
« cium eidem magistro Johanni deliberet
« et assignet, et gentibus nostris scacarii
« predicti presentibus et futuris quod

« dictas viginti quinque libras sibi juxta
« concessionis nostre tenorem in scacario
« predicto persolvant, annuatim, vel per-
« solvi faciant sine contradictione quacun-
« que et alterius expectatione mandati. In
« cujus rei testimonium presentibus litte-
« ris nostrum fecimus apponi sigillum.
« — Actum Pictavis, xxi. die junii, anno
« Domini m° ccc° octavo. »

D'autres documents confirment l'importance de Bernai au xiiiᵉ siècle, et particulièrement son commerce de draps et
de blé. Les moulins, construits sur la
Charentonne, appartenaient au xivᵉ siècle
à Jehan Mallet, sire de Graville, et à messire Louis de Thibouville, chevalier. Nous
donnerons tout à l'heure en entier ces
pièces. — Au xvᵉ siècle (1474), les moulins à tan de Bernai sont cités dans une
des chartes originales conservées aux archives de l'Eure dans le fonds de Bernai.

Bernai était au xiiiᵉ siècle le siége
d'une vicomté. Le livre de Saint-Just, malheureusement détruit, contenait un « état
de la vicomté de Bernai ».

Des assises solennelles furent tenues à
Bernai au xiiiᵉ siècle, au nom des ducs
de Normandie et des rois de France.

Dans les rôles du roi Jean (1201) : « Ra-
« dulphus de Avenaio et Ricardus, frater
« ejus, dant domino regi x. marcas pro
« habendo coram senescallo Normannie,
« apud Cadomum, recordamento assise
« facte coram justiciariis domini regis
« apud Bernay, de terra quam clamabant
« versus Robertum de Pontecarduno, et
« Willelmum de Pontecardun, et domi-
« nam de Broilleio. »

En 1214, les gens du roi Philippe-Auguste tinrent assise à Bernai. Les dîmes
et le patronage « ecclesiarum Sancti Petri
« de Tegiervilla et Sancti Martini de Pont-
« chardon » furent l'objet d'un procès qui
se termina par un duel. L'un des cham-
pions était « Robertus Rossel de Caleto »;
l'autre, « Ricardus Lahout du Belloir. »
Le duel eut lieu « apud Bernaium », en
1223, à l'assise tenue par le bailli Jean
de la Porte, assisté de quatre chevaliers :
« Will. d'Einstanval, Will. de Malehone,
« Will. de Bella-Aqua et Will. Beauvilein. »
L'avantage resta à Richard Lahout et aux
parçonniers pour lesquels il avait com-
battu. Les vainqueurs transportèrent leurs
droits à l'abbaye de Saint-Wandrille. (*Cart.
de Saint-Wandrille,* f° cclxvi, r° et v°,
aux Arch. de la Seine-Inf.)

Une assise fut tenue à Bernai en 1234 :
« In assisia domini regis apud Bernayum
« habita anno 1234, die lunæ in crastino
« S. Thomæ, apostoli, quando Ogerius,
« miles de Maloo, ecclesiam relaxavit,

« presentes interfuerunt Guillelmus de
« Ponte Arcæ, Lexoviensis episcopus; Ri-
« chardus, Ebroicensis episcopus.... »
(*Neustria pia,* p. 525).

En 1235, une charte de Hubert de
Corcon, « miles, » fut recordée « in assi-
« sia regis apud Bernaium, presentibus
« multis ». Dans cette charte, mention est
faite du Moulin-Noël.

Un manuscrit du xviiiᵉ siècle et un ancien inventaire conservé dans les archives
de l'hospice actuel placent vers 1250 la
fondation, par saint Louis, de l'ancien
Hôtel-Dieu de Bernai.

Bernai n'échappa ni aux guerres du
xivᵉ et du xvᵉ siècle, ni à celles du xviᵉ.
Il faisait partie du comté d'Evreux, que
Philippe le Bel avait constitué en faveur
de son frère Louis de France, et dont
Charles le Mauvais hérita. En 1377,
Charles V, ayant découvert que le roi
de Navarre avait cherché à le faire em-
poisonner, résolut de lui enlever toutes
les places qu'il possédait en Normandie.
Le comté d'Alençon touchait alors aux
Etats du roi de Navarre, et ces deux
princes possédaient chacun une partie de
Bernai. Dans celle appartenant au roi de
Navarre, il y avait deux forts : l'un renfermait l'abbaye; l'autre se nommait *la
Tour,* dont était capitaine Dutertre, secrétaire et confident de Charles. Ce capitaine s'était engagé à ne remettre la place
qu'au roi de Navarre ou à son fils, sous
peine de passer pour traître. Dès qu'il sut
que les troupes françaises entraient en
Normandie, il mit tout en usage pour se
bien défendre, et appela à son secours le
capitaine et la garnison de Moulin-Capel,
qui n'était plus en état de tenir. Le sire
de la Ferté-Fresnel, maréchal de Normandie; le Galois, seigneur d'Aché, proche
Alençon, et contremayor, investirent la
place le mercredi de la semaine sainte
1377. Le bas fort, autrement le fort de
l'abbaye, capitula, et la garnison obtint
la vie. Jean de Cardonnel, qui peut-être
commandait la garnison, fut fait prisonnier. Galois d'Aché, qui était l'ami
d'un de ses frères, homme sage et qui
tenait le parti du roi, lui permit de se
retirer chez lui; mais, au lieu de le faire,
il se retira dans la tour. Les assiégeants
sommèrent Dutertre de remettre la forteresse au fils du roi de Navarre, le comte
de Beaumont, que le duc de Bourgogne,
lieutenant en Normandie pour le roi,
amenait avec lui : il refusa d'obéir. Les
Français conclurent une trève jusqu'au
samedi suivant, veille de Pâques, au soleil levant. Alors les assiégeants firent
jouer un engin contre la tour jusqu'à la

nuit ; les assiégés, de leur côté, se défendirent vigoureusement. L'attaque recommença le jour de Pâques, après midi, et dura jusqu'au soir, qu'on aperçut un renfort de troupes commandées par le duc de Bourgogne et le connétable. Le lendemain, Dutertre demanda à capituler ; il se rendit avec la place, sur la parole que ces deux seigneurs lui donnèrent d'écrire au roi en sa faveur. Le connétable lui promit de le présenter à Charles V lorsqu'il irait en cour. Il fut convenu que sa femme aurait la moitié de la jouissance de ses biens pour nourrir et établir ses enfants. (Secousse, *Mém. pour l'Hist. de Charles II, roi de Navarre*, p. 182, et *Recueil de pièces*, p. 402 et 404.)

Dans une notice sur quelques points de l'histoire de Bernai, insérée par M. Canel dans le *Recueil des Travaux de la Société libre de l'Eure*, on trouve le passage suivant, extrait d'un manuscrit de M. le vicomte de Guiton de la Villeberge : *Deniez bailliez pour les gardes des chasteaux de monseigneur de Navarre, tant en Avranchin, Constentin, comme ès bailliages d'Evreux, Pont-Audemer, etc.*

« Philippe de Pequigny, cappitaine du « fort de Bernay, néant à cause des dons « à volonté.

« Jacquetin de Baigneux, cap. du fort « de Bernay, après le dit de Pequigny, par « lett. du 6 juillet 1363, à 200 écus par « an, et par lettre du 20 novembre 1365, « 200 ⌃. par an. Payé jusqu'au dernier « jour de mars 1366. »

Dans le compte de Jehan Clémence, trésorier du roi de Navarre, compte qui s'étend de 1367 à 1370, et qui est conservé à la Bibl. imp., Supp. fr., n° 4484, on trouve la mention des deniers payés pour la garde du fort de Bernai : « A Ja- « cotin de Bagneux, cappitaine de Bernay, « lequel, pour la garde dudit lieu, doit « prendre et avoir deux cents quarante « livres par an, comme il appert par man- « dement de monseigneur le captal. »

Nous trouvons dans le registre LXV du *Trésor des Chartes*, n° 36, f° xxv v°, la permission donnée par le roi Charles VI aux habitants de Bernai de fortifier leur ville, à leurs frais et dépens. Cette permission est datée du mois de janvier 1414. En voici le texte :

« Charles, etc.... savoir faisons à tous « presens et à venir, à nous avoir esté « humblement exposé de la partie des « bourgois et habitants de nostre ville de « Bernay comme la ditte ville soit une « très bonne et notable ville assise en « pais de frontiere, à huit lieues près de « la mer, et l'une des meilleurs et mieulx « peuplées de tout nostre pays de Nor- « mandie après nos villes de Rouen, « Caen, Bayeux et Saint-Lo, et en laquelle « ville de Bernay pourroient venir de jour « et de nuit et en po de temps ennemis de « nostre royaume sans aucun empesche- « ment, veu la petite distance de pais qui « est dudit lieu de Bernay jusques à la « mer, et tellement que inconvenient et « domage irreparable s'en pourroient en- « suir, que Dieu ne vueille, à nous, au « peuple de la ditte ville et du dit pais de « Normendie et de nostre royaume, et il « soit ainsi que, pour obvier aus perils « et inconveniens dessus dits et autres « qui en ce cas se pourroient ensuir, se- « roit expédient et chouse esprouffitable « et convenable pour les dits supplians, « la seurté d'eulx et de leurs vies, et aussi « de tout le pais d'environ, que la dicte « ville foust close, fermée et fortifiée. « Laquelle chose iceulx supplians feroient « voulentiers se sur ce nous plaisoit leur « ottroyer notre congié et licence, si « comme ilz dient, en nous humblement « requerant que sur ce leur vueillions es- « largir nos congié et licence. Pourquoy « nous, attendues et considérées les choses « dessus dictes, desirans de tout nostre « cuer les bonnes villes de nostre royaume « et mesmement celles qui sont en pais de « frontiere et près de la mer estre fortif- « fiées et defensables contre noz ennemis, « aus dits exposans et supplians avons « octroyé, et par ces presentes de nostre « certaine science et grace especiale oc- « troyons congié et licence de clorre, fer- « mer, fortifier et faire forte à leurs des- « pens et de ceulx aussi qui y auront et « pourront avoir recours et reffuge en cas « de nécessité en dicte ville de Bernay, « par telle manière qu'elle soit deffensable « contre noz ennemis et autres malvueil- « lans de nous et de nostre dit royaume, « ou cas toutes voies que ce sera du con- « sentement de la plus grant ou plus saine « partie des habitants d'icelle ville de « Bernay ; et avec ce leur avons octroyé « et par ces presentes de nos dites cer- « taine science et grace especial octroyons « que pour faire ce que dit est et pour « avoir ensemble conseil et délibération « sur ce ilz se puissent assembler une ou « plusieurs fois et passer une ou plusieurs « procuracions, si besoing en ont, sans « pour ce encourir ores ne ou temps à ve- « nir en aucun dangier ou amende envers « nous. Si donnons en mandement à « nostre bailli d'Evreux, au vicomte d'Or- « béc, et pour ce que la dicte ville de Ber- « nay est assize ès mectes des diz bailliage « et vicomté, commettons se mestier est

« et à chacun d'eux si comme à lui appar-
« tiendra que de noz presentes grace,
« congié et licence facent, seuffrent et
« laissent jouir et user plainement et pai-
« siblement les dits exposans sans les tra-
« veillier, molester ou empescher, faire
« ne souffrir estre traveilliez, molestez ou
« empeschiez en aucune maniere, au con-
« traire, ainçois tout empeschement qui
« leur avoit esté ou seroit fait, mis ou
« donné au contraire, rappellent et met-
« tent ou facent rappeller et mettre sans
« delay au premier estat et deu, pourveu
« que les dits bailli et viconte ou leurs
« lieuxtenans, ou l'un d'eux soit present
« pour nous aux assemblées, que feront
« lesdits suppliants pour le fait dessus dit,
« en contraignant à y venir et estre pre-
« sens, par toutes voyes deues et raison-
« nables, ceulx qu'il appartiendra et dont
« il sera requis; car ainsi nous plaist-il et
« voulons estre fait de nostre ditte grace
« par ces mesmes lettres, non obstant
« quelconques ordonnances, mandemens,
« restrictions et deffenses faictes et à faire
« et lettres subreptices empetrées ou à
« empetrer au contraire. Et, afin que ce
« soit chose ferme et estable à tousjours,
« nous avons fait mettre à ces presentes
« nostre scel, sauf en autres choses nostre
« droit et l'autruy en toutes. — Fait et doné
« à Paris, ou mois de janvier, l'an de grâce
« mil cccc et dix et de nostre regne le
xxxie.

« Par le roy, presens : le conte de Ven-
« dosme, messire Anthoine de Craon,
« messire Charles de Savoisy, messire
« Charles de Chambrillac, et autres.

« BARRAU. »

La ville et les châteaux de Bernai de-
meurèrent au pouvoir du roi de France
jusqu'en 1417. Les registres de la charité
de Notre-Dame de la Couture de Bernai
nous apprennent que la confrérie de la
Charité se retira à Verneuil depuis le
4 août jusqu'à la fête de la Toussaint de la
même année 1417, époque à laquelle les
Français reprirent la ville. Les Anglais la
leur enlevèrent en 1421, et la gardèrent
plusieurs années. C'est à cette période que
se rapportent les deux pièces suivantes :

De habitatoribus Berney.

« Rex omnibus, etc., salutem. Sciatis
« quod concessimus et licentiam dedimus
« omnibus et singulis fidelibus, ligeis et
« subditis nostris villæ de Berney et de
« Maneval, quod ipsi ad quascumque
« partes de obedientia seu amicitia nostra
« existentes cum bonis, deneriis et mer-
« candisis suis tam per terram quam per
« mare et aquam, de nocte vel de die,
« quotiens voluerint se divertere et ibi-
« dem licite morari et mercandisare, et
« ab inde ad propria cum bonis, mercan-
« disis et deneriis suis salve et secure re-
« dire, ac tot literas de salvo conductu
« quot pro securitate sua in hac parte sibi
« necessariæ fuerint et oportunæ adqui-
« rere possint et obtinere absque impedi-
« mento seu molestatione aliquorum offi-
« ciariorum seu ministrorum nostrorum
« quorumcumque dum tamen ipsi exer-
« ceant mercandisas, ac custumas, subsi-
« dia et alia deveria nobis in hac parte
« debita fideliter solvant, et quod ipsi ali-
« qua bona seu mercandisas aliquorum
« inimicorum nostrorum non colorent
« quovis modo. In cujus, etc. Teste rege,
« apud villam suam de Mante, primo die
« augusti. » (*Rotul. Normanniæ*, an. 7
Henrici V.)

« Vicomté de Montreuil et Bernay, 24 dé-
« cembre 1424. Assiste faite par Jehan
« Bonnellet, vicomte de Montreuil et Ber-
« nay, sur les paroisses d'icelle vicomté
« pour le premier payement de la taille
« ou aide montant à vii^c xxxv livres tour-
« nois, sur la somme de xxix mil livres
« accordée au roy en la ville de Paris par
« les gens des trois estats du duché de
« Normandie, par vertu du mandement de
« messeigneurs les tresoriers et gouver-
« neurs généraux des finances de France
« et de Normandie. Donné à Paris, le vii^e
« jour de décembre 1424. A ce appelés,
« pour l'absence des élus ou leurs lieute-
« nants, Jehan la Pucelle, lieutenant en
« icelle vicomté de monsieur le bailli
« d'Alençon; Richard le Gras, procureur
« du roi notre seigneur; Godeffroy de
« Basville, avocat d'icelui seigneur en
« icelle vicomté et les sergents d'icelle, et
« ont signé. »

Bernai fut définitivement recouvré par
le roi de France en 1449.

Charles VII, vainqueur des Anglais,
passa cette année même par Bernai.

Le 7 février 1542, François Ier écrivait
au bailli de Rouen (1) : « Comme par
« certains avertissemens nous avons en-
« tendu que l'empereur et autres nos en-
« nemis font grands préparatifs et ont dé-
« libéré dresser plusieurs grosses armées,
« avons avisé que les habitans des villes
« closes de notre royaume contribueront
« à la solde de 50,000 hommes de pied
« pour 4 mois......; pour partie duquel
« nombre les villes closes de votre bailliage

(1) Des lettres du même genre étaient adressées aux autres baillis.

« seront cottisées à 96,000 livres pour
« 4,000 hommes...... Si vous mandons...,
« etc. »

Les sommes demandées furent payées, et, le 22 février 1543, de nouvelles lettres patentes prescrivaient la levée du même impôt pour la campagne de Cérisoles. Bernai réclama. On verra par la pièce suivante comment le roi répondit à la requête :

« François, par la grâce de Dieu, roi
« de France, au bailly d'Evreux, salut :
« de la part de nos chers et bien amez les
« manans et habitans du bourg de Bernay,
« nous a esté exposé que, combien que
« ledit bourg soit scitué et assys en pays
« champestre, subject aux tailles et à por-
« ter les frais des gens de guerre qui y
« passent chacun jour par iceluy, aussy que
« ledit bourg n'a oncques esté et ne soit
« clos de murailles, et néantmoins en fai-
« sant l'assiette et departement de ce que
« doibvent porter les villes closes de votre
« dit bailliage pour la soulde de cinquante
« mil hommes de pied que nous faisons
« lever en ceste présente année en et par
« tout notre royaume, suyvant noz lettres
« de commission qui vous ont esté à ceste
« fin décernées, vous y avez comprins et
« cotisé ledit bourg de Bernai pour la
« somme de cinq cens livres, chose, si
« elle avoit lieu, qui leur seroit de très
« grand intérest et dommage, pour estre
« ledit bourg subject aux charges dessus
« dites; et mesmement que en l'année
« dernière ilz ont porté par l'espace de
« cinq jours entiers le passaige des lans-
« quenetz estans en nostre pays, qui luy
« a esté de grand oppression, joint que
« ledit bourg n'est clos, comme dit est,
« et que par nos lettres de commission ne
« vous est mandé comprendre en la soulde
« et paiement desdits cinquante mil hom-
« mes de pied, sinon les villes closes de
« vostre bailliage et faulxbourgs d'icelles
« tant seullement, nous supplians et re-
« querans très humblement lesdits ma-
« nans et habitans, exposans sur ce, le dit
« vouloir pour surcroit de nostre grace et
« remède convenable, et pour ce que ledit
« bourg de Bernay est de vostre dit bail-
« liage, vous commectons par ces pré-
« sentes que, appelé nostre procureur et
« autres qu'il appartiendra, s'il vous ap-
« pert que ledit bourg soit assis en pays
« champestre, subject à nos tailles et à
« porter les frais des gens de guerre qui
« passent chacun jour sur iceluy, et que
« ledit bourg n'ait oncques esté et ne soit
« clos ne fermé de murailles ou de tant
« que suffire doit, vous en ce cas tenez et
« faites tenir lesdits supplians francs,

« quictes et exemptz de la cotisation et
« departement de la soulde desdits cin-
« quante mil hommes de pied que doivent
« porter les villes closes de vostre bail-
« liage, et deschargez et faites descharger
« lesdits manans et habitans de ladite
« somme de cinq cens livres, en laquelle
« ilz ont esté cotisez et imposez, comme
« dit est, sans aucunement les contraindre
« ne souffrir estre contraincts, et à ce
« faire et souffrir contraignez et faictes
« contraindre tous ceulx qu'il appartiendra
« et qui pour ce seront à contraindre par
« toutes voyes et manières droites et rai-
« sonnables, non obstant appellations
« quelzconques et sans préjudice d'icelles,
« pour lesquelles ne voullons estre diffe-
« rez ; car tel est nostre plaisir. Donné au
« Bec-Hellouyn, le seiziesme jour d'avril,
« l'an de grace mil cinq cens quarante
« quatre et de nostre règne le trentiesme.

« Par le roi en son conseil. »

« Et plus bas :

« Deneufville. »

Les habitants de Bernai croyaient avoir gagné leur cause ; mais, quand ils présentèrent leurs lettres patentes aux assises d'Orbec, ils s'aperçurent que leurs espérances étaient mal fondées :

« L'an de grace 1544, le vingt-deuxiesme
« jour d'avril, après Pasques, à Orbec,
« les assises du dit lieu séantes, devant
« nous Vincent Eude, escuier, conseiller
« du roy nostre sire, lieutenant général
« de haut et puissant seigneur monsei-
« gneur le bailly d'Evreux et commissaire
« dudit seigneur en ceste partie, par les
« advocat et procureur du roy nostre dit
« seigneur, au dit bailliage a esté remons-
« tré que, après avoir par nous receu les
« lettres patentes dudit seigneur pour as-
« seoir et lever sur les villes closes dudit
« bailliage la somme de troys mil six centz
« livres tournois pour la soulde de cent
« cinquante hommes de pied, par l'advis
« desdits officiers et autres notables gens
« de conseil, nous aurions assis et départi
« la dite somme sur les villes closes as-
« sises et scituées audit bailliage et en
« iceluy département, comprins la ville
« de Bernay, ville riche et forte par la
« nature et scituation du lieu et oppu-
« lence des habitants, auxquels auroit
« esté donné et octroyé par ledit seigneur
« autorisation et permission de eux clorre
« et d'avoir et lever pour cette fin plu-
« sieurs impositions, aides, subsides et
« deniers communs dont ils jouissent,
« montant à grand somme de deniers, et
« d'iceulx faict et encommencé grandz
« bastymens et constructions tant en fos-

« sez, tourelles, rampars, que en tran-
« chées de roche et montaignes estans à
« l'entour de la dite ville, qu'ilz ont
« couppéez à pied droict et aligné pour
« la clôture et fortification de la dite
« ville et dont elle est presque toute
« close et circuye, et ne tient que à eulx
« que la dite closture n'est achevée, veu
« le temps que les dits octroys et de-
« niers communs leur ont esté octroyez
« de trop plus grand valleur que n'ont
« ceulx de Conches et Lisieux qui ont esté
« comprinses en la dite taxe, et mêmes
« ceulx de Pacy et de Nonnancourt, com-
« bien qu'ils n'aient aucuns deniers com-
« muns et se soient clos de eulx mesmes;
« disant le dit procureur du roy que, ac-
« tendu ces choses et la dite permission
« de soy clorre et les deniers communs à
« ceste fin octroyez à la dite ville, elle
« doit estre tenue et réputée pour du tout
« close, et que si lesdits habitants dif-
« fèrent en fraulde à parfaire leur dite
« closture pour se cuider toujours exempts
« de telle taxe et cottisation, leur dite
« fraulde ou négligence leur soit à impu-
« ter; et néantmoins iceulx habitants, en
« faisant ces choses par sureption, au-
« roient obtenu lectres du roy nostre syre
« à nous adressées, et qui nous ont esté
« ce jour d'huy par eux exhibées et signi-
« fiées et au dit procureur du roy, par les-
« quelles nous seroyt mandé que, s'il nous
« apparoissoit le dit bourg estre assis en
« pays champestre, subject à tailles et frais
« des gens de guerre et qu'il n'ait esté et
« soit clos et fermé, en ce cas, les tenir
« francz et quiotes de la dite cottisation et
« département, sans avoir exprimé et fait
« entendre au roy que toutes les autres
« villes dudit bailliage sont aussi bien sub-
« jectes aux tailles que la dite ville de
« Bernay, et ont semblablement porté,
« les cas offrans, les frais des gens de
« guerre qui ont passé par le pays, mes-
« mement la ville d'Evreux que le dit pro-
« cureur du roy disoit avoir payé le com-
« mencement de ses guerres, soustenu
« l'espasse de huict jours entiers le pas-
« sage et monstre de deux mil legion-
« naires que conduisoient les sieurs de la
« Salle et Saint-Aulbin et autres, du-
« puis conducts et levez par le sieur du
« Mont de la Vigne, sans en avoir eu ré-
« compense, qui leur a esté grand charge
« et oppression; et semblablement la ville
« de Lisieux auroit contribué aux frais
« des lansquenetz qui, à l'année derains,
« ont passé par le travers du dit bailliage,
« et n'en ont ceulx de Bernay comme riens
« porté, d'autant que le dit passage a esté
« assis et jecté sur toute l'eslection par le

« département et egallement qui en a esté
« faict par les esleus du lieu; quelles
« choses si déclarées et exprimées eussent
« esté au roy nostre syre, ne leur eussent
« esté concédées les dites lettres de exemp-
« tion, eu regard mesme à la petite somme
« à quoy ilz ont esté taxez, qui n'est que
« de 500 livres tournois, et qu'ilz ont de-
« niers communs qui leur ont vallu pour
« ung an unze an douze cents livres tour-
« nois; nous requerant, partant, ledit
« procureur du roy, pour l'intérest du dit
« seigneur, et de chascune de ses dites
« autres villes closes du dit bailliage et à
« ce qu'elles ne soient surchargées et gre-
« vées de la dite taxe par l'exemption pré-
« tendue par lesdits habitants de Bernay,
« ains equalité et justice distributive estre
« gardée entre elles, que eussions à nous
« transporter en la dite ville de Bernay
« pour des choses dessus dites nous in-
« former sommairement et voir la dite
« closture et fortification d'icelle et de
« tout faire procès verbal, pour iceluy
« estre envoyé au roy nostre dit sire et son
« conseil privé, et iceluy veu, ordonner
« et déclarer son bon plaisir et vouloir
« pour l'exécuter à nostre povoir; ce que
« accordé luy avons et mesmes aux bour-
« geois et officiers de la dite ville de Li-
« sieux qui nous ont faict semblable re-
« queste pour intérest et regard, en ob-
« témpérant à laquelle ce jour d'huy vingt
« sixiesme jour d'avril, sommes transpor-
« tez en la dite ville de Bernay, en la com-
« paignye des dits avocat et procureur du
« roy, et illec arrivez avons mandé les
« officiers de la dite ville, des quelz s'est
« comparu maistre Jacques de Croisy, pro-
« cureur de la dite ville, et aucuns des
« bourgeois d'icelle, qui ont dit et con-
« fessé, comme il nous est notoire, avoir
« permission du roy d'eulx clorre et de-
« niers communs à ceste fin octroyez à la
« dite ville, montans, communs ans, de
« sept à huiz cents livres tournois, dont
« la première année avoit vallu unze centz
« livres tournois, des quelz ils avoient
« commencé la dite closture, mais ne l'a-
« voient encore parachevée. Et le lende-
« main vingt septiesme dudit mois, pré-
« sence desdits procureur du roy de Croisy
« et de maistre Jehan Hardouin, advocat
« en court laye, par nous prins pour ad-
« joint, avons visité les environs et cir-
« cuyt de la dite ville et trouvé qu'elle est,
« d'un costé, environnée et circuye d'une
« haulte coste et montaigne, nommée les
« Monts-Saint-Michel, qui est coste fort
« roide et droicte et quasi inaccessible à
« monter, qui a esté encommencée à dres-
« ser par lesdits habitants et couppée à

« pied droict pour servir de closture et en
« lieu de muraille, laquelle si parachevée
« estoit, comme elle est en la plus part jà
« couppée à pied droict, l'on ne pourroit
« entrer dedans la dite ville par le dit
« costé. Et d'autre costé, devers l'église
« de la Cousture, y a commencement de
« grands fossez et rempartz de vingt-cinq
« pieds de large ou environ du dit costé
« qui pourroit estre de longueur de cent
« cinquante espaces; et le reste dudit
« costé sont praries et rivières, et aux
« deux bouts semblablement, avec quel-
« ques terres labourables. Desquelles
« choses avons accordé ces présentes au
« dit procureur du roy et habitants des-
« dites autres villes dudit bailliage, dont
« ledit procureur du roy, manans et habi-
« tans de Lisieux obtindrent ces présentes.
« Donné comme dessus. »

Les habitants de Bernai n'en continuèrent pas moins leurs réclamations :

« Ce sont les articles que mectent et
« baillent par devers vous, monseigneur
« maistre Johan Escorcolle, conseiller or-
« dinaire du roy nostre syre en son
« grand conseil, et commissaire par icel-
« luy député en ceste partye, les manans
« et habitans du lieu et bourg de Bernay,
« appelans des taxes, cotisations et exécu-
« tions d'icelles sur eulx faictes par les
« baillifs d'Evreux et Allençon ou leurs
« lieutenants, ès années mil cinq centz
« quarante trois, quarante quatre, qua-
« rante cinq, quarante six et quarante-
« sept, pour raison de la soulde de cin-
« quante mil hommes de pied, pour sur
« iceulx estre myz et interroguer les tes-
« moingz qui vous seront de leur part
« produictz;

« Et premierement que le dict lieu et
« bourg de Bernay n'est ville close, ains
« lieu et bourg subject aux passaiges des
« gens de guerre; et, pour ce monstrer et
« vériffyer, mesmes ilz ont esté de tout
« temps et anciennement molestez et op-
« pressez, comme sont journellement par
« iceulx gentz de guerre.

« Mesmement, en l'année 1523, ong
« nommé Grosdos, sa compaignye et la
« compaignye du Borge de Sainct-Jacques
« veindrent et logèrent au dit lieu et bourg
« de Bernay, ou moys d'aoust et ilz pil-
« lèrent le dit bourg.

« Item, à la Toussainctz ensuyvant y
« eut ung effraye, et furent les habitans
« du dit bourg de Bernay contrainctz ar-
« rivez et non arrivez jusques à Tréille
« près Paris.

« Item, que en mois de juing ensuy-
« vant 1524, la compaignie de la Grue,
« aultrement dict les six mil dyables, fut

« au dit lieu et bourg de Bernay, qui y
« séjournèrent deux jours entiers, et es-
« toyent en la bande huict centz hommes
« ou environ.

« Item, en l'année 1533 ou environ ce
« temps, monseigneur de Tracy, coronel
« de mille hommes de pied, passa et logea
« au dit bourg avesques sa compaignye, et
« y séjournèrent jour et demy ou environ.

« Item, en l'année 1536 ou environ,
« logèrent au dit bourg certain capitaine,
« nebveu de feu monseigneur le cardinal
« le Veneur, et sa compaignye, qui y sé-
« journèrent par jour et demy.

« Item, que, environ la Toussainctz 1537,
« veindrent par assault ung nommé Gros-
« Theil et sa compaignye, qui estoyent en-
« viron quatre vingtz hommes, au dit
« Bernay, qui y séjournèrent par quel-
« qu'espace de temps et tuèrent plusieurs
« des habitans du bourg, sans autres pil-
« laiges qu'ilz y feirent, et encores que le
« dit Grostheil, sa compaignye et autres
« volleurs ont par diverses foys faict son-
« ner le tabourin au dit bourg et lors
« qu'ilz n'estoyent que dix ou douze.

« Item, en l'an 1539, au dit bourg de
« Bernay logea ung capitaine de gentz de
« pied jusques au nombre de deux centz
« hommes ou environ, qui se disoyent
« aller à Cariadoz et Honnefleur, et y sé-
« journèrent par ung jour et demy.

« Item, et environ le moys d'aoust 1540,
« logea la compaignye du sieur du Mont
« de la Vigne, estant en nombre de mil
« hommes de pied, au dit bourg, qui y
« séjournèrent par jour et demy.

« Item, que ou mois de mars 1542 lo-
« gèrent les lansquenetz jusques au nom-
« bre de quatre à cinq mil hommes au dit
« lieu et bourg, et y séjournèrent par l'es-
« pace de six jours et plus.

« Item, en l'année 1546, logea au dit
« lieu et bourg de Bernay la compaignye
« de monseigneur l'admyral, qui y feirent
« monstre de cent hommes d'armes et
« deux centz archiers, qui y séjournèrent
« plus de troys sepmaines, tellement qu'ilz
« y despensèrent plus de quatre mil livres.

« Item, ou mois de juing ou dit an,
« logèrent au dit lieu et bourg de Bernay
« environ soixante et quinze hommes de
« pied, allans à l'embarquement du Havre,
« lorsqu'on alloit en Angleterre.

« Item, ou dit mois de juing, logèrent
« au dit lieu et bourg de Bernay, des com-
« paignyes des capitaines Dupont et Hame,
« qui y séjournèrent par deux jours, et
« plusieurs autres gents de guerre, les
« capitaines desquelz n'en sont les dits de
« Bernay mémoratifs. »

D'autre part, les gens du roi soutinrent

que Bernai était ville close, et, à ce titre, obligée de contribuer à la solde des 50,000 hommes. Les raisons qu'ils donnèrent ne manquaient pas de force :

« Les maisons du dit lieu sont de grande « essence et bastiment, toutes d'une con- « tinence l'une à l'autre, à grand nombre « jusques à quatre mil ou environ ; les « rues de grande longueur et largeur, « toutes pavées, et jusques au nombre de « trente ou environ ; le lieu habité de ar- « tisans et marchans de toutes sortes de « marchandises, riches et opulans en « biens autant que en ville de Normandye.

« Il y a maison de ville et officiers pour « les affaires communes de la dite ville, « y a artillerye et baston de deffence com- » mune.

« Il y a grandes halles, tant à bled, « draps, chair, pain, toilles, que autres « marchandises, jusques à cinq ou six dis- « tinguez et séparez l'une de l'autre.

« Il y a marchez ordinaires troys foys la « sepmaine, et entre les ditz marchez y « en a ung au samedy qui est plus beau « marché de dix lieues à l'entour, tant de « bestes que autres choses ; foires deux ou « troys par an, de grande renommée ou « royaulme de France.

« Il y a juridiction pour le vicomte et « pour le bailly, siège et auditoire à ladite « fin pour le roy, et autant pour le duc « d'Allençon.

« Il y a siége d'eslection et deux esleuz « pour le roy sur le faict des aides et « tailles, et recepveur des envoys de la dite « taille.

« Il y a guernyer à sel pour le roy et « officiers ordinaires.

« Il y a hospital fondé, avesques reli- « gieuses en nombre suffisant, honora- « blement logées.

« Il y a couvent de cordeliers.

« Il y a une grosse abbaye de l'ordre « Sainct Benoist, de grand revenu.

« Deux belles grandes églises parois- « siales, bien décorées de orges et grosses « cloches, autant que en ville de ce pays « de Normandye.

« Par ces moyens est le dit lieu de Ber- « nay à tenir et juger ville. Et si est close, « parce que en cinq endroicts et chemins « par les quelz on y entre, y a cinq portes « avecques guichet, toutes de boys, cou- « vertes de thuille et haultes de vingt « pieds ou environ, de espoisure de ung « pied, fort anciennes, comme d'appa- « rence de cent ans et plus. Et tout d'un « costé y a une haulte montaigne, laquelle « est taillée en partye à pied droict. De « l'autre costé, elle est close d'un grand « fossé de vingt cinq à trente pieds de « large et de profond de quinze pieds ou « environ, et de long et après du couvent « des cordeliers et suyvamment de la « grosse abbaye et muraille d'icelle, on la « quelle y a des tourelles, et deux cours « d'eaux de la rivière qui passent par au- « près des dites murailles. A l'un des « boutz y a ung grand estang avec plu- « sieurs marescaiges qui empeschent que « l'on ne peult entrer audit lieu de Bernay « par cest endroit. A l'autre bout y a un « fossé qui prend depuys l'une desdites « portes jusques à l'un des cours de la dite « rivière passant par le dit lieu de Bernay.

« Aux rues de ladite ville y a eu chai- « gnes qui ont esté ostées.

« Le dit lieu ne peut estre dit villaige, « tant par ce que cy dessus remonstré que « par la grande estendue que a ledit lieu « de Bernay, lequel est aussi populeux et « plus que les villes d'Evreux et Lisieux, « et dix fois plus grand que Conches ne « Pacy.

« Le dict lieu ne peult estre passaige « subject à gens d'armes plus que les au- « tres villes du bailliage d'Evreux et Allen- « çon, par les quelles ont passé plusieurs « compaignyes de gens de pied et de che- « val durant les guerres, et ne peult on « croire que mil hommes de guerre, gens « de pied, feussent si hardys entreprendre « loger au dit lieu, encores moins gens de « cheval, nom plus que aux faulxbourgs « des villes d'Evreux et Lisieux, qui sont « plus grandz que ce qui est enclos de « murailles et qui pourroient estre moins « gardez que les habitans dudit lieu de « Bernay.

« Si ung nommé le Grostheil et sa com- « paignye est entré dedans Bernay, il n'en « est point sorty, car il fut tué en amasse « dedans la dite ville. Et autres gens « d'armes ont esté repoussez, mêmes les « hommes d'armes et archiez de la com- « paignye de monseigneur l'admiral. »

Néanmoins, Bernai obtint un arrêt qui condamnait les villes closes des bailliages d'Evreux et d'Alençon à lui rembourser les diverses sommes qu'elle avait payées en plusieurs années pour la solde des 50,000 hommes de pied.

Bernai paya cher ce succès. Le roi avait « octroyé » aux habitants de Bernai « auto- « risation et permission de eux clorre, et « d'avoir et lever pour ceste fin plusieurs « impositions, aides, subsides et deniers « communs. » Mais, comme ces fonds n'avaient pas été employés aux travaux projetés de clôture, le roi décerna commission à maistre Postel, conseiller au parlement de Normandie, « pour exami- « ner et refformer les comptes de l'ad-

« mynistration d'aucuns denyers permys
« estre cueillys par le temps de six ans
« sur les denrées et marchandises vendues
« et distribuées au bourg de Bernay, affin
« d'estre les dits denyers convertis et em-
« ployez aux fortifications et empare-
« mentz du dit bourg. » Quelque temps
après, le 26 juillet 1549, la ville fut con-
damnée à payer 3,545 livres 19 sols 8 deniers, au roi qui « donna » et « octroya »
cette somme « à monseigneur de Ven-
dosme, seigneur de Rubemprey ».

Accord eut lieu le 5 janvier 1550, par-
devant Laurent Dommey, tabellion, entre
Richard Prevost, dit de Gournai, procureur des habitants, et Bertheran du Puy,
représentant du seigneur de Rubemprey :

« Richard Prevost, dit de Gournay, affin
« d'estre iceux habitans quictes et des-
« chargez du contenu de la dite sentence,
« a promis payer audit du Puy la somme
« de mil escus soleil, pour satisfaction de
« la quelle somme le dit de Gournay con-
« sent et accorde l'arrest fait faire par le
« procureur du roy en la cause sur les
« deniers deubz aux dits habitans de
« Bernay par les habitans des villes closes
« des bailliages d'Evreux et Allençon, en
« tant que en restent deubz, sortir son
« plein et entier effect; au quel, outre la
« dite somme de mil escus, a esté promys
« le deffrayer et vuider la despence par
« eulx faicte en leur logis du daulphin en
« ce lieu, pareillement le sallaire de Jehan
« le Mercyer, sergent en la vicomté de
« Beaumont, venu en ce lieu pour exécuter
« la dite sentence [du 26 juillet 1549], et
« à la dite fin fait plusieurs contrainctes
« des personnes et biens desdits habi-
« tans. .... Et parce que, au cas que les
« denyers arrestés ne pourroient satisfaire
« à la dite somme de mil escus sol, de-
« meure saisi de la dite sentence en force
« et vertu de soy faire payer du résidu et
« oultreplus jusques à concurrence de la
« dite somme de mil escus sol sur les dits
« habitans, aux quels il a donné terme de
« fournyr et payer le dit oultre plus jus-
« ques en deux moys, promectant le dit
« du Puy, on dit nom, tenir quictes et
« deschargez les dits habitans, par les
« moyens dessus dicts, de la dite sentence
« en circonstances et dépendances, frais,
« despens et intherests, et en faire bailler
« acquit valable au dit seigneur de Ru-
« bemprey, et la dite sentence rendue
« comme quicte après la satisfaction de la
« somme dessus dite. Et en default que
« ledit du Puy ne soit saisy des denyers
« deubz par les dites villes et bailliages
« d'Evreux et Allençon, montans à la
« somme de 1,957 livres tournois, dedans
« trois sepmaines, à compter du jour et
« dabte de ces présentes, est permys le
« dit du Puy de faire exécuter le dit de
« Gournay et habitans, la dite sentence
« demeurant en sa force et vertu, pour
« iceulx contraindre, le dit temps ex-
« piré, au paiement de la dite somme de
« 3,545 livres 19 sols 8 deniers, à la
« quelle les dits habitans ont esté con-
« damnez envers le roy. Et quant à ce
« tenir, rendre et payer leurs cousts,
« fraiz, mises, journez, dommaiges, des-
« pens et intherests qui, en default du
« payement de la dite somme dessus dite,
« se pourroyent suyvre, le dit de Gournay
« en obligera tous ses biens et ceux de
« ses hoirs, meubles et héritaiges, présens
« et advenir, et mesmes son propre corps
« à tenir prison, si mestier est.... »

La ville de Bernai fut cruellement éprouvée par les guerres de religion. En 1563,
emportée d'assaut par l'amiral de Coligny,
elle fut entièrement pillée et brûlée : Notre-
Dame-de-la-Couture fut seule épargnée. Il
est probable que, peu de temps après, Bernai retomba au pouvoir des catholiques.
Cependant les habitants firent tous leurs
efforts pour réparer promptement ce désastre. Aussi, au mois d'août 1578, de-
mandèrent-ils l'autorisation de clore leur
ville de murs, fossés et portes. Ils obtinrent cette autorisation au moyen d'un
impôt de 2,000 livres, et sous la condition que le payement des deniers royaux
ne subirait aucun retard.

« Henry, par la grâce de Dieu, roi de
« France et de Pologne, à tous presens et
« à venir, salut. Nos chers et bien amés
« les manans et habitants du bourg de
« Bernay, en notre pais de Normandie,
« nous ont fait dire et remonstrer que le-
« dict lieu est assiz et situé en ung fort
« beau païs, ayant rivieres et prairies, et
« environné de bonnes terres labourables,
« composé de bons et notables person-
« nages, aussy construit et édifié de
« bonnes et belles maisons, y ayant de
« présent plusieurs belles églises, entre
« autres une abbaie fondée de Notre-
« Dame, ordre de Saint Benoist, de la
« Coulture, qui est de bon et grand re-
« venu ; la paroisse nommée Sainte-Croix,
« composée et bastie de cinq à six cents
« maisons assez logeables, et la pluspart
« desdicts habitants gens d'estat, d'hon-
« neur et quallité, riches et oppullents,
« où se administrent ordinairement ju-
« risdictions du bailliage d'Alençon et
« Evreux ; y a aussi une eslection com-
« posée de trois esleus et tenant leur juris-
« diction avec ung bureau de recepte,
« tant de noz aides et tailles que de la

« gabelle et grenier à sel dudit lieu; oultre
« ce, y a foires et marchés ordinaires, où
« se débitent plusieurs marchandises, tant
« estrangères que du païs. Et pour ce que,
« pendant les troubles qui ont été en ces-
« tui nostre royaume, lesdits supplians au-
« roient souffert et souffrent encore à pre-
« sent plusieurs incursions, siéges et sac-
« cagements, bandouliers, pillards, gens
« ambovants soi disans soldats, coureurs
« de païs, sans adveu, et soubz la licence
« de la guerre y faisans leurs passages,
« logis et retraicte, ayant pillé et desrobbé
« nos pauvres subgets des environs, à la
« grande désolation d'un chacun de nos
« dicts subgets et desdicts pauvres sup-
« plians, pour à quoi obvier et vivre
« en paix à l'advenir, ils se seroient con-
« gregés et assemblés au moings la plus
« grande et saine partie desdicts habi-
« tants, et faict et passé la procuration cy
« attachée soubs le contrescel de nostre
« chancellerie; nous supplians très-hum-
« blement pour le proffit et utilité de nos
« domaines, tailles et gabelles, et afin
« qu'ils soient en plus grande asseurance,
« leur vouloir permettre et accorder de
« faire cloire et fermer de fossés, mu-
« railles, portes, ponts levis, boullevertz,
« plates formes, casemates, ravelines et
« aultres choses requises et necessaires à
« forteresse, ledit bourg de Bernay, et à
« ceste fin asseoir et imposer sur eulx et
« chascun d'iceulx habitans, mesmes sur
« ceulx des hameaulx deppendans dudict
« bourg de Bernay, estant de pareille co-
« tisation que lesdicts habitants de Ber-
« nay et aultres ayans maisons et heri-
« taiges audict bourg de Bernay, le fort
« portant le faible, ce que se trouvera
« être necessaire pour faire ladicte clos-
« ture... jusques à la concurrence de la
« somme de deux mil livres, pour estre
« ladicte somme convertie et employée à
« la construction de ladicte closture et
« fortification, et à cette fin leur octroyer
« nos lettres necessaires. Scavoir faisons
» que, inclinans liberallement à la sup-
« plication et requeste desdits supplians
« et desirans iceulx favorablement traicter
« et leur donner moyen à l'advenir de
« vivre en repos et tranquillité, avons
« ausdicts manans et habitans de Bernay
« permis, accordé et octroié, et de nostre
« certaine science, grace especial, plaine
« puissance et aucthorité royal, permettons,
« accordons et octroions, voulions et nous
« plaist qu'ils puissent et leur soit loisible
« ledict bourg de Bernay faire fermer,
« fortiffier, clorre de murailles, tourtz,
« pontz, fossez, pontz levis, boullevertz,
« plates formes, casemates, ravelines,
« contrescarpes et aultres choses requises
« et necessaires à forteresse, telles et
« semblables que sont ès aultres nos villes
« clozes de cestui nostre royaume, et y
« avoir et tenir pour leur dicte seurreté
« toutes sortes d'armes qui leur seront
« necessaires pour la deffense et tuition
« de la dicte ville, et pour faire la cuil-
« lette de deniers de ladicte closture et
« fournir aux fraiz que conviendra en
« ce faire, ils puissent eulx assembler,
« mettre, costiser, asseoir et imposer sur
« eulx et aultres qui auront maisons en
« ladicte closture et fors bourgs d'icelle,
« le fort portant le faible, le plus juste-
« ment et également que faire ce pourra
« ladicte somme de deux mil livres, et
« pour la recette et cuillette desdicts de-
« niers commettre, constituer et establir
« telle personne de loyalté et conscience
« qu'ils le verront estre à faire, à la
« charge d'en rendre bon compte et re-
« lique pardevant le bailly d'Alençon ou
« son lieutenant, appelé nostre procureur
« audict lieu, pourveu que nos deniers
« n'en soient retardés, et que la plus
« grande et saine partie desdicts habitants
« se soient à ce consentiz et consentent,
« et que ladicte closture ne nous porte
« aucun dommaige ni à la chose publique,
« et donnons en mandement audict bailly
« d'Alençon ou à son lieutenant et à tous
« nos aultres justiciers et officiers qu'il
« appartiendra, que de nos presentes per-
« mission, création et octroy, ils facent,
« souffrent et laissent lesdicts supplians
« joir et user plainement et paysiblement,
« sans leur faire mettre ni donner ou
« souffrir leur estre faict, mis ou donné
« aucun trouble ni empeschement; au
« contraire, ce qui faict, mis ou donné leur
« avoit esté, le mettent ou facent remettre
« encontinent et sans delay au premier
« estat et deu. Car tel est nostre plaisir. Et
« affin que ce soit chose ferme et stable à
« tousjours, nous avons faict mettre notre
« scel à ces dictes presentes, sauf en aul-
« tres choses nostre droit et l'aultruy en
« toutes. Donné à Paris, ou mois de aoust,
« l'an de grace mil cinq cent soixante et dix
« huit, et de nostre regne le cinquieme.

« Sur le verso :
« Par le roy : M⁰ René Hennequin,
m⁰ des requetes ord⁰. de l'hotel présent.
                                « Nicolas.
            « Visa :
                          « Contentor,
                          « Housse-Morize. »

En août 1579, il y eut une nouvelle assiette de 1,000 écus pour l'achèvement des travaux commencés.

Enfin, le 23 juin 1586, on établit certains droits pour acquitter les sommes restant dues sur lesdits travaux et pour solder les frais d'établissement d'un collége; lesdits droits devaient être perçus pendant six ans sur les denrées et marchandises qui seraient consommées ou vendues dans l'enceinte de Bernai.

« Henry, par la grâce de Dieu, roy de
« France et de Pologne, nos amés et
« feaulx consoillers, les gens notre cour
« des aydes à Rouen, salut. Nos chers
« et bien amés les manans et habitants
« de nostre ville de Bernay nous ont
« en nostre conseil faict remonstrer que,
« pour leur donner moyen à acquitter la
« somme par eulx empruntée et employée
« pour la closture et fortiffication de la-
« dicte ville et recompenser les particul-
« liers des terres, maisons et lieux pris
« pour ladicte fortiffication, mesmo pour
« bastir un collège en ladicte ville et
« aultres lieux nécessaires pour tenir es-
« colles, loger et entretenir ung precep-
« cepteur pour l'instruction de la jeu-
« nesse, affin aussi qu'ils peussent entre-
« tenir ladicte closture en bonne et deue
« réparation, nous aurions par nos lectres
« patentes du 28e juing dernier, permis et
« accordé aux dicts habitants qui n'ont
« aucuns deniers communs lever et im-
« poser, tant sur eulx que sur aultres qui
« tirent et recoipvent commodité de la-
« dicte closture par chacun an et jour,
« pour le temps de six ans continuels et
« consécutifs: assavoir, sur chacune cha-
« rette chargée entrant en ladicte ville
« pour y vendre et qui ne sortira dehors
« pour passer oultre, six deniers t.; sur
« chacun chariot aussi chargé comme des-
« sus, douze deniers t.; sur chacun ton-
« neau de pommes et poires, vingt deniers
« t.; sur chacun mouton trois deniers t.;
« et sur les aultres bestes, draps, serges,
« sel et aultres choses qui seront aussi ven-
« dues en ladicte ville, les sommes et droicts
« portés par nos dictes lettres, qui ont été
« vériffiées tant en nostre chambre des
« comptes que par les tresoriers généraulx
« de France à Rouen; à la charge de rendre
« compte de la recepte desdicts deniers de
« troys en troys ans, et de ne les em-
« ployer ailleurs qu'aux offices susdicts.
« Lesquelles nos lettres vous ont esté pre-
« sentées pour semblablement les veriffier
« et entheriner purement et simplement;
« mais, au lieu de suyvre en cest endroict
« nostre intention, vous avez faict en la-
« dicte vériffication plusieurs restrictions,
« mesme, par vostre arrest du vingt sep-
« tiesme dudict moys de juing, ordonné
« que la levée desdicts deniers d'octroy se
« seroit seulement sur les habitants de l'en-
« clos de ladicte ville de Bernay, et non sur
« aultres personnes, et que desdicts de-
« niers seroit rendu compte d'an en an;
« lesquelles restrictions, si elles avoient
« lieu, priveroient entièrement de nostre
« grâce et libéralité lesdicts exposants,
« lesquels ne pourroient à cette occasion
« satisfaire aux dicts récompenses, rem-
« boursements, entretenements et frais
« susdicts, parce que la dicte levée, ré-
« duicte en la manière susdicte, seroit si
« petite qu'elle ne reviendroit à la qua-
« trième partie desdicts frais, qui monte-
« ront quinze ou seize cens livres ou plus
« par an, au moyen de quoy lesdicts ex-
« posans se sont retirés par devers nous
« et très-humblement supplié et requis
« sur ce leur pourvoir. Nous, à ces causes,
« désirans subvenir ausdicts exposans en
« cest endroict, et après avoir faict veoir
« en nostre conseil nos dictes lectres pa-
« tentes, ensemble vostre arrest du vingt
« septieme juin dernier, donné sur la ve-
« riffication d'icelles, contenant vos dictes
« restrictions, et aultres pièces cy atta-
« chées soubz le contrescel de nostre chan-
« cellier, de l'advis d'icelui, vous man-
« dons et ordonnons très-expressément
« que, sans attendre de nous aultres lec-
« tres ou mandement plus exprès que ces
« présentes signées de nostre main, les-
« quelles prendrez pour dernière et finale
« jussion, vous ayez, en levant et ostant
« vos dictes restrictions, lesquelles avons
« dès à présent levées et ostées, levons et
« ostons de plaine puissance et auctorité
« royal, à procéder à ladicte vériffication
« et intherinement d'icelles nos dictes lec-
« tres patentes dudit 23e juing dernier de
« poinct en poinct, selon leur forme et
« teneur, et ce sans plus y faire aucune
« restriction ni modifications, et du con-
« tenu faictes joyr lesdicts habitants plaine-
« ment et paysiblement, cessant et faisant
« cesser tous troubles et empeschemens;
« au contraire, validant et auctorizant dès
« à présent la levée faicte par lesdicts ha-
« bitants des droicts portés par nos dictes
« lectres depuis vos deffenses portées par
« vostre arrest du troisième jour dudit
« moys de juing, lesquelles nous avons
« aussi levées et ostées, levons et ostons
« de grâce special par cesdites présentes;
« mandons oultre à nostre procureur gé-
« néral en nostre dicte cour tenir main à
« ladicte vériffication, et pour cest effect
« bailler tous les consentements et faire
« toutes les requisitions qui pour ce seront
« requises et nécessaires, car tel est nostre
« plaisir, nonobstant comme dessus vostre
« arrest dudict vingt septieme juing et

« quelsconques edicts, ordonnances, man-
« demens, deffenses à ce contraires, aus-
« quelles et aux derogatoires des deroga-
« toires y contenues nous avons derogé et
« derogeons par ces presentes. Donné à
« Paris, le XIII° jour de juillet, l'an de
« grace mil cinq cent quatre vingt six, et
« de nostre regne le treizieme.

« HENRY.
« Par le roy en son conseil :
« BOURDIN. »

En 1589, Bernai, ville catholique et ligueuse, ouvrit ses portes au comte de Brissac, chef d'une bande de paysans surnommés les Gautiers. Le duc de Montpensier, gouverneur de la Normandie, alors occupé au siége de Falaise, accourut, battit Brissac et prit Bernai. Bernai ne se tint pas tranquille et se jeta une seconde fois dans la revolte. Le duc de Montpensier revint l'année suivante (1590), fit donner l'assaut et mit les habitants à rançon. Nous citerons à ce propos une pétition de Pierre Prevost, commissaire extraordinaire de l'artillerie du duc de Montpensier. Prevost réclame, selon les lois de la guerre, les cloches des églises de Bernai :

« A Monseigneur,
« Monseigneur, Pierre Prevost, com-
« missaire extraordinaire de votre artil-
« lerye, très-humblement vous remonstre
« que vostre grandeur a par deux foys
« assiégée et prinse la ville de Berney, à
« la premiere desquelles ledit Prevost,
« faisant le deu de sa charge, a esté blessé
« d'un coup de mousquet par le bras se-
« nestre, duquel il est demeuré comme
« estropié ; et néantmoings à la seconde
« prinse, qui fu le cinquiesme de juillet
« an v° quatre-vingt-dix, n'a laissé de
« continuer sa charge et faict son debvoir,
« deux foys, en l'assiégement et prinse,
« les habitants dudit Berney ont souffert
« le canon, et que, à ce moyen, suivant
« toutes anciennes coustumes, les cloches
« des églises de Berney appartiennent au-
« dit suppliant et à ses compaignons, de
« quoy ils n'ont encore esté satisfaicts.

« A ces causes :
« Il vous plaise, Monseigneur, ordonner
« que pour la joissance entiere et absolue,
« et lui donner couraige de continuer le
« service qu'il vous doibt, que lesdites clo-
« ches luy seront baillées, ou bien qu'il
« sera convenu de prix égal pour rescom-
« pence d'icelles par les habitans dudit
« Berney ; et le suppliant sera tenu de
« plus en plus à prier Dieu pour la pro-
« spérité et santé de vostre grandeur. »

A cette requête, le duc de Montpensier répondit par l'ordonnance suivante :
« Monseigneur, mémoratif de la prinse
« de Bernay, a ordonné et ordonne que
« le suppliant aura, pour luy et ses com-
« pagnons, la somme de deniers à laquelle
« se peult monter la valleur des cloches
« dudit Bernay, pour lesquelles il permet
« auxdits habitans de compter avec ledit
« suppliant, et icelle somme imposer et
« esgaller sur iceux ainsy qu'ils adviseront,
« aultrement et à foite de paier et satis-
« faire par lesdits habitans ledit suppliant
« de la somme et valleur desdites cloches,
« permet au suppliant de prandre et dis-
« poser desdites cloches ainsy qu'il verra
« bien estre, comme en tel cas on a cous-
« tume de faire en villes prinses d'assault,
« comme celle de Bernay. Mandant en
« outre mondit seigneur à tous juges, gou-
« verneurs et officiers de Sa Majesté de
« tenir la main à l'exécution de la présente
« ordonnance. Fait au conseil de Monsei-
« gneur, le XXIII° jour d'aoust 1591.

« FRANÇOIS DE BOURBON.
« LAMOUREUX. »

Il paraît que les habitants de Bernai ne se soumirent pas volontiers à cette coutume singulière ; car, en 1596, Prevost renouvela sa requête, à laquelle il fut ordonné de faire droit sous peine de payer au postulant 1,500 écus. L'affaire se termina en 1596 pour 200 écus.

Il ne semble pas que les habitants de Bernai aient exécuté le dessein d'entourer leur ville de murs et de fossés. L'épreuve de 1590, les charges qu'une pareille mesure entraînait, le rétablissement de la tranquillité publique rendirent cette enceinte inutile. En 1753, le gouvernement accorda la concession d'une portion notable du fossé, vers la porte d'Orbec, au sieur Bréant, moyennant 1,200 livres qui furent employées à l'acquisition de pompes à incendies. La vente était de 1750.

En 1756, M. d'Heudreville était titulaire de la fonction de gouverneur de la ville de Bernai, et prétendait en cette qualité pouvoir disposer de ladite enceinte, qui était également revendiquée par les héritiers de l'architecte Gabriel, engagiste du domaine de Bernai.

Ces remparts n'ont jamais existé qu'au nord, depuis la porte de Rouen jusqu'à la porte de Lisieux, où ils comprenaient le talus et la chapelle de Saint-Michel-du-Mont-Milon. Au nord-est se trouvait une tour dite des Carolus ; au nord-ouest ils redescendaient brusquement et carrément vers la porte de Lisieux. Ils recommençaient ensuite à la porte d'Orbec pour se terminer à la rue qui conduit à la Couture, le long de la prairie. Dans cette dernière portion ils étaient encore profonds, même après la concession faite à la famille Bréant. C'est à une époque postérieure, et probablement sous le règne de Louis XVI, que la portion non comprise dans cette concession fut comblée et plantée d'ormes, mutilés à plusieurs reprises, puis définitivement arrachés lorsqu'on voulut créer une communication avec l'extrémité de la rue de Boucheville ou Bongeville.

II.

Nous avons essayé de rappeler les principaux événements de l'histoire de Bernai. Revenons sur nos pas, et voyons quels étaient au moyen âge les seigneurs laïques et ecclésiastiques de Bernai.

Richard II, confirmant la donation de Judith, avait donné Bernai tout entier à la nouvelle abbaye; mais l'abbaye céda, par force ou par politique, une partie de Bernai aux seigneurs de Montgommeri pour acheter leur protection. La ville fut partagée en deux parties : l'une, que l'on appelait la Baronnie, était possédée par l'abbaye et relevait du bailliage d'Évreux; l'autre, appelée la Comté, appartint au domaine du roi et relevait du bailliage d'Alençon.

La maison de Montgommeri devint la maison d'Alençon. On possède une charte curieuse de Robert III, comte d'Alençon, fils de Jean Ier, frère puîné de Jean II et de Guillaume IV. Cette charte paraît avoir été donnée entre le 6 mai 1191, date de la mort de Jean II, et l'année 1203, année où est mort Guillaume IV. (Arch. imp., chartes de Saint-Étienne-de-Renneville, série S.)

« Noverint universi, tam presentes quam
« futuri, quod ego Robertus, filius comi-
« tis Johannis, cum assensu Guillelmi, fra-
« tris mei, dedi Roberto de Erablis (1),
« pro servitio suo, ipsi et heredi suo, here-
« ditario jure possidenda, feodum et ter-
« ram que de me tenebat Radulfus de
« Vastina (2), in honore meo de Brainaio,
« unde michi persolvebat idem Radulfus
« de reddita annuatim in festo S. Remigii
« modium unum frumenti. Dedi etiam ibi-
« dem memorato Roberto terram et feo-
« dum que de me tenebat Herbi de Buis-
« son (3), unde michi predicto modo et

(1) Nous ne connaissons pas en Normandie de lieu qui porte ce nom, peut-être faudrait-il l'interpréter par Robert de Plasnes.
(2) Il y a un triège de la Vastina dans la partie de Bernai qui appartenait aux comtes d'Alençon.
(3) Probablement un hameau de Courbépine.

« ad eumdem terminum tria frumenti
« sextaria persolvebat; simili modo feo-
« dum et terram Gisleberti de Monaste-
« rio, unde similiter habebam duo sexta-
« ria frumenti eodem modo; feodum et
« terram Roberti Chastis-Polein, unde
« simili modo III. sextaria frumenti habe-
« bam; preterea vero contuli ei feodum
« et terram Guillelmi, filii Ogeri, unde
« predicto modo III. minas frumenti,
« caponem unum, XII. denarios Andega-
« venses et ova decem michi reddebat.
« Donationem autem istam, omni servitio
« liberam et immunem, nisi quia pro re-
« cognitione et omni alio servitio calca-
« ria una deaurata singulis annis in Pascha
« Domini reddet michi et heredi meo, sepe
« dictus Robertus et heres ipsius in per-
« petuum possidebit. Quod ut ratum et
« inconcussum habeatur, sigilli mei im-
« pressione confirmavi. Testibus his:
« Guillelmo, fratre meo; Garino de Nul-
« lio (1); Odone Cotinel; Pichardo Co-
« tinel; Herbranno de S. Parao; Her-
« branno de Brenneris (2); Helmando de
« Congero (3); Guillelmo de Garennis;
« Gervasio de Cortentolis (4), et pluribus
« aliis. »

Par une charte postérieure, Robert d'Alençon permit à Robert d'Erables de vendre ou d'engager le fief qui fait l'objet de la précédente donation. Enfin, en 1205, Robert d'Erables fit don de ce fief aux Templiers. Les témoins de cet acte sont : Roger Harenc (de Tournedos), Richard de « Fornais » (Fourneaux, fief sur Faverolles), Geoffroi de Barquet, Richard le Clerc de « Brutamara », Richard de Tournedos et plusieurs autres.

Il est probable que le roi Jean sans Terre voulut dépouiller Robert d'Alençon de ses propriétés de Bernai. On lit dans un des rôles de ce roi : « Terra data : « Rex, etc..., senescallo Normannie, etc... « Mandamus vobis quod faciatis habere « comiti Leircestre quicquid comes N. ha- « buit apud Bernay. Teste me ipso apud « Cenomanum, XXIIe die januarii. » (Mém. de la Soc. des Antiq. de Norm., t. XV, p. 113, col. 2.) La conquête de la Normandie par Philippe-Auguste rendit cet ordre inutile. En 1205, Robert III, comte d'Alençon, mariant son fils Jean III avec Alix de Roie, fille aînée de Barthélemi de Roie, chambrier de France, assigna le douaire de la future sur la terre de Ber-

(1) Neuilli-sur-Sarthe ou Neuilli-en-Perche.
(2) Peut-être Bernières-sur-Dive.
(3) Congis, près Alençon.
(4) Probablement Courthioul, près Bellême. Ce lieu s'appelait au XIe siècle : *Villam quæ dicitur Cortiola*.

nai et, en cas d'insuffisance, sur celle d'Almenesches. Ce douaire était de 500 livres. « Concessit etiam predictus comes quod « predictus Johannes dedit predicte Aaliz in « dotalicium quingentas libras terre assi-« sas in Bernaio, et si Bernaium ad hoc « non sufficeret, illud quod deesset de « valore quingentarum librarum perficiet « in Almeneschis, et post decessum pre-« dicti comitis habebit dicta Aaliz in dota-« licium terciam partem tocius terre ipsius « comitis in feodis et dominiis et omnibus « aliis, ad usus et consuetudines Norman-« nie, salvo dotalicio comitisse uxoris « predicti comitis; sed ista, scilicet Alme-« nesche et Bernaium, computabuntur in « valore tercie partis. » La même année, Philippe-Auguste confirma ce traité de mariage. (D. Martène, Ampl. Col., t. 1er, col. 1082.)

Dans le partage des biens de Robert IV, comte d'Alençon, Robin ou Robert Mallet reçut, vers 1248, comme représentant Philippe d'Alençon, Séez, Bernai, partie de Mesle-sur-Sarthe, les bois Mallet, les défends de Tauville, Mortrée.

En 1280, le comte Pierre d'Alençon, ayant réclamé la garde de l'abbaye de Bernai, en fut évincé par arrêt du parlement de Paris du mois de juin 1280.

En 1307, dans l'acte d'approbation donné aux statuts de la Madeleine de Bernai, on voit intervenir frère Guillaume, humble abbé de Notre-Dame de Bernai, de l'ordre de Saint-Benoît, et messire Jean Mallet, chevalier, seigneur de Graville, au diocèse de Rouen. Tous deux agissant comme seigneurs, le premier de la Baronnie, le second de la Vicomté de Bernai.

Voici deux pièces intéressant Jean Mallet et la ville de Bernai :

« Notum sit omnibus presentibus et fu-« turis quod ego Johannes Mallet, scutifer, « dominus de Gravilla, dedi et concessi « Roberto de Bruicourt, in maritagio « con Phillippa, sorore mea, aulam meam « de Bernayo, com situ et com gardinis « que fuerunt condam magistri Greu, def-« functi, et octies viginti et decem libras « terre ad turon., sitas ad usus et consue-« tudines Normannie in hiis locis : vide-« licet quidquid habebam apud CAMPEAULE, « apud PUILLERAM, apud QUESNELAS, apud « MARLONNE, apud COULDREYUM, apud FOU-« MECHON et apud THOMASSERIAM, et Radul-« fum de Lunda, com tenemento quod de « me tenebat et Rogerum de Caorchiis, « com triginta tribus solidis et uno de-« nario turonensi redditus de nemoribus « que de me tenebat, et Guillebertum « Taillefer, com omnibus tenementis apud « burgum et villam, excepto redditu pra-« torum que tenet, et Ricardum Caillou « cum omnibus tenementis suis, Leceli-« nam Bevrel, Gauffridum Esveillart, « Guillelmum Le Hairs, Guillelmum Couil-« lemar, Vabelem la Trepiere, Anetem de « Porta ; Nicolaum, prepositum ; Guillo-« tum des Fresnes, Robinum de Caren, « Johannes Lame, Radulfum le Loremeir, « Johannem Crom, Ricardum Guillon, « Radulfum Torel, Robinum de Atrio, « Berthelotum du Burgo comitis ; An-« dream le Gras, Johannem de Rosseria, « Guerartum Franceis, com duobus cap-« ponis (sic) de exitibus ; et Guillelmum le « Rossu, com tenementis suis. Omnes au-« tem predictos homines, dedi et concessi « predicto Roberto, com omnibus eorum « tenementis que de me tenebant, et Jo-« hannem de Bourgevilla, cum redditu de « domo pannorum quem michi reddebat. « Et Mariam de Bourgevilla, cum redditu « de domo pannorum quem michi red-« debat. Dedi eciam dicto Roberto quin-« que acras et dimidiam pratorum sitas « ante molendinum Noel, que prata vo-« cantur Prata Comitis. Hec autem omnia « supradicta dedi et concessi in homini-« bus et terris com omnibus pertinenciis « que possunt et debent ad manum do-« mini pervenire, excepta mouta pro qua « mouta supertenta justicia fieret per ma-« nus serviencium dicti Roberti, sive he-« redum suorum si necesse fuerit. Pre-« terea sciendum est quod ego predictus « Johannes Mallet dedi et concessi eidem « Roberto ducentas acras et decem novem « acras et dimidiam nemorum, sitas in « nemoribus meis de Bernaye, que vo-« cantur Nemora Comitis, que nemora « possunt et debent vendi sine dangerio et « sine tercio domini regis. Dedi vero et « concessi dicto Roberto centum et duo-« decim septa(?) frumenti ad mensuram « de Bernayo, et tres septarios grossi « bladi ad eandem mensuram capiendos et « recipiendos annuatim in molendinis meis « de Bernayo per menses, videlicet novem « septarios et quatuor boesselos frumen-« tum, et unum quartam (sic) grossi bladi « per unum quemque mensem. Ita siqui-« dem quod nisi predictus redditus dicti « frumenti et dicti bladi ad dictos termi-« nos plenarie solutus fuerit, ego Johannes « et heredes mei volumus et concedimus « quod dictus Robertus et heredes sui de « dicta Phillippa procreati faciant in dictis « molendinis totam plenariam justiciam « quam dominus potest et debet facere « pro redditu supertento. Omnia autem « supradicta dedi et concessi dicto Roberto « de Bruicourt in maritagio con dicta Phil-

« lippa, sorore mea, tenenda et jure he-
« reditario possidenda dictis Roberto de
« Brucourt et heredibus suis de dicta
« Phillippa procreandis, libere et quiete,
« in liberum et quietum maritagium. Et
« in hunc modum ego predictus Joh. et
« heredes mei predictis Roberto de Bru-
« court et heredibus suis de dicta Phil-
« lippa procreatis omnia supradicta con-
« tra omnes tenemur garantizare, vel va-
« lore ad valorem in nostra propinquiori
« et propria hereditate excambiare. Et ut
« hoc perpetue firmitatis robur obtineat,
« presentem cartam sigilli mei munimine
« confirmari. Actum est hoc anno gracie
« Christi millesimo cc° quadragesimo
« sexto, mense januarii. »

— « A tous ceulx qui ces lettres verront
« ou orront, les maistres tenans l'eschi-
« quier d'Alençon, qui fut l'an de grace
« mil ccc xl, le lundi avant la sainte
« Luce, virge, salut. Comme monseigneur
« Loys de Thibouville, chevalier, et sa
« fame, ou temps qu'elle vivoit, eussent
« prins et levé un brief de nouvelle des-
« saisine contre noble homme mess. Jehan
« Mallet, chevalier, sire de *Grasville*, de
« cent et xii sext. de froment et xi sext.
« de gros blé de rente, disans, par la teneur
« du dit brief que à tort les avoit des-
« saisiz le dit Mallet de la dite rente, et
« disans ensuite que à l'ancesseur de la
« dicte fame avoit esté donnée la dicte
« rente de l'ancesseur du dit Mallet en pur
« et franc mariaige sur *les moulins* de
« *Bernay*, et le dit Mallet dist au contraire
« que à tort ne les avoit point dessaisiz
« de la dite rente de l'ancesor du dit
« Mallet, et sur ce se fust proces assis,
« et eust longuement demené, et se fust
« mis en jugement sur la maniere de l'ad-
« journement du dit brief, et le procés
« pendant la dite dame fust alée de vie à
« mort, et eust le dit Mallet reprins les
« erremens vers le dit monseigneur Loys
« comme exfruitier, et vers Robinet de
« Thibouville, filz et hoir ainsné des diz
« mess. Loys et madame sa fame et son
« cond¹, comme proprietaire, et eust esté
« le dit jugement apporté par gaige plege
« ou dit eschiquier, et en icelui se fussent
« representez le dit sire de Guerarville
« d'une part et ledit mess. Loys et Guill.
« le Cornu, attourné dudit Robinet,
« d'autre, et eust dit le dit sire de Gue-
« rarville que il avoit donné et delessé
« toute sa terre et baronnie ou partie de ba-
« ronnie que il avoit en la conté d'Alençon
« à monseigneur Jehan Mallet, chevalier,
« son filz, qui present estoit, et que icelui
« son filz en estoit entré en l'ommaige de
« monseigneur d'Alençon, si ne vouit plus

« maintenir ne poursuir le procès, mais le
« delessoit au dit son filz, à qui il tom-
« boit et appartenoit par cause du dit don
« que fait lui avoit, et ledit messire Jehan
« son filz se fust chargé du dit procès, et
« l'eust prins et trait à soy, et l'eussent les
« diz messire Loys et attourné du dit Ro-
« binet accepté et receu à partie en lieu du
« dit sire de Guerarville, son père, et par ce
« s'en fust alé le dit sire de Guerarville
« deslié du dit procès, et ce fait leur
« eust esté continué au jeudi ens., pour
« aler avant en la dite cause entre les diz
« messire Loys et attourné, d'une part, et
« le dit messire Jehan, filz de monsei-
« gneur de Guerarville, d'autre. Saichent
« que, en l'eschiquier dessus dit, oudit jour
« de jeudi, se representèrent les dictes
« parties, et furent mis en amende pour
« paix et adcort fait entr'eulx, et cognu-
« rent que par le conseil de leurs amis ils
« avoient du descort dessus dit fait paix
« et accort en la manière qui ensuit, c'est
« assavoir que les diz monseigneur Loys
« et l'attourné de son filz quittèrent et
« delessèrent toute la dicte rente au dit
« messire Jehan Mallet le filz, sans ce que
« eulx ne autre aiant cause d'eulx en
« puissent jamais riens demander à lui ne
« à ses heirs, et en recompensacion et
« eschange de la dicte rente, ledit messire
« Jehan Mallet le filz bailla, quicta et de-
« lessa aus diz mess. Loys et Robinet, et
« aux heirs d'icelui Robin les deux mou-
« lins à blé que il avoit en la ville de
« Berhay, avec les appartenances d'iceulx
« et seignouries, en la manière que le dit
« Mallet y avoit, telles comme par raison
« de ban et de droicture de moulin y puent
« et doivent appartenir, tant les moultes
« et moultures et lamolumens venans aus
« diz moulins, comme les moultes seiches
« de terre des champs, excepté toutevoies
« xvii sextiers d'avoine à Caorches, par
« cause de finance de moultes, lesquelx
« demeurent et demourront audit Mallet
« et à ses hoirs, et avecques ce bailla,
« quitta et delessa le dit Mallet le filz,
« aus diz mess. Loys et Robin et aux heirs
« d'icelui Robin, les deux viviers de Ber-
« nay qui servent aus diz moulins, avec-
« ques tout le terraige d'iceulx viviers,
« qui estoient au jour de cest adcort en
« la main du dit Mallet, et tout ce qui au
« devant du jour d'ui a esté baillé par
« les diz .... (sic) ou aucuns d'iceulx, de-
« mourra à ceulx à qui ilz ont esté baillez,
« et les rentes et seignourie en demourront
« au dit Mallet, et se il avenoit que les diz
« de Thibouville baillassent les diz viviers
« et terrages d'iceulx à gens qui se heber-
« gassent, les diz de Thibouville y aroient

« en toutes choses autelle seignourie et
« droicture, comme ils ont sur leurs au-
« tres hommes de Bernay, et ledit Mallet
« y aroit aussi autelle seignourie et droic-
« tures en toutes choses, comme il a et
« doit avoir sur les autres hommes de
« Bernay tenans desdiz de Thibouville,
« issi toutevois cogneu et acordé entre
« eulx que le dit Mallet ne ses heirs ne
« pourront doresenavant ediffier ne faire
« aucun moulin à blé en la dicte ville de
« Bernay, et aussi les diz de Thibouville,
« leur heirs ne autre aiant cause d'eulx,
« ne pourront doresenavant faire ne edi-
« fier moulin à draps en la dicte ville, et
« tendront les diz de Thibouville du dit
« Mallet toutes les (sic) que il leur a bail-
« lées en cest acort, faisant en la manière
« que ils tenoient et devoient tenir du dit
« sire de Graville au temps que il fist le
« don au dit son filz de sa terre de la
« conté, la dicte rente et les autres choses
« furent données à l'ancesseur du dit
« Robin à mariaige de l'ancesseur du dit
« Mallet, et de tant comme montent les le-
« vées et arreraiges de la dicte rente de-
« puis la dabte du dit brief, qui estoit ou
« devoit estre en main de justice par vertu
« du dit brief, fut acordé entre eulx que
« les diz arreraiges seroient cuillij, levez
« et exploictez, et des levées chascune des
« parties en ara la moitié egaument, et
« promist le dit messire Loys que le dit
« Robin et les autres heirs de la dicte
« fame, sa mère, aront et tendront l'acort
« dessus dit agreable, sans ce que eulx ne
« aucun d'eulx puissent venir encontre ou
« temps à venir, et quant à toutes les
« choses dessus dictes et chascune d'icelles
« tenir, garder, parfaire, enterrigner et
« acomplir en la manière que dessus sont
« dictes et devisées, le dit Mallet le filz
« pour soy et en son fait, et le dit messire
« Loys en son fait, pour lui et pour le dit
« Robinet et pour les autres heirs de sa
« mère, obligèrent eulx et leurs heirs,
« tous leurs biens et les biens de leurs
« hers, meubles et heritaiges presents et
« à venir, mis dès orendroit en la main
« de justice à vendre et à despendre pour
« enterigner et acomplir toutes les choses
« dessus dictes et chascune d'icelles, et
« touz les couz et dommaiges faiz, euz et
« convenuz pour cause du debat ou em-
« peschement poter et rendre de la partie
« contredisant à la partie obbéissant ou
« à leur commandement, portant les let-
« tres. En tesmoing de laquelle chose
« nous avons seellé ces lettres du scel
« dudit eschiquier, en l'an et ou jour et
« en l'eschiquier dessus dit. »

Nous n'avons pas besoin de rappeler que Jean Mallet, sire de Graville, entra dans la conspiration que Charles de Navarre avait ourdie contre le roi Jean. Arrêté à Rouen dans un festin que donnait aux conjurés le dauphin, il fut décapité sur-le-champ et ses biens confisqués. Par lettre du 13 juin 1356, le roi Jean fit présent à Marie d'Espagne, comtesse d'Alençon, pour elle et ses enfants, des biens que les Mallet avaient recueillis de la succession des anciens comtes d'Alençon, entre autres Séez, Bernai, etc. (*Hist. d'Alençon*, par Odolant Desnos, t. Ier, p. 388.)

Le 29 août 1404, le comte d'Alençon, partageant ses biens entre ses enfants, donna à Marguerite, sa fille, qui finit ses jours dans l'Hôtel-Dieu de Saint-Thomas d'Argentan, plusieurs terres, et notamment Montreuil-l'Argillier et Bernai. (*Mémoires historiques sur la ville d'Alençon*, par Odolant Desnos, t. Ier, p. 449.)

Roger de Bréauté, IIIe du nom, seigneur de Neuville et de Menneval, châtelain de Bernai, petit-fils des précédents, épousa, dans le commencement du XVe siècle, Marguerite d'Estouteville, fille de Robert d'Estouteville, VIe du nom, et de Marguerite de Montmorenci. Il fut chambellan des rois Charles VI et Charles VII, et se distingua au service de ces deux princes, notamment au siège d'Harfleur. Ruiné par les rançons qu'il fut, à plusieurs reprises, obligé de payer aux Anglais, il vendit, de concert avec sa femme, à Jean, comte d'Harcourt, par contrat passé à Rouen en 1443, la seigneurie de Menneval et ses extensions sur Bernai et autres communes voisines, sous droit de remeré. (Voy. *Maison d'Harcourt*, t. Ier, p. 543.) Cette vente fut faite pour le prix de 8,000 livres tournois.

Deux ans après, le roi, en sa qualité de seigneur suzerain, réclama les objets vendus, qui lui furent adjugés par arrêt du parlement de Paris, le 3 février 1445, moyennant le remboursement du prix et des joyaux coûts du contrat. Le comte d'Harcourt reçut en conséquence, en décembre 1416, 8,700 livres tournois. (*Maison d'Harcourt*, t. III, p. 444. — *Trésor des Chartes*, Normandie, Evreux, 15, 16, 17, 18 et 19.)

III.

Nous avons vu que vers l'an 1000 Judith avait fondé l'abbaye de Bernai. « Et Ju-
« dith, uxor ejus, soror Gaufredi, Brito-
« num comitis, cœnobium apud Bernai-
« cum in honore Sanctæ Dei Genitricis
« Mariæ condidit. » Ainsi s'exprime Orderic Vital, livre III, § 1er. Richard II prit

sous sa protection l'abbaye naissante : huit ans après la mort de la duchesse, vers 1025, sentant approcher le moment de sa mort, il voulut rendre impérissables leurs libéralités envers le nouveau monastère en les consignant dans une charte solennelle de confirmation. Cette pièce nous a paru tellement importante que, malgré son étendue, nous avons cru devoir la transcrire en entier.

D'abord, il n'en a été imprimé jusqu'ici qu'un extrait à la fois fautif et mutilé, surtout pour ce qui concerne les signatures. Ces signatures sont pourtant d'un grand intérêt par le poids que leur nombre extraordinaire ajoute à l'authenticité de l'acte, et surtout par les données curieuses, quoique imparfaites, qu'elles fournissent à l'histoire de la cour ducale à cette époque. Nous pouvons dire que c'est le point de départ de la noblesse normande, le premier, et nous oserons ajouter le seul acte où on la voie figurer en masse (1). Enfin, un problème historique important se rattache à la charte de fondation de l'abbaye de Bernai. Elle est, ainsi que deux autres pièces du même genre, l'une en faveur de Jumiéges, l'autre en faveur de Fécamp, datée du mois d'août 1027. Or, tous les témoignages qu'on a pu recueillir sur l'époque de la mort de Richard II attestent que cet événement eut lieu le 23 août 1026. Il s'agit de savoir à qui il faut s'en rapporter des chartes ou des documents historiques, et si cette discussion n'est pas de nature à ébranler l'authenticité des premières.

Nous ne pensons pas qu'il soit possible de révoquer en doute la date assignée jusqu'à ce jour à la mort de Richard II sans ébranler toute la chronologie de cette partie de notre histoire. Par exemple, il est constant que Richard III a survécu d'un an et demi à son père, et qu'il mourut à son tour dans le commencement de 1028. Ces deux dates se confirment donc mutuellement. D'un autre côté, nous possédons la constitution de dot d'Adèle, femme de Richard III (2). Ce prince y prend le titre de duc de Normandie et dispose de domaines considérables sans faire aucune mention de son père. La date est du mois de janvier 1025, indiction IX. Il faut en conclure que dès cette époque Richard II lui avait abandonné le gouvernement du duché, et cette circonstance ajoute encore à l'invraisemblance d'une charte de ce dernier, octroyée plus de dix-huit mois après.

Mais les chartes en faveur de Jumiéges et de Bernai ne portent pas seulement la date de l'année de Jésus-Christ ; elles en renferment encore deux autres, savoir : celles de l'indiction et de l'avénement du roi Robert à la couronne : « Anno ab « Incarnatione Domini M. XXVII, indic- « tione octava, regnante Roberto rege « anno XXXVIII (1). » Or, ces deux dernières dates se rapportent à la 1025, fixation qui lève toutes les difficultés, puisqu'elle est antérieure et à l'époque constante de la mort de Richard II et à l'acte de souveraineté de Richard III au commencement de 1026. Quant à l'erreur de deux ans commise dans le calcul des années de l'Incarnation, toute grossière et invraisemblable qu'elle nous paraisse aujourd'hui, il ne faut ni beaucoup s'en étonner, ni y voir une preuve de fausseté ; car c'est peut-être l'époque de notre histoire la plus féconde en méprises de ce genre. Voici ce que disent à ce sujet les savants auteurs de l'*Art de vérifier les dates* :

« On remarque dans les diplômes quatre « commencements du règne de Robert. Le « premier concourt avec celui de 988, qui « est l'année où il fut sacré à Orléans ; « le second se prend de l'année 989, sans « qu'on en sache la raison ; le troisième « et le plus commun est fixé au 24 oc- « tobre 996, jour de la mort de Hugues « Capet ; le quatrième se rapporte à l'an « 991, après l'emprisonnement de Charles « de Lorraine. Les années de l'indiction « ne sont pas toujours faciles à concilier « avec celles de l'Incarnation dans les « chartes du temps de Robert, soit qu'on « ait mal compté celles-là, soit qu'on n'ait « pas suivi la plus commune des quatre « époques qu'on donne à l'indiction. »

Ici ce sont visiblement, ce nous semble, les années de l'Incarnation qu'on a mal comptées, sans qu'il soit possible pour cela d'attaquer la légitimité d'un acte entouré d'autant de caractères d'authenticité que la charte en faveur de l'abbaye de Bernai. Nous sommes porté à croire que ce fut à la même époque où le fut rendue que Richard II se démit du gouvernement en faveur de son fils aîné dans une assemblée solennelle de ses serviteurs

(1) Cette cour nombreuse, rassemblée autour de Richard II, confirme l'observation de Wace sur le goût de ce prince pour la noblesse et la représentation. Voyez le *Roman de Rou*, t. I, p. 309.
(2) Spicilége de d'Achery, III, p. 390.

(1) La charte en faveur de l'abbaye de Fécamp porte, suivant Dumoustier, la date de la 35e année du règne de Robert ; mais nous pensons qu'il doit y avoir là un de ces défauts d'exactitude si communs dans son livre. Du reste, la date de l'indiction, les témoins et toutes les autres circonstances ne permettent pas de séparer cette charte des deux autres.

et de ses vassaux, et cette circonstance nous expliquera la quantité extraordinaire de signatures dont elle est revêtue. C'est peut-être le dernier acte de souveraineté par lequel ce prince religieux aura voulu clore son règne, et il est permis de supposer qu'il n'aura précédé que de quelques moments son abdication.

« Divina propitiante clementia ego Ri-
« cardus, Normannorum dux, omnibus
« Christi fidelibus toto orbe terrarum
« longe lateque diffusis. Nulli fidelium
« dubium videri debet futuros esse here-
« des regni cœlestis et cohæredes Dei, qui,
« Christum heredem sui facientes, eorum
« quæ in hujus vitæ peregrinatione quasi
« quadam paterna hereditate possident,
« locis ea divino cultui deditis mancipare
« non dubitent. Ad quam rem nostram
« signat fidem calix aquæ frigidæ qui
« juxta evangelicum dictum suo pollet mu-
« nere. Non ergo divini muneris gratia
« privari credendi sunt qui, ecclesiasticis
« obsequiis etsi ex officio non intersunt,
« tamen rerum suarum administratione
« divini officii sustentant ministros, ea spe
« temporales subministrantes alimonias,
« ut si solummodo cœlestibus reddant
« intentos qui cœlestis regis assiduo
« constituuntur invigilare obsequio, par-
« ticipes fiant ejusmodi beneficii omni
« modo.

« Qua spe et devotione subnixa conjux
« a Deo mihi concessa quæ Judith suo est
« appellata nomine delegit Christum here-
« dem sui facere, ejus quod illi dotali lege
« concesseram fundi ac familiæ, nostram
« pie expostulans unanimitatem ut ejus
« super hoc voluntati faverem; quia vero
« hujus modi supplicationibus semper li-
« benter annui, sicut carnalis nos copula
« unum fecerat, dicente Domino : Erunt
« duo in carne una, ita ei unanimam ser-
« vans fidem, ejus devotioni assensum
« præbui, ut quod mente tractaverat ex
« divino adjutorio complere satageret.

« Igitur disposito principium ponens ope-
« ri, in honore beatæ ac gloriosæ Dei ge-
« nitricis Mariæ fundamenta posuit in loco
« qui Berniacus (1) priscorum dictus est
« vocabulo, præparans ipsa monasterii
« ædificia monastico ordini congrua quem
« eo in loco ordinare disposuerat. Sed cum
« necdum ut optaverat perfecisset, piam
« in Christo accepit dormitionem. Cujus
« ego animi conscius, confestim servorum
« Dei assiduam constitui ibi habitationem,
« tradens illud Fiscanensi Sanctæ Trini-
« tatis ecclesiæ perpetuo retinendum, com-
« mitens venerabili Wuillelmo perficien-

(1) Variante, in loco hoc qui Berniacus.

« dum et cunctis ejus successoribus mo-
« nastice ordinandum (1).

« Concedo ergo, pro animæ remedio et
« illius cujus voluntas causa (2) extitit
« beneficii, et universæ prolis mihi a Deo
« concessæ, ad supplementum servorum
« Dei ipsi in prænominato loco servientium
« Berniacum (3), Campellos, Tursuem (4),
« Tilliolum (5), Valtilias, villam quæ ap-
« pellatur Sancti Albini (6), Cadurges,
« Fagetum (7), Logias (8), Curtonam (9),
« Curtonellam (10), ecclesiam de villa quæ
« dicitur Fraxines (11), et terram ara-
« bilem ad carrucam unam (12), Claro-
« gias (13).

« Concedo etiam Belmontem, Belmon-
« tellum, Fontanas, Vetulas (14), cum
« omnibus appenditiis suis, Curbam Spi-
« nam (15), Landapetrosam (16), Grandem
« Campum (17), cum appenditiis suis,
« Fraxinus (18), Capellas (19), Gerberti
« villam (20), Cantapiam (21), Mallo-
« gias (22), cum omnibus appenditiis ea-
« rem et ecclesiis et molendinis, pratis,
« terris cultis et incultis, aquis aquarumve
« decursibus, cum piscatoriis a valle Sar-
« neias (23), usque ad Fontaneam Ra-
« geam (24).

(1) Var., qui in locandis fundamentis non modi-
cum præstiterat consilii auxilium.
(2) Var., tanti.
(3) Var., Bornaicum.
(4) Var., Tussiem. Toussue, hameau de Mennoval.
(5) Var., Villiolum.
(6) Valailles et Saint-Aubin-le-Vertueux.
(7) Var., Cadurges Segutum. Cette variante est visiblement vicieuse ; il s'agit de Caorches et du Fay.
(8) Les Logés ; nous avons trouvé dans la constitution de dot de Judith deux endroits portant le nom de Laubias, dont l'un doit correspondre à celui-ci. Nous avons placé le premier sur la commune de Saint-Aubin-le-Vertueux, et le second sur celle de Courbépine. Il paraît que ce serait du premier que l'on voudrait parler ici.
(9) Courtonne-la-Ville.
(10) Courtonnel.
(11) Saint-Mards-de-Fresnes.
(12) La Motte-de-Fresnes.
(13) Ce lieu nous est inconnu.
(14) Beaumont, Beaumontel, Fontaine-l'Abbé et Vieilles.
(15) Courbépine.
(16) Landepereuse.
(17) On peut hésiter ici entre Grandcamp et Grandchain qui figurent tous les deux dans la constitution de dot de Judith. Nous ne doutons pas néanmoins qu'il ne s'agisse de Grandcamp, dont Saint-Nicolas-du-Bosc-l'Abbé, propriété de l'abbaye de Bernay, n'était vraisemblablement qu'un démembrement.
(18) Ceci ne doit être autre chose qu'un double emploi de Saint-Mards-de-Fresnes, déjà mentionné ci-dessus.
(19) Capelles.
(20) Giverville. Var., Gebbertivillam.
(21) Cantepie.
(22) Malouis.
(23) Var., Cerneia, Farneria. Probablement la vallée de Cernières.
(24) Var., Catgeam, Xatgeam. Probablement la fontaine Roger ou fontaine Enragée, près Beaumont. Ainsi les cours d'eau dépendant de l'abbaye de Ber-

BER 285

« Concedo etiam in ipsa villa Bernaico
« mercatum per singulas hebdomadas anni
« et nundinas annuales, et omnes consue-
« tudines tam ex his quam ex supradictis
« villis omnibus ad nos pertinentes, nec-
« non et sylvas ex integro, sicut Aimericus
« fidelis noster tenuit, ut habeant, te-
« neant et possideant omnia absque ulla
« inquietudine secularis vel cujusque ju-
« diciariæ potestatis.

« Peto ergo magnitudinem illorum quos
« Deus post me hoc honore sublimaverit,
« cui eo authore præsideo, sicut authori-
« tatis suæ scripta inviolata manere volue-
« rint, ita hanc cessionis meæ cartam,
« annuentibus filiis et heredibus nostris
« Richardo atque Roberto compositam,
« inconvulsam et inviolatam manere per-
« mittant. Si vero aliquis contra eam ali-
« quid conatus fuerit, in primis iram Dei
« omnipotentis incurrat et coactus auri
« libras ducentas ad fiscum dominicum
« persolvat, ut confusus discat impro-
« rum temeritate non esse violanda quæ
« ob amorem Dei majorum statuerit au-
« thoritas. Hanc autem ut omni tempore
« stabilis permaneat mansuram subter fir-
« mamus et filiis et fidelibus nostris fir-
« mandam tradimus. Actum Fiscanni pu-
« blice, mense augusto, considentibus
« nobis Fiscanni palatio, anno ab Incar-
« natione Domini MXXVII, indictione octa-
« va, regnante Roberto rege, anno XXXVIII.

« † Ego Ricardus hoc crucis signo con-
« firmo.

« † Ego Richardus filius confirmo.

« † Ego Robertus filius confirmo.

« † Ego Mangisus, Abrincatensis epi-
« scopus, subscripsi.

« † Ego Robertus, Rothomagensis ar-
« chiepiscopus, subscripsi.

« † Ego Hugo, Baiocensis episcopus,
« subscripsi.

« † Ego Robertus, Constantiensis epi-
« scopus, confirmo.

« Ego Herbertus, Lisoniæ episcopus,
« confirmo.

« † Ego Radboldus, Saxiensis episco-
« pus, confirmo.

« † Ego Hugo, Ebroicensis episcopus,
« confirmo.

« † Signum Wuillelmi (1).

« † Signum Maldegirii (2).

« Richardus, vicecomes; Nigellus, vice-
« comes (3); Alvredus, vicecomes (4);

« Tustingus, vicecomes (1); Vualterius,
« vicecomes; Odo, vicecomes; Seiricus, vi-
« cecomes; Vuimondus, vicecomes (2); Go-
« fridus, vicecomes; Goscelinus, vicecô-
« mes; Osmundus, vicecomes; Goscelinus,
« vicecomes; Gubertus, Hugo, Robertus,
« Gofredus, Wuillelmus, Hugo, Richardus,
« Goscelinus, vicecomes; Gilebertus, Ri-
« chardus, frater ejus; Golbertus, Rodul-
« phus, Osbertus, Osbertus, Anfredus,
« Baldricus, Anfredus, Odo, Rocelinus (3);
« Goiffredus Wac (4), Hubertus, Hugo,
« Robertus, Genefredus (5), Wuillelmus,
« Hugo, Richardus, Wuillelmus, Ro-
« bertus, Humfredus, Ranulphus, Har-
« fast (6), Anschitillus, Hunfredus, Tur-
« chitillus (7), Eerollecap, Ricardus,
« Wuillelmus, Rodulphus, Ricardus, Ri-
« chardus, Vuascelinus, Wuillelmus, Ro-
« dulphus, fratres ejus (8); Goifredus,
« Vuarinus, fratres ejus; Pontius (9), Ri-
« chardus, Alveredus (10), Aichadius (11),
« filius Roberti; Heltun (12), Wuillelmus,
« Madelgerius (13), Albertus, Herbertus,
« frater ejus; Herchengius (14), Rodul-
« phus, frater ejus (15); Heraldus, Rosco-
« linus, filius ejus; Gillebertus Veilin (16),
« Torgilius, Richardus, Gillebertus, An-
« sfredus (17), Ursus, Anasthasius, Alan-
« nus, Gonfredus, Ascelinus, Voitmundus,
« Tustingus, fratres ejus; Geoffredus, Ro-
« dulphus, fratres ejus; Rainfredus, Goi-
« fredus, Osbertus, Toroldus, Rodulphus,
« Rogerius, Archembandus, Tebaldus,
« Hunffredus, Rogerius, Fulbertus, An-
« fredus, forest.; Rodulphus, Thehardus,
« Germundus, Wuillelmus, Audoenus,
« Ansuuit, Osbertus, Vuesman, Gisle-
« bertus, Goscelinus, frater ejus; Gosceli-
« nus, Vuillelmus, Rodolphus, frater
« ejus; Osbertus, Goifredus, Hundulphus,

---

(1) Var., Torstingus; probablement Toustain Goz, vicomte d'Exmes et chef de la famille des vicomtes d'Avranches, comtes de Chester.
(2) Var., Witmundus.
(3) Var., Tossilinus.
(4) Var., Genefredus. Peut-être faut-il séparer ces deux noms. Dans tous les cas, le second indique le chef de la famille des fondateurs de l'abbaye de Longues.
(5) Var., Goffredus.
(6) Peut-être Harfast, frère de la duchesse Gonor et tige de la famille des seigneurs de Breteuil.
(7) Var., Rotgerius, Tortrillius, Diorirap. Ce Turqueil était probablement celui que la maison d'Harcourt comptait au nombre de ses premiers ancêtres.
(8) Var., frater ejus.
(9) Var., Poutiva.
(10) Var., fil. Alveridi.
(11) Var., Ricardus.
(12) Var., Heltin.
(13) Var., Maldegerii.
(14) Var., Hertrengerius.
(15) Var., ajoutez: Willelmus, Rodulphus Ktoin, Rodulphus, Benevent, Erius, Rodulphus, frater ejus.
(16) Var., Driphin.
(17) Var., Ansfredi.

---

qui remontaient probablement jusqu'à la vallée de Cerelères, dans la vallée de la Charentonne et jusqu'à la fontaine Roger, dans la vallée de la Risle, pour se réunir à leur confluent vers Serquigni.
(1) Guillaume, qui fut depuis comte d'Arques.
(2) Manger, qui fut depuis archevêque de Rouen.
(3) Probablement Néel de Saint-Sauveur. Var., Negel.
(4) Var., Alvredus.

« Wueisman, Goiffredus Broc (1), Gisle-
« bertus, forest.; Herbertus, forest.; Ha-
« genes, Herbertus et Albuchin (2). »

Il y avait longtemps que cette charte
avait disparu des archives de l'abbaye de
Bernai, lorsque la Révolution amena la
destruction de ce dépôt. Nous la donnons d'après plusieurs copies faites les
unes sur le cartulaire et les autres sur
un original qui existait encore à Fécamp
dans le XVIIIe siècle (3). Cette pièce se
trouve dans la *Neustria pia* de Dumoustier, p. 398.

Non-seulement Richard confirma la donation de Judith, mais il mit le nouveau
monastère en rapport avec l'abbaye de
Fécamp et sous la direction du bienheureux Guillaume de Dijon. L'abbaye de
Fécamp avait alors sous sa dépendance
Notre-Dame de Bernai, Saint-Taurin d'É-
vreux, et Sainte-Bertbe de Blangi, du diocèse de Boulogne. Une charte d'accord, intervint en 1142 entre l'abbaye de Fécamp
et celle de Bernai, et fut donnée sous le
sceau d'Arnoul, évêque de Lisieux.

Il est très-probable que la nouvelle
abbaye ne tarda pas à s'enrichir des donations de fidèles. En 1054, Roger Porchet donna à l'abbaye le prieuré de Sainte-
Marie de Bolbec. Nous donnons cette pièce,
en faisant remarquer toutefois qu'elle n'est
pas authentique, Guillaume le Conquérant
n'ayant pris le titre de roi qu'en 1066.
Elle se trouve dans la *Neustria pia*, p. 401.

« Qui piorum fructus operum ad aream
« Domini deferre non possumus, uimus
« saltem infructuosa vineæ palmites, su-
« stentare conemur. Et quia remunerato-
« rem omnium in judicio dicturum non
« ambiguus : quod uni ex fratribus
« meis fecistis, michi impendisse cogno-
« scatis, hac spe salutifere vocis robo-
« rati, ut hanc Domini sententiam securi
« audiamus, totis nisibus laboremus. Sci-
« mus enim quia a suo non fraudabun-
« tur desiderio quos pauperum Spiritu
« Sancto sublimaverit intercessio. Est igi-
« tur equum ac salutare consilium ut eis
« temporale impendamus solatium, quo-
« rum precibus ad eternum obtamus tran-
« sire consortium. Ego itaque Rogerus Por-
« chet, qui in multis offendisse me doleo,

(1) *Var.*, Broi.
(2) *Var.* Albuchin.
(3) Il serait possible qu'il n'en jamais existé que
celui-là, l'abbaye de Bernai ayant été placée à son
origine sous l'administration du bienheureux Guillaume de Dijon, et longtemps considérée comme une
dépendance de l'abbaye de Fécamp. Il en était de
même de Saint-Taurin d'Évreux, et c'est à cette
circonstance que font allusion les trois mitres des
armoiries de Fécamp. Ce ne fut qu'après de longues
contestations que l'une et l'autre abbaye parvinrent à
s'affranchir totalement de cette position secondaire.

« ac propter hoc servorum Dei suffragiis
« indigeo, Deo ac Sancte Marie de Bernaco,
« atque domino Vitali, ejusdem monasterii
« abbati, et monachis inibi Deo famulanti-
« bus, quartam partem ecclesie Sancti Mi-
« chaelis de Bolebec concedo, atque filiis
« meis Lamberto scilicet et Roberto atque
« Willelmo concedere facio. Ego etiam Hu-
« go de Bolebec, ut in regno Dei vel ulti-
« mus asscribi merear, eidem monasterio
« et abbati atque predictis monachis aliam
« quartam partem ejusdem Sancti Michae-
« lis dono. Nos autem, ego Walterus
« Siffand et Willelmus Duncins, servis Dei
« participari cupientes, aliam quartam
« partem, quam a patribus nostris possi-
« demus, predictis servis Dei pro salute
« nostra concedimus, atque Ricardum
« Fraisnel, dominum nostrum, concedere
« exhortamus. Ego igitur Ricardus Frais-
« nel, hujus beneficiis particeps esse desi-
« derans, pro remedio anime mee et pro
« salute parentum meorum atque omnium
« heredum meorum, quod isti fideles mei
« ecclesie Sancte Dei Genitricis Marie de
« Bernaico pia intentione offerunt, pia
« devotione concedo. Et ego Ada de Raphe-
« tot, commissa que peregi deleri cupiens,
« pro remedio anime mee, dimidiam par-
« tem quarte partis ejusdem ecclesie ipsi
« monasterio et prefatis servis Dei con-
« cedo. Concedimus etiam eis, nos pariter
« hic nominati, decimam totius thelonei
« nostri de Bolebec et omnium molendi-
« norum nostrorum atque bercuriarum,
« et in ipsa villa concedimus, eisdem de-
« cem mansuras, et nominatim mansuram
« Odonis presbyteri, et in eadem parrochia
« concedimus eis capellam Sancti Martini,
« et quicquid ad ipsam pertinet, ut pro-
« prium membrum ecclesie Sancti Michae-
« lis. Et ut hoc donum ratum atque firmum
« permaneat, domino Waltero Gifardo,
« quem de terris nostris patronum co-
« gnoscimus, concedere supplicamus. Ego
« Walterius Gifardus hoc desiderium ba-
« ronum meorum, scilicet Rogerii Porchet,
« Hugonis de Bolebec, Walterii Siffandt,
« Willelmi Duncins, atque Ade de Raphe-
« tot, collaudans, quod Deo et Sancte Ma-
« rie de Bernaco, ac domino Vitali abbati
« necnon et monachis sub ejus regimine
« Deo servientibus concesserunt, devotis-
« sime concedo. Et hanc concessionem
« super altare Sancte Dei Genitricis Marie
« de Bernaco impono. † Inde sunt testes :
« Willelmus Judas, Rothertus del Bec,
« Willelmus de Greinvilla, Radulfus, filius
« ejus; Radulfus Bennengel, Rothertus
« de Spouvilla, Petrus de Chenovilla,
« Willelmus, filius ejus; Gulbertus de
« Bolebec, forestarius regis; Gothmun-

« dus de Bolebec, forestarius regis. † Ex
« parte Sancte Marie atque Vitalis abbatis,
« testes : Goisfridus de Bernaico, Radul-
« fus Pichenoth, Hugo Affagardus, Roge-
« rius Scalardus, Adelelmus, aurifaber;
« Osbernus, filius Hormanni; Richoardus
« del Plancet.

« † Acta et recitata atque concessa ante
« serenissimum regem Willelmum, anno
« ab Incarnatione Domini millesimo sexa-
« gesimo primo, apud Fiebonam, in con-
« cilio, tercia feria sollemnitatis Pente-
« costes. Testibus : Wilelmo, Rotomagensi
« archiepiscopo ; Odone, Baiocense epi-
« scopo ; Hugone, Luxoviensi episcopo ;
« Michaele, Abrincensi episcopo ; Gisle-
« berto, Ebrolcensi episcopo ; Willelmo
« de Britoilo, Rogero de Montegomeri,
« Rogero de Beltomonte, Rotberto et
« Heinrico, filiis suis; Radulfo de Chun-
« chis, Hugone de Montesforti, Walterio
« Gifardo, Rogerio Bigoth, Nigello de
« Constantino vicecomite, Willelmo Ber-
« thramno. »

Dans un vidimus de 1378 (Arch. imp.,
reg. du *Très. des Chartes* CXIV, n° 84), nous
trouvons une charte donnée par Henri II,
roi d'Angleterre, vers 1160, à l'abbaye
de Bernai, qui confirme la charte de
Richard II et la rectifie sur certains points :

« Henricus, rex Anglorum et dux Nor-
« mannie et Acquitanie et comes Ande-
« gavie, archiepiscopis, episcopis, abbati-
« bus, comitibus, baronibus, justiciariis,
« vicecomitibus, ministris et omnibus fide-
« libus suis Francis et Anglis tocius An-
« glie et Normannie, salutem. Sciatis me
« concessisse et confirmasse Deo et Sancte
« Marie de Bernayo et monachis ibidem Deo
« servientibus omnes terras et teneuras
« suas, quas tempore regis Henrici, avi
« mei, tenuerunt, et quas postea rationabi-
« liter acquisierunt, videlicet dimidietatem
« ejusdem ville de Bernayo, cum omnibus
« pertinentiis suis, in silvis et pratis et
« omnibus rebus, sicut divisum est, et
« omnes ecclesias ejusdem ville : Torsiam,
« Tiliolum, Vallelias, villam que dicitur
« Sancti Albini et ecclesiam ejusdem ville,
« Fagetum, Logias, Cortonam cum suis
« appendiciis, ecclesiam ejusdem ville que
« dicitur Fraxines et decimam, Clarogias,
« Fontanas cum campo qui dicitur cam-
« pus Ernenoldi, Sanctam Margaritam
« et decimam Spineti, Sanctam Mariam
« de Broseyesao, cum suis appendiciis;
« ecclesiam Sancti Marcelli de Longavilla
« cum vinea et quadam parte decime; ec-
« clesiam Prissigneti cum decimis et ap-
« pendiciis suis; ecclesiam de Bolebec
« cum suis appendiciis, et in villa Sancti
« Albini que dicitur Terionis, particulam

« terre et decime; ecclesiam de Motax cum
« decimis et appendiciis suis; villam que
« dicitur Sancti Nicolai, Boscum Ricardi,
« ecclesiam de Vilers, cum parte decime et
« terre in territorio Oxymensi; quicquid
« juris habet in ecclesia de Canum, et di-
« midium molendinum et vineas in eadem
« villa et dimidiam terram que est de feodo
« Bigote; apud Fraxinum unum hospi-
« tem et vineas in Brevilla, terram et ho-
« spites et partem decime, et in Valle
« Morini cappellam Sancti Jacobi et alne-
« tum et aquam et terram. In Anglia ma-
« nerium quod vocatur Gratingis, et aliud
« quod vocatur Ebredona, et in Wigor-
« nensi territorio terram que dicitur Nora;
« prioratum Eyes cum omnibus pertinen-
« tiis suis sicut possedit, et omnia tene-
« menta illa que Galeranus, comes Mel-
« lendi, et Robertus, dominus Britolii,
« et Gachelinus de Ferrariis, sive alii de
« ecclesia in feodo tenent, et quinque
« arpenta terre et vinee apud Toneyum et
« multas particulas terre in multis locis
« dispersas, concedo eis et confirmo in
« perpetuum tenere sicut carte donato-
« rum eis testantur. Quare volo et firmiter
« precipio quod predicta ecclesia et mo-
« nachi de Bernayo habeant et teneant
« omnia hec predicta cum omnibus perti-
« nentiis suis, et cum omnibus liberta-
« tibus et liberis consuetudinibus et quie-
« tanciis suis, in bosco et plano, in pratis
« et pasturis, in ecclesiis et capellis, in
« terris et decimis et silvis, in aquis et
« stagnis et molendinis folariciis, et in
« aliis molendinis, in pratis, in vivariis, in
« piscariis, in forestis et in omnibus aliis
« rebus et in omnibus locis, ita bene et in
« pace et libere et quiete et integre et
« honorifice et plenarie, sicut unquam
« melius et liberius et quietius tenuerunt
« tempore Henrici regis, avi mei, et cum
« aliis libertatibus et dignitatibus et quie-
« tanciis de gravaria et placitis et aliis
« rebus cum quibus tunc tenuerunt, et
« sicut comes Ricardus, qui gaudens
« ecclesiam fundavit, illas ei dedit et
« concessit, et sicut carte sue testantur.
« Testibus : Philippo, episcopo Baiocensi;
« Hom. Cantore; Roberto de Novo Burgo;
« Ricardo de Humetis, constabulario; Ri-
« cardo de Luci; Manasserio Biset, dapi-
« fero; Ricardo de Canvilla; Willermo,
« filio Johannis; Nigello Broc. Apud Ar-
« gentam. »

Pour compléter la liste des chartes du-
cales et royales qui ont assis les droits de
l'abbaye de Bernai, nous croyons devoir
placer ici une charte de Philippe le Hardi
qui, s'appuyant sur la charte de fondation
donnée par le duc Richard, déclare con-

server l'abbaye de Bernai sous sa garde et protection particulière.

« Philippus, Dei gratia Francorum rex. « Notum facimus universis tam presenti- « tibus quam futuris quod, cum carissi- « mus frater et fidelis noster, Petrus, « comes Alenconii, in nostra curia pro- « posuisset, contra abbatem et conventum « de Bernayo, quod monasterium de Ber- « nayo a prima sui fundatione fundatum « fuerat a comitibus Alenconii et erat situm « infra metas comitatus predicti, et quod « clare memorie Ludovicus, Francorum « rex, genitor noster et suus, dederat « ipsi comiti comitatum predictum Alen- « conii cum omnibus juribus et justicia « magna que dicitur placitum ensis et « aliis comitatus predicti pertinentiis, si- « cut eas possidebat dictus dominus geni- « tor noster et suus tempore quo vive- « bat in comitatu predicto, quare petebat « dictus comes custodiam seu gardam « monasterii predicti et placitum ensis « in terra dicti monasterii et in homines « ipsius monasterii consistentes in feodis « comitatus predicti, et in bonis eorum « existentibus in feodis predictis sibi libe- « rari ratione sui comitatus predicti; dictis « abbate et conventu ex adverso dicen- « tibus, dictum monasterium non esse « fundatum a comitibus Alenconii, nec « esse de comitatu vel in comitatu Alen- « conii, nec de rebus datis a dicto do- « mino genitore nostro eidem fratri no- « stro in comitatu predicto nec de perti- « nenciis ad predicta, et asserentibus « quod Ricardus, dux Normannie, uxori « sue, que Judith vocabatur, concessit ut « in loco qui Berniacus vocabatur de « terra quam eidem in dotalicium dede- « rat monasterum fundaret, quod opus « cum morte preventa complere nequi- « visset, idem dux, pro salute anime sue « et uxoris sue predicte, dictum opus « complevit, et prefatam ecclesiam de suo « patrimonio fundavit et dotavit, et plures « alias rationes pretendentibus, per quas « dicebant in gardia, protectione et juris- « dictione nostra remanere debere. Auditis « hinc inde propositis, visis depositionibus « quorumdam testium super premissis re- « ceptorum, visis etiam privilegiis, cartis « et litteris a partibus exhibitis, et racio- « nibus parcium plenius intellectis, pro- « nunciatum fuit per curie nostre judi- « cium monasterium de Bernayo cum « pertinenciis suis in garda et protectione « nostra et heredum nostrorum Norman- « nie ducum remanere debere, et placi- « tum spate in locis predictis ad nos « et heredes nostros duces Normannie « pertinere. In cujus rei testimonium pre- « sentibus litteris nostrum fecimus opponi « sigillum. Actum Parisius, anno Do- « mini millesimo ducentesimo octogesimo, « mense junio. » (Vid. de 1378, reg. du *Trésor des Chartes* CXIV, n° 86.)

Depuis l'époque de la mort de Richard II jusqu'à celle où son petit-fils Guillaume put tenir d'une main assez ferme les rênes du gouvernement pour mettre un frein aux envahissements de ses avides barons, l'abbaye de Bernai perdit sans retour la plus grande partie des biens mentionnés dans la charte de fondation. Les uns lui furent enlevés à force ouverte, les autres servirent à acheter la protection de quelques seigneurs voisins. C'est de cette dernière manière que Beaumont et Beaumontel passèrent dans les mains d'Onfroi de Vieilles, et la moitié de Bernai lui-même dans celles de Roger de Montgommeri et, par suite, de ses successeurs au comté d'Alençon jusqu'à nos jours.

La cession d'une partie de Bernai à la maison de Montgommeri et d'Alençon ne fut pas faite sans compensation : Raoul de Montgommeri donna à l'abbaye de Bernai, vers 1210, le fief de Rokemont, à des conditions qu'il est intéressant de rappeler.

Donation par Raoul de Montgommeri à l'abbaye de Bernai, vers 1210, du moulin de Rokemont.

« Notum sit omnibus presentibus et fu- « turis quod ego, Radulfus de Montego- « meri, dedi et concessi Deo et ecclesie « B. M. de Bernaio et abbati et monachis « ibidem Deo servientibus molendinum « meum de Rokemont, cum omnibus mol- « tis totius feodi mei de Rokemont, et pe- « scheriis et aque cursu, et aliis pertinentiis « omnibus predicti molendini, ita quod « ego vel heredes mei, quamdiu manentes « erimus in proprio porprisagio de feodo « meo de Rokemont, quiete molemus ad « prefatum molendinum : videlicet de lu- « cragio quod faciemus de proprio aratro « nostro, in terra mea propria dominii « mei proprii de Rokemont. Preterea dedi « et concessi in puram et perpetuam « elemosinam prefate ecclesie de Bernaio « et monachis ibidem Deo servientibus « totum feodum quod de me tenuit Wil- « lelmus le Petit et hominagium ipsius, « cum omnibus redditibus et servitiis « feodi predicti; et preterea dedi et con- « cessi in puram et perpetuam elemosi- « nam totum boscum meum de Roke- « mont, sicut se extendit in longitudinem « et latitudinem, cum terra subjacente, « salvo calfagio mihi et heredibus meis,

« quod in dicto bosco capiemus per visum
« servientium abbatis de Bernaio, quan-
« diu manebimus in porprisagio de Roke-
« mont supradicto. Et si forte abbas et
« monachi vendiderint dictum boscum
« de Rokemont, debent michi vel heredi-
« bus meis calfagium nostrum excambiare
« in brochiis suis de vallibus de Derchay.
« Sciendum autem est quod prefati abbas
« et monachi de cetero reddent per an-
« num XL. sol. monete usualis in Nor-
« mannia Ansberto Chaucon vel heredibus
« ejus, quos ei feodaliter persolvebam.
« Et preter hec omnia supradicta, ego
« Radulfus de Rokemont percipere debeo,
« quandiu vixero, per singulos dies, IV. pa-
« nes monacales et I. galonem vini, vel
« IV. denarios monete communis pro
« vino, quando monachi vinum non bi-
« bent, singulis diebus et fircula coquine,
« sicut et unus monachus de conventu.
« Et post decessum meum, dictum corre-
« dium prefatis monachis integre quie-
« tum remanebit. Et sciendum est quod
« prefati abbas et monachi dabunt michi
« quamdiu vixero, singulis annis, duas ro-
« bas de burellis qui fient in villa Ber-
« naii, scilicet tunicam et supertunicale
« sine forratura, videlicet bis per annum,
« ad feriam Bernaii mense septembri
« unam robam, et ad feriam Bernaii in
« Pascha florido unam robam. Et post
« decessum meum de prefatis robis quieti
« remanebunt. Et preterea, si equum ha-
« beam, qui meus sit proprius, quandiu
« ero in villa Bernaii, fenum et avenam
« rationabiliter michi debent invenire et
« donare. Et ut hec mea concessio et
« donatio super hiis omnibus nominatis
« perseveret in posterum firmiter, quid-
« quid contingat, inconcussa, proprii si-
« gilli mei testimonio presens scriptum
« confirmo. Actum est hoc in assisia apud
« Bernaium. Testibus hiis: Cadulco, Gal-
« lionis castellano; Waltero Pipart, Hen-
« rico de Ferrariis, Ricardo de Harecort,
« Roberto de Teibouvilla, Willelmo de
« Plagnis, Roberto de Frescheniis, Wil-
« lelmo de Friardello, Willelmo de Cha-
« peles, Gaufrido Pelevilein, Henrico de
« Mortuo Mari, Roberto de Frollancurt,
« Johanne Harenc, Philippo Faguet, Regi-
« naldo de Fresneto, Egidio de Bascher-
« villa, et aliis quam pluribus. » (Original
mutilé, Arch. de l'Eure, fonds de Bernai.)

L'histoire de l'abbaye de Bernai est obscure et peu féconde en événements. La perte irréparable du cartulaire de cette abbaye donnera peut-être quelque prix à un certain nombre de notes que nous avons recueillies. Ainsi nous trouvons dans les rôles de l'échiquier de Normandie, en 1184 : « Abbas de Bernaio reddit
« compotum de XL. libris v. sol. de rema-
« nente doni quod fecit regi, in conredio
« Johannis, filii regis, apud Rothomagum,
« XX. lib. per breve regis. Comiti Willel-
« mo ad operationes castrorum de mar-
« chia, XX. lib. v. s. per breve regis. Et
« quietus est. Ricardus Bovrel.... In
« minuto hernesio ad opus n. militum
« ducis Sauxonie qui perhendinant in
« abbatia de Bernaio IV. lib., per idem
« breve regis. »

En 1198 : « Abbas de Bernai reddit
« compotum de XLI. lib. de remanente
« finis sui. In thesauro XV. lib., et debet
« XXVI. lib. »

En 1234, l'échiquier rendit le jugement suivant : « De nobilibus hominibus
« et aliis tenentibus per membrum lorice
« et libera feoda in Normannia, levantibus
« et percipientibus boissellos postnatorum
« ad festa tria annualia contra manda-
« tum in scaccario factum. Concordatum
« fuit quod abbas de Bernaio, cum quo
« mota fuit specialiter ista questio, habeat
« saisinam habendi et levandi dictos bois-
« sellos de primogenitis liberis ad dicta tria
« festa, dum tamen primogeniti et post-
« nati remaneant in una et eadem masura;
« de reliquis vero nobilibus ballivi scient
« qualiter usi fuerunt, et specialiter de
« dicto abbate in hoc casu. »

Le journal des visites d'Eudes Rigaud, archevêque de Rouen, nous fournit encore quelques renseignements précieux sur l'état de notre abbaye au XIIIᵉ siècle :

« Anno Domini 1249 (v. s.), IIII. kal.
« februarii, apud Belnaium cum expensis
« monasterii.

« III. kal. februarii, visitavimus ibidem.
« Ibi erant XV. monachi. Solent esse ante
« combustionem XXXV. Omnes sunt sacer-
« dotes preter quinque. Seculares intrant
« claustrum propter operarios. Non ob-
« servant jejunia regule et maxime itine-
« rantes. Aliquando comedunt carnes, et
« maxime commorantes in prioratibus. Or-
« dinavimus et injunximus ut jejunium
« observetur, et interdiximus eis esum
« carnium, nisi quatenus regula permit-
« tit. Habent in redditibus MX. lib. De-
« bent circa CCC. lib. Debent pensiones
« circa XXX. lib. Inhibuimus abbati et
« conventui ne darent aliquas pensiones
« alicui. Et pernoctavimus ibidem cum
« expensis nostris. »

« Anno Domini 1254 (v. s.), XVI. kal.
« februarii, procurati sumus apud Ber-
« naium. Summa procurationis VI. lib.
« VI. den.

« XV. kal. februarii. Visitavimus ibidem.
« Ibi sunt XVI. monachi. Habent citra

« mare duos prioratus, et unum in An-
« glia. Injuximus quod prioratus de regno
« ad minus semel in anno visitaret. Om-
« nes sunt presbyteri uno excepto. Unus
« non clamat alium. Injunximus hoc
« emendari. Aliquando comedit et bibit
« baillivus in camera senescalli. Injunxi-
« mus hoc emendari. Utuntur carnibus
« preter necessitatem. Injunximus ut su-
« per hoc statuta Gregorii papæ obser-
« varent. Die lunæ et die sabbati datur
« omnibus venientibus ad elemosinam, die
« martis omnibus leprosis, die jovis om-
« nibus scolaribus pauperibus. Debent
« xx. lib. Injuximus abbati ut coram ali-
« quibus electis a conventu recipiat omnia
« que ad mutuum accipiet vel alio modo
« et similiter expendat vel computet co-
« ram eis de hiis que expandet. Nulla
« habent estauramenta quantum ad po-
« tum. »

« Anno Domini 1255, II. kal. junii,
« apud Bernaium, ad tractandum de pace
« cum suffraganeis nostris. »

« Anno Domini 1257 (v. s.), VII. idus
« januarii, procurati fuimus apud Ber-
« naium. Summa procurationis ix. lib.
« xi. sol. x. den.

« VI. idus januarii visitavimus ibidem.
« Sunt ibidem commorantes xxvii. mo-
« nachi. Habent unum prioratum in An-
« glia. xvii. monachi. Duos prioratus
« in Caleto, unum in diocesi Ebroicensi.
« Omnes sunt sacerdotes preter novicios
« et duos alios. Die lune et die veneris da-
« tur eleemosina omnibus venientibus ad
« eam. Die martis omnibus leprosis. Die
« jovis pauperibus scolaribus. Commoran-
« tes in prioratibus non servant jejunia,
« et utuntur carnibus. Injunximus abbati
« quod hoc faceret emendari. Habent in
« redditibus xx. lib. Debent v°. lib. Ha-
« bent satis estauramenta usque ad nova
« preter vinum de quo bene habent usque
« ad Pentecostem. »

« Anno Domini 1267 (v. s.), II. idus
« januarii, visitavimus cum Dei adjutorio
« abbatiam de Bernaio, videlicet in octa-
« bis Epyphanie. Erant ibi xxvi. monachi
« commorantes. Omnes erant sacerdotes
« preter quatuor. Semel quolibet mense
« confitentur et communicant. Nichil de-
« bebant. Debebantur eis v°°. lib. Satis
« habebant estauramenta ad annum, et
« bene erat eis per Dei gratiam. Ipsa die
« procurati sumus ibi. Summa procura-
« tionis vii. lib. viii. solidi. Eadem die
« pransi sumus in manerio domini Henrici
« de Ferrariis, apud Ferrarias. »

On voit que le nombre des moines de l'abbaye variait au xiii° siècle entre quinze et vingt-sept; que lesdits moines observaient fort mal leur règle, surtout en ce qui concernait le jeûne et les abstinences; que le lundi et le samedi on faisait aumône à tout venant, le mardi à tous les lépreux, le jeudi aux écoliers pauvres; qu'enfin notre abbaye avait alors quatre prieurés, deux dans le pays de Caux, un dans le diocèse d'Evreux, et un autre en Angleterre. Le prieuré qui se trouvait en Angleterre était situé dans le comté de Northampton, à Everdon. Le manoir d'Everdon avait été donné à cette abbaye avant 1217, et celle-ci le conserva jusqu'au règne d'Henri V. (*Tanner's Notitia*, p. 385.) Elle possédait des propriétés considérables dans le même comté, à Nerbote, à Bauelroc, Climdone et Ristone. (*Mon. anglic.*, t. II, p. 949, 59.) Il n'est évidemment point question du prieuré de Bénédictins fondé par Robert Mallet, du temps de Guillaume le Conquérant, à Eye, dans le comté de Suffolk. Ce prieuré, qui primitivement était une dépendance de l'abbaye de Bernai, avait été soustrait à son autorité par le roi Richard II. (*Tanner's Notitia*, p. 510.).

Par lettres en date du 29 octobre 1392, Charles VI reconnut les droits de l'abbaye de Bernai dans la forêt de Conches.

« Charles, par la grâce de Dieu, roy
« de France, au verdier de la forest de
« Conches, salut. Nos bien amez les reli-
« gieux, abbé et couvent de Bernay, nous
« ont fait exposer que, long temps a, Raoul
« de Thony, pour le temps seigneur de
« Conches, entre plusieurs autres fran-
« chises et libertez, leur eust donné en la
« dicte forest de Conches deux chesnes à
« prendre chacun an en notre d. forest,
« desquelz chesnes prendre, avoir et per-
« cevoir ilz ont joy, usé et est en possession
« et saisine paisibles depuis le don à culx
« faict jusques ad ce que, au temps que le
« comte de Beaumont, pour cause de feu
« Robert d'Artois, vint à notre couronne,
« et aussi depuis que ycelle conté fut adve-
« nue à notre couronne, les diz religieux
« joirent et usèrent par très long temps
« de prendre, avoir et percevoir chacun
« an, en la dicte forest, les diz deux
« chesnes, toutefois, pour ce que les ver-
« diers de la dicte forest de Conches qui,
« environ xlv ou xlvi ans, furent refu-
« sans et en demeure de bailler, laisser
« et delivrer aux diz religieux les deux
« chesnes dessuz diz, yceulx religieux
« obtindrent sur ce plusieurs lettres et
« mandements royaulx, par vertu des-
« quelz ilz joirent et usèrent par plusieurs
« années des diz deux chesnes; mais pour
« ce que depuis le roy de Navarre, comme
« notre ennemy, print, tint et occupa la

« dicte abbaye, et par les Navarrois fu
« tenus et occupée par très long temps, et
« aussi pour la mortalité qui de long
« temps dure et a esté ou pays, durans les-
« quelles les seneschaulx, abbez, prieurs
« et autres officiers de la dicte abbaye,
« qui savoient les droys et possessions
« d'icelles, sont alez de vie à trespasse-
« ment. Pour ce aussi que il a eu grant
« mutacions d'abbez en la dicte abbaye,
« les droiz et possessions d'icelle abbaye
« n'ont pas esté diligemment poursuis, et
« pour ce sont deubz grans arrérages
« aux diz religieux des deux chesnes que
« ilz doivent prendre chacun an en la
« dicte forest, comme dit est, desquelz
« arrérages ilz n'ont peu estre paiez, et
« aussi tu ne leur laisses prendre, lever
« ne avoir les dix deux chesnes en la dicte
« forest, en ce très grant prejudice et do-
« mage des diz religieux et diminucion de
« leurs droiz, si comme ils dient; en nous
« humblement suppliant que, ces choses
« considérées et que leur moustier est cheu
« long temps a, pourquoy ils ont grant
« besoing de bois, nous leur veuillons
« pourveoir. Pourquoy, nous qui voulons
« les droits des eglises et abbayes de notre
« royaume et mesmement celles qui sont
« de fondation roial estre gardez et aug-
« mentez de notre povoir, te mandons et
« commettons que, appellez ceulx qui se-
« ront appelez, tu te informes du droiz
« desdiz religieux, et l'information que
« faicte auras, renvoye par devers nos
« amez et feaulx conseillers les gens de
« noz comptes à Paris, pour sur ce estre
« pourveu aux diz religieux par nos diz
« conseillers, comme il appartiendra de
« raison, mandons et commandons à tous
« nos justiciers et subges que à toy, en ce
« faisant, obeissent et entendent diligem-
« ment. Donné à Paris le XXIXᵉ jour d'oc-
« tobre, l'an de grace mil CCC IIIIˣˣ et
« douze, et de notre règne le XIIIᵉ.

« Par le roy, à votre relation,

« BUDG. »

(Or., s. enl. Arch. de l'Eure, fonds de Bernai.)

Pour le XVᵉ siècle, nous citerons trois aveux : l'un de 1406, l'autre de 1450, le troisième de 1484, qui nous font connaître en détail les droits de l'abbaye de Bernai.

« Du roy nostre sire, je, Bertrand de
« S‍ᵗ. Beaufille, humble abbé de Nostre
« Dame de Bernay, advoue à tenir par
« serment de feaulté le temporel de ma
« dicte église, auquel appartient une ba-
« ronnie tenue à court et usaige par

« moïenne et basse justice, dont ma dicte
« église est le chief, assise audit lieu de
« Bernay et ailleurs, es bailliage de Rouen,
« Caen et Gisors et Evreux, et en plu-
« sieurs vicontez;

« Item, un fief noble avecques toutes
« ses appartenances, assis en la viconté de
« Caudebec, tenu du roy nostre dit sei-
« gneur, à cause dudit temporel et de la
« prioré de Boulbec, subjette à ma dicte
« église;

« Item, un autre fief noble assis en la
« viconté de Vernon, tenu comme des-
« sus à cause dudit temporel et de la
« prioré de Pressigny, et le manoir de
« Sᵗ. Marcel, appartenant à ladicte église,
« avecques toutes les appartenances quelx-
« conques d'icelles baronnie et des fiefs et
« manoirs;

« A cause duquel temporel je suy tenu
« et à cause de ma dicte église faire au
« roy nostre dit seigneur un chevalier en
« sa guerre, toutes les fois qu'il lui plaist
« à prendre les servages de ses vassaulx par
« XL jours; duquel servage ou service
« m'est tenuz de acquitter le seigneur de
« Saint-Jehan de Bouffey, à cause du fief
« de Bouffey, qu'il tient de moy à cause
« dudit temporel, et le doy ou service
« dudit seigneur envoyer à mes despens,
« et il est tenu faire le service. En té-
« moing de ce, j'ay scellé ces lettres de
« mon propre seel, qui furent faictes à
« Paris, le VIIIᵉ jour de septembre, l'an de
« grace mil CCCC et six. »

Le deuxième aveu, rendu par Simon de Conelle, abbé de Bernai, en 1450, se trouve aux Arch. de l'Emp., P. 308, nº 94; le troisième, qui est plus complet, dans les titres originaux réunis par Gaignières. (Bibl. imp., fonds Gaignières, 258, fº 13).

« A tous ceux qui ces lettres verront ou
« orront, Jehan de Paris, escuier, garde
« pour le roy nostre sire du seel des obli-
« gations de la viconté d'Orbec, salut. Sa-
« voir faisons que, aujourd'ui XVIᵉ jour
« de juing l'an mil IIIIᶜ IIIIˣˣ et quatre,
« par Thomas de la Court et Laurens
« Domney, clers, tabellions jurés en la
« dite viconté, au siege de Bernay, nous
« fut tesmoigné avoir veu, tenu et leu,
« mot après autre, unes lettres contenant
« fourme d'adveu, escriptes en parchemin,
« scellées sur double queue de cire vert,
« esquelles est atachée ung mandement
« contenant l'expedition du dit adveu
« donné de nos seigneurs les gens des
« comptes du roy nostre dit sire, soubz
« l'un de leurs signetz de cire vermeil,
« à la marge du bas duquel mandement
« estoient placqués quatre petis signetz de

« cire vermeil; mesmes estoit attaché ès
« dites lettres d'adveu et mandement d'ex-
« pedition ung autre mandement donné
« de honnourable homme et saige Robert
« Auvray, escuier, lieutenant general du
« bailly d'Evreux, seellé sur simple queue
« de cire vert ; le tout sain et entier en
« seaulx, signetz, signes et escripture, des-
« quelles lettres et mandemens consecuti-
« vement les teneurs enssuivent : »

« Du roy notre sire, je, Jehan, humble
« abbé de l'esglise et abbaye de Notre-Dame
« de Bernay, pour moi et les religieulx de
« la dicte abbaye, confesse et adveue à
« tenir les terres, fiefs, heritages, reve-
« nues et appartenances d'icelle abbaye, je
« tien par une baronnie, de laquelle ba-
« ronnie ma dicte eglise est le chief, assise
« en la ville de Bernay, au bailliage d'E-
« vreux, en la vicomté d'Orbec, et se estent
« ès bailliages du dit Evreux, de Rouen,
« de Caux, de Caen et Gisors; c'est à savoir
« au dit bailliage d'Evreux et parroisses de
« Saincte-Croix et de la Coulture du dit
« Bernay, de Vallailles, de Courbespine,
« de Saint-Pierre-de-Maneval, de Fon-
« taines-l'Abbé, de Corneville, de Saint-
« Cler-de-Dercey, de Sainte-Margerite-en-
« Ouche, de Saint-Aubin-le-Vertueix, de
« Saint-Jehan-de-Bouffey, de Saint-Nicol-
« las-du-Bosc-l'Abbé, de Saint-Médard-de-
« Fresnes, de Courthonne-la-Ville, de
« Courthonne-la-Murdac, de Villiers, du
« Planqué, du Cor-de-Bugle, de la Cha-
« pelle-Harene, de Moyaulx, de Bouesney,
« de Faverolles et de Ourmes. Item, eu
« bailliage de Rouen, Bouessey-le-Chastel.

« Item, en bailliage de Caen et vicomte
« de Falleize en la parroisse de Canon, et
« de la vicomté de Caen en la parroisse
« d'Anfreville.

« Item, eu bailliage de Caux et vicomté
« de Caudebec en la parroisse de Boulle-
« bec, où est un prieuré, membre de la
« dicte abbaye.

« Item, eu bailliage de Gisors et vicomté
« de Vernon, en la parroisse de Pressigny-
« l'Orguilleux, Notre-Dame-de-l'Isle, de
« Saint-Marcel, de Sainte-Genevieve, du
« dit Vernon, de Genevray ; le tout tenu
« par une seeulle baronnie à court et
« usaige par moyenne et basse justice, à
« cause de laquelle et au dit lieu de Ber-
« nay j'ay droit de marché, coustumes,
« travers, acquitz, et mes officiers soubz
« moy et à mon droit, et congnoissance
« de l'aune et des pois et mesures, droic-
« ture de mettre et instituer gardes et
« jurés soubz et touchant la drapperie et
« les autres mestiers, derrées et marchan-
« dises d'icelle ville ; la congnoissance,
« court et juridicion, correption et pugni-
« cion et les forfaictures et amendes,
« moullins et fours à ban estans en celle
« ville et autres appartenances qui en sor-
« tissent et deppendent de la dite baron-
« nye, reservé seullement que les officiers
« du roy nostre dict sire ont acoustumé
« de mectre pris sus et au regart du pain
« et du vin vendu en detail en la dite
« ville, et d'icelle baronnie et temporel et
« appartenances de la dite esglise et ab-
« baye si s tenu faire au roy nostre dict
« sire le serment de feaulté et luy faire
« ung chevalier en sa guerre toutes les foys
« que lui plaist prendre le servage de ses
« vassaulx par quarante jours, duquel ser-
« vice m'est tenu acquiter le seigneur de
« Saint-Jehan-de-Bouffey, qui doit faire le
« dit service ou trouver chevalier qui le
« face à cause du dit fief de Bouffey que
« il tient de moy. Pour faire lequel ser-
« vice il doit estre monté et armé du sien
« propre, et je luy doy trouver despens
« convenables, et aussi suis tenu, et cha-
« cun abbé à son nouvel advenement en
« la dite abbaye, faire le serment de
« feaulté, avec prières et oresons.

« En tesmoing de ce, j'ay seellé ces pre-
« sentes de mon propre seel, qui furent
« faites l'an mil cccc quatre-vingt et
« quatre, le huitiesme jour de may.

« Les gens des comptes du roy nostre
« sire, à Paris, aux bailliz d'Evreux, Rouen,
« Caux, Caen et Gisors, et aux vicontes,
« procureurs et autres justiciers et officiers
« du dict seigneur, es dicts bailliages et
« vicontés ou à leurs lieuxtenans substi-
« tuéz ou commis, salut.

« Il nous est apparu par lettres du roy
« nostre dict sire, données à Tours le xxiii°
« jour de mars derrain passé, frère Jehan
« de la Chappelle, abbé de l'eglise et mo-
« nastère de Nostre-Dame de Bernay, avoir
« fait audict seigneur, en la personne de
« Monseigneur le chancellier, le serement
« de feaulté que tenu lui estoit de faire
« pour raison du temporel de la dicte
« abbaye et ses appartenances, et dont le
« dict abbé, tant pour lui que pour le
« couvent du dict lieu, nous a le jour d'ui
« baillé par escript en la chambre des dicts
« comptes l'adveu et denombrement que
« tenu en estoit faire et bailler, au sem-
« blable duquel ces presentes sont ata-
« chées soubz l'un de nos signetz. Si vous
« mandons et à chacun de vous, si comme
« à lui, que, s'il vous appert le dit adven et
« denombrement estre bien et deuement
« fait et baillé, et que en icellui n'ait chose
« prejudiciable au roy nostre dict sire, qui
« estre n'y doye, vous en ce cas faictes le
« dict abbé jouir paisiblement de ses dits
« temporel et appartenances, sans pour

« cause des dis serement de féaulté non
« [fait], adveu et denombrement non baillié
« lui faire mectre ou donner, ne souffrir lui
« estre fait, mis ou donné aucun destour-
« bier ou empeschement, mais s'aucun lui
« estoit pour ce fait, mis on donné, si
« lui mectés ou faictes mectre sans delay
« au delivre, pourveu qu'il ait fait et paié
« à vous vicontes, pour le roy nostre dict
« seigneur, les drois et devoirs pour ce
« deubz et acoustumés, et aussy qu'il n'y
« ait autre cause raisonnable d'empesche-
« ment pourquoy faire ne le doyez, la-
« quelle ou cas qu'elle y seroit nous res-
« crivés affin deue.
« Donné à Paris, soubz nos dicts signetz,
« le XXIXe jour de may lan mil IIII^xx IIII^xx
« et quatre. Ainsi signé : HUILLIER. »
« Robert Auvray, escuier, lieutenant
« general de noble homme Monseigneur
« Jehan de Hangest, chevalier, seigneur de
« Genly, conseiller, chambellan du roy
« nostre sire et son bailly d'Evreux, à tous
« et chacun les vicontes et receveurs ordi-
« nairez et autres du dict bailliage, qu'il
« appartient, salut. Veues les lettres pa-
« tentes de nos seigneurs les gens des
« comptes du roy nostre dict seigneur, à
« Paris, par lesquelles apport reverend
« Père en Dieu, frère Jehan de la Chappelle,
« abbé de l'eglise et monastère de Nostre-
« Dame de Bernay avoir faict au roy
« nostre dict seigneur, à la personne de
« Monseigneur le chancellier, le serment
« de féaulté que tenu lui estoit de faire,
« pour raison du temporel de la dicte ab-
« baye et ses appartenances, et dont le dict
« abbé, tant pour lui que pour le cou-
« vent du dict lieu, a baillé par escript en
« la chambre des dicts comptes, l'adveu et
« dénombrement que tenu en estoit faire et
« bailler, au semblable duquel les dictes
« lettres de nos dicts seigneurs des comptes
« sont atachées soubz l'un de leurs signetz,
« ausquelles lettres et semblable du dict
« adveu ces presentes sont semblablement
« atachées soubz le petit seel aux causes
« du dict bailliage, et que au dict abbé,
« à la requeste des advocat et procureur
« du roy notre dict seigneur ou dict
« bailliage, a esté donné et baillé charge
« de proceder à la verification du dict
« adveu, et pour ce faire baille[r] assigna-
« cion aux prouchaines assises d'Orbec et
« autres enssuivant tant que mestier sera.
« Nous, du consentement des dicts advocat
« et procureur du roy, avons levé et osté
« levons et ostons l'arrest et empeschement
« donnés au dict abbé, pour le dict hom-
« mage non fait et denombrement non
« baillé, en son dict temporel d'icelle ab-
« baye de Bernay, en tant qu'il en y a

« de scitué et assis en ce dict bailliage, sauf
« toutes fois au dict procureur du roy,
« present et advenir, à blasmer et reprou-
« cher le dict adveu, et qu'il n'a esté ne
« n'est deuement baillé une autre fois
« comme de present, et dont le dict pro-
« cureur du roy fist et par ces presentes
« fait expresse protestation et retenue.
« Pourquoy nous vous mandons et à chas-
« cun de vous, si comme à luy appar-
« tendra, que pour le dict hommage non
« faict et denombrement non baillé vous
« ne donnés trouble ne empeschement
« au dict abbé en son dict temporel assis
« en ce dict bailliage, comme dict est,
« maiz bien faictes et seuffrés jouir plai-
« nement et paisiblement, et ses officiers,
« procureurs, receveurs et entremetiers,
« en paiant les droiz et devoirs, s'aucuns
« en sont pour ce deubz, et faiz et paiés
« ne les a tout, jouxte et selon le contenu
« ès dictes lettres de nos dicts seigneurs
« des comptes. Donné à Beaumont-le-Ro-
« ger, les assises au dict lieu séans et par
« nous tenues le XVe jour de juing, l'an mil
« IIII^c IIII^xx et quatre.
      « Ainsi signé : ROBILLARD.

« Et sur le dos du dict adveu est escript :
« Collatio hujus denombramenti facta fuit
« cum simili denombramento, in camera
« compotorum Parisius retento, XXIX. maii
« M° CCCC° octuagesimo IIII°, per me. Ainsi
« signé : HUILLIER.

« En tesmoing desquelles choses nous,
« à la rellation des dicts tabellions, avons
« mis à ce present vidimus ou transcript
« les seaulx premiers dessus dicts, les an
« et jour dessus dits.
      « DE LA COURT, DONNEY. »

L'abbaye de Bernai, se trouvant placée
dans le voisinage du château fort, souffrit
en plusieurs rencontres les maux de la
guerre. L'incendie qui la détruisit en partie au XIIIe siècle ne lui fut pas encore
aussi préjudiciable que les sièges et les
combats dont Bernai fut le théâtre au
XIVe siècle. Il faut se rappeler qu'une
partie de Bernai appartenait depuis 1356,
par suite de la confiscation des biens de
Mallet, sire de Graville, au comté d'Alençon, et l'autre moitié au comté d'Evreux.
Dans la portion du comté d'Evreux, il y
avait deux forts : l'un renfermait l'abbaye,
l'autre se nommait La Tour et était environné de fossés. Il semble, d'après une
bulle de Grégoire XI, que Charles le
Mauvais, roi de Navarre, avait considérablement augmenté les fortifications de
Bernai. Le pape autorise en 1371 l'abbé
de Bernai à échanger des portions de ter-

rain qui étaient nécessaires à la construction des forts :

« Gregorius, episcopus, servus servo-
« rum Dei, venerabili fratri episcopo
« Lexoviensi, salutem et apostolicam be-
« nedictionem. Exhibita nobis pro parte
« dilectorum filiorum abbatis et conven-
« tus monasterii Beate Marie de Berneyo,
« ordinis Sancti Benedicti, tue diocesis,
« necnon guardiani et fratrum domus or-
« dinis Minorum dicti loci petitio conti-
« nebat quod dudum, vigentibus guerris
« in regno Francie, pro bono et utilitate
« patrie et reipublice, in fundis et edifi-
« ciis abbatis et conventus ac guardiani
« et fratrum predictorum unum fortali-
« tium pro parte factum fuit, cum una
« magna turri et suis fossatis, cui fundi
« et edificia eisdem abbati et conventui
« ac guardiano et fratribus modici aut
« nullius sunt valoris, quodque propter
« destructionem antiquam dicti mona-
« sterii ac maneriorum dictorum guardiani
« et fratrum, occasione hujusmodi guer-
« rarum factam, et etiam propter fortali-
« tium prefatum, iidem guardianus et
« fratres in loco consueto officium divi-
« num celebrare aut commode habitare
« non possunt. Quare, pro parte dictorum
« abbatis et conventus ac guardiani et
« fratrum nobis fuit humiliter supplica-
« tum ut, cum hii qui hujusmodi for-
« talitium construi et edificari fecerunt,
« loco fundorum et maneriorum predi-
« ctorum, alias terras seu possessiones
« eque utiles causa permutationis assi-
« gnare velint, eisdem abbati et conventui
« ac guardiano et fratribus faciendi per-
« mutationem hujusmodi licentiam con-
« cedere de benignitate apostolica digna-
« remur. Quia igitur, de premissis cer-
« tam noticiam non habemus, fraternitati
« tue, de qua in hiis et aliis specialem in
« Domino fiduciam obtinemus, per apo-
« stolica scripta committimus et manda-
« mus quatinus de premissis omnibus et
« singulis et eorum circumstantiis uni-
« versis, et presertim de valore fundo-
« rum et maneriorum predictorum ante
« destructionem predictam, et etiam de
« terris et possessionibus que pro ipsis
« fundis et maneriis dari debent, et in
« quibus locis consistunt, diligentius te
« informes, et que per informationem
« hujusmodi reppereris, nobis per tuas
« patentes litteras manu publica confectas
« tuoque sigillo signatas, harum seriem
« continentes, quantocius referre non
« postponas, ut nos super hiis informatione
« instructi in premissis consultius agere
« valeamus. Dat. Avinioni, vii. id. decem-
« bris, pontificatus nostri anno primo. »

Charles le Mauvais semblait vouloir préparer la lutte, qui ne tarda pas à éclater. En 1377, l'armée du roi de France vint mettre le siége devant Bernai ; le bas fort attenant à l'abbaye fut rapidement enlevé. Il fallut un siége en règle pour décider Dutertre, lieutenant du roi de Navarre, à livrer le fort de la Tour. La position qu'occupait l'abbaye dans l'enceinte même des fortifications devait nécessairement contribuer à sa ruine. Quarante ans après, Bernai tomba au pouvoir des Anglais. Quatre fois prise et reprise, l'abbaye souffrit beaucoup de ces luttes sanglantes. Les vainqueurs se plaisaient cependant à proclamer leur respect pour le couvent et les droits du couvent de Bernai. Le 4 janvier 1422, Henri V, roi d'Angleterre, et possesseur de Bernai, donna l'ordre suivant :

Pro priore et conventu de Bernay.

« Rex dilectis et fidelibus suis thesau-
« rario nostro generali Normannie, ac
« presidenti et gentibus de camera nostra
« compotorum, necnon universis et sin-
« gulis ballivis, vicecomitibus, receptori-
« bus, officiariis, ministris, ligeis et sub-
« ditis nostris quorum interest, salutem.
« Mandamus vobis et vestrum cuilibet,
« prout ad eum pertinuerit, quod dilectos
« nobis in Christo priorem et conventum
« abbatie de Bernay omni modo fructus,
« obventiones, proficua et emolumenta
« quæcumque temporalium abbatiæ præ-
« dictæ sibi infra ducatum nostrum Nor-
« mannie pertinentia, et spectantia usque
« festum Pentecostes proxime futurum le-
« vare, percipere et habere, ac eisdem
« interim libere et absque impedimento
« aliquo uti et gaudere permittatis, ali-
« quo mandato nostro vobis aut alicui
« vestrum in contrarium directo non ob-
« stante. Teste rege, apud castrum suum
« Rothomagi, quarto die januarii. » (E Rotulo Normannie, an. 9 Henrici V, m. 15, dorso.)

Au xve siècle, un procès éclata entre les religieux de l'abbaye et les habitants de Bernai. Nous publions en entier le jugement qui contient sur l'état des juridictions et du commerce dans la ville de Bernai les détails les plus curieux.

« A tous ceulx qui ces présentes lettres
« verront, Nicollas de Fréville, lieutenant
« général de noble homme Jehan Les-
« previer, escuier, seigneur d'Orvault,
« conseiller et maitre des requestes de
« l'hostel du roy nostre sire et son bailly
« d'Evreux, salut. Comme plusieurs pro-

« ces fussent meuz et pendans tant en
« l'eschiquier de Normendie que ès as-
« sizes de Rouen, entre les religieux, abbé
« et couvent de Nostre Dame de Bernay,
« d'une part; et les bourgeois, manans
« et habitans de la ville dudict lieu de
« Bernay, ou aulcuns d'eulx, d'autre part:
« l'un ès dictes assizes touchant une ou
« plusieurs justices que auroient faict faire
« les dictz religieulx par leur prevost sur
« les aulcuns des dictz habitans pour les
« traiziesmes de certaines acquisitions par
« eulx faictes des heritages scituez et as-
« sizes en la ville et bourgeoisie dudict
« lieu de Bernay, contre lesquelles justice
« iceulx habitans auroient faict et mis de-
« livrance, sortissant jurisdiction en leurs
« plès, desquelz plès la dicte cause et ma-
« tière avoit esté evocquée ès assizes
« d'Orbec, et d'icelles assizes envoyée ès
« dictes assizes de Rouen, au moyen de
« certaines lettres royaulx obtenues de la
« partie des dictz religieux, en souste-
« nant la quelle delivrance à bonne cause
« avoir esté mise, iceulx bourgeois et ha-
« bitans avoient dict et soustenu, disoient
« et soustenoient, les heritages, manoirs
« et maisons de la dicte ville de Bernay
« estre de toute anciennetté tenus par et
« en franc bourgaige, non subgectz aus
« dictz traiziesmes, et que d'iceulx trai-
« ziesmes, pour ilz, leurs predecesseurs,
« acquisiteurs et tenans heritages en la
« dicte ville et bourgeoysie de Bernay
« avoient esté et estoient francs, quittes
« et exemptz par tel et sy longs temps
« qu'il n'estoit memoire d'homme au con-
« traire, et les dictz religieux disoient et
« soustenoient les dictz habitans à cause
« des dictz héritages estre subgectz aus
« dictz traiziesmes, et de ce estre en po-
« cession et saysine ès cas offers et adve-
« nus, ainsy quilz disoient faire apparoir
« par plussieurs lectres d'acquisitions,
« merchées au dos en aulcunes; le trai-
« ziesme est en autre vinaye (?) payé,
« sur laquelle contrariette icelles parties
« estoient demeurées en conclusion de juge-
« ment quy encores estoit pendant et inde-
« cis ès dictes assizes de Rouen. Et l'autre
« procez pendant audict eschiquier tou-
« chant en principal de matière une cla-
« meur de gaige plege que auroient mise
« les dictz religieux à l'encontre des drap-
« piers et foullons de la dicte ville de
« Bernay en leur territoire, pour ce qu'ilz
« disoient et estoient plaintifz que les dictz
« drappiers et foullons s'estoient efforchez
« et efforchoient de jour en jour fouller
« leurs drapps en leurs maisons, sans
« iceulx estre visitez par leurs jurez pour
« scavoir et congnoistre se iceulx draps
« estoient bons et suffisans pour estre mis
« en exposition de vendue, et sans paier
« l'acquit et sallaire acoustumé estre paié
« d'anciennetè aus dictz religieux, ne iceulx
« draps fouller, et faire signer et approu-
« ver ce ilz estoient loyallement faictz de
« laines non deffendus, comme il estoit
« acoustumé, et principallement pour ce
« qu'ilz disoient que iceulx drappiers ne
« pouvoient muer ne changer la fourme
« et essence de leur drapperie, ne à leur
« prejudice faire leurs draps de plus grant
« longueur quand ilz sont apportez à
« fouller que de saize aulnes, à l'aulne et
« mesure ancienne, de plus grand laise ne
« plus grand......, ou forme, appareil ou
« labour qu'il estoit accoustumé ou temps
« passé et auparavant de l'an mil cinquante
« et troys, si non du grey et consentement
« desdictz religieux ou de leur justice, et
« par augmentant à l'equipollent d'icelle
« crème ou augmentation, le prix de l'eaue
« chaulde que les dictz religieux leur
« queroient. En conduict de laquelle cla-
« meur il avoit eu doléance prinse de la
« partie des ditz drappiers, foullons, sor-
« tissant au dict eschiquier pour aulcuns
« tors et griefz qu'ilz disoient par nous
« leur avoir esté fais, en ce que nous
« avions par fourme de provision dict ou
« declaré que les dictz drappiers et foul-
« lons seroient contrains à fouller leurs
« dictz draps au moullin des dictz reli-
« gieux, parceque pour chacun drap con-
« tenant saize aulnes, iceulx drappiers et
« foullons paieront ausdictz religieux douze
« deniers, et pour chacune aulne de passe
« ung denier, et oultre et par dessus ces
« chozes ung autre denier sur chacun drap
« qui demeuroit en garnissement jusques
« à la fin du dict procez, recours ès es-
« criptures sur ce faictes; scavoir faisons
« que, anjourdhuy lundy cinquiesme jour
« d'april avant Pasques, l'an de grace
« mil quatre centz soixante douze, par
« devant nous lieutenant dessus dit, fu-
« rent presens reverend pere en Dieu Ri-
« chard Boscacge, abbé de la dicte ab-
« baye, domps Robert Bunel, prieur du
« lieu, Simon de Sallez, prieur de Bolle-
« bec, Pierre de la Porte, Raoult Roze,
« Robert Le Françoiz, Nicolle Benard,
« Nicolle Bonnet, Jehan Masselin, Jehan
« de Levemont, Jean Cosnard, Guillemme
« Houard, Jehan Corbin, Guillemme de
« la Vigne, et Thomas de Lestre, tous
« religieux et proffectz en la dite abbaye,
« representant le couvent du lieu et eulx
« faisans fortz pour les aultres absens,
« d'une part, et maistre Nicolle Dumont,
« Jehan Barrey, Michel Vosquier, Guillot
« Bertoult, Jehan de Malleville, Guillot

« Gruel, Robin Vaultier, Simon Le Ve-
« alain, Vinot Hurel, et Robin la Hache,
« pour eux et procureurs des autres bour-
« geois et habitans dicelle ville de Bernay,
« ainsy qu'il a pareu par procuracion
« passée devant nous le vingt deuxiesme
« jour de febvrier, l'an mil quatre cens
« soixante et douze, et Jacques Erquem-
« bouc, escuier, Pierre Deslandes, Pierre
« d'Orbec, Guillemme Hebert, Jehan de
« la Porte, Pierres Siboult dictz Viergi-
« nes, Jehan Fessarddantz, lesquelz con-
« fessèrent des dictz discordz et procez
« avoir transigé et appointé par entre eulx
« jouxte et selon le contenu en une ce-
« dulle de pappier, de la quelle la teneur
« ensuit :

« Touchant les procez pendant ès assises
« de Rouen pour le faict des traiziesmes
« demandez par messieurs les religieux,
« appoincté est que, pour appaiser le des-
« cord, les dictz religieux auront et pren-
« dront pour une foys la somme de quatre
« centz livres tournois, que les habitans
« de la ville leur seront tenus paier de-
« dens Pasques en deulx ans, et avec-
« que ce, pour chacune acquisition qui
« sera faicte des heritages et rentes assises
« en cette ville et bourgeoisie de Ber-
« nay, les acquisiteurs seront tenus paier
« deux solz, dont le paiement sera escript
« par les dictz religieux ou leur commis
« sur chacunes lettres desdictz acquisitions,
« lesquelles lettres iceulx acquisiteurs se-
« ront tenus aporter dedens soixante jours
« ensuivans de leurs dictes acquisitions de-
« vant monsieur l'abbé, le prieur ou bailly
« de la dicte abaye, et en leurs absences
« au senechal, lieutenant d'icelluy ou l'un
« d'eulx, sur payne de quinze solz d'a-
« mende, et par les moiens les dictz reli-
« gieux accorderont eulx deppartir du dict
« procez meu et pendant entre eulx et
« aulcuns des dictz habitans ès assises de
« Rouen, et que pour le temps advenir ne
« du temps passé, ilz ne demanderont
« aulcuns traiziesmes à cause des dictes
« acquisitions faites en bourgaige, fortz
« seullement pour le temps advenir les
« dictz deux solz pour mercher les dictes
« lettres, avecques l'amende ou cas dessus
« dict.

« Item, pour le regard du moulin foul-
« leur dont il estoit question et procez sur
« une dolleance prinse par les foullons et
« drappiers en l'eschiquier de Normendie,
« appoincté que ung chacun des drappiers
« de la dicte ville ou aultre poura fouler
« ou faire fouler ses draps ou autres
« draps de dehors en sa maison en tel lieu
« qu'il voudra, pourveu que les dictz draps
« aient esté visitez et qu'ilz soient trovez

« bons et loyaulx, dont pour chacun d'i-
« ceulx draps, soient grans ou petis, sera
« paié aus dictz religieux, leur fermier ou
« commis six deniers, et afin qu'ilz ayent
« congnoissance des draps qui seront foul-
« lez et que les ditz religieux en puissent
« sans abbuz recouvrer leur droict, iceulx
« draps, après qu'ilz auront esté visitez
« par les jurez du lieu et ainsy qu'il est
« acoustumé et enssuyvant les ordon-
« nances, et au devant qu'ils soient moul-
« lez, seront signez d'un petit signet de
« plomb portant croche, et au cas qu'il y
« auroit aulcuns draps qui auroient esté
« mouillez sans avoir esté visitez et avoir
« eu le dit signet, en paieront pour cha-
« cun drap dix huit solz d'amende ; et à
« ce moien les dictz habitans ou mar-
« chandz affinans en ceste dicte ville ne
« seront subgetz, s'il ne leur plaist, faire
« sceller leurs dictz draps du grand seel
« qui soulloit avoir cours, et sans que
« pour deffault du dict grant seel l'en leur
« puysse donner aulcun empeschement ne
« les aproucher d'amende.

« Item, et combien que par le dict ap-
« pointement les dictz habitans puyssent
« fouller en leurs maisons et allieurs,
« toutesfois le moulin foulleur et place
« convenable pour dix huit vesseaulx avec
« la planche seront et demeurront en l'es-
« tat qu'ilz sont de present pour ceulx qui
« vouldront fouller, sans ce que les dictz
« religieux soient subgectz chaufer eaue
« ne querir chauldiere, mais entretyen-
« dront iceulx religieux pour le temps
« advenir la dicte maison, planche et dix
« huit d'iceulx vesseaulx, comme dessus,
« en estat à tousjours.

« Item, les dictz habitans seront sub-
« gectz de pourchasser le congé et vide-
« ment de cour et à leurs despens.

« Item, et pourront les dictz jurez aller
« visiter sur chacun des dictz habitans
« leurs draps en leurs maisons ; et ce les
« ditz habitans estoient reffuzans de les
« monstrer, ilz seront mis en amende.

« Lequel appointement les dictz reli-
« gieux, abbé et couvent, eu nom que
« dessus, et iceulx procureurs et autres
« bourgeois et habitans presens dessus
« nommez, promistrent tenir et avoir
« agréable, ferme et estable à tousjours,
« sans aller au contraire en aulcune ma-
« niere, et à ce obligèrent, c'est assavoir
« les dictz religieux tous les biens meubles
« et heritages de la dicte abbaye, et iceulx
« procureurs, bourgeois et habitans pre-
« sens tous les biens et heritages d'eulx
« et autres habitans de la dicte ville.

« En tesmoing desquelles chozes, nous
« avons scellé ces presentes du grand seel

« aux causes du dit baillage. Ce fu faict
« l'an et jour derrains dessus dictz.
« Ainsi signé :
« LUCAS. »
(Vid. de 1643, Arch. de l'Eure, fonds de Bernai.)

En 1563, l'abbaye de Bernai reçut un terrible coup. Emportées d'assaut par Coligny, la ville et l'abbaye furent pillées et brûlées par les protestants. En 1628, l'abbaye se releva de ces ruines. Sous l'administration de Hennequin de Villenoce, des moines de la congrégation de Saint-Maur vinrent s'établir dans les bâtiments restaurés.

Il nous reste un dernier fait à mentionner : c'est le long procès que la ville entreprit au XVIII° siècle contre l'abbaye, son ancienne suzeraine, au sujet du patronage de la paroisse. Bernai perdit sa cause ; mais la Révolution ne tarda pas à réformer le jugement en ruinant l'abbaye.

On trouve une vue de l'abbaye de Bernai prise du côté des jardins, dans le précieux recueil de gravures qui devait être joint au *Monasticum gallicanum* du P. Germain, et dont nous avons donné une notice dans le premier volume des Archives normandes. Le titre de cette vue est : *Regalis abbatiæ B. M. de Bernayo scenographia*. Le dessinateur s'est placé au midi, au delà du vivier qui servait de limite à l'enceinte des jardins. La maison d'habitation actuelle existait déjà. On nous a assuré qu'il y avait à Bernai, à l'époque de la Révolution, plusieurs exemplaires d'une vue beaucoup plus curieuse, parce qu'elle était antérieure à la reconstruction de ce bâtiment, ainsi qu'au remaniement de la partie supérieure et du portail de l'église. Nous n'avons jamais pu parvenir à nous en procurer un exemplaire.

Nous regardons la portion de l'église abbatiale de Bernai appartenant à la construction primitive comme l'un des plus anciens et des plus curieux édifices romans qui existent dans notre province, et nous pensons qu'elle doit dater du règne de Richard II, ou tout au moins de la première moitié du XI° siècle. La noblesse des proportions et la sévérité du style de la nef principale s'accordent avec l'histoire pour nous confirmer dans notre opinion. Ce serait, en effet, une grave erreur, au moins en Normandie, que de considérer de mauvaises proportions et un travail grossier comme un signe constant de haute antiquité dans les monuments du moyen âge. Nous n'y possédons, en fait d'architecture romane, rien qui soit empreint d'un plus beau caractère que la portion de l'église de Fécamp qui date du règne de Richard I°, c'est-à-dire de la seconde moitié du X° siècle. Il ne faut pas s'étonner si l'on retrouve dans l'abbaye de Bernai, qu'on peut considérer comme une colonie de Fécamp, quelque analogie avec un si parfait modèle : voyez par exemple les proportions des colonnes de la nef. Quant aux élégants motifs des chapiteaux, malheureusement défigurés plus tard par l'addition de chérubins postiches, ils nous paraissent encore d'un meilleur style (1).

Il n'y a pour ainsi dire que le noyau de cette église qui appartienne à l'édifice primitif ; le sanctuaire qu'on vient de détruire était gothique ; le portail moderne est du goût le plus misérable ; enfin, les moines auxquels on avait reproché durement, dans le XVII° siècle, l'inconvenance d'élever leur habitation au-dessus de celle de Dieu, remanièrent et exhaussèrent toute la partie supérieure de l'église pour faire cesser ce scandale.

La nef est composée de cinq arcades ; chacun des piliers est plat sur ses deux faces principales, à l'exception d'un simple tailloir qui en forme le couronnement ; il ne porte de colonnes qu'à sa partie antérieure et postérieure. Ces colonnes sont, comme nous l'avons dit, d'une fort belle proportion, ainsi que leurs chapiteaux, dont la disposition rappelle le chapiteau corinthien. Les détails en sont variés suivant l'usage de l'époque, mais sans monstres ni ornements bizarres. Nous avons déjà parlé du maussade enjolivement dont on les a chargés au XVII° siècle. L'arcade que ces colonnes supportent est décorée d'un boudin. Les arcades des collatéraux n'offrent qu'un simple ressaut, ainsi que les pilastres sur lesquelles elles reposent.

Le collatéral septentrional a été séparé de l'église pour former une écurie à l'usage de la gendarmerie. Dans le collatéral méridional, on remarque des portes à voûtes bizarres et curieuses, par lesquelles on communiquait autrefois avec le cloître. Nous en avons vu du même genre dans

---

(1) Nous avons remarqué encore plus d'analogie entre l'église de l'abbaye de Bernai et celle de Jumièges, qu'on peut regarder comme contemporaine, puisque les fondements en furent jetés vers 1040.

Nous devons noter un caractère que nous avons rencontré, non-seulement à Bernai et à Fécamp, mais encore dans la plupart de nos plus anciennes constructions ; il consiste dans l'épaisseur et dans le relief de la couche de mortier qui sépare les pierres. A Bernai, cette épaisseur est presque d'un doigt.

La partie conservée de l'ancien chœur se compose de deux arcades qui, par leurs belles proportions et la forme de leurs élégants claveaux, rappellent complètement les arcades romanes du chœur de Fécamp, que nous rapportons à l'époque de Richard I°.

plusieurs autres endroits, et particulièrement à Jumiéges.

A la place des fenêtres actuelles de la nef principale, il y avait autrefois une grande fenêtre romane au-dessus de chaque pilier, et deux autres petites fenêtres géminées au-dessus de chaque arcade.

Au haut de la voûte principale, qui est en bois, on voit des écussons en bois grossièrement peints qui paraissent avoir porté les armoiries des abbés successifs du monastère.

Les piliers de la croisée, fort différents de ceux de la nef, sont également romans.

Le transept nord, qui présentait des fenêtres entourées d'un cordon de billettes, est aujourd'hui en démolition. L'abside du collatéral existe; les chapiteaux sont romans, de formes très-variées et d'un style entièrement différent de ceux de la nef.

Au midi, le transept primitif subsiste et est terminé par une abside. La décoration de sa face occidentale est remarquable par une simplicité sévère et de bon goût. On retrouve à Jumiéges quelque chose de fort analogue dans la partie des transepts qui subsistent encore.

Le collatéral de ce côté a conservé sa décoration primitive, si ce n'est cependant que l'abside principale a été remplacée par une ogive. On y voit plusieurs chapiteaux remarquables, dont un surtout, le plus curieux par son inscription, la seule de ce genre qui existe à notre connaissance dans la province. L'intérêt que cette inscription inspire sous le rapport paléographique s'augmenterait bien puissamment si l'on possédait quelques données sur le compte de l'artiste qui a sculpté son nom. Malheureusement, son extrême brièveté et le défaut absolu de documents contemporains présentent bien peu de prise même à une conjecture. Nous ne pouvons néanmoins nous défendre de soupçonner que cet Izembard pourrait être le même personnage qu'Isembert, premier abbé de la Trinité-du-Mont-Sainte-Catherine, près Rouen. Orderic Vital nous le représente, liv. III (t. II, p. 95), comme un homme d'une merveilleuse habileté : « vir miræ peritiæ; » puis il nous explique vers quels objets se dirigeait cette habileté dans le détail qu'il nous donne des talents variés d'Osberne, l'un de ses élèves : « Erat « idem Osbernus.... ab infantia litteris « ad modum eruditus.... ingenio acer ad « omnia artificia, silicet *sculpendi*, fabri- « candi, scribendi et multa his similia fa- « ciendi. » Plus loin il nous apprend que cet Osberne avait été envoyé pour présider à la construction du monastère de Cor-

meilles. D'après les talents de l'élève, il est peut-être permis de conjecturer ceux du maître, et de supposer que non-seulement ce chapiteau, mais encore le plan de l'édifice pourraient avoir été l'ouvrage des pieuses et habiles mains de l'abbé Isambert.

Nous donnerons ici, à titre de document, la liste des abbés de Bernai :

1. Vital, moine de Fécamp. Il souscrit l'acte donné par Guillaume le Conquérant pour fonder le prieuré du Plessis-Grimould. Il assure à l'abbaye de Bernai, lors du concile de Lillebonne, en 1080, la possession de l'église de Bolbec. Il passe de l'abbaye de Bernai à l'abbaye de Westminster.
2. Osberne, religieux de Troarn. Il est élu par le roi Guillaume avec la permission de Jean, abbé de Fécamp, et sous cette condition qu'il deviendrait moine de Fécamp.
3. Robert Noé, mort en 1128 (1).
4. Nicolas, moine de Fécamp.
5. Richard Ier, moine de Fécamp, refuse de reconnaître la suprématie de Henri, abbé de Fécamp. En 1142, Arnoul, évêque de Lisieux, les réconcilia en ordonnant que les abbés de Bernai seraient pris dans l'avenir parmi les moines de Fécamp, ou parmi ceux de Bernai. — Mort vers 1169.
6. Goscelin, moine du Bec.
7. Guillaume Ier, du monastère du Bec, eut un procès avec Guillaume, abbé du Vœu.
8. Second, mort en 1203.
9. Richard II de Moiaux, vivait encore en 1210.
10. Gautier eut une contestation, au sujet des dîmes de Tosni, avec les moines de Conches, auxquels elles furent adjugées en 1226.
11. Guillaume II, mort en 1227.
12. Laurent Ier le Trecalier, mort en 1264.
13. Gillebert Chouquet, moine et aumônier de l'abbaye de Bernai.
14. Guillaume III, présent à la dédicace de l'église du Bec, en 1342.
15. Etienne, mort le 11 janvier 1367.
16. Guillaume IV Viard, existait encore en 1375.
17. Gui de Roffinhac, abbé de Bernai en 1389.

(1) Nous craignons que les auteurs du *Neustria pia* et du *Gallia christiana* ne se soient trompés en plaçant cet abbé au XIIe siècle. Nous sommes portés à croire qu'il vivait au XIVe, peut-être mourut-il en 1328.

18. Begon de Murat, d'une noble famille d'Auvergne.
19. Bertrand de Saint-Bausille, abbé le 4 septembre 1406.
20. Pons Pignon, destitué en 1422.
21. Simon Ier de Gonnette, élu le 23 juin 1422, mort en 1463.
22. Guillaume V de Flocques, depuis l'année 1447 évêque d'Evreux, mort le 23 novembre 1464.
23. Richard III Boschage, prête serment au roi le 4 mai 1465, mort en 1476.
24. Jean de la Chapelle, abbé en 1481, mort le 13 juin 1488.
25. Simon II de Sallois, abbé en 1492 et 1497.
26. Louis des Haulles (1499-1524) orna l'église de l'abbaye de peintures et et de sculptures excellentes.
27. François Bohier, doyen de Tours.
28. Antoine Vialart, abbé de Bernai, devint archevêque de Bourges en 1572.
29. Thomas Bohier, seigneur de Nazelles, doyen de Tours, abbé et baron de Bernai en 1576.
30. Aimar Hennequin, mort en 1596, évêque de Rennes.
31. Jérôme Hennequin, évêque de Soissons.
32. Drogon Hennequin dit de Villenoce, introduisit en 1628 les moines de la congrégation de Saint-Maur dans l'abbaye de Bernai. — Mort en 1651.
33. François ou Henri Feydeau de Brou, mort en 1666.
34. Léon Potier de Gesvres, cardinal archevêque de Bourges, mort en 1744.
35. Jean-Baptiste-Joseph Languet de Gergy, nommé en 1745; mort en 1750.
36. N. de Poudens, nommé en 1754.

Le tableau sommaire des Archives de l'Eure, dressé par M. l'abbé Lebeurier, signale un assez grand nombre de pièces concernant l'abbaye de Bernai : « *Abbaye de Bernay.* — Titres généraux. — Chartes et titres de propriétés situées sur les paroisses d'Amfreville-sur-la-Mer, Canon, Capelles-les-Grands, Courbépine, Courtonne-la-Ville, Fontaine-l'Abbé, Gondicourt, Grandcamp, Menneval, Moyaux, Notre-Dame-de-l'Isle, le Planquay, Plainville, Saint-Aubin-du-Thenney, Saint-Aubin-le-Vertueux, Saint-Clair-d'Arcey, Saint-Marcel, Saint-Mards-de-Fresnes, Saint-Michel-de-Bolbec, Saint-Michel-de-Montmilon, Saint-Nicolas-du-Bosc-l'Abbé, Saint-Victor-de-Chrétienville, le Theil-Nolent et Valailles. — Inventaires des archives. — Terriers de Plainville. — De 1061 à 1789. — 2 reg., 20 liasses, 12 plans. »

IV.

A l'origine, les habitants qui avaient leurs demeures groupées autour de l'abbaye ne possédaient point d'église. Ils acquirent, par lettres et titres, le droit d'être admis dans une des chapelles de l'abbaye consacrée à saint Benoît. Plus tard, les religieux en firent construire une indépendante qui devint église paroissiale en 1281. Ils y placèrent un vicaire et l'administrèrent suivant leurs droits de seigneurs et de patrons. Cette église « fut « du tout destruhe, » en 1357, « par le « fait des guerres, pour ce qu'elle estoit « trop prouchaine de notre fort, » comme dit Charles le Mauvais. L'abbé de Bernai et les paroissiens demandèrent au roi de Navarre l'autorisation de relever ladite église dans un lieu qui fût plus convenable. « Considérant le bon propos et la « dévocion desdis supplans, qui longue- « ment ont esté en grant désolacion, pour « la destruction de la dite église, qui ad- « vint sens leur coulpe, » Charles accorda l'autorisation demandée en mars 1372. Une transaction intervint entre l'abbé et le couvent de Bernai, d'une part, et les paroissiens de la paroisse de Sainte-Croix de l'autre, pour régler les droits et les charges respectifs des parties, dans cette affaire :

« Comme débat et descord eust longue- « ment été entre les religieuses personnes « et honnêtes, l'abbé et couvent de Notre- « Dame de Bernai, d'une part, et les ha- « bitants et paroissiens de la paroisse de « Sainte-Croix de Bernai, d'autre ;

« Sur ce que les dits paroissiens disaient « et maintenaient que les religieux deb- « vaient et étaient tenus de refaire et édi- « fier tout de nouvel l'église de la dite « paroisse, laquelle dès l'an LVII ou envi- « ron fut abattue pour le fait de la forte- « resse du dit lieu de Bernai, et de ce en « alléguent certains titres, tant de lettres, « que de si longue possession et saisyne « qu'il n'en est mémoire du contraire ; « par lesquelles lettres disaient avoir droit « du temps ancien en la propre église « d'iceux religieux pour y être reçus et « administrez des sacrements de Ste Église, « et ouïr le divin service, comme en l'é- « glise paroichial, au lieu que l'on dict « l'hautel de St Benoît ; et que en la dite « église ils avaient leurs cloches pour son- « ner leurs heures, desquelles cloches ils « usaient encore du temps présent, et com- « bien que depuis en faveur desdits reli- « gieux leur eut été baillée la dite église « Ste Croix toute édifiée, aux dépens

« d'iceux religieux ou de leurs prédéces-
« seurs qui pour le temps étaient, laquelle
« église les dits religieux debvaient tenir
« en état de couverture, comme de ver-
« rières et autres choses et quérir toutes
« choses convenables et nécessaires pour
« le divin service, si comme leurs orne-
« ments, calices, chasubles, livres, pain
« et vin chanter, sel et feure en hyver
« et herbe en esté (1) et autres choses
« qui y fallaient subvenir dûment, leur
« droit tout sauf de revenir en la propre
« église d'iceux religieux comme en leur
« église paroichiale, jusques à tant que
« iceux religieux eussent réedifié la dite
« église de Ste Croix et mise en état d'é-
« glise paroichial pour les dits parois-
« siens et habitans.

« Les dits religieux disant au contraire
« que à la dite église refaire ils n'étaient
« tenus, supposé que ainsi fut, que une
« fois la dite église Ste Croix eut été
« baillée toute édifiée par leurs prédéces-
« seurs aux dits habitans; que par leur
« fait ne par leur deffaut n'avait été
« abattue, et n'étaient en rien tenus du
« fait.... Mais feissent les dits habitants
« refaire la dite église et ils l'entretien-
« draient volluntiers en état de couver-
« ture et y querroyent les choses néces-
« saires à faire le divin service, et aussi
« le cierge bénoist opposant (?) chaque an
« comme autrefois ont fait, parmy ce que
« les dits habitants et paroissiens payaient
« en temps passé et payeront à l'avenir
« par chacun feu ung denier par an pour
« le fait de la dite couverture et ung de-
« nier chacun feu pour le cierge bénoist;
« ne n'avaient les dits habitans aucun
« droit en leur église, que une fois en
« avait été ordonné par nommé saint
« Pierre (?), en leur baillant le dit lieu de
« l'église Ste Croix, en laquelle il voulut
« et établit que il eut vicaire pour admi-
« nistrer aux dits habitans le divin ser-
« vice; et ce que les dits habitans disaient
« de leur sonnerie ou cloches et autres
« choses que les dits religieux ont ac-
« querré par la dite église paroichial, ne
« sceussent riens que ce furent choses qui
« à cause de seigneurie furent retenuz et
« donnez aux dits religieux, et ont été
« iceux gouvernez des maintenus soubs la
« seigneurie des dits religieux par si long
« qu'il suffit à prescription de tems avoir
« acquise par la franchise de leur église...

(1) Pour se rendre compte de ces derniers termes, il faut savoir qu'alors, même dans les églises de Paris, les plus riches bourgeois devaient porter leur siège à chaque office ou s'asseoir, comme le reste des fidèles, sur la paille en hiver et sur l'herbe en été.

« Finalement après toutes ces choses don-
« nées et maintenues d'une part et d'autre,
« les dites parties c'est à savoir les dits
« religieux ayant pitié et compassion de
« la désolation et destruction de la dite
« église paroichial dont ils sont seigneurs
« et patrons, et les dits paroissiens et habi-
« tans considérants les périls et notables
« deffautx qui peuvent advenir sur eulx et
« sur leurs enfans pour ce qu'ils n'ont lieu
« ou habitation où le divin service ne les
« sacrements de l'Eglise se puissent être
« faits honorablement, se sont descendus
« à voyc de traité et accord par le moyen
« d'aulcuns de leurs amis en cette ma-
« nière.... »

Voici en deux mots les conditions de la transaction :

Un bourgeois de Bernai, Belot Taille-fer, écuyer, donna en pure aumône la plus grande partie des maisons et des terrains sur lesquels les paroissiens de Sainte-Croix s'engagèrent à construire à leurs frais une église et à employer ce qui resterait du terrain donné par Belot Taillefer à l'érection d'un cimetière. Ils se réservaient le droit de fournir et de donner tout ce qu'ils jugeraient nécessaire pour le service divin, et le droit d'avoir deux cloches pesant chacune 100 livres.

D'autre part, les religieux promirent cinquante beaux arbres et le bois néces-saire pour la maison de la charité. Ils renonçaient aux droits résultant de leur seigneurie et de leur juridiction tempo-relle, mais conservaient ceux qui décou-laient de leurs qualités de patrons (mars 1372).

Deux ans après (avril 1374), Charles confirma la donation et approuva les plans et projets des paroissiens de Bernai.

« A tous ceulx qui ces presentes lettres
« verront ou orront, Robert Ogier, prestre,
« guarde, pour le roy de Navarre, Monsei-
« gneur, du seel des obligations de la
« viconté d'Orbec, salut. Sachez que par
« devant Guillaume Floury, clerc tabellion
« et juré en ladite viconté, eu siège de
« Bernay, fut present en sa personne, si
« comme ledit juré nous a tesmoigné,
« Belot Taillefer, escuier, meu em pittié
« et en devocion, lui bien certains et
« avisey de son fait et pour son prouffit,
« si comme il disoit, qui de sa bonne
« volenté, sanz aucun pourforchement,
« recongnut et confessa que, pour Dieu et
« en omosne et pour le salut et sauvement
« de son ame, de son père, de sa mère,
« de son ael, de son aelle, de tous ses
« bienfaicteurs et amis, et pour faire et
« redrechier l'edeffiement de l'eglise de la
« paroisse de Sainte-Crois de Bernay, il

« avoit donné, octroié, quittié et delessié
« affin de heritage perpetuelment à tous
« jours mez à honnourable homme et sage
« maistre Pierre du Tertre, conseiller du
« roy de Navarre, mondit seigneur, et
« cappitaine de sa forteresche et ville de
« Bernay, à Monsieur Guillaume Havart,
« à Monsieur Robert Lasnier, prestres, à
« Jacquet Poignant, à Jacquet Duvallet,
« Andrieu le Vieil, Robert Hachine, Jehan
« Mustel, Rogier Anbery, Guiesfroy du
« Coudrey, Jouen le Courveour, Pierres
« de Corneville, Raoul la Hache, Robert
« du Bosc, Guillaume Pouppart, Guil-
« laume Laurens, Henry du Val, Jehan
« Baudron, Laurens Beauvallet, Colin
« Bailleul, Pierres de la Mare, Jehan Du-
« rant, Colin Loye, Jaquet Quevillon,
« Guillaume de la Croiz, Ricard Pappeil-
« lon, Robert Boudet, Raoul le Hardy,
« Guillaume Guosselin, et à Robert Ha-
« rene, tant pour eulx comme pour tous
« les bourgois, parroissiens et habitans de
« la dite paroisse de Sainte-Croiz de Ber-
« nay, c'est assavoir un manoir avec les
« maisons, les edeffices, ovec le gardin,
« arbres, murs et closturos dessus estans;
« si comme le tout se porporte en lonc
« et en ley, assis en la dite parroisse, jouxte
« la ruelle Taillefer, d'une part, et la ri-
« vière courant, d'autre part; aboutant
« sur le quemin du roy d'un bout et
« d'autre, sanz ce que le dit Belot, ses
« heirs, ne nul aultre qui ait cause de lui,
« puisse jamez aucune chose demander ne
« reclamer en dit manoir. Et pour yceu
« les dessus dis nommées, tant pour eulx
« comme pour tous les bourgoiz, par-
« roissiens et habitans de la dite parroisse
« et pour leurs successeurs, vouldrent et
« accordèrent audit Taillefer, que lui, son
« père, sa mère, son ael et son aelle, tous
« ses bienfaiteurs et amis, soient accueil-
« liz et aient particippation en toutes les
« messes, bienffaiz, prières et oroisons
« qui, perpetuelment à tous jours mès
« pour le temps avenir, pourront estre
« chantiez, celebreez, faites ou dites par
« chascun jour en la dite église de Sainte-
« Croiz de Bernay, et en oultre les dessuz
« desnommées, tant pour eulx comme
« pour tous les bourgoiz, parroissiens et
« habitans de la dite parroisse, et pour
« leurs successeurs, promistrent et enco-
« venancherent au dit Belot Taillefer, que
« lui et ses heirs aront, prendront et apper-
« cevront par chascun an, em perpetuité
« pour le temps avenir, en la dite église
« Sainte-Croiz, une messe de *Requiem*
« solempnel, à diacre et souz diacre; la-
« quelle messe les tresoriers de la dite
« parroisse qui pour le temps seront feront
« chanter pour l'ame dudit Belot, de son
« père, de sa mère, de son ael, de son
« aelle, de tous ses bienfaitteurs et amis,
« par chascun an, le jour de la feste sainte
« Katherine, dont le premier terme du
« chanter la dite messe commenchera lo
« jour de la feste sainte Katherine prochen,
« la quelle messe sera poiée au prestre qui
« pour le temps chantera par la main
« des diz tresoriers du tresor de la dite
« eglise. Lequel manoir, maisons, jardin,
« arbres, murs et closturcs dessus estans,
« le dit Taillefer promist, tant pour lui
« comme pour ses heirs, aux dessus dis
« nomméez, tant pour eulx comme pour
« tous les bourgois, parroissiens et habi-
« tans de la dite parroisse de Sainte-Croiz
« de Bernay et à leurs successoirs, delli-
« vrer, garantir et deffendre contre tous
« et envers tous pour chinq soulz de rente,
« venant chascun an en la main de relli-
« gieux homes et honestes l'abbé et le con-
« vent de Bernay, pour toutes rentes, et
« eschangier aillours en son propre heri-
« tage en mielx apparoissant par la cous-
« tume de Normendie, se mestier en estoit.
« Et à ce fare fut presente Guillette de-
« guerpie feu Belot Le Melle, aelle du
« dit Taillefer; la quelle prenoit et apper-
« chevoit en dit manoir la tierche partie,
« à cause de douere de la succession de
« feu Henry Taillefer, jadis son mari et
« ael du dit Belot; laquelle deguerpie,
« meue em pittié et en devocion, recon-
« gnut et confessa sans contraignement
« d'autruy que elle avoit quittié et deles-
« sié aux dessus dis nomméez, tant pour
« eulx comme pour et en nom que dit
« est, tout et tel droit comme la dite de-
« guerpie peust prendre, lever et apper-
« cevoir eu dit manoir, tant à cause de
« douere comme aultrement, sans ce que
« lie ne ses heirs, ne nul qui ait cause de
« lie, y puisse jamez aucune chose de-
« mander ne reclamer, c'est assavoir affin
« que elle soit particippant ès dites messes,
« bienffaiz, prières et oroisons qui, pour
« le temps avenir, pourront estre chan-
« teez faites ou dites par chascun jour en
« la dite eglise. Et quant à ceu que dessus
« est dit tenir sanz aller au contrare,
« et pour rendre tous cous, mises, despens
« et domagez qui fez et soustenus se-
« roient par deffaut de garantie ou......
« ce que dessus est dit..............
« le pourteur de ces lettres scroit creu par
« son serement au resgart de justice, les
« dessus diz Belot Taillefer et la dite de-
« guerpie, en tant comme à chascun
« touche ou peut toucher, obligèrent culx,
« leur heirs et tous leur biens et de leurs
« heirs, meubles et heritages, presens et à

« venir, où qu'il soient, à vendre ou à
« despendre, se mestier en estoit, et leurs
« corps à tenir em prison, se eulx alloient
« au contraire, et renoncèrent à toutes les
« choses de fait, de droit et de coustume,
« tant en general comme en especial, par
« quoy la teneur de ces lettres pourroit
« estre empeschie, en tout ou en partie, en
« aucune manière. En tesmoing de ceu,
« nous, à la relacion du dit tabellion, avon
« mis à ces lettres le scel dessus dit, sauf
« autruy droit. Ce fu fait l'an de grace mil
« ccc soixante et douze, vint et huit jour
« en mois de may. »

« Charles, par la grâce de Dieu, roy de
« Navarre, conte d'Evreux, savoir fai-
« sons à touz presens et avenir, que nous
« avons veu unes lettres passées par les
« gens de notre conseil, seellées de notre
« scel secret, contenans de mot en mot la
« forme qui s'ensuit : « Charles, par la
« grace de Dieu, roy de Navarre, conte
« d'Evreux, savoir faisons à touz presens
« et avenir, que, comme nos amez les par-
« rociens de Sainte Croiz de Bernay nous
« aient fait exposer que, en une place et
« maison assise au dit lieu, ilz ont vo-
« lenté et entencion de reediffier la dite
« eglise de Sainte Croiz, qui pieçà fut du
« tout destruite par le fait des guerres,
« pour ce que elle estoit trop prouchaine
« de notre fort, et de y faire habitacion
« convenable et honeste à celebrer le ser-
« vice divin, eue sur ce l'auctorité et li-
« cence de nous ; laquelle a esté retenue
« et reservée par nos amez et feaulx les
« religieux, abbé et convent dudit lieu de
« Bernay et par les parrociens dessus diz,
« en faisant un accort passé entre eulx sur le
« fait de la dite église, si comme ils dient.
« Supplians que nous voulsissions la dite
« licence et auctorité octroier avecques la
« dite maison et place einsi comme elle se
« comporte en lonc et en ley, tenant d'un
« costé à la rivière du moulin folerez, et
« d'autre costé à la ruelle Taillefer, abou-
« tissant pardevant à la rue aux Juifs et
« parderrière à la rue de l'Estre, faire
« habile pour tant comme il nous touche,
« à ce que ilz puissent seurement édifier,
« et sanz reprise, et que les dites places
« et maison, avec une autre place que l'en
« souloit dire la maison Barbe, et tant
« comme il en y a du lonc du cimitière
« ancien à la largeur du lieu où la dite
« maison Barbe souloit seoir, aboutissant
« à la dite rue de l'Estre, fussent d'orez
« en avant du tout delessiez à l'usaige de
« la dite église et du cimitière d'icelle ;
« nous, considerans le bon propos et la
« devocion des diz supplians, qui longue-
« ment ont esté en grand desolation,
« pour la destruction de la dite eglise,
« qui advint sanz leur coulpe, leur avons
« octroié et octroions de grace especial,
« et pour estre adjoins et participant ès
« prières et oroisons et autres bonnes
« œuvres charitables qui seront faites en
« ceste partie, lesdites licence et aucto-
« rité, et les dites place et maison à
« l'usaige de la dite église, avecques
« l'autre place dessus designée pour l'u-
« saige du cimitière, avons amorti et
« amortissons de notre dite grace et en
« pure aumosne, voulans que les diz sup-
« plians et leurs successeurs, et tous au-
« tres à qui il puet appartenir, en joissent
« à tous jours et perpetuelement comme
« de chose amortie, sans ce qu'ilz soient
« ou puissent jamais estre contrains à les
« vendre, aliener ou mettre hors du dit
« usaige ; et par la teneur de ces lettres
« donnons congié et licence aux dits reli-
« gieux de le faire semblablement pour
« tant comme il les puet touchier, à cause
« de leur fyé ou basse seignorie ; man-
« dons à noz bailli d'Evreux et vicomte
« d'Orbec et autres quelconques officiers
« qui sont et seront pour le temps avenir,
« et à chascun d'eulx ou à leurs lieute-
« nants, que de notre presente grace ilz
« facent et lessent les diz parrociens joir
« et user à tous jours, et ne les molestent
« ou sueffrent estre molestés au con-
« traire. Et que ces choses soient per-
« petuelement fermes, nous avons fait
« mettre notre seel à ces presentes, don-
« nées l'an de grace mil trois cens soixante
« et douze, ou moys de mars ; et estoient
« ainsi signées, par le roy à la relacion du
« conseil, ou quel estoient monsieur d'A-
« vranches (*l'évêque d'Avranches*), maistre
« Jehan Beauffes, maistre Pierre du Ter-
« tre, le tresorier, et plusieurs autres
« du dit conseil et Greve. Lesquelles lettres
« dessus transcriptes nous loons, appro-
« vons, rattifions et confermons par la
« teneur de ces presentes, et, se mestier
« est, de nouvel octroions. Et que ce soit
« ferme et estable perpetuelment, nous
« avons fait mettre notre seel à ces pre-
« sentes, sauf en autres choses notre droit
« et l'autruy en toutes. Donné ou mois
« d'avril, l'an de grace mil trois cens
« soixante et quatorze. »

Lorsque Bernai fut enlevé au roi de Navarre en 1378, les habitants s'adressèrent à Charles V pour obtenir la concession d'un terrain nécessaire à la restauration de l'église Sainte-Croix : le roi de France fit droit à la demande le 17 avril 1379 :

« *Admortizatio cujusdam platie site in villa de Bernay, pro faciendo edificari quamdam ecclesiam habitantibus dicte ville facta.*

« Charles, etc., savoir faisons à touz presens et avenir, à nous de la partie de noz bien amez les habitanz de la ville de Bernay avoir esté humblement supplié comme pour faire et edifier une eglise parrochial de Saincte Croix, en la dicte ville de Bernay, pour la leur, qui par le faict des guerres fu pieça destruite et mize ès fossez de la forteresse du dit lieu, nous leur vueillons de nostre grace amortir une place et maison assise en la dicte ville, joignant d'un costé à la rivière d'un moulin foulerez, et d'autre costé à la ruelle Taillefer, aboutissant du chief de devant à la rue aux Juifs, et par derrière à la rue de l'Estre, avec une place que l'on souloit dire la maison Barbe, et tant comme il en y a du long du cimetiere ancien à la largeur du lieu où la dicte maison Barbe souloit seoir, aboutant à la dicte rue de l'Estre, lesquelles places, données à l'usage de la dicte eglise et du cimetière et pour ycelle faire, contiennent en tout demy acre et quatre perches de terre ou environ ; et nous inclinanz à la supplication des diz habitans en ceste partie, pour contemplation du service divin qui perpetuellement sera fait et célébré en la dicte église, à ce que nous y soions participanz, de nostre certaine science et grace especial et royal auctorité, lesdites places avons amorti, et par la teneur de ces presentes amortissons, et voulons que elles soient et demeurent à tousjours en l'usage de la dicte eglise et du cimitière, comme chose amortie et bien dediez aux choses divines, senz ce que les curez ou parroissiens de la dicte église soient tenuz ne contrains de ycelles vendre, aliener ou mettre hors du dit usage de l'eglise ou temps à venir, parmi certaine finance moderee qu'il seront tenuz de nous paier ceste foiz seulement à l'ordenance et moderation de noz conseillez sur le fait du domaine et tresoriers à Paris, aus quelx et à touz noz autres justiciers et officiers presens et avenir, et à chascun d'eulx, si comme à lui appartendra, ou à leurs lieuxtenans, nous donnons en mandement que de nostre presente grace lessent et seuffrent les diz habitans, parroissiens et curez du dit lieu de Bernay, qui sont et seront, joir et user paisiblement, sans les empeschier, au contraire, en aucune maniere ou temps avenir. Et pour ce que ce soit chose ferme et estable à tousjours, nous avons fait mettre notre seel à ces presentes, sauf en autres choses nostre droit et l'autrui en toutes. Donné à Paris, le xviiᵉ jour du mois d'avril, l'an de grace m. ccc. lxx. ix, et de notre règne le xviᵉ.

« Par le roy :
« P. Cadaret. »

Une pièce sans date, mais évidemment de la fin du xivᵉ siècle (Arch. de l'Eure, fonds de Bernai), fait mention des droits, revenus et émoluments qui étaient perçus dans l'église Sainte-Croix.

« Les drois, revenus, emolumens que prennent, aperchoivent et ont acoustumé prendre en l'eglise de Sainte-Croix de Bernai de tel temps quil n'est mémoire du contraire.

« Premierement, ovec le curé ou vicaire du dit lieu, la moitié de toutes les offrendez des trespassez, tant en chire que argent, tant en remembranches, semeax que autrement ; et la sepulture demeure franche pour le curé.

« Item, en espousailles, les offrendes, sauf que le curé prent les torcheis ou grosses chandelles qui sont offertes de la bru et du brumen et lez deniers qui sont offers avec.

« Item, les offrendes des fames relevées et des esmesailles, sauf que le curé prent l'offrende de la fame qui vient relever ou esmesser, le denier, la chandelle et le pain de la relevée, et lez pains des esmessées se partent par my.

« Item, les offrendes du dimenche et de touz lez autres jours ensuivans, se aucunes en y a, tant en chandelles que argent, sauf que sur ce prent le curé iiii chandelles à son chois, au jour de samedi pour dire vespres, et quatre deniers au jour du dimenche pour dire sa messe. » (Arch. de l'Eure, fonds de Bernai.)

La nouvelle église fut considérablement agrandie vers 1497. Les paroissiens de Sainte-Croix demandèrent et obtinrent de l'abbaye et des religieux, seigneurs de la baronnie de la ville, moyennant 25 livres tournois, l'autorisation de s'étendre sur la ruelle Taillefer, qui dépendait de la baronnie et était sujette à redevance. On construisit une tour solide qui existe encore aujourd'hui, et se terminait par une flèche recouverte de plomb, haute de 32 à 34 mètres et d'un travail exquis. Cette flèche s'écroula le 3 juillet 1687, et entraîna dans sa chute la plus grande partie de la nef.

En 1563, les églises de Bernai furent pillées et brûlées par les protestants. Il est probable que l'église de Sainte-Croix ne fut pas entièrement détruite, car elle paya 400 livres en 1596 pour racheter ses cloches, adjugées à Prevost, maître de l'artillerie du duc de Montpensier.

La charité de Sainte-Croix de Bernai fut fondée par Guillaume VI d'Estouteville, évêque de Lisieux, le dixième jour de décembre 1400. La charte de fondation fut vidimée par Charles VI, roi de France. Les statuts de cette confrérie sont identiques aux statuts de la charité de Notre-Dame de la Couture, que nous donnons plus loin. La charité de Sainte-Croix de Bernai possède encore un manuscrit in-folio commencé en 1518. Nous y trouvons mentionnés des faits et des personnages qu'il importe à l'histoire locale de ne point laisser tomber dans l'oubli :

1555. Jehan Jamet, sergent royal et heredital.

1562. Année de crainte et de souffrance à cause des heresies qui estoient par le monde.

1567, 1568. Maistre Jehan Liberge, escuyer; damoiselle Jehanne du Haultier, sa femme.

1569. Lemenu, sieur d'Esperande, échevin; sa femme est nommée Jehanne Le Hault.

1571. Robert Pipperey, greffier.

1574. Ne trouve la postérité
Maulvais ce qui est récité
Cy après. Sachent toutes gents
Que l'an de grace mil cinq cents
Septante et quatre justement,
Propre jour du Sainct Sacrement,
Le dixiesme de juing pour vray,
Par ceste ville de Bernay,
Passa bien hontex et marry
Le conte de Montgommery,
A tout mal très expert et prompt,
Qui tenoit fort dedens Domfront,
Et chef des huguenots estoit;
Lequel à Paris on menoit
Pour recepvoir pour son grand vice
Quelque sentence de justice,
Telle qu'il avoit méritée.
La ville lors feust si troublée
Voire et recut un tel dommage
A loger le grand équipage
De gents de pied et de cheval
Qui menoient ce faulx desloyal,
Qu'on ne pent faire l'eschevin;
Mais lendemain, jour Sainct Urain,
Guillaume Guerin, bon bourgeois,
Par la pluralité des voix,
Feut en ceste office posé,
Et mesme Claude Desboysé
L'office de prevost receut;
Pourquoy Taurin Desportes eut
Connes avec un grand honneur.
Car il estoit bon serviteur.

1576, 1577, 1578 et 1579. Maistre Guillaume Bucaille, procureur pour le roy nostre sire et de Mgr le duc en la vicomté de Monstereul et Bernay; Marie, sa fille.

1582. Maistre Pierre Hardy, advocat pour le roy et de Mgr le duc, en la vicomté de Monstereul et de Bernay.

1586. Maistre Henry Liberge, vicomte de Monstereul et Bernay, et de Plasnes et de Eschanfroy; Catherine, sa femme.

Maistre Robert Lamperiere, recepveur des tailles et aydes pour le roy nostre sire, à Bernay.

Maistre Jehan Duclos, lieutenant général du bailliage d'Allençon, en la vicomté de Monstereul et Bernay.

Maistre Remy Monnay, sergent baronnal.

Maistre Pierre Couet, sergent royal en ceste vicomté d'Orbec.

1587. Maistre Henry Liberge, en son vivant vicomte de Bernay et Monstereul, et lieutenant du bailly de Mauny, en la vicomté de Plasnes et Eschanfroy.

Maistre Jehan Duclos (*sicut supra*), et à présent lieutenant général du bailly de Mauny, en la vicomté de Plasnes et Eschanfroy.

Maistre Robert Lamperiere, recepveur des aydes et tailles pour le roy, en ceste ellection de Bernay.

Maistre Jehan Alais, lieutenant civil et criminel en la vicomté de Bernay et Monstreul.

Noble homme Nicolas de Malleville, sieur de Campeaux, et damoiselle Magdalene Le Bottey, sa femme.

1588. Nicolas le Sueur, controolleur du magasin à sel de ce lieu de Bernay.

1590. L'an quatre vints et dix après cinq cents et mille,
Que ce royaume estoit par la guerre civile
Presque tout renversé, les frères de ce lieu
N'ont pour cela laissé le service de Dieu,
Non que le souvenir de la perte receue
En l'an quatre xx neuf, qui fut par la venue
Du duc de Montpensier, en debauchast quelqu'un,
Ny quand ce duc revint (mal plus grand à chascun)
En juillet l'an d'après avec gendarmerie
Battre ce pauvre bourg de grosse artillerie,
Et qui fut prins d'assaut auprès maints coups portés,
Où furent des deux pars plusieurs soldats tués.
Alors chacun sentit combien, ô chose inique,
Peut apporter de maulx une fureur bellique.
Ces frères toutefoys, malgré tous les malheurs
Du temps, à bien servir s'eschaufent en leurs cœurs,
Ressemblant à la palme au faix qui ne s'abaisse,
Mais plus chargée elle est, plus vers le ciel se dresse.
Bref, tant bien on a faict de servir son debvoir,
Que le moindre d'iceulx méritoit recepvoir
Autant bien que le grand ceste verde livrée
Que tous les ans on voit pour marque estre livrée
De mille fleurs couverte à l'un des mielx servants,
Au jour de Feste-Dieu, affin que l'an suivant
Tes cœurs soit le chef. Cy dessous en ce livre
Ces frères sont escripts, qu'un jour puissent-ilz vivre
Hault montez au ciel ensemble avecques Dieu,
Après avoir fini leurs ans en ce bas lieu!

1598, 1599 et 1600. Pierre Liberge,

escuier, sieur d'Esperande; damoiselle Marie, sa femme.

Guillaume Bucaille, sieur du Buisson.

1599. Pierres Hardy, sieur des Perreaulx.

1605, 1606, 1607 et 1608. Noble homme Loys de Malleville, sieur de Toussue.

1609. Noble homme Francoys Liberge, sieur du Tilleul; damoiselle Marie de Belleau, sa femme.

1620 et 1624. Maistre Hemery Liberge, lieutenant général de M. le bailly de Mauny en la vicomté de Plasnes; damoiselle Charlotte, sa femme.

1624 et 1627. Maistre Sanson Dupuis, conseiller du roy, vicomte de Bernay et Monstreul.

Mortel, à nos despens apprends ta destinée :
De l'estrange accident une funeste année
Tu verras nos pechez très justement punis,
Et tes maux (si tu veux) par les nostres finis.
Après un peu de guerre et un peu de famine,
Pour combler nos malheurs la vengeance divine
Nous envoia la peste, et par un triste sort
Mit un nombre très grand de citoiens à mort.
Mais aussitost que Dieu sur ces pauvres victimes
Exerçoit sa justice en chastiant leurs crimes,
Sa bonté suscita, par un trait merveilleux,
De pieux chappelains, des frères généreux,
Qui sans craindre la mort hasardèrent leur vie
Au milieu du danger, n'ayant point d'autre envie
Que de glorifier Dieu : estoient-ils advertis,
Couroient et par miracle ont été garantis.
Les noms des chappelains, des commis et des frères
Méritent d'estre escrits d'éternels caractères.

1653. Francoys Liberge, escuier, vicomte de Plasnes.

1672. Messire André de Mainteternes, sieur de Familly, escuier, recepveur des tailles; dame Marie du Fey.

1740. Anthoine d'Irlande, escuyer, sieur du Bourg-Lecomte; Henriette le Prevost, sa femme.

1743. Maistre François Mutel, sieur de Boucheville.

V.

L'église de Notre-Dame de la Couture a été au moyen âge l'objet d'un pèlerinage important. Suivant une tradition fort ancienne, un berger, menant paître ses moutons, remarqua qu'un d'entre eux grattait la terre, près d'un buisson, avec une persistance singulière. Il fouilla, et trouva une statue en bois de la Vierge. A cet endroit même, on construisit une chapelle qui dans la suite fut érigée en église paroissiale et appelée *Notre-Dame de la Couture*. Pour perpétuer la mémoire du miracle, les jeunes garçons de Bernai avaient formé une confrérie, et chaque année ils allaient prendre un mouton à la ferme de la Madeleine, le promenaient trois fois autour de la ville, et le mangeaient ensuite dans un joyeux festin.

L'abbé Le Bertre, dans un petit ouvrage intitulé : *Abrégé des miracles de Notre-Dame de la Couture de Bernay, avec sa merveilleuse édification* (Rouen, 1667), dit que cette église a pris son nom « de ce qu'elle est bâtie au bout d'un champ, hors les murailles de la ville : « Beata Maria de Cultura Bernaii. »

A l'histoire du pèlerinage de Notre-Dame de la Couture se rattache la pièce suivante. C'est une permission accordée en 1448 par Thomas Basin, évêque de Lisieux, de conserver dans l'église de la Couture un reliquaire renfermant des cheveux de la Vierge. Ce reliquaire doit avoir exercé une grande influence sur le pèlerinage de Notre-Dame de la Couture.

« Universis presentes litteras inspectu-
« ris, Thomas, miseratione divina, Lexo-
« viensis episcopus, salutem in Domino
« sempiternam. Cum canente sanctissimo
« propheta David Dominum in Sanctis suis
« laudari debere et ipsis debita veneratio-
« nis obsequium impendere, multo for-
« tiori racione nos ad ejus venerationem
« devotam obligatos esse censere debe-
« mus que nobis ex suo alvo sanctissi-
« mo, Spiritu Sancto cooperante, tocius
« humani generis protulit Salvatorem
« Dominum videlicet ac Redemptorem
« Nostrum, Jeshum Christum, qui no-
« stram in humana natura operaturus
« salutem ex quo in carne nostra nasce-
« retur, elegit uterum virginalem Glorio-
« sissime ac Beatissime Virginis Marie.

« Cum itaque nuper ex parte venerabi-
« lium burgensium de Bernays nostre
« diocesis parrochianorum Ecclesie Beate
« Marie de Cultura ejusdem loci fuerit
« nobis exhibita et ostensa quedam reli-
« quia de capillis ejusdem Gloriosissime
« Genetricis Dei Marie argento et cristalo
« decenter adornata, quam, ut dicebant,
« quidam armatus, sevientibus tunc, proh
« dolor! per universam hanc Galiam
« cruentissimis bellis, ex quadam ecclesia
« prisie hostilis se abstulisse dicebat et in
« eadem ecclesia Beate Marie de Cultura
« presentasse; requisitumque nobis fue-
« rit ne tam preciosa reliquia invenerata
« maneret, quatinus litteras nostras ap-
« probationis, ut in majori reverencia at-
« que veneratione a Christi fidelibus ha-
« beretur, dare et concedere dignaremur.
« Nos igitur credentes gratissimum atque
« acceptissimum fore Domino ac Salvatori
« Nostro Jeshu Christo honorem, qui a
« suis fidelibus Gloriosissime ac Sanctis-
« sime Matri impenditur, attendentes et
« considerantes ex vetustate scripture et

« litterarum cujusdam breveti in prefato
« reliquiario introclusi, in quo scriptum
« est antiquis litteris, ibi esse de capillis
« Gloriosissime Genetricis Dei Virginis
« Marie, verisimile esse ita existere prout
« in hujuscemodi breveto descriptum ha-
« betur; quia etiam ex assercione plu-
« rium notabilium Burgensium dicti loci
« de Bernays nobis affirmatum fuit pre-
« fatum armatum, qui ad dictam eccle-
« siam Beate Marie de Cultura eamdem
« reliquiam apportavit, dixisse et attesta-
« tum fuisse se eam in quadam ecclesia
« cepisse in prisia tunc hostili, ubi inter
« sanctorum Reliquias reverenter et vene-
« rabiliter servabatur, seque penitencia
« ductum eamdem in prefata ecclesia de
« Cultura in honorem Gloriose Virginis
« dedicata reposuisse et collocasse, ut a
« devotis fidelibus, prout talem decet reli-
« quiam, in debita veneratione haberetur;
« prefatorum Burgensium pie peticioni
« atque devotioni annuentes, prefatam
« reliquiam pie credentes ibidem esse de
« capillis Virginis Gloriose, secundum
« quod in prefato breveto vetustissimis
« litterarum karacteribus scripto contine-
« tur, nostra ordinaria auctoritate vene-
« randam atque a Christi fidelibus, ut
« decet, devote adorandam approbamus et
« laudamus, decernentes quod ipsa reli-
« quia in predicta ecclesia Beate Marie re-
« verenter et honorifice conservetur, et in
« sermonibus fiendis ad populum in hu-
« juscemodi ecclesia hec nostra approba-
« tionis littera publicetur. Datum Lexoviis,
« sub sigillo nostro, die prima mensis Au-
« gusti, anno Domini millesimo quadrin-
« gentesimo quadragesimo octavo. »

Vers 1739 ou 1740, des questions furent adressées par l'évêque de Lisieux aux curés de son diocèse pour la confection d'un pouillé général des bénéfices du royaume. M. l'abbé Desplanches fit à cette occasion des notes sur l'église de la Couture, dont il était vicaire. « Toutes les chapelles, « dit-il, ne sont pas de la même antiquité « que celles de la paroisse. Celle du Ro-
« saire et les deux autres sur la pointe du « chœur sont de fraîche date; les autres « sont plus anciennes. Celle de Sainte-
« Anne a quatre cents ans. On en possède « à la fabrique l'acte original passé entre « l'abbaye et la paroisse. » En effet, la plus grande partie de l'église date de la première partie du XIVe siècle et une autre partie du XVIe siècle.

On trouvera la description archéologique et l'histoire de Notre-Dame de la Couture dans la notice que M. l'abbé Blais a consacrée à cette église en 1832.

En l'absence de l'évêque de Lisieux, Guillaume VI d'Estouteville, les vicaires généraux de son diocèse souscrivirent une charte qui renfermait et la fondation de la charité de Notre-Dame de la Couture et l'approbation des statuts. En 1406, Guillaume d'Estouteville étendit et compléta lui-même le règlement de 1398. Nous donnons cette pièce intéressante telle qu'elle a été imprimée, texte et notes, par M. Sainte-Marie Mévil dans la *Bibliothèque de l'Ecole des Chartes*, n° de novembre-décembre 1854 :

« Universis presentes litteras inspectu-
« ris, Guillermus (1), miseratione divina
« Lexoviensis episcopus, salutem in Do-
« mino, qui dat omnibus affluenter et
« suis fidelibus multo majora retribuit
« quod valeant.

« Nuper pro parte Fratrum et Sororum
« confratrie seu caritatis, in honore San-
« cte et Individue Trinitatis ac Gloriosis-
« sime et Beatissime Dei Genitricis Marie,
« dudum de licencia et assensu Vicario-
« rum Nostrorum (2), in parrochiali eccle-
« sia Beate Marie de Cultura Bernay,
« nostre diocesis, constitute et ordinate,
« nobis fuit humiliter supplicatum, cum
« ipsi, pia et devota caritate ducti, affec-
« tent confratriam seu caritatem hujus-
« modi de bono in melius cum Dei auxilio
« semper augmentare,

« Quatenus, quasdam constitutiones seu
« ordinationes de novo per eosdem factas,
« aliqua statuta primis constitutionibus
« addendo, et ea in melius reformando
« seu declarando, approbare et laudare
« vellemus, ac decernere hujusmodi con-
« stitutiones, ordinationes atque statuta
« per Fratres et Sorores dicte confratrie
« de cetero teneri debere perpetuis tem-
« poribus et observari, quarum quidem
« constitutionum et ordinationum seu quo-
« rum statutorum tenor sequitur, in hec
« verba :

« I. Cy ensuivent les Estatus et Ordon-
« nances à la Confrarie et Carité ordonnée
« et establie en l'Eglise de Nostre Dame
« de la Coulture de Bernay, en l'honneur
« de la Glorieuse Vierge Marie et de la
« Benoite Trinité par le Prevost, Esquevin,
« Serviteurs et Freres d'icelle Carité.

« II. Et premierement, est ordonné et
« estably que, se aucune personne veult
« benignement requerir estre receu à la
« dicte Carité, soit Homme ou Femme, il
« yssera receu, porveu qu'il soit puissant
« de corps pour gaignier sa vie et qu'il ne
« soit en aucune sentence d'escommenie-

(1) Guillaume VI d'Estouteville, évêque de Lisieux, 1432.
(2) La charte de 1398.

« ment. Et à sa reception et entrée pre-
« miere en la dicte Carité, sera tenu payer
« six deniers Tournois.

« III. Item, quelconque personne, tant
« Homme que Femme, qui sera de la dicte
« Carité, paiera trente deniers Tournois
« par chascun an. C'est assavoir à chas-
« cune des dictes festes, quinze deniers
« Tournois.

« IV. Item, pour le salut des ames des
« Freres et Seurs et bienfaiteurs d'icelle
« Carité, tant vis que trepassés, chascun
« jour de l'an sera, en la dicte eglise ou
« ailleurs, celebrée une messe; et à jour
« de dimenche en y aura deulx, c'est as-
« savoir une basse messe, qui sera dicte à
« soleil levant, et après en ce jour en
« aura une dicte à note, à haulte voix
« solennelement, à dyacre et à soubz
« dyacre (1). Les quelles messes seront
« ordonnées estre celebrées par Cappel-
« lains de cognoissance bons et suffisans,
« chascun à son jour; et se aucuns des
« dis Capellains estoit pour aucune occa-
« sion empesché tellement qu'il ne peust
« celebrer la messe qui lui escherroit à
« son tour, il sera tenu de le faire sa-
« voir le jour de devant au Prevost ou à
« l'Esquevin, afin de pourveoir à temps
« d'aultre Cappellain qui la diroit pour
« lui (2).

« V. Item, à chascune des festes de
« l'Asumption de la Vierge Marie, et de
« la Trinité, sera celebrée une messe à
« haulte voix, à dyacre et à soubz dyacre,
« pour les Freres d'icelle Carité. Et après
« les vespres de la journée, les huit Cap-
« pellains devant dis diront vegilles des
« Trepassés. Et lendemain sera celebrée
« une messe de *Requiem*, semblablement
« à dyacre et à soubz diacre pour le salut
« des ames des Trepassés.

« VI. Item, la dicte Carité sera gou-
« vernée par quatorze proudommes et
« loiaux à ce esleus. Des quelx quatorze
« l'un sera ordonné et nommé Esquevin,
« et l'autre Prevost, et les aultres dessus
« dis seront nommés Servans. Les quieulx
« jureront et promectront que à leur po-
« vair bien et loialment en leur conscience
« administreront et serviront en leurs of-
« fices, qui leur seront commis, en aug-
« mentant les biens de la dicte Carité, et
« seront tenus de rendre compte (3) bon

« et loyal de leur administration deux
« fois en l'an, c'est assavoir à chascune
« des festes dessus dictes.

« VII. Item, les quatorze Officiers dessus
« dis, à chascune des deux festes dessus
« dictes, auront chascun une torche, du
« poys de troys livres de cire, ou environ.
« Et seront tenus les huit Prestres devant
« dicts, le Prevost et les douze Servans
« de aler querir l'Esquevin et le convoier
« avecques icelles torches ardantes aux
« vespres premières, et lendemain à la
« messe et aux vespres, et en retournant,
« jusques à son hostel. Les quelles torches
« seront trouvées aux despens d'icelle
« Carité (1).

« VIII. Et pourront yceux quatorze
« Freres ou Officiers, ou partie d'iceulx,
« porter deux campanelles, les crois et
« banière et tout ce qui y appartient, sans
« contredit du Curé, Capellain ou aultre
« aiant leur povoir, par toutes les paroisses
« de environ Bernay, ès quelles seront
« demeurans les Freres et Seurs d'icelle
« Carité. Et aussi, chascun d'iceulx qua-
« torze Officiers aura un capperon qu'il
« poiera du sien propre. Et seront tous les
« capperons de pareil drap, les quelx
« chapperons ils seront tenus porter en
« tous les afaires de la dicte Carité, c'est
« assavoir ; Au jour de dimenche, à la
« messe ordonnée par la dicte Carité, aux
« services des Trepassés d'icelle, tant aux
« vegilles que à la messe et à l'enterre-
« ment.

« IX. Item (2), se aucun des Freres et
« Seurs de la dicte Carité va de vie à tre-
« passement, les Chappelains dessus dis
« seront tenus de dire les vigilles ou ser-
« vice des Trepassés, c'est assavoir : *Pla-
« cebo et Dirige*, solennelement à neuf
« leçons, au lieu où le corps trespassé
« sera adoncques. Et y seront du com-
« menchement jusques en la fin avecque
« les quatorze Officiers desus dis, se le
« corps est enterré une lieue entour Ber-
« nay, toutes voyes se ils ne ont excusa-
« tion legitime, pour quoy aucun de eulx
« n'y puisse estre. Et, se le corps du
« trespassé estoit de plus loing, quant
« il sera venu à la cognoissance d'iceulx
« Freres, en la dicte eglise de Nostre
« Dame de la Coulture de Bernay, sera
« fait, aux despens de la Carité, tout
« autel service et les vigilles comme se le

---

(1) Cette messe se dira à sept heures du matin en été et à huit heures en hiver, sans gêner le service de la paroisse. (Règlement de l'archevêque de Rouen de 1618. D. Bessin. part. II, p. 116.)

(2) L'évêque d'Évreux défend, en 1664, aux échevins de se mêler des fonctions spirituelles de leurs chapelains, (D. Bessin, part. II, p. 522, et plus bas l'art. XLIX.)

(3) Sur les redditions de comptes, voyez D. Bessin,

Conc. Rotom., part. II, p. 518 ; Ordonn. de l'évêque de Lisieux, en 1678, p. 289 ; Syn. d'Avranches, en 1530; Ordonn. de l'évêque de Séez, en 1633, p. 444, etc.

(1) Voy. la prohibition de cet usage par l'évêque de Lisieux, en 1678, dans D. Bessin, part. II, p. 518.

(2) Voy. les prohibitions de l'évêque de Lisieux, de 1678. (D. Bessin, *loc. cit.*)

« corps estoit present. Et oultre, iceulx
« huit Chappellains seront tenus de aidier
« à chanter toutes les messes et vigilles
« estre dictes pour la dicte Carité tant au
« jour de dimenche que aux festes dessus
« dictes et celles des Treppassés avecques
« vigiles et service, et estre à l'enterrement
« des Freres et Seurs trepassés (1).

« X. Item, se il avenoit que pour cause
« de mortalité ou aultrement l'en ne peust
« mie trouver huit prestres pour celebrer
« messe, chascun à son jour, comme dit
« est, l'en pourroit faire celebrer les dictes
« messes par un Chappellain ou deulx jus-
« ques ad ce que l'en eust pourveu des
« aultres pour les dire.

« XI. Item, le luminaire des corps tres-
« passés sera de quatre gros cierges, chas-
« cun du poys de troys livres ou environ,
« qui ardront environ le corps; et deux
« autres petis cierges, chascun de une
« livre, qui seront sur l'autel et ardront
« durant le service des vigiles et de la
« messe.

« XII. Item, se aucun des Freres Ser-
« vans, ou qui eust autres foys servy, ou
« eu office, va de vie à trespassement, il
« sera accompagnié de deulx torches chas-
« cune du poys de troys livres, à porter le
« corps de l'ostel à l'eglise, et de l'eglise
« au lieu où il reposera. Et, en cas qu'il
« eust eu office de Prevost ou d'Esquevin, il
« aura quatre torches qui ardront jusques
« ad ce que le service de la dicte Charité
« soit accomply.

« XIII. Item, les quatorze Freres ou
« Officiers devant dis seront tenus lever
« le corps du Trepassé de son ostel et le
« porter à l'eglise.

« XIV. Item, seront tenus iceux qua-
« torze Freres ou Officiers de faire celebrer
« une messe basse pour un chascun tres-
« passé Frere le jour de son obseque, aux
« despens de la dicte Carité. Et le service
« accompli, seront tenus de convoyer les
« amis du Trespassé, jusques à l'ostel du
« quel le corps est parti.

« XV. Item, à toutes les festes com-
« mandées de Saincte Eglise, quant l'on
« celebrera la messe de la Carité, seront
« mis en deux chandelliers deux cierges
« sur l'autel, du poys de une livre de cire
« ou environ pour chascun cierge, qui
« ardront tant que la messe sera finée, et
« deux torches chascune du poys de troys
« livres ou environ, lesquelles seront te-
« nues par deulx des dis Freres Servans
« ou aultres à l'elevation du corps de
« Nostre Seigneur Jeshu Crispt.

(1) Voy. les défenses de l'évêque de Lisieux. (D. Bessin, loc. cit.)

« XVI. Item, les Prevost, Esquevin,
« Freres et Serviteurs seront tenus à faire
« le Pein Benest à leur depens pour chas-
« cun dimenche, chascun à son tour (1).

« XVII. Item, se il escheoit que aucun
« des Freres ou Seurs de la dicte Carité
« veuille aller aultre part demourer et
« laissier le payz de Bernay, ou que il ne
« puisse tenir et acomplir et paier les re-
« devances (2) que il est tenu de faire
« pour icelle Carité, il sera tenu de paier
« les arrerages que il en pourra devoir
« avecques cinq deniers Tournois pour
« issue d'icelle Carité.

XVIII. Item, seront ordonnées deux
« campanelles à main pour faire les cris et
« proières pour les Trespassés, que l'en
« dit Patres nostres et qui seront aussi
« quant l'en portera le corps en terre (3).

« XIX. Item, à chascun Frere trespassé,
« le jour de son enterrement, l'en don-
« nera jouxte la fosse vingt six deniers de
« pain.

« XX. Item, se il escheoit aucuns des
« Freres ou Seurs de la dicte Carité estre
« ladres et separés de la compaignie des
« sains, les quatorze Freres desus dis se-
« ront tenus de les convoyer à la croix,
« campanelles et banière, jusques au
« lieu où le curé de sa parroiche le con-
« voiera, et se il lui plaist, ainssois que il
« parte, il aura une messe basse (4).

« XXI. Item, se aucun des Freres ou

(1) Défenses par le synode d'Evreux, en 1576, et par le concile de Rouen, en 1581, de bénir l'eau et le pain dans les messes des confréries, afin de ne pas détourner de la messe paroissiale. (D. Bessin, part. II, p. 393, et part. I, p. 221.)

(2) Synode d'Avranches, en 1550. (D. Bessin, part. II, p. 330.)

(3) « Item pour ce que au présent matrologe n'es-
« toit contenu l'heure que le crieur de la dicte Cha-
« rité debvoit aller par la ville crier la Pate Nostre,
« ce jour d'huy, quatriesme jour de décembre mil
« V. c. cinquante deux, par les Fréres Servants en la
« dicte Charité, fut d'ung commun acord appoincté
« que à l'advenir le crieur d'icelle Charité, depuys la
« Sainct Michel jusques à Pasques, yra crier la dicte
« Pate Nostre entre quatre et cinq heures de matin,
« sur peine pour chascune foys de 5 solz d'amende,
« et depuis Pasques jusques à la Sainct Michel, à
« troys heures, sur peine pour chascune foys de
« semblable amende ; le tout aux lieux et places
« accoustumez. » (Regist. N.-D. Cout., fº VI vº.)

(4) En l'an mil V. cents IIII. xx. VI. fut ac-
« cordé par les Prevost, Eschevin et Freres servants
« en ceste Charité de Nostre Dame de la Couture de
« ce lieu de Bernay que, pour les Freres et Sœurs
« ayants servi en icelle Charité estants decedez, sera
« par le Clerc fait sonner l'apel de la cloche d'icelle
« Charité l'espace de demye devant que d'aller au
« corps, et aura pour son salaire 12 deniers Tour-
« nois; et pour ceulx qui auront esté Echevin et Pre-
« vost et pour leurs femmes sera sonné l'apel de la
« grosse cloche d'icelle paroisse autant de temps et
« faire comme dict est, et aura pour son salaire la
« somme de 2 solz qu'il recepvera le dymenche en-
« suivant à la Chambre des Frères. » (Registre N.-D.
de la Couture, fº VI vº.)

« Seurs dessus dis estoit en telle enfer-
« meité de son corps que il ne peust
« guaigner, ou n'eust de quoy vivre sans
« mendier, s'il requiert ou fait requerir
« des biens de la dicte Carité à la table de
« la recepte, le prouchain vendredi de-
« vant le dimenche qu'il viendra deman-
« der l'aide de la Carité, les Serviteurs
« ou Officiers dessus dis seront tenus de
« luy distribuer trente cinq deniers Tour-
« nois pour chascune sepmaine durant le
« temps de la maladie au plus au mains,
« selon la quantité des malades et la re-
« venue de la Carité, au resgart et con-
« science du Prevost et de l'Esquevin et
« des douze Freres Serviteurs, pour veu
« qu'il ait bien paié ses devoirs, et que
« par an et jour ait esté en la dicte Carité.

« XXII. Item, sera ordonné un clerc
« aux despens de la dicte Carité, qui ad-
« ministrera et servira les prestres à l'au-
« tel et aux services, et semondra les
« Freres ou Seurs en tous les afaires et
« besoignes d'icelle Carité, quant temps
« et lieu en sera.

« XXIII. Et est assavoir que chascun an
« au jour de la feste de Nostre Dame My
« Aoust seront ordonnés et institués Pre-
« vost, Esquevin et Serviteurs nouviaulx
« tout au mieulx que l'en verra expedient
« pour le bien de la dicte Carité.

« XXIV. Item, il est assavoir que à la
« dicte feste doit avoir vingt et une torche,
« qui seront portées par les dis servans de
« l'année passée et par les sept qui de
« nouvel y sont ordonnés pour aler aux
« vespres de la vigille d'icelle feste. Et
« lendemain à la messe et aux vespres et
« es aultres de la Trinité et du Saint Sa-
« crement doivent avoir les quatorze, qui
« demeurent en dit service, chascun une
« torche neufve. Et l'église à chascune des
« festes dessus dictes doit estre enluminée
« bien et suffisamment aux despens de la
« dicte Carité.

« XXV. Item, il est assavoir que lende-
« main de chascune d'icelles festes, l'Es-
« quevin, le Prevost et les autres Servans
« doivent faire dire une messe pour les
« Trespassés à dyacre et soubz dyacre et
« vigiles pour les Trespassés le jour de la
« feste, après ce que vespres seront dictes.

« XXVI. Item, à toutes les vigilles des
« dictes festes, tous les Servans se doivent
« assembler en l'ostel de l'Esquevin pour
« aler aux vespres ensemble, et lendemain
« à la messe et aux vespres.

« XXVII. Item, après les vespres de la
« dicte vigille de My Aoust dictes, l'Es-
« quevin et le Prevost doivent appeler les
« .XII. Freres, chascun par soy, et leur
« doivent demander à leur advis et par
« leurs serments lequel est le mieulx suf-
« fisant de garder les drois de la dicte
« Carité (1). Et icelui que la plus saine
« partie eslira sera establi Esquevin. Et
« l'Esquevin de l'année passée luy doit
« baillier la croix, la boueste (2) et tous
« les biens de la dicte Carité par inven-
« taire. Et doit chascun des Freres Ser-
« vans obeir au commandement de l'Es-
« quevin sur paine d'amende. Et doit
« avoir chascun Serviteur une torche de
« cire pour convoyer le nouvel Esquevin
« à son ostel, les quelles seront faictes du
« tresor de la dicte Carité.

« XXVIII. Item, nul des Freres de la
« dicte Carité ne doit refuser à servir à la
« dicte Carité à son tour.

« XXIX. Item, à toutes les festes solcim-
« nelez, comme Tous Sains, Noel, Pa-
« ques, Rouvaisons (3), Penthecouste, les
« Festes de Nostre Dame, sera dicte, en
« la dicte eglise, une messe à dyacre et à
« soubz diacre, à deux chappes, avecques
« la basse messe ordonnée pour la dicte
« Carité, aux quelles seront tenus estre
« les dis Prevost et Esquevin et douze
« Servans dessus nommés.

« XXX. Item, à toutes les fois que
« aucuns des Servans desus dis deffau-
« dront à accomplir chascune des choses
« dessus dictes, il paiera quatre deniers
« d'amende ; et, se l'Esquevin ou le Pre-
« vost deffaillent, chascun de eux doit
« paier huit deniers d'amende. Et doivent
« toutes les amendes estres prinses, et
« levées, et mises, et distribuées au prouf-
« fit de la dicte Carité.

« XXXI. Item, les dis Prevost et Esque-
« vin et tous les douze Servans doivent
« amende, c'est assavoir : Quant aucun
« Frere ou Sueur est trespassé, et aucuns
« d'iceulx nommés deffaillent a estre, pre-
« mièrement à la veillé du corps; secon-
« dement, à la commandacion ; tierce-
« ment, au corps lever ; quartement, à
« l'offrende de la messe; et après de con-
« voier les amis du Trespassé à l'ostel,
« pour chascan d'icelles foys, quatre de-
« niers d'amende ; et l'Esquevin et le Pre-
« vost, chascun huit deniers d'amende.

« XXXII. Item, les quatre gros cierges
« doivent ardoir entour le corps, toutes
« les fois que l'en dit aucun service pour
« le corps, voire quant à son obseque.

« XXXIII. Item, il est assavoir les
« quieulx Freres l'en doit veillier. Se au-

(1) Les élections doivent être paisibles. (Voy. Synode de Rouen, en 1618. D. Bessin, part. II, p. 119.)
(2) Les coffres des confréries doivent être hors du
chœur. (Voy. Règlement de l'évêque d'Evreux, de
1644. D. Bessin, part. II, p. 143.)
(3) Rogations.

« eun Frere a esté Esquevin, ou Prevost,
« ou qu'il soit estant en Service, l'Esque-
« vin, le Prevost, les douze Freres le
« doivent veillier par temps resonnable et
« doivent les dix amiz paier deulz soubz
« six deniers Tournois pour le veillier.

« XXXIV. Item, se aucun Frere ou
« Sueur est trespassé, le quel n'ait esté
« Esquevin ou Prevost, ne ne soit Ser-
« vant, le Clerc et trois des Freres desus
« dis esleus par l'Esquevin et le Prevost le
« doivent veillier tant comme Queuvre-
« Feu sonne, et non plus. Et doivent
« aussi semblablement les cierges ardre,
« autant comme Queuvre-Feu sonne, et
« non plus, se ce n'est ou moustier, ainssi
« que dit est ou que l'en die vigiles devant
« le corps.

« XXXV. Item, se aucun Frere, qui ait
« esté Esquevin ou Prevost, ou qui le
« soit, est trespassé, il doit avoir un saul-
« tier, messe à dyacre et à soubz dyacre
« et une messe simple.

« XXXVI. Item, se aucun Frere qui
« ait esté Servant en la dicte Carité ait
« esté trespassé, il aura messe à dyacre et
« à soubz dyacre.

« XXXVII. Item, se aucune Femme qui
« soit de la Carité, qui soit ou ait esté
« Femme d'Esquevin ou de Prevost tres-
« passé, elle aura semblablement messe à
« dyacre et à soubz dyacre.

« XXXVIII. Item, se aucun Frere ou
« Sueur de la dicte Carité va oultre mer,
« ou à Saint Jacque, de son propre, il le
« doit faire assavoir à l'Esquevin ou Pre-
« vost le diemenche au devant de son par-
« tement; et l'Esquevin, le Prevost et les
« douze Freres dessus dis, le jour du dit
« partement, doivent faire chanter une
« messe basse en la parroiche du dit pe-
« lerin. Et se il a esté ou est Esquevin ou
« Prevost, ou Serviteur, elle doit estre à
« dyacre et à soubz diacre; et se plus
« estoient, s'y n'en auroient il que une
« messe. Et le doivent iceulx Freres con-
« voyer autant comme le Curé de la dicte
« parroiche, et non plus; et si doit avoir
« le tiers du tour de la Carité de la sep-
« maine, plus ou mains, au regart et con-
« science des dis Serviteurs. Se plus es-
« toient, si n'en auroient ilz plus. Et se il
« va pour gaaignier, il ne ara ne messe ne
« argent.

« XXXIX. Item, se il va à Saint Gire (1)
« de son propre, il aura .X. soubz Tour-
« noiz à la volenté et regart comme des-
« sus; et se plus sont, ilz n'en auront
« plus.

« XL. Item, se aucun Frere ou Sueur
« devient mesel, l'en luy doit faire sem-
« blablement comme se il estoit trespassé,
« et avoir les deulz pars du tour, ou plus
« ou mains au resgars des dessus dis Ser-
« vans, et estre convoié, autant comme
« dessus est dit du pelerin (1).

« XLI. Item, se aucun Frere ou Seur
« va de vie à trespassement, et il soit en
« sentence d'escommeniement, pour tant
« que il ait fait son devoir à la dicte Ca-
« rité, icelle Carité luy doit aidier à le
« fere absouldre, jusques à la somme de
« dix soubz Tournois, et non plus, pour
« tant qu'il y puisse estre absoulz. Et se il
« n'a de quoy estre ensevely, la Carité
« luy doit aidier de deux aulnes de toille.

« XLII. Item, se aucun Frere ou Seur
« trespasse dedens la banlieue, l'Esque-
« vin, le Prevost et les douze Freres et les
« huit Chappellains seront tenus à l'aler
« querir et le prendre pour le porter à
« l'eglise; se il est des parties de devers
« les Quesnees (2), à la Croix-Gloriant (3),
« et se il est des autres parties semblable-
« ment.

« XLIII. Item, il est ordonné que les
« Servans doivent prendre, à chacune des
« deulx festes dessus dictes, cinq soulz
« pour l'ouverture de la bouecte du tresor
« de la dicte Carité.

« XLIV. Item, il est ordonné que à
« chascune des deulx festes solennelles,
« c'est assavoir de la Trinité et de l'As-
« sumption Nostre Dame, l'Esquevin, le
« Prevost, les douze Freres, les Prestres,
« le Clerc et Crieur doivent boire et men-
« gier ensemble en l'ostel de l'Esquevin,
« et doit paier chascun son escot de sa
« bourse et du sien propre, excepté les
« Prestres, Clerc et Crieur, qui doivent
« prendre leur escot sur la dicte Charité,
« sauf que chascun Prestre paiera pour
« son escot deulx soubz six deniers Tour-
« nois (4).

« XLV. Item, se aucun Frere ou Sueur
« trespasse, il doit avoir le drap et la ba-
« niere de la dicte Carité sur son corps,
« et les quatre cierges doivent ardoir en-
« tour luy comme dit est.

« XLVI. Item, l'Esquevin, le Prevost,
« ou l'un de eulz, en la compaignie de

---

(1) Aujourd'hui Saint-Gilles-les-Boucheries, département du Gard.

(1) Voy. plus haut l'art. XX.
(2) Les Chenets, hameau de Bernai.
(3) La Croix-Gloriant, située sur le chemin des Chenets, tirait son nom d'une famille aujourd'hui éteinte.
(4) Sur les défenses de manger dans les églises, voyez Synode de Séez, de 1203; le règlement de Th. Basin, évêque de Lisieux, D. Bessin, part. II, p. 508; le règlement de l'évêque de Coutances, en 1637, etc., dans D. Bessin, p. 384, 301, 404, etc.

« deux ou trois des dis Servans et du
« Clerc, seront tenus de aler, deux ou
« trois fois l'année, par les rues pour eulz
« faire paier de cen qu'il leur sera deu de
« la dicte Carité; et auront pour leur des-
« pens, pour chascune personne, deulz
« soulz six deniers Tournois.

« XLVII. Item, il est ordonné que au-
« cuns Serviteurs de la dicte Carité ne
« doivent venir au service d'icelle, sur
« paine d'amende, se ilz ne sont en abit
« convenable, selon leur estat.

« XLVIII. Item, se il avenoit que, pour
« cause de mortalité, ou aultre occasion,
« le service de la dicte Carité fust si gre-
« vable, ou de tel paine que iceulx Ser-
« viteurs ne le peussent bonnement en-
« durer ou supporter, ils seront pourveus
« de aide pour les relever de paine, aux
« despens de la dicte Carité, se ilz le re-
« quierent, par le conseil de douze prou-
« domes des plus sciens et noctables d'i-
« celle Charité, appelés ad ce les dit Pre-
« vost, Esquevin et Serviteurs.

« XLIX. Item, chascun prestre paiera
« pour chascune faulte du dit service huit
« deniers Tournois; pour faulte de dire
« messe dont il sera chargié, paiera deux
« soulz six deniers Tournois, se il n'a de
« ce excusation raisonnable qui doie suf-
« fire.

« L. Item, à chascune des dictes deux
« festes de Nostre Dame et de la Trinité,
« aura un predicateur, qui exposera les
« bienfaits et ordonnances d'icelle Carité
« et la Parole Divine, aux despens de la
« dicte Carité.

« LI. Item, se un ou plusieurs dez dis
« Serviteurs va de vie à trespassement;
« durant le temps qu'il sera en dit ser-
« vice, les autres Freres Servans pour-
« ront ealire une personne, ou plusieurs
« pour estre en lieu de celuy ou ceulx qui
« sont alés de vie à trespassement. Et
« yceulx esleus seront tenus faire le service
« pareil, comme les dessus dis faisoient
« pour le temps qu'ilz vivoient, sans au-
« cun contredit.

« LII. Item, chascun des dis Freres Ser-
« viteurs auront à chascune des Festes de
« la Trinité et du Saint Sacrement chas-
« cun un chappel de roses, ou d'aultres
« choses, aux despens de la dicte Carité.

« Notum igitur facimus, quod nos,
« visis diligenter ac mature consideratis et
« digestis suprascriptis constitutionibus
« et ordinationibus, firmiter sperantes
« tanto gracias Altissimo prestare obse-
« quium, quanto fervencius Christi fideles
« incitaverimus ad opera Caritatis, per
« que penas evictare gehennales et gaudia
« eterna promereri [possunt] quodque illa
« que fiunt ad honorem et laudem Domini
« Nostri Jeshu Christi et Gloriose Virginis
« Marie ejus Matris, que eciam Cultus Di-
« vini augmentum et salutem animarum
« conspiciunt, utique approbatione sunt
« digna, supplicationi Fratrum et Sororum
« predicte confratrie seu caritatis, tanquam
« rationabili et juri consone, benigniter
« annuentes, constitutiones et ordinationes
« predictas, prout superius scripte sunt,
« tanquam laudabiles ac approbabiles et a
« fide Catholica seu canonicis institutio-
« nibus non deviantes, in quantum pos-
« sumus et debemus, auctoritate nostra
« ordinaria laudamus, approbamus et te-
« nore presentium confirmamus, decernen-
« tes ipsa et earum quamlibet a Fratribus
« et Sororibus dicte confratrie presentibus
« et futuris teneri firmiter et inviolabi-
« liter perpetuis temporibus observari ac
« roboris habere firmitatem, jure parro-
« chiali et alio quolibet in omnibus sem-
« per salvis. In quorum omnium premis-
« sorum testimonium et fidem, sigillum
« nostrum magnum presentibus duximus
« apponendum. Datum in Castro nostro
« de Courtonna, die duodecima mensis
« Augusti, anno millesimo quadragente-
« simo sexto. »

Le registre de la charité de Notre-Dame
de la Couture fournit quelques notes dignes d'être recueillies :

« L'an de grace mil CCCC. et XVII.
« fust ceste Charité maintenue et gou-
« vernée en la ville de Vernul, depuis le
« IIII° jour du moys d'Aoust jusques à la
« feste de la Tous Sains prouchain ensui-
« vant pour l'ocation et fortune de la venue
« des Englois, en tous les poins, estatus,
« fourmes et manierez contenues en l'Es-
« tatu d'icelle, sans diminution, tant en
« service divin, c'est assavoir en nombre
« de messes o les luminare, deux calices,
« encensies d'argent, livrés de recete, mes-
« sel et ornemens solempniel à la louienter
« et agmentacion de la glore de Dieu et
« de sa Mere, au proufit et acroissement
« d'icelle Charité comme des habitans et
« demourans en ycelle ville, soy de nouvel
« rendans en ycelle Charité, pour l'osten-
« sion et demoustrance des bienfais par
« eux congnus et cofidianement aper-
« ceulx..... Et fust ycelle Charité depuis le
« dist jour de la Tous Sains maintenue
« à Bernay, en l'eglise de la Couture par
« Germain Lemeistre poter, et au non de
« Guillaume Lemeistre, son frere, etc. »

« Le jour et feste de l'Asumption Notre
« Dame, xv° jour d'aout 1596, le banquet
« des freres de la Charité de Notre Dame
« de la Cousture de Bernay, pour raison
« de la contagion et peste estant audit

« Bernay, en la maison de l'Hermitaige.

« En 1733, le 11 août, à la sortie des
« vêpres, sur les quatre heures du soir, le
« tonnerre tomba sur le clocher de Notre
« Dame de la Couture, qu'il découvrit
« preque tout entier; ensuite il fut dans
« l'orgue, où il fit un grand fracas. Il en
« coûta pour le réparer 1650 livres. Il
« cassa aussi la porte de dessous avec une
« marche de grès.

« Le 2 juillet 1740, incendie. Le feu se
« communiqua avec tant de rapidité aux
« maisons voisines et des deux côtés de la
« rue Marie qu'en moins d'une heure dix-
« huits bâtiments furent consumés.

« En 1790, s'étant élevé une révolution
« en France qui a duré jusqu'en 1797, et
« les églises ayant été totalement dé-
« truittes et dévastées, et les saints cassez
« et brisées, et les argenteries emportées
« jusqu'aux rampes de fer, et les cloches
« cassez pour faire de la monnoie, et les
« prestres furent obligés de fuir, étant
« chassees hors la France; de même la
« Charité fûts forcées d'abbandonner mal-
« gré leurs regrets, l'honorable service de
« frère, de même qu'on les força de se
« deffaire en faveur de l'Assemblée Na-
« tionnal de tous ses ornements comme
« argenterie et autre à l'usage de la ditte
« Charité et même du présent registre
« que l'on a retrouvé avec beaucoup de
« peinne. En 1797, les choses étant cal-
« mées, quoique la paix ne fûts pas faite,
« les églises furent rouvertes et rétablies :
« pendant ce temps de chisme et d'héré-
« sies, les corps furent portées au cime-
« tierre par des personnes payées par le
« gouvernement et ensuite par un tom-
« brau. Ce ne fûts qu'à cette époque que
« des citoyens zellees prirent le rétablisse-
« ment de l'honorable confrairie firent
« leurs entrées au cœur de Sainte-Croix,
« le jour de l'Assension de la ditte année,
« dont les noms, etc. »

VI.

Bernai eut cinq couvents : trois d'hommes et deux de filles. Ces cinq couvents
finirent par posséder plus des deux tiers
de la ville.

Les trois couvents d'hommes étaient les
Bénédictins, les Cordeliers et les Pénitents; les deux couvents de femmes, les
Dames de Saint-François et de Sainte-Elisabeth, et les Augustines.

Nous venons de réunir les principaux
témoignages que l'histoire nous a laissés
sur les Bénédictins.

Les Cordeliers s'établirent à Bernai en
l'année 1275. Des lettres patentes leur furent accordées par Philippe le Hardi.

Nous regrettons, dit M. Delisle, dans
son *Cartulaire normand*, de ne pouvoir
donner le texte de la charte de Philippe le
Hardi indiquée dans le passage suivant :

« Hoc anno, conventus Bernay, urbis in
« Normanniæ tractu, Lexoviensique ducatu
« (sic; lisez : diocesi) in valle pingui sita,
« montibus circumvallata, extructus est
« communibus eleemosynis civium et libe-
« ralitate Philippi regis, sancti Ludovici
« filii, cujus benevolentiæ testimonium
« habetur in regio ejusdem diplomate,
« quod fratres in suo custodiunt archivo. »
(Lucas Wadding, *Annales minorum*, à
l'an 1275, n° XIII, t. II, p. 409.)

Le nouveau monastère s'établit dans le
voisinage de l'abbaye et sur la paroisse de
l'église Sainte-Croix; il occupait l'espace
compris aujourd'hui entre les rues de la
Comédie, de la Sous-Préfecture et de l'Hu-
manité et le boulevard Dubus. Ce terrain
avait été donné par un nommé Hugue
Maubert. Les libéralités de Mathilde, dite
la Restoude, et une vente faite par Robert
Hardoyn et sa femme agrandirent
considérablement les dépendances du couvent. Les chartes suivantes confirment le
récit de Wadding.

« Noverint universi presentes et futuri
« quod ego Matillis dicta la Restoude, cu-
« stos et curator Guillelmi filii mei, dedi,
« quitavi et dimisi fratribus minoribus in
« villa Bernaci commorantibus, ad aumen-
« tationem loci sui, medietatem unius pla-
« tee, quam dictus Guillelmus filius meus
« habebat in parrochia Sancte Crucis de
« Bernayo, inter plateam Guillelmi Quo-
« quin, ex una parte, et platcam dictorum
« fratrum, ex altera, a quemino per ante
« usque ad fossatum domini abbatis pro
« retro, pro quinquaginta quinque soli-
« dis turonensium quos Galeranus, rector
« ecclesie Sancti Martini Veteris, et Ri-
« cardus ad Curtum Nasum, procuratores
« dictorum fratrum, mihi pre manibus sol-
« verunt, tenendam et habendam jure
« hereditario dictam plateam, dictis fra-
« tribus et eorum successoribus, ad au-
« mentationem loci sui, libere, pacifice et
« quiete, salvo tamen jure et redditu do-
« mini capitalis. Et ego dicta Matillis et
« heredes mei dictis fratribus et eorum
« successoribus tenemur dictam medieta-
« tem dicte platce contra omnes garanti-
« zare et deffendere aut, si necesse fuerit,
« excambiare valore ad valorem in herber-
« gagio meo proprio quod situm est in
« parrochia Sancti Albini Virtuosi, inter
« hereditatem Guillemete la Restoude et
« hereditatem Raduiff de Fourmechon.

« Quam hereditatem meam ego non pos-
« sum vendere nec impedire de cetero,
« alioquin habeant et percipiant suum
« excambium super dictam hereditatem,
« si necesse fuerit. Et ut hoc sit firmum
« et stabile, presenti carte sigillum meum
« apposui tempore viduatis mee. Actum
« anno Domini m° cc° octogesimo sexto,
« mense julii. Testibus hiis : Galerano,
« rectore ecclesie Sancti Martini Veteris,
« Hugone Maubert, Ricardo ad Curtum
« Nasum, Guillelmo Quoquin, Ricardo
« Roussel, Renoudo de Londo, Ricardo
« Malegape, Egydio de Waulle et pluribus
« aliis. » (Ord., sceau enlevé. Archives de
l'Eure.)

La même année 1286, Robert Hardoyn et Ameline, sa femme, vendirent aux frères Mineurs de Bernai une portion de place assise entre la place de Guillaume Quoquin et la place appartenant aux Cordeliers. La vente fut faite moyennant dix livres tournois que payèrent, à Robert et à Ameline, sa femme, Galeran, curé de l'église de Saint-Martin-le-Vieux, et Richard au Court-Nez, procureurs desdits Cordeliers.

Donation de Jean Malet, en 1325 :

« A touz ceus qui ces presentes lettres
« verront et orront, Jehen Malet, cheva-
« lier, sire de Guerarville, salut. Sachent
« touz que je ay donney et encore donne
« en pure et perpétuelle aumosne, à l'ostel
« des Frerez menours de Bernay, c'est asa-
« voir : un gardin avec le fons de l'eri-
« tage asis en la parroisse de la Couture
« de Bernay, jouxte l'eritage Raoul Le-
« page, d'un costé, et le gardin des ditz
« freres d'autre, aboutant d'un bout à l'eri-
« tage Colin Saintel, et de l'autre bout ou
« chemin le Cente, à tenir et à posséder
« le dit gardin avec le fons de l'eritage aus
« diz freres franchement, quitement, pesi-
« blement, sans nulle reclamanche de moy
« ne de mez hers de ore en avant estre
« fete. An tesmoing de ceu, je leur en a
« donné cette presente lestre seellée de
« mon propre seel.

« Donné à Bernay, l'en de grace mil
« troiz cens et vint et cinq, le lundi après
« la feste Saint Clement, sauf tout autri
« droit, tesmoins les nons qui ensevent :
« Mons. Guillaume du Dun, chevalier,
« Raoul de Belle-Eue, Johen Despuis,
« Ricart Colet et plusieurs autrez. »
(Orig., sceau enlevé. Archives de l'Eure.)

Le voisinage de l'abbaye fut fatal à l'église et au couvent des Cordeliers, qui souffrirent beaucoup des luttes dont Bernai fut le théâtre au XIVe siècle. Quand il s'agit de réparer ce que la guerre avait détruit, une vive contestation s'éleva entre les religieux de l'abbaye et les Cordeliers, au sujet des limites de leurs propriétés respectives. Nous reproduisons deux pièces importantes relatives à cette affaire.

« Charles, par la grace de Dieu, roy de
« France, au premier notre sergent qui
« sur ce sera requiz, salut De la partie
« de notre bien amé l'abbé de Bernay,
« maistre regent en la faculté de théolo-
« gie en notre ville de Paris, nous a été
« exposé, en soy griefment complaignant
« disant : que ja soit ce que, très-long-
« temps a, par ordonnance de noz prédé-
« cesseurs pour le grant bien et evident
« prouffit de la chose publique, la dite
« abbaye ait esté fortifiée et emparée de
« bons murs, fossez et autres empare-
« mens, et tant à ceste cause que pour
« certaines autres justes causes à descla-
« rier en temps et en lieu, ledit complai-
« gnant ait droit et soit en bonne posses-
« sion et saisine que nulz puisse lez dites
« fortificacions et emparemens abattre,
« demolir ne empeschier, gester es diz
« fossez gravois ne autres ordures, ne y
« maçonner, ne faire aulcuns aultres em-
« peschemens ou prejudice de la dite
« fortiffication et abbaye, et dez dites pos-
« sessions et saisines, tant par lui comme
« par ses predecesseurs abbés d'icelle, ayt
« joy et usé par tel et sy long temps qu'il
« n'est memoire du contraire, ou au
« moins qu'il souffit et doit souffrire à
« bonnes possession et saisine avoir ac-
« quises, ycelles garder et retenir, et
« ycelles ait continuées par les derrenieres
« années, veans et sachans les cordeliers
« de Bernay et tous aultres quilz l'ont
« voulu veoir et savoir ; neantmoins depuiz
« an et jour en ca, ou environ, les dis
« cordeliers, de leur auctorité et volonté
« moins raisonnable, ont de fait gecté ou
« fait getter ez diz fossez plusseurs gra-
« vois, fiens et aultres ordures, maçonné
« en iceulx et fait plusseurs aultres trou-
« bles et empeschemens ou prejudice de la
« fortifficacion et emparemens dessus dis,
« de la chose publique et de la dite ab-
« baye, en troublant et empeschant le dit
« complaignant en ses dites possessions et
« saisines, à tort et sanz cause, indument
« et de nouvel, sy comme icelui com-
« plaignant dit, requerant sur ce notre pro-
« vision. Pour ce est-il que nous, les choses
« dessus dites attendues et considérées, te
« mandons et commectons que, appellés
« ceulx qui seront à appeller à comparoir
« sur le lieu contencieux, tieng et garde
« de par nous le dit complaignant en ses
« possessions et saisines dessus dites, et
« d'icelles le fay joir et user plainement et
« paisiblement, en ostant tout le trouble

« et empeschement qui mis lui seroit au
« contraire, en faisant inhibicion et def-
« fense de par nous aux dits cordeliers et
« à tous autres à qui il appartiendra que
« plus ne les y empeschent, et à cesser des
« diz empeschemens lez contraignant par
« toutes voyes et manieres deues et rai-
« sonnables, et en cas d'opposition, la
« chose contencieuse prinse et mise en
« notre main comme souveraine pour le
« debat des parties, restablissement fait
« et la nouvelleté ostée premierement et
« avant toute euvre, attendu que dez caz
« de nouvelleté par prevencion à nous ou
« à noz officiers appartient la congnois-
« sance; et le dit complaignant, sanz in-
« termicion de son dit estude, ne pour-
« roit aller plaidier hors de notre ville de
« Paris, et auxi par lez previleiges octroyez
« aux maistres et escoliers estudians
« en la dite Université, notre prevost de Paris
« est leur juge commis en toutes leurs
« causes, adjourne les opposans à certain
« et competent jour par devant notre dit
« prevost ou son lieutenant pour dire la
« cause de leur opposicion, proceder et
« aler avant en la dite cause avec le dit
« complaignant, et en oultre comme de
« raison sera, en certifiant suffisamment
« aud. jour dud. adjournement, et de
« tout ce que fait en auraz, le dit prevost
« ou son lieutenant, auquel ou à son dit
« lieutenant nous mandons et pour les
« causes dessus dictes commettons que
« aux parties, icelles oyes, face bon et brief
« accomplissement de justice; car ainsi
« nous plaist-il estre fait, et au dit com-
« plaignant l'avons octroyé et octroyons
« de grace especial par ces presentes, non
« obstant quelxconques lettres suprep-
« tices empetrées ou à empeter au con-
« traire. Donné à Paris le ixe jour d'avril,
« l'an de grace mil ccc iiiixx et seize, et le
« xviie de notre regne.

« Ainsy signé :
« Par le roy, à la relation du conseil :
« MECIER. »

(Vid. orig., Arch. de l'Eure.)

« Charles, par la grace de Dieu, roy de
« France, au vicomte du Pont-Autou ou à
« son lieutenant, salut. Les freres men-
« dians cordeliers du couvent de la ville
« de Bernay nous ont fait exposer comme
« par le fait dez guerres leur église et
« toutes leurs habitacions aient esté de-
« moliz et destruiz, et pour fortifier une
« tour de devers l'abbaie de Bernay, dont
« icelle tour et les murs d'icelle abbaie
« estoient prez et joignant de la terre et
« ediffices d'iceulx cordeliers, les gens du
« roy de Navare, voians que lez ediffices

« des diz cordeliers leur povoient nuire,
« firent ou firent faire certains fossez en
« leur dite terre pour l'enffoncement de la
« dicte abbaye et de la dicte tour, laquelle
« a esté depuis destruite et abatue par
« l'ordonnance de notre tres cher seigneur
« et pere, dont Dieu ait l'ame, et depuis
« ledit abatement lez diz fossez sont de-
« mourez en l'estat que ilz furent lors faiz
« pour la dite cause jusques à ores, et
« pour ce que les dis cordeliers font toute
« la diligence que ilz pevent de remettre
« sur leur dite eglise et habitacions pour
« Dieu servir et avoir leur demenée, et
« que à ce qui sur eulx avoit esté fait
« sanz leur consentement pour le fait de
« la guerre, et qui leur est moult neces-
« saire, n'ont osé entreprendre à vuider
« lez terres qui ont esté getées en leurs
« lieux ne icelles regeter ès diz fossez, ja
« soit ce que la dite tour ne soit mais en
« etat, maiz est abatue comme dit est,
« pour lesquelz fossez ilz sont moult gran-
« dement empeschés et les euvres de leur
« eglise moult retardées, si comme ilz
« dient, en nous requerant que nous leur
« veuillons donner congié de user de leur
« droit en vuydant les terres de leur habi-
« tacion, et icelles regeter et mettre ès
« lieux dont ilz furent ostez qui est leur
« propre fond : nous, considerans ce que
« dit est, et qui desirons pour l'amour de
« Dieu la reddificacion du dit hostel, te
« mandons que tu te transportes sur le
« lieu dont dessus est faite mencion, et
« appellé illeuc ceulx qui pour ce seront
« à appeler, se il te appert les choses des-
« sus dictes estre vraies, fay et seuffre les
« dessus diz cordeliers joir et user de leur
« terre ainsy que ilz pouvoient faire au
« devant de la demolicion de leur dicte
« eglise, et se debat ou opposicion y a,
« fait entre les parties raison et justice,
« car ainsy nous plaist il estre fait, et aux
« dis cordeliers l'avons octroyé et oc-
« troyons de grace especial, se mestier est,
« par ces presentes, non obstant quel-
« conques lettres subreptices empetrées ou
« à empeter au contraire. Donné à Paris,
« le iiie jour de may, l'an de grace mil
« ccc iiiixx et seize, et de notre règne
« le xvie.

« Par le roy, à la relation [du conseil].
« J. COMPIANS. »

« Devant nous Gellot Crespin, lieute-
« nant d'honnourable homme et sage le
« vicomte de Pontautou et du Ponteaude-
« mer. Aprés ce que, à la requeste des
« Cordeliers de Bernay, nous furent pre-
« sentées unes lettres royaulx contenant
« la fourme qui enssuit :

« Charles, par la grâce de Dieu, roy
« de France, au viconte du Pont-Autou,
« etc. (*Comme à la p. 314.*) Par vertu
« desquelles nous eusmes fait assembler
« plusieurs gens de la dite ville de Ber-
« nay et des plus anciens, dont les
« noms ensuivent, c'est assavoir : Collin
« de Bailleul, Bellot de Lespiney, Jehan
« Mutel, Jehan Croq, Jehan le Mesguei-
« cher, Jehan Capelle, Jehan Suppin, Phi-
« lipot Fortin, Ricart Baron, Gallois Cos-
« tey, Guillaume Fleury, Perrot Feret,
« Thomas du Four, Jehan des Forez,
« Pierres de Hangart, Ricart de Belteonée,
« Colin Grimont, Colin Dalce, Pierres
« le Caron, Guillot Piquart, Gueriot Pe-
« lerin, Estienne de Villiers, Guillaume
« de Gournay, Colin de Nuisement, Jac-
« ques le Mignon, Ricart Autelin et plu-
« sieurs autres, pour veoir et visiter les
« bous et costés des lieux descordables
« appartenant aux diz cordeliers, lesquelx
« heritages et edeffices dessus séans
« avoient esté destruis par la fortune dez
« guerres et abatus et miz en fossez une
« grant partie pour enfforcher la tour
« d'icelle abbaye, lesquelles choses nous
« feismes visiter bien et deuement par les
« gens dessus diz en la presence des diz
« cordeliers, c'est assavoir du gardien et
« lecteur dud. lieu, en la presence de dam
« Jehan Lyroys, procureur des religieux,
« abbé et couvent de Bernay, et de Belot
« Chevalier, sergent des diz religieux, et de
« Jehan dez Forez, leur forestier, lesquels
« gens dessus nommez nous rapportèrent
« et monstrèrent em par où le lieu des
« cordeliers se povoit estendre, c'est as-
« savoir jusques à la voye par où l'en
« soulloit aler au moulin Vollequier. D'a-
« prez le raport ainsi fait, nous otempe-
« rasmes au contenu des dictes lettres du
« roy notre sire, et par vertu dicelles don-
« nasmes congié [et licence aus dis] cor-
« deliers de eulx redifier et de asseer leurs
« murs et edeffices jouxte ce que aucien-
« nement et au devant des dictes guerres
« avoient esté, le dit [procureur des dis
« religieux faisant] protestacion et rete-
« nue que chose que les diz cordeliers
« facent ne leur portent prejudice. Donné
« soubz le seel duquel nous usons ou dit
« office le XXVIe jour de may, l'an de grace
« mil CCC IIII[xx] et seize ; et à greigneur
« congnoissance y avons mis le seel des
« obligacions de l'exempcion du dit lieu
« de Bernay, duquel nous usons ou dit
« office. » (Or., Arch. de l'Eure.)

En 1698, les Cordeliers étaient au nombre de quinze, et les revenus de la communauté s'élevaient à 2,000 livres.

Les Pénitents, qui étaient du tiers ordre de Saint-François, s'établirent à Bernai en 1490. Ils eurent pour fondateur Guillaume Filleul, de Lisieux. Leur couvent, d'abord situé à la porte de Rouen, fut transféré auprès de l'église de Notre-Dame de la Couture. En 1698, le couvent renfermait neuf religieux et ne possédait qu'un revenu de 300 livres.

L'Hôtel-Dieu fut confié, comme nous le verrons tout à l'heure, en 1504, aux sœurs grises de l'ordre de Saint-François et de Sainte-Élisabeth ; mais ces dames prirent en 1663 la résolution de se cloîtrer. A la suite de cette résolution, en 1664, un concordat intervint entre les habitants de Bernai et les dames de Saint-François pour régler le service des pauvres malades. Ce concordat assurait à ces dames les revenus de l'ancienne Maison-Dieu de Bernai, revenus qui s'élevaient à une somme de 8 à 10,000 livres. Le couvent des dames de Saint-François ou couvent de la Grande-Rue était situé entre la rue aux Juifs, la rue aux Charrettes, la rue Sainte-Gertrude et la rue de Geôle.

Les Augustines étaient appelées aussi *Dames de la Comté*, parce que leur couvent se trouvait dans la partie de la ville appartenant au comte d'Alençon. En 1698, elles étaient cinquante et jouissaient d'un revenu de 5,000 livres.

IV.

L'Hôtel-Dieu de Bernai passe pour avoir été fondé par saint Louis. Un ancien inventaire, conservé dans les archives de l'hospice actuel, fixe à 1250 la date de la fondation. Wadding, dans ses *Annales des Frères mineurs*, dit : « Primum apud op-
« pidum Berneii, restaurato xenodochio
« ruinoso et ferme neglecto a S. *Ludovico*
« *rege olim infirmis curandis et peregrinis*
« *excipiendis constructo.* »

Le 5 novembre 1388, nous trouvons pour la première fois mention de l'Hôtel-Dieu de Bernai. Le procureur de l'abbé de Bernai, Étienne Luchier, lequel avait jadis possédé « domum Dei seu hospitale
« Sancti Johannis de Bernayo », déclare
« quod dictum hospitale dudum habuit
« et obtinuit cum ejus fructibus ex dono
« et collatione seu provisione inde sibi
« factis per religiosos dominos abbatem
« et conventum dicti monasterii, XXX an-
« nis nunc elapsis. » On voit que l'Hôtel-Dieu ou hôpital Saint-Jean était au XIVe siècle un simple bénéfice.

En 1390, maître Guillaume de la Houssaye, clerc et notaire du roi, était gouverneur et administrateur de « l'Hostel-Dieu de Bernai ».

A l'échiquier de la Saint-Michel, même année, mention est encore faite de « l'Ostel-Dieu de Bernay ».

Dans le pouillé du diocèse de Lisieux, qui date du XVIᵉ siècle, on lit :

« Domus Dei de Bernayo cum capellis
« sequentibus;
« Capella S. Johannis, ibidem;
« Capella S. Catherinæ, ibidem. »

Louis XII releva l'hôpital de Bernai et en confia la direction aux sœurs grises de l'ordre de Saint-François et de Sainte-Elisabeth. Les affaires financières de la communauté prospérèrent, et les sœurs prirent, en 1663, la résolution de se cloîtrer. Les habitants de Bernai les poursuivirent en parlement pour qu'elles reprissent leur mission hospitalière. Comme nous l'avons déjà dit, il y eut concordat et arrangement le 30 novembre 1664 entre les religieuses hospitalières de l'Hôtel-Dieu et les habitants de Bernai pour régler le service des pauvres malades. Il fut arrêté que les dites religieuses seraient maintenues en la jouissance des anciens revenus de l'hôpital, à la charge de faire célébrer les messes et services dus, de réparer les bâtiments et d'entretenir quatre lits pour les pauvres malades. Mais les dames de Saint-François tinrent fort mal leurs engagements : les intérêts des pauvres furent sacrifiés aux intérêts de la communauté. C'est alors que Mᵐᵉ de Ticheville, dont le nom doit vivre à jamais dans le souvenir reconnaissant des habitants de Bernai, entreprit la fondation d'un hôpital général, qu'en 1697 Louis XIV consacra par les lettres suivantes :

« Louis, par la grâce de Dieu, roy de
« France et de Navarre, à tous présens et
« à venir, salut. Notre amé et féal le sieur
« de Matignon, évêque de Lizieux, nous
« a très-humblement fait remontrer que,
« dans les soins qu'il se donne pour
« mettre le bon ordre dans son diocèse,
« il auroit trouvé que rien ne pouvoit
« estre plus avantageux pour la ville de
« Bernay que l'establissement d'un hôpi-
« tal général, afin d'y enfermer les pauvres
« malades, les vieilles gens qui n'ont pas
« de quoy subsister, et les enfants orphe-
« lins et autres qui sont à la mandicité et
« abandonnez d'une manière qu'ils s'é-
« lèvent dans un esprit de fesnéantise et
« de libertinage, au lieu que dans le dit
« hôpital ils seroient instruits de tout ce
« qu'ils doivent sçavoir, et qu'on leur
« aprendroit quelque mettier pour gagner
« leur vie, lequel establissement a desja
« esté trouvé si utile que, par arrest de
« notre conseil du 24 février 1688, nous
« aurions ordonné qu'il seroit imposé et
« levé dans la dite ville de Bernay, pen-
« dant huit années, la somme de qua-
« rante mil livres, pour employer à ré-
« parer l'église de Sainte-Croix dudit Ber-
« nay, qui avoit esté fort endommagée
« par le feu du ciel, et à l'establissement
« d'un hôpital général; en conséquence
« de quoy il auroit esté levé vingt sept
« mil cinq cens livres, qui ont esté plus
« que suffisans pour payer les adjudica-
« taires des réparations, lesquelles ont esté
« entièrement faites; mais il auroit esté
« sursis à la levée des douze mil cinq
« cens livres restans, destinez pour ledit
« hôpital, à cause des autres impositions
« qui auroient esté faites sur les habitans
« de la dite ville de Bernay; mais comme
« ce secours n'est point nécessaire pour
« l'establissement dudit hopital général,
« y ayant des biens considérables, tant
« en meubles qu'en immeubles, destinez
« pour le dit hopital par donnations en-
« trevifs, legs, testamens de dernière vo-
« lonté ou autrement, et que ledit sieur
« évesque de Lizieux a connoissance que
« des personnes de piété, touchées de
« compassion pour les pauvres, ont des-
« sein de faire au dit hôpital de grandes
« charités lorsqu'il nous aura plu d'ac-
« corder des lettres patentes pour son es-
« tablissement, et qu'il y en a d'autres
« qui donneront leurs soins pour y servir
« les pauvres et les ayder dans tout ce qui
« sera convenable, afin qu'ils soient par-
« faitement soulagez, il nous auroit très-
« humblement fait suplier de vouloir ac-
« corder nos lettres patentes nécessaires.
« A ces causes, désirant contribuer, au-
« tant qu'il nous est possible, à l'accom-
« plissement d'un ouvrage si nécessaire
« pour la gloire de Dieu et le soulage-
« ment des pauvres, de l'avis de notre
« conseil et de notre certaine science,
« pleine puissance et autorité royale,
« nous avons approuvé et confirmé, ap-
« prouvons et confirmons par ces pré-
« sentes, signées de notre main, l'esta-
« blissement du dit hôpital général en la
« dite ville de Bernay, où tous les susdits
« pauvres soient enfermez, sans qu'à l'oc-
« casion du dit establissement la dite
« somme de douze mille cinq cens livres,
« restant de celle de quarante mil livres,
« ordonnée par le susdit arrest du conseil,
« puisse estre levée sur les habitans dudit
« Bernay, de laquelle, tant pour le pré-
« sent que pour l'avenir, nous les avons
« deschargez et deschargeons, faisant très-
« expresses deffenses de faire sur eux au-
« cune autre levée pour raison dudit ho-

« pital général. Voulons que la maison,
« lieux et clôture où les dits pauvres se-
« ront enfermez soient appelez *les pauvres
« renfermez de la ville de Bernay*, et que
« cette inscription, avec l'écusson de nos
« armes, soit mise sur le portail dudit
« hôpital général, que nous prenons, avec
« tous ses droits et dépendances, en notre
« garde et protection royale, sans toutes
« fois qu'il dépende de notre grand au-
« mônier en quelque sorte et manière que
« ce soit, ny qu'il puisse jamais estre
« censé et réputé sujet à la visite des offi-
« ciers de la grande aumônerie, ausquels
« nous en interdisons dès à présent et
« pour l'avenir toute juridiction et con-
« noissance. Et afin de commettre le soin
« de cet establissement à des personnes
« dont la probité soit connue, voulons
« que ledit hôpital soit régi et gouverné
« par le dit sieur évesque de Lizieux, ou
« par deux ecclésiastiques qu'il nommera,
« pour, en son absence, estre adminis-
« trateurs, par le maire et eschevins de
« ladite ville et par trois bourgeois qui
« seront choisis par le corps de ville, pour
« estre aussi administrateurs.

« Voulons que du nombre desdits ad-
« ministrateurs il en soit choisy par le bu-
« reau un d'entre eux pour faire la fonc-
« tion de receveur, qui aura séance et voix
« délibératrice avec eux, excepté dans les
« affaires où il aura intérest, et seront
« tenus lesdits administrateurs et rece-
« veurs, éleus et autres officiers du dit
« hôpital général, qui seront nommez à
« l'avenir, de faire et prêter le serment au
« lieu où se tiendront les dites assemblées,
« entre les mains dudit sieur évesque de
« Lizieux, s'il se trouve à Bernay, et en
« son absence entre les mains du plus
« ancien des deux ecclésiastiques, et en
« leur absence en celles du plus qualifié
« des autres directeurs.

« Voulons en outre que tous les dons et
« legs faits aux pauvres en termes géné-
« raux dans la dite ville de Bernay, en-
« semble toutes les aumosnes applicables
« aux pauvres, quoique les contrats et
« dispositions soient faites auparavant les
« présentes et depuis l'establissement du
« dit hôpital, et celles qui seront faites
« cy-après, soient et appartiennent audit
« hôpital général, et qu'elles puissent
« estre vendiquées par les administrateurs
« d'iceluy.

« Permettons aux dits administrateurs
« de faire fabriquer dans le dit hôpital
« toutes sortes de manufactures, et de les
« y faire vendre et débiter en faisant gar-
« der les règlements faits sur icelles. Et,
« parce qu'il est important pour que les
« manufactures soient bien faites, que les
« administrateurs y appellent des artisans
« qui les montrent aux pauvres, et tout
« ce qui dépendra de leur art et mettier,
« afin que ceux qui auront esté choisis s'y
« portent avec plus d'affection, nous or-
« donnons qu'après y avoir travaillé cinq
« ans, et qu'ils auront esté reconnus avoir
« bien instruit les pauvres en leur art et
« mettier, ils puissent estre présentez par
« les dits administrateurs au vicomte, ou
« autre à qui la connaissance appartiendra,
« et au substitut de notre procureur gé-
« néral, pour estre receus maistres des
« arts et mettiers ausquels ils auront va-
« qué et instruit les pauvres, comme ré-
« putez suffisamment capables.

« Permettons aux dits administrateurs
« de recevoir tous les legs, dons, gratifi-
« cations et autres libéralitez qui seront
« faites au dit hôpital général par testa-
« ments, codiciles, donations entrevifs, ou
« à cause de mort, et par tous autres actes
« que ce soit, et d'en faire les accepta-
« tions, recouvrements et poursuites né-
« cessaires; ensemble d'aquérir tant de
« notre domaine que d'autres personnes,
« échanger, faire constitutions de rentes,
« ordonner et disposer de tous les biens
« du dit hôpital général, suivant qu'ils
« jugeront à propos, emprunter des som-
« mes telles que le besoin du dit hôpital
« le requérera, transiger et compromettre
« avec peine, accorder et composer de
« tous les différens meus et à mouvoir,
« lesquels compromis et transactions nous
« avons validez et validons, comme s'ils
« estoient faits entre majeurs.

« Enjoignons aux curez, notaires, ta-
« bellions et greffiers, dans le ressort du
« dit Bernay, leurs héritiers et gardiens
« des minutes, d'envoyer incessamment
« au dit hôpital général les extraits des
« testamens, codiciles, donations, con-
« tracts, compromis, traitez, sentences,
« jugemens et autres actes, où il y aura
« dons, legs, adjudications d'amandes
« ou d'aumosne, stipulation de peine
« et autres avantages en faveur dudit
« hôpital général, et de délivrer toutes
« les expéditions nécessaires gratuitement;
« le tout à peine d'en répondre par les né-
« gligens et reffusans en leur propre et
« privé nom, et de tous dépens, dom-
« mages et intérests.

« Déclarons apartenir audit hôpital gé-
« néral tous les meubles des pauvres qui
« décéderont en iceluy, suivant l'inven-
« taire qui en sera fait lors de leur entrée.

« Pourront lesdits administrateurs faire
« tous règlements et statuts, non con-
« traires à ces présentes, pour le gouver-

« nement et direction du dit hôpital gé-
« néral, tant au dedans d'iceluy pour la
« subsistance des pauvres et pour les faire
« vivre avec ordre et discipline, qu'au
« dehors pour empescher la mandicité pu-
« blique et secrète ; lesquels règlements
« et statuts seront faits lors des assem-
« blées ordinaires dudit hôpital général,
« que nous voulons estre gardez et obser-
« vez par tous ceux qu'il apartiendra, et,
« afin qu'ils soient exactement observez,
« nous donnons et attribuons aux dits ad-
« ministrateurs et à leurs successeurs tout
« le pouvoir et autorité de direction, co-
« rection et châtiment des pauvres enfer-
« mez. Et pour ce, leur permettons d'avoir
« dans le dit hôpital des prisons, poteaux et
« carcans, à la charge néantmoins que si
« les dits pauvres commettent des crimes
« pour lesquels il y ait lieu d'infliger des
« peines au delà de l'emprisonnement, du
« carcan et de la correction du fouet dans
« ledit hôpital, ils seront mis ès mains
« du lieutenant criminel dudit Bernay,
« pour, à la requête du substitut de notre
« procureur général, le procès leur estre
« fait et parfait sommairement et sans
« frais, ainsi qu'il apartiendra par raison.
« Et à l'égard des pauvres passans qui
« seront trouvez mandians dans les rues
« et dans les églises de la dite ville de
« Bernay, lesdits administrateurs pour-
« ront les faire constituer prisonniers ès
« prisons du dit hôpital, et les y tenir
« pendant le temps qu'ils aviseront bon
« estre.
« Deffendons à toutes personnes, de
« quelque qualité qu'elles soient, de don-
« ner l'aumosne aux pauvres mendians et
« vagabonds dans les rues, églises ou
« ailleurs, nonobstant tous motifs de com-
« passion, nécessité pressante ou autre
« prétexte que ce soit, à peine de trois
« livres d'amande, applicables au profit
« du dit hôpital général, au paiement de
« laquelle ils seront contraints par toutes
« voyes deues et raisonnables ; et pour
« empescher lesdits pauvres de mandier,
« permettons aux dits administrateurs
« d'élire tels nombres d'archers qu'ils ju-
« geront nécessaires pour prendre lesdits
« mandians et vagabonds et les conduire
« dans le dit hôpital, recevoir les pauvres
« passans et les mener hors de la ville,
« et, en cas de résistance, ordonnons aux
« bourgeois et habitans de leur prêter
« main forte, à peine de trente sols d'a-
« mande contre chacun refusant, apli-
« cable audit hôpital. Auront lesdits
« archers, casaques avec une marque
« particulière, afin qu'ils puissent être
« connus, lesquels pourront porter épée

« et hallebarde, si les dits administra-
« teurs le jugent à propos, nonobstant les
« deffenses portées par nos ordonnances ;
« deffendons aux dits archers de prendre
« aucune chose des dits pauvres, ny de
« les maltraiter, à peine d'estre chatiez et
« chassez, et à toutes personnes, de quel-
« que qualité et condition qu'elles puis-
« sent estre, de molester, injurier et mal-
« traiter les dits archers, à peine pour les
« contrevenans d'estre emprisonnez sur-
« le-champ, et procédé contre eux crimi-
« nelement à la requeste des dits admi-
« nistrateurs, et aux dits mandians de
« faire aucune résistance, à peine de telle
« punition que les dits administrateurs
« adviseront.
« Et afin que lesdits administrateurs,
« receveur et secrétaire dudit hôpital ne
« puissent estre distraits d'un service si
« important à la gloire de Dieu et au bien
« public, voulons qu'ils soient, pendant
« le temps de leur administration seule-
« ment, exempts de tutele, curatele,
« garde de dépôts et de toutes charges
« publiques et municipales, sans que sous
« ce prétexte ils puissent renoncer aux
« tuteles et curateles qui leur ont esté def-
« férées avant leur administration, comme
« aussy que le médecin et chirurgien qui
« serviront gratuitement les pauvres dudit
« hôpital général en soient, à cette occa-
« sion seulement, pareillement exempts.
« Accordons en outre audit hôpital gé-
« néral l'amortissement des bastimens et
« héritages servans à l'enclos d'iceluy seu-
« lement, sans que, pour raison de ce, il
« soit tenu de nous payer aucune finance,
« ny indamnité, dont, en tant que de
« besoin est, ou serait, nous en avons fait
« don au dit hôpital général, nonobstant
« toutes ordonnances à ce contraires, aux-
« quelles pour ce regard nous avons dé-
« rogé et dérogeons par les présentes,
« sans préjudice toutesfois de l'indamnité
« des seigneurs particuliers, s'il y en a,
« qui leur sera payée.
« Déclarons en outre le dit hôpital
« exempt de tous droits de gué, garde,
« fortifications, fermeture de ville et fau-
« bourg, même de logement et passage,
« ayde et contributions de gens de guerre.
« Si donnons en mandement à nos
« amez et feaux conseillers, les gens te-
« nant notre cour de parlement de Rouen,
« chambre des comptes audit lieu, prési-
« dens et trésoriers généraux de France à
« Alençon, et à tous autres nos justiciers
« et officiers qu'il appartiendra, que ces
« présentes ils aient à enregistrer, et le
« contenu en icelles faire garder et ob-
« server, selon leur forme et teneur, ces-

« sans et faisans cesser tous troubles et
« empeschements au contraire, car tel est
« notre plaisir; et afin que ce soit chose
« ferme et stable à toujours, nous avons
« fait mettre notre scel à ces présentes.
« Donné à Versailles, au mois de mars,
« l'an de grâce mil six cent quatre-vingt-
« dix-sept, et de notre règne le cinquante-
« quatrième.
                « Signé : LOUIS.
    « Par le roy :
  « Signé : PHELIPPEAUX.

« Au bas on lit : Visa BOUCHERAT. Ces
« présentes, et les statuts dressés en con-
« séquence le 7 de ce présent mois et an,
« ont esté enregistrés ès registres de la
« cour, pour estre exécutés selon leur
« forme et teneur, suivant l'arrest d'icelle
« de cejourd'huy, à Rouen, en parlement,
« le 21 juin 1697.
                « Signé : BRÉANT. »

« En marge on lit encore : Registrées
« ez registres de la chambre des comptes
« de la Normandie, ce consentant le pro-
« cureur général du roy, pour estre exé-
« cutées selon leur forme et teneur, et
« suivant l'arrest de cejourd'huy quatorze
« de febvrier mil sept cent un.
                « Signé : MARTIN. »

En 1698, Louis XIV confirma un arrêt du conseil qui réunissait à l'hôpital général les maladreries de la Madeleine, de Saint-Clair, de Saint-Michel, de Saint-Evroult et de Saint-Brice :

« Louis, par la grâce de Dieu, roy de
« France et de Navarre, à tous présens et
« à venir, salut.
« Nos bien amez les administrateurs de
« l'hôpital nouvellement establi pour les
« pauvres malades et autres en la ville de
« Bernay, diocèse de Lizieux, nous ont
« fait remontrer que, par nos édits et
« déclarations des mois de mars, avril et
« aoust mil six cent quatre vingt treize,
« nous aurions désuny de l'ordre de Notre-
« Dame de Mont-Carmel et de Saint-
« Lazare les maladreries et léproseries qui
« y auroient esté jointes et incorporées
« par autre notre édit du mois de dé-
« cembre mil six cent soixante et douze,
« déclaration et arrests rendus en consé-
« quence, ce qui a donné lieu à l'arrest
« rendu en nostre conseil le vingt qua-
« triesme janvier mil six cent quatre vingt
« dix-huit, qui ordonne qu'il sera uny à
« l'hôpital de la ville de Bernay les biens
« et revenus de la maladerie et chapelle
« de la Magdeleine de Bernay; de la ma-
« laderie de Saint-Clair et Saint-Thomas
« de la Cananée, paroisse de Boissy; de
« la maladerie de Saint-Brice, paroisse de
« Carsix ou de Fontaine la Sorel, et de la
« léproserie et chapelle de Saint-Michel de
« Saint-Evroux, autrement ditte du Val-
« boutry, paroisse de Notre-Dame du Bois,
« et qu'à cet effet toutes lettres néces-
« saires en seroient expédiées, lesquelles
« ils nous ont très-humblement fait su-
« plier leur vouloir accorder. A ces causes,
« après avoir fait voir en notre conseil le
« susdit arrest du vingt-quatriesme janvier
« dernier, ey attaché sous le contre-scel,
« et désirant que nos dits édits et décla-
« rations soient exécutés selon leur forme
« et teneur, nous avons joint, uny et in-
« corporé, et par ces présentes signées de
« notre main joignons, unissons et incor-
« porons au dit hospital de la ville de Ber-
« nay les biens et revenus de la maladerie
« et chapelle de la Magdeleyne de Bernay,
« de la maladerie de Saint-Clair et Saint-
« Thomas de la Cananée, paroisse de Bois-
« sy; de la maladerie de Saint-Brice, pa-
« roisse de Carsix ou de Fontaine la Sorel,
« et de la léproserie et chapelle de Saint-
« Michel de Saint-Evroux, autrement ditte
« du Val-boutry, paroisse de Notre-Dame
« des Bois, pour en jouir par le dit hospital
« à commencer du premier juillet mil six
« cent quatre vingt quinze, et estre les
« dits biens et revenus employés à la nour
« riture et entretien des pauvres malades
« qui seront receus au dit hospital, à la
« charge de satisfaire aux prières et ser-
« vices de fondation dont peuvent estre
« tenues les dites maladeries et léprose-
« ries, et de recevoir les pauvres malades
« des lieux et paroisses où sont situées
« les dites maladeries de la Cananée et de
« Saint-Brice et la dite léproserie du Val-
« boutry, à proportion de leurs revenus.
« Et en conséquence, nous ordonnons que
« les titres et papiers concernant lesdites
« maladeries, léproserie et chapelle, biens
« et revenus d'icelles qui peuvent estre en
« la possession de Me Jean-Baptiste Macé,
« cy greffier de la chambre royalle, aux
« archives de l'ordre de Saint-Lazare, et
« entre les mains des commis et préposez
« par le sieur intendant et commissaire
« par nous départy en la généralité d'Al-
« lençon, mesme en celles des chevaliers
« dudit ordre, leurs agents, commis et
« fermiers ou autres qui jouissaient des
« dits biens et revenus avant notre édit
« du mois de mars mil six cent quatre
« vingt treize, seront délivrés aux admi-
« nistrateurs du dit hospital; à ce faire
« les dépositaires contraints par toutes
« voyes; ce faisant, ils en demeureront
« bien et valablement deschargez. Sy
« donnons en mandement à nos amez et

« féaulx conseillers, les gens tenants
« notre cour de parlement à Rouen, que
« ces présentes ils fassent registrer, et de
« leur contenu jouir et user les adminis-
« trateurs du dit hospital et ceux qui leur
« succéderont en ladite qualité, pleine-
« ment, paisiblement et perpétuellement,
« cessans et faisant cesser tous troubles et
« empeschemens, nonobstant tous édits
« et déclarations, arrêts et réglements à
« ce contraires, auxquels nous avons dé-
« rogé et dérogeons par ces dites pré-
« sentes, car tel est notre plaisir, et afin
« que ce soit chose ferme et stable à tou-
« jours, nous avons fait mettre notre scel
« à ces dites présentes. Donné à Versailles,
« au mois de mars, l'an de grâce mil six
« cent quatre vingt dix huit, et de notre
« règne le cinquante-cinquième.

      « Signé : LOUIS.

« Sur le repli :

  « Par le roy :

 « Signé : PHELIPPEAUX.

« A côté, également sur le repli : Ces
« présentes ont esté enregistrées ès re-
« gistres de la cour pour estre exécutées
« selon leur forme et teneur, et jouir par
« les impétrants de l'effet d'icelles, sui-
« vant l'arrêt de la cour de ce jourd'huy,
« à Rouen, en parlement, le 16 avril 1698.

    « Signé : BRÉANT. »

« Un peu plus loin :

  « Visa BOUCHERAT,

« Pour lettres d'union à l'hospital de Bernay. »

(Orig. sur parch., grand sceau en cire verte. — Arch. de l'hospice.)

La loi du 10 août 1792 supprima définitivement l'ancien Hôtel-Dieu fondé par saint Louis, et les quatre malades entretenus par les dames de Saint-François furent transportés à l'hôpital général (1), qui subsiste encore aujourd'hui.

Nous voulons encore dire un mot d'une institution charitable fondée à Bernai au XIIIe siècle pour le soulagement des lépreux. Les statuts de la maladrerie de la Magdeleine de Bernai sont dignes d'être conservés :

« A tous ceulx qui ces lettres verront
« ou orront, Geoffroy Legras, bourgois
« de Bernay, garde du scel des obligations
« de la chastelerie de Monstreul, salut.
« Sçavoir faisons nous avons veu et dili-
« geamment regardé unes lettres saines
« et entières touchant certains estatus et
« ordonnances sur le fait de la malladerie

« de Bernay, desquelles la teneur ensuit :
« A tous ceulx qui ces lettres verront
« l'official de Lisieux, salut en nostre Sei-
« gnour. Saches que en l'an nostre Sei-
« gnour mil ccc et sept, le lundi après la
« feste saint Barnabé, apostre, avons veu
« et diligeamment regardé aucuns esta-
« blissemens ou ordonnances dessous nom-
« més contenantes la fourme qui ensuit.

« A tous ceulx qui ces présentes verront
« ou orront, frère Guillaume, humble
« abbé de Nostre Dame de Bernay, de
« l'ordre Saint-Benest, et messire Johan
« Mal et, chevalier, seigneur de Graville,
« du diocèse de Rouen, salut et pure
« charité en Nostre Seignour. Sache vostre
« université que nous avons establi et or-
« donné, et par le conseil de nos bourgois
« et saiges de Bernay, pour l'onnesteté de
« la ville et pour le prouffit de la maison
« et hospital des mallades dudit lieu, que
« la dite maison ou hospital desdits mal-
« lades, et iceulx mallades seront gou-
« vernées par leur prieur en la manière
« qui ensuit : Premièrement, nous avons
« ordonné que nul prieur ne soit receu à
« gouverner la dicte maison qui ne soit
« sain et qui n'ait nulle tesche de maladie
« de lèpre. Item, que nulz mallades n'ail-
« lent oultre la Croix-Bouesséé dudit lieu
« en aucune manière, sans congié et li-
« cence de leur prieur. Item, que nulz des
« mallades ne aille ne entre en la ville
« de Bernay au jour de samedi, oultre
« la porte qui est appelée la porte le
« Conte, ne par aucune des aultres
« portes de la dite ville, ne ne se facent
« veoir en lieu publique ou com-
« mun fors deulx fois en la sepmaine et
« non pas au jour de demenche, et pour
« cause et raison de leur pourvéances, ou
« de leur grant nécessité acquérir et pro-
« curer. Item, que nulz des dits mallades
« n'aillent, ne entrent en taverne dedans
« la ville de Bernay, ne an merché du
« bley, ne ne vendent, ne ne achatent
« bley, ne quelsconques aultres choses.
« Item, que aulcuns d'iceulx mallades ne
« facent contrault de mariage avecques
« fame saine, ne fame mallade avec home
« sain, et qu'ils ne lavent leurs draps ès
« eaux courantes, ne que les femmes mal-
« lades, ou quelconque aultre saine [ou]
« mallade ne fillent ne linge ne lange,
« fors tant seullement comme il escon-
« vendra pour leur propre vesture. Item,
« que nul mallade ou quelsconques au-
« tres, sain ou mallade prenge ne es-
« trange (échange) en aucune manière
« aucuns des biens de la dicte maison
« sans congié et licence de leur prieur.
« Item, que nul ne demeurge ne ne face

(1) Un excellent travail de M. Malbranche (Notice sur l'hospice de Bernay) vient de paraître dans le Recueil des Trav. de la Soc. libre de l'Eure.

« residence en aucune manière en la dicte
« maison, se il n'y a loth ou porcion en
« icelle. Item, que aucun ne aucune des
« mallades ne aille au hault puis pui-
« cher de l'eaue en aucune manière. Item,
« que les dits mallades aient sergens suf-
« fisans et sains qui leur procurent leurs
« nécessaires par la ville de Bernay et
« ailleurs, et qui leur facent services con-
« venables. Et pour ce que la dicte mai-
« son est dommagée par aucuns qui ont
« engaigé ou vendu aucune fois non prouf-
« fitablement leurs possessions, pour les-
« quelles choses iceulx engaigeurs et ven-
« deurs venoient à povreté non raison-
« nable, nous adjoutons aux ordonnances
« dessus dictes que nulz des frères, soit
« sain ou mallade, ne puisse vendre ne
« engaiger doresnavant son loth ne sa
« porcion, ne aliéner en aucune, ne bail-
« ler par aucun terme. Item, les sergens
« qui, pour les frères receups et à recep-
« voir de ladicte maison, sont et seront
« nécessaires pour le temps advenir, tant
« qu'il appartient à la récepcion des dits,
« soient receups par notre cougié et lisce-
« cence des dits bourgois, non aultrec-
« ment. Item, les mallades, les frères et
« le prieur d'iceulx, qui pour le temps
« sera, sont tenus, et seront moult gran-
« dement en temps advenir, à obéir à nos
« bourgois devant dits en toutes les choses
« dessus dictes en général et en espécial.
« Item, se tous les frères ou aulcuns
« d'iceulx seront reprins de inobédience
« des choses dessus dictes, ou en aucune
« d'icelles, soient pugniz par privacion
« de leurs loths et porcions par an et par
« jour, et en oultre jusques à tant que par
« nous soit rappelé la dicte privacion et
« restitués en icelle porcion iceulx déso-
« bédients, en tout ou en partie, si
« comme il nous sera advis que bon sera.
« Item, le prieur de la dicte maison qui
« pour le temps sera, pourra pugnir tous
« les devans diz frères et receups, en-
« semble et chacun par soy, pour les for-
« ches et excès d'iceulx, se le cas le doit
« ou requiert, il les pourra deslother et
« priver de leurs loths et porcion ; et après
« privacion il ne leur pourra rendre icelle
« ne restituer, se ce n'est de la volonté et
« octroy desdits bourgois. Item, le prieur
« du dit lieu sera tenu rendre compte des
« biens de la dicte maison aux bourgois à
« ce jurés et establis par deux fois l'an ;
« c'est assavoir en la feste de Toussaint et
« à l'Ascension Nostre Seigneur. Et avec
« ce, nous ordonnons que nulz des de-
« vant ditz frères, sains ou malades, ne
« puisse faire testament des biens de la
« dicte maison que tout ne revienne à la
« dicte maison après le décepz d'iceulx,
« si non qu'ilz facent lees compétent au
« [prestre] du dit lieu et au clerc. Item,
« nul des devant dits frères qui sont en
« sentence de excommenge, en soutenant
« icelle sentence par courage endieurcy,
« puissent de soy faire absouldre, et non
« faisant au procès couppes ait esté négli-
« gent de procurer le bénéfice de son abso-
« lucion, ne lieve, ne repçoive aucune
« porcion de son loth, tant comme il sera
« en la dicte excommenge.
« Adesertes, nous, official de Lisieulx
« dessus dit, les devant dits estatuts or-
« donnons, louons, ratiffions, approu-
« vons, en tant comme à nous appartient,
« et certainement conferrons, voulons et
« commandons iceulx, si comme est dit,
« estre gardés fermement, sans les en-
« fraindre, sur paine d'excommenge de
« canon de tous les frères et mallades de-
« vant ditz. En tesmoing de laquelle chose,
« nous avons mis à ces présentes le seel
« de nostre court de Lisieulx. Donné en
« l'an et jour dessuz ditz. En tesmoing de
« ce, nous avons scellé ces présentes du
« seel des obligacions de la dicte chastel-
« lerie le vj^e jour d'octobre, l'an de grâce
« mille ccc quatre vings et quatre. » (Sur
parchemin. — Arch. de l'hospice.)

Dans le pouillé du diocèse de Lisieux nous trouvons mentionné au XVIe siècle, après la chapelle de Sainte-Gertrude, dans la paroisse de la Couture de Bernai :

« Capella B. Mariæ Magdalenes. — Leprosaria loci. » Le patron est le seigneur d'Alençon : « Dominus de Alenconio. »

Dans le pouillé général de Normandie, dressé en 1644, les habitans de Bernai ont le patronage de cette léproserie.

On voit que ces deux pouillés semblent se contredire : l'un attribue le patronage aux habitants de Bernai, l'autre au duc d'Alençon.

Le patronage donna lieu, en effet, en 1576, à un débat d'où les habitans de Bernai sortirent vainqueurs. Ces derniers continuèrent à nommer, de concert avec les habitans de Saint-Pierre-de-Menneval, un bailli pour administrer le temporel de la dite maladerie.

La Madeleine de Bernai jouissait d'un droit de coutume sur la foire tenue à Bernai au moment de la Pentecôte. Elle possédait quelques propriétés foncières.

En 1674, l'ordre de Saint-Lazare prit possession de la Madeleine de Bernai en vertu de l'édit de 1672 ; mais, en 1698, la Madeleine fut réunie à l'hôpital général en même temps que les maladeries de Saint-Clair, de Saint-Michel, de Saint-Brice et de Saint-Evroul.

VIII.

Nous avons déjà énuméré, p. 266, 267 et 268, un certain nombre de faits tendant à démontrer l'importance commerciale de Bernai aux XII° et XIII° siècles. Nous nous permettrons d'ajouter, pour le XIV°, le XV° et le XVI°, de nouvelles preuves.

En 1419, Charles VI confirma un règlement fait pour la marque des draps fabriqués dans la ville de Chartres. « Il estoit
« expédient que les draps marchans qui
« dorcsenavant ystroient de la dicte façon,
« moison et labourage de Chartres, eus-
« sent un marc et sain publique de plom,
« lequel feust imprimé et attachié après
« ce que le drap par les jurez à ce ordon-
« nez auroit esté visité, approuvé, passé
« à la foulerie jurée du roy, qui est à la
« dicte ville, mis à la poulie et signez par
« les ditz jurez de une esprainte de cire à
« ce especialement ordonnée, et que au-
« cun drap ne feust en la dicte ville ne
« délivré à la partie à qui il apparticn-
« droit, jusques à ce que après icelle visi-
« tacion et approbacion le dit marc et
« saing de plom publique y eust esté im-
« primé et attachié par la manière que
« dit est..... et disoient outre les diz
« maistres et jurez que ainsi en usoit l'en
« ès bonnes villes de ce royaume, comme
« à Rouen, Evreux, Saint-Lo, Bernay,
« Monstiervillier, ès bonnes villes de Flan-
« dres et autres plusieurs de ce royaume... »
(Ord., t. XI, p. 12.)

En 1424, Henri VI, roi d'Angleterre, confirma les statuts des chaussetiers de Bernai :

« Henricus, Dei gracia, Francorum et
« Anglie rex. Notum facimus universis,
« presentibus et futuris, nos vidisse quas-
« dam litteras et ordinaciones sub sigillo
« obligacionum castellanie de Monstereul,
« sanas et integras, quarum tenor sequitur
« et est talis.

« Cy ensuivent les ordonnances de la
« ville de Bernay sur le fait du mestier et
« marchandise des chaussetiers, tant en
« la terre, juridiction et seigneurie de la
« duchié d'Alençon, qui de présent est en la
« main du roy nostre souverain seigneur,
« comme en la partie de la seigneurie et
« juridicion de religieux hommes et hon-
« nestes, les religieux, abbé et couvent
« de l'abbaie de Bernay, lesquelles ordon-
« nances les ouvriers dudit mestier et
« marchandise requierent estre confermez
« du roy, pour le bien et augmentacion
« de ladicte marchandise et du bien pu-
« blique, sans aucun préjudice du droit
« et seigneurie du roy notre dit seigneur,
« et aussi de iceulx religieux ne de leurs
« seigneuries, juridicion ou admendes
« qu'ils ont acoustumé à avoir ou temps
« passé, lesquelles ordonnances ensuivent :

« 1. Item, c'est assavoir que l'euvre
« de chausses qui sera faicte pour vendre,
« dont le drap ne sera mouillé et tondu,
« seront forfaictes, comme fausses et del-
« loiales, car elle apetice, fent et dessire.

« 2. Item, que toutes les chausses tail-
« lées et cousues soient de bon biais, et
« ne puissent être plus courtes par de-
« dans jambe que dehors, que deux doies
« seulement ou moins et deux doies de
« talon ; et se il est trouvé le contraire,
« icellui sur qui sera trouvé icelle faute,
« en fera amende où il appartient, selon
« le taux ou moderacion de justice.

« 3. Item, que toutes chausses soient
« d'un même drap, au moins d'une
« mesme couleur ; et qui sera trouvé fai-
« sant le contraire, en fera amende à
« justice.

« 4. Item, que nul ne puisse mectre drap
« vieil avec le neuf, ne vieille toile ne qui
« ait servi sur le neuf drap, ne drap de
« bourre ne de pesnes ne de pesche, sur
« peine de forfaicture.

« 5. Item, que nul maistre dudit mestier
« ne pourra avoir aprentif s'il ne met
« avant : c'est assavoir, se il ne va porter
« et establir son œuvre en la place de la
« Chausseterie à ce ordonnée, pour vendre
« les chausses à jour de samedy.

« 6. Item, que nul maistre dudit mestier
« ne pourra avoir que un seul apprentif,
« qui sera tenu servir trois ans ; et si ne
« le pourra le maistre tenir en son hostel
« depuis que il aura prins et loué, sans
« estre juré devant le juge à qui il appar-
« tient, que l'espace de quinze jours seu-
« lement ; ainsi sera tenu ledit maistre
« aler devers les gardes dudit mestier leur
« faire assavoir, par lesquels gardes, avec-
« ques ledit maistre, il sera admené par
« devant justice pour faire le serement de
« faire bien et loyaulment ledit service, et
« de faire bon œuvre et loyale et garder
« loiaulment ces présentes ordonnances.

« 7. Item, et auront lesdictes gardes un
« papier où ils escripront les noms desdits
« apprentis, et le jour et an qu'il com-
« mencera faire ledit service.

« 8. Item, et lequel temps de III ans
« durant, ledit maistre ne pourra avoir
« nul autre apprentif, se ledit aprentif ne
« aloit de vie à trespassement, ou se il ne
« renonçoit au mestier ; et qui sera le con-
« traire paiera dix solz tournois d'amende.
« Et aussi ne pourra nul aprentif soy
« partir de avecques son maistre pour
« aller servir autre, ne ung maistre re-

« ceuillir ne mectre en besoingne autrui
« apprentif ledit temps de trois ans du-
« rant, sur l'amende et peine dessus dictes.

« 9. Item, et quand ledict apprentif
« aura fait ledict serement par devant
« justice, se il se départ dudit service, et
« s'en va de sa voulenté par jeunesse ou
« auctrement sans le consentement des-
« dicts gardes et maistres, icellui maistre
« sera tenu à attendre par l'espace d'un
« mois après ledict partement, sans avoir
« apprentif; et icellui mois passé, se il lui
« en vient ung autre, il le pourra prendre
« et avoir du consentement et pourveance
« de justice et garde dessus dicts.

« 10. Item, que nul apprentif ne pourra
« lever ouvrouer, ne ouvrer dudit mestier
« comme maistres, jusqu'à ce qu'il ait fait
« et accompli ledit service de trois ans, et
« icellui accompli, pourra ouvrer dudit
« mestier, pourveu premièrement avant
« tout, que à la relacion des gardes il fera
« nouvel serement comme maistre, et
« laissera les chausses par lui première-
« ment taillées, au juge devant qui il sera
« expérimenté et rapporté estre souffisans,
« par son droit, avec un raisonnement aux
« maistres et gardes de icelui mestier.

« 11. Item, et se aucun ouvrier de hors
« qui ne soit de l'aprinse ou serement de
« la dicte ville venoit en ladicte ville, et il
« vouloit user dudit mestier, il sera tenu,
« avant qu'il en puisse user, soy presenter
« aux gardes dudict mestier, lesquels
« l'examineront et verront de sa souffi-
« sance; et se il est trouvé souffisant ou-
« vrier par le rapport desdits gardes ou
« autres maistres ouvriers dudit mestier à
« ce depputez, il sera pourveu selon la
« science et l'estat de sa personne, de
« povoir ouvrer dudit mestier, ainsi qu'il
« sera regardé par justice, appellez à ce
« lesdits gardes, parmi ce que il fera le
« serement de faire bonne œuvre et loyale,
« et garder ces ordonnances, et paiera les
« droictures raisonablement au regard de
« justice. »

Supprimant ici une partie des formules finales, nous nous bornerons à consigner le passage suivant :

« Quod ut firmum et stabile perpetuo
« perseveret, presentes litteras nostri seci-
« mus sigilli apensione communiri. Actum
« et datum Rothomagi, mense januarii,
« anno Domini millesimo quadragentesimo
« xxiiii° et regni nostri tertio, sub sigillo
« nostro in absencia magni ordinato.

« Sic signatum :

« Per regem ad relationem consilii,
« R. Vert. »

(Ord., t. XIII, p. 74.)

Dans le compte de Gilles Deschamps (1428-1429), on lit : « Item, à Jehanne
« Remonde, pour deux voyages par elle
« fais de Rouen à Bernay, pour trouver
« marchans qui voulsissent délivrer à Ge-
« nesve, à mondit seigneur, argent pour le
« rendre par deça. Payé xi s. » (Arch. de la Seine-Inférieure, fonds de l'archevêché de Rouen.)

Louis XI rendit le 22 mai 1473 une ordonnance relative à l'achat et à la vente des draps par les marchands de la ville de Paris. On y voit qu'à Paris « afflue le faict
« de la drapperie de noz villes de Rouen,
« Bayeulx, Lisieux, Montiervillier, Saint-
« Lo, Bernay, Louviers et d'autres villes
« et lieux de nostre pays de Normandie,
« et pareillement de nos villes de Bourges,
« d'Yssouldun, Orléans et d'autres villes
« de nostre royaume qui sont principale-
« ment fondées sur le fait de ladicte drap-
« perie, laquelle marchandise de drap-
« perie ainsi amenée en nostre dicte ville
« de Paris est sitost et si promptement
« vendue et delevrée que le fruit en re-
« donde grandement au prouffit de noz
« aydes et à l'utilité de toute la chose
« publique de nostre royaume. Néant-
« moins, nous avons esté naguères ad-
« vertiz que aucuns de noz bourgoys, mar-
« chans drappiers demourans en notre
« dicte bonne ville de Paris, soubz cou-
« leur d'une ordonnance qui fut faicte de
« l'an quatre cens et sept, par laquelle
« fut deffendu de vendre ne exposer en
« vente aucuns draps qui eussent esté ou
« feussent pressez, aissellez, et pour dou-
« bte que on les voulsist dire encourir en
« l'amende contenue en ladicte ordon-
« nance, ont différé et different de achep-
« ter et revendre aucuns draps venans des
« dictes villes de Rouen, Bayeulx, Li-
« sieux, Montiervillier, Saint-Lo, Bernay,
« Louviers et des autres villes dessus
« dictes, pour ce que communément tous
« ou la plupart des draps que l'on amène
« des dictes villes ont esté et sont pressez
« et aissellez, et en cet estat les apportent
« en nostre dicte ville de Paris les mar-
« chans demourans ès dictes villes..... »
(Ord., t. XVII, p. 573.)

L'année suivante, les marchands drapiers de Paris furent reconnus avoir commis de nombreuses et graves fautes « en
« tant que ilz vendoyent, pressoient, far-
« doyent et esselloient plusieurs draps et
« aultrement en plusieurs manières, et
« transgressans les ordonnances royaux
« faictes et publiées en la court de parle-
« ment de l'an mil iiii° et vii° ». Mais Louis XI, en considération des services qu'ils avaient rendus pendant les guerres,

et notamment pendant le siége de Beauvais, leur remit les amendes encourues (8 janvier 1474). Dans cette ordonnance, il est dit : « que la plupart du saut et marchandise de ladicte drapperie qui se vend et distribue en nostre dicte ville de Paris afflue et est admenée en icelle ville de noz villes de Rouen, Bayeulx, Lizieux, Montivillier, Sainct-Lo, Bernay et autres lieux et villes de nostre pays et duché de Normandie...... » (Ord., t. XVIII, p. 70.)

Nous avons publié ci-dessus, p. 294 et suivantes, le jugement d'un procès rendu en 1472 entre les religieux de l'abbaye et les habitants de Bernai. On y trouvera d'intéressants détails sur la draperie et les moulins de Bernai au XVᵉ siècle.

En août 1506, les religieux de Bernai adressèrent au roi des plaintes très-vives contre Jean Louvel, lieutenant général du grand maître des eaux et forêts de cette vicomté, et Guillaume le Breton, son lieutenant particulier, qui s'étaient opposés à l'établissement des tanneries sur les rivières ou étangs dépendant de la baronnie de Bernai.

En 1583, le vicomte d'Orbec rendit une sentence « concernant la réparation des « moulins de la baronnie de Bernai par les « fermiers d'iceux ». Cette sentence est en original aux Archives de l'Eure, fonds de Bernai.

Ci-dessous plusieurs arrêts portant règlement pour la fabrication des frocs de Lisieux, Bernai et autres lieux :

Extrait des Registres du Conseil d'Estat.

« Le Roy ayant esté informé que la « pluspart des Frocs qui se fabriquent à « Lisieux, Bernay, Tordoüez, Fervaques « et aux environs, sont défectueux en qualité et largeur; ce qui ne peut provenir « que de ce que la qualité de la laine qui « y doit entrer, le nombre de fils, et la « largeur des rots n'avoient pas jusqu'à « présent esté réglez : Sa Majesté auroit « fait faire des Assemblées des principaux « Marchands et Fabriquans de ces differens lieux de fabrique, en présence des « sieurs Chrestien et de la Fosse, inspecteurs des Manufactures, pour convenir « d'un Reglement qui fixeroit, non seulement la qualité de la laine, mais encore « le nombre de fils et la largeur des rots « desdites étoffes, afin que le commerce « qui en estoit considérablement diminué, « puisse se restablir. Vû les Actes d'assemblées des premier Juillet 1713 et « 19 Octobre 1714, ensemble l'avis du « Sieur Feydeau de Brou, Conseiller du « Roy en ses Conseils, Maistre des Requestes ordinaire de son Hostel, Commissaire départi en la Généralité d'Alençon : Oüy le Rapport; Sa Majesté en « son Conseil, a ordonné et ordonne ce « qui ensuit.

« ARTICLE Iᵉʳ. Il ne sera fabriqué à l'avenir à Lisieux, Bernay, Tordoüez, Fervaques et autres lieux des environs, des « Frocs que de deux qualitez, sçavoir les « Frocs appellez communément *Frocs en fort*, et les autres *Frocs en foible*; Fait Sa « Majesté deffenses aux Fabriquans desdits lieux, d'en fabriquer d'une autre « espèce ou qualité, à peine de confiscation et de 300 livres d'amende.

« II. Les Frocs en fort qui se fabriqueront à Lisieux, Bernay, Tordoüez, Fervaques et autres lieux circonvoisins, auront au moins trente portées en chaisne, « de trente-deux fils chacune, faisant neuf « cens soixante fils, sans y comprendre « les liteaux ou lizieres; et seront fabriquez dans des rots de demi-aulne et « demi-quart au moins entre lesdits liteaux, pour estre au retour du foulon « d'une demi-aulne de large entre les « liteaux; et ne pourront excéder vingt-quatre à vingt-cinq aulnes de long.

« III. Les Frocs en foible, pour doublure, auront au moins vingt-six portées de trente-deux fils chacune, faisant « huit cens trente-deux fils, dans des rots « de la largeur au moins de demi-aulne « un douze entre les liteaux ou lizieres, « pour estre au retour du foulon d'une « demi-aulne de large; et ne pourront « aussi excéder vingt-quatre à vingt-cinq « aulnes de long.

« IV. Les liteaux ou lizieres desdits « Frocs en foible, seront composez de « trois fils au moins, de laine Bege ou « de couleur bleuë, de bon teint, afin « que l'on puisse les distinguer d'avec les « Frocs en fort.

« V. Les Fabriquans seront tenus, conformément à l'Article LI des Reglemens « généraux des Manufactures de l'année « 1669 et à l'Arrest du Conseil du 7 Avril « 1693, de mettre sans abréviation leur « nom et leur demeure, faits à l'aiguille, « ou sur le mestier si bon leur semble, « au chef et premier bout de chaque piece « desdites étoffes, avant d'estre portées « au foulon.

« VI. Fait Sa Majesté deffenses à tous « Fabriquans, d'avoir chez eux et d'employer dans la fabrique de leurs Frocs, « tant en fort qu'en foible, aucunes matières de mauvaise qualité, comme « plures, ou plis d'agnelin, bourres, mau-

« vais peignons, morines et autres mé-
« chantes laines.

« VII. Fait pareillement Sa Majesté def-
« fenses à tous Fabriquans et autres, d'ex-
« poser en vente ni vendre aucune de ces
« étoffes pendant le cours de l'année,
« qu'elles ne soient bien sèches.

« VIII. Veut Sa Majesté que toutes les
« contraventions au présent Reglement
« soient jugées conformément ausdits Re-
« glemens généraux et Arrest du Conseil :
« Enjoint au Sieur Commissaire départi
« en la Généralité d'Alençon, de tenir la
« main à l'éxécution du présent Arrest,
« qui sera lu, publié et affiché par tout
« où besoin sera ; Et seront sur iceluy
« toutes Lettres nécessaires expédiées.
« Fait au Conseil d'Estat du Roy, tenu à
« Paris le quatrième jour de Février mil
« sept cens seize. Collationné.

« *Signé* : Gouon. »

« Louis, par la grace de Dieu, Roy de
« France et de Navarre, à nostre amé et
« féal Conseiller en nos Conseils, Maistre
« des Requestes ordinaire de nostre Hostel,
« le Sieur Barberye de Courteil, Commis-
« saire départi pour l'éxécution de nos
« ordres en la Généralité d'Alençon, sa-
« lut. Suivant l'Arrest dont l'Extrait est
« cy-attaché sous le Contre-scel de nostre
« Chancellerie, cejourd'huy donné en
« nostre Conseil d'Estat, au sujet des
« Frocs qui se fabriquent à Lisieux, Ber-
« nay, Tourdouez, Fervaques et aux en-
« virons, Nous vous enjoignons de tenir
« la main à l'éxécution d'iceluy : Com-
« mandons au premier Huissier ou Ser-
« gent sur ce requis, de signifier ledit
« Arrest aux y dénommez, et à tous qu'il
« appartiendra, à ce qu'aucun n'en ignore,
« et de faire en outre pour l'entière éxé-
« cution d'iceluy tous Commandemens,
« Sommations, Deffenses y contenues, et
« autres Actes et Exploits nécessaires,
« sans autre permission, nonobstant Cla-
« meur de Haro, Chartre Normande et
« Lettres à ce contraires : Voulons que
« ledit Arrest soit lu, publié et affiché
« par tout où besoin sera ; Car tel est
« nostre plaisir. Donné à Paris le qua-
« trième jour de Février, l'an de grace
« mil sept cens seize, et de nostre Regne
« le premier. *Signé* : Louis. *Et plus bas*
« par le Roy en son Conseil, le duc d'Or-
« léans Regent present. *Signé* : Gouon. »

Extrait des Registres du Conseil d'Estat.

« Le Roy estant informé que l'Arrest
« rendu en son Conseil le 4 Fevrier 1716,
« portant Reglement pour les étoffes ap-
« pellées Frocs, qui se fabriquent à Li-
« sieux, Bernay, Tordouez, Fervaques et
« aux environs, s'observe seulement à
« Tordouez et Fervaques, mais qu'il ne
« s'observe point à Lisieux et Bernay ; et
« que dans les dernieres visites qui ont
« esté faites aux Halles de Paris et Roüen,
« on a trouvé quantité de Frocs des fa-
« briques de Bernay et Lisieux, qui n'ont
« point la largeur prescrite par les Regle-
« mens : Sa Majesté voulant que l'Arrest
« dudit jour 4 Février 1716 soit éxécuté
« également dans tous les lieux où se fa-
« briquent de semblables étoffes, et
« néantmoins, donner un temps de grace
« pour que les Frocs qui ont esté faits en
« contravention dudit Reglement, puissent
« estre vendus par les Marchands qui en
« sont chargez, qui feroient des pertes
« trop considérables, si on tenoit rigou-
« reusement la main à l'éxécution dudit
« Arrest. Vû l'Arrest dudit jour 4 Février
« 1716, après avoir entendu les Inspec-
« teurs, tant desdites Halles de Paris et
« Roüen, que celui de la Généralité d'A-
« lençon, l'avis du Sieur de Courteil In-
« tendant en ladite Généralité d'Alençon :
« Oüy le Rapport, le Roy estant en son
« Conseil, de l'avis de Monsieur le Duc
« d'Orléans Regent, a ordonné et or-
« donne que l'Arrest dudit jour 4 Février
« 1716 sera éxécuté dans lesdites Villes
« de Bernay et Lisieux, et environs ; à
« l'effet de quoy, dans le courant du pré-
« sent mois d'Avril et du mois de May
« prochain, à la diligence du Sieur Bar-
« bot, Inspecteur des Manufactures de Dra-
« perie d'Alençon, toutes les lames et rots
« des mestiers desdits ouvrages seront
« changez et remis à la largeur et gran-
« deur prescrite par ledit Arrest : Et où
« il se trouveroit aucuns mestiers après
« ledit temps passé, qui ne fussent de la
« susdite largeur, ils seront actuellement
« rompus pour estre refaits et reformez,
« et ceux ausquels ils appartiendront
« condamnez en 3 livres d'amende par
« chaque mestier. Ordonne Sa Majesté que
« pendant ledit temps, les Gardes-Jurez
« de la Draperie, tant desdites Villes de
« Bernay et Lisieux, que ceux des Villes
« de Paris, Roüen et autres lieux où on
« fait commerce desdits Frocs, à la dili-
« gence et en présence des Inspecteurs
« des Manufactures de chaque Départe-
« ment, feront sans frais une visite géné-
« rale dans toutes les maisons, magasins,
« boutiques et ouvroirs des Marchands,
« Façonniers et Ouvriers, mesme en celles
« desdits Gardes et Jurez en charge, et y
« marqueront d'une marque qui sera faite

« exprès, tous les Frocs qu'ils y trouve-
« ront qui ne se trouveront point des lar-
« geurs requises; ensuite de quoy la figure
« de ladite marque sera empreinte sur les
« Registres des Communautez des Dra-
« piers et Sergers, puis mise en pieces en
« présence de tous ceux qui auront fait
« ladite visite, dont il sera fait mention
« sur les Registres : Et sera ladite marque
« différente de celle dont seront marquez
« les Frocs qui seront faits en conformité
« du Reglement dudit jour 4 Fevrier 1716,
« et autour d'icelle sera gravé le nom de
« Bernay et Lisieux, sans y pouvoir mettre
« le nom ni la marque d'un autre lieu, à
« peine de confiscation desdites étoffes
« et Frocs; lesquels Frocs faits avant le
« présent Reglement, et non conformes
« à iceluy, marquez comme dit est, il sera
« permis aux Ouvriers et Façonniers qui
« en ont, de les vendre et débiter pen-
« dant le temps de six mois après la pu-
« blication des présentes, sans toutesfois
« qu'après ledit temps passé, il leur soit
« loisible d'en plus vendre de cette qua-
« lité, à peine de confiscation, d'estre les
« lizieres déchirées publiquement, et de
« 100 livres d'amende contre l'acheteur,
« pour chaque contravention. Enjoint Sa
« Majesté au Sieur de Machault, Maistre des
« Requestes, Lieutenant général de Po-
« lice à Paris, et aux Sieurs Intendans des
« Provinces et Généralitez du Royaume,
« de tenir la main à l'exécution du pre-
« sent Arrest, nonobstant oppositions,
« dont, si aucunes interviennent, Sa Ma-
« jesté s'en réserve la connoissance, et
« icelle interdit à toutes autres Cours et
« Juges. Fait au Conseil d'Estat du Roy,
« Sa Majesté y estant, tenu à Paris le dix-
« huitième jour d'Avril mil sept cens dix-
« neuf. Signé : PHELYPEAUX.

« Louis, par la grace de Dieu, Roy de
« France et de Navarre, Dauphin de Vien-
« nois, Comte de Valentinois et Dyois,
« Provence, Forcalquier et Terres adja-
« centes : A nos amez et feaux Conseillers
« en nos Conseils, le Sieur de Machault
« Maistre des Requestes et Lieutenant
« general de Police de Paris, et les Sieurs
« Intendans et Commissaires départis pour
« l'exécution de nos ordres dans les Pro-
« vinces et Generalitez de nostre Royaume,
« salut. Nous vous mandons et enjoignons
« par ces Présentes signées de Nous, de
« tenir, chacun en droit soy, la main à
« l'exécution de l'Arrest cy-attaché sous
« le Contre-scel de nostre Chancellerie,
« cejourd'huy donné en nostre Conseil
« d'Estat, Nous y estant, pour les causes
« y contenuës : Commandons au premier

« nostre Huissier ou Sergent sur ce requis,
« de signifier ledit Arrest à tous qu'il ap-
« partiendra, à ce que personne n'en
« ignore, et de faire pour son entière
« exécution tous Actes et Exploits néces-
« saires, sans autre permission, nonob-
« stant Clameur de Haro, Chartre Nor-
« mande et Lettres à ce contraires. Vou-
« lons qu'aux copies dudit Arrest et des
« Presentes, collationnées par l'un de nos
« amez et feaux Conseillers-Secrétaires,
« foy soit ajoutée comme aux Originaux;
« Car tel est nostre plaisir. Donné à Paris
« le dix-huitième jour d'Avril, l'an de
« grace mil sept cens dix-neuf, et de
« nostre Regne le quatrième. *Signé* : LOUIS.
« *Et plus bas*. Par le Roy Dauphin, Comte
« de Provence, le Duc d'Orléans Regent
« present. PHELYPEAUX. Et scellé. »
(*Recueil des Réglemens généraux et particuliers concernant les manufactures et fabriques du royaume*, t. II, p. 480 et suiv.)

Extrait des registres du Conseil d'Etat.

« Le Roy ayant été informé qu'au mé-
« pris du règlement fait le 4 février 1716
« pour les frocs qui se fabriquent à Li-
« sieux, Bernay, Tordouet, Fervaques et
« aux environs, portant article premier,
« qu'il n'y sera fabriqué que de deux sor-
« tes de frocs ; néanmoins les fabriquans
« de ces lieux en font de quatre espèces
« différentes, ce qui met cette fabrique
« dans la confusion ; que d'ailleurs les fa-
« briquans abusant de la liberté qu'ils ont
« de vendre leurs frocs à la pièce, en di-
« minuoient de jour en jour la longueur;
« et enfin que les frocs qui se fabriquent
« aujourd'hui perdent considérablement
« de leur largeur lorsqu'on les fait teindre,
« friser et apprêter, sortant de ces apprêts
« souvent avec un seize moins de demi-
« aune : Et Sa Majesté désirant pourvoir à
« ces abus par un nouveau règlement, et
« mettre l'uniformité et le bon ordre dans
« la manufacture de ces étoffes, pour en
« assurer et augmenter le débit. Vû les
« actes d'assemblée des marchands et des
« fabriquans de Lisieux et de Bernay, les
« procès verbaux des apprêts donnez à ces
« frocs en présence des parties intéressées,
« de l'inspecteur des manufactures et des
« juges des lieux, ensemble l'avis du sieur
« de Pomereu, ci-devant Intendant de la
« généralité d'Alençon, et celui des sieurs
« Commissaires du bureau de commerce.
« Ouï le rapport du sieur Orry, Conseiller
« ordinaire au Conseil royal, Contrôleur
« général des finances, Sa Majesté étant
« en son Conseil, a ordonné et ordonne
« ce qui ensuit.

« Article Iᵉʳ. Il ne sera fabriqué à l'a-
« venir à Lisieux, Bernay, Tordouet, Fer-
« vaques et autres lieux des environs, que
« des frocs de deux qualités, sçavoir, de
« ceux appelez frocs en fort et frocs en
« foible : Fait Sa Majesté défense aux fa-
« briquans desdits lieux d'en fabriquer à
« l'avenir d'une autre espèce ou qualité,
« et de plus ou moins de portées que celles
« fixées ci-dessous, à peine de 300 livres
« d'amende.

« II. Les frocs forts auront trente-deux
« portées en chaîne, de trente-deux fils
« chacune, faisant mille vingt-quatre fils,
« sans y comprendre les liteaux ou lisières,
« et seront fabriquez dans des rots de deux
« tiers de large entre lesdits liteaux, pour
« revenir, au retour du foulon, à demi-
« aune un pouce de large, et à demi-aune
« pleine aussi entre les lisières après la
« teinture, la frisure et autres apprêts
« généralement quelconques ; et ne pour-
« ront lesdits frocs forts excéder vingt-
« quatre à vingt-cinq aunes de long, à
« peine d'être l'excédent de vingt-cinq
« aunes coupé et donné aux pauvres ou-
« vriers.

« III. Les frocs en foible pour doublures
« auront vingt-huit portées de trente-deux
« fils chacune, faisant huit cens quatre-
« vingt seize fils, dans des rots de la lar-
« geur de demi-aune demi-quart de large
« entre les liteaux ou lisières, pour être,
« au retour du foulon, d'une demi-aune
« un pouce de large, et d'une demi-aune
« pleine entre les lisières après le lavage, la
« teinture et autres apprêts généralement
« quelconques ; et ne pourront excéder
« vingt-quatre à vingt-cinq aunes de long,
« à peine d'être l'excédent de vingt-cinq
« aunes coupé et donné aux pauvres ou-
« vriers.

« IV. Les liteaux ou lisières des frocs
« en foible seront composez de quatre fils
« de laine bège, ou de couleur bleue de
« bon teint, séparez les uns des autres,
« et tissus comme les autres fils de la
« chaîne, et non réunis en un seul fil ;
« ce afin de distinguer les frocs en foible
« d'avec les frocs en fort ; à peine de dix
« livres d'amende et d'être la pièce coupée
« de trois aunes en trois aunes.

« V. Lorsqu'il se trouvera sur les mé-
« tiers quelques-unes des étoffes ci-dessus,
« montées sur une moindre quantité de
« portées que celles qui sont fixées par le
« présent règlement, elles seront confis-
« quées et coupées de trois aunes en trois
« aunes, et le fabriquant condamné en
« vingt livres d'amende par chaque pièce.

« VI. Les fabriquans seront tenus, con-
« formément à l'article LI du règlement
« général de 1669, de mettre leur nom en
« tissure et sans abréviation, au chef et
« premier bout de chaque pièce desdites
« étoffes, ou d'y mettre leur nom et celui
« de leur demeure, à l'aiguille et sans
« abréviation, avant que d'être portées au
« foulon, conformément à l'arrêt du Con-
« seil du 7 avril 1693, à peine de vingt
« livres d'amende.

« VII. Fait Sa Majesté défenses à tous
« fabriquans d'avoir chez eux et d'em-
« ployer dans la fabrique de leurs frocs,
« tant forts que foibles, aucune matière
« de mauvaise qualité, comme pelure ou
« plis d'agnelin, bourre, mauvais peignon,
« moraines et autres méchantes laines ; à
« peine de confiscation des matières et
« des étoffes qui en seroient fabriquées,
« et de cent livres d'amende.

« VIII. Celles desdites étoffes qui, au
« retour du foulon et à la visite qui en
« sera faite dans le bureau de fabrique,
« n'auront pas la largeur et les qualités
« prescrites par le présent règlement, ne
« pourront, sous quelque prétexte que ce
« soit, être marquées par les gardes-jurés, à
« peine de dix livres d'amende par chaque
« pièce contre lesdits gardes-jurés qui y
« auront appliqué le plomb : Et s'il se
« trouve que le défaut de largeur vienne
« de la part du fabriquant, pour n'avoir
« pas employé le nombre de portées pres-
« crit par les articles ci-dessus, lesdites
« étoffes seront confisquées, coupées de
« trois aunes en trois aunes, et rendues
« au fabriquant, qui sera condamné en
« pareille amende de dix livres d'amende
« par chaque pièce, et en cas que le dé-
« faut provienne du foulon, par négligence
« ou autrement, lesdites pièces seront cou-
« pées de trois aunes en trois aunes et ren-
« dues au fabriquant, qui sera condamné
« en dix livres d'amende par chaque pièce,
« sauf son recours contre le foulonnier,
« en intentant néanmoins son action sur
« le champ.

« IX. Défenses sont faites à tous fabri-
« quans et autres d'exposer en vente au-
« cunes pièces desdites étoffes, si elles ne
« sont conformes au présent règlement ; à
« peine de dix livres d'amende par chaque
« pièce et de confiscation desdites étoffes,
« qui seront coupées de trois aunes en
« trois aunes : Fait Sa Majesté défenses à
« tous fabriquans d'exposer en vente au-
« cunes desdites étoffes sans les avoir fait
« visiter et marquer du plomb de fabrique
« du bureau duquel ils dépendent, et à
« tous marchands de les acheter sans ledit
« plomb, à peine contre l'un et contre
« l'autre de cinquante livres d'amende et
« de confiscation des étoffes non marquées.

« X. Les foulonniers ne pourront rete-
« nir les frocs en leurs maisons et mou-
« lins plus de douze jours, à peine de
« dix livres d'amende : Ils demeureront
« responsables des défauts provenans de
« leur faute, comme d'avoir laissé percer,
« vuider, trop fouler et flammer ou tacher
« les frocs ; et ils seront poursuivis en con-
« séquence pardevant les juges des manu-
« factures du domicile du fabriquant.

« XI. Défenses sont faites à tous fabri-
« quans et autres d'exposer en vente, ni
« vendre aucunes de ces étoffes, en quel-
« que saison de l'année que ce soit,
« qu'elles ne soient bien sèches, à peine
« de nullité des marchés et de dix livres
« d'amende contre le vendeur.

« XII. Veut et entend Sa Majesté qu'à
« l'avenir, et à commencer du jour de la
« publication du présent arrêt, lesdits
« frocs soient vendus à l'aune, tant par
« les fabriquans que par les marchands ;
« leur faisant défenses de les vendre à la
« pièce, à peine de nullité des marchés et
« de vingt livres d'amende par chaque
« pièce contre le vendeur.

« XIII. Veut Sa Majesté que celles des-
« dites étoffes qui, lors de la visite qui
« en sera faite au bureau de contrôle,
« seront arrêtées sur les marchands ou
« leurs commis, pour avoir été trouvées
« fabriquées en contravention au présent
« règlement et sans plomb de fabrique,
« ou avec un faux plomb ou un plomb
« réappliqué, soient saisies par les gardes-
« jurés, et que le marchand auquel elles
« appartiendront soit tenu de déclarer le
« nom et le lieu de la résidence du fabri-
« quant qui les lui aura vendues ; pour
« être ledit fabriquant assigné à la requête
« des gardes-jurés saisissans, et condamné
« en cinquante livres d'amende pour les
« avoir vendues, et le marchand pareille-
« ment pour les avoir achetées ; et que les
« pièces sur lui saisies soient coupées de
« trois aunes en trois aunes, et confisquées
« sans aucun recours, à moins qu'il ne
« justifie que ces étoffes lui ont été en-
« voyées par le fabriquant, sans avoir été
« achetées sur les lieux par ledit mar-
« chand ou son commis ; auquel cas le
« marchand aura son recours contre celui
« qui les lui aura envoyées, tant pour l'a-
« mende que pour la confiscation.

« XIV. Veut pareillement Sa Majesté
« que celles desdites étoffes qui se trou-
« veront avoir le plomb de fabrique, quoi-
« que défectueuses, soient pareillement
« saisies par lesdits gardes-jurés, et que
« le marchand sur qui elles seront arrê-
« tées soit tenu de déclarer le nom et le
« lieu de la résidence du fabriquant et des
« gardes-jurés qui y auront apposé ledit
« plomb ; pour être ledit fabriquant et les-
« dits gardes-jurés assignez à la requête
« des gardes-jurés saisissans, et le fabri-
« quant condamné en dix livres d'amende
« par chaque pièce, les gardes-jurés en
« pareille amende pour les avoir mar-
« quées, quoique défectueuses, et le mar-
« chand aussi en pareille amende pour les
« avoir achetées, et que les pièces soient
« coupées de trois aunes en trois aunes,
« sauf son recours contre le fabriquant
« pour les étoffes confisquées et pour les
« frais seulement.

« XV. Si les frocs que les marchands
« auront achetez tels qu'ils sortent du
« foulon, c'est-à-dire, avec demi-aune un
« pouce, et qu'ils feront teindre, friser et
« apprêter eux-mêmes, diminuent sur leur
« largeur de plus d'un pouce et jusqu'à
« un pouce et demi dans ces apprêts, les
« marchands seront tenus d'examiner si
« ce défaut provient du manque de por-
« tées dans leur chaîne, ou de la faute de
« l'apprêteur ; et ils seront obligez dans les
« vingt-quatre heures d'en faire dresser
« procès verbal, de le faire dénoncer dans
« le tems prescrit par l'ordonnance à celui
« des ouvriers d'où le défaut aura procédé,
« et d'en poursuivre contre lui son dé-
« dommagement, et la confiscation même
« de ces frocs étroits, si le cas y échet ;
« passé lequel tems les marchands cour-
« ront seuls les événements des saisies qui
« pourroient se faire par la suite.

« XVI. Toutes les lames et les rots des
« métiers servant à la fabrique des sus-
« dites étoffes, qui seront montez sur un
« moindre compte que celui ci-dessus or-
« donné, seront réformez au plus tard
« dans un mois du jour de la publication
« du présent arrêt ; et faute par les maitres
« et ouvriers d'y satisfaire dans ledit tems,
« lesdits rots et lames seront rompus et
« brisez en présence de l'inspecteur des
« manufactures et desdits gardes-jurés, et
« les contrevenans condamnez en cin-
« quante livres d'amende.

« XVII. Permet néanmoins Sa Majesté
« aux habitans de Lisieux, Bernay, Tor-
« douet, Fervaques et des environs, qui
« auront chez eux ou sur les métiers,
« desdits frocs, lors de la publication du
« présent règlement, et aux marchands
« qui en seront chargez dans leurs maga-
« sins, de s'en défaire dans un an du jour
« de la publication dudit règlement, en
« les vendant à l'aune et non à la pièce,
« après qu'ils auront été marquez par les
« gardes des marchands desdits lieux,
« d'une marque de grace, pendant l'es-
« pace d'un mois après la publication du

« présent arrêt : Et sera ladite marque
« rompue et brisée après ledit tems, en
« présence des juges des manufactures de
« chaque lieu. Veut Sa Majesté que les
« contraventions au présent arrêt soient
« jugées conformément aux règlements
« généraux pour les manufactures. En-
« joint Sa Majesté au sieur Commissaire
« départi en la généralité d'Alençon, de
« tenir la main à l'éxécution du présent
« arrêt, qui sera lû, publié et affiché par-
« tout où besoin sera. Et seront sur icelui
« toutes lettres nécessaires expédiées. Fait
« au Conseil d'Etat du Roy, Sa Majesté y
« étant, tenu à Fontainebleau le deuxième
« jour de mai mil sept cens trente.

« *Signé* : CHAUVELIN. »

(*Recueil des Réglemens généraux et particuliers concernant les manufactures et fabriques du royaume.* Supplément, t. 1er, p. 457 et suiv.)

IX.

Voici quelques notes sur la noblesse de Bernai.

Dans les *Monstres génerralles de la noblesse du bailliage d'Evreux*, en 1569, publiées par M. Bonnin, on lit :

« Thomas le Charpentier, tenant, à cause
« de sa femme, de la sergenterie du plat
« de l'espée de Bernay et d'une vavassou-
« rerie assise à Blangy, présenta pour lui
« Colin Rosey, en abillement de vougier,
« monté et armé suffisamment;

« Hugues Debetz, gernetier du garnier
« au seel à Bernay, se présenta non abil-
« lié, mais se submist servir le roy, armé
« de brigandines, salade, gantelets et
« vouge, lui 11e cheval;

« Nicolas Furet, contreroulleur du guer-
« nier a seel à Bernay;

« Monsseigneur Jehan de Bouffé, che-
« valier, seigneur du lieu, se présenta
« pour lui et en l'acquit des religieux, abbé
« et couvent de Bernay, pour ung service
« de chevalier, et estoit en abillement de
« homme d'armes monté de cinq che-
« vaulx, accompaigné de deulx archiers
« en bon abillement et de deulx paiges. »

Dans les *Recherches sur la noblesse de la généralité d'Alençon*, faites en 1666 par M. de Marle, l'élection de Bernai tient naturellement sa place. Nous citerons parmi les nobles de Bernai :

Pierre de Bonnechose, sieur de Follenville, ancien noble;

Pierre Barrey, sieur de Montfort, issu de Jean Barrey, anobli en 1647;

Alexandre d'Irlande, sieur de Bois-le-Comte, ancien noble;

Olivier le Filleul, sieur des Chesnets, ancien noble;

Pierre et François Fouques, sieur de Beauchamps et du Parc, anoblis en 1634;

Jean de Guenet, sieur de la Blardière, anobli en 1652;

Louis Jouvin, anobli en 1654;

Louis de la Varde, issu de Charles de la Varde, anobli en 1596, receveur des tailles à Bernai;

Robert de Malleville, sieur de Champeaux, ancien noble;

Et Dauvet, seigneur de Trigni, à Bouffei.

On sera peut-être bien aise de trouver ici une pièce qui donne sur Bernai, au XVIIIe siècle, des détails nouveaux et curieux. Il s'agit du sommier des fiefs et héritages nobles du bureau de Bernai, généralité d'Alençon, le 1er avril 1744 :

« Le principal fief de Bernay appartient
« au domaine du roy et est situé tant en
« la bourgeoisie du dit lieu qu'aux ha-
« meaux de Malouve, de Champeaux, de
« la Pillette et des Chenests. Ce fief se
« nomme le *domaine de Montreuil*; il y a
« bailliage et vicomté, rentes domaniales,
« fonds d'héritages, et est engagé à M. Ga-
« briel; il rapporte de revenu 4 à 5,000
« livres.

« La baronnie de Bernay appartient aux
« sieurs abbé et religieux du dit lieu,
« ayant un sénéchal, greffier et prevost;
« elle renferme presque toutes les maisons
« de Bernay. Il y a banalité, à laquelle
« les hommes et vassaux d'icelle sont te-
« nus; les moulins se nomment les *Mou-
« lins de la Grosse-Tour* et de *Sainte-Croix*,
« assis en la dite ville. Tout le revenu
« d'icelle appartient au dit sieur abbé au
« moyen de 8,000 livres de pension qu'il
« s'est obligé faire annuelles aux religieux,
« par transaction sous seing, il y a environ
« soixante ans, et elle vaut de revenu 33
« à 35,000 livres, affermée à différentes
« personnes et régie par le sieur Mouchel;
« vaut à présent pour l'abbé plus de
« 60,000 livres.

« La baronnie appartient à M. l'abbé de
« Bernay; mais les religieux possèdent les
« nobles fiefs de l'Aumosne et de l'Epre-
« vier dans la parroisse de Menneval, et
« ces fiefs relèvent de la dite baronnie.

« Le fief de Brucourt est un plein fief de
« haubert, appartenant à M. Des Chenets,
« noble d'extraction, conseiller du roy,
« maître des comptes à Rouen, par ac-
« quets de M. le comte de Bertoncelles,
« par contrat devant les notaires de Pont-
« Audemer, le 26 octobre 1733, moyen-
« nant 7,500 livres en principal, et le
« domaine fieffé 360 livres. Il y a usage

« de basse juridiction, un sénéchal et un
« greffier.

« Louis-François Eulin et ses cohéri-
« tiers pour un tiers du four banal sis à
« Bernay, paroisse Sainte-Croix, peut va-
« loir 404 livres de revenu.

« La veuve et les enfans Simon Hervieu
« pour le four banal, sis à Bernay, par-
« roisse de la Couture, estimé 400 livres
« de revenu, aujourd'hui démoli.

« La veuve du nommé le Mathieu, chi-
« rurgien à Bernay, est propriétaire de deux
« tiers d'une sergenterie, affermée 15 livr.

« Le fief du Bos le Comte, quart de
« haubert relevant du fief de Brucourt,
« consistant en 219 acres de terre, manoir
« seigneurial, vendu par . . . . à
« François Hubert des Cours, par acte in-
« sinué le 14 juillet 1751, reconnu par
« sentence du 40 juin 1752. . . . .

« Les sieurs Robert et François Dupuis,
« un colombier garni de pigeons, scis
« paroisse de la Couture de Bernay.

« Jean Beautier et les mineurs d'Alex.
« Bautier un four banal, scis à Bernay,
« paroisse de Sainte-Croix.

« M. Charles Caillot, avocat au parle-
« ment et auditeur en la chambre des
« comptes, à Rouen, propriétaire des deux
« sergenteries nobles de Bernay, affer-
« mées aux nommés Belhache et du Lau-
« rens par 6 à 700 livres.

« Il possède trois sergenteries nobles,
« savoir : celle de Bernay, celle de Boissy
« et celle du Theil-Nollent ; elles sont pos-
« sédées en 1768 par M. Breant. . . . . .
« substitut de M. le procureur général,
« ayant épousé M¹¹ᵉ Caillot.

« Pierre Borage, un four banal, scis à
« Bernay, paroisse de la Couture, valeur :
« 100 fr. de revenu ; aujourd'hui démoli.

« Le sieur Simon le Jardinier Deslandes,
« conseiller du roy, lieutenant de la vi-
« comté de Bernay, receveur du grenier à
« sel de l'Aigle, une sergenterie noble
« pour le bourg de Montreuil, de valeur :
« 60 livres, vendue à M. d'Irlande, es-
« cuyer, seigneur de St-Quentin, en 1768.

« L'hôpital général de N. D. de Pitié, à
« Bernay, y possède deux moulins ba-
« naux relevans du roy, et faisant partie
« de la seigneurie de Brucourt, qui
« avaient été fieffés à Pierre Lieuvin,
« moyennant 600 livres de rente par con-
« trat devant Goubert, tabellion à Epre-
« ville, du 3 novembre 1731, moyennant
« 16,600 livres de principal, et dont il a
« fait la rétrocession au dit hopital moyen-
« nant 2,000 livres une fois payés, et
« chargée en outre des 600 livres de rente
« par contrat devant les notaires d'Orbec,
« le 9 juillet 1732.

« Ledit hopital possède encore la moitié
« des terres du Bourg le Comte et de
« Saint-Just, relevant du roy à cause des
« domaines d'Orbec et de Montreuil, qu'ils
« ont acquis moyennant 30,000 livres par
« acte devant Lecaron, notaire à Bernay,
« le 21 février 1728.

« André Baudot, escuier, sieur de Sen-
« neville, et ses frères, héritiers à cause
« de leur mère, fille de M. Guenet de la
« Factière, possèdent, au droit du dit
« sieur de la Factière, leur aïeul, l'autre
« moitié de la terre de Saint-Just et du
« Bourg le Comte, sise au dit Bernay, par-
« roisse de la Couture, affermée moyen-
« nant 1,320 livres par an.

« MM. de Carey de S. Gervais, escuiers,
« nobles d'extraction et conseillers au
« parlement de Rouen, comme héritiers
« collatéraux de messire François Carey
« de Goville, seigneur de Malouy, pos-
« sèdent un fief nommé le *Moulin-Noel*,
« scis à Bernay, qui consiste en herbages
« et un moulin à bled, que le dit feu
« seigneur de Gosville avoit fieffez à Ro-
« bert Desportes, meunier, moyennant
« 500 livres de rente, par contrat devant les
« notaires de Bernay, le 7 décembre 1732.

« Cette terre a été partagée. La première
« portion, appartenant à M. l'abbé de
« Saint-Gervais, a été vendue à M. Jouvin
« par acte passé devant les notaires de
« Rouen le 46 février 1767 ; la deuxième
« portion est possédée à titre d'acquets
« par M. de Bonnechose, noble. Ces notes
« ne regardent que la terre de Malouy. Le
« Moulin-Noel appartient à M. Saget, pré-
« sident au parlement de Paris, et vendu
« par ses créanciers à M. de Boulongne,
« intendant du commerce, décédé en 1767
« sans enfans.

« Ledit Robert Desportes, devant nom-
« mé, possède ledit moulin et héritage au
« droit du contrat susdaté.

« Jean Boivin, marchand à Bernay,
« possède un colombier à Champeaux,
« paroisse de la Couture, acquis du sieur
« Robert Jouvin par acte du 26 mars 1759.

« M. d'Irlande, escuier, presbtre, curé
« de la Couture, possède un colombier, à
« lui échu de la succession de son père. »

Les dépendances de BERNAI sont :
Cosnier (faubourg de la ville) ; — le Bas-
Bouffei (Bouffei, ancienne commune réunie en 1792) ; — le Bois-Taillefer (qui tire
peut-être son nom de la famille Taillefer
dont nous avons constaté la présence à
Bernai au xivᵉ siècle) ; — le Bosc ; — le
Bosc-le-Comte ; — la Broutinière ; —
Carentonne (ancienne commune réunie
en 1792) ; — Champeaux ; — les Chenets ;
— la Couture (sur la Couture, on trouvait

au xv° siècle la sente la Mare-aux-Tanneurs, la Voie-Conjou, la rue de la Roussière, la Mare-Baudouin, le chemin Leconte-de-Bernai, le Vivier, la rue aux Carestes, la rue de la Porte-le-Conte); — Frocourt; — la Grande-Malouve (sente tendant de Malouve à la Mare-Beneresse, 1409); — les Granges; — le Haut-Bouffei; — la Madeleine; — le Malharquier; — le Manoir-d'Irlande; — le Mascrier; — le Mont-Milon; — la Morellerie; — la petite Malouve; — la Pilette; — la Planquette; — la Pucelière; — Saint-Michel; — la Touranguerie; — le Val-Morand; Courbépine; — l'Étang; — Grandchain; — Grosse-Tour; — Saint-Clair.

Dumoulin, auteur de l'*Histoire générale de Normandie*, curé de Menneval, avait réuni sur l'histoire de Bernai des manuscrits aujourd'hui perdus.

Titres de l'abbaye de Bernai. (Archives de l'Eure.)

De Pommereux, *Mémoires sur la généralité d'Alençon*. (Bibl. publ. de Rouen.)

Le Bertre, *Abrégé des miracles de Notre-Dame-de-la-Couture de Bernay avec sa merveilleuse édification*. Rouen, 1667.

Factum pour Messire Léon Potier de Gesvres, patriarche, archevêque de Bourges, primat d'Aquitaine, abbé commendataire de l'abbaye de Notre-Dame de Bernai contre du Carpont, prêtre, vicaire perpétuel de ladite église de Sainte-Croix de Bernai (1716, in-4°). M. Frère, dans le *Manuel du Bibliographe normand*, signale les pièces de ce procès comme importantes pour l'histoire de Bernai.

Dumoustier, *Neustria pia*, p. 898. — *Gallia christiana*, t. XI.

Recueil des Trav. de la Soc. libre de l'Eure: 1840, p. 275, *Quelques documents pour servir à l'histoire de Bernai*, par M. Canel; — 1860, p. 97, *Notice sur l'hospice de Bernai*, par M. Malbranche.

Aug. Le Prevost, *Mémoire sur quelques monuments du département de l'Eure*, 1839, in-4°, p. 8. — L'article consacré à Bernai est entièrement fondu dans la notice précédente.

Aug. Le Prevost, *Pouillés du diocèse de Lisieux*, Caen, 1844, p. 23, 31 et 33.

Ar. Guilbert, *les Villes de France*, Bernai, par Sainte-Marie Mévil, t. V, p. 568.

L'abbé Blais, *Notice historique et archéologique sur Notre-Dame-de-la-Couture de Bernai*, par Aug. Blais, curé de Brestot, Evreux, 1859.

Biblioth. de l'École des Chartes, 1834, 4° série, t. I°°, *Chartes de la Charité de Notre-Dame-de-la-Couture de Bernai*, par Sainte-Marie Mévil.

Bulletin monumental, t. XIV, p. 621.

Archaeologia, t. XXXVIII, p. 66, *Notes sur les fouilles exécutées à la Madeleine de Bernai*, par M. l'abbé Cochet.

La Maladrerie de la Madeleine près Bernai, (Journal de Rouen, 3 avril 1858.)

Annuaire normand, 1858, p. 239.

La Normandie illustrée, II° partie, p. 48.

BERNIENCOURT.

Arrond. d'Évreux. — Cant. de Saint-André

Patr. S. Jean. — Prés. l'abbé d'Ivri.

Dans une charte de Robert II, comte de Leicester et seigneur de Breteuil, en faveur de Notre-Dame-du-Lesme, on trouve parmi les témoins : « ... Robertus, clericus de Berniencuria.... » (1164).

Dans la liste des paroisses à la présentation de l'abbé d'Ivri, on trouve Saint-Barthélemi-de-Berniencourt : « de Bernonis curia. »

Cette commune a été réunie en 1808 au Val-David.

BERNIENVILLE.

Arrond. d'Évreux. — Cant. d'Évreux nord

Patr. S. Léger. — Prés. l'évêque d'Évreux.

L'étymologie de Bernienville est, sans aucun doute, *Bernoini villa*.

On trouve un Bernoinus, évêque d'Évreux, en 867. Deux autres évêques, l'un à Senlis, l'autre à Verdun, ont porté vers la même époque le nom de Bernuinus.

Il y avait encore une famille Bernuin dans la mouvance d'Évreux, en 1180 : « Willelmus Bernuin reddit compotum de « triginta quatuor libris pro habendis ca- « tallo et terra et vadiis patris sui.... in « thesauro quatuor libras.... et debet triginta libras. » (M. R., p. 76.)

On trouve également Bernoienvilla, Bernoevilla, Bernocinville : « Bernoevillam « cum omnibus libertatibus et pertinentiis « et appenditiis suis.... » (Bulle du pape Luce, 1181-1192.)

Une charte d'Adam de Cierrai porte : « Bernienvilla. »

Dans le grand cartulaire de Saint-Taurin ce nom est écrit « Bernoienvilla ».

Dans les chartes de la commanderie de Saint-Étienne-de-Renneville, conservées aux Archives de l'Empire, il est fait deux fois mention de Bernienville :

« Petrus Rex, de Tornedos, vendit fra- « tribus militie Templi quatuor solidos « turonensium super peciam juxta semi- « tam que ducit de Bosco Huberti apud « Bernoeinvillam. » (Janvier 1260.)

« Ricardus Osouf, de Bernenvilla, dat « fratribus Sancti Stephani de Rennevilla « peciam terre in parrochia de Bernein- « villa. Abutat super queminum eundi « et redeundi apud Ebroycas, et super cul- « turam episcopi Ebroicensis de Longis « Acris. » (Avril 1281.)

En 1263, Simon de Bernoeinville « de « assensu et voluntate Radulfi de Bernie- « ves, presbyteri, fratris mei, et Acirie, « matris mee, » vend une pièce de terre située dans la paroisse de Saint-Aquilin d'Évreux « apud Ardillières ». (Cartul. de Saint-Taurin, p. 117.)

Bernienville était un fief de l'évêque d'Evreux.

Près de l'église, vestiges d'une enceinte retranchée.

Dépendance : — le Buquet.

La commune de Pitienville a été réunie à Bernienville en 1844.

BERNIÈRES.

Arrond. de Louviers. — Cant. de Gaillon.
Sur la Seine.

Patr. S. Denis. — *Prés.* le seigneur.

Sur l'origine de ce nom, conférez ci-dessus l'article BARNEVILLE-SUR-SEINE.

En 830, Louis le Débonnaire reçut des ambassadeurs des *Surones* qui lui dirent que dans leurs pays beaucoup de personnes désiraient se convertir au christianisme. Anschaire et un moine de Corbie se dévouèrent à cette mission. Le roi du pays s'appelait *Bern*.

Le nom de Bernerus, Bernier, est commun au moyen âge. En 1125, un personnage de ce nom était abbé de Notre-Dame du Corbeil.

Dans les rôles de l'Echiquier de Normandie on trouve : « Gaufridus Berneir, « Willelmus Berner, Willelmus de Ber-« nere, Walter de Bernières et Willelmus « Bernier. »

On lit dans Orderic Vital, livre V, t. II, p. 403 : « Tunc Rodbertus de Vals dedit « S. Ebrulfo de duabus partibus decimæ « de Berneriis medietatem. Rogerius au-« tem, filius ejus, post obitum patris, sua « concessione prædictam eleemosynam « corroboravit; pro qua concessione XL. « solidos Drocensium recepit, et uxor ejus « x. solidos ex caritate monachorum ha-« buit. Hoc sæpedictus Radulfus, qui ca-« pitalis dominus erat, gratanter annuit; « et concessionem a conjuge sua soboleque « benigniter exegit. » On ne sait qui était ce « Rodbertus de Vals ». Vals est peut-être Vaux-sur-Eure; mais c'est un nom trop vague pour pouvoir donner lieu à une conjecture précise. Quant à Raoul, seigneur principal de Bernières, c'était Raoul III de Toeni, surnommé de Conches. Cette donation fut faite entre 1066 et 1089.

Henri 1er, roi d'Angleterre, confirma en 1113 les donations faites à l'abbaye de Saint-Evroul en ces termes : « ad Berne-« rias quedam pars decimæ. »

Nous venons de citer à l'article BERNIEN-VILLE une charte de Simon de Bernienville (1263), dans laquelle intervient Raoul de Bernières : « Radulfi de Bernieres. »

Dans un acte de 1262, tiré du cartulaire de Saint-Taurin : « terra domini Ra-« dulfi presbyteri de Berneriis... » (*Cartul. de Saint-Taurin,* p. 118.)

Dans une charte en faveur de Saint-Amand : « Matheus Berneir. »

Nous trouvons comme seigneurs de Bernières :

1497. Jean de Saint-Léger.

Litige jusqu'en 1569.

1669-1576. Jean Maignard, président à la cour des aides de Rouen.

1622-1629. Charles Maignard.

1665. Etienne Maignard.

BERNOUVILLE.

Arrond. des Andelis. — Cant. de Gisors.

Patr. Notre-Dame. — *Prés.* l'abbé du Bec.

Bernouville a pu être à l'origine : Bernonis villa, Bernoldi villa, Bernulfi villa.

Les deux noms d'hommes Bernoldus et Bernulfus ne sont pas scandinaves. Le dernier existe encore en Normandie.

La leçon « Burnofivilla » est confirmée par le cartulaire de la Sainte-Trinité de Caen. On trouve un Bernon, abbé de Gigni, à la fin du ixe siècle, et un Bernon, abbé de Massai, vers la même époque, enfin un troisième Bernon, diacre et attaché au palais de Charles le Chauve (*palatinus*) en 877.

Dans les rôles de l'Echiquier de 1198, on voit que l'héritier du comte Guillaume doit : « Idem XXVI. lib. X. sol. X. den. de « remanente bernagii de Welcasino et « XL. lib. de firma de Estrutar et de « Bernouville. »

« Apud Bernoldivillam terram Hele-« boldi Barbati quam dedit Eustachius « Caisnel.... » (Charte de Hugues de Mortemer en faveur de Saint-Victor.)

L'église de Bernouville fut donnée à l'abbaye du Bec par Thomas Bardol et sa femme Rohais. Ce Thomas Bardol (Bar-dulphus) fut père de Thomas Bardol, châtelain de Verneuil en 1180, et qui recevait alors 300 livres pour la garde dudit château : « .... ex dono Thomæ Bar-« dulfi et Rohais, uxoris suæ, ecclesiam « de BERNOUVILLE, cum jure patronatus et « advocationis et omnibus ejusdem eccle-« siæ pertinentiis. » (Charte de Henri II, pour le Bec.)

En 1181, le pape Luce III confirma à

l'abbaye du Bec la possession de cette église.

L'église de Bernouville dépendait au XIIIᵉ siècle de l'archidiaconé du Vexin normand et du doyenné de Gisors. Dans le pouillé d'Eudes Rigaud : « ... Ecclesia « de Bernovilla ; viginti libras Turonen- « sium ; parrochiani sexaginta. Petrus pres- « byter presentatus fuit ab abbate Becci « et receptus fuit ab archiepiscopo. »

Selon les derniers pouillés, l'abbé du Bec présentait à la cure.

C'est sur cette commune que se trouvait le prieuré de Beaumont-le-Perreux, fondé par Robert de Candos et Isabelle Giffart, lequel prieuré dépendait du prieuré de Longueville-la-Giffart. On croit, dit Toussaint Duplessis, que deux des tombes voisines de l'autel sont celles des fondateurs.

Ce prieuré, placé sous l'invocation de la Vierge, fut fondé vers 1130. Quatre ans après, les religieux se retirèrent à Mortemer, où ils fondèrent l'abbaye de ce nom.

Ruines d'un manoir fortifié.

Dépendance : — Beaumont-le-Perreux.

Cf. Toussaint Duplessis, t. II, p. 318 et 434.

BÉROU.

Arrond. d'Évreux. — Cant. d'Évreux sud.

Patr. Ste Croix. — *Prés. les religieux de Saint-Taurin.*

Le nom de Bérou peut être rapproché de Barou, près Falaise, qui figure dans les propriétés de Saint-Evroul sous le nom de Barou, — de Montberon en Languedoc, — et de Brou : « Braiacum, » en Beauce.

Il y a encore un Bérou, et de plus trois Béru.

Dans une charte du comte Galeran, en faveur de Saint-Wandrille, on trouve : « Ernulfus de Berou. »

« Agnes quoque, uxor Rogerii de Pa- « ciaco, dedit Deo et Sancto Taurino de « hereditate sua ecclesiam cum decima de « Berou. » (Ch. de Richard Cœur de lion.)

En 1318, Robert de Viliers, seigneur de Bérou et de Vileres, chevalier, renonça à ses prétentions sur le patronage de l'église de Bérou, « en présence de monseigneur « Robert de Chavincourt, Jehan du Bis- « son, prestres ; Jehan de Napes, Garin « de Yrville, Huet de Valetot, escuiers ; « Renaut de Boulleville, clerc, etc. »

Cette commune a été réunie à Guichainville en 1808.

BERTHENONVILLE.

Arrond. des Andelys. — Cant. d'Écos. Sur l'Epte.

Patr. Ste Beuve. — *Prés. les Chartreux de Paris.*

La véritable leçon du mot Berthenonville serait Bertenonville ou Bretenonville. Ce mot doit s'écrire sans h. « Brettonvilla » nous est fourni par le précieux cartulaire de la Trinité-du-Mont.

« ... In Bretenonvilla partem decimam... » (Bulle d'Adrien IV en faveur de l'abbaye de Sainte-Catherine, 1156.)

Dans le pouillé d'Eudes Rigaud : « Ec- « clesia Sancte Bove de Britonisvilla ; Pe- « trus Bruni, miles, patronus ; habet XL. « parrochianos ; valet XX. libras turonen- « sium ; archiepiscopus Odo Rigaldi rece- « pit Guidonem de Palatiolo, clericum, ad « presentationem Johannis Le Brun, mi- « litis. »

L'église de Bertenonville était dédiée à sainte Beuve. Sainte Beuve était abbesse de Reims et nièce de saint Sigebert. (Orderic Vital, au livre VI, t. III, p. 65.) Cette église faisait partie du doyenné de Port-Mort.

Selon le pouillé de Rouen de l'an 1648, le seigneur présentait à la cure ; mais, selon les pouillés de 1704 et de 1738, les Chartreux de Paris avaient ce droit.

La commune de Molincourt a été réunie en 1842 à Bertenonville.

Cf. Toussaint Duplessis, t. II, p. 434.

BERTHOUVILLE.

Arrond. de Bernai. — Cant. de Brionne.

Patr. S. Pierre. — *Prés. l'évêque d'Evreux.*

Voici encore un de ces noms de lieu dont l'orthographe n'est nullement rationnelle ; il ne faut pas écrire Berthouville mais Bertouville : « Bertoldi villa. »

Le seigneur qui blessa mortellement Carloman en 884 s'appelait « Bertoldus ». (*Ann. Vedastini.*)

Dans les rôles de l'Echiquier de 1198, Guillaume de la Mare, rendant compte de sa recette, dit : « ... de Galterio de Ber- « toutvilla decem solidos [pro plegio Rob. « Pantof]. »

En 1204, le patronage de l'église de Bertouville donna lieu à un procès. Il fut adjugé par le bailli de Rouen à l'évêque de Lisieux, au préjudice du seigneur. Cependant, en 1260, Raoul de Ressancourt céda ses droits à l'abbaye du Bec; de là nouvelles contestations.

L'abbé du Bec remit, en 1261, la décision du litige à l'évêque de Lisieux lui-même :

« Omnibus hæc visuris vel audituris, « Robertus, divina permissione humilis « abbas Becci Heluyni, tot usque ejusdem « loci conventus, eternam in Domino salu- « tem. Noverit universitas vestra quod, « cum Radulfus de Recenticuria, armiger, « pro salute animæ suæ et pro salute ani- « mæ patris sui, necnon matris suæ et « antecessorum suorum, dedit et concessit « et penitus dereliquit Deo et Beatæ Mariæ « Becci Heluyni, et nobis ibidem Deo « servientibus in presenti et nostris suc- « cessoribus de cetero ibidem Domino « servituris, jus patronatus ecclesie de « Bertouvilla Sancti Petri, Lexoviensis « diœcesis, quod ad ipsum pertinebat, in « puram et perpetuam elemosinam haben- « dum et quasi peculium eciam in perpetuum pos- « sidendum, venerabili patre Fulcone, « Dei gracia episcopo Lexoviensi, et ma- « gistro Willelmo de Ponte Arche, docano « ecclesie antedicte, et capitulo ejusdem « reclamantibus et contradicentibus ex ad- « verso; tandem super reclamatione pre- « dicta et contradictione predicti patris et « decani et capituli predictorum, habito « super hoc consilio peritorum, super « ecclesia de Bertouvilla antedicta, cum « pertinentiis et jure patronatus predicto, « supponimus nos simpliciter et omnino « dispositioni predicti patris, ut super pre- « dictis disponat, ordinet et statuat alte « et basse quod viderit expedire, promit- « tentes bona fide pro nobis et successo- « ribus nostris dicti patris dispositionem « seu ordinationem ratam et gratam nos « in posterum habituros, nec per nos nec « per alium contraventuros, nos et succes- « sores nostros ad hoc specialiter et ex- « presse tenore presentium obligantes. In « cujus rei testimonium, presentibus litte- « ris sigilla nostra duximus apponenda. « Actum anno gracie millesimo ducente- « simo sexagesimo primo. »

L'évêque donna au chapitre « medieta- « tem tocius bladi et weldii decime site « intra fines dicte parochie », et l'autre moitié à l'abbaye du Bec. Il garda pour lui le patronage.

L'abbaye du Bec ne cessa pas de s'étendre sur le territoire de Bertouville. En 1302, messire Crespin de Bertouville lui céda 10 acres de terre avec les vassaux qui les occupaient et tous droits féodaux.

En 1333, il y eut un arbitrage entre l'abbaye et le chapitre pour le partage des dîmes.

Le patronage de Bertouville donna lieu à de nouvelles réclamations au XIVe siècle.

Le 8 septembre 1360, défense fut faite à Martin du Feuguerei, lieutenant du bailli de Beaumont, et aux autres officiers du roi de Navarre de cesser de procéder en la cause du patronage de Bertouville, comme tenure du roi de France.

Le 10 août précédent, le dauphin et régent Charles avait fait défense à Guillaume de Bertouville, chevalier, de déférer ce patronage au roi de Navarre.

Au XVIe et au XVIIIe siècle, le patronage appartenait toujours à l'évêque de Lisieux.

Bertouville était un quart de fief relevant d'Orbec. [Aveu de 1505.] (Arch. de l'Emp., P. 303, f° 129.)

En 1830, un cultivateur découvrit dans un champ, au hameau de Villeret, trente objets en argent, d'un poids de cinquante et quelques livres : statues, instruments de sacrifice, offrandes votives. Ces objets, dont la Bibliothèque impériale a fait l'acquisition, sont la plupart ornés d'inscriptions. On pense, d'après leur style, qu'ils remontent au temps des premiers Césars : ils composaient probablement le trésor d'un temple de Mercure qui paraît avoir existé dans ce lieu et dont le nom était *Canetum*. Nous renvoyons au mémoire que nous avons publié sur cette découverte.

Une voie antique de Lisieux à Brionne passe dans le voisinage : l'on y trouve fréquemment des vestiges de constructions romaines.

La Bruyère; — le Chemin-Chaussé; — la Gontière; — Mailli; — le Marabout; — le Marché-Neuf; — la Marotte; — le Mont-Foucard; — la Mutelière; — le Plessis; — les Valmonts; — le Val-de-Ressancourt; — le Villeret.

Cf. *Recueil des Travaux de la Soc. libre de l'Eure*, 1830, oct., n° 4 : *Rapports sur les antiquités de Bertouville*, par M. Aug. Le Prevost. — *Mémoire sur les vases antiques trouvés à Bertouville*, par M. Aug. Le Prevost, 1832, in-4°. (Voyez ci-dessus *Notice archéologique*, p. 22.)

Bulletin monumental, 1862, Relation, par M. de Caumont, d'une visite faite aux fouilles entreprises à Bertouville, près Bernai, et Note sur l'état de ces mêmes fouilles lue à la Société française d'archéologie par M. Le Métayer-Masselin.

BERVILLE-LA-CAMPAGNE.

Arrond. de Bernai. — Cant. de Beaumont.

Patr. S. *Martin.* — *Prés.* l'abbé de Lire.

Berevilla nous paraît la première et la meilleure forme de ce nom. Nous proposons donc de lire *Beheriivilla*. Beherius serait un nom franc, comme Raherius (Rayer), Lotharius (Loyer), Poherius (Poyer), etc... Beherius a pu former le nom de Boyer. Nous avons connu à Rouen une famille Beheré.

Les conjectures ne manquent point. On peut également faire dériver par contraction Berville de Berulfivilla : et par exemple on trouve dans Grégoire de Tours un duc Berulfus sous le règne de Chilpéric, vers 584. Ce duc, en 583, commandait en Touraine, en Anjou, en Poitou et dans la région de Nantes ; il avait commencé par être comte et figure en cette qualité dans le septième livre des poésies de Fortunat, n° 15.

En 931, le chapitre de Saint-Martin de Tours donna à titre précaire à la reine Emma, fille du roi Robert, cinq domaines. Berulfivilla, Curtis Odonis, Spinosa, Siveraria et Donamaria.

Peut-être Berville a-t-il son étymologie dans Berariivilla. Il y a un évêque du Mans qui porte ce nom.

On trouve un Bero cité dans les *Annales* d'Eginhard, *ad ann.* 827. D'autres lisent Beranus. Ailleurs il est appelé Bera. Ce Bero ou Bera, comte de Barcelone, fut exilé à Rouen, en 820, après son duel judiciaire avec Savilla. Dans la peinture de ce duel, par Ermoldus Nigellus, on voit la différence du duel judiciaire des Goths avec celui des Francs :

« Tum Bero prius ait :
....
« More tamen nostro liceat residere caballum,
« Armaque ferre mea ; sæpius ista rogat. »

(*Hist. de France*, VI, p. 48 et suivantes.)

On trouve un *Beriavilla* souvent cité dans le *Chron. Besuense.*

Des raisons toutes locales peuvent seules faire trouver la vérité au milieu de toutes ces conjectures.

« Nigellus de Berevile » est inscrit dans le *Doomsday-Book* comme tenant en chef. Nous ne pouvons dire s'il tirait son nom de Berville-la-Campagne.

« Matheus de Bervilla » figure comme témoin dans une charte de donation de Roger de Tosni, en faveur de Conches, vers 1150.

« In Bervilla unum hospitem... » (Bulle de Grégoire IX, 1234.)

On trouve dans le cartulaire du chapitre d'Evreux sept actes relatifs aux dîmes de Berville, tous de 1253 ; ces dîmes étaient disputées par l'évêque d'Evreux, Pierre de la Houssaie, archidiacre d'Ouche « in Ocha », le curé et l'abbaye de Lire. La contestation fut jugée par les trésoriers de Bayeux et d'Evreux, et un chanoine d'Evreux. La décision donna quelque chose à chacune des parties.

En 1279, Joceaume Gueroud, « de parochia de Bervilla. »

Il y avait autrefois dans la commune un hameau du Chef-de-la-Ville qui paraît avoir été la même chose que le hameau de l'Eglise.

Michel Barberote, escuyer, seigneur de la Barberoterie, avoue tenir un quart de fief, dit le fief de Barville, relevant du roi. [1454.] (*Arch. de l'Emp.*, P. 309, f° xxv, n° 211.)

Les dépendances sont : — la Bucaille ; — le Cormier ; — les Gruaux.

BERVILLE-EN-ROUMOIS.

Arrond. de Pont-Audemer. — Cant. de Bourgtheroulde.

Patr. S. Paër ou S. Paterne. — *Prés.* le seigneur.

M. Canel rapporte qu'en 1185 Guillaume des Autieux donna l'église de Berville au prieuré de Bonne-Nouvelle de Rouen ; mais le pouillé d'Eudes Rigaud constate que le prieuré de Bonne-Nouvelle possédait l'église de Berville-sur-Seine dans le département de la Seine-Inférieure, et non pas l'église de Berville-en-Roumois dans le département de l'Eure.

« Bervilla, heredes de Bussey patroni,
« valet personatus xiv. libras, vicaria
« xx. libras, parrochiani mxx. Henricus,
« persona ; Guillelmus, vicarius ; presentati
« a domino Almarico de Hariouria, per-
« sona receptus a domino R. Thomas,
« presbiter, qui nunc est, receptus fuit
« ab archiepiscopo Odone Rigaldi ad pre-
« sentationem heredum de Bosseio. » Tel est l'article consacré à Berville-en-Roumois dans le pouillé d'Eudes Rigaud. Il faut toutefois remarquer que cet article est écrit d'une main ou au moins d'une encre différente de celle qui a servi au corps du manuscrit.

Selon tous les pouillés, le seigneur continua de présenter à la cure. En 1661, le seigneur châtelain de Tilli y présenta. Tilli était un château fort dépendant de Boisset-le-Châtel, et très-voisin de Berville.

Après les sires de Boisset, les seigneurs de Berville ont été les sires de Courvandon, de Blangi et de Planterose.

L'église est toute moderne ; elle a remplacé celle qui avait été dédiée par Eudes Rigaud. Cette dédicace a eu lieu le 12 jan-

vier 1252 : « II. idus januarii. Dedicavi-
« mus ecclesiam de Bervilla, et pernocta-
« vimus apud Bosseium, cum expensis
« parrochianorum de Bervilla. » (Registre
d'Eudes Rigaud, p. 125.)

Une chapelle de l'*Ecce-Homo* fut construite, dit encore Toussaint Duplessis, en 1536, au manoir du Tuit, par Nicolas du Quesnai, seigneur du Tuit.

Au hameau de l'Eglise : tuiles, briques et poterie rouge antiques; briques très-épaisses, de forme et dimensions diverses, quelques-unes triangulaires. Près de là, dans le champ du Puits, grande mare qui est, dit-on, pavée ; on y voit souvent l'eau bouillonner avec émission de gaz très-froid.

Dépendances : — le Bosc; — l'Eglise; — la Fèvrerie; — les Hêtres; — la Mare-Pin ; — la Mennerie; — la Noé; — le Routoir; — la Soudière; — le Tuit; — le Val.

Les communes d'Angoville et de Basville ont été réunies en 1844 à Berville-en-Roumois.

Cf. Canel, *Essai sur l'arrond. de Pont-Audemer*, t. II, p. 244.

Toussaint Duplessis, t. II, p. 436.

BERVILLE-SUR-MER.

Arrond. de Pont-Audemer. — Cant. de Beuzeville.

Patr. S. Melain. — *Prés. le chapitre de Lisieux.*

La première mention qui soit faite de Berville-sur-Mer est dans l'obituaire de Lisieux, au 8 mars : «... Item, pro Hu-
« gone, episcopo Lexoviensi, anno 1050,
« defunctoque anno 1077, et pro domino
« Arnulpho de la Rivière, decima integra
« de Bervilla... »

« Sous l'épiscopat de Raoul de Varne-
« ville, Hugues de Nonant, archidiacre
« de Lisieux, que l'auteur de l'*Histoire de
« la maison d'Harcourt* dit avoir été neveu
« d'Arnoul, fut fait, l'an 1184, évêque
« de Chester en Angleterre. Il donna de-
« puis, en présence du même évêque de
« Lisieux (Raoul), le patronage et les
« grosses dîmes de la paroisse de Saint-
« Melaigre de Berville-sur-la-Mer au cha-
« pitre de Lisieux, qui en jouit encore. »
(*Hist. ms. des évêques de Lisieux.*)

La seigneurie de Berville dépendait autrefois du comté de Conteville.

L'abbaye de Grestain avait des droits étendus sur Berville.

L'église date de la fin du XIIIᵉ siècle; la nef a été restaurée en 1754.

Il y avait une chapelle de Saint-Thomas-de-Berville.

M. Rever a découvert au triage de la Pannerie les ruines d'une habitation gallo-romaine.

On a trouvé sur divers points de la commune des vestiges de constructions, de tuiles, de mortier, de charbon qui sembleraient indiquer l'existence d'une forge antique.

On a déterré près de l'église plusieurs tombeaux en pierre ; l'un d'eux renfermait une épée et une médaille.

Sur le versant de la côte de Berville, au-dessus de la mer, existe une excavation connue sous le nom de *Fosse-Glame*. La tradition veut que cette caverne ait servi à enfermer des armes et des munitions lors de la conquête de l'Angleterre par Guillaume le Conquérant. Sur la grande côte de Berville on distingue encore deux petits retranchements, que les habitants du pays attribuent aux Anglais.

Les lieux dits de Berville-sur-Mer sont :
— le Buisson ; — l'Eglise ; — l'Epine ; — le Haut-Berville; — la Judée ; — le Marollet; — la Pannerie ; — la Portion ; — le château de la Pommeraie.

Canel, *Essai sur l'arrond. de Pont-Audemer*, t. II, p. 453.

BEUZEVILLE.

Arrond. de Pont-Audemer. — Cant. de Beuzeville.

Patr. S. Hélier. — *Prés. l'abbé du Bec.*

Beuzeville, Beuzeval, Beuzemouche, tous ces noms viennent, comme Beuzemont, du mot scandinave : *bui, bue, bus, bues*; en saxon : *boi*. Nous pensons que le nom bourguignon Boson doit en être voisin.

En France on compte huit Beuzeville, un Beuzevillette, un Beuzeval, un Beuzemoncel.

Deux meules antiques, en poudingue, ont été recueillies sur la commune de Beuzeville : l'une, entière, sur une pièce de terre labourable, près du hameau des Mares-de-Graville, parmi des restes de briques auxquelles l'humidité avait enlevé presque toute consistance et de silex qui présentaient des traces d'incendie ; l'autre, incomplète, dans un fossé.

Citons d'abord quelques personnages portant au moyen âge le nom de Beuzeville :

« ... Guillelmus de Beusevilla, abbas Becci.... »

Sous le règne de Guillaume le Conquérant, Richard, fils de Thierri « de Bosevilla », est témoin de la donation faite à Préaux de terres situées à Marbeuf.

Dans une charte en faveur de Saint-Amand, on remarque : « Willelmus de Buesevilla et Johannes de Buesevilla, » chevaliers.

En 1225, Henri du Quesnai, chevalier, donna à l'abbaye du Bec le patronage et tout ce qu'il possédait de dîmes. En 1226, cette donation fut confirmée par l'évêque de Lisieux.

En 1274, Richard de Comtemoulins renonça à ses prétentions sur le patronage de Beuzeville.

En 1300, Robert de Comtemoulins vendit ce qu'il possédait de grosses et menues dîmes.

Dans un autre titre de 1300, il est fait mention de Raoul de Bellelonde ainsi que de Guillaume de Beaumouchel.

Vers 1312, Clément V accorda à l'abbaye du Bec la jouissance de certaines dîmes retirées des mains de Robert de Comtemoulins. En même temps, il chargea des commissaires de mettre l'abbaye en possession des dîmes.

En 1320, Jean de Grimouart, écuyer, vendit à l'abbaye une pièce de terre à Beuzeville.

En 1431, l'abbaye abandonna à messire Jean de Gaillon les droits de la foire de Beuzeville, moyennant 20 livres de rente. Jean de Gaillon était fils de Jeanne de Tournebu, dame de Beuzeville.

Beuzeville était dès le moyen âge un marché important. Voici quelques notes sur la mesure de blé au marché de Beuzeville : vers 1200, le setier d'orge contient 14 boisseaux; le setier d'avoine, 11 (p. e. 12) boisseaux. « Ita quod sextarium « avene continebit xi. boissellos ad communem mensuram ville ejusdem, et « sextarium ordei xiv. boissellos ad cam- « dem mensuram. » (*Cart. de Saint-Gilles*, f° xxx v°.) En 1374, 12 boisseaux au setier. « A la mesure de Beuzeville, à compter 12 boisseaux pour sestier. » (A. E., P. 307, n. j.)

Au commencement du xvii° siècle, les dîmes de la paroisse de Beuzeville comprenaient les dîmes de Beuzeville, Quetteville, Notre-Dame-du-Val et du manoir de Neuilli.

Il y avait trop de seigneuries à Beuzeville pour que chacune pût avoir quelque importance. M. Canel, auquel nous empruntons beaucoup de renseignements importants sur les fiefs de Beuzeville, cite : « Beuzeville-Lyvet, Beaumoucel, Lachy, « Blaquemare, Rimbert, Neuilly, la Cham- « paigne, Bellonde, les Fauques ou les « Faulques, Canclair, le Quesney-Mau- « voisin, Houquelon, la Mare-Hébert, et « les vavassories de la Gohaigne, du Cor- « buchon et du Bosc-au-Doyen. Les « propriétés de Beuzeville » dit-il, « qui « n'étaient pas tenues de ces différentes « seigneuries, assises dans la paroisse, « relevaient du domaine du roi, des reli- « gieux de Grestain et de Troarn, des « fiefs de Fatouville, des Manoirs, de Cres- « sey ou Crestey, de Quetteville, enfin des « vavassories de Guesdon, des Gruaux et « de Boulleville. »

Val-Raimbert. — Il résulte de l'inventaire des titres du Bec qu'un lieu nommé Sainte-Mère-Eglise faisait partie de Beuzeville. Ainsi, dans un acte de 1270, les habitants de Sainte-Mère-Eglise sont tenus de venir moudre et plaider au Val-Raimbert. Dans un autre acte de 1266, Raoul Lemire renonce aux patronage et dîmes de Beuzeville et de Sainte-Mère-Eglise.

En 1295, le fief de Val-Raimbert est déclaré assis en la paroisse de Beuzeville et de Sainte-Mère-Eglise.

En 1265, Guillaume de Boutteville, chevalier, avait vendu son manoir du Val-Reimbert et moitié du moulin, bois, terres et rentes. L'abbaye fieffa le tout en 1266 à Raoul Lemire.

En 1290, Luces des Haulles vendit toutes ses rentes, droits, hommages et redevances sur le fief du Val-Reimbert.

En 1290, Robert Lemire vendit à l'abbaye, pour 6 livres, ses droits dans le produit de la forêt de Beuzeville et sur le fief de Val-Reimbert.

Dans un acte de 1336, il est fait mention du moulin, et dans un acte de 1245, du fief de Val-Reimbert.

Fief de Neuilli. — Le fief de Neuilli était appelé baronnie dans la contrée. C'était un château important, avec des mottes, dont les vestiges sont encore très-apparents. En 1324, Robert Frestel, chevalier, vendit à l'abbaye du Bec son manoir de Neuilli et des droits à Honfleur. Le manoir de Neuilli dépendait alors du seigneur du Mesnil-sur-Blangi. En 1592, le château était aux mains des protestants ; les catholiques l'emportèrent d'assaut et le détruisirent entièrement. Les seigneurs de Neuilli avaient imposé à leurs vassaux l'obligation d'apporter dans les fossés du château de l'eau en quantité déterminée, de réparer les mottes et même, dans certaines circonstances, d'empêcher les grenouilles *d'y moduler leurs nocturnes concerts.* Les vassaux de Neuilli étaient soumis à la banalité du moulin.

On remarquait encore près de la ferme

de Neuilli une chapelle de Sainte-Marguerite, et dans cette ferme un puits dans lequel la tradition supposait des trésors.

Fief de la Champagne. — Dans les *Feoda Normanniæ*, baillie de Pont-Audemer, nous trouvons, dit M. Canel : « Gaufridus de Champaigne, » cité pour le service d'un chevalier. La terre de la Champagne a peut-être pris son nom de ce personnage.

En 1394, la Champagne était dans les mains de Guillaume Charlemaine, le premier de sa famille qui soit qualifié du titre de noble homme. En 1615, il était seigneur du Boulci et en partie de la seigneurie de Bellonde, que ses descendants possédaient en entier et à laquelle ils ajoutèrent celles des Fauques, de Boulleville...., et la franche vavassorie de Canclair ou Campelaire.

Vavassorie de Canclair. — Cette vavassorie, qui relevait de Bellonde par foi et hommage, s'étendait sur 24 acres de terre à Beuzeville. Elle avait été vendue, en 1646, par Robert Boudot, à Jean Heudier de Fortmauville.

Quesnei-Mauvoisin. — Le fief de Quesnei-Mauvoisin appartenait aux religieux de la Chaise-Dieu, qui y faisaient tenir les plaids au manoir seigneurial.

Houquelon. — Dans la deuxième moitié du xviie siècle, Hélier de Nollent était seigneur de Houquelon. Lachi et Blaquemare appartenaient alors à la même famille.

Fief de la Mare-Hébert. — Les registres de l'état civil de Beuzeville font mention de François Dantouyère, sieur de la Mare-Hébert, mort le 25 juin 1625.

Vavassorie de la Gohaigne. — La vavassorie de la Gohaigne était assise sur Beuzeville et Quetteville. Au milieu du xiie siècle, elle appartenait à Sibille de Veux. Cette dame donna à la léproserie de Saint-Gilles de Pont-Audemer tout le tènement que Richard Morestel tenait d'elle, dans la paroisse de Beuzeville, à la Gohaigne ; de cette manière, Richard Morestel devenait passible envers les frères de tous les services qu'il faisait à Sibille de Veux pour son tènement. (*Cart. de Saint-Gilles.*) On lit dans l'obituaire de Lisieux, au 7 juin : « Ad vesperas incipit obitus domini Gui- « donis de Haricuria, episcopi Lexoviensis, « anno 1303 et fato functi anno 1336. Hic « Lexoviensiam ecclesiam donavit decima « de Gohennia (*la Gohaigne*), apud Beuze- « villam. »

L'église de Beuzeville est sous le vocable de saint Hélier, appelé à Beuzeville *saint Délié*, et en conséquence invoqué pour délier les membres des enfants noués. L'église date de plusieurs époques ; elle a conservé quelques traces de l'architecture romane. Le clocher a été reconstruit en 1778. En 1283, l'évêque de Lisieux établit deux vicaires à Beuzeville. L'un des curés était nommé par le seigneur de Livet-Beuzeville, l'autre par le seigneur de Neuilli.

Depuis plusieurs siècles, il existe à Beuzeville une confrérie de la Charité. Avant la Révolution, elle avait un livre sur lequel un grand nombre de personnes faisaient inscrire leurs noms. Des habitants de cinquante et une paroisses figuraient sur le livre de la Charité.

Les dépendances de Beuzeville sont : — Amberville ; — les Auzerais ; — la Bertinière ; — Blaquemare ; — les Bois-Rimbert ; — la Briqueterie-Duval ; — la Carrellerie ; — le Calvaire ; — la Champagne ; — la Cour-Planier ; — les Coutances ; — la Croix-Brière ; — les Gardinets ; — la Gohaigne ; — le Gros-Poirier ; — les Hemery ; — Lachi ; — le Lieu-Guérard ; — la Maison-Mauger ; — la Conterie ; — la Mare-Hébert ; — Houquelon ; — la Pomme-Royale ; — la Moderie ; — la Béginerie ; — Neuilli ; — la Pallu ; — la Brierie ; — les Monts-Saint-Elier ; — la Hauquerie ; — le Corbuchon ; — les Faulques ; — les L'Hermites ; — le lieu Hellé, emplacement, vue ; — les Pognons ; — les Quatre-Paroisses ; — le Quesnei ; — le Quesnei-Monvoisin ; — la Roche ; — la Rue-Rioult ; — la Grande-Ferme ; — Belle-Londe ; — la Hannetot ; — les Mares-de-Graville ; — le Bourg ; — les Franches-Terres ; — les Ifs ; — les Joncquets ; — le Scy ; — la Pomme-d'Or, auberge ; — la Ferme-de-Neuilli ; — la Ferme-de-Quillebeuf ; — la Ferme-de-Beaumoncel ; — la Ferme-du-Quesnei ; — le Grand-Moulin ; — le Petit-Moulin ; — Sainte-Marguerite, chapelle.

Canel, *Essai sur l'arrond. de Pont-Audemer*, t. II, p. 417.
Bulletin monumental, t. III et t. VIII.
La Normandie illustrée, t. Ier, partie II, p. 62.

BÉZU-LA-FORÊT.

Arrond. des Andelis. — Cant. de Lions.

Patr. S. Martin. — Prés. *l'archevêque de Rouen ou le seigneur.*

Nous trouvons dans les documents mérovingiens et carlovingiens une assez fréquente mention de lieux portant le nom de Bacivum, d'où est venu probablement par contraction le nom de Bézu ; mais ces documents, comme nous le verrons tout à l'heure, s'appliquent à Bézu-le-Long et non pas à Bézu-la-Forêt.

Toussaint Duplessis, p. 211, disserte sur l'étymologie de Bézu.

Bézu-la-Forêt est tantôt désigné : *Besucum siccum* et *Besutum in Foresta*.

Pouillé d'Eudes Rigaud : « Ecclesia de « Besuco Sicco : xxIII. libras turonensium; « parrochiani Lx. Archiepiscopus patronus. « Galterus presbiter receptus fuit, sede « vacante, ad presentationem Radulfi mi- « litis, domini dicte ville. »

Au XIII° siècle le droit de présentation appartenait donc au seigneur de la terre de Bezu.

On trouvera dans Toussaint Duplessis, t. II, p. 437, d'abondants détails sur l'histoire du droit de présentation à la cure de Bézu-la-Forêt, sur les chapelles de Sainte-Catherine-de-Maurepas et de Saint-Eutrope.

Maurepas était le siège d'une seigneurie relevant de Lions ou de Gisors.

La chapelle de Sainte-Catherine-de-Maurepas avait été fondée au XIII° siècle par un gentilhomme nommé Jean le Veneur, à la collation pleine de l'archevêque de Rouen. Celui qui présentait à la cure de Bézu présentait à la chapelle de Sainte-Catherine.

La chapelle de Saint-Eutrope était en titre en 1470. Le seigneur de Bézu y présenta en 1701. En 1738 elle était à la nomination du roi.

L'abbaye de Mortemer possédait quelques biens à Bézu. — Voyez, dans les chartes de Mortemer conservées aux archives de l'Eure, une charte de Jean de Grochi, 1249, et un passage du rôle des revenus de Mortemer, en 1345.

Avant l'année 1306, Robert le Veneur avait abandonné cinquante arpents de terre dans les landes de Bézu et de Martagni, pour les communes pâtures des hommes de Bézu et de Martagni: « pro communibus pascuis hominum de Besuto et de Martagniaco. » (*Trésor des Chartes,* reg. XLI, n° cxvi.)

Dans le *Coutumier des forêts de Normandie*, f° 18 r°, sont constatés, à la date de 1398, les droits des habitants de Bézu dans la forêt de Lions. « Les habitans de « Besu ont acoustumé prendre ès forez de « Lions, le boiz sec en estant en gesant, « le vert en gesant, se il n'a caablé ès forez; « trois chesnes par livrée du verdier de « brachie et de mains, pour aidier à faire « une maison neufve sur chascune mesure « anciene, ou pour les reffaire quant els « sont deppechiez ou arsez par feu d'a- « venture. — Item un chesne pour faire « un caretil, quant le leur est usé et par « livrées, et en rendant le viel. — Item « ils ont ceps et haies à leurs charues. — « Item, les demourans des charpentes des « ouvrages du Roy et des chastellains, par « congié prins sur ce. — Et pasnage à « leurs pors de leur nourreture par paiant « un denier pour porc à la Saint-Andrieu, « et obole à la Chandeleur, et quant ilz « sont achetez après la Saint-Jehan ils en « paient come estrangers. Et quant il « n'est pasnage ils ne paient que une obole « à la Saint-Jehan, pour chascun porc. — « Item, ilz ont le mortbois hors deffens et « landes, senz amende. — Item, ils ont « pasture pour toutes leurs bestes hors « tailles et deffens, exepté le mois def- « fendu, ouquel ilz ne puent mener leurs « bestes pasturer en icelle forest, fors à la « veue des champs, et réservés les pors « qui n'y doivent point aller. — Item, ilz « ont la blanche espine de poingnie et de « moins à clorre et à planter. — Item, « ilz puent fauchier en la lande de Cocerf « après la Saint-Jehan, en paiant xii de- « niers pour chacune faux. — Item, ils « puent faire leurs lins ès landeaux de la « dite forest, en paiant au Roy le champart « acoustumé. — Item, ils ont les branches « à ramer leurs lins, la malle, le sablon, « et autres menus droiz acoustumés. — « Et pour ce prins sont tenus paier au Roy, « en la ferme de la prévosté de Lions, xi s. « tournois, et un pain à Noël qui fournie, « et qui ne fournie un denier tournois, « trois oefs à Pâques; et chacun doit trois « deniers tournois à la Saint-Jehan, pour « fors et clôture, et pour chacune vache « obole, et chacun hostel qui gagnage « doit trois garbes de tel gagnage come il « a. — Item, chacune masure quatre de- « niers de reffaiture avecques autres « menus devoirs acoustumés, et de ce ont « délivré de nous estat, et cetera, le 21 « novembre 1398. »

Les droits d'usage des habitants de Fleuri-sur-Andelle, Lisors, la Haie en Lions, Lilli, Moigni, Martigni étaient presque semblables aux droits des habitants de Bézu-la-Forêt.

Vers 1417, un des rares survivants de la journée d'Azincourt, le Vaillant, obtint pour prix de ses services militaires le privilége d'établir une verrerie au lieu dit la Haie. Le Vaillant devint la souche d'une des quatre principales familles de gentilshommes verriers. Les trois autres étaient Bongars, Brossard et Caqueray. Cette verrerie existe encore.

Les lieux dits sont : — le Clos-Baquet; — la Croute; — les Faudis; — la Grande-Panne; — les Grands-Jardins; — le Haut-Pontu; — les Landes; — Maurepas; —

la Petite-Panne ; — la Roque ; — la Vallée-Thomas ; — Viseneuil ; — le Vouroux ; — la Vieille-Tour.

La Fontaine-du-Houx était un des pavillons de chasse du roi Charles IX.

BÉZU-SAINT-ELOI.

Arrond. des Andelis. — Cant. de Gisors.

Bézu-le-Long. — Patr. S. Rémi. — Prés. l'abbé de la Croix-Saint-Leufroi, puis le seigneur du plein fief de Bézu.

Bézu-Saint-Eloi. — Patr. S. Eloi. — Prés. le seigneur.

Une charte de Clovis III constate qu'en 691 les deux terres de Bézu : « Bacivum superius et Bacivum inferius, » étaient disputées entre un diacre nommé Hrotcharius et Chumbercht. (Voyez l'*Hist. de Saint-Denis*, pièc. justific., XI.)

« .... Superiore Bacivo. » Charte de Chilpéric II, par laquelle il confirme ou donne la moitié de cette terre à l'abbaye de Saint-Denis, année 706. (*Hist. de Fr.*, t. IV, p. 694.)

« Similiter in pago Velcassino Bacivo superiore et subteriore. » (Ch. de Pepin, 750.)

« ...... Similiter in pago Velcassino Bacivo superiore et inferiore..... » (Ch. de Charlemagne, 775.)

Je suis porté à croire que « Bacivum superius » était Bézu-le-Long, et « Bacivum inferius » Bézu-Saint-Eloi.

Dans les grands rôles de l'Echiquier de Normandie (1184), on lit : « Idem reddit « compotum de vi. solidis et iv. denariis, « de allodiis de Besu. » Il est probable qu'il s'agit dans ces textes de Bézu-le-Long et de Bézu-la-Forêt.

Le pouillé d'Eudes Rigaud distingue nettement les deux paroisses de Saint-Eloi et de Bézu-le-Long, qui toutes deux se trouvaient dans le doyenné de Gisors et l'archidiaconé du Vexin normand.

« Ecclesia Sancti Eligerii valet xx. libras « turonensium. Parrochiani L. Ricardus, « presbiter, presentatus fuit à domino « Guilhelmo Crespin, et receptus a domino « Galtero. Alius presbyter est ibidem qui « presentatus fuit a domino Guillelmo de « Gisortio. Guilhelmus de Gisortio, miles, « et Guillelmus Crispini de Danguto, armiger, presentaverunt Petrum, clericum, qui receptus fuit ad presentatio« nem ipsorum ab archiepiscopo O. Ri« gaudi. »

« Ecclesia de Beziu. Parrochiani III^{xx}.

« Presbiter Osmundus, qui nunc est, pre« sentatus ab abbate Sancte Crucis Sancti « Leufridi, et receptus a domino P. Ma« gister Johannes de Noientello, archi« diaconus et vicarius reverendi patris « O. Rigaudi, recepit Radulphum, dictum « Cornillet, subdiaconum, ad presenta« tionem dicti abbatis. Archiepiscopus O. « Rigaudi recepit Ricardum Clericum ad « presentationem dicti abbatis. Et de« bent valere redditus dicte ecclesie xx. « libras turonensium, et ad hoc obliga« verunt se per litteras suas abbas et con« ventus. »

Ainsi, au milieu du XIIIe siècle, les deux paroisses étaient distinctes. Le revenu des églises de Saint-Eloi et de Bézu-le-Long était de 20 livres tournois ; mais Saint-Eloi n'avait que cinquante paroissiens, c'est-à-dire cinquante communiants, et Bézu quatre-vingts.

On voit que, dès le XIIIe siècle, l'abbaye de la Croix-Saint-Leufroi avait droit de présenter à la cure de Bézu. L'abbé de ce monastère y présenta encore en 1744. Cependant Toussaint Duplessis rapporte que, selon un aveu du 9 juin 1705, le plein fief de Bézu-le-Long et de Saint-Eloi présentait à la cure de Bézu et, alternativement avec les représentants des ducs de Longueville, à celle de Saint-Eloi.

La présentation à la cure de Saint-Eloi n'a jamais été en mains ecclésiastiques. Le pouillé d'Eudes Rigaud nous montre le clerc Pierre nommé par Eudes Rigaud sur la présentation de Guillaume Crespin de Dangu. Les pouillés conservent le patronage au seigneur de Saint-Eloi. Cependant, s'il fallait en croire un aveu dressé en 1495, le patronage de cette cure serait alternatif entre les seigneurs du lieu et le baron d'Etrépagni.

Dans le pouillé de Raoul Roussel (XIVe siècle), on lit : *Bezu le Lone*.

Dès le XIe siècle, les moulins de Bézu avaient une certaine importance ; les seigneurs de Gisors en avaient donné la dîme à l'abbaye de Saint-Martin de Pontoise.

Hugues, fils de Payen de Neaufles, étant mort, on porta son corps à Saint-Martin de Pontoise pour y être enterré. Il y fut conduit par sa femme Mathilde, son frère Thibaud et sa sœur Richilde. Au moment des obsèques, Mathilde, du consentement de son frère Thibaud, donna à l'abbaye de Saint-Martin de Pontoise la dîme de la mouture de ses moulins de Gisors et la dîme des moulins de Bézu.

Vers 1150, Thibaud de Gisors confirma aux religieux de Saint-Martin toutes les donations anciennes, et entre autres « decimam molendinorum de Gisortio (Bezu). (*Hist. de la maison de Montmorency*, Preuves, 444.)

En 1454, Hugues, archevêque de Rouen, récapitule les propriétés de Saint-Martin-de-Pontoise : « Et ibidem, II. molendinos « tannerez, quos dedit prædictus Theo-« baldus apud Gisortium et Bezu, et de-« cimam molendinorum Hugonis de Gi-« sortio. »

Dans un acte de Jean de Gisors (4183), parmi les témoins, on remarque « Gillebertus de Bezu ».

Jean de Gisors était fort riche. Dans un aveu rendu au commencement du XIIIe siècle, il énumère ses propriétés dans l'Ile de France et le Vexin français ; puis, venant au Vexin normand, il ajoute : « Item, in Wilgasino normanico, Besu « cum pertinenciis in bosco et plano et « omnibus aliis rebus.... Et maritagium « uxoris Philippi de Blarru, et id quod ha-« bet apud Mesnil Gilliberti, et id quod « habet apud molendinum Bencelin, et « id quod habet apud S. Eligium. »

Dans la liste des fiefs de Philippe-Auguste, on lit : « Hugo de Gisortio tenet « Besutum cum pertinenciis, et hoc quod « habet apud Neaufle, cum pertinenciis et « unum feodum apud molendinum Ben-« celin, que omnia valent de redditu LX. « lib., etc. » Le même Hugues de Gisors, fils de Jean, confirma en 1216 les donations faites au monastère de Saint-Martin de Pontoise : « Quinquaginta solidos in « furno de Gisortio, etc..... decimam « molturæ molendinorum de Gisortio et « de Bezu. »

En 1270, procès entre les religieux du monastère de Saint-Martin et dame Jeanne, veuve de Guillaume de Gisors, touchant les dimes des moulins de Gisors et de Bézu. Les religieux gagnèrent ce procès.

Un arrêt de l'échiquier de Normandie (1488) confirma ces divers actes :

« Au procez pendant en nostre cour et « auditoire à Rouen, entre les seigneurs « abbé et couvent de Saint-Martin-lez-« Pontoise, intimez en doléance en l'échi-« quier de Normandie, d'une part, et « noble et puissant seigneur et baron de « Ferrière, pour le discord des arrérages « de cinquante sols parisis de rente es-« cheus au jour de S. Remy 1479, et « pour les dixmes des moulins de Gisors « et Bézu, appartenant au dit défendeur. « Lesquels droicts, iceux demandeurs di-« soient leur appartenir à cause de la fon-« dation, dotation et augmentation de leur « dite église, et de grande ancienneté, et « qu'aux hoirs des seigneurs de Gisors et « de Bézu furent et appartindrent ancien-« nement à messire Thibault de Gisors, « chevalier, et les auroit aumosné aux dits « religieux par une charte ancienne es-« crite en parchemin et scellée des armes « dudit messire Thibaut de Gisors, et à la « fin de la dite charte sont escrits ces « mots : *Donamus decimam molendinorum* « *de Gisortio et de Bezu*, etc., lequel don « auroit esté confirmé successivement par « cinq chevaliers du nom, etc. »

Nous transcrivons ici un aveu de Jehan de Ferrières, qui renferme les détails les plus curieux sur la situation de Bézu en 1408. (*Arch. de l'Emp.*, P. 307.)

« Du Roy nostre Sire, je Jehan, sire de « Ferières, confesse et aveue à tenir ung « noble fief de haubert nommé le fief de « Besu le Long, dont le chef sied en la « parroisse du dict lieu de Besu en la « viconté de Gisors, et s'estend en plu-« sieurs parroisses en la dicte viconté : « Cest assavoir en la parroisse Saint Eloy « de Besu, Neaufle, Bernouville, Beau-« mont le Perreux, Neufville, Chavin-« court, et Gamaches, Saincte Marie des « Champs, et es parties d'illecques envi-« ron, si comme il se comporte et extend :

« Ou quel noble fief a deux manoirs « assiz en la dicte parroisse de Besu et « jardins à iceulx appartenans. Et le pre-« mier manoir vault quarante solz ou en-« viron, et le second vault avecques les « jardins quarante solz ou environ. Item « j'ay deux molins ; l'un assiz à Saint Eloy « de Besu vault par an X liv. et l'autre « assis à Besu nommé le Grant Molin ne « vault par an que la charge qui en est « faicte par chacun an au seigneur de « Frynel. Item j'ay une pescherie assise « près d'icelui Grant Molin, vault X liv. ou « environ. Item j'ay four à ban assis en la « dicte ville de Bésu, le quel vault XL sols « par an ou environ. Item les viviers du « dit lieu de Besu ne valent à present que « cinquante solz ou environ et sont en « ruine. Item j'ay colombier à pié à la « dicte ville de Besu, vault quarante solz « ou environ. Item j'ay garenne en la ri-« viere du dict lieu de Besu, qui com-« mence au pont de Chauvicourt en ve-« nant jusques au greil nommé le Homme, « vault XL sols ou environ. Item j'ay plu-« sieurs bois en plusieurs pieces, dont il « y a IIc IX acres en une piece à tiers et « dangier deu au roy nostre dit sire..... « Item une autre piece de bois nommée « le Grant Parquet, contenant huit acres « ou environ à tiers et danger deu au roy « nostre dit sire, et le demourant d'iceulx « bois est en une piece nommée le Petit « Parquet, contenant deux acres et demie « ou environ, ne doit tiers ne dangier.

« Et de tous iceulx bois, on peut bien
« faire vente par an de quinze acres, dont
« chacune acre peut bien valoir XL sols
« ou environ. Item j'ay l'asseuraige des
« vins sur mes hommes de Besu, toutes-
« foiz qu'ilz vendent taverne, c'est assa-
« voir deux potz de vin au dessus de la
« barre et deux potz au dessoubz, valent
« à présent x sols ou environ. Item j'ay
« les issues de la ville de Besu vallant
« x sols. Item j'ay les fenestraiges dessus
« mes hommes en la dicte ville de Besu,
« toutesfoiz quilz vendent pain ou autres
« denrées, doivent chacun 1 denier : vault
« par an IIII sols ou environ. Item le
« rouaige des vins vault xxx sols ou en-
« viron.

« Item ensuivent les rentes qui me sont
« deues : premierement au terme Saint
« Rémi en deniers XL liv. ou environ;
« item au terme de Toussains, une livre
« de poivre, deux boisseaux d'oingnons a
« la mesure de Gisors ; item chinq oues,
« huit potz de vin, XXIIII gastellez; item
« en argent sec deu au dit terme de
« Toussains XV sols; item au dit terme
« avaines deues tant de rentes comme de
« pasturaiges au dit lieu de Saint Eloy,
« à Bésu, Beaumont le Perreux et Neuf-
« ville, XL mines ou environ, à la mesure
« d'Estrepaigne. Item au Mesnil Guille-
« bert pour les coustumes du dit lieu,
« dont chacun hoste paie demie mine
« d'avaine, valant pour le présent huit
« mines. Item au terme de Noel en ar-
« gent sec VIII liv. Item au dit terme
« LVIII capons, LXII gelines. Item au dit
« terme de Noel les blez deuz de moulte
« au dit lieu de Besu, Saint Eloy, Neaufle
« et Gamaches, valent XLIIII mines de blé,
« mesure d'Estrepaigny. Item les moultes
« et boisselles de Saincte Marie des Champs
« que tient Ancel de Domesnil, escuier, à
« rente valent x liv. mesure du dit lieu
« d'Estrepaigny. Item le terme de Pasques
« en argent sec vault XXVIII sols ou envi-
« ron. Item huit potz de vin, le tiers d'un
« aignel, et une journée d'un homme en
« mars. Item au dit terme pour le conroy
« de Gamaches, nommé ung disner, que
« les hommes me doivent par an, qui
« sont tenans des heritaiges à ce subgiez,
« vault IIII tournois ou environ. Item au
« dit terme nc XL oefz. Item j'ay corvées
« de chevaulx III foiz l'an, de mes hommes
« ressenant au dit lieu de Besu, Bernou-
« ville, et aussi ay semblablement corvées
« de tous ceulx qui ont bestes alans en
« la prairie de Chavincourt : c'est assavoir
« es paroisses de Prouvemont, du dit lieu
« de Chavincourt, Neufville et Beaumont
« le Perreux quatre foiz l'an comme dessus

« est dit. Item j'ay LX acres de terre labo-
« rable assises en la dite parroisse de
« Besu. Item XIII arpens de prez ou en-
« viron assis en la prarie de Bernouville.

« Item j'ay le droit de donner le pa-
« tronnaige de l'eglise de Saint Eloy de
« Besu, le quel est alternatif entre noble
« et puissant seigneur mon seigneur le
« Conte de Tancarville et moy. Item j'ay
« le droit ou puis donner les escoles du
« dit lieu de Besu, toutesfoiz que le cas
« s'offre.

« Item avecques ce ay en mon dit fief
« court et usaige, ventes, reliefz et toutes
« telles droictures comme à fief de hau-
« bert peut et doit appartenir selon la
« coustume de Normandie, et à cause
« d'icelui fief sont tenuz de moy les nobles
« fiefz qui ensuivent : c'est assavoir ung fief
« dont messire Jacques Le Brun chevalier
« me fait hommaige, et messire Jehan Le
« Brun chevalier le dit tenir du dit mes-
« sire Jaques par paraige. Item ung autre
« fief de plaines armes assis à Saincte
« Marie des Champs dont ycelui messire
« Jaques me fait hommaige, et le dit mes-
« sire Jehan le dit tenir du dit messire
« Jaques par paraige. Item le dit messire
« Jaques me fait hommaige d'un quart
« de fief de plaines armes assis au dict
« lieu de Sainte Marie des Champs, que
« dit tenir de lui Guillaume de La Grippieu
« escuier par hommaige, et est assavoir
« que à iceulx fiefz dessus declarrés ap-
« partient court et usaige en basse justice.
« Item ung autre fief de haubert, que
« tient de moy par hommaige Guillaume
« Le Verrout, escuier, aussi comme il se
« comporte et estend, assis à Gamaches,
« Marcouville, la Marc au Toul et le Mes-
« nil Guillebert, et es parties dillecques
« environ, au quel fief a court et usaige
« en basse justice. Item ung huitiesme
« de fief de plaines armes assis à Saint Eloy
« de Besu, que tient de moy par hom-
« maige Robillart de Dangu, escuier, et
« d'icelui fief la court et cognoissance des
« hommes reseans et demourans m'ap-
« partient en ma court de Besu. Item ung
« quart de fief nommé le fief de Frynel,
« assis en icelle parroisse de Besu, que
« tient de moy par hommaige Jehan De-
« lestre. Item ung demy fief de haubert
« que tient de moy par hommaige Henry
« de Foins escuier par hommaige, dont le
« chief dicelui est assis en plusieurs par-
« roisses. C'est assavoir......

« Item ung demy fief de haubert, que
« tiennent de moy par hommaige les hoirs
« de feu Jehan de Gamaches, jadiz escuier,
« assis à Gamaches et illecques environ.
« Item un fief de haubert nommé le fief

« de Lille, que tiennent les hoirs de feu
« messire Guillaume de Gamaches, jadiz
« chevalier; le quel fief je dy estre tenu
« de moy, et messire Philippe de Villiers,
« chevalier, dit le dit hommaige à soy
« appartenir d'icelui fief : surquoy procès
« est par envers nous meu en l'assise de
« Gisors, pour raison du quel discort les
« dits hoirs du dit de Gamaches ont mis
« le dit hommaige en la main du Roy
« nostre Sire comme souveraine, et est le
« procès arresté par ce qu'ilz ceulx heri-
« tiers sont sous aages et ne veullent pro-
« ceder en celle cause sans leur gardain.
« Item une vavassourie que tient de moy
« par hommaige Jehan Nune, assis au dit
« lieu de Gamaches et es parties d'environ,
« dont le dit Nune me fait par chacun an
« XLVIII sols parisis au terme de Saint
« Martin d'iver. Item une autre vavas-
« sourie que tient de moy par hommaige
« Robin et Jehan diz les Leups assis en
« la paroisse de Besu et es parroisses
« d'illecques environ, de la quelle vavas-
« sourie m'est deu par iceulx Loups, ungs
« blans gans du pris de XII deniers parisis
« de rente au terme Sainct Remy, et si
« ay la court et usaige de tous les hommes
« d'icelle vavassourie en ma court de Besu,
« toutesfoiz que mestier est. Item ung fief
« nommé le fief Boquet, assis en la pa-
« roisse de Neaufle, que tiennent de moy
« Robillart de Dangu et Philippe de
« Robbes, escuiers, dont ilz me sont tenus
« faire de rente par an VIII sols de rente
« au terme Saint Remy et trois cappons
« au terme de Noel, le quel fief de Besu
« le Long messire Pierre d'Anffreville che-
« valier et Marguerite d'Annou, sa femme,
« seignour et dame du dit lieu de Besu
« le Long, tiennent de moy par paraige de
« ligne, et du quel fief je suy tenu faire
« au roy nostre dit sire foy et hommaige
« avecques les deubz et devoirs apparte-
« nans à hommaige. En tesmoing de ce,
« j'ay mis à ce present adveu mon propre
« seel. Ce fut fait le XVe jour de juillet l'an
« de grace mil CCCC et huit. » (Voyez encore Arch. de l'Emp. P. 308, fo XIV vo.)

Dans le coutumier des forêts de Normandie, dressé vers la même époque, nous
trouvons mentionnés les droits du même
Jehan Delaitre, en raison de son hôtel
de Frynel. Jehan Delaitre avait droit de
prendre et avoir en la forêt de Lions, à
cause de son hôtel de Frynel, assis en la
paroisse de Bezu-le-Long, le franc pasnage
et pâturage pour ses bêtes, sous cette
condition que ses bêtes retourneraient
chaque jour au gîte dudit hôtel. Il avait
encore le droit de prendre du bois pour
construire et pour brûler.

Bézu était le siège d'un prieuré. Le clocher et quelques parties bien conservées
de l'église sont dans le style roman du
XIIe siècle. Au moment de la Révolution,
le prieuré et le couvent des Annonciades
de Gisors possédaient des biens assez considérables à Bézu.

On voit encore à Bézu les restes d'une
tour qu'on appelle la tour de la reine
Blanche.

Les lieux dits sont : — Marquebeuf; —
le Mesnil-Guilbert; — Moligniaux; — le
Prieuré.

En 1845, la commune de Saint-Eloi,
près Gisors, fut réunie à Bézu-le-Long.
Ses lieux dits sont : les Fontaines et le
Vert-Buisson.

Cf. Toussaint Duplessis, t. II, p. 438.

BIONVAL.

Arrond. des Andelis. — Cant. d'Écos.

Patr. S. Ouen. — Prés. l'archevêque de
Rouen, les Chartreux de Gaillon.

Je suis tenté de croire qu'il faut rapporter à Bionval cette ligne du pouillé
d'Eudes Rigaud : «Ecclesia Sancti Audoeni
« de Blovilla; archiepiscopus patronus;
« habet XII parrochianos; valet duodecim
« libras turonensium.. »

On lit encore dans le même pouillé :
« .... Ecclesia de Bionval valet viginti
« libras; parrochiani.... Patronus archie-
« piscopus O. Rigaudi contulit eam pre-
« sbytero... » Mais cette mention a été
ajoutée au pouillé d'Eudes Rigaud, et d'une
main plus récente. — Bionval faisait partie du doyenné de Port-Mort.

« Omnibus.... ego Jocetus, dominus
« de Bionval, salutem. Noveritis me do-
« nasse, pro salute anime mee et antece-
« sorum meorum, abbati et conventui
« Sancti Audoeni, ad utilitatem monacho-
« rum commorantium in prioratu Sancti
« Nigasii de Gaani, unam pechiam terre in
« parrochia Sancti Audoeni de Bionval, que
« vocatur Campus du Gage.... Sigilli mei
« munimine.... anno Domini 1266. »

Cette commune fut réunie à Valcorbon
en 1792.

Cf. Toussaint Duplessis, t. II, p. 430.

BIZI.

Arrond. d'Évreux. — Cant. de Vernon.

Bizi était le siège d'un prieuré dépendant de la Trinité du Mont et en der-

nier lieu des Chartreux de Gaillon. Il était aussi le siége d'un marquisat. Le château de Bizi fut cédé par le roi Louis XV au duc de Penthièvre, avec d'autres domaines, en échange de la principauté de Dombes.

Bizi a été réuni à Vernon en 1791. (Voyez l'article VERNON.)

BLACARVILLE.

Arrond. de Pont-Audemer. — Cant. de Pont-Audemer.

(Voy. l'article St-Mards-de-Blacarville.)

BLANDEI.

Arrond. d'Évreux. — Cant. de Damville.

Patr. S. Aignan. — Prés. le duc de Damville.

Le nom primitif de cette commune était Blanzai. On en a fait Blandei, comme de Saint-Lazare on a fait Saint-Ladre; comme de Bois-Anzerai on fait, de nos jours, Bois-André; comme d'un lieu nommé au xᵉ siècle Larziacum on a fait Lardi. (Voyez l'abbé Lebeuf, *Histoire du diocèse de Paris*, t. XI, p. 9.) Chandai, près Verneuil, est constamment nommé dans les chartes « Canziacum ».

En 1216, Guillaume de la Ferté, chevalier, donne aux moines de Saint-Taurin d'Evreux douze setiers de blé dans le moulin de Blandei:

« Notum sit omnibus ad quos presens
« scriptum pervenerit quod ego, Willelmus
« de Feritate, miles, dedi et concessi, et
« hoc presenti scripto confirmavi, Deo et
« ecclesie Beati Taurini Ebroicensis et
« monachis ibidem Deo servientibus, pro
« salute anime mee et Symonis de Feritate,
« militis, fratris mei, qui in dicta ecclesia
« requiescit, in puram et perpetuam elemo-
« sinam, duo sextaria communis annone,
« annuatim, in Natali Domini percipienda,
« in molendino de Blanze. Et ut hec do-
« natio mea stabilis in perpetuum et
« firma permaneat, presens scriptum si-
« gilli mei munimine roboravi. Actum
« anno gratie millesimo ducentesimo vi-
« gesimo sexto. »

Jean de Chambrai était seigneur de Blandei en 1288. « .... Littera vicecomitis
« Ebroicensis super sex libris annui red-
« ditus emptis apud Authenay a domino
« de Stanzy, videlicet domino Johanne
« de Chambray, milite. »

Nous trouvons parmi les seigneurs de Blandei:

1480, Gui Pot, seigneur de Damville jusqu'en 1491, malgré la prétention de Jean de Chambrai, seigneur de Blandei, en 1487; 1530, Anne de Montmorenci, seigneur de Damville; 1546, messire de Montmorenci grand maître de France; 1623, Henri de Montmorenci; 1641, Christophe de Léri, seigneur de Damville.

Blandei a été réuni à la commune de Roman en 1845.

Les lieux dits de Blandei sont: — Aigremont (Dans une charte de Robert, comte de Leicester, en faveur de Notre-Dame-du-Lesme [1164], on trouve parmi les témoins « Gilbertus de Acrimonte ». On dit qu'il reste à Aigremont un ancien manoir fortifié); — Bel-Air; — Chagni; — Chicourt; — le Hamel; — Notre-Dame de Pitié (chapelle); — la Villette.

BOIS-ANZERAI.

Arrond. d'Évreux. — Cant. de Rugles.

Patr. Notre-Dame. — Prés. l'évêque d'Evreux.

On dit dans le pays par corruption: *Bois-Auzerai*, et même *Bois-André*.

Nous trouvons dans le *Doomsday-Book* mention d'un chevalier normand portant le nom d'Anseridus; mais, s'il fallait déterminer le personnage qui a donné son nom à Bois-Anzerai, nous préférerions Anseredus, frère de l'un des témoins de la grande charte de Lire. Dans ce document il est également fait mention d'un autre personnage nommé *Ansericus*. Voyez encore Anseredus Faber dans les grands rôles de l'Echiquier de Normandie.

Cette commune est désignée sous le nom de Bois-André dans le pouillé de 1604. Jean le Cornu en était seigneur.

Le chemin Perré passe par cette commune, entre la Barre et la Vieille-Lire. Il y suit une direction à peu près droite; il est large environ de 8 mètres; il est placé au-dessus du niveau des terres et comblé en cailloux.

Roger « de Bosco Ansere », le jour où il prit l'habit à Lire, du consentement de ses héritiers Mathieu et Raoul, remit librement au couvent toutes les coutumes à lui appartenantes sur le moulin de la Vieille-Lire, précédemment donné par lui, « scilicet corredium hominum hospitii sui
« quod recipiebant ex debito de abbatia
« quotiens et quandiu molebant bladum
« ipsius in predicto molendino... » Il y ajouta toute la moulte de la terre: « tam in gerbis quam in denariis, » qu'il avait

longtemps injustement retenue : « Salva « tamen libertate heredis de Bosco Ansere « quam habebat de molendo blado suo ad « predictum molendinum. » Parmi les témoins : « Rogerio de Barra; Henrico de « Bosco Renoult; Gervasio, filio suo; Roberto de Herenviller. »

« Robertus, comes Legrecestrensis, omnibus baronibus et ministris et hominibus suis Normannie, salutem. Sciatis « Ricardum de Bosco Ansere dedisse molendinum suum de Lira eidem ecclesie « de Lira, et in eadem ecclesia monacatum « suscepit, et Rogerus, frater ejus, coram « me hanc donationem concessit et affi« davit. Baldricus etiam filius Roer dedit « eidem ecclesie de Lira sexaginta soli« dos Carnotensium in Britolio et in fossa « sua. Et Reginaldus de Bordinni coram « me concessit has donationes, quas ego « presenti carta confirmo, volo, et precipio « ut prefata ecclesia bene et honorifice et « quiete teneat et nullus super hoc ecclesie molestiam faciat. Testibus : Ernaldo « de Bosco et Gileberto de Vernet, et Adam « de Cirre et Balduino de Charnellis, et « Willelmo de Thever, et Huberto filio Ful« conis, Willelmo de Thever et Gileberto, « fratre suo, Johanne de Almanescis. »

Confirmation de cette donation par Robert III de Leicester : « Testibus his Pétro« nilla, comitissa Legrecestrensi; Hugone « de Alneto, Eustachio de Herleville, Ni« cholao de Glots, Hascheltillo Malloret. »

« Matheus de Bosco Ansere » est l'un des chevaliers de la baronnie de Breteuil qui firent hommage à Philippe-Auguste. Il avait des droits d'usage dans la forêt de Breteuil : « Matheus de Bosco Ansere « habet tredecim porcos quitos de pasna« gio in foresta. »

Les différents états des fiefs de Normandie contenus dans les registres de Philippe-Auguste fournissent sur la seigneurie de Bois-Anzerai les indications suivantes :

« Boscus Ansers unum feodum. »

« De Bosco Ansered unum feodum militis. »

« Apud Boscum Ansere unum feodum. »

« Nicoles de Bona Valle et Willelmus « de Alvergnaio unum feodum apud Bois « Anserem et apud Osnes et apud Bois « Baril, in quolibet istorum locorum est « tercium feodi. »

En 1206, « Matheus » ou « Mathias de Bosco Ansereii, miles, » sur la demande de Guillaume Chacepein, curé de la Neuve-Lire, confirma à l'abbaye « illam media« turam et illud tenementum quod fuit « Christiani Chacepeini ». Il confirma en même temps toutes les aumônes de ses ancêtres, à savoir : 1° « mediaturam del Buisson Ace; » 2° « vavassoriam de Valle Droardi, » avec toutes leurs dépendances; 3° « II. garbas decime de toto feodo meo de Ennes; 4° « molendinum de Veteri Lira « cum omnibus moltis humidis et siccis, « tam in garbis quam in denariis de toto « feodo meo de Uche... » — « ... Bene « quidem memor sum et certus quod « concessi predictas elemosinas et confir« mavi..... per cartam meam quam eis « feci post mortem patris mei et postquam « fui miles et talis ætatis quod hoc de jure « facere poteram... » Les moines lui donnèrent en reconnaissance « de catallo suo « ad valentiam quindecim librarum Turo« nensis monete..... » (1206?)

« ... Matheus de Bosco Ansereï..... » (1215.)

En 1222, Robert et Roger Sarrazin frères donnèrent, avec le consentement de Guillaume de Gisai, leur seigneur, à l'abbaye de Lire quatre acres de terre « in « parrochia de Bosco Ansere, juxta media« tariam que fuit Christiani Chacepain, « versus Boscum Baril ».

En 1222, il y eut discussion entre l'abbaye de Lire et le prieuré de Sainte-Barbe au sujet de dîmes de vassaux de Matthieu « de Bosco Ansereï, in parochia de Ethnes ». Cette discussion s'apaisa par la médiation de l'évêque d'Evreux et moyennant 100 sols de rente que les religieux de Sainte-Barbe s'obligèrent à faire sur leurs revenus de « Osmundi villa ».

En 1251, « Matheus de Bosco Ansceredi, « miles, filius et heres Rogeri de Putot, « militis, et Eufemie, uxoris ejus, filie « et primogenite Mathie, militis, et do« mini quondam de Bosco Anseredi, » vidima la charte suivante :

« Sciant presentes et futuri, quod ego « Mathias de Bosco Ansereii concessi et « hac carta mea confirmavi Deo et Beatæ « Mariæ de Lira.... omnes donationes, « concessiones et elemosinas de feodo meo « quas pater meus et antecessores mei, et « ego eis fecimus, scilicet terram Rogerii « de Valle et mediatoriam del Buisson Ace, « et duas garbas de toto feodo meo de « terra Theobaudi de Noa, et decimam « de terra mea de Ethnes quam ab antiquo « tempore tenuerunt. De qua decima cla« mabam me debere habere seorragium « et carredam que decimam attrahebat. « Que eis quieta remisi, scilicet stra« men et carredam. Molendinum quoque « de Veteri Lira, quod vocabatur molen« dinum Ansereii, concessi et confirmavi « eisdem monachis cum omnibus molturis « suis de toto feodo meo in Usche cum « tota sicca moltura... Concessi similiter

« eis et confirmavi concessionem et qui-
« tanciam quam pater meus eis fecit de
« corredio quod homines de Domosna so-
« lebant habere de abbatia quando mole-
« bant bladum patris mei ad predictum mo-
« lendinum... His testibus : Gilleberto de
« Mineriis, Nicholao de Clotis, Eustachio
« de Herrevilers, Hugone de Longuo Es-
« sarto, Henrico de Bosco Reinaldi, Ger-
« vasio de Bosco Reinaldi, Roberto de
« Chal., Willelmo Brostesaut, Radulpho
« de Levereio, et multis aliis. »

Il existe une pièce très-curieuse de l'an
1254 (v. st.), contenant un compromis entre
l'abbé de Lire et Matthieu de Bois-Anzeré.
La fin en est malheureusement trop muti-
lée pour pouvoir être reproduite.

« A toz cels qui ces présentes lettres
« verront, frère Gillebert, abé de Lire, et
« Maceu, segnor de Bois-Anseré, cheva-
« lier, salut en nostre Segnor. Sachiez vos
« toz, comme contens fust entre nos sus ce
« que ge dit Maceu de Bois-Anceré disoie
« que ge poaie moudre et devoie mon
« propre blé de ma table à lor molin
« de Lire, qui est apelé le molin Anseré,
« lequel els ont de don de mes ancesors,
« tantost après celui qui seroit en la
« tremuie, einsi que celui qui le blé seroit
« ne porroit rien plus metre en la tremuie
« devant ce que tot le blé que ge eusse
« presentement en cel molin fust molu,
« si comme ge disoie que mes ancesors
« avoient retenue lor moute franché et
« quite en icel molin selon les chartres
« que els ont de mes ancesors et de moi.
« Encontre ce, ge devant dit abbé de
« Lire, disoie por moi et por mon covent
« que le devant dit Maceu, chevalier,
« ne ne puet ne ne doit moudre son blé
« el devant dit molin devant que celui qui
« aura enguerné et aura pris son leu au
« molin ait molu sa cuete, si comme ge
« di qu'il est contenu es chartres que nos
« avon de lui et de ses ancesors, c'il est
« à savoir que il doit moudre el prochein
« leu après le blé qui sera en la tremuie.
« — E sus ce que ge, devant dit Maceu,
« chevalier, disoie que se le devant dit mo-
« lin Anseré ne mousist par la reson que
« tote l'eaue alast à lor molin folerez, qui
« est asis joste icel molin Anseré, que ge
« poeie torner le cors de l'eaue au molin
« Anseré sus que tant que ge eussé molu
« mon blé. Encontre ce, ge dit abé di-
« soie por moi et por mon covent que le
« dit Maceu, chevalier, ne le puet fere
« ne ne doit, par la reson que tote l'eaue
« est nostre des le grand pont de la Nove-
« Lire, siques au feu de Conches, si
« comme il est contenu es chartres as
« contes de Lecestre. — E sus ce que
« dit Maceu, chevalier, disoie que mes
« hommes de tot mon feu d'Ouche poeient
« moudre auquel qu'els vousissent des
« molins as moines sanz forfait et sanz
« amende. Et encontre ce, ge dit abé de
« Lire disoie por moi et por mon covent
« que les hommes audit Maceu de tot
« son feu d'Ouche ne poent moudre à
« autre molin fors au devant dit molin
« Anseré sanz forfait et sanz amende. —
« E sus ce que ge le devant dit Maceu,
« chevalier, disoie que l'abé ne son co-
« mandement ne poent fere justise en ma
« franchise dedenz le molin, quer ge di
« que ge n'i tient rien de lui. Encontre
« ce, ge, devant dit abé de Lire, disoie
« por moi et por mon covent que nos
« poons fere nostre justise el devant dit
« molin et sus le dit Maceu, chevalier, et
« sus autres qui i mesferoient si comme
« en nostre propre chose, si comme nos
« avon les franchises de conte de Lecestre
« de fere justise par toz les feus que nos
« avon de lui et de ses ancesors. . . . Par
« en son ce, ge, devant dit abé, di por moi
« et por mon covent que le dit Maceu fist
« violence à noz hommes el devant dit
« molin en metant son blé sus le blé à
« celui qui avoit enguerné, et fist arester
« l'un blé et l'autre par le serjant le roi ;
« et réquier que tot le blé soit rendu ou
« à moi ou à l'omme là où il devra, se il
« est esgardé que il ne puisse moudre fors
« si comme ge ai devant dit. Par en son
« ce, ge di que il fist, piece a, une autre
« violence en icel meisme molin. » (On
convient de se soumettre à l'arbitrage de
Nicolas de Glos et de Raoul de la Haie,
chevaliers.) « En l'asise de Britoil, len-
« demain des octaves de la Tephaine, en
« l'an de grace M CC cinquante et quatre,
« el mois de genvier. »

On lit dans les *Monstres gén. de la
noblesse d'Evreux en* 1469, publiées par
M. Bonnin, p. 47 :

« Jehan Pellerin, escuier, seigneur du
« Bois-Anzeré, se présenta en abillement
« de brigandines, salade, espée et vouge,
« ung paige en sa compaignie, montés de
« deulx chevaulx. »

Une famille noble, portant le nom
d'Anzeray, a possédé au XVIIe siècle le
fief de Touvois, ou plutôt Touvoie (*Tollens
Viam*), près Alençon.

La commune de Bois-Anzeray comprend
les anciennes communes de Cernal, réunie en 1808, et de Marnières, réunie en
1845.

Les lieux dits de Bois-Anzeray sont : — le
Bois-Truel ; — le Buisson-Assé ; — Cernal ;
— la Hiette ; — la Navellière ; — la Noë-
Allain.

BOIS-ARNAULT.

Arrond. d'Évreux. — Cant. de Rugles.

Patr. S. Pierre. — Prés. l'abbé de Lire.

Il faudrait peut-être dire Bois-Ernault, et c'est ainsi qu'on a dit jusqu'au XVIIIe siècle.

La voie romaine tendant de Condé-sur-Iton vers l'Aigle passe à Bois-Arnault.

Dans la charte de fondation du prieuré de Notre-Dame-du-Lesme (1125), Robert de Breteuil donne à cet établissement : « Ad victus et sustentationem servorum « Dei ibi commorantium, materiam meam « quæ est inter Cheronviller et Boscum « Ernaldi.... »

Le surnom d'Arnault avait été donné à cette localité par la famille qui en possédait la seigneurie et qui était vassale des barons de Breteuil. Le nom d'Arnault était héréditaire dans cette famille; quatre générations de cette maison sont exactement distinguées dans une ancienne liste des bienfaiteurs de l'abbaye de Sainte-Marie de Leicester : « Habemus ex dono « Ernaldi primi de Bosco ecclesiam de « Cliftona.... Habemus ex dono Ernaldi « secundi de Bosco confirmationem...., « et preterea concedit et confirmat nobis « ecclesiam de Bulkyngtona..... Habe- « mus ex dono Ernaldi tertii de Bosco « confirmationem de omnibus que Ernal- « dus de Bosco, avus suus, et Ernaldus « de Bosco, pater suus, nobis dederunt.... « Habemus ex dono Ernaldi quarti de « Bosco confirmationem de omnibus que « Ernaldus de Bosco, attavus suus, et « Ernaldus de Bosco, avus suus, et Er- « naldus de Bosco, pater suus, nobis con- « tulerunt. » (*Monasticon Anglic.*, VI, 465 et 466.)

Antérieurement aux générations mentionnées dans les archives de l'abbaye de Leicester, il avait existé un Arnaud, fils de Popeline, contemporain de Guillaume le Conquérant, qui figure avec son fils Arnaud dans la grande charte de fondation de l'abbaye de Lire : « Ego Ernaldus « Popeline filius concedo abbatie Lire « ecclesiam de Cornuil..... Ego Ernal- « dus, Ernaldi filius, accipio fraternitatem « et beneficium abbatie Lire. »

Le seigneur que les chanoines de Leicester appelaient Arnaud du Bois, Ier du nom, est celui dont il est question dans Ord. de Vital (t. IV, p. 371) comme ayant rendu au roi Henri Ier, en 1119, la place de Lire, dont il était châtelain : « Ernaldus de Bosco, Lire municeps. » En 1125, au plus tard, il donna aux religieux de Lire une rente de 40 sous, monnaie de Châteaudun : « Et Ernaldus de Bosco decem « solidos Dunensium eternaliter in redditu « suo de Glos, singulis annis solvendos in « festo Sancte Crucis in mayo. »

Il serait inutile de citer les innombrables chartes des comtes de Leicester qui citent les Arnaud, seigneurs du Bois, en qualité de témoins. Ils enrichirent de leurs bienfaits les abbayes de Lire et de la Noë.

Arnaud du Bois donna à l'abbaye de Lire deux setiers de blé, l'un de froment, l'autre de gros blé, pour le repos de l'âme de son frère Robert, à prendre annuellement « in molendino de Rugles ». Parmi les témoins on remarque : Nicolas de Glos, Richard de Quatre-Mares, Roger de Bicres, Raoul de Rugles, Baudri de Montigni, Richard d'Auvergni.

Un autre exemplaire de la même donation a pour témoins Nicolas de Glos, Fouques de Gisai, Guillaume de Ocke, Robert de Montigni...

« Ernauldus de Bosco » et son fils Ernauld concédèrent à la Noë dix acres de terre, déjà données par leur vassal Hubert « de Bosco Hugonis apud Nagelet ». Cette charte a pour témoins Robert, comte de Leicester, et la comtesse Pernelle. Je crois cette charte de la fin du XIIe siècle.

Sur un catalogue des fiefs de la baronnie de Breteuil, au commencement du XIIIe siècle, Arnaud du Bois est ainsi désigné : « Hernaudus de Bosco quinque feoda. » Nous ignorons les circonstances qui firent tomber la seigneurie de Bois-Arnault dans le domaine royal.

Par une charte, datée de Compiègne, 1219, Philippe-Auguste donne à Robert de Los, chevalier, le manoir de Bois-Arnaud, avec des biens d'un revenu de cent livres tournois, dont une partie avait appartenu à Arnaud du Bois.

« Universis presentes litteras inspectu- « ris, Matheus, miseratione divina, eccle- « sie Beati Dyonisii in Francia abbas hu- « milis, et Symon, dominus Nigelle, locum « tenentes domini regis Francorum, salu- « tem. Notum facimus quod nos litteras in- « clite recordationis Philippi, regis Fran- « corum illustris, vidimus in hec verba :

« In nomine sancte et individue Trinita- « tis, amen. Philippus, Dei gratia, Fran- « corum rex. Noverint universi, presentes « pariter et futuri, quod nos dilecto et « fideli militi nostro Roberto de Los, « propter ejus servicium, et heredi suo « masculo de uxore sua desponsata, damus « et concedimus in feodum et hominagium

« ligium herbergagium Bosci Arnaldi et
« centum libratas terre ad turonenses an-
« nui redditus, quas ei assignari fecimus
« in hiis rebus que subscribuntur, videli-
« cet : in censibus qui fuerunt Arnaldi de
« Bosco, novem libras et septem solidos
« et duos denarios, qui census sunt apud
« Boscum Ernaudi et apud Rugles; census
« terrarum de Valle Ogeri, quadraginta et
« duos solidos; census et avena de Chaablo
« juxta Gloz, quadraginta et septem soli-
« dos et sex denarios; apud Gloz et apud
« Boscum Hugonis, quinque sextaria
« avene, viginti solidos; Hamericus de
« Maneres, quindecim solidos; Rogerus
« Machon, quindecim solidos; prata de
« Riparia super Risle, quadraginta quin-
« que solidos; lande foreste, viginti quin-
« que solidos, scilicet ille que fuerunt
« Ernaldi de Bosco; feodum de Blondelera,
« viginti solidos; prata de Valle Ogery,
« decem solidos; furnum et molendinum
« de Rugles, que fuerunt Ernaldi de
« Bosco, decem et novem libras; boscus
« de Chaable, sexaginta solidos; pro vi-
« ginti duobus caponibus Bosci Ernaldi,
« septem solidos et quatuor denarios; Ri-
« chardus de Auvergnay et Radulfus Juve-
« nis, quatuor libras piperis, que valent octo
« solidos; census de Bosco Ernaldi, qui
« est apud Britolium, duodecim solidos;
« Gilibertus Flory, qui est apud Lyram,
« duodecim denarios; terra de Landa
« Petrosa, sicut Obertus Giffardus illam
« tenuit, octo libras; terra et boscus de
« Gooudera, que fuerunt Guillelmi Goout,
« sicut dictus Guillelmus illa tenebat,
« septem libras; terra de Bosco Normanni,
« sicut Rogerus de Portis illam tenuit,
« sexaginta solidos; terra Halyday, qua-
« draginta quinque solidos; domanium
« cum corveis de Bosco Ernaldi, centum
« solidos; apud Gloz, in prepositura, tri-
« ginta libras que fuerunt Arnaldi de
« Bosco. Nos autem omnia predicta dicto
« Roberto de Los et heredi suo masculo
« de uxore sua desponsata damus et con-
« cedimus in feodum et hominagium,
« reddendo inde nobis servicium quod
« predicta debent ad usus et consuetudi-
« nes Normannie, hoc excepto quod feoda
« predictarum partium nobis et heredi-
« bus nostris in perpetuum retinemus.
« Quod ut perpetuum robur obtineat, si-
« gilli nostri auctoritate et regii nominis
« karactere inferius annotato presentem
« paginam precepimus roborari. Actum
« Compendii, anno ab Incarnatione Do-
« mini M° CC°. nono decimo, regni vero
« nostri anno quadragesimo, astantibus
« in palatio nostro quorum nomina sub-
« titulata sunt et signa : dapifero nullo;

« signum Guidonis buticularii; signum
« Bartholomei camerarii; signum Mathei
« constabularii. Data vacante (*place du*
« *monogramme*) cancellaria.
« In cujus rei testimonium, presentibus
« litteris sigillum regium duximus appo-
« nendum. Actum apud Sanctum Diony-
« sium, anno Domini millesimo CC° sep-
« tuagesimo, mense maio. »
(Orig. au *Trés. des Ch.* — *Dons*, n° 4,
carton J. 396.)

Suivent trois chartes concernant la vente
et la confirmation de la vente faite par
Jean du Bois-Ernaud d'une rente annuelle de 30 livres tournois qu'il percevait
sur la prévôté de Glos.

1270, avril. « Omnibus hec visuris offi-
« cialis curie Ebroicensis, salutem in Do-
« mino. Notum facimus quod, in nostra
« presentia personaliter constituti, Johan-
« nes dictus de Los, dominus de Bosco
« Ernaudi, miles, et Agnes, ejus uxor,
« confessi sunt et recognoverunt se, com-
« muni assensu et voluntate eorumdem,
« vendidisse, concessisse et penitus dimi-
« sisse Petro de Brocia, illustrissimi regis
« Francie cambellano, triginta libras tu-
« ronensium annui redditus, quas singulis
« annis percipiebant et habebant super
« prepositura de Gloscyo, etc.
« Datum anno Domini millesimo ducen-
« tesimo septuagesimo, mense aprili. »
(Orig. scellé au *Trés. des Ch.* — *P. de
Broce*, n° 49.)

1270, 26 avril. « Omnibus hec visuris,
« officialis curie Ebroicensis, salutem in
« Domino. Notum facimus quod... nobilis
« domina Agnes quondam uxor Roberti
« dicti de Los, militis defuncti, mater Jo-
« hannis dicti de Los, domini de Bosco
« Ernaudi, militis, venditionem, conces-
« sionem et dimissionem XXX. librarum
« turon. annui redditus, quas dictus Jo-
« hannes et Agnes, ejus uxor, percipie-
« bant annuatim in prepositura de Glos-
« cyo, factas a dictis Johanne de Los, filio
« ipsius domine, et Agnete, ejus uxore,
« Petro de Brocia, illustrissimi regis Fran-
« cie cambellano,... voluit, concessit, lau-
« davit et approbavit. Et juravit, tactis sa-
« crosanctis euvangeliis,... quod... in
« predicto redditu vendito nichil per se
« vel per alium de cetero reclamabit,
« immo super dicta venditione stabit de
« cetero tacita et contenta,... In cujus
« rei testimonium, sigillum curie Ebroi-
« censis, una cum sigillo dicte domine,
« presentibus litteris duximus apponen-
« dum. Datum die Sabbati post Quasimo-
« do, anno Domini M° CC° septuagesimo. »
(Orig. sceau perdu; au *Trés. des Ch.* —
P. de Broce, n° 54, carton J. 727.)

1270, 2 juin. « Ludovicus, Dei gracia, « Francorum rex, ballivo Turonensi, sa- « lutem. Cum dilectus et fidelis noster « Johannes dictus de Los, miles, domi- « nus de Bosco Ernaudi, vendiderit et « concesserit im perpetuum dilecto et « fideli servienti nostro Petro de Brocia, « pro certa pecunie quantitate, triginta « libras turonensium annui redditus, quas « idem miles percipiebat singulis annis in « prepositura nostra de Glocio in ballivia « Vernolii, et nos predictam venditionem « ratam habeamus et gratam, et ad peti- « tionem ipsius Petri sibi concesserimus « quod ipsi et heredes seu successores sui « predictas triginta libras turonensium « annui redditus habeant et percipiant « annis singulis in festo Omnium Sancto- « rum in prepositura nostra Turonensi, « sine difficultate et dilatione qualibet, « per manum illius qui pro tempore di- « ctam preposituram tenebit, ita tamen « quod per hoc nos et successores nostri « quiti remanemus penitus et immunes, « tam erga ipsum Petrum, quam erga Jo- « hannem predictum et heredes seu suc- « cessores eorum, de illis videlicet triginta « libris turonensium annui redditus, que « ex parte nostra reddi consueverunt dicto « Johanni militi, super predicta preposi- « tura nostra de Glotio, in ballivia Vernolii, « sicut est predictum. Et insuper dictum « Petrum de Brocia recepimus in homi- « nem nostrum de predictis triginta libris « turonensium annui redditus, quas ipse « et heredes seu successores sui debent « habere et percipere in eadem prepositura « nostra Turonensi annis singulis in festo « Omnium Sanctorum, sicut predictum « est. Damus vobis tenore presentium in « mandatis quatinus dictum redditum « predictarum triginta librarum turonen- « sium annui redditus reddi faciatis et « deliberari, sine difficultate et dilatione « qualibet, dicto Petro vel ejus certo man- « dato, secundum quod superius est ex- « pressum. Actum apud Vallem Viridem, « in crastino Penthecostes, anno Domini « m° cc° septuagesimo. »

(Original, sceau perdu, au *Trés. des Ch.* — *P. de Broce*, n°. 60, carton J. 717.)

1277, août : Robert du Bois-Ernaud, écuyer, fait un échange avec les moines du Désert, dans la forêt de Breteuil :

« Universis Christi fidelibus presentes « litteras inspecturis et audituris, Rober- « tus dictus de Bosco Ernaudi, armiger, « salutem in Domino. Universitati vestre « notifico quod ego dedi et concessi in « excambium in puram, perpetuam et li- « beram elemosinam viris religiosis priori « et fratribus Beate Marie de Deserto in « foresta Britolii decem solidos annui red- « ditus, quos percipiebam singulis annis « ad festum Sancti Remigii, videlicet a « Herberto, domino Payres, quinque soli- « dos annuatim ad dictum festum et alios « quinque solidos a Galtero dicto Huart, « similiter annui redditus, ad dictum fes- « tum, super dictis tenementis que de me « tenent in parrochia antedicta, scilicet « in parrochia Sancti Petri de Bosco Er- « naudi, pro decem solidis annui redditus « quos Johannes, quondam dominus de « Bosco Ernaudi, miles, pater meus, dictis « religiosis dederat dum vivebat, in pu- « ram, perpetuam et liberam elemosinam, « pro salute anime sue et antecessorum « suorum et pro anniversario suo post « obitum suum annuatim faciendo, quos « decem solidos annui redditus ex dono « patris mei predicti religiosi antedicti « percipiebant annuatim ad festum Sancti « Remigii a Guillermo dicto Feron pro « hereditagio quod de me tenebat in par- « rochia antedicta. Quod hereditagium « cum dictis decem solidis mihi et here- « dibus meis dicti religiosi quictaverant « in ecclesia Sancti Petri de Bosco Er- « naudi pro excambio antedicto. Preterea « ego antedictus dominus de Bosco Er- « naudi armiger dedi predictis religiosis, « pro salute anime mee et Agnetis Meole « defuncte, pro anniversario meo post obi- « tum meum annuatim celebrando, in pu- « ram et perpetuam elemosinam, ad incre- « mentum elemosine predicte, duodecim « denarios annui redditus.......... etc. « Actum anno Domini millesimo ducen- « tesimo septuagesimo septimo, mense « augusti. »

Dans la partie non copiée, on lit : « Herbert Payrez » à la place de : « Herbert dominus Payres. »

Le *Coutumier des forêts de Normandie* contient, sur les droits du curé et des habitants de Bois-Arnault vers 1400, les passages suivants :

« Le curé du Bois-Arnault prent en la « forest de Breteul les coustumez et usages « qui enssuyvent, c'est assavoir le bois « vert en gesant et le sec en estant en la « forest coustumiere hors tailles et des- « fens et sans mesrien ; et se il lui a mes- « rien, il paie pour chartée cinq soubz « d'amende comme les autres coustumiers « de ladicte forest ; pasturage à toutes ses « bestes, excepté chievres et brebis, et hors « tailles et deffens, et en tous les temps « de l'an, excepté le mois d'aoust, et les « pors n'y vont point ou mois de may, se « n'est à la veue des camps ; et auxi puet « mettre tous ses pors frans sans nombre « au pasnage, tant de sa disme comme de

« sa nouriture ; et pour les dictes cous-
« tumes le dit curé est tenu faire et dire
« iii messes pour chacun an pour le roy
« nostre sire et pour le sanc royaul, c'est
« assavoir une en karesme, l'autre en l'a-
« vent et la tierce les feriez de Pente-
« coustes ; et ad ce faire doit estre apellé
« le sergent de la garde. (F° 208 v°.)
« Le commune et habitans et paroisse
« du Bois-Ernault qui tiengnent du sei-
« gneur dudit lieu et les hommes de Lou-
« raille ont acoustumé de prendre en la
« forest de Breteul, c'est assavoir le bois
« vert en gesant et le sec en estant sans
« amende, s'y n'y a merien, et s'il i a me-
« rien, ilz paient pour chacune charrette
« cinq soubz, pasturage à toutez leurz
« bestes en la dicte forest excepté chievres
« et brebis horz tailles et deffens ; et les
« pors n'y vont point ou mois de moy
« hors la veue des champs, et excepté
« quant la passon est vendue, ilz paient
« pour iii pasnages durant sept semaines
« pour chacun porc cinq deniers au pas-
« nage et au pasnage de Saint-Hillaire
« maille pour chacun porc ; et se leurz
« dictes bestes sont ou mois de moy hors
« la veue des camps, ilz paient pour cha-
« cun buef, vache, cheval ou jument
« iiii deniers d'amende, et pour chacun
« porc ii deniers ; item ilz ont coustume
« de prendre tout bois mort sans amende,
« et puevent ceullir des pommes, des
« poyres et du gland à terre en la forest
« coustumière et en celle non vendue. Et
« se la paisson est vendue, ilz en puevent
« ceullir et leur famille sans bastre et sans
« haucher tout au loinc du jour par cinq
« souz d'amende se ilz sont trouvez ; et
« auxi puevent ceullir et soier de l'erbe
« en la forest coustumière sans amende.
« Pour lesquelles choses dessus dictes
« yceulx habitans et paroissienz doivent
« estre de chacun hostel une personne
« aux huéez toutesfois que le roy chasse
« ou fait chasser aux lous et à autrez
« bestes en la dicte forest, et ne doivent
« point passer le val du Lesme ; et auxi les
« hommes de l'Ouraille doivent aidier à
« fener les landes au chastellain de Bre-
« teul, et ceulx qui vont aux huéez doivent
« avoir chacun derrée de pain quant eulz
« vont aux dites huéez, et aporter quant
« eulz se viengnent chacun une perche de
« boul ou d'autre bois se il leur plaist. »
(Cout. des forêts de Normandie, f. 219 v°
et 220 r°.)

Voici quelques chartes qui donnent sur la topographie de Bois-Arnault au moyen âge des renseignements intéressants :

En 1231, Renaud Loche « de Noa » donna à Lire 3 acres de terre « in parrochia de Boscho Arnaudi inter Sellas et dictum Boschum Ernaudi », contiguës d'un côté au chemin « qui vadit de Britolio ad Ruglas ».

Vente par Guillaume Fèque d'une acre de noë « in parrochia de Bosco Ernaldi », moyennant 100 sols tournois, et échange de la terre de Robert Meun (février 1262).

Charte par laquelle Agnès de Lalier et Thomas, son fils, comme seigneurs du fief où Guillaume Fègus a vendu aux frères du Lesme une noë « in parochia de Bosco Ernaldi », et où sont les terres de Loraille et leurs autres propriétés, donnent-leur consentement à cet acte (1266, septembre).

Don par Roger Fègue audit prieuré, avec le consentement de ses frères Jean et Guillaume, de 5 sols de rente à « Lo-raisle », sur les héritiers de feu Robert Foinart (1271).

Par une charte de 1278, Raoul Perier et sa femme Julienne renoncent à toute prétention sur les noës situées « in par-rochia de Bosco Ernaudi » et vendues par Guillaume Fègue, qui relevaient du fief de ladite Julienne, et d'autres noës « quæ abotant super forestam domini regis ».

Fieffe par le prieur de Notre-Dame du Lesme de 2 acres de terre « in parochia Sancti Petri de Bosco Ernaldi », aboutant d'un côté « ad noam currentem », moyennant 40 sols tournois de rente et les re-devances et corvées semblables à celles des vassaux de Loraille (1308).

Ailleurs, ce nom est écrit Louraille (1262) et Loraisle (1274).

Dans un acte de 1375, il est parlé d'un domaine appelé la Moinerie, appartenant à Notre-Dame du Lesme, sur la paroisse du Bois-Arnault, et d'un autre domaine appelé la Potentière.

Abandon par Pierre Renault du fief de la Moinerie et cession du lieu de la Poten-tière (1375). L'acte est en français. La commune y porte le nom de Bois-Ernault. La Potentière contenait treize journaux.

Fieffe des deux terres ci-dessus à Jean Huart, moyennant 9 livres 10 sols tour-nois (1376).

En 1382, acte en français relatif au « Boys-Ernault » et à la Maignerie ou Moi-nerie. En 1398, autre acte entre Pierre du Brouillat, écuyer, seigneur de Bordigny, et deux habitants de la paroisse « du Boiz-Ergnault ».

1373. Noës des Chesnez, chemin des Croix.

Autre fieffe à Perrin de la Fosse (1373). La paroisse est toujours indiquée par le nom de Bois-Ernault.

« Jehan de Coutes, seigneur du fief du

« Bois-Ernault, du fief de l'Escureul et
« du fief de Lucey, assis en la parroësse
« de la Neufve-Lire. Il est demourant ou
« pays de Piquardie, comme l'en dit. »
(*Monstres gén. de la noblesse de Normandie
en 1469, p. 63.*)

Seigneurs du Bois-Arnault :
1493, Valeran de Renty; 1514 à 1522,
Antoinette de Contes, sa veuve ; 1557-1564,
Jacques de Renty; 1584, Claude de Renty;
1587, Jean de Pastoureau ; 1633, François, marquis du Plessis-Châtillon, seigneur de Rugles et du Bois-Arnaud;
1649, André du Plessis Chatillon.

Les lieux dits sont : — les Argillières;
— le Bois-Martin ; — la Borne; — le
Chable; — la Coupe; — le Courant; —
le Cretil; — l'Estrée; — Glatigni; — la
Grande-Oraille; — le Gros-Chêne; — la
Moinerie; — la Moucherie; — la Noë-
sur-Rugles; — le Parc; — le Presbytère;
— la Roche; — les Siaules; — la Briqueterie; — la Maison-du-Garde.

BOIS-BARIL (LE).

Arrond. de Bernai. — Cant. de Beaumesnil.

En 1264, il y avait à Glos un fief du
Bois-Baril : « feodum de Bosco Baril. »
Dans les grands rôles de 1184, un cabaretier est nommé Raoul Baril.
Dans le registre de Philippe-Auguste,
on voit figurer Guillaume « de Bosco Baril » et un lieu appelé le Bois-Baril : « apud
Bois Baril. »

Seigneurs du Bois-Baril : — 1497, Guillaume Poisson ; 1537-1545, le Melotier (sic)
Poisson; 1573, Christophe Poisson ; 1652,
Gabriel le Mantel, jusqu'en 1670; 1682,
Louis Courtier, chevalier.

Le Bois-Baril a été réuni à la Barre
en 1792.

BOISEMONT.

Arrond. des Andels. — Cant. des Andelis.

Patr. S. Martin. — Prés. le couvent de
Sainte-Catherine-du-Mont.

Il ne peut exister aucun doute sur l'origine de ce nom. Boisemont a jadis appartenu à un personnage d'origine scandinave, peut-être Boson : Bosonis Mons,
Busemont, Beusemont; dans un titre en
latin, de 1262 : Boesemont, et enfin Boisemont.

On voit dans les *Magni Rotuli Normanniæ* qu'à la fin du XIIe siècle il existait dans notre province un lieu nommé « Buescbosc », et une mare appelée « Buemara ».

Le plus ancien document que nous possédions sur Boisemont est une bulle d'Adrien IV, en 1156, pour l'abbaye de la
Trinité de Rouen. « .... In Velleiocassino,
« in villa quæ dicitur Bosemont, ecclesiam....»

Un peu plus loin : « .... In villa quæ
« vocatur Bosemont, capellas de Frenelles
« et de Willermi Maisnillo....»

En avril 1219, Aubri le Sauvage concéda
aux Templiers de Bourgoult ce qui leur
avait été aumôné par Garnier de Frenelles, à savoir : « masuram apud Frenelles
in parrochia de Boesemont....»

En 1226, Jean de Borriz, chevalier,
donna aux Templiers de Bourgoult son
bois situé « in parrochia de Buesemunt
« trans vallem de Haia. Conterminatur
« bosco qui datus fuit Agneti sorori meæ
« in matrimonio.... inter boscum Willelmi
« Crispini de Arquenceio....» Cette vente
est faite du consentement de sa femme Allix
et de son fils Jean.

En 1228, Gillebert le Changeur, des
Andelis, donna aux Templiers 4 acres de
terre qu'il tenait de Jean de Bouriz, chevalier « pro decem libris de redditu....
in essartis de Buesemunt.....» Il reçut
à cette occasion, 40 sols.

Henri Cœur de Blé, en décembre 1229,
vendit, pour 40 sols parisis, à Hugues
l'Enfant « de Fresneles », 5 sols parisis
de rente sur toute sa masure. Parmi les
témoins : « Rogerus de Porta et Petrus
de Roncia, milites....»

Dans le pouillé d'Eudes Rigand : « Ecclesia Sancti Martini de Beusemont, abbas
« Sancte Katerine Rothomagensis patronus. Habet c. parrochianos, valet xx.
« libras turonensium. » Boisemont faisait
partie du doyenné de Gamaches.

Au XVIIIe siècle, le chapitre d'Ecouis,
le chapitre des Andelis, l'abbaye de Fontaine-Guérard et les Chartreux de Gaillon
étaient propriétaires à Boisemont.

Les Chartreux de Gaillon avaient la seigneurie de Boisemont et le fief de Goui,
un hameau de Fresnelles. Selon les pouillés, les Chartreux de Gaillon présentaient
à la cure comme ayant le droit de l'ancienne abbaye de Sainte-Catherine de
Rouen. Suivant un aveu du 14 mars 1675,
ces religieux jouissaient de ce droit à
cause du fief de Boisemont qui leur appartenait alors. Toussaint Duplessis dit
qu'il existe un fief de Goui au hameau de
Fresnelles. Il fait venir à tort le nom du
hameau de Leomesnil de : « les Hault
Mesnil, » je suis porté à croire que ce mot
vient de « Leonis Maisnillum ». — Aveu

du fief de Guillemesnil, 1484. (Arch. de l'Emp., P, 307, f° XXIII v°).

Les lieux dits sont : — Fresnelles; — Leomesnil; — la Heunière; — le Vert-Buisson.

Cf. Toussaint Duplessis, t. II, p. 448.

BOIS-GENCELIN.

Arrond. d'Evreux. — Cant. d'Evreux.

(Voyez l'article SAINT-SÉBASTIEN-DU-BOIS-GENCELIN.)

BOIS-HELLAIN (LE).

Arrond. de Pont-Audemer. — Cant. de Cormeilles.

Patr. Notre-Dame. — Prés. l'abbé de Cormeilles.

Nous avons trouvé fort peu de renseignements sur le Bois-Hellain.

Dans le pouillé du diocèse de Lisieux, on lit : « Ecclesia de Bosco Helloini.... Ecclesia de Bosco Hellouyn. » Le patronage appartenait, au XIVᵉ siècle, à l'abbé de Cormeilles.

M. Canel dit qu'au XVIIIᵉ siècle le curé était nommé alternativement par les seigneurs du lieu. La dîme était recueillie par le curé et l'évêque de Lisieux.

Dans le *Dictionnaire des Fiefs* de Brussel, le Bois-Hellain est déclaré relevant de Pont-Audemer.

Les dépendances du Bois-Hellain sont : — la Bourderie; — la Côte-Binouit; — l'Eglise, — la Forge; — les Mallières; — la Tranchardière; — la Vallée.

Cf. Canel, *Essai sur l'arrond. de Pont-Audemer*, t. II, p. 403.

BOIS-HUBERT (LE).

Arrond. d'Evreux. — Cant. d'Evreux.

Patr. la Trinité ou Saint-Sauveur. Prés. le seigneur.

Hubert n'est ni un nom scandinave, ni un nom saxon; c'est un nom germanique, et adopté de très-bonne heure par les Normands. Le Bois-Hubert doit être le lieu désigné, dans la grande charte de Lire, sous le nom de « Silva Fulberti. »

En 1183, Raoul du Bois-Hubert donna à l'église cathédrale d'Evreux le droit de présenter à la cure de Claville et toutes les dîmes qui lui appartenaient dans cette paroisse;

« Notum sit universis, tam presentibus
« quam futuris, quod ego Radulfus de
« Bosco-Huberti, pro salute anime mee et
« predecessorum meorum, concessi et as-
« sensu Agnetis, uxoris mee, in perpe-
« tuam elemosinam donavi ecclesie Sancte
« Marie Ebroicensis in proprietatem capi-
« tuli, ad usum communionis, presen-
« tationem, et jus presentandi quod jure
« hereditario possidebam in ecclesia de
« Clavilla, cum omnibus decimis ad me
« pertinentibus, datis inde mihi LX libris
« Andegavensium in caritatis mutuum a
« venerabili Rotrodo, ejusdem ecclesie de-
« cano, et ea representatione cum omni-
« bus decimis meis, ego, Ricardo, victrico
« meo, et Beatrice, matre mea, presenti-
« bus et assentientibus, baculo altari su-
« perposito, predictam ecclesiam investivi,
« et donationem factam sigilli mei muni-
« mine roboravi, eamdemque donationem
« ego et predictus Ricardus et dicta Bea-
« trix nos perpetuo servaturos fide inter-
« posita confirmavimus. Acta sunt hec anno
« ab Incarnatione Domini millesimo cen-
« tesimo octogesimo tertio. Testibus : Jo-
« hanne, episcopo Ebroicensi; Rogero,
« abbate Ibriaci; Rotrodo, decano; Garino,
« cantore; Huberto, archidiacono; Radul-
« pho Basset; Tosting, et multis aliis. »

1183. « R. de Aquila » confirma ladite donation, faite par « Radulfo de Bosco Huberti, homine meo ». Parmi les témoins, on remarque Guillaume de Villalet, G. de la Chapelle, Eude de Lormarin, Th. d'Essei, Gillebert d'Aspres, Bernard Gaussinel...

Simon « de Bosco Huberti » donna au chapitre d'Evreux trois acres de terre, « sitas apud Maritabor, » en 1216.

Richard de Tournedos donne à l'église de Notre-Dame d'Evreux le revenu de 12 deniers par la main de Simon du Bois-Hubert :

« Omnibus ad quos presens scriptum
« pervenerit, Ricardus de Tornedos, sa-
« lutem. Noveritis me Deo dedisse et Beate
« Marie Ebroicensi, et super majus altare
« posuisse redditum duodecim denario-
« rum, in festo Sancti Remigii annuatim
« persolvendorum et per manum Simonis
« de Bosco Huberti reddendorum de dua-
« bus acris terre sitis juxta murum Hilte-
« berc, quas dictus Simon tenet de dicto
« Ricardo ad censum dictorum duodecim
« denariorum. Hoc autem me esse obser-
« vaturum et garantizaturum super dic-
« tum altare juravi. Quod ut ratum ma-
« neat, sigilli mei munimine roboravi. »

Voici quelques-uns des seigneurs du Bois-Hubert :

1483. Pierre Costard, seigneur de Saint-

Léger et du Fai jusqu'en 1504, à cause de Jeanne du Gau, sa femme.

1519. Jean Costard.

1523 et 1546. Présentation par les propriétaires du fief de Fourneaux, d'où dépendait celui du Fai.

1547. Antoinette de Bettencourt, à cause de son douaire sur la terre du Fai.

1555. Guillaume de Clinchamps, au droit de Françoise Costard, sa femme.

1579. Charles de Clinchamps.

1621-1644. Nicolas de Clinchamps.

1659-1673. Adrien de Livet.

La seule dépendance du Bois-Hubert est le château du Fai.

La voie romaine d'Évreux à Brionne traverse le territoire du Bois-Hubert.

Le Bois-Hubert a été réuni à Tournedos-la-Campagne en 1845.

BOIS-MAILLARD.

Arrond. d'Évreux. — Cant. de Rugles.

Patr. Notre-Dame. — Prés. les religieux de Chaise-Dieu.

Ce nom doit s'écrire Bois-Mahiard. Voyez la grande charte de Lire. Nous pensons que cette correction doit être appliquée partout où se rencontre le nom de Maillard, si commun en Normandie, et que ce mot pourrait bien être dérivé du nom de l'apôtre saint Mathias, comme Mahieu, Mahiet et Maillet, qui viennent, sans aucun doute, de Mathieu.

Une charte de Richard Cœur de lion et une bulle du pape Innocent nous apprennent que l'abbaye de Saint-Taurin avait des propriétés, à la fin du XIIe siècle, à Bois-Mahiard.

« Mahiel, filius Gaufridi, concessu do- « mini sui Willelmi de Bretolio et paren- « tum suorum, in territorio Glos, in villa « quæ dicitur Bois-Mahiart, dedit terram « ad unum aratrum ad usus monacho- « rum... » (Charte de Richard Cœur de lion pour Saint-Taurin.)

« ...In villa quæ dicitur Bois Mahiart « terram ad unum aratrum... » (Bulle du pape Innocent.)

En 1260, Emeline « de Plesseiz, domina de Bosco Mahiardi » et veuve, donna, pour le salut de son âme et de celles de ses ancêtres, de ses enfants et de ses maris, aux religieux de Saint-Évroult plusieurs rentes situées « apud Ductam Arturi » et ailleurs.

Dans une charte de 1259, en faveur de Lire, on trouve parmi les témoins : « Jo- hanne de Bosco Mahiardi, armigero. »

Les dépendances sont : — la Baligan- cière ; — les Broudières ; — le Château-Fort.

Bois-Mahiard a été réuni à Chambord en 1843.

BOIS-LE-ROI.

Arrond. d'Évreux. — Cant. de Saint-André.

Patr. S. Jean-Baptiste. — Prés. l'abbé de Marmoutier.

La présentation à la cure appartenait à l'abbaye de Marmoutier.

Au XVIIIe siècle, l'abbaye du Breuil-Benoit était propriétaire à Bois-le-Roi.

Bois-le-Roi était le siège d'un fief relevant de la vicomté d'Évreux.

Les lieux dits sont : — Boiteau ; — les Bruyères ; — Fougueux ; — le Petit-Bois-le-Roi.

BOIS-JÉROME-SAINT-OUEN.

Arrond. des Andelys. — Cant. d'Écos.

Patr. S. Sulpice. — Prés. le prieur de Sausseuse.

On lit dans Toussaint Duplessis : « Plu- « sieurs écrivent aujourd'hui Bois-Jérôme ; « on le trouve ainsi dans les pouillés et sur « les cartes. Mais c'est une corruption de « nom, car tous les anciens titres portent : « Boscum Girelmi. Or Giraume, seigneur « du Bois, vivait en 1205, selon un titre « du prieuré de Sausseuse. »

Vers le milieu du XIIIe siècle, les deux églises d'Haricourt et du Bois-Giraume ne faisaient qu'une même cure, et le titre du bénéfice était à cette dernière. Ause- red de Vernon les avait données, en 1130, au prieuré de Sausseuse.

Voici l'article consacré à Bois-Giraume dans le pouillé d'Eudes Rigaud : « Eccle- « sia Sancti Suppliciii de Boscho Gyralmi. « Prior de Salicosa facit ibi deservire per « duos canonicos qui habent usque ad « xxx. libras turonensium, et sunt ibi duæ « ecclesiæ : Haricort habet xxvii, parrochia- « nos. Sanctus Supplicius habet xliii. To- « tum residuum percipit dictus prior. »

Dans les chartes de l'abbaye du Trésor, conservées aux Archives de l'Eure, on trouve une charte de Jean d'Ecos (1297) concernant « Bois-Geriaume ».

On lit dans le Coutumier des forêts de Normandie, f° 31 :

« Le commun et habitans de la ville de « Bosc-Giraume ont acoustumé prendre « en la forest de Vernon, c'est assavoir le

« bois en estant par esquarrie pour her-
« beger pour chascune escarrie quactre
« postz, deux trestz, deux semiers, deux
« parnes, deux fillieres, quactre soubz
« chevrons, II ponchons, ung feste,
« II coupples de chevrons; item ilz ont le
« mort bois par toute la forest, item livrée
« de charues et de chartilx de trois ans
« par livrée de verdier, pasturage pour
« leurs bestes hors les pors ou mois def-
« fendu, avecques autres menues drois
« et usages coustumiers dont ilz doivent
« au roy, nostre sire, chascun an, pour
« les dis cartilx III gerbes de blé, pour
« chascune liv[r]ée d'escarole au verdier
« XII deniers, et au sergent de garde
« IIII deniers, fere le meriens du charroy
« du chastel de Vernon avecques autres
« menues rentes et devoirs acoustumés. »

Le *Dictionnaire des Fiefs* de Brussel déclare que Bois-Gérôme ou Giraume était membre du fief de Fours.

Voyez le cartulaire imprimé de l'abbaye des Vaux-de-Cernai, t. Ier, p. 772, 776, 778, 805, et t. II, p. 37.

Cf. Toussaint Duplessis, t. II, p. 347.

BOISNEI.

Arrond. de Bernai. — Cant. de Brionne.

Patr. S. Aubin. — *Prés. le seigneur de Ferrières ou plutôt de Tibouville.*

Dans les grands rôles de l'Echiquier de Normandie, on trouve plusieurs fois mention de personnages portant le nom de Boisnei.

« Gislebertus de Boelaio (je pense qu'il
« faut lire *Boenaio*) XX. solidi [pro falso
« clamore]. » (*Magni Rotuli*, p. 85.)

« De Warino de Boenaio XX. solidi pro
exonio. »

« Robertus de Boenai reddit compotum
« de LX. solidis pro eodem [pro plegio
« Willelmi de Planis]. » (*Ibid.*, p. 319.)

« ...... de 4 m..... pro eodem
[pro plegio episcopi Lexoviensis]. » (*Ibid.*, p. 324.)

Dans une charte, sans date, du cartulaire de la Sainte-Trinité de Beaumont, souscrite par Bouchard du Homme en faveur de plusieurs églises voisines de Beaumont-le-Roger, « magister Robertus de Boenai » intervient comme témoin.

Dans une autre charte de l'évêque Rotrou, insérée dans le même cartulaire sous la date de 1142, on trouve parmi les témoins « Brairdus de Boeneio ».

En 1223, « Jean Boesnay » donna le tiers de ses héritages à l'abbaye du Bec.

Le nom de cette commune est toujours écrit « Roesnay » dans l'inventaire des titres de l'abbaye du Bec.

La terre de Boisnei était autrefois l'une des seigneuries attachées à la baronnie de Fontaine-la-Sorel; c'est probablement à la piété des propriétaires de cette baronnie qu'elle doit sa jolie église romane, dont la majeure partie est en pierre de taille, circonstance fort rare dans le Lieuvin. Elle est située à quelques centaines de pas seulement de la grande route de Caen à Paris, et nous la recommandons à l'attention de ceux qui suivent cette direction. Pourvue de collatéraux, de croisées et d'un clocher central, elle se distingue surtout par un groupe élégant de fenêtres romanes qui décore l'extrémité de chacun de ses transsepts, et par ses piliers carrés à archivolte en plate-bande, qui séparent la nef des collatéraux. Le dessous du clocher est orné de boudins et de zigzags à chapiteaux romans et assez curieux, malgré leur simplicité. Ces arcades sont en ogive, comme cela arrive souvent dans nos églises romanes les plus pures.

Le chœur ne se termine point par une abside, mais par une fenêtre semi-circulaire à archivolte. Les corbeaux n'offrent point de figures fantastiques, mais sont pour la plupart en console. Dans quelques endroits ils supportent de petites arcades en plein cintre. Nous devons noter dans le mur du collatéral méridional une fenêtre carrée, ornée d'une moulure qui parait antique.

On remarque dans le cimetière de cette église, et à quelques pas seulement l'un de l'autre, deux ifs d'une grosseur extraordinaire. Le premier a 6 mètres 67 cent., et le second 5 mètres 33 cent. de diamètre.

Dans le chœur sont deux belles tombes provenant de l'abbaye du Bec. L'une, portant l'effigie d'une femme, est entourée de l'inscription suivante :

« Cy gist noble et puissante dame Jehane
« de Tilly, veufve de feu noble et puissant
« seigneur Jehan, sire et baron de Fer-
« rières, en son vivant dame dudit lieu
« de Ferrières, de la Rivière de Tibouville,
« de Crevecœur en Auge, de Bailleul et
« de Boissay le Chastel, laquelle trépassa
« l'an 1495, le 27 février. Priez Dieu pour
« elle. »

Ainsi les hasards de la Révolution ont ramené la tombe de cette noble dame dans un territoire qui fit jadis partie de ses domaines. Puisse-t-elle être plus respectée qu'elle ne l'a été dans son précédent asile! Cette tombe était jadis placée dans la chapelle Saint-Jean de l'abbaye du Bec, mais elle n'était pas sans inscription, comme le dit l'*Histoire de l'abbaye du Bec* de dom Bourget (p. 400).

L'autre pierre tumulaire est plus importante, parce qu'elle nous représente un personnage historique, Robert de Flocques, bailli d'Évreux, et l'un des guerriers qui contribuèrent le plus puissamment à l'expulsion des Anglais de la Normandie sous Charles VII. Ce vaillant guerrier est vêtu de sa cotte d'armes, richement brodée, bandée d'argent et de gueules, et non pas barrée et contrebarrée, comme l'ont dit quelques auteurs. Il a la tête nue, les mains jointes, et ses pieds reposent sur un lévrier, circonstance qui indique une mort naturelle (1). Le sculpteur a donné à sa figure une expression de jeunesse peu assortie à l'âge d'un personnage dont le fils avait été élu évêque d'Évreux avant sa mort. On lit autour de la pierre, semée d'espèces de pommes de pin et du chiffre S. L., l'inscription suivante :

« Cy gist noble homme, Messire Robert
« de Flocques, chevallier, en son vivant
« seigneur dudit lieu de Flocques et d'Au-
« vrechier, mareschal hérédital de Nor-
« mandie, conseiller et chambellan du Roi
« nostre Sire, et son bailly et cappitaine
« d'Evreux, lequel trepassa l'an de grâce
« M.CCCC.LXI, le septiesme jour de dé-
« cembre. Priez Dieu qu'il lui face par-
« don à l'âme. »

Ce tombeau était placé, au Bec, dans la chapelle de la Vierge. Nous renverrons aux annales contemporaines pour les services aussi nombreux qu'importants, rendus à la cause nationale par Robert de Flocques, souvent désigné par le nom de Flocquet. Il paraît avoir été originaire de la commune de Flocques, près la ville d'Eu, et avoir épousé une héritière de la noble famille d'Auvrecher (aujourd'hui Orcher, près Harfleur), alliance à laquelle il aura dû nécessairement la dignité de maréchal de Normandie, qu'il était, au reste, plus digne de posséder que personne. Il était, probablement au même titre, seigneur de la terre de Planes, limitrophe de Boisnel, qui était entrée dans la famille d'Auvrecher vers 1375, par le mariage de Jeanne de Planes avec Robert d'Auvrecher. Ainsi le hasard a pareillement porté sa pierre tumulaire, sinon dans ses anciens domaines, au moins bien près d'eux. La postérité de ce vaillant guerrier le suivit promptement dans la tombe, Guillaume de Flocques, évêque d'Évreux et abbé de Bernai, l'un de ses enfants, étant

(1) Ses gantelets sont à son côté gauche.

mort le 25 novembre 1464, et Robert de Flocques, son autre fils et son successeur au bailliage d'Évreux, ayant été tué à la bataille de Montlhéri, en 1465 (1).

Les lieux dits sont : — la Baronnerie ; — le Bout-des-Haies ; — le Catelet ; — le Chemin-Chaussé ; — le Désert ; — le Grand-Boisnel ; — la Marette ; — Marchère ; — le Petit-Boisnel.

A. Le Prevost, *Mém. sur quelques monuments du département de l'Eure*, p. 27. (Le 1 3 est réimprimé en totalité dans l'article BOISSEL ci-dessus.)

BOIS-NORMAND-LA-CAMPAGNE (LE).

Arrond. d'Évreux. — Cant. d'Évreux nord.

Patr. S. Georges. — *Prés.* le seigneur.

Bois-Normand, — c'est-à-dire bois de Normand. Normand est ici un nom d'homme, nom d'ailleurs très fréquent en Angleterre avant la conquête et qui a subsisté jusqu'à nos jours en Normandie.

Nous rencontrons un Guillaume du Bois-Normand dans les grands rôles de l'Echiquier de Normandie, en 1180 : il était établi du côté des Pont-de-l'Arche.

« Willelmus de Bosco Normanni habet lx. acras terræ de dominico Regis de dono Regis. » (*Magni Rotuli*, p. 93.)

En 1380, Jehan de Guichainville, escuyer, rend aveu au roi « pour un quart « de fief de haubert assis en la paroisse du « Bois-Normant en la vicomté de Con- « ches. » Il avoue également tenir avec ledit fief le patronage de l'église. (*Arch. de l'Emp.*, P. 308, f° 83, n° 276.)

Il y avait un huitième de fief à Blondemare relevant du Bois-Normand. (Hommage de 1396.) Dans le cartulaire du chapitre d'Évreux on trouve une charte datée de 1287 concernant Blondemare : « *Blonda Mara.* »

La paroisse du Bois-Normand-la-Campagne dépendait du doyenné du Neubourg.

Voici les noms des seigneurs du Bois-Normand depuis la fin du XV° siècle jusqu'au commencement du XVIII° siècle :

1493-1503, Jeanne de Maillot, dame de Bigards et du Bois-Normand.

(1) Ce dernier était enterré dans l'église de la Trinité-du-Mont-Sainte-Catherine, près Rouen. Voyez l'histoire de cette abbaye par le P. Pommeraye. Cet auteur a confondu les deux Robert de Flocques. Le Brasseur (*Histoire d'Evreux*) commet deux autres erreurs à son sujet, en l'appelant Jean et en le supposant bailli d'Évreux avant la mort de son père.

1422-1529. Enfants mineurs de Jean de Govis.
1540-1541. Litige entre les sieurs de Maillot, seigneurs de Sacquenville, de Govis et de Valles.
1544-1553. Constance de Valles.
1573-1581. René de Valles.
1626-1628. Nicolas de Valles.
1644-1645. François de Valles.
1674-1675. Charles-Antoine de Valles.

Le seul lieu dit est Blondemare. Cette petite paroisse a été réunie en 1842 à Ormes.

BOIS-NORMAND-PRÈS-LIRE.

Arrond. d'Évreux. — Cant. de Rugles.

Patr. S. Julien. — Prés. le seigneur.

L'étymologie de Bois-Normand-près-Lire est la même que celle du Bois-Normand-la-Campagne. Un grand nombre de chartes que nous fournit le fonds de l'abbaye de Lire ne laissent, sur ce point, aucun doute.

« Ego ipse Guillelmus (*fils de Guillaume « Fitz-Osberne*) concedo eidem ecclesie « Lire et omnibus monachis Deo ibi ser- « vientibus ecclesias Glotis et decimas et « domos et omne quod de me tenebat « Radulfus Hugonis filius, scilicet deci- « mam nummorum ville et alia que illius « erant. Testibus: Guillelmo Azimo et Ri- « chardo de Gisaico, milite ejus cujus cul- « tello donum factum fuit, et *Fulcone de « Silva Normanni*, et Ernaldo filio Ernaldi, « et Guillelmo fratre ejus, Crispino de « Barra, Guillelmo de Marneris, Ingenulfo « de Netelsa, Hugone et Milone ; regente « ac gubernante patriam Normannie Ro- « berto comite. » (Charte en faveur de Lire.)

Dans une liasse de chartes en faveur de Lire, conservées aux Archives de l'Eure, on trouve les faits suivants :

Adam « de Cirreio » donna au couvent de Lire, en présence de G., évêque d'Évreux, et du consentement de ses fils : T., son héritier, G., archidiacre d'Évreux, et R., 40 sols angevins « in molendino Normant. » Parmi les témoins on remarque : « Nicholaus de Darceio, Hugo et H. de Bakepuiz, Guillelmus de Charuelez, Guillelmus et Robertus de Barra, R. de Sancto Victore. »

Cette charte est sans date, mais l'emploi de la monnaie angevine prouve qu'elle est antérieure à 1204 et, par conséquent, que l'initiale G. désigne Guillaume de Cierrei, évêque d'Évreux depuis 1194 jusqu'en 1201.

Cette charte fut confirmée par une autre, pareillement sans date, de Thibaud « de Cirreio », son fils aîné, lequel nous apprend qu'il était neveu de G., évêque d'Évreux. Dans une charte de confirmation de ce même évêque, Adam de Cierrei est qualifié de « venerabilis vir ». Les témoins sont à peu près les mêmes sur les trois chartes et on retrouve, entre autres, sur celle de Thibaud « Nicolas de Dercaio ».

1215. « Andreas Patellarius » vendit aux religieux de Lire, moyennant 8 livres tournois, « de quibus satisfecerunt Ma- « naserio Judeo pro me, cui obligatus fui « ex debito patris mei, » 12 acres de terre sises au Bois-Normand, « apud Boscum Normanni. »

1216. « Ernaldus de Bello Aleso » et Nicole, sa femme, confirmèrent cette vente comme seigneurs du fief « apud Boscum Normanni. » Parmi les témoins de ces deux actes on remarque Richard « de Folevilla » et Robert « de Camara ».

1227. Adam de Beaumes donna au même couvent « totum feodum de Buisson Terree, » que Jocelin le Vigneron tenait de lui et de ses ancêtres au Bois-Normand.

1233. Guillaume de Cierrei confirma à l'abbaye de Lire toutes les donations faites par ses ancêtres : « Notum sit om- « nibus presentibus et futuris quod ego « Guillelmus de Cirreio, miles, dominus « Bosci Normanni, concedo et confirmo « Deo et ecclesie Sancte Marie de Lira et « monachis ibidem Deo servientibus omnes « venditiones et elemosinationes que facte « sunt eis ab antecessoribus meis sive ab « aliis in feodo meo in terris, in redditibus, « in hominibus, in bosco et in plano et in « omnibus rebus ad me et ad antecessores « meos pertinentibus..... anno Domini « 1233. »

1240. « Willelmus de Cyrreio, miles, dominus de Bois-Normant, » confirma aux moines de Lire 40 sols de rente donnés par ses ancêtres sur son moulin qui est dit le moulin de Bois-Normant « in theo « molendino quod vocatur molendinum de « Bois Normant. » Il y ajoute 20 sols pour le salut de l'âme de sa mère Amicie.

1345. Jeanne de Cierrei, dame du Bois-Roger et femme de Jean le Veneur, donna 40 sols de rente sur le même moulin. En 1295, Robert de Cierrei, seigneur du Bois-Normant, reconnut une rente de 8 livres 10 sols sur son moulin de Bois-Normant. Cette rente fut encore reconnue par Guillaume de Gisai, seigneur dudit moulin en 1461.

1277. Bariote, fille de Nicolas « de Bosco Tierree », vendit au même couvent pour 25 sols tournois 8 sols tournois de rente. Il est fait mention dans cette charte de « Symon de la Cornueio » et de Robert « de Cyrriaco, miles ».

En 1394, Jehan de Gissai, escuier, avoue tenir du roi, « à cause de sa chatellenie de « Bretheuil, le fief du Boys-à-Regnault, « assis en la paroisse de Saint-Gilles de Lire « et en la paroisse de Saint-Julien du « Boys-Normand. » Il avoue devoir dix jours de garde « au chastel de Bretheuil ». (*Arch. de l'Emp.*, P¹. 308, p. 95, n° 295.)

Parmi les seigneurs ou patrons de Bois-Normand-près-Lire nous avons retrouvé : 1505, Benoît de Gisai ; 1530, Jean de Bonnechose ; 1550-1559, Pierre de Bonnechose ; ensuite Jacques de Bonnechose, mort avant 1570 ; Marguerite de la Noë, sa veuve, et Marie de Bonnechose, sa fille ; 1586, René de Bonnechose ; 1630, Aubri de Bonnechose ; 1650, les mineurs de la Rouillière ; 1681, Marie du Rouil ou de la Rouillière, veuve de François Cleret, seigneur de Rampan.

Les lieux dits sont très-nombreux : — l'Anglet ; — la Baudinière ; — la Bourgère ; — la Bretèche ; — la Bucaille ; — les Châtelets ; — Chavanne ; — la Clairière ; — la Cornillière ; — la Duquerie ; — l'Église ou le Fai ; — Fouesnard ; — la Herperie ; — la Louverie ; — les Minerais ; — la Noë-Bouchard ; — la Pillière ; — la Prevôtière ; — la Rassentière ; — la Rouge-Maison, château ; — Saint-Just ; — la Sauvagerie ; — la Surannière ; — les Tuileries ; — la Vallée.

BOIS-NOUVEL (LE).

Arrond. d'Evreux. — Cant. de Rugles.

Patr. Notre-Dame. — *Prés.* l'abbé de Lire.

Dans le *Registre de Philippe-Auguste*, au chapitre intitulé : *Feoda militum Willelmi de Saqueuilla*, on lit : « Bois-Pantol et Bois-Novel, unum quarterium. »

Dans une charte de 1259, en faveur de Lire, on trouve parmi les témoins : « Robino de Bosco-Novel. »

Jehan de la Haie, en 1400, et Richard de la Haie, en 1402 et 1419, rendirent aveu au roi du fief du Bois-Nouvel ; le fief du Bois-Nouvel était un quart de fief relevant de Breteuil. (*Arch. de l'Emp.*, P¹. 308, f° 9, 13 et 63.)

Les lieux dits sont : — la Blanchetière ; — la Chaise ; — la Francnetière ; — les Monniers ; — les Cartillières.

Cette paroisse a été réunie en 1844 à la Haie-Saint-Silvestre.

BOIS-PANTHOU (LE).

Arrond. d'Evreux. — Cant. de Rugles.

Patr. S. Ouen. — *Prés.* l'abbé de Lire.

On trouve dès le règne de Robert 1ᵉʳ un Guillaume Pantout qui souscrit une charte de Roger de Montgommeri en faveur de Jumièges. C'était probablement le père de Guillaume Pantoul dont Orderic Vital parle si souvent. Ce dernier était homme de Roger de Montgommeri : il alla deux fois dans la Pouille et rapporta à Noron, où il fonda une nouvelle église, des reliques de saint Nicolas. En 1102, Henri 1ᵉʳ lui confia le château de Stafford : il joua un assez grand rôle en Angleterre sous le règne de ce prince. Guillaume Pantoul eut quatre fils : Philippe, Robert, Ive et Arnoul.

Il y avait encore en 1128 un Guillaume Pantoul dont Henri 1ᵉʳ parle en ces termes dans une charte en faveur de Saint-Évroul : « ... Concedo etiam et confirmo « eisdem monachis ad petitionem dilecti « et fidelis mei Willelmi Pantol priora- « tum... de Normannia... » Et quelques lignes plus loin : « Apud Auberý le Pantol... »

En 1841, on a trouvé dans un cercueil, découvert rue de l'Evêché, à Coutances, la matrice du sceau d'un Guillaume Pantoul portant un écu au chef et à la fasce chargés chacun de deux croissants montants. Légende ✠ SIGILL. GVILERMI PANTOUL. Cette matrice, en plomb, pèse environ 275 grammes.

Nous venons de voir, à l'article Bois-Nouvel, que dans le *Registre de Philippe-Auguste* il est question de : « ... Bois-Pantol. »

En 1210, le chapitre d'Evreux donna une charte qui constatait les droits de l'abbaye de Lire sur l'église du Bois-Pantoul et la moitié des dîmes de blé : « ... ecclesiam de Bosco Pantol cum pre- « sentatione presbyteri et medietatem de- « cimarum bladi. »

En 1238, Robert Blondel, « presbiter « de Bosco Pantol, » vendit aux religieux de Lire un pré nommé le pré du Jardin : « de Gardino prope Chatel. »

Tous les exemples que nous venons de donner montrent que l'orthographe actuelle de Penthou est vicieuse et qu'il faut écrire et nous écrirons *Bois-Pantoul*.

Dans la *Recherche de la Noblesse*, par M. de Marle, on voit qu'au XVIIᵉ siècle habitait au Bois-Pantoul Philippe de Cecire, sieur du Mouchel, ancien noble.

Les lieux dits sont : — la Friche ; — la Mare-Locheret ; — le Moussel, château ; — la Verdière.

Le Bois-Pantou a été réuni à Chambord en 1842.

BOISSET-LE-CHATEL

Arrond. de Pont-Audemer. — canton de Bourgtheroulde.

Patr. S. Jean. — Prés. le seigneur.

L'origine des mots : Boisset-le-Châtel, Boisset-Hennequin, Boisset-les-Prévanches n'est pas douteuse : Boisset, *Buxetum*, lieu où il croît du bois. On peut en rapprocher Buxogilus (Buxeuil), Buxidum (Bussi, Buxi, Boissy), Buxetum (Boisset), Buxeria (la Boissière), Buxeriæ (Boissières, Bouxière), Buxidium, Buxeolus, Buxiacus, Buxitellum, Buxolus, etc. (Boissai, Boisset, la Boisse, Boisseuil, la Bussière, la Buissière, le Buisson, etc.) M. Canel rapporte une tradition locale d'après laquelle la commune ou plutôt la paroisse de Boisset aurait eu jadis une étendue très-considérable ; elle aurait embrassé dans sa circonscription les territoires de Saint-Philbert, de Saint-Denis-des-Monts et de Saint-Denis-du-Bosguérard. Cet état de choses aurait, dit-on, cessé lorsque la piété et la nécessité firent ériger de nouvelles églises. Comme l'église de Saint-Denis-des-Monts présente des traces d'architecture romane, il est possible que ce territoire ait été divisé vers le XIe siècle.

On lit dans Orderic Vital : « Anno « millesimo centesimo vigesimo quarto, « factum est bellum prope Burgum Tu- « roldi et Buxeium, inter familiam regis « Henrici, ex absente, et Walerannum, « comitem de Mellent. »

Robert de Navarre donne à l'abbaye du Bec 5 acres de terre dans la Couture, vers la vallée du Bec. Il confirme toutes les dîmes, terres et rentes que l'abbaye possède dans son fief. En 1208, il lui donne un tènement. En 1234, Robert Selvin donne à l'abbaye tous les vassaux qu'il avait à Boisset.

Toussaint Duplessis et M. Canel ont donné sur Boisset-le-Châtel, l'un au point de vue ecclésiastique, l'autre au point de vue féodal, des notions intéressantes.

Au XIIIe siècle, le seigneur présentait à la cure.

On lit dans le pouillé d'Eudes Rigaud : « Bussetum ; heredes de Busseto, patroni ; « valet L. libras, parrochiani LXXV. Guil-

« lelmus presbyter presentatus a domino « de Tilliaco, qui tunc gerebat tutelam « Heduin de Buxeto, et receptus a domino « P. [Apud Buxeium castrum est quedam « capella, cujus est patronus dominus de « Gaciaco racione uxoris sue et ad ejus pre- « sentationem recepit archiepiscopus Odo « Rigaldi Guillelmum Adeléc presbyte- « rum ; valet XL. libras.] »

Dans le pouillé de Raoul Roussel, Boisset-le-Châtel est désigné par ces mots : *Boisseium Castrum.*

Le droit de présentation à la cure appartint toujours aux seigneurs. Lorsque le duc d'Elbeuf vendit en 1658 au sieur le Roux de Tilli la châtellenie de Boisset, il cessa de présenter à la cure, parce que le droit de présentation était attaché à la possession de la châtellenie. La chapelle de Saint-Cir, qui était précisément la chapelle de ce château fort dont parle Eudes Rigaud, et la chapelle de Saint-Wulfran ou de Dame-Eve, située sur le grand chemin qui va de Bourgtheroulde au Pont-Autou, étaient également annexées à la châtellenie de Boisset. Nous renvoyons à Toussaint Duplessis, qui trace dans le détail l'histoire de ces deux chapelles.

Quant à la seigneurie ou plutôt à la châtellenie de Boisset-le-Châtel, elle passa successivement de la maison d'Harcourt à la famille de Tilli, puis de la famille de Ferrières aux ducs d'Elbeuf. Le seigneur de Boisset-le-Châtel avait droit de haute justice.

Nous citerons seulement quelques faits qui se rattachent à l'histoire de Boisset :

Vers 1250, Guillaume d'Harcourt confirma à l'abbaye du Bec la donation faite par son père des moulins de Caumont, avec le droit de banalité à eux appartenant, à savoir : « à Boissi le Châtel, à Thuillemont, Berville et Angouville. »

En 1423, le roi d'Angleterre confisqua Boisset et le céda avec les terres de Saint-Mards, du Buisson-Duret, de la Houssaie, du Homme, et avec le fief de Déville, à Pierre Vernei. En 1434, Jeanne de Tibouville, veuve de Jean de Tilli, était rentrée en possession de son domaine de Boisset.

Le château de Boisset, qui s'appela aussi le château de Tilli, et dont il ne reste plus que des vestiges, était encore assez fort pour servir d'asile aux ligueurs pendant les guerres de religion.

Le château actuel est remarquable par sa construction élégante.

Les lieux dits sont : — le Boulai ; — les Champs ; — le Château-de-Tilli ; — le Froc ou le Bourg ; — le Grand-Hamel ; —

le Mont-aux-Malades; — le Maudinet; — le Petit-Hamel; — la Pergantière; — la Poule; — les Rotis.

cf. Toussaint Duplessis, t. II, p. 450.
Canel, Essai sur l'arrond. de Pont-Audemer, t. II, p. 284.
Normandie illustrée, t. Ier, p. 65.

BOISSET-HENNEQUIN.

Arrond. d'Évreux. — Cant. de Vernon.

Nous n'avons presque rien à dire de cette ancienne commune, aujourd'hui réunie à Douains. Nous nous bornerons à citer un aveu de 1444, rendu par Jehan de Menilles, escuier, seigneur dudit lieu de Menilles. Il avoue tenir du roi « ung fief « de haubert entier assis en la paroisse « dudit lieu de Menilles et de Boisset-« Hennequin, auquel fief ledit escuier a « ung manoir, coulombier, pressouer à « ban, jardins, court et usaige en basse « justice, cognoissance des hommes re-« seans, ventes, reliefs, aides coustu-« mières, terres, prés, rentes en deniers, « oyseaulx et grains, et la franchise de son « dit manoir en la forêt de Meray. » (Arch. de l'Emp., P. 308, f° XIII, n° 19.)

Nous savons encore, par des hommages de 1450 et de 1458, que cette commune était le siège d'un quart de fief annexe du fief de Menilles et relevant d'Évreux. (Voyez Douains.)

BOISSET-LES-PRÉVANCHES.

Arrond. d'Évreux. — Cant. de Pacy.

Patr. Ste Geneviève. — Prés. l'abbé de Maubuisson.

Si l'on en croit une charte de Luc, évêque d'Évreux, le chapitre d'Évreux possédait la dîme de Boisset : « decimam de Parvencheria. »

Dans une charte de Raoul de Cierrey (1221), on lit : « Præterea decimas de « Brolio Orriri (ancien fief et hameau de « Boisset) et de Parvencheria, in parochiâ « de Boisset, et decimam de Bosco Cu-« vier (le Bois-Cuvier, hameau de Saint-« Luc).

1250 : « A homme honorable et saige « chasteleyn de Paci, Godefrei le Doheu, « chevalier, salud et amor. Je vos faiz « asavoir que les homes de Boisset, por « quoi le seigneur de Yvri plede a moi, « de quoi il demande la seignerie a avoir « en sa baronnie, queu sunt tenuz du « meisme membre de hauberc de Menilles « et le membre est tenu du roi en la « chastelerie de Paci, e a li voix sur totes « iceles ostises et sua totes icoles du « membre rentes, c'est a savoir, jarbes en « aoust, pain fetiz a Noel, et wés a Pas-« ques; et, se li hoir estoit en non age, « li membre devant dit tendroit la garde « lou lou o totes les apartenances; e le « hameau de Malbuisson de Menilles au-« sine du membre de hauberc. » (Delisle, Cartul. norm., n° 494.)

L'abbaye de Maubuisson avait le droit de présentation à la cure de Boisset. Au moment de la Révolution, elle était encore propriétaire dans cette paroisse.

Les lieux dits sont : — Boisset-le-Bas; — le Château; — la Maison-Crépin; — les Prévanches.

BOISSIÈRE (LA).

Arrond. d'Évreux. — Cant. de Saint-André.

Patr. St Jacques. — Prés. l'abbé de Lyre.

« Albinus de Buxeria » est cité dans l'enquête qui fut faite sous le règne de Philippe-Auguste sur les usages de la forêt de Meré.

Dans le Nécrologe de Lyre on lit : « XVI kalendas januarii, Willelmus de « Boisaria (ou Boiseia), miles, et uxor « ejus. »

On trouvera dans le Coutumier des forêts de Normandie un passage constatant les droits des habitants de la Boissière dans la forêt de Meré, f° 466 v°.

Les lieux dits sont : — l'Essart Clément; — les Essarts.

BOISSY-LAMBERVILLE.

Arrond. de Bernay. — Cant. de Thiberville.

Patr. Notre-Dame. — Prés. l'abbesse de Saint-Sauveur d'Évreux.

Les anciennes formes de Boissy sont : Buxiacum, Buxidum, Buxetum. Dans le diocèse de Chartres il y avait cinq Boissy et pas un seul Bosc.

Une bulle du pape Eugène III, en 1152, parle de cette commune : « in episcopatu Ebroicensi eccle-« siam de Boisseio cum decima ipsius « villæ et LX acras terræ in eadem villa, « decimam de Lambervilla ex dono uxoris « Wabchelini de suo patrimonio. »

Nous avons sur la famille de Lamberville et sur Boissei deux pièces du XIIe siècle (1182-1191) qui, toutes deux, méritent d'être publiées :

« Radulfus, Dei gratia Lexoviensis episco-
« pus, omnibus ad quos præsens scriptum
« pervenerit, salutem et Dei benedictionem.
« Universitati vestre volumus notum fieri
« quod Willelmus de Busco Rotundo et
« Waukelinus et Emma uxor ejus et Wil-
« lelmus Herluinus et uxor ejus Matildis
« duas garbas decimationis Parvi Corileti
« in parrochia de Buxeio, quas tam ipsi
« quam predecessores eorum a longis retro
« temporibus licet minus licite jure here-
« ditario tenuerant, tandem resipiscen-
« tes, et se peccasse confitentes, in manu
« nostra, sponte et solempniter resignave-
« runt et se nunquam de cetero super hoc
« reclamaturos fideliter promiserunt; nos
« quoque, ad eorum multas preces et peti-
« tiones predictas duas garbas, cum omni
« ea integritate qua quondam Hugoni de
« Lambertivilla fuisse noscuntur, mona-
« sterio Beccensi et monachis ibidem Deo
« servientibus et servituris in perpetuam
« elemosinam donavimus et tam libere
« quam quiete possidendas concessimus.
« Ne igitur prenominatorum virorum, sive
« uxorum suarum reliquatio solempniter
« facta vel nostra donatio canonica tractu
« temporis in dubium revocari aut aliqua
« possit in posterum malignitate convelli,
« utramque scripti nostri testimonio robo-
« randam et sigilli nostri, ut perpetuo va-
« leat, duximus confirmandam. Testibus
« hiis : Rogero archidiacono, Roberto de
« Rothomago, Radulfo de Henouvilla,
« magistro Waltero, canonicis Lexovien-
« sibus; Gilleberto de Lambertivilla, Ro-
« gero de Resencort, Willelmo Bardulfo,
« Gaufrido Bigre, militibus; Rogerio de
« Ebroicis, Radulfo de Chukeinvilla, Ri-
« cardo de Putot, Johanne filio Orient,
« Willelmo Gamba Orderi, Radulfo An-
« glico senescallo, Simone de Pistrino,
« Ricardo Parent, et multis aliis. »

— « Gillebertus de Lambertivilla, omni-
« bus ad quos littere iste pervenerint, salu-
« tem. Sciant presentes et futuri quod ego
« concedo et hac carta confirmo monasterio
« Beccensi et monachis ibidem Deo ser-
« vientibus et servituris in liberam et
« quietam elemosinam, pro anima mea et
« antecessorum meorum, donationem dua-
« rum garbarum decime Parvi Corileti in
« parrochia Buxeii quam fecerunt eidem
« monasterio in presentia mea, de assensu
« et voluntate mea, Willelmus de Busco
« Rotundo et Waukelinus et Emma uxor
« ejus et Willelmus Herluini et Mathildis
« uxor ejus, quas memorati viri de me
« tenebant sicut de primogenito; ita si-
« quidem quod si prenominati viri vel
« eorum heredes super his duabus garbis
« molestiam aliquam aut gravamen mo-
« nasterio Beccensi inferre attemptaverint,
« ego donationem illam, sicut ante me facta
« est, ipsi monasterio contra omnes homi-
« nes sicut dominus garantizabo. Testibus
« hiis : Willelmo Bardulfo, Rogerio de
« Resencourt, Gaufrido Lebigre, militibus;
« Rogerio, archidiacono, Roberto de Ro-
« thomago, Radulfo de Henouvilla, magi-
« stro Walterio, canonicis Lexoviensibus,
« Rogero de Ebroicis, Radulfo de Cau-
« keinvilla, Radulfo Mordant, Ricardo de
« Putot et multis aliis. »

Richard de Lamberville est témoin de la donation de Michel Labbé de Tourville à Préaux, en même temps que Guillaume de Sainte-Mère-Église et Hugues son fils. Voyez sur le fief de Lamberville, La Roque, *Maison d'Harcourt*, t. IV, 1447.

Dans une autre charte de Préaux, sans date, on trouve « ... Ricardus de Lambertivilla et Gilebert, son frère.

Les grands rôles de l'Échiquier de Normandie font mention d'un grand nombre de personnages portant le nom de Lamberville et se rattachant à notre localité :

« ... Amar sacerdos de Buxeio reddit
« compotum de duobus solidis pro simili
« [de redemptione regis]. » (Stapleton, *Magni Rotuli*, p. 248.)

« ... De Ricardo de Lamberville, x. solidos
« pro eodem. » (P. 87.)

« Ricardus de Lamberville xL. solidos
« pro negare et recognoscere... » (*Magni Rotuli*, p. 85.)

« ... Ricardus de Lambertvilla red-
« dit compotum de I. marca pro eodem
« [pro plegio episcopi Lexoviensis]. » (P. 323.)

« ..... De Guischard de Boissei x. dena-
« rios..... [pro plegio Rob. Pantof]. » (P. 329.)

« Guischardus de Boisseio reddit com-
« potum de III. solidis VII. denariis ster-
« ling. pro eodem ».

« Rogerus de Goudrei reddit compotum
« de I. marca II. denariis sterling. pro
« eodem ».

On trouve dans une charte du cartulaire de Préaux, sous la date de 1216, Roger et feu Guillaume de Salerne, fils de Gillebert de Boisseo, miles ».

En 1402 (27 mai), Guillaume Pitton, ladre de la maladerie de la Quehennaie », par le conseil de Denis Dariequen, trésorier de « Morchene », de Robert Mellin, trésorier dudit lieu de « la Quehennaie », et de Jean et Jouen dit Agès paroisiens de « Courbespine », échangea une vergée de terre avec Thomas le Saige de « Bouissy ».

D'après un acte du 11 juillet 1402, il y avait sur Boissy « un chemin d'Orbec », une sente de la Harebeterie ou la Habetière, et un personnage nommé Aubert Bayvel.

En 1400, M. de Lamberville, chevalier, à Boissy.

« Jean de Ferrières, chevalier, seigneur
« dudit Ferrières, a fait au Roy nostre sei-
« gneur ès mains de monseigneur l'évê-
« que de Bayeux, patriarche de Jérusalem,
« à ce commis, les foy et hommage qu'il
« estoit tenu de faire à cause de damoi-
« selle Jeanne de Tilly, sa femme, d'un
« quart de fief appelé le fief de Lamber-
« ville, assis en la paroisse de Boissy, tenu
« et mouvant à cause de la vicomté d'Orbec,
« lequel fief tient à présent Robert Ca-
« pion en parage et en quint degré de
« lignage à cause de Louise de Thibou-
« ville, sa femme, fille de la dite Jeanne de
« Tilly, comme douairière de la terre et
« seigneurie de Thibouville, par lettres
« données à Rouen le cinquième jour de
« novembre 1464. » (Registre de la chambre des comptes.)

La cure de Boissy-Lamberville faisait partie du doyenné de Bernay.

L'abbesse de Saint-Sauveur d'Evreux avait le droit de présenter à la cure.

Une chapelle était consacrée à Saint-Thomas et à Saint-Clair de la Quehentalé.

Les lieux dits sont nombreux : — la Bel-levue ; — la Blanche-Porte ; — la Bretagne ; — le Butterai ; — la Cahannais ; — le Carbuge ; — la Chapelle-Saint-Clair ; — le Coudrai ; — la Couranterie ; — Domne-que ; — la Grande-Buqueterie ; — la Haute-Ville ; — Lamberville ; — la Petite-Bu-queterie ; — la Vastine ; — la Villette.

BOISSY-SUR-DAMVILLE

Arrond. d'Evreux. — Cant. de Damville.

Patr. S. Martin. — Prés. l'abbé de Tiron.

Le plus ancien document que nous possédions sur Boissy est une bulle du pape Eugène III en faveur de l'abbaye de Tiron, où il est dit in pago Ebroicensi, « ecclesiam Sancti Martini de Bussoio. »

Dans une autre bulle, le pape Alexandre III dit : « ...in episcopatu Ebroi-« censi, ... ecclesiam de Boesei. »

En avril 1228, Roger de Minerliis donna aux moines de l'Estrée 9 acres de terre situé à la Duboele, où la Chaelle est une dépendance de Boissi.

On trouve également dans des chartes du XIIIe siècle mention de deux autres hameaux : le Boissi-Saugeuse et le Tilleul. Raoul de Saugeuse possédait à cette époque le fief du Tilleul (1263) :

« Carta Radulfi de Saugeuso de xx. so-
« lidis quos dedit percipiendos ad festum
« Sancti Remigii in feodo suo de Tilliolo
« in parochia de Buisseio. » (Rubrique des chartes de l'abbaye de Lire.)

L'année suivante (1264), l'acte fut copié presque mot pour mot par « Galterus « de Coudreto, armiger, et dominus de « Saugosa, » lequel approuva précisément dans les mêmes termes la donation faite « apud Saugosam » par Isabelle, dame de la Brosse (Broseia).

Dans la charte de confirmation donnée par Robert de Trancheviller, fils de la donatrice, il est dit expressément que Robert « de Musiac, miles, » était son mari. Le détail des pièces de terre y est ainsi donné : « ... Una pecia petii terra
« continentur, quarum una vocatur cam-
« pus desuper Marnerias, sita juxta terras
« Lamberti de Saugosa ex utraque parte ;
« altera vero pecia vocatur la Courte Pièce
« sita juxta campum Lamberti de Saugosa
« ex una parte et super chemineum de la
« Rachée ex altera ; tertia pecia vocatur
« campus de Cornerio, sita juxta terram
« Lamberti de Saugosa ex utraque parte ;
« quinta pecia vocatur campus des Noes,
« sita juxta nemus Guillelmi de Minerliis
« militis ex una parte et juxta terram
« Lamberti de Saugosa ex altera ; sexta
« pecia vocatur campus de Murgera, sita
« inter culturam Guillelmi de Minerliis
« militis ex una parte et terram Lamberti
« de Saugosa ex altera. » Cette charte est du mois d'avril 1256. Robert y prend le titre d'armiger.

Il faut remarquer dans cette pièce « la Rachée » dépendance actuelle de Boissi.

A la suite de cette pièce, on trouve une confirmant la donation faite par Luc Chevrel. Isabelle n'y est point qualifiée de domina de Broseia, mais a domina de Thiraz. J'ignore le motif de cette variante.

Les lieux dits sont : — Bois-Lalré ; — la Bretonnerie ; — la Cunette ; — le Fai ; — la Faudeu ; — le Gros-Breuil ; — la Rachée ; — Saugueuse ; — le Tilleul.

BONCOURT

Arrond. d'Evreux, Cant. de Pacy.

Patr. la Croix. — Prés. le chapitre.

La France possède sept autres communes portant le nom de Boncourt.

L'origine de ce nom doit être *Bodonis curtis*, puisque le monastère de Bonmoutier, dans les Vosges, tire son nom de *Bodonis monasterium*. De même Doncourt vient de *Dodonis curtis*. Dès le v° siècle, saint Grégoire, évêque de Langres, donna à Saint-Bénigne de Dijon un lieu nommé *Bona curtis*. Dans une charte de Louis le Débonnaire (845), en faveur du monastère de Gorze, on trouve un *Bovonocurtis*. Cela peut être aussi *Bovonis curtis* ou *Bodonis curtis*. En 836, un diacre allemand, Bodon, embrasse le judaïsme au grand scandale de Louis le Débonnaire et de sa femme Judith. Il était issu de race allemande : « ..... alemannica gente progenitus..... »

Voyez dans les listes du *Doomsday-Book* les noms anglo-saxons *Bonde*, *Bondi*, *Bondo*.

Dans une charte de la sixième année de Philippe Ier en faveur de Saint-Père de Chartres (*Cart.*, p. 429), on trouve parmi les souscripteurs : « *Rodbertus de Botonis curte*. » Il s'agit de notre Boncourt.

Le pape Eugène III confirma la donation faite par Rotrou, évêque d'Evreux, au chapitre d'Evreux des églises d'Aviron, Boncourt, Coudrai et de deux parties de la dîme de Saint-Germain :

Confirmatio Eugenii papæ super ecclesiis de Aviron, de Booncort et de Coldreio, cum duabus partibus decime de Sancto Germano.

« Eugenius episcopus, servus servorum
« Dei, dilectis filiis Guillelmo decano ce-
« terisque canonicis Ebroicensis ecclesie,
« salutem et apostolicam benedictionem.
« Officii nostri nos hortatur auctoritas ut
« quos erga sanctam Romanam ecclesiam
« et nos ipsos fideliores esse cognoscimus
« propensius diligamus, et suam eis justi-
« tiam sedis apostolice munimine confir-
« memus. Hujus rei gratia, dilecti in Do-
« mino filii, venerabilis fratris nostri R.
« episcopi vestri precibus inclinati, vestris
« justis postulationibus gratum impertim-
« mus assensum, et ecclesias de Aviron,
« de Boncurt et de Coldreio, cum omnibus
« pertinentiis earum, et duas partes de-
« cime Sancti Germani, ab eodem episcopo
« vestro canonice vobis datas, auctoritate
« vobis apostolica confirmamus et pre-
« sentis scripti munimine roboramus,
« etc .... Datum Viterbii viii. idus de-
« cembris. »

Par une charte de 1210, Robert « de Vallibus » donne à l'église de Booncort (Rubr. Boencort) la dîme de son champart « ad opus luminaris ».

Dépendances : — le Couvent ; — le Clos-de-la-Corne ; — Duvette ; — le Moutier-l'Eglise ; — Ruffei ; — le Troulorin.

BONNEVILLE (LA).

Arrond. d'Evreux. — Cant. de Couches.
Sur l'Iton.

Patr. S. Pierre. — Prés. le chapitre d'Evreux et le seigneur alternativement.

En 1144, sur le territoire de la Bonneville, au bord de l'Iton et sur la route qui conduit d'Evreux à Couches, Mathilde, fille de Henri Ier, roi d'Angleterre, fonda l'abbaye de la Noë, en latin *Noa*, et quelquefois *Nataloria*. Elle lui donna des biens considérables en Normandie et en Angleterre.

Les Bénédictins ont inséré dans le *Gallia christiana*, t. XI, instr., col. 133, la charte de fondation ; mais, comme ils en ont supprimé une partie importante et qu'à la liste des témoins ils ont substitué des noms qui sont tout à fait étrangers à cette charte, nous croyons devoir en publier un texte authentique :

« Mathildis, imperatrix, Henrici regis
« filia, archiepiscopo Rothomagensi, epi-
« scopis, abbatibus, comitibus, baronibus,
« justiciis et omnibus suis fidelibus de
« terra Normannie, salutem. Sciatis quod
« ego terram quamdam pro xl. libris emi,
« quam Deo et ecclesie Sancte Marie de
« Noa et monachis ibidem Deo servienti-
« bus, ad construendum ejusdem loci ce-
« nobium, pro salute anime mee et ani-
« marum patris et matris mee, et Gau-
« fridi, comitis Andegavie, et filiorum
« meorum, Gaufridi et Willelmi, in per-
« petuam donavi elemosinam. Terram au-
« tem illam totam, videlicet que est inter
« viam molendini de Chativel et propriam
« terram predictorum monachorum, et
« inter superiorem viam Ebroicensem et
« aquam Ithum, emi a Mauricio de Bona
« Villa, et Roberto sacerdote, et fratribus
« ejus Roscelino et Rogero, et a Thoma,
« milite, et a Giroldo de Hopelaude, et
« Roberto nepote suo, et Willelmo, fra-
« tre Thome, et ab Evrardo de Chativel,
« et filiis ejus ; Roberto, comite Mellenti,
« et Richerio de Aquila, dominis ejusdem
« terre, concedentibus ; de denariis autem
« predictis habuit Mauricius de Bona Villa
« et Radulfus, frater ejus, xii. libras ; Tho-
« mas et Willelmus, frater ejus, et Rober-
« tus et avunculus ejus Geroldus viii. libras
« et v. solidos ; Evrardus de Chativel et
« filii ejus viii. libras et x. solidos ; Rober-

« tus, sacerdos de Bona Villa, et fratres
« sui viii. libras; Laurentius de Garembol-
« villa et Willelmus, frater ejus, pro con-
« cessione xx. solidos habuerunt, conce-
« dente domino eorum Hugone de Laceio;
« duo filii Roscelini iiii. solidos; duo filii
« Rogeri iiii. solidos. Predictam vero do-
« nationem, ut rata sit, firma et inviola-
« bilis in perpetuum permaneat, sigilli
« mei munimine confirmo. Testibus : Ro-
« gero, archidiacono Brionnii; Willelmo
« Malo Nepote; Rogero de Hotot; Hu-
« gone de Bachepuiz; Roberto de Altari-
« bus; Willelmo de Brochenneio; Mauritio
« de Bona Villa; Roberto Estur; Radulfo
« de Cressennio; Thomas Sessario, et
« Anchiltillo de Guarembolvilla. Apud
« Pratum. »

L'on des bienfaiteurs de l'abbaye de la
Noë fut Simon de Montfort, comte d'E-
vreux. En 1205, Lucas, abbé de la Noë,
échangea avec Philippe-Auguste une terre
près de la forêt d'Evreux, contre un moulin : « quem apud Ebroicas habebamus
« extra muros, de dono et elemosina Si-
« monis comitis Ebroicensis. »

Vers 1150, Girard Postel, de Vernon,
donna sa terre de Lieu-Dieu : « de Loco
Dei. »

Roger de Tosni : « omnia aisiamenta
« terre meo et ligna carrucis suis con-
« struendis. »

Vers 1170, Richard de l'Aigle : une terre
pour bâtir l'église. Parmi les témoins :
« Thomas et Mauritius, milites de Bona
« Villa, Robertus de Belveer. »

En 1174, Guillaume de Fresne, tout ce
qu'il possédait à Bellemare : « in territorio
de Belomari. »

Vers 1180, Roscelin de la Bonneville :
« de Bona Villa, » une acre de terre.

En 1180, Thomas de Saint-Jean : une
terre qui paraît avoir été située à la Bonneville.

En 1189, Basilie de Glisolles; sa terre
et son bois du côté d'Oissel et de Bro-
quigni : « versus Oissellum et Broqui-
gneium. »

Vers 1190, la même dame : « in bosco
« suo de Glisoliis cressiamentum ad gran-
« giam monachorum de Samellis. »

Hubert de Boshion : dix acres près de
la grange de Bellemare : « ad boscum
Reillie. »

Roger du Breuil : « de Brolio, » dix acres
de terre, « inter hunnelium de Bure et
boscum de Felimeint. »

Herbert Quentin de Gorhan : « unum
« mesnagium cum una domo inter fore-
« stam et domum suam de Gorhan in ple-
« seio suo. »

Gautier de Fleuri : « de Floribus » : la

terre qu'il avait eue de Foucher de Gorhan.

Telles sont les principales donations
que nous trouvons dans les chartes de la
Noë remontant au xiie siècle. Bornons-
nous maintenant à noter plusieurs actes
qui constatent les droits de la Noë dans
la paroisse même de la Bonneville.

1204. Emma de la Neuville, fille aînée
de Maurice, chevalier, de la Bonneville :
« de Bona Villa, » donne une acre de terre
« ad Maram Heuth » et concède aux moines
de la Noë deux acres de terre qu'ils tiennent « de dono Rogeri de Curia, ad Maram Hugonis. ». Elle cède également tout
ce qu'ils tiennent du don d'Asceline, sa
sœur, surnommée la Belle : « cognomento
Bele, » veuve de Hugues du Moncel ; à savoir : toute la terre qu'elle possédait « ad
« Roscum Martini... Testibus Stephano de
« Traitivel, Radulpho de Auna, Reinaldo
« de Meherol, Christiano Mobert et aliis
« multis. »

1208. Agnès « de Maierol » confirme à
la Noë une acre de terre, « quam dedit
« Thomas de Putarel juxta nemus de
« Bona Villa. »

1208. Héloyse, fille de Maurice, chevalier, « de Bona Villa, quæ vocabatur
Plus Bele, » donne à la Noë tous ses droits
« in molendino de Hermer ». Le moulin
de Hermer reparaît dans d'autres actes;
il est cité dans une charte de Thomas
« le Descosu », en 1199. En 1208, Raoul,
fils d'Onfroi de Neuville, donne ses droits
« in molendino Hermerii ». La même
année, Emma, fille de Maurice, chevalier,
« de Bona Villa, » donne ses droits « in
molendino de Hermer ». En 1233, Raoul
de l'Epine : « de Spina, » donne ses droits
« in molendino de Hermer ». La même
année, Roger, dit Le Moine de Ferrières,
et Jeanne, fille de feu Raoul Postel, chevalier, femme dudit Roger, vendent à
Raoul de l'Epine leurs droits « in molendino de Hermer ».

1219. Adam et Marie, sa femme, donnent à la Noë une rente annuelle de 4 sous
tournois, due en raison du tènement de
Roger de Hopelande « apud Bonam Villam, in loco qui dicitur le Moncel ».

1221. Jean de l'Ile : « de Insula, » donne
à la Noë le champ d'Alaçon : « campum
Dalaçon in parrochia de Bona Villa situm. »

En 1223, Gillebert de l'Aigle confirme à
la Noë, du consentement de son fils Gillebert, « locum ipsum in quo fundata est,
« in feodo meo de Bona Villa, cum perti-
« nentiis, quæ habuerunt tam de dono
« Richerii de Aquila, avi mei, quam de
« concessu dominorum de Vituleto. »

1230. Guillaume le Canu de Gercé :

« Canutus de Gerce, » chevalier, concède à la Noë sept acres de bois situés « in parrochia de Bona Villa ».

En 1234, Richard du Bois-Gencelin remet aux moines « plenum relevcium « et escuagium et capitalia auxilia in feodo « de Saquecinvilla, quod tenent tam apud « Oyssellum quam apud Bonam Villam ».

Baudouin dit la Loche, cède à la Noë une masure située « in parrochia de Bona Villa. »

1234. Dans une bulle du pape Grégoire IX, en faveur de Conches, on lit : « .... apud Bonam Villam duos hospites cum ortis suis.... »

1269. Gervais, dit Cornet, « de Bona Villa, » cède deux pièces de terre situées « apud Maubuysson », et donne pour le repos de son âme 3 sous de rente annuelle sur une maison située à la Bonneville, entre sa maison et l'eau de l'Iton : « aquam de Yton. »

1279. « Presbyter Sancti Petri de Bona Villa. »

A la date de 1280, se présente une pièce dans laquelle la Bonneville est citée. Cette pièce est très-importante, et malgré son étendue nous croyons devoir la transcrire en entier. Il s'agit du dénombrement des acquisitions faites par le monastère de la Noë. M. Delisle (*Cartulaire normand*, p. 239) a expliqué les raisons pour lesquelles la Noë ne paya qu'en 1280 les droits dus au roi, tandis que les autres abbayes payèrent en 1277. — C'est que les moines de la Noë avaient élevé la prétention d'être exempts de cette finance, prétention qui fut rejetée par le parlement, comme on le voit par l'arrêt suivant rendu dans la session de Toussaint 1278 : « Visa « carta abbatis et conventus de Noa, di-« ctum fuit per arrestum, quod per dictam « cartam se tueri non poterat quin de « acquisitis ab ipsis et ecclesia sua in « feodis et retrofeodis domini regis, à « triginta annis citra, juxta ordinationem « domini regis, finire teneatur. » (*Olim*, t. II, p. 123.)

Voici cette pièce :

1280, juillet. — « Philippus, Dei gratia « Francorum rex. Notum facimus univer-« sis, tam presentibus quam futuris, quod, « sicut intelleximus, abbas et conventus « de Noa, Cisterciensis ordinis, Ebroicen-« sis dyocesis, post tempus nostra ordina-« tione prefinitum acquisierunt in feodis « et retrofeodis nostris res inferius nomi-« natas, videlicet : ex donatione facta « eisdem, in castellania Ebroicena, duo-« decim denarios annui redditus apud « Bonam Villam, in feodo de Viroleto, qui « fuerunt Albendo de Gaudevilla; item, « in feodo de Alneto, viginti quinque « solidos annui redditus apud Sanctum « Germanum, qui fuerunt Anquetilli de « Sancto Germano; item in feodo de Vil-« laribus, sexdecim solidos qui fuerunt « Roberti Bridol; item in feodo de Viro-« leto, sex solidos qui fuerunt Thome de « Virolet; item, in feodo de Hopelande, « tres solidos qui fuerunt Gervasii Cornet; « item, in feodo de Viroleto, duas acras « terre in parrochia de Bona Villa que « fuerunt ejusdem Gervasii; item, in « feodo Mauritii, duos solidos, qui fuerunt « Richardi L. Fournier; item, in feodo de « Villaribus, quindecim solidos, qui fue-« runt Richardi de Berengervilla, presbi-« teri; item, in feodo de Berengervilla, « viginti solidos qui fuerunt Roberti Gui-« chart, militis; item, in feodo de Gaudre-« villa, viginti quinque solidos, qui fuerunt « Guillelmi de Bosco Gencelini, militis; « item, apud Ebroycas, duos solidos, qui « fuerunt Nicholai de Buelio; item, ibi-« dem, triginta duos solidos, qui fuerunt « Mathei dicti Houlart, presbiteri; item, « tria quarteria bladi et unum boissellum « ordei; item, in feodo de Angervilla, « duos solidos, qui fuerunt Guillelmi de « Maeruel; item, apud Ebroycas, viginti « quatuor solidos, qui fuerunt Gaufridi de « Cortellis, et sex solidos sitos in feodo de « Alneto, qui fuerunt ejusdem Gaufridi; « item, duodecim denarios, qui fuerunt « Radulfi Baronnet; item, apud Ebroycas, « quatuor solidos, qui fuerunt Agnetis « La Torte; item, duodecim denarios, qui « fuerunt Johannis de Maeruel; item, in « feodo de Alneto, quinque solidos qui « fuerunt Guillelmi de Cangei; item, in « parrochia Grandis Silve, quadraginta « solidos, qui fuerunt Johannis de Saceyo, « militis; item, in feodo de Planchis, « septem solidos, qui fuerunt Roberti « Neel, militis; item, in feodo de Beren-« gervilla, duos solidos, qui fuerunt Phi-« lippi Coci; item, in feodo de Campo Do-« lente, duodecim denarios, qui fuerunt « Johannis de Campo Dolente; item, in « feodo de Hopelande, unam acram terre, « et aliam acram terre in feodo de Griso-« liis, que fuerunt Laurentii de Glisoliis, « presbiteri; item, unam domum apud « Ebroycas, que fuit Johannis Juas, clerici; « item, in feodo de Maeruel, tres acras « terre, que fuerunt Martini dicti Decani; « item, unam gallinam; item, apud Cau-« geium, unam acram terre in duabus « peciis que fuerunt Alermi Morel; item, « apud Boscum Martini, unam acram « terre que fuit Adeline de Morcenc, « anglice; item, in parrochia de Viro-« leto, in feodo de Saquenvilla, tri-

« ginta solidos turonensium, qui fue-
« runt Gaufridi Le Bourgoignon ; item,
« in castellania de Paciaco, quinque soli-
« dos, qui fuerunt Petri de Breencort ;
« item, in feodo de Chambines, sex soli-
« dos, qui fuerunt Gaufridi de Vallibus ;
« item, in feodo de Mesnillis, tres solidos
« turon., qui fuerunt Johannis Piscis ;
« item, in feodo de Chambines, duos
« solidos paris., qui fuerunt Thome de
« Chalou ; item, in feodo de Ponte Herberti
« duos solidos paris., qui fuerunt Laurentii
« Danten ; item, in feodo de Breencourt,
« duodecim den. tur., qui fuerunt Garen-
« gier Pleyon ; item, in feodo de Cham-
« blines, unam petiam vinee, que fuit
« Johannis Normanni ; item, duos solidos,
« qui fuerunt Guillelmi Rustici ; item, in
« feodo de Breencourt, duodecim denar.
« paris., qui fuerunt Richardi de Lyra ;
« item, in feodo de Garenceriis, viginti
« solidos turon., qui fuerunt Johannis
« Neel, militis ; item, quadraginta solidos
« turon. in feodo de Ulmis, qui fuerunt
« Girardi de Sancto Taurino ; item, in
« castellania de Ponte Arche, in feodo
« Petri de Damenevilla, in eadem villa de
« Damenevilla, quinquaginta quinque
« solidos qui fuerunt Guillelmi L'Escaude ;
« item, apud Crovillam, viginti solidos,
« qui fuerunt Johannis Guichart, militis ;
« item, apud Esquetot, quinque solidos,
« qui fuerunt Guillelmi de Creches, pres-
« biteri ; item, in castellania de Auribecco,
« sex solidos ; item, decem solidos, apud
« Auribeccum, qui fuerunt Guillelmi de
« Vernolio ; item, in castellania de Aneto,
« viginti solidos apud Ybrejum, qui fue-
« runt Reginaldi de Esselo, presbiteri ;
« item ex emptione ab eisdem facta,
« res que sequuntur : in feodo de Anger-
« villa, tres solidos qui fuerunt Guillelmi
« de Campo Dolente ; item, apud Ebroycas,
« quatuor solidos, qui fuerunt Johannis
« Alutarii ; item, apud Ebroicas, octo
« solidos, qui fuerunt Yvonis de Burgo
« Theroudi ; item, in feodo de Virolet,
« octo solidos, qui fuerunt Baldoini Sarpt ;
« item, apud Bonam Villam, duos solidos,
« qui fuerunt Clementis Cloet ; item,
« apud Ebroycas, sex solidos sex denarios,
« qui fuerunt Guillelmi dicti Avenne ;
« item apud Ebroycas, sex solidos octo
« denarios, qui fuerunt Guillelmi as Gros ;
« item, in feodo Fere, quatuor solidos qui
« fuerunt Sibille Anglice ; item, in feodo
« de Menillis, duodecim denarios paris.,
« qui fuerunt Johannis Longis ; item, duos
« solidos, qui fuerunt Thome de Chalou ;
« item, in castellania Ebroicensi, unam
« domum apud Ebroicas, que fuit Johannis
« de Fontibus, item in feodo de Saceyo,

« duas acras terre, que fuerunt Philippi
« Disme ; item, in feodo Johanne de Mota,
« unam petiam prati, que fuit Renaudi
« Veillart ; item, in feodo de Murgiers,
« unam acram terre que fuit Petri de
« Bouceyo ; item, unum domum apud
« Ebroicas, que fuit Radulfi d'Alancon,
« presbiteri ; pro quibus acquisitis perpe-
« tuo retinendis, predicti abbas et con-
« ventus finaverunt cum ballivis nostris
« Rothomagi et Vernolii, finationem hu-
« jusmodi pro nobis recipientibus (1). Nos
« autem, finationem hujusmodi ratam et
« gratam habentes, volumus et concedi-
« mus, quantum in nobis est, ut predicti
« abbas et conventus res predictas, sic
« acquisitas, possint perpetuo tenere et
« pacifice possidere, sine coactione ven-
« dendi, vel extra manum ponendi, salvo
« in aliis jure nostro et jure in omnibus
« quolibet alieno. Quod ut ratum et sta-
« bile permaneat in futurum, presentibus
« litteris nostrum fecimus apponi sigillum.
« Actum Parisius, anno Domini mil-
« lesimo ducentesimo octogesimo, mense
« julio. » (Orig. scellé, à la Bibl. Imp.
n° 5164 du fonds latin, pièce cotée 245.)

Nous allons donner, d'après les auteurs
du *Gallia christiana*, la liste des abbés de
la Noë :

1. Guérin Ier.
2. Lucas de Portes. — 1180-1190.
3. Guillaume Ier, transigea en 1219 avec
les religieuses de Saint-Sauveur sur
la pêche des anguilles dans l'Iton.
4. Guérin II, mort en 1243. — Richard,
évêque d'Evreux en 1237, consacra
l'église de la Noë.
5. Geoffroi. — 1246 et 1248.
6. Barthélemi. — 1275.
7. Azon. — 1280.
8. Raoul Ier. — 1288-1290.
9. Robert Ier, Huville. — 1335.
10. Robert II, de Morsent ou de Rouen.
— 1378-1380.
11. Pasquier. — 1380-1396.
12. Robert III, Gilles. — 1396-1397.
13. Robert IV Le Ferron. — 1399-1415.
14. Jean Ier. — 1426-1427.
15. Guillaume II. — 1428-1434.
16. Pierre Ier Acart. — 1440.
17. Robert V. — 1446-1449.
18. Martin de Harcourt. — 1450.

(1) Noms modernes des localités mentionnées dans ces lettres d'amortissement : la Bonneville (canton de Conches), Saint-Germain-de-Navarre, Annet, Villez-sous-Damville, Bérengeville (canton d'Evreux), Cau-drville, Evreux, Angerville-la-Campagne, Grossen-vre, Le Champ-Dolent, Gilsolles, Caugé, Sacquenville, Pacy, Menilles, Cormeilères, Ormes, Pont-de-l'Arche, Damonville, Croisilles, Roquetel, Gratot, Aneti, Ivri, Sassai.

19. Robert VI Happel. — 1450-1468.
20. Pierre II Osmont, en 1479, résigna ses fonctions en 1497 et mourut en 1510.
21. Raoul II Hébert, moine de Bonport. — 1497-1506.
22. Jean II Feré. — 1506-1547.
23. Robert VII de Quenel, premier abbé commendataire. — 1549-1584.
24. Gabriel de Quenel, abbé de la Noë et de Conches, mort en 1646.
25. Charles de la Roque, chanoine et trésorier de l'église de Rouen. — 1594-1616.
26. Arnoul de Malagny. — 1647-165..
27. Sébastien de Guemadeuc, évêque de Saint-Malo, mort en 1702.
28. .... Antoine, archidiacre de Chartres. — 1702-1749.
29. Charles-François des Nots de Villermont, mort à la Noë en 1753.
30. N. de Cheylus, vicaire général de l'évêque de Lisieux, nommé en 1753, transféré à Cormeilles en 1754.
31. N. Biodos, doyen de Bayeux, nommé en 1754.

Au milieu du XVIII° siècle, les auteurs du *Gallia christiana* constataient que, par l'incurie des abbés et des religieux, l'abbaye de la Noë avait perdu presque tous ses biens et tous ses titres de propriété, et qu'à peine suffisait-elle à nourrir deux ou trois moines. L'abbaye de la Noë posséda au moyen âge une riche collection de manuscrits, dont une partie considérable passa dans la bibliothèque de Colbert, et ensuite dans celle du roi. On reconnaît encore aujourd'hui dans l'ancien fonds latin de la Bibliothèque impériale une vingtaine de manuscrits qui ont appartenu au couvent de la Noë. On nous permettra d'en signaler un qui ne manque pas d'intérêt pour l'histoire de l'abbaye. Il porte le n° 2358 et a été écrit au XII° siècle. A l'intérieur de la couverture, on lit le titre BEDA SUPER LUCAM, accompagné des mots : « liber Sancte Marie de Noa. » Sur les feuilles de garde ont été ajoutées les notes suivantes :

« † Ego Willelmus de Paciaco dedi et
« concessi ecclesie Sancte Marie de Noa
« x. solidos annuatim in vitta (sic) mea et
« propria manu subscripsi.

« Lucas, decanus Ebroicensis, promisit
« se daturum eidem ecclesie xx. solidos
« annuatim in vita mea (sic) in Pascha
« solvendos.

« Abbas et conventus concesserunt Luce,
« Ebroicensi decano, usum et habitatio-
« nem quamdiu vixerit in domibus suis la-
« pideis, tam inferius quam superius, in

« festo Sancti Aniani proximo post reditum
« Ricardi regis Anglie de Alemannia. Et
« idem Lucas decanus promisit se solutu-
« rum ejusdem domus fratribus annuam
« pensionem x. solidorum pro usu et ha-
« bitatione predicte domus in Pascha simi-
« liter reddendam.

« Hi sunt census quos annuatim red-
« dere debemus : Mauricio militi de Bona
« Villa II. solidos et dimidium. Thome
« militi II. solidos. Galtero de Ivria (?)
« XII. den. Simoni de Ande VI. sol. Wil-
« lelmo de Broquinneio XII. den. Thome
« de Sancto Johanne III. sol. et dimidium.
« Theobaldo XII. den. Gisleberto Revel de
« Planchis XII. sol. Galtero de Chanbinis
« XIII. sol. Matheo de Bervilla VIII. sol.
« Willelmo Fresnel IIII. den. et obolum.
« Medunte XIII. den. parisienses.

« Hi sunt census qui nobis annuatim
« debentur : Stephanus de Caitivel XX. sol.
« Molendinarii de Caitivel IV. den. Johan-
« nes de Bosco Martini VI. sol. Godefredus
« Quadrarius III. sol. Winebout XX. sol.
« Magister Willelmus de Pavelleio II. sol.
« Radulfus de Noario de Caugeio II. sol.
« et II. gallinas et XX. ova. Radulfus filius
« Osber III. sol. et IIII. gallinas et XX. ova.
« Amalricus, comes Ebroicensis, c. sol. in
« prefectoria de Avrilleio. In prefectoria
« de Hosdene XX. solidos de parisis. »

Les cartulaires de l'abbaye de la Noë sont perdus, mais les chartes ont été conservées en assez grand nombre. Elles ne furent pas réunies à la bibliothèque de Colbert, comme l'ont cru les auteurs du *Gallia christiana*. Ce fut un chanoine d'Évreux, nommé Lescalier, qui les recueillit et qui les vendit à la Bibliothèque du roi en 1734. Elles sont au nombre de 260, et sont classées chronologiquement sous le n° 5464 du fonds latin de la Bibliothèque impériale.

Dans le volume 297 de la collection de Gaignières, il y a 32 pièces originales se rapportant à l'abbaye de la Noë ; plusieurs sont scellées. La plupart sont des quittances pour les rentes que l'abbaye prenait sur les domaines royaux. Plusieurs des sceaux attachés à ces pièces nous font conjecturer que l'abbaye de la Noë prit au XIV° siècle les armes des comtes d'Évreux : de France, au bâton componé d'argent et de gueules.

Les archives de l'Eure contiennent aussi un certain nombre de pièces qui sont dignes d'être consultées. Dans le tableau sommaire des archives de l'Eure on lit : « Abbaye de la Noë : — Fragments et « extraits de cartulaires, titres généraux. « — Chartes et titres des propriétés situées « sur les paroisses de: Angerville-la-Rivière

« Arnières, Aubevoie, Aviron, Baux-
« Sainte-Croix, Bois-Gencelin, la Bonne-
« ville, Brosville, Caugé, Champ-Dolent,
« le Chesne, Claville, Conches, Emalleville,
« Evreux, Ferrières-Haut-Clocher, Gaillon,
« Glisolles, Houlbec-Cocherel, la Londe,
« Menilles, Mesnil-Péan, Morsent, Nagel,
« Nogent, Nuisement, Oissel, Ormes, Prey,
« Saint-Germain-de-Fresney, Tournedos,
« Venables; de 1207 à 1781. » (1 registre,
« 1 liasses.)

La Bonneville était un fief relevant de l'évêque d'Evreux. (Aveu de 1454.)

On lit dans les *Montres générales de la noblesse du bailliage d'Evreux*, en 1469 :
« Girault de Montmiral, sergent fieffé de
« la Bonneville, se présenta en abillement
« de brigandines, salade, vouge et dague,
« monté à cheval. »

« Monseigneur Jehan le Beuf, chevalier,
« seigneur de la Bonneville et du Mesnil-
« Hardiéré, se presenta en abillement de
« hommes d'armes, acompaignié de troys
« archiers, ung varlet et ung paige, mon-
« tés de six chevaulx. »

L'établissement des forges de la Bonne-ville remonte à 1717.

Les dépendances sont : — Cativai ; — la Forge ; — Le Logis ; — la Noë.

Il est très-souvent question dans les chartes de la Noë d'un lieu nommé « Ho-pelanda, Houpelanda ». Nous avons tout lieu de croire que ce lieu se trouvait sur le territoire de la paroisse de la Bonne-ville. Il est cité avec le moulin Hermier, q paraît bien avoir été situé à la Bonne-ville. Dans une charte de 1212, Robert de l'Epine donne à la Noë plusieurs masures, la moitié du four de feu Déodat le Clerc, de la Bonneville, sa part dans la pro-priété du moulin Hermier sauf la moulte de sa propre masure « de Hopelanda ». — Nous avons déjà cité une charte de 1249 dans laquelle on lit : « Pro tenemento
« quod Rogerus de Hopelande tenebat
« apud Bonam Villam, in loco qui dicitur le
« Moncel. » En 1220, Robert, fils d'Agnès « de Houpelanda ».

Cf. *Gallia christiana*, t. XI, p. 265.
Neustria pia, p. 803.

BONNEVILLE-SUR-LE-BEC.

Arrond. de Pont-Audemer. — Cant. de Montfort.

Patr. S. Pierre. — Prés. l'abbé du Bec.

Les noms de Bonneville, Bourneville, Bournainville, Barneville peuvent être rapprochés les uns des autres : la racine de plusieurs de ces noms est le nom propre *Biorn* et le mot *villa*.

On voit « Burnevilla » dans la charte de fondation d'Hellouin, qui paraît être d'une date voisine de 1034, et certaine-ment antérieure au départ du duc Robert pour la Terre-Sainte : « consentiente Ro-berto comite. »

Suivant Guillaume de Jumièges, ce se-rait « Burnenvilla ». « ..... protinus in villa quæ dicitur Burnenvilla..... »

Ce lieu est encore appelé Borneville dans des titres de 1209, 1222, 1225, 1230, 1236 ; Bourneville, 1394. Dans ce dernier, il est parlé de « Cultura de Burnevilla que vocatur Montpelé »

On sait que la Bonneville appartenait, au commencement du XI° siècle, au bien-heureux Hellouin, et qu'il essaya sur son territoire de fonder l'abbaye du Bec. Mais, ayant bientôt reconnu que l'emplace-ment était mal choisi, il transporta sa nouvelle abbaye dans un endroit plus riant qu'offrait à quelque distance la vallée du Bec. Hellouin n'avait donné à la nou-velle abbaye que le tiers de son domaine.

L'inventaire des titres de l'abbaye nous a conservé sur la topographie de la Bonne-ville de curieux renseignements.

En 1145, Léon Leprevost donne une terre nommée *le Champ-des-Monts*, et confirme celle de *Champ-Felimeint*.

Léon Leprevost donne à l'abbaye du Bec 3 acres de terre nommées *le Champ-Felimeint* (ou *Feliment*), 5 acres nommées *Rufin*, et 4 au haut de la *coulture* appelée *Montpelé*.

En 1182, Olivier du Bosc cède toute *la cousture de Maunepas*, donnée par Robert de Chantelou.

En 1209, Robert du Bosc donne toutes les dîmes de son fief.

En 1224, donation faite à l'abbaye du Bec par Richard Juas d'une pièce de terre appelée *le Champ-de-l'Espine*.

En 1225, Baudoin d'Esprerville, cheva-lier, confirme la donation par Jean Folet d'un vassal nommé Mathieu, (1275) sur Aptot (*Champ-Coignard*), triage des Val-lées.

En 1228, donation faite à l'abbaye du Bec d'une pièce de terre située dans le *Champ-du-Puits*.

En 1230, Jean du Bosc donne une pièce entre l'*Arbre-de-la-Croix* et le hameau des *Bois* à la *Maillere-du-Moine*. En 1239, *Champ-de-la-Maillère*.

1234. *Le Champ-d'Oschier*.

1236. Donation faite par Jean Crespin à l'abbaye du Bec d'une pièce de terre « scize dans le Champ-Costil, vers la cou-« ture de Bonneville, appelée Montpelé ».

En 1237, Robert Servin confirme la donation faite par Richard du *Tremblay* à Sainte-Marguerite de Bonneville et aux lépreux dudit lieu d'un quartier de froment de rente.

En 1238, donation par Raoul de *la Bérelière* à la chapelle de Sainte-Marguerite de *Buteville*.

En 1239, donation par Guillaume *Chaudecols* du tènement de *la Khiese*, près la *Porreterie*.

En 1239, donation faite à l'abbaye du Bec par Jean du Busc de cinq vergées de terre et treize perches, dans son champ de la Maillère.

En 1253, vente à l'abbaye du Bec par Robert de *Vaccaria*, « de parochia Beate Marie de Bornevilla, » d'une vergée de terre moyennant 4 livres tournois.

En 1284, vente à l'abbaye du Bec par Guillaume Fromentin d'une demi-acre neuf perches et demie de terre, sises au Busc-Rooult, paroisse de Bonneville.

1287. Vente faite à l'abbaye du Bec par Guillaume Valvendrin de tout le droit qu'il avait sur la vavassorie de Valvendrin.

1305. Terres situées à *Saint-Léger, paroisse de Bonneville*, et 1316, *paroisse de Saint-Léger à Bonneville*.

1345. Guillaume de Fourquettes, écuyer, reconnaît tenir de l'abbaye son fief de *Fourquettes* (un quart de fief de haubert) pour 50 sols substitués à une paire d'éperons dorés.

En 1386, Pierre du Valvaudrin fut, avec l'évêque de Lisieux, Robert d'Estouteville, et Guillaume Roullant, chargé d'arbitrer entre Philippine Bertran et les religieux du Val-Richer une discussion relative au patronage de l'église de Saint-Gilles de Livet. Dans l'Échiquier de 1390 on fait mention de lui comme ayant été naguère bailli d'Harcourt.

En 1390, « Martin du Valvandrin, écuyer sous âgé, et Aline... de damoiselle Alips de Cléreber, vefve de feu du dit Valvandrin, bourgeois de Rouen.

1400. Vente faite à l'abbaye du Bec par Raoul de Rouen de dix perches de terre, avec une maillère et la maison dessus, estant sise à Bonneville, et d'un jardin nommé *le Clos-Marette*, sis audit Bonneville.

En 1407, maître Jacques de *Fréville* tient le fief de *la Slotte* à Pont-Audemer, relevant de la baronnie de *Bonneville*.

1443. Vente faite à l'abbaye du Bec par Michel et Jean Vacquerye, d'un noble fief nommé *Vacquerye*, avec toutes ses appartenances et dépendances, tant en rentes seigneuriales, maisons, masures, terres labourables et autres choses y spécifiées, sis à Bonneville.

1460. Lettres faisant mention de 16 sols de rente à prendre sur une pièce de terre nommée *Cainesse*.

1493. Reconnaissance faite à l'abbaye du Bec par Robert le Mercier « d'estre tenant d'une pièce de terre, comme elle se contient, sise à Bonneville, relevante de la vavassorie de *Vieux* ».

1623. Sentence « de condamnation de plusieurs années d'arrérages de rentes de l'ainesse qui fut Jean Aubert, scise au triage de *Vicambeau* ».

L'abbaye du Bec présentait à la cure. On lit dans le pouillé d'Eudes Rigaud : « Bonevilla, Abbas de Becco patronus; valet xxx. libras, Parrochiani c. » Suivant un aveu du 13 mars 1521, la baronnie de Bonneville, qui appartient à l'abbaye du Bec, a droit de présenter à la cure du lieu « et à celles de Bos-Robert, Saint-« Taurin-sur-Fourques, Saint-Perol, Saint-« Eloi-de-Fourques, Vouecreville, Saint-« Filibert (sur Boissai), Appetot (en « Roumois), Pont-Autou, Neuville, Saint-« Denys-des-Monts, Saint-Georges-du-« Vièvre. » — (Voyez les explications de Toussaint Duplessis sur cet aveu et sur une léproserie dont le pouillé de 1738 aurait constaté l'existence encore au xviie siècle, t. II, p. 454 et 455.)

Nous trouvons parmi les lieux dits de Bonneville, — Branon; — Édouinville; — la Grande-Mare; — l'Homme-de-Bien; — les Marais; — le Montier; — le Val-Vandrin; — la Baronnie.

Bonneville-sur-le-Bec a été réuni à Appetot en 1844, et s'appelle maintenant Bonneville-Appetot.

Cf. Toussaint Duplessis, t. II, p. 454.
Canel, *Essai sur l'arrond. de Pont-Audemer*, t. II, p. 344.

BOS-BÉNARD-COMMIN

Arrond. de Pont-Audemer. — Cant. de Bourgtheroulde.

Patr. S. Ouen. — Prés. le seigneur.

Nous pensons que le nom de cette commune vient d'un bois qui dépendait de la forêt de la Londe et qui avait appartenu à un nommé Bernard. Peut-être ce bois se trouva-t-il partagé vers le xiiie siècle entre la famille Comin et la famille de Cressi; on s'expliquerait alors comment on distingua les deux localités : le Bosc-Besnart-Commin, le Bosc-Besnart-de-Cressi. Les textes anciens appellent cette comunne Bosc-Bénard-Commin, et non pas de Commin. On trouve toujours Bosc-Bénard-de-Cressi. — C'est évidemment la même famille Commin qui a donné son nom à la commune de Saint-Ouen-de-la-Londe-Commin. Notons, enfin, que le Bosc-Bénard-Commin est dit le Petit-Bosc-Bénard, et le Bosc-Bénard-Cressi, le Grand-Bosc-Bénard.

On peut encore supposer que les deux paroisses de Bosc-Bénard-Commin et de Bosc-Bénard-de-Cressi, quoique contiguës, ont eu une origine différente, c'est-à-dire que l'une doit son nom à un Bernard Commin, et l'autre à un Bernard de Cressi. Il est certain que dans les rôles de l'Echiquier de 1180, Bernard Commin est cité deux fois : « de Bernardo Commin, c. solidos pro concordia, » et, suivant Toussaint Duplessis, Bernard Commin qui a donné son nom à notre commune existait en 1226. (Archives de l'archevêché de Rouen.)

Nous devons rappeler toutefois que dès le XIIe siècle la paroisse et le lieu de Bosc-Bénard existaient, qu'un Richard « de Bosco Bernardi » est contemporain de Bernard Commin, et qu'enfin « Johannes de Bosco Bernardi » fut l'un des témoins du mariage de Galeran de Meulan avec Marguerite de Fougères à Mortain, en 1183.

Il semble évident que la commune de Bosc-Bénard possédait son nom avant que Bernard Commin n'en fût seigneur au XIIIe siècle.

Bernard Commin eut pour femme Harvyse. Le cartulaire des archevêques de Rouen (f° LXIX, n° 86) contient une charte de cette dame.

Nous possédons quelques renseignements sur un Jean de Bosc Bernard, qui paraît être le même que Jean Commin, fils de Bernard Commin.

Le cartulaire de Saint-Georges de Boscherville renferme une charte de Jean Commin, fils de Bernard, relative au bois de Rispeville et au manoir de Beaurepaire. Il prévoit le cas où le grand nombre des défrichements et des nouvelles habitations dans ce bois, qui était une dépendance de la forêt de la Londe, nécessiterait l'établissement d'une église. (1218.)

Jean Camin est cité dans une charte de 1215 relative à Saint-Amand.

« Johannes Comin » paraît dans une charte de Bondeville. (1218.)

Vers la même époque, en 1207, Jean de Bosc-Bénard sert de témoin dans un accord entre Guillaume de Plasnes et le prieur de Bourg-Achard. (Cart. de Bourg-Achard, n° 2, p. 1.) Il intervient, également comme témoin dans le partage de la succession de Raoul Taisson, partage fait par arrêt de l'Echiquier en 1214. (Delisle, Cart. norm., p. 37, n° 230.) Enfin, en 1224, « Johannes de Bosco Bernardi Commin » donne au prieuré de Bourg-Achard cinq sous dus par Thomas l'Anglais, à raison d'une terre qu'il possède dans la paroisse de Saint-Martin-de-Bosgouet. (Cart. de Bourg-Achard, p. 46, n° 160.)

« Jean de Bosc-Bénard donna à l'abbaye « du Bec la dîme de tout son fief de Bosc-« Bénard et la moitié de la dixme de tout « son fief à Dauboc, près d'Epreville. » (Invent. des titres de l'abbaye du Bec, p. 503.)

On lit dans le pouillé d'Eudes Rigaud que le patron de Bosc-Bénard-Commin était un chevalier nommé Jean. Est-ce Jean Comin ? Est-ce Jean de Bosc-Besnard ? C'est évidemment l'un d'eux, si ce n'est le même personnage. « Bos Besnart Co-« min. Johannes, miles, ejusdem villæ, « dominus, patronus ; valet XX. libras ; pa-« rochiani XXXV. Jeronimus presbyter « presentatus a patre dicti J.; receptus « a domino T. Radulfus, presbiter qui « nunc est, receptus fuit ab archiepiscopo « Odone Rigaudi ad presentationem Thome « armigeri, domini ejusdem ville. Item « Nicholaus receptus fuit ad presentatio-« nem dicti Thome, nunc militis. »

En 1233, Guillaume de Bosc-Bénard-Commin était seigneur d'un domaine situé à Bouquetot. (Cart. de Bourg-Achard, n° 81.)

En 1260, on fit une enquête sur les actes du vicomte de Pont-Audemer. Il s'agissait du droit d'usage que le prieur de Bourg-Achard prétendait avoir dans la forêt de la Londe : « Ledist viscomte enquist et fist « semondre monsegnor Thomas de Bosc-« Besnart, chevalier, et monsegnor Ar-« noulpf des Haies, chevalier, et les vencors « et les serganz de la forest, avec eus « grant foisson de bone genz, et les ser-« ganz distrent par leur serement que le « dit prior n'y avoit droit. » (Delisle, Cart. norm., p. 435, n° 664.)

La famille des Haies semble avoir eu au XIIIe siècle plusieurs fiefs situés à Bos-Bénard. Sans parler d'Arnoul des Haies, chevalier, nous trouvons qu'en 1257 Jeanne des Haies, veuve de Renaud Trousse-bout, donna à l'abbaye du Bec une rente de 60 sols à prendre sur Geoffroi de Mesnil et Richard Grimont, à cause du fief qu'ils tenaient d'elle en la paroisse de Saint-Pierre du Bosc-Bénard-Commin.

L'inventaire des titres de l'abbaye du Bec qui relate cet acte dit que Jeanne des Haies était veuve de Renaud Troussebout. C'est probablement une erreur : nous connaissons plusieurs actes d'un Renaud Troussebout postérieurs à 1254.

La même dame donna la même année aux religieux de Bonport 40 sols de rente à prendre le jour de sa mort, sur le fief que Guillaume de Bordeni tenait d'elle « in parrochia Sancti Petri de Bosco Bernardi Coumin ». Elle ajoute : « Et insuper licebit eisdem super totam terram, « quam dictus G. tenet de feodo meo, « plenariam facere justitiam pro dicto « redditu habendo annuatim. » (Delisle, *Cart. norm.*, p. 112.)

Les titres de la commanderie de Sainte-Vaubourg contiennent quelques renseignements sur Renaud dit Troussebout, chevalier, et sa femme. A un acte de 1273, touchant une donation faite par Renaud Troussebout, chevalier, et Jeanne, sa femme, est appendu le sceau de celle-ci. On y voit une grande fleur de lis avec cette légende : S' *Madame Johane Trousebout*. (Arch. de l'Emp., S, 5202, n° 26.)

Le pouillé de Raoul Roussel (1431) nomme « le Bosc-Besnart-de-Coumin ».

Bos-Bénard-Commin était le siége d'un fief, ainsi que nous l'atteste l'aveu suivant de 1382 : « Fut présent noble homme « monsieur Robert d'Angerville, cheva- « lier.... Item il confessa à tenir du roy « notre dit seigneur un fieu de cheva- « lier, nommé le fieu des *Haies*, avecques « ses appartenances, dont le chief est assiz « en la parroisse de Bosc-Bernart, comme « il s'estend en icelle parroisse et es par- « roisses du Boscrogier et du Bourg-The- « roudé ou dit bailliage de Rouen, en la « viconté du Pontautou. Et en confessa « estre tenu faire à nostre dit seigneur « foy et hommage quant le cas s'offre, et « quarante jours de service d'ost à l'ost « au prince à estre fait au chastel de Val- « de-Rueil par semonce advenant.

« Item il confessa et advoua à tenir du « roy nostre dit seigneur demi-fieu de che- « valier nommé le fieu de Quatremaire(?), « assiz en la paroisse dudit lieu de Quatre- « maire et du Tronq, avecques tels appar- « tenances comme audit fief appartient, « oudit bailliage de Rouen, en la viconté « du Pont-de-l'Arche. Et en confessa estre « tenu faire à icellui seigneur foy et hom- « mage, et vint jours de service à l'ost au « prince par semonse advenant. » (16 août 1382.)

Ce fief passa au XVI° siècle dans la famille du Fai, de Bourg-Achard. Suivant un autre aveu du 5 mai 1673, le droit de présenter à la cure appartenait à ce fief, lequel relevait du marquisat de la Londe-Commin.

Le *Coutumier des forêts de Normandie*, f° 58 r°, mentionne vers 1400 les droits des possesseurs du fief de Bos-Bénard. Nous allons reproduire ce passage, en prévenant toutefois qu'il peut aussi bien s'appliquer à Bos-Bénard-Cressi :

« Damoiselle Ysabelle du Bois-Bénart, à « cause de son hostel dudit lieu du Bois- « Bénart, a en la forest de la Londe, cha- « cun an, au terme de Noël, un fou et un « hestre avecques leur amenée, par livrée « du verdier de la dicte forest; item le « boiz sec en estant et le vert en gesant « sans caable et sans amende et hors « deffens, la branche du pié jusques au « coupel, c'est le fourg au dessoubz du « genoul, sans mehaignier l'arbre, hors « deffens; item doit avoir tout mort boiz « hors essart; lequel essart est entendu « quant il y a cinq chouques de mort boiz « d'une veue, comme boul, tremble, fresne « et couldre et autre tel boiz qui n'est pas « dit mort bois en la charte aux Normanz, « et entre deux taux, c'est assavoir entre « Pasques et la Saint-Michiel; et de ce « paient les malfaiteurs qui à ce sont trou- « vez, v solz d'amende au roy, et se mains « en y a, l'amende en est au seigneur de « la Londe; item a ses pors frans à tous « les pasnages de la dicte forest, quant « pasnage y eschiet, et ses bestes franchez « és pasturagez d'icelle, excepté chievre, « et deffens et taillez; item le maille, le « caillou, le genest, et la blanche espine « hors deffens; pour lesquelles franchises « la dicte damoiselle et ses successeurs, « seigneurs dudit lieu du Bois-Bénart, « sont et seront tenus aller deux fois l'an, « et plus se mestier est, aux venez et juge- « mens de la dicte forest par avenant ce- « monse, et si doit aller deux foiz l'an aux « plés du recort du pasnage de la dicte « forest, quant il lui est fait savoir comme « dit est. » (Folio 58 r°.)

Au hameau du Neubourg, dans le bois de la Varenne, sur le bord d'un vallon, se trouve une enceinte fort remarquable : tout l'intérieur de l'enceinte est une énorme excavation à pentes abruptes, mesurant environ une cinquantaine de pieds de profondeur. Voyez la description de cette enceinte dans les *Essais* de M. Canel. On a trouvé d'ailleurs dans cette commune et dans les bois environnants de nombreux vestiges de constructions antiques.

Le nom de Froc, porté par le hameau de l'Église, sert dans le canton de Bourg-theroude à désigner la place publique qui est voisine de l'église. Nous ferons remarquer que Toussaint Duplessis donne pour patron à l'église de Bos-Bénard-Commin saint Pierre, et M. Canel saint Ouen. Plusieurs textes du XIIIᵉ siècle que nous avons eu l'occasion de citer indiquent saint Pierre.

Les lieux dits de Bos-Bénard-Commin sont : — Burai ; — le Camp-Ezoux ; — la Chaussée-de-Rouuure ; — le Froc ou l'Eglise ; — les Haies (château) ; — le Neubourg ; — les Noës ; — le Mesnil ; — le Perrel.

Cf. Toussaint Duplessis, t. II, p. 457.
Canel, *Essai sur l'arrond, de Pont-Audemer*, t. II, p. 239.

BOS-BÉNARD-CRESCY.

Arrond. de Pont-Audemer. — Cant. de Bourgtheroulde.

Patr. la Ste Trinité. — Prés. l'abbé du Bec.

Nous avons expliqué comment avaient dû se former les deux communes du Bos-Bénard-Commin et du Bos-Bénard-Cressi : soit que le Bos-Bénard ait été à l'origine une seule localité appartenant à un seul propriétaire nommé Bernard, et partagée plus tard entre les deux familles Commin et de Cressi ; soit que le Bos-Bénard-Commin ait pris dès l'origine son nom de Bernard Commin, et le Bos-Bénard-de-Cressi de Bernard de Cressi. Singulière analogie cependant pour deux localités contiguës, et qui nous ferait pencher pour la première hypothèse. Nous trouvons citée dans Orderic Vital la famille de Cressi et nous écrirons désormais, non pas Crescy, mais Cressi.

Nous lisons dans le rôle de l'Echiquier de Normandie de 1198 : « De herede Hugonis de Cressie, 10 lib. » Et plus loin : « Heres Hugonis de Cresseio reddit com« potum de 348 lib. superius scriptis de « remanente debiti Radulfi, Lexoviensis « episcopi. In thesauro 10 lib. per Gal« fridum de Sai, et debet 338 lib. » Enfin, en 1203, dans le compte de la baillie du Roumois, on lit encore : « Heres Hugonis « de Cresseio 294 lib. 8 sol. de rema« nenti debiti Radulfi, Lexoviensis epi« scopi. » Nous pensons que cette famille de Cressi appartenait plutôt au Bos-Bénard de Cressi qu'au Cressi (*Cressiacum*) situé dans le canton de Bellencombre, et dont le prieuré dépendait de Saint-Lô de Rouen. Peut-être l'héritier de Hugues de Cressi dont parlent les rôles de l'Echiquier est-il Raoul de Cressi qui, suivant Toussaint Duplessis, aurait donné, du consentement de sa femme Adeline, le patronage de l'église de Sainte-Ursule à l'abbaye du Bec. En effet, Eudes Rigaud, dans son pouillé, constate que dans la seconde moitié du XIIIᵉ siècle l'abbé du Bec était patron :

« Bos Bernart de Cressy. Abbas Bec« censis patronus ; valet xx. libras ; pa« rochani. t. Matheus, presbiter, presen« tatus a dicto abbate, receptus a domino « Mauritio. — Radulfus presbiter qui nunc « est receptus fuit ab archiepiscopo Odone « Rigaudi ad presentationem Thome ar« migeri, domini ejusdem ville. Item Ni« cholaus receptus fuit ad presentationem « dicti Thome nunc militis. »

L'inventaire des titres de l'abbaye du Bec attribue à Gilbert Hotto (?) le don du patronage de l'église de Bosbénard.

Le pouillé de Raoul Roussel (1431) reproduit les mots du pouillé d'Eudes Rigaud : « Bosc Bernart de Cressi. »

L'abbé du Bec présentait à la cure, suivant une déclaration du 13 mars 1521, rendue à raison d'une vavassorie qui était située à Bos-Bénard-Cressi, et qui appartenait à l'abbaye.

Le manoir était le siège du fief de Bos-Bénard-Cressi. Ce fief appartenait, selon le rôle de 1540, à « Jehan Poisson, escuyer, » qui le tenait du duc d'Estouteville. En 1500, maître Jean Poisson, chapelain de la chapelle du Trait, seigneur en partie de *Gilleville*, abandonna à l'abbaye du Bec pour deux tiers et au curé pour un tiers la dîme du fief de Gilleville, sur laquelle il avait élevé des prétentions.

Nous pensons qu'il s'agit de Bos-Bénard-Cressi dans ce passage : « Le jeudi XIX « aoust audict an 1563, le roy Charles IX « partit de la ville de Rouen pour s'ache« miner en la Basse Normandie, et s'en « vint le dict jour coucher à Bosbénard, « lieu fort plaisant, appartenant au sieur « de Bresmetot, et le lendemain disner « à la Chapelle de Brestot et au Pont-Au« demer coucher, où il feist entrée. »

Il y avait autrefois à Bos-Bénard-Cressi une chapelle de Saint-Thomas-de-Gedeville, qui fut momentanément transformée en prêche et détruite à l'époque de la révocation de l'édit de Nantes. Toussaint Duplessis place aussi une chapelle de Saint-Thomas dans le fief du Camp-Héroul, et le Camp-Héroul dans la paroisse de Bos-Bénard-Commin ; mais le Camp-Héroul répond évidemment à la Hairie de Bos-Bénard-Cressi, et il s'agit de la même chapelle de Saint-Thomas.

Dépendances : — Bouville ; — la Businière ; — Gedeville ; — la Hairie ; — la Vallée ; — le Vivier ; — la Canonerie ; —

le Genet; — la Maison; — la Bozardière.

Cf. Toussaint Duplessis, t. II, p. 457.
Canel, *Essai sur l'arrond. de Pont-Audemer*, p. 457.

BOSC.

(Voyez Saint-Melain-du-Bosc, Saint-Nicolas-du-Bosc, Saint-Martin-du-Bosc, Sainte-Opportune-du-Bosc, La Neuville-du-Bosc.)

BOSC-ASSELIN.

(Voyez Saint-Nicolas-du-Bosc-Asselin.)

BOSCDEL.

(Voyez Saint-Léger-du-Boscdel.)

BOSCGUÉRARD.

(Voyez Saint-Pierre-du-Bosguérard et Saint-Denis-du-Bosguérard.)

BOSCHERVILLE.

Arrond. de Pont-Audemer. — Cant. de Bourgtheroulde.

Patr. S. Sauveur. — *Prés. le chapitre de Rouen.*

On voit dans le pouillé d'Eudes Rigaud que Boscherville était en patronage laïque au XIIIᵉ siècle : « Boschiervilla. Colinus « de Tuit patronus; valet xv. libras; par-« rochiani xxxv. Radulfus presbiter pre-« sentatus a dicto Colino receptus a do-« mino Petro. Archiepiscopus Odo Rigaudi « recepit Petrum ad presentationem do-« mini Guillelmi de Tuit militis. »

On peut noter que la seigneurie de Bos-Normand, comme contiguë à Boscherville, appartint très-tard aux sieurs de Tuit-Anger. En juin 1293, l'archevêque Guillaume de Flavacourt donna le droit de présentation à la cathédrale de Rouen. Depuis ce temps le chapitre de cette cathédrale présenta à la cure.

En 1261, Roger Foudre, « de parrochia Beate Marie de Boschervilla, » vendit une pièce de terre « in parrochia Sancti « Albini de Bosco Normanni..... a terra « domini Egidii de Boschervilla, militis ». (Titres de Sainte-Vaubourg, *Arch. de l'Emp.*, S. 5200, 15.)

Dans la charte précédente, l'église de Boscherville est dédiée à la bienheureuse Marie, et Toussaint Duplessis confirme le fait. Cependant M. Canel avance qu'elle est placée sous l'invocation de saint Sauveur.

Les dépendances sont : — l'Eglise; — le Bas-Boscherville; — les Clos.

Cf. Toussaint Duplessis, t. II, p. 445.
Canel, *Essai sur l'arrond. de Pont-Audemer*, t. II, p. 346.

BOSC-L'ABBÉ.

(Voyez Saint-Nicolas-du-Bosc-l'Abbé.)

BOSC-MOREL (LE).

Arrond. de Bernay. — Cant. de Broglie.
Sur la Charentonne.

Patr. S. Christophe. — *Prés. le seigneur.*

Dans les grands rôles de l'Echiquier (1203) : « Willelmus Crassus de Beco, et « Osbernus Doringue de Briona, et Her-« lewinus de ibidem, et Robertus de Bosco « Moret, et Robertus Ruan de ibidem, et « Radulfus le Franceis, IV. libras quas « receperunt de liberatione sua de xx. die-« bus, et recesserunt sine licentia..... » (Stapl., *M. R.*, 1203, p. 566.) « Radulfus « Osbertus et Petrus de Bosco Moret c. so-« lidos pro c. ovibus de jurata... »

Dans un acte de 1387, on lit encore : « Bosc-Moret. »

Outre la paroisse, il y avait un prieuré-cure sous l'invocation de Notre-Dame, à la présentation du prieur de Lierru.

Parmi les seigneurs ou présentateurs du Bosc-Morel, nous croyons pouvoir citer :

1510. André de Mainbreville, au droit de dame Françoise du Rouil, sa femme, patronne dudit lieu à cause de son fief de Fresnai.

1514. Jacques de Picau, à cause de Marguerite de Quesnot, sa femme.

1559. Jacques de Mainbeville, seigneur de Fresnai.

1580. Guillaume de Mainbeville, seigneur de Cernières et de Fresnai.

1641-1643. Isabeau Patry, veuve de Philippe Merlet, seigneur de Malouet.

1669. Jean de Merlet.

Dépendances : — les Becquetières; — la Bilheudière; — le Boulai; — la Bourdonnière; — le Chemin-Perré; — la Goeffrerie; — la Conardière; — le Fort-Queval; — la Goulle; — les Noës; — le Pot-de-Vin; — le Prieuré; — le Gros-Hêtre; — le Long-Pré; — la Pierre-l'Ormée; — la Mercerie.

BOSC-REGNOULT (LE).

Arrond. de Pont-Audemer. — Cant. de Bourgtheroulde.

Patr. S. *Clair.* — *Prés. le seigneur.*

Dans le pouillé d'Eudes Rigaud : « Bos-« Renolt. Georgius, miles, dominus ejus-« dem ville patronus. Valet xv. libras. « Parochiani xxx. Hellas presbyter pre-« sentatus a dicto Georgio, receptus a do-« mino Petro. »

Nous trouvons dans le rôle des fiefs de la vicomté de Pont-Autou et Pont-Audemer, en 1544 :

« *Sergenterie de Montfort* : Le fief du « Bosc-Regnoult, appartenant à Jacques « de Trousseauville, escuier, tenu dudit « de Trousseauville, à cause de son dit « fief, par un huictiesme de fief, vault « communes années la somme de 55 livres « tournois, et pour ce......... 55 l.

« *Sergenterie de la Londe* : Le fief du « Bosc-Regnoult, appartenant à Jacques « du Bosc-Regnoult, escuier, tenu du dit « sieur de Guyse, à cause de sa dite chas-« tellenie de Boissay-le-Châtel, par un « demi-fief de haubert, vault communes « années la somme de cent livres tournois, « charges ordinaires rabattues, et pour « ce............. c. l. »

Les lieux dits sont : — les Bruyères; — Lenteuil; — le Moulin.

Toussaint Duplessis, t. II, p. 463.
Canel, *Essai sur l'arrond. de Pont-Audemer*, t. II, p. 230.

BOSC-RENOULT (LE).

Arrond. de Bernai. — Cant. de Beaumesnil.
Sur la Risle.

Patr. Ste *Anne.* — *Prés. l'abbé de Lire.*

Tout le plateau du canton de Beaumesnil qui borde la vallée de la Risle était, au xe et au xie siècle, couvert de bois. On trouve, en effet, à côté les unes des autres, les paroisses du Bosc-Renoult, Bois-Anzérai, Bois-Nouvel, Bois-Pantou, Bois-Normand, Bois-Mahiard.

La tradition rapporte que le premier abbé de Lire eut une vision qui lui fit voir l'endroit où devait être fondé le monastère de Lire. C'était, dit le texte : « in pago Uticensi, apud Boscum Regnold. » (*Gall. chr.*, t. XI, p. 123. Instr.)

Robert de Meulan confirma à l'abbaye de Lire la donation de l'église du Bosc-Renoult faite par Henri du Bosc-Renoult :

« .... Ecclesiam de Bosco Renoldi, cum « presentatione presbiteri et cum omni-« bus pertinentiis suis, quam Henricus de « Bosco Renoldi dedit eis... »

Le même Henri du Bosc-Renoult donna la terre qu'il tenait entre le Bois-Arnault et la forêt de Breteuil au prieuré de Sainte-Marie-du-Désert :

« Noverint universi quod Henricus de « Bosco Renoldi, pro salute anime sue et « antecessorum suorum, Deo et ecclesie « Sancte Marie de Deserto, et fratribus ibi-« dem Deo servientibus, in perpetuam ele-« mosinam dedit terram quam de me te-« nebat inter Boscum Ernaldi et forestam « Britolii per tres solidos servitii, et ego « Simon de Grandi Vilerio hanc donatio-« nem concessi. Et ne aliquis fratribus « predicte ecclesie super predictam terram « in posterum presumat injuriam inferre, « charte mee et sigilli mei auctoritate « munivi et confirmavi. Teste : Gaufrido « Pelevilleno, Luca Patricio (Patrix), Bal-« duino de Pax (ou Dax), et pluribus « aliis. »

Après cette charte, on trouve dans le cartulaire de Notre-Dame-du-Lesme celle de Henri « de Bosco Renoldi ». La terre, qu'il donne « per tres solidos servitii, » est indiquée pareillement « inter Boscum Ernaudi et forestam Britolii ». Le « Boscus Ernaudi ou Ernaldi » est le Bois-Arnault. Henri du Bosc-Renoult parle à son tour de Simon de Granviliers « de quo ipsam terram tenebam » et de son propre fils Gervais, « qui ipse hanc elemo-« sinam mecum super altare Sancte Marie « posuit ».

Par une autre charte, Robert « de Boleio » remet au couvent de Notre-Dame-du-Lesme une rente de 3 sols d'Anjou que lui faisait Robert, « filius Renoldi, filii Vitalis pro tribus morcellis prati. » Cet acte est de 1202. Les témoins sont : « Guillelmus de Ambenayo, presbyter; « Hugo, presbiter de Summa; Gauffridus, « presbiter de Rugles; Eustachius, miles « de Huenviller; Guillelmus, miles de « Baonneo; Richardus, miles de Ten-« vray; Radulfus Brostchampe (ou Broste-« chappe); Herbertus de Lucaio, etc. »

Les chartes d'Henri furent confirmées par Richard, seigneur du Bosc-Renoult :

« Universis Christi fidelibus presens « scriptum inspecturis vel audituris, Ri-« chardus, dominus Bosci Renoldi, salu-« tem. Universitati vestre notum sit quod « Henricus de Bosco Renoldi, antecessor « meus, dedit Deo et ecclesie Beate Marie « de Deserto et fratribus ibidem D.) ser-« vientibus totam terram suam que erat

« inter Boscum Ernaudi et forestam Bri-
« tolii, in perpetuam et omnino liberam
« elemosinam, et in eadem terra sibi re-
« tinuit tres solidos annui redditus pro
« recognitione elemosine supradicte. Et
« ego Richardus predictam donationem
« bona fide concessi et confirmavi, et in-
« super predictos tres solidos annui red-
« ditus omnino quietavi. Et volo et con-
« cedo quod dicti fratres totam dictam
« terram possideant in puram et perpe-
« tuam et omnino liberam elemosinam et
« quietam de omnibus serviciis et exactio-
« nibus et rebus omnibus michi et here-
« dibus meis pertinentibus, quia nihil om-
« nino retinui mihi vel heredibus meis in
« elemosina nostra supradicta. Et ut hec
« mea confirmatio et quietatio sit firma et
« stabilis, presentem chartam sigillo meo
« munivi, et promisi bona fide quod si
« quando miles ero et aliquo tempore
« sigillum meum mutavero, dictis fratri-
« bus de Deserto istam chartam fideliter
« si voluerint, renovabo et sigillo meo
« novo sigillabo. Actum anno Domini mil-
« lesimo ducentesimo trigesimo quinto. »

En 1240, « Richardus de Bosco Renoldi,
miles, » reconnut que si l'arrangement
conclu entre les religieux de Lire et Gilles
de Boscherville, « dominum de Bara, militem, » au sujet de la substitution du moulin de Houmes au moulin « de Bara, quod
vocatur molendinum Rogeri, » était annulé, il cesserait de percevoir 1 muid de
blé sur ce dernier moulin.

Dans les miracles de saint Louis (*Hist.
de France*, t. XX, p. 44, B) est citée :
« Joanna nomine, filia Petri Gravarandi
« de parrochia de Bosco Renoudi juxta
« Barram. »

Le Bosc-Renoult était un demi-fief relevant de la Barre. Il comprenait 600 acres
de terre, dont le tiers en bruyères. Dans
les *Montres générales de la noblesse du
bailliage d'Evreux*, en 1469, on lit : « Je-
« han Micterel, seigneur du Bosc-Regnoult
« et de la Chappelle, en la sergenterie de
« Lire, se présenta monté de deulx che-
« vaux, armé de brigandines, harnois de
« jambes, gantelets, salade et vouge. »

L'abbé de Lire présentait à la cure et
avait les deux tiers de la grosse dîme af-
fermés 330 livres. La cure en valait 300.

Les dépendances du Bosc-Renoult
sont : — le Souillard ; — Hubremont ;
— la Pinsonnière ; — les Monts ; — la
Martinière ; — le hameau de l'Eglise ; —
la Malandière ; — la Renardière ; — la
Bigotière ; — la Rollière ; — la Livinière ;
— la Trabouillère ; — la Graverie ; — la
Marandière ; — la Raulière ; — Valmont ;
— Quincampois.

BOSC-ROBERT (LE).

Arrond. de Bernai. — Cant. de Beaumesnil.

*Patr. Notre-Dame. — Prés. l'abbé de
St-Evroul.*

Robert de Leicester donna ou confirma
cette église à l'abbaye de Saint-Evroul :
« ..... Apud Boscum-Roberti ecclesiam
« cum omnibus decimis suis et ibidem
« quasdam terras..... »

Au XVIe siècle, Saint-Evroul présentait
à la cure. La grosse dîme était affermée
240 livres. Le fief du Bosc-Robert dépendait de la vicomté de Beaumont-le-Roger.
Le siége du fief était à Gisai..... Les Ras-
sent étaient alors seigneurs du Bosc-Robert.

Cette paroisse a été réunie à Gisai en
1792.

BOSC-ROGER (LE).

Arrond. de Pont-Audemer. — Cant. de Bourgtheroulde.

*Patr. S. Pierre. — Prés. le seigneur, puis
la collégiale de la Saussaie.*

Nous n'avons rien à dire de particulier
sur l'origine de tous les noms de Bosc-
Roger, ou Bois-Roger, ou Bois-Roger.
Vers le milieu du XIIIe siècle la cure du
Bosc-Roger était en patronage laïque.
Voici le passage du pouillé d'Eudes Ri-
gaud relatif à cette paroisse :

« Bos-Rogier : Radulfus de Bos-Rogier,
« patronus. Valet IIIIxx. libras. Parrochiani
« c. xxII. IIIIor. Archiepiscopus Odo Ri-
« gaudi recepit magistrum Martinum ad
« presentationem domini Guillelmi dicti
« Britonis, militis. »

En 1464, le patronage passa à la collégiale de la Saussaie. (Diocèse de Lisieux.)
Le pouillé d'Eudes Rigaud donne de
curieux détails sur la fondation d'une chapelle dédiée à la Vierge et fondée par une
dame nommée Haise, à la collation pleine
et entière de l'archevêque de Rouen. On
trouve plusieurs actes qui confirment les
faits recueillis par le pouillé d'Eudes Rigaud :

1260. Vente par Jehan Haimart, de Louviers, Nicolas Haimart, son frère, et Asceline de Magneville, leur mère, aux exécuteurs testamentaires de Haisie Norjout,
fondatrice de la chapelle. Théophanie de
Neufvillette, femme de Richard de Neuf-

villette, donne au chapelain de la chapelle Haisie Norjout divers revenus.

« Ludovicus, Dei gratia Francorum rex,
« notum facio universis tam præsentibus
« quam futuris quod, cum, sicut intelleximus, Alexander, presbyter de Bosco-Rogeri et Nicholaus dictus Parvus, executores testamenti quondam Haysie Norjout, ad opus cujusdam capellaniæ, juxta ordinationem ipsius defunctæ, apud Boscum Rogeri instituendæ, tam ex venditione quam ex donatione, acquisierint in feodo nostro redditus inferius annotatos, videlicet apud Londam ab Ascelina de Magnevilla et Nicholao et Johanne, ejus filiis, ad valorem quatuor librarum Turonensium annui redditus; item apud Thuit-Simer a Gaufrido Wafiart et Maria, ejus uxore, LX solidos Turonensium annui redditus; item apud Cleon et in parrochiis Sancti Albini et de Fresneuse a Johanne Aye et Petronilla, ejus uxore, ad valorem sex librarum Turonensium annui redditus; item in parrochia de Cleon a Ricardo de Neuvilete, milite, et Theofania, ejus uxore, ad valorem viginti et octo solidorum Turonensium annui redditus; item in sepedicta parrochia de Cleon a Guillelmo domino de Aurivalle..... » (1264.)

Outre la chapelle dédiée au XIIIe siècle à la Vierge, et qui est devenue probablement au XVIIIe la chapelle de Saint-Patrice, une deuxième chapelle, dédiée à la Vierge, fut fondée en 1665 sur le fief de Tibouville. Selon le pouillé de Rouen de l'an 1738, le propriétaire du manoir de Tibouville avait droit d'y présenter.

Nous avons recueilli quelques chartes concernant ce Bosc-Roger:

« Michael de Bosco-Rogeri » est témoin dans une charte de la Sainte-Trinité de Beaumont.

En 1247, Nicolas Ascelin vend aux Templiers, pour 50 sous tournois, une rente de 6 sous « in parrochia de Bosco Rogeri ».

En 1264, « Reginaldus de Sancto-Albino » livre aux Templiers une pièce de terre « in parrochia S. Petri de Bosco Rogeri ».

En 1264, Robert Haiquier vend tout ce qu'il avait « apud Boscum Rogerii juxta Burgum », et la même année deux des acheteurs, Nicolas du Tuit et Robert Hamon, de Bourgtheroulde, vendent ce qu'ils tenaient « de feodo Templi apud Boscum Rogeri ».

M. Canel rapporte que la seigneurie du Bosc-Roger fut vendue, le 28 août 1404, par Philippe d'Auxi, du consentement de sa femme, Jeanne, deuxième fille de Colart d'Estouteville, pour dotation de la chapelle du Bois de Vincennes. Philippe d'Auxi fut tué en 1415 à la bataille d'Azincourt.

A l'époque de la Révolution le Bosc-Roger relevait des ducs d'Elbeuf.

Les lieux dits sont très-considérables: — le Buc (ancienne vavassorie relevant du roi à cause de la vicomté de Pont-Autou et de Pont-Audemer); — Séglas, château (quart de fief de haubert relevant de Pont-Autou); — la Buissonnière; — la Chapelle; — le Hamel; — le Marais; — Marouge; — les Nouettes; — la Petite-Rue; — la Queue-Bourguignonne; — les Rues; — la Bréaulière; — les Genets.

Cf. Toussaint Duplessis, t. II, p. 404.
Canel, Essai sur l'arrond. de Pont-Audemer, t. II, p. 213.

BOSC-ROGER-LA-CLASSONNIÈRE.

Arrond. de Bernai. — Cant. de Beaumesnil.

Patr. S. Jean-Baptiste. — Prés. l'abbé de Tiron.

Nous n'avons presque rien trouvé sur cette paroisse, qui a été réunie à Gisai en 1792.

Dans les Monstres généralles de la noblesse du bailliage d'Evreux, en 1469: « Robin « Haiecte, seigneur de la Claçonnière, se « présenta vougier, deuement monté et « abillié. »

Le fief n'avait que foi et hommage sans aucun revenu.

Au XVIIe siècle, Jacques de Haste, escuyer, sieur du Bosc-Roger, en était patron honoraire. Il possédait le fief de Haste relevant du roi. Le fief de la Boullaye, appartenant à « François Pomposne « de la Boullaye, escuyer, sieur du lieu, » valait à cette époque 600 fr. Le fief de Bosc-Roger dépendait de la vicomté de Beaumont-le-Roger; 300 acres de terre, le tiers en brière.

L'abbé de Tiron présentait à la cure.

BOSC-ROGER-PRÈS-BACQUET.

Arrond. de Bernai. — Cant. de Beaumont.

Patr. S. Martin. — Prés. le seigneur.

Dans une charte de 1221, Raoul de Cierral cède « ecclesiam de Vacaria (la « Vacherie) et ecclesiam de Bosco Rogeri, « cum decimis bladi et guerpilis jampridem « usus, retentis ad usum vicariorum alta- « lagiis cum minutis decimis et terris ele-

« mosinariis, excepto quodam jornerio
« terre quod vobis contulit Symon domi-
« nus Vacarie ejusdem ville, et unicuique
« vicariorum uno modio bladi, ad men-
« suram Belli Montis. »

Au milieu des diverses paroisses et des divers fiefs de Bois-Roger, nous croyons pouvoir attribuer à Bosc-Roger-près-Barquet les aveux d'un certain fief de Bois-Rogier, situé dans la vicomté de Beaumont-le-Roger. Ce fief de Bois-Rogier avait « une motte ou souloit avoir manoir, maison, granche et coulombier avecques LXIII acres de terre ». Le seigneur avait le patronage de l'église. Il devait six jours et demi de garde au chastel de Beaumont-le-Rogier. (Aveu de 1397 ; aveu de 1456, par Pierre Leudet; *Arch. de l'Emp.*, P, 308, f°s XI, XXIV et VI^{xx}.)

Cette paroisse a été réunie avec la Vacherie à Barquet en 1792. (Voyez l'art. BARQUET.)

BOSC-ROGER-SOUS-BACQUET.

Arrond. des Andelys. — Cant. d'Écos.

Patr. S. Nicolas. — *Prés. le chapitre de Vernon.*

Rotrou, archevêque de Rouen, confirma à l'abbaye de Jumièges la propriété des biens suivants. « Scilicet apud Boscum
« Rogerii tertiam partem decimarum bladi
« et leguminum apud Macerias, similiter
« de terra rusticorum, et de culturis que
« sumpte sunt de vilanagio et de Buscheto
« et de Griperia, in tota terra Goelli de
« Baldemonte, cujus rogatu et Agnetis uxo-
« ris ejus et Baldrici filii sui super his car-
« tam nostram dedimus..... » (1164-1183.)

Henri II suivit l'exemple de l'archevêque Rotrou :

« ..... Ex dono Baldrici de Bosco ter-
« tiam partem decimarum de Maseriis et
« de Bosco Rogeri..... »

Au mois de mars 1242, par charte datée de Beaumont-sur-Oise, saint Louis donna à l'abbaye du Trésor « XXXIV. acras et di-
« midiam terre arabilis quam habebamus
« apud Boscum Rogerii in Wilcassino
« Normanno et XXXI. acras et dimidiam
« de medietaria dicti loci, cum corveliis
« adjacentibus dictis terris, et IV. acras
« similiter terre arabilis sitas apud Bau-
« demontem.. »

Avant de parcourir les divers documents que nous a conservés sur la topographie et l'histoire de Bosc-Roger le cartulaire du Trésor, notons ici le passage suivant du pouillé d'Eudes Rigaud : « Ec-
« clesia Sancti Petri de Forges et Sancti
« Nicholai de Bosco-Rogeri ; est presbiter
« quandoque in una, quandoque in alia ;
« capitulum Vernonense patronus. Habet
« IIII^{xx}. et VII. parrochianos. Valet XXV. li-
« bras turonensium. Archiepiscopus O.
« Rigaudi recepit Thomam de Pruino pres-
« biterum Vernonensem ad presentationem
« capituli Vernonensis. Item magistrum
« Johannem de Meriaco. » Ainsi Fourges et Bosc-Roger ne formaient au XIIIe siècle qu'une seule et même cure, à la présentation de l'église collégiale de Vernon. Toussaint Duplessis dit qu'au XVIIIe siècle Bosc-Roger était une succursale de Fourges, et que le patronage de Bosc-Roger était disputé avec celui de Fourges par le seigneur au chapitre de Vernon.

Revenons maintenant au XIIIe siècle, c'est-à-dire au moment où saint Louis fonde dans la commune voisine du Bos l'abbaye du Trésor.

En 1242, vente à la même abbaye de tous les biens que possédait Guillaume Berbit « in parochia de Bosco Rogerii », du consentement de sa femme Isabelle.

La même année, sentence arbitrale du doyen de Port-Mort réglant une contestation entre l'abbaye et Romaine de Grimesnil, au sujet de 3 acres de terre labourable et 3 acres de bois aumônées par cette dame pour le repos de l'âme de son mari Garnier. Ladite Romaine fut obligée de payer à l'abbaye un septier d'avoine et un septier de méteil par an à mesure de Vernon.

En 1243, charte de Guillaume du Bosc-Roger qui vend 5 sous parisis de rente hypothéqués sur la masure dans laquelle il demeure, située entre la masure de Robert de la Roche, d'une part, et la masure de Guillaume Bueves, d'autre part.

En 1246, vente par Gautier, de Pont-de-l'Arche : « de Ponte Arche, » et Herimburge, sa femme, d'une pièce de labour « in glisibus de Longo inter terram Ja-
« cobi de Bosco Rogerii ex una parte et
« terram Mathei filii Oberi (sic) ex altera ». Les vendeurs assignent en contrepleige une pièce de terre située « inter rivum de Bouqueni ex una parte et cheminum de Megniaco ex altera..... »

En 1258, Pierre de Gasni, écuyer, et damoiselle Ade de Haulencourt, sa femme, font à l'abbaye du Trésor la donation de tous leurs droits à Bosc-Roger : « Notum
« sit universis tam presentibus quam futu-
« ris quod ego Petrus de Gaegni, armiger,
« et domicella Ada de Haulencourt, uxor
« mea, de communi assensu nostro, volun-
« tarii, non coacti, pro salute et remedio
« animarum nostrarum et parentum no-

« trorum, dedimus et concessimus mo-
« nialibus de Thesauro Beate Marie jux-
« ta Baudemont, in puram et perpetu-
« am elemosinam, totam decimam no-
« stram quam habebamus apud Boscum
« Rogerii, et quidquid habebamus in ea-
« dem villa in feodo et in dominio, te-
« nendum et habendum libere, quiete et
« pacifice et in manu mortua perpetuali-
« ter possidendum... Actum anno Domini
« millesimo ducentesimo quinquagesimo
« octavo, mense januario. »

En avril 1260, vente par Roger Langlois
et sa femme Eremburge d'une portion de
métairie « apud Boscum Rogerii ». Il y est
parlé de terre « apud le Pouget ». On
donne en garantie 2 acres, dont l'une
« in grouaria juxta campum Sancti Nicolai
versus Sanctum Germanum », et l'autre
« ad viam de Busco ».

En 1264, terre « in valle de Pomeruel,
in territorio de Bosco Rogerii ».

En avril 1265, vente par Robert Langlois de 2 pièces de terre entre la terre de
Geoffroi de Coupigni... et celle du curé
« de Furgis ». En cas de revendication par
Richeude, femme du vendeur, il assigne
en garantie 2 autres pièces « inter campum de Trubleio et campum de Alveris ».

En 1266, terres situées au Long; autres
« apud Sanctum Germanum »; autres à
Riousfontaine; autres encore « apud campum Posterat ». Parmi les témoins on remarque Gautier « de Torniaco ».

En avril 1266, pièces situées « juxta domum que dicitur Malassise ». Autre terre
à Riousfontaine. Champ des Alleuz.

En janvier 1268, vente par Guillaume
« dictus de Busco, de parochia Vallis Cor-
bonis, filius Richardi de Busco defuncti »
d'une pièce de terre située « apud Brueriam du Long », aboutissant d'une part
« nemori du Long » et d'autre part « nemori domini Roberti de Busco, militis ».
Le vendeur donne en garantie une autre
pièce « apud les Sevel supra culturam
de l'Erable ». Parmi les témoins on remarque « Johannes de Putelo et Simon
« de Puteo prepositus de Commenci (ou
« Cammenci) ».

En février 1268, vente par Guillaume
Mabou « de Bosco Rogeri » d'une pièce
de terre « que abotat ad cheminum qui
ducit de Brayo ad Escos » (chemin de
l'Orme-Maladive).

1275, Charte d'Anne, veuve de Raoul
du Bus, du consentement de Guillaume et
André, ses fils, qui vend une pièce de
terre, sise proche les murs de l'abbaye.

En 1281, échange avec Thomas le Paie
et Aliso, sa femme, de pièces de terre
« in parrochia de Bosco Rogerii », dont
l'une était voisine de la terre de Robert
« du Bus », chevalier.

En 1377, vente par M. Gui du Bus,
chevalier, seigneur du Bus, d'un manoir
assis au Bosc-Roger, près des bois de M. de
Garancières. Consentement de Jeanne de
Fours, sa femme.

En 1387, triages du Coudriau, de De-
vant-la-Ville, Dessous-la-Vigne-au-Pré-
vost, des Quarnaux, le tout assis au Bosc-
Roger, en la paroisse de Fourges.

Le Bosc-Roger était un fief mouvant de
Gisors.

Cette paroisse a été réunie à Fourges
en 1842.

Cf. Toussaint Duplessis, t. II, p. 650.

BOSC-ROGER-SUR-EURE.

Arrond. d'Evreux. — Cant. de Pacy.

Patr. Notre-Dame. — *Prés.* le chapitre d'Evreux.

Près de la ferme de l'Hopital, on suit
encore les traces d'une chaussée romaine
se dirigeant vers Gadencourt.

Dans une des listes de fiefs conservées
dans le *Registre de Philippe-Auguste*, on
trouve que dans la châtellenie de Pacy le
fils de Roger du Bosc tenait un fief à
Bosc-Roger : « ... Filius Rogeri de Bosco
« tenet unum feodum apud Boscum Ro-
« geri, unde debet xl. dies ad suum
« custum de custodia.... »

Quant aux droits de patronage et de
présentation de l'église de Bosc-Roger,
ils appartenaient depuis le XIIIe siècle au
chapitre d'Evreux. Nous avons à cet égard
une charte de Luc, évêque d'Evreux, et
une charte de Roger du Bosc-Roger.

La charte de Luc, évêque d'Evreux,
porte : « ..... Jus patronatus ecclesie de
Bosco Rogeri..... »

Voici la charte même de Roger du
Bosc-Roger : « Rogerus de Bosco Rogeri,
« omnibus ad quos presens scriptum per-
« venerit, salutem. Notum sit universis
« quod ego, pro salute anime mee et fra-
« trum meorum et parentum, dedi Deo
« et capitulo Sancte Marie Ebroicensis, in
« perpetuam elemosinam, presentationem
« ecclesie de Bosco Rogeri cum pertinen-
« tiis suis, assensu fratrum meorum Ra-
« dulfi, Johannis et Gaufridi, et Agnetis
« sororis mee, ad quam presentationem
« pertinent tam due garbe quam tertia
« ecclesie ejusdem et terre elemosine. Et
« juravi super majus altare me hoc sem-
« per garantizaturum ad posse meum, et

« hoc idem juraverunt fratres mei et so-
« ror mea. Canonici vero ejusdem eccle-
« sie, pro beneficio meo gratiam repen-
« dere volentes, caritative mihi dederunt
« docem libras andegavensium de bonis
« ecclesie sue. Ergo ut hec mea donatio
« firma in posterum habeatur, cartam
« meam eis inde feci et sigilli mei muni-
« mine roboravi. »

Le fief de Bosc-Roger dépendait de la vicomté d'Evreux.

Dépendances : — le Bois-des-Hommes; — le Mesnil-du-Pré; — l'Hopital.

BOSGOUET (LE)

Arrond. de Pont-Audemer. — Cant. de Routot.

Patr. S. Martin. — *Prés. l'abbé de Saint-Pierre-de-Préaux.*

« Boscus Goiethi, Boscus Goeti, Boscus Guet, Boscus Goeth, » telles sont les principales dénominations du Bosgouet au moyen âge. Goet est visiblement un nom d'homme. Goellus n'aurait-il pas fait Gouel, Goel, Goet? La forme Gouet est peut-être un diminutif de Goellus? Nous pensons que l'origine de Gouet est celtique. Nous avons écrit souvent Bosc-Gouet, qui serait la véritable orthographe; mais nous ne ferons point difficulté, après avoir pris nos réserves, de suivre ici l'usage qu'a établi l'euphonie de dire Bosgouet comme Bosnormand, Bosrobert, etc.

Il faut, d'abord, observer que dans la commune du Bosgouet se trouve une pierre druidique. Au hameau de Mallemains, sur le bord d'un bois voisin de celui du Perrai et de la forêt de la Londe, on rencontre un tertre peu élevé, couronné par plusieurs sapins. Il renferme dans sa cavité centrale une pierre brute, couchée par terre, d'environ 2 mètres carrés et 66 centimètres d'épaisseur.

Les seigneurs de Pont-Audemer avaient des droits et des domaines au Bosgouet. Robert et Guillaume, fils d'Onfroi de Vieilles, en cédèrent une partie à l'abbaye de Préaux : « .... Regnante Willelmo,
« Roberti marchionis filio, dederunt Sancto
« Petro Pratelli ecclesias et decimam tocius
« exitus terre vel silve que dicitur Boscus
« Goieth Robertus et Willelmus filii Hun-
« fridi... » (*Cart. de Préaux*, f° 136.)

Cette charte fut confirmée par Robert Ier, comte de Meulan, qui donna à ladite abbaye « ecclesiam et decimam de Boscgoieth, cum xxx. acris terre ». (*Cart. de Préaux*, f° 135.) Notons qu'il n'est plus ici question que d'une seule église.

Peut-être à l'instigation de Robert de Meulan, qui portait à l'abbaye de Préaux, où il fut enterré, un intérêt très-vif, Henri Ier, roi d'Angleterre, institua au profit de ladite abbaye une foire de trois jours au Bosgouet. Cette foire devait jouir des mêmes franchises que les foires du roi. (*Cart. de Préaux*, f° 130 v°.) Elle n'existe plus. Ces diverses donations sont résumées dans le passage suivant : « ... Pre-
« ter hec, Roberto filio Willelmi regis
« regente Normanniam, predictus comes
« [Mellenti] dedit Sancto Petro Pratellensi
« ecclesiam et decimam totius ville que
« dicitur Boscus Goieth cum xxx. agris
« terre, ita ut nemo eorum qui de eo
« habebant aut habituri erant decimas
« suas retinere vel alias quam Pratellis
« mittere posset. Fecit autem hoc con-
« cessu ejusdem Roberti, Normannie prin-
« cipis. Pius denique Anglorum rex Hen-
« ricus, pro animabus patris ac matris sue
« Sancto Petro III dierum feriam in eadem
« villa dedit, ita liberam sicut ipse rex
« habet suas... »

La bulle du pape Alexandre III en faveur de l'abbaye de Préaux, en 1179, rappelle une partie de ces concessions : elle cite l'église de Saint-Martin du Bosgouet : « Ecclesiam Sancti Martini de Bosco Go-
« hiet. » (*Cart. de Préaux*, f° 4.)

Dans le courant du XIIe siècle, les religieux de Saint-Gilles de Pont-Audemer achetèrent une portion de terre au Bosgouet. Robert, comte de Meulan, confirma la vente : « .... scilicet quamdam terram
« quam emerunt apud Boscum Goeti a
« Normanno, armigero patris mei... »

Les grands rôles de l'Echiquier de Normandie font mention de Jean du Bosgouet : « .... Johannes de Bosco Gouet reddit compotum de VII. libris X. solidis pro foresta vendita... » (Stapleton, *M. R. Sc. N.*, p. 488.)

Ils nous apprennent aussi que les lépreux du Bosgouet recevaient 30 sols 6 deniers de rente.

Dans le pouillé d'Eudes Rigand, on lit, à la section du doyenné de Bourgtheroulde : « Boschus Goeti : abbas de Pratel-
« lis patronus. Valet xxv. libras; parro-
« chiani VII^{xx}. Magister Radulfus, qui
« nunc est, receptus fuit ab archiepiscopo
« Odone Rigaudi ad presentationem dicti
« abbatis. » (F° 10 r°.)

Jean de Bosc-Bénard-Commin donna au prieuré de Saint-Lô de Bourg-Achard une rente sur la terre que tenait de lui Thomas Langlais dans la paroisse de Saint-Martin-du-Bosc-Goet. (*Cart. de Bourg-Achard*, n° 160.)

1234. « Robertus de Joe recognovit se

« dedisse et concessisse... priori et conventui Sancti Laudi de Burgo Achardi... octo acras et unam virgatam terre quam dicebat se habere in parochia Sancti Martini de Bosco Goet, sitas inter terram Roberti de Hanguemara, ex una parte, et terram Radulphi Goncelin, ex altera, sicut se proportat, longitudine et latitudine, a terra Galteri de Hanguemara usque ad forestam domini regis... » (Cart. de Bourg-Achard, nᵒˢ 116 et 163.)

Parmi les francs usagers de la forêt de Brotonne paraît Jehan du Bosgouet : « Jehan du Bosc Gouet, escuier, sergent fieffé en la forest de Brotonne, a en la dicte forest de Brotonne à cause de son dit office et fieu, le bois sec en estant et le vert en gesant, sans caable et sans amende, hors deffens; item doit avoir et prendre en la dicte forest tout mort boiz, comme contenu est en la chartre aux Normans, hors deffens, la branche de tout bois, excepté le chesne, jusques à XVII piez en hault, hors deffens, et le tiers fourg sans mehaingnier l'arbre et hors deffens; item doit avoir la mousse, le caillou, la marne, le sablon et l'argile hors deffens; item doit avoir par chascun an un fou au terme de Noel par livrée du verdier; item doit avoir bois pour ediffier en son hostel de Caveaumont, pourveu qu'il le mette en evre dedens l'an et le jour qui lui aura esté livré; item doit avoir pasture pour ses bestes hors chievres et deffens; item doit avoir le tiers fourg de hestre pour son ardoir hors deffens; item a ses pors frans de pasnage en la dicte forest sans rens paier; item doit avoir chascun an cinq soulx tournois sur le chapel du pasnage. Pour lesquelles franchises dessus desclairées, le dit sergent est tenu de servir la dicte sergenterie en personne. » (Coutumier des forêts de Normandie, fᵒ 84 rᵒ.)

M. Canel pense que la seigneurie du Bosgouet passa successivement d'une branche cadette de la maison de Meulan à la famille de Clère, de la famille de Clère à la famille Chrétien, puis à la maison de Sainte-Marie-aux-Epaules et aux du Fay de Bourg-Achard.

On comptait encore au Bosgouet plusieurs fiefs : le Chanoi, Hautonne et Malesmains.

Hautonne appartenait, en 1520, à Jean Bonshoms, d'une grande famille parlementaire de Normandie. Depuis la fin du XVIᵉ siècle, ce fief passa dans les maisons de Toustain, le Féron et de Maraise.

Il est probable que le fief de Malesmains a pris son nom de son propriétaire. Dans une charte du XIIIᵉ siècle, citée par fragment au cartulaire de Bourg-Achard, nᵒ 447, nous voyons un Nicolas Malesmains confirmer une donation faite au prieuré de Bourg-Achard. Des lettres données en 1452 par Guillaume d'Harcourt, souverain maître et général réformateur des eaux et forêts du roi, établissent que Nicolas Malesmains avait droit de prendre chacun an quatre cerfs et quatre porcs ou truies dans la forêt de Brotonne. Sa fille Jeanne épousa George de Clère, seigneur du Bosgouet, et ce mariage confondit vraisemblablement les droits et les profits des fiefs du Bosgouet et de Malesmains.

Les lieux dits du Bosgouet sont : — Noël; — l'Eglise; — l'Aubrière; — le Bel Air; — la Bouteillerie; — les Godelins; — la Goussinière; — Hautonne; — la Héberderie; — Honguemarette; — les Landriers; — Longuemare; — Malesmains; — le Mesnil; — le Petit-Noël; — Saint-Gilles; — le Beau-Soleil; — le Manoir; — le Noble.

Nous avons déjà constaté l'existence au XIIIᵉ siècle des lieux dits Malesmains, Longuemare et la terre de Goncelin, qui s'est peut-être transformée en ce mot : les Gondelins. — Dans une charte de la même époque, Pierre de Bouquetot, fils de Mathieu de Bouquetot, est qualifié « dominus de Mesnil ». Il est très-probable qu'il s'agit dans cette charte du Mesnil du Bosgouet. Le voisinage de la paroisse de Bouquetot autorise cette conjecture.

Cf. Toussaint Duplessis, t. II, p. 460.
Journal de Rouen, 17 juillet 1817.
Canel, *Essai sur l'arrond. de Pont-Audemer*, t. II, p. 427.
Le Prevost, *Notice archéologique*, p. 51.
Bibl. de l'Ecole des chartes, 3ᵉ série, t. II et III. *Notice sur le Prieuré de Bourg-Achard*, par M. L. Passy.

BOSGUERARD-DE-MARCOUVILLE.

Arrond. de Pont-Audemer. — Cant. de Bourgtheroulde.

(Voyez Marcouville-en-Roumois et Saint-Denis-du-Bosguerard.)

Ces deux communes ont été réunies en 1844.

BOSHION (LE).

Arrond. d'Evreux. — Cant. de Conches.

Patr. S. Pierre. — Prés. le bureau des pauvres d'Evreux.

Le nom de Boshion paraît être né de la

contraction des mots : « Boscus Hugonis, » le bois de Hugues.

« ..... Item sciendum est quod Gerel-
« mus de Bosco Hugonis, quando effectus
« est monachus, dedit Sancto Petro deci-
« mam omnium hominum suorum de
« Bosco Hugonis, annuente Radulpho de
« Toenio, cujus feodi erat..... » (Grande charte de Conches.)

Nous trouvons dans les chartes de la Noë un acte qui semblerait se rapporter à notre Boshion. Cependant on peut observer qu'il est question dans cet acte du Bois-Reillie et qu'il existe précisément dans le canton nord d'Evreux un autre Boshion, dépendant de la commune de Reuilli. « ..... Ego Hubertus de Bos-
« huon monachis Sancte Marie de Noa de-
« di x. acras terre, juxta grangiam de
« Bellomari ad Boscum Reillie, » vers 1190. Sur le sceau une main tenant une épée :
« ✝ Sigillum Huberti de Bosc Yvon. »

En 1446, Jehan des Brosses, escuier, avoue tenir le « fief de Bosc-Huon », lequel était assis en ladite paroisse du Bosc-Huon, en la vicomté et châtellenie de Conches, et s'étendait sur la paroisse de Nogent-le-Sec. Ce fief avait « manoir, cloz à mote » et pouvait valoir par an 100 sous tournois de rente. Le seigneur du fief devait dix jours de garde à l'une des portes de Conches, nommée la porte d'Orvaulx. (Arch. de l'Emp. P. 308, f° V, n° CIII^{xx}. IV.)

La paroisse du Boshion a été réunie à Orvaux en 1809.

BOSNORMAND.

Arrond. de Pont-Audemer. — Cant. de Bourg-theroulde.

Patr. S. Michel ou S. Aubin. — Prés. le commandeur de Sainte-Vaubourg.

Dans le mot « Bos-Normand », Normand n'est pas employé comme adjectif, mais comme nom propre ; ainsi dans Normanville : « Normanni villa, » dans Bos-Normand : « Boscus Normanni ». — Voyez ce que nous avons dit ci-dessus à BOSGOUET. Il faudrait dire et écrire Bosc-Normand.

En 1190, suivant Toussaint Duplessis, Richard du Bosc-Normand, qui avait reçu de Henri II la terre de la Londe, donna cette terre à l'Hôtel-Dieu de Rouen, qui finit par l'aliéner.

Dans les grands rôles de l'Echiquier de Normandie, à la date de 1203, p. 565 :
« Johannes de Bosco Normant reddit
« compotum de x. solidis pro eodem dif-
« forciamento. »

« In terra data Willelmo de Bosco Nor-
« manni vi. libras et xi. solidos et iii. de-
« narios per cartam regis. » (*Ibid.*, 101.)

On lit dans le pouillé d'Eudes Rigaud :
« ..... Bos Normant. Templarii patroni ; valet xii. libras, parrochiani lxv..... »

Un titulaire fut admis par Eudes Rigaud sur la présentation de frère Robert, maître de la milice du Temple en Normandie : « fratris Roberti, magistri militie Templi in Normannia..... »

En 1487, le grand prieur de France présentait à la cure, qui était alors régulière. Toussaint Duplessis dit que, suivant les derniers aveux, le commandeur de Sainte-Vaubourg jouissait de ce droit.

On trouve dans les chartes de la commanderie de Sainte-Vaubourg, conservées aux Archives de l'Empire, plusieurs actes concernant notre commune.

Par une charte sans date et qui paraît, d'après les noms des témoins, avoir été donnée en Angleterre, « Stephanus de Everens » donne à Sainte-Vaubourg : « ecclesiam de Bosco Normant ». (*Archives de l'Emp.*, S. 5202. 15.)

En 1234, il y eut transaction entre l'abbaye du Bec et les Templiers au sujet de plusieurs pièces de terre dont la dîme fut adjugée à l'abbaye.

Dans une charte de 1247, ce lieu est appelé Saint-Aubin tout court « ... Johannes de Sancto Albino vendit iii. acras terre et dimidiam in parrochia Sancti Albini ; teste Roberto le Sage presbytero de Bosco Normanni... » (S. 5202. 25.) — « ... Presbytero Sancti Albini ... » dans une autre charte de la même année.

1253. Emeline, femme de Richard « de Berteniz », vend pour 34 livres tournois des biens sis « in parrochia de Bosco Normanni ... »

Jean « de Mausigneio », chevalier, de la volonté de Pernelle, sa femme, concède une acre de terre donnés par « Willelmus Perticarius de Bosco Normandi ».

1256. « Guillelmus de Perreio, filius Renaudi de Perreio. »

1261. Guillaume de Meullent, sa femme et son fils donnent leur consentement à la vente d'une pièce de terre aux Templiers par Guillaume Dreitva. Sur le sceau on remarque un lion avec un lambel à cinq pendants.

1264. Vente par Guillaume Dreitva : « ... aboutat ad terram Roberti de Malni inter cheminum Burgi Teroudi. »

1264. Demi-acre vendue 8 livres tournois.

1256-1261. « Reginaldus de Sancto Albino. »

1262. Pierre « de Forestaria » vend

moyennant 60 livres tournois « unam virgultam terre in parrochia supradicta ». (Archives de l'Emp., S. 5200, 41.)

1262. Johannes Evrart vend 45 livres tournois « unam acram terre in parrochia Sancti Albini de Bosco Normanni ». (Ibid. 42.)

1262. Guillaume de Meullent, chevalier, et Eustachie, sa femme, et Amauri, leur fils, chevalier, consentent à cette donation. (Ibid., 43.)

1262. Guillaume de Meullent, chevalier, sa femme et son fils abandonnent leurs droits sur une pièce de terre vendue par Pierre « Textor ». Parmi les témoins : Jean de la Foresterie, Gilles et Renaud de Saint-Aubin, Thomas Heudebren.

1264. Jean dit Ernaut vend « Roberte « de Perreto dimidiam acram terre mee « in parrochia Bosci Normanni pro x. li« bris turonensium ». (Archives de l'Emp., S. 5200, 40.)

1265. Guillaume Dreitva vend aux Templiers, pour 30 sous tournois, 45 perches de terre « in parrochia Sancti Albini de « Bosco Normanni, inter terram Guillelmi « de Perretis ». Témoins : Gilles de Saint-Aubin, frère Roger de Saint-Aubin et Renaud de Saint-Aubin.

1267. Guillaume de Meulent est mort. C'est Amauri qui est le seigneur du fief. « Reginaldus de Sancto Albino » échange une pièce de terre « ... aboutantem ad ruagium ville Boschi Normanni ... »

1267. « Dominus Robertus de Bosco Normando (sic). »

1274. « Almaricus dictus Requchon, esquiarius, de parrochia Sancti Albini de Bosco Normanni, » abandonne ses droits « in tribus virgultis terre », vendues par Gautier de Vernon, « ad viam regis que « ducit de Locoveris usque ad burgum « Theodori »

1274. Vente de ces 3 vergées par « Galfridus de Vernone ». Parmi les témoins : « Egidius de Sancto Albino, Ricardus de Vivario. »

« L'ospitallier du Bosc Normant et ses « hommes dudit lieu ont en la forest de la « Londe, par previlège donné de Ricart, « roy d'Angleterre, duc de Normendie, « d'Aequitaine et conte d'Anjou, le xe jour « de novembre le premier an de son « royaume, c'est assavoir le boiz sec en « estant et le vert en gesant sans caable. « Item le mort boiz à essart sans amende. « Item les branches sans mehaignier l'ar« bre, franc pasturage pour toutes leurs « bestes en la dicte forest hors tailles et « deffens, et leurs pors sans nombre frans « au pasnage du roy en la dicte forest, « toutesfois que le cas s'offre et le pasnage « eschiet, pourveu qu'ilz les aient au de« vant du jour de la Saint Jehan Baptiste. « Item ledict hospitallier a en la dicte fo« rest du vif boiz pour l'usage de leur « moulin pour en paier telle amende « comme les planteifs doivent paier. Item « lui et ses hoirs prennent en ladicte fo« rest le sablon, l'argille, le maillé du cler « de l'eaue et plusieurs autres droictures « comme de panage, pontage, guez et telz « choses, pour lesquelles franchises des« sus desclairées ledict hospitallier et ses « diz hommes ne doivent que prières et « oroisons. » (Coutumier des Forêts de Normandie, fo 53 ro.)

Nous lisons dans un relevé des fiefs de la sergenterie de la Londe en 1540 : « Le « fief du Quesney au Bosc-Normand et ap« partenant à Pierre de Recuchon, escuier, « tenu du roi nostre dit seigneur, à cause « de sadite vicomté, par ung quart de fief « de haubert, vault communs ans, toutes « charges portées, la somme de quarante « livres tournois, et pour ce xL livres.

« Le fief de Bosc-Normant, appartenant « à François et à Madeleine dits de Pompa« dou, enfants mineurs d'ans de feu mes« sire François de Pompadou, en son vi« vant chevalier, sieur du lieu, et de feue « Isabeau le Picart, sa femme, tenu du « roi nostre dit seigneur par ung plein « fief de haubert, vault communs ans, « toutes charges portées, la somme de six « vingt livres tournois, et pour ce vixx l. »

En 1786, messire François-Félix Derouen, écuyer, seigneur et patron du Thuit-Anger, de Saint-Pierre-de-Bosguérard et autres lieux, avait le titre de seigneur honoraire de la paroisse de Bos-Normand.

Le château existe encore avec sa chapelle.

Les lieux dits sont : — la Capelle ; — la Grande-Rue ; — Marnettes ; — le Moulin-de-Neuvillette ; — le Perrei ; — la Rue-du-Hamel.

Cf. Toussaint Duplessis, t. II, p. 463.
Canel, Essai sur l'arrond. de Pont-Audemer, t. II, p. 217.

BOSQUENTIN.

Arrond. des Andelis. — Cant. de Lions.

Patr. Ste Anne. — Prés. l'abbé de Mortemer.

L'étymologie de Bosquentin n'est pas douteuse. Bosc-Quentin, « Boscus Quentin, » le Bois-Quentin.

Nous n'avons presque rien à dire de Bosquentin.

L'abbaye de Mortemer y possédait 60 acres de terre au XII° siècle : « Unde cum « revorteretur in Normanniam [rex Ri- « chardus] totam landam de Nogione Sicco « (Nojeon-le-Sec) et totam landam de Pu- « celo (Puchai) et LX. acras apud Bos- « quentin ad faciendas grangias et ad « libitum excolendas liberas omnino et « quietas..... eidem abbati et ecclesiæ « Mortui Maris contulit. » (Neustria pia, p. 778.)

Suivant tous les pouillés, l'abbé de Mortemer présente à la cure.

Au moment de la Révolution, l'abbaye du Bec possédait également des terres à Bosquentin.

Dépendances : — le Clos; — le Fayel; — la Grande-Panne; — Langlée; — le Parc; — Rome; — la Roque; — le Bois-la-Tour.

BOSROBERT (LE).

Arrond. de Bernay. — Cant. de Brionne.

Patr. S. Pierre. — Patr. l'abbé du Bec.

En 1144, Hugues d'Amiens, archevêque de Rouen, confirma à l'abbaye du Bec la possession de l'église du Bosrobert.

Le pouillé d'Eudes Rigaud porte : « ... Boscus Roberti: abbas de Beccc « patronus; valet xxv. libras; parrochiani « LXX. »

L'inventaire de l'abbaye du Bec contient sur la dénomination des diverses parties de la paroisse au moyen âge des indications que nous allons recueillir :

1235. Pierre Recuchon, chevalier, fait donation du fief de la Haganerie. — 1238. Etienne Recuchon, chevalier, donne une rente sur son fief de Seiches-Fontaine, près le Bosc-Robert. — 1238. Cousture du Buisson. — 1258. Pièce appelée la Fosse-Anfrey. — 1259. Pièce de la Conquehaye, près la Cousture-du-Parc. — En 1262, Bois-aux-Recuchons. — 1270. Vente par Jean Recuchon, chevalier, de 24 acres de bois près le chemin du May-Moulin. Le même vend en 1276 tout ce qu'il possédait dans la paroisse en fait de bois. En 1277, il vend 10 livres de rente sur son manoir. — 1279. Fief Daudiot, chemin de l'Epine-Vieil. Jean Recuchon, Guillaume Recuchon, écuyers. — 1291. Marc Dicheré, propriétaire du fief de la Patinière, situé au Désert. — 1368. Philippe de l'Aistu, chevalier, donne un membre de fief noble au Bosc-Robert en échange de la terre d'Aillet ou de Daillet. — 1409. Pièce nommée le Jardin-Angilet. — 1435. Mathieu Champion, chevalier, seigneur du Bosc-Héroult, près Montfort. — 1484. Le Hamel du Parc. — 1488. Croix couverte. — 1499. Le Quesne de la Jurée. — 1500. Hameau Dame-Agnès, relevant du fief Recuchon. — 1507. Hameau du Buchot.

En 1333, « Jehan du Boys, escuyer, » vendit « à mestre Benectualle, prestre, « moyennant 19 livres tournois, tout l'e- « ritage et tout le fieu qu'il avoit ou po- « voit avoir en la paroisse de Saint-Pierre- « du-Bosc-Robert, tant en rentes de de- « niers et en oiseaux, en oefs et en autres « choses, » moyennant une redevance annuelle de deux sonnettes à faucon, du prix de 4 deniers. (*Cart. de Beaumont-le-Roger*, f° CVIII r°.)

Dépendances : — Bréval; — le Buhot; — le Daudiot; — le Désert; — les Magnets; — la Métairie; — le Moulin-du-Parc; — les Poulets; — Saint-Taurin-des-Ifs; — Touroulde; — le Manoir; — la Houblonni..e.

Le Bosrobert, c'est-à-dire le Bosc-Robert, a été réuni à Saint-Taurin-des-Ifs en 1837.

Cf. Toussaint Duplessis, t. II, p. 463.

BOTTEREAUX (LES).

Arrond. d'Évreux. — Cant. de Rugles.

Patr. S. Jean. — Prés. l'abbé de Lire.

Botte et son diminutif *botterel* signifie crapaud en vieux français. Dans le roman de *Lancelot du Lac* on trouve : « Botte- « reaux et serpents... Mais celle qui entre « les yeux au Botterel croist, est plus fine, « qu'on seult appeler crapaudine. » (*Tournoiement de l'Antechrist*, par Hugues de Méry.)

Voyez le *Peerage* anglais sur la famille de Botreaux.

Vers le milieu du XIII° siècle, il y avait au Bosc-Normand un propriétaire nommé Boterel, qui donna aux Templiers 5 vergées de terre.

On trouve « Robertus de Boterels » employé comme témoin dans une charte de Guillaume d'Harcourt en faveur de la Sainte-Trinité de Beaumont. (*Cart. de la Sainte-Trinité de Beaumont*, f° 12 r°.)

« Reginaldus de Haricuria et uxor ejus Cecilia de Boterel. » 1225. (*Gall. christ.*, XI, 181.)

Dans la charte de Guillaume fils d'Osberne en faveur de Lire, l'église des Bottereaux est mentionnée : « ..... ecclesiam de Botterellis... »

Elle est encore citée dans une charte du chapitre d'Évreux en faveur de Lire, en 1210 : « ..... ecclesiam de Boterellis « cum presentatione presbyteri, duas par- « tes decime bladi et omnium oblationum « et obventionum altaris et omnium mi- « nutarum decimarum, et quatuor solidos « de consuetudine pro defunctis; in eadem « villa duas partes decime census, et duas « partes decime de reguardis et de omni- « bus exitibus et redditibus foreste et de « bosco vendito, et de molendino de Bon- « cellis duas partes decimarum in omni- « bus... »

En 1243, un accord intervint entre les moines de Lire et le couvent de Saint-Sauveur au sujet des dîmes des Botte-reaux : « Viris religiosis et discretis.... « abbati Dei permissione et conventui de « Lira,..... eadem permissione humilis « abbatissa Sancti Salvatoris Ebroicensis « et ejusdem loci conventus, salutem cum « reverentia. Mittimus dilectam commo- « nialem nostram et priorissam Sancti « Salvatoris Ebroicensis ad recipiendam « possessionem nostram decimarum no- « strarum de Boterellis, de quibus ageba- « tur inter nos coram officiali Ebroicensi, « vobis certificantes [nos] ratum habituras « et gratum quicquid actum fuerit in re- « ceptione dicte possessionis, ipsa procu- « rante. Et hoc vobis sub sigillo nostro ad « causas tenore presentium significamus. « Datum in festo Beati Martini estivalis, « anno Domini millesimo ducentesimo « quadragesimo tertio. »

En 1260, Guillaume le Jumel vend aux religieux de Lire pour 110 sols tournois un setier de froment de rente « super « quodam herbergamento quod de eis « teneo hereditarie in parrochia Sancti « Johannis de Boterellis apud la Boutar- « diere... »

Par une charte sans date, Luc, évêque d'Évreux, confirme la donation de Jean de Sacquenville : « Johannis de Saken- « villa, de terris et redditibus quos Gili- « bertus, Hugo et Villelmus La Buffe te- « nuerunt in feodo de Boterellis. »

Le baron des Bottereaux avait la prétention d'être l'un des sept barons fossiers.

Les lieux dits sont : — la Baliganière; — la Blandinière; — la Blinière; — la Cocantinière; — la Diotière; — la Drolinière; — la Miotière; — la Bucaille; — Rebais (à Relais, vestiges d'un ancien château); — l'Oraille; — la Ressondière; — la Roche; — le Saussai; — la Vallée; — la Bucherie; — la Levretière; — la Couture.

BOUAFLES.

Arrond. des Andelis. — Cant. des Andelis.

Patr. S. Pierre. — Prés. l'abbé de Saint-Léger-de-Préaux.

Nous voyons figurer pour la première fois la terminaison *alfa*, empruntée aux langues germaniques.

Ce mot *alfa* désigne un district, un territoire, un domaine.

Parmi les formes les plus anciennes du nom de Bouafles, on trouve *Bodalfa*, qui signifierait le domaine de l'habitation, le domaine pourvu d'une habitation. La forme la plus habituelle : *Boalfa*, s'interpréterait par le domaine de Bo, altération du nom de Bui.

Neaufles : « Nealfa, » a évidemment la même origine.

Les Normands de la Seine sont les seuls qui aient employé ce nom de Boaffle, mais ils l'ont porté jusque dans le département de Seine-et-Oise.

Le nom de « Bodalfa » peut aussi se rapprocher de celui de « Bondulfum, Bondulfa », qu'on trouve près de Corbeil.

Nous citerons encore dans une charte de Louis le Débonnaire en faveur de l'Église du Mans (832) : « villa Boalfa. »

Dans un diplôme de Charles le Simple en faveur de Saint-Germain-des-Prés, sous la date de 918, un autre Bouafles, près Meulan, est indiqué sous le nom de « Boalfa ». On trouve « Boualfa villa » dans une charte de Charlemagne (805) et dans une autre de Louis le Débonnaire (833). D'autre part, dans une charte de Louis VII, roi de France (1168) : « Decimam quam habebat in finibus Sancti Martini de Boafa, » — et dans une charte de la première moitié du XIIe siècle, provenant de Jumièges : « Herbertus de Boelfo. »

Le monastère de Saint-Léger-de-Préaux reçut de la générosité d'Onfroi de Vieilles des biens situés à Bouafles : « ... Damus « quoque quicquid habemus in terris et « in vineis et in villa quæ vulgo Bodelfa « dicitur; et hoc consensu Malgerii ar- « chiepiscopi, ut præsens suscriptio de- « monstrat, confirmata pontificali aucto- « ritate. Ego episcoporum Dei gratia, « episcopus, Malgerius, pro redemptione « animæ meæ, fidelium meorum usus con- « silio, concedo ac potius perpetualiter « dono Deo ac sanctæ ejus atque glorio- « sissimæ Genitrici, nostræ communi « protectrici Mariæ, in loco qui est in « honore ejus atque victoriosissimi mar-

« tyria Leodegarii, dicatus, quicquid Hun-
« fridus tenuit ex me in Bodella, ad
« subsidium quæ ibi divinis instant offi-
« ciis sanctimonalium fœminarum, ea
« videlicet conditione ut abbatissa ejus-
« dem monasterii semel in anno, in so-
« lemnitate ejusdem dominatricis nostræ
« et dominæ Mariæ, in episcopio suo
« deserviat. Quod hujus subscriptionis
« signo + laudo... »

On lit dans le pouillé d'Eudes Rigaud :
« ..... Ecclesia Sancti Petri de Boafle,
« abbatissa de Pratellis patrona; habet
« LN. parrochianos; valet xv. libras turo-
« nensium... Nicolaus presbiter receptus
« ad presentationem dicte abbatisse ab
« archiepiscopo O. Rigaudi. »

Selon un aveu du 25 juin 1684, le plein fief de Bouafles, qui appartenait à l'abbaye de Saint-Léger-de-Préaux, avait droit de présenter à la cure.

1235. « Johannes de Kemin, filius
« Eustachii de Kemin, de Boafle, ...
« cimiterium ecclesiæ Sancti Dyonisii de
« Guisegnies. » Guisegnies est Guiseniers, commune voisine de Bouafles (canton des Andelis).

En 1275, Nicolas de la Noë, curé de Bouafles, vendit une maison qu'il possédait au Pont-Saint-Pierre. Parmi les témoins, on remarque Nicolas « tunc temporis presbyter de Choucelles..... » Ne serait-ce pas Courcelles, paroisse contiguë à Bouafles?

On lit dans le *Coutumier des forêts de Normandie*, f° 30 v° : « Jehan Canare,
« dit le grant escuier, à cause de son hos-
« tel de Bouaffle, et ses parchonniers, c'est
« assavoir Robin Louvel, Raoullin de Guy-
« reville, Drouet le Touaillier, Cardin le
« Touaillier et Jehan Mauduit ont en la
« forest coustumière de Andeli les fran-
« chises qui ensuivent : premierement le
« dit Canare, à cause de son dit hostel, le
« vert bois en gesant et le sec en estant
« et en gesant et tout autre mort boiz, le
« foure et la branche, et un fou à Noel.
« Item boiz pour hesbergement par livrée
« du verdier de la dite forest, et pasturage
« pour toutes ses bestes excepté chièvres;
« franc de pasnage et de pasturage, et
« le fruit de la dite forest. Et les dessus
« dits Louvel, Guyreville, Touailliers et
« Mauduit ont et prennent dans la dite
« forest coustumière d'Andeli, à cause de
« leurs masurez, le vert boiz en gesant et
« le sec en gesant et en estant, et tout
« autre mort bois. Item boiz par escarrie
« pour eulx hesbergier par livrée du ver-
« dier. Pasturage pour toutes leurs bestes
« excepté chièvres. Francs de pasnage et
« de pasturage en la dite forest coustu-
« mière. Et pour les franchises dessus
« desclairez, ilz doivent au verdier de la
« dite forest ou son lieutenant et aus ser-
« gens d'icelle un couroy appellé un dis-
« ner chacun an, auquel disner doit avoir
« deux paire de pains, deux paire de vins,
« deux paire de chars, une poulle pour le
« faucon du verdier, deux derrez de pain
« pour ses levriers et un boessel d'avoine
« pour ses chevaux. Et le dit Canare doit
« une charetée de bois pour faire la cui-
« sine prins en breul d'Andeli par le ser-
« gent de la garde. Et si doit le dit Canare
« trouver pour sa part du dit couroy,
« qui doit estre fait en son hostel à
« Bouaffle, tables, trestres, fourneız, dou-
« bliers, touailles, escuelles et tels choses. »

« Les curés de Hennescy, Guisegnies,
« Bouaffle et Vesillon ont acoustumé
« prendre en la dite forest leur usage, à
« cause de leurs hostieux presbitériaux :
« c'est assavoir le foure, la branche, le
« vert en gesant, le sec en estant, leur
« herbergement par la livrée du verdier
« et leurs bestes franches ès pastures en
« la dite forest hors les deffens, et sont
« tenus pour ce faire proière pour le Roy
« nostre sire. » (F° 28.)

« Le commun et habitans de Bouafles
« ont droit de prendre en la dicte forest
« le bois sec en estant et le vert en gesant
« et le mort boiz en la dicte forest hors
« caable et deffens; item ilz ont bois en
« estant par escariée pour hebergier, pour
« chascune escariée III postz, deux trefz,
« deux parnes, II fillières, deux seulz,
« IIII souchevrons, deux pouchons, deux
« couples de chevrons, pasturage pour
« pors et vaches en la manière acoustu-
« miée et ancienne, chartilz par livrée,
« avec plusieurs autres droiz menus acous-
« tumés, dont ilz doivent pour chascune
« livrée d'escariée au verdier XII den. et
« au seigneur de la garde III den. avec
« les autres menus rentes et devoirs acous-
« tumés. » (F° 35 v°.)

On trouve dans l'église de Bouafles quelques vestiges de style roman, surtout à la porte. Le chœur était terminé autrefois par trois fenêtres probablement en ogive.

Dépendance : — Mousseaux.

Cf. Toussaint Duplessis, t. II, p. 435.

BOUCHEVILLIERS.

Arrond. des Andelis. — Cant. de Gisors.

Patr. S. Ouen. — Prés. le seigneur du lieu.

Ce mot nous paraît venir du nom d'homme anglo-saxon « Boche », et l'on trouve, en effet, dans le pouillé d'Eudes Rigaud la forme « : Ecclesia de Boucheviler. »

On a pu dire aussi « Bosci villare » comme on a dit « Montis Villare » (Montivilliers).

Il est certain que les noms Bouchevilliers, Bouconvilliers, Bochonviller ont la même origine.

C'est dans le *Cartulaire blanc de Saint-Denis*, conservé aux *Archives de l'Empire*, que nous avons recueilli quelques renseignements sur Bouchevilliers au moyen âge :

« Ego Galterus Wastinel de Bochinviler, « assensu Addæ matris meæ et uxoris « meæ Petronillæ et Galteri filii mei, con« cessi ecclesiæ Beati Nicholai de Marcha« sio Radulfi terram a limite quo itur de « Armercort (*Amécourt*) ad Bouchinviler « (*Bouchevilliers*) usque ad terram de « Mecnovile (*peut-être Mainneville*);.... « recipit XL. libras Andegavensium;.... « habebit pensionem XII. minarum bladi « ad veterem mensuram de Gisortio;.... « dat pratum Gosceliini quod est in Fran« cia juxta fluvium Ethæ. » Parmi les témoins : « Hugo Portarius, Willelmus de « Insula la Croix, Willelmus de Insula « la Croix.... » (*Cart. blanc*, t. II, p. 603.)

L'archevêque Rotrou confirma les donations que Gautier avait faites à Bouchevilliers : « apud Bochenviler... » (*Cart. blanc*, t. II, p. 604.)

« Robertus, Dei gratia Rothomagensis « archiepiscopus. — Walterus de Bochen« viler pratum de Fraisneia et pratum « Rogeri in nostram contulit manum; « quæ, ad ipsius petitionem et votum, « assignavimus consequenter canonicis de « Marchesio Radulfi... » (*Cart. blanc*, t. II, p. 603.)

1205. « Galterus, miles, de Bochinviler, « voluntate uxoris meæ Petronillæ et « Galteri, filii mei, quitavi abbati de Mar« chasio Radulfi dimidium modium bladi « de granchia Sanctæ Genovefæ. »

Dans le pouillé d'Eudes Rigand on lit : « Ecclesia de Boucheviler : valet xxx. li« bras. Parrochiani XL. Galterius de Bou« cheviler patronus. »

Le patronage de la paroisse au XVIIIe siècle appartenait au seigneur du lieu.

Nous reproduisons ici un acte curieux : il s'agit du bail à vie du manoir des Margottes, situé entre Amécourt et Bouchevilliers. (1275.)

« Universis presentes litteras inspectu« ris, magister Johannes de Gamachiis,

« canonicus Rothomagensis, salutem in « Domino. Notum facimus nos cepisse et « recepisse a venerabili in Christo patre « abbate Sancti Dyonisii in Francia et reli« giosis viris conventu ejusdem loci mane« rium quoddam ipsorum quod vocatur « Maragode, cum suis pertinentiis, tenen« dum et possidendum quamdiu vixerimus « tantum, ita quod, pro dicto manerio et « ejus pertinentiis, nos ipsis abbati et con« ventui vel eorum certo mandato annis « singulis in quindena Natalis Domini « quater viginti minas bladi ybernagii « mediocris et quadraginta minas avene « ad mensuram de Gisortio solvere tene« bimur et tenemur, et dictum manerium « in bono statu tenere, et infra novem « annos continue sequentes circuitum « dicti manerii claudere de domibus seu « muris, gardinum in duplum augmen« tare et illud claudere haiis et fossatis, « terras indigentes malla mallare et eas « laborare seu excolere et serere per sos« sonem, ita quod in gascheriis pisa seu « fabas facere poterimus, si nobis videri« mus expedire. Si autem villam seu ha« mellum ibi fieri contigerit, masure per « dictos abbatem et conventum tradentur, « et nos, quamdiu vixerimus, percipiemus « et habebimus proventus et redditus pre« missorum. Et ad premissa tenenda et « observanda obligamus eisdem religiosis « nos et heredes nostros et omnia bona « nostra, mobilia et immobilia, presentia « et futura. In cujus rei testimonium, eis« dem religiosis dedimus presentes litteras « sigillo nostro una cum sigillo curie Ro« thomagensis sigillatas. Datum mense « augusti, anno Domini millesimo ducen« tesimo septuagesimo quinto. » (*Cartul. blanc de Saint-Denys*, t. II, p. 647.)

On ne peut douter, dit M. Delisle (*Etudes sur la condition de la classe agricole en Normandie*, p. 693), que le manoir appelé « Maragode » dans le bail que nous publions ne fût situé au lieu que Cassini marque sous le nom de « les Margotes » entre Bouchevilliers et Amécourt. Nous trouvons, en effet, dans une charte de 1272 : « in parrochia de Amatacuria juxta les Margotes. » (*Cartul. blanc*, t. II, p. 619 et 620.) En 1284, quand Guillaume Caletot échangea différentes terres avec les moines de Saint-Denis, il convint : « quod « magister Johannes de Gamachiis les « Margotes tenebit quamdiu vixerit. » (*Ib.*, t. Ier, p. 879.)

Les lieux dits sont : — le Campadant ; — les Margottes.

Cf. Toussaint Duplessis, t. II, p. 466.

BOUFFEI.

Arrond. de Bernai. — Cant. de Bernai.

Patr. S. Jean. — Prés. le seigneur.

Nous pensons que le nom de Bouffei est *Buffatus*, participe passé de *buffare*: souffleter. On trouve souvent dans les chartes le surnom de Bofei. Nous citerons d'abord « Reginaldus Bofei », témoin dans la charte de fondation de Notre-Dame-du-Lesme, en 1125.

Les grands rôles de l'Echiquier de Normandie mentionnent plusieurs personnages portant le nom de Bouffei.

« Lambertus Boufei reddit compotum
« de sex libris pro simili (de jurea facta
« super eum). (Stapleton, *Magni Rotuli*,
p. 328.)

« ... De Radulfo Boufei L. solidos pro recognitione... »

Ce Raoul Boufei était dans la mouvance d'Evreux. (*Magni Rotuli*, p. 76.)

Dans une charte de la comtesse Pernelle en faveur de Lire, pour l'anniversaire de son fils, on trouve : « Willelmus Buffeus. » (La Roque, *Histoire de la maison d'Harcourt*, t. IV, p. 2222.)

En 1380, Henri de Boufei ayant agrandi le canal qui conduisait l'eau de la rivière de la Charentonne à son moulin, au préjudice du moulin Crespin appartenant à l'abbaye du Bec, une sentence ordonna que les choses fussent remises dans leur ancien état.

En 1469, « Monseigneur Jehan de Bouffé,
« chevalier, seigneur du lieu, se pré-
« sente pour lui et en l'acquit des religieux,
« abbé et couvent de Bernai, pour ung
« service de chevalier; et estoit en abille-
« ment de homme d'armes, monté de cinq
« chevaulx, accompaigné de deulx archiers
« en bon abillement et de deulx paiges. »
(Bonnin, *Monstres génerallies de la noblesse du bailliage d'Evreux*, p. 70.)

Nous citerons, d'après une liste des seigneurs ou présentateurs à la cure de Bouffei :

1474-1492. Jean de Bouffai, écuyer. 1520, Jean de Breauté. 1522, Adrien de Breauté jusqu'en 1564. Il était aussi vicomte de Menneval et seigneur de Neuville. 1564-1566, Charlotte de Ligni, sa veuve. 1587-1643, Adrien de Breauté. Claire de Marie épousa le 22 juin 1630, Charles le Comte, seigneur de Bouffay, frère du baron de Nonant. 1662, Pierre Dauvet. Messire Dauvet, chevalier, seigneur de Trigni, appartenait à la famille des Le Comte seigneurs de Nonant, et portait comme eux d'azur, au chevron d'argent accompagné de trois besants d'or dans le chevron.

On lit dans un état de la sergenterie d'Ouche au XVIIe siècle :

« Sergenterie d'Ouche. — Boussay (sic):
« contribuables 44.
« La cure vault 400 fr. Le fief de Bouf-
« fay appartient au sieur de Trigny et
« relève de l'abbaye de Bernay. Vault
« 2000 fr. 200 acres de terres, 5 à 8 livres
« l'acre; la meilleure 15 livres. »

L'église de Bouffei paraît avoir été d'abord une simple chapelle seigneuriale. La paroisse a été réunie à Bernai en 1792.

BOUGI.

Arrond. de Bernai. — Cant. de Beaumont.

Patr. la Madelaine. — Prés. le seigneur.

Il y a en France trois Bougi, dont deux en Normandie et le troisième dans l'Orléanais. Je suis porté à croire que Bougi est la transformation du mot *Bulcus* qu'on trouve dans du Cange, et qui signifie un territoire, un domaine d'une certaine dimension.

Une paroisse du diocèse de Bayeux est appelée *Bougeium* dans le livre Pelu.

Nous trouvons Bougi et son église, dédiée à sainte Marie-Madeleine, cités dans Orderic Vital, à la date de 1136.

Thibaud, comte de Blois, dans une guerre contre Roger de Tosni, fondit sur Bougi, qui était alors un bourg assez considérable, brûla les maisons et l'église avec nombre de gens qu'elle renfermait :

« ... Tandem super Bulgeium quemdam
« grandem vicum irruerunt, et instinctu
« comitis Leyrecestræ vicinis in penatibus
« ignem immiserunt, et pulcherrimam
« ædem sanctæ Mariæ Magdalenæ cum
« viris et mulieribus incenderunt... » (Orderic Vital, liv. XIII, t V, p. 64.)

Nous allons citer un passage d'une bulle du pape Luce III, relatif à une terre « de Bogi »; mais comme ce passage semble indiquer que la terre de Bogi faisait partie du territoire d'Evreux, nous ne pensons pas qu'il s'agisse de notre Bougi :

« ... Terram de Bogi cum omnibus
« pertinentiis suis ad jus episcopatus per-
« tinentibus, tam in aquis quam terris,
« vineis et nemoribus... »

Hugues « de Bugeio » est témoin dans une charte de 1215, en faveur de la Noë.

Le *Coutumier des forêts de Normandie*,

f° 224 r°, mentionne parmi les francs usagers de la forêt de Conches « Pierre de Gaillon, escuier, seigneur de Bougy ». Il constate, f° 227 r°, les droits des habitants de Bougi dans ladite forêt :

« Les communs et habitans de la par« roice de Bougy ont en la forest de Con« ches tout boiz sec en estant et le vert en « gesant, s'il n'y a caable de sept arbres « d'une veue, sans amende, ne perdre « ferrement à sieute de sergent jusques à « lendemain prime, le boiz de chesne vert « pour x sols la charetée à sieute de sergent « jusques à soleil couchant, et la charetée « de fou pour cinq soulz, et celle de boul « pour iii souls tant qu'il est sur l'esseul « de la charete sans perdre ferement. Et « semblablement pevent prendre en essart « le boiz de chesne sec pour trois soulx « d'amende la charetée, le vert pour dix « soulz la charetée, la charetée de fou pour « cinq soulx et l'autre boiz pour trois soulz « la charetée, et perdent le ferement. Et « en oultre pevent prendre en la forest « coustumière le charme, le saulx, le « tremble et l'erable vert sans amende « par toute ladicte forest. — Item ils ont « pasturage à toutes leurs bestes en tous « les moys de l'an, excepté le moys « d'aoust, reservé les tailles et deffens, « et les pors qui n'y doivent point aller « en may, se n'est à la veue des champs, « et auxi n'y vont point les diz pors de« puis l'entrée d'aoust jusques à ce que « pasnage commence. — Pour les quelles « franchises dessus desclarrées les diz « habitans et chacun d'eulx sont tenus « paier chacun an aux appeaux de sep« tembre chacun un quartier d'avoine, « qui vault quatre boesseaux, aux appeaux « de février chacun xii deniers, et aux « appeaux de may chacun xii deniers, « voisent en ladicte forest ou nom. Et « se ilz y sont trouvez à charete, ilz paient « le double de l'avoine et à chascun appel « iii souls. »

Parmi les seigneurs ou présentateurs à la cure de Bougi nous pouvons citer : 1483, Jean de Beaufort. 1504-1535, Richard Mahiet, à cause de Jacqueline de Beaufort. 1574-1577, François de Mahiet ou Mahiel. 1659, Guillaume de Croisi. 1676, Adrien de Croisi.

Les lieux dits sont : — la Charbonnière ; — les Durands ; — le Haut-Buisson ; — la Moutonnerie ; — le Moulin ; — le Nouveau-Monde.

En 1846, les trois communes de Bougi, de la Puthenaie et de Romilli près Bougi ont été réunies sous le nom de Romilli-la-Puthenaie.

BOULAI-MORIN.

Arrond. d'Evreux. — Cant. d'Evreux nord.

Patr. S. André. — *Prés.* le seigneur.

En 1390, « Jehan de Pommereul, escuier, « seigneur du Boulai-Morin, » plaidait devant l'échiquier contre madame Agnès, « dame de Honesteville, deguerpie Ricard « du Mesnil, escuier. »

Sous messire Hervé de Léon, chevalier et seigneur d'Acquigni, le fief du Boulai Morin appartenait à feu Guillemet d'Honnesteville. Il fut mis en la main du roi. Jean de Pommereul était fils de Jeanne d'Honnesteville. Agnès et Jeanne étaient toutes deux filles de Guillemet.

Hommage de 1452 ; un quart de fief. La mouvance était en litige entre les seigneurs d'Acquigni et d'Honnesteville.

Voici la liste de plusieurs seigneurs ou présentateurs à la cure du Boulai-Morin :

1480-1483. Jean de Mailloc.
1516-1553. Christophe de Mailloc.
1556-1587. Guillaume de Mailloc.
1620. Isaac de Mailloc.
1655. Charlotte de Bandri, veuve d'Abraham de Mailloc, et François de la Barre, seigneur de Verdun.
1657. La même et Marie de Mailloc, femme civilement séparée dudit François de la Barre.
1670-1679. Nicolas de la Barre-de-Mailloc.

Il y avait dans cette commune une chapelle de Saint-Nicolas du Mesnil-Doucerain à la nomination de l'évêque d'Evreux.

L'église a été reconstruite et dédiée en 1516.

Dépendances : — le Mesnil-Doucerain ; — le Mesnil-Morin.

BOULLEVILLE.

Arrond. de Pont-Audemer. — Cant. de Beuzeville.

Patr. S. Jean-Baptiste. — *Prés.* l'abbé de Préaux.

Les formes du nom de Boulleville usitées au moyen âge sont : *Bolevilla*, *Bollivilla*, *Bollevilla*, *Boslenivilla*, *Beotleville*. On peut rapprocher Boulleville de Bolbec. Boulleville doit être le domaine de Boli, Bolc.

On trouve sous Louis le Débonnaire en Aquitaine un « Buslanavilla » appartenant à Saint-Germain-des-Prés.

C'est dans le cartulaire de Préaux que nous trouvons quelques actes relatifs à cette commune.

Boulleville faisait partie du domaine des ducs de Normandie. Guillaume le Bâtard donna son église et la terre qui en dépendait à Saint-Pierre-de-Préaux en 1040, à la demande de l'archidiacre Gui, qui la tenait en bénéfice.

« ..... Illo anno quo mortuus fuit Bri-
« tannie comes Alanus nomine apud Fi-
« scannum (1040), dedit Willelmus comes
« Sancto Petro de dominio suo duas eccle-
« sias et terram ad eas pertinentem, scili-
« cet de Bollivil'a et de Viana. Hoc autem
« factum est suggestione et intercessione
« cujusdam archidiaconi nomine Widonis,
« qui eas in beneficio tenebat. Iccirco de-
« dit ei abbas ejusdem loci Auffridus no-
« mine societatem, tali tenore ut si mona-
« chus fieri vellet ei non denegaretur;
« quod et factum est. » (Grande charte
de Préaux.)

« .... Mortuo Sturmido filio Tustini Ef-
« flanc, dedit idem Tustinus Sancto Petro
« Pratelli tres homines in Bollivilla quos
« de abbate tenebat, teste Riboldo de Mar-
« tinivilla et Maledocto et Rainowardo.
« Addit etiam medietatem decime predicte
« Bolliville..... » (Cart. Prat., fº 136.)

Le don des trois hommes est mentionné ailleurs, fº 109, et le lieu y est nommé « Bullivilla ».

« ..... Ex dono Willelmi comitis eccle-
sias de Bolevilla.... » Charte de Henri II en faveur de Préaux. (Cart. Prat., fº 25.)

« ... Ecclesias Sancti Johannis de Beollevilla..... » Bulle du pape Alexandre III.

Les religieux de Saint-Pierre-de-Préaux furent donc seigneurs et patrons de la paroisse, et, en cette qualité, ils percevaient les deux tiers de la dîme des grains. L'autre tiers et la dîme des verdages appartenaient au curé. « Le titulaire d'une
« chapelle de la Trinité, fondée à Saint-
« Léger-des-Préaux, dit M. Canel à l'ar-
« ticle Boulleville, touchait aussi la dîme
« sur trente-six acres de terre situées au
« Moulin-à-Vent.

« Il y avait encore dans cette paroisse
« des seigneurs honoraires qui portaient
« le nom de Boulleville. Le fief qui don-
« nait ce titre était possédé dans les der-
« niers temps par les Charlemaine de Bel-
« londe. Nous citerons encore le fief de
« la Bruyère, qui appartenait en 1607
« à Adrien Morel. Il y avait aussi la fran-
« che vavassorie de Boulleville assise vers
« Saint-Pierre-du-Chastel, au-dessous de
« la Bruyère. Un aveu de 1664 nous ap-
« prend que vingt-trois pièces de terre de
« Boulleville relevaient des religieux de
« Grestain; d'autres étaient tenues de
« Saint-Pierre-du-Chastel. »

Les dépendances de Boulleville sont : — Saint-Maclou ; — le Petit-Château ; — le Boulai ; — les Mariés ; — l'Eglise ; — la Bruyère ou la Rue-de-Boulleville ; — la Daupherie ; — la Hauquerie ; — le Pommier-au-Seigneur ; — les Vallées.

Cf. Canel, Essai sur l'arrond. de Pont-Audemer, t. II, p. 429.

BOUQUELON.

Arrond. de Pont-Audemer. — Cant. de Quillebeuf.

Patr. S. Ouen. —Prés. le seigneur.

Bouquelon, Bouquetot, voici deux mots dans la composition desquels entrent les mots bok (hêtre) ou boscus (bois). Il est possible que Bouquelon dérive de « Boscus Longus », Bosquelon. — Bouquelon. En effet la commune de Bouquelon est encore garnie de bois; anciennement elle devait l'être davantage. Nous ajouterons que dans la commune de Goupillières, canton de Beaumont, on trouve un hameau de Bouquelon, et que cette commune semble avoir toujours possédé des bois.

Il faut encore citer par analogie un hameau du canton de Boos (Seine-Inférieure), nommé au moyen âge Bochelon, Bouquelon, et aujourd'hui Buclon-l'Abbaye. — Dans la charte de Hugues, évêque de Bayeux, en faveur de Saint-Amand on trouve : « ... proinde terram quam vulgo « dicunt Bothas (Boos) cum appenditiis « suis videlicet ecclesiam et Bothe Boche-« lont.... »

Dans une charte du grand cartulaire de Saint-Wandrille, I, p. 207, on trouve parmi les témoins « Raoul de Bokelont ».

Une charte en faveur du même couvent (1230) est donnée par Robert Vastel de Bouquelon. Il s'agit toujours du Bouquelon de Boos.

Dans une autre charte encore il est parlé des terres que « Herbertus de Capite Ville tenebat apud Bouquelon in parochia de Boos... » (1214.)

On trouve dans le cartulaire de Fécamp, charte 108 : « Ricardus de Boukelont. »

Il y a aussi un Bouquelon sur Saint-Aubin-la-Campagne, en 1278 : « parrochia Sancti Albini de Bouquelon. »

Revenons à notre commune. Nous n'avons recueilli pour le XIIe et pour le XIIIe siècle que deux textes importants : le premier est tiré des grands rôles de l'Echiquier (1180) : « Willelmus de Homet reddit

« compotum.... Pro terra data Johanni
« filio Lucæ in Bouchelon et in Fornevilla
« et in Tustinivilla, XXXIII. libras per car-
« tam regis, et debet LXXI. lib. x. sol. »

Le voisinage de Toutainville et de For-
meville justifie l'attribution que nous faisons de ce passage à notre Bouquelon.

Il ne faut point douter qu'Eudes Rigaud n'ait eu en vue notre Bouquelon
lorsqu'il dit dans son pouillé : « Boque-
« lont. Petrus de Roia, miles, patronus; va-
« let XI. libras; parochiani LXXII. Rober-
« tus presbyter presentatus a dicto patrono
« receptus a domino M. Archiepiscopus
« Odo Rigaldi recepit magistrum Nicho-
« laum Postel ad presentationem Johan-
« nis de Roia militis. »

En effet, non seulement Eudes Rigaud
place Bouquelon dans le doyenné de Pont-
Audemer, mais encore il désigne Pierre
de Roie comme le patron des paroisses
contiguës de Bouquelon et de Saint-Ouen-
des-Champs. Or Saint-Ouen-des-Champs,
comme nous le verrons plus tard, s'était
appelé primitivement Roes, Roys, Roie,
en latin : « de Rotes, de Roia. » Pierre de
Roie, chevalier, patron au XIII° siècle de
Saint-Ouen-de-Bouquelon, tirait sans doute
son nom du fief de Roie, situé dans la
paroisse voisine de Saint-Ouen-des-
Champs.

On distinguait encore à Bouquelon les
deux fiefs de Goui et de Fineville. Au
hameau de Goui existent encore des retranchements étendus. Le retranchement
situé sur le mont Finet domine la vallée
de la Risle et le vallon où se trouvaient
l'église et le château de Saint-Mards; il
est appelé le Catelet par les habitants.

Il y avait une chapelle au manoir du
Plessis-Bouquelon.

Plessis-Bouquelon était un plein fief de
haubert. Dans le rôle fait par le bailli de
Rouen, en 1540, on lit : « Le fief du Plessis-
« Bouquelon, appartenant à noble per-
« sonne maistre Alexandre de Courcy,
« prêtre, protonotaire du saint-siége apo-
« stolique, curé des bénéfices de Saint-
« Ouen-des-Champs et Berville, tenu du
« roi notre sire, par ung quart de fief
« de haubert, vault communs ans, char-
« ges ordinaires portées, la somme de
« trois cents livres tournois et pour ce
« III°. l. »

Au commencement du XVIII° siècle,
Guillaume Scot, baronnet anglais, venu
en France à la suite de Jacques II, acquit
par son mariage avec Thérèse de Bois-
l'Abbé les seigneuries de Saint-Ouen-des-
Champs et de Bouquelon.

Les lieux dits sont : — Bellevue; —
l'Eglise; — la Gingade; — Goui; — Gruel;
— la Houssaie; — le Mont-Finet; — le
Petit; — le Plessis; — la Vallée-de-Bou-
quelon; — la Vallée-de-Risle; — la Vallée-
du-Marais; — Colombeaux; — la Tour-
bière.

Cf. Toussain, Duplessis, t. II, p. 468.
Canel, Essai sur l'arrond. de Pont-Audemer, t. II,
p. 73.

BOUQUETOT.

Arrond. de Pont-Audemer. — Cant. de Routot.

*Patr. S. Philibert. — Prés. le prieur de
Bourg-Achard.*

La terminaison *tot* vient du mot anglo-saxon *toft*, masure, et le mot *bok*
signifie en islandais : hêtre. Si donc
on donnait au nom de Bouquetot une
origine scandinave, ce nom signifierait :
masure du hêtre. — On peut encore conjecturer que dans Bouquetot, comme dans
Bouquelon, les deux premières syllabes
du mot représentent un ancien nom
d'homme.

Dans une charte du cartulaire de Préaux,
n° 150, f° 63 r°, il est question du ténement de Geoffroi le Fèvre de Bouquetot :
« in perreio, in ingressu de Burgo Achardi. »
Il y avait donc un chemin perré qui allait
de Bouquetot à Bourg-Achard.

Grâce au cartulaire de Bourg-Achard,
nous avons pu reconstituer la généalogie
des seigneurs de Bouquetot. Cette généalogie est consignée dans deux chartes
cotées sous les n°° 17 et 18.

Pierre de Bouquetot, « filius Mathei et
dominus de Mesnil, » donne à l'église et
au prieuré de Bourg-Achard « jus patronatus ecclesiæ Sancti Pauli de Haya ».
Il fit cette donation : « pro salute fratrum
« meorum Radulphi et Roberti, militum,
« et Willelmi de Barnevilla, et pro salute
« patris mei Mathei et matris meæ Emmæ
« et patrui mei Willelmi de Bouquetot et
« Nicolai fratris mei et omnium ante-
« cessorum, amicorum, et heredum
« meorum. » (*Cart. de Bourg-Achard*,
n° 47.)

Raoul de Bouquetot, chevalier, confirme la donation que son père a faite
du patronage de Saint-Paul-de-la-Haie et
d'une acre de terre dans la paroisse de
Bourg-Achard : « quam dudum donavit
« Robertus de Bouquetot, avus meus, se-
« pedicte ecclesiae. » (*Ibid.*, n° 18.)

Ainsi le premier seigneur de Bouquetot
s'appelait Robert. Il donna une acre de
terre à Bourg-Achard et devait vivre
vers le milieu du XII° siècle. Il eut deux

fils : Mathieu et Guillaume. Les généalogistes se sont donc trompés lorsqu'ils ont avancé que Mathieu et Guillaume de Bouquetot étaient fils de Gautier de Brionne.

Mathieu paraît avoir été un des compagnons les plus fidèles de Robert, comte de Meulan. Il est témoin dans un grand nombre d'actes faits par ce seigneur.

Dans une charte de Robert de Meulan (1178) en faveur de Jumiéges, on trouve parmi les témoins « Matheus de Bochetot, Willelmus, frater ejus ». (N° 57.)

Dans une charte de 1180 : « Matheo de Bochetot. » (*Cart. S. Trin. Bellom.*, f° c. xxiv r°.)

« Matheus de Bochetot » est cité dans une charte de Robert, comte de Meulan, en faveur de Gautier de Feuguerolles ; — « Matheus de Boguetot » dans le cartulaire de Préaux, f° 44 ; — Mathieu de Buchetot, de Bochetot, de Bucetot, de Baccetot, dans le cartulaire de la Sainte-Trinité de Beaumont.

Guillaume, frère de Mathieu, existait encore en 1198, puisque nous lisons dans le rôle de 1198 : « Willelmus de Bouketot, « 27 lib. 10 sol. pro se 5 milite, pro « eodem. »

Mathieu de Bouquetot eut quatre enfants : Nicolas, Pierre, Raoul et Robert. Nicolas était mort lorsque Pierre fit sa donation au prieuré de Bourg-Achard. — Pierre est cité dans le grand rôle de l'Échiquier de 1184 : « Petrus de Boke- « tot reddit compotum de xx. libris pro « eodem [pro plegio Ricardi filii Lan- « drici]. » — Raoul frère de Pierre et fils de Mathieu de Bouquetot, confirme dans le cartulaire de Bourg-Achard la donation du patronage de Saint-Paul-de-la-Haie. — Robert est cité dans les grands rôles de 1203 : « Robertus de Boketot reddit « compotum de quatuor libris decem so- « lidis decem denariis, pro plegio Wil- « lelmi Espée. » Tous deux sont qualifiés de chevaliers.

Nous espérons avoir éclairci les origines de la famille de Bouquetot, mais nous n'avons point de documents suffisants pour en suivre l'histoire.

Nous trouvons à Bouquetot, au XIII° siècle, des Bouquetot qui sont probablement les descendants des fils de Mathieu, Pierre, Robert et Raoul, et des Bouquetot qui sont complétement étrangers à cette famille. Parmi les membres de la famille de Bouquetot, nous classerons un « Radulphus de Bouquetot, miles ». Peut-être est-ce le fils de Mathieu ; nous n'osons l'affirmer. Il donne une terre « quæ sita est in Campo Dolenti ». (1226, n° 84.) — Nous citerons encore un Pierre de Bouquetot, « miles ». Il donne : « unum sextarium frumenti annui « redditus ad mensuram de Bouquetot, « ad equipollentiam melioris frumenti « pretii duodecim denariorum minus de « sextario, quod videlicet frumentum Ra- « dulphus Mascire, de parochia Sancti « Martini de Rubro Monasterio, mihi red- « debat... in quadam pecia terræ quæ « vocatur terra de Gardignet. » (1246.) Il n'est pas probable que le même Pierre de Bouquetot ait rendu compte dans le rôle de 1184 et ait fait cet acte de 1246. (*Cart. de Bourg-Achard*, n° 87.)

Quant aux autres personnes qui portent le nom de Bouquetot et qui ne font certainement pas partie de cette famille, il me suffira de noter un autre « Ra- « dulphus, dictus Bouquetot, filius Guil- « lelmi de Hamello, » en 1233 (n° 81). Je ne parle pas de « Galterus le Vavassor, de Bouquetot », vivant en 1234. (N° 119.)

Nous empruntons au *Coutumier des forêts de Normandie* un passage constatant les droits d'usage que les habitants de Bouquetot avaient dans la forêt de Montfort (f° 86 r°) :

« Le commun et habitans de la paroisse « de Bouquetot ont en la forest de Mont- « fort le genest, le genievre apellé mort « boiz, item la mousse, le caillou, la « maille sanz y faire treue ; item le revol- « ment des arbres, l'argille et le sablon ; « item la noire espine, leurs bestes fran- « chez ès pastures de la dicte forest tout « hors deffens et excepté chièvres, et leurs « brebiz à l'ouraille du boiz à la veue du « pasteur ; item ont et doivent avoir leurs « pors frans en la dicte forest, par en « paiant pour chascun port xu deniers, à « chascun pasnage quant il eschiet, et les « doivent mener ou porter au pasnage ja « sy petit n'y aura maïs qu'il puisse man- « gier un gian, ou se porté n'y est, doit « paier au fermier du pasnage dix solz « tournois pour chascun porc ; item ont la « charetée de chesne vert à trois chevaulx « pour dix soulz, et à deux chevaulx pour « huit soulz, hors deffens ; la charetée de « fou hors deffens à trois chevaulx pour six « solz et à deux chevaulx pour cinq soulz, « et à un cheval pour III s. t., hors def- « fens ; pour lesquelles franchises dessus « desclairées les diz habitans sont tenus « paier par chascun an, et chascun par soy, « au Roy, nostre sire, par la main de l'er- « bagier de la dicte forest, xii den tourn. « moictié à Pasques et moictié à la Saint « Michiel ; item s'il y a aucun des diz pa- « roissiens qui soit boullenger, il sera tenu « paier au Roy deux soulz pour son four « aux termes dessus diz. »

Le territoire de la paroisse de Bouquetot paraît avoir été dès l'origine très partagé. L'église n'appartenait pas aux seigneurs de Bouquetot. Au XII° siècle, Guillaume de Piencourt donna à l'église et au prieuré de Bourg-Achard « advoca- « tionem et presentationem ecclesie de « Bouquetot ». En même temps Robert de Piencourt, sur le conseil de son seigneur et ami Guillaume Malesmains, donna « jus patronatus ecclesie Sancti Philiberti « de Bouquetot, et quidquid juris habe- « bam ». (Cart. de Bourg-Achard, n°s 44 et 42.) Puis Robert, comte de Meulan, céda également tous ses droits sur l'église de Saint-Philibert de Bouquetot. Le grand rôle de 4203 fait mention de l'église de Bouquetot ; « .... dus de Bosco Taon, « prior de Burgo Acardi, reddit compo- « tum de XII. den. pro audiendo fine re- « cognito inter ipsum et heredem Radulfi « de Bardolfi Villani de ecclesia de Bou- « ketot, quem eidem prior per recogni- « tionem..... peranda. In thesauro libe- « ravit. Et quietus est. »

Le prieuré de Bourg-Achard avait des possessions assez étendues à Bouquetot. Guillaume du Hamel avait plusieurs enfants qui firent des donations et des rentes audit prieuré : Raoul, dit de Bouquetot, donne, « de assensu Roberti, fra- « tris mei, » une acre de terre à Bouquetot. L'acte est confirmé et scellé par Guillaume du Bois-Besnard-Commin : « qui erat capi- « talis dominus dictæ terræ. » (4232, n° 84.)

La même année, Jean du Hamel, clerc, donne, du consentement de son frère Raoul, une acre de terre située à Bouquetot : « a semita per quam itur a Sancto « Philiberto de Bouquetot ad Burgum « Achardi, usque ad keminum per quod « itur versus domum Ricardi Gode. » (Nos 90 et 92.)

Robert du Hamel, dit Frogent, vend une acre de terre située à Bouquetot : « con- « tiguam terre predicte canonicorum abo- « tizantem ad keminum domini regis per « quod itur ad Pontem Audomari. » Il dit que cette acre de terre faisait partie de son fief, et il ajoute ces paroles remarquables : « Si forte contigerit quod « aliquis de parentela mea dictam terram « per bursam infra annum secundum « usum patrie ad se vellet retrahere, « nonobstante patrie dicto usu, ego et « heredes mei dictis canonicis tenemur « excambiare dictam terram in terra mea « de Campo Ferant, quam teneo de cano- « nicis memoratis. » (N° 76.)

Le même Robert du Hamel : « Robertus de Hamello minor, » vend et concède aux chanoines de Bourg-Achard « totum red- « ditum integre quem mihi reddebat Ro- « bertus de Hamello, senior, de tenemento « quod tenebat de me in parrochia Sancti « Philiberti de Bouquetot », et il promet qu'il fera ses efforts pour que « predicti « canonici dominorum meorum feodalium « et capitalium gratum habeant ». (4247, n° 75.)

Roger de Mal-Busquet donne aux chanoines de Bourg-Achard : « quoddam gar- « dinum quod habebam situm prope ci- « miterium Sancti Philiberti de Boque- « tot, cum domo ibi sita, et tres acras « terræ sitas in duobus locis, videlicet « unam partem prope viam de Feugio de « Longuo. » (4239, n° 85.)

Le prieuré de Bourg-Achard possédait dans la paroisse de Bouquetot, en 4243, une demi-acre de terre « que vocatur Campus Aelisie ». (N° 86.)

Les moines de Sainte-Marie-du-Pré de Rouen avaient des biens à Bouquetot au XIII° siècle. (N° 80.)

Dans le cartulaire de Bourg-Achard, on trouve à Bouquetot, au XIII° siècle : « campus de Maretos » (n° 467) ; — « terra quæ dicitur Longus Campus » (n° 78) ; — « prope viam de Feugio de Longuo » (n° 85) ; « Campus Aelisiæ » (n° 86).

Au XV° siècle, il y avait quatre fiefs à Bouquetot : Fréville, Ruffaut, Bosc-Roger, Feugré.

Le fief de Fréville existait dès le XIII° siècle. En 4240, Richard de Fréville possédait la terre de Longchamp : « quod dicitur Longus Campus » (n° 78). Dans une charte de Richard de Bardouville, en parlant de deux pièces de terre sises à Bouquetot : « Hæc duo frustra sunt de feodo Ricardi de Frevilla » (n° 94). Un moulin faisait, au XIII° siècle, partie du fief. Ce fief avait le droit de chauffage et de pâturage dans la forêt de Montfort, et le droit d'y prendre le bois nécessaire pour réparer le moulin seigneurial. Fréville, plein fief de chevalier, relevait du roi par la simple redevance de six fromages frais, tels qu'on les faisait dans le pays, et payables à la fête de Noël.

Le fief de Fréville appartint jusqu'à la fin du XV° siècle à la famille de Fréville, puis successivement aux familles du Bois, de Roger, du Coudrai, le Vicomte et de Marguerit.

Il y avait une chapelle de Saint-Pierre-aux-Liens dans le manoir de Fréville.

Ruffaut, plein fief de haubert, avait droit de chauffage dans la forêt de Brotonne et droit d'y prendre du bois pour réparations. Il appartint aux mêmes propriétaires que Fréville et fut réuni à Fréville en 47.. sous le nom de Saint-Hilairele-Vicomte, en faveur de Pierre-Jacques le Vicomte, seigneur et patron honoraire de Bouquetot.

Bos-Roger, quart de fief de haubert. Il avait droit de chauffage et de pâturage dans la forêt de Montfort. Depuis le XVIe siècle, ce fief appartenait à la famille de Mustel, et finalement il fut acheté en 1740 par le Vicomte, seigneur des Ruffaux et de Fréville.

Quant à Feugré, il fait maintenant partie de la commune de Bourg-Achard. Il était autrefois placé en partie sur la paroisse de Bouquetot, en partie sur celle de Bourg-Achard.

Comme il y avait plusieurs fiefs nobles à Bouquetot relevant nuement du roi, plusieurs propriétaires se disputèrent la possession du fief de Bouquetot et la seigneurie de la paroisse. Au XVIIe siècle, la querelle s'engagea entre les seigneurs de Bosc-Roger et de Fréville. Le prieur de Bourg-Achard, invoquant les chartes que nous avons citées de Guillaume et de Robert de Piencourt et de Robert, comte de Meulan, prétendit que les deux ou trois acres qui environnaient l'église étaient le fief de Bouquetot. Les seigneurs de Fréville l'emportèrent et se qualifièrent de seigneurs de la paroisse Saint-Philibert de Bouquetot et de Saint-Paul de la Haie.

Les lieux dits de Bouquetot sont : — le Bois-Inger ; — le Bos-Roger ; — la Mare-Loisel ; — les Rouets ; — les Ruffaux ; — Saint-Hilaire ; — le Tac ; — le Vieux-Bouquetot ; — les Quatre-Fossés ; — Verneuil ; — Fréville ; — la Béquille.

Un des hameaux de Bouquetot s'appelle le Vieux-Bouquetot. On prétend que jadis s'élevait à cet endroit une église paroissiale dont on ignore le vocable. Elle aurait été détruite au XVe siècle, et les fondements en ont été retrouvés récemment. Nous pensons que l'église du Vieux-Bouquetot n'était qu'une chapelle érigée sur les ruines d'une église détruite par les premiers Normands. On peut remarquer que dans les environs, le cartulaire de Bourg-Achard constate à côté de la paroisse de Sainte-Marie-de-Honguemare, le Vieil-Honguemare : « Vetus Honguemara. » Il est naturel d'asseoir à côté de la paroisse de Saint-Philibert-de-Bouquetot le Vieux-Bouquetot.

Bouquetot a été réuni, depuis 1846, à Saint-Paul-de-la-Haie et à Saint-Michel-de-la-Haie.

Cf. Toussaint Duplessis, t. II, p. 468.
Bibliothèque de l'École des chartes, 3e série, t. II et III ; Notice sur le Prieuré de Bourg-Achard, par M. L. Passy.
Canel, Essai sur l'arrond. de Pont-Audemer, t. II, p. 454, 455 et suiv.

BOURG-ACHARD.

Arrond. de Pont-Audemer. — Cant. de Routot.

Patr. S. Lô. — Prés. le prieur de Bourg-Achard.

Il paraît qu'il y avait dans le voisinage de Bourg-Achard un bois d'Achard (*nemus Achardi*) du temps de Guillaume le Conquérant. Au moins est-il fait mention d'un bois de ce nom dans la charte de fondation de Saint-Georges de Rocherville, immédiatement après les dispositions concernant Longuemare : « Pro « decima terre quam habet in nemore « Achardi... pro decima nemoris Achardi « quam ipsi canonici comparaverunt ab « eo XXX. solidis sed minime habuerint... » Ce « nemus Achardi » ne serait-il pas l'origine du mot *Bosc-Achard* ou *Bouc-Achard*, comme on dit dans le pays ? Dans les grands rôles de 1203, on lit : « ... Pen- « tariis I. reddit compotum de LV. solidis « de venta bosci de Burgo Achardi. » Dans un acte de 1230 : « Masuris duabus sitis in vico de Burgo Achardi. » (*Cart. de Bourg-Achard*, n° 112.) Ce qui donne du poids à cette conjecture, c'est qu'au milieu du XIIe siècle, la seigneurie de Bourg-Achard appartenait à la famille du Bosc, qui est une des plus illustres et des plus anciennes de Normandie. — Quant au mot *Achard*, il est visiblement d'origine scandinave. Il signifie *asker, askeer* : l'épieu des dieux. En Normandie, il est fréquemment employé sous la forme *Escardus*, et de nos jours sous la forme *Acard, Accard*. On trouve parmi les souscripteurs d'une charte de la jeunesse de Guillaume le Conquérant un seigneur nommé Acardus. Aussi le nom de cette commune s'est écrit tour à tour Bosc-Achard, Boc-Assard, Boucachart et Bourg-Achard.

Achard semble avoir été le premier seigneur de Bourg-Achard. Il épousa, dit-on, Dunelme de Pont-Audemer, sœur de Roger de Beaumont, son suzerain, laquelle donna vers 1080 à Saint-Léger-de-Préaux un métayer tenant 40 acres de terre à Bourg-Achard. En 1136, Nivelon du Bosc fonda le prieuré de Bourg-Achard sous l'invocation de saint Lô. En 1142, Roger, frère de Nivelon, donna différents biens au nouveau prieuré, et, dans cet acte, il rappelle son père Guillaume, Albède, sa mère, Guillaume, son fils, et Henri, son frère. Nous publierons en entier cet acte important quand nous parlerons du prieuré. Guillaume du Bosc, fils de Roger, réunit les titres de seigneur de Bourg-Achard et de Plasnes. Il eut pour fils Roger de Plasnes, qui demanda en 1175 à Rotrou, archevêque de Rouen, la confirmation des donations faites par ses aïeux au prieuré de Bourg-Achard. (*Cart. de Bourg-Achard*, n° 34.) Son fils, Guillaume de Plasnes, intervient dans un acte de 1207. — On trouve encore dans le cartulaire de Bourg-Achard mention de plusieurs personnages appartenant à la famille du Bosc: Raoul du Bosc, chanoine et prieur de l'église de Saint-Lô, vers 1180 (n° 41; Geoffroi du Bosc, vers 1209 (n° 43); Jean du Bosc, chevalier, en 1222 et 1234 (n°s 136 et 137), et Guillaume du Bosc, chanoine, en 1247 (n° 133).

Dans la première moitié du xiv° siècle, Ameline du Bosc, dame de Bourg-Achard et de Plasnes, fit passer la seigneurie de Bourg-Achard dans la famille des Malet de Graville. Guillaume Malet, époux d'Ameline du Bosc, eut pour héritier son frère Jean, qui mourut en 1363, laissant une fille mariée à Guillaume de Courcy.

A sa mort, Guillaume de Courcy, son fils, lui succéda en qualité de seigneur de Bourg-Achard; mais ce fief fut donné en douaire à Jeanne de la Mouche, veuve de Jean Malet et grand'mère de Guillaume: il demeura dans la famille de Courcy jusqu'en 1574, si ce n'est pendant l'occupation anglaise, où il appartint à Jean de Bienfaite.

La famille des Picart, seigneurs d'Estelan, acquit la seigneurie de Bourg-Achard vers la fin du xv° siècle. Louis Picart, chambellan de Louis XII et bailli de Tournai, mort en 1500, fut enterré dans l'église de Bourg-Achard, ainsi que sa femme, Charlotte Lhuillier, dame d'Equiquebœuf et du Bos-Normand, morte en 1536. En 1528, Isabeau Picart donna en dot la seigneurie de Bourg-Achard à François de Pompadour, vicomte de Comborn. Madeleine, une de leurs filles, fit passer cette seigneurie dans la maison des le Veneur, comtes de Tillières et seigneurs de Carouges.

Au commencement du xvii° siècle, Jean du Moncel, de Rouen, acquit Bourg-Achard; ses filles apportèrent la nouvelle propriété en dot aux seigneurs du Fay. — Bourg-Achard fut érigé en baronnie en 1624 en faveur de Gaspard du Fay. Louise de Hautonne, dame de Fervaques et de Plasnes, ayant cédé à Gaspard du Fay la haute justice de Bourg-Achard, le roi permit de la réunir en baronnie. Les habitants firent une vaine résistance. Le parlement ordonna, par le même arrêt de 1625, que le bailli de Bourg-Achard se- rait compté parmi les officiers qui devaient comparance une fois l'an aux appeaux du bailliage de Rouen. Voyez, pour de plus grands détails, l'article de M. Canel sur Bourg-Achard.

Au moment de la Révolution, cette seigneurie appartenait à la famille le Comte. Le droit de foire et marché appartenait aux seigneurs de Bourg-Achard. En 1612, il n'y avait qu'une foire à Bourg-Achard.

Bourg-Achard était non-seulement siège d'une justice seigneuriale, mais aussi d'une justice royale, c'est-à-dire d'une vicomté. Cette dernière juridiction avait été supprimée en 1741 et réunie à celle de Pont-Audemer.

Bourg-Achard posséda un prieuré qui joue un certain rôle dans l'histoire ecclésiastique de la Normandie. En 1136, Nivelon du Bosc le fonda, et en 1142 Roger du Bosc, son frère, l'enrichit par des donations importantes. Cette charte de donation ouvre le cartulaire de Bourg-Achard.

Le prieuré de Bourg-Achard ne tarda pas à être l'objet de donations importantes qui furent confirmées par une charte de Rotrou, archevêque de Rouen, une charte du roi Henri II et une bulle du pape Alexandre III. Nous allons reproduire la charte de Roger du Bosc et la charte de Rotrou, qui résument toute l'histoire du prieuré depuis 1141 jusqu'à 1175 :

« Rogerus de Bosco, universis sanctæ
« matris ecclesiæ fidelibus, salutem in
« Domino. Sciatis omnes quod ego, divina
« miseratione inspiratus, maxime autem
« consilio permultum venerandi Hugonis
« Rothomagensis archiepiscopi admonitus
« et roboratus, pro anima patris mei Wil-
« lelmi et Albendæ matris meæ atque
« antecessorum meorum, et pro salute et
« prosperitate mea et uxoris meæ Ma-
« thildæ, et Willelmi filii mei et heredum
« meorum et parentum et dominorum
« meorum et amicorum, donavi ecclesiam
« Sancti Laudi de Burgo Achardi, et qua-
« tuor præbendas eidem ecclesiæ perti-
« nentes, sicut a N... fratre meo fuerunt
« institutæ, et omnia quæ ad ipsam per-
« tinent et pertinebunt ecclesiam, cano-
« nicis regularibus qui perenniter ibi ser-
« virent Domino secundum regulam Sancti
« Augustini religiose conversando. Ut au-
« tem hæc donatio mea cum omnibus
« redditibus quocumque justo modo præ-
« dictæ ecclesiæ concessis, vel ab aliquo
« de terra mea concedendis et donandis,
« nullo a me jure terreno in hiis retento,
« præter patrocinium et defensionem, fir-
« miter et inconcusse permaneat, memo-
« rati domini Hugonis archiepiscopi con-
« firmatione et testimonio, scriptique præ-

« sentia sigilliqne mei munimine robo-
« ravi, ac muniri sategi. Dedi etiam ipsi
« ecclesiæ virgultum meum juxta eccle-
« siam, et terras ad officinas canonicorum,
« et tres acras terræ ad luminaria eccle-
« siæ, et decimam thelonei Burgi Achardi,
« et decimam molendinorum meorum de
« Ponte Autouldi, et moltam de dominica
« mensa canonicorum, quin etiam in mo-
« lendinis meis, decimam quoque pasna-
« gii mei et panis mei et omnis meæ
« proprietatis omnimodorum reddituum
« Burgi Achardi. Dedi insuper eidem
« ecclesiæ quatuor acras terræ quas tenet
« Radulphus Crespinus, de qua terra ipse
« reddit quatuor solidos in die Ascensio-
« nis Domini. Quin etiam confirmo quæ
« Hugo canonicus, hujus religionis ince-
« ptor et primus prior, dedit prædictæ ec-
« clesiæ de patrimonio suo, trigenta sci-
« licet acras terræ, et tres acras de bosco,
« concessione Rogerii Gule de Maltre, et
« Marci filii ejus ; unde ipse Marcus habuit
« trigenta solidos. Præfatus autem Hugo
« prior dedit ipsi ecclesiæ ex parte matris
« suæ quadraginta acras terræ, de quibus
« Radulphus nepos ejus tenet decimatio-
« nes, et reddit ad Natale Domini tres
« capones et duas gallinas et quinque
« panes, ad Pascha quadraginta ova et
« unum agnum, et servitium totius terræ
« et tallias et auxilia dominorum reddit.
« Walterus quoque de Cloz concessu et
« testimonio meo dedit octo solidos et
« duos denarios per annum in secunda
« dominica quadragesimæ reddendos, eo
« pacto ut unaquaque septimana duæ
« missæ celebrentur ibi pro fidelibus de-
« functis. Hubertus quoque de Sotavilla
« me concedente dedit ecclesiæ jam dictæ
« tenementum suum terræ Burgi Achardi,
« annuente Helisenda filia ejus ; pro quo
« de karitate ecclesiæ centum solidos Ro-
« thomagensium habuit. Hæc omnia dona
« ego Rogerus de Bosco in perpetuam ele-
« mosinam prænominatæ ecclesiæ Sancti
« Laudi concedo omnino esse quieta ab
« auxiliis et talliis et servitiis meis et om-
« nibus consuetudinibus, annuente Galle-
« rano comite Mellenti, in cujus feodo et
« dominio prædicta ecclesia fundata est,
« et Mathilde uxore mea, et Willelmo
« filio meo, et Henrico fratre meo ; ipsis
« certe attestantibus, et mecum omnia
« confirmantibus. »

« Rotroldus, Dei gratia Rothomagensis
« archiepiscopus, dilectis filiis suis Roberto
« priori et canonicis regularibus ecclesiæ
« Sancti Laudi de Burgo Achardi, tam præ-
« sentibus quam futuris, in perpetuum.
« Quoniam ad curæ pastoralis spectat offi-
« cium statum sanctæ religionis in eccle-
« sia Dei studiose confovere, omnique
« diligentia et ipsum et fidelium largitio-
« nes quibus sustentatur, ne in posterum
« a malignantibus possint infringi, immi-
« nui, infirmari, muniminum firmamen-
« tis roborare, statuimus, et vos, et ordi-
« nem vestrum, ac beneficia vobis collata
« sub patronatu et defensione sanctæ Ro-
« thomagensis ecclesiæ retinere, prote-
« gere, scriptoque præsenti communire.
« Exemplis igitur prædecessoris nostri bo-
« næ memoriæ Hugonis archiepiscopi pro-
« vocati, justisque vestris postulationibus,
« ac dilecti filii nostri Rogeri de Planis
« filii Guillelmi de Planis assensum præ-
« bentes, ab eodem Rogero et patre ejus
« Willelmo et ab avo ejus Rogero de Bosco
« vobis concessam et donatam, a prædicto
« Hugone archiepiscopo confirmatam, ec-
« clesiam Sancti Laudi quæ est in Burgo
« Achardi, cum omnibus pertinentiis ejus,
« in perpetuam elemosinam, et nos vobis
« confirmamus, ut in ea Deo perpetualiter
« serviatis et secundum regulam sancti
« Augustini ordinem canonicorum regu-
« larium tenentes, omni deinceps tempore
« permaneatis. Confirmamus etiam vobis
« decimam thelonei de Burgo Achardi,
« et molendinorum prædicti Rogeri de
« Bosco qui sunt apud Pontem Altou :
« decimam quoque pasnagii, et omnium
« reddituum de Burgo Achardi, qui ad
« eumdem Rogerum pertinent, et deci-
« mam panis domus ejus apud eumdem
« Burgum, et virgultum quod est juxta
« prælatam ecclesiam ; insuper et totam
« terram quæ est infra ambitum curiæ
« vestræ ; illas quoque trigenta acras ter-
« ræ, et tres acras de bosco, quas Hugo
« primus prior vester vobis donavit, con-
« cessione Rogeri Gule de Maltre, et Marci
« filii ejus ; et ex altera parte quadraginta
« quatuor acras terræ, quæ descendebant
« ex parte matris suæ ; et terram quam
« Hubertus de Sotevilla habebat in paro-
« chia vestra, quam tantum concessu filiæ
« suæ Helissent vobis concessit. Quin
« etiam servitium et redditus illius terræ,
« quam Anfridus filius Godonis tenebat
« de Waltero de Gloz, scilicet octo solidos
« et duos denarios ex donatione ipsius
« Walteri ; insuper et sex acras terræ quas
« tenuit Radulphus Crepinus, de quibus
« redduntur vobis quatuor solidi in Ascen-
« sione Domini. Nichilominus quoque vo-
« bis confirmamus quæ in diebus filii
« nostri Willelmi de Planis ecclesiæ vestræ
« donata sunt : totam videlicet terram
« quæ est juxta virgultum vestrum, cum
« tota mara et virgulto Picoti ; et terram
« quam Hugo Bubulcus habebat in man-

« sione, et mansionem quæ erat in atrio,
« in quâ Julita manebat; totumque jus
« quod clamabant in terrâ Walteri Sorel,
« Nicolaus et Willelmus, fratres ejus, de
« Kesneio, et Beatrix, mater eorum ; et
« terram quam dedit vobis Willelmus
« Roussel, et tres virgatas terræ, quas vo-
« bis dedit Restouridus, et quinque acras
« terræ quas vobis dedit Willelmus filius
« Restoudi, quando Radulphus frater ejus
« factus est canonicus, et quinque acras
« terræ quæ datæ sunt cum Roberto de
« Quesneio, quando et ipse canonicus
« factus est, et terram quam Ricardus de
« Bosco canonicus dedit vobis, cum Ra-
« dulpho filio ejus, quando idem Radul-
« phus canonicus factus est; et duas acras
« quas fratres Hugonis canonici dederunt
« ecclesiæ vestræ, quando idem Hugo ca-
« nonicus est factus; et tres acras quas
« frater Ricardus secum misit quando fra-
« ter effectus est. Præterea vobis confir-
« mamus unam acram quam Gervasius de
« Bouquetot vobis dedit ; et unam acram
« quam ecclesiæ vestræ Robertus et duo
« filii ejus Matheus et Willelmus dederunt ;
« unam minam siliginis quam dedit vo-
« bis Willelmus de Piencort apud Bou-
« quetot ; et acram unam quam Hugo
« filius Roberti, et uxor ejus Agnes, et
« filia ejus Matildis vobis dederunt ; et
« unam acram quam Radulphus Paganus
« et tres filii ejus Rogerus, Robertus,
« Gaufridus vobis dederunt ; et unam
« acram quam Hugo vicecomes vobis de-
« dit cum una virgata ad mansuram, ut
« licentiam ei daremus accipiendi uxo-
« rem ; et duas acras quas Tremburgus (?)
« de Quesneio, et duo filii ejus Henricus
« et Willelmus dederunt vobis ; et unam
« acram quam Rogerus de Fontanis, et
« Willelmus filius ejus vobis dederunt ; et
« virgatam unam quam tenebat sacerdos
« Robertus de Bosco Goet, quam Johan-
« nes de Bosco Goet concessit ecclesiæ
« vestræ ; et domum unam quæ est in
« Burgo et mansuram quamdam quæ est
« inter cimeterium et furnum; et terram
« quam Walterus de Ponte Autou, Rober-
« tus filius Baudri, Walterus Parent, Ri-
« cardus filius ejus et Osbertus de Len-
« dino super altare sancti Laudi mise-
« runt. Insuper et confirmamus vobis tres
« acras terræ et virgatam unam quam
« Durandus de Londa et Radulphus Tra-
« ceportel gener ejus miserunt super altare
« ecclesiæ vestræ, cum Ricardo fratre
« ejusdem Durandi, quando idem Ricar-
« dus conversus factus est in domo vestra ;
« quam quidem terram Durandus in
« præsentia nostra ab omni exactione et
« consuetudine quietam et liberam vobis

« concessit in perpetuam elemosinam : hu-
« jus donationis testes adhibiti fuerunt
« Willelmus de Kesneio, Hugo Ferant,
« Radulphus de Kesneio, Johannes Esti-
« rbet, Ricardus Gandus, Durent frater
« ejus, Walterus Durent, Walterus Fo-
« rester, et alii multi. Hiis et omnibus
« super addimus ex donatione nostra ec-
« clesiam Sanctæ Mariæ et duas capellas
« ad eam pertinentes de Tubervilla, ca-
« pellam videlicet Sanctæ Trinitatis, et
« capellam Sancti Audoeni cum omnibus
« pertinentiis earum quas vobis in perpe-
« tuam elemosinam confirmamus, salvo
« jure episcopali, et domum etiam unam
« apud Falesiam quam soror Basilida sci-
« licet ecclesiæ vestræ dedit in perpetuam
« elemosinam ; molendinum quoque qui
« est apud Pontem Autou, quem habetis
« de monachis Gemmetici, cum molta
« hominum suorum de Ponte Autou, et
« aliis libertatibus quas vobis in carta sua
« confirmando concesserunt, ecclesiæ ve-
« stræ perpetuo confirmamus possidendas;
« duas etiam acras quas dedit vobis Wil-
« lelmus Capel et unam aliam ad ecclesiæ
« vestræ luminaria, et vigenti solidos Bel-
« vacensium, quos W. comes Albæ Mariæ
« annuatim solvendos ecclesiæ vestræ dedit
« in perpetuam elemosinam ; necnon et
« quietudinem per totum terram comitis
« Mellenti de victu vestro et rebus vestris
« propriis, et pasnagium porcis vestris, et
« herbagium bestiis vestris, et boscum ad
« proprium ignem vestrum ; insuper et
« quietudinem de passagio et servitiis et
« auxiliis et talliis, et omnibus consuetudi-
« nibus, ut sitis in pace ipsi, et homines, et
« terræ vestræ, et quieti ab omni pertur-
« batione. Quam consuetudinem Rogerus
« de Bosco prior in sua terra quietam con-
« cessit et dedit, et Willelmus de Planis hoc
« ex parte sua concessit. Præterea quæ-
« cumque possessiones, et bona vobis col-
« lata sunt, vel in futurum liberalitate prin-
« cipum, oblatione fidelium quibuscumque
« justis modis Domino propitiante adipisci
« poteritis, firma vobis et illibata perma-
« neant, salva sanctæ Rothomagensis eccle-
« siæ justitia et reverentia. Nulli igitur ho-
« minum liceat ecclesiam vestram temere
« perturbare, aut ejus bona auferre, vel
« ablata retinere, aut aliquibus molestiis
« fatigare ; sed omnia integre conserventur
« vestris et eorum pro quorum susten-
« tatione concessa sunt usibus profutura.
« Si quis autem hanc nostræ consuetu-
« dinis paginam sciens temerare præsum-
« pserit, secundo tertiove commonitus, si
« non satisfactione congrua emendaverit,
« reum se divino judicio existere et no-
« stram et indignationem beatæ Dei ge-

« nitricis Mariæ, et beatorum apostolo-
« rum Petri et Pauli, et beati Laudi, et
« omnium sanctorum Dei perpetrata ini-
« quitate incurrere cognoscat, atque in
« extremo examine districtæ ultioni sub-
« jaceat. Cunctis autem ecclesiæ vestræ et
« vobis jura servantibus sit pax Domini
« nostri Jesu Christi, quatenus et hic
« fructum bonæ actionis accipiant, et apud
« districtum judicem præmia æternæ pacis
« inveniant. Amen. Datum Rothomagi,
« anno incarnationis Dominicæ millesimo
« centesimo septuagesimo quinto, regnante
« rege Francorum Ludovico, principante
« in Normannia rege Anglorum Henrico
« secundo et filio ejus Henrico tertio. »

Nous avons publié la charte dans laquelle Roger du Bosc donna au prieuré, en 1142, des terres pour l'entretien des chanoines, des terres pour le luminaire de l'église, les dîmes du tonlieu, du pain et des cens qui lui appartenaient à Bourg-Achard. (Cart. de Bourg-Achard, n° 1.) Guillaume de Plasnes, fils de Roger de Plasnes et arrière-petit-fils de Roger du Bosc, éleva au commencement du XIII° siècle quelques difficultés au sujet de ces dîmes. Le pape Innocent III nomma des arbitres qui imposèrent aux parties, en 1207, la transaction suivante : Guillaume de Plasnes reprit la jouissance des dîmes de son pain et de ses revenus à Bourg-Achard, et céda en échange 4 acres de terre. (N° 2.)

En 1240, Richard de Plasnes, chevalier, étant en la Terre-Sainte, confirma les donations de ses ancêtres. (N° 3.)

Raoul de Flancourt donna à l'église de Saint-Lô de Bourg-Achard 6 acres de terre qu'il possédait en divers lieux, près de la maison de Robert du Fay. Ledit Robert cultivait cette terre et partageait les fruits avec Raoul de Flancourt. Raoul donna en outre un certain Aufroi, son homme lige, avec tous les droits et avantages qu'il en retirait. Raoul et ses fils firent cette donation pour leur salut et celui de Baudri de Flancourt, leur fils et frère, qui avait été reçu chanoine. (N° 144.) Gautier et Robert de Flancourt, par un acte séparé, confirmèrent la donation de leur père et s'en portèrent garants. 2 acres appartenaient à Gautier, du fief de son haubert, et 4 acres à Robert, du fief de Bosc-Bénard. Le prieur et le bailli du prieuré de Bourg-Achard devaient fournir aux chanoines un repas de 5 sous le jour de l'anniversaire de la mort de Raoul de Flancourt. (N° 149.)

Richard de Bardouville, du consentement de Jean, son fils aîné, fait la donation suivante : En tête de la couture des chanoines, laquelle couture relève du fief de Guillaume des Fontaines, se trouvaient, au delà de la haie de Gautier Parent, 2 acres de terre qui lui rapportaient une rente annuelle de 2 sous et demi ; un tiers de cette rente était dû par Robert, fils de Guillaume des Fontaines, et par les héritiers dudit Guillaume ; les deux autres tiers par les chanoines. Richard de Bardouville remit aux chanoines les deux tiers de la rente qu'ils lui payaient et les substitua pour l'autre tiers dans ses droits contre les héritiers de Robert et de Guillaume des Fontaines. (Sans date, n° 91.)

Un des fils de Richard de Bardouville, Geoffroi, dit le Doyen, donne, du consentement de sa mère et de son frère Jean, une rente de 7 sous de monnaie courante que lui devait Reinould Lesort pour 2 acres de terre, puis un certain nombre de redevances. Les donateurs reçoivent du prieur et des chanoines un cheval blanc harnaché et sellé, plus 15 sols tournois. (N° 79.)

En 1223, Guillaume Fret, bourgeois de Rouen, donne une rente annuelle de 14 sous de monnaie courante, due par Geoffroi Flament, à raison d'une masure située à Bourg-Achard, près de la maison de Jean de la Mare, et dépendante du fief de Roger de Plasnes, une demi-acre de terre qui relevait de l'aumône des hospitaliers de Jérusalem, enfin une demi-acre de terre qui relevait du fief de Silvestre de « Alis ». (N° 130.)

Hugues du Quesnoy cède une rente de 20 sous tournois payables par Richard Frameri et ses héritiers. Les témoins : Robert du Quesnoy, Jean de la Mare, Pierre de Rouen. (D'Hozier, Arm. gén., reg. IV, p. III, n° 5.)

1229. Robert du Quesnoy donne : 1° une rente annuelle de 12 sous, à prendre sur le tènement tenu par Richard Frameri ; 2° une vergée de terre située dans le champ Gérout, et louée 3 sous. (N° 58.)

1231. Robert Héfel, Béatrix, sa femme, Guillaume, Michel et Pierre, leurs fils, vendent une rente annuelle de 12 sous, moyennant 100 sous tournois payés comptant. Cette rente devait être prise sur deux masures situées à Bourg-Achard : « in vico de Burgo Achardi, » et sur une pièce de terre située dans la paroisse de Hanguemare. Cette charte fut dressée devant le doyen et le chapitre de Rouen, en juin 1231, après la mort de Thibaut d'Amiens et avant la nomination de Maurice : « sede Rothomagensi vacante. » (N° 112.)

1232. Devant l'official de Rouen, Robert du Bequet et Emeline, sa mère, reconnurent avoir reçu du prieuré de Bourg-Achard la somme de 7 livres tournois et demie, pour la remise de toute la terre qu'ils tenaient du prieur et du couvent dans les champs Sorel. (N° 107.)

1233. Raoul Legregi, confrère et associé aux biens spirituels de l'église de Saint-Lô de Bourg-Achard, donne une rente annuelle de 6 sous et 6 deniers de monnaie courante. Dans cette charte, il est parlé du fief d'Aubri de Jumièges, situé à Hauville. (N° 87.)

1230-1236. Jean de la Mare donne une rente annuelle de 6 sous que Thomas Marguerie lui devait, à raison d'un bâtiment situé à Bourg-Achard, entre la maison de Gilbert Passebosc et la maison de Robert le Court. Richard, seigneur de Plasnes et de Bourg-Achard, confirma cette charte en 1236 : « in villa mea de Burgo, » dit-il. (N° 6.)

1238. Raoul Legregi donne d'abord une pièce de terre située entre la terre de Gilbert de la Haie, chevalier, et la terre des chanoines. (N° 66.) Thomas Legregi, son fils, confirme ces donations la même année devant l'official de Rouen. (N° 101.)

1239. Béatrix reconnaît, en présence de son mari Guillaume Boiste, avoir vendu une pièce de terre entre le jardin du prieuré, la terre de Thomas Tyhart et le mur des chanoines. (N° 111.)

1241. Robert du Quesnoy, dit l'Abbé, donne une acre de terre située en haut de la terre de Geoffroi du Quesnoy et près de la terre de Robert du Quesnoy, son fils aîné. Cette acre de terre est voisine de la terre des chanoines. Parmi les témoins : Hugues, dit le Roi; dame Ive, sa femme; Robert, dit l'Abbé, et son fils Robert. (N° 59.)

Pierre le Fèvre et Simon Hamelin, du consentement de leurs femmes, confirment la donation d'un revenu annuel de 2 setiers de froment, à la mesure de Bourg-Achard. (N° 60.)

Guillaume, dit Porcel, reconnaît devoir aux religieux une rente annuelle de 12 deniers pour une pièce de terre située dans la paroisse de Bourg-Achard, au lieu dit le Val-de-Restoud. (N° 110.)

1242. Guillaume Restoud confirme la donation de la terre qui dépend de son fief, et que son frère Raoul, chanoine, avait donnée au prieuré. Plus tard, Raoul devint prieur. Guillaume Restoud donna 2 acres de terre du même fief, lorsque le prieur et les chanoines de Bourg-Achard l'associèrent, ainsi que sa femme, aux biens spirituels du prieuré. Ces actes furent confirmés par Rémi, fils aîné et héritier de Guillaume. (N° 74.)

1244. Robert du Quesnoy, laïque, de la paroisse de Bourg-Achard, reconnut, devant l'official de Rouen, avoir vendu une certaine pièce de terre, située entre la terre du prieuré et la terre de Pierre Taupin. Il reconnut, en outre, avoir cédé une rente annuelle de 8 sous de monnaie courante, payable par Robert Laurent de Flancourt. Ce dernier tenait de lui une demi-acre de terre située dans la paroisse de Bourg-Achard, entre la terre de Mathieu des Fossés et le fief dudit Robert. — Cet acte fut confirmé devant l'official de Rouen, au mois de novembre de la même année. (N°s 67, 109 et 110.)

1245. Thomas Legregi, de la paroisse de Bourg-Achard, vend, pour 12 livres tournois, une rente annuelle de 30 sous, payable à la Saint-Michel. (N° 54.) — Vente confirmée la même année au mois de février devant l'official de Rouen. (N° 102.)

La famille du Quesnoy fit encore plusieurs donations au prieuré dans la seconde moitié du XIII° siècle. En 1260, Robert donna une rente de 4 sous, et en 1268 une rente de 12 sous; Philippine du Quesnoy, en 1263, une pièce de terre sise dans la paroisse de Bourg-Achard.

Peut-être a-t-on remarqué que Rotrou confirmait dans la charte de 1175 deux espèces de droits : les droits de patronage et les droits de propriété. Suivons cette distinction et voyons à quelle date le prieuré acquit des droits de patronage sur les églises de Saint-Ouen, de la Sainte-Trinité-de-Thouberville, de Sainte-Marie-de-Caumont, de Bouquetot, de Hoguemare, de Saint-Paul-de-la-Haie, de Cure, et enfin de la chapelle de Sainte-Marie, dans la forêt du Neubourg.

On désignait alors sous le nom de Thouberville un vaste territoire qui comprend aujourd'hui quatre paroisses. En 1175, Nicolas de la Londe donna à l'église de Saint-Lô de Bourg-Achard le patronage des églises de la Sainte-Trinité et de Saint-Ouen-de-Thouberville et de Sainte-Marie-de-Caumont. Ces patronages soulevèrent plusieurs différends qui furent résolus en 1202 et en 1223 en faveur du prieuré. C'est avant 1184 que Guillaume de Piencourt et son fils Guillaume résignèrent entre les mains de Rotrou, archevêque de Rouen, les droits d'avouerie et de présentation de l'église de Bouquetot. Quant aux droits de patronage, ils ne furent cédés que par Robert de Piencourt, petit-fils de Guillaume Ier de Piencourt, dans les vingt premières années du XIII° siècle. En 1228, procès entre le prieuré et Nicolas

Romain au sujet du patronage de Bouquetot. Le jugement fut encore rendu en faveur du prieuré.

Philippe de la Rivière avait également donné avant 1184 les droits qu'il possédait dans le patronage de l'église de Honguemare. Un différend s'éleva entre le prieuré et Tridon, prêtre de Barneville, au sujet de plusieurs paroissiens de Honguemare; il fut réglé vers 1209 par une transaction.

On peut reporter à la fin du XIIe siècle la donation que Henri du Neubourg fit au prieuré de Bourg-Achard du lieu dit de Sainte-Marie, dans la forêt du Neubourg. Cette donation donna lieu, un siècle plus tard, à une discussion entre le prieuré et les cohéritiers aux biens de la maison du Neubourg. En 1279, les parties transigèrent. Le droit d'usage que le prieuré prétendait avoir dans la forêt du Neubourg fut reconnu; mais l'exercice de ce droit fut soumis à la formalité d'une autorisation préalable.

Pierre de Bouquetot céda le patronage de l'église de Saint-Paul-de-la-Haie à la fin du XIIe siècle.

L'église de Cure, qui fut donnée au prieuré par Roger de Plasnes, petit-fils de Roger du Bosc, entre 1184 et 1189, devait être située en Angleterre, dans le comté d'Essex, où la famille de Plasnes avait des biens considérables.

Dans le pouillé d'Eudes Rigaud on lit : « Ecclesia Sancti Laudi, Bouquetot, « Sanctus Paulus, Hanguemara, cedunt « in usus prioris et fratrum de Burgo « Achardi et deservitur ibi per eosdem « fratres. » Dans un autre passage, citant les églises de Thouberville, il dit : « Apud « Tubervillam, tres ecclesie, videlicet ec- « clesia Sancte Marie, ecclesia Sancte « Trinitatis, capella Sancti Audoeni, prior « de Burgo Achardi patronus. Cedunt « proventus in usus fratrum. »

Les biens du prieuré de Bourg-Achard étaient considérables; ils ont suffi pendant longtemps pour nourrir vingt religieux. Si nous analysons le cartulaire de Bourg-Achard, nous voyons que ces biens étaient en général situés :

A Bourg-Achard, nos 1, 2, 3, 6, 26, 45, 54, 57, 58, 59, 60, 66, 67, 80, 91, 96, 101, 107, 112, 114, 130, 144, 149;

A Bouquetot, nos 76, 77, 79, 80, 81, 84, 85, 86, 90, 92, 95, 100, 115, 117, 119, 133, 157, 176;

A Saint-Ouen-de-Thouberville, nos 58, 136, 137, 159;

A Épréville, nos 83, 95;

A Guenouville, nos 103, 152;

Au Bosgouet, nos 119, 160, 163;

A Flancourt, no 23;

A Rouen, nos 112, 128, 129, 132;

A Honguemare, nos 45, 63, 68, 69, 70, 72, 112, 113, 131, 134, 153, 157;

A Aumale, no 23;

A Pont-Autou, no 34;

A Saint-André-sur-Cailli, nos 123, 131.

Le registre des visites d'Eudes Rigaud, publié par M. Bonnin, nous fournit un très-grand nombre de notions curieuses sur l'état du prieuré de Bourg-Achard au milieu du XIIIe siècle. Nous allons mettre sous les yeux de nos lecteurs la plus grande partie des textes auxquels nous faisons allusion :

1248. — « III. id. septembris. Iterato « fuimus apud Burgum Eschardi et iterato « visitacionem fecimus ibidem. Invenimus « quod laici morabantur in choro, dum ce- « lebrarentur divina; inhibuimus ne am- « plius moraventur dum divina celebra- « buntur. Item, statuimus quod illi qui « non sunt sacerdotes communicent et con- « fiteantur ad minus semel in mense. « Alia sunt ordinanda. » (P. 8.)

1249. — « V. id. januarii. Apud Bur- « gum Eschardi, cum expensis prioratus, « et visitavimus ibidem. Invenimus quod « ibi sunt decem canonici continue com- « morantes. In duobus prioratibus eorum « commorantur duo soli canonici; injunxi- « mus ut eos revocarent ad claustrum vel « eis darentur socii. Septem sunt in prio- « ratibus foraneis. Aliqui negligentes sunt « de confitendo quolibet mense, prout « ordinaveramus. Non erat ibi subprior; « injunximus priori quod faceret subprio- « rem. Habent in redditibus ccc. libras; « debent circa cv. libras; debent ma- « gistro Willelmo Landri L. solidos de « pensione. » (P. 58.)

1250. — « II. kl. februarii. Apud « Burgum Eschardi, cum expensis prio- « ratus, et visitavimus ibidem. Ibi sunt « IX. canonici; injunximus priori quod « plures reciperet. Subprior curat parro- « chiam de Burgo Eschardi, nec habebat « curam a nobis. Negligentes sunt ali- « quantulum in confitendo; ordinavimus « ut quicumque non fuerit confessus quo- « libet mense, in sexta feria post elapsum « mensem jejunet in pane et aqua, nec « prior super hoc alicui valeat dispensare. « Seculares intrant claustrum et loquun- « tur in claustro; injunximus eis ut, « quantumcumque poterunt, arceant se- « culares; item, ordinavimus quod appo- « natur aliquis ad custodiendum clau- « strum. Debent circa VIIIxx. libras et x. li- « bras. Habent plura instauramenta, et de « blado poterunt vendere usque ad solu- « cionem debitorum vel circa. » (P. 101.)

1253. — « VIII. id. octobris. Venimus
« apud Burgum Achardi, et fuimus cum
« expensis prioratus.

« VII. id. octobris. Visitavimus ibidem.
« Non confitentur quolibet mense; injunxi-
« mus emendari. Inhibuimus ne loquantur
« in claustro cum aliquo, et ne permittatur
« aliquis secularis sedere in claustro. De-
« bent cc. libras. Habent satis bladum, et
« avenam, et porcos; non habent vinum.
« Prior est iracundus et rixosus, et de
« facili mitigatur. Quadrige laborant et
« operantur dominicis et festis. Male pro-
« videtur infirmis. Non confitetur alicui
« fratrum. Facit quoddam sumptuosum
« manerium inutile. Monasterium non est
« bene coopertum. Quidam frater prioris
« est ibi qui non servit de aliquo, et est
« inhonestus ; vocatur Robertus. Habent
« in redditibus ccc. libras. Prior habet
« wayde, ad valorem lx. librarum. De-
« betur eis circa l. libre. Elemosina fit
« tenuis. Robertus Macue aliquantulum
« fuit diffamatus de quadam soluta. Prior
« est infamatus de la Cornue et de Aalidi
« de Boquetot. Frater Galterus, cellera-
« rius, est suspectus de proprietate. Item,
« prior infamatus fuit de Aubereya, que
« mortua est, de uxore au mercier.

« Eadem die, venimus apud Pontem
« Audomari, ad tractandum de pace inter
« nos et suffraganeos nostros. » (P. 472.)

1255. — « IIII. kl. aprilis. Apud Bur-
« gum Eschardi.

« III. kl. aprilis. Visitavimus ibidem. Ibi
« sunt decem canonici; nuper fuerant duo
« mortui. Omnes sunt sacerdotes, preter
« tres. Injuximus quod frequenter
« confessiones ad minus semel in mense.
« Debetur eis c. libre plus quam debeant,
« et habent satis estauramenta usque ad
« nova. Prior male providet, et dure sive
« tarde, suis canonicis vestimenta; in-
« junximus hoc emendari. Item, injunxi-
« mus priori quod, in biennio, cuilibet
« canonico daret unam pelliciam.

« Ipsa die, procurati fuimus ibidem.
« Summa, viii. libre xi. solidi iiii. de-
« narii. » (P. 242.)

1257. — « X. kl. augusti. Procurati
« fuimus apud Burgum Eschardi.

« Summa procurationis, ix. libre vii.
« solidi vii. denarii.

« Ipsa die, visitavimus ibidem. Ibi sunt
« decem canonici; omnes sunt sacerdotes,
« preter unum. Ibi non erat suprior;
« precepimus priori ut aliquem preficeret.
« Unus non clamat alium; injunximus
« quod frequenter clamaret unus alium,
« et fieret correctio. Canonici omnes fere
« silencium non servabant; injunximus
« sub pena excommunicationis et in virtute

« obediencie, quod silencium sollicite ob-
« servarent, et si aliquem culpabilem vel
« aliquos inveniremus, nos ipsum vel ipsos
« pena gravi puniremus. Habent in reddi-
« tibus circa iiic. libras; debent ixxx. libras
« parisienses; debetur eis nc. libre turo-
« nenses. Habent vinum usque ad festum
« Sancti Michaelis; non habent bladum
« nec avenam satis usque ad nova. Inhi-
« buimus priori ne de cetero solus equi-
« taret et quod non comederet in villa
« extra prioratum, nec aliquam mulierem
« permitteret comedere in prioratu. Item,
« injunximus eidem quod frequencius
« confiteretur quam consueverat confiteri,
« ad minus quociens ipsum divina contin-
« geret celebrare. » (P. 284.)

1260. — « XI. kl. februarii. Apud Bur-
« gum Acardi, cum expensis nostris.

« X. kl. februarii. Visitavimus prioratum
« dicti loci. Ibi erant quindecim canonici
« commorantes et novem in obedienciis.
« Septem eorum, qui ibi erant, erant
« novicii; qui inobedientes et indociles
« erant, prout dixit nobis prior, et con-
« tumaciter se habebant, et incorrigibiles
« erant. Sex erant sacerdotes. Injuxi-
« mus priori quod infringentibus silen-
« tium et alias observancias ordinis con-
« suete infligeret talem penam, quod ipsi
« delinquere in hujusmodi pertimesce-
« rent metu pene, vel per substractio-
« nem vini vel ciborum. Debebatur eis
« tantum quantum debebant et plus. Ha-
« bebant estauramenta satis ad annum.
« Precepimus priori quod melius solito
« provideret canonicis in vestitu, et in-
« firmis in victu et necessariis. Item,
« monuimus dictos novicios ut ipsi mores
« suos corrigerent studiose, et servicium
« observanciasque ordinis sui humiliter
« discerent, alioquin prior ejiceret eos,
« quo ad hoc auctoritate nostra fretus.
« Item, placuit nobis quod dominus Gau-
« fridus, qui diutius extiterat vagabun-
« dus, reciperetur salva ordinis disci-
« plina. » (P. 386.)

1262. — « IIII. id. maii. Visitavimus
« prioratum de Burgo Acardi, verbo Dei
« ibi, per ejus gratiam, a nobis proposito.
« Ibi erant xiii. canonici commorantes,
« quorum quatuor erant novicii. Non erant
« ibi nisi quatuor sacerdotes; novicii
« erant rudes, et imbecilles, et male tra-
« ctabiles, de quo multum doluimus. Mi-
« nus sufficienter observabatur silentium.
« Novicii non communicaverant, nec con-
« fessi fuerant quolibet mense, sicut in-
« junxeramus eis in alia visitatione; pre-
« cepimus iterum hoc emendari. Parva
« fiebat ibi elemosina. Habebant estaura-
« menta satis ad annum; et credebat prior

« quod infra sequens festum Sancti Mi-
« chaelis domum suam totaliter acqui-
« taret, absque venditione seu detracta-
« tione fructuum futurorum. Quia vero
« prior receperat plures inutiles et indo-
« ciles, inhibuimus ipsi ne aliquem ulte-
« rius reciperet absque nostra consciencia
« et licencia speciali. Item, quia Johan-
« nes, celerarius, erat canonicis exosus
« et contumeliosus, et conviciabatur eis,
« eum precepimus amoveri ab hujusmodi
« amministratione, et consuluimus priori
« ut haberet ibi quendam clericum secu-
« larem, quam honestiorem et fideliorem
« habere posset. Item, novicii predicti
« fuerant ibi fere per triennium, et nun-
« dum professionem fecerant, propter
« eorum ruditatem et imbecillitatem; pre-
« cepimus priori quod eos faceret profi-
« teri, et postea de ipsis disponeret prout
« videret expedire, vel mittendo eos ad
« domos alias sui ordinis disciplinis re-
« gularibus informandos, vel retinendo
« secum si vellet. » (P. 428.)

1263. — « Kl. junii. Procurati fuimus
« apud Burgum Acardi.

« Summa procurationis, ix. libre.

« XIII. kl. junii, videlicet in festo Pen-
« thecostes. Visitavimus, per Dei gratiam,
« prioratum dicti loci. Ibi erant decem
« canonici commorantes; solebant esse
« quatuordecim; novem erant extra in
« prioratibus; sex commorantium ibi
« erant sacerdotes. Bis in ebdomada fit
« ibi elemosina omnibus venientibus ad
« eam. Plura debebantur eis quam debe-
« rent in debitis bene solubilibus. Habe-
« bant estauramenta satis ad annum.

« Ipsa die, celebravimus magnam mis-
« sam, per Dei gratiam, ibidem, et per-
« noctavimus, et fuimus ibi cum expensis
« nostris, et comedimus in refectorio
« cum canonicis. » (P. 464.)

1265. — « XV. kl. maii. Apud Burgum
« Acardi, cum expensis nostris.

« XIV. kl. maii. Per Dei gratiam, visitavi-
« mus prioratum predictum. Ibi erant no-
« vem canonici commorantes; novem in
« parrochiis extra. Quidam canonicus fue-
« rat aliquandiu in quadam parrochia, in
« decanatu de Burgo Theroudi, licet nun-
« dum commisissemus eidem curam, par-
« rochie, quod nobis displicuit, et hoc
« precepimus emendari. Quidam canoni-
« cus juvenis, de Cornevilla erat ibi; pre-
« cepimus, quod frequencius solito, confi-
« teretur et communicaret. Item, prece-
« pimus priori quod aliquos reciperet,
« quia pauciores erant. Plura debebantur
« eis quam deberent; habebant estaura-
« menta satis ad annum. Domus disco-
« operte erant, et inhabiles in multis locis,

« precipue granchia domus in qua reci-
« piuntur hospites, versus gardinum; pre-
« cepimus hoc emendari.

« Ipsa die, procurati fuimus ibidem.
« Summa procurationis... » (P. 544.)

1266. — « IV. kl. julii. Per Dei gra-
« tiam, visitavimus prioratum de Burgo
« Acardi. Ibi erant x. canonici commo-
« rantes, quorum quatuor erant novicii.
« Prior accomodaverat magistro Nicholao
« de Bosco Guillelmi epistolas Pauli glos-
« satas, et summam magistri Guillelmi Au-
« tissiodorensis, et tunc precepimus priori
« ut eas repeteret et usibus conventus ap-
« plicaret. Plura debebantur eis quam de-
« berent; estauramenta habebant satis ad
« annum, preter vinum. Demum vero,
« quia intellexeramus quod fama prioris
« aliquotiens lesa fuerat, et adhuc ali-
« quantulum flagrabat infamia, precepi-
« mus ei et monuimus eum ut ab illicitis
« abstineret, et vite preterite future me-
« ritia reformare studeret. Item, quod
« Gaufrido Boite, canonico incarcerato,
« breviarium quoddam vel aliquem librum
« accomodaret, ubi posset horas dicere et
« orare, et faceret eum confiteri, alibet
« ebdomada et communicare. » (P. 547.)

1267. — « VII. id. augusti. Per Dei gra-
« tiam, visitavimus prioratum de Burgo
« Acardi. Ibi erant xn. canonici commo-
« rantes, quorum unus, videlicet : Gau-
« fridus dictus Boite, incarceratus erat
« ibi; extra erant in obedientiis ix. Prece-
« pimus priori, quod frequentius solito
« visitaret forinsecos canonicos, precipue
« illos qui morantur apud Heremum.
« Quia vero prior non repetierat summam
« magistri Guillelmi Autissiodorensis a
« magistro Nicholao, rectore ecclesie de
« Bosco Guillelmi, quam dudum eidem
« accomodaverat idem prior, prout prece-
« peramus ei in aliis visitationibus, injun-
« ximus ei penitentiam. Debebant xiv[xx] li-
« bras; debebantur eis vm[xx]. libre, in
« debitis bene solubilibus, pro terminis
« preteritis, et habebant estauramenta
« multa. » (P. 585.)

1269. — « IV. non. aprilis, qua die,
« celebratum fuit officium Annunciationis
« Beate Marie, Per Dei gratiam, celebra-
« vimus in dicto prioratu magnam missam
« in pontificalibus, et postmodum, facto
« inibi a nobis sermone in medio ecclesie,
« astantibus canonicis ipsius loci et par-
« rochianis ecclesie, visitavimus conven-
« tum in capitulo. Invenimus itaque ibi
« duodecim canonicos commorantes; om-
« nes erant sacerdotes, preter duos. Plura
« debebantur eis quam deberent. Injuxi-
« mus [priori] penitentiam, ex eo quod
« summam magistri Guillelmi Autissiodo-

« rensis non repetierat a magistro Nicho-
« lao de Bosco Guillelmi, prout precepe-
« ramus ei in aliis visitationibus. Alia
« per Dei gratiam, invenimus in bono
« statu.
« Ibi fuimus ipsa die cum extensis
« nostris. » (P. 622.)

Les biens du prieuré de Bourg-Achard furent confisqués en 1419 par le roi d'Angleterre, qui dépouilla en même temps Jean de Courcy de la seigneurie de Bourg-Achard; mais, en 1422, les religieux recouvrèrent tous leurs biens. Ces religieux considéraient leur prieuré comme le siége d'un fief qu'ils appelaient fief de l'Aumône. On trouve à Bourg-Achard, dans la première moitié du XIIIe siècle, non pas un fief, mais une terre de l'Aumône des Hospitaliers de Jérusalem. Nous supposons que c'est cette terre même qui passa aux mains des chanoines et fut l'objet de leurs prétentions. Ils invoquaient des aveux rendus en 1382; mais un arrêt de 1727 déclara que « le seigneur de « Bourg-Achard, leur fondateur, n'ayant « pu de son autorité privée diviser son « fief, n'avait donné ni pu donner que « des rotures ». Le soi-disant fief de l'Au-« mône fut déclaré pure roture.

Le prieuré de Bourg-Achard fut au XVIIe siècle l'objet d'une réforme importante. On peut consulter sur l'histoire de cette réforme le P. Hélyot, *Histoire des ordres monastiques*, t. II, p. 532, et une notice sur le prieuré de Bourg-Achard par M. L. Passy, Bibl. de l'Ecole des chartes, 5e série, T. 3. Au XVIIe siècle, le prieuré de Bourg-Achard servait de prison ordinaire aux prêtres et moines du diocèse de Rouen qui avaient donné contre eux de graves sujets de plaintes.

En plusieurs endroits du cartulaire de Bourg-Achard, il est fait mention de la léproserie. En 1243, « domus leprosorum « de Burgo Achardi..... unam peciam « terra, quam dicebat se habere ante le-« prosariam de Burgo Achardi. » (No 124.) L'hospice fut fondé en 1676.

L'ancienne église romane, dont la tour et la nef se sont en partie écroulées en 1829, était remarquable par des fonts baptismaux en plomb du XIe siècle, ornés des statues des apôtres, par des vitraux et surtout par des sculptures en bois du XVe siècle. La plupart de ces objets d'art ont été conservés. Une nouvelle église a été reconstruite sur les données de l'ancienne.

Les hameaux et dépendances de Bourg-Achard sont nombreux. On distingue parmi les hameaux : la Barillerie, le Beau-Pin, la Bouteillerie, le Busc, le Fay, le Feugré, Haute-Crotte, Honguemarette, les Légers, la Maçonnerie, la Mansellerie, le Mouchel, le Naufits, la Poterie, le Quesnoy, la Rousselleric, la Rue-Mauger, les Rues, le Val-Postel, les Vallées, la Vierge-Marie. Parmi les fermes : le Bois-de-la-Mare, la Bouillerie, le Buc, le Camp-Sorel, la Grégerie, la Mairie, la Mercerie, la Romerie, les Rouettiers.

Le cartulaire de Bourg-Achard nous permettra de constater l'origine de quelques-unes de ces désignations :

Le Fay. — « Ego Radulphus de Frol-« lencort donavi et concessi ecclesiæ « Sancti Laudi de Burgo Achardi.... « sex acras terræ quas habebam propre « domum Roberti de Fayo in diversis lo-« cis...., quam videlicet terram jamdictus « Robertus de Fayo, tunc temporis, de « suo prorsus constanti colebat ad dedic-« tatem fructuum percipiendorum inter « me et ipsum.... » vers 1200. (No 444.) Le chef-lieu de la baronnie de Bourg-Achard était la terre du Fay depuis que la seigneurie de Bourg-Achard fut érigée en baronnie en faveur de Gaspard du Fay. Toussaint Duplessis nous apprend que Jean de Courcy y fonda en 1403 une chapelle de Saint-Gilles, que les chanoines du prieuré de Saint-Lô devaient desservir.

Le Feugré. — En 1220, Toustain de Feugré (de Feugreio) avait une maison à Bouquetot. (No 95.) Richard du Quesnoy, seigneur de Feugueray, vivait à la fin du XIVe siècle.

Haute-Crotte. — Donation par Jean de Mare de quatre acres de terre « apud Hate-Crota ». (No 64.) Il faut lire évidemment : *Alta Crotta*.

Honguemarette. — On trouve dans notre cartulaire mention très-fréquente de Honguemare-la-Vieille et de Honguemare. Lorsque Roger Passebosc parle, en 1234, des pièces de terre qu'il avait « in feodo « Roberti Ferant apud Veterem Bongue-« maram, quarum una abotat ad terram « dictorum canonicorum » de Bourg-Achard (nos 63 et 69), il est possible qu'il s'agisse d'Honguemarette, hameau de Bourg-Achard.

Le Quesnoy. — Notre cartulaire cite : « Hugo de Quesneio (no 55); Robertus « dictus Albertus de Kesneio, fils de « Gaudefridus de Kesneio (no 56); Ro-« bertus de Quesneio (nos 57 et 109). » Il est assez difficile de dire d'une manière précise si Hugues, Robert et Geoffroi du Quesnoy appartenaient à la paroisse de Bourg-Achard. Une charte de 1244 nous prouve que Robert du Quesnoy avait un fief à Bourg-Achard : « De dimidia acra « terræ quam tenebat de me sitam in « dicta parrochia inter terram Mathei de « Fossis et feodum meum. » Une charte de 1207 cite parmi les témoins : « Ricardo de Valle, abbate de Quesneio; Hugone de Quesneio. » On peut remarquer que dans la charte de 1175 que nous avons publiée en lit en même temps : « Nicolaus et Willelmus, fratres ejus, de Kesneio, » et « Robertus de Quesneio ».

La Roussellerie. — Avant 1175, Guillaume Roussel avait donné une terre au prieuré de Bourg-Achard (n° 34). Thomas Roscelin est témoin dans une charte d'accord entre Guillaume de Plasnes et les chanoines de Bourg-Achard en 1207 (n° 2).

Les Vallées. — Robert « de Valle », chevalier, donne « medietatem terræ quæ dicitur Campus Catel » aux chanoines de Bourg-Achard (n° 63).

Le Buc. — « Ricardus dictus Bus » donne aux chanoines de Bourg-Achard « unam acram terræ in campo dicto Forsiy (n° 164) usque ad maram Buc », en 1233 (n° 153).

Le Camp-Sorel. — Les Sorel habitaient le Bourg-Achard dès 1175 « in terra Walteri Sorel (n° 34) ». Jean de la Mare donne « totam terram et boscum de Campis Sorel. » (N° 61.) « In Campis Sorel, » en 1232 (n° 107). Gui Sorel, fils de Robert Sorel, donne en 1219, au prieuré de Bourg-Achard, une rente assise « super « cellario suo lapideo et super medietate « sua cujusdam domus lignee ». (N° 111.)

La Grégerie. — Dans la paroisse de Bourg-Achard, le cartulaire cite en 1238 Raoul et Thomas Legregi (n° 122). En 1210, il note un « Campus de Congrelmonte » appartenant à Geoffroi Legregi (n° 78).

La Romerie. — « Robertus de Romeis, miles, » donne au prieuré un setier de froment. « Quod videlicet sextarium fru- « menti, Willelmus reddebat michi pro « una acra terræ, quam tenebat de me « juxta fossam Lucæ de Bosco. » (N° 158.)

Il y avait trois moulins à Bourg-Achard : l'un s'appelle le Soufflet, un autre Quinquengrogne. M. Canel, dans sa notice sur Bourg-Achard, raconte l'origine de ces surnoms. Une dame de Bourg-Achard ayant donné un soufflet au prieur du lieu, curé de la paroisse, transigea et lui donna en réparation le moulin de la seigneurie : voici le moulin du Soufflet. Mais, pour se venger de son adversaire, elle en fit construire un autre, et elle ne cessait de répéter : « Quiquengrogne, en grognera, mon moulin sera planté là. » De là l'autre surnom de Quinquengrogne.

Cf. Toussaint Duplessis, t. II, p. 170.
Canel, *Essai sur l'arrond. de Pont-Audemer*, t. II, p. 134.
Bibl. de l'École des chartes, 3° sé-ie, t. II et III, *Notice sur le prieuré de Bourg-Achard*, par M. L. Passy.
D'Hozier, *Armorial général*, reg. IV, n° IX.
La Roque, *Hist. génén. des familles nobles de Normandie*, Foy.
Bulletin monumental, t. VI et IX.
Bibl. imp., Cart. de Bourg-Achard, n-. 9212.

BOURG-BEAUDOIN.

Arrond. des Andelis. — Cant. de Fleury-sur-Andelle.

Patr. Ste Geneviève. — *Prés. les Chartreux de Gaillon.*

Selon l'usage que nous nous sommes imposé, nous inscrivons en tête de chaque article le nom de la commune avec l'orthographe administrative; mais nous protestons dans le texte contre une orthographe très-souvent fautive : c'est pourquoi nous n'écrirons pas Bourg-Beaudoin, mais Bourg-Baudouin, ainsi que l'écrivait avec raison Toussaint Duplessis.

Le Bourg-Baudouin a commencé par s'appeler *Openes* : ce qui pourrait signifier promontoire découvert.

Nous possédons une charte de Richard de Reviers, mort vers 1107 (Voy. Orderic Vital, t. IV, p. 276), qui donne à la Sainte-Trinité de Rouen l'église et la dîme d'Openes.

« Ricardus de Rethoers dedit Sanctæ « Trinitati ecclesiam et decimam villæ Opi-« niensis, acceptis tamen ab abbate Wal-« tero et fratribus quindecim libris dena-« riorum; testibus Ricardi de Rethoers : « † S. Girardi de Gornaco; † S. Hugonis « de Bellabose, Testes ex nostris : Ricardus « Senescal, Benardius Cocus, Radulphus « frater ejus, Wilermus de Barentin, An-« sgerus, Robertus de Barentin. »

En 1135, l'abbaye du Bec cède à Guillaume de Reviers tout ce qu'elle possède à « Openes », moyennant certaines rentes que ce seigneur lui donne à Vernon.

Une bulle d'Adrien IV, de 1156, cite également l'église d'Openes : « in Openeis « ecclesiam. »

Parmi les témoins d'une charte du XII° siècle, en faveur de Mortemer, on trouve « Richerius de Openeis », et dans une autre « Rich. de Openiis ».

A la fin du XII° siècle, Robert du Neubourg avait un domaine à Openes :

« ... Ex dono dilecti filii nostri Roberti
« de Novo Burgo et Ale, uxoris suæ... et
« unam acram terre ad mansuram facien-
« dam de dominio suo apud Openees, vide-
« licet in capite croute Osberti filii Aase...;
« ex dono ejusdem ovibus predictarum
« monialium pasturagium in communi
« pastura de Openees liberum et quietum
« ab omni consuetudine... » Ce passage
est extrait d'une charte de l'archevêque
Gautier, datée de Fontaine-Guérard.

Dans une charte de Saint-Amand on
trouve : « Ricardus vavassor de Aupenies, »
et dans deux autres : « a terra Ricardi Le
Vavasor de Openies. » 1259.

« Noverint universi, tam presentes quam
« futuri, quod ego Emelina de parochia
« de Aupenies tunc temporis, de consensu
« et voluntate Ricardi Juliani, mariti mei,
« qui presens erat, vendidi et omnino
« concessi religiosis monialibus L. de
« Augo, abbatisse Sancti Amandi Rotho-
« magensis, et ejusdem loci conventui...
« XIV. solidos usualis monete annui red-
« ditus et III. capones quos habebam, in
« parochia de Fraxino Lespelent et de
« Mesnillo Radulfi percipiendos et haben-
« dos..., videlicet... a Petronilla de Londa
« VI. solidos et VI. denarios, ad festum
« Sancti Michaelis de una pechia terre site
« juxta terram Hugonis Robillart, ex una
« parte, et terras de Aupinies, ex altera...
« Datum anno Domini millesimo ducente-
« simo octogesimo primo. »

Dans le pouillé d'Eudes Rigaud, on lit :
« Houpenies. Abbas Sancte Katherine pa-
« tronus, valet XXX. libras ; LXXII. parro-
« chiani. »

Selon les derniers pouillés, les chartreux de Gaillon présentaient à la cure,
au droit de l'ancienne abbaye de Sainte-
Catherine de Rouen.

On ne sait trop à quelle époque le nom
de cette localité cessa d'être Opene ou Ampenois et devint Bourg-Baudouin. Sur la
carte de Cassini on lit encore Ampenois ;
mais évidemment c'est une erreur : nous
avons des chartes qui constatent au XIIIe
siècle l'existence du nom de Bourg-Baudouin.

« Omnibus sancte Matris ecclesie filiis
« ad quos presens scriptum pervenerit,
« Hugo de Tigervilla et ego Hugo de
« Burgo Baldoini, salutem in Domi-
« no. Notum universis volo... nos
« concessisse et dedisse ecclesie Sancti
« Amandi Rothomagensis... quamdam
« terram apud Preceium, videlicet acram
« et dimidiam quam de feodo Dionisii de
« Noion habuimus integre, sicut se per-
« portat in Monte Bernerii et inter Pre-
« ceium et Coailliam in via de Noion, salvo

« jure et reddita Engerranni de Saucelo
« et heredum suorum... Anno gratie mil-
« lesimo ducentesimo decimo sexto... »

Il est possible qu'Ampenois et Bourg-
Baudouin aient été deux localités contiguës, qu'elles aient coexisté ainsi pendant
plusieurs siècles, s'empruntant tour à
tour leurs noms, puis que le Bourg-Baudouin ait fini par absorber Ampenois sous
une dénomination commune.

A Bourg-Baudouin il y avait une vavassorie de Cauquetot, relevant de Radepont.

Au mois de septembre 1325, le roi
Charles IV concéda à Hervé de Léon, seigneur de Noyon-sur-Andelle, un marché
qui devait se tenir tous les mardis « in
villa de Burgo Balduini ».

Le 15 novembre 1793, Roland, ministre de la République, ayant appris la mort
de sa femme, quitta Rouen où il était
caché et se tua près du Bourg-Baudouin.
Des paysans, en allant au marché, le
trouvèrent mort le lendemain.

On a trouvé des médailles celtiques sur
le territoire du Bourg-Baudouin.

Dépendances : — le Clos-Vauchel ; —
la Croisette ; — la Maladerie.

De 1846 à 1848, la commune de Renneville fut réunie au Bourg-Baudouin.

Cf. Toussaint Duplessis, t. II, p. 371.

BOURGTHEROULDE.

Arrond. de Pont-Audemer. — Cant. de Bourgtheroulde.

Patr. S. Laurent. — Prés. le seigneur.

L'orthographe ordinaire de ce nom est
Bourgtheroulde. Comme le nom latin de
Théroulde est *Turoldus*, il est évident
qu'en passant dans le français il ne doit
prendre ni *h* ni *d* et s'écrire simplement
Bourg-Teroude.

Le personnage qui a donné son nom à
notre commune doit être le « Toroldus miles » qui signe immédiatement après le
duc Robert, Manger et Galeran de Meulan une charte du duc Robert en faveur
de Saint-Wandrille. Cette charte paraît
avoir été donnée en 1034.

Dans une autre charte du même prince
en faveur du même couvent on trouve :
« ✠ Toroldi. »

Dans la charte de fondation de l'abbaye
du Tréport, Robert, comte d'Eu, donna,
en 1059, à cette abbaye l'église du Bourg-
Teroude, la dîme et 30 acres de terre.

« ... Et de Burgo Turoldi ecclesiam
« cum tota decima et XXX. acris terre... »

(*Gallia christiana*, t. XI, Instrumenta col. 14 E.)

C'était au droit de sa femme Ascéline, fille de Turquetil, que Robert, comte d'Eu, était propriétaire du Bourg-Teroude.

Nous trouvons dans des actes postérieurs et confirmatifs mention de ladite église du Bourg-Teroude : « ... Ecclesia de Burgo Turoldi et tota decima. » (1143 et 1151.)
« ... Ecclesiam de Burgo Turoldi cum « terris, decimis et pertinentiis suis... » (1185.)

La question du patronage de l'église du Bourg-Teroude était fort controversée au XIIIe siècle. Suivant Toussaint Duplessis, Hugues de Ferrières avait cédé le patronage à l'abbaye de Tréport, qui le céda en 1229 à l'abbaye du Bec. Le pouillé d'Eudes Rigaud semble contredire cette assertion.

On lit dans ce précieux document : « Burgus Theroudi. Abbas de Ulteriori « Portu patronus, ex donatione Hugonis « de Ferrariis, militis. Valet L. libras; par- « rochiani IIIIxx. Georgius presbyter pre- « sentatus a domino Richardo de Hari- « curia, firmario domini regis, qui tunc « gerebat balliuum dicte terre, et receptus « a domino Roberto. Archiepiscopus Odo « Rigaudi recepit Petrum ad presentatio- « nem magistri Guillelmi de Ferrariis, qui, « prout constitit eidem archiepiscopo per « litteras bailliui qui tunc erat, obtinuit « in assisiis Pontis Audomari contra abba- « tem Ulterioris Portus, per inquestam, « jus patronatus dicte ecclesie, super quod « dicti litigarunt. »

Aussi, au milieu du XIIIe siècle, un procès s'était engagé entre la maison de Ferrières et l'abbaye du Tréport, au sujet du droit de présentation à l'église du Bourg-Teroude, et le bailli du roi avait dans les assises de Pont-Audemer reconnu les droits des seigneurs de Ferrières.

Quant aux droits de l'abbaye du Bec, nous pensons qu'ils portaient sur des biens et des revenus et non sur le droit de présentation. En effet, en 1229 l'abbaye du Tréport échangea avec l'abbaye du Bec tous les biens qu'elle possédait au Bourg-Teroude, probablement ceux qu'elle avait reçus de Robert, comte d'Eu, contre des biens situés à Montreuil, près Saint-Victor et Saint-Pierre de la Vallée, au comté d'Eu. (Voyez la charte de Henri de Saint-Léger, abbé du Bec en 1229.)

« ... Et pro hac firma dicti abbas et « conventus de Ulteriori Portu tradiderunt « et concesserunt nobis ad firmam per- « petuam quicquid habebant apud Bur- « gum Turoldi, tam in decimis quam in « redditibus, terris, hominibus, pensione « ecclesie et omnibus aliis rebus... Actum « anno Domini millesimo ducentesimo « vigesimo nono, mense junii. »

Cet acte a fait croire à Toussaint Duplessis que le droit de présentation était compris dans l'échange. Mais on voit par le pouillé que plusieurs années après il appartenait soit à l'abbaye du Tréport, soit à la maison de Ferrières, mais point à l'abbaye du Bec. Il demeura à partir de cette époque attaché à la seigneurie du Bourg-Teroude.

Avant de quitter cette question du patronage, nous citerons un arrangement conclu en 1276 entre l'abbaye et le curé pour le partage des dîmes. Il fut convenu que l'abbaye aurait 30 sols de rente sur la cure et de plus dans toute la paroisse la dîme entière des blés, de l'orge, de l'avoine, des vesces, des pois, de la garance, du lin, du chanvre, etc.;... dans le fief du Quesne, le tiers seulement de ces dîmes, et dans deux terres désignées et bornées les deux tiers.

Il nous semble que ces actes ne contredisent en rien le pouillé d'Eudes Rigaud et n'établissent nullement les droits de l'abbaye du Bec à la présentation de la cure du Bourg-Teroude.

Le Bourg-Teroude était le siége d'un doyenné de l'archevêché de Rouen.

Nous empruntons à Toussaint Duplessis, t. II, p. 342, n° 283, le passage suivant : « L'église de Bourgteroude est « dédiée à saint Laurent. Il y avait dans « cette église une chapelle dite de Saint- « Claude. En 1522, cette chapelle fut « partagée en quatre portions, à la requête « de Guillaume le Roux de Tilli, abbé de « Saint-Martin d'Aumale et seigneur du « lieu; la même année, ces quatre por- « tions furent conférées à quatre différents « titulaires. Les chapelains prirent dans « la suite le nom de chanoines, et appa- « remment le curé de la paroisse les « imita; mais il faut que cette marque « de distinction leur ait été contestée et « qu'ils n'en aient pas toujours joui, car on « a un acte de M. Colbert, archevêque de « Rouen, du 22 juin 1693, par lequel ce « prélat déclare qu'il rétablit l'église du « Bourgteroude sous le titre de collégiale. « Le chapitre est composé d'un doyen, « qui est en même temps curé de la pa- « roisse, et de quatre autres chanoines; « le seigneur du lieu présente aux cinq « bénéfices. » (Cf. *Gallia christiana*, t. XI, col. 113.)

« Il y avait au Bourgteroude, en 1474, « un hôpital dont la chapelle portait le « nom de Saint-Éloi et était encore en « titre en 1546. »

Nous n'osons pas donner la série des seigneurs du Bourg-Teroude; nous nous bornerons, en attendant le XVIe siècle, à en citer quelques-uns.

On a déjà vu que les abbayes du Tréport et du Bec avaient eu des propriétés au Bourg-Teroude. En 1203, Thomas Breton donna un héritage entre le Bourg-Teroude et la forêt près Imare.

Les Ferrières avaient évidemment une grande situation au Bourg-Teroude; le patronage de l'église leur appartenait.

1207. « ... Ex dono Berte de Ferrariis, « quinque solidos in prefectura Burgi Toroldi... »

Vanquelin de Ferrières donne tout ce qu'il avait au Bourg-Teroude, savoir 40 sols sur l'église, 5 sols sur la seigneurie et la terre des Faux, avec la dîme de tout le village, excepté les fiefs de Boscbérenger et d'Espinet.

Jean de la Londe, chevalier, cède tous les droits et coutumes qu'il percevait sur le manoir des Faux, situé dans la paroisse du Bourg-Teroude.

Robert Breton renonce en faveur de l'abbaye du Tréport à toutes ses prétentions sur la terre des Faux, près le Bourg-Teroude.

1255. Alice, femme de « Thomas de « Gardino Hesle-Bout, de parrochia de « Burgo Theroldi, » cède les droits qu'elle avait à Sandouville.

1267. « Robertus de Teboliivilla dat « monachis Sancti Petri super Divam de- « cimam hebdomadam consuetudinum a « se percipiendarum in villa de Bour- « Teroude (sic in recentiore cod.) cum « domo. »

1297. « Petrus de Ferraria superior do- « minus probavit et in annuam precem « LX. censuales solidos concessit. »

En 1291, Robert de Tournebu, chevalier, seigneur de Marbeuf, donne 30 sols de rente sur sa part et portion de la seigneurie du Bourg-Teroude.

La seigneurie du Bourg-Teroude passa au XVIe siècle dans la famille le Roux d'Esneval. La Chesnaye des Bois (Dictionnaire de la noblesse, t. II, p. 356) rapporte que Guillaume le Roux, IIe du nom, fut conseiller en l'échiquier, puis au parlement de Normandie. Il fut seigneur des terres du Mouchée et de Saint-Aubin-d'Ecrosville. Il acheta encore celles du Bourg-Teroude, de Tillé, Luci, Sainte-Beuve. Ce fut lui qui commença à Rouen le célèbre hôtel dit de Bourgtheroulde. Il s'allia à la famille Jubert de Vesli.

Claude le Roux, seigneur des mêmes terres que son père, épousa en 1520 Jeanne de Chalenge, et plus tard Madeleine Payen.

Claude le Roux, IIe du nom, seigneur du Bourg-Teroude et d'Infreville, maître des comptes à Paris.

Nicolas le Roux, seigneur du Bourg-Teroude et de Saint-Aubin, président à mortier au parlement de Bretagne et enfin à celui de Rouen.

Claude le Roux, IVe du nom, seigneur du Bourg-Teroude et de Saint-Aubin, épousa en 1613 Marie Cavalier; il succéda à son père dans la charge de président à mortier du parlement de Rouen. Ce fut de son vivant, en 1647, que la terre du Bourg-Teroude fut érigée en baronnie; mais sa famille ne devait pas jouir longtemps de ce nouveau titre.

Jean le Roux, baron du Bourg-Teroude, président aux requêtes, eut pour fils Nicolas le Roux, baron du Bourg-Teroude, mort à la fin du XVIIe siècle sans postérité.

En 1722, le Cordier de Bigards de la Heuze était baron du Bourg-Teroude, seigneur et patron d'Infreville. Le manoir du Bourg-Teroude a été détruit vers 1795.

Outre la seigneurie du Bourg-Teroude, on peut citer dans les environs du Bourg-Teroude le fief de la Haie, donné au XIIe siècle par Guillaume de la Haie à l'abbaye du Bec, puis le fief de l'Espinai qui appartenait, au XVIIe siècle, à la famille du Bosc de Coqueréaumont; ce fief était probablement venu dans la famille du Bosc par le mariage de Louis-Anne du Bosc, seigneur de Normanville, avec Elisabeth le Taé, fille d'Adrien le Taé, seigneur du Bourg-Teroude. Jacques du Bosc de Coqueréaumont en fit hommage, le 20 septembre 1618, au seigneur du Bourg-Teroude.

Le Bosc-Bérenger était également un fief qui fut réuni à la seigneurie du Bourg-Teroude quand elle fut érigée en baronnie.

Les lieux dits sont : — le Bosc-Bérenger; — la Chapellerie; — le Cresson; — l'Epinai; — les Hauts-Vents; — le Logis; — la Mare-Tibert; — le Moulin; — la Poterie.

Cf. Toussaint Duplessis, t. II, p. 353 et 474.

Canel, Essai sur l'arrond. de Pont-Audemer, t. II, p. 502.

La Chesnaye des Bois, Dictionnaire de la noblesse, t. III, p. 336 (le Roux d'Esneval).

Aug. Le Prevost, Archives manuelles de la Normandie, 1825 (sur l'hôtel du Bourgtheroulde à Rouen, p. 481).

La Normandie illustrée, t. Ier (Eure), p. 68.

BOURNAINVILLE.

Arrond. de Bernay. — Cant. de Thiberville.

Patr. S. Rémi. — Prés. l'abbé du Bec.

Bournainville, « *Burnonis villa* ». L'étymologie ne me paraît pas douteuse.

Dans une charte du cartulaire de Saint-Père de Chartres (de la deuxième année de Philippe Ier), on trouve parmi les souscripteurs un personnage nommé Burnus. Ce serait un nom semblable qui serait l'origine du nom de Bournainville et du nom de Bourneville. On peut rapprocher de cette classe de noms de lieu Bournetot. Dans le *Registre de Philippe-Auguste*, Jean « de Burnetot », à Pelletot, arrondissement de Dieppe; dans une charte de Saint-Amand, Raoul « de Burnetot ».

L'abbaye du Bec possédait le patronage de l'église et la dîme, qui lui avaient été données l'une et l'autre, en même temps que la dîme et le patronage de Duranville, par Gilbert des Essarts. Gilbert des Essarts, fils du donateur, confirma cette donation et donna la moitié de l'église de Mandres. En 1503, le patronage fut disputé sans succès à l'abbaye du Bec par Constantin de Banville, seigneur dudit lieu et de Bournainville.

Les lieux-dits sont : — la Coup-à-Deriot et le Hameau-aux-Saints-Germains.

BOURNEVILLE.

Arrond. de Pont-Audemer. — Cant. de Quillebeuf.

Patr. S. Pierre et S. Paul. — Prés. l'abbé du Bec.

A l'est de Bourneville passe la voie romaine de Brionne à Aizier.

Le plus ancien document qui paraisse se rapporter à Bourneville est une charte de Henri II en faveur de Jumièges (1174).

« ... *Ex dono Roberti de Scacherith decimas feodi sui apud Burrevillam.* »

« ... *Ex dono Willelmi de Folsniaco decimam feodi sui in eadem villa.* »

L'abbaye de Saint-Pierre-de-Préaux avait plusieurs propriétés à Bourneville, ainsi que le prouvent les passages suivants :

« ... *Ex dono Radulfi, presbyteri de Burnevilla, II bordarios cum terra sua apud eamdem villam possidemus.* »

« *Quidam presbyter Radulfus nomine de Burnevilla dedit Sancto Petro Pratelli II bordarios in Burnevilla cum terra sua.* »

« *Ex dono Osberti, clerici, filii Radulfi, presbyteri de Burnevilla, unum hospitem tenentem decem acras terre, qui reddit tres solidos et capones.* »

Cet Osberne s'empara d'un hôte tenant 10 acres de terre, qu'il rendit par l'ordre du comte Galeran, au moment où il tomba malade. Parmi les témoins du monastère : « *Radulfus, molendinarius de Aise, et Osbernus, filius Tornatoris.* » Plus tard, Osberne, pour être absous du crime qu'il avait commis, envoya quatre deniers pour être déposés sur l'autel de Préaux. C'était du temps de l'abbé Richard. Il est probablement question de Bourneville dans la charte de donation de Catelon à Préaux.

« *Decimam de Catelon et ecclesiam cum decem acris terre, et decimam Fontani Curtis et Buraivillæ et de Dalbuot et de Tac.* »

Osbert de Bourneville possédait l'église de Bourneville; il la donna, du consentement de Galeran, comte de Meulan, au prieuré de la Sainte-Trinité de Beaumont :

« *Non multo post temporis, Robertus de Burnevilla, monitu, consilio et concessu domini sui comitis Gualeranni, concedente etiam et per cartam suam hoc idem confirmante Henrico, rege Anglorum, pro redemptione animæ suæ, dedit prænominatæ ecclesiæ Sanctæ Trinitatis, ad amplificationem predictæ communitatis panis, ecclesiam Sancti Petri de Burnevilla, cum terris et decimis et hominibus et omnibus aliis rebus eidem ecclesiæ pertinentibus, sicut eam tenebat de elemosina Gualeranni, comitis Mellenti. Dedit etiam cum ecclesia totum alodium suum quod in eadem villa hereditarie de comite tenebat, et quicquid omnino tenebat in predicta villa, tam in terris quam in hominibus et in omnibus aliis rebus, de quocumque ea teneret. Hoc donum posuit idem Osbertus super altare Sanctæ Trinitatis, astante et favente comite Gualeranno et baronibus.* »

En 1224, « *Roger de Burnevilla, clericus,* » donna au prieuré de Maupas « *quinque acras terre de feodo Anglici et unam acram in Moteio apud Burnevillam, tenendas liberas et quietas ab omni servitio et exactione seculari, exceptis precariis domini de Burnevilla et scutagio quando advenit* », mais en retenant pour lui-même « *mensuram Anglici* ».

En 1275, « *Johannes de Liveto*, » armi-

« ger, tradit et concedit magistro Ricardo
« de Fay et heredibus suis ad firmam per-
« petuam pro XII. solidis monetæ curren-
« tis masuram quæ fuit Thomæ Sonnet
« cum jardino sito ibidem in parrochia
« de Bornevilla. » (*Cart. Sanctæ Trin. Bellem.*, CXXVII v°.)

En janvier 1287, maître Richard du
Fay donna au prieuré de Beaumont
« quoddam clausum cum domibus quod
« habebat in parrochia Sancti Petri de
« Bornevilla, juxta terram Guillelmi de Li-
« veto, armigeri, domini capitalis dicti
« clausi », et une demi-acre « juxta mo-
« lendinum ad ventum dicti armigeri »
(*Ibid.*, XXXII v°.)

En 1289, Guillaume « de Liveto, armiger, » accorda au prieuré la propriété
perpétuelle du clos et de la demi-acre
donnés par Richard de Fay dans son fief
ou arrière-fief « in parrochia de Bourne-
villa ». Parmi les témoins, on remarque
Guillaume Ferrant, chevalier; Guillaume
de Bourneville, Robert des Gardins, Gui-
laume du Quesnei, Robert Chopillart, Robert le Breton, écuyers.

Cet acte porte que le prieur et les religieux « ... mecum financiaverunt super
« retinendis perpetuo acquisitis per ipsos
« in meo feodo seu in retrofeodo a tribus
« annis citra. Quæ sunt hæc : videlicet ex
« dono magistri Richardi de Fayo, quod-
« dam clausum quod fuit Sonnet in par-
« rochia de Bornevilla, cum domibus
« existentibus in eodem clauso ; item quæ-
« dam pecia terræ quæ continet dimidiam
« acram terræ vel circa sita in parrochia
« supradicta. » Il fixe cette finance à
12 sols de rente.

Pour achever tout ce que nous avons à
dire sur la famille de Livet, nous citerons
l'aveu rendu au roi par Jehan de Livet,
en 1398, pour un quart de fief « dont le
« chief est assis à Bourneville, et s'estent
« ès paroisses d'Estourville et de Valle-
« tot » ; il reconnait devoir « dix jours
« de service d'un homme d'armes au chas-
« tel de Beaumont-le-Roger ». (*Arch.
de l'Emp.*, P. 308, c. XXIII, n° 78.) Un
second aveu de Richard de Livet se trouve
dans le même volume, f° XLIII.

En 1290, on trouve « Reginaldus,
rector ecclesiæ de Bornevilla. » (*Cart.
Trin. Bellem.*, LXXVII v°) en procès avec le
prieur de Beaumont « super quadam por-
« tione quorumdam fructuum decimalium
« excrescentium in clauso de Bornevilla
« predicta. »

Nous devons consigner ici nos doutes
au sujet de l'attribution plus ou moins
exacte des textes relatifs aux communes de
la Bonneville, Bourneville-sur-le-Bec,

Bournainville et Borneville. Comme l'orthographe des noms de lieu variait sans
cesse au moyen âge, on éprouve souvent
de très-grandes difficultés à classer sous
la rubrique de la commune les notions qui
l'intéressent. De là des erreurs que les
futurs historiens de nos campagnes se
chargeront de relever.

Si nous avons attribué les textes tirés
du cartulaire de Beaumont à Bourneville-
sur-Pont-Audemer, c'est qu'ils s'appliquent
à une paroisse de Saint-Pierre. Or, Bourneville a précisément saint Pierre pour
patron. Il est vrai que la Bonneville près
Evreux et Bonneville-sur-le-Bec sont également placées sous l'invocation de saint
Pierre ; mais la Bonneville est hors de
cause, puisque l'église dépendait du chapitre d'Evreux et non de la Sainte-Trinité
de Beaumont. Quant à Bonneville-sur-le-
Bec, la distinction devient plus délicate,
puisque Bonneville-sur-le-Bec et Bourne-
ville-sur-Pont-Audemer dépendaient également du Bec. On peut, ce me semble,
pour soutenir notre opinion, argumenter
de l'orthographe continuellement appliquée de *Bornevilla, Borneville, Bornevilla*, de la présence des témoins dans
l'acte de 1289, qui sont des personnages
fort connus, et qu'on retrouve dans les
cartulaires de l'abbaye de Préaux et du
prieuré de Bourg-Achard. Dans notre paroisse de Bourneville se trouve un lieu
dit le Mont-Livet, d'où Jean de Livet tirait
probablement son nom. Il est donc pré-
sumable que l'église de la Sainte-Trinité de Beaumont posséda l'église avec les
terres et les dîmes, c'est-à-dire les revenus
matériels, et que le droit de présentation
fut concédé séparément à l'abbaye du Bec.
Quoi qu'il en soit, cette abbaye l'exerçait
au XIIIe siècle, et il ne peut y avoir à cet
égard aucune confusion, puisque nous
trouvons dans le pouillé d'Eudes Rigaud,
à la section du doyenné de Pont-Audemer,
deux *Bornevilla*, qui ne peuvent être que
Bonneville-sur-le-Bec et Bourneville :
« Bornevilla. Abbas de Becco patronus
« valet ... libras ; parrochiani ... Pe-
« trus, presbyter, presentatus a dicto ab-
« bate, receptus a domino Th... »

En 1305, Guillaume de Borneville, chevalier, renonça en faveur de l'abbaye du
Bec à toutes prétentions sur le patronage
de Borneville.

En 1343, ce patronage fut adjugé à
ladite abbaye, contre les prétentions de
Mathieu Champion, chevalier.

Recueillons maintenant quelques notes
sur les personnages qui ont porté au
moyen âge le nom de Bourneville, et sur les
fiefs qui se sont partagés cette commune.

Parmi les témoins de chartes de Robert de Meulan et de ses vassaux : « Guillelmus « de Burnevilla. »

« Matheus de Bornevilla reddit compo-« tum de III. solidis I. denario, sterl. pro « plegio Ricardi Landri. » (Stapleton, *M. R. Sc. N.*, p. 489.)

« Ricardus de Burnevilla, VIII. solidos « IV. denarios pro plegio Ricardi Lan-« drici. » (*Id.*, p. 493.)

« Ricardus de Bornevilla, VI. solidos « IV. denarios, sterl. pro eodem [pro plegio « Ricardi Landri]. » (*Id.*, p. 565.)

« Thomas de Bornevilla, X. solidos pro defectu. » (*Id.*, p. 567.)

Parmi les fiefs de Bourneville, nous citerons en première ligne le fief de Brotonne.

Brotonne n'était pas une commune, mais une portion de territoire assez considérable et qui a donné son nom à une forêt, à un fief, à une chapelle et à un prieuré.

Ce territoire était placé dans le Roumois, sur la rive gauche et presque à l'embouchure de la Seine.

Voici quelques textes qui viennent à l'appui de nos assertions :

« .... Contulererunt ergo Hugo, Ba-« jocassinæ urbis præsul, et Wilelmus, Ar-« chacensis comes, meo consensu, quam-« dam partem silvæ quæ Brotona dicitur, « supra Sequanæ fluvium, cujus initium « incipit a via quæ descendit super do-« mum Bernardi quem dicunt de la Va-« cheria, et inde ducitur per verticem « montis usque ad campos quos vulgo « Huyas vocant, pro qua ab abbate loci « Rotberto et monachis sexaginta libras « denariorum acceperunt. » Charte de Guillaume le Conquérant (1079).

« .... Imperante Willelmo, Roberti « marcionis filio, Rogerius Bellimontis « consuetudinem unius carri et navis « in Brotonne silva dedit Sancto Petro « Pratelli.... » (*Cart. Prat.*, f° CXXXIII v°.)

« In nomine sanctæ et individuæ Trini-« tatis, concedo ego Rogerius et filii mei « Robertus et Henricus Deo et Sancto Wan-« dregesilo decimam totius Brotoniæ, tam « in venatione quam in apibus et omnibus « redditibus vel forisfacturis quæ de silva « exeunt, et de vaccariis vel equariis sive « prearis et omnibus exartis. Similiter « concedimus decimam novi molendini de « Watevilla et anguillis et culturis quas « ego vel homines mei in palustribus ejus-« dem villæ facimus et facere poterimus. « Si vero hæc omnia supradicta et de pa-« lustribus et de ceteris terris in silvam « redigi voluerimus, absque ulla alia recla-« matione et querela decimam tantum sicut « de cetera silva concedimus. Facta est « autem hæc donatio anno ab Incarnatione « Domini millesimo octogesimo sexto, « apud Watevillam, octavas Epiphaniæ. « Testes vero hujus donationis sunt ex parte « Rogeri, comes Moreart; Radulphus, « dapifer; Ricardus, filius Osber; Ansche-« tillus; Rogerius Harpin; Radulfus, cu-« bicularius ; ex parte abbatis : Helto, « Hugo Ruffus, Willelmus Caldebec, Ro-« bertus Gontart; Walterius Crollebosc. « Signum Rogerii †; signum Roberti, filii « ejus; signum Henrici †; signum Roge-« rii, filii Roberti Tetboldivilla. » (*Cart. de S. Wand.*, t. IV, p. 2066.)

Nous pourrions multiplier les citations que nous fournissent les textes anciens sur la forêt de Brotonne ; mais, comme cette forêt est presque tout entière dans le département de la Seine-Inférieure, nous nous bornerons à renvoyer aux mémoires publiés sur les antiquités de la forêt de Brotonne dans les *Mém. de la Soc. des Antiq. de Norm.*; aux *Études sur la condition de la classe agricole*, par M. Delisle, p. 406, et au mémoire de M. Alfred Maury sur les forêts de la France. (*Mém. de l'Acad. des Inscriptions, Savants étrangers*, 2° série, t. IV, 1re partie, p. 424.) On pourrait également consulter avec fruit le *Cartulaire normand* de M. Delisle et le *Coutumier des forêts de Normandie*.

Quant au fief de Brotonne, il était, comme nous l'avons déjà dit, situé sur le territoire de Bourneville et sur les limites de la forêt. Dans le *Dictionnaire des fiefs* de Brussel, il est dit : « demi-fief de haubert relevant de Pont-Audemer. » Dans la charte par laquelle Robert, fils de Galeran, céda en 1183 à l'abbaye de Jumièges le prieuré du Torpt, on trouve comme témoin Guillaume de Brotonne, l'un de ses officiers. Gui et Roger de Brotonne paraissent dans les actes du XIIIe siècle. (Voyez Delisle, *Cart. norm.*)

Le fief de Caillouet, peu éloigné du fief de Brotonne, fut possédé par Alexandre de Caillouet, veneur de Robert II de Meulan. Robert lui accorda certains droits dans la forêt de Brotonne, et particulièrement sur les cerfs de cette forêt, pour le payer de ses services.

Sur le territoire de Bourneville, une chapelle de Notre-Dame-de-Brotonne fut érigée en titre, par acte du 27 décembre 1696, à la présentation des héritiers du fondateur.

Il ne faut pas confondre cette chapelle avec le prieuré de Brotonne, situé à Vatteville-sur-Seine, de l'autre côté de la forêt, dans le département de la Seine-Inférieure. Une charte de Guillaume d'Arques (1031 à 1048), dans laquelle il est parlé de la dîme « de cervis et aquis », cite les églises de Vatteville et de Brotonne : « Ecclesias etiam Wattiville et Brothonii... »

L'église de Brotonne est, sans aucun doute, le prieuré de Saint-Ouen-de-Brotonne-sur-Vateville.

Bourneville possédait encore plusieurs autres fiefs. Le fief de Beaumont, dit le Bois, était situé près de Lilletot. Dans les ruines de l'ancien manoir de Beaumont, on a reconnu des tuiles à rebord et des restes de substructions romaines ; mais la très-grande partie des matériaux appartient à l'époque féodale.

La terre de la Cour de Bourneville entra en 1503 dans la famille Dubosc, par le mariage de Louis Dubosc avec Marie des Planches. Martin Dubosc, leur fils puîné, fut seigneur de Bourneville, député de la noblesse du bailliage de Rouen aux états généraux. Il mourut le 18 octobre 1591, et fut enterré à Saint-Etienne-de-la-Grande-Eglise. C'était un zélé ligueur, mentionné comme tel dans le *Catholicon d'Espagne*. Sa vie fut imprimée en 1594 sous le titre de : *Tombeau de noble seigneur Martin du Bosc.* (Voyez les *Mémoires de Castelnau*, t. 1er, p. 884.) Il eut plusieurs fils, dont Nicolas du Bosc. André du Bosc, fils de ce dernier, était seigneur de la Cour de Bourneville. Il demeurait dans la commune d'Estreville ; il présenta ses titres de noblesse le 11 avril 1668. Il avait épousé Anne de Médine.

Les lieux dits sont : — la Bérangerie ; — le Bourg ; — les Boursis ; — le Carrefour ; — le Clos-Serpette ; — les Coqs ; les Coquets ; — Derrière-Brotonne ; — les Forts ; — Gobaraux ; — la Grande-Rue ; — Gribaumare ; — la Londe ; — le Moulin-de-Brotonne ; — Saint-Georges ; — la Sente-des-Jardins ; — les Vignes ; — la Bataille ; — Beaumont ; — la Chevalerie ; — la Ferté ; — le Grand-Bocage ; — le Manoir ; — Archamare ; — le Bel-Air ; les Bourguignons ; — Charrière ; — le Chemin-du-Pont ; — le Chêne-Maillet ; — la Côte-de-Beaumont ; — le Fond-de-Vieil-Mare ; — Fosse-Torchère ; — le Gennetei ; — Mare-à-Cueil ; — Mare-Morin ; — les Marettes ; — le Rossignol ; — le Val-de-Bourneville ; — le Vallot ; — Brotonne ; — Mont-Livet (châteaux).

Cf. Toussaint Duplessis, t. II, p. 172.

Canel, *Essai sur l'arrond. de Pont-Audemer*, t. II, p. 98.

BOURTH.

Arrond. d'Evreux. — Cant. de Verneuil.

Patr. S. Just. — Prés. l'abbesse de Saint-Sauveur.

Une voie romaine tendant de Condé à l'Iton passe à Bourth.

Boort, bohort, mot celtique ; joute, lieu où l'on joute.

Quoique nous trouvions dans une bulle du pape Innocent en faveur du Lesme (1130) mention de Bourth sous le nom de Boort : « ..... Locum de Boort ex dono Goscellini Papot..... », nous proposons cette étymologie avec quelque défiance.

Une bulle d'Alexandre III écrit, *Boore*; mais nous pensons qu'il faut lire Boort : « ... Ecclesiam de Boore, cum eo jure « quod competit vobis de decima ipsius « ecclesiae... » (Bulle d'Alexandre III.)

L'orthographe de Boort se retrouve dans une charte de 1228, par laquelle Guillaume le Portier donne un bois à l'abbaye de Lire.

« Sciant presentes et futuri quod ego
« Willelmus Portarius dedi et concessi
« Deo et Beate Marie de Lira et monachis
« ibidem Deo servientibus et servituris,
« pro salute anime mee et omnium hære-
« dum meorum, in puram et perpetuam
« elemosinam omnino liberam, quisquid
« juris vel hereditatis habebam in bosco
« de Bootelo, quod erat et est de feodo
« predictorum monachorum, ita quod ego
« nec aliquis heredum meorum deinceps
« in predicto bosco vel in terra poterimus
« aliquid habere vel reclamare. Et ut hoc
« firmum et stabile foret, presenti scripto
« sigillum meum apposui. Et ad majorem
« securitatem coram tota parrochia de
« Boort totum jus meum et hereditatem
« quam habebam in dicto bosco et in
« terra bosci abjuravi, et postea super
« majus altare apud Liram devote obtuli.
« Actum anno gratie millesimo ducente-
« simo vicesimo octavo. »

En 1234, Jean, abbé de Lire, bailla à Aubin Potin tout ce que l'abbaye possédait « apud Boetelum juxta Boort ». — En 1245, il est jugé que « l'abbesse d'Evreux doit avoir le patronage de l'église de Borc ». (*Jugements de l'Echiquier*, n° 773.)

C'est un peu au-dessous de l'usine de Chaumont, à l'extrémité du territoire de la commune, que les ingénieurs de Henri 1er, duc de Normandie, séparèrent au XIIe siècle les eaux de l'Iton pour les diriger d'un côté sur Breteuil, de l'autre sur Verneuil.

En 1496 mourut Charles le Veneur, seigneur de Bourth.

L'abbaye de la Chaise-Dieu avait des propriétés à Bourth au moment de la Révolution.

Bourth était une baronnie dépendant du comté de Tillières. Les comtes de Tillières tenaient à Bourth leur haute justice. Un jugement de l'Échiquier, du temps de saint Louis, prouve que dès lors Bourth était dans la mouvance de Tillières : « In « parrochiis de Tilleriis, de Baris, de « Boort, ceterisque parrochiis pertinenti-« bus ad feodum de Tilleriis. » (*Jugements de l'Échiquier*, n° 546, note.)

Les lieux dits sont : — l'Artoire ; — la Baudinière ; — Beaufour ; — Bouhours ; — la Bouhourdière ; — la Brosse ; — le Champ-Long ; — le Chêne-aux-Croix ; — la Cloutière ; — Crapotel ; — les Fourneaux ; — les Fournieux ; — le Gérier ; — le Gravier ; — la Mare ; — les Mares ; — la Maurier ; — les Mésangères ; — le Minerai ; — les Noës ; — la Raie-Fresne ; — le Souchet ; — les Tourinières ; — les Bois-Gaux ; — les Châtelets ; — la Courbonette ; — la Herpinière ; — la Linotière ; — la Pertuisière ; — le Tertre ; — Chéraumont.

BOUSSAI.

Arrond. d'Évreux. — Cant. de Saint-André.

Patr. Ste Opportune. — Prés. l'abbé d'Ivri.

Boussai se rattache à la série des Boisset, Boissi, Boisnel, etc.

Pierre « de Boce », probablement de Boussai, et Guillaume, son frère aîné, donnent au chapitre d'Évreux la dîme du Breuil-Ulrique « de Brolio Ulrici ».

« Notum sit omnibus futuris et presen-« tibus quod ego Petrus de Boce et Guil-« lelmus, frater meus primogenitus, de-« dimus Deo et capitulo Ebroicensi deci-« mam nostram de Brolio Urrici (*dans la « rubrique il y a* Brolio Ulrici), et quic-« quid juris in ea habebamus eidem capi-« tulo nos relinquere in perpetuam ele-« mosinam et garantizare super sanctum « altare Beate Virginis juravimus. Capitu-« lum vero de bonis ecclesie sue centum « solidos andegavensium nobis caritative « donavit. Nos vero donationem a nobis « fectam presenti carta nostra et sigillis « nostris appendentibus confirmavimus. « Testibus : Rogero, sacerdote de la Fo-« rest ; Roberto de Sancto Germano ; Gil-

« leberto sine Nappa ; Willelmo de Sancto « Martino. »

Dans la liste des églises soumises au patronage de l'abbé d'Ivri, on trouve Sainte-Opportune de Boucé « de Bouceio ».

Dans l'obituaire de Lire on trouve : « Guil-« lelmus de Bossaio, miles. »

Est-ce Boussay, Boissy ou Boisset ?

En 1420, Jean Le Drouais était « curatus de Bouceyo ».

L'église a été reconstruite et dédiée en 1544.

Le 13 mars 1590, l'armée du duc de Mayenne, venant à la rencontre de celle de Henri IV, traversa la plaine de Boussai pour aller occuper le village d'Epieds. C'est entre ces deux villages que se porta le lendemain l'effort de la bataille d'Ivri.

La commune de la Couture a été réunie à la commune de Boussai en 1844, sous le nom de la Couture-Boussei.

Cf. *Opuscules et mélanges historiques sur la ville d'Évreux et le département de l'Eure*, recueillis par M. Bonnin, p. 207.

BRAI.

Arrond. de Bernai. — Cant. de Beaumont.

Patr. Notre-Dame. — Prés. le seigneur du Parc.

Le nom de Brai semble tirer son origine de *Braium*, mot celtique correspondant au mot français *boue*. Telle est du moins l'interprétation que Valois donne à ce mot par le passage suivant : « Braium olim « lingua gallica lutum significabat. Hoc « me docuit liber vetus miraculorum « Sancti Bernardi Claravallensis abbatis, « qui est cento ex multorum scriptis con-« sutus, hisce verbis : Castrum Braium, « quod lutum interpretatur. »

Il y a dans le Sénonais un lieu sur la Seine nommé *Braiacum* (Brai) où, en 958, Burchard et sa femme Hendegarde fondèrent un monastère.

Dans une charte sans date de Robert de Meulan on trouve parmi les témoins : « Willelmus, presbyter de Braio. »

Dans une charte, également sans date, de Wauquelin de Fresnei : « Willelmus « de Brayo, sacerdos, et Galterius, frater « suus. »

Dans la charte de Robert de Harcourt en faveur de la Noë (1192), le deuxième témoin est : « Galterus de Braio. »

Nous citerons deux des chartes de la commanderie de Saint-Étienne-de-Renneville qui concernent Brai :

1212. « Robertus le Bret de Braio, mi-

« les, dat fratribus militie Templi III.
« acras et dimidiam terre in Bosco de
« Braio, que abotant super terras de Pon-
« tibus les Roges, ad Veterem Puteum
« versus Braium. »

1216. Robert-le-Bret de Brai, chevalier, donne encore aux Templiers une petite portion de son bois de Brai.

Notre commune de Brai n'appartenait pas à la mouvance de Beaumont-le-Roger, mais au patrimoine des seigneurs d'Harcourt. Un de leurs cadets a été seigneur de Brai.

De Richard d'Harcourt et de la fille de Raoul Tesson descendirent trois fils qui partagèrent sa succession en l'année 1257, au mois de septembre, savoir : Jean d'Harcourt, fondateur du Parc, qui épousa Alix de Beaumont, etc.; Raoul d'Harcourt, seigneur des Planches, d'Auvers, d'Avrilli et de Brai, épousa une des filles de Vendôme, etc.; Robert d'Harcourt, seigneur de Beaumesnil, épousa Jeanne de Saint-Celerin... (La Roque, *Additions aux preuves de la maison d'Harcourt*, t. IV, p. 1916.)

Les armes de Jean d'Harcourt apposées au haut du chœur de l'église de Brai sont de gueules à deux fasces d'or; celles de Raoul d'Harcourt sont brisées d'un lambel, et celles de Robert d'Harcourt de deux fasces d'hermine.

Brai est souvent appelé Brai-la-Champagne.

Point de lieux dits.

BRANVILLE.

Arrond. d'Evreux. — Cant. d'Evreux sud.

Patr. S. Maclou. — Prés. le chapitre d'Evreux.

Ce mot paraît venir de *brandz*, brandon, torche, tison enflammé. Brand est en même temps un nom d'homme, figurant quinze fois dans le Landnama Box, et aussi un nom de famille saxon : Brand. L'île de Brandsen existe dans le Petit-Belt, célèbre par le hardi passage de l'armée suédoise en 1658. Il existait encore en Normandie, en 1198, un personnage nommé Brand : « Brandus, » qui figure dans la LXVI° charte du cartulaire de Préaux.

Branville près Pont-l'Evêque est nommé « Brandevilla » dans la charte de fondation de Saint-Amand.

Dans une charte en faveur de Saint-Ouen : « .... Et partem quam habeo in Brantvilla. »

Dans une charte en faveur des lépreux d'Evreux on trouve Henri, « presbyter de Branvilla. »

Dans le *Dictionnaire des fiefs* de Brussel Branville est indiqué comme un fief à baronnie relevant au xv° siècle de l'évêque d'Evreux.

Branville a été réuni à Caugé en 1808.

BRÉCOURT.

Arrond. d'Evreux. — Cant. de Vernon.

Patr. Notre-Dame. — Prés. le commandeur de Chanu.

Nous trouvons dans une donation faite au chapitre d'Evreux par Robert de Leicester deux témoins qui tiraient leurs noms de Brécourt. Robert, comte de Leicester, donne au chapitre d'Evreux trois muids de vin à Paci : « in vineis meis apud Paci, » et un setier de froment propre à faire les hosties : « frumenti « boni et idonei ad faciendum hostias ad « celebrandum missas. » Le vin devait être pareillement digne d'être employé dans le saint sacrifice de la messe : « Tale scilicet « vinum quod bonum sit et idoneum ad « missas celebrandas. » Le tout devait être livré par son sénéchal « in tempore vindemiarum », le froment « in molendinis meis de Paci ». On trouve parmi les témoins : la comtesse Pernelle, femme du donateur; son fils, l'évêque de Saint-André, et R. de Breteuil, son autre fils; Ernaudus du Bosc; Robert, son frère; « Willelmus Brustesaus, senescallus de Paci; Radulfus de Waus; Mattheus de Breencort; Odo de Breencort; Petrus filius suus; Robertus Neel; Radulfus Postel; Gillebertus de Carneles, » et plusieurs autres.

Brécourt était un fief relevant de Paci. Hommage en 1404. Le 3 juillet 1404, Charles VI accorde à Simon Louvel, écuier d'écurie du duc d'Orléans, un délai pour bailler le dénombrement du fief de « Briencourt ».

Brécourt a été réuni à Douains et à Boisset-Hennequin sous le nom de Douains, en 1809.

BRESTOT.

Arrond. de Pont-Audemer. — Cant. de Montfort.

Patr. S. Sauveur. — Prés. l'abbesse de Saint-Léger-de-Préaux.

On a écrit Brétot, Braietot, Brestot. Huet, dans ses *Origines de Caen*, dit :

« Le nom de *tot*, si commun en Norman-
« die et qui fait la terminaison de Grastot,
« Brestot, Languetot,.. et d'un millier
« d'autres, vient de l'anglo-saxon *toft*,
« qui se trouve dans d'anciens actes rap-
« portés dans le *Monasticon anglicanum*.
« Ce mot signifie la place où était un bâ-
« timent ou une masure. D'autres l'ex-
« pliquent un petit bocage. Grastot est
« donc *Grandis Tofta*; Brestot, *Lutosa*
« *Tofta*; Rotot, *Rubra Tofta*; Vicquetot,
« *Vici Tofta*.... Cresetot ou, selon les
« vieux titres, Cressetot, *Crassi Tofta* ou
« *Christi Tofta*, »

Il me paraît probable que l'étymologie de Brestot doit être « *Britonis Tofta*. »

Parmi les donations faites par Onfroi de Vieilles, à l'abbaye de Saint-Léger-de-Préaux, il faut noter tout ce qu'il possédait à Brestot. L'église paroissiale fut donnée à ladite abbaye par Renaud le Grammairien, en considération de ses filles, et le vicomte Hugues lui abandonna dans son aleu une terre et la dîme de quatre hommes. Hugues paraît avoir eu pour successeur « Huguellus de Brestot », cité au XII° siècle dans une charte de Galeran de Meulan, son suzerain. On trouvera la confirmation de ces faits dans le texte même de la charte de fondation de Saint-Léger-de-Préaux :

« .... Damus iterum quicquid habemus
« in villa quæ vulgo Bretot dicitur.... »

« ... Habet etiam hæc eadem ecclesia
« terram in villa quam vulgari nomine
« Breitot appellamus, dono Hugonis vice-
« comitis, appositis limitibus determina-
« tam; et decimas quatuor hominum; et
« xxx. acras de terra Rogerii Candos;
« dedit etiam Reginaldus Grammaticus in
« Hispania terram quam cum uxore sua
« accepit, et ecclesiam Sancte Marie de
« Breitot pro filiabus suis. Emit quoque
« Emma abbatissa in eadem villa Breitot
« lx. terræ jugera ab Hilberto Heduini
« filio x. libris pro redemptione corporis
« sui datis.... »

Dans les grands rôles de l'Echiquier de Normandie, le nom de Brestot reparaît plusieurs fois :

« Ricardus de Brietot reddit compotum
« de xi. marcis v. solidis... pro plegio
« Ricardi Landrici. » (Stapleton, *M. R. Sc. N.*, p. 489.)

« Ricardus de Breietot iv. marcas x. denarios. Sterling. pro eodem. » (*Ibid.*, p. 565.)

« Leprosis de Breetot x. solidos de elemosina statuta. » (*Ibid.*, p. 209.)

En 1250, Guillaume « de Braetot » était moine du Bec.

Le *Coutumier des forêts de Normandie* contient sur les droits des habitants de Brestot dans la forêt de Montfort, vers 1400, des détails intéressants (f° 84 v°) :

« Guillaume Raudouin, Colin Creppel,
« Lorens du Val, Thomas le Fèvre, Jehan
« le Barbier, Guillaume le Barbier, Vin-
« cent le Coustelier, Robin Lengloiz et
« Michel Morin, paroissiens et habitans
« de la paroesse de Brestot, ont acoustu-
« mé prendre et avoir en la forest de
« Montfort le boiz sec en estant et le vert
« en gesant sans caable et sans rachine,
« la branche de diz sept piés en hault et
« de troiz fours l'un, hors deffens; item
« ilz doivent avoir en icelle forest leur
« pasturage à toutes leur bestes hors chié-
« vres, c'est assavoir leurs pors hors def-
« fens et leur bestes al laines ès vallées
« qui sont pasturages anciens de la dicte
« forest, sans entrer plus avant en la forest
« à veue du pastour; item ilz ont acous-
« tumé à prendre la mousse, le caillou,
« le marne, le genest, le genièvre, la
« brière, par toute la dicte forest, hors
« deffens, et prenent du boiz pour leur
« coustume hors deffens par en paiant de
« la cherette de chesne à troiz chevaulx
« x s., à ii chevaulx viii s., hors deffens;
« la cherette de fou ou de hestre à iii che-
« vaulx pour viii s., à ii chevaulx v s.,
« à i cheval pour iiii s., la somme de
« chesne ou hestre iii s., la charette de
« mort boiz, c'est à savoir boul, trem-
« ble, fresne et autres boiz, qui se dient
« mort boiz en la chartre aux Normans,
« pour ii s.; et pour les pors doivent
« paier pour chascun xii d., à chascun
« pasnage, quant il eschieut en la dicte
« forest, et les doivent mener à l'acquit
« ja sy petit maiz qu'il puisse menger
« ung glen, et se porté n'i est, il doit
« paier au fermier du pasnage pour le
« Roy x s. t. d'amende pour chascun
« port; pour lesquelles franchises, usages
« et droctures dessus desclairées les diz
« habitans sont tenus paier chascun par
« soy au Roy viii journées de garde à la
« porte du chastel de Monfort en temps
« de guerre à leurs despens, et se plus
« de viii journées faisoit, la dicte garde
« seroit aux despens du prince; et sy sont
« tenus faire la huée aux loups et la haie
« quant le prinche y chasse ou fait cha-
« chier, à leurs despens. »

Quelques pages plus loin (f° 88 r°), sont transcrits les droits des habitants et paroissiens de la paroisse de « Braietot ». Que le nom de la commune soit écrit Braietot ou Brestot, peu importe; il est toujours question de Brestot.

Venons maintenant à la question du patronage. On lit dans le pouillé d'Eudes

Rigaud : « Brestot. Abbatissa de Pratellis
« patrona; valet XL. libras; parrochiani c.
« — Notherus presbiter presentatus a dicta
« abbatissa receptus a domino Mauritio. »

Suivant un aveu du 25 juin 1684, l'abbaye de Saint-Léger-de-Préaux avait sur la paroisse d'Eturqueraie la baronnie de Vienne, et avait droit, à cause de cette baronnie, de présenter aux cures d'Eturqueraie, de la Haie-Aubrée et de Brestot.

Les pouillés de la fin du XVIII° siècle indiquaient à Brestot trois chapelles : l'une sous le nom de la Madeleine, que Toussaint Duplessis plaçait à Eturqueraie; une seconde sous le nom de Saint-Nicolas à la présentation du fief de la Houssaie; une troisième, Saint-Samson, à la présentation du fief de Brumare. Toussaint Duplessis rapporte que la chapelle Saint-Nicolas a été fondée par Geoffroi de la Houssaie, chanoine de l'Eglise de Rouen, et par Denis, Richard, Jean, Jacques et Guillaume, tous du nom de la Houssaie, à la présentation du fief de la Houssaie. L'archevêque de Rouen ratifia la fondation le 13 juin 1526. — Quant à la chapelle de Saint-Samson, elle avait été élevée dans le cimetière.

L'église de Brestot est placée sous l'invocation de saint Sauveur. Elle a été plusieurs fois l'objet de l'attention des archéologues. Le clocher, les fenêtres et divers ornements de l'église sont dans le style roman.

Les lieux dits sont : — les Bourguignons; — Brumare (château); — la Chapelle-Brestot (en 1563, Charles IX coucha à Bosbénard et le lendemain dîna à la chapelle de Brestot); — les Chèvres; — le Clos-Breton; — l'Ecu-de-Brestot (nom d'une ancienne auberge); — l'Eglise; — Brumare (ancien fief et aujourd'hui château; il fut longtemps possédé par la maison Becdelièvre); — les Godebouts; — la Loge; — les Labbé; — la Mare-Hareng; — le Mont-Rôti; — Mouille-Crotte; — les Roussettes; — le Teroude; — le Quesnai (ancien fief); — la Magnanerie; — Rinchoux; — le Nouveau-Monde.

Cf. Toussaint Duplessis, t. II, p. 476.
Canel, Essai sur l'arrond. de Pont-Audemer, t. 1er, p. 301.
Bulletin monumental, 1854, t. XX.

BRETAGNOLLES.

Arrond. d'Évreux. — Cant. de Saint-André.

Patr. Notre-Dame. — Prés. l'abbesse de Maubuisson.

Voyez ce que nous disons plus bas à l'article Bagnient sur l'étymologie du mot Brétagnolles.

L'abbé Lebeuf interprète le nom de lieu Brittas, dans le diocèse d'Auxerre, par les Bretignolles.

Un lieu dit « Britanniolæ » est mentionné parmi les biens de Saint-Martin de Tours, en 863. C'est probablement l'un des trois Bretignolles existants.

Philippe-Auguste fit constater les coutumes de la forêt de Méré : parmi les usagers dont le bon droit fut reconnu, on remarque les communautés de la Neuville et de Brétagnolles, les paysans de la châtellenie de Paci et les habitants de Serez, de Loret, d'Epieds et de la Folletière : « Duo populi Novæville et de Bre-
« tagniollis… habent ramos sine copello,
« etc.; omnes alii rustici castellanie Pa-
« ciaci habent in predicta foresta mor-
« tuum nemus, etc.; iste quatuor ville,
« que sunt de feodo Ibriaci, videlicet
« Ceris, Lorra, Espiers, la Foletere, ha-
« bent mortuum nemus, etc. »

Le Coutumier des forêts de Normandie nous a conservé la mention des droits des paroissiens de Brétagnolles dans la forêt de Méré (f° 465 r°) : « Les paroissiens de
« Breteugnollez ont en la forest de Meré
« tout boiz sec en estant et en gisant et
« tout boiz vert en gesant avecques le
« mort boiz sans amende. Ilz pevent pren-
« dre et cuillir tout fruit en la dicte forest,
« pourveu que la Nostre Dame my aoust
« soit passée, reservé glan et taine, le
« chesne pour XVIII sols parisis, le fou
« pour XV sols, la souche pour VII sols,
« l'estoc pour III sols, et le coup en vert
« pour XII deniers, prendre gaixeus (?),
« totes et autres boiz necessaires pour me-
« ner et charier leur boys, et aussi pevent
« mettre tous leurs pors et truies en la
« dicte forest, par paiant pour chacune
« beste deux deniers parisis au premier
« pasnage, pourveu qu'ilz aient ieculx au-
« devant de la Saint Jehan Baptiste. Et
« ne sont tenuz à envoier leurs bestes au
« second pasnage se il ne leur plaist, et
« se ilz les y envoient, ilz sont tenus paier
« pour chacune beste un denier, et si les
« pors ne vont au premier pasnage, cha-
« cun porc deniers deux deniers. Pasturages
« pour toutes leurs bestes depuiz la Tous-
« saint jusques à la my aoust. Et pevent
« escarcir tout leur merien en la forest
« sans mettre chantiers, sans la plate
« hache, sans ligue, et sans sie. Et
« aussi tous ceux qui ont voiture sont
« tenuz faire chacun an ou moiz de mars
« une journée de leur voiture au ramage
« de la dicte forest. Et par ce puent
« prendre quelque fou qu'il leur plaist

« par livrée du verdier ; et par ce doit
« avoir chacune voitture pot et demy de
« vin, v harens et du pain à suffisant, et
« en oultre s'ilz trouvent aucun qui veuille
« emporter hors du ban de la dicte forest
« aucun boiz du merien. »

L'abbaye de Maubuisson avait le droit de présentation à la cure de Brétagnolles. Elle avait encore des droits dans la forêt de Méré, droits que le *Coutumier des forêts de Normandie* constate en ces termes (f° 153 v°) :

« Les religieuses abbéesse et couvent de
« Nostre Dame la Roial dicte de Maubuis-
« son près de Pontoise, tant à cause de
« leurs hostelx de Boissel, de Bretai-
« gnolles, comme de leur moulin de Pacy,
« ont en la forest de Méré, deppendante
« de la forêt de Pacy, le bois vert en ge-
« sant, le sec en gisant et en gisant, la
« branche, tout le mort boys, le fourc au
« desus du moel de la charette, sans
« amende, le chesne pour xviii s., le fou
« pour xv s., l'estoc pour iii s., et la souche
« pour vii s. d'amende, ou cas que trouvez
« y seroient, leurs porcs trans et tout le
« bestail de leur dit hostel, et de ce doivent
« part en la dicte forest jour et nuit. Item
« elles pevent mettre franchement tant de
« pourceaulx qu'ilz pevent avoir sans nul
« depry à cause de leurs maisons de
« Boissel, boiz pour maisonner et ediffier
« lourz maisons et tout aultre boiz et me-
« rien qu'il y fault par l'amende, comme
« les aultres coustumes ; mettre en la dicte
« forest tous bestaulx en toutes saisons,
« réservé le chiefvre et excepté de la my
« aoust jusques à la Toussains, et aussi
« ont, à cause de leur ville et seigneurie
« de Boissel, tous passages, herbages, ra-
« mages, et tous autres droiz quelxcon-
« ques qui appartiennent au Roy nostre
« sire, des autres villez voisines, de qui
« elles ont accoustumé prendre pasnage.
« Et se il avenoit aucune forsfaicture des
« diz hostelx, ilz seront aux dittes reli-
« gieuses et aussi telx droiz de ramager
« sur leurs hostes de la dicte ville de
« Boessel tant seullement comme le Roy
« a à villez voisinez d'environ. Et pour
« ce icelles religieuses sont tenues à prier
« Dieu pour le Roy et pour tout le sang
« roial. »

Luc, évêque d'Evreux, donna au monastère d'Aubecour la dîme de Brétagnolles et de Garenci... : « Cartam dedit
« monasterio Albæ Curiæ, ordinis Præ-
« monstratensis, quæ confirmat huic eccle-
« siæ donationem decimæ de Bretignollis
« (sic) et Garenceria deque omnibus do-
« nis cæteris tam fundatorum gentis de
« Pisciaco quam aliarum personarum,

« codicillis scriptis apud Ebroicas. » (1207.)

La seigneurie de Brétagnolles avait droit de haute justice.

Les lieux dits sont : — la Garenne ; — les Quatre-Vents ; — les Taillis.

BRETEUIL.

Arrond. d'Evreux. — Cant. de Breteuil.

Patr. S. Sulpice. — *Prés.* l'abbé de Lire.

Il y a en France trois autres Breteuil. Nous pensons que ce mot signifie la propriété, l'établissement du Breton. La forme primitive a dû être *Britogilum*.

Pour mettre plus d'ordre dans les notes relatives à cette localité, nous les avons classées de la manière suivante :

I. Histoire de Breteuil et des seigneurs de Breteuil jusqu'à la réunion de la Normandie à la couronne de France.

II. Histoire de Breteuil depuis 1204 jusqu'au milieu du XIV° siècle.

III. Histoire de Breteuil depuis le milieu du XIV° siècle.

IV. Mouvance féodale de Breteuil.

V. Forêt de Breteuil.

VI. Etangs, moulins et vignes de Breteuil.

VII. Bourgeoisie.

VIII. Léproserie.

IX. Notes diverses.

I.

Le nom de Breteuil commence à paraître dans l'histoire vers l'année 1060, à l'occasion du château que Guillaume, duc de Normandie, y fit bâtir et dont il confia la garde à Guillaume, fils d'Osberne.

« ... Postea dux [Willelmus] contra
« Tegulense castrum, quod rex illi dudum
« abstulerat, aliud oppidum non deterius
« quod Britolium usque hodie vocatur,
« instaurat, et Willelmo Osberni filio ad
« custodiendum contra cunctos sibi adver-
« santes commendat. » (Guillaume de Jumièges, liv. VII, c. xxv ; Bouquet, XI, 47.)

Ce Guillaume, l'un des plus illustres barons de la Normandie sous le règne de Guillaume le Conquérant, descendait de Herfaste, frère de Gonnor, duchesse de Normandie. Herfaste eut deux fils qui figurent tous les deux parmi les signataires de la charte de Richard II en faveur du Mont-Saint-Michel : « Osbernus filius Arfast, Rannulfus frater ejus... »

Le premier, connu sous le nom d'Osberne de Crepon, fut sénéchal de Normandie et se trouva mêlé aux principaux événements de la minorité de Guillaume le Conquérant. Il fut assassiné au Vaudreuil, dans la chambre et sous les yeux du jeune duc, par Guillaume de Montgommeri.

Le Cartulaire de la Trinité de Rouen (n° IV) lui donne le surnom de Pacifique et nous fait connaître les noms de sa femme : Emma, et de ses deux fils : Guillaume et Osberne.

Guillaume hérita des fonctions de sénéchal qu'avait remplies son père et se distingua à la conquête de l'Angleterre. Il reçut pour récompense le comté de Hereford et l'île de Wight. Il signala sa piété par les bienfaits dont il combla plusieurs églises, notamment celle de la Trinité de Rouen, et surtout par la fondation des abbayes de Lire et de Cormeilles. Il assigna en partie sur ses domaines de Breteuil, la dotation du premier de ces deux monastères.

« Willelmus, Osberni filius, comes Here-
« fordie... Sciatis me dedisse... Beate
« Marie Lire... totam decimam foreste
« Britolii et decimas septimanas Britolii,
« Lire, Paceii et Glotis et Fontis Sancti Petri;
« ecclesias Britolii cum feodo Walonis... »
(Charte de fondation de l'abbaye de Lire.)

Autre pancarte de la même abbaye : « Notum sit omnibus sancte matris eccle-
« sie filiis quod ego Guillelmus, filius Os-
« berni,... hec que subscripta sunt con-
« cedo ecclesie Sancte Marie semper vir-
« ginis.... fevium Gualonis, videlicet
« ecclesias de Bretoil, et decimas, et
« terram, et domos libere, et meam deci-
« mam, nummorum scilicet ipsius ville et
« molendinorum atque furnorum, et
« decimam omnium liberorum illius par-
« rochie... »

Guillaume, fils d'Osberne, épousa Adelize, fille de Roger de Toeni : « Hic legi-
« timus et liberalis vir Adelizam, Rogerii
« Toenitæ filiam, in conjugio habuit. »
(Guillaume de Jumiéges, l. VII, c. xxv.)

Nous savons par Orderic Vital (t. II, p. 236) qu'elle fut enterrée dans l'abbaye de Lire. Une des chartes de fondation de ce monastère nous fait connaître en détail la dot d'Adelize.

« Preterea, votem comitisse Adelicie,
« scilicet Trisaicum cum molendino, et
« Marneras, et Ribramont, et Scanna
« comitis, ecclesiam Pontis Sancti Petri,
« scilicet Sancti Nicholai, Sancti Georgii et
« Sancti Crispini cum appendiciis suis. »

— On lit dans l'obituaire de Lire, au 3 des nones d'octobre : « Domina Adeliz,

« uxor Willelmi comitis, ipsius loci fun-
« datrix. »

L'abbaye de Cormeilles reçut la dépouille de Guillaume, dont la mort causa un grand deuil en Normandie : « Nor-
« mannorum maximum strenuitate baro-
« nem valde omnes planxerunt, qui largi-
« tates ejus, et facetias atque mirandas
« probitates noverunt. » (Orderic Vital, t. II, p. 236.)

Guillaume laissa deux fils, Guillaume et Roger, et une fille qui épousa Raoul de Gaël. Roger, surnommé l'Orgueilleux dans la chronique de Benoît (Coutumax, suivant Guillaume de Jumiéges), eut en partage les domaines anglais de son père. Les baronnies de Breteuil et de Paci échurent à Guillaume, que Benoît appelle le Roux, et qui est plus généralement connu sous le nom de Guillaume de Breteuil.

La vie de ce seigneur fut troublée par des guerres sans cesse renaissantes, dont Orderic Vital a raconté les principaux épisodes. De son temps, en 1081, Breteuil fut le théâtre d'une importante cérémonie : les fiançailles d'Étienne, comte de Blois, avec Adèle, fille de Guillaume le Conquérant. Guillaume de Breteuil fut l'un des partisans les plus dévoués du malheureux duc Robert Courte-Heuze. Entre autres biens, il donna aux moines de Saint-Evroul « unum burgensem in Bretolio ». Il mourut à l'abbaye du Bec, le 12 janvier 1103, et fut enterré dans l'église de Lire. Nous ignorons s'il eut des fils de sa femme Adeline de Montfort; mais l'histoire a conservé le nom de deux enfants naturels : Eustache, dont nous allons parler, et Isabelle, qui épousa Ascelin Goël.

Eustache succéda à son père, grâce à l'appui du roi Henri Ier, dont il avait épousé une fille naturelle appelée Julienne. En février 1119, il se révolta contre son beau-père, dans l'espérance de faire triompher les droits de Guillaume Cliton. Julienne adopta sans hésitation les plans de son mari et, pour les faire réussir, elle essaya de défendre elle-même le château de Breteuil. Mais Henri Ier, pour le succès duquel les bourgeois faisaient des vœux ardents, vient assiéger la place, s'en empare et récompense la fidélité des bourgeois.

Ce fut alors que Henri Ier donna la baronnie de Breteuil à Raoul de Gaël, petit-fils de Guillaume, fils d'Osberne. Raoul repoussa les Français, qui avaient voulu surprendre Breteuil le 17 septembre 1119. — L'année suivante, il songea à céder Breteuil à Richard, fils de Henri Ier, qui devait épouser sa fille Amicie. Mais le mariage ne fut pas célébré et ce fut à

Robert II, comte de Leicester, surnommé le Bossu, qu'Amicie apporta en dot les baronnies de Breteuil et de Paci.

Breteuil ne fut pas épargné pendant les troubles qui signalèrent le règne d'Etienne. En 1136, Guillaume de Breteuil, que Robert du Mont appelle Guillaume de Paci, réclama, les armes à la main, la baronnie qui avait appartenu à son père Eustache.

Le 7 septembre 1138, Roger de Toeni s'empare de Bréteuil et livre la ville aux flammes. L'incendie n'épargna pas même l'église, dédiée à saint Sulpice. Le récit d'Orderic Vital laisse entrevoir le degré de prospérité auquel était parvenue la ville de Breteuil : « Septimo die septembris, « Rogerius Toenites militum insignem « manum aggregavit, et plures injurias « sibi olim factas vindicare satagens, Bri- « tolium expugnavit. Comitem quippe « Hanaucensem cum LXXX. et Petrum de « Manlia cum XL., Simonem quoque Rufum « cum XX. militibus secum habebat, vali- « damque turmam, quam ipse de omni « ditione sua contraxerat. Denique fervi- « dus Rogerius, insigni turma stipatus, « oppidum ex improviso expetiit, et injecto « igne ingens damnum imparatis oppida- « nis ingessit. Trituratores enim per plateas « messes cædebant, et ingentes acervi « straminis et paleæ, ut autumnus exigit, « sparsim ante domos jacebant, unde gra- « tum sibi flammæ fomentum facile rapie- « bant. Sic nimirum opulenta villa in « puncto concremata est. Ecclesia etiam « Beati Sulpitii, episcopi et confessori, cum « multis opibus burgensium et hominibus « qui intus erant, proh dolor ! combusta « est. Castellani autem milites, ut se præ- « ventos ab hostibus viderunt, ad muni- « tionem cum plurimis fugientes inimi- « corum gladio surrepti sunt. »

En 1140, Richer de Laigle fut empri- sonné à Breteuil pendant six mois.

Robert II, comte de Leicester et sei- gneur de Breteuil, fonda plusieurs abbayes en Angleterre, notamment celle de Notre- Dame de Leicester, celle de Garendon et celle de « Etona ». On lui attribue encore la fondation de l'hôpital de Brackley. En Normandie, il enrichit de ses bienfaits les abbayes de Lire et de la Chaise-Dieu. Nous avons publié plus haut, p. 250, l'acte de fondation du prieuré du Lesme. — La charte suivante contient la confirmation des biens que l'abbaye de Lire avait à Breteuil :

« Robertus, comes Leircestrie, Ernaldo « de Bosco et omnibus baronibus, militi- « bus, baillivis et ministris suis in Nor- « mannia, salutem. Sciatis quod ego, pro « amore Dei, concedo et confirmo mona- « chis meis de Lira omnes elemosinas quas « habent in terra mea in Normannia..., et « nominatim decimas septimanas in pre- « positura Britholii.. Concedo quoque eis « et confirmo decimam plenariam de omni- « bus exitibus foreste de Britholio, et quod « habeant de foresta ad ignem eorum « quantum necesse fuerit sine liberatione, « et ad domos et granglas eorum faciendas « quantum necesse fuerit, sed hoc per « visum et liberationem baillivi mei de fo- « resta, et quod habeant pasturam anima- « libus suis et porcis dominicis in foresta et « porcos quietos de pasnagio. Concedo « quoque eis et confirmo omnia heremi- « tagia in foresta de Britholio, ita quod « nullus rector sit in eis nisi per ipsos « monachos, et quod disponant de eis ad « voluntatem ipsorum... Teste Amicia « comitissa. Apud Leircestriam. »

Charte de Robert II, pour les religieuses de la Chaise-Dieu :

« Noverint filii sancte Dei ecclesie quia « ego Robertus, comes Leigrecestrie, as- « sensu et voluntate Amicie, uxoris mee, « et Roberti, filii mei, dedi et concessi « sanctimonialibus de Casa Dei usuagium « suum in foresta mea Bretolii, scilicet « mortuum nemus ad calefaciendum et « vivum ad sua herbergagia facienda, vi- « dentibus et tradentibus ballivis meis de « predicta foresta, pasnagium suis porcis « et herbagium suis pecoribus. Preterea « dedi et concessi XXXVI. solidos quos « Amicia comitissa, uxor mea, habebat in « Socha Winburnie in unciis suis auri. « Hec omnia dedi in perpetuam et libe- « ram et quietam elemosinam, pro salute « anime sue et omnium antecessorum et « successorum meorum ecclesie Beate Ma- « rie de Casa Dei et sanctimonialibus ibi- « dem Deo servientibus. Et ut hoc ratum « et inconcussum permaneat, sigilli mei « auctoritate roboravi. Pluribus testibus. »

Vers 1152, le comte Robert prit l'habit de chanoine régulier dans l'abbaye de Notre-Dame de Leicester, où il mourut en 1167. Sa femme, Amicie, embrassa également la vie religieuse dans l'abbaye de « Etona ».

Vers 1153, Henri II, n'étant encore que duc de Normandie, reconnut pour sei- gneur de Breteuil Robert, fils de Robert II, comte de Leicester.

« H., dux Normannie et comes Andega- « vie, omnibus archiepiscopis, episcopis, « comitibus, baronibus, vicecomitibus et « omnibus fidelibus et amicis suis Nor- « mannie et Anglie, salutem. Sciatis me « reddidisse et concessisse in feudo et « hereditate Rodberto, filio comitis Legre- « cestrie, et heredibus suis totam terram

« Rodberti, comitis, patris sui, de Anglia,
« sicut comes Rodbertus de Mellend, avus
« suus, die qua fuit vivus et mortuus, eam
« melius et liberius tenuit; insuper red-
« didi et concessi Britolium cum toto ho-
« nore et cum omnibus pertinentiis, sicut
« Willelmus de Britolio melius et liberius
« et quietius tenuit, die qua fuit vivus et
« mortuus. Preterea dedi et concessi in
« feudo et hereditate Pasci cum toto ho-
« nore et totam terram quam Willelmus
« de Pasci in Anglia et in Normannia
« tenuit in feudo de me et de quocumque
« eam tenuisset, et dapiferatum Anglie et
« Normannie. Quare volo et precipio quod
« predictus Rodbertus et heredes sui om-
« nia ista predicta de me et de heredibus
« meis teneant, ita bene et libere et quiete
« et honorifice, cum omnibus libertatibus
« et consuetudinibus, in terris, in aquis,
« in bosco, in plano, in pratis, in pascuis,
« in viis, in semitis, et in omnibus aliis
« rebus, sicut antecessores sui de ante-
« cessoribus meis unquam melius tenue-
« runt. Testibus : Willelmo comite Gloe-
« cestrie, R. comite Cornubie, R. de Hu-
« mez, Philippo de Columbers, R. de
« Dunstanvilla, Willelmo filio Johannis,
« R. de Govitio, Waltero de Herefort,
« Guarino filio Geroldi, Henrico suo fra-
« tre, Maneser Biseth dapifero, Willelmo
« filio Hamundi et Willelmo Patricio,
« Willelmo de Crevecor, Willelmo de An-
« gervilla, Galfrido de Briencurd, Rogero
« de Gratepance, Rodberto de Watervilla,
« Raginaldo de Bordinneio, Gaufrido ab-
« bate. Apud Bristou. »

Le seigneur que Henri investissait en ces termes de la baronnie de Breteuil est appelé dans l'histoire Robert aux Blanches Mains, comte de Leicester, III° du nom. Il accrut sa puissance en épousant Pernelle, héritière de la célèbre maison de Grantemesnil. Il ne paraît pas avoir été constamment fidèle à Henri II. Nous voyons, en effet, que ses terres furent en partie confisquées vers 1175, et peut-être une seconde fois à la fin du règne de Henri II.

Il est compté parmi les bienfaiteurs de l'ordre de Saint-Jean-de-Jérusalem en Angleterre : « Ex dono Roberti, comitis « Leicestrie, et Petronille comitisse, uxo- « ris sue, concessione Willelmi et Roberti, « filiorum suorum, villam de Brokes- « burna. » (Charte de Jean sans Terre, dans Rot. Chart., 16.)

Une charte de Robert III, dont nous n'avons qu'un texte fort mutilé, énumère les principaux droits dont les religieux de Lire jouissaient à Breteuil : « Ecclesias de « Britollio, cum presentatione clericorum « et cum omnibus pertinentiis suis et cum « feodo Vallonis. . . ; decimam septima- « nam in prefectura Britolii et in omnibus « molendinis ejusdem ville; decimam de- « nariorum census; sexaginta solidos in « prefectura pro fossa Rainaldi de Bordi- « neio ; decem solidos pro Balduino de « Carnellis; et omnes masuras quas ha- « bent in Britollio; decimam septimanam « Britolii; decimam denariorum de bosco « vendito, decimam de pasnagio, deci- « mam de essartis, decimam de vena- « tione et de piscatione et de omnibus exi- « tibus foreste. . . ; decimam denariorum « nundinarum Britolii. . . . ; et decimam « piscium de omnibus stagnis et vivariis « meis. »

Robert III fit encore des donations à l'abbaye de Saint-Étienne de Caen, à celle des Vaux-de-Cernai, au prieuré du Plessis-Grimoud, à celui de Sainte-Barbe en Auge et à la léproserie du Grand-Beaulieu, à Chartres.

Il prit la croix en 1188. Avant de partir pour la Terre-Sainte, il fit expédier en faveur de l'abbaye de Lire deux chartes, dans lesquelles est formellement rappelée la résolution qu'il avait prise d'aller au secours des lieux saints :

« Sciant presentes et futuri quod, quando « ego Robertus, comes Leicestrie, iter « mee peregrinationis apud Jherusalem « arripui, quia volui ut monachi mei de « Lira omnes elemosinas quas habent in « feodo meo ex dono antecessorum meo- « rum, libere et quiete in perpetuum pos- « sideant, pro salute mea et Petronille, « uxoris mee, et liberorum meorum, ta- « lem eis libertatem concessi, scilicet ut « habeant et teneant in tota terra sua « quam de me habent, tam in Normannia « quam in Anglia, easdem consuetudines « et libertates in omnibus quas ego habeo « in meo proprio dominico, et ut nullus « servientum meorum vel heredum meo- « rum in terra illorum de hominibus eo- « rum aliquam justiciam faciat, nisi per « illorum defectum id facere oporteat. « Dedi etiam eis in perpetuam elemosinam « molendinum folerez de Nova Lira, cum « tota molta terre mee ex ea parte foreste « in qua molendinum situm est, ita libere « habendum sicut illud ego tenebam, et « totam aquam a ponte Nove Lire usque « ad divisas terre sue de subtus Chalet ; « et quinque homines in Veteri Lira per « totam terram meam in bosco et in « plano liberos esse concessi. Testibus : « Ernaldo de Bosco, Willelmo de Diva, « Willelmo de Chiray, Willelmo de Wi- « betot, Willelmo de Bemecori, Gileberto « de Pleisseiz, Reginaldo de Alno, Ro- « berto, capellano, et multis aliis. »

— « Robertus, comes Leircestrie, omni« bus ad quos presens scriptum pervenerit,
« salutem. Sciatis quod, antequam arripe
« rem iter peregrinationis mee apud Jero« solimam, inquisivi per milites, servien« tes, forestarios, que jura et quas liber« tates monachi de Lyra habent et debent
« habere in foresta de Britholio, et reco« gnitum fuit coram me quod predicti
« monachi habent et debent habere deci« mam de omnibus exitibus foreste in
« omnibus rebus, et quod debent habere
« de foresta ad ignem suum in abbacia
« et ad furnum suum in villa quantum
« necesse fuerit, sine liberatione, et ad
« domos suas et molendina et ad cetera
« edificia sua quantum necesse fuerit, sed
« hoc per visum et liberationem bailivi
« foreste; possunt tamen capere sine libe« ratione quicquid ceciderit per ventum.
« Recognitum etiam fuit quod servientes
« ipsorum monachorum nunquam visi
« sunt facere legem vel dare emendam,
« quicquid caperent in foresta ad opus
« ipsorum monachorum, nec ipsi mona« chi pro eis. Preterea recognitum fuit
« quod debent habere per liberationem
« duas fagos contra Natale ad faciendos
« alveos, et unam tiliam contra pascha
« floridum ad faciendas gattas ad manda« tum cene, et quod debent habere pa« sturam animalibus et porcis suis per
« totam forestam, et porcos suos quietos
« de pasnagio. Recognitum etiam fuit
« quod debent habere tres bigros in fo« resta et unum tornatorem liberum et
« quietum, et quod debent habere unum
« cervum in vigilia Assumptionis Beate
« Marie et advocationem omnium heremi« tagiorum foreste. Ego autem, pro amore
« Dei, omnes predictas libertates ipsis mo« nachis concedo et confirmo. Hiis testi« bus : Petronilla, comitissa; Anketillo
« Mallore, Willelmo de Campania, Rogero
« de Hume, Willelmo de Bermecort, Ni« cholao de Gloz, et multis aliis. »

Le 3 septembre 1189, Robert III assista au couronnement de Richard Cœur de lion. Il y portait un glaive d'or. Peu de temps après cette cérémonie, il partit pour accomplir son vœu de croisé. Il mourut pendant la traversée, à la fin du mois d'août 1190. L'obituaire de Saint-Evroul lui a consacré cette mention : « Secundo « kalendas septembris. Robertus, comes « Legrecestre, peregrinus Jerosolimis. » Il fut enterré dans la ville de Durazzo.

Sa veuve, Pernelle de Grantemesnil, lui survécut. Le 4 juin 1203, Jean sans Terre remit à Pernelle, comtesse de Leicester, une somme de 55 marcs d'argent, due à un juif de Lincoln nommé Aaron. (*Rot.*

litt. pat., p. 30.) — En 1204 : « Petro« nilla, comitissa Leircestrie, dat domino
« regi tria milia marcarum pro habenda
« Leircestria cum pertinentiis, cum feodis
« et dominicis que pertinent ad honorem
« de Grentemeynillo. » (*Rotuli de oblatis*, p. 226.)

Robert IV, fils de Robert III, succéda à son père. L'histoire l'a distingué de ses prédécesseurs par le surnom de *Fils de Pernelle*. Il avait suivi Richard Cœur de lion à la croisade, et ce fut dans la ville de Messine qu'il fut reconnu par le roi comte de Leicester, le 2 février 1191. Du vivant même de son père, il parait avoir déjà pris part à l'administration de la baronnie de Breteuil, et cette circonstance justifie le nom de *Robert de Breteuil* qui lui est donné par des auteurs contemporains. La charte suivante nous semble émanée de Robert IV avant la mort de Robert III :

« Robertus, filius Roberti, comitis Le« grecestrie, omnibus hominibus suis
« Francis et Anglis, salutem. Sciatis quod
« Balduinus de Charnelis et W., filius
« ejus, assensu Ernaldi de Bosco, dede« runt ecclesie Sancte Marie de Lira et
« fratribus ibidem Deo servientibus, in
« perpetuam elemosinam, decem solidos
« de redditibus quos habebant in preposi« tura Britolii. Et ego, petitione predicto« rum, scilicet Ernaldi, Balduini et W.,
« filii ejus, eandem elemosinam concessi.
« Quare volo et firmiter precipio ut pre« dicti fratres predictam elemosinam ha« beant et teneant liberam et quietam. His
« testibus : Roberto et Huberto, capella« nis; Willelmo de Diva; Anschetillo Mal« loret; Herveo Marescallo; Willelmo de
« Chirai; Gauquelino Bucherel. »

Robert IV prit une part glorieuse à la croisade. Ce fut, dit Guillaume de Neubrige, l'un des compagnons les plus dévoués de Richard : « Regis Anglorum « comes in orientali expeditione fidissi« mus. »

De retour en Occident, Robert se voua tout entier à la défense des droits de Richard Cœur de lion. En 1193, il résiste aux entreprises de Philippe-Auguste, qui avait voulu surprendre la ville de Rouen. L'année suivante, il tombe entre les mains de ses ennemis et est mené prisonnier à Etampes. Il dut céder le château de Paci comme prix de sa liberté. (Janvier 1196.)

Marchant sur les traces de ses ancêtres, il accorda aux moines de Lire une charte dont le texte doit trouver ici sa place :

« Universis, tam presentibus quam fu« turis, ad quos presens scriptum perve-

« nerit, Robertus, comes Leicestrie, filius
« Petronille, comitisse Leicestrie, salu-
« tem. Noveritis me concessisse et hac
« carta mea confirmasse monachis de
« Lyra quod habeant omnes terras suas
« in Normannia, tam in feodis quam in
« dominiis, bene et in pace, libere et
« quiete, in puram et perpetuam elemo-
« sinam, faciendo michi et heredibus meis
« servitium duorum militum facientium
« mihi wardam apud Britolium quam fa-
« cere solebant. Et quod corum homines
« de Ribramonte et de Trisay et de Bosco
« Hugonis, et de Hamello, et de Monte
« Rimmii sint liberi et quieti per totam
« terram meam in bosco et in plano et in
« omnibus locis. Et idem monachi de
« Lyra habeant pannagium de predictis
« hominibus suis in foresta mea de Bri-
« tolio, sicut antiquitus habere consueve-
« runt. Concedo etiam et confirmo pre-
« dictis monachis xx. solidos in prefe-
« ctura mea de Lyra, de dono Emme de
« Cressonnia, et xx. solidatas terre apud
« Boterellos, de dono Johannis de Saken-
« villa. Et ut hec concessio mea rata et in-
« concussa servetur in posterum, sigilli
« mei appositione confirmavi eam. His
« testibus : Paulo, abbate Leicestrie ; Phi-
« lippo de Aubeignio; Marchisio et Oli-
« verio, fratribus ejus; Thoma de Estlega,
« tunc senescallo meo; Willelmo de Sene-
« villa; Willelmo de Langeron; Willelmo,
« capellano meo ; Luca, clerico, et multis
« aliis. »

Il existe une très-longue charte par laquelle « Robertus, comes Legrecestrie,
« Roberti, comitis, et Petronille, comi-
« tisse Legrecestrie, filius, » confirme les
donations que ses ancêtres paternels et
maternels avaient faites à l'abbaye de
Saint-Evroul. On en trouvera le texte dans
le Cartulaire de Normandie, déposé par
nous à la bibliothèque de Rouen.

Robert IV épousa Laurette, qui lui survécut, et dont la dot était en partie assise
à Couvert, dans le Bessin. Robert mourut le 20 octobre 1204. Il n'avait point
d'enfants, et sa succession échut à des
héritiers collatéraux.

Du mariage de Robert III avec Pernelle
de Grantemesnil étaient issus Robert IV,
dont il vient d'être question, Guillaume
de Breteuil, surnommé le Lépreux, Roger,
évêque de Saint-André en Ecosse, Amicie,
qui épousa Simon de Montfort, et enfin
Marguerite, qui devint la femme de Sehier
de Quinci.

Guillaume de Breteuil avait précédé son
frère dans la tombe. Nous avons la charte
par laquelle Amicie, dame de Montfort,
fonda l'anniversaire de Guillaume dans
l'abbaye de Lire. Guillaume, curé de Breteuil, y figure en qualité de témoin.

« Sciant presentes et futuri quod ego
« Amitia, domina Montis Fortis, dedi et
« concessi Deo et Beate Marie et monachis
« Lirensibus sexaginta solidos Andega-
« vensium vel quindecim sterlingorum
« annuatim de maritagio meo, pro anima
« fratris mei Willelmi de Britolio, in libe-
« ram et perpetuam elemosinam. Et ut
« hec donatio firma et inconcussa perma-
« neat, presentis scripti et sigilli mei mu-
« nimine roboravi. His testibus : fratre
« meo domino Rogero Sancti Andraée (sic)
« aelecto (sic), Willelmo sacerdote de
« Britonio, Willelmo et Johanne, clericis
« ejusdem electi Sancti Andraée, Willel-
« mo de Siccis Molinis, Rogero de la He-
« rupa, Gileberto de Hume, Hernaldo de
« Jalet, Ricardo de Butemund et multis
« aliis. »

Roger, qui figure ici comme élu de
Saint-André, fut sacré en 1196 suivant
des auteurs, en 1198 suivant d'autres, et
mourut en 1202, c'est-à-dire deux ans
avant Robert IV.

Restaient donc les deux sœurs, Marguerite et Amicie, qui se partagèrent les
immenses propriétés de leur frère. Mais
nous ne devons pas poursuivre plus loin
la généalogie d'une famille qui désormais
sera étrangère à l'histoire de Breteuil.

II.

La mort de Robert IV, comte de Leicester, coïncide exactement avec la conquête de la Normandie par Philippe-Auguste. Pour affermir sa domination, ce
roi voulut avoir dans son propre domaine
non-seulement les places qui avaient appartenu au duc de Normandie, mais
encore plusieurs châteaux qui sous la dynastie des Plantagenets avaient été possédés
par des seigneurs particuliers. La mort
du comte de Leicester donnait l'occasion
d'appliquer ce système à Breteuil. Philippe-Auguste la saisit avec empressement.
Sur la fin de l'année 1204, il conclut un
traité avec Amicie, femme de Simon de
Montfort. Cette dame abandonna le château de Breteuil et tout ce qui avait appartenu à son frère en Normandie. Elle garantit que sa sœur Marguerite, femme de
Sehier de Quinci, n'élèverait aucune réclamation sur ces biens. Le roi lui donna
en échange le château de Saint-Léger en
Iveline et plusieurs autres domaines. Suit
le texte de ce traité :

« In nomine Sancte et individue Trini-
« tatis, amen. Philippus, Dei gratia Fran-

« corum rex. Noverint universi, presentes
« pariter et futuri, quod Amicia, soror
« quondam comitis Leecestrie, quitavit
« nobis et heredibus nostris in perpetuum
« Britolium cum pertinentiis suis, et quic-
« quid idem comes habebat citra mare
« Anglie, et quicquid de excasura ipsius
« comitis ad eam jure hereditario devenit
« et poterat devenire citra mare Anglie.
« Propter hoc autem nos eidem Amicie
« et heredibus suis in perpetuum damus
« castrum Sancti Leodegarii in Aquilina,
« et totam Aquilinam in feodo et domi-
« nico, et quicquid pertinet ad preposi-
« ram ipsius castri, excepto tamen feodo
« Guillemi de Garlanda et feodo Johannis
« de Roboreto. Damus etiam eidem Ami-
« cie et heredibus suis feodum Bordarum
« et de Follesso, et quicquid habemus in
« venditione nemorum de Gaseran. Quod
« ut ratum sit, sigilli nostri auctoritate
« et regii nominis karactere inferius anno-
« tato, salvo servitio nostro, presentem pa-
« ginam confirmamus. Actum Parisius,
« anno incarnati Verbi 1204, regni nostri
« anno 26, astantibus in palatio quorum
« nomina subscripta sunt et signa : Da-
« pifero nullo ; signum Guidonis buti-
« cularii ; signum Mathei camerarii ; si-
« gnum Droconis constabularii. Data va-
« cante cancellaria, per manum fratris
« Garini. »

Philippe-Auguste et ses successeurs vinrent plus d'une fois au château de Breteuil. Nous avons pu relever les séjours
des rois dans cette résidence aux dates
qui suivent :

Philippe-Auguste, en novembre 1204
ou en février 1205 ;

Louis VIII, à la fin de l'année 1223 ou
au commencement de 1224 ;

Saint Louis, en juin 1234, en mars 1235
et en juillet 1257 ;

Philippe le Hardi, en mars 1279 ;

Philippe le Bel, en novembre 1286, en
août et septembre 1294, le 8 septembre
1305, en décembre 1309 et en août 1310 ;

Philippe le Long, en août et septembre
1320 ;

Charles le Bel, en février 1323, en décembre 1325 et en juillet et août 1327 ;

Philippe VI, en novembre 1328, en
juillet et le 8 août 1334.

Le château renfermait une chapelle,
dont le service fut confié par Philippe
Auguste aux chanoines de Saint-Vincent-
du-Bois :

« Philippus, Dei gratia Francorum rex.
« Noverint universi presentes pariter et
« futuri quod nos, divine pietatis intuitu,
« dedimus in perpetuum capellam nostram
« de Britolio canonicis Sancti Vincentii de
« Bosco, ita quod ille qui dicte capelle
« deserviet nostram tenebitur jurare fide-
« litatem. Actum Parisius, anno Domini
« mcc. sexto decimo, mense februario. »

Le chapelain de Breteuil est porté pour
une somme de 60 sous sur le rôle des
dépenses du roi, en 1234 : « Capellanus de
Britolio pro roba lx. solidos. »

Le nom de deux châtelains de Breteuil,
au commencement du XIIIe siècle, nous est
parvenu :

« ... Johannes dictus Pocheron, de
« Sancto Dyonisio, castellanus de Bretho-
« lio in Normannia... »

« Theobaldus le Panetier, castellanus
« Britolii. »

En 1247, assise tenue à Breteuil par
Barthélemi Dreu, bailli du roi.

Saint Louis donna à Raoul, fils de
Pierre de Verneuil, une pension viagère
sur la prévôté de Breteuil.

Au parlement de la Chandeleur 1256,
les héritiers des Mares virent rejeter la
demande qu'ils avaient formée pour être
payés d'une rente de 7 livres sur la prévôté de Breteuil.

Le 8 mai 1258, l'archevêque Eudes
Rigaud logea dans le château du roi près
de Breteuil : « Procurati fuimus in castello
regis juxta Brithulium. » A cette occasion,
savant éditeur du *Registre des visites*
fait observer que le château de Breteuil
était construit en dehors de l'enceinte de
la ville. — Eudes Rigaud coucha encore
le 5 mai 1259 dans le château du roi à
Breteuil.

1279. Une sentence de l'échiquier main-
tint les religieux de Lire dans le droit de
percevoir, une semaine sur dix, tous les
revenus de Breteuil, Glos, Lire et Paci.
La sentence fut confirmée par le roi en
décembre 1279.

Le 12 décembre 1317, Philippe le Long
« concessit Symoni de Crechiaco, militi,
« juniori, custodiam castri et foreste de
« Britolio, quam tenere solebat Rogerus
« de Bosco Arnaudi, miles ».

III.

Le traité conclu à Mantes le 22 février
1354 garantit au roi de Navarre les châteaux et les châtellenies de Conches et de
Breteuil que possédait alors Philippe de
France, duc d'Orléans, et qu'avait tenus
autrefois Robert d'Artois.

Après l'arrestation du roi de Navarre à
Rouen, le 5 avril 1356, le duc de Lancas-
tre descendit dans le Cotentin et, réuni à
Philippe de Navarre, il s'avance jusqu'à
Breteuil en ravageant le pays qu'il tra-

versait. Le roi Jean vint assiéger Breteuil au mois de juin.

Un épisode du siége est raconté avec détails par l'auteur de la *Chronique des premiers Valois*, p. 43 : « Lequel tenant « son siege fit faire engins et tres aspre- « ment faisoit assaillir le chastel de Bre- « teul. Et merveilleusement se deffen- « doient bien ceulx du chastel et en ourent « grant los et grant pris. Car onequez pour « le tres grant povoir du roy de France « ne firent ne monstrèrent nul failli sem- « blant ; mais faisoient souvent en l'ost du « roy maint saillie.

« Les maistres de faire engins firent « ung chat de fust pour combatre à ceulx « du chastel main à main par dessus les « murs. Mais les Navarrois, comme le dit « engin fut acosté aux murs de leur chas- « tel, gettoient gresses et feu encontre les « Françoiz qui estoient dedens, et moult « asprement assailloient ceulx du chastel. « Et tant firent par leur force que l'engin « fut acosté aux murs du dit chastel. En « icellui estoient moult grant foison de « bonnes gens. Donc quelque les Fran- « çoiz entendoient à entrer par le dit « engin en chastel de Breteuil, par les « gresses et par la force du feu chey le « pont du dit engin et ung des étages. « Et là oult moult des Françoiz blechiés « et mors qui chierent de l'engin. Entre « lesquelz il y oult bien vingt des arbales- « triers de Rouen que blechiés que navrés « et que mors et moult d'autres. »

Le roi Jean fit alors venir le roi de Na- varre, qui ordonna l'évacuation des places défendues par ses capitaines. Cette démar- che fut inutile. « Les cappitaines lui res- « pondirent que, quant à present, il n'es- « toit point roy de Navarre, quand il « n'estoit en son pouvoir et en sa domi- « nacion ; mais à très-excellent et noble « prince monseigneur Philippe de Navarre « rendroient ilz les chasteaux, quand ilz « le verroient en son estat, car ainsi de « lui les tenoient et non autrement. » (*Chronique des premiers Valois*, p. 44.)

Le siége de Breteuil se termina par une capitulation. La garnison reçut une somme d'argent et se retira dans le Cotentin.

Des lettres de Charles, duc de Norman- die, sont datées de Breteuil le 44 et le 25 juillet 1356. — Plusieurs lettres du roi Jean sont datées du camp devant Breteuil, au mois d'août 1356. — Un mandement du dauphin Charles est donné, le 4 août 1356, « devant le chastel de Breteuil. » — Ces indications peuvent aider à fixer la date exacte du siège.

Le même Charles, régent du royaume, adressa, le 7 août 1359, des ordres « aus « capitaines des châteaux de Breteuil et de « Conches et à tous autres capitaines et « gardes quelconques de châteaux ou for- « teresses de notre dit duché de Norman- « die, ou à leurs lieux tenans, et à tous « autres estans es garnisons d'iceux châ- « teaux ». Il leur enjoignait de respecter les biens de l'abbaye de Lire.

Charles le Mauvais dut rentrer en pos- session de Breteuil à la suite du traité de Calais (24 octobre 1360).

1370. Les forts de Conches et de Bre- teuil, gardés : le premier, par Archambaud de Grelly, oncle du captal de Buch, le second, par Garcie Arnaut, de Salins, étaient remplis d'Anglais et de Gascons qui ravageaient les campagnes voisines. Le roi de Navarre, pour accomplir un traité qu'il venait de conclure avec Char- les V (mars 1371), manda aux capitaines de livrer les deux places. « Ad ce respondi « l'oncle du captal que de par le captal « gardoient les ditz fors et aussi ne les « rendroient fors à lui et non à un autre. » (*Chron. des Valois*, p. 212.)

Le 31 janvier 1372, des conventions furent arrêtées entre Archambaud de Grelly et Garcie Arnaut, pour le captal de Buch, d'une part, et le connétable Bertrand du Guesclin, pour le roi de France, d'au- tre part : « La forteresse de Breteuil de- « mourra en la main de moy Garcie Ar- « naut, à présent cappitaine d'illeuc pour « mon dit seigneur le captal, parce que « je n'y recevrai aucun des ennemis ou « malveillants dudit roy de France, et « me maintiendray et gouvernerai en la « dite forteresse par la manière que le « capitaine d'Evreux fera à Evreux, sauf « tant que, se mon dit seigneur le roi de « Navarre et par ce son dit capitaine d'E- « vreux faisoient guerre au roy d'Angle- « terre, je ne mes gens qui avec moy « seront en la dite forteresse de Breteuil, « ne serons tenuz de lui faire guerre, se « sur ce n'avons exprez commandement « du dit monseigneur le captal, et ce ay « je promis et juré. Et par ce dit chastel, « je et mes dittes gens qui avec moy seront « ou du dit lieu de Breteuil serons et demou- « rons en la bonne seurté du roy de France « et de ses subgiez..... » Le texte com- plet de la convention a été publié par M. Charrière, à la fin de son édition de la *Chronique de Bertrand du Guesclin* (t. II, p. 408).

22 septembre 1376. « Soupplis Crabery, de Monstervillier, » reçoit 6 livres 10 sous tournois : « pour avoir porté et mené cer- « taines armeures de plusieurs arbales- « triers de Jennes, estans eus gaiges du « roy, soubz la bannière Angelin Jage,

« c'est assavoir pour une charrete à quatre
« chevaux avec deux hommes pour les
« mener et conduyre de Harrefleu jusques
« à Breteuil, par le commandement et or-
« denance de nosseigneurs les generaulx
« conseillers sur le fait des aides. »

En 1378, Charles V, pour mettre un terme aux criminelles intrigues du roi de
Navarre, résolut de prendre les armes à
la main, les places que ce prince possédait en Normandie. Nous pouvons donner
sur la prise de Breteuil des détails circon-
stanciés qui n'ont pas encore été mis au
jour.

Le 10 avril 1378, Charles V fit venir à
Vernon Yon, sire de Garancières, Gui le
Baveux, l'Etendard de Benne, Olivier Ferron et Jean de Montuel. Il les envoya
mettre le siège devant Breteuil.

Le 12 avril, la montre du sire de
Garancières et des 59 hommes de sa
compagnie fut reçue au siège devant
Breteuil.

Le 12 avril, « Jean de Chintray, commis à ce par mons. le duc de Bourgogne, »
reçut à Breteuil la montre de Jehan l'Estandart et de sa compagnie, composée de
deux chevaliers et de vingt-quatre écuyers.

Vers la fin d'avril, le comte d'Harcourt
et Bureau, seigneur de la Rivière, premier chambellan du roi, allèrent aider les
troupes assiégeantes.

Le siège dut se terminer au commencement du mois de mai. Une quittance
du sire de Garancières est encore datée
« devant Breteuil » le 5 mai, et, le sur-
lendemain 7 mai, Charles V disait que
« le chastel de Breteul » avait été naguère
mis en son obéissance. On trouva dans
cette place Pierre de Navarre, comte de
Mortain, second fils de Charles le Mauvais.

Nous allons donner le texte ou l'abrégé
de plusieurs pièces qui se rapportent à
ces événements.

14 avril 1378. « Charles, par la grace
« de Dieu, roy de France, au bailli de
« Rouen, commis à faire lever et recevoir
« les aides nouvellement ordonnées estre
« levées ou païs de Normandie pour le
« fait de la guerre qui est à présent entre
« nous et le roy de Navarre, nostre en-
« nemi et adversaire, salut. Nous sommes
« recors que, dès lors que nous ordon-
« nasmes les dictes aides estre levées sur
« le dit païs, nous mandasmes le sire de
« Garencieres, Guy le Baveux et l'Estandart
« de Benne, chevaliers, Olivier Ferron
« et Jehan de Montuel, pour nous servir,
« c'est assavoir le dit sire de Garancieres
« à L hommes d'armes, le dit Guy le Ba-
« veux à xxx hommes d'armes, le dit Es-
« tandart à xxx hommes d'armes, le dit
« Olivier à xxvi hommes d'armes et le
« dit Jehan de Montuel à xii hommes
« d'armes, et que ilz feussent à Vennon
« (Vernon?) le samedi xe jour d'avril qui
« présent est, lesquelz y furent au dit
« nombre, si comme souffisamment som-
« mes acertenez; et pour ce que le chastel
« de Breteul est tenu en rebellion contre
« nous, ordonnasmes que les dessus nom-
« més alassent devant pour le contraindre
« et faire guerre et que ilz l'assiégeassent,
« afin que aucun dommage ne s'en peust
« ensuir sur le païs par les gens estans
« dedens ledit chastel, et pour ce qu'ilz
« seront logiez en la ville de Breteul, et
« que nous ne voullons en la dicte ville
« ne sur le païs estre riens prins sans
« paier à juste pris, aus dessus diz sire
« de Garancieres, Guy le Baveux, Estan-
« dart, Olivier et Jehan, avons ordonné et
« ordonnons par ces présentes qu'ilz aient
« oultre et par dessus leurs gaiges, trois
« cens frans d'or d'estat, assavoir est le
« dit sire de Garencieres c frans, le dit
« Guy le Baveux c frans, le dit Estandart
« xx frans, le dit Olivier lx frans et le dit
« Jehan de Montuel xx frans. Pourquoy
« nous vous mandons que par Guillaume
« du Hazay, receveur des diz aides en
« certaines parties de Normandie, vous
« aus dessus diz et aus gens de leur com-
« paingnie faites faire prest et paiement de
« leurs gaiges pour un mois, des deniers
« receuz ou à recevoir de et sur les diz
« aides, à compter du dit xe jour qu'ilz
« nous commencèrent à servir... Donné
« à Paris, le xiiie jour d'avril avant Pas-
« ques, l'an de grace mil ccc lx dix sept,
« et le quatorziesme de nostre regne. Par
« le roy : Tabari. »

Une lettre de Charles V, en date du
1er mai 1378, est relative à une somme
de 1684 francs d'or 17 sous et 4 deniers
tournois, « lesquels avons fait baillier et
« distribuer aux gens d'armes qui doivent
« vuidier et nous rendre et délivrer le
« chastel de Breteuil en Normendie. »

5 mai 1378. Jean, seigneur de Landes,
chevalier, reçoit de « Guillaume du Hazel,
« commis à recevoir la finance ordonnée
« pour le paiement des gens d'armes et
« arbalestriers estans es bastides de
« Evreux, Bretueil et Beaumont le Ro-
« gier, » la somme de 202 francs et demi,
en prêt sur ses gages et sur ceux de sa
compagnie « deservis devant le chastel de
Bretueil ». — L'écusson dudit seigneur
est chargé de trois chevrons.

6 mai 1378. « A tous ceulx qui ces let-
« tres verront, le conte de Harecourt et
« Bureau, seigneur de la Rivière, premier

« chambellan du roy nostre sire, salut.
« Comme par l'ordonnance et commande-
« ment du roy nostre seigneur nous soions
« venuz à Bretueil et à Beaumont le Rogier
« pour aidier et reconforter les genz d'ar-
« mes et arbalestriers qui y sont à siége,
« et faire enteriner et accomplir certaines
« ordonnances à nous encharigées par nos-
« tre dit seigneur sur le fait des chastiaux
« desdiz lieux de Bretueil et de Beaumont...
« Donné à Beaumont, le vi° jour de may,
« l'an de grace MCCCLXXVIII. »

7 mai 1378. « Charles, par la grace de
« Dieu roy de France, à Pierre Trenchant,
« receveur des revenues extraordinaires
« d'Evreux et de Bretueil, salut. Comme
« il soit ainsi que nagaires le chastel de
« Bretueil ait esté mis en nostre obéissance,
« et afin que aucun peril n'en peust venir
« à nous ne à nostre royaume, avons or-
« donné ycelui chastel estre garny de gens
« d'armes et arbalestriers et aussi de
« gaites et de portiers, pour quoy nous,
« qui ne voulons le dit païs estre pillé ne
« domagié par les dictes gens d'armes
« et arbalestriers, yceulz avons ordonné
« estre paiez pour un mois des deniers de
« vostre recepte, en attendant que nostre
« très cher et amé nepveu Charles de
« Navarre soit retourné par devers nous.
« Car nostre intencion est de lui parler
« plus à plain des dictes gens d'armes et
« arbalestriers et du paiement d'iceulz
« pour le temps à venir. Si vous mandons
« et commandons que tantost et hastive-
« ment des deniers de vostre recepte,
« toutes assignacions arrieres mises, vous
« baillez et délivrez à nostre bien amé
« Guillaume du Hazay, esleu à Louviers
« sur le fait des aides de noz guerres et
« commis à paier les dictes gens d'armes
« et arbalestriers, la somme de mil soi-
« xante et quatre francs d'or, pour yceulx
« employer, tourner et convertir ou paie-
« ment des dictes gens d'armes et arba-
« lestriers, gaites et portiers. Et nous
« mandons par ces presentes à tous à qui
« il appartendra que, etc. Donné à Paris,
« le septiesme jour de may, l'an de grace
« mil CCCLXXVIII, et de nostre regne le
« quinziesme.

« Par le roy, TABARI. »

28 octobre 1378. Robert de Lettre, vicomte d'Evreux, reçoit de Jehan Gontier, vicomte d'Orbec, « receveur de la finance « levée en la vicomté d'Orbec, pour le fait « de l'abatement du chastel du dit lieu « d'Orbec, » la somme de 200 francs pour employer « ou poiement de certains gens « d'armes, qui ont esté par le temps des « moys de juillet et aoust CCCLXXVIII aux « gaiges du roy, en la compagnie de Guy « Crestien, bailli de Rouen et de Gissors, « à garder tant les donjons des chasteaux « du Pont-Audemer, Orbec, Bretueil, « Evreux, Beaumont-le-Rogier, Pacy, « Annet et de Nonnancourt, jusques ad « ce que le surplus des diz chasteaux fust « abatu, comme autrement à servir sur « la garde d'iceulx chasteaux. »

18 juillet 1379. Raoul Guerart, vicomte et receveur de Breteuil.

Au commencement de l'année 1385, les commissaires de Charles VI destituèrent Guillaume le Mire, vicomte de Breteuil, et le remplacèrent par Pierre de Fourneaux.

Le 21 juin 1404, Pierre de Navarre consent à la cession que Charles III, roi de Navarre, son frère, avait faite à Charles VI des domaines d'Evreux, de Pont-Audemer, de Pacy, de Nonancourt, de Beaumont-le-Roger, de Conches, de Breteuil, etc.

Mars 1409. Lettres de Charles VI portant que les religieux de l'abbaye de Lire plaideront devant le vicomte de Breteuil, au siége de Glos, et par appel devant le bailli d'Evreux, au siége de Breteuil.

12 juillet 1455. Lettres de rémission accordées à Colin le Hoult, de Breteuil, au bailliage d'Evreux. Il avait commis un faux dans les registres de feu Jean Bastel (ou Vastel), tabellion de Breteuil. (*Trésor des Chartes*, registre 184, pièce 573.)

25 novembre 1492. « Anthoine de Lat-
« tre, dit Cauvart, seigneur de Grassart,
« vicomte de Conches et de Bretheul, et
« visamiral. »

En 1590, les ligueurs d'Evreux, ayant saccagé Conches, se présentèrent devant Breteuil, qui les repoussa rudement et resta à Henri IV.

1645. Contrat de vente et adjudication fait par les commissaires à ce députés des domaines de Conches, Breteuil et Evreux, au sieur de Maisons, président en la cour des aides de Paris.

1651. Le domaine de Breteuil fut compris, avec le comté d'Evreux, dans les cessions faites au duc de Bouillon.

IV.

La mouvance de Breteuil était l'une des plus considérables de Normandie. Le rôle des services militaires, dressé en 1172, l'évalue à 84 fiefs de chevalier. Entre les différents états que contiennent les *Registres de Philippe-Auguste*, nous avons choisi la liste suivante, qui est peut-être la plus ancienne :

« *Feoda comitatus Britolii.*

« Domina de Boterellis, vii. feoda mi-
« litum.
« De Bosco Anseredi, i. feodum militis.
« De Cernaio, i. feodum militis.
« De abbate Insule, ii. feoda militum.
« De Bosco Ernaudi, ix. feoda et dimi-
« dium et tercium feodi.
« De feodo Escurel, dimidium feodum
« militis.
« Guillelmus de Feritate, v. feoda.
« De Ponte Erchemfredi, iii. feoda.
« De Nicholao de Gloz, i. feodum.
« De Sapo, v. feoda.
« De Lende Perrosa, dimidium feodum.
« De ... te Cornelliarum, v. feoda.
« De ... bertvilla, dimidium feodum.
« De Hudrevilla, dimidium feodum.
« De Manlevilla, dimidium feodum.
« De Marescalla, i. feodum.
« De Muies, ii. feoda.
« De Quarrona, quarterium feodi.
« De Byeres, i. feodum.
« De Pomerol, i. feodum.
« De Cisseio, i. feodum.
« De Humis, i. feodum.
« Robertus de Ivri, iii. milites pro Ivri.
« De Hala juxta Beccum Helloini, quar-
« terium feodi.
« De Plesseio, i. feodum.
« De Ronquerollis, dimidium feodum.
« De Chantelou, dimidium quarterium
« feodi.
« De Troncheio juxta Rothomagum, di-
« midium feodum.
« De Chanvilla, i. feodum.
« De Guillelmo Dispensario, i. feodum.
« De Galfrido de Saio apud Til et apud
« Trievillam, i. feodum.
« De Obertviller, i. feodum.
« De Guillelmo de Mortuo Mari, i. feo-
« dum.
« De Oynvilla, dimidium feodum.
« De Aufai, dimidium feodum.
« De Boeres et de Lyes apud Karevil-
« lam, dimidium feodum.
« De Guilebert Haufagart apud Har-
« guenvillam, dimidium feodum.
« De Mainmolins, dimidium feodum.
« De Torpes, dimidium feodum.
« De Guillelmo Recuchon, quarterium
« feodi.
« De Guilibert Malesmains apud Berre-
« villam, dimidium feodum.
« De Gautero de Abetot, quarterium
« feodi.
« De Guillelmo Aguillon, quarterium
« feodi.
« De Ovilla, i. quarterium.

« De Giralmo de Furnis, i. quarterium
« feodi.
« De Hugone de Hermanvilla, i. quar-
« terium feodi.
« De Rogero Ridel apud Espinevillam,
« dimidium quarterium feodi.
« De Richardo Rubeo apud Boovillam,
« i. quarterium feodi.
« De Rogero de Ronquerollis apud To-
« quevillam, dimidium feodum.
« De Gilibert de Mineriis in valle de An-
« dele apud Rumilliacum, i. quarterium
« feodi. »

V.

Au domaine de Breteuil appartenait une
forêt considérable dont parlent plusieurs
des chartes que nous avons citées dans la
première division de cet article. L'état de
cette forêt au commencement du xiii° siècle
nous est révélé par une enquête à laquelle
il fut procédé par ordre de Philippe-Auguste. Le texte de cette enquête a été publié par M. Léchaudé d'Anisy (*Grands Rôles*,
p. 165), mais d'après un manuscrit défectueux. Nous allons la donner telle qu'elle
se trouve dans les registres originaux.
(Registre C, f° 129 v°; registre D, f° 175;
registre E, f° 265 v°; registre F, f° 225 v°.)
Nous suivons de préférence le manuscrit C, qui est le plus ancien.

« *Hec est inquisitio usuagiorum foreste*
« *Britolii.*

« Haye Lyre et haia de Ambenay et
« boscus inter cheminum perre et semi-
« tam decani et usque ad haiam Catorum
« sunt defensa; et omnia essarta foreste,
« ubicumque siut, sunt defensa. Spissa
« Bosci Arnaldi et defensa Cellarum sunt
« defensa. Cathene et Trembleie de la Bi-
« guerrie recta via ad Sanctum Eglen sunt
« defensa. Parcus Britolii est defensum.
« Nemora que sunt infra saltus sunt de-
« fensa. Et herbe non sunt defense post-
« quam fuerint falcate, et herbe falcate non
« sunt domini regis, sed quorumdam mi-
« litum et ecclesiarum.
« Haya Britolii est defensum inter che-
« minum Longi Campi et Viridem Cathe-
« nam et tota Gresterre et Bella Landa
« usque ad forestam Concharum et usque
« ad livreias de Bordegniaco (1) et de Ly-
« meus sunt defensa.
« Monachi de Lire habent in foresta vi-
« vum nemus ad herbergandum abba-
« tiam suam, et ad molendina sua sita

(1) « Bordeigniaco, » dans le registre E.

« super Rislc inter Rugles et Mesnilium
« ad Bigres et ad clausuram abbatie, per
« livreiam illorum qui custodiunt fore-
« stam.

« Dominus de Saqueinvilla habet in fo-
« resta per livreiam merrenum ad molen-
« dinum suum quod vocatur Alys, et pas-
« nagium ad dominicos porcos suos, et
« molendinarius ejusdem molendini habet
« de bosco sicco id quod potest afferre ad
« collum ad suum calefacere.

« Item, monachi de Lira habent in fo-
« resta pasnagium liberum ad dominicos
« porcos suos, et septem servientes abba-
« tis quos maluerit similiter, et herba-
« gium ad bestias suas. Et burgenses sui
« Veteris et Nove Lyre habent herbagium
« ad bestias suas similiter, et mortuum
« nemus extra defensa ad suum ardere.
« Et preterea monachi habent decimam
« venationum foreste, et unum porcum
« et unum cervum, et tres tilias ad scu-
« tellas, et tres fagos ad braccandum.

« Matheus de Bosco Ansere habet tre-
« decim porcos quitos de pasnagio in fo-
« resta.

« Ricardus de Avergnaio habet suum
« pasnagium quitum ad suos porcos et
« mortuum nemus ad ardendum extra
« defensa. Et Gerardus (1) de Avernaio
« similiter.

« Nicholaus de Gloz habet suum pasna-
« gium quitum et suum calefacere ad
« mortuum nemus extra defensa.

« Droco de Fontenilio habet apud Val-
« les (2) boscum ad herbergandum per
« livreiam, et pasnagium ad suos porcos,
« et mortuum nemus ad suum ardere.

« Johannes de Charunviller habet pas-
« nagium suum quitum et suum calefa-
« cere ad mortuum nemus.

« Heremite Deserti (3) habent herber-
« gamentum ad vivum nemus per livreiam,
« et mortuum nemus ad ardendum sine
« livreia, et pasturam animalium suorum
« per totam forestam extra defensa, et
« pasnagium porcorum suorum quitum.

« Et quidam burgensis apud Liram habet
« pasnagium liberum ad decem porcos.

« Sanctus Nicholaus de Bosco (4) et
« Tilleium (5) et Sanctus Johannes, isti
« habent in foresta sicut illi de Deserto,
« excepto de burgense Lyre, et ista tria

« heremitagia sunt herbergiata infra de-
« fensa nec possunt prohiberi quin ducant
« animalia sua per defensa ad pasturam (1).

« Guillelmus de Luceio habet suum her-
« bergamentum et merrenum ad molen-
« dinum suum ad vivum nemus per li-
« vreiam, et mortuum ad ardere sine
« livreia, et pasnagium quitum ad porcos
« suos.

« Richarius de Tevraio (2) habet her-
« bergamentum suum ad vivum nemus
« per livreiam, et mortuum ad ardere et
« pasnagium quitum ad porcos suos.

« Gilibertus de Maricorne habet her-
« bergamentum suum et merrenum ad
« molendinum suum et ad capellam suam
« ad vivum nemus per livreiam, et mor-
« tuum ad ardendum et pasnagium qui-
« tum.

« Rogerus de Luccio habet herberga-
« mentum suum et merrenum ad mo-
« lendinum suum ad vivum nemus per
« livreiam, et mortuum ad ardere et pas-
« nagium quitum.

« Martinus de Lalier habet mortuum
« nemus ad ardendum et pasnagium qui-
« tum.

« Gilibertus de Tanaio habet pasna-
« gium quitum.

« Arnaldus de Chalcto habet herberga-
« mentum suum ad vivum nemus per
« livreiam, et mortuum ad ardere et pas-
« nagium liberum.

« Renaudus de Bordegny (3) habet id
« ipsum quod Arnaldus, et preterea mer-
« renum ad molendina sua, et duos ser-
« vientes suos quitos ad mortuum nemus
« ad suum ardere.

« Renaldus de Sotevilla habet id ipsum
« quod Arnaldus.

« Dominus de Bremecort habet herber-
« gamentum suum apud Bremecort ad
« vivum nemus per livreiam, et mortuum
« ad suum ardere, et pasnagium liberum
« ad porcos suos et hominum suorum, et
« oves sue possunt ire in boscos quantum
« durat visio plani, et cetera animalia
« sua usque ad Casteleria, sicut via com-
« portat que ducit a Britolio ad Desertum,
« a sinistra parte per deversus ripariam ;
« et homines sui manentes apud Breme-
« cort habent mortuum nemus ad suum
« ardere et vendere apud Britolium per
« unum denarium reddendum die sabbati

---

(1) « Girardus, » dans le registre E.

(2) Le registre E ajoute : « et ad molendinum suum de Ratier. »

(3) L'hermitage du Lesme. Voyez plus haut, p. 121.

(4) La Chapelle-du-Bois-des-Faux, arrondissement et canton d'Evreux.

(5) A la date du 4 janvier 1465, nous trouvons : « Antoine de Braudieu, chappellain de la chappelle Nostre-Dame-du-Tilleul, en la forest de Bretceuil. »

(1) La phrase et ista.... ad pasturam, a été effa-cée dans le registre E et remplacée par les mots sui-vants : « Et possunt mittere bestias suas, scilicet « vaccas et boves de propriis nutrituris suis, per « deffensa in altis boscis extra Belelande et hayas « et essarta. »

(2) « Tivrcio, » dans le registre E.

(3) « Bordeigni, » registre E.

« apud Britolium ei qui est loco regis.
« Unde idem habet medietatem et fore-
« starii alteram.

« Heredes Rogeri Clerici habent suum
« calefacere ad mortuum boscum et pas-
« nagium liberum.

« Guillelmus de Galeinvilla habet her-
« bergamentum suum ad vivum nemus
« per livreiam, et mortuum ad suum ar-
« dere, et pasnagium quitum.

« Dominus de Maris habet sicut idem
« Guillelmus de Galeinville.

« Bartholomeus Droconis (1) habet her-
« bergamentum suum ad opus Campi
« Motosi ad vivum nemus per livreiam,
« et mortuum ad suum ardere et ad clau-
« dendum, et pasturam ad vigenti vacas
« et suos sequentes et ad sedecim boves
« per forestam, sicut carta ejus dicit, et
« pasnagium centum porcorum. Et pre-
« positus ejus de Chaagni, qui fuit Go-
« herii de Quercu Bruno, habet suum ca-
« lefacere in haia Lire ad unam bestiam,
« vel ad collum suum ad mortuum ne-
« mus.

« Burgenses de Rugles et de Britolio
« habent mortuum nemus ad ardendum
« et herbagium (2) ad bestias suas extra
« defensa.

« Furni domini regis de Lyra et de
« Rugles capiunt de tribus furcis tilie
« unum; et de duobus furcis minorem;
« et si non habuerit furcum, unam bran-
« cham et mortuum nemus ubique extra
« defensa. Et furni Rogeri de Bremecort
« qui sunt apud Lyram similiter.

« Nicholaus de Luceio habet herberga-
« mentum suum ad domum suam de Lira
« ad vivum nemus per lyvreiam, et pasna-
« gium quitum ubicumque sit, et mor-
« tuum nemus ad suum ardere ad pre-
« dictam domum.

« Heres Rogeri de Exsartis (3) habet
« pasnagium quitum, et homines sui de
« Pouteria habent herbagium ad bestias
« suas extra defensa.

« Guillelmus de Mineriis habet pasna-
« gium quitum, et Galfridus de la He-
« rupe similiter pasnagium, et in domo
« sua Britolii vivum nemus ad herbergan-
« dum et mortuum nemus ad ardere.

« Rogerus de Byeriis (4) et Matheus de
« Pomerolio et Guillelmus de Sisscio ha-
« bent pasnagium, et Guillelmus de Feri-
« tate Fresnel pasnagium suum et burgen-
« sium suorum de Feritate Fresnel (5)

« manentium infra ambitum fossatorum
« Feritatis.

« Balduinus Baudet et Thebaldus (1)
« Anglicus habent pasnagium suum et
« mortuum nemus ad suum ardere.

« Guillelmus de Helleinviller (2) habet
« pasnagium suum quitum.

« Guillotus de Cyrre (3) habet pasna-
« gium quitum.

« Ricardus de Tevraio habet herberga-
« gium ad vivum nemus vivum per li-
« vreiam, et mortuum ad ardere, et
« pasnagium quitum.

« Renaldus Grossus habet mortuum
« nemus ad ardere, et pasnagium quitum.

« Omnes sacerdotes manentes inter
« Rislam et forestam habent mortuum
« nemus ad ardendum pro anniversario
« comitis faciendo.

« Dominus rex potest ponere in foresta
« bigarios suos cum voluerit et quot vo-
« luerit; et cum dominus rex ponet suos
« bigarios, abbas Lyre ponet tres, et
« heremite Deserti unum, et Rogerus
« de Bremecort duos, et unus eorum
« debet unum barillum mellis domino
« regi.

« Rogerus de Bremecort habet unum
« tornatorem ad scutellas in foresta, et
« capiet unum furcum in tilia, scilicet mi-
« norem. Et abbas Lyre unum tornatorem
« similiter.

« Leprosi Britolii habent mortuum ne-
« mus ad ardere et brancam carmi ad
« suum ardere et ad furnum suum ca-
« lefaciendum, et porcos suos quitos de
« pasnagio, et serviens eorum de Bri-
« tolio habet decem porcos quitos de pas-
« nagio.

« Leprosi Lyre habent mortuum nemus
« ad ardere, et pasnagium quitum.

« Leprosi de Gloz similiter.

« Leprosi de Rugles habent mortuum
« nemus ad suum ardere.

« Leprosi Belli Loci de Carnoto habent
« c. porcos quitos de pasnagio, et mona-
« chi de Vallibus Sarnesii totidem, et mo-
« nachi de Trapa lx., et canonici Sancte
« Barbare centum.

« Monachi Sancti Ebrulfi habent pasna-
« gium quitum.

« Monachi Becci habent pasnagium
« suum quitum.

« Leprosi Vernolii habent xix. porcos
« suos quitos.

« Casa Dei habet mortuum nemus ad
« suum ardere et herbagium ad bestias
« suas ubique extra defensa, et pasnagium

---

(1) « Drogonis, » registre E.
(2) « Herbergium, » registre C.
(3) « Exartis, » registre E.
(4) « Biheriis, » registre E.
(5) « Fresne, » registre C.

(1) « Teboldus, » registre E.
(2) « Gilibertus de Hellenvilla, » registre E.
(3) « Cirre, » registre E.

« quitum, et domus sua de Bella Fago
« similiter (1).

« Burgenses Britolii et de Rugles et de
« Lyra habent boscum siccum stando et
« jacendo extra defensa, et vivum quando
« cadit casualiter, ad eos herbergandos,
« ita quod ostendant custodi foreste ubi
« illud ponent et nisi ostendere poterunt,
« id emendabunt.

« Burgenses Britolii possunt capere
« terram in haia juxta calceiam Vivende
« ad facienda sibi necessaria, et possunt
« capere lapides in livreia, et debent im-
« plere fossas per visum servientis qui
« custodit forestam (2).

« Domus Cellarum, que est de abbatia
« Lyre, habet vivum nemus ad herbergan-
« dum per livreiam, et mortuum nemus
« ad suum ardere, et pasnagium quitum,
« et herbagium animalium suorum ubi-
« que extra defensa, et homines manentes
« apud Cellas et in eodem territorio ha-
« bent mortuum nemus ad suum ardere
« et pasnagium quitum.

« Odelina de Quatuor-Mares, que nutri-
« vit comitem, habet pasnagium quitum
« ad vitam suam.

« Petrus de Bestisiaco apud domum de
« Brullot habet pasnagium suum quitum
« de porcis nutritis in eadem domo.

« Burgus juxta Charunviller habet pas-
« nagium quitum ad opus domini ejus-
« dem loci et hominum suorum, et mor-
« tuum nemus ad ardere sibi et homini-
« bus suis.

« Sacerdos manens apud Limeus habet
« mortuum nemus ad suum ardere quan-
« diu ibi manet, quicumque sit ibi sa-
« cerdos.

« Robertus de Los habet mortuum ne-
« mus ad ardendum sibi et hominibus
« suis extra defensa.

« Sacerdos Sancti Petri de Bremecort
« habet vivum nemus ad herbergandum
« et mortuum ad ardendum ubique in
« foresta.

« Episcopus Ebroicensis habet unum
« cervum et unum porcum in foresta, et
« unam sagum et unam quercum, et pas-
« nagium quitum ad porcos suos de domo
« sua de Conde.

(1) L'article *Casa Dei.... similiter* a été biffé dans le registre E et remplacé par ce qui suit : « Casa Dei habet vivum nemus ad herbergandum per livreiam, et herbagium ad bestias suas ubique extra defensa, et pasnagium quitum, et duas quadrigatas branchia- rum de charmes ad suum ardere singulis diebus extra defensa, ita quod in uno die non possunt ca- pere plusquam duas quadrigatas; et hec supra- dicta habent ad usum propriarum domorum Case Dei. »

(2) L'article précédent, *qui manque dans le re- gistre C*, a été ajouté après coup dans le registre E.

« Jurati isti Turranus, Bartholomeus
« Drogonis, Teobaldus Panetarius, Ragi-
« naldus de Sotevilla, Guillelmus de
« Luceio, Herbertus de Luceio, Nicolaus
« de Luceio, Ricarius de Tevraio, Marti-
« nus de Alier, Richardus de Tevraio,
« Rogerus de Hocemaigne, Willelmus de
« Galenvilla, Robertus Merille (1). »

Le registre E, f° 274, et le registre F, f° 233, contiennent une autre enquête peut-être plus ancienne, dont le texte n'a pas encore été publié :

« Inquisitio quedam facta de foresta
« Britolii, facta per hos, coram Bartholo-
« meo Drogonis et Theobaldo Panetario
« apud Rugles per hos : Raginaldus de
« Sotevilla, Guillemus de Luceio, Herber-
« tus de Luceio, Rogerus de Luceio, Ni-
« colaus de Luceio, Ricardus de Tevraio,
« Rogerus de Hocemeigne, Guillelmus de
« Galenvilla, Robertus Merille.

« Isti jurati dicunt quod quatuor homi-
« nes de hamello de Glatigni non debent
« nec umquam reddiderunt avenam de
« foresta in tempore comitis defuncti nec
« in tempore domini regis postquam ha-
« buit terram.

« Thomas de Calceia habet suum pas-
« nagium, mortuum boscum ad suum
« usum, et herbagium ad suas bestias.

« Henricus Hache en Col habet suum
« pasnagium.

« Nicolaus de Frestilz habet quitanciam
« pasnagii porcorum nutriture sue, absque
« emere alios porcos pro mittendo in pas-
« nagium.

« Homines de Poltera habent suum
« herbagium et mortuum boscum sine
« dare avenam et sine consuetudine.

« Costumarius non potest facere leigne-
« rium in quo sint plus quam sex qua-
« drigate lignorum et septima sit in qua-
« driga, et non potest lignum vendere
« quin illud emendet, et costumarius qui
« vendiderit et costumarius qui emerit.

« Rogerius Clericus habet pasnagium
« sex porcorum suorum francum et libe-
« rum. »

Les notes et les chartes qui suivent, combinées avec les enquêtes qu'on vient de lire, donneront une idée de l'administration de la forêt de Breteuil au moyen âge.

Sous Philippe-Auguste on estimait que le produit annuel des ventes de cette forêt pouvait monter à 400 livres.

En juin 1209, Philippe-Auguste autorisa les religieux des Vaux-de-Cernai à mettre annuellement cent porcs en franchise

(1) Les noms des jurés manquent dans le re- gistre C.

dans la forêt de Breteuil, depuis la Nativité de Notre-Dame jusqu'à la Purification.

En octobre 1224, Louis VIII racheta une partie des droits que possédaient les religieux de Lire. Il leur abandonna en toute propriété 760 arpents de bois :

« Universis Christi fidelibus ad quos « littere presentes pervenerint, Richardus « abbas Lire totusque ejusdem loci conventus, in Domino salutem. Noverit universitas vestra quod nos quitamus in « perpetuum karissimo domino nostro « Ludovico, regi Francorum illustri, et « heredibus suis totum jus quod nos habebamus in foresta Bretolii, preter pasnagium, herbagium et decimam de exitibus predicte foreste, que nobis retinemus, sicut ea habuimus usque modo. « Ipse vero dominus rex Ludovicus donat « nobis et concedit in perpetuum septingenta et sexaginta arpenta nemoris ad « perticam suam capienda in baya Lyre « et in essartis juxta campos tenentibus ad « hayam predictam, tenenda et habenda « nobis libere et absolute, sine retencione « custodie, de quibus eciam faciemus « omnino voluntatem nostram, tanquam « de re nostra propria. Quod ut firmum « et stabile in posterum perseveret, presentes litteras sigillorum nostrorum munimine fecimus confirmari. Actum anno « dominice incarnationis m° cc° vicesimo « quarto, mense octobris. »

1226. Mandement du même roi, relatif aux usages de l'abbaye de la Trappe :

« Ludovicus, Dei gratia Francorum « rex, dilecto et fideli suo Berruerio de « Borron, salutem et dilectionem. Mandamus vobis quatinus dilectos nostros « monachos de Trappa permittatis habere « suum usagium in foresta Britolii, sicut « inde usi sunt, et sicut inde uti debent. « juxta tenorem cartarum suarum, et in « molendino de Bure quod eis dedit Guillelmus quondam comes Perticensis facia- « tis eis habere ea jura et eas libertates « et immunitates, quas habere debent in « eo, secundum quod in carta genitoris « nostri videritis contineri, ita quod de « hiis ad nos non oporteat querimoniam « reportare. Actum Parisius anno Domini « millesimo cc° vicesimo sexto. »

Juillet 1227. « Johannes dictus Mona- « chus, forestarius de foresta Britolii, » abandonne un droit que lui et les autres forestiers prenaient sur les hommes de la Vieille-Lire, « ratione rami foreste Britolii ».

Saint Louis accorda à la Maison-Dieu de Verneuil le droit de prendre chaque semaine deux charretées de bois mort.

Au parlement de la Chandeleur 1266, Pierre de Verberie, adjudicataire d'une vente de la forêt de Breteuil, fut condamné à réparer les torts qu'il avait occasionnés aux ferrons de Glos.

Le 19 juillet 1276, Philippe le Hardi manda au châtelain de Breteuil de délivrer tous les ans à l'évêque d'Evreux un cerf et un sanglier que ce prélat avait droit de prendre dans la forêt de Breteuil :

« Philippus, Dei gratia Francorum « rex, castellano Britolii, salutem. Mandamus vobis quatinus in foresta nostra « Britholii capiatis seu capi faciatis unum « cervum et unum porcum, in quibus « tenemur singulis annis dilecto et fideli « nostro episcopo Ebroicensi, ac eos sibi « reddatis et ex parte nostra deliberetis « secundum quod alias fieri consuevit. « Actum Parisius, dominica ante festum « beate Marie Magdalene, anno Domini m° « cc° lxx° xvi°. »

En mars 1279, l'abbaye de Lire abandonna les droits qu'elle avait sur la dîme de la chasse dans la forêt de Breteuil. Le roi lui donna en échange une rente de 100 sous tournois sur la prévôté de la Neuve-Lire :

« Philippus, Dei gratia Francorum rex, « notum facimus universis, tam presentibus quam futuris, quod, cum religiosi viri abbas et conventus monasterii « Beate Marie de Lira, Ebroicensis dio- « cesis, haberent et perciperent, ex dono « suorum fundatorum, decimam quarum- « libet venationum foreste nostre Brito- « lii, a quibuscunque personis capian- « tur, ipsique nobis et successoribus nostris « in perpetuum quittaverint et dimiserint « supradictam decimam, et quicquid juris « et actionis habere poterant in eadem, « pro centum solidis turonensium annui et « perpetui redditus, percipiendis ab ipsis « et eorum successoribus vel mandato « eorumdem in prepositura nostra Nove « Lire singulis annis in perpetuum in « festo dominice Nativitatis, nos eisdem « concedimus quod ipsos centum solidos « reddituales in dicta prepositura perpetuo « percipiant, ut est dictum, illis qui di- « ctam preposituram tenebunt in poste- « rum, presentium tenore, mandantes, « quod eisdem abbati et conventui vel « mandato ipsorum ac successorum eorum- « dem dictos centum solidos redditus ter- « mino et modo predictis de dicta prepo- « situra deinceps sine difficultate persol- « vant. Quod ut ratum et stabile permaneat « in futurum, presentibus litteris nostrum « fecimus apponi sigillum. Actum apud « Britolium, anno Domini m° cc° septua- « gesimo octavo, mense martio. »

Au parlement de la Toussaint 1279, les droits d'une partie des usagers de la forêt de Breteuil furent reconnus dans les termes suivants : « Milites et armigeri et « alii nobiles et Robertus de Meantiz, « habentes usagium suum ad ardendum « et edificandum in foresta Britolii, quod « tenent a domino rege, capient per « livreiam, que fiet in uno loco vel in « pluribus ita quod sufficere debebit. Ser-« vientes foreste Britolii qui habent vadia « a domino rege et servientes feodati non « habebunt stellingum quem capere sole-« bant pro capcione ad forisfactum ; nichi-« lominus tenebunt feoda sua franca, « quandiu placebit domino regi. Here-« mite, capellani de ramagio foreste « Britolii remanebunt in possessione sui « usagii, prout hactenus usi fuerunt. Et « de usagio domini Gileberti de Essartis « inquireretur. »

En 1281. — « Homines de Lyra, de « Gloz et de Rugles, bannarii de Britolio, « ut recordatur curia, non possunt mit-« tere quadrigas ad carbonem nisi suas, « et nulli alii extranei ire poterunt, nisi « ad petitionem ferronum. »

Septembre 1320. Le roi donne à Laurent d'Epône, autrement dit le Boulanger, des droits d'usage semblables à ceux dont jouissent les bourgeois de Breteuil. Cette concession est faite « pro domo sua de Porelia ».

1327. Concession de droits d'usage dans la forêt coutumière de Breteuil à Nicolas de la Vende « pro manerio de Barris ».

Une portion considérable du *Coutumier des forêts de Normandie* est consacrée aux usages de la forêt de Breteuil.

1403. « Jehan de Heudreville, chevau-« cheur en la forest de Bretheuil es par-« ties de devers le dit lieu de Brethueuil, « ès gaigez de douze deniers parisiz par « jour. »

Nous ne parlerons pas ici des défrichements de la forêt de Breteuil. On peut voir ce que nous en avons dit plus haut (p. 192) à l'article des BAUX-DE-BRETEUIL. Consultez aussi les *Etudes* de M. Delisle, p. 444 et s.

VI.

Les étangs de Breteuil sont mentionnés dès le XIIe siècle.

11 mars 1323. Charles IV ordonne de payer aux religieux de Lire la dîme d'une vente de bois qui avait été faite dans la forêt de Breteuil, et dont le produit avait été employé à la réparation des étangs du roi à Breteuil.

19 février 1399 (n. s.). *Lettre du verdier de Breteuil sur les travaux à faire aux étangs de Breteuil :*

« A mon très redoubté et honoré sei-« gneur mons. le conte de Tancarville, « souverain maistre et general reforma-« teur des eaues et forests du roy.

« Mon très redoubté et honoré sei-« gneur,

« Plaise vous savoir que, entre les au-« tres besongnes que je suy venu beson-« gner à Breteuil pour le fait de mon « office, j'ay advisé que ès estans de Bre-« tueil il est necessité que hastivement, « dedens brief temps, l'en face plusieurs « reparations tant ès esseaulx, ès chaucees « et en la bonde du grant estanc que ès « grailz de dessus et dessoubz, ou autre-« ment le poisson pourroit et est en peril « d'estre perdu, et pour ce qu'il a nu ans « que les dis estancs furent peschés, nous « avons advisé enssemble, le lieutenant du « maistre des forests, le viconte de Bre-« tueil, le procureur du roy et moy, que, « se il vous plaist le ordener, que le « mielx est qu'ilz soient peschés ce ka-« resme, car lors verra plus proprement « les faultes et la reparacion necessaire « à faire que on ne feroit à fere les dictes « reparacions à plaine eaue. Et suposé « qu'ilz ne soient peschés, si est-il neces-« sité fere en ce present esté prouchain « venant les dictes reparacions et pour ce « les mettre au bas, et en ce faisant le « poisson des dis estancs seroit moult « dommagé ou prejudice du roy. Et outre « ce nous avons advisé, se il vous plaist « ordener qu'ilz soient peschés, que ce « seroit le grant proufit et utilité du roy « qu'ilz fussent pueplez de carpe ; car les « brochereux, bresmes et tenches alignent « ou dit estanc ; et la carpe non. Et c'est « le poisson qui plus proufite ou dit estanc « se il en estoit pueplé. Et pour ces causes, « mon très redoubté seigneur, le procu-« reur du roy, porteur de ces lettres, va « par devers vous afin que sur tout il vous « plaise ordener vostre bon plaisir, lequel « vous dira plus à plain la necessité des « dis estancs. Mon très redoubté seigneur, « je me recommande à vous et prie Nostre « Seigneur qu'il vous dont bonne vie et « longue. Escript à Bretueil, le XIXe jour « de fevrier.

« Vostre serviteur :
« SAPPIN D'ANGENNES,
« *Verdier de Breteuil*. »

Moulin à tan cité en 1223.

25 octobre 1344. Une somme de 140 l. t. est payée à « Ysabel de Nantueil, dame « de Garencerez, pour chomage des deux « moulins à draps de Breteuil ».

Les vignes de Breteuil sont assez fréquemment citées dans les actes depuis le XIIIᵉ jusqu'au XVᵉ siècle.

1207. « ..... Frater Henricus, dictus « prior Deserti, et fratres ejusdem loci... « vendidimus caris dominis et amicis no- « stris monachis de Lira, pro octo libris « turonensium, totam vineam nostram « apud Britolium, quam dominus Philip- « pus, rex Francorum, dedit nobis in « escambium octo solidorum quos Willel- « mus Boffei, miles, habuit annuatim de « prepositura Britolii, in escambium sci- « licet trium jornalium terre ubi comes « Leicestrie fecit predictam vineam, et « quos octo solidos predictus Willelmus « Boffei dederat domui nostre. »

En 1239, Jean de la Maroleine donna à Lire la vigne qu'il tenait de cette abbaye à Breteuil : « que juncta est vince Nicolai de Novo Burgo. »

1240. « Universis Christi fidelibus pre- « sentem paginam inspecturis, Bartholo- « meus Droon, miles, salutem. Noverit « universitas vestra quod, cum abbas [et « conventus Beate Marie de Lira, quam- « dam] vineam sitam super stagnum Bre- « tholii, inter vineam Roberti de Bordi- « neio, ex una parte, et vineam canoni- « corum de Deserto, ex altera, per viginti « solidos turonensium annui redditus de « me longo tempore tenuissent, tandem « ita convenit inter me et ipsos, per de- « cem libras et decem solidos turonen- « sium, quos ipsi mihi dederunt, quod ego « nomine vendicionis dedi et quitavi eis- « dem omnino predictum redditum, ita « quod predicti monachi predictam vi- « neam tenebunt de cetero de me et de « meis heredibus per unum quarteron « cimini reddendum mihi et meis here- « dibus ad festum Sancti Remigii annua- « tim. Et sciendum est quod ego in pre- « dicta vinea nichil retineo nisi predictum « quarteron cimini, et justiciam meam « faciendam pro eodem quarteron cimini « tantummodo, nisi fuerit mihi et meis « heredibus ad dictum terminum persolu- « tum. Et ego et heredes mei tenemur « predictam vineam predictis monachis « garantizare, defendere bona fide et ad- « quitare de omnibus et contra omnes. « Et ut hoc sit firmum et stabile in per- « petuum, presentem paginam sigilli mei « testimonio roboravi. Actum anno Do- « mini Mᵒ CCCᵒ quadragesimo. »

1275. Fieffe à Martin Tonel par les religieux de Lire d'une vigne nommée la vigne du Clerc : « apud Britolium in parochia Sancti Sulpitii. » Il prend le titre de bourgeois d'Evreux.

Mars 1284 (n. s.). « Hubertus de Venda, « Bertaudus dictus Cibole, junior, et Pe- « trus dictus Bonin, et Guillermus dictus « Bueselin, burgenses de Britholio, » prennent à fieffe des religieux de Lire « quandam vineam quam habebant apud « Britholium in parrochia Sancti Sulpicii, « que vinea vocatur Vinea Clerici ».

En 1288, Robert « de Spineto, miles, dominus de Borchevrel, » reconnaît les bornes plantées entre sa vigne de Borchevrel et la vigne des religieux de Lire appelée « vinea Castellani ».

En 1298, vente par Jean de Baaille, bourgeois du Pontaudemer, au couvent de Lire de vignes à Breteuil : « inter « vineas que fuerunt Rogeri de Pratellis « et vineas domus leprosarie ville Bri- « tholii. »

VII.

Nous sommes portés à croire que des coutumes particulières régissaient les principaux domaines de Guillaume, fils d'Osberne, et de ses successeurs, et que les expressions *leges Cormeliensium* et *lex Britolii*, dont plusieurs exemples nous sont fournis par des textes anciens, se rapportent à ces coutumes. On lit dans Orderic Vital que Richard de Heugleville, fondateur du bourg d'Aufai, y introduisit les coutumes de Cormeilles : « Leges etiam Cormeliensium colonis intulit. » (T. III, p. 42.) — Ce qui est encore plus curieux à constater, c'est que ces mêmes coutumes furent portées en Angleterre par Guillaume, fils d'Osberne. Le *Doomsday-Book* les appelle les lois et coutumes de Hereford et de Breteuil ; on les imposa au nouveau bourg que Hugues, comte de Chester, et Robert de Rhuddlan fondèrent à Rhuddlan : « Ipsis burgensibus annuerunt leges et « consuetudines que sunt in Hereford et « in Bretuil. » (*Doomsday-Book*, I, 269, col. 2.) — Ces coutumes de Breteuil étaient encore au XIIIᵉ siècle en vigueur dans plusieurs comtés d'Angleterre, et l'origine n'en était pas tombée dans l'oubli. — En 1205, Jean sans Terre, confirmant les priviléges des bourgeois de « Salopesberia », déclare « quod terre et « tenementa infra predictum burgum et « hundredum tractentur per legem Bre- « tollii et legem baronye et legem angle- « scherie, secundum quod terre et tene- « menta solent tractari per predictas le- « ges. » (*Rot. chart.*, p. 152, col. 2.) — En 1215, le même roi accorde aux bourgeois « de Dungarvan » les franchises et les franches coutumes de Breteuil : « om- « nes libertates et liberas consuetudines « de Bretollio. » (*Rot. chart.*, p. 211.)

Nous ne pouvons dire en quoi consistaient ces coutumes. Il est assez probable qu'elles différaient peu des coutumes de Verneuil, dont nous possédons un texte du XIIe siècle et dont nous aurons l'occasion de parler à l'article VERNEUIL.

Les bourgeois de Breteuil commencent à jouer un rôle dans l'histoire sous le règne de Henri Ier. En 1119, ils se signalèrent par le zèle qu'ils mirent à soutenir les intérêts de ce roi. Henri Ier leur laissa des marques de sa reconnaissance : « Porro burgenses, quia regi fideles erant, etc. » — « Providus rex... auditis burgensium legationibus, Britolium concitus venit, et portis ei granter apertis in villam intravit. Deinde fidelibus incolis pro fidei devotione gratias egit, et ne sui milites aliquid ibi raperent prohibuit. » — « Rex burgenses convocavit, de fidelitate conservata laudavit, promissis et beneficiis honoravit, et eorum consilio castrum Britolii tutandum commendavit. » (Orderic Vital, t. IV, p. 337-339.)

Les plus anciennes chartes de priviléges octroyées par les souverains aux habitants de Breteuil ne sont pas antérieures à la fin du XIIe siècle. Voici le texte ou l'analyse des principales :

24 juillet 1199. — « Johannes, Dei gratia rex Anglie, dominus Hibernie, dux Normannie et Aquitanie, comes Andegavensis, archiepiscopis, episcopis, abbatibus, comitibus, baronibus, justiciis, vicecomitibus, prepositis et omnibus baillivis et fidelibus suis, salutem. Noveritis nos concessisse dilectis et fidelibus nostris burgensibus de Bretolio, propter magnam jacturam quam incurrerunt propter servicium nostrum, ut emant et vendant per totam terram nostram per easdem libertates quas burgenses nostri de Vernolio habent. Testibus : Eustachio Eliensi, Savarico Bathoniensi, episcopis; Willelmo, comite Arundelli; Roberto, comite Leycestrie; Schero de Quencio; Willelmo, filio Radulfi, senescallo Normannie. Datum per manum Huberti, Cantuariensis archiepiscopi, cancellarii nostri, apud Vernolium, XXIIII. die julii, anno regni nostri primo. »

Par la concession de ces franchises, Jean sans Terre comptait, sans doute, se gagner l'affection des bourgeois. Il vint séjourner au milieu d'eux au mois de septembre 1201 et au mois de janvier 1203; mais la force des événements déjoua les espérances qu'il avait pu fonder sur la fidélité des habitants. Au reste, Philippe-Auguste ne se montra pas moins généreux que le monarque anglais. La charte suivante en fait foi :

1204. — « In nomine sancte et individue Trinitatis, amen. Philippus, Dei gratia Francorum rex. Noverint universi, presentes et futuri, quod nos volumus et concedimus quod burgenses nostri residentes apud Britolium liberi et immunes sint ab omni passagio, pontagio et teloneo per totam Normanniam, Pictaviam, Andegaviam et Cenomaniam, que pertinent ad nos, preterquam in comitatu Ebroicensi et in Vulcassino Normanno et apud Paciacum et Vernonem et in terra que fuit Hugonis de Gornaco. Quod ut perpetuum robur obtineat, presentem paginam sigilli nostri auctoritate et regii nominis caractere inferius annotato, salvo jure nostro, confirmamus. Datum Aneti, anno ab incarnatione Domini 1204, regni nostri anno 26, astantibus in palatio nostro quorum nomina supposita sunt et signa : Dapifero nullo; signum Guidonis, buticularii; signum Mathei, camerarii; signum Droconis, constabularii. Data, vacante cancellaria, per manum fratris Guarini. »

1223. — « In nomine sancte et individue Trinitatis. Amen. Ludovicus, Dei gratia Francorum rex. Noverint universi, presentes pariter et futuri, quod nos volumus et concedimus quod burgenses nostri residentes apud Britolium liberi et immunes sint ab omni passagio et theloneo per totam Normanniam, Pictaviam, Andegaviam, Cenomanniam, que pertinent ad nos, preterquam in comitatu Ebroicensi et in Vulcassino Normanno et apud Paciacum et Vernonem et in terra que fuit Hugonis de Gornaco. Quod ut perpetuum robur obtineat, presentem paginam sigilli nostri auctoritate et regii nominis karactere inferius annotato, salvo jure nostro, confirmamus. Actum Britolii, anno incarnati Verbi 1223, regni vero nostri anno primo, astantibus in palatio nostro quorum nomina supposita sunt et signa : Dapifero nullo; signum Roberti, buticularii; signum Bartholomei, camerarii; signum Mathei, constabularii. Data per manum Garini, Silvanectensis episcopi, cancellarii. »

En 1277, le parlement, interprétant les chartes qui précèdent, refusa de reconnaître la franchise que les bourgeois de Breteuil réclamaient à Verneuil : « Visis cartis burgensium de Britolio et burgensium de Vernolio, dictum fuit quod burgenses de Vernolio solvent panagium (il faut sans doute lire : passagium) apud

« Britolium, et illi de Bretolio apud Ver-
« nolium. » (*Olim*, II, 94.)

Février 1287. Philippe le Bel ordonne
que les hommes de Breteuil soient administrés « per duos probos homines ejus-
« dem ville, quorum potestas duret per
« annum, innovandos anno quolibet, et
« communiter eligendos ab ipsis homini-
« bus, qui predictos villam et homines,
« eorum negocia, tallias, expensas et fun-
« ctiones communes et quecumque ad
« ipsius ville regimen et curam necessaria,
« per suum ad hoc juramentum astricti,
« procurent fideliter, provideant et gu-
« bernent ».

29 janvier 1294. Philippe le Bel autorise les deux prud'hommes chargés de
l'administration de la ville de Breteuil à
instituer un sergent par le ministère duquel ils pourront faire des citations.

Novembre 1328. Philippe VI confirme
la charte d'exemption que Philippe-Auguste avait accordée en 1204.

Novembre 1395. Charles VI confirme
les exemptions de droits accordées aux
bourgeois de Breteuil par Jean sans Terre
le 24 juillet 1199, et par Louis VIII en
1223. Il confirme également les lettres de
Philippe le Bel des années 1287 et 1294.

Janvier 1462. Louis XI confirme la rénovation des chartes de Breteuil contenue
dans les lettres de Charles VI en date
du mois de novembre 1395.

Le 3 octobre 1586, le président Pierre
le Jumel, seigneur de Lizores, le conseiller Martel et l'avocat général Vauquelin,
commissaires du parlement dans le bailliage d'Evreux, pour *arrester* et rédiger
par article les usages locaux à conserver
dans la réformation de la Coutume générale, se réunissaient au prétoire royal de
Bretheuil et là, *du consentement des gens
des trois estats, juges, officiers, advocats
et praticiens, assignez en vertu de leurs
mandemens et ordonnances*, ils arrêtaient
pour être insérés à la fin de la Coutume les
usages locaux de la châtellenie en quatre
articles ainsi rédigés :

« I. Les filles venans à partage ont pa-
« reille part aux meubles que aux im-
« meubles de la succession, et leur part
« des maisons en essence.

« II. La femme après le decez de son
« mary a la moictié des meubles, à la
« charge de la moictié des debtes mobi-
« liaires et funérailles, en exemption des
« laiz testamentaires, soit qu'il y ait en-
« fans ou non.

« III. Homme marié ayant enfans ne
« peut disposer par testament que du tiers
« d'une moictié de ses meubles, parce que
« l'autre moictié demeure à sa femme,
« sinon en cas de l'article quatre-cens-
« dix-neufiesme de la Coustume générale
« commençant *Néantmoins s'il n'y a que
« des filles*......

« IV. La femme non mariée ou vefve
« n'ayant enfans, peut disposer de tous
« ses meubles par donation à cause de
« mort, ou testament, et quand elle a
« enfans du tiers seulement. » (*Coustumes
du païs de Normandie*, 1588.)

1642. Tarif des impositions mises sur
les boissons et autres marchandises vendues et distribuées au bourg de Breteuil.
(*Mémoriaux de la chambre des comptes de
Rouen*, t. LX, f. 73.)

1647. Arrêt du conseil obtenu par
les habitants de Breteuil pour la continuation du tarif et emprunt de ladite
ville. (*Ibid.*, t. LXV, f. 125.)

Les bourgeois de Breteuil jouissaient
de droits d'usage assez étendus dans la
forêt de Breteuil. On a vu plus haut ce
que porte à ce sujet l'enquête faite sous le
règne de Philippe-Auguste. Nous allons
transcrire l'article du *Coutumier des forêts* qui se rapporte aux mêmes usages :

« Les bourgois et habitans de Brettueil
« ont en la forest du lieu bois pour eulx
« heberger, rediffier et chauffer, vert en
« gesant et le sec en estant, et en ge-
« sant sans amende s'il n'y a merien, ou-
« quel cas ilz paieront v s. d'amende se
« ilz y sont trouvez par le sergent hors
« leur bourgoisie, et non autrement, re-
« servé le caable. Item, tous ceulx qui
« sont bourgoiz doivent avoir, de trois ans
« en trois ans, par livrée du chastellain
« ou son lieutenant, en la forest coustu-
« miere, chascun i chesne nommé souche ;
« c'est assavoir ceulx qui en ont necessité
« pour faire........ et leurs maisons
« couvrir, à faire coffrez, huches, ton-
« neaulx, essues et autres estoremens
« d'ostel, sans vendre, selon l'esgart et
« faculté de chascun ; et pour ce sont
« tenus paier au chastellain iiii deniers
« pour la livreison d'icellez souches, au
« sergent iiii deniers, et au...... de la
« forest iiii deniers ; lequel arbre sera
« tout sec au dessus du premier fourc.
« Item, quant aucun d'eulx fait maison
« nuefve, ilz ont un feste pour icelle, qui
« leur est livré par le verdier. Et aussi
« ont droit de faire mener et conduire en
« pasture par toute icelle forest, hors
« chien et chievre, en tous les temps de
« l'an, excepté le moys de may, ouquel
« ilz ne doivent aller que à la venue des
« champs, et se ilz sont trouvez oultre,
« ilz sont mis en amande par le sergent et
« tauxez selon la coustume ; et semblable-
« ment se ilz estoient trouvés ès deffens

« eschapées ou sans garde, ilz pevent
« estre mis à amende, pour chascune
« beste chevaline et aumaille douze de-
« niers, et les pors deux deniers pour
« pièce. Item, les diz genz et habitans ont
« droit, comme les autres coustumiers,
« que le pasnage de la forest ne doit estre
« vendu se il n'est vendu c livres, et y
« ont les diz habitans leur pasturage à
« leurs pors sans amende en forest cous-
« tumière; et s'il est vendu ilz doivent
« v deniers pour porc comme les autres.
« Et si doivent prendre es Fossetes près
« Bretheuil arsile, terre, sablon, pour
« tous leurs ediffiemens et necessitez.
« Et de tout ce ne sont tenuz paier ne faire
« que ce que dessus est dit icy. »

VIII.

La léproserie de Breteuil remontait à la fin du xi° siècle, puisqu'elle comptait au nombre de ses bienfaiteurs Guillaume de Breteuil, mort en 1102. Il existe un cartulaire de cet établissement, dont M. Bonnin a bien voulu nous communiquer des extraits.

La pièce suivante est une confirmation des biens de la léproserie par Robert III, comte de Leicester. Elle est antérieure à l'année 1190 :

« Notum sit presentibus et futuris quod
« ego Robertus, comes Legrecestre, con-
« cessi et hac presenti carta mea confir-
« mavi fratribus infirmis de Britolio do-
« nationes patris mei et matris mee, sci-
« licet III. marcas argenti per singulos
« annos in Kingestona dono Roberti co-
« mitis, patris mei, et duas marcas ar-
« genti per singulos annos in eodem
« manerio, dono Amitie comitisse, matris
« mee, et I. modium frumenti quem
« antea habebant in molendinis de Bri-
« tolio dono Willelmi de Britolio, et in
« prepositura Britolii I. unciam auri, et
« in molendinis Britolii I. unciam auri, et
« in foresta Britolii I. unciam auri, et in
« prepositura Lire I. unciam auri, et in
« prepositura de Gloz I. unciam auri. Hec
« autem tali divisione concessi quod fir-
« marii qui hec officia tenuerint, hos
« redditus reddant supradictis fratribus
« per singulos annos, et si in dominio
« meo tenuerim reddi faciam. Concedo
« etiam eis in foresta Britolii vivum bo-
« scum per liberationem ad omnes res suas
« proprias faciendas, et unam quadrigam
« quietam ad mortuum boscum et ad
« frondes carmorum ad calefaciendum se,
« et furnum de Britolio quem habent
« quietum, et in aliis furnis habeat
« unum panem in quaque die dominica.

« Concedo etiam eis omnes suos porcos
« quietos in pasnagiis meis et XVI. dena-
« rios, et herbagium aliis suis pecoribus
« ubicumque per forestam illam ducere vo-
« luerint, exceptis capris et canibus. Con-
« cedo eis unum burgensem solum quem
« eligent, liberum et quietum ab omni-
« bus que michi et dominio meo perti-
« nent, et in pasnagiis habeat X. porcos
« quietos, et in quocumque dolio quod
« vendatur in villa Britolii I. mensuram
« vini. Testibus : Petronilla comitissa,
« Heustachio de Verneuil (*il faut sans
« doute lire* : Herlevilla), Willelmo de
« Cyray, Willelmo de Bemercort, Anske-
« tillo Mallore, Rogero de Hymme et plu-
« ribus aliis. »

Le 9 janvier 1193, le pape Célestin III prit sous sa protection les pauvres de la chapelle et de l'hôpital de Breteuil :

« Celestinus, episcopus, servus servo-
« rum Dei, dilectis filiis pauperibus ca-
« pelle et hospitalis apud Brutuillum,
« salutem et apostolicam benedictionem.
« Justis petentium desideriis dignum est
« nos facilem prebere consensum et vota
« que a rationis tramite non discordant
« effectu prosequente complere. Eapro-
« pter, dilecti in Domino filii, vestris justis
« postulationibus grato concurrentes as-
« sensu, universa que vobis a Christi
« fidelibus divinitatis intuitu sunt collata,
« sicut ea juste ac pacifice possidetis,
« auctoritate vobis apostolica confirmamus
« et presentis scripti patrocinio commu-
« nimus, statuentes ut quecumque vobis
« vel domui vestre in posterum rationa-
« biliter conferentur vestris vestrorumque
« successorum usibus debeant applicari.
« Nulli ergo omnino hominum liceat hanc
« paginam nostre confirmationis infrin-
« gere vel ei ausu temerario contra ire.
« Si quis autem hoc attemptare presum-
« pserit, indignationem omnipotentis Dei
« et beatorum Petri et Pauli, apostolo-
« rum ejus, se noverit incursurum. Da-
« tum Rome apud Sanctum Petrum, V. idus
« januarii, pontificatus nostri anno se-
« cundo. »

Lors de son passage à Breteuil, en novembre 1328, Philippe de Valois confirma la charte de Robert III, comte de Leicester, qui a été transcrite plus haut.

IX.

Il nous reste à donner quelques notes qui n'ont pas trouvé place dans les précédentes divisions de cet article. La plupart se rapportent à la topographie ancienne de Breteuil.

xII° siècle. « Baldricus etiam filius Hoer

« dedit eidem ecclesie de Lira LX. solidos
« carnotensium in Britolio. »

1247. « ... Ego Petrus filius Herberti
« Establo vendidi monachis de Lyra qua-
« tuor jugera terre mee apud Britolium,
« duo videlicet juxta terram defuncti Wil-
« lelmi Villani et ad terram Raginardi
« Caroli defuncti continuo juncta et sita,
« duo autem alia juxta parvam viam que
« ducit a Britolio ad Bordingneium... »

1256. Rente de 12 deniers sur un pré
« vocatum pratum Au Barbet », donné
par Pierre « de Gratolio, presbyter, » due
à l'abbaye de Lire par les frères de l'Hôtel-Dieu de Verneuil.

En 1269, Barthélemi de la Chaussée
donna aux moines de Lire 10 sols de
rente qu'ils lui faisaient sur une vigne
« in parochia Sancti Sulpitii de Britolio »
et sur une pièce « juxta molendinum Alis »,
dans la même paroisse.

Mars 1277 (n. s.). « ... Ego magister
« Galfridus de Alvernayo, presbiter.....
« dedi..... monasterio Beate Marie de
« Lyra... quatuor acras terre vel circiter
« jacentes simul in uno tenenti in parro-
« chia Sancti Sulpicii de Britolio, et jacent
« juxta Crucem Buxatam de longo in lon-
« gum, proxime in orientali parte juxta
« cheminum per quod itur a porta Sancti
« Sulpicii ad leprosariam Britolii, et abot-
« tant ad viam que ducit de predicta
« Cruce Buxata apud Sanctum Michaelem
« de Condeto, ex uno capite, et ad vineam
« defuncti domini Rogeri de Cantelou,
« ex alio... »

1278. « Quandam domum apud Britolium in vico qui dicitur Ceuchagium. »

1291. Dans une vente de rente sur une
maison à Breteuil, il est parlé des Fossés-
du-Roi.

En 1292, vente au couvent de Lire
d'une vergée aboutissant au chemin par
où l'on va du moulin à blé de Breteuil
« apud Bordigneyum ».

Le hameau de Bordigni, qui renferme
une population de 69 habitants, est une
dépendance de la commune de Breteuil.

XIIe siècle. « Rainaldus de Bordineio »
donna à l'abbaye de Lire « LX. solidos in
« fossa foreste et decimam molendinorum
« ipsius. »

« Bordingnetum, » 1217; — « Bordi-
netum, » 1247; — « Bordigneyum, » 1292.

1240. « Robertus de Bordineio. »

1264. « Inquesta facta per Symonem
« de Pogneiis, clericum domini regis, et
« Johannem de Criquebuef, ballivum Ver-
« nolii, ad sciendum utrum villa quæ
« vocatur Sotevilla et terra domini de So-
« tevilla, sita inter forestam Britolii et
« cheminum per quem itur de Britolio

« apud Conches, sint de feodo Guillelmi
« de Bordigne, et debeant teneri de eo
« vel de domino rege. Probatum est quod
« predicta villa et terra, de qua agitur,
« movet de feodo Guillelmi de Bordigne
« et debet teneri de eo. »

1278. « Guillelmus de Bordeigneio. »

1322. Guillaume d'Ivri, chevalier, sire
de Bordigni.

Deux voies romaines passent près de
Breteuil, se dirigeant, l'une vers Lisieux,
l'autre vers Rugles.

L'église, construite en grison, est peu
remarquable, quoiqu'elle date du XIe siècle.

On distingue encore l'emplacement du
château, avec les traces des fossés et du
donjon, dans une sorte d'île qui communiquait, selon la tradition, par un
pont très-grand, avec un retranchement
situé dans la forêt et appelé Butte-des-
Pontards.

On cite comme originaires de Breteuil :
Léon de Fayel, vicomte de Breteuil, auteur
de ballades au XVIe siècle ; — François Roze,
poëte et métaphysicien, mort en 1603 ; —
Huet de la Martinière, auteur d'un ouvrage sur les eaux minérales de Laigle,
(XVIIIe siècle) ; — Levacher de la Feutrie,
littérateur et auteur d'ouvrages de médecine, (XIXe siècle).

Les dépendances de Breteuil sont : —
le Bas-des-Houx ; — Bois-Chevreuil ; —
Bordigni ; — le Cornet-Moulin ; — les
Huets ; — Lignerolles ; — la Madeleine ;
— les Petites-Bruyères ; — Pille-Bourse ;
— les Portes-Blanches ; — les Richards ;
— le Moulin-Alix ; — Sotteville ; — Saint-
Jean-du-Bois ; — le Pressoir-Rimbert ; —
l'Allier, usine.

Aux archives de l'Eure, M. l'abbé
Lebeurier indique les articles suivants
comme se rapportant particulièrement à
Breteuil :

Extrait des comptes du domaine de Breteuil, de 1557 à 1558, 1 registre.

Bailliage de Breteuil. — Vicomté de
Breteuil et juridiction en dépendant,
60 liasses.

Vicomté de Breteuil. — Duché de Damville. Titres et plans concernant les paroisses et fiefs de Damville, Chavigny,
Villez, Charnelles, Corneuil, Arpentigny,
Gouville, les Minières, les Murgers, Tran-
chevilliers, Marcilly et Authenay, de 1534
à 1738, 14 registres, 1 liasse, 14 plans.

Chambre des comptes de Paris. — Pièces
de dépenses des XIVe, XVe, XVIe et XVIIe
siècles concernant Breteuil. — Rôles de
fouages.

Cf. Roche, *Histoire topographique, médicale et
statistique de Breteuil et de ses environs.* Breteuil,
1845, in-8o de 56 pages.

BRETIGNI.

Arrond. de Bernai. — Cant. de Brionne.

Patr. S. Cir. — Prés. le seigneur d'Harcourt, suivant l'ancien pouillé.

Le nom de ce lieu, qui devait s'écrire *Britiniacus* à l'origine, comme tous les autres Bretigni, est devenu *Bretini* par la substitution générale de l'e à l'i dans la première syllabe; et par le retranchement de la terminaison *acus*, modification commune à toute la zone de la langue d'Oïl. (Voyez notre *Pouillé de Lisieux*.)

Il existe en France neuf Bretagne, un Bretagnolles, deux la Bretenière, deux Bretenières, deux Bretignei, trois Bretignolles, neuf Brétigni, un Bretoncelles, deux Brétigney, deux la Bretonnie, sept la Bretonnière.

Il y avait autrefois dans les environs de Paris (entre la Varenne-Saint-Maur et Suci) un autre lieu nommé au XIII° siècle *Britigniacum* et *Brictiniacum*, en français: *Bretigny* comme le précédent. Ce lieu remonte à une haute antiquité, puisqu'on le trouve mentionné dans une charte de Clovis II en faveur de Saint-Maur-des-Fossés : « ..... fiscum regium nomina Brictonicum in præripio Maternæ situm... » (*Vita Sancti Babol.*; Duchesne, I, p. 664.)

Dans le diocèse de Noyon il y avait un monastère appelé « Britanniacum », au VIII° siècle et probablement plus anciennement. Le même lieu est nommé « Britennacus » dans un acte de 868.

Un « Bretiniacum » faisait partie des biens de l'Eglise de Reims.

Dans le *Cartulaire de Saint-Père de Chartres* il est fait mention d'un lieu nommé « Britiniacus ».

Il y a aussi un Bretigni près Paris, mais dont le nom n'est guère connu avant le XII° siècle. (Voyez l'abbé Lebeuf, *Diocèse de Paris*, t. XI *ad finem*.)

L'abbé Lebeuf pense que le nom de Bretigni vient de *Brito*. Je serais plutôt tenté de le faire venir de *Britannus*. Il avoue que tous les actes du XII° siècle et même de la fin du XI° relatifs à son Bretigni emploient la forme *Britiniacus*. Au XII° siècle, on disait en français : *Breteigny*.

Quant à notre Bretigni, on le trouve écrit de plusieurs manières : « Brethenis, Bretenis, Bretenix, Brethuys. »

Robert, prêtre de Bretigni : « sacerdos de Bretenis, » est employé comme témoin dans deux actes relatifs à l'acquisition du moulin de Sayn ou Saim, à Livet. Dans l'un de ces actes, le nom de Bretigni est écrit : « Breteneis ».

Guerouldin Dubosc, troisième fils de Guillaume Dubosc et de Pernelle du Busc, a été seigneur de Bretigni : « de Brethenis, » et écuyer de Charles VI. Il fut aussi député pour traiter avec Henri V de la capitulation de Rouen, le 1er janvier 1413. Son fils, Jean Dubosc, fut seigneur non-seulement de Bretigni, mais encore d'Autou et de Livet. Il épousa Marie de Trouffeauville.

Son petit-fils, Jean Dubosc, lieutenant de 50 hommes d'armes dans les ordonnances du roi, rendit hommage de Bretigni en 1496.

Son arrière-petit-fils, Jacques Dubosc, vendit cette terre à Jean Quintanadoine, Espagnol, dans la famille duquel elle est demeurée fort longtemps.

Dans les registres de la cour des comptes de Rouen on trouve l'indication suivante :

« *Sergenterie de Montfort*. BRETENIS.

« Contribuables : 101.

« M. le comte d'Armagnac, à cause de « Briosne, est seigneur et patron.

« La cure a toutes les dîmes et vault « 800 fr. Le fief de Bretenis, relevant de « Briosne, appartient à X... de Quintana- « doine, sieur de Bretenis. Vault 1200 fr.

« Le fief de la Houssaie, relevant du « roy, appartient à M. de Brevedent, « lieutenant général à Rouen. 1000 fr.

« 700 acres de terre. Le tiers en brière « et le labeur de 10, 12 et 15 fr. l'acre. »

L'église était dédiée à saint Cir. Au XIV° siècle, le roi était patron ; au XVI° siècle, le seigneur d'Harcourt ; au XVIII° siècle, le seigneur du lieu. Bretigni faisait partie du doyenné de Bernai et du diocèse de Lisieux.

Les dépendances de Bretigni sont : — la Coffinière ; — la Cour ; — la Davoudière ; — le Grez-Vallée ; — le Hamel ; — la Houssaie ; — le Songuet ; — la Londière ; — l'Orme ; — la Querderie ; — la Vaserie ; — la Grivelière.

BREUILPONT.

Arrond. d'Évreux. — Cant. de Paci.

Patr. S. Martin. — Prés. le seigneur.

Le mot de *breuil* nous est arrivé de Constantinople par l'entremise des Lombards et des Francs carlovingiens. Il désignait un parc fermé et planté : *brogi-*

lus et *brogilum*. Le breuil se distinguait de la garenne en ce qu'il dépendait de l'habitation. Suivant Toussaint Duplessis, breuil signifierait un bois taillis ou un bois fermé de murs et de fossés.

On a dit aussi *brolium* et *briolium*. Vossius fait venir ce mot de *peribolium* ou *perivolium*. Ménage pense qu'il est plutôt dérivé de *brogilum*. Le capitulaire de Charlemagne « de villis », art. 46 : « Ut lucos nostros quos vulgus brogilos vocat. »

On trouve aussi *broilus* ou *broilum*. Dans les capitulaires de Charlemagne : « De broilo ad Altiniacum palatium. »

Dans les capitulaires de Charles le Chauve : « In broilo Compendii palatii. »

Dans une charte d'Eudes, évêque de Chartres, de 974 : « Juxta brogilum episcopalem. »

Bullet dit : « Broel, en ancien saxon, « signifie parc, forêt fermée. En Franche-« Comté, beaucoup de bois et de prés « portent le nom de breuil. Ces bois et « ces prés sont toujours des propriétés « seigneuriales ; et, en effet, autrefois les « seigneurs seuls avaient le droit de « chasse. »

Dans le Barrois et en Auvergne, breuil se prend pour un lieu marécageux. On appelait au Puy le « breuil de Mgr l'évêque » un grand pré voisin de la ville. Peut-être ce pré est-il un bois défriché. Bullet fait dériver ce nom de deux mots celtiques : *brog*, fermé, et *gil*, forêt.

Breuil, dans le vieux français, s'entend d'un bois ou d'un parc. La *Coutume d'Anjou*, art. XXXVI : « Qui n'a forest ou breil « de forest ou longue possession, n'est « fondé d'avoir chasse défensable à grosses « bestes, s'il n'est chastelain pour le « moins. Et est reputé breil de forest un « grand bois marmenteau ou taillis, au-« quel telles grosses bestes ont accous-« tumé se retirer ou fréquenter. »

Nous avons rapporté divers exemples tendant à fixer les sens du mot *breuil*, et nous n'avons rien dit de notre commune. Nous nous bornerons à citer un acte de 1336, tiré du grand cartulaire de Saint-Taurin, dans lequel cette commune est nommée Breuil-de-Pont. Elle conserva ce nom jusqu'au XVIIe siècle.

En 1375, dans les troubles soulevés par le roi de Navarre, le baron d'Ivri fit construire un fort près de l'emplacement du château actuel. Les capitaines du roi de Navarre s'en emparèrent, livrèrent une tourelle aux flammes et rasèrent le reste.

Nous ajouterons encore que la châtellenie de Breuilpont avait droit de haute justice.

Un excellent travail, publié par M. l'abbé Lebeurier et intitulé : *Comptes de la Châtellenie de Breuilpont*, nous dispense de recherches ultérieures.

Cf. *Recueil des Travaux de la Société libre de l'Eure*, 1851-1852.

BREUX.

Arrond. d'Évreux. — Cant. de Nonancourt.
Sur l'Avre.

Patr. S. Germain. — *Prés. l'abbé du Bec.*

On compte en France vingt-six Breuil, un Breuillet, deux Breuillot, un Breuhl, trois Breux et sept Braux, dont un est appelé Braus dans une charte du IXe siècle. Le nom de Breux me paraît être une forme de Breuil.

En 1204, Guillaume Binet vendit « unum herbergamentum situm apud Tillerias », et donna en garantie deux pièces de terre « in parrochia de Breolio, quarum una « est sita inter terras domini Guillelmi « Grel, militis, et terram Petri de la Bro-« tignière, ex altera. Et alia pecia est ... « et abotat super haias ... »

Dans les chartes de la commanderie de Saint-Étienne-de-Renneville, Breux est deux fois mentionné.

1244. « Ric...hart. de la Goberge dat « fratribus militiæ Templi VI. acras et « I. virgutam et XVI. perchas. In cultura « sua de Breolio (*dans une autre copie* : « Boeleio) excambiabit. »

1247. Arrangement entre les Templiers et plusieurs personnes qui leur cèdent entre autres choses : « domos de Breolio « in veteri foro ejusdem ville Breolii. »

1270. « ..... in parrochia de Grandi Villari et de Breel... »

En 1316, Jean de la Ferté, chevalier, se désista de ses prétentions sur le patronage de Breux.

En 1374, Jean de Chauvaincourt, escuyer, donna à l'abbaye du Bec tout ce qu'il avait au Breuil, c'est-à-dire à Breux, en jardins, maisons, terres, vignes ; le tout sis à Evesquemont.

Simon de Granvillers permit à l'abbaye du Bec de choisir les biens sur lesquels elle placerait sa dîme.

En 1432, arrangement pour la dîme entre les religieux et le curé. Il y est parlé d'un lieu nommé Egreffain et d'un autre nommé la Mulotière.

L'église fut dédiée en 1544.

Au sujet du Bois-Néron, voyez TILLIÈRES.

Les lieux dits sont : — le Bois-Néron ;

— la Haute-Folie; — les Quatre-Maisons; — la Troudière; — la Varenne; — Voisinet; — la Haute-Varenne; — le Moulin-Neuf; — le Télégraphe; — Sainte-Clotilde, chapelle.

BREZAI.

Arrond. de Bernai. — Cant. de Beaumesnil.

Patr. *Notre-Dame.* — Prés. *l'abbé de Bernai.*

Cette paroisse a été réunie à Epinai en 1792.

BRIONNE.

Arrond. de Bernai. — Cant. de Brionne.
Sur la Risle et le ruisseau des Fontaines-St-Denis.

Patr. *S. Denis.* — Prés. *le comte de Brionne.*

Le nom de Brionne indique, comme celui de Bernai, une origine celtique, et provient visiblement de la réunion du mot gaulois *brio* ou *bria* (pont), si commun dans les noms de lieu, avec quelque nom primitif de la Risle, dont on retrouve les analogues dans *Yonne*, *Aisne* et *Esne*, servant pareillement à désigner des rivières. Ce n'est pas que nous refusions au nom actuel de la Risle : Risela, une origine celtique; mais il est très-possible que cette rivière ait eu deux noms.

L'existence d'un pont à Brionne dès la période gauloise a dû en faire un lieu de passage et le principal point de communication, non-seulement entre les plaines du Roumois et du Vexin, mais encore entre les Véliocasses et toutes les cités placées au midi de la Risle; aussi avons-nous vu une voie romaine se diriger sur ce point pour s'y partager en deux branches. Nous ne pouvons nous défendre de penser qu'il y avait une autre voie qui conduisait de *Rotomagus* chez les *Aulerci Cenomanni* et les *Aulerci Diablintes*. Ce qu'il y a de certain, c'est qu'au moyen âge, comme de nos jours, on passait par Brionne pour se rendre d'Alençon à Rouen. Nous en avons la preuve dans un passage d'Orderic Vital où cet historien rapporte que Robert de Bellême, se rendant à la cour de Guillaume le Conquérant, apprit à l'entrée de Brionne la mort du monarque, et qu'à cette nouvelle il se hâta de rebrousser chemin (1).

(1) Ord. Vital, t. III, p. 261.

Sur la colline du Vigneron, faisant partie du territoire de Brionne, et à très-peu de distance de la ville, on voit l'emplacement d'un camp séparé de la plaine voisine, vers Saint-Pierre-de-Salerne, par un large fossé; ce camp, d'une contenance de 4 acres, renferme une motte ou éminence faite de main d'homme, mais qui a été regardée, ainsi que le camp lui-même, comme l'ouvrage de Guillaume le Conquérant, lorsqu'il vint assiéger Gui de Vernon après la bataille du Val-des-Dunes. Nous sommes porté à croire le camp plus ancien et même romain, d'après la grande quantité de tuiles et de briques.....

Le nom de côte du Vigneron ou des Vignes, donné à cet emplacement, paraît provenir de ce que la vigne y fut cultivée, comme nous savons qu'elle l'était au XIIe siècle dans d'autres domaines voisins des comtes de Meulan, savoir : à Beaumont-le-Roger et à Sahurs (1). Une charte de Galeran, en faveur du prieuré de Saint-Gilles du Pont-Audemer, renferme la donation suivante :

« De toto vino quod venit ad celaria
« mea de vinea mea de Bellomonte et de
« vinea de Sahuz et de clauso meo de
« Cruce (2) plenariam decimam (3). »

Une tradition bizarre et peu vraisemblable se rattache chez les habitants de Brionne au nom de la côte du Vigneron. Leurs ancêtres s'obstinaient, disent-ils, à planter des vignes malgré les obstacles que présentaient le climat et la nature du terrain; les seigneurs furent obligés de se réserver le droit exclusif de cette culture pour vaincre l'opiniâtreté de leurs vassaux. La prohibition fut enfin levée en 1414 par Jean VII, comte d'Harcourt et d'Aumale; mais il paraît que les Brionnais ne tenaient à cette faculté que par esprit de contradiction et qu'ils s'abstinrent de prendre la culture de la vigne. Au moins ne voit-on pas figurer le vin de ce pays dans des vers grossiers du XVIe siècle qui nous rappellent d'une manière peu flatteuse trois autres vignobles normands :

Le vin tranche-boyau d'Avranches
Et rompt-ceinture de Laval
A mandé à Regnault d'Argences
Que Conihoult aura le gal (4).

Brionne, après avoir fait partie du do-

(1) Sahurs, Seine-Inférieure, arrondissement de Rouen, canton de Grand-Couronne.
(2) La Croix-Saint-Leufroi.
(3) *Maison d'Harcourt*, IV, p. 1694.
(4) Rob. Cœn., *De re gallica*, liv. II, f. 155. Conihoult, que l'on a imprimé par erreur *Collinkou*, est un hameau du Mesnil-sous-Jumièges, où l'on a continué fort tard de fabriquer un vin très-peu estimé.

maine particulier de nos premiers ducs et même avoir été une de leurs demeures : « una ex sedibus propriis ducum Normanniæ, » dit Guillaume de Jumiéges, fut concédé en apanage à Godefroi, fils naturel de Richard Ier, qui fut aussi comte d'Eu. Nos historiens ne s'accordent point sur le duc qui fit cette donation. Suivant Guillaume de Jumiéges, ce fut son frère Richard II, tandis qu'Orderic Vital l'attribue à son père Richard Ier (1). Quoi qu'il en soit de cette circonstance peu importante, Godefroi mourut de bonne heure, et cet événement fit disposer du comté d'Eu en faveur de son frère Guillaume, à qui sa révolte avait fait perdre celui d'Exmes (2). Quant au domaine de Brionne, il passa par héritage au comte Gislebert, fils de Godefroi (3), qu'il faut bien se garder de confondre avec Gislebert Crespin (4), qui fut gouverneur de Tillières pendant la jeunesse de Guillaume le Conquérant. Le comte Gislebert survécut non-seulement à son oncle Richard II, mais encore à ses cousins germains Richard III et Robert Ier. Il recouvra dans les dernières années de sa vie le comté d'Eu, dont le dernier titulaire était mort (5), et devint le gouverneur du jeune duc Guillaume (6). Ce prince n'en parle qu'avec la plus grande vénération et en lui donnant le nom de père de la patrie, dans le discours qu'Orderic Vital lui prête à ses derniers moments (7). Le bienheureux Helluin, fondateur du Bec, était son vassal et attaché à son service. C'est en combattant sous ses ordres, dans une expédition malheureuse contre Enguerrand, comte de Ponthieu, que ce guerrier fit vœu de se consacrer à Dieu s'il échappait aux périls dont il était entouré (8). Gislebert était aussi seigneur du Sap. Ayant voulu joindre à ce domaine Montreuil-l'Argillier, qui appartenait aux sept enfants de Giroie, la plupart encore mineurs, ceux-ci rassemblèrent leurs parents et leurs vassaux, tinrent tête au comte, le mirent en fuite et s'emparèrent du Sap. Le duc Robert, touché de leur situation et de leur courage, s'intéressa pour eux et obtint de Gislebert la cession de ce domaine aux jeunes vainqueurs.

Mais, après le départ de Robert pour la Terre-Sainte, le comte voulut profiter de la puissance dont il était investi pour rentrer, par la force des armes, dans cette propriété. Un matin qu'il se promenait à cheval et causait avec son compère Wascelin du Pont-Echanfré, Eudes le Gros et Robert Giroie se jetèrent sur lui à l'improviste et l'assassinèrent à l'instigation de Raoul de Gacé, surnommé Tête-d'Ane, fils de l'archevêque Robert et, par conséquent, son cousin germain. Les meurtriers n'épargnèrent pas même Foulques Giroie, autre compère du comte Gislebert, et qui s'était joint à lui contre ses frères dans cette guerre (1).

Raoul Tête-d'Ane ayant succédé immédiatement à son cousin germain dans ses fonctions auprès du jeune duc, les enfants de Gislebert, Richard et Baudouin, continuèrent d'être en butte à son animosité; ils n'entrèrent point en possession des domaines de leur père et furent même obligés de se réfugier auprès du comte de Flandres, leur allié (2). Le comté d'Eu fut rendu aux enfants du comte Guillaume, et Brionne rentra dans le domaine du duc. Celui-ci en disposa bientôt en faveur de Gui de Bourgogne, son cousin germain, mais il fut payé de la plus noire ingratitude. Gui ne tarda pas à lui disputer son duché sous le prétexte de l'illégitimité de sa naissance, et entraîna dans sa révolte Néel de Saint-Sauveur, Grimoud du Plessis, Hamon aux Dents, Ranulfe de Bayeux, ainsi que les autres seigneurs du Bessin et du Cotentin. Guillaume fut obligé de s'enfuir précipitamment de Valognes et de réclamer le secours du roi de France; mais, les rebelles ayant été vaincus à la bataille du Val-des-Dunes, en 1047, Gui se réfugia dans son château de Brionne, dont il avait créé ou au moins perfectionné les fortifications, si nous en croyons Wace (3). Le duc vint bientôt l'y assiéger. Ce siège, converti en blocus, se prolongea pendant trois ans, au rapport d'Orderic Vital (4). Les expressions dont Guillaume de Poitiers se sert pour le décrire ne permettent pas de douter que le château ne fût alors situé dans la vallée et entouré par la rivière (5); mais nous ne suppo-

---

(1) Will. Gemet., liv. VIII, p. 300. — Ord. Vital, t. III, p. 340.
(2) Will. Gemet, liv. V, p. 250.
(3) Id. liv. VIII, p. 300.
(4) Id. liv. VII, p. 269.
(5) Id. liv. IV, p. 247.
(6) Id. liv. VII, p. 253.
(7) Ord. Vital, t. III, p. 229.
(8) Ord. Vital, t. II, p. 13. — Gall. christ., XI, col. 216 et suiv.

(1) Ord. Vital, t. II, p. 25. — Will. Gemet, liv. VII, p. 269.
(2) Ce comte avait épousé Alienor, fille de Richard II, et par conséquent leur cousine germaine.
(3)   Quant cil fut seisi des chastels
    E fi les out fet buns à bels.
                 (Roman de Rou, v. 8768-9.)
(4) Ord. Vital, t. III, p. 232, 343; t. IV, p. 325.
(5) « Oppidum hoc cum loci natura tum opere

sons pas qu'il faille placer au Vigneron ni au château actuel les fortifications que le duc éleva pour l'investir des deux côtés de la rivière. Notre opinion est qu'il s'agit ici de ces châteaux en bois qui se démontaient à volonté et se transportaient d'une place à l'autre (1). Gui, après avoir épuisé ses provisions pendant un si long blocus, fut obligé de se rendre à discrétion et de quitter honteusement la Normandie.

Le duc rentra ainsi pour la seconde fois en possession de Brionne et le conserva pendant tout le reste de sa vie. Non-seulement il se garda bien de le rendre aux enfants du comte Gislebert, mais encore il retint ceux-ci dans l'exil jusqu'à son mariage. C'est alors qu'ils rentrèrent, à la prière du comte de Flandres, et reçurent en apanage, l'un Meules et le Sap, l'autre Bienfaite et Orbec (2). Ayant suivi Guillaume en Angleterre et l'ayant assisté de tout leur pouvoir dans la conquête et l'administration de ce royaume, ils reçurent de lui de grands domaines, savoir : Richard, le comté de Clare et le château de Tunbridge ; Baudoin, le château d'Exeter, le titre de vicomte du Devonshire et 169 seigneuries dans la contrée environnante. Le continuateur de Guillaume de Jumièges raconte que c'était une tradition régnante de son temps que Tunbridge avait été donné en échange de Brionne, et que, pour mettre plus d'exactitude dans cet échange, on avait mesuré avec une corde, suivant l'usage apporté de la Scandinavie par les Normands (3), le contour du territoire de Brionne, puis qu'on avait transporté cette corde en Angleterre et donné à celui de Tunbridge un contour précisément égal (4).

Le vieux Roger, seigneur de Beaumont et de Pont-Audemer, convoitait depuis longtemps la réunion de Brionne à ces deux domaines. A peine Guillaume le Conquérant était-il mort qu'il persuada au faible Robert de rendre à Guillaume de Breteuil son château d'Ivri dont il était gouverneur, à condition qu'il recevrait en dédommagement la propriété de Brionne. Cet arrangement paraît avoir eu lieu dès 1087 (1).

Trois ans plus tard, Robert, comte de Meulan, fils du comte Roger, étant revenu d'Angleterre enorgueilli des promesses de Guillaume le Roux, alla redemander au duc le château d'Ivri : « Votre « père n'a-t-il pas reçu en échange le « noble château de Brionne ? lui répondit « le prince. — Je n'accepte point cet « échange, et je veux avoir ce que votre « père a donné au mien, faute de quoi « je jure par saint Nicaise (2) de vous « causer du déplaisir. » Une démarche si inconvenante rendit quelque énergie au faible Robert ; il fit jeter en prison son insolent vassal et chargea Robert, fils de Baudouin de Meules et petit-fils du comte Gislebert, d'occuper Brionne. Le vieux Roger, avec son adresse ordinaire, cacha son chagrin sous un visage joyeux à la nouvelle de cet événement. Il alla même, au bout de quelques jours, trouver le duc après s'être fait précéder par des présents, et lui fit d'humbles salutations. Robert lui ayant rendu son salut : « Je remercie votre sublimité, sei« gneur duc, s'écria-t-il, pour la juste « sévérité avec laquelle vous avez réprimé « l'orgueil de mon fils. C'est ce que j'au« rais dû faire moi-même, si mon âge « avancé m'en eût laissé la force, car je « n'ai eu que trop souvent à déplorer son « insolence et le mépris qu'il faisait de « mes avis. Il était indispensable qu'il fût « puni et qu'il apprît comment il devait « parler à ses supérieurs et à ses maîtres. »

Ce fût par ces paroles et d'autres semblables qu'il chercha à regagner la confiance du duc. Celui-ci, avec son imprévoyance ordinaire, accueillit ses flatteries et, en l'admettant dans ses conseils, le mit bientôt à portée de tirer son fils de prison. Roger était l'un des plus puissants et des plus opulents vassaux de Normandie, gendre et beau-frère des comtes de Meulan, riche en trésors, en dignités, en forts châteaux et en vaillants guerriers. De ses deux fils l'un était comte de Meulan en France (3), et l'autre de Warwick en Angleterre. Il alla trouver de nouveau le duc Robert, lui rappela sa constante fidélité, les services qu'il avait rendus tant à lui-même qu'à son père, particulière-

« inexpugnabile videbatur. Nam præter alia firma« menta quæ moliri cœperit belli necessitudo, eu« jam habet lapideam arcis usum pugnantibus præ« bentem, quam fluvius Risela nullo quidem tractu « vadi impatiens circumfluit. Victor maturæ inse« cutus artem locavit obsidionem, castella utrinque « ad ripas fluvii bipartiti opponens. » (Gest. Guill. Ducis, p. 180. A.)

(1) Wace, Roman de Rou, t. II, p. 58.
(2) Ord. Vit., t. III, p. 340.
(3) Depping, Expédit. maritimes des Normands, II, p. 125.
(4) Will. Gemet, livre VIII, p. 300.

(1) Ord. Vital, t. III, p. 261, 263.
(2) Voyez, sur la vénération particulière des comtes de Meulan pour saint Nicaise, le double vol par lequel ils s'en procurèrent les reliques et l'expédient employé par eux pour en constater l'authenticité.
(Gallia christiana, t. VIII, col. 1236-7.)
(3) Par héritage de son oncle, le comte Hugues, mort sans postérité.

mont dans sa lutte avec Roger de Toesni [1], et la confiance spéciale dont le feu roi l'avait honoré. Le duc répondit qu'il savait tout cela d'avance et n'avait pas moins de confiance en lui que n'en avait eu Guillaume; que, s'il avait fait mettre en prison Robert de Meulan, ce n'était nullement par mépris pour le père, mais à cause des insolentes et opiniâtres prétentions du fils. Roger, tout en convenant de nouveau de la justice de ce châtiment, implora la grâce du coupable et se rendit garant de sa bonne conduite future. Attendri par les prières du vieillard, Robert délivra son fils et le lui rendit.

Peu de temps après, ces deux seigneurs réclamèrent Brionne et offrirent au duc une grosse somme en échange. Celui-ci, toujours avide d'argent, leur accorda leur demande, et ordonna à Robert de Meules de remettre Brionne entre leurs mains. Robert répondit que si le duc voulait garder cette place pour son propre compte il était prêt à la lui rendre, mais que si on ne la lui demandait que pour la donner à quelqu'un, il la garderait, parce qu'elle lui appartenait plus légitimement qu'à aucun autre, au droit de son aïeul le comte Gislebert, et que, puisque les événements l'avaient fait rentrer en possession de ce chef-lieu de l'héritage de ses pères, il s'y maintiendrait, avec l'aide de Dieu, jusqu'à la dernière extrémité.

A cette nouvelle, les deux comtes déterminèrent facilement le duc à punir la résistance du châtelain et à ne pas laisser aux mains d'un rebelle un château de cette importance, situé au centre même de ses États. Robert vint donc dans la semaine de la Pentecôte de l'année 1090 assiéger Brionne; Roger et son fils l'avaient devancé et s'étaient empressés d'investir la place avec des troupes nombreuses, de manière à prévenir toute entreprise pour la ravitailler d'hommes ou de vivres. Ces mesures furent couronnées d'un succès si complet que Robert de Meules n'avait, quand le duc arriva devant les murs, que six chevaliers à opposer à toutes les forces rassemblées contre lui. C'était à trois heures après midi; la chaleur et la sécheresse étaient extrêmes; les assiégeants imaginèrent de faire établir à leur portée un fourneau de forgeron et d'y faire rougir le fer de leurs flèches et de leurs traits, puis de les lancer bien vite sur le toit du corps du bâtiment principal, de manière à mettre autant que possible ce fer brûlant en contact avec les lichens et les autres plantes desséchées qui formaient une espèce de barbe sur cette vieille couverture. Cet expédient fut couronné d'un plein succès : bientôt le feu prit et se communiqua de proche en proche ; un grand incendie s'éleva; les guerriers de la garnison, occupés de faire tête à l'ennemi du mieux qu'ils pouvaient, ne s'aperçurent du stratagème que quand les flammes arrivaient déjà sur leur tête. Il fallut se rendre bien vite à discrétion pour se dérober à la fureur de l'incendie, qui devint général. C'est ainsi que le duc Robert prit en quelques heures une place qui avait résisté à son père pendant trois années.

Malgré la brièveté de ce siège, Gislebert du Pin, qui commandait les vassaux des seigneurs de Beaumont, y fut blessé à mort. Le duc remit Brionne au comte Roger; prenant pitié de Robert de Meules, il lui pardonna sa résistance et lui rendit, à défaut de l'héritage de son aïeul, celui de son père [1]. A la sollicitation du comte de Meulan, qui ne voulait laisser subsister aucun prétexte de réclamation sur Brionne, il lui accorda même en dédommagement de cette place une terre située dans le Cotentin, sous la condition, habituelle chez lui, de payer une grosse somme d'argent.

Le comte de Meulan, qui joua un si grand rôle en Angleterre et en Normandie sous Henri Ier, resta en possession de Brionne tout le reste de sa vie et le transmit en mourant, avec le reste de ses immenses propriétés, à son fils Galeran. Orderic Vital cite cette place, Beaumont-le-Roger, Pont-Audemer et Vatteville comme les quatre principaux châteaux que celui-ci possédait en 1119, sous la dépendance du monarque [2].

En 1122, ce même Galeran, impatient de signaler ses premières armes par quelques grands exploits, après avoir fait en secret ses préparatifs et entraîné dans son parti ses beaux-frères, ainsi que plusieurs autres de ses amis, leva l'étendard de la révolte en faveur de Guillaume Cliton. Au mois d'octobre, le roi arriva en Normandie et ordonna à Hugues de Montfort, beau-frère de Galeran et l'un des rebelles, de lui remettre son château. Au lieu d'obéir, Hugues s'empressa d'aller encourager sa femme et son frère à faire une vigoureuse résistance ; puis, sans descendre de cheval, il gagna Brionne, instruisit Galeran des événements et l'enga-

---

(1) Will. Gemet, liv. VII, p. 268 du recueil de Duchesne.

(1) Ord. Vital, t. III, p. 347.
(2) Ord. Vital, t. IV, p. 347.

gea à tenir ouvertement la campagne contre le roi. Henri passa longtemps à s'emparer de Montfort et de Pont-Audemer. Ce n'est qu'après qu'Eudes Borleng, gouverneur de Bernai, à la tête des troupes royales, eut vaincu et pris Galeran, qu'il vint en personne, au mois d'avril 1124, mettre le siège devant Brionne et l'enfermer entre deux châteaux qu'il fit construire à cet effet. La garnison se défendit jusqu'à ce que la ville et ses églises eussent été complètement détruites par le feu (1). Le roi, irrité de cette résistance, fit, après la capitulation, crever les yeux au commandant. Galeran ne recouvra sa liberté et ses propriétés qu'au bout de six ans; encore ses châteaux restèrent-ils entre les mains de Henri.

Après ce siège, nos annales ne mentionnent plus le château de Brionne; il est probable qu'il fut démoli (2). Tout ce qui en existe aujourd'hui consiste dans le mur septentrional et le mur occidental de son donjon carré. Ces murs, d'une épaisseur considérable, portent des traces authentiques de construction romane : ainsi la forme semi-circulaire des baies (devenues méconnaissables depuis qu'on les a dépouillées de leurs revêtements et bouchées pour y adosser à l'intérieur des constructions rurales), et la forme du chapiteau d'une colonne, voisine d'un tuyau cylindrique qui paraît avoir appartenu à une cheminée.

Ainsi que nous l'avons déjà dit, on doit croire, d'après les paroles de Guillaume de Poitiers, que le château primitif était situé dans une île de la rivière. Nous ne pouvons supposer que celui dont les restes existent encore soit l'une des fortifications de siège élevées en 1047 ou en 1124. On ne bâtit ni des murailles de cette épaisseur, ni un château aussi complet pour un service temporaire. Dans notre opinion, le château maintenant en ruines a dû remplacer l'ancien après la capitulation de Gui de Vernon ou, plus vraisemblablement encore, après celle de Robert de Meules, en 1090, ou de Galeran, en 1124.

Comme il n'entre point dans notre plan d'écrire l'histoire de la ville de Brionne, nous nous contenterons de dire que Galeran rentra dans toute sa puissance sous le roi Étienne, dont il fut longtemps l'un des principaux partisans en Normandie, et dont il épousa la fille encore au berceau. Il se soumit cependant avec tous les autres habitants du Roumois, en 1140, au comte d'Anjou. En 1189, son petit-fils, portant le même nom que lui, assigna pour dot à sa femme, Marguerite de Fougères, 200 livres d'Anjou, composant tous ses revenus de Brionne, sauf deux ou trois fiefs (1). Jeanne de Meulan, sœur de ce Galeran, porta Brionne avec Beaumesnil et autres terres dans la maison d'Harcourt, collatérale de la sienne, par son mariage avec Robert II d'Harcourt dit le Fort. Vers le milieu du siècle suivant, Raoul de Meulan, neveu de Jeanne, ayant réclamé les terres de Beaumont-le-Roger et de Brionne, ne put parvenir à établir ses droits sur ces deux importants domaines. Mais le roi saint Louis, touché de sa situation et de la noblesse de son origine (2), lui accorda en dédommagement Courseulle, Bernières-sur-Mer et autres terres voisines, jusqu'à concurrence de 600 livres de revenu. Brionne est resté attaché aux destinées de la branche aînée d'Harcourt et a passé, avec ses autres biens, dans celle de Lorraine-Harcourt, où il est resté jusqu'à nos jours, le prince de Lambesc en ayant été le dernier propriétaire (3).

Nous nous bornerons maintenant à noter quelques faits et quelques actes relatifs à Brionne.

En 1287, Philippe le Bel fit don de cette ville à Jean d'Harcourt, maréchal de France, surnommé le Preux, pour récompenser les services qu'il avait rendus à Philippe le Hardi.

Quelque temps après, Brionne fut brûlé et pillé par des brigands.

En 1356, cette ville fut prise et reprise

---

(1) Ord. Vital, t. IV, p. 462.
(2) Nous sommes porté à croire, d'après ce qui se passa au Bec à l'époque de l'invasion de Henri V, que ce n'est que dans cette circonstance que le château de Brionne fut démoli.

(1) « Notum sit omnibus tam praesentibus quam futuris quod matrimonium celebratum fuit inter « Galerannum, filium Roberti comitis Mellenti, et « Margaritam, filiam Radulphi de Fougeriis, hoc « modo : Robertus comes Mellenti dat et concedit « Galerano, filio suo, dare Margaritae, uxori suae, « ducentas libras Andegavenses redditus in dotem, « scilicet Brionam integre, praeter feudum Roberti « de Aricurris et praeter feudum Rogerii de Planci, « et Sahurs integre, etc. » (Maison d'Harcourt, III, p. 55. Voy. plus haut, p. 209.)

(2) « Cum dilectus et fidelis noster Radulphus de « Mellento instanter a nobis peteret ut jus quod « in terra Bellimontis Rogerii et Brionnae ratione an« tecessorum suorum se dicebat habere redderemus « eidem, ut super hoc nos apparebit testimonium « vel probatio ; nos autem nobilitatem sui generis « attendentes, ut qui de magnis et nobilibus traxit « originem, necessitati misericorditer compatientes « ejusdem. » (Maison d'Harcourt, IV, p. 122.

(3) Parmi les nombreux enfants de Robert II de Harcourt et de Jeanne de Meulan nous trouvons Gautier, seigneur de Brionne, qui transmit ce titre à ses descendants ; mais ils ne le prennent d'un fief de Brionne, voisin de Seumont près Orbec. (Voy. Maison d'Harcourt, II, p. 1873.)

par les Anglais, alliés des Navarrais, et les Français détruisirent en partie les églises Saint-Denis et Saint-Martin où ils s'étaient fortifiés.

En 1418, elle devint la possession des Anglais.

En 1495, Brionne échut à René II de Lorraine.

En 1562, les protestants pillèrent les églises de Brionne après s'être emparés de la ville. La même année, le duc d'Aumale livra la ville au pillage.

En 1590, Henri IV vint souper et coucher à Brionne avec quelques-uns de ses bataillons.

Brionne jouissait d'une certaine réputation au XVIe siècle pour la fabrication de ses draps et de ses toiles.

II.

La plus grande partie des détails que nous allons donner sur les établissements religieux de Brionne sont empruntés à Toussaint Duplessis. Nous avons cru cependant en plusieurs endroits devoir modifier le fonds et la forme de son récit.

Avant le XIIe siècle, Brionne comptait trois églises : Saint-Martin, la Sainte-Vierge, Saint-Denis. Ces trois églises tombèrent en mains laïques, et ce désordre dura longtemps. Un particulier, nommé Guillaume, les remit toutes les trois, pour le salut de son âme, entre les mains de Hugues d'Amiens, archevêque de Rouen, qui les donna, le 8 décembre 1140, aux religieux de Saint-Wandrille, à la condition qu'ils lui présenteraient dorénavant des prêtres pour les desservir. Quarante ans après, il n'est plus fait mention que de l'église de Saint-Denis. Robert du Neubourg, doyen de la cathédrale de Rouen, en était curé, lorsque Gautier II, abbé de Saint-Wandrille, en céda le patronage en 1185 à Guillaume de Salerne, aux conditions suivantes : le seigneur de Brionne présentait un sujet à l'abbé, qui le présentait ensuite à l'archevêque.

Dans le pouillé d'Eudes Rigaud on lit : « Briona. Johannes de Salerna patronus. « Valet IX libras. Parrochianos circa quin- « gentos. Radulfus, presbiter, presentatus « a dicto Johanne, receptus a domino « P. Archiepiscopus O. Rigaudi recepit « magistrum Johannem ad presentationem « abbatis Sancti Wandregisili, presenta- « tum primo eidem abbati a Johanne de « Salerna. Idem archiepiscopus contulit « eam postmodum magistro Nicholao Be- « liart propter lapsum temporis. » On lit en marge : « De capella Sancti Johannis « Domus Dei de Briona. »

En 1253, on trouve Emmeline, femme de Richard de Berteniz « de parrochia Sancti Dyonisii de Briona ».

Sur les registres de l'archevêché des années postérieures, on ne parle plus que d'une seule cure à Brionne ; mais les registres de l'an 1539 l'appellent Saint-Martin-de-Brionne avec ses annexes, et ceux des années 1671 et 1681 Saint-Martin-de-Brionne avec Saint-Denis, son annexe. Au XVIIIe siècle, l'abbaye de Saint-Wandrille n'avait plus aucun droit au patronage de cette cure ; le comte de Brionne présentait seul et immédiatement à l'archevêque.

La peste ayant ravagé toute la contrée, quelques habitants de Brionne élevèrent en 1658 un oratoire en l'honneur de saint Sébastien, à l'intervention duquel ils croyaient devoir leur salut.

Il y avait encore à Brionne, dès le XIIIe siècle, une léproserie, dont il ne restait au commencement du XVIe qu'une chapelle en titre sous le nom de Saint-Michel. Selon un aveu du 13 mars 1521, le fief de Monsault avait droit d'y présenter. Sur les registres de l'archevêché de Rouen de l'an 1534 on trouve aussi une chapelle de Brionne à la présentation du fief de Monsault. Sur les mêmes registres, aux années 1677, 1656 et 1693, cette chapelle est nommée la chapelle de Longsault et sur d'autres, enfin, la chapelle de Longsaux. Voilà bien des manières différentes d'écrire ce nom. Ce bénéfice fut uni à l'hôpital d'Harcourt.

En 1642, le comte d'Harcourt et l'archevêque de Rouen permirent à quelques religieuses bénédictines de l'abbaye d'Arcines, diocèse de Chartres, de s'établir à Brionne. Le comte d'Harcourt céda pour cette fondation tout le droit qu'il avait sur l'hôpital du lieu, ainsi que sur une chapelle de Saint-Gilles qui en dépendait, et, par sentence de l'official de Rouen du 11 mars 1642, il fut permis d'unir l'hôpital au nouveau monastère. L'hôpital avait, dit-on, 100 livres de rente ; le fonds de la chapelle consistait en trois arpents de bois taillis. La dame Cassandre le Gras, veuve d'Adrien le Michel, sieur de la Bretonnière, donna de son côté 500 livres de rentes en faveur de Renée le Michel de la Bretonnière, sa fille, qui devait être la première prieure de cette maison naissante, et le même prince, pour augmenter la fondation, y ajouta encore en 1648 le revenu d'une autre chapelle qui portait le nom de la Sainte-Vierge. Tous ces fonds, quoique modiques, mirent d'abord ce monastère sur un assez bon pied. Les religieuses acquirent même en peu de temps les terres voisines du Coudrai et du Gros-Theil; enfin, elles obtinrent des lettres patentes au mois de janvier 1663. Le nouvel établissement recueillit bientôt des fonds assez considérables pour se préparer un avenir tranquille; mais comme les religieuses étaient alors en procès pour l'union de l'hôpital, dont on leur contestait la validité, le parlement, qui enregistra en leur faveur les lettres patentes le 8 février de l'année suivante, ne le fit que sous la clause que le procès n'en souffrirait aucun préjudice. Ce prieuré ne subsistait plus au milieu du xviii° siècle. Les religieuses avaient été envoyées ailleurs et leurs revenus affectés, du moins en partie, au prieuré de Saint-Louis de Rouen.

Les lieux dits de Brionne sont les faubourgs de la ville; la Guerroyère; — les Longs-Saules; — Saint-Denis.

Parmi les hameaux: — l'Aunai-Bellet ou Sur-Brionne; — l'Aunai-sous-Brionne; — la Cabotière; — la Cabotière-de-Valleville; — Caillouet; — les Essarts; — Feugrolles; — les Fontaines; — les Friches; — la Grivelière; — les Martinières; — le Quesnai; — la Rivière-Thibouville; — la Vacherie; — Valleville (commune réunie en 1828 à Brionne); — la Tour (ferme); — le Behote; — le Thuret; — Bois-David (château).

Cf. Le Prevost, *Notice archéologique; Mémoire sur quelques monuments du département de l'Eure,* p. 36, § VII.

Guilmeth, *Notice historique sur le château de Brionne,* 1831, in-4°; *Histoire de Brionne,* 1834, in-8°.

Bulletin monumental, t. IV, p. 70; t. VI, p. 470.

La Normandie illustrée, Eure, t. I°, p. 52.

BROGLIE.

Arrond. de Bernai. — Cant. de Broglie. Sur la Charentonne.

Patr. S. *Martin.* — *Prés.* le seigneur.

Le nom ancien de Broglie est Chambrais. Cette commune, placée au point d'intersection de la voie romaine tendant de Lisieux à Evreux avec le grand chemin d'Alençon, remonte peut-être à la période romaine.

La forme naturelle et ancienne de Chambrais a dû être *Cambria.* Dès le vi° siècle, saint Grégoire, évêque de Langres, donna à Saint-Bénigne de Dijon un lieu nommé « Cambria ».

Chambrais appartenait dès le xi° siècle à la maison de Ferrières, une des plus célèbres de Normandie. (Voyez l'article FERRIÈRES.) Dans une charte du roi Henri II en faveur de Lire, on lit: « Ex dono « Henrici de Ferrariis, unum hospitem « liberum apud Cambrest. »

Dans une charte de Jean, abbé de Lire, relative à une transaction avec « Johannes de Auribecco, miles » (1238), et où il est question de ses moulins de la Cressonnière, provenant de l'héritage de Jean de la Cressonière, chevalier, on trouve un personnage nommé Guillaume Robin « de Cambresio », vendeur des biens qui ont donné lieu à la transaction.

En 1238, charte en faveur des mêmes religieux portant vente à eux par Guillaume Bobin « de Cambresio » de trois acres de terre labourable « sitas in parrochia de Capella, juxta queminum de Auribeco », grevées de 12 deniers de rente à payer à Jean de Meules, « filio Henrici de Molis, militis. » Comme le vendeur ne pouvait garantir que sa terre fût libre de tous empêchements, et particulièrement de monte, les moines furent obligés de s'arranger avec Jean d'Orbec, chevalier, moyennant un setier de froment de rente, et le vendeur s'obligea à payer une pareille rente en dédommagement, laquelle rente devait être prise « in duabus acris terræ quas tres « filii Gilberti Salomonis, scilicet Radul- « fus, Nicholaus et Laurentius, tenebant « de me in cultura Ricardi Mengis, juxta « dotalitium Hays la Mengise, in parro- « chia Sancti Albini de Tancio ».

Une autre charte constate la même vente, sous la date de l'année précédente. Le prix d'acquisition monte à 20 livres tournois. Les témoins sont: Jean des Vignes, bailli du roi; Raoul de Milloel, Guillaume de Reville, chevaliers; Richard le Galeis, vicomte; Richard Cornard, Raoul de Papelotes et plusieurs autres. Par une charte sans date, Luc, évêque d'Evreux, confirme, entre autres donations, celle de « Henrici de Ferrariis, « de dono Gauquelini fratris sui, et Hen- « rici, avi sui, de una masura libera apud « Cambresium ».

« Notum sit presentibus et futuris quod « ego Henricus, miles, dominus de Pres- « nelo, dedi et concessi Deo et Beate « Marie de Lyra... in puram et per- « petuam elemosinam et omnino liberam « viginti solidos annui redditus in loco « molendino quod est situm super aquam « Karentone, inter Cambresium et mane- « rium meum de Fresneio, percipiendos « ab illo qui tenuerit predictum molen- « dinum ad festum Sancti Remigii an- « nuatim. Dedi etiam predictis monachis

« potestatem faciendi in predicto molen-
« dino pro dicto redditu plenariam justi-
« tiam per remotionem ferrorum molen-
« dini et asportationem in feodo de Fer-
« rariis, ubi voluerint, donec predicti
« viginti solidi integre persolvantur.....
« Actum anno Dominice Incarnationis mil-
« lesimo ducentesimo tricesimo nono,
« mense augusti. »

Peut-être « Fresneium » est-il le Fresne, hameau de Ferrières.

Dans une autre charte de la même année et du même mois : « infra octabas Assumptionis Beate Marie Virginis, » renfermant d'ailleurs exactement la même donation, Henri ne prend point le titre de chevalier, mais seulement de « primogenitus Reginaldi de Fresneio, militis ».

A Chambrais, en 1250, la vigne des Monts, près la vigne de Roger de Cocherel, chevalier, appartenait à Guillaume Fauçillon. La vigne de Saint-Martin de Chambrais est citée en 1285. Ce devait être un excellent terroir; car, en 1337, les moines de Saint-Ouen estimaient l'un dans l'autre à 100 sous chacun des trente-deux tonneaux que leur produisaient par an leurs vignes de Chambrais.

Les seigneurs de Ferrières habitaient encore leur vaste manoir de Ferrières en 1287. Nous ignorons par quelles circonstances ce château, dont l'immense motte subsiste encore à l'occident de l'église, fut abandonné et détruit; mais leur principal établissement était transporté à Chambrais dès le commencement du XIVᵉ siècle. Il ne faut pas croire d'ailleurs que Chambrais fût dépourvu avant le XIVᵉ siècle d'un château fort. Dans la table des voyages de Jean sans Terre publiée par M. Duffus-Hardy dans le t. XXII de l'*Archæologia*, nous voyons plusieurs fois ce monarque séjourner à Chambrais, et jamais à Ferrières. On peut remarquer en outre que Chambrais devait être un lieu de passage plus fréquenté que Ferrières. Quoi qu'il en soit, nous avons à indiquer « l'appointement fait, prins, traitté
« et accordé le neuvième jour de mars
« en l'an M. CCCC. et XVII pour la capitu-
« lation de la ville et chastell de Cham-
« brois, entre les lieutenants du duc de
« Clarence et Jacques de Laville, esquier,
« et Guillem de La Perque, députez et
« assignez du sire de Ferrières, et des che-
« valiers, escuiers et burgeys de présent
« estans en ladite ville et chastell »; il est parlé de messire Jehan de Ferrières, chevalier, sire de Fontenay, en l'absence du seigneur de Ferrières, son père (Jean III, conseiller et chambellan de Charles VII). L'année suivante, le même Jean de Ferrières, sire de Fontenay, et Marguerite d'Harcourt, sa mère, firent leur soumission à Henri V et reçurent des lettres de sauve-garde.

Chambrais fut repris en 1449 par le fameux bâtard de Dunois : « Et le 18ᵉ jour
« ensuyvant dudit moys fut assiégé le
« chasteau de Chambrois par messei-
« gneurs les comtes de Dunois, de Cler-
« mont et de Nevers, les baillifs d'Evreux
« et de Berry, et plusieurs autres cheva-
« liers et escuyers, qui firent grande-
« ment leur devoir, combien qu'ils n'y
« furent guères, car le seigneur de Cler-
« mont fit la composition, et s'en allèrent
« les Anglois leurs corps et biens saufs,
« qui estoyent environ deux cens com-
« battans. » (*Chron. de Norm.*, fᵒ 492.)

Nous trouvons dans une compilation manuscrite les détails suivants sur ce qui se passa à Chambrais en 1589 et 1590. Nous ignorons d'où ils ont été extraits :

« Le 6 juin 1589, le sieur de Bacque-
« ville-Martel, qui tenait sous les ordres
« du duc de Montpensier pour le roi en
« Normandie, prit et pilla le château et
« le bourg qui tenaient pour un certain
« Limpon. Plusieurs bourgeois furent tués
« ou blessés à la porte du château ; l'é-
« glise fut pillée, les ornements emportés,
« les hosties profanées.

« Il laissa pour gouverneur le sieur de
« La Graffonnière ; mais au bout de quinze
« jours le château fut repris par le parti
« Benay, commandé par le capitaine Glos,
« qui tenait pour Limpon.

« Ce capitaine laissa pour commandants
« Coursy et Jean Descorchés, écuyer, sieur
« du Bosgueret. Ils l'abandonnèrent au
« carême de 1590, après la capitulation de
« Falaise et de Lisieux.

« Un nommé Laroche de Cisey et Des
« Bruères, son frère, s'en emparèrent alors
« au nom du roi et le tinrent jusqu'au
« 12 avril, époque où il fut rendu par
« composition au baron de Nonant.

« Le sieur Nicolle, dit Manpertuis, qui
« tenait pour Limpon et était resté au
« château, sortit avec armes et bagages.
« Il revint quelque temps après avec quatre-
« vingts ou quatre-vingt-dix soldats, et se
« battit au Bosq-Robert avec le sieur de
« La Roche : il eut l'avantage. Il eut ordre
« de construire un éperon devant la porte
« du château avec un corps de logis pour
« défendre l'entrée ; il fit brûler un grand
« corps de logis près du donjon.

« De concert avec MM. de La Roche et
« de Boscgueret, il fit réparer et rehaus-
« ser les galleries pratiquées autour du
« château, ou plutôt dans l'épaisseur des
« murailles. Il y tint depuis le 11 avril

« ju qu'au 28 juin, époque où M. de
« Montpensier, ayant fait le siége et fait
« élever la batterie du Bosc-Alix qui existe
« encore, fit tirer trente-huit volées de
« canon, de quatre batteries chacune,
« dont les boulets pesaient chacun 45 li-
« vres. On en a conservé deux qui sont
« au chartrier. Après une résistance lon-
« gue et meurtrière, le château fut pris
« d'assaut. Maupertuis et un fils du sieur
« de la Martinière furent condamnés à
« perdre la vie. Suivant la tradition, Mau-
« pertuis fut pendu à la porte du château.
« Le cavalier, ou batterie du Bosc-Alix,
« existait antérieurement, et dès l'an 1586,
« sous le nom de Vieille-Motte, suivant
« les aveux de l'aînesse du Bosc-Alix
« (13 juin 1586 et même 14 juillet 1530). »

En 1653, le domaine de Chambrais sortit de la maison de Ferrières, et en 1716 entra par acquisition dans la famille de Broglie. La baronnie de Ferrières ayant été érigée en duché en 1742, Chambrais reçut le nom de Broglie. Les constructions militaires de l'ancien château de Chambrais disparurent pour faire place à un château moderne, peu remarquable à l'extérieur, mais entouré d'un beau parc, et d'où l'on domine le bassin de la Charentonne, l'une des vallées les plus riantes de toute la France. Le maréchal de Broglie se retira dans cette résidence, qu'il avait ornée des pièces de canon prises par lui sur l'ennemi, et que le roi lui avait données. Il y mourut en 1745.

Chambrais était le siége d'une justice royale.

L'église de Chambrais est dédiée à saint Martin. Nous croyons devoir remarquer cette circonstance, qui est à elle seule un signe d'antiquité. Comme la plupart des églises ont été consacrées aux saints dont elles portent le nom lorsque leur culte était récent et dans sa ferveur, et que celui de saint Martin a été particulièrement florissant pendant les premiers siècles du christianisme dans les Gaules, on peut supposer que les églises placées sous l'invocation de ce saint sont d'une date ancienne. C'est à cause de cette ancienneté que beaucoup de communes rurales où elles existent portent le surnom de vieux. Ainsi, sans sortir de l'arrondissement de Bernai, Saint-Martin-du-Tilleul s'est appelé jusqu'à nos jours Saint-Martin-le-Vieux, et une charte de Guillaume le Conquérant nous apprend que Saint-Martin-du-Parc était désigné au XIe siècle par le même nom.

Le portail de l'église est d'une grande rusticité et presque uniquement composé dans sa partie ancienne et centrale de ces poudingues bruns dont nous avons déjà parlé. Il offre pourtant un joli groupe de six colonnes et arcades romanes, formant des ogives par leurs entrelacements, et surmontées d'une autre arcade à ogive qui renferme la statue du patron. Si le savant docteur Milner eût eu connaissance de ce portail, il se serait probablement empressé d'y signaler une nouvelle preuve en faveur de son opinion sur l'origine de l'ogive, d'autant plus que la grossièreté de la construction paraît annoncer une haute ancienneté. La porte n'offre qu'une arcade en poudingue à trois ressauts.

La nef, d'un style roman très-pur, présente la même grossièreté. Les piliers inférieurs, au nord, sont d'énormes masses parallélipipèdes couronnées d'un léger évasement en place de chapiteau. Sur ces pesants piliers repose une arcade romane extrêmement surbaissée ; puis au second étage une fenêtre romane, allant s'élargissant, selon l'usage, de l'extérieur à l'intérieur. Celles qui avoisinent le chœur sont décorées d'un rang de boules chargées d'une espèce de croix, puis d'un tore ou boudin. Ces fenêtres, toutes bouchées aujourd'hui, sont séparées les unes des autres par des faisceaux de trois colonnes romanes que supportent des consoles, et sur lesquelles venaient s'appuyer les nervures de la voûte primitive.

Au midi, la construction est absolument semblable, si ce n'est qu'en construisant, au XVe siècle, le collatéral actuel, on a rempli les gros piliers carrés du rez-de-chaussée par des colonnes et des arcades ogives de cette époque. Ce travail, fait sous œuvre, présente un résultat bizarre et contraire à la marche de l'art ; on a peine à concevoir qu'il ait été possible de l'exécuter sans compromettre la solidité d'une masse aussi pesante.

Le clocher est central et surmonté d'une flèche en bois. Les piliers qui en forment la base font partie du chœur, qui est de même style que la nef, et qui a sur elle l'avantage d'avoir conservé sa voûte primitive à nervures plates. Sur la face occidentale de ce clocher, on voit deux fenêtres analogues à celles de la nef, mais qui s'en distinguent par le rang de billettes dont elles sont entourées.

Le collatéral méridional est, comme nous l'avons déjà dit, de la seconde moitié du XVe siècle, et rappelle le style de l'église Sainte-Croix de Bernai. Il en est de même de la chapelle de la Vierge, où l'on peut remarquer les deux consoles qui supportent les nervures de l'arcade principale. Quant au collatéral septentrional, il est facile de s'apercevoir, aux meneaux bizarres et contournés de cette partie de l'édifice, qu'il est du XVIe siècle.

Les dépendances de Broglie sont : — le Bosc-Alix ; — la Cabotière ; — les Haies ; — le Houlci ; — le Moulin-à-Tan ; — le Moulin-du-Pré ; — le Potager ; — la Reboursière ; — la Réquerie ; — la Vimondière ; — Beauvais ; — la Rédouisière ; — la Fresnaie ; — le Moulin-de-Fresnai.

Cf. Aug. Le Prevost, *Mémoire sur quelques monuments du département de l'Eure*, p. 23, § VIII. L'article *Chambrais* se trouve reproduit presque en entier dans l'article ci-dessus.

Bulletin monumental, t. IV, p. 149.

BROSVILLE.

Arrond. d'Evreux. — Cant. d'Evreux.
Sur l'Iton.

Patr. S. Martin. — *Prés.* l'évêque d'Evreux.

Le mot *brock*, qui signifie un blaireau, est devenu un nom d'homme dans la langue scandinave. — Brosville ne pourrait-il pas venir de Broc-villa ? — On trouve dans le cartulaire de Préaux la mention d'un lieu voisin de Pont-Audemer qui se nommait en 1158 *Brochestuit* : le défrichement du Broc.

Dans une charte de Guillaume le Conquérant (1067) : « ... Hugo Broc... »

Dans une autre charte du même Guillaume : « ..... Et comparationem vini « in Brochvilla et in his quæ ad eam per- « tinent. »

« ... Et comparationem vini in Brocq-villa et in his quæ ad eam pertinent.... » (Charte de Richard II en faveur de Jumièges.)

« ... Comparationes de Brovilla.... » (Charte de Henri II.)

Gautier Broc paraît encore dans la charte de donation de Mireville à Jumièges, ainsi que son frère Hugues « Valterus Broc ». (Charte de Raoul, fils d'Anserède, en faveur de l'abbaye de Jumièges, de 1092 à 1098.) — On trouve « Goffredus Broc » sur une charte d'Atzelin ou Ascelin, chevalier, en faveur de Saint-Wandrille (1048-1049).

« ... Brovillam cum ecclesia et omni- « bus libertatibus et pertinentiis et appen- « ditiis suis... » La rubrique de la charte porte « Brocvilla ». (Bulle du pape Luce en faveur de Saint-Wandrille.)

Dans une charte d'Hubert du Boshion en faveur de la Noë, vers 1190 : « Martinus et Odo de Brocovilla, autor... »

Nous ne pouvons pas affirmer que ces chartes se rapportent à notre Brosville, et nous ne les citons que pour éclairer la question étymologique.

« ... Siquidem eo tempore quo eccle- « sie Ebroicensi pontificali administra- « tione deserviebamus, erat apud Rocas « Broeville molendinum Tanerez, ad pre- « bendam dilecti filii nostri Tustini antiquo « pertinens jure. Ipsum molendinum sus- « cepimus a predicto Tustino ad firmam « pro quindecim solidis publice monete « annuatim ad festum Sancti Andree per- « solvendis, quod et episcopo et canonico « commodum fore videbatur et erat. Ita- « que sive illud molendinum stet, sive « jussu episcopi diruatur aut dirutum sit, « justum est episcopum cum prefato Tu- « stino et in prebenda successore ejus « juxta beneplacitum eorum rationaliter « componere vel quindecim solidos an- « nuatim persolvere. Habebat quoque idem « Tustinus annuatim duodecim denarios « de prebenda Radulfi de Paceyo et duo- « decim denarios de prebenda Ricardi de « Garlenvilla... » (Charte de Rotrou, archevêque de Rouen.)

En 1220, Hugues le Vavasseur « de Brovilla » donne aux Templiers de la commanderie de Saint-Etienne de Renneville une pièce de terre « juxta herbegagium « fratrum Templi de Rublemont versus « Toucteloie de Sackevilla ».

Dans une charte de 1230, on voit figurer « Willelmus de Broovilla », archidiacre d'Evreux.

Roger « de Broovilla » est cité dans un contrat de vente de 1249 comme possédant des masures à Louviers. (*Cart. de Saint-Taurin*, p. 101 et 102.)

Une charte de Raoul, évêque d'Evreux, en 1269, se termine par ces mots : « ... datum apud Brovillam. »

Dans le *Registre des visites* d'Eudes Rigaud, nous voyons qu'il rendit visite en 1255 à l'évêque d'Evreux, Jean de la Cour d'Aubergenville, qui était malade à Brosville. En 1265, il s'arrête encore « apud Brovillam, in manerio episcopi Ebroicensis ». Enfin, en 1266, il y séjourna aux frais de l'évêque d'Evreux, et en compagnie des évêques d'Evreux et d'Auxerre.

1343. Echange de Jean des Minières, seigneur de Romeilly, d'une rente sur la paroisse de Brosville contre une autre rente sur les moulins de Grénietiseville.

Une branche de la famille du Bosc a été propriétaire d'un fief nommé Brauville. Est-ce notre Brosville ? Robin du Bosc, seigneur d'Emendreville, de Brauville, etc..., contemporain de Louis XII, est le premier de cette famille qui ait possédé Brauville. Guillaume du Bosc, son petit-fils, fut la tige des seigneurs de Brauville. Ce lieu paraît avoir passé à Louis du Fossé, seigneur de Vatteville, par son mariage, en 1661, avec Marguerite du Bosc, dernier rejeton de la branche de Brauville.

Brosville était le siège d'une ancienne baronie faisant partie du domaine temporel des évêques d'Evreux. — Hommage de 1454. — Les vassaux de l'évêque portaient une petite crosse brodée sur leurs manches; ils étaient exempts de droits de péage et de foires et marchés pour toute la France et particulièrement dans Evreux. Le manoir fut démoli en 1669 pour aider à l'érection de la chapelle du grand séminaire.

On trouvera beaucoup de renseignements sur Brosville dans les cartulaires du chapitre d'Evreux, déposés aux archives de l'Eure.

Au moment de la Révolution, l'abbaye des Dames de Louviers et l'évêque d'Evreux étaient propriétaires à Brosville.

Ses lieux dits sont : — les Angles; — Carcouet; — les Collets; — le Frais-Vent; — le Moulin-Heulin.

BUEIL.

Arrond. d'Evreux. — Cant. de Pacl.

Patr. S. *Martin.* — *Prés.* l'abbé d'Ivri.

Dans une charte de Lire, relative à Glos (1264), paraît « Alberetha de Boolio ».

Dans une charte de Saint-Taurin concernant des biens situés à Croisi et au Plessis-Hébert, interviennent comme témoins : « Willelmo, sacerdote de Boele; Gaufrido de Boele. »

Dans la liste des églises soumises au patronage de l'abbé d'Ivri, on trouve Saint-Martin-de-Bueil ; « de Buello. »

Racan était de la maison de Bueil.

On a trouvé dans la commune de Bueil, en extrayant des pierres de construction, douze à quatorze tombes formées de ces mêmes pierres. Elles avaient la forme de carrés longs ; le dessous, les côtés et les couvercles étaient faits de pierres larges taillées et jointes avec du plâtre ; elles contenaient des ossements humains qui ont été réduits en poussière par la chute de quelques débris de pierres. On a aussi trouvé de petits pots en grès ou en terre, dont quelques-uns étaient conservés intacts.

Les lieux dits sont : — le Pavillon; — le Biez; — la Côte-de-Chanu; — le Pec.

BUREI.

Arrond. d'Evreux. — Cant. de Conches.

Patr. S. *Aubin.* — *Prés.* le seigneur.

Une charte de Robert Ier en faveur de la cathédrale de Rouen cite un « Buretum » dans le Talou.

Dans la grande charte de Conches, on constate que Roger de Clere a donné à l'abbaye de Saint-Pierre de Conches deux gerbes de dîme à Buré :

« ... Item, sciendum est quod Rogerius
« de Clara, pro anima senioris sui Rogerii
« de Tostencio, dedit Sancto Petro..... et
« duas garbas decimæ de Bure, annuente
« Godehilde comitissa et Radulpho, filio
« ejus de Tosteneio, cujus fesi erat... »

« ..... Duas garbas decimæ de Bure cum hospite uno.... » (Bulle de Grégoire IX.)

1301. Guillaume de Conches, écuyer, reconnaît que le prieur du couvent de Lierru a droit de prendre tout ce que Richard le Drapier tient de lui dans la paroisse de Buré : « Omnibus hæc visu-
« ris, officialis Ebroicensis, salutem. No-
« tum facio quod coram nobis persona-
« liter constitutus Guillelmus de Conchis,
« armiger, filius et heres defuncti Mathei
« de Conchis, recognovit coram nobis
« religiosos viros priorem et conventum de
« Lyerruto esse et fuisse in possessione
« percipiendi et habendi singulis annis in
« festo Sancti Remigii, per manus dicti
« armigeri aut ejus mandato, ...
« percipiendos et habendos ex inde in per-
« petuum a dictis religiosis et suis succes-
« soribus in futurum in festo Sancti Re-
« migii super omnibus immobilibus quæ
« tenet a dicto armigero in parochia de
« Bureyo Ricardus Draperius, etc... Datum
« anno Domini millesimo trecentesimo pri-
« mo, die Veneris post Quasimodo. »

Nous trouvons dans le grand pouillé d'Evreux, comme seigneurs et présentateurs :

1475-1488. Jean Garin.
1511-1513. Guillaume Garin, prêtre.
1525. Jean Doinville, au droit d'Antoinette de Tessi, sa femme.
1558. Pierre Doinville.
1567. Marie d'Hellenvilliers, sa veuve et Jean Doinville, son fils.
1619. Antoine de Canouville, seigneur du Breuil Poingnard.
1648-1655. Antoine de Canouville.
1653. Sa veuve, Gabrielle d'Escageul et ses fils. La veuve était remariée à François Leprévost, écuyer, seigneur du Fai.

1682. Adrien de Canouville, seigneur du fief du Val-Poingnant ou Poinguard. On a dit l'un et l'autre.

Les lieux dits sont : — le Boulai ; — le Breuil-Poignard ; — Goupigni ; — le Clos-Morin.

BUS-SAINT-REMI.

Arrond. des Andelis. — Cant. d'Ecos.

Patr. S. Rémi. — *Prés. le seigneur de Pamilleuse et l'abbaye du Trésor.*

Il y a trois autres Bu en Normandie et un le Bô dans le Calvados.

Le nom du Bus s'est écrit indifféremment : Bus, Buscum et même Bocs.

Dans une charte de la fin du XIIᵉ siècle, Emma du Val donne à Saint-Taurin sa part de dîmes dans le bus (bois) et le vallon de Grimoud à Saint-Remi : « Emma « de Valle, et filii ejus dederunt Sancto « Taurino decimam quam possidebant in « busco et in valle Grimoldi et apud San-« ctum Remigium pro fratre suo Thoma « ibidem facto monacho. » Cette donation fut confirmée dans une bulle d'Honorius : « in busco et valle Grimoldi et in « Cantagica (*probablement Chantegne*) et « apud Sanctum Remigium decimas. »

Ce fut au Bus-Saint-Remi que l'abbaye du Trésor fut fondée en 1228, grâce aux libéralités de Raoul du Bus. Cette abbaye de filles, de l'ordre de Cîteaux, ne tarda pas à être l'objet des faveurs particulières du roi saint Louis; il se montra envers elle si généreux qu'il peut en être regardé comme le fondateur. Maurice, archevêque de Rouen, fit la dédicace de l'église en 1232.

Nous allons emprunter au cartulaire du Trésor plusieurs chartes des seigneurs du Bus en faveur de cette abbaye :

1228. « Sciant universi, presentes pariter « et futuri, quod ego Radulfus de Busco, « concessione et voluntate domini Hugo-« nis de Busco, militis, fratris mei pri-« mogeniti, dedi in puram et perpetuam « elemosinam, pro salute anime mee, et « parentum et antecessorum meorum, Deo « et Beate Marie et omnibus sanctis, ad « edificandum unum monasterium quod « vocabitur Thesaurus Beate Marie, in valle « de Chantepie prope Baudemont, monia-« lium ordinis Cisterciensis, sumptuum « de domo que vocatur Ispania, que ibi « deservient, illi cui servire regnare est « et cui soli competit medicinam prestare « post mortem, omnem terram et quicquid « juris et hereditatis et dominii habebam « in valle de Chantepie et inter Chantepie « et Dammesnil et ad Pratum Rabier. « Quam terram habebam de hereditate « mea et tenebam liberam et quietam ab « omnibus rebus. Hanc autem terram « tenebunt jamdicte moniales et posside-« bunt in perpetuum sibi et successoribus « suis, et edificabunt sibi in ea monaste-« rium et edificia sibi necessaria, et fa-« cient inde omnem voluntatem suam sicut « de sua elemosina. Hanc autem elemosi-« nam resignavi in manibus venerabilis pa-« tris nostri domini Theobaudi, Rothoma-« gensis, archiepiscopi, qui archiepiscopus « dictas moniales de sua elemosina ad in-« stantiam meam saisivit. Et ego et heredes « mei tenemur eis et eorum successoribus « ipsam elemosinam cum omnibus liber-« tatibus suis contra et contra omnes gentes garan-« tizare. Quod ut ratum et stabile sit in « perpetuum, hanc presentem cartam eis « feci anno Domini millesimo ducentesimo « vigesimo octavo, mense aprilis, et eam « sigillo meo proprio confirmavi. Ad ma-« jorem vero hujus rei confirmationem, « ego Hugo de Busco, miles, superius « nominatus, tanquam primogenitus et « heres post dictum Radulfum, hanc elee-« mosinam superius nominatam, conces-« sione et voluntate Theophanie, uxoris « mee, et liberorum nostrorum Girardi, « Roberti, Aelidis, Mathildis, Joanne, « Theophanie et Ameline, volui, appro-« bavi, laudavi, et contra omnes garantia-« zare promisi, et presenti carte sigillum « meum apposui in testimonium hujus « rei. Actum anno Domini millesimo du-« centesimo vigesimo octavo, mense apri-« lis. » (*Cart. du Trésor*, p. 549.)

En 1228, au mois d'avril, le même chevalier donne aux mêmes religieuses du Trésor « ... juxta oppidum quod dicitur « Baudemont quamdam terram que voca-« tur Parvam Culturam, et XI acras terre « a Maiserie, et XII denarios super ter-« ram Nauraye (*aujourd'hui la Croix qui « va à Ecos*). » *Ibid.*, p. 550.)

En 1228, mois de janvier (l'année commençait à Pâques), le même donateur accorda aux mêmes religieuses, totam ter-« ram quam habebam ad Maiserie desuper « Chantepie. » (*Cart. du Trésor*, p. 550.)

Dans la même année, Hugues du Bus, chevalier, donna toute sa terre située « in-« ter Parvam Culturam et Crucem du « Bouil. »

En 1229, Richard de Pontoise, du consentement de sa femme Ermengarde et de Jean de la Broce, son beau-père, vendit aux religieuses du Trésor « in valle de « Chantepie totam terram suam de Mese-« riæ, qu'il avait reçue en dot de son beau-père. Celui-ci y donna son consentement, ainsi que son fils Richard. Cette terre devait une rente annuelle « domino Hugoni del Bus ».

En 1230, Grégoire IX confirma aux religieuses du Trésor « locum ipsum in « quo præfatum monasterium situm est, « scilicet vallem de Chantepie, cum omni- « bus pertinentiis suis; quidquid contu- « lit vobis Radulphus de Bus, armiger, « videlicet terram et quidquid hereditatis « habebat inter Chantepie et Dammesnil « et ad Pratum; quidquid contulit vobis « Hugo de Bus, miles, scilicet totam ter- « ram quam habebat ad Meserie desuper « Chantepie, et totam terram quam habe- « bat inter Parvam Culturam et orrum « de Boel et terram quæ appellatur Purva « Cultura, et duas acras terræ ad Meseriz, « et annuum redditum duodecim dena- « riorum super terram Nauraye et terram « de Meserie. »

1231, novembre. « Ludovicus, Dei gra- « tia, Francorum rex, Noverint universi, « præsentes pariter et futuri, quod nos « litteras dilectæ et fidelis nostræ Matildis, « dominæ de Cailli et de Baudemont, « inspeximus in hæc verba:

« Sciant omnes, tam præsentes quam « futuri, quod ego Matildis, vidua, do- « mina de Cailli et de Baudemont, pro « salute animæ meæ et antecessorum et « amicorum meorum, dedi et concessi et « præsenti carta confirmavi ecclesiæ de « Thesauro Beatæ Mariæ in valle de Chan- « tepie juxta Baudemont, et monialibus « ibidem Deo servientibus et servituris, in « puram et perpetuam elemosinam de me « et heredibus meis habendam, decem « acras nemoris in Bos[c]o Episcopi versus « Torni sitas. Et hanc donationem ego et « heredes mei, pro amore Dei, dictæ ec- « clesiæ et monialibus contra omnes ga- « rantisare tenebimur. Et ut hoc ratum « et stabile permaneat, paginam istam si- « gilli mei munimine dexi confirmandam. « Actum anno Domini millesimo ducente- « simo tricesimo septimo.

« Nos igitur supradictam elemosinam « concedimus et confirmamus, et ut rata « permaneat in futurum, præsentem pagi- « nam sigilli nostri auctoritate et regii no- « minis caractere inferius annotato feci- « mus consignari. Actum Parisius, anno « Dominicæ Incarnationis millesimo du- « centesimo tricesimo primo, mense no- « vembri, regni vero nostri anno quinto, « astantibus in palatio nostro quorum no- « mina supposita sunt et signa: Dapifero « nullo, signum Roberti, buticularii; si- « gnum Bartholomei, camerarii; signum « Amaurei, constabularii. » (Cart. du Tré- sor, p. 593.)

En 1234, Roger de Bagnelont et Ada, sa femme, vendent aux religieuses du Trésor ce qu'ils possédaient au fief Cabot, sis au Bus.

En 1234, l'archevêque Maurice accorda aux religieuses du Trésor « in valle de « Chantepie infra parrochiam de Busco « constitutis » une chapelle et un chapelain, à condition que le chapelain, à son entrée en fonctions, jurera au curé de ne recevoir personne aux sacrements; qu'il lui restituera toutes les oblations qu'il pourra recevoir, et enfin que, pour les dîmes novales accordées par Hugues du Busc, chevalier, et Raoul, son frère, et pour les menues dîmes, il donnera au curé 20 sols parisis par an. (Cart. du Trésor, p. 550.)

En mai 1235, l'archevêque Maurice pensant que la distance de l'église paroissiale au couvent était incommode aux religieuses, que les revenus qu'elles avaient sur cette église de Saint-Remi leur étaient peu profitables, « pensato nihilominus quod « ruina ejusdem parochialis ecclesiæ, quæ « instabat, a sacerdote et parrochianis eju- « dem loci, qui et numero pauci, videlicet « qualuor tantum, et facultatibus tenues « esse noscuntur, reparationem non [pote- « rat] recipere aut etiam remedium fulci- « menti, » du consentement de son chapitre, des religieuses et des paroissiens, supprime l'église paroissiale, en transporte les revenus à l'abbaye sous certaines conditions; puis il ajoute: « Parochiani vero « qui memoratæ ecclesiæ subesse solebant, « a presbytero de Busco in ecclesia ejus- « dem presbyteri de cetero divina audiant « et ecclesiastica percipiant sacramenta. »

En 1236, Marie la Cabotte, femme de M. de Goitry, donne une acre de terre faisant partie de son bois Cabot.

En 1239, Gaseton de Poissy, chevalier, et Pétronille, sa femme, donnent une pièce de bois à la Brosse, près le fief Cabot.

En 1239, Nicolas du Bois-Gautier consent à la libre jouissance de tout ce que les religieuses auront acquis dans son fief « de Brocia ».

La même année, Gui du Bois-Gautier, fils du précédent, confirme l'acte de son père; il prend le titre de chevalier.

La même année, vente par Guillaume le Tondu de son fief de la Brosse et de tout ce qu'il possédait, du chef de sa femme Aveline, « apud Brociam ».

En juillet 1239, Eude de Grimesnil, du consentement de sa femme Crispinie, de ses frères Raoul et Givard, vendit toute la terre qu'il tenait des religieuses entre Baudemont et le Trésor.

1241, avril. « Ludovicus, Dei gratia « Francorum rex, omnibus ad quos lit-

« teræ præsentes pervenerint, salutem.
« Noveritis quod nos litteras Nicolai de
« Bosco Galteri vidimus in hæc verba :
  « Omnibus præsentem paginam inspe-
« cturis, Nicolaus de Boscho Galterii, sa-
« lutem in Domino. Ad notíciam singulo-
« rum perveniat, quod Thomas de Jambe-
« villa et Johanna, ejus uxor, vendide-
« runt et concesserant sanctimonialibus
« de Thesauro Beatæ Mariæ ibidem Deo
« servientibus et servituris, totum feodum
« quod tunc temporis apud Brociam pos-
« sidebant, quod idem Thomas et Jo-
« hanna, ejus uxor, ibidem de me tene-
« bant, videlicet tam in terris quam in
« domibus, nemoribus, hospitibus, red-
« ditibus et rebus aliis, tenendum et in
« perpetuum possidendum dictis sancti-
« monialibus libere, quiete et pacifice,
« absque ulla dictorum Thomæ et Johannæ
« vel heredum eorumdem reclamatione.
« Ego vero dictus Nicolaus, hanc volens
« et concedens venditionem, dedi et con-
« cessi in puram et perpetuam elemosi-
« sinam, pro salute animæ meæ et ante-
« cessorum meorum, dictis sanctimonia-
« libus, assensu domini regis, de quo
« dictum tenebant feodum, quidquid ju-
« ris et dominii in eodem feodo habui et
« habebam et habere poteram, absque
« mei deinceps et heredum meorum recla-
« matione. Et, ad majorem hujus rei con-
« firmationem, ad petitionem dictorum
« Thomæ et Johannæ, cum appositione
« sigilli dicti Thomæ, præsentem paginam
« sigilli mei munimine roboravi. Actum
« anno Domini millesimo ducentesimo
« quadragesimo primo, mense aprili.
« Nos autem prædictam venditionem,
« cum terra illa de feodo nostro moveat,
« volumus et concedimus. Et, in hujus
« rei testimonium et munimen, ad peti-
« cionem dictorum Nicolai et Thomæ,
« præsentibus litteris nostrum fecimus ap-
« poni sigillum. Actum apud Parisius,
« anno Domini millesimo ducentesimo
« quadragesimo primo, mense aprili. »
(*Cartul. du Trésor*, p. 314 et 315.)
1244, avril. « Hugo de Bosco, miles, »
accorda aux religieuses « quod omnes ri-
« vuli quos habere et invenire poterunt
« infra pratellos meos et infra terram
« meam sitam juxta dictos pratellos infra
« vallem de Chantepie, et illi etiam quos
« extra dictos pratellos et terram prædi-
« ctam [acquirere poterunt, convertant]
« ad utilitatem molendini earumdem.
« Volo etiam et concedo quod dictæ mo-
« niales viam habeant ex qualibet parte
« cujusque rivuli ad curandum eos et re-
« parandum quotiescumque necesse fue-
« rit, ita videlicet quod ego Hugo et here-

« des mei dictos pratellos et terram arare
« possimus usque ad rivulos, ita quod hoc
« non noceat rivulis et quod super hoc
« damnum non habeant moniales supra-
« dictæ. » (*Cart. du Trésor*, p. 349.)
1243, décembre. « Ludovicus, Dei gra-
« tia Francorum rex, universis, ad quos
« præsentes litteræ pervenerint, salutem.
« Noveritis quod nos decem arpenta, tam
« terrarum quam vinearum, quæ habe-
« bamus apud Babdemont, dedimus et
« concessimus in elemosinam ecclesiæ et
« monialibus de Thesauro Beatæ Mariæ,
« Cisterciensis ordinis, in perpetuum te-
« nenda et habenda. In cujus rei testimo-
« nium et munimen, præsentibus litteris
« nostrum fecimus apponi sigillum. Actum
« Pontisaræ, anno Domini millesimo du-
« centesimo quadragesimo tercio, mense
« decembri. » (*Cart. du Trésor*, p. 585 et
599.)
1244. « Ego Hugo de Cambraye, miles,
« et ego Simon Cabot, armiger, et ego
« Rogerus de Busco, notum facimus uni-
« versis præsentes litteras inspecturis quod
« moniales de Thesauro Beatæ Mariæ ha-
« bent et habebunt de cetero in ecclesia
« de Busco et in ecclesia de Escos sex-
« tam partem patronatus ratione dona-
« tionis Rogerii de Caqueillon et Adæ,
« uxoris suæ, qui dictam sextam partem
« patronatus dictis monialibus caritatis
« intuitu contulerunt. Et ne de cetero su-
« per hoc aliqua possit oriri molestia, nos
« prædicti Hugo, Simon et Rogerius, præ-
« dicta testificantes, in hujus rei testimo-
« nium, præsentes litteras sigillorum no-
« strorum munimine roboravimus. Actum
« anno Domini millesimo ducentesimo
« quadragesimo quarto, mense julio. »
1246, juillet. « Ludovicus, Dei gratia
« Francorum rex. Notum facimus univer-
« sis, præsentibus pariter et futuris, quod
« nos omnia quæcumque abbatia monia-
« lium Thesauri Nostræ Dominæ, Cister-
« ciensis ordinis, titulo emptionis ele-
« mosinarum largitione seu alio modo
« usque in præsentiarum acquisita no-
« scontur (sic), quæ de feodo nostro mo-
« veant, volumus, concedimus et rata ha-
« bemus. Quod ut robur obtineat perpetuæ
« firmitatis, præsentem paginam sigilli
« nostri fecimus impressione muniri.
« Actum apud... (sic), anno Dominicæ In-
« carnationis millesimo ducentesimo qua-
« dragesimo sexto, mense julio. » (*Cart. du
Trésor*, p. 604.)
1248, juin. « Ludovicus, Dei gratia
« Francorum rex. Notum facimus quod nos
« volumus et præcipimus quod abbatissa
« Thesauri Beatæ Mariæ et moniales et
« omnes res ipsarum sint quitæ in perpe-

« tuum ab omni exactione et consuetudine
« seculari, et habeant liberum transitum
« per terram et aquam in tota terra nostra,
« ita ut de rebus propriis ipsarum, quas
« emerint vel deportari fecerint ad usus
« suos proprios vel ad usus ædificiorum
« suorum, pontagium, pedagium, thelo-
« neum, passagium, roagium et modiatio-
» nem vini vel alias aliquas consuetudines
« seu exactiones seculares nulli omnino in
« terra reddere teneantur; prohibentes ne
« aliquis res vel servientes seu homines
« earum in aliquo vexet vel disturbet, quia
« tam ipsas quam quæ earum sunt in pro-
« tectione nostra et omnium successorum
« nostrorum, regum Franciæ, qui pro
« tempore fuerint, retinemus. Quod ut
« perpetuæ stabilitatis robur obtineat, præ-
« sentem paginam sigilli nostri munimine
« fecimus communiri. Actum Parisius,
« anno Domini millesimo ducentesimo
« quadragesimo octavo, mense junio. »
(*Cart. du Trésor*, p. 586 et 604.)

1249-1253. « Ego Almauricus de Forges,
« miles, notum facio omnibus quod ego,
« de assensu et voluntate Odelinæ, uxoris
« meæ, dedi et concessi et hac carta con-
« firmavi in excambium monialibus de
« Thesauro quinque pecias terræ arabilis
« quas habebam in parrochia Beatæ Mariæ
« del Bus, quarum, videlicet prima sita
« est inter cheminum quo itur de Diepa
« ad Brayum subtus Baudemont....abu-
« tans et chemino del Meserniz... et ter-
« tia pecia sita est apud le Mesnillet in-
« ter......et terram Tuie (?) de la Brosse,
« abutans terræ Hugonis del Bus, mili-
« tis, ex una parte, et cuidam peciæ
« terræ dictarum monialium sitæ ver-
« sus granchiam suam de Malassis, ex
« altera, et quarta pecia terræ sitæ sita
« apud les Meseruis (ou Meserius) inter
« terram Beatæ Mariæ del Bus, ex una
« parte, et quamdam peciam terræ dicta-
« rum monialium quam Hugo del Bus,
« miles, eisdem contulit in elemosinam,
« ex altera. » Dans la suite de la charte,
il est parlé d'une terre des religieuses
« quæ vocatur terra des Chenevières »;
d'une autre située « versus pratum Ra-
beri »; d'une « subtus fontem de la
Brosse »; d'une « in feodo domini del Po-
lera »; d'une « quæ vocatur Longa Heya »;
d'une « cultura Anseredi », et d'une « cultura Cabot ».

En 1252, terres situées « inter parro-
« chiam de Busco et nemus domini regis
« quod dicitur le Long ». Il y est fait
mention de « dominus Hugo de Busco,
miles ». Ces terres sont vendues par Gautier de Borni.

1258. « Universis Christi fidelibus ad
« quos præsens scriptum pervenerit, Mar-
« gareta, permissione divina humilis abba-
« tissa monasterii Beatæ Mariæ de Thesau-
« ro, ordinis Cisterciensis, Rothomagensis
« dyocesis, et ejusdem loci conventus,
« salutem in Domino. Noverit universitas
« vestra quod, cum contentio verteretur
« inter religiosos viros abbatem et con-
« ventum Sancti Taurini Ebroicensis, ex
« una parte, et nos, ex altera, super qui-
« busdam decimis et perceptione decima-
« rum sitarum in parrochia Sancti Remi-
« gii, juxta monasterium nostrum ante-
« dictum, videlicet in territorio de Longo
« Busco, intra territorium de Avene et
« viam quæ ducit apud Ausenne.......
« Anno Domini m° cc° l° viii°, mense sep-
« tembri. » (*Cart. de Saint-Taurin*, p. 110.)

En 1261, saint Louis donne aux religieuses du Trésor une rente annuelle de
100 liv. (Delisle, *Cart. norm.*, n° 668.)

La même année, saint Louis afferme à
l'abbaye du Trésor, dans la forêt « de
Bursa », 16 acres de terre, moyennant un
cens annuel de 11 liv. 10 s. t. (Delisle,
Cart. norm., n° 679.)

1266, novembre. « Ludovicus, Dei gra-
« cia Francorum rex. Notum facimus
« universis, tam præsentibus quam futu-
« ris, quod nos, pro salute animæ nostræ,
« ac remedio animarum inclitæ recorda-
« tionis regis Ludovici, genitoris nostri,
« reginæ Blanchæ, genitricis nostræ, ac
« aliorum antecessorum nostrorum, con-
« cedimus abbatiæ monialium de Thesauro
« Nostræ Dominæ Cisterciensis ordinis,
« et monialibus ibidem Deo servientibus,
« quæcumque ipsæ de feodo seu dominio
« nostro vel censivis nostris, quæ tamen
« non sunt de ducatu Normaniæ, in terris,
« vineis, pratis, domibus ac aliis posses-
« sionibus et rebus quibuscumque, titulo
« emptionis, donacionis vel alio quocun-
« que justo modo, a sex annis citra acqui-
« sierint, usque ad valorem sexaginta li-
« brarum parisiensium annui redditus,
« tenenda et possidenda in perpetuum in
« manu sua, sine coactione vendendi vel
« extra manum suam ponendi, salvo ta-
« men jure in omnibus alieno, retenta-
« que nobis in præmissis justicia, et salvo
« eciam jure nostro; hoc excepto, quod
« nos, pietatis intuitu, remittimus et quit-
« tamus eisdem monialibus in perpetuum
« usque ad summam quinque solidorum
« parisiensium, annui census sive reddi-
« tus, quos super rebus prædictis annua-
« tim, sicut asserunt, percipere soleba-
« mus. Præterea, cum, sicut nobis datum
« est intelligi, bonæ memoriæ M. comitissa
« Augi in ultima voluntate sua, de assensu
« et voluntate charissimi et consanguinei

« et fidelis nostri Alfonsi, comitis Augi,
« Franciæ camerarii, mariti sui, in puram
« et perpetuam elemosinam dederit seu
« legaverit monialibus supradictis quin-
« decim libras turonensium annui red-
« ditus, in testamento ipsius comitissæ
« expressas, percipiendas in præpositura
« Augi singulis annis, nos, quantum in
« nobis est, volumus et placet nobis quod
« eædem moniales prædictas quindecim
« libras annui redditus in manu sua te-
« nere possint et percipere in perpetuum,
« sine coactione, vendendi vel extra ma-
« num suam ponendi, salvo tamen in aliis
« jure nostro ac jure etiam in omnibus
« alieno. Quod ut ratum et stabile per-
« maneat in futurum, præsentes litteras
« sigilli nostri fecimus impressione mu-
« niri. Actum apud Calvum montem,
« anno Domini millesimo ducentesimo
« sexagesimo sexto, mense novembri. »
(Communiqué par M. Bonnin d'après une
copie collationnée des Arch. de l'Eure.
— Une copie défectueuse de cette charte,
datée de novembre 1267, se trouve dans
le Cart. du Trésor, p. 330.)

En 1266, Guillaume de la Brosse, « armiger, » vend deux pièces de terre « quæ
« dicuntur Fresches, quarum una abotat
« feodo de Dammesnil, ex una parte, et
« prato Raherii ex altera, et altera sita est
« inter terram mei venditoris, et la Torte-
« roye... liberas et quietas ab omnibus
« reddibantiis », du consentement de sa
mère Odeline et de sa femme Aelis.

La charte suivante, émanée de Robert
du Bus, chevalier, fils de Hugues du Bus,
et datée de 1269, est pleine de détails sur
la topographie de notre commune du Bus
au XIIIe siècle :

1269. « Noverint universi præsentes et
« futuri, quod ego, Robertus dictus du
« Bus, miles, filius domini Hugonis du
« Bus, militis, defuncti, assensu et vo-
« luntate Ysabel, uxoris meæ, et omnium
« heredum meorum, vendidi et concessi
« religiosis mulieribus abbatissæ et con-
« ventui de Thesauro Beatæ Mariæ juxta
« Baudemont, Cisterciensis ordinis, Ro-
« thomagensis diocesis, III. pecias terræ
« arabilis sicut se proportant in longum
« et in latum sitas supra muros abbatiæ
« de Thesauro, subtus quamdam gru-
« chiam quæ vocatur Malassise, et omne
« dominium et dangerium quod habe-
« bam et habere poteram in eisdem.
« Quarum peciarum duæ sitæ sunt inter
« terras dictarum religiosarum ex utra-
« que parte, altera sita est inter terram
« quæ fuit Adæ Aucroc, defuncti, ex una
« parte, et terram dictarum religiosa-
« rum, ex altera. Item, vendidi eisdem re-
« ligiosis III. solidos et dimidium parisien-
« ses annui redditus de capitavit (sic) do-
« mino (1), de quibus heredes Radulfi dicti
« Hularii de Furgis mihi reddebant an-
« nuatim ad festum Sancti Remigii II. so-
« lidos et dimidium de terra sua sita juxta
« muros dictæ abbatiæ de Thesauro, inter
« terras dictarum religiosarum, ex utra-
« que parte, et heredes Radulphi dicti
« Orient XII. denarios similiter ad festum
« Beati Remigii de n. pecia terræ, sitis
« super hortos dictæ abbatiæ de Thes-
« auro, inter terras dictarum religiosa-
« rum, ex utraque parte. Item, vendidi
« eisdem religiosis omnes census, omnes
« redditus, omnes angarias, omnes ser-
« vitutes, omnes reddibantias, omnes exa-
« ctiones, omne feodum sive dominium,
« omne dangerium, quæ habebam seu
« habere spectabam, quacumque ratione
« sive causa, in quadam pecia terræ ara-
« bilis, quam Radulfus de Broca tenet ad
« censum annuum, in qua pecia fons
« ex quo aqua decurrit ad dictam abba-
« tiam de Thesauro, situs est, et etiam
« in omnibus terris aliis arabilibus et non
« arabilibus, pratis, pratellis, nucleariis,
« vineis, rivulis, fontibus, vivariis, pis-
« cariis, fossatis et aquis seu aliis quibus-
« cumque sitis et constitutis circa muros
« dictæ abbatiæ de Thesauro, ex omni
« parte, et circumdatis et inclusis a maris
« dictæ abbatiæ de Thesauro, et a signis
« et terminis qui sequuntur, scilicet ab
« ulmo de Malassise usque ad crucem
« Roberti de Greil, et a cruce Roberti de
« Greil usque ad quamdam foveam quæ
« dicitur le Viezre, et du Viezre usque ad
« vineam presbyteri, et de vinea presby-
« teri usque ad Sanctum Remigium, et de
« Sancto Remigio usque ad Coudreyum
« Sancti Remigii, et de Coudreyo Sancti
« Remigii usque ad crucem domini Bal-
« drici, et de cruce domini Baldrici usque
« ad ulmum de Malassise...... Et prop-
« ter istam venditionem et concessionem
« ego, dictus Robertus, miles, recepi a
« dictis religiosis XL. libras parisiensium
« præ manibus in pecunia numerata, et
« unum equum, de pretio octo librarum
« parisiensium, de quibus me teneo pro
« pagato..... Et præterea ego dictus Ro-
« bertus, miles, crucis signaculo præ-
« munitus, intendens in brevi in trans-
« marinis partibus concedente Domino
« proficisci, volens et cogitans pro posse
« meo utilitati animæ meæ providere...
« omnes donationes, largitiones, per-
« mutationes, venditiones concessi, om-

(1) Il faudrait peut-être lire : « de censu capitalis
domini. »

« nes quaslibet res tam a me quam a bonæ memoriæ domino Hugone du Bus, milite, patre meo defuncto, et a Radulpho du Bus, avunculo meo, a retroactis temporibus usque ad hodiernum diem factas religiosis prædictis concedo, ratasque et firmas habeo et eas hac præsenti carta confirmo... Et ut ista venditio et concessio et etiam confirmatio robur obtineat firmitatis et duret de cetero in perpetuum, ego prænominatus Robertus du Bus, miles, et Ysabella, uxor mea, præsentem cartam confirmavimus nostrorum munimine sigillorum. Actum anno Domini millesimo ducentesimo sexagesimo nono, mense junii, die sabbati ante festum Beati Barnabæ, apostoli. Testibus his : Fratre Petro, priore de Salicosa; fratre Mathæo dicto Beinjamin; Petro de Cauda Insidiarum ; Roberto de Bosco Galterii, militibus, et pluribus aliis. » (Cart. du Trésor, p. 551 et 552.)

1269. Nouvelle charte de saint Louis. (Cart. du Trésor, p. 582. — Delisle, Cart. norm., n° 789.)

1273, décembre. « Philippus, Dei gratia Francorum rex. Notum facimus universis, tam præsentibus quam futuris, quod nos omnia quæcumque abbatiæ monialium de Thesauro Nostræ Dominæ, Cisterciensis ordinis, titulo emptionis, eleemosinarum largitione seu alio modo, in præsentiarum acquisita noscuntur, quæ de feodo nostro moveant, volumus, concedimus et rata habemus, salvo tamen jure alieno, et eamdem abbatiam cum omnibus pertinentiis suis sub nostra custodia et protectione suscipimus. Quod ut robur obtineat perpetuæ firmitatis, præsentibus litteris nostrum fecimus apponi sigillum. Actum Parisius, anno Domini millesimo ducentesimo septuagesimo tertio, mense decembris. » (Cart. du Trésor, p. 582.)

En 1376, il y eut débat pour les patronages d'Ecos et du Bus entre « messire Guillaume de la Haye, chevalier, et l'abbesse du Trésor-Notre-Dame-en-Val-de-Chantepie ». La décision fut conforme à la charte que nous avons citée plus haut. Il est fait mention dans cette sentence, rendue aux assises de patronnage tournant tenues à Vernon par le lieutenant général du bailli de Rouen et Gisors, « de messire Gilles le Flament, à présent au manoir de madame la reine Blanche ».

Parmi les francs usagers des forêts de Vernon et d'Andeli, le Coutum. des forêts de Norm., f. 26 r°, cite l'abbaye du Trésor.

En 1604, feu maître Jacques de la Barre, écuyer, sieur de Saint-Remi, avait acquis les fiefs de Saint-Remi et du Vauguyon, sis en la paroisse du Bus, à savoir : le premier, des religieux des Deux-Amants en 1564, et le second en 1575.

En 1634, les religieuses du Trésor furent, par arrêt du grand conseil, déclarées exemptes de payer des dîmes sur leurs terres de Long-Bus, au territoire du Val-de-Chantepie, vers Dammesnil et le Pré-Rayer, en raison de la donation faite par Raoul du Bus, en janvier 1227, de tout ce qu'il y possédait de terrain pour bâtir le monastère du Trésor-Notre-Dame. Il est dit encore dans cet arrêt qu'en 1239 l'archevêque Maurice annexa le curé de Saint-Remi, avec quatre paroissiens qui restaient, à la cure du Bus, à condition qu'il ne percevrait que les dîmes des animaux, et que les religieuses percevraient les dîmes promales (sic). Sur un point, cet arrêt fait erreur; c'est de 1228 et non de 1227 qu'est la donation ou fondation de Raoul du Bus : « Dedi totam terram et quicquid juris et hereditatis et dominii habebam in valle de Chantepie et inter Chantepie et Dammesnil, et ad pratum Rahier. »

En 1639, Louis XIII institua une foire le jour de Saint-Jacques, dans les premières cours de l'abbaye du Trésor.

En 1663, messire Charles de la Grandière et Jean, son fils, écuyers, seigneurs du Bois-Gaultier, Grimouval, etc... vendirent à l'abbaye du Trésor un quart de fief de haubert, nommé fief de la Brosse et Chamois, contenant 30 ou 40 perches, relevant de la seigneurie du Bois-Gauthier. Le nom de MM. de la Grandière était de Mercey.

Le lieu seigneurial du fief de la Brosse s'appelait le Chamoist. Mention d'Amauri de la Brosse, chevalier; Guillaume Prevostean, écuyer, seigneur du Bois-Gautier (1456); Louis d'Assy.

Nous connaissons plusieurs aveux rendus par l'abbesse du Trésor. Le plus ancien est du 11 mars 1419. (Archives de l'Emp., P. 307, n° 210.) Cet aveu comprend, entre autres articles : 1° l'hôtel, près Baudemont; 2° une rente sur la prévôté de Vernon; 3° 600 acres de terre dans la forêt de Bourse; 4° un fief à Montmartin-en-Gregne ; 5° une fief-ferme au même lieu; 6° des droits d'usage en la forêt de Vernon; 7° des droits d'usage aux moulins de Brai; 8° un fief à Val-Corbon; 9° un fief à la Broche; 10° un fief à Saint-Remi; 11° des vignes à Vernon; 12° une rente sur la prévôté d'Ivri; 13° une rente sur la terre de Fontaine-le-Châtel. — Nous allons reproduire l'aveu du 27 juillet 1672, qu'on trouve transcrit à la p. 4 du Cartulaire du Trésor;

« Du roy notre sire et souverain sei-
« gneur, nous, religieuse sœur Adrianne
« de Courtils, par la permission divine
« humble abbesse de l'abaye et monastère
« du Trésor Notre-Dame, de l'ordre de Ci-
« teaux, ès diocèse de Rouen, et toutes
« les religieuses du dit monastère ayant
« une même volonté et affection, confes-
« sons et avouons tenir en pure perpé-
« tuelle aumône, c'est à savoir : les terres,
« possessions et franchises, tant en fief
« qu'autrement, de la fondation de noble
« sainte mémoire monsieur saint Louis,
« jadis roy de France, tant en droit de
« notre fondation comme des acquisitions
« et augmentations faites de plusieurs
« terres nobles et non nobles, le tout par
« admortissement.

« Premièrement, notre hôtel et manoir
« situé et assis au Vexin normand, jouxte
« Baudemont, consistant tant en bâti-
« ments, basse-court, jardin et clos, où
« est contenu les granges, écuries, co-
« lombier et autres bâtiments étant dans
« l'enclos de la dite abaye, contenant en
« tout cinquante arpents ou viron de terre
« occupée.

« Item, la dite abaye possède la sei-
« gneurie de Saint-Remi, quart de fief de
« haubert, consistant en cent dix acres de
« terre non fieffée que la dite abaye fait
« valoir par ses mains, tant bonnes que
« mauvaises, avec quatre arpens de vi-
« gnes, quatorze arpens de bois taillis
« avec trente-deux arpens de pré. La dite
« abaye possède aussi les dîmes du dit
« Saint-Remi en vertu d'un accord et trans-
« action par elle faite avec les dames de
« Villerceaux par Maurice, archevêque de
« Rouen, et sont dames du dit hameau et
« en reçoivent les droits et rentes sei-
« gneuriales qui sont dues.

« Item, la dite abaye possède en la pa-
« roisse de Bray une acre de pray, apelé le
« Pray des Trois-Cornets, et un demi-ar-
« pent de pray en la dite paroisse de Bray.

« Item, la dite abaye possède le fief de
« la Brosse, sis en la paroisse du Bus,
« Baudemont et Boisroger, huitième de
« fief de haubert, consistant en maison,
« masure, bois, vigne et terres labou-
« rables, sises ès dites paroisses, conte-
« nant........ qui ont été achetés de Guil-
« laume Létendu l'an 1230, ce qui fut
« confirmé par saint Louis, l'an 1239.

« Item, la dite abaye possède et fait
« valoir le nombre de quarante une acres
« de terre sises au dimage du Boisroger,
« qui leur a été aumônée par saint Louis
« avec le tiers de la dîme, en l'an 1247.

« Item, la dite abaye possède en la dite
« paroisse de Baudemont six arpens de

« vigne, environ deux arpens de pray,
« nommé le pray Crespin, qui ont été
« aumônés à la dite abaye par saint Louis
« l'an 1243.

« Item, la dite abaye possède en l'an
« 1240 le fief, terre et seigneurie du Val-
« corbon, consistant en maison, masure
« et manoir seigneurial, avec quarante-
« quatre acres de terre ou environ. Plus,
« la dite abaye aurait acquis, en l'an 1643,
« d'un des vassaux du dit fief, le nombre
« de quatre-vingts acres de terre, et le
« domaine fieffé consiste en cinquante
« acres de terre, qui doivent à la dite sei-
« gneurie rentes seigneuriales, tant en ar-
« gent, bled, avoine et chapons.

« Item, la dite abaye possède la moitié
« des grosses dîmes de la paroisse de Four-
« ges et neuf arpens de pray ou environ,
« qui ont été aumônés par Jean, seigneur
« de la Roche-Guyon, en l'année 1244.

« Item, Jean, seigneur de la Roche-
« Guyon, aumôna, en l'an 1264, à la dite
« abaye, un millier de harang par an,
« payable à chacun jour des brandons, c'est-
« à-dire le premier dimanche de carême.

« Item, la dite abaye possède au terri-
« toire de Grimonval, paroisse d'Escos,
« quatre-vingt-dix arpens de bois taillis
« qui a été aumôné par le roy saint Louis
« à la dite abaye, en l'an 1250 (?).

« Item, la dite abaye possède en la dite
« paroisse d'Escos, triège du Mantel et de
« la Bourdonnière, onze acres de terre
« labourable ou environ, aumôné par Jean
« Dupleix l'an 1252, en considération de
« deux de ses sœurs qui se rendirent reli-
« gieuses en la dite abaye en ce temps-là.

« Item, la dite abaye possède un fief
« noble nommé le fief Fleuri, assis en la
« paroisse de Guiseniers, consistant, sa-
« voir : le domaine non fieffé, en trente-
« une acre de terre, tant labourable que
« masure, manoir et colombiers et clo-
« sage; et le domaine fieffé en.... acres
« de terre ou environ ; auquel fief il y
« a basse justice, et sont les vassaux du
« dit fief sujets à comparoir aux plés de
« gage-plège à peine d'amende, comme
« aussi doivent plusieurs rentes et de-
« niers, chapons et grains, lequel fief au-
« rait été acquis par décret, lors de quoi
« le dit fief relevait de madame de Ne-
« mours, comme engagiste de la comté de
« Gisors, dont est relevant ledit fief.

« Plus, la dite abaye possède en la pa-
« roisse de Guerny, vicomté de Gisors,
« sept vergées de terre et cinq vergées
« de pray, qui ont été aumônés par dame
« Alix, femme de feu seigneur de Bourry,
« l'an 1244.

« Item, la dite abaye possède et a droit

« de percevoir sur la grange d'Ambleville,
« au Vexin françois, un muid de bled et
« un muid de vin par chacun an, suivant
« la donation qui leur en a été faite par
« Jean des Essars, seigneur dudit lieu,
« en l'an 1243, duquel muid de bled la
« dite abaye n'en jouit plus que de vingt-
« quatre boisseaux trois quartes (mesure
« de Vigny).

« Item, la dite abaye possède et a droit
« de prendre annuellement sur le domaine
« de Meullan cinquante livres de rentes,
« dont elle jouit encore de présent, sui-
« vant la donation faite de la dite rente
« par la reine Blanche, mère de saint
« Louis, en l'an 1243.

« Item, la dite abaye jouit de deux
« muids de bled froment, mesure de
« Chaumont, que Richard de Cordelle,
« seigneur de Banteleu au Vexin fran-
« çois, aumôna à la dite abaye en l'an
« 1235.

« Item, la dite abaye possède à présent
« sur la terre de Guiry, size au Vexin
« françois, le nombre de quatre muids
« de bled mesteil, valant dixme et cham-
« part, et dix-huit septiers d'avoine, au
« lieu du quint du revenu de la dite terre,
« qu'elle possédait, avec une terre size à
« Commeny, audit Vexin, dont jouissait
« autrefois la dite abaye, suivant la do-
« nation faite par Mabire de Guiry en
« l'an 1240, confirmée par la reine Blanche
« et saint Louis, son fils, en l'an 1245;
« comme aussi d'un muid de bled, par
« donation faite par Guillaume le Breton,
« seigneur de Guiry; toutes lesquelles
« choses ont été réduites par transaction
« passée entre le seigneur de Guiry à la
« dite abbaye, en l'an 1560, au dit nombre
« de quatre muids de bled méteil, val-
« lant dimes et champart, et dix-huit
« septiers d'avoine.

« Item, la dite abaye possède saize
« livres de rente par chacun an, à prendre
« sur la terre de Fontaine-le-Châtel, sise
« au pays de Caux, suivant la donation
« faite par Pierre, chambellan du roy de
« France, en l'an 1247.

« Item, la dite abaye possède la terre
« seigneurie des Ventes de Bourses, quart
« de fief de haubert, relevant du roy à
« cause de sa vicomté d'Alençon au dio-
« cèse de Sées, par donation faite par
« saint Louis, roy de France, en l'an 1246,
« dont le domaine fieffé consiste en six
« cents acres de terre, et par une autre
« donation faite par le même roy saint
« Louis, elle possède au même territoire
« quarante-six acres de terre non fieffés
« et onze livres saize sols de rente an-
« nuellement, comme aussi six livres de
« rente à prendre annuellement sur le
« moulin de la Marche.

« Item, trois livres de rente à prendre
« sur le moulin dit des Chenups, et
« xxvii sols sur les prés situés entre les
« hays de la ville de Verneuil et Ville-
« Barils, auquel fief il y a haute justice,
« à cause de quoi la dite abaye y nomme
« un bailly, procureur de seigneurie, gref-
« fier, tabellion, sergent et tous autres
« officiers apartenants à haute justice, et
« peuvent juger les différens procès des
« vassaux, excepté quand il y a mutilation
« de membres; à cause duquel fief il
« apartient à la dite abaye un tret de
« dîme de la troisième partie des susdites
« acres de terre, dépendantes du dit fief
« des Ventes de Bourses.

« Item, la dite abaye possède, à droit d'é-
« change du fief de Montmartin en Graine,
« au pays de Costentin, qui leur avait été
« aumôné par saint Louis, la terre sei-
« gneurie de Phipou, située en la cam-
« pagne du Neubourg, qui est un demi-
« fief de haubert relevant du seigneur de
« Marbouf, à cause de sa terre de Mar-
« beuf, lequel consiste en maison, ma-
« sure, droit de colombier et de chapelle,
« et pouvoir d'élire et nommer un séné-
« chal pour tenir les pieds et faire rendre
« aveu aux tenants du dit fief, lesquels
« doivent plusieurs rentes en deniers et
« chapons, grains et agneaux.

« Item, la dite abaye possède tant à
« Vernon, Vernonet, Gamily, Bisy, Saint-
« Marcel que à Saint-Just, plusieurs parties
« de rentes tant en argent, chapons, vin,
« pinpreneaux, baillés à ferme tout en-
« semble à un nommé Marcadé pour le prix
« et somme de 120 livres par chacun an.

« Item, la dite abaye possède, par la
« donation de la reine Blanche, sur le
« domaine de Vernon, cinq sols parisis
« chacun jour de l'année, payables en
« deux termes par les receveurs du dit
« domaine, pour la pitance des dames
« religieuses de la dite abaye du Trésor,
« et cent sols pour son anniversaire, et
« autant pour celui de son fils.

« Item, par la donation de saint Louis,
« la dite abaye avait droit de prendre par
« chacune semaine, dans la forêt du dit
« Vernon, trois chartés de bois, qui ont été
« réduites depuis par trente années par an.

« Item, la dite abaye possède à Ver-
« nonet une maison masure, avec un ar-
« pent et deux tiers de vigne, et neuf
« arpens de pray, qui leur avait été donné
« par le feu roy saint Louis, ladite abaye
« faisant tout valoir et aprofiter par ses
« mains.

Item, la dite abaye possède depuis cinq

« ans en ça, à cause de la fondation faite
« par M. Pierre de Feuguerolles, sieur de
« Montmort, vingt-huit acres de terre la-
« bourable, situés en la paroisse de Villers
« sur Andeli, relevant du seigneur de Vil-
« lers, et une acre de vigne située au terri-
« toire d'Andeli, triége du Château-Gail-
« lard, à cause de laquelle donation fonda-
« tion la dite abaye est obligée de dire
« plusieurs services et deux messes par
« semaine à perpétuité.

« En outre, la dite abaye a droit de
« présenter à la cure de la paroisse d'Es-
« cós, comme aussi à celle de la cure de
« la paroisse du Bus, doyenné de Bau-
« demont, après que Jean de Claire, che-
« valier, seigneur de Panilleuse, patron
« des dites paroisses, y aura présenté
« cinq curés consécutifs; la sixième nomi-
« nation ayant été surnommée à la dite
« abaye par les seigneurs de Claire, pré-
« décesseurs du dit sieur de Panilleuse.
« Plus, la dite abaye a droit de moudre
« franc au moulin de Bray vingt-cinq
« muids de bled, suivant la donation qui
« a été faite par saint Louis en l'an....
« Promettant qu'en cas qu'il nous vienne
« à notre connaissance d'avoir obmis quel-
« que chose dans le présent aveu et dé-
« nombrement de l'augmenter ou le dimi-
« nuer s'il y échet. En témoins de quoi
« nous avons scellé ces présentes du sceau
« de notre abaye, dont nous usons en
« telles affaires et autres faits, et présenté
« ce vingt-sixième jour de juillet mil six
« cents soixante-douze. Signé : Sœur
« Adrianne de Courtils, abesse ; sœur
« Marie de Launoy, prieure ; sœur Marie
« de Vieupont Dansonville ; sœur Marie de
« Gaillarbois ; sœur Renée Defouilleuse ;
« sœur Renée de Dampont ; sœur Magde-
« leine de Feuguerolles ; sœur Renée Le
« Roy ; sœur Anne Morant, celerière ;
« sœur Anthoinette de Mascarany ; sœur
« Marie Jubert du Thil ; sœur Marguerite
« de Saveuse ; sœur Marie de Ronche-
« rolles ; sœur Elisabeth Lelieur ; sœur
« Anthoinette de Montfort ; sœur Clère
« du Rollet ; sœur Elisabeth Hallé ; sœur
« Jourdainne Descagent. Et scellé du ca-
« chet des armes de la dite abaye, en cire
« rouge. » (Cart. du Trésor, p. 4-5.)

Nous donnerons, d'après les auteurs du
Gallia christiana, la liste des abbesses du
Trésor :

Marguerite, 1253-1274.
Adélaïde, en 1283.
Elisabeth de Villetain, morte en 1302.
Eustachie.
Marguerite II de Banteleu, morte en 1333.

Jeanne Ire de Montegni, en 1352 et 1374.
Jeanne II le Bigre, morte en 1383.
Jeanne III de Montigni, en 1389 et 1392.
Anne Ire de Montmorenci, morte en 1394.
Maline du Chemin, en 1407 et 1416.
Lucie de Montmorenci, en 1419.
Marguerite III de Noyers ou de Noviers, en 1433 et 1434.
Denise du Préau (1438-1464).
Jeanne IV du Mont (1464-1493).
Marie Ire du Plessis, en 1502.
Marie II le Pelletier, en 1505.
Marguerite IV de Monsures, en 1505.
Marguerite V de Gourlai, en 1517.
Louise de Flines ou de Félins, morte en 1536.
Etiennette de Gani, nommée par le roi François Ier, morte en 1544.
Catherine de Gani, morte en 1570.
Pétronille de Dampont, de 1559 à 1566.
Jeanne V de la Fontaine (1569-1604).
Philippa de Vieupont (1604-1635).
Jeanne VI de Vieupont (1635-1637).
Catherine II de Vieupont (1637-1647).
Adrienne de Courtils de Talmontier, (1648-1683).
Anne II Beraud (1683-1694).
Anne III de Roncherolles (1695-17..).
Marie-Gabrielle-Elisabeth du Plessis de Richelieu, nommée en 1724.

C'est aux archives de l'Eure qu'il faut aller chercher les titres de l'abbaye du Trésor. On y trouvera un cartulaire transcrit au XVIIIe siècle, auquel nous avons emprunté un grand nombre de pièces et de renseignements. Dans le tableau des archives de l'Eure, on lit :

« Abbaye du Trésor. Cartulaire du
« XVIIIe siècle. Chartes. Registres de prises
« d'habit. Inventaires des titres, états de
« biens et titres des propriétés situées dans
« les paroisses d'Aveni, Baudemont, Beau-
« regard, Bionval, Brai, Bus-Saint-Remi,
« Cahaignes, Château-sur-Epte, Cour-
« celles, Ecos, Fours, Fourges, Gaillon,
« Mont-Martin, Requiécourt, la Roche-
« Guyon, Tourny et Vernonnet. (De 1233
« à 1778. — 4 reg., 12 liasses.) »

Les lieux dits de Bus-Saint-Remi sont : — Bus, Saint-Remi et le Trésor.

Baudemont a été réuni à Bus-Saint-Remi en 1842.

Cf. Dumoulier, Neustria pia, p. 919.
Gallia christiana, t. XI, col. 325.
Martène, Anecdot., t. IV, col. 1304 et 1362.

C

CAËR.

Arrond. d'Évreux. — Cant. d'Évreux nord.

Patr. S. Leufroi. — Prés. le seigneur.

Kaër, dans la langue celtique, signifie bourg, ville, village, logis, maison, toute espèce d'habitation. Nous n'avons point dans tout le département de l'Eure de mot dont l'origine soit plus franchement celtique. Il répond au mot latin *villa*, et devient dans la composition *ker* : c'est le *ker* des Bretons.

Nous trouvons ce lieu mentionné dans la charte de Robert Ier en faveur de la cathédrale de Rouen : « ... Et in Ebroi-« censi pago,... et Cader... quas dedit « Ricardus primus... »

En 1237, un procès fut intenté par le curé de l'église contre Jean Paen, passeur du port Paen. Ce dernier, « outtre « heure, c'est assavoir, après queuvre « feu et contre le cri solennel du roy, » avait fait passer, moyennant une forte somme, des voleurs qui enlevaient au curé deux de ses chevaux.

Dans une charte de Saint-Taurin, relative à Louviers (1250), et dans une autre (1253), il est fait mention de Roger « de Cahaire ».

En 1254, André de Kaer, chevalier, et Raoul de Kaer, son fils aîné et héritier, confirmèrent une vente faite à Geoffroi de Courcelles, chanoine d'Évreux, d'une pièce de vigne, et se désistèrent de toutes prétentions sur la fosse Constance « fossa Constancæ ». Dans un autre acte de 1260, il est parlé de l'épine « quæ vocatur spina de fossa Constancæ. » En 1266, André était mort. Dans un acte de 1270, il est fait mention d'un triége « de spina de Wervim ». En 1266, d'un autre triége : « apud halas Travoscinas. Villa de Mes-« nillo Morini. »

En 1253, Geoffroi de Corsières, chanoine d'Évreux, acheta une rente sur une vigne de Caër. (*Second Cartul. du chap. d'Évreux*, n° 348, p. 212.)

On trouve des renseignements très-importants et très-nombreux sur Caër dans les cartulaires du chapitre d'Évreux, déposés aux archives de l'Eure.

On voit successivement nommés comme patrons ou seigneurs de Caër, en 1493, Guillaume du Chastel, au droit de Jeanne de Rabestan; 1538, Jean de Quevremont; 1559, Charles de Melun, baron de Landes et de Normanville; 1560, litige; 1563, le même seigneur; 1566-1604, sa veuve, Marie de Luce; puis sa fille, Madeleine de Melun, comtesse de la Suze; 1639, Charlotte de Roie de la Rochefoucauld, comtesse de la Suze, au droit de son mari défunt, Louis de Champagne, comte de la Suze; 1663, le comte de la Suze, protestant.

Caër fait partie de la commune de Normanville-sur-Iton, canton d'Évreux nord.

CAHAIGNES.

Arrond. des Andelys. — Cant. d'Écos.

Patr. S. André. — Prés. le couvent de Sainte-Catherine de Rouen.

Il est très-difficile de pouvoir fixer l'étymologie du mot Cahaignes. Ce mot doit être tiré de la langue franque ou de la basse latinité et désigner des cabanes, des chaumières. Cahaignes, Cahagnolles, Cahaigners, Cavan, Chaignes, Chagnolles, Cahaineth, Cagni, Cani appartiennent évidemment au même groupe de mots.

Dans la *Description de la haute Normandie*, t. II, p. 213, Toussaint Duplessis soutient que dans la langue celtique *kaë* signifie haie, clôture de parc, de champ, et *haign*, charogne. Suivant lui, Cahaignes aurait donc été un champ clos où l'on jetait les bêtes mortes.

On a découvert, il y a peu d'années, à Cahaignes des tombeaux; ces tombeaux contenaient divers objets, entre autres une hache en fer et des pots de terre bleue.

Un chevalier, Guillaume de Cahaignes, fit prisonnier, en 1141, le roi Étienne à la bataille de Lincoln. Il est probable que c'est le même personnage que « Willelmus de Cahainges », dont il est parlé dans le Sussek-Buck. Nous ne savons s'il s'agit ici de notre Cahaignes ou de Cahagnes du Calvados.

Dans une charte non datée, Guillaume du Mesnil, clerc, donna le patronage de l'église de Cahaignes au couvent de Sainte-Catherine de Rouen. Cette donation dut être faite au commencement du XIIIe siècle; car, dans le chartrier des chartreux de Gaillon, on trouvait une donation de l'année 1209 par Daniel..... de Vernon, aux religieux de Sainte-Catherine, de ce qu'il possédait à Cahaignes. En 1240, Jourdain de « Walliquierville » fit une donation semblable.

L'église de Cahaignes était dédiée à saint André; elle avait au XIIIe siècle cinquante-quatre paroissiens et valait 31 livres tournois. Ainsi, on lit dans le pouillé d'Eudes Rigaud : « Ecclesia Sancti An« dree de Caaignes. Abbas Sancte Kate« rine Rothomagensis, patronus; habet « LIV. parrochianos; valet XXXI. libras tu« ronensium... »

Les Templiers établis à Bourgout (commune d'Arquenci) partageaient à cette époque avec le couvent de Sainte-Catherine-du-Mont la plus grande partie du territoire de Cahaignes.

En 1239, Jean « de Vianna », du consentement de sa femme Axende, avait donné aux Templiers « apud Burgundum » une pièce de terre « proprio meo labore « adquisitam in territorio de Chaengnes, « inter terram Heudebore et terram Wil« lelmi d'Anjou ».

« Omnibus Christi fidelibus ad quos « presens scriptum pervenerit,.... abbas « Sancte Trinitatis de Monte Rothomagi « et ejusdem loci conventus, eternam in « Domino, salutem. Noverint universi « quod, cum contentio verteretur in curia « domini regis inter nos, ex una parte, « et magistrum domorum Templi in Nor« mannia, et fratres suos, ex altera, su« per quibusdam terris et redditibus le« gatis predictis magistro et fratribus a « Guillelmo Baignart, in suo testamento, « quas terras et redditus dictus Guillelmus « habebat apud Autevesne et apud Ga« maches, de feodo nostro; et super dua« bus acris terre, sitis apud Autevesne, « quas Rogerus de Leonibus eisdem con« tulerat, retento omni alio legato ab eo« dem Guillelmo, extra feodum nostrum, « eisdem fratribus facto; tandem, de bo« norum virorum consilio pensata utili« tate utriusque partis, dicti magister et « fratres omne jus quod habebant in dictis « terris et redditibus ratione legati pre« dicti in feodo nostro facti et ratione « dicti Rogeri remiserunt, et quicquid « juris habebant in Ricardo Bulart de Boe« semont, hospite eorumdem, ita quod « ipse Ricardus de cetero tenebit de no« bis, reddendo et faciendo servitia et « consuetudines que fratribus exhibebat, « scilicet decem solidos usualis monete ad « festum Sancti Remigii et ad Nathale duos « boessellos bladi et duos capones, et ad « Pascha viginti ova, et hec omnia sin« gulis annis terminis prenotatis persol« venda, et emendas si que contigerint fa« ciende, nichil juris in terris predictis et « redditibus et hospite predicto retinen« tes. Pro hac autem remissione et colla« tione, predictis magistro et fratribus « contulimus decem et septem acras terre « arabilis sitas in parrochia de Cahen« gnes, de feodo nostro habendas et pos« sidendas in perpetuum fratribus preno« tatis et eorum successoribus, retenta « decima ad opus helemosinarii nostri et « presbyteri de Cahengnes. Quas terras « promisimus contra omnes gentes dictis « fratribus garantizare. Quod ut ratum sit « et stabile perseveret, presens scriptum « sigillorum nostrorum munimine duxi« mus roborandum. Actum anno Domini « Mº CCº XXXº IXº, mense februarii. »

« Willelmus dictus Lambert de Cahengnes, » du consentement de sa femme Aelis, vend aux Templiers de Bourgout, pour 6 sous tournois, 6 deniers de rente « apud Chaengnes in territorio de fovea Heudeborc ». (1246.)

« Ranulfus de Cahainnes, omnibus san« cte Dei ecclesie fidelibus, tam futuris « quam presentibus, salutem. Sciatis me « dedisse Deo et Sancte Marie et militibus « de Templo Salomonis totam terram « quam Ricardus de Milleres tenuit, solu« tam scilicet et quietam in perpetuam « elemosinam, pro salute anime mee et « predecessorum meorum et successorum. « Hujus rei sunt testes : Juliana, uxor « mea, et Hugo de Cahainnes, meus fra« ter, et Giffardus de Lucerna, et Willel« mus de Nerbunia, Thomas Chanu; Ran« nulfus, filius Oleardi. »

En 1251, Godefroi le Loup, du consentement de sa femme Emma, vendit aux Templiers de la commanderie de Burgout une rente de 18 deniers tournois « quos « heredes Roberti de Baschevilla debeant « de orto suo..... pro quindecim solidis « turonensium », avec l'obligation d'échange « in territorio de Kahenneis », près de la terre de Godefroi de Vauville, « in cultura quæ dicitur fons la Gueroude. » Il existe deux exemplaires de la charte relative à cette vente.

En 1253, Hugues de Grimoval avait

donné aux Templiers « apud Burgout « commorantibus, capitale dominium « quod habebam in quadam pecia terræ « sita in territorio de Kahaignes inter... « cheminum de Cantiers ». La charte mentionne : « Rogerius Crispinus, sororius Ernouldi de Templo. »

En 1293, Gautier du Bosc Gillout, vicomte de Neaufle, annonce que, par-devant Giefrey Bouhourt, tabellion, il a été adjugé à Raoul Piqueinnet des héritages situés à « Quahannes », entre la terre Guillaume de Blarru, escuier ». Ces héritages avaient été saisis sur Jean Durant.

Une autre charte de la même année constate que « Alissandre Reü et Aaliz, sa fame, de la parroisse de Vely, » vendent pour 60 sous tournois une pièce sise en la paroisse de « Kaannes ».

On lit dans le *Coutumier des forêts de Normandie* :

« Le commun et habitans de Cahaignes
« ont acoustumé prendre en la dicte forest
« de Vernon le boiz vert en gesant et le
« sec en estant et en gesant, hors caable,
« taille et deffens, pasturages hors chie-
« vres, leurs pors frans de pasnage et
« pasturage en la dicte forest coustumière,
« par paiant 1 den. de pors.... à la
« Saint-Andrieu, et ob. à la Chand.leur,
« et de leur nourreture sont frans par
« rapportant par escript au verdier le
« nombre d'iceulx pors, réservé le moys
« deffendu, livrée de charetils de III ans
« en III ans par livrée du verdier.....
« pour clorre sur rue de III ans en III ans,
« bois pour escarrier pour leurs maisons,
« sur IIII pos. Et pour ce sont tenus faire
« au roy, nostre sire, III gerbes de blé en
« aoust, I pain à Noel chascune mes[on],
« et III oeux à Pasques. » (F° 33 r°).

La seigneurie de Cahaignes appartint successivement aux familles de Béthencourt et de Bois-d'Ennemets.

« .. Apprès le dit Jehan de Béthen-
« court se remaria et espousa Jehane de
« Noion, fille de Guillaume de Noion, es-
« cuyer et seigneur de Quéhagnes en Veu-
« quessin le Normant. »

Ce Jean de Béthencourt était fils de celui qui conquit les Canaries. (*Généalogie ms. de la maison de Béthencourt*.)

Les lieux dits de Cahaignes sont : — Requiécourt ; — Sénancourt ; — Entre-Deux-Villes ; — le Bout-de-Senancourt ; — la Basnerie ; — la Fosse-Grée ; — le Perchepied ; — le Bosmartin ; — les Marteaux ; — les Plateries ; — la Fosse-au-Bout-de-Cahagnes ; — la Trésorerie ; — les Marais ; — le Champ-Pourri.

Cf. Toussaint Duplessis, t. II, p. 481.

CAILLI.

Arrond. de Louviers. — Cant. de Gaillon.

Patr. S. Rémi. — *Prés. l'abbé de la Croix-Saint-Leufroi.*

Le mot anglo-saxon *wael*, d'où s'est fait l'anglais *wel*, et qui se trouve dans le flamand *weel*, signifie fontaine, puits, et paraît un peu travesti dans les noms de plusieurs lieux de Normandie. Quillebeuf, nommé dans les vieux titres « Guellebotum » et « Guellebodium », est *Wealsbuh*. C'est le même nom que Coullibeuf, Cailletot, Wealetoft, masure de la fontaine. Il se trouve même des villages et des seigneuries du nom de Veule et de Veules, comme ailleurs il s'en trouve plusieurs qui s'appellent Fontaine et Fontaines. Orderic Vital les a nommés en latin « de Vetulis », faute d'en savoir l'origine et la signification. Les noms de Cailli, de Galli ou Calix et de Calibourg viennent de la même souche. Ainsi s'exprime Huet dans les *Origines de Caen*, p. 309.

Cailli semble remonter à une haute antiquité. Dubouchet, dans les *Origines de la maison de France*, t. Ier, p. 222, relate une charte du comte Nebelongus, par laquelle il donne « villam Cailiacum » au monastère appelé la Croix-Saint-Leufroi. La vie de saint Leufroi, écrite au IXe siècle, confirme cette charte, datée du 23 mars 788 : « Egressus que a Varenna « monasteriolo petivit locum qui dicitur « Calliacus. »

Suit un acte par lequel Raoul de Conches donne à l'abbaye de la Croix-Saint-Leufroi une forêt qui domine Cailli :

« Salvator noster Jhesus Christus, rex
« cœlorum, postquam carnem ex intacta
« Virgine assumere crucisque patibulum
« pro humani generis reparatione dignatus
« est, et sponsam preciosissimo suo sanguine con-
« secravit, multorum filiorum sobole fœ-
« cundavit, quorum alii pro fide chri-
« stiana præclarissimas passiones pertu-
« lerunt, alii vero verbum Dei populis
« prædicantes per totius orbis climata eam
« diffuderunt, alii divitiis seu terris di-
« versisque præterea honoribus decenter
« ornaverunt. Horum ego Radulfus vesti-
« gia subsequi cupiens, pro redemptione
« animæ meæ et patris mei et matris meæ
« et omnium parentum meorum viven-
« tium seu defunctorum, pro spe salutis
« æternæ, in honore Dei omnipotentis,
« monasterio Sanctæ Crucis, sub præsentia

« domni Odilonis, ejusdem loci abbatis,
« silvam quamdam in monte qui est super
« villam quæ Calliacus dicitur sitam, quæ
« crasso vallo interjacenti ab altera silva
« disjungitur absque cujusquam calum-
« pnia absolute do; necnon etiam omnia
« quæ in villa Toeniensi Heinricus, quon-
« dam ejusdem villæ præpositus, nunc
« vero ipsius monasterii monachus, vel in
« aliis locis quæ meæ ditioni subjacent
« ipsi monasterio dedit, sive in vineis, sive
« in terris, simul quoque omnia quæ Ra-
« dulfus, monachus, filius Gisleberti de
« Cleris, in sæculari habitu positus, pos-
« sedit, et universa quæ Rainoaldus, pater
« Guillielmi, monachi, dum viveret te-
« nuit. Quantum ex his ad me pertinet
« supra dicto monasterio sine ullius con-
« tradictione libenter concedo. Addo etiam
« hoc, ut, si quis meorum hominum, Dei
« amore ductus, aliquid ipsis in locis præ-
« fato loco Sanctæ Crucis dare voluerit, ex
« mea concessione firmissimum fiat. Pro-
« pter hoc ergo ab ejusdem cœnobii ab-
« bate, domno Odilone, et cuncta fratrum
« ibidem Deo servientium congregatione,
« orationes et beneficia suscipio in æter-
« num, in salutem animæ meæ et patris
« mei et matris meæ, et omnium paren-
« tum meorum viventium seu defuncto-
« rum. Amen. Signum Guillielmi, regis
« Anglorum †. Signum Radulfi de Con-
« chis †. Signum reginæ Mahildis †. Si-
« gnum Gisleberti, episcopi Ebroicen-
« sis †. »

En 1286, une charte de la Croix-Saint-Leufroi mentionne « Caillyacus ».

Point de lieux dits.

CAILLOUET.

Arrond. d'Évreux. — Cant. de Paci.

Patr. Notre-Dame. — Prés. le seigneur de Vaux.

Caillouet est traversé par une voie romaine qui, venant de Mantes, passe la rivière d'Eure à Gadencourt et se dirige vers Pont-Audemer.

Nous pouvons indiquer plusieurs documents où le nom de Caillouet est employé au moyen âge.

Dans le *Cartulaire de Saint-Père de Chartres*, p. 413, on trouve la donation à ce monastère de l'église de « Buxidum » au Perche. Parmi les souscripteurs de la charte paraît « Radulfus de Calloet ».

Dans une charte de 1157, souscrite par Hugues III, archevêque de Rouen, en faveur de Saint-Denis, il est fait mention d'une chapelle dépendante de l'église de Chaumont en Vexin : « Ecclesia de Cailloel. »

A l'article de BOURNEVILLE, nous avons cité un fief de Caillouet peu éloigné du fief de Brotonne, et possédé par Alexandre de Caillouet, veneur de Robert II de Meulan.

Enfin, dans la commune de Bu (Eure-et-Loir), il existait en 1232 une vigne nommée « vinea de Cailloel ».

Dans le bail des dîmes de Croisi en 1289, notre Caillouet est désigné sous la forme de « Caillouelum »; dans le deuxième pouillé d'Evreux : « Caillouetum. »

Les seigneurs de Caillouet étaient les seigneurs de Vaux-sur-Eure.

Vers le milieu du XVIe siècle, Pierre du Chesne, seigneur de Caillouet, épousa N... du Bosc, fille de Pierre du Bosc et petite-fille de Guillaume du Bosc, panetier du roi, mort en 1507; 1505-1507, André de Mornai, seigneur de Caillouet et de Vaux; 1527, Jean de Bouquetot, Guillaume de Bouquetot; 1549-1602, Jean de Bouquetot; 1613-1620, Esther d'Orbec de Bienfaitte, sa veuve; 1631, Guyonne de Bouquetot et Philippe de Chaumont, son mari; Louise et Jeanne de Bouquetot, ses sœurs; 1651, M. de Quitry, seigneur de Vaux; 1654, Jacques de Carel; 1684, Pierre de Carel.

En 1848, on a découvert dans l'église de Caillouet un contre-rétable fort intéressant.

Cette petite commune n'a pas de lieux dits. Elle a été réunie en 1845 à Orgeville sous le nom de Caillouet-Orgeville.

CALLEVILLE-LES-BOIS.

Arrond. de Bernai. — Cant. de Brionne.

Patr. Saint-Aignan. — Prés. le comte de Brionne.

Tout porte à croire que l'étymologie de ce nom est *Corolivilla*. Au moyen âge, on disait Kalles pour Charles. Voyez les *Chroniques de Saint-Denis*, où Charles est appelé Kalles, et Charlemagne Kallemaine. On disait même Challes, Chasles, Challon. Aussi, ces noms sont-ils encore portés de nos jours par un très-grand nombre de familles.

Dans la charte de Hugues de Mortemer pour l'abbaye de Saint-Victor, Calleville, dans le pays de Caux, est appelé *Karlivilla*.

Dans une charte de Charles le Chauve en faveur de Saint-Bénigne de Dijon (869), on trouve un lieu nommé « Villa Karli ».

C'est probablement à la suite des bénéfices militaires, sous les rois de la seconde race, que ce nom s'est introduit dans les départements de la Seine-Inférieure et de l'Eure.

Jean d'Harcourt, chevalier, seigneur de Brionne, sous la date de 1293, renonça, en faveur du couvent de Saint-Pierre-et-Saint-Paul-de-Préaux, à tout usage qu'il pouvait avoir à réclamer dans les bois situés dans les paroisses de Saint-Pierre et Saint-Cyr-de-Salerne, et même dans celle de Saint-Cyr-de-Bretigni et dans d'autres lieux. Il ajoute ces paroles remarquables : « Confirmo nichilominus dictis « abbati et conventui omnia alia et sin-« gula que in predictis parrochiis, tem-« pore illustris regis Francie et ab antiquo « possederunt, » en retenant le plaid de l'épée, « cum alta justicia et ad eam pertinentibus. » Cette charte est datée de Calleville : « Datum apud Kallevillam, anno « Domini millesimo ducentesimo nonage-« simo tertio, die lune post festum beati « Benedicti estivalis. » (*Cart. de Préaux*, fº 8, nº 7.)

En 1335, Mathieu de la Poterie vendit à l'abbaye du Bec tout ce qu'il possédait à Calleville.

Au XIVe siècle, les seigneurs d'Harcourt possédaient à Calleville un beau manoir, sur l'emplacement duquel on a trouvé, en 1847, des pavés en terre émaillés, qu'on fait remonter à cette époque. Nous avons rendu compte de cette découverte dans le tome Ier des *Archives normandes* et dans les *Mémoires de l'Académie de Rouen*.

Les lieux dits de Calleville sont : — la Bellevoie, — Beauficel; — le Buhot; — le Clos-Hagan; — le Coudrai.

Cf. *Mém. de l'Acad. de Rouen*, 1818, p. 133-158, et 1824, p. 100-118.

CAMBE (LA)

Arrond. de Bernai. — Cant. de Beaumont.

Patr. S. Julien. — Prés. le seigneur de Tibouville.

La Cambe, Cambes : ces noms désignent des lieux où l'on fabriquait de la bière à une époque reculée du moyen âge. « Camba, locus ubi cervisia conficitur, » dit du Cange. Dans une charte de Charles le Chauve (862) on lit : « ... cum censu qui « de molendinis et cambis debet exire. » Dans une autre charte en faveur de Saint-Lucien de Beauvais (869), on lit encore :

« ... cum ecclesiis, domibus, ædificiis, « cambis, curtiferis, viridariis, ortis, vi-« neis in villa Arsisis sitis... »

La Cambe a été réunie à Tibouville en 1792.

CAMFLEUR.

Arrond. de Bernai. — Cant. de Bernai.

Patr. Notre-Dame. — Prés. l'abbé de Lire.

L'étymologie de Camfleur n'est point douteuse : « Campus florum, Campus floridus; » Camfleur, le champ fleuri.

Camfleur est cité dans la constitution de dot de la duchesse Judith de Bretagne, femme de Richard II : « In pago videlicet « Sisoiense (lise : Lisoiense), » dans le pays de Lisieux : « Brenaico (Bernai) cum ap-« pendentibus suis, scilicet..... Camp-« florem. » On sait que cet acte est d'une date très-voisine de l'an 1000. (Martène, *Thes. nov. Anecd.*, t. Ier, p. 122.)

On trouve « Campflor » en 1195, dans les *Grands Rôles de Normandie*.

Dans le premier pouillé de Lisieux, qui date du commencement du XIVe siècle, on lit : « Ecclesia de Campflour. » Dans le deuxième : « Ecclesia de Campo florido. »

Courcelles était un hameau voisin de Camfleur; il est également mentionné dans les deux pouillés de Lisieux.

Camfleur avait pour présentateur l'abbé de Lire, et Courcelles le seigneur du lieu.

Camfleur avait une église dédiée à Notre-Dame, Courcelles à sainte Marie-Madeleine.

On réunit Camfleur, Courcelles et le hameau du Moulin en une seule commune. Enfin, en 1845, la commune de Camfleur-Courcelles a été réunie à Fontaine-l'Abbé.

CAMPIGNI.

Arrond. de Pont-Audemer. — Cant. de Pont-Audemer.

Patr. Notre-Dame. — Prés. le seigneur et l'abbé de S.-Pierre-de-Préaux.

On rencontre en France deux Campigni, trois Champegnac, un Champegni et douze Champigni. *Campiniacus*, *Campaniacus*, *Campignieum* semblent toujours désigner un territoire consistant en plaines labourées et cultivées en céréales.

Le cartulaire de Saint-Pierre-de-Préaux contient sur Campigni un grand nombre de détails intéressants.

Non loin de Pont-Audemer s'était établi, dans un lieu nommé « Pratellum », le Préau, un monastère en l'honneur de saint Pierre, qui fut ruiné lors de l'invasion des Normands. Vers 1034, sous le règne de Robert, duc de Normandie, un chevalier, nommé Onfroi de Vieilles, restaura le monastère détruit, y installa des moines tirés de l'abbaye de Fontenelle, et donna aux religieux de Saint-Pierre un très-grand nombre de biens, parmi lesquels nous citerons Campigni : « Do iterum quicquid in villa quæ Campeniacus vocatur. » Ainsi s'exprime Onfroi de Vieilles dans la charte de fondation de Saint-Pierre-de-Préaux. (*Gallia christ.*, XI, pièces justific., col. 200, E.)

« Item, » dit le cartulaire à propos du dénombrement de l'abbaye fait en 1333, il lui donna « le manoir de Campagni ». (Fo 155 ro.) L'église de Campigni était dédiée à Notre-Dame : « Sanctæ Mariæ de Campeniaco, » comme nous l'apprend la bulle du pape Alexandre III, confirmant en 1179 les droits et priviléges des religieux de Préaux.

Campigni faisait partie du diocèse de Lisieux : « In episcopatu Lexoviensi. »

En 1094, l'année où Guillaume le Roux et le duc Robert assiégèrent leur frère Henri dans le Mont-Saint-Michel, Robert Beleth avait été tué à Evreux. Ses frères, Geoffroi et Robert, donnèrent pour le repos de son âme, à l'abbaye de Préaux : « unum agrum.... apud Campiniacum. » Ils confirmèrent en même temps sept acres engagées précédemment par leur père Gislebert pour 40 sols, monnaie de Rouen. (Fo 113 vo.)

Pendant l'administration de l'abbé Richard, c'est-à-dire vraisemblablement entre les années 1134 et 1146, vente fut faite à l'abbaye de Préaux d'une terre qui était située dans la paroisse de Campigni :

« ... De terra Teolfi Brancart. Radulfus « Harpin et Adalardus, filii Teolfi Bran- « cart, vendiderunt ante portam paro- « chiam (sic) Campiniaci Sancto Petro et « abbati Ricardo et monachis ejus quic- « quid habebant hereditatis in Campinia- « co, scilicet in terris, in silvis quæ dede- « rat Christianus, presbyter, Osberno, avo « jamdictorum fratrum, quæ etiam tenue- « rat Teolfus, pater eorum, in vita sua. Huic « quoque venundationi addiderunt mes- « sariam et custodiam silvarum et nemo- « rum quam reclamabant. Pro quibus re- « bus Rudulfus, monachus Monasterii

« Villaris, liberavit eis sexaginta solidos, « quos Gaufridus de Campiniaco numera- « vit et donavit Harpino. Hanc autem ven- « ditionem facere firmam esse pactus est in « manu Gaufridi de Campiniaco propria « manu idem Harpinus, et sese dissertu- « rum adversus homines omnes si aliquid « super hoc voluerint reclamare. Hoc « etiam pacti sunt propriis manibus in « manu Gaufridi Robertus Milvus et Ro- « bertus Gambun, et Osbernus, frater ejus, « se facturos. Testes Sancti Petri : Galte- « rius Barbatus; Willelmus Guanescrot et « Henricus, filius ejus; Odo, filius Bernvei, « et filius ejus; Willelmus, presbiter, « Willelmus Corel; Safridus et Anscetillus « Bubulci; Rainfredus de Alvilaris; Ro- « gerius, filius Rosce. Testes eorum : « Willelmus, filius Herbrant et filii ejus; « Radulfus et Paganus, filii Alberade, « qui habuerunt inde sotulares; Albe- « rada; Brutieheldis; Goisfredus Gam- « bun; Baissa; Heremburgis; Briardis. » (Fo 107.)

La même année, Clarizia, fille de Raoul Travers, vint à Préaux et déposa sur l'autel la donation d'une terre située à Campigni : « Terram quam tenebat juxta « boscum Campiniaci, presente toto con- « ventu monachorum supra altare posuit « per cereum, et hoc facto Radulfus, « monachus, dedit illi decem solidos. » (Fo 107 vo.)

Vers la même époque, Herluin de Tourville donna à Campigni un fief qui était tenu par un nommé Gautier et qui rendait 2 sous de rente. (Fo 107 vo.)

Enfin, Giraud de la Vieville, « Giraldus de Veterivilla, » renonça à ses prétentions sur sept vergées de terres voisines des mares « de Spiseleriz », et fut en récompense associé aux prières de la communauté. Il reçut, en outre, trois sous et une mine de blé. Les témoins furent de son côté Geoffroi de Campigni, Guillaume Wanescrot et Henri, son fils. (Fo 107 vo.)

Deux mots sur ces deux personnages : Guillaume Wanescrot et Geoffroi de Campigni. Guillaume Wanescrot de Campigni fut témoin dans la vente faite à l'abbé Richard par Raoul Harpin et Adalard : ce qui fait supposer qu'il vivait entre 1134 et 1146. Ce Guillaume Wanescrot fit donation, du consentement de son fils aîné Raoul, à Saint-Pierre de Préaux : « totam « aquam quam habebam ab aqua predi- « ctorum monachorum usque ad aquam « domini regis apud Montem Rotart, et « quicquid continet predicta aqua ab una « ripa ad alteram, » avec pouvoir de passer « cum quadriga et cum pede ». Il fit d'autres donations du consentement de son fils Henri : « antequam iret Jerusalem. » Quant à Geoffroi de Campigni, il n'est pas probable que ce soit le même personnage que citent les *Grands Rôles de l'Echiquier de Normandie* en 1203, p. 560 : « De Gaufrido de Campigneio, xxv. soli« dos de quarta parte unius militis. » On lit encore : « De Oliverio de Campigneio, « xvi. solidos viii. denarios de sexta parta « unius militis, de hoc ultimo exercitu « Normannie. »

Sous l'administration de l'abbé Michel de Tourville (1151-1168), une contestation s'éleva au sujet d'un moulin de Campigni.

L'année où le comte de Meulan, Galeran, fit prisonnier Roger de Tosni : « de Thonaio, » c'est-à-dire en 1136, Hervé de Campigni avait donné à Préaux une pièce de terre nommée *Trunnia*, moyennant 5 sols, et probablement d'autres biens. Son fils Guillaume prit part à l'acte. (F° 108 r°.) Après la mort d'Hervé, Guillaume refusa de payer à l'abbé Michel de Tourville une certaine mesure de blé que les moines de Préaux percevaient dans un moulin de Campigni. L'abbé Michel transigea ; on donna 10 livres angevines à Guillaume de Campigni et à Gautier de SaintSamson, qui paraît avoir été son créancier. Cette charte est datée de 1163. Quelque temps après, le comte Galeran vint à Préaux avec son fils Robert, et lui fit promettre de défendre les moines si Guillaume renouvelait ses réclamations. Parmi les témoins, on trouve un Roger de Campigni. (F° 32 v°.)

Sous le règne de Guillaume le Conquérant, un chevalier nommé Anschetil, fils de Turulfe, donna, du consentement de sa femme et de ses fils, tout ce qui lui revenait de l'héritage paternel à Tourville et à Campigni. L'héritage de Turulfe fut donc partagé entre l'abbaye de Préaux et les deux frères survivants d'Anschetil, Gislebert et Geoffroi. Dans le partage, trois hôtes échurent à l'abbaye ; mais les deux frères demandèrent et obtinrent de l'abbé, « absque consilio et metu monachorum, » qu'ils les tiendraient de lui en bénéfice et que Geoffroi ferait seul le service féodal.

En 1234, Jean le Bigot, chevalier, donna à l'abbaye « cursum et curationem « aque de Risla que fluit per meum feo« dum a gurgite abbatie Becci usque ad « feodum eorumdem ; ita scilicet quod « liceat iisdem ad voluntatem suam om« nia cursus predicte aque fluentis ad mo« lendinum eorumdem de Monte Rotart « impedimenta ubicumque voluerint su« per ripas aque feodi removere ».

On trouve encore dans le cartulaire de Préaux un certain nombre de chartes concernant Campigni et datées du milieu du xiii° siècle.

Ainsi, en 1236, vente d'une rente due à Campigni par Tiele de Longueval et ses héritiers. (F° 93 r°.)

En 1251, vente d'un bois taillis sis à la Haie-Basire, près du bois du Mont-Rotart. Ce bois, d'une vergée, est vendu 20 sols tourn. par Guillaume Vatemen (F° 94 v°.)

En 1253, vente par le même Vatemen d'une mine d'avoine : « ad mensuram suam de Pratellis. » (F° 94 v°.)

En la même année, renonciation à toutes prétentions sur un bois nommé la Haie-Malet, voisin du Bosc-Crestien. (F° 94 r°.)

En 1254, vente par Jean Ragavel d'un bois, voisin d'un autre bois appartenant à l'abbaye et nommé « nemus Christiani ». (F° 93 v°.)

En la même année, Robert Louvet « de Campigneio », écuyer, renonce à toutes ses prétentions sur la moulte sèche et mouillée : « sicca et molliata, » du fief de la Chapelle. (F° 94 r°.)

En 1256, vente d'un bois « apud Halas Basire ». Une pièce de terre située « in campo de Laubefein » est mentionnée dans cette pièce. (F° 93 v°.)

En 1258, donation d'une redevance par Robert Labisse, fils de Roger-Claude de Auviller. (F° 93 v°.)

Ainsi, au xiii° siècle, on distinguait sur le territoire de Campigni : le MontRotart, couvert de bois et au pied duquel se trouvait le moulin de Préaux ; le BoisCrestien, voisin de la paroisse Saint-Martin ; d'autres bois nommés la Haie-Malet, la Haie-Basire, le fief de la Chapelle, Auvilers, le Champ de Laubefein.

Au xiv° siècle, on fit le dénombrement des terres comprenant le manoir de Campigni. Les triéges indiqués sont : la Couture-du-Tel, la Couture-de-l'Erable, la Haute-Vallée, la Couture-de-la-Fosse-Asselin, Sur-la-Fosse, le Gros-Quesne, la Mare-Tostain, la Hesete, le Puchot, Surla-Varende, le Camp-Belanguier, les LousAcres, Burrainville, la Buterie, la Couture-Apréez, la Ragavelerie, Auvilers, la Couture-sur-le-Grant-Moulin.

Près du manoir appartenant à Préaux, il y avait 4 acres 13 vergées en *perruque*, 7 acres en *lanne* (probablement *landes*). Cependant, il est dit ensuite : « Des pâturages et damée, xiii acres ni vergées. »

En 1456, Jean Legras, écuyer, s'attribue « droit de présenter et pourvoir tou« teffoiz que mestier est, aux escolles du« dit lieu de Campigni ». (*Arch. de l'Emp.*, registre P., 306, n. ii° li.)

On disait indifféremment au moyen âge :

« Campaniacum, Campiniacum, Campigneyum. » Ainsi, dans le premier pouillé de Lisieux : « Ecclesia de Campigneyo. » Au xv⁰ siècle, le territoire dépendant de l'église de Campigni était partagé en deux parties : la plus grande avait pour patron le seigneur de Préaux, qui se trouvait au xvi⁰ siècle Jean de Bigars; la plus petite, l'abbé de Préaux.

M. Noël Deshayes, curé de Campigni, a composé des mémoires manuscrits pour servir à l'histoire des évêques de Lisieux. Ils portent la date de 1754.

On remarque à Campigni les vestiges d'une ancienne enceinte.

Les lieux dits de Campigni sont : — le Réel ; — la Vallée-de-l'Egyptienne ; — l'Eglise ; — la Pinchonnière ; — le Carrefour ; — le Breuil ; — la Voisinerie ; — la Vièville ; — la Planche-Saint-Antoine ; — la Pommeraie ; — Bigards ; — le Bois-Brûlé ; — la Licorne ; — le Moulin-de-Campigni ; — la Perelle.

Cf. Canel, *Essai sur l'arrond. de Pont-Audemer*, t. II, p. 289.

Le Prevost, *Notice archéologique*.

CANAPPEVILLE.

Arrond. de Louviers. — Cant. du Neubourg.

Patr. S. Pierre. — Prés. le seigneur.

Il y a en Normandie, outre Canappeville, deux Canapville. Ces trois localités sont situées entre la Seine et la Dive : Canapville-la-Baronnie dans l'arrondissement d'Argentan, Canapville-la-Forêt dans l'arrondissement de Pont-l'Evêque, et Canappeville-les-Landes dans l'arrondissement de Louviers, canton du Neubourg.

Il existe encore à Rouen des familles du nom de Canappe.

Le mot *knapi* signifie dans la langue du Nord un jeune garçon, un jeune serviteur, un varlet.... « puer », *knapi villa*.

On trouve un « Canapi-villa » parmi les propriétés de Sainte-Colombe de Sens. (Charte de Louis le Débonnaire, 836.)

Dans un fragment de l'histoire de Bretagne (*Hist. de France*, vii), un « Canabiacum » en Cotentin, est rendu à l'évêque Landran par Alain, duc de Bretagne, dans le xi⁰ siècle.

Il ne faut pas confondre Canappeville-les-Landes avec Canapville-la-Forêt, dont il est souvent fait mention dans les *Grands Rôles de l'Echiquier de Normandie*

au xii⁰ siècle. Les ducs de Normandie possédaient à Canapville-la-Forêt une pêcherie et une vacherie. (*Magni Rot. Scac. norm.*, p. 69, 92, 233, 234, 369, 370.)

En 1235, Geoffroi, frère de Garrel, et Mathilde, sa femme, reconnurent avoir donné à Saint-Taurin : « unum gurgitem « situm in fine aque dictorum monacho- « rum inter Sanctum Germanum et Cana- « pevillam. »

Il est probable qu'il s'agit au contraire, ici, de Canappeville-les-Landes, et que l'Iton est la rivière désignée dans l'acte. En effet, l'Iton coule entre Saint-Germain-des-Angles et Canappeville.

Dans une charte de 1244 en faveur de Saint-Sauveur, pour des biens à Arnières, il est fait mention de Henri « de Canapevilla ».

Dans les chartes de la Noë, conservées à la Bibliothèque impériale, nous trouvons Richard de Garancières donnant en 1240 deux acres de terre « apud Kenapevillam prope Truncatum » et la terre donnée par Guillaume de Saint-Martin dans la même ville.

En 1239, Roger de Nuisement « de Nocumento », fils d'Hugues de Nuisement, chevalier, aumône à l'abbaye de la Noë une rente annuelle de 10 sols que les moines lui devaient pour les terres situées « apud Kanapevillam ».

Dans la charte CLX du *Cartulaire de Notre-Dame-de-Bonport*, publié par M. Andrieux, figure en 1247, comme témoin : « Michael de Canappevilla. »

C'est à cette commune qu'il faut rapporter la plupart des seigneurs des Landes : « de Landis, » qu'on voit sans cesse employés comme témoins dans les chartes des comtes d'Evreux. Par exemple, « Alma- « ricus de Landis, » dans une charte de Simon, comte d'Evreux; vers 1150 : « Eu- « stachius, miles, de Landis, » dans une autre charte relative à une maison située à Evreux.

Dans le xii⁰ siècle, il y avait à Landes, hameau de Canappeville, une forteresse qui, suivant le traité de l'an 1200 entre Philippe-Auguste et Jean sans Terre, dut être démolie. Dans le xv⁰ siècle, Charles de Melun fut seigneur de Landes et de Normanville. Louis XI, en 1462, érigea sa terre en baronnie et haute justice.

On a découvert un tombeau romain dans le parc du château de Canappeville. Ce château, qui depuis longtemps est dans la famille des Toustain, appartient aujourd'hui à M. le comte de Bagneux.

Les lieux dits de Canappeville sont : — le Boulai ; — le Hazai ; — Intremare ; — Landes ; — Noyon.

CANTIERS.

Arrond. des Andelis. — Cant. d'Écos.

Patr. Ste Austreberte. — Prés. le seigneur de Bois-d'Ennemets.

Cantiers est le pluriel, comme Cantel est le diminutif du vieux mot français *cant* : le canton, le côté, le coin de terre : « Dont l'un bout est sur le cant du dit hamel. » Dans la Picardie, comme en Normandie, on prononce *cantier* pour chantier, et du côté de Chartres on se sert du mot *champtier* dans le sens de triége. C'est de *cant*, canton, et non pas de *canter*, chant, ou de *canterium*, chariot, que proviennent les Canteleu, Cantelou, Cantepie de la Normandie. Le nom de famille Cantel est assez fréquent dans nos campagnes du Lieuvin.

Cantiers dépendait au XIIIe siècle du doyenné de Gamaches. On lit dans le pouillé d'Eudes Rigaud : « Ecclesia Sancte « Auberste de Cantiers. Willelmus de Can- « tiers patronus ; xxviii. parrochianos ; « valet xxx. libras turonensium. » Maître Jean de Cantiers fut présenté par Simon de Cantiers, écuyer.

Ainsi, dès le XIIIe siècle, le seigneur avait le droit de présenter à la cure. Cantiers dépendit plus tard du seigneur de Bois-d'Ennemets. Ce seigneur présenta à la cure en 1474 et en 1485, et selon deux aveux, l'un du 26 juin 1549, l'autre du 19 avril 1670, ce droit fut reconnu.

Nous allons placer ici deux pièces assez curieuses dans lesquelles figure un Guillaume de Cantiers. Il s'agit d'un procès entre l'abbé de Saint-Taurin et Renauld Houpequin, chevalier, qui remplaçait alors le bailli de Gisors.

« Isti milites fuerunt presentes quando
« ista inquisitio fuit recitata.... Fuit jus
« abbatis. Dominus Reginaldus de Trien-
« tot, illo tempore baillivus ;.... dominus
« Walterius de Cantiers; dominus Johan-
« nes de Musc; dominus Symon de Peisse ;
« dominus Guillelmus...; dominus Ro-
« gerius Pescheveron; dominus Symo de
« Forniaus; dominus Galterius de Peres;
« dominus Guillelmus Pipart; dominus
« Johannes de Plesseiz; dominus Johan-
« nes de Galliun; dominus Guillelmus de
« Cracovilla; dominus Ricardus Harenc;
« dominus Lucas de Buissun; dominus
« Radulfus Duret; dominus Garinus de
« Sisi; dominus Tibaudus Burgavat; do-
« minus Garinus de Mont; dominus Guil-
« lelmus de Mounle; dominus Andreas
« de Bois Machacre; Lucas de Villers;
« Vincentius de Gravineio; Symon Res-
« poissart; Galterius de Ispania; Regi-
« naldus de Aquila; Reginaldus Clericus.

« Cum abbas Sancti Taurini Ebroicensis
« petebat releveia ab Ogero, filio Renoudi
« Houpequin, idem Ogerus et Galterus,
« ejus avunculus, in cujus conductu erat
« Ogerus antedictus, dicebant quod feo-
« dum suum de Dumo Amauri, de quo
« idem abbas petebat releveia, tenebant a
« domino rege, et dictum abbatem tan-
« quam dominum deavocabant. Ea die,
« lecta carta illustris Ricardi, quondam
« regis Anglie, de jure ipsius abbatis, et
« inspectis rotulis quondam domini Reginaldi de
« Trietot, quondam baillivi Gisortii, qui-
« bus cavebatur quod alias contentio fue-
« rat super eodem jure inter Guillelmum,
« quondam abbatem ejusdem loci, et do-
« minum Renodum Houpequin, et quod
« idem abbas per judicium optinuerat
« propter quod idem abbas missus fuit in
« possessione ejusdem juris ea die per ju-
« dicium militum tunc ibidem presentium
« et inferius nominatorum : Dominus Dro-
« co de Monteingne, tunc temporis bail-
« livus; dominus Amauricus de Mollent;
« dominus Symon de Forniaus; dominus
« Stephanus de Nuisement; dominus Jo-
« hannes de West; dominus Reginaldus
« Gulafre; dominus.... de Garennes; do-
« minus Michael de la Buenloie; dominus
« Philippus Mallart; dominus P... Bren-
« chart; dominus Guillelmus Pipart; do-
« minus Petrus de Autolio; dominus Hugo
« de Baquepuiz; dominus Alexander de
« Vallibus; dominus Galterus de Pireio;
« dominus Lucas de Dumo; dominus Ste-
« phanus de Melleville; dominus Johannes
« de Mesnil; dominus Guillelmus de Mo-
« lin; dominus Guillelmus de Crota; do-
« minus Symon de Villaribus; dominus
« Radulfus W...; dominus abbas de Cruce
« Sancti Leufredi, et plures alii. Actum
« anno et die supradictis.

« Ita est hic sicut in rotulo domino
« regis, nichil addito, nichil remoto.

« Ista assisia fuit anno Domini m° cc°
« xl° viii°, die jovis post festum Peati Hi-
« larii. Isti interfuerunt presentes : Domi-
« nus Hillarius, baillivus domini episcopi
« Ebroicensis; Robertus la Truye, tunc
« castellanus; Guillelmus Villiart, tunc
« viridarius; Rogerius de Beloveris; Ri-
« cardus Aueros; Gregorius de Aquila.

Le procès dont il est parlé dans la pièce qu'on vient de lire avait donné lieu à l'enquête suivante :

« Hec est inquisitio que facta fuit tem-
« pore domini Reginaldi de Trietot....
« baillivi, de contemptione que vertebatur

« inter dominum abbatem Sancti Taurini
« et dominum Renodum Houpequin, mi-
« litem, qui erat loco baillivi Gisortii, et
« per Johannem de Dumo, baillivum de
« Vernolio; Galterius de Ispania, juratus,
« dixit quod vidit et presens fuit quando
« pater dicti Renodi finem fecit cum Jo-
« hanne, quondam abbate Sancti Taurini.
« De quo dictus abbas exigebat ab ipso
« servitium roncini per decem solidos tu-
« ronensium, et ex inde cartam habuit.
« Et debent dicti decem solidi reddi an-
« nuatim abbati Sancti Taurini, pro dicto
« servitio roncini. Et dixit quod semper
« vidit antecessores dicti Renodi justifi-
« cari per abbatem Sancti Taurini. Symon
« Respoissart, juratus, dixit idem in om-
« nibus. Vincentius de Gravigneio, jura-
« tus, dixit idem, excepto quod ad dictum
« finem presens non fuit et addidit quod
« nunquam vidit osmagium reddi de dicto
« feodo. Dominus Andreas de Bosco Ma-
« cacre, miles, juratus, dixit quod semper
« vidit patrem dicti Renodi reddentem di-
« ctos solidos abbati Sancti Taurini de dicto
« feodo et quod se semper advocavit de
« dicto abbate. Lucas de Villaribus, ju-
« ratus, dixit quod vidit dictam cartam
« apportari in assisia Ebroicensi, quod
« dictus Renodus se volebat defendere a
« dicto servitio roncini quod abbas Sancti
« Taurini ab ipso exigebat, et bene scie-
« bat quod dictus Renodus debet tenere
« dictum feodum de abbate Sancti Tau-
« rini pro decem solidis. Ricardus le Ga-
« leis, juratus, dixit idem in omnibus.
« Dominus Johannes de Plesseio, miles,
« dixit juratus similiter. Dominus Garinus
« de Bosco Cuver dixit similiter. Dominus
« Lucas de Boissonno, miles, idem simi-
« liter. Reginaldus, clericus, similiter.
« Gaufridus Fere, juratus, dixit similiter.
« Petrus Forestarius, juratus, dixit simi-
« liter. Robertus de Campis, juratus, si-
« militer dixit. Reginaldus de Aquila dixit
« similiter. Huartus de Magdalena idem
« similiter dixit. Guillelmus de Plessa
« idem dixit similiter. Symon de Candu,
« similiter. Johannes de Ruflois, simili-
« ter. Dominus Symon de Fornaiz, miles,
« similiter; addidit quod legit cartam in
« assisia. Radulfus le Mignot idem dixit,
« sed non legit cartam. Dominus Galte-
« rus de Pereio dixit similiter et quod
« [vidit] patrem domini Renodi et ab-
« batem insimul placitantes...... festum
« Symonis et Jude, anno Domini mille-
« simo ducentesimo trigesimo quinto. »

Guillaume de Cantiers fut évêque d'E-
vreux en 1400. Il assista aux conciles de
Pise en 1409 et de Constance en 1414. Il
prit parti contre les Bourguignons dans
les luttes sanglantes qui déchirèrent la
France sous Charles VI, et fut tué par
eux dans une émeute, à Paris, en 1418.

Cf. Toussaint Duplessis, t. II, p. 485.

CAORCHES.

Arrond. de Bernai. — Cant. de Bernai.

Patr. S. Martin. — Prés. le seigneur.

On peut rapprocher les uns des autres
les noms de Caorches, Chaource, Caours,
Chourses.

Dans les *Grands Rôles de l'Échiquier de
Normandie* il est fait mention d'un Robert
de Quaorces. Nous pensons qu'il s'agit ici
de notre Caorches : «... de Roberto de
Quaorces, II. solidos de jurea..... »

Au contraire, Patrice « de Cahorcis »,
qui signe la charte de Henri Ier en faveur
de Saint-Evroul (1128), n'appartient point
à notre Caorches, mais à un lieu situé aux
environs de Laval. On trouve « Patritius
de Cadurcis », en même temps qu'André
« de Vitreio », dans une charte du milieu
du XIIe siècle relative à Laval. Dans une
charte antérieure de Gui de Laval on
trouve : « Hugo de Cadurcis. »

Voici des personnages que vraisemblablement peut revendiquer Caorches :

« Testibus hiis : Domino Gilleberto de
Caorchis. » (Charte sans date en faveur de
Maupas.)

« Testibus hiis... : Domino Gilleberto
de Caorchis. » (Charte de Cécile de la
Pommeraie.)

1255. Parmi les chevaliers des assises de
Pont-l'Évêque : « Gillebertus de Chaorces. »

Gillebert de Caorches abandonne à Guillaume de Wisteralle 20 sols tournois que
celui-ci payait annuellement sur le fief
tenu par Ganquelin de la Belle-Mare. Le
même Gillebert de Caorches : « de Ca-
horces, » chevalier, donne à Lire tout le
fief de la Belle-Mare.

Parmi les membres de l'échiquier de
1266, on trouve : « Gillebertus de Caors. »
(*Cart. Prat.*, f° 174 v°.)

«... Magister Johannes de Caorcis »
figure comme témoin dans une charte de
Saint-Taurin du XIIIe siècle.

Je pense que Caorches est le berceau de
la famille anglaise de Chaworth, sur laquelle on pourra consulter les *Peerages
anglais.*

En 1401, noble homme M. Guillaume
de Bures, chevalier, était seigneur « de
Caourches ».

Caorches était une seigneurie relevant
de Montreuil et de Bernai.

Dans les registres de la cour des comptes de Rouen on trouve l'indication suivante :

« Caorches, 123 contribuables, paroisse
« mixte.

« Pierre Fouques, escuier, seigneur de
« Beauchamps et Caorches, est seigneur
« et patron. — Le fief de Caorches relève
« du roy, au conté de Montreuil et Bernay,
« et peult valoir 800 fr.

« Le fief de Beauchamps relève de
« Caorches; 1,000 fr.

« L'abbaye de Bernay a les deux tiers
« de la grosse dixme affermez 430 fr.

« La cure vault, compris les verdages
« et omosnes, 600 fr.

« 550 acres de terre, dont 150 acres en
« bois et brierre, et le labeur 6, 12 et
« 15 fr. l'acre. »

A Caorches, sur la ferme de Bulle, existent les restes d'une enceinte fortifiée très-singulière. Nous ne pensons pas que ce soit l'emplacement du manoir féodal de Bulle, car la motte de ce fief existe de l'autre côté du vallon. L'origine de cette enceinte appartient à une époque beaucoup plus reculée.

Les lieux dits sont : — le Clos-Jouans; — l'Eveillerie; — la Guerotière; — la Hulière; — les Mesnières; — les Boutelets; — Bulles; — le Heurteloup; — le Nouveau-Monde; — le Haussei; — la Madeleine.

Cf. Le Prevost, *Notice archéologique*.

CAPELLES-LES-GRANDS.

Arrond. de Bernai. — Cant. de Broglie.

Patr. Notre-Dame. — Prés. l'abbesse de Saint-Sauveur et l'abbé de Lire.

Le mot *capella* a d'abord été employé pour désigner une petite chape, et en particulier celle de saint Martin, qui était conservée dans le palais du roi et sur laquelle on faisait prêter serment : « Super capella domni Martini. » On trouve plusieurs traces de cet usage sous la première race; les rois faisaient porter cette chape devant eux à la guerre : « Unde et « custodes illius capæ usque hodie capel- « lani appellantur. » Ensuite on a appelé chapelle le lieu du palais où l'on déposait cette chape, et on a pris l'habitude d'en placer une dans chacun des palais royaux. La première chapelle connue et la plus fameuse fut celle d'Aix-la-Chapelle : « Ipsam « sanctæ Dei genitricis basilicam, quam « capellam vocant, tegulis plumbeis te- « ctam, etc... » (Eginhardus, anno 829.)

Déjà on trouve dans le 5e capitulaire de Charlemagne : « ... Ne capellæ in nostro « palatio vel alibi nisi permissu episcopi « in cujus est parochia fiant. »

Dans le XIIe siècle, la dame de Capelles, veuve de Vauquelin de Tannel, se fit religieuse à Saint-Sauveur d'Evreux avec une de ses filles, et apporta pour dot la moitié du fief de Capelles. C'est pourquoi, avant la Révolution, les religieuses de Saint-Sauveur avaient la moitié des dîmes, la présentation à une des cures et un domaine fieffé et non fieffé.

Aussi, dans une bulle de 1152, le pape Eugène III confirme à l'abbaye de Saint-Sauveur : « medietatem villæ quæ dicitur « Capelle, jus quod habetis in ecclesia « ejusdem villæ. »

L'abbesse de Saint-Sauveur avait donc à Capelles dîme, patronage, rentes, basse justice et 32 acres de terre labourable, y compris une masure.

Au commencement du XIIIe siècle, on voit paraître un chevalier nommé Guillaume de Capelles. La charte suivante constate qu'il tenait de l'abbaye de Saint-Taurin trois vavassories à Capelles :

« Sciant presentes et futuri quod ego
« Willemus de Capellis, miles, assensu
« et voluntate amicorum meorum, vide-
« licet Willelmi de Wittenval, generis
« mei et aliorum, recepi ab abbate Jo-
« hanne Sancti Taurini Ebroicensis et ejus-
« dem loci conventu III. vavassorias quas
« antiquitus de eis tenebam in perpe-
« tuum tenendas mihi et heredibus meis,
« scilicet apud Ulmeyum vavassoriam
« quam tenuit Radulfus, apud Molas va-
« vassoriam quam tenuit Willemus Vi-
« talis, apud Gruham vavassoriam quam
« tenuerunt Vitales, pro xx. solidis mo-
« nete currentis reddendis annuatim ad
« festum omnium Sanctorum, pro omni
« servicio; ita tamen quod nisi ad predi-
« ctum terminum satisfactionem compe-
« tenter [haberent] predicti abbas et con-
« ventus, justiciam suam facerent super
« predictum tenementum. Et ad majorem
« confirmationem sigilli mei appositione
« presens scriptum confirmavi. Actum est
« hoc apud Ebroicas, anno Verbi incarnati
« millesimo ducentesimo undecimo. Te-
« stibus hiis : Willelmo de Wittenval, mi-
« lite; Nicholao de Mesnillo, milite; Gal-
« tero de Mesnillo; Waltero de Wittenval;
« Willelmo de Boseto, et pluribus aliis. »

Dans les *Grands Rôles de l'Echiquier de Normandie*, il est plusieurs fois fait mention de ce Guillaume de Capelles :

« Willemus de Capellis reddit compotum
« de IX. libris [pro plegio episcopi Lexo-
« viensis]. »

« ... de Willelmo de Capellis xx. soli-
« dos... [pro plegio Rob. Pantof.] »

Le passage suivant, tiré du cartulaire de Maupas, fait un portrait flatteur de Guillaume de Capelles. Il constate que ce chevalier se croisa et fit campagne en terre sainte : « Regnante potentissimo
« rege Francorum Philippo, Jordano Lexo-
« viensi episcopo, Luca Ebroicensi, Ro-
« berto Insulano abbate de Lyra, anno
« Domini M° CCC° XVII°, prioratus Sancti
« Nicolai de Capellis hoc modo sumpsit
« exordium. Fuit vir quidam Willermus
« nomine dominus de Cappellis et de Bel-
« linvilla, qui de propria uxore unicam
« habuit filiam nomine Agnetem. Iste
« Willermus miles erat largus probatus
« armis, rebus abundans, pulcherrimus,
« statura maximus, aspectu decorus. Hic
« cum regibus Philippo et Ricardo, ex
« propria familia Roberti, comitis Lei-
« cestrie, perrexit Jerusalem... »

On vient de voir que Guillaume de Capelles avait marié sa fille, Agnès, à Guillaume de Wistenval. Ce Guillaume de Wistenval et Agnès, sa femme, fondèrent à Capelles le prieuré de Maupas, sous la dépendance de l'abbaye de Lire : « Fundata capella Sancti Nicolai de Malopassu, anno 1216. »

1207. Henri de Ferrières donne à Guillaume de Capelles : « Sedem unius mo-
« lendini inter molendinum regis de Fre-
« sneio, et molendinum de Faneto, » pour lui et ses enfans légitimes et les héritiers d'Agnès, sa fille. Témoins : Philippe Faguet, Gilles de Boscherville. (Cart. de Lire, f° 20.)

Dans un autre acte, Guillaume de Capelles stipule que, si lui et sa fille Agnès meurent sans héritiers, il donnera ledit moulin à ladite abbaye. Témoins : Henri de Ferrières, Robert de Tibouville. (Sans date. Ibid., f° 19.)

Vauquelin Loiseleur donne à Guillaume de Capelles « repulsionem aquæ beii mo-
« lendini sui ascendentem super terram
« meam ». Témoins : Reinaud de Fresnei, Jean de Bois-Morel. (Ibid., 19.)

1219. Guillaume de Wistenval (de Wisteinvalle), « pro salute Agnetis... » donne : « quidquid habebam apud Chantepie de
« feodo Roberti de Chantepie in parro-
« chia B. Medardi; et præterea in villa de
« Tanay de Nicolao Hurte VI. solidos. In
« villa de Peleevilla de feodo de Boclay
« II. acras terræ; et præterea I. milliare
« halecis recipiendum singulis annis apud
« Honnefleur in initio quadragesimæ. »

1221. Le même et Agnès, sa femme, « voluntate Willelmi de Capellis, » donnent à l'église de Maupas « infra metas « parrochiæ de Capellis ecclesiam S. Sa-
« turnini de Peleavilla ».

1222. Le même et Agnès, sa femme, donnent aux moines de Lire « quidquid
« poterunt acquirere per totum feodum
« nostrum in villis de Peleavilla et de Ca-
« pellis ».

1223. Le même et Agnès, sa femme, donnent « culturam versus Tremhleium ».

1223. Le même donne au prieuré de Maupas « vavassoriam illam quam Wil-
« lelmus de Cantepie de me tenebat ».

1223. Le même donne « molta totius
« feodi de Capellis, quam emi de Cecilia
« de Pomeria et Petronilla de Lupellis,
« sororibus Willelmi, quondam domini
« de Capellis ».

1223. Le même donne à la même église : « totam terram meam de Peleavilla. »

1252. F., évêque d'Evreux, vidime une charte donnée en 1221 par Guillaume, évêque de Lisieux, attestant que Guillaume de Wistenval et Agnès, sa femme, fille de Guillaume de Capelles, chevalier, ont donné l'église de Saint-Saturnin de Peleville au prieuré de Saint-Nicolas, établi sur la paroisse de Sainte-Marie de Capellis.

1255. Pernelle cède à Guillaume de Wistenval, son neveu par alliance, la part qui lui revenait de sa mère Agnès. Et lui, d'autre part, la donne au prieuré de Maupas : « Notum sit omnibus presentem pa-
« ginam inspecturis quod ego Petronilla,
« vidua, quondam uxor Radulphi de Lu-
« vellis, dedi et concessi Willelmo de
« Wittenval, militi, totam terram cum
« omnibus redditibus quæ mihi continge-
« bat per mortem Agnetis, neptis meæ,
« filiæ domini Willelmi de Capellis, fra-
« tris mei, in parochia de Capellis, et in
« omnibus aliis locis, in quibus dictus fra-
« ter meus Willelmus solebat aliquid
« percipere. Præterea etiam concessi præ-
« dicto Willelmo de Wittenval, totam
« partem meam illius terræ quam do-
« mina Nicolaa, relicta domini Willelmi
« de Capellis, fratris mei, possidebat
« nomine dotalitii, habendam et possiden-
« dam sibi et heredibus suis vel cui eam
« dare et assignare voluerit in dominiis et
« redditibus, et serviciis, et auxiliis, et
« regardis, et in omnibus aliis rebus ad
« dictam terram pertinentibus, libere et
« integre et ita quiete sicut dominus Wil-
« lelmus, frater meus, eam possidebat
« toto tempore vitæ suæ, salvis redditibus
« et serviciis capitalium dominorum. Pro
« hac autem donatione et concessione mea
« dedit... »

1256. « Notum sit omnibus tam præsen-
« tibus quam futuris quod ego Willelmus
« de Wittenval, miles, pro amore Dei, dedi

« in puram et perpetuam elemosinam Deo
« et Beatæ Mariæ de Lyra et basilicæ
« Sancti Nicolai de Capellis et monachis in
« eadem Deo servientibus, totam here-
« ditatem in terris et redditibus et in om-
« nibus rebus quam emi de Petronilla,
« sorore Guillelmi de Capellis, militis, in
« parrochia Beatæ Mariæ de Capellis et in
« omnibus aliis locis, sicut continetur in
« charta quam prædicta Petronilla mihi
« super hoc fecit... »

1243. « Gaufridus de Moeaux, » à la suite d'un procès avec l'abbaye de Lire sur la moulte sèche que cette abbaye possédait « in feodo Hure et feodo de la Pommeroie », parce qu'il en possédait la moulte mouillée : « ratione molendini Hure « quod teneo de domino rege Franciæ ad « firmam feodalem, » leur abandonne ladite moulte sèche.

1244. Guillaume d'Oumei : « Willelmus de Oumeyo, » donne à Saint-Taurin un clos situé devant la porte des religieux de ce couvent : « apud Oumeyum. »

1248, au mois de janvier, Gilbert II de la Haie, abbé de Lire, transige avec l'abbesse de Saint-Sauveur : « Composuit « cum abbatissa Sancti Salvatoris pro « quibusdam terris sitis in parrochia de « Capellis... »

1276. Vauquelin le Moine et Gillebert le Moine vendent à Saint-Taurin deux pièces de terre situées « in parochia de Capellis », voisines des terres de Guillaume d'Oumei, de celle de Pernelle « de Louvellis », et dont l'une « abotat ad viam de Cornaderia ».

En 1299, échange de terres dans la paroisse de Capelles entre Robert Malnevou et les religieux de Saint-Taurin.

Dans une liste de chartes de l'abbaye de Lire on trouve parmi plusieurs autres pièces relatives à Capelles les suivantes : « Carta Gisleberti le Franceis de herberga-« mento apud majorem Gruam in paro-« chia de Capellis. — Carta Willelmi dicti « Regis de Grua de quodam menagio apud « Gruam Quesnel... »

On y trouve aussi plusieurs pièces relatives à la donation de 9 sols : « in paro-chia de Capellis, » sur le ténement de Guillaume Molet par Raoul de Funderet, Garin de Béhue et Thomas Lebel.

En 1327, Richard « Lyreis » de la paroisse de Notre-Dame de Capelles prend à fief un jardin : « o les arbres, si come « il se porporte en lonc et en ley, o l'ics-« sue et o l'usage du dit « gardin... »

1352. Jehan, sire de Ferrières, chevalier, cède à Lire, pour le salut de Jehanne de la Bevrière, sa femme, 40 livres de rente sur un trait de dîmes sis à Grant champ.

1459. Jehan, prieur de Lierru, confirme une transaction entre le prieur de Maupas et celui du Bosc-Moret, touchant le moulin à blé de Capelles, nommé le moulin des Noës, sur la rivière de la Charentonne.

Les lieux dits sont très-nombreux : — Béhénier ; — Béhue ; — la Belletière ; — le Bevron ; — Chaumont ; — la Haie-Linière ; — la Mare-Auger ; — le Maupas ; — la Maurière ; — la Motte ; — le Mouchel ; — la Sevello (dans le terrier de la terre de Tostes, en Angleterre, appartenant à Préaux, lequel a été rédigé en l'année 1231, on trouve une pièce nommée Swelles-Crost) ; — la Touque ; — le Tremblai ; — le Val-Auger ; — le Val-Perrier ; — la Vallée-Coipel ; — Vilarpe ; — Bernières ; — la Grue ; — la Pilette.

CARBEC-GRESTAIN.

Arrond. de Pont-Audemer. — Cant. de Beuzeville. Sur la Vilaine.

Patr. Notre-Dame. — Prés. l'abbé de Grestain.

On a découvert en 1813 un cachet d'oculiste romain sur lequel était inscrit le nom de l'oculiste : Lollius Frominius.

La notoriété de cette petite commune vient du monastère de Grestain. Fondé en 1040 par Herlouin de Conteville, qui épousa Harlette, mère de Guillaume le Conquérant, ce monastère fut dédié à la Vierge et reçut un grand nombre de moines de l'ordre de Saint-Benoît, tirés des abbayes de Saint-Wandrille et de Préaux. Il fut aussi enrichi par les donations des héritiers d'Herlouin : Robert, comte de Mortain, et Eudes, évêque de Bayeux. Guillaume, fils de Robert de Mortain, conserva l'abbaye sous sa garde jusqu'au moment où il se dépouilla de ses biens. En 1106, Henri Ier, duc de Normandie, accepta la protection de l'abbaye.

On conservait avant la Révolution, dans le chartrier de Grestain, les anciens titres de cette abbaye. Ces titres ont été dispersés. Il ne reste aux Archives de l'Eure qu'une liasse contenant les chartes et titres des propriétés situées sur les paroisses de Berville-sur-Mer, Conteville, Foulbec, Genneville, Honfleur, Notre-Dame-du-Val et Saint-Pierre-du-Châtel (1223-1777). Les sources de l'histoire de l'abbaye de Grestain se trouvent résumées dans le *Gallia christiana* et le *Neustria pia* dont M. Canel a fait bon usage. Nous nous bornerons donc à donner la liste des abbés de Grestain :

Renaud Ier de la Roque, moine de Saint-Evroul, institué abbé par Herlouin.

Geoffroi, moine de Saint-Serge d'Angers, mort en 1144.

Foulques. De son temps, Jean, évêque de Lisieux, consacre la nouvelle église conventuelle ; l'ancienne venait d'être brûlée. — Mort en 1120.

Herbert, moine de Grestain. Jean, évêque de Séez, bénit le cimetière. Herbert embellit l'église. — Mort en 1179.

Guillaume Ier d'Exeter, moine du Bec. Pendant les voyages continuels qu'il faisait en Angleterre pour ses affaires et ses plaisirs, le monastère tomba dans les plus grands désordres. L'évêque de Lisieux vit la situation si grave qu'il jugea à propos de prévenir le pape Alexandre III. L'abbé Guillaume fut transféré, en 1185, à Saint-Martin de Pontoise, grâce à l'intervention de l'archevêque de Rouen.

Raoul, moine de Tours. — 1186-1197.

Robert, moine de Grestain.

Guillaume II, de Farnoville. L'église ayant été de nouveau dévastée, Foulques Dastin, évêque de Lisieux, la dédia de nouveau en 1254.

Thomas établit une association de prières entre les religieux de Grestain et de Cormeilles, en 1260.

Guillaume III.

Reinand Caruel. — 1294-1297.

Raoul. — 1297-1302.

Guillaume IV le Vavasseur, de Beuzeville, élu en 1308.

Jean Ier, en 1346.

Jean II le Maigre. Le monastère fut presque ruiné en 1364 et 1365.

Jean III Reinfroi.

Etienne.

Jean IV Picot. — 1377.

Martin de la Heussaye, en 1388 et 1391.

Jean V de Foussi, mort en 1406.

Richard Ier de Thieuville. Henri V, roi d'Angleterre, restitue à l'abbaye les biens qu'il avait confisqués, lorsque Richard de Thieuville lui eut juré fidélité, en 1419.

Guillaume V Poret, en 1443.

Jean VI le Lièvre, mort en 1458. Charles VII, en 1450, marchant contre les Anglais qui occupaient Honfleur, s'arrêta à Grestain.

Jean VII Baudouin. — 1458-1468.

Richard II de Thieuville, prête serment au roi, en 1469, pour la baronnie de Grestain. Il forme une nouvelle association de prières avec les religieux de Préaux. — Mort en 1495.

Guillaume VI Descolles, premier abbé commendataire. — 1481-1502.

Jean VIII de Fatouville.

Jean IX le Veneur, archidiacre de Lisieux, nommé en 1503.

Jacques Marlet.

Jean X le Breton. — 1600-1607.

N., baron de Termes.

François Petit.

Jacques Habert, nommé en 1608.

Denis Sanguin de Saint-Pavin, abbé commendataire en 1646, mourut évêque de Senlis en 1702.

Chrysanthe de Levis. — 1702.

Antoine-Léonor le Berceur de Fontenay, mort en 1735.

N. Malherbe. — 1735.

N. de Renty. — 1743.

N. de Tilly. L'abbaye fut supprimée en 1775. Les revenus de la maison furent partagés entre l'hospice de Bayeux et l'abbé commendataire. Le dernier abbé fut Nicolas Tirel de Boismont.

La seigneurie de Grestain, désignée sous le nom de baronnie et munie du droit de haute justice, appartenait aux religieux. Ces derniers possédaient le moulin banal du Vigan. Les seigneurs de la Pommeraie avaient droit de franche mouture à ce moulin.

Saint Ouen était le patron de Grestain.

Au XIe siècle, il existait un village assez considérable sous le nom de Saint-Ouen-de-Grestain, qui fut en partie détruit en 1422. On voit encore les vestiges de l'église de Saint-Ouen. Carbec, au contraire, était placé sous l'invocation de saint Martin ; enfin l'abbaye avait pris pour patronne Notre-Dame. Il y avait aussi à Grestain une chapelle dédiée à saint Laurent.

L'histoire de Carbec-Grestain se rattache à l'histoire de ses fontaines. On en compte plusieurs. Les plus célèbres sont : celles de Saint-Meen, de Saint-Ceran, la fontaine aux Ladres, la fontaine de Saint-Benoît qui coulait dans l'enclos de l'abbaye. On croyait l'eau de ces fontaines particulièrement propre à guérir les affections cutanées.

Les lieux dits sont : — le Feugré ; — Grestain ; — l'Abbaye ; — la Vallée ; — le Vigan.

Carbec-Grestain a été réuni à Fatouville en 1844.

Cf. Canel, *Essai sur l'arrond. de Pont-Audemer*, t. II, p. 458.

Saint-Amand, *Lettres d'un Voyageur*.

Gallia christiana, t. XI, p. 842.

Dumoustier, *Neustria pia*, p. 528-534.

Monasticon anglic., VI, II, 1099.

CARENTONNE.

Arrond. de Bernai. — Cant. de Bernai.

Patr. S. Martin. — *Prés. le seigneur.*

Carantonne, Carentan, Charenton, Charente, Charentenai, Charentillé, Charentonnai : voici une série de noms que semble réunir une même étymologie.

Dans les *Grands Rôles de l'Echiquier*, nous trouvons Geoffroi de Carentonne : « Gaufridus de Carentona. »

En 1226, Jean « de Sakenvilla » confirme la donation faite au prieuré de Maupas par Guillaume de Sakenville, son père, de deux setiers de froment et deux setiers de gros blé, à prendre « in suo molendino de Carentone », et il y ajouta deux setiers de gros blé, en stipulant que la livraison serait faite « ad communem mensuram « patrie, scilicet ad mensuram sextarii de « Bernaio ». Les témoins sont : Guillaume de Friardel, Guillaume de Wistenval, Jocelin de Moiaux, Robert de Capelles, chevaliers.

En 1251, Richard de « Carenton » donna à l'abbaye du Bec 40 sols de rente sur son moulin de « Carenton ».

En 1267, Guillaume de Sacquenville, chevalier, fils de Jean de Sacquenville, au moment de partir pour la terre sainte, donne à l'abbaye de Lire 60 sous tournois à prendre sur un moulin qu'il possède dans la paroisse de Saint-Martin « de Charentonne » :

« Universis Christi fidelibus presentes
« litteras inspecturis et audituris, Guil-
« lelmus, dominus de Saquenvilla, miles,
« salutem. Notum universitati vestre facio
« quod, cum iter meum arripere proposui
« in Scicilyam et in terram sanctam pe-
« regre profecturus, ego dedi, concessi
« et hac presenti et perpetuo valitura carta
« mea confirmavi in puram et perpetuam
« et omnino liberam elemosinam... Deo
« et monasterio Beatæ Mariæ de Lyra...
« sexaginta solidos turonensium annui
« redditus habendos in perpetuum ac per-
« cipiendos..... super molendino meo
« quod habeo in parrochia Sancti Martini
« de Charentonne quod vocatur molendi-
« num Alys... In cujus rei testimonium
« et fidem pleniorem presentibus litteris
« sigillum meum apposui. Actum anno
« Domini M° CC° LX° VII°, die lune in cra-
« stino dominice Resurrectionis. »

Le samedi après l'Épiphanie 1338, noble homme et sage Mᵉ Raoul de Harecourt, chevalier, seigneur de Charentonne, fut témoin d'un arrangement pour les dîmes du Mesnillot. (Gr. *Cart. de Saint-Taurin*, fᵒ 135 vᵒ.)

Raoul d'Harcourt, Iᵉʳ du nom, seigneur de Charentonne, eut pour femme Luce de Beaufou, dame de la Chapelle-Baivel, de laquelle il eut Raoul d'Harcourt, IIᵉ du nom, seigneur de Charentonne, Grandchamp, le Mesnillotte, Cabourg et la Chapelle-Baivel. Ce dernier épousa Jeanne de Saquainville, dame de Saquainville, desquels naquirent 1° Jean d'Harcourt, mort sans enfants de Jeanne d'Estouteville, sa femme, et 2° Isabeau d'Harcourt, mariée deux fois, la première avec Pierre Mauvoisin, seigneur de Serquigni, et la deuxième avec Jean d'Achi, seigneur d'Achi, dit le Grand Gallois. Robert Iᵉʳ d'Harcourt, seigneur de Charentonne, était fils puîné de Robert d'Harcourt, Iᵉʳ du nom, seigneur de Beaumesnil.

Jean d'Harcourt figure dans deux titres de 1390, et sa veuve dans un de 1391.

Dans un acte du notariat de Bernai, de 1400 à 1402, on voit figurer M. Jehan d'Achi, chevalier, seigneur de Carentonne, qui doit être le même désigné ci-dessus.

« Du roy nostre sire,

« Je, Guillaume de Montagu, escuier,
« tien et adveue à tenir du roy nostre dit
« seigneur, par foy et par hommage, à
« cause de damoiselle Collette d'Achy, ma
« femme, fille et heretiere (sic) de deffunct
« messire Jehan d'Achy, dit le Gallois, en
« son vivant chevalier, à cause de sa conté
« et chastellerie de Beaumont-le-Roger,
« ung fieu noble, tenu par un cart de
« fieu noble, assis en la paroesse de Ca-
« rentonne, nommé le fieu de Caren-
« tonne, lequel se revient en la manière
« qui ensuit ; c'est assavoir : les maisons,
« jardins appartenans audit fieu, qui con-
« tient environ quatre acres, qui puent
« bien valloir quatre livres tournois de
« rente ou environ, lesquiels tient à pré-
« sent Jehan Bellaugier. Item, en rentes
« et en deniers qui se paient au terme
« Saint-Jehan-Baptiste, Nostre-Dame en
« septembre, Saint-Remy, à Nouel, Pas-
« ques et Rouvoisons, environ saize livres
« saize solz sept deniers. Item, il est deu
« par plusieurs des habitans et tenans du
« dit fieu XVIII festaiges de maison à trois
« termes en l'an, c'est assavoir : Pasques,
« Rouvoisons et Nouel, qui puent valloir
« par chascun terme soixante souls tour-
« nois, vallent neuf livres tournois ou en-
« viron. Item, au terme de Pasques est
« deu par les tenanz dudit fieu trois cents
« oefs ou environ. Item, au terme de
« Nouel cinquante-trois chapons et demy,
« sept geulines ou environ, et à chascun

« chappon appartient ung denier pour sa
« sieulte. Item, dix acres de terre ou en-
« viron labourables, qui puent valoir par
« communes années à bailler à ferme
« chascune acre vint soulz tournois ou
« environ, qui est en somme dix livres
« tournois. Item, environ quatre acres de
« pasturages, tant de prées comme de
« terre aux champs, qui puent bien val-
« loir par commune année soixante soulz
« tournois. Item, quatre acres de preyz
« ou environ, qui puent bien valloir par
« communes années cinquante soulz tour-
« nois par chascune acre. Item, vingt acres
« de bois ou environ, qui sont à tiers et
« dangier du roi, nostre dit seigneur, qui
« pourroient valoir, quand ils escheent
« en couppe de vingt ans en vingt ans,
« trente livres tournois ou environ. Item,
« une acre de hault bois planté...., qui
« est en disme. Item, ung moulin à blé,
« nommé le moulin de la ville, lequel est
« tenu du roy nostre dit seigneur, à cause
« de sa dicte conté par raison du dit fieu.
« Sont subgès mes hommes du dit fieu, et
« si sont subgès piller mes pommes et
« fruitages croissanz oudit fieu pour si-
« drer, et subgès à fener mes preiz et faire
« les esclusages et curages des bieux de
« mon dit moulin, à mener, charier à leurs
« despens au dit moulin les meulles, quant
« le cas s'offre; avecques ventes, reliefs de
« dixmes et aides coustumiers, quant au-
« cuns heritages sont vendus ou dit fieu.
« Et pour celle cause je doy au roy nostre
« dit seigneur hommage, aides feaulx, se-
« lon la coustume de Normendie, et [cinq]
« soulz tournois de rente par an, au terme
« Saint-Michiel, à paier à la recepte de
« la viconté d'Orbec, et dix jours de garde
« au chastel du dit Beaumont en temps
« de guerre. Et est tenu de paier messire
« Roger Regnart, prestre, à cause de
« certain fieu ou fiefz assiz en la dicte
« parroisse de Carentonne, et de mon dit
« fieu, la portion d'iceulx cinq sols. Item,
« Richart Mahiel, escuier, tient de moi par
« foy et par hommage, à cause de mondit
« fieu, ung moulin nommé le Moulin
« Tenyere, et de ce m'est tenu paier par
« chascun an, à cause d'icelui moulin,
« une paire de gans au terme Saint-
« Remy.... En tesmoing de ce, j'ai scellé ce
« présent adveu de mon scel d'armes et si-
« gné de mon signe manuel, le sixième
« jour d'octobre, l'an mil III cent cin-
« quante-six.
« G. DE MONTAGU. »

« Michel Pigace, seigneur de Caren-
« tonne et du Meuillotte et de partie du
« fief de Rogier de Fontaines, se pré-
« senta en abillement d'omme d'armes à
« trois chevaulx », à la montre générale
de la noblesse que Louis de Bourbon vint
tenir à Beaumont-le-Roger en 1469.

De 1517 à 1529, Louis de Picace était
seigneur de Carentonne. Il y eut ensuite
Adrien de Picace; puis, en 1624, Antoine
de Picace, son fils, et, la même année,
Gédéon Picace.

Dans les registres de la cour des
comptes de Rouen on lit :

« Quarentonne, Contribuables, 27. Anne
« de Pigasse, veuve du feu sieur de la
« Rosière, est dame et patronne et pos-
« sède le fief relevant du roy, vallant
« 2,500 fr. — Le fief de la Boissaye ap-
« partient à Adrien de Pigasse, escuier,
« vaut 4,000 fr. — La cure vaut 500 fr. —
« 400 acres de terre, 50 en prairies, moi-
« tié en bois et brierre, et 10 à 12 livres
« de fermage. »

Carentonne a été réuni à Bernai en 1792.

CARSIX.

Arrond. de Bernai. — Cant. de Bernai.

Patr. S. *Martin.* — *Prés.* le seigneur.

Dans les *Grands Rôles de l'Echiquier de
Normandie*, en 1180, figure Robert de
Caresis : « Robertus de Caresis, x. soli-
dos pro falso clamore,.. » et en 1184
Guillaume « de Carises ».

Dans une pièce du *Cartulaire de Saint-
Taurin*, p. 128, sous la date de 1290, on
trouve parmi les témoins : « Guillelmo,
rectore ecclesie de Karresis... »

Ailleurs, il est nommé : « Guillelmus,
rector ecclesie de Kresis... », p. 14.

Dans les minutes du notariat de Bernai,
de 1400 à 1402, ce lieu est nommé constamment Carresis ou Carrezis. Il y existait à cette époque un « quemin tendant
du manoir Crespin à la Croiz-Petit. »

Dans les pouillés de Lisieux, on lit :
« Ecclesia de Carresiz. »

En 1469 : « Greffin Lemuet, escuier,
« seigneur de Forges en partie, de Car-
« rezis et du Buisson. »

Vers le milieu du XVI° siècle, Pierre du
Fay, seigneur de Carisis, la Houssaie et
Saint-Thurion, paraît être, de la famille
du Fay, le premier qui ait été propriétaire
de Carsix.

Dans les registres de la cour des
comptes de Rouen on lit :

« Sergenterie de Montfort. Carsix. Con-
« tribuables, 127.

« Guillaume du Fay, escuier, seigneur
« et patron de Carsix, nomme à la cure,
« qui n'a que les verdages et les omosnes.

« Vault 400 liv. Il nomme aussy au per-
« sonnat, qui a les deux tiers de la grosse
« dixme vallant 800 fr. Les chanoines
« d'Avranches ont leur tiers du gros. Le-
« dit fief de Carsix relève de Fontaine-
« la-Soret et peut valloir 1,400 livres. —
« 800 acres de terre; 300 labeurs, de 10,
« 12 et 15 l'acre de fermage. »

La cure et le personnat étaient à la nomination du seigneur.

Il y avait deux chapelles, dites d'A-
vranches, à la nomination des héritiers
des fondateurs.

Le personnat était aussi sous le nom de
saint Brice, qu'on y appelait vulgairement
saint Brix.

L'église offre quelques parties d'architecture dans le style du xie siècle. Elle
possédait une chapelle en titre de bénéfice
sous le nom de saint Ursin.

Les lieux dits sont : — Aucourt; — le
Bocage; — Boincourt; — le Bois-Judas;
— la Bretonnière; — la Bretterie; — le
Catelet; — la Haie; — Malbrouck; — le
Marais; — les Molands; — le Mouchel;
— Thilliers; — Pinard; — la Roilleterie;
— la Frémondière (château).

CATELON.

Arrond. de Pont-Audemer. — Cant. de Bourgtheroulde.

*Patr. S. Lubin. — Prés. les religieux de
Préaux, puis le prieur de Saint-Ymer.*

On trouve sur le territoire de Catelon
des vestiges nombreux de constructions
antiques.

Catelon appartenait vers le milieu du
xie siècle à Guillaume, vicomte de Montfort. Après sa mort, Turoulde, un de ses
fils, prit l'habit religieux dans le monastère de Turoulde. A cette occasion, Ansfride,
mère de Turoulde, du consentement de
sa famille et d'Hugues de Montfort, dont
relevaient ces aleux, octroya à l'abbaye la
dime de Catelon, de Fontainecourt, de
Bourneville, d'Aubeuf et de Tac. Plus
tard, Guillaume, frère de Turoulde, ajouta
à ce don la dime de Becherel et de Bosc-
herald, puis une terre près de l'église de
Catelon.

« ... Præscripto principe Willelmo [Ro-
« berti filio] regnante, delatum est qui-
« dam puer nomine Turaldus, filius Wil-
« lelmi, vicecomitis Montisfortis, Prætel-
« lum, ut ibi fieret monachus, quod et
« factum est. Detulit autem illum mater
« sua Ansfridis nomine, avusque suus
« Osmundus, cognomine Malhurub, pa-
« truusque Boldinus et duo presbiteri Ri-
« cardus de Apivilla et Ricardus de Fon-
« tanis, Willelmusque et Anastasius, fra-
« tres de Magnevilla, astantibus vero e
« contra abbate Pratelli, nomine Ans-
« frido, monachisque cum nonnullis ho-
« minibus suis, videlicet Maledocto, Vi-
« tale, Rogerio Crasso pluribusque aliis.
« Coram altare dedit mater pueri supra-
« dicti, astantibus suprascriptis omnibus,
« donationemque super altare posuit, deci-
« mam de Catelun, et ecclesiam cum decem
« acris terre et decimam Fontani Curtis,
« et Burnivillæ, et de Dalbuet et de Tac.
« Hec omnia facta sunt concedente Hu-
« gone Montisfortis, qui etiam postea Pra-
« tellum venit et manu sua confirmans
« donationem super altare Sancti Petri
« misit ex his que sibi pertinebant ut per-
« petualiter inconvulsa maneret hec pa-
« ctio. Unde etiam et frater loci factus est.
« Transactis vero postquam facta sunt hec
« plurimis annis, venit Willelmus, frater
« Turaldi monachi, Pratellum, confir-
« mans que ab antecessoribus suis facta
« fuerant. Fuerat enim parvus infans dum
« ejus frater factus est monachus. Sed
« cum ad virilem pervenit etatem domi-
« nusque fuit honoris patris sui, hec
« fecit, addens etiam decimam de Bec-
« cherel et de Bosco Hairaldi, mittens do-
« nationem super altare Sancti Petris. Hoc
« fecit pro redemptione anime patris sui
« Willelmi, matrisque sue Ansfridis, et ut
« ipse frater et particeps esset loci Pra-
« telli in omni benefacto. Post hec,
« idem Willelmus cum uxore sua Pratel-
« lum venit deditque unum agrum terre
« juxta ecclesiam Catelunti abbati ad do-
« mum faciendam et tres agros terre ex
« illis decem quos dederat in manu sua
« retinuit, ea ratione ut clericum ecclesie
« inveniret et illos tres agros illi daret.
« Alios autem et totam decimam Sancto
« Petro concessit. Pro qua re abbas Gau-
« fridus triginta solidos dedit illi cum
« societate loci. Testes Willelmi, Radul-
« fus de Willervilla, Gaufridus Hungre,
« Hamundus de Colevilla. » (*Cartul. de
Préaux*, f° 133.)

L'église de Catelon avait dû être comprise dans ces cessions, car la possession
en fut confirmée aux religieux en 1179
par le pape Alexandre III : « Ecclesiam et
« Sanctæ Mariæ de Catelon, cum terris et
« decimis ad eam pertinentibus. »

Dans les *Grands Rôles de l'Echiquier de
Normandie* : « Walterus de Casteillon red-
« dit compotum de xiv. libris quas debe-
« bat Willelmo de Morenvilla super ter-
« ram suam et molendinum de Fontain-
« cort... »

En 1202 : « ... Mandamus vobis quod « faciatis habere Rogerio de Candos qua- « tuor acras terræ in haya de Catelon « cum domibus suis ibidem, unde epi- « scopum dissaisivimus. Teste me ipso « apud Aurivallem, trigesima prima die « maii. »

Nous lisons dans le pouillé d'Eudes Rigaud : « Catelont. Gaufridus Ferrant, « miles, patronus; valet duodecim libras; « parrochianos circa viginti. Gaufridus, « presbyter, presentatus a dicto Gaufrido « et receptus a domino O. Johannes Cho- « pillart receptus fuit ad presentationem « Guillelmi Ferrant, militis, ab archie- « piscopo O. Rigaudi. »

Dans le registre des visites d'Eudes Rigaud, à la date de 1262, le seigneur de Catelon s'engage à livrer à l'arche-vêque de Rouen, tous les ans, à Pâques, cinq lièvres ou un chevreuil, moyennant quoi la chapelle de Catelon est dite libre et exempte de la visite de l'archi-diacre : « Dominus de Catelont solvit no- « bis quinque lepores, apud Maretot, « captos in foresta de Monte Forti, et eos « tenetur nobis annis singulis solvere ad « Pascha, vel unum capriolum, quem « posset capere in dicta foresta, et per « hoc capella dicti domini ibidem fundata « libera dicitur esse et immunis de syno- « datico, crismate et visitatione archidia- « coni. »

On peut remarquer que le nom de Ca-telon vient de « Castellum », et indique l'existence d'un ancien château fort. Peut-être, au XIIIe siècle, n'y avait-il que la chapelle du château.

Au XIVe siècle, le seigneur de cette pa-roisse était Pierre du Tertre, secrétaire du roi de Navarre, Charles le Mauvais. Pierre du Tertre fit hommage à son maî-tre vers la Saint-André 1377, et promit de le servir envers et contre tous, sans en excepter le roi de France.

On lit dans un aveu de la seigneurie de Routot rendu au roi de France par le duc de Lorraine, en 1542, qu'à cette époque le fief de Catelon était tenu par les reli-gieux du Parc et par le curé de la pa-roisse. Le possesseur de ce fief devait ser-vice à la baronnie de Routot pour la garde de la foire de Saint Barthélemi.

On trouvera dans le *Coutumier des fo-rêts de Normandie*, f° 86 v°, les droits des habitants de la paroisse de Catelon dans la forêt de Montfort.

Les dépendances de Catelon sont : — Candos (Roger de « Belmes » donna à Ju-miéges une acre de terre : « apud Can-dos »); — les Perrois; — l'Église; — Jacquelin.

Cette commune a été réunie à Flan-court en 1846.

Cf. Toussaint Duplessis, t. II, p. 460.
Canel, *Essai sur l'arrond. de Pont-Audemer*, t. II, p. 487.

CAUGE.

Arrond. d'Evreux. — Cant. d'Evreux sud.

Patr. Notre-Dame. — *Prés.* l'abbesse de Saint-Sauveur.

A Branville, hameau de Caugé, passe la voie romaine d'Evreux à Brionne.

Le territoire de Caugé a été divisé au moyen âge entre les trois abbayes de Saint-Taurin, de la Noë et de Saint-Sau-veur.

Nous allons d'abord citer quelques textes relatifs aux droits des propriétés de Saint-Taurin :

« ..... Willelmus de Sancto Germano « dedit decimam terræ sue quam habebat « apud Meeruel. Radulfus de Meeruel de- « dit Sancto Taurino terram des Jariez, « quod filius ejus Rogerius concessit, et « centum acris terre donum patris crevit, « et totam decimam ville concessit con- « cessu domini sui Willelmi..... » (Charte de Richard Cœur de Lion.)

« ..... Apud *Maheruel* decimam terre « quondam Willelmi de Sancto Germano, « terram de Jaeriez et ibidem centum « acras terre cum integra decima ville ..; « de *Mahureueul*.... decimas..... » (Bulle d'Honorius en faveur de Saint-Taurin.)

Dans les *Grands Rôles de l'Échiquier* de 1180, on trouve un Guillaume de Ma-cruel. (Macruel, Maheruel, Maherol, Ma-crel sont les diverses formes de Mareux, dépendance de Caugé.)

« Notum sit omnibus ad quos presens « scriptum pervenerit, quod ego Reginal- « dus de Maerul precarias quas petebam « a monachis Sancti Taurini Ebroicensis « in territorio de Leuhereiz, quod eis do- « natum fuit ab antecessoribus meis in « puram et perpetuam elemosinam, dictis « monachis omnino quietavi et quicquid « juris in predicto territorio habebam vel « habere poteram, ratam et gratam habens « donationem, quam antecessores mei pre- « dictis monachis fecerunt. Ut hoc autem « perpetue firmitatis robur obtineat, pre- « sentem paginam sigilli mei munimine « roboravi. Actum est hoc apud Ebroicas, « anno ab incarnatione Domini m° cc° « xviii°, mense maii. »

« Reginaldus de *Maerul* (ou *Maeruel*) » donne à Saint-Taurin, en 1224, tous les droits qu'il pouvait prétendre sur 2 acres de terre « quas Martinus de Wellenth (ou Wellench) » avait aumônés à Saint-Taurin. (Cart., p. 85.) En 1243, le même renonce à une rente de vingt-quatre pains et seize galons de vin.

En 1247, Guillaume Charuel « de Asneriis » vend à Guillaume Piedesac sa part dans une pièce de terre « in parro« chia de Caugeio, apud Maeruel, inter « terram Willelmi de Maeruel, generis « domini Reginaldi de Maeruel, militis, « ex una parte, et boterias terrarum de « Moureenc, ex altera... »

En 1252, Roger de Maeruel, fils de feu Regnaud, chevalier, donne à Saint-Taurin une pièce de terre « in parochia de Caugeio in feodo meo de Maeruel ».

En 1264, Ermessende, veuve de Jean le Couturier, « de parochia de Caugeio, » fit remise de tous ses droits dotaux sur une pièce de terre située dans ladite commune de « Chaugé », près la terre de Gautier de Luberois.

Quant à l'abbaye de Saint-Sauveur, nous savons qu'elle possédait depuis le XIIe siècle l'église de Caugé : « .... Ecclesiam de « Caugeio cum decima et triginta acris « terræ in eadem villa.... » (Bulle du pape Eugène III en faveur de Saint-Sauveur, 1152.)

Dans une charte constatant la vente d'une terre située à Arnières, vente faite à l'abbaye de Saint-Sauveur, le vendeur s'appelait : « Johannes de Maerolio. »

Les chartes de la Noë, conservées aux archives de l'Eure, nous fourniront un grand nombre de renseignements intéressants sur Caugé.

1196. « Joh. de Meeruel concessi..... « quecumque tenent... in toto feodo de « Meeruel... dedi insuper eisdem mona« chis III. acras terre apud Meeruel in « loco qui dicitur Gauteret, concedenti« bus fratribus meis. Testibus : Rad., « presb. de Cauge; Reinaldo, fratre meo; « W., sutore; Simone de Curia. »

1198. « Johannes de Meeruel, dedi... « unam portionem terre quam habebant « de dominico meo juxta mesnagium Jo« hannis Berlant, fratribus meis conce« dentibus... »

1199. « Reinaldus de Meeruel, con« cessi..., voluntate et assensu Johannis « fratris mei primogeniti, quicquid ha« bebam et clamabam in feodo Gaufredi « Pignart et participum ejus in valle Ca« peron... hoc autem sciendum quod si « Radulfus de Saceio, qui feodum illud « de me tenebat, in aliquo defectu fuerit, « vel in aliquo deliquerit unde mihi res« pondere teneatur, ego nullatenus in pre-

« dicto feodo manum mittere debeo... »

1204. Richard d'Andé donne une pièce de terre à Caugé.

1204. « Reginaldus de Meherol, dedi... « terram illam quam tenebant Hugo An« glicus et Heloisia, uxor ejus, de me « ad boscum Gaufridi. »

1209. « Reginaldus de Ansgervilla con« cessi... totum tenementum illud apud « Lespesciam quam tenuit de me Radul« fus Carue, Henrico filio ipsius conce« dente... Anno Domini M° CC° VIII°. Te« stibus : Girelmo de Caugeio; Waltero « Flamenc; Willelmo de Bosco Gencelin; « Willelmo de Ansgervilla, fratre meo, et « aliis pluribus. »

1210. « Raginaldus de Meherol, Hu« gone et Willelmo, fratribus meis, con« cedentibus, » donne la terre « quam « habent et excolunt monachi de Noa « propriis sumptibus et laboribus ».

1211. « Ricardus de Argenciis dedi... nemus et Lespeisse...

1229. « Symon, filius Rogeri de Ande « elemosinavi..... unam acram terre in « campo de Grua, juxta terram Abeline... « Actum coram parrochia de Cauge. Testi« bus : Radulfo, sacerdote; et Johanne, « persona de Cauge; Ricardo de Ande, « milite; Christiano Robert, cum multis « aliis. »

1231. « Aalix de Maerol, filia Johannis « de Maherol, dedi..., in tempore viduita« tis mee, assensu et voluntate Petri, filii « mei, unam acram terre et dimidiam, que « videlicet terra sita est in campo de la « Pommereie, juxta terram Gilleberti, « filii Eufemie de Maerol, sororis mee... « Actum coram parrochia de Cauge. »

1238. « Guillelmus et Raginaldus post« genitus, fratres, quondam filii Girelmi, « prepositi de Caugeio, » confirment les donations de leurs ancêtres : « Pro hac « autem concessione et confirmatione de« derunt nobis predicti monachi unam « acram terre et dimidiam, prope Bos« cum Ricardi de Caugeio, militis, in « duabus pecíis terre... Preterea quita« mus in perpetuum quidquid juris habe« bamus... in tota cultura des Pasquerez, « que sita est juxta Pisselou, in territorio « de Conchis. »

1243. « Johannes Bellant et ego Thomas Bellant, et ego Petrus Bellant de « Cauge, fratres, » vendent à l'abbaye une pièce de terre sise en la paroisse de Caugé : « Versus Boscum de Malbuisson, « inter terras dictorum monachorum de « Mara Hugonis, ex una parte, et terras « nostras versus puteum Bellant, ex altera. « Actum coram parochia de Cauge. »

1252. Vente d'une pièce de terre située

« juxta vadum de Chapelei », près le moulin de Cheivel.

1256. « Radulfus de Spina vendidi... « unam peciam terre.... sitam prope ter- « ras eorumdem monachorum de Morant, « inter terram heredum Guillelmi de Chei- « tivel, defuncti, ex una parte, et terram « Radulfi juvenis, ex altera, juxta chemi- « num Ebroycensem aboutantem super « Marehent, pro octo libris turonensium, « de quibus dicti monachi plenario michi « satisfecerunt. »

1269. « Petrus de Bernoienvilla, filius « Rogeri de Bernoienvilla, et ego Petrus, « filius Guillelmi de Bernoienvilla, vendi- « dimus » une rente qu'ils possédaient sur une terre des religieux... « apud granchiam suam de Morant ».

1303. « Tyecelin de Maeruel, » clerc, de Caugé, aumône trois maisons, sises à Caugé, à l'abbaye de la Noë.

Nous trouvons dans les chartes de la Noë, conservées à la Bibliothèque impériale, assez fréquemment mention de Caugé.

En 1205, Renaud de « Meherol » confirme la donation faite à la Noë des terres de Durand, Guillaume et Rainoud « de Mcherol... apud pontem de Cauge ».

En 1229, Mathieu de Caugé donne à l'abbaye de la Noë une rente annuelle de six sols due par Guillaume, fils de Guillaume Mercennaire.

En 1248, charte du doyen de Conches au sujet d'un journal de terre situé dans la paroisse de Caugé, et que Gautier de Neuville et Sibille, sa femme, avaient donné aux moines de la Noë.

En 1248, « Reginaldus, miles, et dominus de Maeroel, » confirme la donation de Thomas Bellant de Caugé.

En 1257, Alicie de Caugé, veuve de « Gautier la Here », donne au moine portier de la Noë, pour l'usage des pauvres qui affluent à la porte de l'abbaye, une pièce de terre qui est appelée : « Campus de Perrous. »

En 1259, Jean, écuyer, de Maeruel, fils de Renaud de Maeruel, chevalier, donne, pour le salut de l'âme de son père et de sa mère Nicolle, une rente de 12 deniers à prendre sur Robert Goujeon, son homme.

Les lieux dits de Caugé sont : — Branville, ancienne commune réunie en 1808 à Caugé (une pièce de terre est indiquée en 1316, entre les Routières de Branville et les Routières de Brenai); — Mareux; — les Fontenelles; — Luheré (le nom du hameau de Luheré est écrit : « Luhereium, les Luhereis, le Luherei, Luhereyum, les Luherez »); — Morand.

CAUMONT.

Arrond. de Pont-Audemer. — Cant. de Routot.

Patr. Notre-Dame. — *Prés. le prieur de Bourg-Achard.*

L'étymologie de Caumont n'est pas douteuse : « Calvus mons. »

Les Romains ont laissé à Caumont des traces de leur passage : vestiges de constructions antiques, fragments de poterie, médailles, au hameau de la Ronce, près du chemin des Longues-Vallées, venant de Honguemare, et au hameau voisin de Beauséjour.

Nous empruntons à la notice de M. L. Passy sur le prieuré de Bourg-Achard (*Bibl. de l'École des Chartes*, 5ᵉ série, t. II, p. 358) les détails suivants sur l'histoire de la cure de Caumont :

« On désignait alors sous le nom de « Touberville un vaste territoire qui com- « prend aujourd'hui quatre paroisses « En 1175, l'année même où les cha- « noines de Bourg-Achard se firent donner « par Rotrou une charte confirmant leurs « biens et leurs droits, Nicolas de la Londe « donna à l'église de Saint-Lô de Bourg- « Achard le patronage des églises de « Touberville, c'est-à-dire de la Sainte- « Trinité et de Saint-Ouen de Touberville « et de Sainte-Marie de Caumont. Il fit « cette donation pour le salut de son corps « et de son âme, et pour les âmes de son « père, Jean de la Londe, de sa mère « Isabelle, et surtout pour l'entretien et « le salut perpétuel de son frère aîné, « Guillaume, chanoine de Bourg-Achard. « Il résigna ses droits entre les mains de « Rotrou, avec le consentement de son « frère Robert et de sa mère Isabelle. « Rotrou confirma par un acte séparé. « Guillaume de la Londe, le chanoine, « meurt; on l'ensevelit avec honneur dans « le chapitre de Bourg-Achard; mais Ni- « colas grandit, et comme il avait fait « cette donation jeune encore, et avant « qu'il n'ait été créé chevalier, il suscite « aux chanoines querelles et procès, et « cherche à revenir sur sa donation. « Gautier, archevêque de Rouen, inter- « vient, et Nicolas de la Londe renonce à « toutes ses prétentions. Gautier constate « les droits du prieuré de Bourg-Achard « dans une charte de 1202. Quelques « années après le différend se renouvelle; « il avait été convenu que les chanoines « entreraient en possession à la mort d'un « certain Philippe, qui tenait le service de

« l'église ; or ce Philippe étant mort après
« Nicolas de la Londe, Jean, fils de Nico-
« las, se mit violemment en possession de
« l'église de Sainte-Marie de Caumont.
« Les chanoines de porter leurs plaintes
« devant l'archevêque de Rouen ; c'était
« en 1223. Jean de la Londe fut condamné.
« Il ne parut pas cependant accepter
« franchement cette sentence ; car c'est
« seulement en 1239 qu'il se désista de
« tous droits sur les églises ou chapelles,
« revenus, terres ou autres possessions
« qu'il prétendait avoir à Touberville. »

« En 1290, Guillaume de Flavacourt,
« archevêque de Rouen, décida que le
« service divin serait fait et les sacrements
« administrés dans les deux églises de la
« Trinité et de Saint-Ouen, comme ils l'é-
« taient déjà dans l'église de Caumont ;
« mais que tous les habitants du territoire
« de Touberville continueraient à être te-
« nus de faire leurs pâques, et d'assister
« aux offices de la Pentecôte, de la Tous-
« saint, de Noël et des fêtes de la Vierge
« dans l'église de Sainte-Marie de Cau-
« mont. Ainsi l'église de Caumont avait
« été primitivement l'église paroissiale,
« puis peu à peu, les églises de Saint-
« Ouen et de la Trinité prirent la place
« et bientôt le rang de paroisse. Le prieur
« de Bourg-Achard eut alors le droit de
« présenter un chanoine régulier à ces
« trois cures. Enfin la paroisse de Cau-
« mont elle-même fut démembrée au
« XVIIᵉ siècle, lorsqu'on érigea en cure
« la chapelle bâtie à la Bouille, sur la
« prière et pour le service des seigneurs
« de Mauni. »

La famille de la Londe paraît avoir possédé le territoire de Touberville depuis le
XIIIᵉ siècle.

En 1464, Robert de Graville en avait
une partie. Dans un rôle de fiefs dressé
en 1540, on voit que le fief de Touberville
appartenait alors à M. Robert Daugerville,
prêtre curé de Tresly ; il valait 80 livres,
et était disputé par Louise de Brézé, dame
de la baronnie de Mauni, et Louis de
Bigars, seigneur de la Londe. Le territoire de Touberville fut réuni à la terre
de la Londe, lorsque cette terre fut érigée
en marquisat en 1616. Quant à Caumont,
spécialement, M. Canel dit que les Mallet
en furent seigneurs depuis le XVIᵉ jusqu'au
XVIIIᵉ siècle, sous la suzeraineté des seigneurs de la Londe.

Les carrières de Caumont sont célèbres
par une galerie que traverse un cours
d'eau et par des grottes ornées de stala-
ctites.

Les lieux dits sont : — le Bas-Caumont ; —
la Cavée ; — la Chouque ; — le Chouquet ; —
le Haut-Caumont ; — la Houllaterie ; —
Matré ; — le Moulin-des-Côtes ; — la
Ronce ; — le Val-Galopin ; — le Beau-
Séjour ; — la Pointerie ; — la Hardière ; —
le Plouzel.

Cf. Toussaint Duplessis, t. II, p. 482.
Le Prevost, *Notice archéologique*.
Canel, *Essai sur l'arrond. de Pont-Audemer*, t. II, p. 113.

CAUVERVILLE-EN-LIEUVIN.

Arrond. de Pont-Audemer. — Cant. de Cormeilles.

Patr. S. Nicolas et S. Gourgon. — Prés. le seigneur.

L'étymologie de Cauverville me paraît être « Cauberti Villa ».

Ruines et fondations romaines près des Petreaux.

Église romane.

Dépendances : — les Petreaux ; — la Forge-Subtile ; — l'Église ; — la Motte et Épineville (la Motte et Épinerville anciens fiefs).

En 1844, la commune de Notre-Dame-de-Fresne a été réunie à Cauverville.

CAUVERVILLE-EN-ROUMOIS.

Arrond. de Pont-Audemer. — Cant. de Routot.

Patr. S. Julien. — Prés. l'abbé de Corneville.

La grande route de Rouen et le chemin perré de Juliobona traversent Cauverville. Vestiges de constructions romaines à la Viéville.

Les *Grands Rôles de l'Échiquier de Normandie* font mention d'Hugues de Cauverville : « Hugo de Caverville quadra-ginta solidos pro plegio Roberti de Appe-villa »

A l'époque de la fondation de l'abbaye de Corneville, Cauverville fut donné aux religieux, avec ses dîmes, ses dépendances, et le droit de patronage. Dans le pouillé d'Eudes Rigaud on lit : « Waletot, Coletot, « Cornevilla, Calvervilla. In his ecclesiis « deservitur per canonicos de Cornevilla « et cedunt in usus conventus. » Les pouillés de l'archevêché de Rouen prou-vent que la cure était régulière, et l'abbaye a exercé jusqu'à la Révolution le droit de présentation.

Le *Coutumier des forêts de Normandie* contient la mention des droits d'usage des habitants de Cauverville, fᵒ 89 vᵒ.

L'abbaye de Corneville devait à celle du Bec 45 boisseaux d'orge à cause de la dîme et grange de Cauverville.

Il existait jadis une chapelle de Saint-Etienne non loin du château de la Vieville. En 1672, elle était annexée à la cure.

Les dépendances de Cauverville sont : — les Allais ; — le Haguet ; — la Mare-Pochon ; — les Morisses ; — Médine ; — le Monthulé ; — le Nouveau-Monde ; — les Rabasses ; — la Roque ; — la Tuilerie ; — la Vieville (château et fief).

Cf. Toussaint Duplessis, t. II, p. 488.
Canel, *Essai sur l'arrond. de Pont-Audemer*, t. II, p. 463.

CAVOVILLE.

Arrond. de Louviers. — Cant. de Louviers.

Patr. Notre-Dame. — Prés. le chapitre d'Evreux.

On devrait écrire Cavauville et non Cavoville. Le nom latin « Cavalvilla » doit s'interpréter : la ville des chevaux. Il existe en Danemark un lieu nommé Horseby. Marbeuf et Martot ont exactement la même signification.

En France, au Xe siècle, un lieu portait le nom de Cavalcamp, d'où la famille de Tosni a pris son origine. Voyez à ce sujet l'histoire des archevêques de Rouen dans le tome XI du *Gallia christiana*.

Les mots *cheval* et *queval* ont été employés fréquemment comme noms de famille en Normandie. Il en a été de même en Scandinavie.

Les *Grands Rôles de l'Echiquier de Normandie* citent un Baudouin de Cavauville : « Baldoinus de Cavalvilla decem solidos « pro dissensione... »

Suit une charte dans laquelle Adam de Cavauville donne à l'église de Saint-Taurin d'Evreux 12 acres de terre, situées près du Bois-Richard, qu'il tenait du fief de Gautier de Houlme « de Hulmo » :

« Notum sit tam presentibus quam fu-
« turis, quod ego Adam de Kavalvilla con-
« cessi et dedi Deo et ecclesie Sancti Tau-
« rini Ebroicensis, in perpetuam elemosi-
« nam, pro salute anime mee et Roberti,
« avunculi mei, cujus heres sum, qui ha-
« bitum religionis in eadem domo suscepit
« et pro animabus antecessorum et suc-
« cessorum meorum, duodecim acras terre
« apud Boscum Ricardi quas tenebam de
« feodo Walteri de Hulmo, et super hoc
« concessionem et cartam ejusdem Wil-
« lelmi (*il faudrait* Walterii) ipsi domui
« faciam habere, si abbati ejusdem domus
« ipsam terram placuerit accipere. Si vero
« assensum ac cartam ejusdem Willelmi
« perquirere non potero, vel abbas eam
« recipere noluerit, ego dabo prenominate
« domui quamdam culturam meam apud
« Kavalvillam que continet quatuor acras
« et dimidiam, que est de dominio meo
« et nominatur le Grant-Essart. Si vero
« eadem cultura non valuerit per annum
« viginti solidos, ego perficiam eidem do-
« mui de dominio meo apud Kavalvillam
« eorumdem viginti solidorum valorem.
« Ut autem ista donatio mea rata et sta-
« bilis in posterum permaneat, eam pre-
« senti carta et sigilli mei munimine
« roboravi. Factum est autem illud in
« presentia venerabilis patris nostri Jo-
« hannis, Dei gratia Ebroicensis episcopi,
« sub testimonio Walterii de Portu, Ni-
« cholai filii Ursi canonicorum, magistri
« Rogerii Scherii, Ricardi Monever, Wal-
« terii de Boafle, Walterii presbiteri de
« Broevilla, Renelli (*ou* Revelli) clerici,
« Amaurici, clerici de Cavalvilla, Nicolai
« Feron et plurium aliorum. »

Le chapitre d'Evreux possédait l'église de Cavauville et des redevances sur cette paroisse : « ... et ecclesiam de Cavauvilla... » (Charte de Luc, évêque d'Evreux, en faveur de son chapitre, 1203-1220.)

« ..... Ecclesiam de Kavauvilla cum decem solidis de pensione... » (Charte de Raoul de Cierrei.)

En 1224, Herenborc « de Kauvavilla » donne au chapitre d'Evreux « quindecim « sextaria bladi valentis ordeum et duos « solidos et duos capones quos mihi red-« debat Nicolaus le Pulleis annuatim jure « hereditario apud Gitebou ».

Cavauville a été réuni en 1826 au Mesnil-Jourdain.

CERNAI.

Arrond. d'Evreux. — Cant. de Rugles.

Patr. S. Antonin. — Prés. le seigneur.

Nous avons peu de choses à dire sur Cernai. Dans le *Registre de Philippe-Auguste* on lit : « ... Hugo de Hernevi-« ler et Henricus de Guitet tres quartarios « apud Cernaium... »

En 1270 : « ... Lambertus de Cernayo. »

Les registres de la cour des comptes de Rouen donnent sur Cernai les renseignements suivants : « Sergenterie d'Ouche. « Cernay. Contribuables, 9. François le « Cerf, escuier, sieur de Cerney, est sci-

« gneur et patron et possède le fief de Cer-
« nay qui vaut 400 fr. La cure vaut 200 fr.
« 200 acres de terre, 1, 2 et 3 fr. l'acre. »
Cernai a été réuni à Bois-Anzerai en
1808.

CESSEVILLE.

Arrond. de Louviers. — Cant. du Neubourg.

Patr. Notre-Dame. — Prés. le prieur de Sainte-Barbe.

« Guilelmus, dominus de Sancto Georgio de Sessevilla, » vend à Saint-Étienne de Renneville une demi-acre de terre « in parrochia de Sessevilla ad Vallem pro novem libris turonensium ».

« ... In primo anno [1196] in quo rex « Ricardus cepit firmare Rupem Ande-« liaci, » Hugues Chief de Ber et Robert, son neveu, donnèrent en fief à Philippe Sorel toute leur terre « de Puteo Germundi » moyennant 18 deniers angevins de rente et de plus un setier de froment : « quem ipse dedit mihi de reconoisant et « nepoti meo unam tunicam de burel si-« militer de reconoisant. »

En 1203, Hugues Chief de Ber, ou Chef de Bier, donna à l'abbaye du Bec des biens situés à Cesseville et confirma les donations faites par ses prédécesseurs, entre autres celle des dîmes de Cesseville.

En 1208, Raoul Fossei de Brai donne à l'abbaye la dîme de tout son fief de Cesseville.

En 1209, Hugues et Robert Chef de Ber confirmèrent la donation de la terre de Puygermont, située à Cesseville. Cette famille Chef de Ber paraît avoir subsisté longtemps à Cesseville. On en trouve encore des actes en 1310.

En 1209, les mêmes confirmèrent la donation au Bec par Philippe Soreleis de la terre « de puteo Germundi » qu'il tenait d'eux.

Vers la même époque terre « juxta marleriam Ricardi Cewin (ou Tewin) ».

En 1209, « campus inter Sessevillam et « Crovillam qui dicitur camp Chalengeus « juxta maram Burlin ».

Un personnage nommé Levavassor, « de Busco juxta Sessevillam, » donne « cam-« pum inter Sessevillam et buscum qui « dicitur campus de fossis... a terra Phi-« lippi Sorel usque ad Spargelii in longum, « et a pleisseto Roberti usque ad boscum « Matildis Trossebot et ad boscum Ri-« cardi de Landes in latum ». Cette donation fut faite en 1209 « in ecclesia de Sessevilla », et ensuite confirmée au Bec « per unum candelabrum super majus altare ».

En 1210, Hugues Chef de Ber « de Sessevilla » donna au Bec « campum de Suillemare apud Sessevillam ».

En 1210, Robert de ....., en garantie d'une donation au Bec, engage 3 acres du fief qu'il tient « apud Mesnillum Brochet, scilicet campum de Mara Roturre ».

La même année, confirmation des donations précédentes par Gui « de Saucejo ».

En 1216, Hugues Chef de Bert vend le champ « de Suillemarre ».

En 1224, Richard de Landes et Alexandre Louvain avec Pernelle, sa femme, donnèrent à Sainte-Barbe tous les droits qu'ils pouvaient avoir sur le patronage de Sesseville.

En 1224, Richard de Landes, Alexandre de Lovain et Pernelle, sa femme, renoncèrent à toute prétention sur le patronage « ... ecclesie de Sessevilla ... »

En 1230, les religieuses de Saint-Corentin renoncèrent à leurs prétentions sur la dîme de Cesseville, moyennant 10 sols de rente.

En 1232, champ du « Val-Roger ».

En 1249, champ de « Virolles ».

En 1246, Mathieu de la Prairie donna un champ au triage de la « Haie-Helye ».

En 1247 : « Guido de Saucejo, miles, » donne une charte, en faveur de Sainte-Barbe, où il est fait mention d'Escaubosc de Sesseville : « ..... a chemino de Ruel usque ad fossam dominorum. »

Autre charte : « Sessevilla. Mara Euval » ou « Enval ».

1269 : « ..... parrochia de Sessevilla... » (Voyez SAINT-CYR.)

1272, « Reginaldus dictus Troussebout, miles, » donne à Sainte-Vaubourg « unam « pechiam terre in parrochia de Sessevilla « inter terram domini Johannis dicti Ha-« renc. Testibus his : magistro Johanne « de Valle, advocato curie Rothomagensis, « Johanne de Burgo Theodori. »

« Omnibus ad quos presens scriptum « pervenerit, Matildis Trossebot, salutem. « Ad vestram volumus notitiam pervenire « me, amore Dei et caritatis intuitu, Deo « et ecclesie Sancti Germani Gaillart, et « fratribus de Sancta Barbara ibidem « Deo servientibus, jus patronatus ecclesie « Sancte Marie de Sessevilla, quantum ad « me spectat, in puram et perpetuam ele-« mosinam dedisse et concessisse, et pre-« dictum jus patronatus in manu R... « Ebroicensis archidiaconi, tunc totius epi-« scopatus Ebroicensis procuratoris, resi-« gnasse et posuisse..... » (Sans date.)

Mathilde Trossebot donne à l'église de Saint-Germain-le-Gaillard et aux frères de

Sainte-Barbe tous les droits qu'elle pouvait avoir sur l'église de Cesseville ou Sesseville.

En 1274, Amauri de Meulent, chevalier, « dominus de Novoburgo », voluntate Margarete uxoris mee, « confirme la donation de « Reginardus Troussebout in parrochia de Sessevilla », et reçoit 50 sous tournois.

En 1280, « Radulfus dictus Campiun de Sacevilla » vend à maître Jean de « Osguevilla, canonico xv. marcharum in « ecclesia Rothomagensi, pro servitio et « hommagio suo et pro septem solidis « turonensium, pechiam terræ... »

En 1295, pièce nommée la *Terre-Oynel*, près le chemin aux Potiers.

En 1210, Roger Corde « de Sessevilla » remit aux moines du Bec 2 sols de rente et les corvées qu'il avait obtenues « in « assisia apud Vallem Rodoli, coram Ca- « dulco, castellano, qui assisiam tenebat, « de una acra terre apud Carafosse, et tri- « bus virgatis curtilli Ricardi de la Prée ».

Le même donna à l'abbaye du Bec « terram meam de Carafosse », consistant en deux acres.

Raoul Baignart, prêtre, donna à Sainte-Barbe tous les droits qu'il pouvait avoir sur l'église de Cesseville :

« Omnibus ad quos presens scriptum « pervenerit, dominus Radulfus Baignart, « presbyter de Mesnillio Jordain, salutem « in Domino. Noverit universitas vestra « me relaxasse et donasse ecclesie Sancte « Barbare et canonicis ibidem Deo ser- « vientibus quicquid reclamabam et recla- « mare poteram in ecclesia de Sessevilla, « tam in patronatu quam in decimis et « rebus aliis... » Autre charte du même « dans le même sens : « ... quicquid in « patronatu ecclesie Sancte Marie de Ses- « sevilla... »

Dans un acte de 1334, il est fait mention de la Marlière-aux-Gibouts.

Jean de la Haye, seigneur de Chantelou et de Cesseville, épousa, le 3 février 1529, Susanne de Roncherolles, fille de Louis, baron de Heuqueville et du Pont-Saint-Pierre, seigneur de Gamaches, etc., chevalier et chambellan du roi, gouverneur de Péronne, Roye et Montdidier, qui fonda une chapelle en l'honneur de saint Hubert dans son château de Roncherolles, et de Françoise de Hallwin, sa première femme.

Un acte de 1599 désigne les religieux Célestins de Mantes comme seigneurs de Cesseville, en partie vraisemblablement. En 1693, ils y possédaient des terres et recevaient des rentes seigneuriales.

En 1646, le célèbre maréchal de Bassompierre était seigneur de Cesseville et Crestot, à cause du fief de la Hayt. A sa mort, en 1646, ces seigneuries passèrent dans la maison le Veneur, au droit de sa plus jeune sœur, Catherine de Bassompierre, femme de Tanneguy le Veneur, comte de Tillières et de Carouges, chambellan de la reine de la Grande-Bretagne et ambassadeur en Angleterre, auteur de mémoires que M. Hippeau, professeur à la Faculté des lettres de Caen, vient de publier, d'après un manuscrit faisant partie des archives de la famille d'Harcourt.

Le P. Anselme, t. VIII, p. 262, mentionne comme seigneurs de Cesseville, en 1652, 1679, 1685, 1692, Charles le Veneur, chevalier de Malte, désigné dans des actes notariés comme monseigneur le chevalier de Tillières, et, après lui, son fils Henri-Charles, capitaine au régiment royal des Cravates, ayant pour femme Marie-Catherine de Pardieu de Maucomble.

En 1692, Charles le Veneur portait le titre de marquis de Cesseville.

En 1699 et 1708, messire Henri Charles le Veneur, chevalier, seigneur et marquis de Cesseville, Crestot et autres lieux, portait aussi dans ses actes postérieurs le titre de seigneur de Cailly-en-Rivière.

Vers cette époque, Hector-Joseph Pavyot, conseiller en la grand'chambre du parlement de Normandie, devint titulaire de la seigneurie de Cesseville. Son fils aîné, Hector-Nicolas, lui succéda sous la tutelle d'un oncle, Gilles-Nicolas Pavyot, connu sous le nom d'abbé de la Villette, chanoine, grand archidiacre de l'église cathédrale de Rouen et conseiller en la grand'chambre du parlement.

Hector-Nicolas était en 1756 conseiller du roi en ses conseils, conseiller honoraire au parlement, président en la chambre des comptes, cour des aides et finances de Normandie, seigneur de Cesseville, Crestot, Saint-Aubin-d'Ecrosville, la Villette et autres lieux.

La présidente Pavyot, Henriette Duquesne de Brotonne, sa veuve, soutenait un procès en 1786 en l'élection de Pont-de-l'Arche.

Hilaire-Nicolas Pavyot était en 1794 seigneur de Cesseville.

L'abbaye du Bec possédait à Cesseville une ferme dont tous les bâtiments furent reconstruits en 1710.

Le maréchal de Bassompierre portait pour armes : d'argent à trois chevrons de gueules.

La famille le Veneur : d'argent, à la bande d'azur, chargée de trois sautoirs d'or, selon le P. Anselme, et, selon la Chesnaie des Bois, frettée d'or.

La famille Pavyot : palé d'or et d'azur, contrepalé du même.

CHAIGNES.

Arrond. d'Évreux. — Cant. de Pacy.

Patr. S. Julien. — Prés. l'abbé de la Croix-Saint-Leufroi.

Le nom de Chaignes me paraît être une légère variante de Cahaignes. Il y avait un fief de Chahains dans la paroisse de la Ferrière-Blanchard, près Alençon.

Dans une bulle d'Adrien IV (1156), en faveur de la Croix-Saint-Leufroi, on lit : « .... In Champs ecclesiam cum decima.... » Je pense qu'il faut lire Chains.

L'abbaye de la Croix-Saint-Leufroi avait la seigneurie de cette paroisse avec haute justice.

Les dépendances sont : — Chaignolles (ancienne commune réunie à Chaignes en 1818); — la Belle-Fontaine ; — les Escrets ; — les Ferets ; — la Fontaine-Saint-Julien ; — la Maison-Roussel.

CHAIGNOLLES.

Arrond. d'Évreux. — Cant. de Pacy.

Patr. S. Pierre. — Prés. l'abbé de Coulombs.

Nous n'avons rien à dire sur cette ancienne commune. Nous nous bornerons à citer « Galterus de Chignolles » parmi les témoins de la donation d'Amauri de Garenne à Notre-Dame-du-Désert.

Si l'on veut connaître les droits d'usage des habitants de Chaignolles dans la forêt de Méré, on consultera le *Coutumier des forêts de Normandie*, I. 165 v°.

Réunie à Chaignes en 1818.

CHAISE-DIEU.

Arrond. d'Évreux. — Cant. de Nonancourt. Sur l'Iton.

Patr. S. Jean. — Prés. l'abbesse de Chaise-Dieu.

La Chaise, la Chaise-Dieu, la Chaise-Baudouin. Ce mot de Chaise vient directement de *casa* (cabane), petite maison rurale, et n'a rien de commun avec chaise, siège de paille, qui remonte, par le mot intermédiaire : chaire, à *cathedra*.

Beaucoup de familles en Normandie portent les noms de la Chaise, de la Queze ou de la Guese. Cependant ces noms sont encore beaucoup moins communs chez nous que leurs correspondants : la Case, la Caze, etc., ne le sont dans la zone de la langue d'oc.

Les Bénédictins avaient presque toujours accepté les noms des lieux où ils fondaient leurs établissements. Ce furent les moines blancs qui mirent à la mode l'usage des noms locaux saints ou mystiques comme celui de Chaise-Dieu.

Un prieuré conventuel de religieuses de l'ordre de Fontevrault fut fondé à Chaise-Dieu au XIIe siècle.

Mentionnons d'abord une charte souscrite par Henri Ier en faveur du prieuré du Lesme, et dans laquelle il confirme des donations faites par Richer de l'Aigle et Guillaume de Cheronvilliers à l'église de Chaise-Dieu : « ... Et similiter con-
« cedo et confirmo Deo et ecclesiæ suæ
« Casa Dei terram in bosco quam Richer
« de Aquila eis dedit et illam quam Guil-
« lelmus de Cheronvilliers extra boscum
« eis dedit de feodo Thegulensi. Hanc igi-
« tur ecclesiam de Deserto et illam de
« Casa Dei et omnia supradicta beneficia
« quæ eis data sunt et omnia illa quæ
« illis in futuro canonice dabuntur, etc....
« in manu mea accipio, etc.... »

Voici le texte de la donation de Richer de l'Aigle, qui était alors propriétaire de la terre de Chaise-Dieu :

« ... Sciant hi qui nunc sunt et qui fu-
« turi sunt, quia ego Richerius de Aquila
« dedi et concessi in perpetuam elemosi-
« nam ecclesiæ Beatæ Mariæ de Deserto
« et fratribus ibi Deo servientibus theo-
« neum de dominio sub liberum et quie-
« tum per totam meam terram... Casæ
« Dei, ipso Richerio filio meo et herede
« meo teste, et alio Richerio teste, et Gile-
« berto Lanelo teste, et Bernerio (ou Ber-
« nerio) de Bielinis, et Gauterio filio Ra-
« monis teste, et Gauterio Droolino teste,
« et Richardo de Grai teste, et Guillermo
« Baudrono teste, et ipso priore capellano
« teste. Valete. »

Robert, comte de Leicester, fils de Robert, comte de Meulan, épousa Amicie, fille de Raoul de Guader. Henri Ier, en lui faisant épouser Amicie, lui donna Breteuil avec les fiefs qui en dépendaient. Robert mourut en 1167, après avoir passé quinze ans comme religieux dans l'abbaye de Notre-Dame de Leicester. Vers 1150, il donna aux religieux de Chaise-Dieu le droit d'usage dans la forêt de Breteuil : « Usagium suum in foresta mea Britolli, « scilicet mortuum nemus ad calefacien-

« dum et vivum ad sua herbergagia fa-
« cienda, videntibus et tradentibus balli-
« vis meis de predicta foresta, pasnagium
« suis porcis et herbagium suis pecoribus.
« Preterea dedi et concessi xxxvi. solidos
« quos Amicia comitissa, uxor mea, habe-
« bat in Socha Winburnie in unciis suis
« auri... » (*Cart. norm.* de M. Delisle,
n° 6.)

Dans les *Grands Rôles de l'Echiquier de Normandie* (1198), on lit : « Ricardus de
« Argenciis reddit compotum de 560 lib.
« de firma honoris Ebroicarum... Monia-
« libus de Casa Dei 9 lib. 12 sol. hoc anno
« pro 1 modio frumenti de elemosina sta-
« tuta. »

Dans un état des aumônes dues aux monastères du diocèse d'Evreux vers 1204, on lit : « Item moniales Case Dei in vice-
« comitatu pro uno modio bladi LXXII. so-
« lidos et apud Witehof. II. modios fru-
« menti de VII. libris IV. solidis. » (*Cart.
norm.*, n° 117.)

Jean sans Terre donna au prieuré de Chaise-Dieu 20 livres à percevoir sur la prévôté de Verneuil : « Deo et ecclesie
« Beate Marie de Casa Dei et monialibus
« ibidem Deo servientibus in puram et per-
« petuam elemosinam viginti libras Ande-
« gavensium singulis annis percipiendas
« de prepositura Vernolii... Apud Ver-
« nolium, vigesima quinta die novembris,
« anno regni nostri tertio. »

Parmi les noms de plusieurs nobles qui ne s'étaient pas présentés à la monstre de 1469 et qui avaient des fiefs et revenus en la vicomté de Conches, nous trouvons: « les religieuses, prieure et couvent de
« Chaise-Dieu, pour les fiefs de Nogent et
« de Beffray. » Il est prouvé que le couvent s'était présenté à la monstre de Verneuil, parce qu'il était situé dans ladite vicomté.

Le fief Duquesnei-Mauvoisin appartenait aux religieuses de Chaise-Dieu, qui faisaient tenir les plaids au manoir seigneurial.

Parmi les francs usagiers de la forêt de Breteuil, sont notées les religieuses du couvent de Chaise-Dieu. (*Coutumier des forêts de Normandie*, p. 213 r°.)

Dans une ferme de Chaise-Dieu des constructions encore importantes sont regardées comme les restes de l'ancien prieuré.

On trouve aux Archives de l'Eure un certain nombre de documents concernant le prieuré de Chaise-Dieu. (Cartulaire du XVII° siècle : état des rentes, chartes, titres de propriétés situées dans les paroisses de Blandei, les Bottereaux, Chandai, Ferrière, Maudres, le Sap-André, Saint-Just

et le Theil, de 1432 à 1789, 2 registres, 2 liasses.)

Les dépendances sont : — le Bois-Bizet; — le Boulai; — Chaise-Dieu; — le Chêne-Hard; — le Crouloir; — la Garenne; — la Renardière; — les Ronciers; — la Rue-du-Theil; — le Theil; — Babu; — Courteilles (château).

La commune de Chaise-Dieu a été réunie à la commune du Theil en 1818.

CHAMBLAC.

Arrond. de Bernai. — Cant. de Broglie.
Sur la Charentonne.

Patr. Notre-Dame. — Prés. le seigneur.

La voie romaine de Lisieux à Condé passe à Chamblac.

Le nom de Chamblac se décompose ainsi : le champ de Black. Le mot *black* est en anglais un adjectif qui veut dire noir, et quelquefois il est pris pour un nom d'homme.

Dans le *Doomsday-Book*, on trouve : « Willielmus Black, homo episcopi Bajocensis. »

Nous avons cité à l'article CAPELLES une donation de « Christianus de Campo Blaque » en 1234.

Dans la charte suivante, Henri de Ferrières donne à Guillaume de Capelles, en service et hommage, plusieurs biens situés à Chamblac. Nous savons que Guillaume de Capelles vivait au commencement du XIII° siècle :

« Sciant omnes, et futuri et presentes,
« quod ego Henricus de Ferrariis dedi et
« concessi Willelmo de Capellis, pro ser-
« vitio et homagio suo, culturam Mona-
« sterii et de Trembleio apud Chanblanq, et
« quatuor acras terre in cultura mea Magni
« Canpi juxta domum Franceis, et terram
« de qua homines de Bruclat mihi redde-
« bant sex sextarios avene, in quieto domi-
« nico. Dedi ei etiam vavasoriam quam
« appreciatus fui de Galerano de Estrus,
« salva molta ejusdem vavasorie; et mol-
« tam... dedi ei de feodo Auvere de Ho-
« letes, et duos arietes quos habebam apud
« Sevelam, et unum sextarium avene quem
« Willelmus de Sevela mihi reddebat.
« Dedi ei etiam unam vavasoriam quam
« tenuit Willelmus de Chantepie apud
« Pelevile, excepta molta et capitalibus
« auxiliis illius vavasorie que mihi reti-
« nui; illi et heredibus suis a me et a meis
« heredibus libere, pacifice et quiete ab
« omni servicio per quedam calcaria de-
« aurata annuatim ad Pascha mihi red-

« denda vel heredi meo, tenendam et pos-
« sidendam. Ut igitur hoc firmiter tene-
« retur, presentem cartam sigilli mei
« testimonio confirmavi. Testibus hiis :
« Roberto de Tibouvilla, Philippo Faget,
« Gaufrido de Peillevilla, Egidio de Bo-
« schiervilla, Willelmo de Friardel, et
« pluribus aliis. »

Le cartulaire de Saint-Evroul contient deux actes relatifs à la paroisse de Sainte-Marie-de-Chamblac que nous croyons devoir mentionner ici. Dans l'un, Pernelle de la Roque vend à Colin du Bois-Moret une rente et des redevances à prendre sur le fief des héritiers de Richard de la Mintrie ; dans l'autre, elle vend à Jean du Bois de Champblac, chevalier, un domaine à la Mintrie.

1262. « Noverint universi, presentes et
« futuri, quod ego Petronilla de Roqua, in
« tempore viduitatis mee, vendidi et con-
« cessi Colino de Bosco Moreti decem et
« octo denarios censualis monete et decem
« ova annui redditus reddendos illi et ejus
« heredibus, videlicet denarios ad festum
« omnium Sanctorum et ova ad Pascha
« annuatim, capiendos super feodum he-
« redum Ricardi de Minteria, situm in
« parrochia Sancte Marie de Camblaque,
« in domibus, herbergagio et terra plana,
« et est ad Minteriam, pro decem solidis
« turonensium quos inde habui : tenen-
« dum et in hereditate possidendum illi et
« ejus heredibus libere, pacifice et quiete
« ab omnibus, salvo jure capitalium domi-
« norum. Et dictus Colinus et sui heredes
« poterunt justiciam facere in dicto feodo,
« ubicumque voluerint, pro decem et octo
« denariis et pro ovis annui redditus,
« nisi habuerint annuatim ad terminos
« antedictos. Ego autem Petronilla et
« mei heredes dicto Colino et suis here-
« dibus dictum redditum in omnibus te-
« nemur garantizare et deffendere contra
« omnes ad usus Normannie, vel valore
« ad valorem, si necesse fuerit, alibi in
« nostra hereditate excambiare. Et ut hoc
« sit firmum et stabile, presentes litte-
« ras sigillo meo confirmavi. Actum anno
« Domini millesimo ducentesimo sexage-
« simo secundo, in medio mense janua-
« rii. » (Cart. de Saint-Evroul, p. 75, n° 917.)

1261. « Noverint universi, presentes et
« futuri, quod ego Petronilla de Roqua,
« in tempore viduitatis mee, vendidi et
« concessi Johanni de Bosco de Campo
« Blaque, militi, unum herbergagium cum
« domibus et bosco desuper illud apud
« la Minterie... » (Cart. de Saint-Evroul, p. 76, n° 918.)

En 1424, l'abbaye du Bec fieffa à Guillaume de Moreymes une pièce de terre contenant 12 acres, moyennant 4 sous de rente par acre, et de plus un chapon sur le tout.

En 1435, fieffe de la même pièce aux mêmes conditions à Jean de Moreymes. Dans ces deux notes, le nom de la commune est écrit Champblac. (Voyez l'inventaire des titres de l'abbaye du Bec.)

Les dépendances sont : — les Becquetières ; — le Chemin-Perrei ; — le Chesnai ; — le Douis ; — la Garenne ; — la Godetière ; — les Jolis ; — la Martinière ; — les Roques ; — la Taupinière ; — la Benardière ; — le Bocage ; — le Bosc-du-Bois ; — la Boucherie ; — la Bouverie ; — la Cheminette ; — la Cour-Pollet ; — la Cour-Trotel ; — la Mintrie ; — Valletot ; — Bonneville (château).

CHAMBORD.

Arrond. d'Évreux. — Cant. de Rugles.

Patr. S. *Martin.* — Prés. l'abbé de Lire.

Dans une charte de Charles le Chauve (864) la terre de Chambor, en Touraine, est désignée par ces mots : « ... in villula que Cambortus vocatur... »

Il y avait à la même époque un Chambort dans l'Orléanais : « ... et in pago Aurelianensi villula Cambort... »

Dans le *Registre de Philippe-Auguste*, on trouve, probablement par suite d'une inadvertance de l'écrivain : « ... Willelmus de Chamlaor unum feodum apud Chamlaor... »

L'église de Chambords paraît avoir appartenu depuis le xiii° siècle à l'abbaye de Lire. Dans une charte du chapitre d'Evreux en faveur de Lire, en 1240, on lit : « ... ecclesiam de Chambord cum presentatione presbyteri, et duas partes decime bladi... »

En 1277, Guillaume l'Oublier vendit aux religieux de Lire une rente assise sur 5 acres de terre et un manoir « in feodo couture de Glocis » ; lesquels objets « ... « jacent ex uno latere juxta cheminum « de La Gaudinière per quod itur ad « Chambor..., et abotant ex uno capite « ad fundum vallis de Vernet, et ex alio « capite ad cheminum per quod itur apud « Glocas... »

Une autre charte de Mathieu l'Oublier contient la vente d'une rente assise sur des terres contigues et aboutissant « ad « cheminum per quod itur de la Cheron-« nerie apud Glocas ».

En 1280, Henri de la Mare vendit aux religieux de Lire, moyennant 34 sols tournois, 4 sols tournois de rente à percevoir sur des biens situés «... in parrochia « Sancti Martini de Chambor, in feodo « dictorum religiosorum,... »

La même année, vente par Jeanne, fille de Robert Teline, pour 17 sols tournois, de 2 sols tournois de rente assis sur des biens situés «... in parrochia Sancti « Martini de Chambor, in feodo dictorum « religiosorum... »

Dans une charte du XIIIe siècle, en faveur de Lire, par Ernaud de Maule, on trouve mentionné un tenancier « de medietaria « que vocatur Medietaria Comitisse apud « Glos », lequel tenancier s'appelait Aubert de Chambord.

Une autre est intitulée : « Carta Gile- « berti de Haya, armigeri, de quietatione « decem solidorum quos ei debebamus « pro excambio prati de Vivario in parro- « chia de Glotis, quos modo percipimus « super feodum Petri de Sauccio, in par- « rochia de Chambor. »

Dans les registres de la cour des comptes de Rouen, on lit : « Sergenterie de Glos. « Chambort. Contribuables, 79.

« Lire présente à la cure.

« Le fief de la Grande-Haye a les « honneurs. L'abbaye de Lire a les deux « tiers de la grosse dime. »

Il y avait dans la commune de Pin, près Mortagne, un fief de moulin Chambordel.

Les dépendances sont : — la Cheronnerie ; — le Coudrai ; — la Davière ; — le Desert ; — la Gaudinière ; — la Hugoire ; — la Perlière ; — le Petit-Hamel ; — la Riboudière ; — le Saussai.

En 1842, les communes du Bois-Pantou et de Bois-Mahiard ont été réunies à la commune de Chambord.

CHAMBRAI-SUR-EURE.

Arrond. d'Evreux. — Cant. de Vernon.
Sur l'Eure.

Patr. S. Martin, la Croix. — Prés. le seigneur, et plus anciennement l'abbé de Saint-Ouen.

On peut rapprocher les mots suivants : Chambrai, Chambrois, les Chambres. Chambre vient du latin *camera*, appartement, lieu voûté, souterrain.

Nous supposons que la commune de Chambrai doit présenter plusieurs excavations. *Cameracus* est un lieu où il existe des chambres, des souterrains, des voûtes.

C'est l'abbaye de Saint-Ouen qui dominait dans cette commune. Dans la charte de Richard II, en faveur de Saint-Ouen, on lit : «... addimus etiam villam quæ dicitur Cammeragus cum ecclesia... »

A la fin du XIIIe siècle, les hommes de l'abbaye de Fécamp, à Chambrai et Cocherel, laissaient au pressoir banal le tiers de leur récolte. Si dans cette localité ce droit était énorme, c'est que sans doute les autres droits dus ordinairement par les vignes, la muaison, par exemple, y avaient été unis. « Sont en ban de pressurer leur vin par le tiers pot paier. » (*Livre des Jurés de Saint-Ouen*.)

Saint Vincent de Paul présenta à la cure, en 1664, comme porteur de procuration de l'abbé de Saint-Ouen.

En 1683, Adrien Dannivel de Mannevillette, marquis de Crèvecœur et baron de Chambrai, y présenta.

Il ne faut pas confondre notre commune avec le château de Chambrai qui fait partie de la commune de Gouville, et dont l'une des plus illustres familles de Normandie porte le nom.

Nous pensons au contraire qu'on peut rattacher à notre commune de Chambrai : Hugues de Chamberais, chantre de l'église d'Evreux, qui intervient comme témoin dans une charte de R...., évêque d'Evreux, relative à Louviers.

Les dépendances sont : — le Bout-aux-Bidaux ; — le Mont-Pellier ; — la Vallée-Bence ; — les Grandes-Bruyères ; — le Bout-à-Madame (château).

CHAMP-DOLENT.

Arrond. d'Evreux. — Cant. de Conches.

Patr. Notre-Dame. — Prés. le seigneur.

Campus Dolens. Ce lieu doit avoir été le théâtre d'un événement douloureux et probablement de quelque bataille. Les nombreuses enceintes qu'on remarque dans cette commune viennent à l'appui de cette observation.

Orderic Vital, en racontant une bataille livrée en Espagne entre les chrétiens et les Maures, a soin d'ajouter qu'elle eut lieu « in campo dolenti », ce qui est visiblement ici une expression générique : «... Bertrandus enim Laudunensis, co- « mes Quadrionæ,... aliique plures bel-

« licosi proceres in campo dolenti certa-
« verunt... »

Il y a sur la commune de Saint-Clair-sur-Epte un Champ-Dolent qui paraît être un cimetière romain.

Parmi les témoins d'une charte de Raoul de Bois-Hubert, au sujet du patronage d'une l'église (1183), on trouve : « Evrardus de Campo Dollent. »

Les chartes de l'abbaye de la Noë nous ont conservé quelques renseignements sur les seigneurs de Champ-Dolent au XIII° siècle. Ainsi, en 1226, Jean de Fresne, seigneur de Champ-Dolent, fait plusieurs donations à la Noë : « Johannes de Fraxino, « dominus de Campo Dolent, dedit.... « duodecim denarios annui redditus quos « Johannes Ruaut de Chinoth tenetur eis « reddere de quodam jugere terre... Pre« terea dedit eis unum juger terre apud « Gardam, quam Christianus Molendinarius de Chinoth tenebit de eis... Testibus : Roberto, sacerdote de Glisoliis; « Ricardo Harenc de Gaudrevilla; Jo« hanne de Bosco Hugonis, cum multis « aliis. »

1236. Simon de Champ-Dolent était fils de Jean de Fresne : « Symon de Campo « Dolenti, quondam filius Johannis mili« tis, domini de Campo Dolenti, elemo« sinavi... quinque solidos... in mea por« tione molendini de Chinot. »

1259. Dans une charte de Clément de Courteilles en faveur de Lire, relative à des propriétés situées « in parrochia Sancti Petri de Mosteruel », on trouve ce passage : « ... et sciendum quod pars Jo« hannis de Champ-Dolent, domini de « bosco Barilli, non continetur sub hac « confirmatione... » Parmi les témoins, on remarque : « Dominus Willemus Bi« net, miles; dominus Willemus de Au« vernaio, miles; Robertus de Auver« naio, armiger; Willemus de Bediers. »

Dans un état des acquisitions de l'abbaye de la Noë, que nous avons reproduit à l'article BONNEVILLE, le fief de Champ-Dolent et Jean de Champ-Dolent sont cités à la date de 1280.

1306. En présence du doyen de Conches, Jean Tierri, de Champ-Dolent, donna, pour le repos de son âme et de celles de ses parents, 2 sous tournois de rente, et il ajoute : « Confessus fuit « etiam se in cimiterio religiosorum pre« dictorum suam sepulturam elegisse, « pro qua Johannes dedit et con« cessit de bonis suis mobilibus in fine « dierum suorum decem solidos turo« nenses religiosis antedictis... Actum « apud Noam... »

CHAMP-DOMINEL.

Arrond. d'Évreux. — Cant. de Damville.

Patr. Notre-Dame. — *Prés.* l'abbé de Lire.

Le premier témoignage que l'histoire nous ait laissé sur Champ-Dominel se trouve dans la charte de fondation de l'abbaye de Lire, souscrite par Guillaume, fils d'Osberne; « ... ecclesiam de Candaminel... »

Les actes suivants concernent des transactions ou donations intervenues entre des particuliers et l'abbaye de Lire, touchant le territoire de Champ-Dominel.

Ainsi Ernaud donne à Lire la dîme de son domaine:

« ... Ego Ernaldus, Popelinæ filius, con« cedo Sanctæ Mariæ Liræ, pro nepote meo « Guillelmo monacho faciendo, omnem « decimam quam tenebam in meo domi« nio ad Campum Daminel. Testibus istis : « Johanne filio Fulberti, Lebranno nepote « meo, Guillelmo filio Theolini, Rainaldo « patre ipsius nepotis mei, Ingenulfo de « Neielfa, Rogero de Valle, Herveo pistore, « Radulfo præposito veteris Liræ. »

Guillaume de Tournai, son frère Gislebert et leur mère donnent également la dîme de leur domaine à Champ-Dominel:

« Guillelmus de Tornaico et frater ejus « Gislebertus, cum matre sua, cujus dos « erat, concesserunt Sanctæ Mariæ Liræ « et monachis ibi Deo servientibus deci« mam Candaminel de dominio et de libe« ris et de villanis, et inde acceperunt a « fratribus octo libras cenomannensis mo« netæ et septem drocensis monetæ, quæ « antea erant in vadimonio ipsius decimæ. « Testibus Godefrido de Verreriis, et Odone « de Vilers, et Radulfo sacerdote ipsius « ecclesiæ, et ex una parte Hugone et Mi« lone et David de Scannis, et Picardo filio « Rainaldi Carpentarii, et Radulfo Colca. »

Voici une charte dans laquelle Pierre de Minières donne une pièce de terre à l'abbaye de Saint-Taurin : « Sciant omnes « presentes et futuri quod ego Petrus « dictus de Mineriis, miles, dominus de « Cornolio, pro salute anime mee, anteces« sorum et successorum meorum, et ut « Deo dante habeam participationem om« nium bonorum que fiunt et fient in « monasterio Sancti Taurini Ebroicensis, « volo et concedo, pro me et heredibus « meis, quod viri religiosi abbas et con« ventus dicti loci habeant, teneant et « possideant ex nunc in puram et perpe« tuam elemosinam unam peciam terre

« continentem tres circiter acras, sitam in
« parrochia de Campo Domine inter ter-
« ram Guillelmi le Peleis, de Porreto, ex
« una parte, et quemínum Noys, ex al-
« tera... Datum anno Domini millesimo
« trecentesimo tercio, die martis ante
« festum Sancti Thome apostoli. »

Enfin nous voyons par l'acte suivant que l'abbaye de la Noë avait également des biens à Champ-Dominel.

1223. L'abbé de la Noë, Guérin, donne à fief, pour 35 sols, à Richard de Convenant, la terre de Heuleur, située à Champ-Dominel, entre la portion de la forêt d'Évreux qui est appelée la Queue-Blanchard : « Cauda Blanchardi, » et le chemin qui tend de Vilalet vers Avrilli, en retenant 3 acres de la terre « de Booleia ».

Les dépendances sont : — le Gerier-Arnault ; — la Neuville ; — la Millerette.

Les deux communes de Villez-sur-Damville et de Champ-Dominel ont été réunies en 1846.

CHAMPENARD.

Arrond. de Louviers. — Cant. de Gaillon.

Patr. S. Pierre. — Prés. l'abbé de la Croix-Saint-Leufroi.

Nous avons fort peu de choses à dire sur cette commune.

L'étymologie de son nom est fixée par la bulle du pape Luce III, confirmant les possessions et droits de l'abbaye de la Croix-Saint-Leufroi (1181). Nous y trouvons l'église du Champ-d'Énard : « Ecclesiam Sancti Petri de Campo Enardi. »

L'abbé de la Croix-Saint-Leufroi a toujours joui du droit de présentation.

Dans les environs de Champenard, on trouvait au XIIIe siècle un bois au sujet duquel, en 1223, une transaction intervint entre Gui Bigot d'Auteuil : « de Autuleio, » chevalier, et Guillaume, abbé, en présence de Richard d'Évreux et d'Amauri de Meulan.

Point de lieux dits.

CHAMPIGNI.

Arrond. d'Évreux. — Cant. de Saint-André.

Patr. S. Martin. — Prés. l'évêque d'Évreux.

Nous nous sommes déjà expliqué sur le sens du mot Campigni et de tous ceux qui s'y rattachent : Champigni, Champignolles.

Le surnom de Champigni est Champigni-le-Roi.

Nous avons le texte de l'acte par lequel Simon d'Anet donne à Jean, évêque d'Évreux, le droit de présenter à la cure de Champigni :

« Simon de Aneto, omnibus ad quos
« presens scriptum pervenerit, salutem
« eternam. Sciant omnes quod ego con-
« cessi et donavi, assensu Johannis filii et
« heredis mei, venerabili patri et domino
« meo Johanni, Ebroicensi episcopo, et suc-
« cessoribus ejus, presentationem ecclesie
« de Champineio, et quicquid juris in ea
« habebam, et omnes decimas quas in villa
« que dicitur Gerceium feodi nomine pos-
« sidebam, sicut voluerit ordinandas. Et ut
« mea donatio inconcussa maneat, eam
« sigilli mei munimine roboravi in perpe-
« tuum valituram. »

En 1414, il y eut discussion entre le chapitre d'Évreux et Vincent d'Esquetot et sa femme, au sujet des dîmes de Champigni, Oultrebois, Blondemare, Folleville et les Tieulleries, lieux voisins de Champigni. Messire Pierre de Hellenvillier, chevalier, seigneur d'Avrilli et de Feuguerolles, acquéreur des fiefs de Champigni et des Tieulleries, abandonna au chapitre les dîmes de son fief de Saint-Lubin-des-Jonquières, en remplacement de 20 livres de rente auxquelles ces fiefs avaient été taxés.

Dans la monstre de 1469, on cite Guillaume Gazean, seigneur de Champigni.

L'église a été rebâtie et dédiée à saint André en 1514.

La commune de Champigni, appelée aujourd'hui Champigni-la-Futelaie, comprend l'ancienne commune d'Osmoi, réunie en 1808, et celle de la Futelaie, réunie en 1845.

Les dépendances sont : — Osmoi ; — la Futelaie ; — les Rosières ; — la Tuilerie (jadis les Tieulleries).

CHAMPIGNOLLES.

Arrond. d'Évreux. — Cant. de Rugles.
Sur la Risle.

Patr. S. Gilles. — Prés. le seigneur.

Ce nom est très-commun. Cependant nous pensons pouvoir attribuer la charte suivante, souscrite par Raoul de Tosni, en faveur de l'abbaye de l'Estrée, à notre Champignolles :

« Radulfus de Toeneto, omnibus homi-
« nibus et ministris suis, tam Francie
« quam Normannie, salutem. Sciatis quod

« Rogerius pater meus dedit monachis
« Sanctæ Mariæ de Strata, et ego concedo
« vel ibi vel alibi maneant, et per istam
« cartam affirmo omnes consuetudines
« suas quietas per totam meam terram, et
« omnia pasnagia forestarum mearum por-
« cis ipsorum, et pascua animalibus suis
« in ipsis forestis, et mortuum boscum
« extra haias et landas, et unum bigrum
« id est aquisitorem apium quemdam ho-
« minem in ministerio de Campenolis, et
« unam fabricam quietam. Inde testes
« sunt : Silvester abbas de Castellione, Pa-
« ganus de Aureis Vallibus, Bernaldus
« de Romeleio, Symo de Grandevalli,
« Symo de Sancto Helerio, Guillermus de
« Fraxino, Guillelmus Bocet, Garnerius,
« presbyter, Radulfus capellanus, Symo
« de Anneto. »

Jacques de Cousteuvre, écuyer, était seigneur de Champignolles en 1569.

Les dépendances sont : — la Fatinière ; — la Hungerie ; — Ville-Neuve ; — le Champ-au-Chat ; — le Manoir (ancienne demeure des seigneurs de Champignolles).

CHANTELOUP.

Arrond. d'Évreux. — Cant. de Damville.

Patr. S. Ouen. — Prés. le prieur du Nuisement.

« Le nom primitif n'est pas *Cantalu-
« pum*, mais *Cantus Lupi*, c'est-à-dire
« canton du loup, et non pas chant du
« loup. Il est inutile d'expliquer la raison
« de ce nom ; il faut que la retraite des
« loups soit quelque part. M. de Valois
« aurait mieux aimé qu'on eût dit en latin :
« *Campus Lupi*, champ de loup ; mais
« *cantus*, dans le sens qu'il signifie canton,
« veut dire la même chose : comme dans
« *Caticantus, Gliricantus* ou *Liricantus*. »
(Lebeuf, *Diocèse de Paris*, XV, p. 24.)

Voyez du Cange, au mot « CANTUS » ; qu'il traduit par *latus, angulum*. C'est de cette signification qu'on a tiré l'expression de placer quelque chose *de champ*, c'est-à-dire sur le côté.

Nous croyons devoir rapprocher ici les principales formes des noms de lieux où entre le mot *cant* (canton).

Il y a en France deux Canteleu, deux Canteleux, trois Canteloup, trois Chantecoq, trois Chanteloube, seize Chantelou, deux Chantelouve, un Chantemelle, neuf Chantemerle, trois Chantepie, deux Chantoiseau, sans compter les Chantereine.

Les fils de Robert de Romilli donnèrent à l'abbaye de Saint-Pierre de Conches deux gerbes de dîmes sur le village appelé Canteloup : « villa quæ dicitur Canta-
« lupum... annuente Radulpho de Toste-
« neio et Willelmus de Romeliaco, quo-
« rum feodum erat. »

Les dépendances de Chanteloup sont : les Brosses et Teurcei.

CHANU.

Arrond. d'Évreux. — Cant. de Pacy.

Patr. S. Pierre. — Prés. le commandeur
de Chanu.

Chanu était jadis le siège d'une commanderie de l'ordre de Malte, de laquelle dépendait la seigneurie de la paroisse avec haute justice. Les Archives de l'Eure contiennent de cette commanderie cinq registres sans intérêt. Ce sont des terriers et un journal de rentes (1704 à 1762).

Les dépendances sont : — Grez ; — le Point-du-Jour ; — le Pré ; — la Gallière ; — la Commanderie ; — la Folie.

Chanu a été réuni à Villiers-en-Désœuvre en 1844.

CHAPELLE-BAIVEL (LA).

Arrond. de Pont-Audemer. — Cant. de Cormeilles,
sur le Douit-Tourtel.

Patr. S. Martin. — Prés. l'abbé
de Belle-Étoile.

La voie romaine entre Pont-Audemer et Cormeilles a été détournée quelque temps avant la Révolution par l'avant-dernier seigneur du lieu pour la faire passer entre l'église et le château, derrière lequel elle existait primitivement.

Dans le cimetière, on a trouvé des tuiles à rebords. L'église, qui avait été fort diminuée avant la Révolution, paraît construite sur des fondations romaines.

Sur deux autres points de la même commune on a encore découvert des fondations antiques et des tuiles à rebords.

Il existait aussi près de la Maison-Blanche une ancienne enceinte dont les contours formaient une sorte de feston. On l'appelait les Redoutes. Elle a été défrichée ; on y a trouvé quelques boulets.

Nous n'insisterons pas sur l'étymologie du mot Chapelle-Baivel : évidemment, la Chapelle-Baivel, la Chapelle-Becquet, la

Chapelle-Gautier, la Chapelle-Genevrai ont emprunté leurs noms à l'église fondée par le principal propriétaire du lieu. Aussi nous ferons remarquer que dans les *Grands Rôles de l'Echiquier de Normandie* paraît un Guillaume Baivel : « Willelmus Baivel « reddit compotum de triginta octo solidis « undecim denariis, de remanente firmæ « molendinorum de Ponte Audomari. »

1203. « Hugo filius Ranulfi de Capella-Baivel decem solidos pro concordia. »

Le même Guillaume Baivel sert de témoin dans une charte de Robert, comte de Meulan, souscrite en faveur de Robert de la Mare, entre les années 1190 et 1196. La charte porte : « Willelmus Damel; » il est certain qu'il faut lire : « Willelmus Baivel. »

Dans Guillaume de Jumièges, l. VII, ch. 38 : « ... Successit vero ei [Roberto « de Bello Fago] Robertus Baivel ex filia « nepos... » Baivel n'est-il point là pour Baivel? Cette conjecture est confirmée par le passage suivant d'une charte d'Henri de Beaufort en faveur de l'abbaye de Belle-Etoile (*Gallia christiana*, t. XI; *Instrumenta*, vol. xcv) : « ... Jus advocationis « et præsentationis ecclesiæ scilicet.... « Sancti Martini de Capella Bayude... » Les trois dernières lettres sont évidemment une faute d'impression : il faut corriger et lire encore Baivel. Dans le pouillé de Lisieux on lit : « Ecclesia de Capella Baywel. »

La monstre de 1469 contient le passage suivant : « Jehan Baignart, pour le fief de « la Chapelle Baivel, demourant oudit « bailliage de Rouen. » Le fief de la Chapelle-Baivel relevait d'Orbec.

M. Canel nous apprend qu'il y avait deux fiefs à la Chapelle-Baivel : l'un, la seigneurie de la Chapelle ; l'autre, dépendant de la temporalité de l'évêché de Bayeux et d'un fief de la Métairie. Le château a été brûlé à la Révolution. L'obligation pour les vassaux d'aller moudre leur grain au moulin de Baivel, situé à Saint-Pierre-de-Cormeilles, d'entretenir les mottes du château et d'en battre les eaux dans certaines circonstances, est peut-être la cause de cette destruction.

Les dépendances sont : — les Benards; — la Chapelle ; — les Coupeurs ; — l'Eglise ; — la Fauverie ; — la Maison-Bleue ; — Martainville ; — la Métairie ; — les Papeguai ; — le Pellecat ; — le Petit-Malheur ; — les Roussels ; — la Rue-Baron ; — la Sauverie ; — les Simons ; la Vallée ; — la Maison-Blanche.

Cf. Canel, *Essai sur l'arrond. de Pont-Audemer*, t. II, p. 440.

CHAPELLE-BECQUET (LA).

Arrond. de Pont-Audemer. — Cant. de Cormeilles.

Patr. S. Pierre. — *Prés. le seigneur.*

Au commencement du XIIIe siècle, un Guillaume Bechet paraît comme témoin dans une charte par laquelle Osbert de Rouvrai inféode à Richard des Echelles la terre de Robert de Port-Mort. (*Cart. norm.*, n° 74, note.) Il est possible que ce seigneur ou sa famille ait donné son nom à la Chapelle-Becquet. Voyez d'ailleurs ce que nous avons dit sur ce mot *Bec* et *Becket* à l'article du Bec.

Nous ne savons rien de plus sur la Chapelle-Becquet que ce qu'en a dit M. Canel.

« Launay, dit-il, était un fief tenant du « château de Montfort. La seigneurie et le « patronage de la paroisse y étaient atta- « chés. En 1462, il appartenait à Guil- « laume de Maimbeville, ainsi que le fief « de Beaumoucel. L'auteur de l'*Histoire* « *de la maison d'Harcourt*, t. Ier, p. 940, « nous apprend que ces deux domaines « avaient été confisqués en 1418 par le « roi d'Angleterre. »

L'église de cette commune n'existe plus, et la commune elle-même a été réunie pour le spirituel et le temporel à Saint-Siméon, en 1856.

Les dépendances sont : — Launai ; — la Donneterie ; — Bois-Moucel ; — le Coqueret ; — la Noë ; — la Pellecoterie.

Cf. Canel, *Essai sur l'arrond. de Pont-Audemer*, t. II, p. 408.

CHAPELLE-DU-BOIS-DES-FAUX (LA).

Arrond. d'Evreux. — Cant. d'Evreux nord.

Patr. S. Nicolas. — *Prés. le seigneur.*

L'origine de ce nom est « Capella de bosco fagorum », et non pas « falsorum », comme le porte le pouillé, ou « falcium », comme on l'a dit aussi.

Ce lieu doit être appelé le Bois-des-Faux (*des Hêtres*); tous les anciens titres le constatent. Le nom de Chapelle vient de ce qu'il y avait au hameau de Brosmesnil une chapelle appartenant à l'abbaye de la Croix-Saint-Leufroi, chapelle qui a été unie à la paroisse et à cause de laquelle les religieux avaient la prétention de présenter à la cure. Ils soutenaient que cette cure devait s'appeler Saint-Nicolas-de-

Brosmesnil. Cependant, la chapelle du hameau était sous l'invocation de sainte Anne. Dans quelques actes anciens, cette paroisse est désignée sous les seuls noms de Bois-des-Faux ou de Saint-Nicolas-du-Bois. (Voyez BRETEUIL, p. 425, note 4.)

La voie romaine de Rouen à Chartres touchait à ce territoire, où une tradition rapporte que les saints martyrs Mauxe et Vénérand ont été poursuivis.

La Chapelle-du-Bois-des-Faux était un plein fief entier de haubert en la mouvance de la baronnie d'Acquigni, s'étendant à toute la paroisse et ès parties d'environs, tant ès paroisses de la Vacherie-sur-Hondouville, Emalleville, Cruelles (?), Carcouet, Verdun, et chargé envers la baronnie de 30 sols de rente seigneuriale pour affranchissement du droit de tiers et danger, payable chaque année le jour de Saint-Remi 1ᵉʳ octobre.

Le fief devait à la baronnie reliefs et services. Il était tenu à une rente de 2 sols envers l'abbaye de la Croix-Saint-Leufroi.

On lit dans un aveu rendu en 4548 par le seigneur de la Chapelle au baron d'Acquigni :

« Auquel fief j'ay cour et usage, hom-
« mes et hommages, sénéchal, prevost et
« forestier, et se consiste icelluy fief en
« manoir, maison, cour, granges, étables,
« pressoir à baon, colombier à pied aux
« lieux de la Chappelle et de Brosmé-
« nil, terres labourables, jardins, pâtu-
« rages, mare ou vivier à poisson, bois,
« cens, rentes et revenus en deniers,
« grains, œufs, oiseaux et autres espèces,
« moultes, reliefs et treizièmes, corvées,
« tant de harnois que d'hommes. . . . . . .
« ressentises et non ressentises, le pa-
« tronage de l'église de la Chappelle,
« prières, services, droitures, franchises
« et autres libertés à noble fief appartenant
« selon la coutume et usage du pays. »

Un aveu rendu en 4658 était à peu près dans les mêmes termes.

Les rentes seigneuriales ne dépassaient pas 35 livres de menus cens très-éparpillés.

Il était dû par les vassaux dix boisseaux tant de blé, d'orge que d'avoine, mesure de la baronnie d'Acquigni; quarante chapons et poules, quatre douzaines d'œufs et deux gâteaux au jour de l'an, du prix de deux sols pièce.

Le droit de pressoir banal était contesté par les vassaux.

« Tous les demeurantz au lieu de la
« Chapelle-du-Bois-des-Faulx étaient sub-
« jects, » comme le dit un aveu de 4584,
« à venir mouldre leur grain et en payer
« la droicture accoustumée, sur la peine

« de forfaicture, à l'un ou l'autre du
« Moulin-Fricault ou du Moulin-Neuf,
« assis sur la rivière d'Eure et appartenant
« au baron d'Acquigni. »

Dès 4548, il était exploité des tuileries à la Chapelle-du-Bois-des-Faux.

Le Bromesnil était un huitième de fief de haubert.

Il avait existé au Bromesnil un petit manoir seigneurial tombé en ruines dès le commencement du XVIIᵉ siècle.

Vers la fin du XVᵉ, Billard du Bus était seigneur de la Chapelle. On trouve ensuite :

4493-4522, Bertrand de Limoges, écuyer.
4524-4539, noble homme Jacques de Limoges.

En 4548, Nicolas de Limoges, écuyer, son fils, rendait aveu à noble, haut et puissant seigneur Loys de Solly, seigneur de la Rocheguyon, Auneau et Rochefort, baron d'Acquigni et de Crevecœur, à cause d'Anne de Laval, sa femme.

Nicolas de Limoges vivait encore en 4590.

4624-4650, Daniel de la Barre, écuyer.

En 4654, les fief, manoir, terre et seigneurie de la Chapelle-du-Bois-des-Faux, avec leurs appartenances et apendances, saisis en la main du roi et du baron d'Acquigni, furent décrétés sur requête de messire François d'Harcourt, marquis de Beuvron et d'Ectot, lieutenant général pour le roi au gouvernement de Normandie, agissant au droit de dame Catherine Letellier de Tourneville, sa première femme.

Clameur de haro fut opposée à ce décret par messire François de la Barre, écuyer, sieur de Verdun; par messire Claude de la Barre, chevalier, conseiller du roi en tous ses conseils et président en la chambre des comptes de Normandie, ainsi que par dame Genevièfve de la Barre, leur sœur, veuve de M. de Bailly, conseiller au grand conseil, tous les trois se prétendants créanciers préférables comme héritiers de leur mère, dame Marguerite le Clerc.

Malgré ce haro, en 4665, messire Dominique de Montfort, chevalier, seigneur de Saincte-Foy, conseiller du roi en ses conseils, maistre des requestes de son hostel, demeurant à Paris, dans l'avant-cour de l'archevêché, fut déclaré adjudicataire des biens nobles décrétés.

Cependant, en 4670, François de la Barre s'intitulait dans des actes authentiques seigneur de la Chapelle. En 4674, il percevait encore ses treizièmes.

Cette procédure, qui a été conservée en très-bon ordre, est un spécimen curieux des formes d'expropriation en matière seigneuriale au XVIIe siècle, et en particulier des us et coutumes observés ès assises d'Acquigni, tenues au prétoire du lieu.

Quelques-unes des pièces du procès, qui dura dix ans, devaient être lues publiquement devant la principale entrée de l'église, à l'issue de la messe paroissiale. Les procès-verbaux des sergents royaux constatent l'absence volontaire des vassaux à l'instant de cette lecture.

En 1674, la seigneurie de la Chapelle-du-Bois-des-Faux devint par une vente la propriété de maistre Nicolas Puchet, escuyer, sieur de Saint-Pierre, conseiller du roi, trésorier de France.

En 1709, Jacques-Nicolas Puchet de Saint-Pierre, chevalier, seigneur et patron de Lestanville-en-Caux et de la Chapelle-du-Bois-des-Faux, rendait aveu et dénombrement à M. Robert Leroux d'Esneval, baron d'Acquigni.

Sa femme se nommait Elisabeth Viron. Il mourut en 1758.

A ses titres s'étaient ajoutés ceux de seigneur et patron des nobles fiefs de Courci, de Bois-Nouvel, de Canteleu-en-Caux.

Après lui vint Jacques-Nicolas, marquis de Malderrée, comte de Catheville, seigneur de Tourville et Grasville, seigneur et patron de Lestanville et de la Chapelle, dont le fils, Adrien-Jacques-Etienne, comte de Malderrée, lieutenant-colonel d'infanterie, lieutenant aux gardes françaises, seigneur et patron de Catheville, la Chapelle-du-Bois-des-Faux et autres lieux, chevalier de Saint-Louis, vendait à *réméré*, en 1784, au prix de 105,000 livres, à messire Louis-Sébastien-Hyacinthe Desdouits, chevalier, seigneur et patron de Saint-Mards-sur-Risle, le plein fief de haubert, terre, seigneurie et patronage présentatif de la Chapelle-du-Bois-des-Faux, près Evreux, avec les terres et bâtiments en dépendant, contenant, le tout, environ deux cent vingt acres, la suzeraineté sur le fief de Carcouet-Favres, ensemble les hommages, mouvances, etc., etc. Et le vendeur payait au président d'Esneval, baron d'Acquigni, 7,500 livres pour droit de treizième.

Dès le 27 juin 1791, le nouveau seigneur transmettait, au prix de 127,000 livres, à M. Guillaume Lambert de Fourneaux, ancien président du bureau des finances de Rouen, son *ci-devant* plein fief, diminué d'environ dix acres aliénées à titre de fieffes, et le droit de treizième, volontairement réduit à 6,000 livres, était payé à la *ci-devant* baronnie d'Acquigni.

La propriété de cette terre appartient aujourd'hui (1855) à Mme la vicomtesse de Blosseville, fille de M. de Fourneaux.

Les armes de la famille Billard du Bus étaient échiquetées d'argent et d'azur;

Celles des Limoges, d'argent à six tourteaux de gueules, 3, 2 et 1;

De la Barre, d'azur à la bande d'argent;

Puchot de Saint-Pierre, d'azur à l'aigle éployée d'or, au chef du même;

De Malderrée, de gueules, à la croix ancrée d'argent, chargée d'un écusson d'azur au lion rampant d'or en abîme;

Lambert de Fourneaux, de gueules à trois fourneaux d'or;

Poret de Blosseville, d'azur à trois glands d'or, 2 et 1.

Vers 1660, la famille Postel du Mesnil tenait un certain rang à la Chapelle-du-Bois-des-Faux. Il y avait aussi la maison de Lux, appartenant à une famille distinguée de Pont-de-l'Arche.

L'abbaye de la Croix-Saint-Leufroi prétendait, comme nous l'avons dit, à des droits sur la cure de la Chapelle. Ces droits, fixés à vingt boisseaux de blé et vingt boisseaux d'avoine par transaction du 2 novembre 1505, entre l'abbé et les religieux de la Croix et messire Guillaume de Limoges, curé de la paroisse, furent fixés par une transaction nouvelle du 2 juin 1765, entre Louis-Guillaume de Mathan, abbé commendataire, et Jean Liesse, curé, à la somme de 80 livres.

Sous le règne de Louis XIII (la date n'est pas mieux spécifiée), léger de bagage et confiant dans son étoile, le jeune Jean Turlure quittait à pied la Chapelle-du-Bois-des-Faux : il allait chercher fortune. La chronique locale n'a pas dit par quelle voie et par quelles protections. Quelques vingt-cinq ans plus tard, messire Jean de Malortie, écuyer, sieur de la Vallée, conseiller et maître d'hôtel du roi, l'un de ses gentilshommes servants, revenait dans sa paroisse natale, difficilement reconnu par les contemporains ébahis de Jean Turlure.

Il acquit une maison, il acquit des terres labourables, il acquit des prés à la Chapelle et sur les territoires voisins, il fit des échanges avec le seigneur du fief et des prêts à la fabrique. Il s'attira bientôt un juste renom de libéralité et une réputation exagérée d'opulence dont le souvenir vit encore.

Dès 1663, par devant le tabellion ordinaire de la haute justice d'Acquigni, Jean de Malortie, « désirant faire prier Dieu pour « le repos de son âme et de ses amis et « bienfaiteurs trépassés, et participer aux « prières qui se faisaient et se feraient

« dans l'église de Saint-Nicolas de la Cha-
« pelle-du-Bois-des-Faux, donnait et au-
« mosnait au thrésor et fabrique de la
« dite église, en présence de Jean For-
« teaux et de Claude Turluro, ses proches
« parents et héritiers, et du consentement
« de tous les autres paroissiens assemblés
« en état de commun, à l'issue de la
« grande messe paroissiale, deux mille
« deux cents livres pour l'establissement
« d'un prestre qui servirait de clerc et
« tiendrait les échoiles en sa maison. »

Cet acte, où sont minutieusement développés les moindres détails du cérémonial religieux, de l'ordre des prières, de
la sonnerie des cloches, des compensa-
tions pour les jours de fête, fut suivi de
plusieurs autres, passés tant au tabellionage royal d'Evreux ou en Châtelet de
Paris que devant le notaire garde-notes
du roi en la ville de Louviers, ou le tabellion royal au siège d'Hondouville.

Les dispositions le plus souvent rema-
niées par M. de Malortie concernaient la
chapelle de la Vierge, où il avait fondé
une confrérie du Saint-Rosaire. Chaque
augmentation de salaire correspondait à
de nouvelles prières toujours publiques,
avec désignation expresse de l'heure ou
du moment de l'office.

Après la messe du premier dimanche de
chaque mois, 60 sols devaient être distribués par les trésoriers aux pauvres de la
paroisse et d'ailleurs, ou, faute de nombre
suffisant, aux pauvres honteux ; 62 sols
8 deniers annuels restaient au profit des
trésoriers exécuteurs de cette volonté.

La fondation de l'école reçut un supplément de dotation pour étendre aux paroisses circonvoisines le bienfait de l'instruction gratuite des enfants. Entre autres
conditions de ce nouvel acte de munifi-
cence, M. de Malortie stipulait que le
clerc chapelain serait tenu, chaque premier dimanche de mois, de chanter après
l'offerte, à haute et intelligible voix, les
commandements de Dieu et de l'Église,
les *escholiers* et clercs alternant avec lui.
Les lundi, mercredi et vendredi de chaque semaine, tous les enfants, à genoux
dans la classe, devant un crucifix, devaient répéter plusieurs prières, spécifiées
dans l'acte constitutif, et entendre une
exhortation pour les appliquer à l'âme du
fondateur.

Un crédit était ouvert pour fournir aux
enfants indigents chapelets, médailles,
images, papiers, encre et plumes. Ils devaient sonner tous les jours l'*Angelus*.

L'Hôtel-Dieu d'Evreux devenait héritier
si les conditions n'étaient pas ponctuelle-
ment exécutées.

La messe du premier dimanche de chaque mois, célébrée à l'autel de la Vierge
avec le cérémonial énuméré d'acte en acte
par M. de Malortie, devait être dite par
un des pères du séminaire d'Evreux et
suivie d'un sermon. Les fêtes solennelles
de la sainte Vierge étaient comprises dans
cette fondation, qui constituait au profit
du séminaire une rente de 50 livres. Dans
le cas où cet établissement diocésain ne
subsisterait plus à Evreux, il était prévu
que la rente et les obligations passeraient
aux PP. jacobins de cette ville.

Plus tard, 150 livres par an furent af-
fectées à « l'advancement du mariage des
« pauvres filles auxquelles les parents n'a-
« vaient pouvoir de leur donner mariage,
« ou de pauvres filles que l'on auroit abu-
« sées et qui seraient repentantes de leur
« faute, ou aider à faire apprendre mes-
« tier à de pauvres garçons de pareille
« nécessité, tant de la Chapelle que des
« villages voisins. »

Après la mort de M. de Malortie, la nomination du chapelain, qu'il s'était réservée,
devait appartenir au curé de la paroisse
sur l'avis de l'archidiacre, du pénitencier
et du supérieur du séminaire, qui tous
les quatre nommeraient conjointement à
la pluralité des voix. En cas de partage,
le *précepteur préceptorial* du collège d'E-
vreux serait appelé. Le droit de destitution
était entier avec les mêmes formes.

Le chapelain devait, « chaque jour, faire
« sonner midy par ses écholiers et leur
« monstrer à dire, lesquels sonneraient
« ou entendroient sonner les trois pre-
« miers tins : *Angelus Domini*, etc., avec
« *Ave, Sancta Maria*; aux trois seconds
« tins : *Ecce ancilla Domini*, avec encore
« *Ave, Sancta Maria*; aux troisièmes
« tins : *Verbum caro factum est*, égale-
« ment suivi de l'*Ave*. En cas de non
« ponctuelle exécution, l'Hôtel-Dieu d'E-
vreux était substitué au bénéfice de la fondation.

Quelquefois, dans ces actes multipliés,
M. de Malortie, demeuré célibataire, faisait intervenir ses collatéraux sous cette
formule : « Volontairement, en la pré-
« sence de Jean Forteaux et Claude Tur-
« lure, ses présomptifs héritiers, qui ont
« déclaré avoir le présent contrat et les
« autres précédens agréables, les louent
« et ratifient et renoncent à aller au con-
« traire à l'advenir, pour quelque cause
« que ce soit on puisse estre, reconnais-
« sant l'utilité et participation qu'ils re-
« çoivent, eux et leurs enfants, aux choses
« ci-dessus fondées, et les instructions
« qu'ils peuvent recevoir à l'advenir. »

M. de Malortie mourut vers 1673. Son

cœur fut déposé dans l'église de la Chapelle. Une plaque commémorative, qui a été religieusement conservée, porte cette inscription :

« Cy gist
« le cœur de Jean de Malortie. Ce grand
« pécheur, qui voulut racheter ses péchés
« par aumosne, a fondé appétuité trois
« cents cinquante livres de rente pôr estre
« distribuée au profit de cette église, curé
« chappelain, escolliers, trésoriers et des
« pauvres, côme il est escrit sur une lame
« de cuivre et pierre, mise dans cette
« église, et plus amplement dans le con-
« tract passé pardevant Poussin, tabellion
« d'Evreux, le 25 mai 1665, et enregistré
« dans les archives de l'Hostel-Dieu dud°.
« Evreux, auquel la d° rente apartiendra
« faulte de l'exécution entière contenue
« dans le contract.

« ... Priez Dieu pour sa pauvre âme...
« ... Requiescat in pace... »

Cette plaque est en forme de cœur.

Premier et dernier du nom sous lequel il était rentré dans son village, Jean de Malortie n'avait aucun lien de parenté avec les familles inscrites sous le même nom dans les nobiliaires de Normandie et de Picardie. Les œuvres de sa prévoyante charité lui survivent encore en grande partie. Après deux siècles bientôt, sa mémoire est toujours vivante dans un certain rayon ; le nom qu'il a honoré ne mérite-t-il pas d'être gravé dans la mairie et dans l'école de la commune dont il est resté le bienfaiteur ?

Les fondations généreuses de M. Malortie étaient exposées, par la minutieuse abondance des détails développés dans leurs actes constitutifs, à devenir la source de quelques procès, procès suivis de transaction, en 1693, avec François de la Barre, sieur de Verdun, vendeur à M. de Malortie de pièces de terre comprises dans les donations.

En 1703, le trésor de la fabrique était en désaccord avec les pénitents du tiers ordre de Saint-François de la province de Saint-Yves en France, établis à Louviers, qui, en reconnaissance d'une rente annuelle de 42 livres, devaient deux sermons par chacun an, prêchés à la Chapelle par un religieux de leur communauté, l'un le jour de Saint-Cyr (16 juin), l'autre le jour de la Purification, reporté par transaction à la fête de l'Assomption, rente qui fut, par transaction notariée, réduite à 10 livres. Guillaume Turlure était alors receveur des deniers de la fondation de M. de Malortie.

Cette fondation avait été acceptée le 12 mai 1672, en chapitre des religieux assemblés capitulairement au son de la cloche, ainsi qu'ils avaient accoutumé pour traiter de leurs affaires, « se submettans « de faire ratifier et après l'acte au prochain « diffinitoire de leur ordre. »

En 1738, procès avec les habitants et trésoriers d'Ireville, du Boulai-Morin, d'Emalleville et d'Heudreville, pour comptes d'arrérages. La Vacherie, seule des cinq paroisses légataires, n'intervint point dans l'instance.

Aujourd'hui, tant en biens fonds qu'en rentes sur l'Etat, les libéralités de Jean de Malortie sont représentées par un revenu d'à peu près 4,600 fr., dont 600 fr. pour une école gratuite ; le reste pour des aumônes s'étendant aux communes voisines, une rente à l'hospice d'Evreux, et des prières à l'intention du fondateur.

L'église a été entièrement reconstruite de 1783 à 1785. Le maître-autel et le pavage du chœur proviennent de Notre-Dame-de-la-Ronde d'Evreux, supprimée en 1791.

Les lieux dits sont : — la Bauge ; — la Briqueterie ; — Bromesnil ; — les Faubourgs ; — la Mare-Osmont.

Cet article a été revu et augmenté par M. le marquis de Biosseville, dont les éditeurs aiment à rappeler l'utile collaboration.

CHAPELLE-GAUTIER (LA).

Arrond. de Bernay. — Cant. de Broglie.

Patr. Notre-Dame. — Prés. le seigneur.

Jean Jouvenel des Ursins, prévôt des marchands en 1388, était seigneur de la Chapelle-Gautier, qui fut confisquée par le roi d'Angleterre et donnée à Jean de Courteilles.

La terre de la Chapelle-Gautier passa à Michel Jouvenel des Ursins, son huitième fils, puis à Jean Jouvenel des Ursins, deuxième fils de celui-ci.

En 1589, quelques milliers de paysans, soulevés par les agents du duc de Mayenne, firent dans ce village des rassemblements ; ces bandes, à cause du lieu où elles s'étaient réunies, furent appelées les Gautiers.

Les dépendances sont : — la Berrie ; — la Blondelière ; — le Bosc-Rault ; — le Bout-des-Simons ; — la Cahinière ; — le Calange ; — le Chesnai ; — les Clos ; — la Courteillerie ; — la Foulonnière ; — la Grande-Noé ; — la Houdière ; — la Mare-Péreuse ; — les Nerveaux ; — la Petite-

Noé ; — la Picterie ; — la Radière ; — la Rouvinière ; — les Vaast ; — la Vallée-Milcent ; — la Vermondière ; — la Vitrouillère ; — Hettelande.

La Chapelle-Gautier a été réunie à Saint-Laurent-des-Grés en 1845.

CHAPELLE-GENEVRAI (LA).

Arrond. d'Évreux. — Cant. de Vernon.
Sur la rivière de Saint-Ouen.

Patr. Notre-Dame. — *Prés. le seigneur.*

Nous pensons que le mot de Genevrai n'a pas son étymologie dans les mots genêts ou genièvres, mais dans quelque nom d'homme.

Cependant dans le premier rôle du monastère de Saint-Evroul, publié dans la nouvelle édition d'Orderic Vital, t. V, p. 183, appendice, lequel rôle est de la fin du XIe siècle, on voit figurer parmi les témoins d'une charte souscrite par un certain Richer : « Guimundus de la Genevereia. » Nous sommes portés à croire en tout cas que ce Guimond, ou quelque autre de sa famille, aura fondé la Chapelle-Genevrai.

Nous n'avons rien de plus à dire sur cette commune.

Les dépendances sont : — le Froc-de-Launai ; — les Periers ; — Courte-Côte ; — Launai (château).

Cette commune a été réunie à Réanville en 1844, sous le nom de Chapelle-Réanville. (Voyez RÉANVILLE.)

CHAPELLE-HARENG (LA).

Arrond. de Bernai. — Cant. de Thiberville.

Patr. S. Pierre. — *Prés. l'évêque de Lisieux.*

Il ne faut pas écrire la Chapelle-Hareng, mais la Chapelle-Harenc, puisqu'on voit dès le XIe siècle des personnages dont le nom s'écrit avec cette orthographe.

Il y avait au XIe siècle un Onfroi Harenc : « Unfridus igitur cognomento Harenc, » qui fit des donations à Saint-Evroul.

Dans les *Grands Rôles de l'Echiquier de Normandie*, plusieurs personnages portent ce nom : « Rogerus Harencus debet... « libras parisiensium pro habenda custo- « dia filii Willelmi de Reisencort et terrae « suae. »

« Radulphus Harenc reddit compotum « de uno bisantio pro fine suo audiendo « versus Thomam de Sancto Johanne, si- « cut cirographum eorum testatur. »

Dans le *Cartulaire normand*, p. 25, figurent plusieurs fois des personnages de ce nom. Une famille Harenc possédait le fief de Glisolles ; Roger Harenc avait donné à l'abbaye de Saint-Taurin la dîme des moulins de Glisolles. (*Gallia christiana*, t. XI, Instr. col. 140.) Vers 1200, Guillaume Harenc, frère aîné de Roger, se servait d'un sceau portant pour légende : + S. WILLMI. HARENC......ICOL. (Lisez : « de Glisoliis. ») Basilie de Glisolles était sœur de Simon Harenc (ch. de la Noë), dont la fille donna, en 1207, 13 acres de terre, sises à Tournedos, aux Templiers de Renneville.

L'origine de cette localité est donc une chapelle fondée par un membre de la famille Harenc, laquelle chapelle ne tarda pas à être donnée à l'évêque de Lisieux.

Parmi les dignités de l'évêché de Lisieux, paraît dans les pouillés la prébende de la Chapelle-Harenc : « prebenda de Capella Harenc, » située sur notre paroisse ; mais dans le pouillé de Lisieux on lit : « vicaria de Capella Alleech. » Le présentateur, au XVIe siècle, était le prébendé, au XVIIIe, l'évêque. Il n'est point douteux que cette « Capella Alleech » ne soit la Chapelle-Harenc. Dans un almanach de Lisieux, on trouve la prébende de la Chapelle-Harenc portée sous le nom : « ... de Capella Haluis... »

Les dépendances sont : — Bois-l'Évêque ; — la Buissonnière ; — la Groudière ; — le Labi ; — la Maltière ; — le Manoir-Galis ; — le Manoir-Hudoux ; — la Lande.

CHAPELLE-RÉANVILLE (LA).

Arrond. d'Évreux. — Cant. de Vernon.

Nous avons vu que cette commune se composait de la Chapelle-Genevrai et de Réanville, réunies en 1844.

(Voyez LA CHAPELLE GENEVRAI et RÉANVILLE.)

CHAPELLE-SAINT-OUEN (LA).

Arrond. des Andelis. — Cant. d'Écos.

Patr. S. Ouen. — *Prés. l'abbé de Saint-Ouen.*

Baudri du Bosc avait construit au milieu du VIIe siècle, et au-dessus de Gasni, une chapelle dédiée à saint Ouen. Le jour de la bénédiction de cette chapelle, les moines de Saint-Ouen se plaignirent et affirmèrent qu'elle était construite sur leur terre. L'archevêque Hugues jugea que le patronage leur appartiendrait et que de plus ils auraient deux parts de dîmes sur toute la colline contiguë au château de Baudemont.

En 1226, Geoffroi de la Chapelle (Saint-Ouen), confrère des moines de Saint-Ouen, probablement pour les biens spirituels, reçut d'eux-mêmes, dans une assise tenue à Gisors, un certain tènement « apud Capellam Sancti Audoeni ». Le même personnage figure comme témoin dans une charte de donation de Geoffroi Goujon, chevalier (1234).

En 1225, Geoffroi Goujon, chevalier, et Emma, sa femme, donnent aux moines de Saint-Ouen un champart et la dîme qu'ils avaient à Giverni, à la Chapelle (Saint-Ouen).

Le pouillé d'Eudes Rigaud attribue le patronage à l'abbé de Saint-Ouen de Rouen : « Capella Sancti Audoeni, abbas « Sancti Audoeni Rothomagensis patronus; « habet xxxvii. parrochianos; valet x. libras « turonensium ; totum percipit dictus « abbas. »

La Chapelle-Saint-Ouen a été réunie à Bois-Jérôme-Saint-Ouen en 1844.

CHARLEVAL.

Arrond. des Andelis. — Cant. de Fleuri-sur-Andelle.

Patr. S. Denis. — Prés. l'abbé de Saint-Evroul.

Le premier nom de Charleval est Noyon, en latin « Nogio ». A peu de distance, sur le plateau du Vexin normand, se trouvait un autre Noyon ; aussi pour les distinguer prit-on l'habitude d'appeler le premier Noyon-sur-Andelle, l'autre Noyon-le-Sec. Charles IX venait fréquemment chasser dans la forêt de Lions. Charmé du riant aspect des trois vallons qui se réunissent en ce lieu, il y fit commencer une maison de plaisance. Depuis lors, Noyon s'est appelé Charleval ; le val de Charles.

L'histoire de Charleval (nous dirons désormais de Noyon) remonte au commencement du xi° siècle.

Guillaume, comte d'Evreux, commençant à vieillir, résolut, sur le conseil de sa femme Helvise, de fonder dans son domaine un établissement religieux. Tous deux prirent conseil et appui de Roger du Sap, abbé de Saint-Evroul, et lui demandèrent douze moines pour construire un monastère à Noyon. Les douze moines arrivèrent avec l'abbé, le 12 octobre 1107, et là, dans un lieu désert, que les habitants du pays appelaient Buscheron, ils commencèrent à vivre régulièrement sous la règle de saint Benoit, et à faire les offices dans une chapelle dédiée à saint Martin. L'année suivante, 1108, Guillaume et Helvise entreprirent d'élever une grande église sous l'invocation de la Vierge, mais ils ne purent l'achever. Guillaume tombait peu à peu dans une seconde enfance, et Helvise, qui dirigeait toutes les affaires de son mari, se fiait dans sa sagacité plus qu'il ne fallait. Fille de Guillaume I°', comte de Nevers, elle se fit promptement de Robert, comte de Meulan, et des autres seigneurs normands des ennemis déclarés. Excité par eux, Henri I°', roi d'Angleterre, exila Guillaume et Helvise en Anjou. Les travaux de l'église furent suspendus. Helvise mourut en 1114, et son corps fut apporté à Noyon. Quant au comte, il mourut le 16 avril 1118, et fut enterré à Fontenelle.

Comme Amauri, leur neveu et leur héritier, ne sut pas rentrer dans les bonnes grâces du roi, le comté d'Evreux fut réuni aux domaines d'Henri I°'. Henri ne s'occupa point d'achever le monastère que le comte Guillaume avait commencé sous les prieurs Robert, Roger, Renouf; mais il construisit au commencement de 1119 un château fort à Noyon. Le 20 août, il y entendit la messe ; il partit avec ses meilleures troupes pour ravager la plaine d'Etrépagni. Il ignorait que le roi de France partait en même temps des Andelis pour se diriger sur Noyon, qu'il espérait prendre par trahison. Prévenu à temps, Henri revint sur ses pas, et les deux armées se rencontrèrent sous Verclives, près de la ferme de Brémulle : on sait la victoire des Normands et la défaite de Louis le Gros. Les Français prisonniers furent conduits au château de Noyon.

Revenons à l'histoire de notre prieuré. Orderic Vital, auquel nous empruntons tous ces détails, signale Robert de Prunelai, dont il trace la biographie, mais dans son épitaphe, qu'il reproduit, on lit :

ROGERIUS QUARTUS NOGIONENSIS PATER ALMUS.

Il semble que notre auteur a omis deux prieurs de Noyon, puisqu'il nous a présenté comme le second prieur Roger, qui n'aurait été réellement que le quatrième. Nous pensons qu'on peut placer sa mort vers 1137, s'il fut le successeur immédiat de Robert de Prunelai. Sur ce personnage on peut consulter l'*Histoire littéraire de France*, IX, 89. Robert s'occupa activement d'achever l'œuvre de Guillaume et de mettre le prieuré en bon état. Cependant, du temps d'Orderic Vital, et quoique le successeur de Roger, Renouf, ait probablement continué les travaux, le prieuré était encore inachevé. Nous ajouterons qu'en 1206 Ascius était prieur de Noyon. La même année, Vincent, prieur de Noyon-sur-Andelle, fut l'un des trois arbitres qui intervinrent dans le débat soulevé entre l'abbé de Saint-Ouen et Alexandre, curé de Perlers.

Nous avons épuisé les renseignements que nous fournit Orderic Vital. Nous allons les confirmer en publiant une charte dans laquelle sont énumérés les biens du prieuré de Noyon. Nous la tirons du cartulaire de Saint-Evroul. (*Bibl. imp.*, F. lat., 11,055, pièce 618.)

« In nomine Sanctæ Trinitatis. Ego Simon, comes Ebroicensis, monasterium in castro meo de Nolone, ad honorem beatæ Virginis Mariæ ac sancti Martini fundatum, monachis Sancti Ebrulfi ibidem Deo servientibus in proprietate a prædecessoribus meis concessum, donatum ac confirmatum, cum omnibus pertinentiis suis, dignum duxi in perpetuum concedere et confirmare. Ut ergo misericors Dominus mihi et parentibus meis et Willelmo comiti et Helvise comitisse salutem misericorditer conferat sempiternam, jam dictum monasterium cum universis pertinentiis suis a predecessoribus datis et concessis Deo, et eisdem monachis, et in terris et in hominibus in terris ipsorum monachorum manentibus, et in aliis quibuslibet redditibus, dono et concedo et presenti carta mea confirmo in perpetuum et ab omni terreno servitio, talliis, auxiliis, relevamentis, et quibuslibet exactionibus et districtionibus liberam et quietam elemosinam; ita scilicet quod ego et successores mei in perpetuum contra dictos monachos et homines in terris eorum manentes ab omni terreno servitio tenemur deffendere et garantizare; in quibus hec propriis necessarium duxi exprimenda vocabulis: ex donatione avi mei Willelmi comitis et Helvise comitisse ecclesiam Sancti Martini in proprio feodo sitam, et totam terram quam habebant in dominio suo circa illud monasterium usque ad Chesneium, et de Chesneio quicquid erat in dominio suo, terra plana et nemorosa usque ad boscum regium, campum de Molendino Moberti et pratum et terram usque ad nemus, pratum Burneno et quicquid ibi circa habebant; pratum quod est ultra Pontem Andele, aquam vero a ponte Dalisum et quicquid habent in ea usque ad terram Sancti Audoeni; viridarium quoque Gomundi et quicquid juris et dominii habebant in ecclesia Sancti Dionisii, videlicet consuetudines episcopales et cantariam, et servitium illorum hominum qui comiti de ea serviebant, et Hilduinum solutum, et quicquid de ipso comite tenebat; servitium Balduini de feodo suo, et quicquid habebant in dominio suo in Tuito Forensi, sive planum sive nemorosum, terram de Angulo Tuitto, et quicquid Radulfus Maudetes ibi habebat, ipso Radulpho concedente et exinde mutuo unam vaccam et campum Sutorum obtineate. Dederunt etiam supradicti comes et comitissa et ego confirmo omnes decimas nemoris sui quod dicitur Haia Comitis, videlicet venationis, exartorum, pasnagii et venditionis, et omnium proventuum ejus, et porcos monachorum quotquot habere poterint ad proprios usus domus sue necessarios quietos a pasnagio, et herbagium omnibus pecudibus suis sine contradictione. Preter hec confirmo eis in eadem Haia mortuum boscum ad focum et ad alia necessaria sua sine liberatione, vivum vero boscum quantum necesse habebunt monachi per liberationem ad monasterium et molendinum et ad domos suas edificandas et ad alia omnia necessaria, et quandam fagum ad electionem suam ad Nativitatem Domini. Dedit quoque idem comes in eadem villa decimam molendini, thelonci, censuum, pratorum et omnium reddituum in plano et nemore, et preter hec quadraginta solidos in theloneo ad luminaria ecclesie; preter hec omnia dedit eis totam terram suam in Anglia quam dederat ei rex Willelmus qui Angliam conquisivit, videlicet ecclesiam de Henrhet cum pertinentiis ejus et quicquid habebat in eadem villa; quicquid habebat in Borchilleberia; quicquid habebat in Siffieth et in Grafetona et in Bochelanda et in Bibleria; apud Aldintonam unam hidam terre; et quicquid habebat in Baldintonam et in Chilbehert et in Mildeconba; et unam hildam terre in Molintona; et quicquid habebat in Bodicota et Bocota et Cotecota, Donetrop et Senenella; apud Pessemere unam hildam terre. Dedit quoque decimam terre sue quam rex Henricus dederat ei in Anglia; scilicet de Brefort et de Teodeorda et maneriis ibi pertinentibus; in Hanneia quicquid habebat de dono Willelmi regis; item in Normannia apud Dowrenc decem modios bladi, quinque frumenti et quinque annone; in molendinis suis, et terram ad

« unam carrucam, et quendam ortum Bo-
« veriis ad manendum; in Rothom. pro-
« priam domum suam; in Garavilla domum
« unam cum pertinentiis solutam et quie-
« tam; in theoloneo Baventi vigenti libras
« currentis monete, et burgensem unum,
« Ansgotum nomine, cum duabus domibus
« suis et toto tenemento suo; in maresco
« Garaville redditus decime salinarum, et
« medietatem totius decime de omnibus
« terris. Hec omnia suprascripta, tam in
« Normannia quam in Anglia, dedit supra-
« dictus comes avus meus Deo et Sancto
« Martino de Nolone et monachis ejusdem
« loci, ita libera et quieta quod nullum
« inde servitium nisi soli Deo facere tene-
« rentur, nec homines in terris ipsorum
« manentes, nec auxilium, nec talliagium,
« nec relevamentum, nec consuetudines,
« neque aliquas exactiones. Item, apud
« Ebroicas domum unam solutam et quie-
« tam, exceptis consuetudinibus comitis
« de Mellent, et unum furnum in opido
« civitatis, cujus minister quietus erit ; et
« in foresta comitis mortuum boscum ad
« opera furni et vivum ad domum furni
« faciendam; apud Albam Viam, de red-
« ditu ejusdem ville, quadraginta solidos
« et duos modios de bres, propter quos
« monachi habent sexaginta minas avene;
« apud Sanctam Mariam de Novo Castello,
« unum burgensem solutum et quietum,
« qui reddit annuatim unum modium
« vini. Apud Gaceium, scilicet in thelo-
« neo, sexaginta solidos annuatim cur-
« rentis monete et unum furnum et fur-
« narium in domo furni manentem, solu-
« tum et quietum, et unum burgensem,
« et culturam de Manento cum hospitibus
« in ea manentibus, et masuras Garini
« Garbe, et Willelmi Chamol, et Rogerii
« Erwentru. Apud Collimer manerium
« quod dicitur Diabolaria, et unum mo-
« lendinum et terram que juxta est, et
« tres bordarios et tres acras prati, et
« terram Mainfredi portarii, et Herber-
« tum Charlenent, et pratum Helene cum
« decimis et aliis pertinentiis, et decimam
« de feodo Fangeie. Apud Longam Vil-
« lam, dedit idem comes, in obitu Hel-
« vise comitisse, decem modios vini de mo-
« diatione sua ad missas celebrandas, et
« partem terre Odonis de Couroa, de
« feodo Christiani, quam in dominio suo
« retinuerat. Concessit autem idem comes
« Willemus ut quicquid homines sui dare
« aut vendere vellent supradictis mona-
« chis libere et quiete darent vel vende-
« rent, ita quod non amitteret servicium
« suum. Hec universa, sicut data sunt et
« concessa a predicto comite et comitissa,
« et sicut idem monachi mei melius

« et liberius ea tenuerunt, ego Sy-
« mon, Ebroicensis comes, Deo et mo-
« nachis Sancti Ebrulfi apud Nogion ma-
« nentibus dono et concedo et litteris et
« sigillo meo proprio et testibus in perpe-
« tuum confirmo. De proprio enim dono
« meo confirmo eis terram que est inter
« terram ipsorum monachorum, et terram
« infirmorum de Nogione, et feodum Ra-
« dulfi Pulchri Colli, quod ipse coram me
« donavit, salvo jure meo. Et preter hec
« dono et concedo predictis monachis
« totam parrochiam ville mee quam edifi-
« cavi prope forestam meam de Caudebec,
« ita scilicet sicut vadit vallis de Bonetuit
« usque ad terram Gisleberti Clerici de
« Bernartmara et usque ad parrochiam de
« Willecherie, duas partes decime predicte
« parrochie, scilicet Sancti Arnulphi, ha-
« bent sanctimoniales Ebroicenses. Supra-
« dicti vero monachi habebunt omnes exi-
« tus alios parrochie, ecclesiam videlicet
« totam liberam et quietam cum oblationi-
« bus suis, et presentationem ipsius eccle-
« sie, et partem tertiam decime prefate.
« Donavi etiam eisdem monachis decimam
« molendini mei de Sancta Guertrude.
« Has omnes donationes et hanc nostram
« confirmationem concesserunt ambo filii,
« Almaricus scilicet et Symon, et testes
« hujus confirmationis fuerunt. Testes :
« Hugo de Blachepuit; Fulco, capellanus;
« Alexander de Autoil; Hamericus de
« Boisseria. » (Cartul. de Saint-Evroul,
pièce 618; Bibl. imp., lat. 11,055.)

Le Brasseur, dans son *Histoire du comté d'Evreux*, p. 327, rapporte un fait assez curieux : « Le roy, dit-il, faisant creuser « les fondations du château de Charleval, « dans le Vexin, on découvrit dans la « terre le tombeau de la comtesse Her- « lève, femme de Robert Ier, comte d'E- « vreux et archevêque de Rouen. Char- « les IX en fit transporter les ossements « au prieuré de Noyon-sur-Andelle, l'an « 1570, et les fit mettre dans un tombeau « convenable. »

On sait que Robert eut de son mariage avec Herlève plusieurs fils, dont Raoul de Gacé qui prit le titre de comte d'Evreux. Ce Raoul de Gacé vivait dans la première moitié du XIe siècle. Ces faits nous don- nent la raison des donations que firent les seigneurs de Gacé au prieuré de Noyon, et que nous allons extraire du *Cartulaire de Saint-Evroul*.

Gacé est dans l'arrondissement d'Argentan (Orne). Parmi ces donations, on remarque la terre « de Diabolaria apud Collemerium » Ce Collemerium est Coulmer (cant. de Gacé, arrond. d'Argentan): « Omnibus ad quos presens scriptum per-

« venerit, Guido, dominus de Gaceio, salu-
« tem. Noverit universitas vestra me, visis
« scriptis et cartis antecessorum meorum,
« pro salute mea et patris et matris et
« fidelium meorum, concessisse et presenti
« carta mea confirmasse Deo et ecclesie
« Sancti Martini de Nogione super Andelam
« et monachis ibidem commorantibus
« quicquid habent in tota terra mea, ha-
« bendum libere quieto ab omnibus ser-
« vitiis et consuetudinibus in perpetuam
« elemosinam, videlicet terram de Diabo-
« laria apud Collemerium, cum hominibus
« et pratis et decimis, et molendino, cum
« omnibus aliis pertinenciis suis; apud
« Gacelum, sexaginta solidos turonensium
« in prepositura, annuatim ad festum
« Sancti Michaelis percipiendos, et furnum
« ejusdem ville et masuram, si furnus non
« fuerit, et unum burgensem et masuram
« Garini Barbe, et masuram Willelmi
« Chamol, et masuram Rogerii Ermentru,
« et culturam de Mannet cum hospitibus
« in eadem cultura manentibus. Et ut hec
« concessio et confirmatio robur obtineat
« in perpetuum, eam sigilli mei munimine
« roboravi. Testibus : Roberto de Colle-
« merio, Willelmo [de] Croisilles, presbi-
« teris; Balduino de Fangeia, et multis
« aliis. Actum anno gratie millesimo du-
« centesimo octavo decimo. » (*Cart. de
Saint-Evroul*, n° 116.)

En 1260, Amauri « de Sabulio, dominus
Gaceii » confirma cette charte : « ad preces
« karissime mee Philippe et filiorum meo-
« rum, Petri videlicet et Guidonis, et Ivo-
« nis et Almarici. » (N° 117.)

En 1280, Pierre « de Sabulio, dominus
Gaceii, » confirma encore cette charte :
« pro salute mea et uxoris mee, patris et
« matris et fidelium meorum. » (N° 118.)

Amauri de Gacé prend à ferme le moulin de Coulmer, que ses ancêtres avaient
donné au prieuré de Noyon : « Universis
« Christi fidelibus ad quos presens scri-
« ptum pervenerit, Almaricus, miles et
« dominus de Gaceio, salutem in Domino.
« Noverit universitas vestra quod, cum
« prioratus Sancti Martini de Nogione
« super Andelam, pertinens ad abbatiam
« Sancti Ebrulfi, de dono antecessorum
« meorum et mea confirmatione haberet
« in puram perpetuam elemosinam, quod-
« dam molendinum quod Novum Molen-
« dinum dicitur, situm in parrochia de
« Colimer, Nicholaus, abbas tunc tempo-
« ris Sancti Ebrulfi, et totus conventus
« ejusdem loci, assensu et voluntate prio-
« ris et monachorum de Nogione, dictum
« molendinum cum suis pertinenciis, vi-
« delicet cum molta omnium hominum
« suorum ad illud molere debentium,

« concesserunt mihi et heredibus meis ad
« perpetuam firmam pro sexaginta quin-
« decim solidis turonensium annuatim
« percipiendis in prepositura mea de Ga-
« ceio, cum aliis sexaginta solidis turo-
« nensium annui redditus, quod dictus
« prior de Nogione in eadem prepositura
« mea percipere consuevit, ita quod quid-
« quid contigerit de dicto molendino, sive
« steterit, sive cadat, dictus prior de No-
« gione annuatim percipiet in perpetuum
« in dicta prepositura sex libras et quin-
« decim solidos turonensium ad duos ter-
« minos assignatas : videlicet ad feriam
« meam apostolorum Petri et Pauli septua-
« ginta solidos et ad feriam exaltationis
« Sancte Crucis sexaginta quinque soli-
« dos, per manum prepositi mei, vel per
« manum dictam feriam colligentis, si
« tenuero preposituram in manu mea; hoc
« addito quod, quociens ego vel preposi-
« tus meus a solutione dictorum denario-
« rum defecerimus, quod absit! terminis
« assignatis, pro defectu uniuscujusque
« septimane tres solidos turonensium pro
« pena cum debito principali dicto priori
« de Nogione vel ejus ad hoc attornato
« sine contradictione aliqua persolvemus.
« Erunt autem homines dicti prioris im-
« munes et liberi ab omnibus servitiis et
« consuetudinibus que alii homines facere
« tenentur ad molendina in quibus sunt
« moltarii, excepto quod tenebuntur mo-
« lere ad novum molendinum meum de
« Haiis; nec poterimus ego Almaricus
« nec heredes mei in hominibus elemo-
« sine dicti prioris, nec in rebus eorum-
« dem ratione hujus conventionis aliquam
« justiciam exercere, nisi solummodo in
« via alicujus molendini extra elemosi-
« nam dicti prioris, sed si dictos homines
« molere contigerit ad aliud molendinum
« per servientem dicti prioris ad petitio-
« nem servientis mei justiciabuntur, ita
« quod ego habebo emendationes secun-
« dum consuetudinem patrie. Quod ut
« ratum et stabile futuris temporibus
« permaneat, presentem paginam sigilli
« mei munimine confirmavi. Actum anno
« gracie millesimo ducentesimo tricesimo
« octavo. »

Le pouillé d'Eudes Rigaud porte : « Ec-
« clesia Sancti Dionisii de Noion ; prior
« de Noion patronus; habet XIIII. parro-
« chianos; valet XXX. libras turonensium;
« magister Robertus, receptus ab archie-
« piscopo O. Rigaudi, ad presentationem
« abbatis Sancti Ebrulphi. Item, magister
« Guillelmus de Hamello. Item, magister
« Johannes de Tanguenti. »

Nous trouvons sur le prieuré de Noyon
au XIII° siècle des détails intéressants

dans le registre des visites d'Eudes Rigaud. Ainsi, le prieuré se composait à cette époque de cinq à six moines et du prieur. Ils étaient assez réguliers dans leurs devoirs ; un d'eux écrivait pour le compte du prieur beaucoup plus qu'il n'officiait. Eudes Rigaud désire qu'il écrive moins et qu'il prie davantage. Il leur reproche de manger trop de viande, souvent trois fois la semaine. Le prieuré était dans un fort mauvais état. En 1262, le prélat trouve le chapitre transformé en cellier, fermé depuis longtemps et consacré aux provisions. Le cloître avait besoin d'être nivelé, pavé, réparé. La nef de l'église était ébranlée par la violence du vent qui entrait par les fenêtres. L'archevêque ordonne qu'on bouche les fenêtres soit avec du plâtre, soit avec des vitres. Parmi les frères nommés nous remarquons le prieur frère Sourdon, Pierre de Noyon, Dreux de Neuf-Marché, Jean de Sap, Thomas de Silly.

Eudes Rigaud visita le prieuré en 1249, 1251, 1254, 1258, 1259, 1260, 1262, 1263, 1264, 1265, 1266, 1267, 1269.

Les bâtiments du prieuré ne furent jamais achevés ; ils ne l'étaient pas, quand en 1570 Charles IX commença le château. Ils furent alors jetés par terre ; les moines qui y demeuraient furent renvoyés dans l'abbaye de Saint-Evroul, et Noyon devint un bénéfice simple à la collation de l'abbé de Saint-Evroul.

Quant à la cure de Noyon, le prieur continua d'y présenter en 1655, 1667, 1676. Selon les pouillés de Rouen des années 1704 et 1738, il avait encore droit d'y présenter ; mais l'abbé de Saint-Evroul y a présenté souvent aussi, et, suivant le pouillé de 1648, le patronage appartenait à l'abbaye.

Enfin, il y avait encore sur le territoire de Noyon une chapelle que Toussaint Duplessis regardait comme un reste de quelque ancien hôpital, et, en effet, un petit hôpital fut, dit-on, fondé en 1285 par Enguerrand de Marigni. Les biens qui composaient sa dotation forment encore aujourd'hui les revenus actuels du bureau de bienfaisance. Nous avons cherché vainement dans les deux recueils de chartes concernant les biens d'Enguerrand de Marigni et déposés à la Bibliothèque impériale la charte de fondation de cet hospice.

Nous avons vu Noyon possédé d'abord au XIe siècle par Guillaume, comte d'Evreux, puis par Henri, duc de Normandie. Au commencement du XIIIe siècle, il appartenait à Pierre de Moret. Peut-être Pierre de Moret avait-il reçu ce domaine de Philippe-Auguste après la conquête de la Normandie en 1204.

En 1207, dans une charte souscrite à Vernon, Philippe-Auguste échangea, contre tout ce qu'il possédait à Venables et la Mare, tout ce que possédait Pierre de Moret à Noyon-sur-Andelle : « Et propter hoc, » dit-il, « ipse quitavit nobis et he« redibus nostris in perpetuum quicquid « habebat apud Nogonem super Andelam, « tam in feodo quam in dominio. » (*Cart. norm.*, n° 158.)

En 1213, Philippe-Auguste céda ce même domaine à Robert de Poissi :

« Notum sit omnibus tam presentibus « quam futuris quod nos, pro fideli servi« tio quod dilectus et fidelis noster Ro« bertus de Pisiaco, dominus de Hacque« villa, nobis exhibuit, dedimus et con« cessimus eidem Roberto et heredi suo « masculo de uxore sua desponsata in « homagium ligium ad usus et consuetu« dine Normannie possidendam in perpe« tuum totam terram quam habebamus « apud Nogentum super Andelam, salvo « nostro servitio quod eadem terra nobis « debet, et salvis haiis de Nogento que fue« runt comitis Ebroicensis, quas retinui« mus nobis in perpetuum. Preterea con« cessimus eidem Roberto, vel si ipsum « Robertum sine herede masculo de « uxore sua desponsata mori contigerit, « [quod] Henricus, frater ejus, vel heres « ejusdem Henrici masculus de uxore sua « desponsata, dictam terram habeat in « perpetuum ad usus et consuetudines « Normannie, salvo jure nostro et salvis « haiis, sicut est prenotatum. Actum Me« donte, anno Domini millesimo ducen« tesimo decimo tertio. »

En 1263, Guillaume de Poissi, chevalier, était seigneur de Noyon-sur-Andelle :

« Notum sit universis, tam presentibus « quam futuris, quod ego Guillelmus de « Pissiaco, miles, dominus de Noione « super Andelam, dedi et concessi in « puram et perpetuam elemosinam, pro « salute anime mee et Isabellis, uxoris « mee, et antecessorum meorum, nec« non etiam Roberti, filii mei defuncti, « Deo et ecclesie Beate Marie de Fontibus « Gerardi et monialibus ibidem Deo ser« vientibus tres acras alneti mei de Radi« ponte cum fundo terre captas et men« suratas juxta pratum et terras dictarum « monialium in uno latere et in alio sicuti « mete se protendunt ab aqua Andele « ad metas... Actum anno Domini mille« simo ducentesimo sexagesimo tertio, « mense junii. »

Cette donation fut confirmée par saint

Louis « apud castrum in Leonibus », à Lions, le mois de juillet suivant.

Nous trouvons dans le *Cartulaire normand*, n° 974, une charte de Mathilde de Poissi, dame de Noyon. Cette dame épousa Hervé de Léon, et, par ce mariage, la seigneurie de Poissi passa dans la famille de Léon. Ainsi, en 1297, Hervé de Léon le jeune, chevalier, du consentement d'Hervé son père, céda aux religieuses de Fontaine-Guérard le droit qu'il avait sur une pièce de terre dans la paroisse de Radepont.

Robert d'Alençon, comte du Perche, épousa le 5 avril 1374 Jeanne de Rohan, fille de Jean, vicomte de Rohan, et de Jeanne de Léon, qui lui apporta en mariage les terres de Noyon-sur-Andelle, Pont-Saint-Pierre, Radepont et autres, situées en Normandie. N'ayant eu de lui qu'un fils mort avant son père, elle se remaria à Pierre II, seigneur d'Amboise et de Thouars.

En 1470, la terre de Noyon fut acquise par Olivier le Daim, et confisquée quelques années après par Charles VIII.

En 1493, Jean d'Orglandes, écuyer, sieur de Prétot, de Gaillarbois et de Noyon-sur-Andelle, était maistre enquesteur et général réformateur des eaux et forêts de Normandie et de Picardie.

Un siècle après, cette terre appartenait à Philippe de Boulainvilliers, comte de Fourquembergue et de Courtenai, lorsque Charles IX se décida à l'échanger contre la terre et châtellenie du Vaudreuil. Comme cet échange concerne plusieurs communes de notre département et est en définitive un acte important, nous allons le reproduire presque en entier :

« A tous ceux qui ces presentes lettres
« verront, le prevôt de l'hôtel du Roy
« nostre Sire, juge et conservateur du scel
« royal scis et établi pour ledit seigneur
« en sa cour et suite, salut. Sçavoir fai-
« sons que pardevant Jean Chesneau, no-
« taire et tabellion royal en ladite cour
« et suite, furent présens en leurs per-
« sonnes très-haut, très-puissant, et très-
« magnanime, Charles, par la grace de
« Dieu roi de France, d'une part ; et
« Messire Philippe de Boulainvilliers,
« comte de Fouquembergue et de Cour-
« tenay, seigneur de Noyon-sur-Andelle,
« à present dit Charleval, Menesqueville,
« Bourgbaudouin et Gournest, chevalier
« de l'ordre de Sa Majesté, gentilhomme
« ordinaire de sa chambre, tant en son
« nom que comme foi faisant et portant fort
« de dame Jeanne de Briçon, sa femme,
« absente, et à laquelle il a promis et
« promet faire ratifier et avoir agréable
« le contenu ci-après, d'autre part ; disant
« lesdites parties, que, comme il ait plû à
« Sa Majesté de s'approprier et accomoder
« par échange de la dite terre, seigneu-
« rie, châtellenie, et haute justice de
« Noyon, Bourgbaudouin et Gournest,
« avec toutes leurs appartenances et dé-
« pendances, situées et assises au païs et
« duché de Normandie, bailliage de Roüen
« et de Gisors, près et joignant la forêt
« de Lions, appartenant audit seigneur
« comte de Fouquembergue, pour en
« icelle seigneurie de Charleval faire bâ-
« tir, construire et édifier un château et
« maison royale, accompagné de ses bas-
« ses-cours, parcs et jardinages, pour lui
« et ses successeurs rois, et icelle recom-
« penser de la terre, seigneurie, haute
« justice et châtellenie du Vaudreüil, avec
« aussi toutes ses appartenances et dépen-
« dances, situées au bailliage de Roüen ;
« et pour évaluer lesdites terres, et éga-
« ler ledit échange, auroit adressé sa
« commission en forme de lettres patentes,
« en date du 18 fevrier 1571, aux gens
« de ses comptes à Paris, afin de com-
« mettre ou de députer un ou deux d'en-
« tr'eux pour soi transporter en l'une et
« en l'autre desdites terres pour en faire
« l'évaluation, ce qui auroit été fait ; et
« après avoir été le tout vû et examiné en
« ladite chambre, et rapporté en son con-
« seil privé, Sa Majesté auroit ordonné,
« dès le 27 décembre audit an 1574, que
« lesdites échanges se feroient de l'une à
« l'autre desdites terres, pour lequel effet
« ledit seigneur comte auroit été mandé
« se trouver à Paris, auquel lieu il auroit
« fait presenter requête ausdits seigneurs
« des comptes, et à icelle fait attacher un
« cahier contenant plusieurs remontran-
« ces, sur lesquelles il auroit supplié lui
« être pourvû et fait droit avant de pas-
« ser ledit échange ; laquelle requête et
« remontrance vûe en ladite chambre,
« auroit, le dernier mars 1572, été or-
« donné audit seigneur comte se pour-
« voir pardevant sadite Majesté ou MM. de
« son conseil privé, auquel, lesdites re-
« montrances vûes et rapportées, auroit
« Sadite Majesté commis et député Mes-
« sire Antoine Nicolai, conseiller en son
« conseil privé, premier président en la-
« dite chambre des comptes, Messire Jean
« Ferey, chevalier, seigneur de Durescu,
« aussi conseiller audit conseil privé, et
« Messire d'Argilliers, conseiller et maître
« ordinaire en sa chambre des comptes,
« et pour le contenu ausdites remontran-
« ces pourvoir audit seigneur comte,
« ainsi qu'ils le verroient être à faire par
« raison. Sur quoi après avoir été entre

« eux bien amplement conféré et consi-
« déré les points et articles desdites re-
« montrances, et d'icelles fait rapport à
« Sadite Majesté par ledit sieur président,
« en la présence dudit sieur comte, au-
« roit Sadite Majesté ordonné et arrêté
« que l'échange se feroit de l'une et l'autre
« desdites terres ; et que, pour récompen-
« ser ledit seigneur comte du contenu
« en sesdites remontrances, lui seroit
« ajouté avec ladite seigneurie du Vau-
« dreüil et péage de la rivière d'Eure, la
« terre et seigneurie de Léry, proche et
« joignant d'icelle, ausquelles seroit uni
« le droit de haute-justice, basse et
« moïenne, ressortissant nuëment et sans
« moyen en la cour de parlement de
« Roüen, avec droit et usage en la forêt
« de Bord, de pâturage, pennage, et
« arrière pennage, bois pour bâtir, répa-
« rer et ardoir, ainsi en la forme et
« manière que ledit seigneur comte en
« peut avoir ci-devant joüi par bons titres
« et possessions ès forêts de Lions et
« Basqueville pour raison desdites terres
« et seigneurie de Noyon sur Andelle et
« Menesqueville ; et suivant ce, ledit sei-
« gneur comte de Fouquembergue, desi-
« rant en toutes choses s'accommoder et
« obéir au vouloir et commandement de
« Sadite Majesté, auroit de son bon gré,
« pure et franche volonté, reconnu et
« confessé avoir baillé, tant pour lui que
« pour ses hoirs, successeurs et ayans
« causes, en pur, vrai et loyal échange
« héréditai, à toûjours, audit seigneur
« roi, pour lui et ses successeurs rois,
« ledit seigneur present ce acceptant,
« c'est à sçavoir la terre, seigneurie, châ-
« tellenie et haute-justice dudit Charle-
« val, ci devant appelé Noyon sur An-
« delle ; ensemble les seigneuries de Me-
« nesqueville, Bourgbaudoüin et Gour-
« nest, château, jardinages, moulins, hal-
« les, marchez, terres labourables, et non
« labourables, prez, bois, rivières, forêts,
« garennes, gords, pêcheries, pâturages,
« moultes, champarts, estoublages, foüa-
« ges, patronages de benefice, rentes en
« deniers, grains, œufs et oyseaux, usages
« de forêt, franchises, libertez, ensemble
« tous noms, raisons et actions, tant
« rescindantes que rescisoires, et généra-
« lement tout ce qu'à ladite châtellenie et
« haute-justice de Charleval peut et doit
« competer et appartenir en toutes cir-
« constances et dépendances, comme en
« joüissoit ledit seigneur comte avant le
« present échange, pour par ledit seigneur
« roi et ses successeurs rois en joüir et
« disposer ores et au temps à venir comme
« de leur propre domaine, subrogé au

« lieu desdites terres baillées en contr'é-
« change, à commencer la joüissance au
« premier jour du present mois d'avril, à
« la charge toutefois de payer à l'avenir
« par sadite Majesté les fiefs et aumônes
« et autres charges qui en sont dües,
« contenuës en l'évaluation desdites terres
« et non autres quelconques. Ces présens
« échanges faits but à but sans soulte
« quelconque, pour à l'encontre de la
« terre, seigneurie, châtellenie et haute
« justice dudit Vaudreüil, péage de la
« rivière d'Eure, de ladite terre et sei-
« gneurie de Léry, lesquelles ledit sei-
« gneur roy, tant pour lui que pour ses
« successeurs roys, a cédé, quitté et
« transporté audit sieur comte, ce accep-
« tant pour lui, ses hoirs, successeurs et
« ayans causes, ensemble toutes les ac-
« tions tant rescindantes que rescisoires,
« sans rien réserver ni retenir, fors la
« souveraineté, ressort et hommage, que
« pour ce ledit seigneur comte, ses hoirs
« et ayans causes en seront tenus faire
« pour l'avenir à sadite Majesté et ses
« successeurs rois, et les relever du châ-
« teau du Pont-de-l'Arche par un plein
« fief de haubert ; que pour cet effet ledit
« seigneur roi a unis ensemblement, et en
« payer le relief, treizième et droit accoû-
« tumé audit païs de Normandie quand le
« cas y écherra, à la charge toutefois de
« payer à l'avenir par ledit seigneur
« comte, ses hoirs et ayans causes, les
« fiefs et aumônes et autres charges qui
« en sont dües, contenues en l'évaluation
« qui a été faite de ladite châtellenie du
« Vaudreüil ; et pour ce que partie du
« péage et partie de la rivière d'Eure,
« même ladite terre de Léry sont assignez
« en usufruit pour partie du doüaire de
« la reine mère de sa Majesté, l'autre
« partie dudit péage, ensemble les prez,
« terres labourables et autres revenus en-
« gagez aux heritiers de messire Jean de
« Brandech, colonel d'Allemans, et les
« moulins dudit Vaudreüil hypotequez
« aux heritiers de défunt Noël Graffat,
« dit du Four, demeurant à Roüen, sa-
« dite Majesté sera tenuë leur en faire ré-
« compense ; de sorte que ledit sieur
« comte puisse en toute liberté joüir, user
« et posséder sans empêchement lesdits
« Vaudreüil et Léry, et percevoir les
« fruits, revenus et émolumens sans dif-
« ficulté, et en commencer la joüissance
« du premier jour dudit mois d'avril ; ac-
« cordant pour ce regard que ledit sieur
« comte, ses hoirs ou ayans causes, y
« puissent ores et pour le tems à venir,
« commettre et députer officiers tels qu'ils
« aviseront bon être pour l'exercice de

« ladite haute justice du Vaudreüil, avec
« tous droits et prérogatives qu'il avoit
« audit Noyon et non autrement; sans
« que par ci-après les officiers du Pont-
« de-l'Arche s'y puissent aucunement
« immiscer, comme ils ont fait ci-de-
« vant. Davantage, a été par sadite Ma-
« jesté consenti et accordé que ledit sieur
« comte, ses hoirs ou ayans cause, ayent
« et prennent en la forêt de Bord à l'a-
« venir, aux lieux moins dommageables
« pour sa Majesté, et plus commodes pour
« ledit sieur comte, pour l'usage desdits
« Vaudreüil et Léry, les droitures et usa-
« ges ci-dessus mentionnez par merc et
« livre, et comme il les avoit ès forêts de
« Lions et de Basqueville, à cause desdites
« seigneuries de Charleval et Menesque-
« ville au précédent et présent échange,
« et qu'il les puisse user en l'une ou en
« l'autre desdites terres à son choix, dont
« du tout lesdites parties furent d'ac-
« cord. —..... Promettant ledit seigneur
« Roi en foi et parole de roi, ledit échange
« garantir, défendre et entretenir, faire et
« homologuer, verifier et enteriner, tant
« ès cours de parlement de Paris, Roüen,
« comme en la chambre des comptes dudit
« Paris et autres lieux que besoin sera, dans
« six semaines, et ledit seigneur comte,
« ladite châtellenie et haute justice de
« Charleval, seigneurie de Menesqueville,
« Bourgbaudoüin et Gournest, et leurs
« appartenances et dépendances, garantir
« de tous troubles et empêchemens sur
« l'obligation de tous ses biens et ceux de
« ses hoirs ou ayans causes au tems à
« venir, qu'il a soumis à toutes cours de
« ce royaume, renonçant à toutes choses
« à ces présentes contraires, et a promis
« y faire renoncer ladite dame de Briçon,
« sa femme, et même aux droits intro-
« duits en faveur des femmes; outre ce,
« ont promis les papiers et enseignemens
« concernans lesdites terres rendre res-
« pectivement l'un à l'autre dans ledit
« temps de six semaines.

« Fait et passé à Fontainebleau, sa
« Majesté y étant, présens : Messire Louis
« de Saint-Gelais, sieur de Lansac; Tris-
« tan de Rostaing, seigneur de Vaulx et
« de Thieux, chevalier de l'ordre de Sa
« Majesté et conseiller en son conseil
« privé; Charles de Gondy, seigneur de
« la Tour, aussi chevalier de l'ordre,
« maître de la garde robe de sa Majesté,
« le onzième jour d'avril l'an 1573. Le roi,
« en présence des dessusdits seigneurs, a
« oüi lire le contrat de mot à mot, et a
« eu agréable le contenu en icelui, m'ayant
« commandé d'en signer la présente notte
« qui demeurera ès mains du notaire et
« tabellion qui l'a reçu et passé les jour
« et an que dessus, signé en la minute :
« Pinart, Roulainvilliers. Ces présentes
« expédiées pour ledit seigneur comte de
« Fouqueubergue. Signé : Chesneau, un
« paraphe. Et plus bas est écrit : Registré,
« oüi le procureur général du roy, pour
« joüir, par ledit comte de Fouquem-
« bergue, de l'effet et contenu en icelui.
« A Paris, en parlement, le dix-huitième
« jour de mars mil cinq cens soixante et
« dix-neuf.

« Signé : DU TILLET, un paraphe. »

Le château, commencé par Charles IX, ne fut jamais achevé. On en trouve les plans et l'élévation dans du Cerceau, IIe liv. des *Bâtiments de France*, dans l'encadrement du grand plan de la ville de Rouen, par Gomboust (1655). C'était à cette époque la propriété et la résidence principale de M. Faucon de Ris, premier président du parlement de Rouen. Cette façade est conforme à la planche de du Cerceau ; ce qui prouve que la construction avait été au moins en grande partie exécutée. Etait-ce par le roi Charles IX ? Etait-ce par les Faucon de Ris ? On l'ignore. Les rois de France ne gardèrent Charleval que quatre années ; car un Faucon de Ris l'acquit du roi Henri III, en 1577. Cette terre fut érigée en marquisat, par lettres patentes du mois de juillet 1651, en faveur de Louis Faucon de Ris, premier président ; le fief de Bourg-Beaudouin y était annexé. Le roi l'en détacha par lettres patentes du mois de mai 1713, à condition, néanmoins, qu'il en relèverait.

Charleval était de la vicomté d'Andeli et du grand bailliage de Gisors ; mais les Faucon de Ris le firent fait ériger en haute justice, et l'exercèrent par un bailli, dont on portait directement appel au parlement de Rouen.

Les dépendances sont : — Buland ; — la Bouverie ; — Colmont ; — Fontaine-Buland ; — le Grand-Thuit ; — le Homme ; Paviot ; — le Petit-Thuit ; — le Pont-d'Andelle ; — Tannebrune ; — Transières ; — Bonneval.

On trouve aux Archives de l'Eure quatre liasses de titres et un plan concernant le domaine de Charleval et les fiefs qui en dépendaient, particulièrement Mênesqueville et Mesnil-Paviot.

La commune de Transières a été réunie à la commune de Charleval en 1809.

Cf. Toussaint Duplessis, p. 310, 349, 392.

CHARNELLES.

Arrond. d'Évreux. — Cant. de Verneuil.

Patr. S. Pierre. — Prés. le duc de Damville.

Dans une charte de Robert, comte de Leicester, en faveur du chapitre d'Évreux, on trouve parmi les témoins Gillebert de Carneles. Dans une autre charte du même personnage en faveur de Notre-Dame du Lesme (1135), Baudouin de Charnelles.

Ce même Beaudouin de Charnelles donna à Sainte-Marie-de-Lire tout ce qu'il possédait dans la prévôté de Breteuil :

« Robertus, filius Roberti comitis Ley-
« recestriæ, omnibus hominibus suis Fran-
« cis et Anglis salutem. Sciatis quod Bal-
« duinus de Charnellis et Willelmus filius
« ejus, assensu Ernaldi de Bosco, dede-
« runt ecclesiæ Sanctæ Mariæ de Lira et
« fratribus ibidem Deo servientibus in
« perpetuam elemosinam decem solidos
« de redditu quos habebant in præpositura
« Britolii. Et ego, petitione prædictorum,
« scilicet Ernaldi, Balduini et Willelmi filii
« ejus, eamdem elemosinam concessi.
« Quare volo et firmiter precipio ut præ-
« dicti fratres prædictam elemosinam ha-
« beant et teneant liberam et quietam.
« His testibus : Roberto et Huberto capel-
« lano, Willelmo de Devo, Auschetillo
« Malloret, Herveo Marescallo, Willelmo
« de Chirai, Gauquelino Bucherel. »

Dans une charte de Richard de l'Aigle, vers 1170 : « Gauterus de Charneles. »

Mathieu de Charnelles céda à Lire la dîme de Bérou qui dépendait de son fief :

« .... decimam de Bero nobis quidam
« miles Adelelmus nomine attribuit. Sed
« cum de fevo Mathei de Carnellis mi-
« litis esset, nec donum concedere vellet,
« tamen rogatu et accepto palefrido con-
« cessit, videntibus Willelmo de Corcel-
« lis, Willelmo nepote ejus de Gonscin-
« villa, Garino Gazello, Drogone de Ha-
« radcuria.... »

En 1204, Philippe-Auguste donne à Etienne le Petit, maire de Verneuil, et à ses héritiers en fief et hommage lige, la terre de Guillaume de Charnelles :

« Notum.... quod nos Stephano Parvo,
« majori Vernolii, et heredibus suis dedi-
« mus et assignavimus in feodum et ho-
« magium ligium, terram que fuit Guil-
« lelmi de Charneles, ad usus et consue-
« tudines Normanniæ, tam ab ipso quam
« a suis heredibus possidendam. Quod ut
« ratum, etc... Actum anno Domini mil-
« lesimo ducentesimo quarto, regni nostri
« vigesimo sexto. »

En 1230, on trouve mentionné : « presbyter de Carnelis. »

En 1276, Pierre de la Broce, seigneur de Damville, affranchit ses hommes de Charnelles de toutes coutumes, services, corvées, réparations de mottes ou fossés, apports de bois et autres matériaux, etc. :

« Pro ipso redditu dictus Petrus, ut dice-
« bant, exoneravit eos et quittavit in per-
« petuum et eorum heredes seu succes-
« sores, quod ad terras redditus seu pos-
« sessiones superius et inferius nominatas,
« omnes et singulas, de omnibus costu-
« mis, precariis, corveis, reparagiis mo-
« tarum seu fossatorum, admenagiis mar-
« reni aliorumque necessariorum ad her-
« bergamentum domini faciendum seu
« reparandum, et exactionibus indebitis ac
« bienniis quibuscumque. » (*Trésor des Chartes*, P. de Broce, n° 183, J. 729. — Voyez aussi, *ibid.*, n° 180, la charte de Pierre Bonni, du mois de juillet 1276.)

Les dépendances de Charnelles sont : le Bouvier; — le Grand-Macherel; — le Grand-Mesnil; — le Neubourg; — la Noë-Juive; — la Noë-Moussard; — Perchependue; — le Petit-Bouvier; — le Petit-Macherel; — Villette; — la Métairie.

Charnelles a été réuni à Piseux en 1843.

CHATEAU-SUR-EPTE.

Arrond. des Andelis. — Cant. d'Écos.

Patr. S. Martin. — Prés. l'abbé de Saint-Denis, puis le seigneur

Le nom primitif de Château-sur-Epte a été Fuscelmont : « Fuscelli Mons prope Ettam ». Un Hugues de Fucelmont paraît dans une charte de l'abbaye de Sainte-Catherine relative à Auteverne. Voyez à l'article BRAUFICEL ce que nous avons dit sur l'étymologie de Fuscelmont.

Avant 1119, Guillaume le Roux avait bâti Château-Neuf-sur-Epte. Orderic Vital nous rapporte en ces termes le siége que lui fit subir cette même année le roi Louis le Gros : « .... Rex autem Franciæ, con-
« cremato Dangu elatus tripudiavit et No-
« vum Castrum quod Guillelmus Rufus
« apud Fucellmontem prope Eptam con-
« struxerat, obsedit; sed ad votum non
« omnia obtinuit. Gualterius enim Ri-
« blardus cum regiis satellitibus fortiter
« obstitit, et acerrima obsidentibus vul-
« nera directis missilibus inflixit. Post

« quindecim dies, Amalricus regi nun-
« tium direxit, per quem Ebroarum con-
« cremationem aliaque infortunia illi
« mandavit, et festinum ejus auxilium
« obnixe postulavit. His auditis, confestim
« rex abscessit et incensis mappalibus
« gaudium inimicis dimisit.... » (Ord.
Vital, ad ann. 1119, t. IV, p. 354.)

En 1153, Louis le Jeune s'empara du Château-Neuf-sur-Epte, et comme il avait été bâti sur le territoire de l'abbaye de Saint-Denis, le roi le lui donna, à la condition de le faire garder comme une des places les plus importantes du royaume : « Sub eo tenore, ne nobis inconsultis et « nolentibus illud castellum dono sive « occasione custodiæ, de potestate eccle- « siæ exeat, sed ab ipso abbate in adju- « mentum nostrum et terræ nostræ custo- « diatur. » (Doublet, *Antiquités de Saint-Denis*, p. 877.)

L'année suivante, 1154, Louis le Jeune, dans une nouvelle charte où l'on trouve que le château neuf avait été élevé par Henri Ier sur la place de l'ancien château de Fuscelmont, confirme sa précédente donation et y ajoute le privilége de tenir le marché au village de Saint-Clair, où était ledit château, tous les vendredis, prenant sous sa protection et sauvegarde tous ceux qui fréquenteraient ledit marché. (Doublet, p. 878.)

En 1154, Hugues III, archevêque de Rouen, confirma à l'abbaye de Saint-Denis les droits et profits du marché de Château-Neuf : « nundinas cujuslibet feriæ « sextæ apud Castrum Novum prope San- « ctum Clarum. »

En 1157, parmi les églises que l'abbaye possédait dans le diocèse de Rouen on remarque : « .... ecclesiam de Novo Castro. »

On peut noter que l'archevêque Hugues a placé dans cet acte l'église de Château-Neuf dans le Vexin français, tandis qu'elle était en réalité dans le Vexin normand. (*Arch. de l'Emp.*, Cart. blanc, t. II, p. 270 et 384.) Il faut reconnaître cependant que Château-Neuf-sur-Epte était sur l'extrême frontière des deux Vexins.

Le château fut repris au roi de France par Henri; mais Philippe-Auguste l'enleva à Richard Cœur de lion et le rendit à Saint-Denis.

En effet, nous voyons, par une transaction de 1196, l'abbaye de Saint-Denis échanger Château-Neuf-sur-Epte contre la gruerie de la forêt d'Arthie, des droits et propriétés sur les bords de la Seine et à Mantes. Voici cet acte :

« In nomine sancte et individue Trini- « tatis, amen. Philippus, Dei gratia Fran- « corum rex. Noverint universi, presentes « pariter et futuri, quod Theobaldus de « Gallanda, in presentia nostra constitu- « tus, assensu et laude fratrum suorum « Guillelmi et Roberti de Gallanda, dedit « in perpetuum ecclesie Beati Dyonisii « universa, tam in traverso aque Medunte « quam in teloneo ville, et gruaria foreste « que dicitur Arthia, et in omnibus aliis « rebus que idem Theobaldus apud Me- « duntam habebat. Hugo vero abbas « Beati Dyonisii, et Johannes, prior, et « conventus ejusdem loci eidem Theo- « baldo, in hujus rei recompensationem, « dederunt Castrum Novum Beati Dyonisii « quod est in Vulcassino Normanno supra « villam que Sanctus Clarus dicitur, et do- « nationem ecclesie ville, cum omnibus « que ad dictum castellum pertinent, « exceptis villis suis de boschagio, quas « abbas et conventus sibi retinent. Predi- « ctus vero Theobaldus dictum castrum in « feodum et hominagium ligium a nobis « tenebit. Quod ut perpetuam obtineat « stabilitatem, presentem paginam sigilli « nostri auctoritate et regii nominis kara- « ctere inferius annotato precepimus con- « firmari. Actum Medunte, anno ab Incar- « natione Domini m° c° nonagesimo sexto, « regni nostri anno decimo octavo, astan- « tibus in palatio nostro, quorum nomina « supposita sunt et signa : Dapifero nullo; « signum Guidonis, buticularii; signum « Mathei, camerarii; signum Droconis, « constabularii. Data vacante cancellaria. »

Dans les *Grands Rôles de l'Echiquier de Normandie*, Château-sur-Epte montre son importance :

« ... In liberationibus Joscelini Bossel « triginta libras ad custodiam Novi Castri « super Ettam.

« ... Martino de Hosa ad operationes « castrorum de Neelfa et Novi Castri xl. « libras, per breve Regis.

« In reparandis domibus et turre et « portis Novi Castri super Ettam x. libras « vii. solidos, per idem breve. »

Dans le pouillé d'Eudes Rigaud, l'église de Château-Neuf-sur-Epte est dédiée à saint Martin, et Jean de Beaumont en est le patron. Ainsi, dès le xiiie siècle, l'abbaye de Saint-Denis avait perdu ce patronage : « Ecclesia Sancti Martini de Novo « Castro super Etam. Dominus Johannes « de Bellomonte patronus; xlviii. parro- « chiani; valet x. libras turonensium. »

On disait encore « Neuf-Castel-sur-Ete » ou Château-Neuf-sur-Ecte, au xve siècle.

Voici un aveu de 1412, tiré des dénombrements de la châtellenie de Gisors. (*Arch. imp.*, P. 307, n° 237, f° 8.)

« Noble homme Jehan de la Porte, « escuier, ainsné héritier en ceste partie

« de feu Monseigneur Jehan, jadis sei-
« gneur des Bordes et de Caylu, che-
« valier et chambellan du roi, avoue a
« tenir noblement et en fief par hommage
« lige du roi..., à cause de son chastel
« de Gisors, ung fief de haubert entier,
« dont le chief est assis en la parroisse
« de Saint-Martin de Chastel-Neuf-sur-Ecte
« en Veulquessin le Normant, auquel fief
« il a chastel et basse-court, en laquelle
« basse-court a colombier à pié, et gran-
« ches, et si y est le presbitaire de la dicte
« église de Saint-Martin, de la quelle le
« patronnage et droit de présenter, quant
« le cas s'offre, appartient audit escuier;
« duquel fief icelui escuier doit au roi...
« telz services, reliefz et aides qui lui sont
« deuz de fief de haubert entier selon la
« coustume de Normandie et usage du
« pays.
« Scellé du scel de la prevôté de Paris
« le samedi xxxe et penultième jour du
« mois de décembre, l'an mil quatre cent
« et douze. »

Philippe de la Porte, dame de Château-sur-Epte, fille de Jean de la Porte, seigneur de Suzay, de Fruceaux, de Neuville et d'Arqueney, et de Marguerite de la Vieuville, épousa, le 29 août 1564, Charles du Bosc, seigneur de Rebetz, qui fut tué à la bataille de Saint-Denis.

Dépendances : — les Bordeaux : — Saint-Martin (chapelle).

CHATELIER-SAINT-PIERRE.

Arrond. de Bernai. — Cant. de Beaumesnil.

Patr. S. Pierre. — Prés. le chapitre d'Évreux.

C'est Avicie, mère de l'évêque Luc, qui donna au chapitre d'Évreux l'église du Châtelier : « ... Secundo idus novembris
« obiit Avicia, venerabilis domina, mater
« domini Lucæ, episcopi, que dedit eccle-
« siam de Castellerio. » (Necrol. Ebroic.)

Luc était évêque d'Évreux au commencement du XIIIe siècle, ce qui reporte la donation d'Avicie à la fin du XIIe.

Quant au droit de présentation, il fut cédé au chapitre vers la même époque par Richard des Châteliers : « Sciant pre-
« sentes et futuri quod ego Ricardus de
« Castellariis dedi et concessi in perpe-
« tuam elemosinam presentationem eccle-
« sie de Castellariis, libere et quiete
« possidendam, ecclesie Sancte Marie de
« Ebroicis et capitulo. Et in memoriam
« donationis hujus, de libera caritate a
« Luca, Ebroicensi archidiacono, decem
« libras Andegavensium recepi. Ut igitur
« hec mea donatio rata et stabilis habea-
« tur, eam scripti et sigilli mei muni-
« mine roboravi. Et de presentatione ea-
« dem garitizanda predicte ecclesie Ebroi-
« censi juramentum prestiti coram pre-
« dicto Luca, Ebroicensi archidiacono.
« Testibus : Ricardo de Tevrario, Rogerio
« de Angovilla, et pluribus aliis. »

Le droit de patronage fut garanti au chapitre d'Évreux dans une charte que Luc souscrivit en sa faveur : « .... Jus
« patronatus ecclesie de Chasteler, cum
« quadraginta solidis de pensione..... »

Suit une transaction conclue entre le chapitre d'Évreux et le prieuré de Beaumont-le-Roger, au sujet de dîmes dépendant de l'église du Châtelier : « Uni-
« versis Sanctæ Matris Ecclesiæ filiis ad
« quos presens scriptum pervenerit, R.,
« decanus, et universum Ebroicensis ec-
« clesiæ capitulum, salutem in Domino.
« Cum inter priorem et monachos de Bello-
« monte et Willelmum, clericum nostrum,
« super quibusdam decimis ad ecclesiam
« nostram de Castellariis pertinentibus
« contencio verteretur, ipsa de consensu
« utriusque partis amicabiliter sopita est
« tali conditione quod prior et monachi
« universas decimas de Kethehou eccle-
« siæ de Castellariis libere et pacifice sine
« omni querela possidendas de cetero
« concesserunt, exceptis decimis trium
« acrarum terræ et dimidiæ, de quibus
« idem monachi totas percipient decimas,
« secundum tenorem privilegiorum suo-
« rum, cum eas propriis sumptibus et la-
« boribus excolent, et exceptis minutis
« decimis quas secundum eadem privile-
« gia de propriis animalibus in dominico
« suo retentis percipere debebant. Si au-
« tem alius prædictam terram ad firmam
« vel conductum vel ad censum coluerit,
« si quis etiam in domo monachorum
« propria animalia habuerit, vel etiam
« ad firmam animalia monachorum te-
« nuerit, tunc omnes decimæ tam de
« terra quam de animalibus ecclesiæ no-
« stræ de Castellariis integre persolventur.
« Hanc igitur compositionem ex parte mo-
« nachorum tam per abbatem de Becco
« quam per priorem et conventum de Bel-
« lomonte confirmata, ex parte nostra
« ratam habemus et sigilli nostri muni-
« mine roboravimus. » (Cart. Bellim., f° 116 v°.)

En 1277, Jean Belin, de la paroisse de Saint-Pierre-du-Châtellier, donne à l'abbaye de Lire le tiers de deux acres de terre situés sur cette paroisse : « Sciant
« presentes et futuri quod ego Johannes

« Belin, de parrochia Sancti Petri del
« Chastellier, vendidi et concessi et hac
« presenti carta mea confirmavi, assensu
« et voluntate Matildis, uxoris mee, viris
« religiosis abbati et conventui Beate Ma-
« rie de Lyra, pro viginti et septem solidis
« turonensium, de quibus michi plenarie
« satisfecerunt tertiam partem duarum
« acrarum terre, que tertia pars jacet in
« dicta parrochia juxta maram que voca-
« tur mara Delalier, inter terram Guillel-
« mi Leporis, ex una parte, et brueriam
« de Catehou, ex alia... Actum anno Do-
« mini millesimo ducentesimo septuage-
« simo septimo, mense decembris. »

Dans les registres de la cour des comptes de Rouen, on lit :

« Le Châtellier-Saint-Pierre; contribua-
« bles, 48.

« Monsieur l'évêque d'Evreux présente
« à la cure.

« Charles de la Touche, escuyer, sieur
« du Bois-Cheverin, est seigneur et patron
« honoraire à cause de son fief du Châtel-
« lier, qui relève de Beaumesnil et peut
« valloir 300 fr.

« Le fief de Catehou appartient à la
« dame de Quénée, relevant du roy, vault
« 200 fr.

« 500 acres de terre; le labeur à 4 et 6
« livres l'acre.

« La cure vault 500 fr. »

Le Châtelier-Saint-Pierre a été réuni au Noyer-en-Ouche en 1792.

CHATEL-LA-LUNE.

Arrond. de Bernai. — Cant. de Beaumesnil.

Patr. S. Christophe. — Prés. l'abbé du Bec.

Une charte de Robert de Meulan est le premier document où nous trouvions mention de Châtel-la-Lune : « .... Molendi-
« num de Castro Lune cum omni jure et
« dominatione... unum hominem apud
« Bellomontem et alium apud Pontodemer
« et alium apud Castrum Lune.... » (*Monasticon anglicanum*, II, p. 984.)

Le même Robert donna au prieuré de Beaumont-le-Roger, dépendant du Bec, l'église de Châtel-la-Lune : « Notum sit
« tam futuris quam presentibus quod ego
« Robertus, comes Mellenti, do Deo et
« Sancte Trinitati de Bellomonte, pro sa-
« lute anime mee et antecessorum meo-
« rum ecclesiam Castri Lune, in per-
« petuam elemosynam. Decimam autem
« ejusdem ville sibi vindicabant monachi
« Beccenses, Sancte Trinitati Bellomontis
« servientes, ex dono et confirmatione
« Rogerii de Bellomonte, qui ecclesiam
« Sancte Trinitatis fundavit et decimam
« totius foreste donavit; ecclesiam autem
« ejus, que nundum ibidem fundata erat,
« eis dono et attestatione sigilli mei con-
« firmo. Testes..., etc. »

Nous avons inscrit comme patron de Châtel-la-Lune saint Christophe. Dans l'inventaire du Bec, le patron est saint Jacques.

L'abbé du Bec jouissait du droit de présenter à la cure.

Le Châtel-la-Lune a été réuni au Noyer-en-Ouche en 1792.

CHAUVINCOURT.

Arrond. des Andelis. — Cant. de Gisors.

Patr. S. Maclou. — Prés. le seigneur.

Dans la charte de fondation du prieuré de Sigi, souscrite vers 1052 par un personnage nommé Hugues, on lit : « ... In
« monte de Calvincourt, decem acras ad
« vineam faciendam; silvam etiam quæ
« incipit a via Rotomagensi usque ad di-
« visionem silvæ Gauffredi et Warnerii. »
(*Gallia christiana*, t. XI, *instrumenta*, p. 12.) Il est possible qu'il soit ici question de notre Chauvincourt, puisque dans la même pièce il est parlé de Poses et de Pont-de-l'Arche.

Voici le passage qu'Eudes Rigaud, dans son pouillé, a consacré à Chauvincourt :
« Ecclesia Sancti Machuti de Cauvincort.
« Eustacius, filius Amissi, domini ville,
« defuncti; habet XLV. parrochianos; va-
« let XXXV. libras turonensium. Et inde
« solvit centum solidos turonensium. Ar-
« chiepiscopus O. Rigaudi recepit Adam
« ad presentationem domini regis ratione
« balli hæredis. »

Vers 1300, Guillaume, seigneur de Chauvincourt, donna à Raoul de Grand-Pré, en récompense de ses services, deux acres de terre sises audit lieu.

« Du roy nostre sire, je, Loys de Dou-
« mesnil, escuier, héritier de feu Alix
« de Gamaches, jadis ma mère, tieng et
« advoue à tenir par foi et hommage, à
« cause de son chastel et chastellenie de
« Gisors, ce qui s'ensuit c'est assavoir,
« ung fieu de haubert entier, du quel le
« chief est assis et situé en la ville et par-
« roisse de Chauvicourt, à Neufville-sous-
« Beaumont-le-Perreulx et ès parties d'en-
« viron....; et à cause d'icelui ay court,
« usaige et basse justice.....; à cause
« d'icelui fieu ay droit de donner et pré-

« senter en patron lay à l'église parois-
« sial du dit lieu de Chauvicourt et à une
« chappelle estant au dit lieu de Neufville-
« soubz-Beaumont-le-Perreulx, toutes et
« quantesfois que le cas s'offre.......
« ....
« A cause d'icelui fieu ay droit de prendre
« et avoir du bois en la forêt de Lions
« pour ardeoir et ediffier en icelui fieu,
« tant comme il m'en fault pour chacun
« an, et droit de mestre porcs sans
« nombre en la dite forest toutes foiz
« qu'il y a pasnage, sans rien paier d'i-
« ceuls porcs, et se relelesve icelui fief
« envers le roy...... par quinze livres
« tournois......................
« Le XVIe jour de may, l'an mil cccc et
« vingt. » (Arch. de l'Emp., P. 307, fo 10
ro, no 244.)

Suivant les pouillés, le seigneur présente à la cure. Selon un aveu du 14 août 1673, il y a à Chauvincourt un membre de fief de haubert qui relève du marquisat de Claire (voyez Toussaint Duplessis, t. II, no 289), et qui a droit de présenter à la cure du lieu et à la chapelle de la Neuville. Cette chapelle, que nous trouvons dans des aveux de 1420 et de 1673, est probablement la chapelle de Saint-Nicolas, qui était en titre dès le temps d'Eudes Rigaud. Cependant, ce prélat ne parle que d'une chapellenie.

Les deux tiers des dîmes de cette paroisse appartenaient à la chartreuse de Gaillon.

Les dépendances sont : — le Mont-Rôti; — la Neuville; — le Nouveau-Monde.

CHAVIGNY.

Arrond. d'Évreux. — Cant. de Saint-André.

Patr. S. Loup. — Prés. l'abbé de Tiron.

L'origine de Chavigni est évidemment « Calviniacus ». On trouve sous la seconde race : « Calviniaca, villa in pago Hainau; « Calvaniacus, villa in comitatu Portensi; « Calvonis curtis, villa pertinens ad mo- « nasterium Sancti Michaelis in pago Vir- « dunensi. » Ce dernier doit être Chauvoncourt, dans l'arrondissement de Commerci.

L'église et les dîmes de Chavigni furent données dès le XIIe siècle à l'abbaye de Tiron.

« ..... In pago Ebroicensi... capellam « Sanctæ Mariæ et ecclesiam Sancti Lupi « de Chavigneio... » (Bulle d'Eugène III en faveur de Tiron, 1147.)

« Ægidius et Guarinus, Ebroicenses « episcopi, decimas, et ecclesiam de Ca- « vinneio Tironensibus addicunt. »

« ..... In episcopatu Ebroicensi...... « ecclesiam de Chavinelo... » (Bulle du pape Alexandre en faveur de Tiron.)

Dans une charte de Robert, comte de Leicester, en faveur du Lesme (1164), on trouve parmi les témoins Fulbert de « Cal- « venato ».

Dans les *Grands Rôles de l'Échiquier de Normandie* : « ... de Henrico de Chavin- « nia, centum libras pro simili [de fine « terre sue]... »

L'abbaye de l'Estrée avait aussi des droits de propriété à Chavigni : la charte suivante en fait foi. Guillaume de Corneuil tenait le fief de Chavigni en 1238; il confirma une donation faite par Jean d'Ardenne, chevalier : « Omnibus presentes « litteras inspecturis, Willelmus de Cor- « nelio, miles, in Domino salutem. No- « veritis quod ego concessi et confirmavi « viris religiosis abbati et conventui de « Strata acram terre, quam dedit eis in « elemosina Johannes d'Ardenne, miles, « sitam in feodo meo de Chavigni, libere, « quiete et pacifice ab omni consuetudine, « molta et exactione a me et heredibus « meis in perpetuam elemosinam possi- « dendam. Quod ut ratum et firmum ma- « neat in perpetuum, presentes litteras « sigilli mei munimine roboravi. Actum « anno gracie millesimo ducentesimo tri- « gesimo octavo. »

En 1259, Robert « de Musiaco », chevalier, donne au couvent de l'Estrée six acres de terre dans son domaine des Deffends : « sex acras terre in hereditate « mea de Defenso, sitas in campo de la « Pierre, juxta les Noes de Cornelio, ex « una parte, et terras Anquetin de Bosco, « ex altera. Et quia predicte sex acre de « feodo domini Theobaldi de Cornelio « erant... » Il s'engage à supporter sur le reste de son fief des Deffends toutes les charges féodales dont les six acres de terre pourraient être grevées.

Au XVe siècle, le fief de Chavigni appartenait encore aux seigneurs de Corneuil, ainsi que le constate ce passage de la montre de 1469 : « Girad de Man- « telles, pour son fief assis à Chavigni, « ledit fief est en la main dudit seigneur « de Corneil, qui en jouyt par deffaut de « homme, comme l'en dit. »

Les dépendances sont : — Ardennes; — Bois-Perrier; — le Bois-Rault; — les Deffends; — la Haie; — Beaulieu.

Bailleul, près de Saint-André, a été réuni à Chavigni en 1846.

CHENEBRUN.

Arrond. d'Évreux. — Cant. de Verneuil-sur-l'Avre.

Patr. Notre-Dame. — *Prés.* l'abbé de Saint-Père de Chartres.

L'origine de ce nom de lieu est, à n'en pas douter, le Chêne Brun : « Quercus Bruna, Querqus Bruna, Quercus Fusca, Carcabruna. » Il faut donc écrire *Chênebrun* et non pas *Chennebrun*.

Chênebrun est situé sur la voie romaine qui tendait à Condé. Il possédait au XIIe siècle un château assez fort. Louis le Jeune, en 1168, n'ayant pas réussi à prendre Verneuil, se rejeta sur Chênebrun, qu'il incendia. Dans le traité conclu entre Jean sans Terre et Philippe-Auguste, en 1193, Chênebrun, qui appartenait au roi de France, était la limite de la Normandie : « Preterea rex Francie debet habere Vallem Rodholii, cum castello et cum pertinenciis suis, et totam illam partem Normannie que est citra fluvium qui dicitur Itun, sicut idem fluvius currit usque ad Chesnebrun, cum ipso Chesnebrun, et cum pertinentiis suis.... » (*Cart. norm.*, n° 1055.)

A ce propos, nous rappellerons que la partie du bourg sur la rive droite de l'Avre suivait la coutume du Perche et ressortissait au parlement de Paris ; l'autre partie suivait la coutume de Normandie et ressortissait au parlement de Rouen.

Le patronage de l'église de Chênebrun avait été donné par les seigneurs de Chênebrun, dès le XIIe siècle, à l'église de Saint-Père de Chartres. Dans la charte suivante, Gohier de Chênebrun confirme les libéralités de ses ancêtres :

« Ego Goherius de Chenebrun, omnibus, tam presentibus quam futuris, notum fieri volo quod, cum inter me et venerabilem virum Guidonem abbatem et monachos Sancti Petri Carnotensis, super jure patronatus ecclesie de Chenebrun, et quibusdam aliis articulis inferius exprimendis, contentio fuisset diutius agitata.... juri si quod habere videbar in patronatu predicte ecclesie, quam de dono antecessorum meorum se habere asserebant, renunciavi penitus..... Insuper..... concessi eis liberaliter sine omni querela et reclamatione in perpetuum, decimam decem librarum de Bohurt, decimam triginta sextariorum frumenti apud Britulum, decimam census fabricarum ferrariarum, decimum forum de Chenebrun, decimam panis mei de hospitio meo, et decimam omnium censuum meorum de Chenebrun, tam in agripenniis quam in hospitiis ; exclusam eorum de Ermentariis non nisi semel in anno rumpere potero, inter Carniprivium et nativitatem beati Johannis Baptistæ ; et tenere ruptam ad exicandum [per unum diem] et per alium ad piscandam. Concessi etiam eis et concedo decimam furnorum de Chenebrun et molendinorum, decimam de Bello Loco in eis que sunt de feodo sive de proprio meo, cum capella et domo monachorum et terra et aliis omnibus ad domum monachorum pertinentibus.... Concessionem ratam habuit et gratam domina Agnes, karissima mater mea, et Cecillia, uxor mea..... videntibus istis quorum nomina subscripta sunt : Roberto de Pomerae, milite ; Berruer, meo armigero ; Ernaudo de Campis, milite ; Ivone, majore de Meta Roberti ; Petro, presbytero de Billoncellis ; Radulfo, presbytero de Chenebrun ; Stephano Floheo et Goscelino, serviente abbatis. Actum anno dominice incarnationis 1202, mense januario. » (Sceau représentant un cavalier : « Sigillum Goherii de Morvilla. »)

Gohier, chevalier, probablement fils ou petit-fils du Gohier qui avait souscrit la charte de 1202, ayant eu des difficultés avec l'abbé de Saint-Père de Chartres, transigea en 1265 : « Goherius, miles, dominus de Quercubruna... Cum contentio inter me et abbatem et conventum Sancti Petri Carnotensis super decimis panis hospicii mei, et super decimis fructuum et proventuum molendinorum meorum de Quercubruna et de Brolio ... ad pacem devenimus... sigillum meum duxi apponendum... Anno 1265, mense augusti. » Cette charte est mentionnée dans le *Cart. de Saint-Père de Chartres*, p. 713, n° CXXXIX.

Autre charte, par laquelle « Goherius, miles, dominus de Quercubruna, » renonce à toute réclamation sur les dons renfermés dans la charte de 1202, après arbitrage. Il ne parle pas de Gohier comme de son grand-père, il dit vaguement : « antecessorum meorum ; anno Domini 1265, mense augusti. » (Écusson fretté.)

Pièce sans date et sans caractère d'authenticité, avec des ratures et interlignes, par laquelle « Goherius, armiger, dominus de Quercubruna », renonce à toutes réclamations du même genre. Il y est parlé de Reinrie, sa mère, d'Anselle, son frère, et de Nicolas de Marville, chevalier, son oncle.

En avril 1269, Robert d'Ermentières et Guillaume dit le Roux, bourgeois de Chênebrun, transigèrent avec le prieur d'Ermentières, et lui concédèrent, pour 60 sous tournois, le moulin de Boissel dont il réclamaient la neuvième partie par droit héréditaire. (*Cart. de Saint-Père,* n° CXLII.)

Dans le cartulaire de Saint-Père de Chartres on trouve sous la date de 1304 une charte de Mathieu, évêque d'Evreux, portant ordre d'installer Richard Bouryais, présenté par l'abbé de Saint-Père à l'église paroissiale de Chênebrun : « Ad « parrochialem ecclesiam de Quercubru-« na. »

Il y avait à Chênebrun un prieuré de Saint-Etienne. Dans un titre de 1471 : « Prioratum Sancti Stephani de Quercufusca. » En définitive, la cure de Sainte-Marie-de-Chênebrun était à la collation de l'abbé de Saint-Père, ainsi que le prieuré de Saint-Etienne, qui possédait plusieurs dîmes, une censive, la moitié du moulin de Beaulieu et 25 journaux de terre.

Le fief de Chênebrun était appelé Chênebrun-le-Normand. Il appartint à Jean de Saint-Simon, marquis de Courtomer ; à messire Jacques de Caumont, probablement son gendre ; à Jacques de Nompar de Caumont, duc de la Force.

Le marché de Chênebrun appartenait à dame Jeanne de Caumont, femme civilement séparée de Claude-Antoine de Saint-Simon, marquis de Courtomer.

Dame Loïse de Caumont et messire Louis de Grosmare, comte du Roulle (1691).

Dépendance : — le Bois-en-Joui.

CHÉRONVILLIERS.

Arrond. d'Évreux. — Cant. de Rugles.
Sur le ruisseau du Lesme.

Patr. S. Pierre. — Prés. l'abbé de Lire.

L'origine de ce nom de lieu est évidemment « Caraunivillare ». Saint Chéron : « Caraunus, Carannus, » habitait Chartres vers le v° siècle. Le nom de Chéron est resté assez commun en Normandie.

Dès 1130, le prieuré de Notre-Dame-du-Lesme avait des propriétés à Chéronvilliers : « … Locum de Cheronviller ex dono Guillelmi et Rogerii, filii ejus. … » (Bulle du pape Innocent II en faveur de Notre-Dame-du-Lesme.)

En 1228, « Johannes, miles, dominus Charonvilerii, » donne au couvent de Lire 10 sols de rente sur le tènement qu'A-lexandre du Voil tenait de lui « apud Ti-« lerias ». La même année, ce seigneur, « Johannes de Charunviller, » avait donné au même Alexandre, pour son service et hommage, tout ce qu'il possédait « in « feodo et in dominico intus clausum de « Tyleriis, excepto feudo Gaufridi de Cha-« runviller », et en général tout ce qu'il possédait « apud Tilerias in parrochia Sancti Hylarii ».

En 1230, il donne quatre acres de terre au prieuré de Notre-Dame du Lesme :

« Sciant presentes et futuri quod ego
« Johannes, dominus de Cheronvilier,
« filius Johannis, quondam domini de
« Cheronvilier, militis, assensu et volun-
« tate Emeline, uxoris mee, pro salute
« anime mee et pro salute animarum pa-
« trum, parentum et omnium antecesso-
« rum et successorum meorum, dedi et
« concessi in puram et perpetuam elemo-
« sinam et liberam Deo et ecclesie Beate
« Marie de Deserto et fratribus ibidem
« Deo servientibus quatuor acras terre
« mee sitas apud la Harfreriere, junctas
« ex una parte terre domini regis et ex
« altera parte terre mee, sicut jam mete
« posite sunt, habendas, tenendas et pos-
« sidendas libere, pacifice et quiete ab
« omnibus prorsus exactionibus mihi et
« meis heredibus pertinentibus. … Pro
« hac autem donatione et concessione et
« elemosinatione mea facta predicti fra-
« tres charitative mihi dederunt xxv. li-
« bras turonensium persolutas. Quod ut
« firmum et stabile permaneat et in per-
« petuum teneatur, hoc presens scriptum
« sigilli mei munimine roboravi. Actum
« anno Domini millesimo ducentesimo tri-
« gesimo, mense aprili. »

Dans une autre copie, à la place de ces mots : « mense aprili, » on trouve : « se-cundo. »

Deux ans après, le même seigneur donne le patronage de l'église de Saint-Pierre de Chéronvilliers :

« Sciant omnes presentes et futuri quod
« ego Johannes, dominus de Charonvil-
« lier, filius Johannis quondam domini de
« Charonvilier, militis, dedi et concessi
« in puram, perpetuam et liberam elemo-
« sinam, pro salute anime mee et Emeline,
« uxoris mee, et dicti patris mei, et om-
« nium antecessorum et successorum me-
« orum, Deo et ecclesie Beate Marie de
« Deserto, et fratribus ibidem Deo servien-
« tibus totum jus patronatus ecclesie Beati
« Petri de Charonvilier integre, et quic-
« quid ad me vel ad meos heredes in dicto
« jure patronatus et in ecclesia prelibata et
« in ejus pertinentiis potest vel poterit de
« cetero pertinere. Ego autem dictus Jo-

« hannes et heredes mei tenemur dictis
« ecclesie et fratribus de Deserto omnia
« supradicta contra omnes garantizare. Et
« ut hoc ratum, stabile et sine reclama-
« tione et calumnia mei vel heredum meo-
« rum in perpetuum teneatur, presentem
« chartam in testimonium et garantizatio-
« nem sigilli mei impressione confirmavi.
« Actum anno Verbi incarnati n° cc° xxx°
« ii°, mense aprilis. »

Confirmation par Jacques de Bovelin-
guehan, chevalier, seigneur de Tillières,
et Hilaire, sa femme : « tanquam domini
« capitales. »

Autre confirmation par « Johannes de
Charonvilier, armiger, » fils du précédent.

Autre charte du même (1234), par laquelle il donne 12 sols de rente « apud
« Noam Loretæ, in tenemento quod de me
« tenet Rogerius Pocquet, quod dicitur
« herbergamentum Christiani, filii Neire ».
Ce hameau existe encore sous le nom
de la Noé Lorette.

Autre charte de son fils « Joannes de
« Charonvilier, armiger, » confirmant le
don précédent.

Abandon par Emeline, femme de Gervais de Chaumont, et autrefois dame de
Charonvillier, de ses prétentions sur le
patronage de cette paroisse, qu'elle avait
réclamé « illa vice ratione dotis ». (Octobre 1274.)

A l'échiquier de 1322, il y eut discussion entre Notre-Dame-du-Lesme et
Ferrant de Bruecourt, chevalier, au sujet
du patronage de Chéronvilliers.

Les dépendances sont : — les Plantis;
— la Hoquetière; — le Gacel; — Che-
vremont; — les Chevaliers; — la Verrerie;
— les Hautes-Folies; — les Hautes-Landes;
— les Longs; — les Martins; — la Noë-
Lorette; — les Petites-Bruyères; — la
Petite-Oraille; — le Plessis; — la Tuilerie;
— les Senets; — la Petite-Ferme; — la
Gâtine; — la Comerie; — la Bisotière; —
la Vieille-Chaise-Dieu; — les Basses-
Landes; — Beaurepaire; — les Bois-
gaux; — les Boulais; — le Chêne-aux-
Croix; — le Chêne-Milliard; — les Essarts;
— le Gravier; — les Hautes-Crièrez.

CHÊNE (LE).

Arrond. d'Evreux. — Cant. de Breteuil.

Patr. Notre-Dame. — Prés. l'abbé de Lire.

Chêne vient de *quercus* par *quercinus*.
Aussi prononçait-on avec raison et écrivait-
on plutôt *Quesne* que *Chesne*. Ce mot a été
employé fréquemment au moyen âge; on
employait encore plus souvent son diminutif *Quesnel* ou *Chesnel* comme nom propre ou comme nom de famille.

Nous n'avons pas sur la paroisse du
Chêne des renseignements antérieurs au
XIII° siècle. Dans la charte suivante, Luc,
évêque d'Evreux, confirme des donations
faites à l'abbaye de Lire :

« Universis sancte ecclesie filiis, Lucas,
« Dei gratia Ebroicensis episcopus, salu-
« tem in Domino. Ad vestre universitatis
« noticiam volumus pervenire nos dile-
« ctorum nostrorum filiorum Rogeri de
« Essartis, de decem solidis annuatim in
« molendino de Verrieres, ad festum Beati
« Remigii percipiendis, similiter etiam de
« decima ejusdem molendini; Willelmi
« Chevroel, de toto illo tenemento apud
« Olines quod tenebat de Henrico de Au-
« say; Gilberti quoque Chevroel, de eodem
« tenemento et de quodam sextario bladi;
« Willelmi Burnel, de decimis de omnibus
« terris suis in parrochia de Quercu; Gil-
« leberti de Quercu, de medietate ecclesie
« de Quercu, ex dono Gilleberti avi sui et
« Willelmi patris sui, sed et de quodam
« herbergamento apud Quercum ex pro-
« pria donatione sua; Huberti de Nagelet,
« de duabus partibus bladi decimarum de
« toto feodo suo de Nagelet; Radulfi de
« Bosco Joscelini, de duabus partibus de-
« cimarum bladi de toto feodo suo de
« Bosco Joscelini; Gilleberti de Arsiciis
« presbyteri et Ricardi fratris sui, de dua-
« bus partibus decimarum bladi de toto
« feodo suo de Arsiciis, concessione fra-
« trum suorum, Laurencii scilicet et Ra-
« dulfi, Symonis et Gualeranni, et [de]
« aliis quibusdam donationibus, conces-
« sionibus et confirmationibus Deo et
« Beate Marie de Lyra et monachis ibidem
« Deo servientibus a predictis fidelibus
« factis, cartulas inspexisse, legisse et in-
« tellexisse. Unde et nos eorum devotio-
« nem, sicut decuit, approbantes .. eas...
« monachis Lyrensibus, amore Dei, beni-
« gne concessimus et pontificali auctori-
« tate confirmavimus .. »

Dans le registre de Philippe-Auguste,
le Chêne est cité comme un fief, que tient
Guillaume de Minières.

Sur la paroisse du Chêne se trouvaient
au XIII° siècle un fief et une famille de
Brollat (aujourd'hui le Brouillard) :

« Carta Ade de Cornulio, clerici, de
« xxxii. solidis quos dedit percipiendos in
« festo Sancti Remigii super viii. acras
« terre et herbergamentum in parrochia
« de Querco, in feodo de Broslato. »

Dans une autre pièce figure « Johannes
de Brollat ».

Voici quelques renseignements extraits des chartes de la Noë, conservées aux archives de l'Eure :

1231. « Gillebertus de Chesne dedi et feo-
« davi Haise, nepti mee, Juas acras terre
« sitas in parrochia de Quercu, apud le
« Boelei, inter terram presbiteri et terram
« Rogerii de Brolart... »

1234. Charte de donation pour une acre de terre « in parrochia de Quercu, apud
« Boeleium, juxta terram Rogeri de Broil-
« lat ».

1235. Gilbert du Chêne : « de Quercu, » confirme la donation précédente.

1265. Robert Lambert du Chêne : « de Quercu, » passe une reconnaissance de 4 sols de rente.

En 1279, Luc de Lignerolles, chevalier, vend à l'abbaye de Lire pour 200 livres tournois tout le tènement qu'il tenait de ladite abbaye moyennant 7 sols tournois, dans la paroisse de Notre-Dame-du-Chêne : « in parrochia Beate Marie de Quercu. » Il vend aussi tout ce qu'il y percevait sur ses vassaux. Cette charte mentionne le seigneur des Essarts, mais sans le nommer ; le chemin « quod vocatur cheminum Petrarum » ; un lieu « qui vocatur le Trunchay ou Trunchaye » ; un autre nommé Broillat ; une rue nommée la rue des Noix : « Rua de Nucibus. »

1302. Don de rente en blé sur plusieurs héritages au Chesne par Raoul des Brieux, « passé devant Guillaume Guincestre, chevalier, baillif de Danville, » scellé du scel de la baillie de Damville,.. « sauf le droit monseigneur de Monmorenci ».

Dans les *Usages et Coutumes des Forêts de Normandie*, fol. 210 v°, on lit : « Le
« curé de Nostre Dame de Chesne a en la
« dicte forest de Bretueil, à cause de sa
« dicte cure, le boiz vert en gesant et le
« sec en estant et en gesant en la forest
« coustumière, tant pour herbegier que
« pour chauffer, comme les autres coustu-
« miers, [sinon] qu'il n'y a aucun mesrien,
« et s'il y a mesrien il paie v. sols d'amende.
« Item, pasturage à toutes ses bestes au
« lieu de livrée, et se ils sont trouvés es-
« chappés ou sans garde il l'amende com-
« me les autres coustumiers. Item, puet
« mettre ses pors en la dicte forest, tant
« de sa nourreture comme de disme, quel-
« que nombre qu'il en ait, francs de pas-
« nage, exepté tailles et deffens. Pour les
« quelles coustumes, franchises et usages
« le dit curé est tenu chanter et celebrer
« trois messes l'an pour le roy nostre sei-
« gneur et pour ceulx de son sang, l'une
« de Saint Esprit, l'autre de Notre Dame
« et l'autre de Requiem, et à ce faire doit
« appeller et faire assavoir au sergent de
« la forest de Bretueil. etc... »

Près de Poligni, dans la forêt, vestiges d'un camp qui se rapporte sans doute à quelque siège de Bretueil.

Les dépendances sont : — les Auberges ; — le Bois-Richerie ; — les Boulais ; — les Brieux ; — la Brosse ; — le Brouillard ; — le Buisson-Ruet ; — le Cottin ; — le Coudrai ; — Frileuse ; — la Grande-Ferme-de-Frileuse ; — Groulai ; — la Lande ; — la Mare-d'Anci ; — les Mares ; — la Petite-Ferme-de-Frileuse ; — Poligni ; — le Tilleul ; — le Tronchet ; — le Val ; — le Vallet ; — la Vallée.

CIERREI.

Arrond. d'Evreux. — Cant. de Paci.

Patr. S. Jacques. — *Prés. le prébendé de Bernienville.*

Le nom de Cierrei s'est écrit différemment au moyen âge : tantôt Chierris, Chierrei ; tantôt Cirrei et Cierrei ; enfin Cirré et Cirri.

Adam, seigneur de Cierrei, fonda dans l'église cathédrale d'Evreux une prébende. Le chanoine qui devait l'avoir toucherait à l'avenir les dîmes que lui, Adam, percevait dans les paroisses de Cierrei, Bernienville et Pithienville, et jouirait du droit de présenter à la cure de Cierrei. Voici le texte de cette donation :

« Sciant omnes presentes et futuri quod
« ego Adam, dominus de Chierreyo, mi-
« les, dedi et concessi Deo et ecclesie
« Sancte Marie Ebroicensis, in puram et
« perpetuam elemosinam, omnes decimas
« quas habebam et percipiebam in parro-
« chiis de Chierreyo, Berneinvilla et Pein-
« tevilla, et jus patronatus quod habebam
« in ecclesiis dictarum villarum pro re-
« demptione et salute anime mee, prede-
« cessorum et successorum meorum, ita
« quod de premissis fundabitur una pre-
« benda in prefata ecclesia, et de cetero
« canonicus qui tenebit dictam prebendam
« premissa sicut habebam integre perci-
« piet et habebit. Et decanus et capitulum
« ipsius ecclesie hoc facere benigniter con-
« senserunt. Et ut perpetuo hoc valeat in
« futurum, presentem cartam sigilli mei
« munimine roboravi, presentibus ad hoc
« testibus : Johanne Neel, domino de Pe-
« reyo ; Radulfo de Sancto Luca, militi-
« bus ; magistris Petro de Carcoto, deca-
« no..... et pluribus aliis fide dignis. »

Cette donation ne fut pas faite, comme l'a dit Le Brasseur, mais confirmée par

Guillaume, « dominus de Chyerreyo, » fils du précédent et frère de Guérin, évêque d'Evreux.

La paroisse ou la famille de Cierrei a fourni trois évêques d'Evreux :

1° Guérin de Cierrei, de 1194 à 1201, frère de Guillaume de Cierrei, qui confirma en l'église cathédrale la prébende de Bernienville et de Pithienville ;

2° Raoul Ier de Cierrei, de 1219 à 1223;

3° Et Raoul II de Cierrei, de 1236 à 1263. (Voyez Le Brasseur, *Hist. civ. et ecclés. du comté d'Evreux*, p. 166, 197 et 184.)

Dans une charte d'Amauri, comte d'Evreux, en faveur du chapitre, on trouve parmi les témoins « Adam de Cirre », et dans un autre de Robert de Meulan « Adam de Cirri ». Raoul de Cierrei : « Radulfus de Cirri, » est employé comme témoin dans une charte de Robert, héritier des comtes de Meulan, pour des biens situés en Angleterre. (*Cart. S. Trin. de Bellom.*, f° 13 v°.)

Vers 1200, Gilles, archidiacre d'Evreux, fils d'Adam de Cierrei, donne à la Noë le pré de Beaumont, près d'Asnières.

En 1204, Roger « de Cirreio » confirma à la Noë tout ce que cette abbaye possédait dans son fief et domaine du don de son père et de ses frères Guillaume « de Cirreio » et Giles, archidiacre d'Evreux. Il confirme en même temps tous les droits des religieux dans le fief et domaine de Maurice Barbeschaz de Ferrières et de ses frères Adam, Hugues et Gilbert, de ses sœurs Aaliz et Emma. L'écu est chargé d'une fasce. (*Bibl. imp., Chart. de la Noë.*)

En 1223, Agnès, fille d'Adam de Cierrei, veuve de Gilbert Camin, donne à la Noë un muid de vin sur la vigne d'Angerville.

En 1238, Guillaume, « miles et dominus de Cirre », donne, du consentement de sa femme Philippe et de ses héritiers, aux lépreux d'Evreux, 4 livres tournois de rente « pro tota terra quam habebant apud Maldeston ». Une partie de cette rente était à prendre « super molendinum de Grocet ». Thibaud de Cierrei : « Theobaldus de Cirreio, » confirme la donation d'une rente sur le même moulin de Grocet, situé à Evreux, « apud Ebroicas, pro quibus quatuor libris attornavi eis Rogerium Forestarium, hominem meum, qui manet apud Dumum Andelie. »

Il s'agit probablement dans le passage suivant du même moulin Grocet, appartenant, à Evreux, au seigneur de Cierrei : « ... Idem, Ricardus habet quatuor domos que locantur viginti solidis, sitas in vico Villeine, ante molendinum dominicum de Cierreio. Item, propria domus dicti Ricardi est sita ad Pontem Perrin,.... et juxta molendinum de Marescal ex altera...» (*Cart. de Saint-Taur.* 1264.)

En 1286, Robert de Cierrei, chevalier, confirme à la Noë toutes les acquisitions que l'abbaye de la Noë avait faites dans ses domaines.

On trouvera un aveu rendu en 1409 par Jean de Garancières, chevalier, seigneur de Croisi et de Cierrei. (*Arch. de l'Emp.*, P. 307, f. 7 v°.)

Les dépendances sont : — le Bas-Cierrei; — le Haut-Cierrei ; — la Haie-Bouvet.

CINTRAI.

Arrond. d'Évreux. — Cant. de Breteuil.

Patr. S. Martin. — Prés. le seigneur.

Cintrai était au XIIe siècle un château fort. Orderic Vital nous apprend qu'il était au pouvoir d'Amauri de Montfort. en 1119,

Lorsqu'après la bataille de Brémulle Louis le Gros revint à Paris, Amauri, qui n'avait pas fait partie de l'expédition, proposa au roi de France de se venger : « J'ai, dit-il, le château fort de Cintrai..... » « Est equidem michi arma domus Cinctrai, ubi me præstolantur Gualchelinus de Taneio aliique sodales fidissimi, et mihi circumjacentem patriam tuentur contra municipes Britolii. Illic securi congregabimur, et inde Britolium, quod in corde Normanniæ est, aggrediemur...» (Orderic Vital, t. IV, p. 364.)

Dans ce passage, Orderic Vital nomme Gauquelin de Tannei, et nous voyons que les Tannei dominèrent longtemps encore à Cintrai. Ce nom de Tannei vient des langues germaniques et signifie une sapaie, une plantation de sapins. On le rencontre sur beaucoup de points de la France septentrionale et orientale. En Normandie, il existe un assez grand nombre de lieux portant le nom de Tannei, et entre autres les quatre communes de Saint-Aubin et Saint-Jean-de-Tannei, entre Orbec et Broglie ; Tanie et Tanu, arrondissement d'Avranches, et, de plus, trois hameaux ou fiefs, à notre connaissance, à Saint-Martin-Saint-Firmin, à Saint-Léger-sur-Bonneville, à Cisai-Saint-Aubin, près de Saint-Evroul.

Nous n'osons pas dresser la généalogie des Tannei ; mais nous pensons que Gauquelin de Tannei doit être le père d'Alain de Tannet : « Alannus de Tanneto, » dont parle Orderic Vital en 1138. Alain paraît avoir été le père de Nicolas de Tanai : « de Tanaio, » donateur, à Saint-Pierre-de-Préaux, de tout ce qu'il possédait dans la forêt du Vièvre, voisine de Saint-Martin-Saint-Firmin. (*Cart. de Préaux*, f° 69 r°.)

En 1180, les *Grands Rôles de l'Echiquier de Normandie* portent : « Idem [Rogerus, « filius Landrici,] reddit compotum de « 90 libris de firma terre Alani de Taneio, « que est in manu regis pro defectu; » et dans un autre passage : « Saherus de « Quenceio reddit compotum de 100 sol. de « exitu terre Alani de Tanai in Cintrai. « In thesauro liberavit. Et quietus est. » Enfin, Nicolas de Tanai : « de Tanaio », dans une charte sans date, concède à Jean, évêque d'Evreux, le droit de présentation à l'église de Saint-Martin de Cintrai : « de Cintraio. »

« Notum sit omnibus, tam presentibus « quam futuris, quod ego Nicholaus de « Tanaio concessi et dedi Deo et Beate « Marie et Johanni, Ebroicensi episcopo, « et successoribus ejus in perpetuam ele- « mosinam ecclesiam Sancti Martini de « Cintraio, cum omnibus pertinentiis suis « et quidquid juris habebam in presen- « tatione ejusdem ecclesie. Et hanc dona- « tionem et concessionem feci in manu « prefati episcopi Ebroicensis, et super « altare capelle ejusdem episcopi apud « Ebroicas optuli, et quod eamdem tene- « rem et garantizarem fide corporaliter « prestita firmavi. Ut autem ista conces- « sio et donatio mea rata et inconcussa in « posterum permaneat, cam presenti carta « et sigilli mei munimine roboravi in per- « petuum valituram. »

En 1252, Gautier du Moulin : « de Mo- lendino, » vendit au chapitre d'Evreux, pour 9 livres tournois, toutes les dîmes « qu'il pouvait avoir à Cintrai : « in pa- « rochia de Cintraio. »

En 1282, Guillaume de Corteilles, che- valier, vendit au chapitre d'Evreux, moyen- nant 40 livres tournois, « totam decimam « garbarum grani quam habebam... et « percipiebam in feodo de Grandi Guysi- « neo in parochia de Cintraio, » et Guille- bert de Tillières et Robert de Cintrai, « Guillebertus, dominus de Tilleriis, et « Robertus, dominus de Cintraio, mili- « tes », ratifièrent cette vente. Ce Guil- laume de Corteilles avait une femme nom- mée Odeline. Dans une autre pièce, le fief est appelé, avec une légère variante : « De Grandi Cuisineio. »

En 1282, « Guillelmus de Cintraio, ar- « miger, et Theophania, ejus uxor, de

« parochia de Cintraio », vendent au cha- pitre d'Evreux, moyennant 7 livres tour- nois, toutes les dîmes « garbarum bladi et « grani, cujuscumque generis sit, et quic- « quid juris ratione decime, tam in gra- « nis, bladis, veciis et forragiis, quam in « omnibus aliis rebus decimabilibus qui- « buscumque in parrochia antedicta. » Dans la même année, Robert « de Cin- traio » ratifia cette vente.

En 1283, Roger dit de Beaumarchais « Rogerus dictus de Biaumarchez » et Emmeline, sa femme, vendent au cha- pitre, pour 4 livres tournois, ce qu'ils pos- sédaient de dîmes dans la même paroisse. Cette vente fut encore confirmée par Ro- bert de Cintrai : « Robertus, dominus de Cintraio, miles. »

En 1288, maître Pierre de Houcemeigne, chanoine d'Evreux, vendit au chapitre de cette ville toutes les dîmes qu'il possédait ou pouvait posséder « de feodo de Biau- marcheis in parochia de Cintrayo », moyen- nant 45 livres tournois.

La même année, « Petrus et Reginaldus « de Barris, armigeri, de parochia de « Cintrayo ac Matildis, eorum mater, vi- « dua, » vendirent audit chapitre toutes les dîmes qu'ils avaient ou pouvaient avoir dans la paroisse et particulièrement « in terris de Gastinis ».

On ne trouvera peut-être pas sans in- térêt la lettre suivante que Jeanne de Va- lois, fille de Charles de France, écrivit en 1326 à son mari Robert d'Artois, sei- gneur de Conches. L'original existe à la Bibliothèque impériale, dans la collection de D. Grenier sur la Picardie :

« Mon très chier et très redouté sei- « gnour, pour ce que je suy touzjours « desirante de savoir vostre tres bon estat, « en quel Dieu vous maintienge, envoi ge « par devers vous, si vous suppli a faire « le moy savoir par le porteur de ces « letres. Mon tres chier seignour, se vous « voulez savoir nouveles du mien estat, « savoir vous faiz que, la merci Jesu Crist, « quant ces letres furent faitez, je estoie « en bonne santé de corps et ensement « Loyse et Jehan ; mes Jehans avoit eu trois « asses de tierchenne. Mon tres redouté sei- « gnour, c'est ciemenche derrenier passé, « monscigneur Jehan du Buysson vint à « Conches conseillé de ses amis, si comme « il disoit et estoit tout prest de marchan- « der à vous de la terre de Cintray, tant « seulement, et de son autre terre, se vous « plesoit ; en tele condition que la terre « que vous vouldriez acheter, il s'acordoit « que elle fust regardée et jurée par pris « de bonnes gens et de cen que il seroit « trouvé que elle vauldroit, la pocession

« et la saisine des ex fruits demourant par
« devers lui, tant comme il vivroit. Le dit
« monseigneur Jehan dist que de la dicte
« terre de Cintray il fut en la garde de
« monseigneur Gillebert de Tyllieres vint
« ans, et l'en fist hommage; et depuis, il
« en a fait hommage à monseigneur le
« rey. Si vous avisez que vous devez faire
« sur cen, que l'en li a donné terme de
« respondre l'en à vostre revenue. Nostre
« sire soit guarde de l'ame et du corps de
« vous!

« Escript à Conches, le jour de la Saint-
« Loys, xxv jours en aoust, l'an mil
« .ccc..xxvi.

« Vostre humble compaigne,
« JEHANNE DE VALOYS. »

A la monstre de 1469, « Robert de
« Cintrai, escuyer, seigneur de Friardel
« et de Bellouet respresenta homme d'ar-
« mes à trois chevaulx. »

Le *Coutumier des forêts de Normandie*
classe parmi les francs usagiers de la forêt
de Breteuil le curé de Cintrai, f. 209 r°.

« Le curé de Cintray, en la forest de
« Breteuil, par don à lui fait l'an mil
« ccc lviii, au moys de mars, par Charles,
« ainsné filz du roy de France, regent le
« royaume, duc de Normandie, daulphin
« de Vienne, a tel usage en la dicte fo-
« rest comme les habitans de la ville de
« Breteuil, c'est assavoir, bois pour her-
« bagier, rediffier et chauffer au manoir
« de la dicte église. Item, bois vert en
« gesant, et le sec en estant et en gesant,
« sans amende s'il n'y a mesrien, se il est
« trouvé par le sergent, et non autrement,
« réservé la caable. Item, doit avoir comme
« l'un des bourgeois de Breteuil, de trois
« ans en trois ans, un arbre de chesne,
« nommé jenchel, pour metre et employer
« en l'edifice de son dit manoir, livré
« par le chastellain de Bretheuil ou son
« lieutenant en la forest coustumière, en
« paiant au dit chastellain iiii deniers et
« au sergent de la garde iii deniers, et au
« clerc iii deniers, ainsi et pour la fourme
« et manière que les habitans de Breteuil
« l'ont. Item, il doit avoir un arbre pour
« faire i feste en une maison se il edifie.
« Item, il a droit de faire mener et con-
« duire par toute la dicte forest coustu-
« mière, pour pasture à bestes, toutes ses
« bestes, hors chiens et chievres, en tous
« les temps de l'an, excepté ou mois de
« may, ou quel temps il doit aller à la
« veue des champs. Et se sont trouvés en
« deffens pour eschappée ou sans garde,
« il doit pour chascune beste chevaline ou
« aumaille xii den., et les pors ii. den.
« Item, peut metre ses pors en la dicte
« forest en temps de glan, sans paier
« pasnage, se elle n'est vendue, et doit
« avoir terre, pierre et sablon sans
« amende au lieu nommé les Fossetes; le
« tout par la propre fourme et manière
« que les dits habitans l'ont, et de ce est
« tenu prier pour le roy nostre sire.... »

Les dépendances sont : — Baudouin; —
le Bois-Richer; — la Boudière; — le
Chef-du-Bois; — la Cocarderie; — la
Colombière; — la Cornière; — la Couture; — le Grand-Cuisinel; — la Heur-
terie; — la Martinière; — la Mantelon-
nière; — la Mutellerie; — le Petit-Cuisi-
nel; — le Plessis; — les Roussières; —
la Tasse; — Beaumarchais; — la Boulaie;
— Galisson; — le Petit-Hôtel; — la Poin-
tillère; — la Tournevraie; — la Motte;
— la Tuilerie; — le Moulin-Neuf.

CISSEI.

Arrond. d'Évreux. — Cant. de Saint-André.

Patr. S. Martin. — *Prés. l'abbé de Saint-
Taurin.*

C'est un prêtre nommé Gothon qui
donna, au xii° siècle, à l'abbaye de Saint-
Taurin l'église et la dîme de Cissei :
« ... Interea Gotho presbiter ecclesiam
« de Sissei, cum decima, sicut quietam
« tenebat, concedente domino suo Sy-
« mone, dedit.... Et Symon, dominus
« ejus, dedit quinque acras terræ cum
« duobus hospitibus.... » (Charte de Richard
Cœur de lion en faveur de Saint-
Taurin.)

Une bulle d'Honorius III confirma cette
donation : « .... ecclesiam de Sisse, cum
« decima loci ejusdem, quinque acras terre
« cum duobus hospitibus.... »

Luc, évêque d'Évreux, règle le droit de
l'abbé et le droit du vicaire sur les gerbes de blé appartenant à l'église de Cissei :
« Omnibus presentem paginam inspectu-
« ris, Lucas, Dei gratia Ebroicensis episco-
« pus, salutem in Domino. Ad presentium
« et futurorum [volumus] venire notitiam
« quod dedimus et concessimus abbati et
« monachis servientibus in monasterio
« Sancti Taurini Ebroicensis, in usus pro-
« prios, terciam garbam, que ad presbite-
« ratum et vicariam ecclesie de Sisseio
« pertinebat, cum duabus garbis quas ab
« antiquo possidebant; retemptis in illa
« tertia garba uno modio bladi, cum alta-
« lagio et cum terra elemosyne ad eccle-
« siam pertinente, salva una acra terre
« cum masagio granchie monachis rema-

« nente... » Le reste de la charte concerne Caud bec-les-Elbeuf.

Dans le nécrologe de l'église d'Evreux, sont cités Pierre de Cissei, chevalier, et Guillaume de Cissei, qui avait donné les dîmes de Quittebeuf au chapitre d'Evreux : « Tertio kalendas augusti obiit Petrus « de Sisseio, miles.

« .... Septimo idus decembris, obiit « Willelmus de Sisse, qui dedit decimas « de Guiteboe.... »

Le *Registre de Philippe-Auguste* relate que Guillaume de Cissei avait un fief à Cissei : « Guillelmus de Sissi unum feodum apud Sissi. »

1234. Suit une transaction curieuse entre le chapitre d'Evreux et Robert de Cissei, chevalier, au sujet des dîmes de Quittebeuf, que Robert de Cissei avait données au chapitre d'Evreux. Probablement Guillaume de Cissei, noté au nécrologe d'Evreux comme donateur des dîmes de Quittebeuf, n'avait fait que confirmer la donation de Robert : « Notum sit universis, tam presentibus quam futuris, quod, « cum contentio verteretur inter me Robertum de Cisseio, ex una parte, et decanum et capitulum Ebroicense, ex altera, « super octavo et nono boissello totius « decime de Guitebue, ego Robertus de « Cisscio, miles, de assensu et voluntate « Gilonis, fratris mei primogeniti, et omnium amicorum meorum, dedi, concessi « et quietavi Deo et ecclesie Beate Marie « Ebroicensis et canonicis ibidem Deo ser« vientibus donum illud quod fecit eis « bone memorie dominus Robertus de « Cisscio, avunculus meus, in terra sancta « Jherosolimitana, apud Achon, sicut ex « testimonio bonorum virorum et fide dignorum cognovi, scilicet omnem partem illarum decimarum quam Robertus « avus meus et ego..., peccatis nostris « exigentibus, in dicta decima jure hereditario possederamus, scilicet octavum « et noum boissellum totius decime de « Guitebue, in puram et perpetuam elemosinam, dicte ecclesie..; retentis tamen in nono boissello totius decime predicte II. modiis VIII. sextariis bladi sicut « acciderit, quos II. modios et VIII. sextaria Simon dominus de Coudreyo et Avicia, uxor sua, soror mea, et heredes « eorumdem de dicta Avicia procreati in « dicta decima in granchia de Guitebue « singulis annis percipient.... sicut solitum est. » Les chanoines donnèrent 30 livres pour cet abandon.

En 1235, Gillon « de Sisseio », frère de Robert, chevalier, « de Sisseio », abandonna au chapitre d'Evreux tout ce qu'il possédait de droits sur la dîme de Quittebeuf, c'est-à-dire sur le huitième et le neuvième boisseau de toute cette dîme. Les seigneurs Robert « de Sisseio », Simon « de Fornellis » et Richard Harenc garantirent cette donation, pour laquelle Gillon « de Sissey » reçut 300 livres. Gillon parle de la charte donnée à ce sujet par Robert son aîné.

Charte de Robert « de Sisseio », chevalier, et de son frère Gillon, permettant au chapitre d'Evreux d'acquérir de Simon « de Couldreio » et d'Avicie, sa femme, les deux muids et les huit setiers de blé qu'ils possédaient sur le neuvième boisseau de la dîme de Quittebeuf. En 1270, Avicie, dame du Coudrai, veuve, vendit cette redevance au chapitre.

En 1243, Guérin « de Sisseio », chevalier, donna au chapitre d'Evreux une paire d'éperons dorés que Nicolas dit le Prillais lui devait annuellement à la Pentecôte sur son fief de Quittebeuf : « de Guiteboif. »

Dans plusieurs communes des environs d'Evreux, et à Cissei particulièrement, on trouve des hameaux nommés Outrebois. Dans un dénombrement de dîmes sur Sacquainville, on lit : « in feodo Andree de ultra nemus. » Voilà évidemment l'origine de ce nom.

Dans une ancienne liste des cures à la présentation de Saint-Taurin on trouve écrit : Saint-Martin « de Sicey ». En 1309, Nichole d'Outrebois, de la paroisse d'Avrilli, vendit à Saint-Taurin une acre de terre en la paroisse « de Sissie », près de la terre de Guillot Herupel.

Cissei a été réuni à Grossœuvre en 1844. Les dépendances sont : — le Bourdonnei ; — Outrebois ; — Seugei.

CIVIÈRES.

Arrond. des Andelis. — Cant. d'Écos.

Patr. S. *Martin*. — Prés. l'abbé du Bec.

Civières est peut-être équivalent d'*orgéres*, terres propres à la culture de l'orge. Le mot *civata* désignait de l'orge. Cette expression paraît avoir été particulièrement employée dans la langue d'Oc, où elle prend la forme : *cibado*, *sibado* ; en espagnol, *cevada* ; en italien, *civita* ; en bearnais, *sibada*. On peut remarquer que Civières est très-proche de la commune d'Autevernes, qui signifie campagne élevée où il croit de l'avoine. C'est, du reste, une conjecture que nous proposons sous toute réserve.

En 1184, le pape Luce III confirma à

l'abbaye du Bec la possession de l'église de Civières.

On lit dans le pouillé d'Eudes Rigaud : « Ecclesia Sancti Martini de Auverres (sic) habet XLVI. parrochianos. Abbas Beccensis patronus; valet XXX. libras turonensium. »

On a ajouté, d'une main plus récente, à la liste des paroisses du doyenné de Port-Mort cette note, qui doit faire double emploi avec la précédente : « Ecclesia de Civeriis valet LX. libras; parrochiani...; abbas Becci patronus. »

En 1434, on écrivait : « Chivières. » (Pouillé de Raoul Roussel.) Toussaint Duplessis prétend qu'on a écrit quelquefois : « Sivières. »

Dans le *Registre des visites* d'Eudes Rigaud, le desservant de Civières est fréquemment cité pour sa mauvaise conduite.

En 1255, messire Jean de la Roche abandonna à l'abbaye du Bec les dîmes de Civières et d'Ecos. Il était chanoine de Bayeux.

En 1257, on trouve dans une charte de l'abbaye du Trésor : « Joannes rector ecclesiæ de Chiveriis; » même année : « Civeriis. »

En 1349, l'abbaye du Bec fut maintenue, par sentence de l'évêque de Bayeux, dans le patronage de Civières, contre les prétentions du roi de France et de messire Jean d'Escoz, chevalier.

Civières était un plein fief de haubert relevant de la baronnie de Clère.

Ses dépendances sont : — Aubigni (qui figure dans des procédures de 1573); — le Bois-Gautier; — le Hallot.

CLAVILLE.

Arrond. d'Évreux. — Cant. d'Évreux sud.

Patr. S. Martin. — Prés. le comte de Brionne.

Le nom de Claville vient peut-être de « Claveriivilla ». On trouve dans la bulle de Grégoire IX en faveur de Conches un Claverius : « ... feudum quondam Claverii et Foardi... » Clavier est un nom de famille assez fréquent en Normandie.

L'abbaye de Saint-Sauveur eut toujours des propriétés à Claville : « .... apud Clavillam terram ad dimidiam carrucam.... » (Charte de fondation de Saint-Sauveur.) L'édition donnée dans le *Gallia christiana* porte : « Olavilla. » Cette abbaye était encore propriétaire à Claville au moment de la Révolution.

Rotrou, doyen de l'église d'Evreux, donna au chapitre de l'église cathédrale l'église de Claville : « ... Octavo idus martii obiit Rotrodus, decanus Ebroicensis, qui dedit capitulo ecclesiam de Clavilla, vineas et domos... » (Nécrologe de la cathédrale.)

Le pape Lucius reconnut dans la lettre suivante les droits du chapitre sur l'église de Claville : « Lucius, episcopus, servus servorum Dei, dilectis filiis Rotrodo decano et capitulo Ebroicensi, salutem et apostolicam benedictionem. Justis petentium desideriis dignum est nos facilem prebere consensum et vota que a rationis tramite non discordant effectu prosequente complere. Eapropter, dilecti in Domino filii, vestris justis postulationibus grato concurrentes assensu, ecclesiam de Clanvilla, cum jure patronatus et omnibus suis pertinentiis, ad usus eorum qui in Ebroicensi ecclesia assidue morabuntur rationabiliter deputatam, sicut eam juste et pacifice possidetis, auctoritate vobis apostolica confirmamus et presentis scripti patrocinio communimus. Nulli ergo hominum liceat hanc paginam nostre confirmationis infringere vel ei ausu temerario contraire. Si quis autem ei attemptare presumpserit, indignationem omnipotentis Dei et beatorum Petri et Pauli, apostolorum ejus, se noverit incursurum. Datum Verone, quarto idus novembris. »

« .... Ecclesiam de Clavilla, cum omnibus decimis bladi et guerdi, in proprios usus, cum terra elemosine et LX. solidis in artalagio, residuo retento ad vicariam... » (Charte de Raoul de Cierrei.)

Amauri « de Laceio » donne au chapitre d'Evreux, du consentement de sa femme Isabelle et de son fils Gillebert, tous les droits qu'il pouvait avoir sur les dîmes de Claville. Parmi les témoins, on remarque Adam de Cierrei : « de Cirreio, » et Hugues de Bacquepuits : « de Bakepuiz, » chevaliers.

En 1290, Raoul de Wanescrot, clerc, et sa femme Pernelle vendent au chapitre d'Evreux 8 acres de terre situées à Claville. Il est parlé dans cet acte d'abord de Guillaume des Landes, chevalier, ensuite de la Fosse-Batel : « apud Foveam Batel, » enfin du chemin qui conduit « ad Novillam ». Le prix fut de 95 livres tournois. Cette vente fut confirmée la même année par Guillaume des Landes, dans le fief duquel était le terrain vendu, et, en 1292, par Jean des Landes, chevalier, seigneur des Landes, successeur du précédent, qui reçut 45 livres tournois.

Guillaume Burgonnel, dont il est question dans plusieurs chartes de Philippe-Auguste, fut longtemps châtelain d'Evreux, et ses descendants furent seigneurs de Claville.

En 1303, Jehan le Bourgagnel, escuier, était seigneur de Claville et renonça à tous droits et prétentions sur le fief de Saint-Taurin.

Dans un acte de 1304 (Grand Cart. de Saint-Taurin, f° 76), on cite une maison d'Etienne de Claville : « ... Juxta domum Stephani de Clavilla... »

En 1313, le chapitre d'Evreux donna en emphytéose à Simon des Landes : « de Landis, » écuyer, 8 acres de terre dans la paroisse de Claville qu'il habitait. Cet acte cite une pièce située « versus Bordellum », un chemin qui se dirige « versus Houlas »; Jean Bourguignel, écuyer, et enfin la sente de « Longo Busco ».

Cette commune possédait un fief de la Salle, au sujet duquel il y eut discussion entre le chapitre et Pierre Leconte, écuyer, en 1387. A cette époque, Jehan le Bourguignel, écuyer, était seigneur de Claville.

En 1405, Laurent et Guillaume Leconte vendirent le fief ou partie du fief de la Salle à Simon le Bourguignel.

En 1425, Messire Pierre Goret, chevalier, était, par le don du roi, seigneur de Claville et du fief de la Salle.

Dans un acte de 1338 (Gr. Cart. de Saint-Taurin), on trouve mentionné le chemin le Conte, qui allait de Beaulieu au Fay.

Les chartes de la commanderie de Saint-Etienne-de-Renneville contiennent sur Claville un grand nombre de renseignements précieux :

1205. Richard, fils d'Osmond de la Forêt, et Gillebert, son frère, donnent aux chevaliers du Temple 3 acres de terre à Claville : « Testibus Ric. de Forneals (*des Fourneaux*), Gauf. de Barquet (*de Barquet*), Sim. de Crechis (*des Crèches*), mi-« litibus. »

1205. Richard, fils de Raoul de Cauz, donne aux chevaliers du Temple 3 acres de terre à Claville, « in campo de Cheminis, » du consentement de Simon de la Forêt. Aux témoins de l'acte précédent nous ajouterons : Richard, clerc, « de Britamare; » Gondoin de Claville...

1207. Les frères Cuver vendent à réméré, aux chevaliers du Temple, la moitié d'un fief, « scilicet campum de Bactula. » Témoins : Richard Pelet et toute la paroisse de Claville.

1216. Accord et paix entre les chevaliers du Temple et Guillaume Bourgoinel, châtelain d'Evreux, au sujet de certaines terres situées à Claville. Les frères payeront une rente annuelle de 10 sous et jouiront tranquillement des terres qu'ils tiennent à Claville.

Vers 1230, Hugues de Risenberge donne aux chevaliers du Temple, du consentement de son épouse, « campum de Fossa « Paganorum, juxta terram Berengeri de « Giteboui, Ricardi de Warembovilla, » à Claville. Témoins : Gautier d'Epaignes, Simon de la Croix, Hugues de Bugei.

1252. Guillaume Borgueinel, chevalier, donne aux chevaliers du Temple un champ à la Forêt : « apud Forestam, » à Claville.

1259. Guillaume des Perer vend aux chevaliers du Temple trois pièces près de la terre d'Herbert de Guiteboeuf, au Boselin, au Fond-du-Val, au Champ-Gifart, « .... coram parrochia de Clavilla. »

1257. Guillaume Borgueguel, chevalier, confirme cette vente devant la paroisse de Claville.

1262. Guillaume Borguegnel, chevalier, seigneur de Claville, ratifie un échange, fait entre Michel Pepin et les chevaliers du Temple, d'une pièce de terre située à Claville, entre le chemin de Burfaut, contre une pièce située à la Forêt.

1268. Guillaume des Landes, chevalier, vend aux chevaliers du Temple une pièce de terre à Claville : « Pro cujus terre « obtentu, dicti fratres michi succurre-« runt in meo negotio, et dederunt michi « de suis bonis xx. lib. turon. »

1271. Nicolas Pepin et sa femme Emma vendent aux chevaliers du Temple une pièce de terre à Claville, près le chemin de Beau-Lieu au Fai : « de Bello Loco ad Fay. »

1272. Guillaume le Borgueguel, seigneur de Claville, chevalier, confirme la vente de Nicolas Pepin.

1274. Nicolas Pepin et la paroisse de Claville louent aux chevaliers du Temple une pièce de terre à Claville : « apud Boscum Viel. »

1274. Sellon le Boucher et sa femme vendent une pièce de terre à Claville.

1277. Guillaume des Landes, chevalier, vend une pièce de terre à Claville.

1278. Guillaume Bremart et Aales, sa femme, baillent pour un an à frère Robert Gardin, du Temple, demeurant à Beaulieu, demi-vergée de terre à Claville, entre les damoseaux de la Forest, moyennant 30 sous tournois.

1286. Jean et Durand, dits les Peletiers, frères, vendent aux chevaliers du Temple trois vergées de terre à Claville : « apud le Travesain. »

1287. Taurin Harenc, de Claville, quitte

à Raoul et à Gilet, ses enfants, son héritage en la paroisse de Claville.

1293. Taurin Cuveir vend une demi-acre de terre à Claville, au Mesnil-Fouquoin : « apud le Mesniltum Fouquoin. »

1293. Richard Maberel, de Claville.

1294. Jean des Landes, chevalier, confirme, moyennant 100 sous tournois, la vente d'une pièce de terre que Guillaume des Landes, chevalier, son oncle, a vendue aux chevaliers du Temple, à Claville.

1295. Simon et Robert les Pelletiers, frères, vendent aux chevaliers du Temple une pièce à Claville : « Test. R., rectore « S. Vincentii; G. et L. Poignant, presbi« teris; G. de S. Martino, armigero ; N., « preposito. »

1295. Durand « le Pelletier, du Mesnil Fouquoin, » vend une pièce de terre à Claville.

1297. Robert le Pelletier : « Pelliparius, » vend à Simon, son frère, une terre à Claville, dans le fief du Temple.

1307. Guillaume des Landes, escuyer, baille à Philippe Uble, commandeur des maisons du Temple en Normandie, 2 acres et demie de terre à Claville, en échange de 3 acres en ladite paroisse, près le chemin du Roi.

Au moment de la Révolution, le territoire de Claville était encore partagé entre le prieuré de Lierru, les abbayes de la Noë et de Saint-Sauveur, la commanderie de Saint-Étienne-de-Renneville.

Les dépendances de Claville sont : — Beaulieu; — le Bosc; — Bos-Roger; — la Forêt; — l'Hermitage.

La Neuville-près-Claville a été réunie à Claville en 1845.

COLLANDRES.

Arrond. d'Évreux. — Cant. de Conches.

Patr. Notre-Dame. — Prés. le chapitre d'Évreux.

Ce mot pourrait venir, comme Coulonges, de *colonia*. Cependant, dès le ve siècle, saint Grégoire, évêque de Langres, donna à Saint-Bénigne de Dijon un lieu nommé « Corlenis ». D'autre part, on trouve dans la charte des seigneurs de Tosni en faveur de l'abbaye de Conches : «.... decimam « quoque de Chorlandis, de una carruca, « cum hospite uno. » Ces deux noms : « Corlenis et Corlandis » doivent dériver de la même origine.

Robert de Romilli, en se faisant moine à Conches, donne à l'abbaye : « decimam « quam habebat Corlandis... in Corlandis « medietatem decimæ... »

Une charte en faveur de Lire, relative à la Barre, cite parmi les témoins : « Radulfus de Corlandis... »

Le carton J 219 du *Trésor des chartes* contient plusieurs pièces intéressantes sur Collandres :

Les n°s 9, 10 et 11 contiennent des adjudications faites pour dettes au profit du roi dans la paroisse de Collandres.

Les pièces 20 à 30 sont beaucoup plus importantes ; elles concernent Quincarnon : dans la charte n° 2, Jean de Grelly, captal de Buch et seigneur de Conches, donne la terre de Quincarnon à Guérard Mausergent, bailli du roi de Navarre à Évreux et bailli de Conches. Le captal donne les motifs de sa donation : d'abord les services rendus à la cause du roi de Navarre et surtout l'état déplorable de la terre de Quincarnon, presque toute entière composée de terres labourables. Les guerres incessantes avaient empêché de cultiver les terres, et il fallait beaucoup de patience, d'argent et de soin pour remettre les choses en état. Guérard Mausergent n'eût pas le loisir, ce semble, de remplir les désirs du captal. Il fut tué par les gens du roi et sa terre confisquée. Ses fils réclamèrent et la chambre des comptes repoussa leur réclamation en 1388. En 1390 et 1391, ils adressèrent de nouvelles lettres au roi de France.

Dans le *Registre des aveux transcrits* déposé aux archives, P 308, liasse XIII, voyez un aveu du fief de Quincarnon.

Les habitants de Collandres avaient des droits d'usage dans la forêt de Conches.

« Les communs et habitans de Colan« dres ont en la forest de Conches le bois « vert en gesant et le sec en estant, mort « boiz, comme erable, saux, tremble et « charme, hors taillis, deffens et essart, « sans amende. Item, ont en la dite forest « la charetée de chesne vert pour dix sols « d'amende à suite de sergent jusques à « lendemain prime attendant midi, la cha« retée de fou vert pour cinq sols d'a« mende, et n'a suite que la journée, et « le fourc de chesne et de fou par demie « amende, mais que l'en ne prengne, etc. » (Voyez le *Coutumier des forêts de Normandie*, f° 232 v°.)

Quincarnon a été réuni à Collandres en 1837.

Les dépendances sont : — Glatigni ; — la Lande ; — le Mesnil-Gal ; — le Poudrier ; — Quincarnon ; — le Perruchet.

COLLETOT.

Arrond. de Pont-Audemer. — Cant. de Pont-Audemer.

Patr. S. Denis. — *Prés. l'abbé de Corneville.*

L'étymologie de Colletot me paraît être : « Collis tofta, » la masure de la colline, ou : « Colle tosta, » la masure de Colle. (Voyez ce que nous avons dit au mot Appetot sur la terminaison *tot*, venant de l'anglo-saxon *tofta*.) Toussaint Duplessis écrivait au XVIII° siècle : *Coltot.*

Colletot a dû appartenir aux premiers seigneurs de Pont-Audemer. Gislebert de Corneville, neveu de Galeran, donna l'église paroissiale à l'abbaye de Corneville, qu'il avait fondée en 1143.

L'abbaye de Corneville présenta toujours à la cure, qui était régulière.

Le pouillé d'Eudes Rigaud porte : « Watetot, Coletot, Cornevilla, Calvervilla, « in his ecclesiis deservitur per canonicos « de Cornevilla et cedunt in usus con- « ventus. »

Guillaume d'Harcourt donna au XII° siècle les biens qu'il avait à Colletot et à Eturqueraie pour le repos de son âme et de l'âme de ses sœurs.

Dans les *Grands Rôles de l'Echiquier de Normandie*, à la date de 1198, on lit : « Johannes de Bosco, reddit compotum « de 50 sol. pro dissaisina versus homines « de Coletot. » Et à la même date, dans le compte de la baillie de la Londe, entre la Risle et la Seine : « ... Jocelinus de Colletot, centum solidos. »

Canel, *Essai sur l'arrond. de Pont-Audemer,* t. Ier, p. 575.

COMBON.

Arrond. de Bernai. — Cant. de Beaumont-le-Roger.

Patr. Notre-Dame. — *Prés. l'abbé de Préaux.*

Nous avons extrait des cartulaires de Préaux et de la Trinité de Beaumont un assez grand nombre de notes et de pièces curieuses relatives à Combon. Nous allons successivement les analyser ou les reproduire.

Du temps de Guillaume le Conquérant, Roger de Beaumont donna à Saint-Pierre-de-Préaux l'église de Combon et l'église de Sainte-Opportune, avec les terres et les dimes qui en dépendaient :

« Regnante Willelmo, Roberti marcionis « filio, Rogerius Bellimontis dedit Sancto « Petro de Pratellis ecclesiam que dicitur « Cumbun et alteram que dicitur Sancta « Oportuna, cum terris et decimis ad eas « pertinentibus, et cum duabus mansuris « terræ, et quidquid Hunfridus presbiter « ex dono ipsius Rogerii ibidem posside- « bat... Hoc autem factum est conceden- « tibus Roberto et Henrico, prefati viri « filiis. » (*Grande Charte de Préaux.*)

Aussi dans la bulle du pape Alexandre III (avril 1179) en faveur de Préaux, on lit : « In episcopatu Ebroicensi, ecclesiam « Sanctæ Mariæ de Combon, cum terris et « decimis ad eam pertinentibus et parti- « bus oblationum altaris et ecclesiam « Sanctæ Opportunæ. »

Plus tard, le même Roger augmenta ses libéralités et donna toute la dime qu'il avait à Combon :

« Regnante Willelmo Roberti marcio- « nis filio, dedit Sancto Petro Pratelli « Rogerius filius Hunfridi Bellimontis « partem decime Comboni quam retine- « bat in dominio suo ; alteram vero par- « tem cum ecclesia dederat Hunfrido pre- « sbitero... »

« .... Transactis vero annis postquam « dederat Sancto Petro partem decime « Cumbun, Rogerius Bellimontis iterum, « monitu et interventione abbatis Ans- « fridi, alteram partem cum ecclesia con- « cessit et superiori dono conjunxit. Hun- « fridus vero presbiter unciam auri unam « ab abbate Ansfrido suscepit et habuit « hac de causa. Tenuerat enim hoc antea « ex dono Rogerii, et postea de Sancto « Petro tenuit..... » (*Cart. de Préaux*, f° 128 v°.)

D'après une charte du roi Henri II, l'église de Combon avait été donnée à cette abbaye par le comte Roger de Beaumont :

« Ista accipit ecclesia Pratelli in eccle- « sia Sancte Marie de Combon, scilicet « medietatem lane, medietatem denario- « rum ad Nathale et ad Pascha. Et debet « ecclesia Pratelli invenire medietatem « vini ad Pascha et in Nathali Domini, et « in Pascha debet incensum inveniri de « communi. De decima garbarum accipit « ecclesia Pratelli sex garbas et ecclesia « de Combon septimam per totam paro- « chiam, nisi in dominio ecclesie Pratelli, « in quo ecclesia de Combon accipit ter- « tiam garbam. Et de feodo Mesnillote « ecclesia Sancti Taurini Ebroicensis ac- « cipit II. garbas, et ecclesia Pratelli ter- « tiam et de tertia illa garba ecclesia de

« Combon recipit septimam. Ecclesia Pra-
« telli debet adducere totam decimam ad
« granchiam et expensam suam, et eccle-
« sia de Combon debet ici accipere par-
« tem suam. Et monachi prebent II. gar-
« bas pro prebenda singulis diebus uni
« aurigario et diebus festivis unam gar-
« bam. »

Une autre pièce nous montre Galeran de Meulan faisant aux religieux de Préaux des donations à Combon. Parmi les témoins, on remarque Jean de la Londe, et Guillaume « de Boldivilla ».

Nous allons maintenant citer deux chartes qui n'intéressent pas directement Combon, mais où figurent deux personnages portant le nom de cette localité, Godefroi et Toustain de Combon :

« Sciant omnes, et presentes et futuri,
« quod ego Rogerius de Portis concessi
« et donavi ecclesie Sancti Petri de Pra-
« tellis terram quindecim acrarum apud
« Meisnil Othonis, concessu et voluntate
« filiorum meorum Radulfi et Willelmi,
« liberam et quietam ab omni consuetu-
« dine et exactione in perpetuam elemo-
« sinam possidendam. Quam terram Go-
« defridus de Cambon possedit et pre-
« dicte ecclesie donavit. Pro qua eadem
« ecclesia annuatim redditura est mihi et
« heredibus meis decem solidos andega-
« vensium intra octabas Sancti Remigii,
« et quatuor capones ad Nathale Domini.
« Qui redditus, nisi in eisdem terminis
« persolvantur, ad duplum postea resti-
« tuentur. Pro hac vero concessione ha-
« buit Radulfus, filius meus, centum so-
« lidos andegavensium, et Willelmus,
« filius meus, quinque solidos. Mihi quo-
« que concessit memorata ecclesia unum
« annuale, et tricesimale, et septimale, et
« ut nomen meum inter eos conscribatur
« post decessum meum in martirologio
« quorum anniversarium agitur in eccle-
« sia memorata. Ut autem prefinita dona-
« tio in posterum rata permaneat et in-
« concussa, sigilli mei munimine eam
« placuit roborare. Testibus : Roberto de
« Harucuria; Roberto, priore de Bello-
« monte; Roberto de Becchevilla; Thoma
« de Framboiser; Godefrido de Combon;
« Jordane, janitore Pratellensi, et pluri-
« bus aliis. »

Autre charte de Roger de Portes, dont le commencement ne diffère pas de l'acte précédent :

« ..... Et quando a domino Henrico de
« Novo Burgo mansuram terre illi vici-
« nam adquirere potero, eam abbati de
« Pratellis dabo, ut ibi hominem hospi-
« tare faciat qui de his que ad me perti-
« nent ibidem mihi respondeat. Hoc au-
« tem donum concesserunt filius meus
« Radulfus et Avitia, uxor mea. Hujus rei
« testes : Herbertus, abbas Castellionis;
« Gaufridus, prior; Radulfus de Achin-
« neio; Willelmus de Bruelle; Willel-
« mus de Vervelles; Hugo de Toeneio;
« ex parte abbatis de Pratellis : Hugo
« Hasle; Tostenius de Combon; Rober-
« tus Camerarius; Galterius, presbyter
« de Campiniaco; Gaufridus Fichet; Helto
« de Novoburgo. » (Cartul. de Préaux, f°ˢ 49-50.)

Cette charte est probablement antérieure à la précédente.

Emma de Combon, femme de Gaucelin le Maréchal, et Richard, son fils, donnent à Saint-Pierre-de-Préaux la terre que ledit Gaucelin possédait à Combon. Robert du Neubourg, dans le fief duquel se trouvait cette terre, donne son consentement :

« Emma de Combonio, uxor Gualcelini
« Marescalli, et Ricardus, filius eorum,
« donaverunt Sancto Petro de Pratellis
« jure elemosine totam terram suam quam
« uno die et una nocte tenuit Guascelinus
« in Combunnio, in dominio, et quam te-
« nebant homines illius ville ab eo. Tali
« tamen tenore hoc fecerunt ut ipsa Emma,
« quandiu viveret, tota die unum panem
« album et alterum subalbum haberet et
« tria genera pulmentorum, videlicet
« pisa, pulmentum, piscem et potum, et
« decem solidos annuatim pro sua vesti-
« tura, filius vero ejus, jamdictus Ricar-
« dus, aut monachus fieret si vellet, aut
« in aliquo ministerio abbatie retineretur.
« Hoc donum Robertus de Novoburgo po-
« suit super altare dicens : Ego et mater
« mea Margarita quicquid servitii et domi-
« nii in ista terra habuimus Domino Deo et
« Sancto Petro perpetuo donamus et libe-
« ram eam jure a modo facimus. Testes
« ex parte Roberti et Emme et Ricardi :
« Henricus de Pratea, Gislebertus de
« Mara, Christianus Cementarius hujus
« ville. Testes Sancti Petri : Herbertus de
« Hamelo, Giroldus del Bec, Willelmus
« Trihan, Theodericus Lavendarius. Pro
« hac concessione Robertus de Novo Bur-
« go centum solidos habuit et mater ejus
« unum modium annone. » (Cart. Prat., f° 129 r°.)

Cette donation est confirmée par la bulle du pape Alexandre III (1179) : « ... Ex dono
« Emme de Combon, totam terram quam
« tenuit Guacelinus in Combon et homi-
« nes de eo tenentes, concedente Roberto
« de Novo Burgo, de cujus feodo erat. Ex
« dono Henrici de Pratea, XII. acras
« terre... » (Cart. Prat., f° 1ᵉʳ.)

Ici Alman de Combon entre dans une

association de prières avec les religieux de Préaux, et s'arrange pour être enterré dans leur abbaye : « Alman de Combonno « accepit societatem suam Pratellis, et de- « dit suum corpus Sancto Petro tumulan- « dum, et in fine vite sue viginti solidos « aut partem sue substancie. Teste : Gau- « frido Parmentario, ejus vicino, qui hoc « idem de se fiendum statuit, teste Al- « mano. Willemus etiam Camessot, co- « mitisse cocus, et filius ejus accepta socie- « tate in fine eorum viginti solidos Sancto « Petro reliquerunt et corpora sua tumu- « landa... »

Aleran (Galeran?) de Combon, prêtre, donna à Préaux 4 acres de terre « juxta stramitem a Cunchis ad Novum Burgum ». Cette donation fut confirmée par Robert de Harcourt. Témoins : Henri du Neubourg; Robert de Witot; Robert de Tourville; Robert de Sainte-Colombe; Godefroi de Combon.

Henri de la Prée (*de Pratea*, la Prée, hameau de Combon) donne douze acres de terre à Combon, dans le fief de Marguerite, comtesse de Warwick, mère de Robert du Neubourg. Puis il renonce en faveur du couvent à ses prétentions sur cinq autres acres de terre : « ... Quoniam « cuncta pene que temporaliter agimus « processu temporis memoriam sub nimia « celeritate diffugiunt, susceptionem cu- « jusdam monachi atque donationem fideli « scripto mandare curavimus. Noverit ita- « que omnis homo, tam instantis tempo- « ris quam subsequentis, quia, tempore « Michaelis, abbatis Pratellensium, Hen- « ricus de Pratea, melioris vite viam in- « grediens, sanctitatisque habitum susci- « piens, tam pro suis indumentis quam « pro suo monachatu, Pratellensi ecclesie « ea que sunt subscripta devotus obtu- « lerit. Donavit igitur vir iste huic ecclesie « pre supradictis XII. acras de suo in villa « que dicitur Combon, in feodo Marga- « rite, comitisse de Warwic, matris Ro- « berti de Novo Burgo. Quinque vero acras « terre, in eadem villa et eodem feodo si- « tas, quas ipse diu calumniaverat et jam « diligenti consideratione et judicio ma- « jorum natu loci illius in suum jus redire « decretum fuerat, omni calumnia de me- « dio sublata, ecclesie predicte libentis- « sime concessit habere et perpetuo pos- « sidere. Nec autem conventio primo facta « est apud Novum Burgum, concedentibus « eam et testibus ex utraque parte existen- « tibus Roberto, ejusdem loci domino, et « Margarita, matre ejus, et Henrico, filio « ipsius Roberti et Gisleberto de Bigat, « et Radulfo Rustico, et Thoma Pincerna, « et Roberto, presbitero de Witot, et Ade- « liza, uxore Henrici de Pratea, et tribus « filiis eorum, Roberto videlicet et Simone « et Willelmo, majore fratre, qui Willel- « mus ipsam conventionem pro se et pro « suis se servaturum fide propria in manu « Roberti de Novo Burgo confirmavit. Se- « cundo autem loco apud Pratellum fuit « recordata, et super altare Sancti Petri ab « eodem Henrico de Pratea et filio ejus « Willelmo posita. Ex nostra parte fue- « runt testes : Geroldus Portarius; Ra- « dulfus Bursart et Henricus, filius ejus; « Ricardus de Combon; Willelmus Ma- « leth; Ricardus del Val; Theodericus Ce- « mentarius, filius scilicet Christiani Ce- « mentarii, et multi alii. » (*Cartul. de Préaux*, f° 49.)

En 1343, aux assises tenues au Pont-de-l'Arche, il y eut grande difficulté entre le couvent de Préaux et messire Guillaume de Maulévrier, seigneur de Combon, relativement à ce que le couvent lui devait pour les terres de Combon. On transigea moyennant « unes bottes » ou dix sols de rente, au choix du seigneur, livrables chaque année à la Toussaint, au manoir de Combon, plus l'obligation à chaque nouvel abbé de payer, pour toutes aides et pour tout relief, audit chevalier, un cheval, le meilleur de l'hôtel après le palefroi de l'abbé.

Nous allons maintenant emprunter au cartulaire du prieuré de Beaumont diverses pièces concernant les hameaux de Combon. Ainsi, dans la pièce suivante, Robert, comte de Meulan, accorde des franchises à certains hommes de Tremblai et de la Neuville-de-Combon :

« Notum sit, tam futuris quam presen- « tibus, quod ego Robertus, comes Mel- « lenti, quitavi S. Trinitati de Bellomonte, « pro salute anime mee et antecessorum « meorum, omnes homines et heredes « eorum de Trembleio et de Novavilla et « de prebenda Balduini, scilicet de haiis « et fugationibus in perpetuum. Preterea « volo et jubeo quod omnes homines « S. Trinitatis, ubicumque maneant in « honore Bellimontis, non implacitentur « a justitiariis meis nisi recte. Et ut hoc « ratum et inconcussum habeatur, sigilli « mei auctoritate confirmavi. Testibus : « Osberno, abbate Pratelli (*depuis 1182 « jusqu'en 1196*); Gualeranno, filio meo; « Gualterio de Brionio; Johanne de Joeio; « Radulfo de Grolaio; Hugone, capellano; « Hugone Walensi; Johanne de Spata. » (*Cart. S. Trin. Bellm.*, f° 7 v°.)

Il s'agit ici de la Neuville. Philippe le Prêtre, croisé, neveu de Guillaume, abbé du Bec, déclare faire remise de cinq setiers de froment qu'il percevait au préjudice du prieuré sur les terres de la Neuville de Combon :

« Sicut beneficium ecclesiasticum in-
« discrete collatum in periculo vertitur
« conferentis, ita nichilominus eodem in-
« volvit periculo scienter retinentem. Qua-
« propter ego Philippus Sacerdos, cruce
« signatus, beneficium quinque sextario-
« rum frumenti, provenientium de terra
« apud Novam villam que fuit Radulfi
« Magni et Luce, filii ejus, quod singulis
« annis de domo S. Trinitatis de Bel-
« lomonte, auctoritate et quasi coactione
« avunculi mei domini Willelmi, abbatis
« Becci, in prejudicium domus percepi,
« quia hujus beneficii occasione animam
« ipsius periculum incurrisse metuo, et
« meam scienter illud retinentis eodem
« vel majori periculo involutam formido,
« utriusque saluti providendo, sapien-
« tium et prudentium virorum usus con-
« silio, et proprie conscientie anxiatus
« stimulo, predictos quinque sextarios
« domui S. Trinitatis penitus remitto, et
« in perpetuum quite possidendos desi-
« gno. Monachi vero Sancte Trinitatis, in
« subsidium peregrinationis mee, per ma-
« num R. de Capella, prioris sui, quinde-
« cim libras turonensium mihi intuitu ca-
« ritatis contulerunt. Ego autem Philippus
« teneor garantizare et ratum facere con-
« tra omnes homines, dum requisitus
« fuero, in omnibus locis pro posse meo
« sumptibus eorum, et si forte aliquo
« casu emergente predictum donum ga-
« rantizare non potero, ego de portione
« hereditatis mee ad equivalentiam pre-
« dictis monachis inde escambium assi-
« gnabo. Hoc autem fideliter tenendum et
« observandum juravi super altare S. Leo-
« nardi de Bellomonte, et ad majorem
« securitatem presens scriptum sigilli mei
« impressione confirmavi, in perpetuum
« valiturum. Actum est anno incarnati
« Verbi m° cc° xvii°, mense aprili, xiii°
« kalendas maii. Testibus : Willelmo de
« Novoburgo et Roberto de Conchis deca-
« nis ; Symone de Bosco Rogeri, Johanne
« de Combonio, Johanne de Bellomonti-
« culo, Radulfo de Alneto, presbiteris ;
« et Ricardo Walensi et Petro Magno, et
« multis aliis, clericis et laicis, eodem die
« et loco ratione capituli in presentia de-
« canorum constitutis. » (*Cart. S. Trin. Bellimontis*, f° 21 r°.)

En 1234, Robert, prieur de Beaumont, et son couvent donnèrent à Henri, fils de Robert, leur prévôt à la Neuville, toutes les tenures dont avait joui son père et aux mêmes conditions, et de plus la jouissance viagère de leur prévôté de la Neuville. Henri, de son côté, leur donna

10 livres tournois et « masuram illam
« quæ dicitur masura de feodo Grimondi,
« ædificata sicut se proportat infra clausu-
« ram murorum, cum suis muris ». (*Cart. Bellim.*, f° 119 r°.)

En 1235, Henri, fils aîné de Robert « de Novavilla », donna aux moines de Beaumont, pour assoupir certaines discussions, « unam masuram ædificatam,
« sicut se proportat infra clausuram mu-
« rorum cum suis muris ; quæ scili-
« cet masura appellatur de feodo Guer-
« mondi. »

Une contestation s'éleva en 1300 entre les hommes du Tremblai et de la Neuville de Combon, au sujet d'une redevance en moutons et béliers que le prieuré de Beaumont-le-Roger réclamait. Suit la transaction :

« Omnibus hec visuris, homines de
« Trembleyo, Ebroicensis diocesis, vide-
« licet Robertus dictus Juvenis ; Huardus
« et Guillelmus dicti Tustani ; Robertus
« Damite ; Petrus Damite ; Johannes de
« Pratis ; Guillelmus Ermelinæ ; Johannes
« Biauvies ; Johannes Præpositus ; Henri-
« cus Letellier ; Robertus Gondelin ; Chri-
« stianus Biscoe ; Guillelmus de Trou-
« queia ; Robertus de Puteo ; Robertus
« Guilberti ; Johannes Gondelin ; Guillel-
« mus Renoudi ; Robertus Peton ; Guillel-
« mus Peton ; Johannes de Tronqueia ;
« Henricus Ermengart ; Robertus dictus
« Juvenis primogenitus ; Radulfus de
« Tronqueia ; Radulfus Biaumez ; Henri-
« cus Renouardi ; Robertus Guepin ; Hen-
« ricus et Robertus dicti de Quercu ; Ra-
« dulfus Rousce ; Rudulfus Engiefrei ;
« Henricus Bailleul ; Guillelmus Vauque-
« lin ; Rogerius et Radulfus de Quemino ;
« Guillelmus et Radulfus de Mara ; Ro-
« bertus de Coires ; Rogerius Bailleul ;
« Petrus Guepin et Lucas Tustani, salu-
« tem in Domino sempiternam. Noveritis
« quod, cum contentio mota esset inter
« nos, ex una parte, et dominos nostros
« religiosos viros dominum Guillelmum
« de Lexoviis, tunc priorem prioratus
« S. Trinitatis de Bellomonte Rogeri et
« ejusdem loci conventum, ejusdem dio-
« cesis, ex altera ; ratione seu causa mu-
« tonum seu arietum quos dictis religiosis
« debemus annuatim in festo Ascensionis
« Domini. Tandem, considerata utilitate
« nostra ac pro bono pacis, etiam de vo-
« luntate et assensu dictorum religioso-
« rum, nos predicti homines, pro nobis
« et heredibus nostris, de voluntate et
« assensu omnium aliorum hominum de
« Novavilla et de Trembleio tenencium de
« dictis religiosis, volumus, concedimus
« et consentimus quod nos et heredes

« nostri reddamus et solvamus de cetero
« et in perpetuum dictis religiosis et suc-
« cessoribus eorumdem apud prefatum
« prioratum in festo Ascensionis Domini
« pro quolibet mutone seu ariete xvi. so-
« lidos monete currentis annui et perpe-
« tui redditus, salva justicia dictorum re-
« ligiosorum et salvo jure ac dominio
« eorumdem in omnibus tenementis quæ
« nos ab ipsis tenemus in quibuscumque
« rebus. In cujus rei testimonium, sigilla
« nostra propria duximus apponenda. Da-
« tum anno Domini M° CCC°, die sabbati
« post Nativitatem beati Joannis Bap-
« tiste. » (*Cart.*, f° 60 r°.)

En 1304, Guillaume « de Planqua, de parochia B. Marie de Combon ». (F° 33 r°.)

La même année, « Radulfus dictus Petor, » 4 livres de rentes pour deux acres huit perches de terre « apud Novam villam », en neuf pièces : la première « à la Renquiée », la deuxième « ad finem villæ », la troisième « ad Foveam Codrose », la quatrième « ad Crucem », la cinquième « ad Corvées », la sixième au « Vachet-Kequet », la septième « ad Maram », la huitième « ad finem muri Vincent Renout », la neuvième « in Masura ».

En 1332, « la Neeville, en la parroisse de Combon, rue de la Mare, voie du Mesnil. » (*Cart.*. f° 53 v°.)

En 1340, pièce de terre située à Combon, « à Vieille-Fosse. »

Autre à la Mare-des-Fourques.

Autre au Bussessart ou « em-Buressart ».

Autre près la cavée du Tremblei. (*Cart.*, f° 53.)

En 1383, « Aalis, femme Estienne Drouart de la Neesville, en la Neesville.» (*Cart.*, f° 85 v°.)

Quant à la Prée, nous avons cité une charte de Henri de la Prée, tirée du cartulaire de Préaux. Dans le cartulaire de Beaumont, on voit qu'un Guillaume de la Prée : « de la Prea, » donne au prieuré de Beaumont les terres qu'il avait dans le Mesnil-Isambert : « in Mesnillo Isambert. »

La ferme de Mesnillotte existait aussi au moyen âge. Le couvent de Saint-Taurin d'Evreux prenait deux gerbes dans le fief de Mesnillotte : « In feodo Mesnillote. » En 1338, Robert d'Harcourt, prêtre, seigneur du Mesnillot, renonça à toutes prétentions sur les dîmes du Mesnillot.

Les dépendances de Combon sont : — le Bout-de-Bouzet ; — le Moulin-de-Combon ; — la Neuville-de-Combon ; — la Nouvelle-Athènes ; — la Prée ; — le Trembloi ; — le Mesnillotte ; — le Boiscard (château).

CONCHES.

Arrond. d'Évreux. — Cant. de Conches.

Patr. Notre-Dame. — Prés. l'abbé de Conches.

Conche, en vieux français, suivant Bullet, signifie ordre, arrangement. Bien en conche, en bonne conche, veut dire : bien en ordre, en bon ordre ; mal en conche, en mauvaise conche : mal en ordre, en mauvais ordre. Bullet dérive ce mot du breton. *Concha* signifie aussi une mesure à blé : « Coucada terræ, » pièce de terre qu'on semait avec cette mesure. Enfin, *conka*, cette partie d'une rivière dont le circuit ou contour imite une coquille.

Ecoutons maintenant Lebeuf : « La vé-
« rité est que ce nom, *Conchæ*, n'est pas
« absolument rare dans le royaume ; il a
« produit Conches et Conques en français.
« Outre la ville de Conches, où est l'ab-
« baye en Normandie, il y a Conches,
« village de Béarn, et, outre Conques,
« bourg du Rouergue, où est la collégiale
« substituée à l'abbaye, il y a un Conques,
« bourg du haut Languedoc. Et même le
« nom de Conches a dans le Rouergue son
« diminutif, qui est Conquestes, comme
« qui dirait *Conchulæ*. Il paraît, au reste,
« de tous ces noms que c'est la situation
« ou la forme des lieux qui les a fait
« naître, et l'on y voit ordinairement un
« vallon où l'eau s'amasserait comme
« dans une conque si elle n'était conduite
« plus loin. Les premières habitations qui
« avaient pris le nom ont été transportées
« et refaites plus haut et sur les coteaux
« sans quitter leur nom. » (*Hist. eccl. du
« Diocèse de Paris*, t. XV.)

On s'est encore demandé si les Conches ne seraient pas des lieux où l'on aurait trouvé beaucoup de coquilles fossiles.

I.

La famille de Tosni, par une exception bien rare chez les seigneurs normands, paraît n'avoir pas d'origine scandinave et semble être sortie d'un personnage franc nommé Hugues de Cavalcamp. Un de ses fils, Raoul, était qualifié de « potens armis vir », et un autre fut archevêque de Rouen au milieu du x° siècle. On accuse ce dernier, qui fut en général un prélat très-peu recommandable, d'avoir enlevé à l'Eglise de Rouen le domaine de Tosni pour en doter sa fille. Le premier seigneur de Tosni dont l'histoire nous ait conservé la mémoire s'appelait Raoul; il descendait de Malahuec, oncle et compagnon du duc Rollon. Nous le trouvons possesseur d'un vaste domaine qui embrassait la vallée du Rouloir et la forêt de Conches au commencement du XIe siècle. En 1035, son fils Roger fonda, dans un lieu appelé Casteillon, une abbaye de l'ordre de Saint-Benoît. Ce Roger de Tosni, surnommé l'Espagnol ou d'Espagne, était porte-étendard de Normandie. Au milieu des troubles de la minorité du duc Guillaume le Conquérant, vers 1050, il périt avec ses deux fils Elbert et Elinant dans un combat qu'il livra à Roger de Beaumont.

Raoul II de Tosni, fils de Roger de Tosni, recueillit la succession de son père. A cette époque, les rivalités, les haines et surtout l'ambition excitaient entre les principaux seigneurs de Normandie des guerres incessantes. Le duc Guillaume résolut de sévir : il exila Raoul de Tosni, Hugues de Grantemesnil et Ernauld d'Echauffour, et s'empara de leurs biens. Vers 1060, Raoul rentra en grâce. La guerre venant d'éclater entre les Normands d'une part, les Bretons et les Manceaux de l'autre; Guillaume se laissa fléchir par les prières de Simon de Montfort et de Galeran de Breteuil en Beauvoisis, et peut-être aussi par les conseils de l'intérêt personnel : il rendit aux exilés leurs biens. Aussi, voyons-nous Raoul de Tosni, le porte-étendard de Normandie, combattre à Hastings. Vers 1078, il prit parti pour Robert Courte-Heuse dans la lutte qui s'éleva entre lui et son père. Orderic Vital dit que les rebelles perdirent leurs biens, et cependant il nous montre Raoul de Tosni signant en 1084 la charte que le roi Guillaume accordait à l'abbaye de Saint-Evroul. En 1087, à la mort de Guillaume le Conquérant, les grands seigneurs de Normandie, et entre autres Raoul de Conches, renvoyèrent de leurs châteaux les garnisons royales afin d'être en mesure de résister au roi et à leurs mutuels ennemis. En 1088, Raoul fit les campagnes du Maine avec le duc Robert. Guillaume, comte d'Evreux, avait épousé Helvise de Nevers; Raoul, Isabelle de Montfort-l'Amauri. Ces deux dames se haïssaient. Guillaume attaqua Raoul de Conches. Aussitôt il implora le secours du duc Robert, qui lui promit tout et ne fit rien. Alors Raoul fit appel au roi d'Angleterre, Guillaume le Roux, en promettant, s'il était secouru, de se donner lui et ses biens au roi. Le roi donna ordre à ses vassaux de soutenir Roger. Guillaume n'en poursuivit pas moins ses desseins et vint assiéger Raoul dans Conches : « Et Conchas expugnare cœpit. » Pendant le siége, Richard de Montfort, frère d'Isabelle de Conches et neveu de Guillaume d'Evreux, fut mortellement frappé dans la cour de l'abbaye de Chatillon qu'il avait envahie. Après avoir supporté un long siège et vu ravager ses domaines, Raoul de Tosni prit l'offensive et força son adversaire à faire la paix. Dans un combat, il fit prisonnier Guillaume de Breteuil, qui dut payer une forte rançon et instituer pour son héritier son neveu Roger, fils de Raoul de Tosni. La promesse que Raoul de Tosni avait faite au roi d'Angleterre ne tarda pas à se réaliser. Une querelle s'étant élevée entre les deux frères, le roi Guillaume passa en Normandie à la tête d'une armée. Le duc Robert, épouvanté, se hâta de se réconcilier et de traiter. Dans ce traité, Robert cédait à Guillaume les comtés d'Eu et d'Aumale, les terres de Gérard de Gournai et de Raoul de Conches. Aussi, Orderic Vital, faisant en 1096 le triste tableau de la Normandie, divisée entre les trois frères, Guillaume, Robert et Henri, signale Raoul de Conches parmi les vassaux les plus importants du roi d'Angleterre, et le 27 décembre 1097 on voit le roi d'Angleterre séjourner à Conches. Les dernières années de Raoul de Tosni furent occupées par la guerre. En 1100, il ravageait encore les terres du comte de Meulan. Il mourut le 24 mars 1102. Sa mère, Adèle, veuve de Roger de Tosni, s'était remariée et avait épousé Richard, comte d'Evreux. Elle avait eu de ce second mariage une fille, Agnès, qui épousa Simon Ier de Montfort-l'Amauri. Raoul épousa, en revanche, Isabelle, fille de ce même Simon de Montfort, et il en eut trois enfants, Raoul, Roger et Godehilde, mariée à Robert du Neubourg, puis à Baudouin de Boulogne. Il fut enterré dans le monastère de Chatillon de Conches, et sa veuve Isabelle prit le voile dans le prieuré de Haute-Bruyère, prieuré de l'ordre de Fontevrault, situé à Saint-Rémi-l'Honoré, près Montfort-l'Amauri. Raoul III de Tosni succéda à son père dans le domaine de Conches. Son frère, Roger II de Tosni, qui avait été, comme nous l'avons vu, désigné comme héritier de Guillaume de Breteuil et de Guillaume d'Evreux, était mort en 1090.

Raoul III de Tosni. La guerre ne cessait de sévir dans ces temps malheureux. Guillaume de Breteuil n'avait pas eu d'enfant de son mariage avec Adeline, fille de Hugues de Montfort. A sa mort, ses deux neveux, Guillaume de Gael et Renaud de Grancei, prétendirent à sa succession ; mais Guillaume avait eu un fils naturel, Eustache, qui, soutenu par les seigneurs normands, et bientôt après par Henri Ier, roi d'Angleterre, engagea la lutte et finit par triompher. Raoul de Tosni s'était déclaré pour Rainaud de Grancei : Robert, comte de Meulan, réconcilia les adversaires en 1103. Raoul épousa la même année Adeline, fille du comte Waltheof et de Judith, fille de la comtesse d'Aumale, sœur de Guillaume le Conquérant, puis passa en Angleterre et s'attacha à Henri Ier, auquel il resta toujours fidèle. En 1119, lors de la guerre entre Louis VI le Gros et Henri Ier, Amauri de Montfort disait au roi de France, en parlant de son neveu Raoul II de Conches : « Ipse fortia « possidet castra : Conchas et Toeneium, « Portas et Archineium ; » mais Amauri se flattait et Raoul n'abandonna pas le roi d'Angleterre. Aussi, au moment où Henri Ier rendit à Raoul de Gaël l'honneur de Breteuil et s'attachait ce seigneur par des faveurs, il l'engagea à gagner l'appui alors incertain de Raoul de Conches en lui donnant le Pont-Saint-Pierre et la vallée de Pitres. Raoul mourut vers 1126, laissant deux fils : Roger, Hugues, et plusieurs filles.

Orderic Vital, qui nous fournit tous ces détails sur l'histoire des seigneurs de Conches, ne parle pas de Roger III de Tosni avant 1135. A cette époque, Henri Ier, roi d'Angleterre, était en hostilité avec son gendre, Geoffroi Plantagenet. Beaucoup de seigneurs normands étaient forts mécontents, et parmi les suspects, Henri Ier plaçait Guillaume Talvas, IIIe du nom, et Roger de Tosni. A la première occasion, le roi s'empara de Conches et le garda jusqu'à sa mort, arrivée quelques mois après (1er décembre 1135). Orderic Vital ne nous dit pas la cause de la guerre qui éclata entre Roger de Tosni et Robert, comte de Leicester, seigneur de Breteuil. Roger commença par s'emparer du Vaudreuil, que Galeran, comte de Meulan, reprit trois jours après. L'expédition de Roger contre le Vaudreuil partait visiblement de ce château d'Acquigni contre lequel le comte Galeran exerça de si terribles représailles le 11 mai 1136. Roger brûla et ravagea trois domaines que nous supposons être la Croix-Saint-Leufroi, Cailli et Ecardenville-sur-Eure. A son tour, il fut attaqué par les habitants de l'Aigle. Il soudoya les vassaux de Mauvoisin, seigneur de Roissi-Mauvoisin et autres fiefs des environs de Mantes, pour les opposer aux troupes de Thibaud, comte de Blois et de Champagne, qui s'était déclaré contre lui. Thibaud court attaquer le château de Pont-Saint-Pierre, qui avait été donné, comme nous l'avons vu, aux Tosni par Raoul de Gaël, seigneur de Breteuil, et qui fut vigoureusement défendu par Guillaume de Fontaines. Pendant ce temps, Roger ravageait le diocèse d'Évreux et violait l'abbaye de la Croix-Saint-Leufroi ; mais, un jour qu'il se reposait de ses pillages près des bois du Vaudreuil, il fut surpris par le comte Galeran et Henri de la Pommeraye, et fut fait prisonnier (1136) ; en même temps sa terre était mise en interdit. En 1137, l'interdit fut levé et Roger recouvra sa liberté. En 1138, il fut attaqué de nouveau par le comte Galeran et Guillaume d'Ipres. Roger était prêt : il repoussa victorieusement leurs attaques ; puis, réunissant les troupes de Baudouin IV, comte de Hainaut, et de Pierre de Maule, il se dirigea vers Breteuil, dont il s'empara. Ce succès mit fin à la guerre. Roger de Tosni, Galeran, comte de Meulan, et Robert, comte de Leicester, firent la paix, et cette paix réconcilia Roger de Tosni avec le roi d'Angleterre Étienne.

Roger IV de Tosni épousa Constance, fille de Richard, vicomte de Beaumont. En 1199, Jean sans Terre rendit à Constance, dame de Conches, le domaine d'Aicelreichescote. (*Rot. Chart.*, p. 20, 21, 22.) En 1202, il ordonna qu'elle fût libérée d'une dette de 21 marcs d'argent qu'elle avait contractée avec Benoit, juif de Verneuil.

Roger V de Tosni fut le favori et l'allié fidèle de Jean sans Terre. Dans les *Grands Rôles de l'Échiquier de Normandie*, à la date de 1198, on lit : « Henricus de Gra- « ceo reddit compotum de receptis suis « de misericordiis, promissis et finibus « ballie sue de Vernolio, scilicet de Gisle- « berto de Mineriis 400 lib. pro recto ha- « bendo versus Rogerium de Toeneio, de « terra Ricardi de Rummilleio. » Et plus loin : « Rogerius de Toeneio, 272 lib. de « remanente taillagii terre sue ad redem- « ptionem regis, et 20 lib. 17 sol. ad unam « loriculam de jurea... » Dans les guerres de Philippe-Auguste et de Jean sans Terre, Philippe-Auguste enleva en 1199 le château de Conches. La paix se fit en 1200, et Conches est cité dans le traité. Roger de Tosni se porta garant pour le roi d'Angleterre de l'exécution du traité, qui ne tarda pas à être rompu, et la guerre recommença. Philippe-Auguste reprit en 1202 le château de Conches, et, lorsque la Normandie fut définitivement conquise, il partagea les domaines de Roger de

Tosni. En 1204, il donna à Robert de Courtenai les châteaux de Conches et de Nonancourt (*Cart. norm.*, n° 96), et la même année Robert de Courtenai s'engagea à ne vendre, donner, aliéner ou engager, sans l'autorisation du roi, aucune partie des susdits châteaux.

Après la mort de Roger de Tosni, le domaine de Conches échut à sa fille Mathilde, qui fonda dans le château les deux chapelles de Saint-Martin et de Saint-Hilaire. Puis elle donna à perpétuité, aux curés de Sainte-Foi de Conches, de Notre-Dame-des-Vals, de Saint-Étienne de Collandres, de Quincarnon, de Nogent, du Nuisement, de Sainte-Marguerite, les droits et les privilèges de percevoir tous les ans leur chauffage dans la forêt de Conches, pour les récompenser du service religieux qu'ils se chargeaient de faire dans les chapelles du château.

Le 7 janvier 1206-7, Philippe-Auguste était à Conches; il mande à Nicolas Bocel de faire jouir les moines de Lire des aumônes royales comme du temps de Henri II et de Richard Cœur de lion.

En 1214, Robert de Courtenai donne à l'abbaye de la Trappe 60 sous tournois sur la prévôté de Conches. (*Cart. de Bonport*, n° 45.) En 1277, Guillaume, abbé de la Trappe, vendit ces 60 sous tournois aux religieux de Bonport. (*Cart. de Bonport*, n°s 302 et 772.)

En 1217, Robert de Courtenai s'engagea à aider le roi et à lui remettre, quand il lui plairait, les forteresses de Conches et Nonancourt.

En 1224, Philippe-Auguste confirme la charte par laquelle Robert de Courtenai reconnaît les droits de Guillaume de Minières, sénéchal fieffé de la baronnie de Conches.

En 1238, Pierre de Courtenai, chevalier, fait hommage au roi saint Louis de sa baronnie de Conches : « Feci homa-
« gium ligium contra omnes homines et
« feminas, qui possunt vivere et mori, de
« baronnia de Conches, salva vita caris-
« simi patris mei, salvo dotalitio carissime
« matris meæ, salvo jure ejusdem domini
« regis et salvo jure alieno. »

En 1247, Pierre de Courtenai, seigneur de Conches, reconnaît ne pouvoir exiger de ses hommes habitant la forêt de Conches ni tailles ni corvées, mais seulement une mine de froment et un chapon par acre de terre, ainsi qu'il avait été accordé par lettres de son père. (1er *Cart. d'Artois*, n° 187.)

En 1249, reconnaissance de Pierre de Courtenai, sieur de Conches, faite au roi saint Louis pour le rachat de la terre de Joigni. (*Cart. norm.*, n° 479.)

La même année, Robert, comte d'Artois, Amicie de Courtenai, sa femme, accordent à leurs hommes de Conches, Ferrières et Caveron, de payer en deux termes leurs tailles, qu'ils payaient précédemment en un seul tous les trois ans. (1er *Cart. d'Artois*, n° 224.)

En 1266, Pierre de Courtenai, chevalier, était défunt. Sa veuve, Pernelle, avait son douaire assis sur la terre de Conches, etc. Elle renonça à tous ses droits en faveur de son gendre, Robert d'Artois, moyennant une pension annuelle et viagère de 2,000 livres parisis. (*Cart. norm.*, n° 717.)

En 1269, Luc, abbé de Châtillon, déclare que, par accord avec Robert d'Artois, seigneur de Conches et de Domfront, il lui quitte et remet, en sa qualité de gendre de Pierre de Courtenai, par Amicie, sa fille, 1,200 livres tournois que ledit Pierre lui avait demandées quand il partit pour Jérusalem. (1er *Cart. d'Artois*, n° 227.)

En 1270, le seigneur d'Harcourt promet de rendre hommage au fils aîné du comte d'Arras : « pro una quercu, pro
« una fago, pro uno cervo, pro uno apro
« et pro centum porcis quittis a pasnagio,
« quos habet et habere debet singulis
« annis, in forestis de Conches. » (*Olim*, t. II, p. 137.)

En 1280, lettres de Philippe le Bel, par lesquelles on voit que, dans le contrat de mariage conclu entre Philippe, fils aîné de Robert, comte d'Artois, et Blanche, fille de Jean de Bretagne, on avait, entre autres biens, assigné en douaire à ladite Blanche le tiers de la terre de Domfront et de la terre de Conches.

En 1288, les arbitres nommés par Philippe, comte d'Artois, d'une part, et le comte de Bourgogne et Mahaud, sa femme, sœur du comte d'Artois susdit, d'autre part, trouvèrent, par le record de messeigneurs Pierre de Pommerel, Roger de Courton, Jean Dufay, Richard Ruffaut, Guillaume de Bordigny, Roger de Portes, Jean de Chantelou, Renaud du Mesnil, chevaliers; Pierre de Houssemagne, chanoine d'Évreux; Richard le Gualeis, curé de Sainte-Colombe, que Mahaud devait avoir le tiers de la terre de Conches et rien dans celle de Nonancourt, parce qu'elle n'est pas venue en droite ligne. (*Archives d'Artois*.)

Au milieu du XIVe siècle, nous voyons que le château de Conches était aux mains du roi. Après l'assassinat du connétable d'Espagne, le roi Jean assigna Charles le

Mauvais, roi de Navarre et comte d'Evreux, devant le parlement. Charles reçut avec beaucoup de hauteur les envoyés du roi, et ne consentit à paraître que si on lui donnait en dédommagement Conches, Orbec, Pont-Audemer, le bailliage de Cotentin et quelques autres domaines. Le roi Jean se résigna et accorda tout. Cependant, le château de Conches semble n'avoir pas été livré jusqu'en 1355. Lorsqu'une guerre ouverte éclata entre les rois de France et de Navarre, la garnison d'Evreux, qui appartenait à Charles le Mauvais, surprit le château de Conches. Deux ans après, en 1357, l'armée anglaise, revenant du siège de Pont-Audemer, prit et incendia le monastère.

Charles le Mauvais donna Conches au captal de Buch, que nous trouvons traité de seigneur de Conches dans beaucoup d'actes.

En 1371, du Guesclin était au siège de Conches : « es bastides devant Conches, » dit une charte. (*Arch. de l'Emp.*, K. reg. CIII, n° 1er.)

Une convention fut conclue, pour Conches et Breteuil, entre Archambault de Grelly et Garcie Arnault de Salines, capitaine de Breteuil, représentant le captal de Buch, et Bertrand du Guesclin, représentant le roi de France : « Premièrement, « que la forteresse et terre de Conches « sera mise plainement en la main du roy « de France dessus nommé, lequel y or- « donnera de garde et d'autres officiers « à son plaisir, par telle condicion et ma- « nière que, quant la paix sera entre le « roy de France dessus nommé et mon- « seigneur le roy d'Angleterre, ledit roy « de France fera remettre et baillier en la « main de mondit seigneur le captal, fran- « chement se il est en vie, parce qu'il sera « tenuz de baillier audit roy de France « bonne seurté que jamais n'en sera faite « guerre ne à lui, ne à son royaume ; et si « ledit monseigneur le captal n'est lors « en vie, ledit roy de France les fera bail- « lier et délivrer à ses hoirs, selon la te- « neur dudit don et octroy, que il en a de « monseigneur le roi de Navarre. » (A. I., Sect. hist., J 400, *Tresor des chartes*. — Publié dans les pièces justificatives de la *Chronique de Bertran du Guesclin*, p. 408.)

Nous trouvons dans plusieurs auteurs que le domaine de Conches fut donné à Bertrand du Guesclin, et qu'en 1386 ses héritiers étaient détenteurs de la chastellenie de Conches ; nous avons vainement cherché la pièce originale.

Conches retomba encore une fois au pouvoir des Anglais, et ne revint définitivement au roi de France qu'après la prise du Pont-de-l'Arche et la brillante campagne de Robert de Floques, bailli d'Evreux, en 1449. Les guerres de religion ramenèrent la guerre devant Conches. En 1590, le comte de Tavannes, gouverneur de Normandie pour la Ligue, se présenta inutilement devant Conches, qui tenait pour Henri IV. La même année, les ligueurs d'Evreux, commandés par le duc de Montpensier, se vengèrent en pillant et saccageant la ville et même l'abbaye. Dans ce désastre, on abattit une construction en bois qui couronnait le donjon, et on renversa le vieux château des sires de Conches. Le domaine de Conches, qui depuis 1480 dépendait du domaine de la couronne, fut compris en 1651 dans la cession faite aux ducs de Bouillon.

II.

L'abbaye de Conches fut établie en 1035 par Roger Ier de Tosni, fils de Raoul de Tosni, sur un terrain voisin de la ville de Conches, et portant alors le nom de « Castellio ». Voilà pourquoi cette abbaye s'appelait en même temps l'abbaye de Conches ou l'abbaye de Châtillon. Il est probable qu'en cet endroit même il y avait un petit château : « castellum, » et que dans ce petit château s'établirent les premiers moines de Conches. Nous avons donné à Roger de Tosni, sur la foi d'Orderic Vital, l'honneur d'avoir fondé le monastère de Conches : « Igitur Rogerius « de Toenio cœnobium Castellionis, alias « de Conchis, construxit, ubi Gilbertus, « abbas, vir magnæ honestatis et sapien- « tiæ, laudabiliter floruit ; » mais nous devons constater que Guillaume de Jumiéges nomme Raoul : « Monasterium « Sancti Petri Castellionis Radulphus de « Thoenis construxit. » Le Brasseur propose de concilier ces deux auteurs en disant que les deux frères, Roger et Raoul de Tosni, furent tous deux les fondateurs de ce monastère. Ils sont nommés, en effet, à divers endroits du nécrologe de cette abbaye : « Pridie calendas junii, de- « positio D. Rogerii, fundatoris istius ec- « clesiæ... » Et plus loin : « D. Radul- « phus de Thenis dedit inter alia locum « ipsum in quo monasterium situm est. » Raoul II de Toeni, mort probablement le 24 mai 1102, et Raoul III, mort vers 1125, furent enterrés tous deux à Conches. Orderic Vital nous l'apprend : « Ambos, « ut improba mors sibi eos subdidit, se- « pultura in cœnobio B. Petri Castellionis, « cum patribus suis suscepit. » Toute la famille de Tosni continua, en effet, à être ensevelie dans ce monastère.

Les seigneurs de Tosni, les rois d'Angleterre Henri Ier et Henri II, les comtes d'Evreux et beaucoup d'autres seigneurs firent successivement à l'abbaye des donations considérables. Les pièces les plus importantes ont été publiées dans le *Gallia christiana*.

Eudes Rigaud, dans le registre de ses visites pastorales, nous a laissé sur l'abbaye de Conches quelques détails. En 1255, il dit : « Nous avons visité l'abbaye de « Conches. Là se trouvent vingt-huit « religieux; tous sont moines, si ce n'est « deux. Nous avons ordonné que les sta« tuts du pape Grégoire soient lus au « moins trois fois par an. L'aumône est « donnée quatre fois la semaine à tout « venant, deux fois aux clercs écoliers et « deux fois aux lépreux. Dans les prieurés, « on n'observe pas le jeûne et on mange « de la viande... Nous avons ordonné que « deux fois par an le prieur fasse, avec « quelques moines délégués par le cou« vent, un compte ou un état général de « la situation, et que de plus, tous les « mois, il fasse des comptes partiels. Leurs « dettes s'élèvent à 300 livres, leurs reve« nus à 1,200 livres. »

En 1258, Eudes Rigaud trouve dans le monastère vingt-huit moines. Il enjoint à l'abbé de visiter les prieurés plus souvent, et donne les mêmes instructions qu'en 1255.

En 1265, Eudes Rigaud visite le prieuré de Saint-Etienne, près d'Hacqueville, dans le Vexin normand.

En 1269, il revient à Conches et trouve l'occasion de tenir le même langage qu'en 1255 et 1258. Il y trouve vingt-cinq moines, dont deux étaient novices. Le nombre devait augmenter. Eudes Rigaud défendit l'entrée du cloître aux séculiers, et renouvela ses prescriptions au sujet de l'abstinence.

Eudes Rigaud cite plusieurs prieurés; en effet, les prieurés de Saint-Etienne, près d'Hacqueville, d'Acquigni et de Bailleul dépendaient de Conches. Le pouillé de 1648 mentionne quatorze bénéfices à la présentation de l'abbaye de Conches.

Dans la liste des abbés de Conches que nous donnons plus loin, on trouvera notés les principaux événements de l'histoire de notre abbaye. Nous nous bornerons à rappeler que le feu dévora le monastère vers 1357. Les moines de Conches acceptèrent l'asile que Charles V leur offrit dans la ville de Conches; mais ils retournèrent dans ce monastère restauré vers 1383. Une grande partie des bâtiments ont été conservés avec le parc et l'enclos.

Rappelons enfin l'introduction, en 1630, des moines de la congrégation de Saint-Maur.

Avant de donner la liste des abbés de Conches, nous allons reproduire un aveu qui constate l'étendue des biens de ladite abbaye :

« Du roy nostre souverain seigneur, « nous abbé et couvent de Saint-Pierre et « de Saint-Pol de Conches, ou diocèse « d'Evreux, tenons et advouons à tenir « en bailliage d'Evreux et viconté de « Conches, en siége de la viconté du dit « lieu de Conches, les terres et tenemens « qui ensuivent. Premièrement, le corps « de nostre abbaie séant au bourg de « Chastellon, près la dite ville de Conches, « avecques toutes les appartenances, tant « en rentes, cens, dismez, prés, moulins, « vignes, terres, pasturages, rivières, pes« cheries et deux estans nommés buves « (ainsi écrit : *buues*), court et usage en « basse et moyenne justice en la dite ville « et chastellerie de Conches, tant au dit « lieu que à la Ferrière et ailleurs, et y « prenons en toutes choses comme le roy « nostre dit sire, sauf la haulte justice, « qui demeure au roy nostre dit sire, et « ressortissons de nostre dite justice à la « haulte justice du roy audit lieu de Con« ches. Item, nous advouons en la dite « ville de Conches quatre foires en l'an, « c'est assavoir, le jour de la Saint-« Pierre, en février; la Saint-Pierre, en « juing, la Saint-Pierre, entrée d'aoust, « et la Sainte-Croix en septembre, es« quelles nous nous advouons toutes lez « coustumez, forfaictures et amendes, et « cognoissance des debas et mestiers a.ec « l'aune et le poiz, en basse et moyenne « justice. Item, nous avouons la disme de « tous les bois venduz en la forest de Con« chez par la main du viconte et receveur « dudit lieu de Conchez. Item, nous avons « en la dite forest bois pour maisonner, « mesrener, ediffier, repparoir et ardoir, « et pour autres choses généralement né« cessaires en nostre dicte abbaie et es « manoirs, menbres et deppendances, en « quelconque lieu que ils soient, lesquelles « choses nous sont baillées et livrées par « la main du verdier de la dicte forest ou « de son lieutenant; et povons advoir en « nostre dicte abbaie et en touz nos ma« noirs appartenans à icelle toutes ma« nières de bestes franchez sans nombre, « pour envoier pasturer en la dicte forest « et noz francs [sans] nombre par tous les « pasnages, esquieulx pasnages nous pre« nons la dixieme partie, la valleur de la « ferme du dict pasnage, non pas seule« ment de ce qu'ilz sont venduz, mais de « ce qu'il en est receu par les fermiers, et

« est à chascun pasnage le bailli de nostre
« abbaie ou autre procureur pour nous,
« et ung varlet avec lui pour leur passer
« les pors et l'argent recevoir, et icellui
« argent receu peut nostre dit officier
« sceller jusques ad ce qu'il soit compté
« et que nous en aions eu nostre droit, et
« en a le dict bailly ou nostre procureur
« pour son droit d'estre present v solz, et
« son valet xii deniers, sur l'argent des
« fermiers du roy, pour chascun pasnage.
« Item, nous advouons la cognoissance et
« detencion de touz cas de haro faiz en
« nostre terre pour quelque personne que
« ce soit, et le pouvons tenir une nuyt et
« ung jour, et après le devons rendre à la
« haulte justice, et semblablement tous
« les malfecteurs prins en nostre terre,
« et en faire faire la pugnicion selon la
« coustume du pais dedens un jour na-
« turel, et se fere ne en povons lors la
« pugnicion, icellui devons rendre à la
« justice haulte ou son mefffait pour en
« fere faire la pugnicion quand il sera
« jugié. Item, nous advouons plusieurs
« tenanciers de nous, tant resseans que
« non resseans, en divers lieux et en di-
« verses parties, qui sont nos banies et
« viennent mouldre en noz moulins, tant
« à Conches que ailleurs. Item, nous avons
« le manoir nommé Saint-Aubin, près de
« Conches, oveques les terres à icellui
« appartenant. Item, ung autre manoir
« nommé le manoir de Valleul, avec les
« terres à icellui appartenant, eu quel a
« court et usage. Item, nous avouons ung
« manoir et terre nommé le manoir du
« Mal assis, assiz en la parroisse du
« Mesnil Haudre, le manoir de Launoy
« assis en la parroisse du Val, le manoir
« de Leslée assis en la parroisse Saint-
« Mosnin. Item, nous advouons ung fieu
« ou porcion de fieu en la parroisse de
« Bure, oveques les appartenances, des
« quielx manoir et le fieu, court, usage,
« et juridicion est tenue en nostre dicte
« abbaie comme le chief de tous iceulx.
« Item, nous advouons ung fieu ou por-
« cion de fieu d'Iville, ou il a court et
« usage. Item, ung fieu ou porcion de
« fieu en la parroisse de Cauville, où il a
« court et usage. Item, ung fieu et ma-
« noir en la parroisse de Villiers en Ou-
« che, où il a court et usage, et plusieurs
« resseanx et non resseanx, rentes et re-
« devances sur certains heritages. Item,
« nous advouons ung manoir à Nuyse-
« ment, oveques toutes les appartenances.
« Item, nous avons et povons prendre
« chacun an ung cherf et ung sanglier en
« la forest dessus dicte, en la presence
« du sergent de la garde. Item, nous ad-

« vouons trois sextiers de metail sur le Neuf-
« Moulin, paiez par la main des prevostz;
« x livres tournois pour an sur la pre-
« vosté, paié par la main du dit rece-
« veur de Conches, et sextier de froment,
« et viii sols, sur les terres de Guin-
« quernon, xii sols sur le moulin à ten.
« Item, nous advouons ung manoir assis
« en petit fort de Conches. Item, nous ad-
« vouons la donneson des escolles de toute
« la terre de Conches. Item, nous advouons
« plusieurs rentes et revenues sur plusieurs
« heritages que nous tenons en pure et
« perpetuelle osmone. Item, ung nommé
« Houssemaine est tenancier de nous par
« hommage et à cause d'un fieu appellé
« le fieu de Garencières, le quel respont
« en nostre dite abbaye. Item, nous ad-
« vouons un fieu appellé fieu des Aiz,
« assis en la parroisse de Louverte, dont
« la court et usage est semblablement
« tenue en nostre dicte abbaie. Item, nous
« advouons à Faveroles une couture de
« v acres de terre. Item, nous advouons
« ung fieu à Verville, appelé le fieu du
« Bost, la court et usage semblablement
« en nostre dicte abbaie. Item, en la terre
« d'Acquigny, à cause de la fondacion de
« nostre dict moustier, ung prieuré nommé
« Saint Mauxe d'Acquigny, avec toutes les
« appartenances, tant en dismes de vins,
« de bois que en toutes choses, le patron-
« nage de l'église de la dicte ville d'Acqui-
« gny et les escolles. Item, d'icelle, ii fieux
« qui sont assis en la dicte ville, esquielx
« nous avons court et usage et basse
« justice, et plusieurs resseans, rentes,
« revenues et appartenances, les quielx
« fieux estoient entierement appellez l'un
« le fieu Claver, et l'autre le fieu Ovart.
« Item, la xme sepmaine de la prevosté de
« la dicte ville d'Acquigny, en laquelle
« sepmaine nous prenons disme en toutes
« les choses, tant en foires, m[archés],
« coustumes, pescheries, amendes, for-
« faictures et en autres choses sembla-
« bles, comme les seigneurs du dict
« lieu font en ix sepmaine. Item, ung
« gort assis en la dicte ville, dedens la
« rivière de Eure, auquel les seigneurs
« du dict lieu doivent trouver boiz mesren,
« pieux, clayes, et rendre en place à faire
« tenir le dict gort en estat. Item, la
« disme de tous les bois de la dicte terre
« d'Acquigny, qui y sont venduz, par qui
« et en quelque maniere que ce soit, et
« pour une partie des boiz des Faulx, que
« tenoit naguere le sire de Laval, nous
« prenons pour la disme vii livres un
« chacun an sur la prevosté de la dicte
« ville, par certaine composicion ja pieca
« faite. Item, la disme de toutes les bestes

« qui sont prises es mectes du dit bois,
« semblablement comme en la forest de
« Conches. Item, en la parroisse de Fon-
« taine soubz Jouy, un moulin où il a
« plusieurs moultes et baniers ad ce ap-
« partenant. Item, un manoir appelé le
« Planchie, assis en la parroisse de Fon-
« tenes (?), avec les terres et apparte-
« nances qui y appartiennent. Item, nous
« advouons... en la disme de la parroisse
« de la Roche. Item, nous advouons deux
« fieux en la dicte paroisse, es quiex nous
« avons court et usage en basse justice, et
« plusieurs rentes, revenus appartenant et
« deppendant d'iceulx fieux, les quielx
« fieux estoient anciennement nommés l'un
« le fieu Lancelin, et l'autre le fieu Ou-
« delin. Item, en la dicte parroisse de
« Fontaines, en celle de Saint-Victor et
« Auffaulx, nous advouons parties de
« dismes des grains, des vins, et la disme
« des bois du seigneur de Fontaines, assis
« en la dicte parroisse de Fontaines. Item,
« xxx sols tournois de rente par chacun
« an sur un moulin appelé le Neuf Molin,
« assis en la parroisse de Saint-Vigor.
« Item, en la dicte terre d'Acquigni a plu-
« sieurs autres revenues et appartenances
« en plusieurs lieux, sur plusieurs heri-
« tages. Item, en la viconté d'Evreux,
« nous avons une place es faulx bourgs
« d'Evreux, et oultres plusieurs places
« destruictes par le fait des guerres, les
« quelles possessions et revenues dessus
« dicts nous tenons en pure et perpe-
« tuelle osmone osmonée et amortie. Item,
« nous advouons au Mesnil-Pean xii sols
« tournois de rente. Item, nous advouons
« à la Bonne Ville plusieurs rentes et re-
« venues, redevances sans court et usage.
« Item, nous advouons en la dicte par-
« roisse, sur le moulin au seigneur Da-
« moy, vi sextiers de blé par an à la me-
« sure des Portes. Item, à Hondouville nous
« advouons la xe semaine en marchiez, en
« acquis, en autres choses, et si avons la
« xe sepmaine des moulins de la dicte ville.
« Item, nous advouons en la terre de Saint
« Andrieu en la Marche, premierement,
« en la parroisse de Bailleul, un manoir,
« lequel est franc en la forest de Conches
« comme nostre abbaie, et pluseurs hom-
« mes resséans, cour et usage en basse
« justice, rentes et revenues. Item, en
« la dicte parroisse a pluseurs terres la-
« bourables et non labourables, vignes et
« aultres possessions et revenus, dismes,
« les quielx heritages, possessions et re-
« venus nous tenons en pure et perpe-
« tuelle aumosne ausmonée et admortie.
« Item, au bailliage de Gisors, en la par-
« roisse de Heuqueville, ung tenement à
« court et usage en basse justice, et plu-
« sieurs rentes et les revenus à ce appar-
« tenant, et x sols tournois de rente sur les
« cens du seigneur de Heugueville. Item,
« le patronnage de l'esglise de la dicte
« ville, les ii pars des grosses dismes, les
« quelles nous tenons en pure et perpetuelle
« osmone osmonée et admortie. Item, en
« Veuquessin, le priouré de Saint-Es-
« tienne, ovecques les appartenances du
« dit priouré, à court et usage en basse
« justice. Item, le patronnage de l'église
« de Villiers (ou Villeres) en Veuquessin,
« et les deux parties des grosses for-
« mes (sic), et doit le curé de la dicte
« église, par chacun an, ii paire de dou-
« bliers au couvent de nostre dicte abbaie.
« Item, en la dicte ville, plusieurs reve-
« nues que nous tenons en pure osmone.
« Item, nous advons le patronnage de l'é-
« glise..... pars de dismes de la dicte
« parroisse. Item, en la paroisse de Tony,
« ung manoir ovecques les appartenances,
« franc en la forêt de Conches comme
« nostre abbaye, et y avons plusieurs
« rentes et revenues sur plusieurs hommes
« en ... lieux, ovecques vignes, et avons
« ung gort en Saine et la xme sepmaine
« d'acquis de four à ban, et de ceulx qui
« doyvent les cuers (?) et plusieurs autres
« forfaictures. Item, le patronnage de l'é-
« glise et les deux pars de disme des
« grains, des boiz et des fains, et la
« disme de tous les vins et de toutes les
« bestes qui sont prinsez es bois et ga-
« renne de la dicte ville, et xxxii sols pa-
« risis sur le curé de la dicte ville. Item,
« en la paroisse de Villiers sur le Roulle,
« le patronnage de l'esglise et les ii pars
« des dismes, et la disme de tous les vins
« et des bois de la dicte ville et vignes
« labourables en notre domaine. Item,
« en la terre monseigneur de Harrecourt,
« sur ung fieu appelé le fieu de Houlle-
« bec, le tiers du dict fieu de la dicte
« disme. Item, eu bailliage de Dieppe,
« dedens la dicte ville, nous avons plu-
« sieurs rentes et revenues, à basse jus-
« tice, et pluseurs masures, et ceulx qui
« les tiennent qui ont plusieurs bois-
« seaux (sic) et batiaux sont francs de
« toutes choses, et ceulx qui vont pes-
« cher es diz vessiaulx sont francs comme
« les dessus dicts toutesfoiz que il vont
« pescher avec eulx. Item, eu bailliage de
« Caux, en la parroisse de Barengerville
« sur la Mer, nous avons un tenement à
« court et usage. Item, en la dicte ville
« avons plusieurs rentes et revenues et
« appartenances, le patronnage de la dicte
« église et les deulx pars des grosses
« dismes. Item, en la parroisse d'Ause-

« bost nous avons 1 fieu tenu de nous par
« x sols tournois de rente. Item, en la
« parroisse de Breteville, 111 sols de rente
« sur une masure contenant xxx acres de
« terre ou environ que nous tesnons en
« pure osmone et amortis. Item, eu bail-
« liage et ville de Rouen; en la dicte ville
« nous avons ung manoir appellé le Grant
« Chelier, en une rue anciennement appel-
« lée la rue de Lipetre, et plusieurs mai-
« sons et rentes. Lesquelles choses, tant
« en temporel que autres, nous tenons du
« roy nostre souverain seigneur par une
« seulle feaulté, à cause de sa duchié de
« Normandie, comme dit est, et lui en
« devons prieres et oresons pour toutes
« choses, dont je, Guillaume du Chesney,
« par la permission divine humble abbé du
« dict lieu, ay puis naguères fait le sere-
« ment de feaulté au roy nostre dit sire,
« ainsi comme il est accoustumé de faire,
« et pour ce que moy abbé dessusdit suis
« depuis naguères venu ou gouvernement
« de la dicte eglise, et depuis il a esté grans
« gueres en païs, par quoy moy et mon
« couvent n'avons pas peu avoir si plaine
« cognoissance des revenues de nostre dite
« eglise, comme nous eussions eu s'il
« eust esté bonne paix, nous faisons pro-
« testation et retenue en requerant d'icel-
« lui pourchasser et recouvrer en temps
« et en lieu, et obéissons se plus en vient
« à nostre cognoissance ad ce bailler par
« déclaration en temps et en lieu, se mes-
« tier en est. En tesmoing de ce, nous
« abbé et couvent dessusdits avons scellé
« ces lettres des scaulx de nostre dicte
« église, l'an de grace mil IIIIc et dixneuf,
« le trentiesme jour d'octobre. » (*Arch. de
l'Emp.*, P. 308, f° 12 r°.)

La collection Gaignières, volume coté
261, contient un certain nombre de pièces relatives à l'abbaye de Conches. Quoiqu'elles soient peu importantes, nous en
dirons l'objet :

22 juin 1355. Ordre de payement à
l'abbé de Conches et à messire Jehan de
Hellenvilliers, chevalier, par Charles, dauphin.

1380. Quittance par Richard Haudouf,
abbé de Conches, de 10 livres tournois à
lui dues à titre d'aumône sur la prévôté
de Conches.

1385. Semblable quittance.

1400. Quittance par Jacques Gaudion,
abbé de Conches, d'une somme de 26 liv.
9 sols 8 deniers.

1404. Quittance par Jean, abbé de
Conches, d'une somme de 38 liv. 13 s.
9 den.

1412. Quittance par Jean, abbé de
Conches.

1420. Quittance par Guillaume, abbé de
Conches, de 9 liv. 3 s. 7 den. pour plusieurs parties de dîmes que l'abbaye a
l'habitude de prendre sur la recette de
ladite vicomté : « C'est assavoir, pour la
« disme du moulin à ten de Conches,
« fieffé aux tenneurs du lieu par 6 livres
« par an... pour la disme des ventes de
« bois, tant grandes que petites, faites
« en la forest de Conches. »

1446. Délai accordé par Henri VI, roi
de France et d'Angleterre, à Robert, abbé
de Conches, pour faire le dénombrement
des biens temporels de l'abbaye.

1464. Quittance de Guillaume, abbé de
Conches. Pièce signée.

1466. Quittance de Jean, abbé de
Conches.

1474. Quittance de Jean, abbé de
Conches.

1494. Quittance de Nicolas, abbé de
Conches.

1526. Quittance de Jean, abbé de
Conches.

1527. Quittance de Jean, « humble abbé
de Saint-Pierre-de-Castillon-lez-Conches. »

1547. Henri II donne ordre de rembourser à Jean le Vavasseur, abbé de Conches,
1460 livres 5 sous que l'abbaye avait prêtés
à François Ier.

Voici la liste des abbés de Conches,
telle que nous la donnent les auteurs du
Gallia christiana. Nous l'avons complétée
jusqu'en 1789 :

1. Gilbert Ier, moine de Fécamp, est le premier abbé de Conches suivant Orderic Vital. Il signa, en 1050, la charte de restauration de Saint-Evroul.
2. Guillaume Ier, moine de Fécamp.
3. Guillaume II, moine de Saint-Laumer de Blois.
4. Létard. En 1090, pendant le siége de Conches, Richard de Montfort, ayant envahi la cour de l'abbaye de Conches, fut frappé d'un trait et mourut le même jour.
5. Sulpice. Il vécut du temps du roi Henri Ier. Robert, comte de Beaumont, fit sous son administration de grands dons à l'abbaye. Il transigea pour les dîmes de Gravenchon avec les moines de Saint-Wandrille en 1108.
6. Gilbert II, moine du Bec, élu vers 1130. (Voyez dans le *Gallia christ.*, t. XI, *Instr.*, ch. 128, la charte d'Henri Ier, en faveur de Conches, vers 1130.)
7. Vincent, moine de Coulombs, reçut de l'archevêque Hugues, vers 1140, l'église et les dîmes de Warange-

ville, près Dieppe. Il transigea avec Roger de Tosni au sujet du moulin de Fontaine, et voulut qu'en souvenir de ses bienfaits des lampes brûlassent toujours devant le tombeau des seigneurs de Conches. Cet usage se perpétua jusqu'en 1600, époque à laquelle les moines, ayant été privés de la chaussée de Fontaine, éteignirent les lampes. (Voyez dans le *Gallia christ.*, t. XI, *Instr.*, c. 133, n° 7, une charte de Roger de Tosni en faveur de Conches.)

8. Bernier, moine de Coulombs. Guillaume Chevrenil lui donna la dîme du domaine qu'il avait à Aubevoie.

9. Sylvestre, moine de Lire, obtient du pape Adrien IV une bulle qui confirme toutes les possessions de l'abbaye. Mort en 1160.

10. Gilbert III transige avec Rotrou, évêque d'Evreux, vers 1160, au sujet des dîmes de Warangeville.

11. Raoul.

12. Herbert. Procès et transaction avec l'évêque Rotrou au sujet des dîmes de Warangeville. Association de prières avec les chanoines de Londres. Alexandre III confirme, en 1180, les droits du monastère.

13. Gilbert IV. Raoul, évêque de Lisieux, confirme les dîmes et le patronage dans l'église de Villiers : « Vileriis. »

14. Simon obtient une bulle d'Urbain III. Raoul, évêque de Lisieux, confirme le droit de présentation à l'église de *Uncins*. Simon fut accusé par les moines de mauvaises mœurs, de malversations et chassé. (Voyez les *Lettres d'Innocent III*, 301, liv. 1er, et 38, liv. II.)

15. Théodard.

16. Hébert II, en 1211.

17. Robert Ier le Rivet, en 1217.

18. Roger Ier, 1223.

19. Luc Ier. Mort en 1224.

20. Raoul. Il cessa d'être abbé vers 1230 et vivait encore en 1252, époque où il approuva la sentence portée par Richard, évêque d'Evreux, au sujet des dîmes d'Acquigni.

21. Renaud. Siégeait en 1230 et 1231.

22. Guillaume III. La bulle de Grégoire IX, confirmant les droits et possessions de l'église de Conches, lui est adressée. (Voyez cette pièce, *Gallia christ.*, t. XI, *Instrum.*, c. 143, n° 19.) Robert de Courtenai, seigneur de Conches, confirme également tous les usages et dîmes du monastère. Guillaume meurt en 1237. C'est cette année ou l'année suivante que l'église fut dédiée par Raoul, évêque d'Evreux. (Voy. une charte relative à cette dédicace, *Gallia christ.*, t. XI, *Instrum.*, c. 148, n° 21.)

23. Clément était abbé en 1238 et 1239.

24. Philippe, mentionné dans une charte de Pierre de Courtenai, en 1240.

25. Robert II de Goupillières. Il conteste à Pierre de Courtenai l'obligation de lui rendre hommage, et prétend ne lui devoir que la fidélité. Sa prétention était justifiée : il prête serment de fidélité en 1244, à Conches, près de la chapelle de Saint-Hilaire. Il administre le monastère jusqu'en 1261.

26. Gilbert V. En 1269, Robert, comte d'Artois, seigneur de Conches et de Domfront, et Amicie de Courtenai garantissent au monastère toutes les donations de leurs bienfaiteurs. (Voyez cette charte, *Gallia christ.*, t. XI, c. 150, n° 24.)

27. Luc II. Association de prières avec les moines de Cormeilles. Mort vers 1278.

28. Raoul II, mort en 1284.

29. Jean Ier Halebout donna en fief aux moines de Tiron les dîmes de Chavigni. Transaction en 1288 avec les moines de la Noë. Cité en 1289 et 1292.

30. Pierre Ier Maurens. De son temps, Philippe, mineur du comte d'Artois, seigneur de Conches, prétendit avoir le droit d'élire l'abbé.

31. Pierre II de Cerilli reçut en 1342 l'hommage de Renaud de Champagne.

32. Etienne Bertier.

33. Jean II Papillon. Sous son administration, ruine du monastère en 1357.

34. Pierre III.

35. Roger II.

36. Roger III. Bulle d'Urbain V en faveur de Conches en 1368.

37. Richard Haudouf répare le monastère brûlé par les Anglais en 1381 et l'église de Saint-Pierre de Conches, dont Bernard Cariti, évêque d'Evreux, fait la dédicace en 1383. Il fut chassé de l'abbaye pour ses malversations.

38. Jacques Gaudion, nommé abbé par le pape en 1390. Charles VI déclara que le monastère de Conches était de fondation royale, et que tous les procès de l'abbaye devaient être renvoyés devant les juges royaux à Rouen. Jacques vivait encore en 1400.

39. Jean III Baillard fait hommage à Charles VI en 1401.
40. Gautier en 1416.
41. Guillaume IV du Chesnai fait hommage au roi d'Angleterre en 1419. Ce dernier restitua à l'abbaye tous ses biens confisqués.
42. Michel du Chesnai. Meurt en 1438.
43. Robert III prête serment à Charles VII en 1449.
44. Guillaume V Prestrel, prieur d'Acquigni, était abbé en 1450. De son temps on retrouva les corps de Roger, de sa femme et de ses fils, dans le tombeau où on les supposait avoir été déposés. Il fit restaurer le prieuré d'Acquigni.
45. Jean IV le Gros (1465-1483) renouvelle une association de prières avec les moines de Cormeilles. Il est enseveli dans la chapelle de Saint-Sébastien, du côté de l'évangile.
46. Robert IV Rosse, prieur d'Hacqueville, élu par les moines, qui étaient alors au nombre de vingt (1484-1487).
47. Nicolas Ier le Grossier. Association avec l'abbaye du Mont-Sainte-Catherine. Mort en 1497.
48. Jean V des Perrois, prieur d'Acquigni. Il restaura la nef de l'église et mourut en 1509.
49. Nicolas II le Vavasseur, prieur d'Acquigni. Il fit dresser un cartulaire. Il mourut en 1525 à Acquigni, où il est enseveli.
50. Jean VI le Vavasseur, neveu de Nicolas. Transaction avec François de Fontenai, abbé de Jumiéges, en 1528. Il mourut en 1556, et est enseveli dans la nef de l'église.
51. Robert V de Quesnel obtint, par la faveur de Diane de Poitiers, d'abord la commende de l'abbaye de la Noë, puis la commende de l'abbaye de Conches. Mort en 1584.
52. Gabriel de Quesnel, seigneur de Fresne, nommé par le roi en 1584. Il fit entrer dans l'abbaye les moines de la congrégation de Saint-Maur. Il mourut en 1646.
53. Guillaume VI de Longueil s'appliqua à restaurer et à embellir l'église et l'abbaye (1669-1646).
54. Jean IV d'Estrades (1670-1672).
55. Jean VII d'Estrées, évêque de Laon, (1673-1694).
56. Henri-Oswald de la Tour-d'Auvergne, cardinal, jadis archevêque de Vienne, et alors abbé de Cluni (1694-1747).
57. Pierre-Jules César de Rochechouart, évêque d'Evreux (1747).
58. Ch.-François-Siméon de Saint-Simon-Sandricourt (1753). A cette époque, le revenu annuel est évalué 20,000 livres, puis 30,000 livres. — En 1761, l'abbaye est en économat.
59. En 1764, Gabriel Costois de Quincey, évêque de Belley, dernier abbé. Dans cette même année, le revenu de l'abbaye est de 27,000 liv.; en 1784, de 30,000 liv.

III.

Nous allons réunir dans une troisième section quelques notes relatives à l'histoire de Conches.

Nous commencerons par reproduire un passage de l'*Histoire du comté d'Evreux*, par le Brasseur, qui donne sur Conches au XVIIe siècle d'intéressants détails :

« Conches est une petite ville dans le
« pays d'Ouche, sur la croupe d'une mon-
« tagne, à trois lieues de Lyre, à quatre
« de Beaumont-le-Roger et d'Evreux ; on
« la nomme en latin : *Conches* ou *Cas-*
« *tellio*. C'était autrefois une seigneurie
« particulière qui appartenait aux sei-
« gneurs de Tocsny, qui étaient grands
« enseignes de Normandie. Elle a deux
« portes, deux faubourgs, trois paroisses,
« un hôpital et une abbaye ; mais dans son
« enceinte elle n'a qu'une église, sous le
« titre de Sainte-Foy. Cette église, dont
« les vitres sont bien peintes et anciennes,
« est fort proprement bâtie, et la pyra-
« mide de son clocher est un ouvrage
« percé à jour, et tout revêtu de plomb
« comme celle de l'église cathédrale d'E-
« vreux, excepté qu'elle n'est pas si élevée
« à beaucoup près. Dans le faubourg de
« Saint-Etienne il y a une paroisse de ce
« nom avec deux rues, habitées par quan-
« tité de cloutiers et de faiseurs d'alènes.
« La paroisse de Notre-Dame-du-Val, et
« anciennement de Vals, est dans le fau-
« bourg dit de Châtillon. L'on y voit aussi
« l'abbaye de Bénédictins de la congréga-
« tion de Saint-Maur, fondée par les sieurs
« de Tocsny, qui y ont leur sépulture.
« L'église, solidement bâtie en croix, est
« dédiée sous l'invocation de saint Pierre
« et de saint Paul. C'est un assez grand
« vaisseau, avec un corridor bien voûté
« et des chapelles autour du chœur, dont
« on a élevé le maître-autel en forme de
« théâtre, d'un goût que nos pères au-
« raient réprouvé. Le château tombe en
« ruines, et il n'en reste plus que quel-
« ques pans de murailles. Il n'y a d'un
« côté de la ville qu'un vallon arrosé d'un
« ruisseau qui la sépare de la forêt, et de

« l'autre côté la forêt borde les murs de
« la ville, que les habitants ont percé
« pour avoir la facilité de s'y aller pro-
« mener sans prendre un si grand tour
« qui les dégoûterait de ce plaisir. Elle
« a un bailliage et une vicomté qui ressor-
« tissent au présidial d'Evreux. Son élec-
« tion, qui comprend cent soixante et
« deux paroisses, relève de la généralité
« d'Alençon. Il y a aussi un grenier à sel,
« une maîtrise des eaux et forêts, un
« maire, deux échevins et un lieutenant
« de police. On y tient un marché tous
« les jeudis et une foire le jour de la fête
« de saint Pierre. Le commerce consiste
« en grains, en barres de fer, en clous,
« en alènes, en marmites, en pots et
« autres ouvrages de fer, dont il y a de
« très-bonnes mines dans son territoire,
« avec un moulin à forge que la petite
« rivière de Conches fait aller. »

Nous venons de voir que l'église principale est dédiée à sainte Foy. Elle fut, dit-on, commencée par un Roger de Tosni au XIIe siècle, augmentée en partie par Robert de Courtenai, ruinée en 1330 par Robert d'Artois et rétablie vers 1461. L'église de Conches était célèbre par sa flèche, qui s'est écroulée en 1842, et par vingt-trois verrières représentant les unes divers événements de la vie de sainte Foy, et les autres des scènes de l'Ancien et du Nouveau Testament. L'enceinte de la ville avait deux portes aux deux extrémités et comprenait une paroisse. Les deux faubourgs de Châtillon et de Saint-Etienne en formaient chacun une autre. Conches comptait donc trois paroisses, trois églises : Sainte-Foy de Conches, Saint-Etienne et Saint-Pierre-et-Saint-Paul de Châtillon.

L'Hôtel-Dieu de Conches fut fondé en 1479. En 1781, un arrêt du conseil réunit à l'Hôtel-Dieu les biens et revenus de la maladrerie de Conches et de la chapelle de Sainte-Marie-Madeleine de Conches.

Dans les registres mémoriaux de la chambre des comptes, on trouve le nom de plusieurs capitaines du château de Conches. En 1587, Jacques Martel Bacqueville ; en 1595 et 1604, Denis Mailloc ; en 1613, Constance Letolphy ; en 1621, de Bellegarde-Clinchamp ; en 1625, messire Tanneguy de Clinchamps, seigneur et baron de Pommerain.

Il y avait jadis dans le faubourg de Saint-Etienne des forges à bras ; on y fabriquait un grand nombre de clous. En 1599, on avait fieffé les étangs, chaussées, rivières et portions de pré assises près le parc de Conches à Maurice Allard, pour faire un fourneau de forge à fer. Les forges et le fourneau des Vaugoins avaient été établis en 1625.

Conches était le siége d'un bailliage et d'une élection.

Conches et Breteuil formaient ensemble une vicomté unique réunissant les noms des deux villes, dont les châtellenies restaient distinctes. Aussi les usages locaux (rapportés pour Breteuil p. 432) furent-ils déclarés communs à la vicomté tout entière dans la réformation de la coutume : « Sur la requeste verbalement faicte à « Evreux, le 8 octobre 1586, par maistre « Loys L'Angloys, curé et doyen de Con- « ches, Anthoine Postel, sieur des Mi- « nières et du Coulombier, et Pierre L'An- « gloys, receveur des deniers communs « de la dicte ville de Conches, députez « par les gens des trois estats de la chas- « tellenie dudict lieu de Conches, assem- « blez la veille par devant maistre Loys « Gaillart, lieutenant du bailly d'Evreux. »

La forêt qui environne Conches portait le nom de Conches dès le XIIe siècle. On trouvera dans le *Coutumier des forêts de Normandie* le nom des francs usagiers et des coutumiers de cette forêt. Nous allons reproduire le passage du *Coutumier* qui règle les droits des habitants de la paroisse de Sainte-Foy de Conches :

« Le commun et habitans de la par- « royse de Saincte-Foy de Conches, l'une « des trois parroysses de Conches, ont « droyt de prendre et avoir en la dicte « forest de Conches la chareté de chesne « en forest coustumière pour dix soulx « assieutte de sergent, pour que ce soyt la « culée de neuf piés, jusques à lendemain « midi ; et se le chesne est fourche en deulx « et ils prennent le mendre fourc, ilz ne « paient que cinq soulx de la chartée ; « mais qu'ilz puissent abatre sans monter, « car se ilz sont trouvés montés, ils « paient cinq soulx pour la montée avec « la dicte amande, à telle sieutte comme « dit est, pourveu que ce soyt la culée. « Item, ils ont la chareté de fou pour « cinq soulx, à sieutte de sergent, jusques « à soleil recoust. Et se le fou est fourché, « et ilz prennent le meindre fourc, ilz « n'en paient que trois soulx tournois d'a- « mande de la charetée, et se ils montent « ils paient cinq soulx pour la montée « avec la dicte amande, à tel sieutte de « sergent comme le chesne ; la charetée « de teil à soleil pour trois soulx, et la « charetée de teil à teillie pour soixante « soulx un denier tournois. Item, ilz ont « la chareté de boul pour trois soulx, « à sieute de sergent, jusque à tant qu'il « soit hors de charrette. Et aussy ont la « somme de chesne, de fou, de boul et de

« coudre vert pour deux soulx, les fes
« de chesne vert pour deux sous, et le fes
« d'auctre bois pour douze deniers. Item,
« ilz ont le bois vert en gesant, et le sec
« en estant et en gesant par toute la dicte
« forest coustumière, se il n'y a chaable
« de sept arbres d'une veue. Item, ils ont
« l'espine, le saux, le tremble, l'arable,
« le marsaus et tout aultre bois de telle
« essence par toute la dicte forest, hors
« essars, tailles et deffens, sans amende
« ne perdre ferement. Et en oultre ont la
« charetée de chesne vert pour dix soulx,
« et la charetée de fou pour cinq soulx, et
« la charetée de teil pour dix soulx, et la
« charetée de boul pour trois soulx, et
« tout bois gesant à terre en ycelui essart,
« la somme à cheval pour douze deniers
« et perdre le ferement à sieute de ser-
« gent tant que ilz soient hors de la veue
« de l'essart, et se ils puent avoir les
« cullées de tous les bois dessus nommés
« sans estre trouvés du sergent durant
« la sieute dessus déclarée, tout le de-
« mourant d'après la cullée est leur par
« leur coustume. Item, il puent aller cueil-
« lir du fritage en la dicte forest au de-
« vant de la Saincte Croix pour perdre la
« pouche et le fritage se ilz sont trouvés,
« et se ilz sont trouvés montés ilz paient
« cinq soulx pour la montée, et après la
« dicte Saincte Crois passée ilz n'en sont
« tenus paier aucune chose, et semblable-
« ment cuillir le glan en la dicte forest
« pour perdre le glan et la pouche, et se
« il est trouvé menant le dit glan icelle
« beste est forfaicte Item, ilz ont le pas-
« turage à toutes leurs bestes, hors la
« chievre, par toute la dicte forest, hors
« tailles et deffens, exepté le mois d'aoust,
« et les pors qui n'y vont point le moys de
« de moy, se n'est à la vue des champs, et
« se ilz y sont trouvés en moys de sep-
« tembre avant que le pasnage commence,
« ilz paient pour chacun porc III deniers
« tournois d'amende pour chacun jour
« qu'ilz y sont trouvés. Et aussy puet
« aller pasturer leurs dis pors par toute
« la dicte forest depuis la Saint Michel
« jusques au jour de l'an, excepté taille,
« les plesseis des Quinquernon et de la
« haulte ville, par paiant le pasnage cous-
« tumier, c'est assavoir pour chacun porc
« II deniers à chascun passage, et en
« oultre puent prendre pierre et terre en
« la dicte forest pour eulx herbergier par
« perdant le pic et la pelle, tant seule-
« ment, se ilz sont trouvez en ce faysant.
« Pour lesquelles franchises, usages et
« coustumes dessus desclarés, yceulx ha-
« bitants et chacun d'iceulx sont tenus
« paier par chacun an au roy nostre sire
« ou au seigneur de Conches, au taux de
« septembre fayt devant le verdier du lieu
« de Conches, IIII boissiaux d'avoine, et se
« il y va à charette, il paie VIII boissiaux
« d'avoine; et, au taux de février et de
« may, chacun d'iceulx coustumiers paient
« douze deniers, et se ilz y vont à cha-
« rette, ilz paient à chacun des deux des-
« rains taux III sous. »

Nous citerons encore cet autre passage du *Coutumier* pour y joindre une charte de saint Louis :

« Monsieur l'evesque d'Evreux a en la
« forest de Conches un chesne et un fou,
« un cerf et un sanglier, franchise de
« pasnage pour ses porcs, et doyvent estre
« le serf et le sanglier prins aux despens
« du roy et portés à Evreux, et il doit
« rendre le cuir du cerf au veneur ou cinq
« soulz. » (*Coutumier des forêts*, deuxième article de la forêt de Conches.)

1263, décembre. « Ludovicus, Dei gra-
« tia Francorum rex, forestario foreste
« Conchiarum, salutem Mandamus tibi
« quod dilecto et fideli nostro R., Ebroi-
« censi episcopo, cervum et aprum quos
« habere dicit vel dicitur quolibet anno
« in foresta Conchiarum, ad sumptus no-
« stros capi facias et reddi terminis qui-
« bus predecessoribus suis episcopi so-
« lent reddi. Actum Parisius, anno Do-
« mini M° CC° LXIII°, die sabbati post
« festum beati Nicholai hiemalis. »

Conches a donné naissance au célèbre Guillaume de Conches, grammairien et philosophe, qui vivait au XII° siècle, et sur lequel M. Charma a publié un intéressant travail dans les *Mémoires de la Société des Antiquaires de Normandie*.

Les Archives de l'Eure contiennent sur l'histoire de Conches les documents suivants :

Domaine de Conches. Extrait des comptes de ce domaine de 1557 à 1558, 1 reg.

Bureaux intermédiaires de Conches. Répartement des impositions de 1790 et formation des municipalités, 2 reg.

Rôles des vingtièmes pour les paroisses des élections de Conches, de 1760 à 1788.

Rôles des impositions pour les paroisses des élections de Conches, 1790.

Abbaye de Conches. Chartes et titres des propriétés de l'abbaye à Conches, Blacarville, Louversey et en Angleterre. Registre des professions. Du XI° siècle à 1773, 1 reg., une liasse.

M. Vaugeois avait fait une histoire de Conches qui est restée manuscrite.

Les dépendances de Conches sont : — la Breteche ; — la Forge ; — Goupigni ; — le Nouveau-Monde ; — Valeuil ; — les Vauxgoins ; — le Vieux-Conches ; — les

Bergeries; — la Bonde; — Fontenelles; — les Petits Monts; — Saint-Aubin; — les Fontaines; — le Moulin-l'Abbé; — le Couchant; — le Point-du-Jour; — Saint-Marc (château).

Cf. Le Prevost, *Notice archéologique.*
Gadebled, *Dictionnaire du département de l'Eure,* 1840.
Gallia christiana, t. XI, c. 637.
Neustria pia, p. 567.
Bulletin monumental, t. 1er, p. 276, t. II, p. 243, t. VI, p. 475, t. VIII, p. 400.
De Caumont, *Cours d'Antiquités monumentales* (3e partie), p. 243.
La Normandie illustrée, Eure, t. 1er, p. 9.

CONDÉ-SUR-ITON.

Arrond. d'Évreux. — Cant. de Breteuil.

Patr. S. Martin. — Prés. l'évêque d'Évreux.

Condé, mentionné dans l'itinéraire d'Antonin et sur la carte de Peutinger, paraît avoir été sous la domination romaine le centre d'une grande fabrication de fer. Six voies romaines y aboutissaient, venant de Paris, d'Evreux, de Lisieux, du Mans, de Jublains et de Rugles. Tout le sol de la rive gauche de l'Iton, sur une assez grande étendue, mais particulièrement un monticule considérable fait de main d'homme, et qu'on appelle dans le pays *le Camp,* offre une multitude de débris, tous d'origine romaine, de fragments de mosaïque et d'armes, de tuyaux, de vases, de médailles.

Dans la vie de saint Leufroi on lit :
« ... Ad alium vicum, cui Condatus vo-
« cabulum est, festinus migravit [Leutfre-
« dus]. Sed cum nec ibi virum inveniret,
« qui sibi satisfaceret ad omnia quæ quæ-
« rebat, quam citissime loco cessit et... »

En général, « Condatus » est la forme employée pour désigner Condé.

Condé appartenait dès le XIIe siècle à l'évêque d'Évreux. Voici un passage d'une charte de Henri II qui confirme aux habitants de Condé certains privilèges :

« ... Sciatis me concessisse et presenti
« carta confirmasse hominibus qui ma-
« nent apud Condatum sub episcopo
« Ebroicensi vel qui ibi masnias recepe-
« rint omnes illas consuetudines et liber-
« tates et quietantias quas illi habent de
« Britolio... »

En 1190, Richard Cœur de lion donna à la baronnie et au château de Condé le privilège d'un marché le samedi : « Scia-
« tis nos concessisse et presenti carta con-
« firmasse Johanni, episcopo Ebroicensi,
« et successoribus suis quod mercatum
« sit in perpetuum ad Condé, villam epi-
« scopi ipsius Ebroicensis, die sabbati.
« Quare volumus et firmiter præcipimus
« quod idem Johannes, episcopus Ebroi-
« censis, et sui successores ibi mercatum
« habeant, prohibentes ne quis eos inde
« disturbet..... Data apud Vernon, se-
« cundo idus januarii... regni nostri anno
« primo... »

Vers la même époque, une bulle du pape Luce (1181-1185) confirme à l'évêque d'Evreux la possession de Condé : « ... Con-
« datum cum ecclesia et omnibus liber-
« tatibus et pertinentiis et appenditiis
« suis... »

Charte de 1235, où il est parlé d'une pièce de terre sur la route qui conduit de Breteuil à Condé : « ... unum peciam
« terræ quæ sedet super magnam viam
« quæ ducit de Britolio ad Condetum,
« juxta terram eremitarum de Deserto... »
(*Cart. de Notre-Dame du Lesme,* fo 39 vo.)

En 1260, Eudes Rigaud coucha à Condé : « Condelum, » dans l'hôtel de l'évêque.

« Monsieur l'evesque d'Evreux a en la
« forest de Breteuil, à cause de son hostel
» de Condé, franchise de passage pour ses
« porcs, un chesne et un fou. — Item un
« cerf et un sanglier prins aux dépens du
« roy et rendu à Condé, et il doit rendre
« le cuir du cerf aux veneurs ou payer
« cinq soulz. » (*Coutumier des forêts,* chapitre de la forêt de Breteuil, premier article.)

Ambroise le Veneur, évêque d'Evreux de 1511 à 1532, fit rebâtir le château de Condé, clore le parc de murailles en briques et renouvela les droits et priviléges de ses vassaux. Ce château, placé dans les environs d'Evreux, servit de maison de plaisance à ses successeurs ; c'est là que le cardinal Duperron s'enferma pour travailler en toute liberté.

Lorsque les affaires de l'Etat lui en laissaient le loisir, le cardinal Duperron affectionnait particulièrement le séjour de Condé. Le recueil publié en 1633 par César de Ligny, son secrétaire, sous ce titre : *les Ambassades et Négociations de l'illustrissime et révérendissime cardinal Duperron,* comprend un très-petit nombre de lettres datées d'Evreux, et au contraire soixante-six datées de Condé, de 1597 à 1604. Malheureusement pour notre histoire locale, cette publication n'avait pour objet que de faire valoir le personnage politique, en sauvant de l'oubli sa principale correspondance avec les « roys, princes, princesses, ducs, républiques et grands seigneurs ». Aussi dans ces lettres, adressées à ses plus éminents contemporains : à Henri IV, au duc de Lorraine, à la duchesse de Nemours, à Sully, aux cardinaux de Joyeuse, d'Ossat, de Médicis, Aldobrandini, Baronius et Tolet, au grand aumônier de France, au général des chartreux, à l'évêque de Bellune, à l'ambassadeur de Venise, au chancelier de Bellièvre, aux Harlay, aux Villeroy, aux Béthune, aux Sillery. Six seulement concernent les affaires de l'évêché ; dans l'une Duperron demande instamment à M. de Caumartin, conseiller d'État, d'exempter les habitants de la « pauvre ville d'Évreux, capitale de son diocèse, » de quelques nouveaux subsides dans la levée des tailles ; deux ont trait à l'établissement des Capucins à Évreux, et trois à des contestations qui s'étaient élevées dans l'abbaye de Saint-Sauveur. Une fois seulement il parle en passant de Condé. Écrivant au baron de Médavy qui venait de perdre un fils : « J'ai ici, dit-il, « le pavillon de ceste maison qui est en « fort bel air, et où il y a trois ou quatre « chambres réparées. Je vous supplie de « me faire ce bien de l'accepter, et je « mettray peine, par le service et la sujec- « tion que je vous y rendray, à vous et « à Madame, de faire qu'il vous y ennuie « le moins qu'il me sera possible... »

Les dépendances de Condé sont : — le Boisset ; — la Bréviaire ; — les Brosses ; — la Chesnaie ; — le Chesnai ; — l'Église ; — la Harboudière ; — le Haut-Fourneau ; — les Haies ; — le Moulin-Renault ; — Nuisement ; — le Parc ; — Parigni ; — la Ronce ; — Séez-Moulins ; — la Tréfilerie ; — le Val ; — la Grande-Maison ; — la Pihallière (château).

Cf. Le Prevost, *Notice archéologique.*
Vaugeois. *Histoire des antiquités de la ville de l'Aigle*, 1841, in-8°.
La Normandie illustrée, Eure, t. Ier, p. 18.

CONDÉ-SUR-RISLE.

Arrond. de Pont-Audemer. — Cant. de Montfort.

Patr. S. Martin. — *Prés. l'abbé du Bec.*

Dans un recueil des miracles de sainte Catherine on trouve : « Gislebertus de villa Condcith dicta... »

D'autre part, le premier seigneur de Condé dont l'histoire fasse mention est un Gislebert de Condé, contemporain de Guillaume le Conquérant. Ce chevalier, n'ayant pas d'enfant, fit à Saint-Pierre-de-Préaux donation de tout ce qu'il possédait à Condé, lorsqu'il deviendrait moine de Préaux. La donation faite, il eut une fille de sa femme légitime, laquelle se maria plus tard à Roger « de Crucemaris » : de Croixmer. Puis Gislebert se fit moine et fut enterré avec les moines à Préaux. Un débat s'éleva à sa mort entre Guillaume, abbé de Préaux, et Roger de Croixmer. L'acte de donation en était naturellement l'objet. Roger de Croixmer demanda que l'honneur de Condé, le domaine de Gislebert, relevât de Roger de Beaumont. Puis il déclara que, si Roger y consentait, il reconnaîtrait les droits de l'abbaye. Il fut convenu que ledit domaine relèverait de Roger de Beaumont ; que les moines auraient la moitié de Condé pendant toute la vie de Roger de Croixmer, et le tout après sa mort, sauf 30 acres de terre, la masure, la cour, le verger et deux chevaliers, Robert et Roger ; qu'enfin, pour cette portion réservée de propriétés et de droits, son héritier relèverait directement de l'abbaye de Préaux. Voici le texte de cet acte important. Nous l'extrayons de la grande charte de Préaux :

« ...... Regnante Willelmo eodem, et
« concedente Roberto Hunfridi filio, qui-
« dam miles, Gislebertus nomine, carens
« herede, dedit Sancto Petro donationem
« totius sue hereditatis, videlicet quicquid
« habebat in villa que vulgo Condedus
« dicitur, in agris, silvis, aquis, et partem
« etiam ecclesie ejusdem ville, quatinus
« apud Pratellum fieret monachus. Con-
« tulit etiam quicquid possidebat heredi-
« tatis aliis in locis, videlicet in Colum-
« bari villa et in Methuena. Hac vero do-
« natione facta, contigit postea ut ex pro-
« pria conjuge gigneret unam filiam quam
« sortitus est in conjugio Rogerius de
« Crucemaris, vixitque prescriptus Gisle-
« bertus in seculo multis annis, sed ulti-
« mum effectus monachus cum aliis se-
« pultus est monachis. Quo sepulto, in
« unum convenere Rogerus de Crucema-
« ris et Guilielmus, abbas Pratelli, mona-
« chique sui. Et delata est carta coram eis
« ubi erat inscriptum quomodo Gisle-
« bertus se et que habuerat Sancto Petro
« Pratelli contulerat. Quid plura ? Post
« plurima quippe colloquia, petiit Roge-
« rus de Crucemaris abbatem Willelmum
« quatinus relevaret honorem Gisleberti
« de Rogerio Bellimontis, de quo benefi-
« cium erat. Et si hoc ipse Rogerius Bel-
« limontis concederet, libenter postea ho-
« norem Gisleberti, ex abbate Willelmo
« recognosceret. Fit ex utraque parte con-
« sensus, et de Rogerio Bellimontis terra
« ab abbate Willelmo relevatur, ea tamen
« ratione ut medietatem Condedi quandiu

« viveret Rogerius de Crucemaris habe-
« rent monachi. Post exitum vero suum
« quicquid in predicta villa habebat ex
« toto, exceptis triginta acris terre et
« domo cum curte et viridario et duobus
« militibus, Roberto scilicet et Rogerio.
« Quod vero aliis in locis habebat, cum
« trigenta acris terre et domo et duobus
« suprascriptis militibus, relevaret heres
« ejus de abbate vel monachis, sicut mos
« est terre. Hujus rei testis est Rogerius
« Bellemontis, qui manu sua donationem
« supradicti honoris supra altare Sancti
« Petri posuit. Et eo presente Rogerus de
« Crucemaris similiter donationem hujus
« rei supra altare misit, et inibi homo
« abbatis, presente Rogerio Bellemontis,
« effectus est. Testes ergo et conscii hu-
« jus rationis sunt Rogerus Bellemontis;
« Turstinus Efflancus; Goscelinus Rufus;
« Gauscelinus, filius Osulfi; Hunfridus,
« presbiter; Willelmus, infans, filius Ful-
« conis Moiri, qui ob memoriam hujus rei
« colaphum coram altari videntibus mul-
« tis suscepit. »

Dans le *Feoda Normanniæ*, Robert de Condé est cité comme devant au roi, dont il relevait alors, le service d'un quart de chevalier pour les fiefs de la baillie de Pont-Audemer.

Au milieu du XIIIe siècle, Jean dit le Bigot, chevalier, seigneur de Condé-sur-Risle, donna à l'abbaye de Saint-Denis des vignes situées à Pierrefitte, près Saint-Denis :

« Johannes dictus le Bigot, dominus
« de Condeto supra Rilum (sic), dedit
« Sancto Dyonisio pro LXX. libris pari-
« siensium III. arpenta vinearum apud
« Petram Fictam. »

Autre vente par le même devant l'official de Lisieux. (*Arch. imp.*, *Cart. Blanc de Saint-Denis*, I, 377.)

1251. « Johannes dictus Bigot, miles,
« dominus Condeii super Rillam, vendit
« Sancto Dionysio, domum in villa Sancti
« Dyonisii, in vico de la Chevalerie. »
(*Cart. Blanc*, I, 99.)

Nous trouvons dans l'inventaire des chartes et titres de l'abbaye du Bec un assez grand nombre de mentions se rapportant au territoire de Condé-sur-Risle :

1248. Donation faite à l'abbaye du Bec par Ma^thilde de Condé d'une vergée de pré sise à Condé, entre le pré Broschard et le Froc-Pépin.

1234. Donation faite à l'abbaye du Bec par Haudouin d'Espinei d'une demi-acre de terre assise à Condé, au terroir de la Bourdelière.

1234. Donation faite à l'abbaye du Bec par Robert d'Espinei d'une pièce de terre sise au village d'Espinei, paroisse de Condé.

1235. Donation faite à l'abbaye du Bec par Jean le Bigot, chevalier, seigneur de Condé, de 60 gerbes qu'il avait le droit de prendre annuellement sur la dîme de Condé.

1256. Donation faite à l'abbaye du Bec par Robert Léonard de 30 gerbes qu'il prenait habituellement sur la dîme de Condé.

1256. Donation faite à l'abbaye du Bec par Robert Léonard, chevalier, de 20 gerbes de grain qu'il prenait habituellement sur la dîme do Condé.

Le fief de Condé avait été partagé avant le XIVe siècle. Ses diverses parties s'appelaient Condé, le Fief-à-la-Dame, Rouillard et le Hamel ou Fourmetot. Il y avait encore le fief du Buisson (sur Saint-Christophe), le Piedeloup, Ecorchecaillou, appartenant à l'abbaye du Bec, et la vavassorie de la Fontaine-Halbout.

Voici un aveu du 11 septembre 1379 qui confirme une partie de ces faits :

« Fut present noble homme et puissant
« monsieur Jehan Poisson, chevalier, sei-
« gneur du Buisson, lequel de sa bonne
« voulenté congneut et confessa que il
« tenoit, par foy et par hommage, du roy
« nostre sire, le tiers de la terre de Condé-
« sur-Rille, laquelle terre vault audit che-
« valier, par an, premièrement, au terme
« de la Saint-Michiel, XII livres et II muis
« d'avoine ; item, quatre douzaines de
« poulles, laquelle avoine et poules pevent
« amenuiser ou croistre par chacun an.
« Item, au terme dessuz dit, pour alova-
« ges qui vont en l'avoine, XX sols. Item,
« au terme de Noel nostre Seigneur, cent
« chapons, avec cent deniers qui vont avec.
« Item, à la mi caresme, XII livres. Item,
« au terme de Pasques, mil oeufs et les
« deniers qui avec vont. Item, à la Saint-
« Jehan Baptiste, X sols. Item, à la feste
« Saint-Pierre, en aoust, quatre oes. Item,
« un molin molant en la riviere de Rille,
« avecques les moutes appartenant audit
« molin, lequel vaut dix livres. Item, ledit
« chevalier a vint et un fief appelés bour-
« deries, lesquelz doivent les feins fener,
« les lins queudre, les pommes queudre et
« sidrer, les fiens carier et mener es terres
« dudit chevalier, les brebis et les moutons
« tonser. Item, ledit chevalier tient bien
« six vins arpens de bois ou environ, avec-
« ques LX acres de terre labourable, et ledit
« manoir du Buisson, comment il se com-
« porte de lonc en lé. Item, ledit cheva-
« lier a le tiers des communes de Condé.
« Ledit chevalier doit avoir douze acres de
« prez ou environ. Sur ce prent Jehan

« Bardou, escuier, sur ledit moulin un
« muy de bled de moulture, et sur les
« avoines de la Saint-Michiel ledit Bardou
« prant un muy d'avoine par partage de
« mariage ; lequel escuier tient dudit che-
« valier par foy et par hommage. »

Le manoir de Condé n'existe plus ; un vieux colombier, peu éloigné de l'église, indique encore le chef-lieu du fief.

Il y avait à Condé une maladerie de Saint-Antoine.

En 1454, l'administrateur de la maladerie présentait aux écoles de Condé-sur-Risle.

La maladerie a été réunie à l'hospice de Pont-Audemer au commencement du XVIII° siècle. Son église subsista comme chapelle depuis cette réunion, et l'on en voit encore les derniers vestiges.

Les dépendances sont : — les Cardons ; — le Carrefour ; — Charrière ; — la Courellerie ; — les Deschamps ; — les Feret ; — le Gaillon ; — la Grande-Bruyère ; — le Lieu-aux-Plaids ; — le Lieu-aux-Parcs ; — les Maillards ; — les Marie ; — les Monts-du-Lis ; — les Prés ; — le Quai-Aublin ; — Saint-Antoine ; — les Sertaux ; — la Tillaie ; — la Vorillonnerie ; — le Grand-Coudrai ; — le Roulliard.

Cf. Le Prevost, *Notice archéologique*, p. 71.
Canel, *Essai sur l'arrond. de Pont-Audemer*, t. II, p. 284.

CONNELLE.

Arrond. de Louviers. — Cant. de Pont-de-l'Arche.
Sur la Seine.

Patr. S. Vast ou S. Pierre. — *Prés.* le prébendé de Connelle.

Le mot de *Colnella*, ancien nom de Connelle, ne serait-il pas le diminutif du mot *Colonia* ?

Dans la vie de l'archevêque Reginfroi, en 754, un lieu est nommé Cloviale sur le bord de la Seine. Les Bénédictins supposent qu'il s'agit de Connelle.

Le domaine de Connelle est cité dans la charte de Robert Ier en faveur de la cathédrale de Rouen : « ... extra hæc,
« in villa quæ dicitur Colnella, partem
« quam ibi habuit quædam mulier quæ
« fuit vocata Walburga et ad hunc lo-
« cum dedit, volente simul et donante so-
« rore sua. . »

Dans le pouillé d'Eudes Rigaud on lit :
« ... Ecclesia Sancti Vedasti de Connele.
« Ibi est quedam prebenda. Archiepisco-
« pus patronus ; habet LX. parrochianos ;
« valet XX. libras turonensium. »

En 1248, Guillaume de Connelle, frère de Robert de Connelle, clerc, donne, en son nom et au nom de son frère, aux Templiers de Bourgout 5 sous de rente dus par Jehan Boutel de Fraiteville.

Les dépendances sont : — la Grande-Maison ; — le Nouveau-Monde ; — Ronflard.

CONTEVILLE.

Arrond. de Pont-Audemer. — Cant. de Beuzeville.
Sur la Risle.

Patr. S. Maclou. — *Prés.* l'évêque de Dol.

Le nom primitif est *Comitisvilla*, le domaine du comte, et c'est ainsi qu'on le trouve toujours dans le cartulaire de Préaux, dont les rédacteurs étaient mieux placés que personne pour en bien connaître l'orthographe et le sens. L'usage d'écrire en français *conte* au lieu de *comte* réagit sur le nom de notre commune, et en fit Conteville, Contevilla et Contavilla, ce qui a prévalu.

On nous demandera quel était le comte à qui appartenait Conteville. Ce ne pouvait être Herluin, petit chevalier rural, « eques pagensis, » quoiqu'il eût épousé la concubine du duc Robert, Harlette, mère de Guillaume le Conquérant. Nous croyons pouvoir dire que Conteville était un domaine de nos ducs, très-souvent qualifiés de comtes dans l'origine. Nous croyons qu'Herluin en fut investi viagèrement, et qu'après lui le souverain rentra en possession dudit domaine. A l'appui de nos conjectures étymologiques nous citerons un passage du cartulaire de Préaux, où Richard l'abbé est appelé : « Ricardus, Comitis ville. »

Dans les *Grands Rôles de l'Echiquier de Normandie* pour l'année 1180, p. 98, on lit : « Idem reddit compotum de C. et LXX.
« libris de firma vice comitatus de Conte-
« villa, et de dominicis de Bollevilla, et
« de VII. libris et III. solidis de mercato et
« porpresturis recuperatis per juream. »

Un peu plus loin, nous trouvons dans le même document un article identique.

En 1210, Philippe-Auguste, étant à Pont-de-l'Arche, donna aux moines de Jumièges « pro villa Pontis Archie et uni-
« versis rebus quas ibi ipsi habebant, salva
« sibi presentatione ecclesie ejusdem ville
« et pensione quam hactenus habuerunt
« in eadem ecclesia... in excambium
« Contevillam et quicquid ibi habebamus
« in terra et in redditibus et hominibus
« et omnibus appenditiis præterquam

« placitum ensis quod nobis retinemus. »
En outre, les moines devaient payer au trésor royal 40 livres « ad scaccarium « Paschæ » et 40 autres « ad scaccarium Sancti Michaelis ». Et s'il arrivait qu'il fût établi un péage sur ce point, les objets qui seraient conduits pour l'usage des moines en seraient exempts. Saint Louis confirma l'échange de Pont-de-l'Arche contre Conteville en juillet 1246. La charte de Philippe-Auguste, extraite du grand cartulaire de Jumiéges, a été publiée par M. Delisle. (*Cart. norm.*, p. 29.)

En 1238, Thomas du Buisson vendit à l'abbaye de Jumiéges, pour 85 livres tournois, un manoir situé à Conteville : « apud Contevillam inter kaminum de « Gresteno, ex una parte, et kaminum « quod ducit ad vineam, ex altera... »

Il y avait à Conteville, en 1475, une vavassorie des Monts; en 1586, un moulin de la Croix et trois fiefs : les fiefs de la Garenne, de la Vigne et des Bois.

En 1571, l'abbaye du Bec fieffa la terre et seigneurie de Conteville au seigneur d'Ouilli moyennant 60 livres de rente.

En 1685, François de Harlai, archevêque de Paris et abbé de Jumiéges, échangea la seigneurie de Conteville contre la seigneurie du Lendin avec Pierre Cousin, receveur des finances à Rouen. Cousin, voyant que le fonds de la vallée n'était qu'un vaste marais, entreprit de construire une digue et de rendre à la culture une grande quantité de terres. Les travaux de Cousin pour la construction de la digue et l'alignement du cours de la Risle furent immenses. Il revendit la terre à un financier du XVIIIe siècle, Morin, qui la revendit en 1775 à M. Thiroux de Mauregard.

L'église de Conteville, dédiée à saint Maclou, était sous la dépendance des évêques de Dol, qui possédaient une exemption sur les bords de la Risle depuis la fondation de l'abbaye de Pentale par saint Sanson.

Nous n'oublierons pas de mentionner que M. Rever était curé de Conteville. Il y est mort en 1828.

Les dépendances sont : — la Vallée; — le Theil; — Saint-Pierre; — la Fosse-Tison; — la Vigne; — le Doui; — les Friches; — la Garderie; — la Grande-Mare; — le Hameau-Pottier; — les Julliens; — les Pélissiers; — la Rue-du-Bois; — Desille; — la Côte-Macaire; — l'Eglise; — la Judée; — les Potiers; — les Ronces; — le Sarrazin; — le Val-David.

Canel, *Essai sur l'arrond. de Pont-Audemer* t. II, p. 444.

CORBIE.

Arrond. des Andelis. — Cant. d'Ecos.

Patr. *la Ste Vierge*. — Prés. *le seigneur*.

Cette petite paroisse a été réunie à Tilli en 1808.

CORMEILLES.

Arrond. de Pont-Audemer. — Cant. de Cormeilles. Sur la Calonne.

Patr. *Ste Croix*. — Prés. *l'abbé de Cormeilles*.

Nous sommes disposés à faire dériver Cormeilles du mot gaulois *Curmitiaca*, qui nous a été conservé par l'itinéraire d'Antonin. Le moyen âge en aura fait « Cormelice » et Cormeilles. Il est certain que Cormeilles est traversé par la voie romaine de Juliobona à Noviomagus, et qu'on y a trouvé les vestiges d'habitations antiques.

Un autre fait tendrait à prouver que dès le commencement du XIe siècle Cormeilles avait une certaine importance : c'est que, suivant Orderic Vital (t. III, p. 42), Richard de Heugleville soumit les habitants d'Auffai aux usages et aux coutumes dont jouissaient les habitants de Cormeilles.

L'histoire de Cormeilles est tout entière dans l'histoire de son abbaye. On sait que malheureusement les titres de l'abbaye de Cormeilles sont perdus, qu'il n'existe point de cartulaire, et que les archives de l'Eure ne contiennent qu'une liasse de procédures du XVIIe et du XVIIIe siècle.

Nous nous bornerons donc à donner la liste des abbés telle qu'elle se trouve dans le *Gallia christiana*, en en modifiant quelques articles et en la faisant suivre de quelques renseignements relatifs à notre abbaye.

Deux mots seulement sur la fondation de l'abbaye. Il y avait au XIe siècle un prieuré à Cormeilles, car nous voyons dans Orderic Vital qu'Osberne, fils d'Harfast, fut envoyé par Rainier, abbé de la Trinité-du-Mont de Rouen, pour réformer les religieux de Cormeilles, nouvelle preuve de l'ancienneté de Cormeilles. C'est ce prieuré que Guillaume, fils d'Osberne, qui avait fondé le monastère de Lire, transforma en abbaye vers 1060 : « Willelmus Osberni filius, » dit Orderic Vital, « duo monasteria in proprio fundo

« condidit, unum Liræ et aliud Cormeilis,
« ubi ipse humatus quiescit. » Guillaume
mourut en 1071 et, comme nous venons
de le voir, fut enterré à Cormeilles.

Le premier abbé fut Gislebert.

1. Gislebert souscrivit vers l'an 1070 la charte de Guillaume, fils d'Osberne, sénéchal du roi d'Angleterre, pour le monastère de Saint-Denis; il mourut le 25 mars. Mabillon le considère comme le premier abbé de Cormeilles, contre l'autorité de Robert du Mont. Ce dernier donne cette qualité à Robert, religieux de la Trinité-du-Mont, auquel il fait succéder Geoffroi, religieux du même lieu; à Geoffroi, Guillaume, religieux du Bec; et à Guillaume, Benoît.

2. Guillaume 1er, religieux du Bec et l'un des premiers disciples de l'abbé Herluin, souscrivit comme abbé de Cormeilles la charte de Guillaume 1er, roi d'Angleterre, pour Fécamp; il procéda, en 1094, à l'installation de Guillaume, abbé du Bec, au nom et comme représentant l'archevêque de Rouen; il mourut le 27 juillet 1109, selon Orderic Vital, qui le nomme le troisième parmi les abbés de marque qui moururent cette année.

3. Richard 1er, mort le 9 décembre.
4. Benoît mourut le 10 mai.
5. Robert 1er, de Saint-Pancrace, religieux de Saint-Michel, devint abbé de Cormeilles en 1158; il obtint en 1168 une bulle du pape Alexandre III, confirmant tous les biens et tous les droits de l'abbaye de Cormeilles. Cette bulle a été imprimée dans le *Neustria pia*, p. 599. Cet ouvrage contient également, p. 601, une charte d'Henri II, roi d'Angleterre, confirmant les biens de l'abbaye. Robert mourut le 21 février 1174.
6. Hardouin, religieux du Bec, abbé de Cormeilles en 1174, mourut le 18 décembre.
7. Durand, religieux du Bec, figure comme abbé dans une charte de Jumiéges de l'année 1200, et est mentionné dans le nécrologe de Cormeilles au 21 avril.

Voici un passage extrait du *Registre de Philippe-Auguste* constatant les fiefs que tenait l'abbé de Cormeilles :

« .. Abbas de Cormeilles v. feoda.
« Inde tenet Robertus de Maalou unum
« apud Maalou et Robertus de Moren-
« villa unum apud Morenvillam. Et do-
« mina de Hedrevilla et sui participes
« unum feodum apud Hedrevillam et
« apud Novillam unum quarterium
« quod est in manu domini regis per
« eschaetam de Roberto de Cantelo,
« qui est in Anglia. Et apud Capellam
« Herfrai dimidium feodum quod tenet
« Adam Servein, et apud Fereville et
« apud Boolei et apud Esturville unum
« feodum quod tenet Olverus de Aubi-
« gni, et apud Saucei unum quarte-
« rium quod tenet Ricardus de Hare-
« cort, sed ille negat... »

8. Etienne 1er, religieux du Bec, mourut le 22 mai.

8 bis. Philippe. Le 2 novembre 1221, Guillaume, évêque de Lisieux, annonce au roi la résignation de l'abbé Philippe. (Voy. *Cart. norm.*, p. 306, n° 297.)

Les auteurs du *Gallia christiana* savaient qu'en 1221 l'évêque de Lisieux demanda au roi que le droit d'élire un abbé fût concédé aux religieux de Cormeilles; mais ils conjecturaient que c'était par suite de la résignation d'un abbé nommé Etienne, dont l'époque est inconnue et que nous laissons provisoirement à la place qu'ils lui ont assignée. Le nom de Philippe ne figure point sur leur liste ni sur celle du *Neustria pia*.

9. Guillaume II est nommé en 1238 dans les chartes de l'église cathédrale de Rouen; il mourut le 29 novembre. Il nous reste deux chartes de cet abbé:

« Universis presentes litteras inspe-
« cturis, Willelmus divina permissione
« abbas et conventus de Cormelliis in
« Normannia, salutem in Domino. No-
« veritis quod Ludovicus, Dei gracia
« Francorum rex illustris, divine pie-
« tatis intuitu, nobis concessit quod de
« bosco nostro de Noione Sicco facere-
« mus ducenta milliaria escente et Cor-
« mellias deportaremus ad tegendum
« ecclesiam nostram, et quod tringinta
« quercus caperemus ad stalla nostra
« facienda. Nos autem, pro hac con-
« cessione hac vice nobis facta, de
« dicto bosco Cormellias deportando
« nullam consuetudinem reclamamus.
« In cujus rei testimonium, presenti-
« bus litteris sigilla nostra fecimus
« apponi. Actum anno gracie m° cc°
« xxx° quarto. » (*Cart. norm.*, n° 511.)

« Universis presentes litteras inspe-
« cturis vel audituris, Willelmus, hu-
« milis abbas Cormeliensis monasterii,
« Lexoviensis diocesis, totusque con-
« ventus ejusdem loci, salutem in vero
« salutari. Noveritis quod illustrissi-
« mus dominus noster Ludovicus, Dei

« gracia Francorum rex, nobis con-
« cessit, divine pietatis intuitu, quod
« faceremus de bosco nostro de Noione
« Sicco ad edificacionem nostri mona-
« sterii apud Cormelias absportari ; sed
« sciendum est quod, propter istam
« graciam, non poterimus de cetero
« reclamare consuetudinem de dicto
« bosco alia vice Cormelias abspor-
« tando. Actum anno gracie Mº CCº XLº
« tercio, in vigilia Beati Johannis Bab-
« tiste. In cujus rei testimonium, pre-
« sentibus litteris sigilla nostra duxi-
« mus apponenda. Bene valeat univer-
« sitas vestra. » (Cart. norm., nº 449.)

10. Simon vivait en 1260, d'après un manuscrit de Grestain ; il mourut le 20 mars.

Ne sachant pas précisément quel était l'abbé de Cormeilles quand Eudes Rigaud visita cette abbaye, nous allons placer à l'article de Simon quelques renseignements fournis par le registre de ses visites : « En 1254, « Eudes Rigaud trouve dans le monas-« tère 24 moines ; il signale le prieuré « de Sainte-Marie-l'Egyptienne, près « Pont-Audemer. Tous les moines sont « prêtres à l'exception de deux qui sont « novices. Ils disent peu de messes « basses ; nous avons ordonné à l'abbé « d'y mettre bon ordre, même, si cela « était nécessaire, en privant les moi-« nes de vin. Les statuts du pape Gré-« goire ne sont pas lus. Nous avons « enjoint qu'on les relût au moins trois « fois l'an. On ne s'y avertit pas réci-« proquement. On donne l'aumône « tous les jours à tout venant. Les det-« tes s'élèvent à 600 livres et plus. Un « ancien abbé demeure à Paris avec « deux moines ; il touche sur les reve-« nus 250 livres et ne rend pas de « comptes. Il en faut parler au sei-« gneur évêque [de Lisieux]. L'abbé « est accusé d'incontinence. »

En 1257, Eudes Rigaud trouve 25 moines et fait les mêmes remarques qu'en 1254. Il ajoute quelques détails sur leurs dettes.

En 1267, 30 moines : 8 en Angleterre. Les dettes s'élevaient à 900 livres tournois et les créances à 310 livres.

11. Richard II conclut en 1267, avec L., abbé de Conches, le même acte d'association qui existait déjà entre son abbaye et celle de Saint-Pierre-sur-Dive ; il mourut le 5 novembre.

12. Nicolas Iᵉʳ mourut le 30 novembre.

13. Guillaume III le Chanteur, mourut le 7 septembre 1371, selon son épitaphe rapportée par Arthur Dumoustier, et le 10, selon le nécrologe ; il mourut la neuvième année du pontificat d'Innocent VI, année où Robert lui succéda d'après quelques titres, c'est-à-dire en 1361, d'où résulte qu'il doit y avoir erreur dans la date de 1371 portée par l'épitaphe.

14. Robert II le Brument, natif de Cormeilles, fils de Léger et d'Isabelle, était abbé le 5 mars 1372 le 1ᵉʳ octobre 1404, il donnait quittance d'une somme de cent sous tournois « qui deus estoient eu luminaire de « nostre dit moustier, à l'office du « seggrestain de nostre hostel sur « les recettes de Breteuil » ; il mourut le 2 septembre 1405.

15. Guillaume IV Bonnel, né à Cormeilles, aumônier de l'abbaye de Fécamp, siégeait comme abbé de Cormeilles le 18 août 1408 et le 7 octobre 1412 ; assista, en 1409, au concile de Pise ; prêta serment de fidélité au roi d'Angleterre Henri V, qui, en 1418, lui restitua son temporel ; il assista pendant deux ans, de 1426 à 1428, aux cours de droit canon professés à la Faculté de Paris par Jean, abbé de Saint-Taurin. Il était fait mention de lui la même année 1428, dans les registres de la chambre des comptes de Paris ; il envoya en 1431, à l'évêque de Beauvais, Pierre Cauchon, son avis sur Jeanne d'Arc, et mourut le 21 juillet 1437 ; il est porté dans le nécrologe au 22 août.

16. Jean Iᵉʳ Taisson fit hommage, le 16 février 1419, au roi d'Angleterre ; il figure dans un acte du 24 novembre 1439, et, en 1446, dans une charte de Jean, abbé de Préaux ; il rendit en 1446 l'aveu que nous reproduisons :
« A tous ceulx qui ces lettres verront « ou orront, Nicollas de Freville, garde « du scel des obligations des vicontez « du Pontautou et du Pontaudemer, « salut. Savoir faisons que le xiiiᵉ jour « d'avril après Pasques mil cccc qua-« rante-sept, par Guiffroy le Prevost, « tabellion juré soubz Martin Bodin « des dictes vicontez, nous fut tes-« moiné avoir veu et leu mot à mot « unes lettres contenant fourmes d'ad-« veu, scellée de deux seaulx et cire « vert, esquelles estoit attachié le man-« dement de nosseigneurs des comptes « du roy notre sire, à Rouen, avec-« ques certaine attache de Raoul Fo-« rens, lieutenant esdictes vicontez de « monseigneur le bailli de Rouen, le « tout sain et entier en seaulx et

« escripture, desquelles lettres et man-
« demens les teneurs enssuivent, et
« premièrement du dict adveu.

« Du roy notre souverain seigneur,
« à cause de sa duchié de Normandie,
« nous, Jehan, abbé du moustier de
« Nostre-Dame de Cormeilles, et tout
« le couvent d'icelui lieu, ses humbles
« orateurs et chappellains, tenons et
« advouons à tenir par feaulté tout le
« temporel de nostre dict moustier, as-
« sis eu pays et duchié de Normandie,
« avecques les drois, justices, juridic-
« tions, rentes, demaines, revenues,
« boys, moulins, rivières, seigneuries,
« franchises et autres choses à ce ap-
« partenans et appendans, dont le chief
« est assis audit lieu de Cormeilles, ou
« bailliage de Rouen, et s'estent eu
« dit bailliage et es bailliages de Caux,
« Gisors, Caen, Evreux et Alençon,
« en pluseurs et diverses parties, selon
« les singulières parties de nostre dit
« temporel ; et à cause de ce avons
« pluseurs hommes soustenans, nobles
« et autres, de pluseurs tenemens no-
« blement tenus et autrement, dont
« nous devons et sommes tenus à Dieu
« faire prieres et oroisons, et au roy
« nostre dit seigneur garde eu chastel
« de Breteuil, ainsi qu'il est accous-
« tumé et le cas s'offre et que nous en
« serons sommez deuement, de la-
« quelle garde nous doivent delivrer
« cinq frans tenans que len seult an-
« ciennement nommer cinq chevaliers,
« à cause de certains nobles fiefs qu'ils
« tiennent de nous, et avecques ce en
« devons au roy nostre dit seigneur
« le serement de feaulté, selon raison
« et la coustume de Normandie. En
« tesmoing de ce, nous avons seellé ce
« présent adveu de nos seaulx dont
« nous usons en telz choses. Ce fut
« fait l'an de grâce mil cccc trente
« neuf, le xxiiiie jour du moys de no-
« vembre.

« Item, ensuit la teneur du dit
« mandement [des gens] des comptes.

« Les gens des comptes du roy nostre
« sire à Rouen, et les trésoriers et
« gouverneurs généraulx de toutes les
« finances du dit seigneur en France
« et Normandie, aux bailly et vicontes
« de Rouen, Caux, Gysors, Evreux
« et Caen, et à tous les autres justi-
« ciers et officiers du roy nostre dit
« seigneur, ou à leurs lieutenans, sa-
« lut. Il nous est suffisamment ap-
« paru que reverend père en Dieu
« Jehan, abbé de l'église Nostre-
« Dame de Cormeilles, a fait es mains

« de hault et puissant seigneur feu
« monseigneur le conte de Warrewik,
« en son vivant lieutenant général et
« gouverneur de France et Normendie,
« le serement de feaulté qu'il tenu es-
« toit faire au roy notre sire, à cause
« du temporel de sa dicte église et des
« appertenances d'icelle. Et aussy il
« nous est apparu par lettres du roy
« nostre dit sire qu'il ait donné et oc-
« troié au dit abbé terme, respit et
« souffrance jusques à ung an, à
« compter de la dacte desdites lettres,
« données le xviiie jour de décembre
« cccc trente huit, de bailler par escript
« son denombrement et adveu, qu'il
« tenu estoit faire et bailler au roy
« nostre dit seigneur, à cause du tem-
« porel de sa dite abbaie et des appar-
« tenances et appendances d'iceluy,
« savoir vous faisons que iceluy abbé,
« les religieux et couvent de la dicte
« église de Nostre Dame de Cormeilles,
« nous ont envoyé ledit adveu scellé
« de leurs seaulx, fait le xxiiiie jour du
« mois de novembre derrain passé, en
« la fourme et manière qu'ilz ont
« acoustumé de le faire et bailler le
« temps passé, si comme ils dient, le
« quel adveu est demouré en la dicte
« chambre des comptes, et duquel
« nous vous envoions le semblable cy
« atachié soubz l'un de nos signez. Si
« vous mandons et enjoignons et à
« chacun de vous, sy comme à luy ap-
« partiendra, que, appellé avecques
« vous le procureur du roy nostre dit
« sire es dits lieux, ou son substitut,
« si vous appert le dit adveu estre
« deuement et suffisamment baillié,
« vous les dits abbé, religieux et cou-
« vent faictes, souffrez et laissez jouir
« et user plainement et paisiblement
« de leur dit temporel et des appar-
« tenances d'iceluy, sans les travailler,
« molester ou empeschier en aucune
« manière au contraire, en paiant par
« eulx à vous vicontes les drois et
« devoirs, s'aucuns en sont pour ce
« deubz au roy nostre dit seigneur, se
« paiés ne les ont, et qu'il n'y ait autre
« cause raisonnable d'empeschement
« pourquoy faire ne le doies, la quelle,
« en cas qu'el y seroit, nous rescripves
« à fin deue. Donné à Rouen, le xxviii^e
« jour de novembre, l'an de grâce
« mil cccc trente-neuf. Ainsi signé :
« S. Cousin.

« Item, ensuit la teneur de l'atache
« du dit lieutenant :

« A tous ceux qui ces lettres ver-
« ront,... Fortin, lieutenant en la

« viconté du Pontautou et du Pont-
« audemer de noble homme monsei-
« gneur Jehan Salvain, chevalier, con-
« sciller du roy nostre sire et son
« bailli de Rouen, et commissaire en
« ceste partie de noz seigneurs les
« gens des comptes d'iceluy seigneur
« à Rouen, salut. Savoir faisons que,
« aujourduy, par vertu des lettres de
« nos dits seigneurs des comptes,
« ausquelles ces présentes sont atta-
« chées, à nous présentées de la par-
« tie des religieux, abbé et couvent
« de Cormeilles, présent et appelé à
« ce Robin de Cabourg, substitut en
« la dite viconté du Pontaudemer,
« de Robert Lermitte, procureur gé-
« néral du roy nostre dit seigneur
« en bailliage de Rouen, nous avons
« fait venir devant nous Jehan Lefe-
« vre, Mahieu du Boishellain, Car-
« din Carrel, Jehan de Tressy dit
« Lebreton, Colin Couldray, Thomas
« Dumoulin, Girot du Boishellain,
« Girot du Perray, Colin Varin, Pierres
« Desmares, Jehan de la Crinere, tous
« de la parroisse de Sainte-Croix de
« Cormeilles; Jehan Drouet, Robin
« Catulley, Girot Catulley, Jehannot
« Baillet, Jehannot Faulcon, Jehan-
« not Drouet, Thomas Drouet l'aisné,
« Thomas Drouet le jeune et Jehannot
« Grieu, de la parroisse de Saint-
« Pierres de Cormeilles; Guillaume
« Bourse, Raoul Sevin, Binet Revel,
« Henry le Caron, Rogier Pourgnant
« et Colin du Val de la parroisse de
« Saint-Sevestre de Cormeilles, tous
« hommes resseans et voisins dudit
« lieu de Cormeilles, afin de nous in-
« fourmer par eulx sur savoir si l'ad-
« veu et denombrement pieça baillié en
« la chambre des dits comptes par les
« dits religieux estoit deuement bail-
« lié, et se les dits religieux y avoient
« mis aucune chose eu préjudice d'i-
« celui seigneur. Par tous les quelz
« hommes, après ce que en la presence
« du dit substitut ilz eurent esté jurez
« de dire et rapporter vérité, et que
« nous avons raporté leu mot à mot le
« dit denombrement, auquel estoient
« atachez les lettres et mandement de
« nos dits seigneurs des comptes, et
« ausy y sont ces presentes attachiés,
« et sur ce deuement enquis et exami-
« nez selon le contenu es dites lettres
« de nos dits seigneurs des comptes,
« fut dit et rapporté acordablement
« par leurs seremens et consciences
« qu'ilz creoient fermement que le dit
« adveu baillié au roy nostre dit sei-
« gneur par lesditz religieux de tout
« leur temporel qu'ilz ont à cause de
« leur moustier en duchié de Normen-
« die est bien et deuement baillié, et
« par les aucuns d'eulx fut tesmoin-
« gné quilz avoient vu pluseurs ad-
« veuz bailliés par les predecesseurs,
« abbez et religieux d'icelle abbaye,
« qui tousjours avoient esté receus en
« celle fourme sans blasme, et que en
« iceluy adveu les servages et fai-
« sances que les dits religieux en sont
« tenus faire au roy nostre dit sei-
« gneur sont deuement declairez, et
« ne creoient point que au dit adveu
« eust rien mis à l'advantage des ditz
« religieux ne en préjudice du roy
« nostre dit seigneur. Donné au dit
« lieu de Cormeilles, le un jour d'a-
« vril avant Pasques, l'an de grâce
« mil cccc quarante-six. Ainsi signé:
« Bellot.
« En tesmoing de ce, nous, à la
« rellation du dit tabellion, avons mis
« à ce present transcript le scel des
« dites obligations. Ce fut fait l'an et
« jour premiers dessus dits.
« Prevost. »
(Arch. de l'Emp., P. 1923, n° 47,088.)

17. Constantin, fils de Jean Segre et de Thomine, obtint, le 25 mai 1451, un délai pour prêter serment de fidélité au roi, ce qu'il fit en 1452. Charles VII reconnut que ladite abbaye « par fortune des guerres qui « ont couru est moult détruite, « tournée en ruine et de présent de « très-petite valeur »; que la présence de l'abbé est nécessaire à Cormeilles, qu'il lui serait trop coûteux de venir à Poitiers; il dispensa de venir prêter en ses mains le serment de fidélité. Ce serment fut prêté le 2 juillet 1452. Constantin est mentionné, le 18 avril 1453, dans les titres de l'Echiquier; le 7 février et le 8 janvier 1459, par d'autres titres, et en 1464, du temps de Simon, abbé de Bernai; il fit au roi, en 1467, la déclaration des biens de son abbaye. Jean, abbé de Conches, lui écrivit en 1473. Il vivait encore le 15 février 1474 et mourut le 23 mars.

18. Pierre, mentionné, le 3 avril 1499, dans les registres de la chambre des comptes de Paris.

19. Etienne Blosset, évêque de Lisieux, abbé de Cormeilles le 26 mai 1504, et prieur de Sainte-Barbe.

20. Thomas de Clermont, fils de René de

Clermont, chevalier, et de Pernelle d'Estouteville, frère de Louis de Clermont d'Anjou, d'abord religieux, puis abbé le 24 août 1504, ainsi qu'il apparaît par les registres de la chambre des comptes de Paris; orna le chœur, en 1516, d'un pupitre d'airain, est mentionné, le 2 février 1518 et le 17 février 1522, dans les chartes de l'archevêché, et le 1er octobre de cette dernière année dans les titres originaux de Gaignières.

21. Oger de Chambray, fils de Jean, tenait la commende en 1529; il fut aussi prieur de Charolles et de Beaumont, et fit une donation aux chanoines de Saint-Jean-de-Falaise, du temps de l'abbé Jean de Glatigni.

22. Jean II des Serpens, est mentionné, le 27 juillet 1536, par les titres de la chambre des comptes de Paris.

23. Jean III de Vassey, en 1565, évêque de Lisieux.

24. Benigne le Clerc, le 12 février 1571, d'après les registres du parlement.

25. Nicolas II Quentin, est nommé en 1580.

26. Denis Rouxel, fils de Jacques, seigneur de Medavy, et de Françoise de Pierrefite, abandonna le siècle pour embrasser l'état monastique; nommé évêque de Lisieux le 18 juin 1578, il ne prit pas possession; abbé de Cormeilles en 1580. Il mourut le 6 août 1581.

27. François Ier Rouxel, évêque de Lisieux, mourut à Rouen en 1617.

28. François II Rouxel, né le 8 août 1604, abbé de Cormeilles en 1617, de Saint-André en 1630, évêque de Séez en 1651, d'Autun en 1664, de Langres en 1670, archevêque de Rouen en 1671, mourut à Mâcon le 29 janvier 1691. De son temps, l'église fut brûlée par la foudre le 30 novembre 1674.

29. Philibert-Charles de Pas de Feuquières, abbé au mois d'avril 1691, mourut vers le milieu de l'année 1726.

30. Charles d'Orléans, fils de Henri d'Orléans, marquis de Rothelin, et de Gabrielle-Éléonore de Montaut, né le 5 août 1691, docteur de la Faculté de Paris, l'un des quarante de l'Académie française, nommé abbé au mois d'octobre 1726, mourut à Paris le 17 juillet 1744, à l'âge de 53 ans.

31. Louis-Henri de Fogasses de la Bastie, doyen de Lisieux et agent général du clergé, nommé par le roi au mois de septembre 1744, mourut le 4 juin 1754, âgé de 40 ans.

32. Joseph-Dominique de Cheylus, vicaire général de l'évêque de Lisieux, nommé par le roi au mois de juin 1754, et doyen par le chapitre de Lisieux le même mois et la même année.

33. Jean-Baptiste de Belloy, évêque de Marseille, titulaire en 1790.

Les abbés suivants sont mentionnés par Arthur Dumoustier, sans qu'il soit possible de leur assigner une place :
Guillaume, le 26 juillet.
Mathieu Toutain, le 3 octobre.
Jean Bernard, le 1er novembre.
Robert Vaudon, le 2 juillet et le 7 octobre.
Nicolas Kivilei, le 9 mai.
Jean le Veneur, 1505.

Voici quelques notes sur les droits et biens de l'abbaye de Cormeilles au xviiie siècle :

Sainte-Croix-de-Cormeilles : MM. les abbé et religieux de Cormeilles possèdent la coutume du bourg et foires; revenu de 1,400 fr., moulin à blé loué 1,125 livres.

Saint-Pierre-de-Cormeilles : MM. les abbé et religieux de Cormeilles y possèdent des terres formant un revenu de 800 livres; plus le prieuré de Saint-Firmin consistant en maison et bâtiments, 3 acres de masure, 1 d'herbage, 4 de bois taillis; plus 150 acres de bois taillis, 100 de bruyères; plus les rentes seigneuriales estimées à 3,000 livres; le tout formant un revenu de 3,250 livres. L'évêque de Marseille, abbé de Cormeilles, possède le manoir de l'abbaye avec 1 acre de jardin et 6 de masure, loué 800 livres; plus des terres, bois taillis et traits de dîme d'un revenu de 11,390 livres; plus les grosses dîmes louées 200 livres, un moulin à blé 338 livres, un autre 550 livres, des rentes seigneuriales estimées 3,500 livres.

Saint-Sylvestre-de-Cormeilles : l'abbé de Cormeilles y possède la grosse dîme louée 1,900 livres, des terres et dîmes formant un revenu de 1,106 livres.

Cormeilles, Saint-Pierre et Saint-Sylvestre ne formaient à l'origine qu'une seule circonscription. Cormeilles était un bourg composé de trois paroisses; c'était le siège d'une baronnie et d'une haute justice que possédaient les religieux de Cormeilles. « Au xvie siècle, dit M. Canel, « les trois paroisses de Cormeilles, succur- « sales de la vicomté de Pont-Audemer, « étaient employées sous l'élection d'Or- « bec, tandis que les circonscriptions voi- « sines relevaient de l'élection de Lisieux. « Lorsque Pont-Audemer devint, en 1572-

« le siège d'une de ces juridictions subalternes de finances, elles furent comprises dans son ressort. »

Voyez encore dans M. Canel, p. 371, à la date de 1589, des détails sur une révolte des taillables de Cormeilles qui ne payaient pas leurs impôts.

L'église de Cormeilles, placée sous le vocable de sainte Croix, appartenait aux religieux de Saint-Pierre. Une chapelle Saint-Firmin est située aux Monts-du-Bourg.

Au XVIIIe siècle, Cormeilles faisait un commerce important de peaux, de toiles et de grains.

Les dépendances sont : — les Monts-du-Bourg ; — la Vallée-Martigni ; — le Clos-des-Moines.

Cf. Canel, *Essai sur l'arrond. de Pont-Audemer*, t. II, p. 367.
Bulletin monumental, t. VIII, p. 483.
Gallia christiana, t. XI, p. 847.
Neustria pia, p. 593.
La Normandie illustrée, t. Ier, p. 62. (Eure.)

CORNEUIL.

Arrond. d'Évreux. — Cant. de Damville.

Patr. Notre-Dame. — Prés. l'abbé de Lire.

L'abbaye de Lire reçut d'un certain Arnaud l'église de Corneuil et la dîme de son domaine, du consentement de Guillaume, fils d'Osberne : « Ego Ernaldus, « Popelinæ filius, concedo abbatiæ Liræ « ecclesiam de Corneul et omnem deci-« mam quam teneo in dominio meo et « decimam Fulcoini et aliorum ab eo te-« nentium, et omnem decimam de Silva « Pantol et de Silva Fulberti, concedente « domino Guillelmo, filio Osberni. Ego « Ernaldus et Ernaldi filius accipio fra-« ternitatem et beneficium abbatiæ Liræ, « et concedo monachis ibi Deo servienti-« bus decimam molendini quem teneo de « pontifice Ebroicensi, et unum hospitium « de Caiane, et totum quod dedit pater « meus et omnem partem mei census in « morte. Testibus : Guidone filio Grenti, « Guarino de Calepto, Hugone Milone, « Guillelmo Molendinario. »

L'église de Corneuil est comprise dans la charte que Guillaume, fils d'Osberne, donna à Lire : « ecclesiam de Cornuel. » Raoul de Tornai donne à l'abbaye de Lire une masure, près de la forêt, voisine de Corneuil : « Ego Radulfus de Tornaico « concedo abbatiæ Liræ unam masuram « terræ et domum cum horto juxta sil-« vam apud Cornuil, et omnem decimam « quam habeo illic in dominio et omnium « liberorum de me tenentium quicunque « voluerint concedere. Et ex hoc pacto « accipio duos equos, concedente Guillel-« mo, filio meo, ab abbate Ernaldo et a « Gaufredo monacho ejus. Testibus Odone, « dapifero meo, et Gisleberto præposito, « nepote Fulcoini monachi, Radulfo de « Nageleth, Guarengero de Quercu, Bal-« duino Forestario, Rogero de Ycema-« gna, Radulfo, Baudrico, Herveo pistore, « Gisleberto Corvesario, Radulfo præpo-« sito, Arnulfo filio Nonnæ, Gaufredo Co-« ronello. »

En 1277, Philippe le Hardi, confirmant les acquisitions faites depuis trente ans par le monastère de l'Estrée, cite une rente de 20 sous tournois à prendre dans le fief du seigneur de Corneuil : « ... Item ex dono « Guillermi de Mineriis, militis, XX. solidos « Turonensium redditus in feodo domini « de Curnuil, tenentis a nobis... »

Un autre acte parle du fief de Guillaume de Minières : « apud Corniolium. » Il s'agit toujours de Corneuil.

En 1295, Thibaud de Cornueil, chevalier, avait justicié à tort les hommes de Saint-Taurin à Mourcenc.

Le 23 juin 1339, Jehan de Cornueil, chevalier, seigneur de Rommilli, et Guillaume de Cornueil, écuyers, frères, fils de Jehan de Cornueil, chevalier, transigèrent avec les religieux de Saint-Père de Chartres au sujet du fief de Mahéru, conformément à l'arrangement consenti par leur frère Rogier, sous l'arbitrage de Gillebert de Sommières.

Corneuil doit son nom à une forteresse qui pourrait remonter au XIIe siècle. On voit encore l'emplacement des fossés et des murailles.

Les dépendances sont : — le Château ; — la Neuville ; — le Perrei ; — la Ville-du-Bois.

CORNEVILLE-LA-FOUQUETIÈRE.

Arrond. de Bernai. — Cant. de Bernai.

Patr. S. Paul. — Prés. le chapitre de Cléri.

Il existe en Normandie deux Corneville. Ce nom, dans l'état actuel de nos recherches, nous paraît difficile à interpréter ; nous n'osons pas nous prononcer.

Le surnom de cette commune vient peut-être d'un nom d'homme : Fouquet. Ménage nous apprend que ce mot désigne en Anjou un écureuil.

Nous n'avons recueilli sur cette commune que ce passage extrait des *Registres de la chambre des comptes de Rouen* :

« Sergenterie d'Ouche. Corneville. Contribuables, 42.

« Les chanoines du chapitre de Cléri présentent à la cure.

« La cure vaut 500 livres.

« Le fief de Corneville appartient à Guillaume de la Londe, écuyer, sieur de Corneville, vault 800 livres.

« Le fief d'Origni appartient à Jean Roussel, sieur d'Origni, premier valet de chambre de Mme la duchesse d'Orléans; vault 700 livres.

« 500 acres de labour; 5, 8, 10 livres l'acre de fermage. »

Les dépendances sont : — le Manoir; — Aurigni : « Auriniacum » ; — la Genetaie; — la Fayardière; — le Village-de-l'Église; — la Prévoté; — le Buisson; — la Folarderie; — le Homme; — la Campionnerie.

CORNEVILLE-SUR-RISLE.

Arrond. de Pont-Audemer. — Cant. de Pont-Audemer.

Patr. Notre-Dame. — Prés. l'abbé de Corneville.

Avant de parler de l'abbaye qui a rendu Corneville célèbre au moyen âge, nous réunirons quelques notes sur cette localité.

Des hachettes gauloises ont été trouvées à Corneville.

Dès le XIIe siècle, la Risle faisait marcher, aux environs de Corneville, plusieurs moulins : « ..... Ex dono antecessorum Roberti de Bonesboz, molendinum de Cornevilla... » (Charte de Henri II, 1174.)

Robert II, comte de Meulan, donna à l'abbaye de Préaux « terram abbatis de Cornevilla ad comburendum in officinis intra septa abbatiæ ubicumque opus fuerit ».

Dans les *Grands Rôles de l'Echiquier de Normandie*, on lit : « Rogerus, filius Landrici, reddit compotum de LXXII. solidis et VI. denariis de exitu terræ Roberti de Ansgervilla, in Cornevilla, de vadio Willelmi de Morevilla. »

En 1217, Eustache de Tanay donna une rente de 20 sols à l'abbaye du Bec sur le moulin de la Foulerie, sis à Corneville.

Richard de Condé donna à la même abbaye une rente de 3 livres sur la moitié du moulin Chevrel, sis à Corneville.

Vers 1143, Gislebert de Corneville, de concert avec sa femme et ses filles, fonda dans ses domaines un prieuré de l'ordre de Saint-Augustin, qu'il soumit à l'abbaye de Saint-Vincent-du-Bois, diocèse de Chartres.

Hugues, archevêque de Rouen, confirme cet établissement dans la charte suivante :

« Hugo, Dei gratia Rotomagensis archiepiscopus, carissimis filiis suis priori et fratribus canonicis regularibus apud Cornevillam constitutis, in perpetuum. Sanctæ matris ecclesiæ moderata benignitas cum de proventu filiorum suorum gaudeat, in eis specialius novit exultare quos ferventiores conspicit in observanda religione. Ut igitur honestas vestra semper in Domino valeat proficere, et in augmentum virtutum de die in diem liberius conscendere, statuimus tam vos quam bona vestra sub protectione et defensione sanctæ matris ecclesiæ Rotomagensis consistere, et præsentis paginæ munimine communire. Justis siquidem postulationibus vestris assensum præbentes, concedimus vobis ecclesiam B. Mariæ de Cornevilla cum iis omnibus quæ juste ei pertinere noscuntur, videlicet decimis atque beneficiis; quin etiam ea quæ Galeranus, comes Mellenti, vobis concessit, scilicet unum eleemosinarium apud Villevillam, et decimam de extaldis quæ vadunt a Monte Forti ad Pontem Audomari, eo tempore quo discurrunt per aquam, et consuetudines vestras quietas per totam terram suam de dominio suo, sicut ecclesia de Pratellis melius et quietius habet; in foresta de Monte Forti mortuum boscum ad vestrum proprium ignem; terras quoque quas Guilebertus de Corneville dedit vobis, scilicet duas acras inter ecclesiam et domum suam, etc. Decernimus quoque ut, si, divina gratia suffragante, locus vester per manus fidelium amplioribus possessionibus amplificatus fuerit, ita ut ibidem possit conventus congrue institui, instituatur tali modo, ut ab abbate et capitulo Sancti Vincentii vobis semper prior substituatur, et sicut bonis temporalibus exterius excreverit, ita et interius amplificetur augmentis spiritualibus, etc. Actum est hoc anno Verbi Incarnati 1143, regnante rege Francorum Ludovico, principante in Normania rege Anglorum Stephano, pontificatus vero nostri anno 13. »

Hugues dédia l'église de Corneville à la Vierge le 3 septembre 1145.

Le prieuré fut érigé en abbaye en 1160, à la mort de Gislebert de Corneville.

L'abbaye possédait au xii⁰ siècle les paroisses de Corneville, Colletot, Valletot, Cauverville; la chapelle de Saint-Laurent de Formetuit, avec les dîmes et le droit de patronage; le patronage et les dîmes de Villequier; la chapelle de Rondemare à Appeville, et le prieuré de Saint-Jean de Beaumont-le-Roger. Joignez à ces droits et bénéfices les droits et propriétés consignés dans la charte précédente de l'archevêque Hugues.

Nous trouvons dans le *Registre des visites d'Eudes Rigaud* un très-grand nombre de renseignements intéressants sur l'abbaye de Corneville. Nous allons choisir les principaux pour donner une idée de l'état de cette abbaye au milieu du xiii⁰ siècle.

En 1248, les revenus s'élevaient à 240 livres et les dettes à 120 livres. Dans les trois prieurés étaient seulement trois chanoines : Eudes Rigaud veut qu'on donne à chacun d'eux un compagnon. Toussaint Duplessis n'indique pas quels étaient ces prieurés. Nous sommes portés à croire qu'il s'agissait des cures de Valletot, Colletot et Cauverville. On lit, en effet, dans le pouillé d'Eudes Rigaud : « Waletot, Coletot, Cornevilla, Calvervilla; in hiis ecclesiis deservitur per canonicos de Cornevilla, et cedunt in usus conventus. » Enfin, en 1257, Eudes Rigaud dit : « Apud Coletot, moratur unus canonicus, et in alia parrochia moratur unus, et sunt ibi soli. »

En 1249, l'abbaye ne contenait que huit chanoines; revenus, 300 livres; dettes, 110 livres. Eudes Rigaud constate que l'abbaye avait le patronage de deux églises. Le pouillé du xiii⁰ siècle en cite trois : Villequier, Anneville et Ramfreville : « Vilequier, Annevilla, Ramfrevilla. » Duplessis en indique cinq.

1250. Dix chanoines; revenus, 300 livres; dettes, 100 livres.

1254. Eudes Rigaud remarque que l'abbaye renferme dix chanoines; qu'ils sont tous prêtres, si ce n'est trois. Ceux qui ne sont pas prêtres ne communient que trois fois l'an. Tous les moines sortent du cloître sans permission. L'abbaye ne possède pas d'infirmerie. Trois fois la semaine, on donne l'aumône à tout venant. Les moines doivent 100 livres; on leur doit 160 livres. Les bâtiments d'habitation, le monastère et l'écurie n'ont pas de couverture. Eudes Rigaud punit diverses infractions aux règles de l'obéissance.

1255. Eudes Rigaud enjoint à l'abbé de compter avec le couvent, ou au moins avec quelques-uns des moines délégués par le couvent, et de dresser de ce compte plusieurs états, dont l'un sera remis à l'un des délégués, l'autre au bailli.

1257. Neuf chanoines, l'abbé compté. Chaque jour trois messes sont célébrées avec le chant convenable. Sept prêtres; ceux qui ne sont pas prêtres communient trois fois l'an, et les novices se confessent à leur fantaisie. Eudes Rigaud ordonne au maître des novices de leur apprendre avec soin à se confesser. Quelquefois les chanoines sortent du cloître pour voir les ouvriers qui travaillent dans leur maison. Les chanoines ont des coffres : il ordonne à l'abbé de les visiter fréquemment. Les revenus de l'église sont écrits sur des rôles; les dettes et les créances se balancent par une dette de 35 livres tournois. Les provisions de blé et d'avoine étaient suffisantes pour fournir aux besoins du monastère jusqu'à la moisson suivante. Les moines avaient deux tonneaux pleins de bière. Dans l'abbaye, deux sœurs converses. Les paroissiens allaient et venaient dans le monastère pour entendre les messes et suivre le service divin, et aussi pour sonner deux cloches qui leur appartenaient dans la tour du monastère. Eudes Rigaud ordonne de faire dans la tour une clôture afin que les moines puissent sonner leurs cloches et vaquer au service divin plus tranquillement. Défense est faite aux chanoines de manger avec les hôtes de l'abbaye.

Dans la visite de 1260, Eudes Rigaud tient à peu près le même langage. Il constate qu'il y avait dix chanoines dans l'abbaye et dix en dehors. Il ordonne à ceux qui n'étaient pas prêtres de communier au moins une fois par mois; à l'abbé, de visiter plus fréquemment les coffres des chanoines. L'abbé était nouveau, dit-il, et ne connaissait pas encore à fond l'état de la maison. Cependant il dit à Eudes Rigaud que l'abbaye devait 120 livres et qu'il avait assez de subsistances pour un an. Les bâtiments étaient découverts, et même les toits du monastère étaient dans un état inconvenant.

En 1262, nouvelle visite. Toujours dix chanoines dans l'abbaye et dix en dehors. Discussion sur une femme de Pont-Audemer qui pendant longtemps avait pris l'habit religieux, l'avait quitté et demandait à le reprendre. Eudes Rigaud prononce en sa faveur, et décide qu'elle doit rentrer dans l'abbaye en qualité de sœur. Les dettes s'élevaient à environ 130 livres, les revenus à 70 livres. Les moines avaient du blé pour aller jusqu'au mois d'août, mais point d'avoine; les autres provisions suffisaient pour l'année.

1263. Dix chanoines à l'abbaye, dix chanoines en dehors. On donnait trois fois la semaine l'aumône à tout venant.

En 1265, nouvelle visite : mêmes observations.

En 1266, neuf chanoines. Eudes Rigaud trouve les religieux coupables de négligence. Il inflige, entre autres, une punition à frère Adam Picard, qui avait commis un abus de confiance. L'abbaye devait 200 livres, en majeure partie au curé de Routot.

1267. « Par la grâce de Dieu, » dit Eudes Rigaud, « nous sommes revenus à
« l'abbaye de Corneville, bien qu'une année
« ne se soit pas écoulée depuis notre der-
« nière visite ; mais nous sommes revenus
« sur la demande de l'abbé, à cause d'une
« querelle survenue entre lui et frère Os-
« bert, lequel accusait l'abbé de beau-
« coup de crimes. Nous avons ordonné à
« l'abbé de donner des confesseurs aux
« chanoines, en retenant pour lui l'exa-
« men de certains cas. Les visiteurs de
« l'ordre avaient ordonné que les cha-
« noines non prêtres se confessassent et
« communiassent tout au moins une fois.
« Frère Adam Picard ne s'était jamais
« confessé à l'abbé et ne lui avait pas de-
« mandé la permission de se confesser à
« un autre. Pierre-Henri le Sourd avait
« conçu des sentiments de rancune contre
« un certain novice et contre frère Ro-
« bert, chanoine, et bien qu'en plein
« chapitre nous les ayons réconciliés, ce-
« pendant nous avons bien recommandé
« audit Henri de ne pas retomber dans
« une pareille faute. Nous avons recom-
« mandé à l'abbé de mieux soigner les
« infirmes. Nous lui avons enjoint de ne
« pas laisser entrer les séculiers dans le
« cloître, et de ne pas les laisser parler,
« comme c'est la coutume, avec les cha-
« noines. Nous avons engagé l'abbé, qui
« ne se souciait pas d'avoir un bailli, de
« régler au moins ses comptes avec les
« principaux du couvent. Ils devaient
« 240 livres, dont la majeure partie était
« due au curé de Routot. Comme Os-
« bert de la Porte avait, devant l'arche-
« vêque et devant l'official de Rouen,
« porté contre frère Nicolas de la Croix,
« son abbé, de graves accusations, les
« deux parties convinrent spontanément
« en plein chapitre que l'archevêque ferait
« une enquête et prononcerait entre eux.
« Étaient présents : Maître G., archidiacre
« du Petit-Caux ; Jean de Jumiéges, cha-
« noine de Rouen ; les prieurs de Bourg-
« Achard et de l'hôpital de Saint-Jean de
« Pont-Audemer ; frère Adam Rigaud ;
« Nicolas d'Auvilers ; maître Guillaume
« Bienvenu ; Herbert, Robert et Jean,
« clercs. »

Malgré les fréquentes visites qu'Eudes Rigaud fit à l'abbaye de Corneville, malgré le soin qu'il apporta à y restaurer la discipline, ses efforts ne furent pas couronnés d'un prompt succès. La visite de 1269 ressemble aux précédentes et ne nous fournit pas sur l'état intérieur de l'abbaye de nouveaux renseignements. Eudes Rigaud se plaint de voir deux paroisses sans curés ; de voir frère Henri parti chez le curé de Routot depuis très-longtemps ; de voir l'abbaye sans prieur et les infirmes mal soignés. Eudes Rigaud ordonne qu'on reçoive les bons enfants et les clercs lettrés, afin de porter peu à peu le nombre des chanoines à douze.

La liste des abbés de Corneville est presque entièrement empruntée aux auteurs du *Gallia christiana*. Cependant, nous avons cherché à l'améliorer et à la compléter :

1. Osbert Ier mourut le 5 avril.
2. Guillaume Ier siégeait le 1er octobre 1196, et en 1200 d'après une charte imprimée par Pommeraye. (*Concilia Rotom.*, p. 97.) Il mourut le 2 de novembre.
3. Hugues mourut le 15 août.
4. Martin Ier mourut, selon les deux obituaires de Corneville et du Bourg-Achard, le 15 janvier.
5. Martin II, qui se fit religieux de l'ordre de Cîteaux, mourut le 31 mars. L'abbaye de Corneville prétendit à cette époque se soustraire à la juridiction de l'abbaye de Saint-Vincent. On trouve dans Pommeraye, *Concilia Rotom.*, p. 221, une transaction passée en 1233 entre l'abbé de Saint-Vincent-au-Bois et Martin, Ier ou IIe du nom, abbé de Corneville. Il y est décidé que l'abbé de Saint-Vincent-au-Bois pourra se transporter à Corneville pour y exercer le droit de correction, pour présider au chœur et au réfectoire, et qu'il aura droit de suffrage dans l'élection de l'abbé.
6. Pierre Ier siégeait au mois d'août 1252 d'après le chartrier de Saint-Wandrille, et au mois de juillet 1254 ; le nécrologe de Corneville porte au 24 avril : « Obiit Petrus Parvus, pa-« ter domini Petri Ferrant, abbatis « nostri. » On ne sait si cette mention se rapporte à Pierre Ier ou à un autre abbé du même nom. Les frères Sainte-Marthe appellent cet abbé Pierre Martin. Quant à nous, nous supposons qu'entre Pierre Ier et Nicolas de la Croix il faudrait placer

un autre abbé, car Eudes Rigaud dit dans le registre de ses visites qu'en 1260 l'abbé était nouveau, ce qui ne peut s'appliquer à Pierre Ier.

7. Pierre ayant résigné ses fonctions, Nicolas Ier de la Croix fut élu à sa place. Eudes Rigaud était à Saint-Martin-de-la-Garenne, quand Pierre, ex-abbé, les frères Guillaume, dit Mignot, et Henri vinrent le trouver et lui apprendre l'élection de Nicolas de la Croix, chanoine de Corneville. Eudes Rigaud approuva l'élection et bénit le nouvel abbé le 10 septembre 1262. On trouvera ci-dessus un grand nombre de détails tirés du registre d'Eudes Rigaud sur l'administration de Nicolas de la Croix, qui ne paraît pas avoir été brillante.

8. Pierre II siégeait au mois de mai 1265. Le registre d'Eudes Rigaud ne donne pas sur son administration d'excellents renseignements.

9. Galeran mourut le 6 août.

10. Nicolas II le Chambellan mourut le 25 février 1284-1285. Vers 1285, Martin IV donna à cette abbaye un calice d'or.

11. Osbert II de la Prée siégeait au commencement de 1285 ; il mourut le 14 juillet 1293. Philippe IV, roi de France, confirma de son vivant, en 1287, les biens et les possessions du monastère. En 1287, l'abbaye fut consumée par le feu du ciel. L'église, le dortoir, le réfectoire, le chapitre, le grenier, le chartrier, le trésor, tout fut réduit en cendres. C'est à la suite de cet incendie que Philippe le Bel leur donna une charte confirmant leurs biens et priviléges.

12. Jean Ier le Cordonnier siégeait en 1293 ; il mourut en 1305. Une charte de 1290 nous donne quelques détails sur les possessions de l'abbaye à Corneville :

« .... Videlicet Corneville, cum capella de Formetuit, cum omnibus decimis et aliis pertinentiis earumdem... »

« ..... Videlicet iv. molendina in parrochia Corneville, quæ sic nominantur et appellantur videlicet aliud molendinum Huon, aliud Parvum molendinum, et alia duo nominantur Parva molendina... »

« .... Item, ipsi habent piscariam aquæ de Risle, sicut aqua predicta se comportat et labitur a loco vocato de Raddedous descendendo usque ad molendinum Guillelmi Rouvel quod vocatur molendinum de Cruce. »

« ... Item, in eadem parrochia in bosco de Angerville xxv. acras et dimidiam bosci et ix. acras de brueria... »

13. Pierre III le Comte siégeait le 11 janvier 1305-1306 et au mois d'avril 1322.

14. Pierre IV Coton siégeait le 1er mars 1346-1347, selon une charte de Fécamp ; il mourut le 14 juillet.

15. Adam Cauvel siégeait le 18 septembre 1380 et le 6 mai 1393.

16. Louis Ier d'Auge mourut le 13 octobre 1398.

17. Robert Saquen (nommé à tort Coquet dans quelques mémoires) siégeait au mois de mai 1403. Il prêta serment au chapitre de Rouen le 26 avril 1418, et fut enterré dans le chœur. Sur la pierre de sa tombe se lisait la date incomplète : m.cccc....

18. Jean II fit hommage au roi d'Angleterre le 16 février 1419-1420. C'est en 1420 que le roi d'Angleterre rendit à l'abbaye son temporel, qui avait été confisqué.

19. Guillaume II le Caron siégeait en 1430 et le 13 février 1452-1453.

20. Jean III Martin fut fait abbé en 1454. Il vivait encore le 2 juin 1472 d'après le chartrier de la cathédrale de Rouen.

21. Pierre V du Mont, d'abord chapelain ou prieur de Rondemare, fut élu abbé le 2 septembre 1473. Il siégeait encore le 21 août 1496, et mourut en 1499.

22. Jean IV du Fay fut confirmé par l'archevêque de Rouen le 18 septembre 1499. Il résigna ses fonctions avant l'année 1544 et mourut le 16 avril 1548.

23. Raoul du Mont doit être placé ici d'après les mémoires de Rouen et de Corneville.

24. Benigne le Clerc de Fleurigny, nommé à tort de Cleres par les frères Sainte-Marthe, est qualifié aumônier du roi et prieur de Notre-Dame-du-Parc dans des titres de 1548 ; il mourut en 1576.

25. Goufin de Malepièce, nommé le 9 juillet 1577, mourut le 8 février 1616.

26. André de Bigars de la Londe, doyen de l'église de Lisieux, mourut le 11 décembre 1638. Son cœur repose dans l'église de Fontaine-Guérard, près du grand autel, et son corps à la Londe. A sa mort, l'abbaye resta quelque temps vacante et l'administration en fut confiée à un économe, ainsi qu'il

appert des registres du parlement de Normandie.

Dans cette première partie du xvII° siècle, l'abbaye de Cormeilles se trouvait dans un état déplorable. Les dégradations qu'elle avait subies ont été constatées par un arrêt du parlement du 19 août 1641.

27. Alexandre Bichi, cardinal et évêque de Carpentras.
28. Jean-Baptiste-Gaston Savary de Breves, fils de Camille, comte de Breves, ambassadeur à Constantinople, et d'Anne de Thou, mourut le 25 mai 1649.
29. Louis II d'Esmé de la Chesnaye introduisit, en 1659, dans l'abbaye des chanoines de la Congrégation de France, et mourut le 22 janvier 1684. Il était en même temps abbé de Gimont et de Notre-Dame-des-Anges ou d'Angles, au diocèse de Luçon. Les religieux réformés relevèrent l'abbaye et la reconstruisirent presque entièrement.
30. Louis III d'Esmé de la Chesnaye, sur la résignation de son oncle, fut nommé abbé par lettres du roi le 15 mai 1683. Il vivait encore en 1692; mais il paraît qu'il avait résigné avant cette époque.
31. François-Alexis Jubert de la Bastide de Château-Morant fut nommé par le roi le 28 mars 1704. Il mourut le 1er juin 1731.
32. Pierre-François Laffiteau, évêque de Sisteron, fut nommé le 9 juillet 1734. Resta abbé jusqu'en 1764.
33. Du Lau d'Allemans, 1764.
34. De Gamauson, titulaire en 1790.

Il ne nous reste plus qu'à donner quelques détails sur la nature et l'étendue des biens que possédait l'abbaye de Corneville, et à indiquer un aveu de 1447. (*Arch. de l'Emp.*, P, 1923, n° 47088.)

« À l'époque de la Révolution, dit M. Ca-
« nel, les religieux de Corneville possé-
« daient 45,000 livres de rentes, et ils
« étaient parvenus à absorber à l'avance
« une année de leurs revenus. Outre les
« dîmes déjà citées, ils percevaient encore
« la moitié de celles de Tocqueville. Parmi
« leurs fiefs nobles, nous trouvons ceux
« de Biancourt, de la Vaquerie, de Ju-
« liane ou des Dames-Juliennes, de la
« Vinque, le petit fief de Saint-Mards et
« les vavassories de Chopellard et des
« Champs.

« L'église paroissiale, construite la pre-
« mière, et l'église de l'abbaye, bâtie
« en 1143, ne formaient qu'un édifice.
« Cette dernière, dédiée à la Vierge, fut

« détruite à la Révolution. Il ne reste plus
« que l'église paroissiale, placée sous l'in-
« vocation de saint Sébastien; elle n'a de
« remarquable que son portail roman. »

Le Tableau des archives de l'Eure contient le passage suivant : « Abbaye de
« Corneville : copies et chartes, états et
« plans de biens situés à Corneville, de
« 1270 à 1781. (1 liasse, 6 plans.) »

La cure était régulière et à la présentation de l'abbaye.

Nous avons noté que sur le territoire de Corneville il y avait une chapelle de Saint-Laurent de Formetuit réunie depuis longtemps à la cure.

On remarque sur cette commune deux retranchements formés par des levées de terre considérables.

Corneville-sur-Risle se compose d'un grand nombre de hameaux : — Aplui; — Saint-Laurent; — le Boulangard; — le Ruel; — l'Église; — la Rabellerie; — la Cardourie; — les Collins; — le Vert-Bocage; — le Foulon; — le Moulin-du-Bois; — le Moulin-Duprei; — le Moulin-de-la-Fosse; — le Moulin-Neuf; — les Neufs-Moulins.

Cf. Toussaint Duplessis, t. II, p. 319 et 507.
Canel, *Essai sur l'arrond. de Pont-Audemer*, t. II, p. 877.
Gallia christiana, t. XI, col. 299.
Neustria pia, p. 877.

CORNI.

Arrond. des Andelis. — Cant. des Andelis.

Patr. la Ste Trinité. — Prés. l'archevêque de Rouen.

On lit dans le pouillé d'Eudes Rigaud :
« Ecclesia Sanctæ Trinitatis de Corni. Ar-
« chiepiscopus patronus; habet XL. parro-
« chianos; valet circa L. libras turonen-
« sium. »

Dans le *Registre des visites* du même archevêque, à la date de décembre 1266 :
« Ipsa die, contulimus magistro Nicholao
« de Piris ecclesiam de Corny, et investi-
« vimus Johannem de Morgnoval de ipsa,
« nomine et loco predicti N. »

On voit que, dès le xIII° siècle, le présentateur à la cure était l'archevêque de Rouen. Cependant, nous lisons dans Toussaint-Duplessis : « Corni est un fief rele-
« vant de la baronnie de Frênes-l'Arche-
« vêque, et qui avait droit de présenter à
« la cure du lieu. Jean de Marigni, arche-
« vêque de Rouen, acquit ce fief par con-
« trat du 19 octobre 1350. Ce prélat dit,

« dans un acte du 2 décembre 1351, qu'il
« lui en a coûté bien de l'argent pour jouir
« en paix de ce patronage. »
Dépendance : — Frenelles.

Cf. Toussaint Duplessis, t. II, p. 508.

COUDRAI (LE).

Arrond. des Andelis. — Cant. d'Étrépagni.

Patr. S. Martin. — Près l'abbé de Marmoutier.

Le Coudrai passe pour un des lieux les plus curieux du Vexin. En 1723, on découvrit sous l'église une chapelle ou crypte d'environ 6 mètres de long, revêtue de murs en caillou brut, avec des soupiraux pour fenêtres. Une inscription voisine de l'autel attestait qu'elle avait été restaurée en 1460 : « Anno M. CCCC. LX. restituit hoc « altare Martinus, dictus Panis Avenarum, « dominus de Jeufosse et de Vilerceaux, « ex voluntate patris et avi de Trie, dicti « Lohier. » On prétend que ce souterrain a servi au culte des premiers chrétiens qui habitèrent la forêt de Lions. C'est un lieu de pèlerinage.

Il est question du Coudrai dès le XIIe siècle. L'abbaye de Marmoutier possédait en 1119 la moitié de l'église de Vesli en Vexin. Nous allons reproduire la charte donnée par Hugues, archevêque de Rouen, en 1152, dans laquelle il confirme aux moines de Marmoutier demeurant au prieuré de Vesli la dîme du Coudrai que Richard Avenel détenait injustement. Hugues confirme également dans cet acte la possession des dîmes de Sausseuse et de Nainville :

« Hugo, Dei gratia Rothomagensis ar-
« chiepiscopus, karissimis filiis suis Ur-
« sino, priori, et monachis Sancti Mar-
« tini Majoris Monasterii apud Verliacum
« manentibus, in perpetuum. Gratum
« nobis quidem existit quod vestra con-
« versatio inter serpentes et scorpiones
« approbabilis invenitur ut que que Dei
« sunt et religionis in medio eorum atten-
« tius conservetis, et ad vos divertentibus
« pro facultate vobis a Deo concessa viscera
« caritatis promptissime aperiatis. Inde
« quidem est quod ad petitionem vestram
« aures nostras libentius inclinamus, et de
« quibus nos pie et humiliter requiritis
« vos exaudire congruum duximus. Hu-
« jus siquidem rei gratia donamus vobis
« et confirmamus decimam de Coldreio
« quam Ricardus Avenel, qui eam injuste
« tenuerat, nobis reddidit, de qua eum-
« dem absolvimus, ipsoque postea pro
« vobis postulante totam et integram vobis
« concedimus. Unde Robertus Boldart et
« filii sui, de quorum feodo erat, humiliter
« nos requisierunt et pariter annuerunt.
« Donamus etiam vobis decimam de Sal-
« ceio quam Robertus Boldart et filii sui,
« Fulbertus, Hugo et Guillemus, nobis
« reddiderunt, et a nobis inde debitam
« absolutionem obtinuerunt, ipso Gisle-
« berto de Salceio, de cujus feodo erat, et
« fratribus suis, Huberto, Rog[eri]o et Hu-
« gone, annuentibus et pro vobis suppli-
« cantibus. Donamus utique vobis et con-
« firmamus decimam de Nainvilla quam
« de vobis tenebant Guillelmus de Alta
« Avesna et Osmundus de Falesia, quam
« etiam in manu nostra liberam et quie-
« tam, annuentibus filiis et filiabus, red-
« diderunt et absolutionem inde a nobis
« acceperunt. Porro quascumque posses-
« siones aut bona impresentiarum juste
« et canonice possidetis vel in futurum
« justis quibuscumque modis, Deo pro-
« pitio, adipisci poteritis, firma vobis et
« illibata permaneant ac quieta sub pro-
« tectione et defensione sancte Rothoma-
« gensis ecclesie et nostra consistant....
« Actum est hoc Rothomagi, anno ab in-
« carnatione Domini M° C° LII°, regnante in
« Francia rege Ludovico, principante in
« Normannia duce Henrico. Ego Hugo, Ro-
« thomagensis archiepiscopus subscripsi. »
[Signature de douze chanoines.] (Chart. Maj. Monast., t. I, p. 98.)

Dans la charte suivante, Rotrou, évêque d'Évreux, constate que le différend survenu entre le prieur de Vesli et Payen du Coudrai avait été terminé par le partage de la terre qui était l'objet de la contestation :

« Rotrodus, Dei gratia Ebroicensis epi-
« scopus, omnibus baronibus, vicecomi-
« tibus, justiciis et ministris regis totius
« Normannie, salutem. Notum sit om-
« nibus, tam presentibus quam futuris,
« quatinus de terra illa que est ad caput
« cortillorum de Coldreto, unde contro-
« versia erat inter Willelmum, priorem
« de Verliaco, et Paganum de Coldreto,
« pax et concordia in curia regis apud
« Rothomagum, ante me et barones ejus,
« facta est, tali condicione quod terra illa
« de qua agebatur impartita est, ita quod
« de cetero medietas terre illius priori et
« monachis de Verliaco soluta et quieta,
« absque ulla calumpnia ipsius Pagani vel
« heredum suorum, in perpetuum rema-
« nebit, et in pace eam possidebunt. Hoc
« autem eo tempore factum est quo regis
« justitiam in Normannia tenebam. Inter-
« fuerunt huic concordie comes de Mel-

« lent, comes Ebroicensis, comes Giffar-
« dus, et multi barones et servientes regis
« de diversis partibus. »

Cette charte doit être du milieu du XII° siècle.

La charte suivante me paraît appartenir à notre Coudrai. Il s'agit d'une donation de terres faites sur le territoire du Coudrai, près Saussai-la-Vache, au monastère de Saint-Amand :

« Omnibus sancte matris ecclesie filiis
« ad quos presens scriptum pervenerit,
« Robertus Maroie, salutem in Domino.
« Noverit universitas vestra quod, cum
« Robertus de Coudra, cujus propinquior
« heres sum, quamdam terram ecclesie
« Sancti Amandi delegasset, ego, post obi-
« tum ipsius, pro salute anime sue et mee
« anime, et pro legato ipsius Roberti ac-
« quitando, concessi et dedi predicte ec-
« clesie Sancti Amandi II. acras terre et
« III. virgatas et XIII. perticas terre apud
« Coudreium, juxta Salceium, in campo
« de Boutiz, versus terras de Preccio, in
« puram et perpetuam elemosinam... Ut
« autem hoc ratum et inconcussum futuris
« temporibus permaneat, illud presenti
« scripto et sigilli mei munimine confir-
« mavi anno gratie millesimo ducentesimo
« decimo tertio, in curia Roberti, domini
« Rothomagensis archiepiscopi, et coram
« magistro Johanne Britone, tunc officiali
« ipsius. Testibus Gerardo de Tokevilla ;
« Willelmo Pagani, scriptore ; Luca, no-
« tario ; fratre Gerardo de Pucei ; Rogerio
« Pratellensi. »

Confirmation de cette donation par Robert Maroie, fils du précédent. Parmi les témoins, on remarque : « Willelmus de Paveilli, tunc presbyter de Coudreio. »

Une discussion s'éleva du temps de Philippe-Auguste entre le prieur de Vesli et Guillaume, fils de Jocelin Crépin, au sujet de certains droits que l'un et l'autre revendiquaient dans l'église du Coudrai. Guillaume finit par se désister de toutes ses prétentions :

« Notum sit universis, tam presentibus
« quam futuris, quod ego Willelmus, Jo-
« celini Crispini filius, cum Gaufredo,
« priore de Velleio, coram baillivis de Gi-
« sortio in curia domini Philippi, regis
« Francorum, disceptavi. Quasdam con-
« suetudines in ecclesia de Coldreto et in
« terra eorum hereditario jure reclama-
« bam, quas prior inficiabatur. Tandem,
« fretus consilio patris mei et amicorum,
« totum Beato Martino et monachis Ma-
« joris Monasterii in perpetuam elemosi-
« nam possidendum concessi et sigillo
« meo feci corrobari. Hujus rei testes :
« Johannes Tuelou ; Gaufridus de Grana-
« villa ; Stephanus, prepositus Danguti,
« et plures alii... » (Chart. Maj. Monast., I, p. 99.)

Nous voyons dans le pouillé d'Eudes Rigaud que le Coudrai possédait au XIII° siècle 52 paroissiens et valait 20 livres tournois : « Ecclesia de Coudrai ; valet
« XX. libras turonensium ; parochiani, LII.
« Adam, presbyter, presentatus fuit ab
« abbate Majoris Monasterii et receptus a
« domino M. »

Parmi les triéges ou lieux dits nous remarquons : — les triéges de l'Epine-Thibaut ; — du Val-des-Fourches ou de la Sente-aux-Amoureux ; — de Rougemont ou Motte ; — du Bout-de-la-Ville ; — de la Vallée-du-Moulin-de-Saussai ; — de l'Angle-au-Bout-des-Jardins.

Parmi les dépendances : — les Gaudinettes ; — la Vallée ; — le Vaurose ; — Austrehose.

COUDRAI (LE).

Arrond. d'Évreux. — Cant. d'Évreux (sud).

Patr. Notre-Dame. — *Prés. le chapitre d'Évreux.*

Nous trouvons mentionné deux fois le Coudrai, près Évreux, dans des documents du XII° et du XIII° siècle : « ... Ecclesia de Corileto... » (Charte de Simon, comte d'Évreux, en faveur du chapitre d'Évreux.)

« ... Ecclesiam de Coudreio... » (Charte de Luc, évêque d'Évreux.)

Le Coudrai a été réuni à Saint-Aubin-du-Vieil-Évreux en 1810.

COUDRES.

Arrond. d'Évreux. — Cant. de Saint-André.

Patr. S Martin. — *Prés. l'abbé de Bourgueil.*

Coudres passe avec raison pour avoir une origine antique. On y remarque encore des vestiges de la voie romaine d'Évreux à Dreux. En 1838, on a trouvé dans un champ, que les habitants appellent le Champ-d'Argent, un vase qui contenait 600 médailles en bronze, la plupart du IV° siècle.

Il eût peut-être mieux valu placer la charte suivante à Illiers-l'Évêque, qu'elle concerne principalement. Cependant, elle est également bien placée à Coudres, dont elle est le titre le plus ancien. Rotrou, évêque d'Evreux, y confirme en 1157 la donation de l'église d'Illiers à l'église de Notre-Dame et au monastère de Saint-Père de Chartres que fit à Coudres, en présence de l'évêque, Simon d'Anet :

« Rotrodus, Dei gratia Ebroicensis ecclesie humilis minister omnibus fidelibus, tam presentibus quam futuris, salutem in Domino. Notum et scripto nostro ratum esse volumus quoniam ecclesias de Illeiis ecclesie Sancte Marie Carnoti et monasterio Sancti Petri Carnoti, utriusque jure cognito, concessimus quiete in perpetuum possidendas, eo tenore ut predicte ecclesie Sancte Marie et Sancti Petri totam decimam habeant, excepta decima terre IV. carrucarum quam monachi de Strata colunt, quarum decimam idem monachi donatione nostra et auctoritate sibi quietam defendunt, et excepta tertia garba de Vileta et de feodo qui dicitur Jerosolimitanorum quam ad opus presbyterorum de Illeiis detinuimus que antea erat eorumdem sacerdotum. Siquidem canonici Sancte Marie et monachi Sancti Petri annuatim dabunt presbyteris de Illeiis pro messione V. modios, III. scilicet de hybernagio et I. de ordeo et alterum de avena. Porro decedentibus presbyteris concessimus presentationem subrogandorum ecclesie Beate Marie et Sancti Petri, et II. partes lane et II. partes candelarum in his videlicet V. festis, in Pascha, in festo omnium Sanctorum, in Natale Domini, in Purificatione Beate Marie et ejus Assumptione. Reliqua autem que altario pertinent, sicuti agnos et porcellos, et decimam lini et chanvre, jure sacerdotali, presbyteri sibi habeant, et decimam vini vinearum que tunc erant in parrochia illa quando hec donatio facta est, sic tamen ut si forte alie vinee in toto territorio de Illeis plantarentur, decime earum Beate Marie et Sancti Petri essent. Si autem que tunc erant vinee ad terram arabilem reverterentur, decima illius terre in jus predictarum ecclesiarum Sancte Marie et Sancti Petri veniret. Sed et concessimus ut si forte aliqui laicorum qui in parrochia de Illeis decimas tenent, eas ecclesie Beate Marie et Sancti Petri concederent ut si predicte ecclesie ipsas aliqua ratione sibi perquirere possent, eas illis habendas auctoritate nostra confirmamus. Dominus quoque Symon de Aneto, qui tunc erat dominus Illeiarum, has ecclesias in presentia nostra apud Coldras concessit habendas in perpetuum ecclesie Beate Marie Carnoti et monachis Sancti Petri. Hoc etiam vobis notum esse volumus et ratum permanere quod Willelmus Golferius concessit monachis Sancti Petri in presentia nostra apud Britolium quicquid juris in predictis ecclesiis et decimis prius habuerat..... Actum Carnoti publice, in capitulo Beate Marie, anno ab Incarnatione Domini M° C° LVII°, in presentia mea et domini Roberti, tunc Carnotensis episcopi, et sui capituli, residentibus ibidem nobiscum Willelmo, decano ecclesie nostre, et sacerdotibus de Illciis, Herberto et Gosberto, et plerisque aliis clericis nostris quos in comitatu nostro tunc habebamus. Quod ut ratum per succedentia tempora perseveret, scriptum inde solempniter factum sigilli nostri impressione munivimus. Hoc factum est salvo per omnia jure nostro pontificali, videntibus Herberto, sacrista ; Roberto de Novo Burgo, nepote nostro, canonico ecclesie nostre ; Danielle, capellano ; Gauterio de Almeia et Rotrodo, canonico. »

Voici un autre texte de la même époque qui confirme le même fait :

« Rotrodus, Ebroicensis ecclesie minister, universis fidelibus Dei ecclesie sancte ad quos littere iste pervenerint, salutem in Domino. Fraternitati vestre notum facimus quomodo Philippus, canonicus Drocensis ecclesie, pro salute anime sue, in presentia nostra dedit monasterio de Strata decimam IV. carrucarum terre apud Mervillam. Quando vero canonici Beate Marie Carnotensis et monachi Beati Petri Carnotensis, ex donatione nostra et concessione Symonis de Ane., apud Coldras habuerunt investituram de ecclesia de Illeiis, cum omnibus pertinentiis suis, tam in decimis quam in aliis, salvo jure episcopali, qui in prefata ecclesia sunt aut futuri sunt, de cujus territorio et decimatione erat decima illarum IV. carrucarum, canonici et monachi et predictus Simon, de cujus feodo erant ille IV. carrucate, predictam donationem Philippi in presentia nostra apud Coldras concesserunt.. »

L'importance de Coudres aux XIIe et XIIIe siècles est attestée par le fait suivant : Philippe-Auguste, en 1215, confirma un accord conclu entre Robert de Courtenai et l'abbé et le couvent de Bourgueil au sujet d'une commune que les hommes de Coudres avaient formée avec ceux de Nonancourt.

Dans le cartulaire de l'Estrée on trouve sous la date de 1230 une charte de donation par Guillaume Prevost, chevalier, de « brosciam de Coudre ». Ce lieu était situé entre les terres du couvent. On planta des bornes en droite ligne : « a marchesio « Coudre usque ad viam que ducit a Pra- « tello versus Vernolium. »

Dépendances : — le Favril ; — Francheville ; — Triernon ; — le Moulin-du-Favril.

COULONGES.

Arrond. d'Évreux. — Cant. de Damville.

Patr. S. Arnould. — Prés. le seigneur d'Hellenvilliers.

Ce mot vient de *colonia, Coulonges,* habitations de colons, de paysans.

L'aqueduc du Vieil-Évreux paraît avoir eu sa prise d'eau à Coulonges. Il en existe encore une partie bien conservée au hameau du Buisson-Chevalier.

Voici une liste des seigneurs de Coulonges aux XVe et XVIe siècles :

1480. Guillaume de Mainemare, seigneur de Bellegarde et d'Hellenvilliers.
1504. Jeanne d'Hellenvilliers.
1239. René de Mainemare.
1554. Jean de Mainemare.
1577. Sa veuve, Renée le Veneur.
1645. Marie de Mainemare et Nicolas de Clinchamp, son mari.
1665-1684. François de Clinchamp.

Dépendances : — Ardanne ; — le Bas-Verrière ; — le Buisson-Chevalier ; — le Haut-Verrière ; — Meurgers, — la Millerette ; — le Tertre ; — la Touchardière ; — le Moulin-Mullot ; — le Moulin-Neuf ; — le Petit-Moulin.

COURBÉPINE.

Arrond. de Bernai. — Cant. de Bernai.

Patr. S. Martin. — Prés. le seigneur.

Il y a dans le Blaisois un lieu nommé *Curbavilla* au XIe siècle.

Dans le cartulaire de Saint-Père de Chartres on trouve cité à tout moment un lieu nommé *Carvavilla* et ses seigneurs.

Les Courbeville, Courbevoie, Courbépine, Courbehaie appartiennent tous à la même racine et au même ordre d'idées.

On a trouvé des tuiles romaines à Courbépine. Le patron saint Martin semble également assigner à l'église de Courbépine une ancienne origine.

On rencontre un Raoul de Courbespine dans le *Doomsday-Book* comme tenant en chef dans le comté de Kent et comme sous-tenant dans le même comté et dans celui de Suffolk.

Ce Raoul de Courbépine eut des discussions avec l'archevêque Lanfranc, devant Hugues de Montfort, au sujet d'un domaine dans l'île de Frain, à l'embouchure de la Tamise.

Orderic Vital cite comme un brave et puissant chevalier Roger de Courbépine ; il était père de Gislebert Maminot, évêque de Lisieux.

Dans la liste des services militaires qui étaient dus au duc de Normandie, on lit : « ... Idem [episcopus Lexoviensis], « habet II. milites de dono regis H., filii « Mathildis, scilicet in Mesnillo Odonis et « in Corbespina..... »

En 1238, une pièce fut vendue à l'abbaye du Bec ; elle était nommée le champ du Champart ; et une autre fut également vendue au terroir d'Escorchère, vers le Mesnil-Garin.

Dans le cartulaire de l'abbaye du Bec on trouve plusieurs actes relatifs à des donations de terres situées à Courbépine, sous les dates de 1249, 1259, 1238, 1285, et à une portion de dîme en 1334.

En 1259, l'abbaye fieffa à Courbépine une pièce de terre avec un autre à Guillaume de Buscalier.

En 1334, Jean Hemery, Robert Basset et Simon Basset, écuyers, vendirent à l'abbaye tous les droits de dîme qu'ils avaient à Courbépine, avec confirmation de l'évêque et consentement du curé.

En 1349, par sentence du Châtelet de Paris, Henri Turpin, Pierre Prevost, Jean Fleury et Guillaume de la Guieze de Duranville furent déclarés banniers du moulin Crespin et obligés d'y aller moudre, sous peine de forfaiture, en payant le douzième boisseau, et d'aider à charrier les meules, à nettoyer la rivière...

Dans l'obituaire de l'église de Lisieux, au 2 janvier, est cité Guillaume d'Estouteville, qui avait donné la dîme de Courbépine à l'église de Lisieux : « ... Ad ves-« peras incipit obitus ritu duplici cele-« brandus domini Guillelmi de Estoute-« ville, episcopi Lexoviensis, electi anno « 1382 et fato functi anno 1414, qui sci-« licet acquisivit et donavit ecclesiae Lexo-« viensi pro obitu suo, patris, matris, « fratrum, sororum, propinquorum, ami-« corum et benefactorum suorum, deci-« mam de Curva Spina et feudum du « Coq... »

Dans son testament, Guillaume d'Estouteville avait inséré la clause suivante : « ... Exceptis illis reddditibus quos assi-« gnavi capitulo Lexoviensi pro obitu meo

« in ecclesia Lexoviensi faciendo, scilicet
« decimam de Curvaspina et feodum du
« Coq, de Gouvis et de Garde vulgariter
« dictum... »

Un acte de 1455 prouve que l'abbaye
de Bernai avait des propriétés à Courbépine :

« Pierre de Bouffei, seigneur du Corps
« de Bugle et de Gaugri, contre Nicolas
« Durant, de ladite paroisse (ledit Pierre
« descendu de Jean Bouffei, chevalier,
« seigneur de Courbespine en l'année
« 1469), a été maintenu en sa noblesse par
« arrêt du 15 juillet 1624, et ledit Durant
« condamné aux despens. Porte un vol
« de sable, semé d'ermines de sable en
« champ d'argent, c'est-à-dire porte d'er-
« mines un vol de sable.

Jean de Bellemare, écuyer, sieur de Courbépine, 1548.

Le château de Courbépine était l'ouvrage de Léonor II de Matignon, évêque de Lisieux de 1676 à 1714.

Les dépendances de Courbépine sont :
— le Bucalin (probablement Boscus-Huelini); — le Petit-Coudrai; — le Grand-Coudrai; — le Mesnil; — le Bocage; — la Capelle; — les Loges; — le Malharquier; — le Val-Guérard; — le Buisson; — le Village-de-l'Église; — le Rosai; — le Quesnot; — l'Epinei; — la Vastine; — le Désert.

Le moulin de Courbépine s'appelait autrefois le Moulin-Crespin, appartenant à l'abbaye du Bec. (Voyez aux articles BOUFFEI et SAINT-VINCENT-DU-BOULAI.) Le plus ancien titre où il en soit fait mention est de 1260.

COURCELLES-SUR-SEINE.

Arrond. des Andelis. — Cant. des Andelis.

Patr. S. Martin. — *Prés. l'abbé de Beaubec.*

L'étymologie de Courcelles ne me paraît pas douteuse. Dans Varron, le mot *chors* signifie la basse-cour d'une métairie (liv. 1er, ch. 13); du génitif *chortis* est venu le latin barbare *curtis*, dont nous avons fait *court*, *Curticellæ* (Courcelles), petites cours, dépendances d'une habitation rurale.

Nous laissons de côté Courcelles, qui a été réunie à Camfleur et dont nous avons déjà dit un mot, et Courcelles-sur-Epte, qui a été réunie au département de l'Oise vers 1792.

Le pouillé d'Eudes Rigaud donne le patronage de Courcelles-sur-Seine à l'abbaye de Beaubec : « Ecclesia Sancte Marie de
« Corcellis. Abbas de Bello Becco patro-
« nus; habet XXXVI. parrochianos; valet
« XV. libras turonensium. » Et, en effet,
dans une charte vidimée par Charles VI,
janvier 1400, et publiée par Daniel Gurney (*the Record of the house of Gurnay*, p. 98), on voit que Hugues de Gournai donna à l'abbaye de Beaubec la vigne de Courcelles, l'église et le patronage de Courcelles : « Vineam de Corcellis et ec-
« clesiam Sancti Martini de Corcellis, ac
« jus patronatus ejusdem cum pertinentiis
« omnibus et omne dominium quod in
« eadem villa habebamus. »

En 1676, le roi présente à la cure de Courcelles-sur-Seine à cause d'un litige qu'avaient soulevé deux prétendants à l'abbaye de Beaubec. Suivant un aveu du 10 janvier 1689, l'abbaye de Beaubec avait encore un fief à Courcelles et le droit de présenter à la cure. Cependant, s'il faut en croire les pouillés de 1704 et de 1738, le patronage appartenait au seigneur du lieu.

En 1583, Bernardin Guere, seigneur de Courcelles, héritier et fils de Jean Guere, vendit, du consentement de Thomas Guere, son fils, aux Chartreux de Gaillon, la seigneurie de Courcelles, demi-fief de haubert, relevant de la baronnie de Fresne-l'Archevêque nuement par foi, hommage et demi-relief. Les vassaux étaient obligés de fournir au seigneur, le jour de la Saint-Martin d'été, un lit garni et fourni pour ce jour-là seulement. (C'était celui où l'on tenait les plaids.)

Il y avait sur le territoire de Courcelles-sur-Seine une chapelle de Bon-Secours.

Dépendances : — Mousseaux; — le Tron-Caillot.

Cf. Toussaint Duplessis, t. II, p. 510.

COURDEMANCHE.

Arrond. d'Evreux. — Cant. de Nonancourt.

Patr. S. Pierre. — *Prés. l'abbé de Saint-Vincent-aux-Bois.*

Entre Courdemanche et Illiers on reconnaît très-visiblement la voie romaine d'Evreux à Dreux.

L'origine du mot Courdemanche est *curta* ou *curtis dominica*. Le *Registre des visites d'Eudes Rigaud* cite dans le Vexin français, au XIIIe siècle, un lieu dit Cordemanche, que Toussaint Duplessis écrit au XVIIIe : Court-Dimanche. Toussaint Duplessis fait à ce propos une réflexion fort juste : « Plusieurs, dit-il, pronon-
« cent et écrivent Courte-Manche, ce qui

« est très-mal. Dimanche peut être un
« nom d'homme comme Noël, Pasquier,
« Dominique. »

Voici un acte de Rotrou, évêque d'E-
vreux, dans lequel intervient comme témoin un Herbert « de Cordemenche » :

« Ego Rotrodus, Ebroicensis episco-
« pus..... Notum fieri volo quod discor-
« dia que inter monachos Sancti Petri
« Carnotensis et Petrum, presbyterum de
« Sancto Georgio, emerscrat, in presentia
« nostra et taliter sopita sit. Presbyter de
« tribus annone modiis quos, ut dicebat,
« de decima parrochie sue annuatim ha-
« bere debebat unum modium monachis
« dimisit. Monachi presbitero decimam de
« terra patris sui dimiserunt. Interfue-
« runt Rogerius, archidiaconus; Ricar-
« dus Croc, archidiaconus; Daniel, ca-
« pellanus; Galterius de Ulmeia; Herber-
« tus de Cordemenche; Galterius de Loia;
« Raimereius Moreherus; Gaufridus Curt-
« col... »

« In nomine sancte et individue Trini-
« tatis. Notum esse volumus... ego Lan-
« dricus, gratia Dei abbas omnisque con-
« ventus monachorum Sancti Petri Carno-
« tensis... qualiter nostro loco data fuerit
« terra quam possidere videmur in Gaus-
« bertivilla a quodam milite et claro genere
« Ricardo nomine, vel qualiter concessa
« sit a nobilissimo comite Normannie Wuil-
« lelmo seu a fratribus supradicti militis,
« Willelmo scilicet atque Balduino. In
« anno igitur quo finitum esse intestinum
« bellum dinoscitur, quod inter regem
« Heinricum et Wuillelmum comitem diu
« duraverat, supradictus miles Richar-
« dus a comite cum aliis Normannis mis-
« sus fuerat custodiendi gratia Tedmarum
« castrum, quod castrum cum habitatori-
« bus suis tunc anathematum erat. Qui
« dum ibidem esset, infirmitate corporis
« qua et mortuus est tactus, Nigello quo-
« dam ad se vocato, qui sororem suam in
« conjugio habebat, seu aliis amicis, petiit
« ut monachus Gausfridus qui tunc forte
« aderat ad episcopum civitatis curreret,
« seque tam ipse quam alii absolvi face-
« rent et ad cenobium sepeliendum de-
« ferrent, eo tenore ut ab illo die in eter-
« num monachi nostri loci tertiam partem
« Gausbertivillæ possiderent, exceptis mili-
« tibus. Auctorisavit hoc donum gloriosus
« comes Willelmus... in villa que vulgo
« dicitur Curtis dominicus, non longe a
« castro Drocis, coram obtimatibus suis..
« Guillelmus, filius Osberti; Gualterius
« Gifardus; Fulco de Alno; Hubertus de
« Rigia; Robertus Bertramus; Guillelmus
« Marmio; Rainaldus Darsellus; Radulfus
« Falchemandus; Hunfridus; Turoldus;

« Wuillelmus Corbucionis filius; Bence-
« linus de Scoht; Raberius et Willelmus
« de Vernone; Hugo, filius Gerelmi. Auc-
« torizaverunt et fratres defuncti coram
« omnibus supradictis Willelmus scilicet
« atque Balduinus... De nostris Bernar-
« dus, filius Vulmari; Vuarimus Cocus;
« Vualterius Major; Oydelerius, stabula-
« rius. Roborata hec donatio pridie nonas
« augusti, die qua mortuus est Henricus,
« rex Francie. »

Cet acte, de l'année 1060, se rapporte
au domaine de Gourbesville dans le Cotentin.

Dans un échange dont le commencement est à l'article des BAUX-DE-BRE-
TEUIL, on trouve : « ... Quandam decimam apud Ylleias, in parochia de Curia
Dominica... »

Dans le rôle des taxes de l'arrière-ban
du bailliage d'Evreux, en 1562 : « Jehan
« du Marchis, escuyer, seigneur de la
« Vallée de Cressy, en partie en la pa-
« roisse de Courdemanche. »

Dépendances : — Beaupuits ; — le Blanc-
Fossé ; — les Grez ; — Laubette ; — la
Vallée.

COURTEILLES.

Arrond. d'Évreux. — Cant. de Verneuil.

Patr. S. Hilaire. — Prés. l'abbesse de Chaise-Dieu.

Courteilles me paraît avoir pour origine
curtiles, petits jardins, courtils. On trouve
le mot « de Curtilis » dans un acte de 847
en faveur de l'abbaye de Saint-Denis. L'é-
tymologie de Courteilles se rapproche singulièrement de Courcelles, *curticellæ*, petites cours. Il paraît qu'il y avait toujours
un jardin compris dans cet enclos, qui
composait chez les Romains la basse-cour :
chors.

Pour appuyer nos conjectures, nous
allons citer plusieurs formes des mots
Courteilles et Courcelles.

Dans une charte de Robert, fils d'Yves,
en faveur de l'abbaye de Saint-Florent,
Courteille, au diocèse de Séez, est appelé :
« terra Curtellorum. »

« Cortilionis villa, » dans les environs
de Senlis, est interprété par Courteuil.

Dans le cartulaire de Saint-Père de
Chartres on trouve souvent parmi les témoins des personnages appelés de Courcelles ou Courteilles. Ainsi, p. 384, parmi
les témoins d'une charte de Geoffroi de
Berou, sans date, on trouve : « Ricardus
de Curcelliis. » Dans une autre de 1107,

on trouve : « Willelmus de Curcellis » ou « Curtellis. » Le premier surtout est bien Courteilles. « Willelmus de Curtellis » se retrouve, p. 561, dans une charte de l'abbé Guillaume. Il existe un personnage de ce nom dans la charte de Geoffroi de Berou, en 1096, p. 563.

Dans une charte de Sainte Gunburge (1124-1143) : « Gaufredus de Cortello (ou Cortelio). »

« Roberto Clerico ad operationes de Corteilles centum libras per idem breve. » (*Magni Rot. Scac.*, p. 300.)

Richard de Courteilles concède, dans l'acte suivant, aux moines de l'Estrée un demi-muid de méteil et un demi-muid d'avoine : « Ricardus de Cortellis conces-
« sit monachis de Strata n° de modiis qua-
« ei debebant[ur]; in perpetuum habeant
« per singulos annos dimidium modium
« de mesteil et dimidium de avena ad
« mensuram de Brueroliis. Hoc concessit
« Gillebertus, filius ejus, et filie Adelina
« et Maria. Testes sunt : Johellus, sacer-
« dos, m...us de Nonancourt; Rogerius
« de Sancto Remigio; Ernardus de Dam-
« petra; Ricardus de Droisi; Jocelinus de
« Sancto Germano; Gillebertus de Nonan-
« court; Rambertus de Massilli; Garannus
« de Malicorne; Robert de Troncheviller;
« Gillebertus Fresnel; Ibertus, præpositus;
« Gillebertus Molendinarius; Germundus,
« filius ejus. »

En 1255, Guillaume de Courteilles, chevalier, donne au prieuré du Désert et à l'abbaye de Lire trois acres situées sur le Lesme, dans la ville du Bourg, qui est dans la paroisse de Chéronvilliers : « No-
« verint universi ad quos presens scri-
« ptum pervenerit, quod ego Guillelmus
« de Corteliis, miles, filius Guillelmi de
« Corteliis, militis, dedi Deo et Beate
« Marie de Deserto et monachis de Lyra
« ibidem Deo servientibus, in puram et
« perpetuam elemosinam, III. acras terre
« sitas super le Lesme, juxta forestam
« Britolii, in villa mea de Burgo, que est
« in parrochia de Cheronvilier, pro ex-
« cambio decem solidorum quos pater
« meus dedit predicte ecclesie in redditu
« predicte ville de Burgo. Et hoc feci pro
« salute anime mee, et matris mee, et
« patris mei, et antecessorum meorum,
« et volo quod ipsi monachi faciant vo-
« luntatem suam de illa terra sine aliqua
« reclamatione mei vel heredum meorum.
« In cujus rei testimonium sigillum meum
« apposui. Actum anno Domini M° CC°
« L° V°, mense septembri. »

En 1282, vente par Guillaume de Corteilles au chapitre d'Evreux. (Voyez CINTRAY.)

La terre de Courteilles avait titre de marquisat.

Le marquisat de Courteilles a appartenu au comte de Lorge; puis à Michel Barbery de Saint-Contest, maître des requêtes.

Dominique de Barbier, conseiller au parlement de Paris, en 1672.

Jacques de Barbier, écuyer, 1705.

Courteilles possède un magnifique château du XVIII° siècle.

Dépendances : — le Défait; — le Fétu; — la Forêt; — le Gerier; — la Guignetterie; — la Haie-Rault, — les Maisons-Rouges; — Nillet; — la Haute-Equerre; — le Plessis; — la Huretlerie; — le Nouillon; — Notre-Dame-de-Pitié (chapelle).

COUTURE (LA).

Arrond. d'Evreux. — Cant. de Saint-André.

Patr. Notre-Dame. — *Prés. l'abbé d'Ivri.*

La Couture, la Culture : « Cultura. »

Dans une charte de Guillaume Louvet, seigneur d'Ivri, en faveur de Saint-Père de Chartres (*Cart.*, t. II, p: 606), est cité comme témoin : « Fulco de Cultura. »

Parmi les cures dépendant du patronage de l'abbaye d'Ivri, on trouve Notre-Dame de Culture : « de Cultura. »

Dépendances : — les Buissons; — les Rousseaux.

Cette commune a été réunie en 1844 à Boussai. (Voyez BOUSSAI.) Elle est maintenant nommée la Couture-Boussei.

CRACOUVILLE.

Arrond. d'Evreux. — Cant. d'Evreux (sud).

Patr. S. Simon. — *Prés. le seigneur.*

Suivant une ancienne tradition, Cracouville tirerait son nom d'un chef vandale, Cracus, qui, après avoir détruit la ville du Vieil-Evreux, s'arrêta ou séjourna à Cracouville. Il paraît probable que la première partie du mot Cracouville vient d'un nom d'homme, *Cracois*, par exemple. Et, en effet, dans une charte de 1087, portant donation de Beaunai à Jumiéges, on trouve parmi les signataires un certain « Wido Carcois de Arenis ». Cependant, nous ferons remarquer aux chercheurs d'étymologies que ce mot *crac* appartient à la langue scandinave, où *kraka* veut dire corneille, et *kraki* enfant. Ainsi, Cracouville peut signifier la *ville de la corneille* ou la *ville de l'enfant*. Toutes ces conjectures demandent à être sérieusement étudiées.

C'est sur le territoire de Cracouville que se trouve la plus grande partie des ruines du Vieil-Evreux. Nous en parlerons plus longuement à l'article VIEIL-EVREUX.

« Guillelmus de Cracouvilla... » (1290.)

« A tous... le visconte de Evreux... « Robert de Cracouville, escuier, et Jehenne, sa fame, de la paroisse de Cracouville, ont délaissé à touz jours, à l'abé et au couvent de Saint-Oyen de Rouen, 108 sous 8 denie.s de rente anuele en la paroisse de Daubuef, du diocèse de Evreus... » (1293, août.)

En 1469, Robin le Déan, escuier, seigneur de Cracouville en partie, demeurant à Gisors.

En 1562, les enfants mineurs de feu Crespin du Bux, seigneurs de Cracouville.

En 1810, la commune de Cracouville a été réunie à la commune du Coudrai; puis ces deux communes ont été à leur tour réunies à Saint-Aubin-du-Vieil-Evreux, sous le titre du Vieil-Evreux.

CRASVILLE.

Arrond. de Louviers. — Cant. de Louviers.

Patr. S. Martin. — Prés. le baron de Quatremare.

« Crasvilla, » probablement : « Crassi villa. »

Notons le vocable de saint Martin, qui permet ordinairement de supposer à la commune une origine ancienne.

En 1207, Guillaume de Quatremares était seigneur de Crasville : « ..... Quartam partem decime de Cravilla, quam jure hereditario tenebat. Et hoc concessit Willelmus de Quatr mares, dominus fundi illius. » (*Ch. des Deux-Amants*, 1207.)

Dans une charte du grand cartulaire de Saint-Taurin, relative à Louviers (1257), on trouve le seigneur Baudouin de Craville : « dominus Baldoinus de Cravilla, miles. »

« ... A Rogero de Crasvilla... ab Arnulpho de Crasvilla... » (1277.)

Le *Cartulaire de Bonport* cite un certain nombre de personnages dont le nom venait assurément de cette paroisse : « Arnulphus de Crasvilla, » p. 190 et 303; « Rogerus de Crasvilla, » p. 190, 309;

336; « Reginaldus de Crasvilla, » p. 190; « Nigasius de Cravilla, major Rothomagi, » p. 69.

Dans la charte d'amortissement donnée aux religieux de Bonport par Philippe le Hardi, en 1284 : « Item, ex venditione « Rogeri de Cravilla, in parrochia Sancti « Cirici, quatuor solidos redditus..... « Item, ex dono Radulfi Soein, apud Cra« villam, quatuor solidi redditus. »

Par une bizarrerie qu'on doit noter, Crasville, siège d'une sergenterie importante qui s'étendait sur treize paroisses, n'en faisait point partie et relevait de celle de Quatremare.

CRESSENVILLE.

Arrond. des Andelis. — Cant. de Fleuri-sur-Andelle.

Patr. S. Pierre. — Prés. l'abbé de Saint-Evroul.

Si le nom de Cressenville était d'origine latine, il semble qu'il faudrait écrire Crescent-Ville : « Crescentii villa. »

Dans une charte en faveur de Mortemer, on trouve parmi les témoins : « Ricardus de Creissantvilla. » Mais en même temps, dans le *Registre des visites d'Eudes Rigaud*, ce lieu est écrit : « Creissumvilla. » Les registres de l'archevêché de Rouen de l'an 1560 le désignent sous la forme : « Cressones villa. »

Vers le commencement du XIIIe siècle, avant l'année 1204, Hugues le Portier, chevalier, avait des biens à Grainville et à Cressenville : il les céda, du consentement de sa femme Mathilde, à l'abbaye de Saint-Ouen : « Hugo Portarius, assensu Mathil« dis, uxoris suæ, domos suas de Piris, « cum terris de Gastinis et de Colemont « vendit... Hugo Portarius tenementum « suum apud Crainvillam et Crassanvillam « reddit Sancto Audoeno pro LX. libris An« degavensium. »

Enguerrand, fils d'Hugues, confirma les donations de son père en 1228.

Vers 1300, Robert de Cressenville : « de Crescentevilla, » était abbé de Mortemer.

Parmi les seigneurs de Cressenville, nous remarquons en 1507 Jean de Nolent, seigneur de Limbœuf; 1557-1558, Marie de Nolent et Louis Dubuc; 1608, Marie Dubuc et Jean de Nolent (entre 1558 et 1608, René Dubuc); 1651, Guillaume du Hamel, sieur de Lamberville; 1689, Jacques de Bence, seigneur du Buisson-Garembourt, de la Plaisse et de la Trinité.

Sur le territoire de Cressenville existait une chapelle de Saint-Martin-de-l'Ortiai. Le seigneur de Cressenville y présenta en 1560.

Cressenville a été réuni à Gaillardbois sous le nom de Gaillardbois-Cressenville en 1845.

CRESTOT.

Arrond. de Louviers. — Cant. du Neubourg.

Patr. S. *Pierre.* — *Prés. le principal du collège d'Évreux.*

Au commencement du XIIIᵉ siècle, dans une charte en faveur du chapitre d'Évreux (voyez RÉRENGEVILLE), on trouve parmi les témoins : « Willelmus, decanus de Crestot. »

Parmi les plus anciens donateurs de l'abbaye du Bec en cette commune on trouve Gilbert de Saucey, Adam de Cordea, pour les champs d'Osmare et du Fresney; Guillaume d'Augé, Mathieu de la Prairie (1246), Guillaume Brunel (1221), pour les champs du Buissonnet et de l'Épine-Baudry.

Nicolas Brunel confirma à l'abbaye du Bec la donation des deux tiers de la dîme faite par ses prédécesseurs sur tous leurs biens à Crestot et au Bois-Normand.

En 1252, Raoul de Limare, chevalier, donna à l'abbaye du Bec deux acres de terre à Crestot, dans la couture d'Asemare.

En 1266, Simon Commin vend aux religieux de Bonport une vergée de terre à Crestot. (*Cart. de Bonport,* p. 267, nº 262.)

En 1280, Geofroy Chief de Ber vend à maître Robert le Maçon une pièce de terre à Crestot, située « inter terram Aali- « cie Lapuogrese, ex una parte, et les « sommiers de Campis Castelli ». (*Cart. de Bonport,* p. 322, nº 344.)

Un aveu rendu au roi par Gérard de Tournebu, le 14 février 1391, porte Robert de Bosguillaume et sa femme, à cause d'elle, comme tenant de la baronnie de Bec-Thomas un quart de fief nommé le fief de Limare, dont le chef était situé en la paroisse de Crestot.

Le 21 mars 1449, Jean de Limare rendait hommage et, trois jours après, aveu au roi Henri V d'Angleterre.

Dénombrement du 29 décembre 1453. Bardin de Lymare.

1475. Robert de Limare.

Dénombrement du 20 décembre 1538 et de 1555, Vincent de Gruchet; 1598-1607, noble homme Nicolas de Campion, seigneur de Montpoignant et de Limare, mari d'Anne de Gruchet.

La famille de Campion de Montpoignant a possédé le fief de Limare jusqu'à la Révolution. (Voir SAINT-OUEN-DE-PONCHEUIL.)

Un sieur de Londemare est cité parmi les ligueurs défendant Rouen en 1591.

En 1520, il y avait à Crestot un hameau d'Esquetouare.

Un acte de 1647 mentionne le triège de la Fosse-Hideuse.

Dans la seconde moitié du XVIIᵉ siècle, la seigneurie de Crestot, jointe à celle de Cesseville, appartenait à la famille le Veneur, des comtes de Tillières, qui avait donné des évêques au diocèse d'Évreux. (Voir CESSEVILLE.)

Dans le hameau du HAMEL, vers le milieu du XVIIIᵉ siècle, le jurisconsulte Routier, commentateur estimé d'une partie de la *Coutume,* avait fait construire une maison, presque un manoir seigneurial, qui, devenu simple habitation de fermier, s'appelle aujourd'hui encore le Château-du-Hamel.

Dépendances : — le Hamel; — Limare; — Londemare; — la Caboche.

CRETON.

Arrond. d'Évreux. — Cant. de Damville.

Patr. Notre-Dame. — *Prés. le prébendé d'Évreux.*

On trouve sur le territoire de Creton les ruines et les fossés d'un manoir fortifié qui pourrait remonter au XIIᵉ siècle.

Hugues de Creton : « Hugo de Keretun, » figure parmi les témoins d'une charte de 1246, souscrite en faveur de l'abbaye de l'Estrée. Nous avons publié cette charte à l'article AVIRON.

Un des hameaux actuels, Pommereuil, eut une certaine importance au moyen âge; c'était une petite bourgade dont l'église avait été donnée à l'abbaye de Lire : « Radulfus Pommerelli, et Rogerus frater « ejus, concedit ecclesiæ Sanctæ Mariæ « Liræ, ecclesiam suam et omnem deci- « mam quam habebat in dominio. »

Dans un obituaire de Lire, on trouve : « Matheus de Pommerol, miles. »

En 1298, devant Jehan de Saint-Liénard, bailli de Gisors et de Verneuil, il y eut discussion entre honorable homme monseigneur Guillaume Pierre, chanoine d'Évreux, pour la raison de la provende de Creton, d'une part; et noble homme monsieur Guillaume le Drouais, chevalier, sire de Pommereuil, d'autre part, sur le patronage de Creton. On s'en rapporta à deux arbitres et amiables compositeurs : Mahieu des Essarz, chantre d'Evreux, et noble homme monsieur Pierre des Minières, chevalier, seigneur de Cornuel.

En 1409, l'église paroissiale de Notre-Dame de Pommereuil n'avait que deux paroissiens.

14 juillet 1485, vente par Thomas de Congny, à messire Jehan Baucher, chevalier, roi d'Yvetot, sieur de la Forêt, conseiller et chambellan du roi notre sire, d'un fief de haubert ou autre portion de fief noble nommé le Bosc-Girould à court, usage, justice et juridiction, et une vavassorie et métairie assis en la paroisse de Creton et ès partie d'ilec environ, au bailliage d'Evreux, en la chastellenie de Nonancourt, moyennant la somme de 600 liv.

Les dépendances sont : — Bières; — le Bois-Giroult; — la Bourdonnière; — le Coudrai; — le Defends; — Ecorchevel; — les Ereux; — les Fosses-Fourrées; — la Gastine; — le Moulin; — Pommereuil; — Saint-Mamert.

CRIQUEBEUF-LA-CAMPAGNE.

Arrond. de Louviers. — Cant. du Neubourg.

Patr. Notre-Dame. — *Prés.* le seigneur.

Ce mot signifie primitivement un petit port, une petite baie. Il peut avoir été employé, même en terre ferme, pour désigner un lieu habité.

« *Bu*, qui termine plusieurs noms de « lieux en Normandie, comme Tour« nebu....., en vieux saxon signifie vil« lage. Une infinité de villages en Angle« terre, en Danemark et en Suède sont « terminés par *bi*, que les habitants pro« noncent *bu* dans l'île de Zeeland.... « Il y a un village nommé *Querkebi* qui « est le même nom sans aucun change« ment que Carquebu, village du Coten« tin, et qui signifie village d'église. Le « nom de *bu*, corrompu en *beuf*, a pro« duit les noms de... Marbeuf, village de « Marie; Quillebeuf, village de la Fon« taine; Criquebeuf, qui est le même que « Carquebu, et une infinité de sembla« bles. M. de Valois se mécompte donc « bien quand il croit que les noms d'El« beuf et de Quillebeuf viennent du gau« lois *bot* et *buel* et de l'allemand *bodem*, « qui signifient le fond, la profondeur. « Elbeuf et Quillebeuf, comme tous les « autres noms que j'ai rapportés, viennent « de *bu*, village. » (Huet, *Origines de Caen*, XXI, 297.)

Nous pensons que les mots en *beuf*: Paimbeuf, Marbeuf, Criquebeuf, Quittebeuf, Quillebeuf, renferment la même terminaison que les mots danois en *boe*, demeure, tels que *Kirkeboe*, *Frodeboe*, *Qualboe*. On aura ajouté l'*f* final par euphonie et pour terminer le mot par une consonne pleine. En effet, on disait autrefois Penteboe au lieu de Paimbeuf; Dalboe, Baltboe, Kilboe au lieu de Quillebeuf, qu'on écrivait aussi Cuiliboef; on disait Criquebot et Criqueboe au lieu de Criquebeuf.

Nous trouvons en Normandie un assez grand nombre de *crique*: Criquebeuf, Criquetot, Criqueville. Tous ces mots ont la même origine, et les terminaisons : *boe*, village; *tofta*, maison; *villa*, habitation, ne sont que des variations d'une même idée greffée sur un même radical : *crique*.

L'étymologie du mot *crique* n'est pas sans difficultés : on peut y voir une légère altération du mot scandinave *kirke*, église. Le grand nombre de noms de lieux formés de *kirke*, dans le nord et l'est de l'Angleterre, donne un puissant appui à cette manière de voir. Néanmoins nous penchons à croire que le mot *crique*, bien qu'il signifie en scandinave un petit golfe, aura bien pu prendre chez nous la même extension que *roste* qui, dans le Nord, n'a d'autre signification que celui de rivage de la mer, et qui est devenu pour nous un escarpement. Il faut se rappeler que, les hommes du Nord arrivant toujours chez nous par mer, tout lieu de débarquement était pour eux une montée, une hauteur. Nous attribuons donc à *crique* le sens de ce dernier mot, et nous expliquerons ses nombreux composés par : le village, la masure, le domaine de la hauteur. Nous rappellerons encore ici que nous considérons nos notes étymologiques comme des éléments de travail, et que nous les livrons sous toutes réserves à la critique.

Voici une charte de 1079 touchant les droits de l'abbaye de Jumièges sur un certain lieu de Criquebeuf. Nous citons toujours cette pièce sans oser l'attribuer aux Criquebeuf du département de l'Eure :

« ... Anno M⁰ LXXVIII⁰ ab incarnatione « Domini, XIII⁰ anno imperii Guillelmi, « Anglorum regis, concessit Walterus « Bros et Hugo, frater ejus, pro redem« ptione animarum suarum atque ante« cessorum suorum, scilicet patris et ma« tris, et aliorum propinquorum, Sanctæ « Mariæ, Sanctoque Petro in Gemmetico ad « victum monachorum ibidem famulan« tium, ecclesiam villæ quæ dicitur Cri« cheboum, cum decima et duabus acris

« terræ ad ecclesiam pertinentibus. Et ut
« hoc firmiter maneat, signo sanctæ cru-
« cis adnotamus et adfirmamus. Walterus
« Brocs †; Hugo, ejus frater †; Hugo de
« Moraro †; Walterus, filius Durandi †;
« Warnerus †; Radulfus, filius Bernier †;
« Walchelinus †.

« Ego vero idem Hugo, frater Walterii
« Brocs, cum monachus fierem, concessi
« eidem loco ecclesiam de Topestellæ,
« quam de Richardo, filio Gisleberti co-
« mitis, tenebam, quod ille primum con-
« tradixit, postea consensit. Testes : Vual-
« terus filius †; Germundus de Villare †;
« Hugo de Wauci †; Paganus de Capellis;
« Radulfus Brocs. »

Plusieurs textes nous montrent que les principaux propriétaires et seigneurs de Criquebeuf-la-Campagne étaient les Pescheveron et les la Chèvre. Ces deux familles donnèrent vers la même époque à l'abbaye du Bec des propriétés considérables.

C'était en vertu d'une concession de Philippe-Auguste que la famille Pescheveron possédait des terres à Criquebeuf :

1203. « Notum... quod nos Criquebuef
« en la Champengne, cum pertinentiis
« suis, videlicet terram que fuit Simo-
« nis Sorelli et Guillelmi Capre et XL. so-
« lidos terre apud villam que dicitur Mi-
« seri, que fuit heredum de Anfrevilla,
« damus Rogerio Pescheveron et heredi
« suo per idem servitium quod eadem
« terra nobis faciebat. Actum Ebroicis,
« anno Domini M° CC° III. »

Guillaume la Chèvre donne à l'abbaye du Bec deux parts de dîmes dans son fief de Criquebeuf.

« Notum sit omnibus ad quos presens
« scriptum pervenerit quod ego Willelmus
« Capra, pro salute mea et antecessorum
« meorum et heredum meorum, dedi et
« presenti carta confirmavi Deo et Sancte
« Marie Becci, et monachis ibidem Deo
« servientibus et servituris, duas partes
« decime totius feudi mei de Crichebu,
« in culturis, in essartis, qui facti sunt
« et qui faciendi sunt de bladis, de wei-
« dis et de omnibus aliis rebus ad deci-
« mam pertinentibus..... Testes : Walte-
« rius de Mundrevilla; Petrus Rex; Wil-
« lelmus de Longolio; Walterius de Buxei;
« Rogerius Bulceve... »

1231. Roger Pescheveron donne la paille de la dîme de Criquebeuf-la-Campagne :

« Notum sit omnibus presentibus et fu-
« turis quod ego Rogerus Pescheveron,
« miles, de voluntate et assensu uxoris
« mee, et Simonis, primogeniti et heredis
« mei, dedi Beate Marie de Becco totum
« stramen decime dictorum monachorum
« apud Criquebodium in Campania.....
« Actum anno Domini M° CC° XXX° I°. »

Cession à l'abbaye du Bec, par Agnès du Bois-Richard, de son douaire, situé à Criquebeuf-la-Campagne :

« Sciant omnes presentes et futuri quod
« ego Agnes de Bosco Richardi concessi
« et omnino reliqui abbati et conventui
« de Becco omne doagium quod de morte
« Radulfi, mariti mei, mihi contigit, si-
« tum in parochia de Criqueboie, pro XXX.
« solidis turonensium, quos prænomina-
« tus abbas mihi donavit. Ut hoc firmum
« et stabile permaneat, cartam presentem
« sigilli mei munimine confirmavi. Actum
« anno Domini M° CC° XXX° VIII°. »

Jourdain dit la Chèvre, chevalier, donne à l'abbaye du Bec une pièce de terre située à Criquebeuf-la-Campagne. Il confirme aussi la cession de la paille et des fourrages de la dîme de Criquebeuf :

1240. « Notum sit universis, tam pre-
« sentibus quam futuris, quod ego Jorda-
« nus dictus Capra, miles, dedi et con-
« cessi et hac presenti carta mea confirmavi
« Deo et Beate Marie de Becco Helluini
« et monachis ibidem Deo servientibus
« et in posterum servituris, in puram,
« liberam et perpetuam elemosinam, pro
« salute anime mee, antecessorum et suc-
« cessorum meorum, quamdam peciam
« terre sitam in parrochia de Crikebue in
« Campania inter masagium Honfredi,
« prepositi, ex una parte, et masagium
« Johannis de Curia, ex altera, habendam,
« tenendam et in puram, liberam et per-
« petuam elemosinam possidendam dictis
« monachis ita libere et quiete sicut ali-
« qua elemosina liberius et quietius po-
« test possideri, sine aliqua mei de cetero
« vel heredum meorum reclamatione vel
« exactione temporali. Ego autem dictus
« Jordanus et heredes mei dictam peciam
« terre memoratis monachis contra omnes
« tenemur garantizare, vel alibi in pro-
« pria hereditate nostra melius apparenti
« ad utilitatem eorumdem valore ad va-
« lorem, si necesse fuerit, eis excambium
« faciemus. Supradicti vero monachi situm
« granchie sue veteris michi libere dimi-
« serunt. Insuper ego dictus Jordanus,
« miles, concessi ut predicti monachi ha-
« beant totum stramen cum palea et om-
« nibus forragiis decime de Crikebue in
« Campania ad me pertinentibus, ita quod
« nec ego nec heredes mei in dictis for-
« ragiis aliquid de cetero poterimus recla-
« mare. In cujus rei testimonium, ego
« memoratus Jordanus, miles, presentem
« cartam sigilli mei munimine roboravi.
« Actum anno Domini millesimo ducen-
« tesimo quadragesimo. »

En 1263, enquête faite par Roger d'Andeli sur la garde du fief de Criquebeuf. Ce fief appartenait à cette époque à Jean Pescheveron, mineur. Guillaume de Tournebu réclama la garde dudit fief, sous prétexte que Simon Pescheveron, aïeul de Jean, avait tenu le fief en hommage de Jean de Tournebu, père dudit Guillaume. Guillaume perdit sa cause, et la garde du fief de Criquebeuf demeura au roi :

« Inquesta facta per dominum Roge-
« rum de Andeliaco, priorem de Monte
« Aureo, et per duos fratres minores de
« conventu, super hoc quod dominus
« Guillelmus de Tornebu, miles, requirit
« habere gardam feodi de Criquebue,
« cujus feodi Johannes Pescheveron, infra
« etatem, est heres, et requirit dictam
« gardam ea ratione quod dominus Si-
« mon Pescheveron, quondam avus dicti
« heredis, tenuit dictum feodum de do-
« mino Johanne de Tornebu, quondam
« patre dicti domini Guillelmi, per homa-
« gium et post donum quod dominus rex
« Philippus fecit de dicto feodo, et Mar-
« cellus, quondam filius dicti Simonis et
« pater dicti heredis, tenuit dictum feo-
« dum de dicto domino Guillelmo et per
« homagium. Nichil probatum est pro eo-
« dem Guillelmo ; remaneat garda do-
« mino regi. » (*Olim*, I, p. 169, ad an-
« num 1263.)

Dans l'échange de janvier 1290, entre Philippe le Bel et Jean de Tournebu, était comprise comme devant relever à l'avenir de la baronnie du Bec-Thomas la mouvance du fief de Criquebeuf-la-Campagne, appartenant à Jean Pescheveron.

Il y avait sur cette commune un fief d'Auteuil.

Dépendance : — le Buc.

La commune de Limbeuf a été réunie à Criquebeuf-la-Campagne en 1844.

CRIQUEBEUF-SUR-SEINE.

Arrond. de Louviers. — Cant. de Pont-de-l'Arche.

Patr. Notre-Dame. — *Prés. l'abbé de Bonport.*

Un sénéchal de Guillaume, duc de Normandie, donna, en 1063, au monastère de Saint-Ouen, entre autres biens, tout ce qu'il avait dans la terre de Criquebeuf-sur-Seine :

« Ab incarnatione Domini nostri Jesu
« Christi anno M. LX. III., regnante Alexan-
« dro papa romano, regnante Philippo
« rege Francorum, Maurilio archiepiscopo
« Rotomagensi, Guillelmo duce Norman-
« norum, Nicholao abbate in monaste-
« rio Sancti Petri apostoli et Sancti Au-
« doeni confessoris Rotomagi, migravit
« unus dapifer Guillelmi ducis Norman-
« norum, nomine ...do de hoc seculo. Is
« adolescens ætatis habebat xx^{ti} vi. annos
« et vi. menses et dies xx^{ti} I. Et adhuc illo
« tempore vivebat Estigandus suus pater,
« qui valde illum amabat dum ipse vive-
« ret, et plus eum amavit post finem.
« Per Deum et per consilium suorum ho-
« minum et suorum amicorum, pro sua
« anima et sui patris et suæ matris et sui
« filii quem tantum amavit, donavit mo-
« nasterio Sancti Petri apostoli et Sancti
« Audoeni confessoris in Rotomago ista
« dona quæ sunt deinceps scripta, et
« propter ea quod suus pater et sua ma-
« ter ibi erant sepulti, fecit ibi poni suum
« karissimum filium et ipsemet vult ibi-
« dem sepultum iri; et in die festi Sancti
« Petri et Sancti Pauli apostolorum dona-
« vit ipse ista dona per consensum Guil-
« lelmi comitis, domini sui, et Mathildis,
« uxoris ejus, et Rodberti, eorum filii,
« quem elegerant ad gubernandum re-
« gnum post suum obitum. Teste Maurilio
« archiepiscopo Rotomagensi, qui fuit ad
« dona, et Hugoni potifero, et Bernardo
« foristario, et Ascelino de Cleides, et Esti-
« gando de Limesio, et Godberto et abbate
« Nicholao et suis monachis, et multis ho-
« minibus qui ibi fuerunt. Hæc sunt dona :
« æcclesiæ Sanctæ Mariæ de Monte Aureo
« a supradicto Stigando data, in terra de
« Crichebot de supra Sequanam quod ille
« habet cum aqua, et in Rotomago æccle-
« sia Sancti Stephani cum hoc quod per-
« tinet ad æcclesiam, et in Rotomago tres
« domus in via ubi manent figuli supra Se-
« quanam, et terram Torchetid de Limesio.
« Quando ipse donavit hæc dona, donavit
« per talem tenorem quod hæc forent in
« dominio ipsius loci, et quod nullus ab-
« bas nec ullus homo qui unquam sit det
« ulli homini , et si fecerit, veniet hæres
« Estigandi qui hæc dona donat et recipiet
« ad tale servitium ad quale voluerit alteri
« dare sine contradicto, et Estigandus ve-
« tus, in tempore Ricardi comitis per suum
« concessum misit ad eundem locum alta-
« ria quæ sunt in Algo super aquam...
« lemone et quicquid ipse habet el Mais-
« nil Licterii. † Signum Guillelmi comitis.
« † Signum Mathildis comitisse. † Signum
« Robberti filii eorum. † Signum Maurilii
« archiepiscopi. † Signum Nicholai abba-
« tis. † Signum Estigandi cujus est dona-
« tio. † Signum Hugonis potiferi. † Si-
« gnum Bernardi forestarii. † Signum
« Ascelini de Cleides. † Signum Estigandi,
« de Limesio. † Signum Godberti clerici.»

Il est question de Criquebeuf-sur-Seine dans la charte par laquelle Richard Cœur de lion confirme la fondation de l'abbaye de Notre-Dame-de-Bonport, en 1198 :

« Dedimus etiam eis habendam et tenen-
« dam in perpetuum, in proprios usus
« suos, ecclesiam de Crikboe, integre,
« cum omnibus pertinentiis suis. Volu-
« mus autem vos scire quod advocatio
« ejusdem ecclesie nobis adjudicata fuit
« per recognitionem in curia nostra. »

L'église de Criquebeuf est aussi nommée dans la charte par laquelle Philippe-Auguste, en 1204, confirma la fondation de l'abbaye de Bonport.

Au commencement du XIIIᵉ siècle, Innocent III mit sous la protection du saint-siége le monastère de Bonport, dont il confirma toutes les immunités, libertés et priviléges. Il cite dans la bulle les dîmes de Criquebeuf.

Mention est faite de cette bulle, en 1245, dans une bulle d'Innocent IV en faveur de Bonport.

La même année, par une lettre spéciale, Innocent IV confirma aux religieux de l'abbaye de Bonport la concession faite par Richard Cœur de lion, roi d'Angleterre, du droit de patronage de l'église de Criquebeuf, et par Garin, évêque d'Evreux, de deux parts de dîmes de ladite église. (*Cart. de Bonport*, p. 152, nº 148.)

Le *Cartulaire de Bonport* contient encore sur Criquebeuf onze chartes que nous allons analyser :

1247. Hamon le Harenguier et Julienne, sa sœur, vendent à Robert Coepel trois boisseaux de blé et autres rentes à Criquebeuf-sur-Seine.

1264. Robert le Cortois vend aux religieux de Bonport une pièce de terre à Criquebeuf, « sitam in valle Vine, » p. 256, nº 250.

1264. Les religieux de Fontaine-Guérard vendent aux religieux de Bonport deux pièces de pré en l'île de Catherage, à Criquebeuf, p. 263, nº 258, et deux pièces de pré dans la même île à Pierre Gibet, p. 264, nº 259.

1266. Simon, fils de Luce de Freneuse, vend aux religieux de Bonport 3 sous de rente à Criquebeuf, p. 268, nº 263.

1277. Dans l'acte d'amortissement des acquisitions faites par les religieux de Bonport dans les fiefs et arrière-fiefs de Philippe le Hardi, on lit : « Item, apud « Criquebeuf, a Johanne de Pistres, duos « solidos et sex denarios, » p. 309, nº 301.

1327. Dans le vidimus d'une lettre d'amortissement relative aux acquisitions dans le bailliage de Rouen par les religieux de Bonport, on lit : « Item, de una « pecia terre valloris duorum solidorum « et sex denariorum, ex venditione Jo-
« hannis le Vanier, sita in feodo domini « de Criquebeuf... Item, de decem soli-
« dis redditus ex dono Johannis Papellon, « super hereditagiis, sitis in parrochia de « Criquebeuf et Tourville......., » p. 382 et suiv., nº 360.

1340. Jean, duc de Normandie, décide que les religieux de Bonport, moyennant le payement de 400 livres tournois, jouiront paisiblement à l'avenir de leurs possessions, sans qu'on puisse les obliger à les vendre ou à en payer finance : « Item, « VI sous et un chapon en la paroisse de « Criquebeuf, sur une masure joxte Ro-
« bert Cosnard d'un costé, et Johan la « Lecte d'autre, » p. 396, nº 365.

1456. Un aveu, rendu en 1456, contient ce passage important : « Item, en « ladite vicomté, en la ville de Criquebeuf-
« sur-Seine, un petit fief noble en basse « justice, avec le patronage de l'église, « et prenant les deux parts des dixmes « d'icelle ville et les deux parts des rentes « dudit fief, et le curé d'icelle église le « tiers, tant en dixmes que rentes, et se « revient en rentes, en deniers, oyseaulx, « corvées, pescheries et autres redde-
« vances de fief en basse justice, » p. 400.

Dépendances : — Quatre-Ages ; — Gaubourg ; — le Champ-d'Asile.

CROISILLE (LA).

Arrond. d'Evreux. — Cant. de Conches.

Patr. S. Martin. — Prés. l'abbé de Saint-Wandrille.

Croisille, *cruciola, crusillæ, croisillæ*, petite croix.

Une autre commune de ce nom est mentionnée dans la charte de Henri Iᵉʳ en faveur de Saint-Evroul.

Dans le *Grand Cartulaire de Saint-Wandrille*, il est fait mention de la maison que l'abbaye de Saint-Wandrille avait à Croisille : « .... Litteram Guillelmi « Saana, thesaurarii Rotomagensis, con-
« tra episcopum Ebroicensem, qui coge-
« bat nos de ponendo monachum in domo « nostra de Cruciola... »

En 1283 : « ..... In parrochia Sancti Martini de Cruciola... » dans la paroisse de Saint-Martin-de-Croisille, pièces de terre à la Millière : « Ad Tilliolum, que-
« minum per quod itur ad nemus de Gli-
« solis. »

Dépendances : — la Basse-Croisille ; — le Coudrai ; — les Himains ; — la Haute-

Croisille; — Berville; — les Fourneaux; — la Seigneurie.

CROISI.

Arrond. d'Evreux. — Cant. de Pacl.

Patr. S. Germain. — *Prés. l'abbé de Saint-Taurin.*

Au XII⁰ siècle, dans une charte de Rotrou, évêque d'Evreux, figure comme témoin « Rogerius de Crusiaco ».

L'église de Croisi et la dîme du Plessis-Hébert furent données au XII⁰ siècle à l'abbaye de Saint-Taurin d'Evreux par Herbert de Croisi. Godefroi, clerc, donna à la même époque la dîme de Croisi. Ces faits sont attestés par la charte de Richard Cœur de lion en faveur de Saint-Taurin : « Herbertus de Cruce dedit deci-
« mam de villa quæ dicitur de Pleissis
« Herbert; inde postea monachus effectus
« est... — Godefridus, clericus, concessu
« Roberti Canuti, domini sui, et aliorum
« dominorum suorum, de quorum posses-
« sione ipse tenebat, dedit Beato Taurino
« decimam de Croise, sicut quiete tenebat,
« cum omnibus quæ ad eam pertinent,
« cujus ecclesiam Herbertus de Croise de-
« derat eidem sancto... »

La bulle du pape Honorius en faveur de Saint-Taurin confirme également les droits de cette abbaye sur l'église et la dîme de Croisi.

L'abbaye de Saint-Taurin reçut d'un certain Robert, fils de Guillaume, cinq acres de terre sur les collines de Croisi, et tout ce qu'il possédait au Plessis-Hébert :

« Sciant, tam presentes quam futuri,
« quoniam ego Robertus, filius Willelmi,
« divine gratie intuitu, pro salute anime
« mee et animarum antecessorum, donavi
« et in perpetuam elemosinam concessi
« Sancto Taurino, ad usus duorum mona-
« chorum in ecclesia Beati Antonini de
« Paceio Deo servientium, quinque acras
« terre de meo dominio in montibus de
« Croisie, et quidquid habebam in terra
« Aurici, que est apud Plesseyum Her-
« berti. Ut autem hujus elemosyne donum
« ratum et inconcussum haberetur, nos-
« trarum testimonio litterarum et sigilli
« nostri munimine confirmavi, assensu et
« voluntate uxoris mee Agnetis et filiorum
« meorum Willelmi et Johannis. His testi-
« bus : Willelmo, sacerdote de Boele;
« Willelmo Torketil, sacerdote de Vacaria;
« Roberto Brule; Gaufrido de Boele; Ra-
« dulfo, clerico de Sancto Taurino; Ar-
« nulpho de Paceyo. »

Dans le *Grand Cartulaire de Saint-Taurin* f⁰ 90 r⁰, on voit que l'abbaye de Saint-Taurin était tenue de payer une rente de 6 deniers tournois à raison d'une grange qui se trouvait dans le fief des seigneurs de Croisi : « ... Apud Crosiacum
« duo solidi, sex denarii turonensium red-
« ditus, in quibus dicta abbatia tenebatur
« Guillelmo dicto Courbet, ratione gran-
« chie sue in feodo dominorum de Croisi
« tenentium a nobis... »

« Sciant omnes presentes et futuri quod
« ego Guillelmus dictus Corbet vendidi et
« concessi... abbati et conventui Sancti
« Taurini Ebroicensis duos solidos pari-
« siensium annui redditus, quos mihi de-
« bebant super unam granchiam sitam in
« parochia Sancti Germani de Croescio...
« pro viginti solidis parisiensium... Actum
« anno Domini M⁰ CC⁰ LX⁰, mense decem-
« bri. »

Le patronage de Croisi fut quelque temps en litige entre le seigneur du lieu et l'abbaye de Saint-Taurin.

En 1229, Renaud de Trie, chevalier, seigneur de Croisi, « dominus de Cro-
seyo, » renonça à toute prétention sur ledit patronage de Croisi. La même année, il pria les religieux de nommer desservant Jean, son clerc. Dans cette dernière pièce, le nom est écrit Croysi.
« ... Anno Domini M⁰ CC⁰ XLIV⁰, apud
« Ebroicas, die sabbati post festum Beati
« Jacobi, Johannes de Booleio, homo
« domini regis de feodo de Croysi, in
« castellania Paciaci... »

En 1289, Jean, curé de l'église de Croisi : « rector ecclesie de Crosiaco, » reconnut avoir pris à ferme des religieux de Saint-Taurin, pour sa vie durant, une portion des dîmes de tous les fruits qui croissent dans la paroisse de Croisi, entre le vallon de Croisi d'une part et le chemin qui va de Croisi à Caillouet : « Inter
« vallem de Crosiaco, ex una parte, et
« queminum per quod itur ad Cailloue-
« lum. » (*Grand Cart. de Saint-Taurin*, f⁰ 217 v⁰.)

Dans le *Coutumier des forêts de Normandie*, f⁰ 138 r⁰, on lit : « Messire Jehan
« de Garanchières, chevalier, seigneur de
« Croisi, a en la forest de Meré, deppen-
« dance de la forêt de Pacy, à cause de
« son manoir et terre de Croysi, par don
« fait par Philippe, par la grâce de Dieu
« roy de Navarre, comte d'Evreux, de
« Longueville, de Mortaing et d'Angou-
« lême, régnant l'an MIL CCC. XXII, le VIII⁰
« jour de septembre, c'est assavoir... »

Dans les transcrits d'aveux conservés

aux *Archives de l'Empire*, P. 308, f° 8 r°, aveu fait en 1409 par Jehan de Garancières pour un fief de haubert entier, situé en la châtellenie de Paci.

Parmi les seigneurs de Croisi, nous trouvons au XVIᵉ siècle :

1516. Mᵐᵉ de Rouvrai, dame de Croisi; Guillaume de Gaillon. 1545, Marie de Gaillon et Jean le Veneur, son mari. 1574, Charles d'Harcourt, jusqu'en 1588.

Dépendances : — la Roulaye-Marion ; — le Haut-Croisi ; — le Moulin-du-Champ-à-l'Avoine ; — Saint-Germain (chapelle).

CROIX-SAINT-LEUFROI (LA).

Arrond. de Louviers. — Cant. de Gaillon.
Sur l'Eure.

Patr. S. Paul. — *Prés. l'abbé de la Croix-Saint-Leufroi.*

La commune de la Croix-Saint-Leufroi possédait à la fois une abbaye et un château fort. Elle a donc une histoire ecclésiastique et une histoire féodale.

Nous allons emprunter l'histoire ecclésiastique au *Gallia christiana*, en y ajoutant bon nombre de renseignements nouveaux.

La Croix-Saint-Leufroi est située sur la limite d'une région mentionnée dans les itinéraires des *missi dominici* sous le nom de pays de Madrie.

Le pays de Madrie embrassait à la fois une partie du diocèse de Chartres et une petite portion du diocèse d'Evreux. La vie de saint Leufroi nous apprend que l'endroit où saint Leufroi fonda son convent était « ad fines Madriacensis pagi ».

Ainsi le monastère de la Croix-Saint-Leufroi s'appela : « monasterium Madriacense, » du nom de la circonscription à l'extrémité de laquelle il était placé sur les bords de l'Eure; il s'appela aussi : « monasterium Crucis Audoeni » (nous allons voir pourquoi), et « monasterium Heltonis », du nom du propriétaire sur le terrain duquel il fut établi.

Venons maintenant à la fondation du monastère.

Vers 692, saint Ouen, venant de Rouen et allant à Clichi, où devait se tenir un concile national, arriva à un carrefour sur les bords de l'Eure ; ses chevaux s'arrêtèrent et ne voulurent plus avancer. Alors le saint, regardant en l'air, vit une croix lumineuse qui liait le ciel à la terre. Ayant cherché en vain quelqu'un pour lui fournir le bois nécessaire à l'érection d'une croix, il fut obligé d'acheter d'un homme qui labourait une partie de son aiguillon dont il fit une croix qu'il éleva sur un monceau de terre remuée : « cespite congesto, » dans lequel il déposa des reliques. De là il suivit sa voie vers Clichi. Ce lieu fut bientôt remarquable par beaucoup de miracles : toutes les nuits un nuage lumineux l'enveloppait, à la grande stupéfaction des voisins, dont l'un couvrit les reliques avec le toit de son grenier.

1. Quelques années après, Leufroi, né dans le pays de Madrie de parents aussi distingués par leur naissance que par leur piété, fit ses premières études dans l'église de Saint-Taurin; il se rendit ensuite à Chartres, où la science était cultivée avec succès. Revenu dans son pays natal, il se livra d'abord à l'éducation des enfants, puis construisit un ermitage dont il défendit l'entrée aux femmes. Il se rendit ensuite au monastère de la Varenne, qu'il quitta dès qu'on en ouvrit l'entrée aux femmes. Il se retira près de Saens (*Sidonius*), qui était abbé dans un monastère fondé près de Rouen, reçut de lui la tonsure et les habits monastiques, et resta longtemps sous sa discipline. Ansbert, archevêque de Rouen, visitant ce monastère, engagea Leufroi à retourner dans son pays. Leufroi suivit cet avis et s'arrêta au lieu où saint Ouen, prédécesseur d'Ansbert, avait autrefois planté une croix en souvenir de la croix qui lui était apparue dans cet endroit même. Il y construisit une église en l'honneur de la sainte croix, des saints apôtres et de saint Ouen, avec un monastère auquel il ajouta par la suite un hôpital pour recevoir les pauvres. Mais, comme tout cela s'était fait sans le consentement de l'évêque d'Evreux, Didier, celui-ci le blâma fortement et voulut l'emmener pour le punir sévèrement ; mais bientôt après il changea d'avis et ordonna à Leufroi de retourner dans son monastère. La renommée de Leufroi s'accrut rapidement, tant à cause de ses vertus que par ses miracles. En 738 il fut pris de la fièvre ; il envoya les eulogies aux monastères voisins, implorant les prières des vrais religieux, et mourut le 20 juin après avoir dirigé le monastère de Madrie pendant quarante-huit ans. Il fut enterré dans l'église de Saint-Paul et transporté, vers le milieu du IXᵉ siècle, dans la grande église de Sainte-Croix-et-

Saint-Ouen, temps vers lequel un anonyme écrivit sa vie. Après la mort de Leufroi, le monastère suivit le sort commun. Il fut exposé à la rapacité des clercs et des laïques qui s'appropriaient alors les revenus des lieux saints.

Lorsqu'au commencement du x° siècle les Normands firent invasion en Normandie, le corps de Leufroi fut porté à Paris et mis dans l'église de Saint-Germain-des-Prés. Les moines de la Croix retournèrent peu après dans leur pays, et laissèrent le corps du saint aux religieux de Saint-Germain, à l'exception d'un bras qu'ils se réservèrent.

2. Humbaud s'empara des biens de l'église, au point qu'il restait aux moines à peine le nécessaire. Le doyen Eudes, s'étant porté son accusateur, le cita le jour de la fête du saint ; mais l'abbé se moqua du nom du saint et de la citation du doyen ; cependant Humbaud ne tarda pas à recevoir le salaire de sa témérité et à sortir de la vie.

3. Purchart, abbé de la Croix-Saint-Ouen, est mentionné dans le vieux nécrologe de Reichnow.

Vers cette époque, nous trouvons en 948 une charte de Charles le Simple où le monastère est mentionné dans ces termes : « Abba- « tiam quæ vocatur Crux Sancti Au- « doeni, cujus caput est in Madria- « censi pago, super flumen Au- « turæ. »

4. Aubri, moine de Saint-Ouen, devint abbé de la Croix-Saint-Leufroi, souscrivit la donation faite en 1035 au monastère de Conches. Il est mentionné, le 24 mai, dans le nécrologe de l'abbaye et dans l'obituaire du Tréport.

5. Odilon, moine de Saint-Ouen, puis abbé de la Croix-Saint Leufroi, alors dépendant de Saint-Ouen. Il céda, en présence de Jean, archevêque de Rouen, aux religieux de Marmoutier l'église de Saint-Ouen de Gisors, dont il leur avait contesté la possession. En 1079, il permit à Guimond, un de ses religieux, élu archevêque après Jean, de sortir du couvent. Ce Guimond est celui qu'au dire d'Orderic Vital (t. II, p. 233) le pape Grégoire VII créa cardinal et qu'Urbain II nomma évêque d'Averse. L'abbé Odilon reçut une donation de Raoul de Tosni, et mourut le 27 octobre.

6. Henri, moine de Saint-Ouen, le 15 octobre dans le nécrologe.

7. Guillaume Ier, moine de Saint-Ouen, assista au concile de Rouen le 7 octobre 1118.

8. Garnier, religieux de la Croix. De son temps, en 1136, Roger de Conches viola l'abbaye avec ses soldats, assiégea le bourg des religieux, enleva de force, dans l'intérieur du monastère, des fugitifs qui s'y étaient réfugiés et s'appropria la majeure partie des biens et des dépouilles des religieux ; mais atteint par la justice de Dieu, dit Orderic Vital, il perdit bientôt toutes ses richesses.

9. Roger, ou Rodier, ou Roderic, moine de la Croix.

10. Raoul Ier, auquel Jean, évêque de Séez, confirma l'église de Saint-Pair de Tournai à la prière de Hugues, archevêque de Rouen, et de Rotrou, évêque d'Evreux. Ledit Hugues lui confirma, en 1143, la donation du domaine « de Salliaco ». Raoul est mentionné dans les chartes de Saint-Ouen en 1158, et dans le nécrologe le 16 d'avril.

11. Silvestre, successeur de Raoul Ier, siégeait déjà en 1160. En 1179, Rotrou, archevêque de Rouen, lui rendit les dîmes de Saint-Aubin de Rotoirs, confirmées jadis par Audin, évêque d'Evreux, et par lui-même lorsqu'il occupait ce siége. Du temps de l'abbé Raoul, deux prêtres s'en étaient emparés par violence, et il avait été décidé par sentence de l'archevêque Hugues que les moines prouveraient leur droit par le serment. ce qu'ils firent à Evreux devant l'évêque Rotrou. Raoul et les clercs transigèrent, mais ladite transaction ne fut pas exécutée. Rotrou, devenu archevêque, attribua à l'abbé Silvestre toute la dîme de l'église de Saint-Aubin après la mort des deux prêtres, et cela du consentement du chapitre d'Evreux, l'évêché étant vacant. (Cette pièce, tirée du cartulaire perdu de la Croix-Saint-Leufroi, a été imprimée par Le Brasseur, *Hist. civ. et ecclés. du comté d'E- vreux*, p. 6.) Le 13 janvier 1179, le comte d'Evreux fit une donation à l'abbé Silvestre, qui fit échange avec Guerric, abbé du Marché-Raoul ; il mourut le 27 septembre.

12. Gautier de Saint-Paul obtint du pape Luce III, en 1181, des bulles confirmant les biens et possessions de l'abbaye de la Croix-Saint-Leufroi.

Cette pièce a été publiée dans Le Brasseur, *Hist. ecclés. du comté d'Evreux*, p. 7. Gautier fit un accord la même année avec Jean, évêque d'Evreux, et en 1183 avec le prieur de Sausseuse. Guillaume Pointel lui fit une donation à Gaillon en 1188, et Jean, évêque d'Evreux, lui confirma les dîmes de Saint-Aubin en 1190. D'après une bulle d'Innocent III, il fut forcé, par crainte du roi, de se retirer pour quelque temps.

43. Richard Ier, moine de la Croix et choisi par les religieux de la Croix, fut interdit avant d'avoir été béni par Geoffroi, abbé de Saint-Ouen. La question ayant été portée devant le pape Innocent III, celui-ci nomma pour juges Henri, évêque, Henri, chantre, et R., archidiacre de Bayeux, qui prononcèrent une sentence favorable au choix des religieux. Innocent III confirma la sentence et donna à l'élu la bénédiction le 3 juin 1199, la deuxième année de son pontificat. Le 19 juin, Richard obtint une bulle dans laquelle les biens du monastère sont énumérés et confirmés. On trouve les deux pièces parmi les *Lettres d'Innocent III*, t. 1er, p. 385 et 401, édit. Baluze.

44. Raoul II est mentionné en 1206 dans les chartes de Saint-Ouen.

45. Richard II d'Amfreville fit un accord avec Raoul de Tournai en 1208. Il transigea en 1211, du consentement de Silvestre, évêque de Séez, avec le prieur de Sainte-Barbe, et mourut le 27 avril.

46. Geoffroi, auquel Raoul, évêque d'Evreux, confirma en 1222 les quatre églises de Fontaines, de la Croix, de Cailli et d'Ecardenville, assista à la translation du corps de saint Leufroi, faite par Gautier, abbé de Saint-Germain-des-Prés, et en reçut un os du bras. Richard, évêque d'Evreux, lui accorda en 1224 la confirmation de quelques biens. En 1226, il fit association de prières avec l'abbaye d'Ivri. Il est porté dans le nécrologe au 9 février.

47. Guillaume II Rachine fut donné comme abbé aux religieux de la Croix par l'évêque d'Evreux, en vertu des pouvoirs qui lui avaient été conférés par le concile de Latran. Les religieux, par leurs lettres en date de 1231, demandèrent à saint Louis qu'il voulût bien admettre Guillaume à prêter serment. Cet abbé Guillaume semble être le même que celui qui s'accorda avec Gui Bigot, en 1233, sur l'usage de la forêt de Campenart; avec Guillaume, abbé de Conches, en 1237; avec l'abbesse de Saint-Sauveur en 1238; avec Guillaume d'Aubecourt en 1241; avec Marguerite, abbesse de Montivilliers, en 1243; avec Guillaume, prieur de Sausseuse, en 1244, et avec G., abbé de la Noë, en 1245; il mourut le 31 décembre.

48. Pierre Ier d'Estrel est mentionné en 1245 et 1250 dans les chartes de Sausseuse, et en 1257 dans celles du Bec. Il transigea en 1260 avec l'abbé de Conches, en 1267 avec J., abbesse de la Trinité de Caen, et Richard, abbé de Saint-Taurin. Il mourut le 11 juillet. Eudes Rigaud fit de son temps plusieurs visites à la Croix-Saint-Leufroi, et nous a laissé dans son *Registre* divers renseignements qu'il est bon de recueillir.

En 1250, il visita le monastère, et y trouva vingt-deux moines. Trois étaient dans les prieurés. Parmi les prieurés dépendant de la Croix-Saint-Leufroi on peut citer ceux de Saint-André et de Mostelles (diocèse d'Evreux). Tous les moines de la Croix étaient prêtres, excepté trois. Leurs revenus s'élevaient à 1,100 livres; ils devaient environ 200 livres. L'abbé ne compte pas avec les délégués du couvent. L'abbaye avait le patronage de onze églises. (Le pouillé de 1648 n'en indique que huit dans le diocèse d'Evreux.)

En 1255, l'archevêque visita de nouveau l'abbaye; il y avait vingt moines; tous étaient prêtres, sauf quatre. Il ordonna à l'abbé de visiter ou de faire visiter une fois l'an tous les prieurés. Dans les prieurés, on n'observait pas les jeûnes, on mangeait de la viande : il ordonna que cela fût changé, puis que des comptes fussent établis et rendus chaque mois aux délégués du couvent. Les dettes s'élevaient à 300 livres et les revenus à 500.

En 1269, Eudes Rigaud ne trouva que seize moines, dont trois étaient novices. Mêmes observations qu'aux précédentes visites. Il enjoignit à l'abbé de visiter plus souvent les coffres des moines. Les dettes s'élevaient à 1,100 livres.

49. Raoul III est mis à cette place par Dumoustier, sur la foi d'un acte

dans lequel il figure avec Raoul, évêque d'Evreux; mais il y eut plusieurs évêques de ce nom.

Malgré l'incertitude que présente la chronologie des abbés de la Croix pendant la seconde moitié du XIIIe siècle, nous croyons pouvoir placer ici l'accord dont suit un extrait :

« Universis presentes litteras inspe-
« cturis, Matheus cantor et Guillelmus
« Petri, canonicus Ebroicensis, salu-
« tem in Domino. Notum facimus
« quod, cum contentio esset mota inter
« venerabiles viros decanum et capitu-
« lum Ebroicense, ex una parte, et re-
« ligiosos viros abbatem et conventum
« Sancti Leufredi, ex altera, super
« perceptione decime cujusdam pecie
« terre sitam juxta leprosariam Novi
« Burgi, inter duas vias publicas, qua-
« rum prima tendit versus Wellebo-
« tum, et alia versus Troncum, conti-
« nentem acram et dimidiam terre...
« Datum in claustro ecclesie Ebroicen-
« sis, anno Domini M° CC° LXXXX°, die
« sabbati ante festum Omnium Sancto-
« rum. »

20. Guillaume III d'Aguerni fit accord, en 1302, avec le curé d'Heudreville au sujet de certaines dîmes, l'évêque Mathieu ayant été pris pour arbitre. Il est mentionné au nécrologe au 29 novembre.

21. Jean Ier de Mortemer mourut le 14 avril 1325.

22. Pierre II le Relieur donna au roi de Navarre le dénombrement des biens de l'abbaye en 1347. Il mourut le 27 février.

23. Jean II mourut en 1356.

24. Jean III succéda à Jean II en 1356, et mourut en 1369.

25. Pierre III, prieur de « Salliaco », succéda à Jean, d'après les manuscrits de Suarès.

26. Guillaume IV du Moutier mourut le 25 septembre.

27. Guillaume V Semaisnon enferma le monastère dans une enceinte et mourut le 12 septembre.

28. Jean IV Loquet produisit en 1404 des bulles de Luce III et mourut en 1411. (Voyez *Neustria pia*, p. 358.) Les Bénédictins ont pensé que Jean Loquet pouvait être le même personnage que Jean Filleul, conseiller du roi en cour de parlement. Ce Jean Filleul est dit exécuteur du testament fait le 19 septembre 1408 par Nicolas du Bois, évêque de Bayeux, d'après une verrière du grand autel de l'abbaye de Saint-Leufroi.

29. Nicolas Ier Loquet est noté dans le nécrologe au 25 juin. Il reconstruisit le clocher. Peut-être faut-il rapporter à ce Nicolas Ier l'aveu fait en 1411 :

« L'abbé de la Croix-Saint-Leufroi
« avoue tenir du roi ung fief tenu en
« demy baronnie, assis ou dit lieu de
« la Croix... et estent icellui fief ès
« villes et parroisses dudit lieu de la
« Croix, d'Escardenville, de Fontaine
« Heudebour, de Champenart et de la
« Liègue, et illec environ où il s'estent;
« les patronnaiges des églises desdits
« lieux et leurs appartenances.....
« Item, ung fief noble, avec la justice
« et seigneurie basse et moyenne, as-
« sis en la parroisse Notre-Dame-d'Y-
« ville, en la conté de Beaumont-le-
« Roger... Item, ung fief noble assis
« en la parroisse de Notre-Dame-de-
« Venables... Item, ung fief noble as-
« sis en la chatellenie du Val-de-Rueil,
« ès parroisses de Notre - Dame et de
« Saint-Cyr..... Item, ung fief noble
« assis en la parroisse Saint-Julian-de-
« Chehaigues, en la prévosté de Bré-
« val, etc. » [16 mars 1411.] (*Arch. de l'Emp.*, P. 308, f° 23.)

30. Nicolas II le Roux, religieux de Jumiéges et prieur de Joui, fut nommé à la place laissée vacante par le décès de Nicolas Ier par le pape Jean XXIII, qui s'était réservé cette nomination, le 20 juillet de la troisième année de son pontificat (1412). Il enseignait le droit canon à Paris le 12 octobre 1414, ainsi que l'atteste Jean de Romoy, recteur. Il fut transféré à Jumiéges en 1418. (Nouvel aveu du 8 avril 1418. *Arch. de l'Emp.*, P. 308, f. 23.)

31. Guillaume VI le Goys, le Gris ou le Gros, fut fait abbé en 1418. Henri V accorda, la sixième année de son règne, aux religieux de la Croix-Saint-Leufroi le droit d'élire leur abbé et leur rendit le temporel de l'abbaye. Guillaume mourut le 30 août.

32. Jean V du Chemin, 1440. Mourut le 28 février.

33. Jean VI du Saussei jura fidélité au roi, à Evreux, le 3 septembre 1449, et mourut le 10 février. (Nouvel aveu du 8 janvier 1460. *Arch. de l'Emp.*, P. 308, f° 34.)

34. Guillaume VII d'Aupegart est porté dans l'obituaire au 16 octobre.

35. Jean VII Doute ou d'Auton prêta serment au roi le 9 janvier 1461. Il siégeait encore le 27 septembre 1467; mourut le 31 mars.

36. Étienne Passart, abbé en 1473, promit, en 1474, obéissance à Jean, évêque d'Évreux, prêta serment au roi le 29 juillet 1484, est encore cité en 1486, reconstruisit l'église et quelques autres bâtiments, et mourut le 18 décembre 1501.
37. Simon Passart, mort le 24 février 1505.
38. Richard III le Mercier, mentionné en 1505, renouvela la sacristie et le chœur. Mourut le 11 juin 1522. Le siège vaquait le 18 février 1522-1523.
39. Jean VIII de la Mothe, 1524. Mourut le 4 mai 1527.
40. Nicolas III Hébert, prieur, fut fait abbé le 9 juillet 1531. Fit fondre huit cloches, enrichit l'église de plusieurs ornements et mourut le 15 octobre 1566.
41. Christophe de Blaru de Tilly, abbé, 1569 et 1574. Mort le 18 mai 1587.
42. Jacques Lesueur, mort le 1er septembre 1588.
43. Claude Ier de Mailloc de Sacquenville mourut le 8 juillet 1612.
44. Claude II de Baudry de Piencourt, succéda à son oncle et fut revêtu des insignes pontificaux par le pape Paul IV le 7 avril 1618; il fut béni à Rome par le cardinal Jean de Bonzy. Élu en 1643 général des anciens Bénédictins de Normandie, il mourut au mois de janvier 1669.
45. François-Placide de Baudry de Piencourt, neveu de Claude, docteur de Sorbonne, coadjuteur, puis abbé, fut béni le 10 février 1669, à Paris, dans l'église Saint-Germain-des-Prés, par l'archevêque de Rouen, en présence des abbés de Prémontré et d'Aubecourt, des évêques d'Évreux, d'Angoulême et de Soissons et de plusieurs autres nobles personnages. Il fut ensuite fait évêque de Mende. Il fut le dernier des abbés réguliers, et cessa ses fonctions au commencement de 1677.
46. Paul Pelot obtint le premier l'abbaye en commende au mois de juillet 1677. Il la garda jusqu'en 1726, année où il mourut le 25 janvier.
47. Louis Guillaume de Mathan, nommé par le roi au mois de mars 1726. En 1760, il parvint à faire unir l'ancienne maison conventuelle au petit séminaire d'Évreux, qui prit le nom de séminaire Saint-Leufroi.

L'ancienne maison d'habitation des abbés a été conservée.

La Croix-Saint-Leufroi était le chef lieu d'un doyenné du diocèse d'Évreux.

Les cartulaires de l'abbaye de la Croix-Saint-Leufroi sont perdus. — L'obituaire, écrit au xive siècle, se conserve à la Bibliothèque impériale, fonds latin, n° 5549. Il est suivi d'un martyrologe copié au xiie siècle.

Dans le tableau des *Archives de l'Eure*, on lit: « Abbaye de la Croix-Saint-Leufroi, « chartes, titres de propriétés situées sur « les paroisses de Cailli, Chaignes, la « Croix, Saint-Cyr-du-Vaudreuil, Saint-« Julien-de-la-Liègue, de 1056 à 1781, « 1 liasse, 1 plan.)

Au commencement du xiie siècle, les comtes de Meulan possédaient un château fort près de la Croix-Saint-Leufroi. Orderic Vital nous apprend qu'en septembre 1123 les seigneurs conjurés contre Henri Ier eurent une entrevue à la Croix-Saint-Leufroi. En 1136, Roger de Tosni assiégea le château, mais sans pouvoir le prendre.

Il est curieux qu'il ne soit pas fait mention dans la *Chronique de Bertran du Guesclin* du château de la Croix-Saint-Leufroi. Du Guesclin était campé, en effet, à la Croix-Saint-Leufroi quand il se porta vers Cocherel, où il remporta en 1364 la victoire sur le captal de Buch:

De la Croix-Saint-Leufroy, l'abbaie d'onnour,
Estoit li bers Bertran, avec lui la gent franceur,

De la Croix-Saint-Leufroy lessierent le lieu bel,
En moult belle ordonnance, rangiez sur le praiel.

(*Chron. de Bertr. du Guesclin*, t. I, p. 183, note.)

En 1415, parmi les chevaliers tués à la journée d'Azincourt était Jean de Clère, IIIe du nom, baron de la Croix-Saint-Leufroi, panetier du roi.

Le 6 septembre 1456, messire Georges, seigneur de Clère, chevalier, avoua tenir du roi une demi-baronnie appelée « la Croix-Saint-Lieffroy ». Il devait quarante jours de garde, une fois en sa vie, à la porte du château d'Évreux. Dans le même aveu, ledit seigneur reconnaît tenir les fiefs de Goupillières, de la Forestière et de Bailleul. (*Arch. de l'Emp.*, P. 308, f° 49.)

En 1469 figure aux monstres générales de la noblesse du bailliage d'Évreux: « monseigneur Georges de Clères, cheva-« lier, seigneur et baron de la Croix-Saint-« Lieffroy en partie, demourant au bail-« liage de Caulx. »

Le dernier baron de cette branche était Charles de Clères, mort le 7 décembre 1625.

Dépendances: — Bizai; — la Boissaie;

— Coupei ; — Crèvecœur; — les Murailles; — l'Ortier; — la Boissière; — la Couture ; — le Manoir; — les Mares; — l'Abbaye ; — le Boismorel.

Cf. *La Normandie illustrée*, Eure, t. Ier, p. 31.
Gallia christiana, t. XI, p. 632.
Neustria pia, p. 316.
Lanoüe (de Minime de la Noe), *De sanctis Franciæ cancellariis syntagma historicum*, in *vita Sancti Audoeni*, p. 45, 71.

CROSVILLE-LA-VIEILLE.

Arrond. de Louviers. — Cant. du Neubourg.

Patr. S. Martin. — *Prés.* l'évêque d'Évreux.

Il est assez difficile de décider si Crosville a fait à l'origine *Crotvilla* ou *Crocvilla*. Nous avons réuni assez d'exemples pour supposer que *Cros* était à l'origine *Croc* et que *Croc* était le nom ou le surnom d'un homme.

« Signum Ricardi Croc archidiaconi. » (Charte de Rotrou, évêque d'Évreux en 1142, *Chart. S. Trin. Bellim.*, f° XVI v°.)

Dans le nécrologe d'Évreux : « ... Decimo quarto kalendas augusti, obiit Ricardus Croc... »

On trouve dans le *Doomsday-Book* : « Croc, Croch venator, et Rainaldus filius Croch » parmi les tenants en chef.

Nous ignorons si c'est notre Crosville ou un autre Crosville qui est désigné de la manière suivante dans une charte de Richard II en faveur de Saint-Ouen : « ... preterea Crocvillam cum ecclesia et molendino... »

Raoul de Croville : « Radulfus de Crovilla, » figure comme témoin dans la charte de fondation de Saint-Sauveur.

En 1205, Jean de Crosville : « de Crosvilla, » est témoin dans l'acte de cession que les religieux du prieuré des Deux-Amants font à l'abbaye de Bonport de la chapelle de Saint-Martin-de-Maresdans. (*Cart. de Bonport*, p. 36, n° 38.)

Une contestation s'éleva, à la fin du XIIIe siècle, entre l'évêque et le chapitre d'Évreux et le couvent de la Croix-Saint-Leufroi, au sujet d'une pièce de terre située dans la paroisse de Vitotel ou de Crosville-la-Vieille : « Omnibus hec visuris, « officialis Ebroicensis, salutem. Noveri-« tis quod, cum contentio moveretur seu « moveri speraretur inter venerabiles vi-« ros et discretos decanum et capitulum « Ebroicense, ex una parte, et religiosos « viros abbatem et conventum monaste-« rii Sancti Leufredi de Cruce, ex altera, « super perceptione decimarum pecie cu-« jusdam terre in parrochia de Vitotel seu « de Crovilla Veteri, ut dicitur, situate... « Datum anno Domini m° cc° LXXXX°, die « veneris ante festum Sancti Barnabe. »

La paroisse de Crosville était le siège d'un fief.

1594. Genevièfve de Bois-l'Évêque, veuve de messire Guillaume de Marillac, seigneur de Ferrières, conseiller du roi en son conseil privé, intendant et contrôleur général de ses finances, dame du fief, terre et seigneurie du Bois et du Busc, sis ès paroisses de Crosville et d'Iville, dame de Tournebu et de Fontaine-Labbay, veuve en premières noces de Jehan de la Rosière, conseiller du roi et maître des requêtes ; elle avait pour fils le maréchal de Marillac, comte de Beaumont-le-Roger, né posthume en 1573.

Les plaids se tenaient au manoir seigneurial d'Iville.

En 1661, ce fief appartenait à Louis de Houetteville, écuyer, seigneur et patron du Mesnil-Hardrai, Iville, Pourpourcelles.

L'abbaye de Bénédictines fondée au Neubourg en 1637 avait des propriétés à Crosville au moment de la Révolution.

Dépendance : — Coquerel.

CROTH.

Arrond. d'Évreux. — Cant. de Saint-André-sur-l'Eure.

Patr. Notre-Dame. — *Prés.* l'abbé de Marmoutier.

« Le mot anglo saxon *crost* ou *craft*, « qui signifie un clos, un petit espace « de terre cultivé autour d'une maison « de campagne, qu'on appelle vulgai-« rement le *col du chapon*, ce mot, dis-« je, qui se trouve dans les titres an-« glais, a passé en Normandie, où les « anciennes chartes l'appellent *crota*. Dans « un titre de l'abbaye d'Aunai, daté de « l'an 1252, et dans un autre de l'année « 1317, on trouve ces paroles : « Sexta-« rium frumenti percipiendum in masura « sua cum crota adjacente. De là est « venu le nom de Crette, de Croute et de « Crutte, et celui de Crotteville que plu-« sieurs portent en seigneurie. On trouve « *crou* dans le bas breton en pareille si-« gnification, et quelques-uns dérivent « tout cela de χρυπτα, mais avec peu de « vraisemblance. » (Huet, *Origines de Caen*, t. XXI, p. 298.)

Dans le *Cartulaire de Préaux*, au chapitre des propriétés d'Angleterre, on trouve souvent le mot crosta employé dans le sens d'enclos, masure : « ... Ita quod licebit nobis et nostris successoribus predictas crostas muro et sepibus includere... »

Dans une charte de Louis le Débonnaire en faveur de l'église de Vienne, on trouve : « ... Quamdam villam Crotis... »

L'abbé Gerbert de Saint-Wandrille donna à Raoul, fils d'Ansered, en échange de la dîme de Beaunai, une terre nommée Betecrot.

Dans une charte en faveur de Saint-Amand : « ..... A vico ante usque ad crotas... » (Cart., f° 10.)

« Sciant omnes presentes et futuri quod ego Willelmus Boudart dedi et concessi... abbatisse et conventui Sancti Amandi Rothomagensis, per quindecim solidos parisiensium, totum tenementum meum quod ego habebam in crota de Lerable, et insuper totum illud quod in eadem crota mihi potest accidere de dote Emmeline.

« ... Duo masagia et crotam de Nucibus... Item, crotam sitam retro massagium Assonis... » (Cart. de Saint-Père, ch. 309.)

Pour éclairer l'étymologie de Croth, nous avons cité un certain nombre de textes où les mots croth, crota, crofta étaient successivement employés. Revenons à Croth.

Nous trouvons dans le Cartulaire de Saint-Père de Chartres un certain nombre de personnages qui portent le nom de Croth. Nous avons tout lieu de croire que ces textes se rapportent à cette localité. L'abbaye de Saint-Père de Chartres était encore au moment de la Révolution propriétaire à Croth.

Dans la donation à Saint-Père de Chartres de l'église de « Buxidum » au Perche est désigné comme témoin : « Arroldus de Croto, Richardus frater ejus. , » contemporain de l'abbé Landri. Cette donation est de la troisième année du règne de Philippe Ier. (Cart. de Saint-Père, p. 413 et 577.)

Gautier de Croth figure parmi les témoins dans plusieurs chartes de Saint-Père de Chartres. Dans une autre, on trouve : « Paganus de Cros, » Payen de Cros, p. 553. Dans une autre : « Adraldus de Croto, » p. 420.

Le prieuré de Croth fut fondé en 1060 par un chevalier nommé Guazzon. Du consentement de sa femme et de ses fils, Guazzon donna à l'abbaye de Marmoutier l'église, les habitants, les vignes, les prés, les moulins, les pêcheries et toutes les dépendances de la terre de Croth. Voici l'acte de fondation :

« Quoniam fidelis omnis alteram post « istam non dubitat esse vitam, et post « mortem pro meritis suis singulos vel « tormenta malos vel bonos premia consecuturos, nemo se debet penitus dare « temporalibus, sed que possit in futuro « invenire, in presenti seculo providere, et « ea premittere vivus que valeat recipere « defunctus. Quibus igitur terrenas opes « largitus est Deus largiantur ex eis et « ipsi pauperibus, ut et peccata que propter eas congerendas admiserunt, redimiant, et insuper mercedem sibi perennem conquirant. Quod qui aliter fecerit, « noverit se indubitanter esse deputandum inter illos ad penam qui transitoria hec et umbre similia seculi bona « pro eternis amplectuntur ac diligunt, « et se ad eterna et semper mansura non « preparant. Hec et his similia ego Guaszo, « seculari militie mancipatus, tacita cogitatione mecum revolvens, utpote homo « cui revocat conscientia ad memoriam, « non sine trepidatione mentis, hinc gravia « et innumerabilia peccata que contraxi, « illinc judicium extreme districtionis, necessarium duxi aliquid ex rebus propriis « que ad usum exterioris vite sunt michi concesse, per manus pauperum, ad « placandam iram venturi judicis in celestes thesauros transmittere, quod post « tempus in eterna retributione ab ipso « judice centena merear multiplicacione « recipere, et ipsum tunc videre placatum « quem nunc merui habere iratum. Quod « ut probabilius fieri possit, per manus « iforum maxime qui sunt pauperes spiritu, quorum juxta veritatis vocem regnum dinoscitur celorum, facere decrevi, qui ut liberius expeditiusque Deo « vacarent, propriis abrenunciantes facultatibus, voluntariam subiere paupertatem. Igitur fratribus his qui in « Turonensi cenobio quod Majus Monasterium dicitur omnipotenti Deo sub Alberto, abbate, pro posse famulantur, « voluntate et assensu mee conjugis Frodeline, necnon et filiorum meorum Hugonis videlicet et Gausberti simulque « Guaszonis, quicquid videor habere in « meo dominio ad transigendam seculi « hujus labentis vitam, apud villam que « dicitur Chrotus, in Normannia sitam, « in territorio videlicet Ebroicarum, id est « ecclesiam cum omnibus ad ejus altare « pertinentibus, et familiam utriusque « sexus, prata quoque, vineas, molendinos, decursum aque, piscarias, culta et « inculta, totum ex integro preter silvam, « annuente donno Hugone Bardone, de « cujus beneficio videntur hec esse, pro « redemptione animarum nostrarum, jure « perpetuo confero possidendum. Terra

« autem que vomere carruce proscissa et
« sulcata ad proferendum fructum fuerit
« infra circuitus et anfractus prefate silve,
« ad imitationem terre sibi adjacentis, sol-
« vat predictis fratribus terragium et de-
« cimam. Que vero visa fuerit proferre
« segetem quoquo modo absque opere ara-
« tri, solum modo solvat decimam. Mellis
« quoque decimam quod ibi inventum
« fuerit similiter huic donationi adjicio.
« Ipsam silvam utantur omni tempore
« tam monachi quam rustici, monachi ad
« omnes necessarios usus, rustici vero
« tantummodo ad mansiones faciendas.
« Porci etiam monachorum inibi commo-
« rantium habeant libertatem discurrendi
« per totam silvam annuatim quando pa-
« stio fuerit in illa. Hec ita prosecutus
« deinde adjiciendo largior pro dictis fra-
« tribus quicquid subjacet meo dominatui
« apud Novovillam, quod est de beneficio
« regis, id est homines, feminas, prata,
« vineas, silvam, molendinos, aquam,
« culta et inculta. Simili quoque modo
« subjiciendo adjicio huic donationi villam
« que vocatur Panis Coctus, cum familia
« utriusque sexus et omnium rerum ple-
« nitudine ad se pertinentium, voluntate
« et assensu predicti Hugonis, de cujus
« beneficio probatur hæc villa esse. Addi-
« tur etiam his ecclesia que vocatur Fava-
« role, que est de beneficio regis, cum terra
« unius carruce, et quicquid videor habere
« apud Baldovallem in ejusdem ecclesie
« parrochia sitam. Post hec postulavi a
« predicto abbate deprecando ut in loco
« illo, cujus supra memoriam feci, qui di-
« citur Chrotus, aliquos constitueret fra-
« tres, qui inibi omnipotenti Deo sedu-
« lum exhiberent officium, quod Deo
« donante apud illum obtinere merui, ea
« scilicet ratione ut in ejus dispositione et
« arbitrio et eorum qui ei successuri sunt,
« qui abbates Majoris Monasterii fuerint,
« pendeat de numero et qualitate eorum
« fratrum qui ad predictum locum sunt
« transmittendi. His ita vero sollemniter
« peractis, omnia hujus nostre oblationis
« dona, sicut per ordinem narrationis sunt
« digesta, annuentibus prefatis filiis meis
« nec non et conjuge, coram nostris homi-
« nibus, quorum nomina pro testibus sunt
« subscripta, solida et quieta et ab omni
« cujuslibet mortalis consuetudine calum-
« niave liberrima, de nostro jure in jus et
« dominationem Sancti Martini Majoris
« Monasterii transferimus atque transfun-
« dimus, ita ut ab hodierna die supra-
« dicte congregationi suisque successori-
« bus, cum ablatibus qui eis pro tempore
« precrunt, liceat illis jure perpetuo pos-
« sidere et quicquid exinde agendum de-

« creverint, sine ulla vel mea vel cujusque
« successorum meorum contradictione li-
« beram potestatem habeant faciendi, or-
« dinandi et qualitercumque eis placuerit
« meliusque visum fuerit disponendi, tam
« presentibus quam futuris temporibus.
« Et ut hoc nostre largitionis scriptum
« per cuncta annorum curricula majorem
« obtineat firmitatem, per nostram depre-
« cationem Philippus rex, divina ordinante
« providentia rex Francorum Augustus,
« sigillo sue dignitatis munivit.
« S. Rodulfi vicecomitis. S. Gauslini de
« Leugis. S. Guarini de Islo. S. Gauscelini
« de Regemalasto. S. Germundi Caulis. S.
« Rainaldi fratris ejus. S Norberti de Ar-
« cellis. S. Galterii filii Viviani. S. Guido-
« nis Bollenis. S. Huberti Mordentis. S.
« Gualterii fratris ejus. S. Osberti cano-
« nici Sancte Marie. S Guarini clerici.
« S. Ansegisi hominis Sancti Martini. S.
« Hideberti coqui. S. Ingelrici sartoris. S.
« Frodgerii mariscalci. S. Guiltelmi filii
« Asczonis vicarii. S. Rodulfi monachi.
« S. Galterii monachi. S. Rodulfi mona-
« chi.
« Signum Philippi gloriosissimi regis. »
« Eustachius, notarius, ad vicem Gul-
duini recognovit. »
« Data secundo kalendas decembris,
« indictione decima quarta, anno primo
« regni Philippi gloriosissimi regis. Actum
« in Aurelianis civitate, in Dei nomine
« feliciter. Amen. » (*Chart. Maj. Mon.*,
Bibl. imp., lat. 5441, t. 1er, p. 89.)
Les bois qui entouraient Croth sont
cités plusieurs fois dans des chartes du
xiie siècle en faveur de l'Estrée : « ... Et
usum mortui ligni in bosco de Crotesio... »
(Charte de Rotrou, évêque d'Evreux, en
faveur de l'Estrée, et charte de Geoffroi,
évêque de Chartres, 1144.)
« ... Et quæcumque possidetis in nemore Crotensi... » (Bulle d'Alexandre III,
pour l'Estrée, 1164.)
En 1185, le 14 des calendes de septembre, il y eut transaction entre les
moines de Marmoutier « et nobilem virum
« Simonem de Aneto super quibusdam
« ad domum de Croto pertinentibus...... »
Simon d'Anet abandonna la maison de
Croth dans les conditions où elle avait été
donnée aux moines de Marmoutier par
Gachon du Châtel : « a Gathone de Castello. » Renaud, évêque de Chartres, s'é-
tait chargé de l'arbitrage, et Henri II, roi
d'Angleterre, confirma sa décision. (*Chart.
Maj. Mon.*, p. 93 et 94.)
En 1189, Robert, comte de Dreux,
donna aux religieux de l'Estrée, entre autres choses : « tres carrucatas mortui bosci
in foresta mea de Croteis... »

En 1225, Hugues de Châteauneuf rend à l'abbaye de Marmoutier, comme injustement détenu par lui, tout ce qu'il avait à Croth. (*Chart. Maj. Mon.*, t. 1er, p. 94.)

En 1296, Foulques, seigneur de Marcilli-sur-Eure, chevalier, abandonne au prieur de Croth la dime d'une pièce de terre située aux Eperons. (*Chart. Maj. Mon.*, t. 1er, p. 95.)

Suit une enquête assez curieuse sur les droits d'usage de l'abbaye du Breuil-Benoît dans la forêt de Croth :

« Inquesta super dampnis quæ abbas et
« conventus de Brolio dicunt habere eo
« quod non possunt invenire usagium
« quod habere consueverunt in foresta de
« Crot, propter hoc quod predicta foresta
« vendita fuit, et insuper quod circa ccc.
« arpenta de dicta foresta sunt essartata.
« In primis dicunt se dampnificari in mor-
« tuo nemore, quod non possunt inve-
« nire ad ardendum et ad carbonem fa-
« ciendum sicut consueverunt, racione
« vendæ forestæ et essarti ; ballivo dicente
« e contrario quod mortuum nemus ma-
« gis abundat in boscis viginti annorum
« vel amplius, quam in magna foresta,
« quare super hoc non dampnificantur.
« Item, dicunt se dampnificari, quia non
« inveniunt fracturas ventorum, sicut con-
« sueverunt, propter parvitatem et novi-
« tatem boscorum. Item dicunt se dampni-
« ficari in residuo carpentariorum, bal-
« livo dicente e contrario quod dominus
« rex non tenetur ibi mittere carpentarios
« nisi voluerit ; quare super hoc non sunt
« dampnificati. Item, dicunt se dampni-
« cari, quia non inveniunt fraxinum ad
« vasa sua liganda, propter parvitatem
« boscorum, ballivo dicente e contrario
« quod fraxini magis habundant in boscis
« viginti annorum vel amplius quam in
« magna foresta. Item, dicunt se damp-
« nificari in pasnagio porcorum, similiter
« propter parvitatem boscorum, ballivo di-
« cente quod pasnagium bene potest eis
« sufficere ad proprios usus suos. Item,
« dicunt se dampnificari in pastura racione
« essarti et propter novitatem et parvita-
« tem boscorum, ballivo dicente e contra-
« rio quod pastura melius valet in c. ar-
« pentis de xv. vel xvi. annis quam in mille
« arpentis de magna foresta. Item, dicunt
« se dampnificari in omnibus et singulis
« articulis racione essarti, ballivo dicente
« e contrario quod ad hoc assensum præ-
« buerunt, quia de prædictis essartis
« tantum ceperunt quod inde reddunt do-
« mino regi septem libras turonensium.
« Quæ dampna prædicta præfati monachi
« estimant ad valorem xl. librarum an-
« nuatim. Non sunt audiendi monachi de
« Brolio super dampnis quæ petunt sibi
« restitui, propter hoc quod foresta de
« Crot fuit vendita et essartata, nec super
« hoc debuit fieri inquesta. Inhibitum ta-
« men fuit eisdem monachis quod de ce-
« tero non faciant carbonem de ipsa fore-
« sta, quia hoc non est eis concessum per
« cartam suam. » (*Olim*, I, p. 70, ad annum 1258.)

Il y avait sur le territoire de Croth une chapelle de Saint-Liphard.

Dépendances : — le Buisson ; — Coutumel ; — Ezé ; — le Pavillon-du-Buisson ; — Rozeux-Croth.

CUVERVILLE.

Arrond. des Andelis. — Cant. des Andelis.

Patr. S. Pierre. — *Prés.* l'archevêque de Rouen.

On peut faire dériver Cuverville de *culvert*, qui tantôt signifie étranger et tantôt aubain. *Culvert* paraît venir de *collibertus*. Dès lors, les *Cuverville* seraient l'habitation du collibert, du serf, de l'aubain. Peut-être pourrait-on aussi dans certains Cuverville, et par exemple dans le nôtre, emprunter le radical du nom propre *Cuthbertus*, nom fort usité et fort vénéré chez les Anglo-Saxons.

Il y a quatre communes de ce nom ; toutes sont en Normandie : Cuverville-sur-Etrétat, Cuverville-la-Grosse-Tour, Cuverville-sur-Yère, et enfin Cuverville-en-Vexin.

Dans une charte de Guillaume le Conquérant, Cuverville-la-Grosse-Tour est désignée sous le nom de « Culvertivilla ».

La charte de fondation du Tréport cite la dîme de Cuverville : « ... decimam de Curvervilla... »

Le registre des visites d'Eudes Rigaud constate à diverses reprises la mauvaise conduite du curé de Cuverville. Il s'agit dans ces passages de Cuverville près d'Eu, et non de Cuverville près des Andelis.

C'est, au contraire, de notre Cuverville que fait mention Robert 1er dans une charte en faveur de la cathédrale de Rouen : « ... Et in Culvertivilla xii. hospites cum tota ecclesia... »

En 1207, Pierre de Roncherolles renonça, en faveur de l'archevêque et du chapitre de Rouen, au droit d'avouerie qu'il prétendait sur la vicairie de Cuverville.

Le pouillé d'Eudes Rigaud porte : « Ec-
« clesia Sancti Petri de Cubertivilla. Archi-
« episcopus patronus ; habet lx. parro-

« chianos; valet xxx. libras turonensium.
« Est ibi capellania xv. librarum... »

D'après tous les pouillés, l'archevêque conférait la cure de plein droit.

En 1269, Geoffroi de Roncherolles, chevalier, prit Thomas Matin et le mit aux fers dans sa prison, sous la prévention de l'avoir menacé de brûler sa maison. Thomas mourut au bout de deux jours. La mère et le frère se plaignirent au roi; il y eut une enquête par le bailli de Gisors, assistè de Gilebert Belet, chevalier, et de Mathieu « de Escoles », vicomte. On ne put prouver que la mort avait été le résultat de mauvais traitements; mais Geoffroi n'en fut pas moins condamné à une amende pour avoir mis Thomas aux fers sur une simple prévention (*Olim*, I, 307.)

Il y avait deux chapelles : l'une de Saint-Hubert, au manoir de Roncherolles; l'autre de Saint-Laurent de Roncherolles, voisine du même manoir.

Dépendance : — Roncherolles.

Cf. Toussaint Duplessis, t. II, p. 815.

FIN DU TOME PREMIER.

TABLE.

	Pages.
Notice sur Auguste Le Prevost, par M. Antoine Passy	1
Catalogue des ouvrages de Auguste Le Prevost	XXVII
Avertissement	XXXIII
Notice historique et archéologique sur le département de l'Eure	4
Notes pour servir à la topographie et à l'histoire des communes du département de l'Eure au moyen âge	37

COMMUNES CONTENUES DANS LE VOLUME :

Commune	Pages	Commune	Pages	Commune	Pages
Aclou	87	Autouillet	152	Bernières	339
Acon	88	Auvergni	153	Bernonville	332
Acquigni	88	Aveni	154	Bérou	333
Aigleville	90	Aviron	154	Bertenonville	333
Ailli	90	Avrilli	156	Bertonville	333
Aizier	91	Bacquepuits	158	Berville-la-Campagne	334
Ajou	92	Bailleul-la-Campagne	159	Berville-en-Roumois	335
Alisai	93	Bailleul-la-Vallée	161	Berville-sur-Mer	336
Ambenai	94	Bailleul (St-Pierre-de-)	163	Beuzeville	336
Amécourt	96	Balines	165	Bezu-la-Forêt	338
Amfreville-la-Campagne	97	Bâqueville	166	Bezu-St-Éloi	340
Amfreville-les-Champs	99	Barc	169	Bionval	343
Amfreville-s-les-Monts	100	Barils (les)	172	Bizi	343
Amfreville sur Iton	100	Barneville-sur-Seine	173	Blacarville	344
Andé	102	Barquet	175	Blandei	344
Andelis (les)	103	Barre (la)	177	Bois-Anzerai	344
Angerville-la-Campagne	125	Barville	183	Bois-Arnault	347
Angles (St-Germain-des-)	125	Basincourt	183	Bois-Baril	351
Angoville	126	Basoques	185	Boisemont	351
Appetot	127	Basville-en-Roumois	186	Bois-Gencelin	352
Appeville-Annebaut	127	Baubrai	186	Bois-Hellain	352
Arcei (St-Clair-d')	129	Baudemont	187	Bois-Hubert	352
Armentières	130	Baux-de-Breteuil (les)	191	Bois-Maillard	353
Arnières	132	Baux-Ste-Croix (les)	195	Bois-le-Roi	353
Arquenci	134	Beauficel-en-Lions	197	Bois Jérôme-St-Ouen	353
Asnières	135	Beaumesnil-en-Ouche	198	Boisnei	354
Attez	137	Beaumont-le-Roger	200	Bois-Normand-la-Camp	355
Aubevoie	138	Beaumontel	221	Bois-Normand-près-Lire	356
Augeron	141	Bec-Hellouin (le)	223	Bois-Nouvel	357
Aulnai	142	Bec-Thomas (le)	241	Bois-Penthou	357
Autel (Ste-Marg.-de-l')	144	Béhellan (St-Denis-du-)	247	Boisset-le-Châtel	358
Autenai	145	Bémécourt	250	Boisset-Hennequin	359
Autenil	145	Bérengeville-la-Campag	259	Boisset-les-Prévanches	359
Auteverne	147	Bérengeville-la-Rivière	261	Boissière (la)	359
Autieux (les)	149	Bernai	265	Boissi Lamberville	359
Autils (St-Pierre-d')	150	Berniencourt	331	Boissi-sur-Damville	361
Autou	152	Bernienville	331	Boncourt	361

	Pages.
Bonneville (la)	362
Bonneville-sur-le-Bec	367
Bos-Bénard-Commin	368
Bos-Bénard-Crescí	371
Bosc	372
Bosc-Asselin	372
Boscdel	372
Boscguérard	372
Boscherville	372
Bosc-l'Abbé	372
Bosc-Morel	373
Bosc-Regnoult	373
Bosc-Renoult	373
Bosc-Robert	374
Bosc-Roger	374
Bosc-Roger-la-Glasson	375
Bosc-Roger-près-Barquet	375
Bosc-Roger-et-Bacquet	376
Bosc-Roger-sur-Eure	377
Bosgouet (le)	378
Bosguérard-de-Marconv	379
Boshion (le)	379
Bosnormand	380
Bosquentin	381
Bosrobert (le)	382
Bottereaux (les)	382
Bouafles	383
Bouchevilliers	384
Bouffei	386
Bougi	386
Boulai-Morin	387
Boulleville	387
Bouquelon	388
Bouquetot	389
Bourg-Achard	393
Bourg-Beaudoin	402
Bourgtheroulde	403
Bournainville	406
Bourneville	406
Bourth	409
Boussai	410
Brai	410
Branville	411
Brécourt	411
Brestot	411
Bretagnolles	413
Bretenil	414
Bretigni	435
Breuilpont	435
Breux	436
Brezal	437

	Pages.
Brionne	437
Broglie	443
Brosville	446
Bueil	447
Burei	447
Bus-Saint-Rémi	448
Caër	457
Cahaignes	457
Cailli	459
Caillouet	460
Calleville-les-Bois	460
Cambe (la)	461
Camfleur	461
Campigni	461
Canappeville	464
Cantiers	465
Caorches	466
Capelles-les-Grands	467
Carbec-Grestain	469
Carentonne	471
Caruix	472
Catelon	473
Caugé	474
Caumont	476
Canverville-en-Lieuvin	477
Cauverville-en-Roumois	477
Cavoville	478
Cernai	478
Cesseville	479
Chaignes	481
Chaignolles	481
Chaise-Dieu	481
Chamblac	482
Chambord	483
Chambrai-sur-Eure	484
Champ-Dolent	484
Champ Dominel	485
Champenard	486
Champigni	486
Champignolles	486
Chanteloup	487
Chanu	487
Chapelle-Baivel	487
Chapelle-Becquet	488
Chapelle-du-B^s-des-Faux	488
Chapelle-Gautier	492
Chapelle-Genevrai	493
Chapelle-Hareng	493
Chapelle-Réanville	493
Chapelle-Saint-Ouen	493
Charleval	494

	Pages.
Charnelles	502
Château-sur-Epte	502
Châtelier-Saint Pierre	504
Châtel-la Lune	505
Chauvincourt	505
Chavigni	506
Chennebrun	507
Chéronvilliers	508
Chêne (le)	509
Cierrei	510
Cintrai	511
Cissei	513
Civières	514
Claville	515
Collandres	517
Colletot	518
Combon	518
Conches	522
Condé-sur-Iton	535
Condé-sur-Risle	536
Connelle	538
Conteville	538
Corbie	539
Cormeilles	539
Corneuil	545
Corneville-la-Fouquetière	545
Corneville-sur-Risle	546
Corni	550
Coudrai (le)	551
Coudrai (le)	552
Coudres	553
Coulonges	554
Courbépine	554
Courcelles-sur-Seine	555
Courdemanche	555
Courtilles	556
Conture (la)	557
Cracouville	557
Cravilie	558
Cressenville	558
Crestot	559
Creton	559
Criquebeuf-la-Campagne	560
Criquebeuf-sur-Seine	562
Croisille (la)	563
Croisi	564
Croix-Saint-Leufroi (la)	565
Cresville-la-Vieille	570
Crueil	570
Gaveeville	573

www.ingramcontent.com/pod-product-compliance
Lightning Source LLC
Chambersburg PA
CBHW060407230426
43663CB00008B/1412